Allgemeines Verwaltungsrecht

제 17 판 (2022년판)

일반행정법총론

❖

석종현·송동수

박영사

Allgemeines Verwaltungsrecht

Begründet von

Dr. Dr. Jong-Hyun Seok

Professor an der Uni. Dankook

fortgeführt von

Dr. Dongsoo Song

Professor an der Uni. Dankook

29. Auflage

Pakyoung Sa Verlag

Seoul, Korea

2022

제17판(2022년판) 머리말

2022년을 맞이하여 일반행정법총론 전면개정판인 제17판을 독자들에게 내놓게 되었다. 2021년 행정기본법이 제정되면서 행정법 영역에 커다란 변화가 있어 부득이하게 개정판을 내게 된 것이다. 주지하다시피 행정법이라는 법 영역은 그 대상이 너무나도 방대하고 단일 법전화가 어려워 법학도와 수험생들에게 공부하기 가장 어려운 과목으로 손꼽혀 왔다. 그동안 행정법 영역의 법전화 작업은 행정절차법이라는 법률을 통해 절차법 영역에서만 진행됐는데, 이번에 행정기본법이라는 법률이 제정되면서 실체법 영역에서도 큰 진전을 이루게 된 것이다.

그동안 행정법 영역의 일반법 부재는 많은 비판의 대상이 되었다. 행정법학 해석의 기준이 되는 법률의 부재로 인하여 법치행정과 적극 행정의 장애가 되었고, 국민이 행정의 법 집행을 예측하거나 신뢰하기 어려워 빈번한 행정쟁송의 원인이 되기도 하였다. 또한 신고, 인허가의제, 과징금 등 공통 제도가 수백 개의 법률에 각각 달리 규정되어 행정의 형평성이 저해되고 국민이 혼란스럽다는 비판이 제기되었다.

이번에 행정기본법이 제정되면서 그동안 학설과 판례로만 인정되고 있었던 행정법의 기본원칙이 명문으로 규정되었고, 행정 법령 개정 시 신·구법의 적용 기준, 수리가 필요한 신고의 효력 발생 시점 등 법 집행의 기준이 명확히 제시되었다. 또한 행정처분과 관련된 효력과 부관 그리고 철회와 취소의 내용이 명문화되었으며, 인허가의제, 제재처분, 공법상 계약, 행정상 강제와 과징금에 관한 내용이 체계화되었다. 이로 인해 국민과 일선 공무원의 혼란이 상당 부분 해소되고 행정의 신뢰성과 효율성이 제고될 것으로 예상된다. 더 나아가 인공지능 시대를 맞아 미래 행정 수요에 대비하기 위하여 자동화된 시스템으로 처분할 수 있는 자동적 처분에 관한 규정을 둔 것도 큰 의미가 있다. 물론 이번에 행정기본법이 제정되었다고 하여 모든 것이 완벽한 수준에 이르렀다고 판단하는 것은 시기상조이다. 행정기본법에 기존의 법 해석과 상충되거나 미진한 부분이 여러 규정에서 발견되지만, 이는 시행하면서 시간을 두고 개정해야 할 과제라고 생각한다.

주지하다시피 본서는 은사인 석종현 교수님이 20년 이상 정열을 바쳐 만들어 온 「일반행정법」 교과서를 저자가 2009년부터 승계하여 작업한 책이다. 스승의 저서를 제자가 승계하여 계속 이어나가는 전통을 한국에서 최초로 실현한 책이다. 아직

왕성하게 활동하고 있는 석종현 교수님의 학문적 열정과 건승을 기원하며, 부디 이러한 전통이 다음 세대에도 계속 이어져 나가길 기원한다.

이번 개정작업에도 많은 제자의 헌신적인 도움이 있었다. 김기호 박사는 내용상의 오류를 꼼꼼하게 체크하여 수정해 주었으며, 홍성진 박사, 문택상 박사, 한민지 박사는 연구원 생활의 빡빡한 일정에도 불구하고 교과서의 미진한 부분에 대해 보충을 해주었다. 연구실의 조교 업무를 충실하게 수행하고 있는 박사과정의 송인옥과 석사과정의 최영우, 최선영 3명의 대학원생은 법조문 대조 작업과 교정 작업을 성실하게 수행해 주었다. 그 외에도 다수의 제자가 직간접적으로 도움을 주었으며, 이 자리를 통해 감사의 마음을 전한다.

코로나 시기의 어려운 상황에도 불구하고 출판을 맡아준 박영사와 연말의 바쁜 일정에도 불구하고 꼼꼼하게 교정 및 편집작업을 마무리해 준 이승현 팀장님과 마케팅 담당 장규식 팀장님께도 고마움을 전한다.

2022년 2월

송 동 수

머 리 말

現代福利國家에서의 行政法理論은 現代行政이 지닌 專門性·技術性·多樣性의 特性에 따라 行政目的의 實現을 위한 行爲形式이 多樣化해지므로 인해 그 '도그마' 적 再構成의 必要性이 점차 증대하면서 發展을 위한 陣痛을 겪고 있다. 최근에 대두 되고 있는 새로운 理論과 爭點들은 종래의 行政法理論에 대하여 反省과 再檢討를 불가피하게 하는 신선한 刺戟劑로서 기능하고 있다.

예컨대, 特別權力關係理論이 일반적으로 否定되면서 法關係로서의 理論的 體系 의 재정립과 함께 야기된 行政規則의 法規性有無에 대한 肯定說과 否定說의 對立, 복잡다기하고 可變的 行政現實에 대한 立法的 規律의 限界에 따른 行政立法의 중요 성과 그 양적 증대의 경향에 따라 法治行政이 '行政規則에 의한 行政'으로 대체되어 法治主義를 空洞化시킬 수 있다는 심각한 우려, 行政行爲의 要件規定에 不確定概念 이 대거 등장함에 따라 그의 해석·적용에 있어서 裁量이 인정되는지와 裁量과 判斷 餘地가 동일한 槪念인지 아닌지에 대한 學者들의 見解의 不一致에 따른 裁量行爲理 論의 동요, 行政計劃이 現代行政의 총아로 등장하면서 目的·手段의 命題에 의하여 規律되는 計劃規範의 特性에서 오는 광범위한 裁量權(計劃裁量)이 지닌 法的 問題點 등은 그 例이다. 다른 측면에서는 實質的 法治主義에 따라 行政主體에 대한 국민의 地位가 '成年의 住民'(Mündiger Bürger)으로 격상되면서 行政의 民主化가 요청되고 있으며 그것은 個人的 公權의 확대로 나타나고 있다. 行政節次上의 廳聞權, 無瑕疵 裁量行使請求權, 行政行爲發給請求權, 行政介入請求權의 法理의 受容이 긍정적으로 평가되고 있다.

또한 行政計劃, 行政指導, 行政上의 確約, 行政調査, 公法上契約, 行政上의 事實 行爲, 供給拒否, 公表 등 새로운 義務履行確保手段 등이 福利行政上의 目的實現을 위한 수단으로서 새롭게 부각되고 있다. 이와 같은 理論的 動向은 곧 新理論과 새로 운 手段에 대한 體系的 理解없이는 行政法을 제대로 공부하기 어렵게 된 것을 의미 한다. 著者는 本書를 집필함에 있어서 다양하게 전개되고 있는 모든 새로운 理論과 爭點들을 體系的으로 정리하여 受容하였다. 특히 新理論의 경우 아직 그 정리가 미 비하거나 理解上의 混同을 초래할 수 있는 부분도 적지 아니하였으나 行政法學을 전공하는 學者로서 使命意識과 學者的 所信을 가지고 접근하여 누구나 쉽게 이해할 수 있도록 體系的으로 論述하였다.

本書의 體制에 있어서는 기존의 敎科書의 分類를 따르면서도 行政作用法論을 行政行爲와 기타의 行政作用法(行政上立法·公法上契約과 合同行爲·行政指導·行政上의 事實行爲·行政計劃·行政私法)으로 구분하였고, 行政救濟法에서는 事前救濟(行政節次·請願·옴부즈만制度)와 事後救濟(行政上損害塡補·行政上爭訟)를 구분하는 등 어느 정도 독자적인 體系를 세우고 있다.

西獨에서의 留學期間을 합해도 아직 15년이 채 못되는 硏究經歷을 가진 데 불과한 著者의 입장에서는 敎科書를 집필하는 것 그 자체가 무리한 욕심이라고 생각하면서도, 著者의 기존의 硏究業績과 講義案을 정리하고 싶은 學究的 意慾에 힘입어 本書의 刊行을 결심하였다. 아직 未完成의 本書를 출간하면서 江湖諸賢의 기탄없는 批判과 叱正을 달게 받기로 한다. 이 기회를 빌어 항상 著者를 激勵하고 學問的 指導와 支援을 아끼지 않는 恩師 '슈파이어' 大學 總長 Dr. Willi Blümel 敎授, 그리고 留學時節이래 學問的 支援을 아끼지 않는 튀빙겐大學校의 Dr. Günter Püttner 敎授, Bonn 大學校의 Dr. Michael Ronellenfitsch 敎授 및 留學時節 獎學金을 지원해 준 Das Diakonische Werk Speyer에게 심심한 謝意를 전하고 싶다. 또한 1982년부터 1년간 Bonn 大學校 法科大學 公法硏究所에서의 硏究生活을 위하여 財政的 支援을 아끼지 않았던 Alexander von Humboldt 財團에 심심한 謝意를 표하며, 아울러 체재기간 중 각종의 便宜와 學問的 支援을 아끼지 않았던 Bonn 大學校 Dr. Fritz Ossenbühl 敎授, Dr. Jürgen Salzwedel 敎授에게 뜨거운 감사를 표하고자 한다.

특히 執筆을 위하여 언제나 硏究室에서 밤늦게까지 작업을 할 수밖에 없었던 남편과 아빠의 입장을 忍耐와 사랑으로 이해해 준 아내와 자녀들에게 감사하는 뜻에서 나의 조그만 結實인 이 책을 바치기로 한다.

끝으로 本書의 刊行을 쾌히 맡아 준 三英社 高德煥 社長과 編輯·校正에 각별히 수고한 河仁雄 先生에게 심심한 謝意를 표한다. 또한 西獨 Münster 大學에 留學 중 최신 자료를 제공하여 준 法學碩士 辛奉起 君, 資料整理와 校正에 각별히 수고한 碩士課程의 南基一 君 그리고 제26회 司法試驗에 合格하여 현재는 司法硏修院에서 硏修 중인 朴相曄 君에게 감사한 마음을 전하고자 한다.

1986年 5月
漢南洞 硏究室에서
著 者 識

목   차

제 4 장 행정법관계의 발생과 소멸

제 2 편   행정작용법

제 1 장   행정입법

제 2 장   행정행위

제 3 장 행정계획

제 3 편　행정절차와 행정공개

제 1 장　행정절차

제 2 장　행정정보공개

제 3 장 개인정보보호

제 4 편 행정법상 의무이행 확보수단

제 1 장 행정상 강제집행

제 5 편 행정상 손해전보

제 1 장 행정상 손해배상

제 6 편 행정쟁송

제 1 장 행정심판

제 2 장　행정소송

Allgemeines Verwaltungsrecht

제 1 편

·

·

·

행정과
행정법

제 1 장 행   정

제 1 절 행정의 의의

Ⅰ. 행정의 개념

행정법은 행정에 관한 법이므로 행정과 행정법의 상호관계를 설명하기 위해서는 행정법의 규율 대상인 행정의 개념을 분명히 할 필요가 있다. 행정이라는 개념은 국가작용의 한 부문으로서 입법·사법과 대비되는 개념이다. 행정이란 입법과 사법 양자 사이의 중간에 낀 국가작용으로, 원칙적으로 입법에 의해 기속되고 사법에 의해 통제된다. 행정은 역사적으로 프랑스혁명 이후 근대입헌국가의 탄생과 함께 권력분립의 원칙이 확립되어 국가작용이 입법·사법·행정으로 구분되면서 정립된 개념이다.

> **[참 고] 권력분립의 원칙**
> 자유와 평등을 그 이념적 목표로 삼았던 1789년의 프랑스혁명은 근대입헌국가의 탄생을 가져다 주었으며, 이념적 목표의 구체적 실현을 위하여 국민주권, 기본권보장, 권력분립 등의 다양한 제도가 근대헌법에 포함되었다. 권력분립의 원칙은 국가권력의 분리와 권력 상호간의 견제와 균형을 통하여 독재를 방지하고 자유보장의 목적을 실현하려는 원칙이다. 근대입헌국가에서 권력분립의 원칙을 자유보장의 원리로 채택한 이유에 대해 몽테스키외는 그의 저서 <법의 정신>에서 「권력을 가진 자는 누구나 이를 남용하려고 한다」라고 하였으며, 제퍼슨은 「자유정부는 언제나 신뢰가 아니라 경계심 위에 건설되어야 한다」라고 하였다.

행정의 개념을 형식적 의미의 행정과 실질적 의미의 행정으로 나누어 설명하기로 한다.

Ⅱ. 형식적 의미의 행정

형식적 의미의 행정이란 국가작용의 성질상 차이를 기준으로 한 것이 아니라 국가기관의 종류를 기준으로 하여 정립된 개념으로, 행정부가 행위의 주체인 모든 국가작용을 의미한다. 여기서 형식적이라는 의미는 행위의 주체인 기관을 기준으로 한다는 의미로, 행정부가 행위의 주체이면 형식적 의미의 행정이고, 입법부가 행위의 주체이면 형식적 의미의 입법이며, 사법부가 행위의 주체이면 형식적 의미의 사법이 된다. 다시 말해 어떠한 국가작용이 실질적인 행정적 성질을 갖고 있느냐를 불문하고 행정부가 행하는 일체의 국가작용이 형식적 의미의 행정에 해당한다.

Ⅲ. 실질적 의미의 행정

1. 의 의

실질적 의미의 행정이란 국가작용의 성질상의 차이를 전제로 하여 그 성질에 따라 행정을 입법·사법과 구별하여 정립한 개념이다. 이에 따르면 입법은 법정립작용, 사법은 법선언작용, 행정은 법집행작용이 된다. 국가기관의 권한분장에 관계없이 행정업무의 수행을 대상으로 하는 법집행작용은 모두 실질적 의미의 행정이 된다.

2. 학 설

(1) 긍정설

긍정설은 국가작용을 입법·사법·행정으로 구분하고 그 성질상의 차이를 인정하면서 행정의 개념을 정의해 보려는 견해이다. 긍정설에는 행정의 개념을 소극적으로 정의하는 소극설(공제설)과 적극적으로 정의내리는 적극설이 있다.

1) 소극설

소극설은 공제설이라고도 하는데 이는 행정을 "국가작용 가운데서 입법·사법을 제외한 나머지 작용"이라고 정의하는 견해이다. 이는 실질적으로 행정을 정의하는 것이 어려워서 차선책으로 제시된 견해이다. 하지만 이러한 소극설은 행정의 구체적 내용이나 특질을 적극적으로 밝히지 못하는 점에서 문제가 있다.

2) 적극설

적극설은 적극적인 표식에 의하여 행정을 정의하려는 견해이다. 이에 따르면 행정은 "법 아래에서 법의 규율을 받으면서 현실적·구체적으로 국가목적의 적극적 실현을 위하여 행하는 전체로서의 통일성을 가진 계속적인 형성적 국가활동"이라고 한다.

(2) 부정설

부정설은 국가작용의 성질에 따라 입법·사법·행정을 실질적으로 구별하는 것은 불가능하다고 보는 순수법학파의 견해이다.

3. 행정의 개념징표

행정의 개념을 정의하기 위한 여러 학설을 살펴보았지만 그 어느 학설도 행정의 내용이나 범위를 완전히 설명하지 못하고 있다. 일찍이 Forsthoff는 "행정의 개념은 정의할 수 없으며, 다만 서술할 수 있을 뿐이다"라고 하여 행정의 다양성에서 오는 개념정의의 어려움을 이야기한 바 있다. 다만 다수의 견해는 행정이 가지는 개념징표를 다음과 같이 설명하고 있다.

(1) 행정은 공익의 실현을 목적으로 하는 작용이다

행정의 대상은 공동체의 질서를 유지·형성하거나 구성원들의 공공복리를 증진시키는 등의 사회공동생활이다. 따라서 행정은 공익의 실현을 그 본질로 한다. 여기서 말하는 공익의 개념은 시대에 따라 약간씩 변천되어 왔으나, 오늘날의 복리국가에서는 공공이익·공공복리를 실현하는 모든 작용을 의미한다.

(2) 행정은 적극적·미래지향적 형성작용이다

행정은 기계적으로만 법률을 집행함에 그치지 않고 그 한계 내에서 적극적인 판단과 미래지향적 활동을 하는 능동적 형성작용이다.

(3) 행정은 개별적 사안에 대해 구체적 처분을 행하는 작용이다

행정은 개별적 사안에 대하여 구체적 처분을 행하는 작용인 점에서 일반적·추상적 규율을 정립하는 작용인 입법과 구별된다. 다만 입법 중에는 개별적 사안을 규율하는 처분법규가 있고, 행정 중에도 시간적·공간적으로 광범위한 영역을 일반적·추상적으로 규율하는 행정계획이 있어 입법과 행정은 절대적 구별이 가능한 것은 아니다.

4. 행정과 입법·사법의 구별

(1) 행정과 입법

입법은 사회생활을 규율함에 있어서 필요한 일반적·추상적 성문의 규범을 정립하는 국가작용이다. 이에 반해 행정은 입법에 의해 정립된 규범을 구체적·개별적으로 집행하는 국가작용이다.

(2) 행정과 사법

행정과 사법(司法)은 다 같이 법 아래에서 법을 집행하는 작용인 점에서 공통된다. 그러나 사법은 구체적인 법률상 분쟁을 전제로 쟁송절차를 거쳐 정당한 법을 선언함으로써 분쟁을 해결하고 법질서를 유지함을 목적으로 하는 수동적·소극적 작용이다. 이에 반해 행정은 행정목적의 현실적인 실현을 위한 미래지향적이며 능동적·적극적 작용이라는 점에서 사법과 구별된다.

Ⅳ. 형식적 의미의 행정과 실질적 의미의 행정의 관계[1]

형식적 의미의 행정, 입법, 사법 개념은 어느 기관에서 행한 작용인가라는 '기관'을 중심으로 개념을 파악한 것이고, 실질적 의미의 행정, 입법, 사법은 국가작용의 '성질'을 중심으로 하여 그 개념을 파악하는 입장이다. 따라서 형식적 의미의 행정에는 실질적 의미의 입법·사법의 일부가 포함된다. 반대로 실질적 의미의 행정에는 형식적 의미의 입법·사법의 일부가 포함된다.

이처럼 국가기관 상호간에 타기관의 관할의 일부를 겸장하도록 한 것은 권력분립의 원칙에 지나치게 충실할 경우 오히려 국정의 합리적 수행에 지장을 초래할 수 있다는 실제적·기술적 이유 때문이다. 즉, 본래의 기관의 관할에 속하지 않는 작용도 필요한 경우 그 권한으로 인정하는 것이 국가작용의 현실상 필요하다는 것이다. 그리하여 실질적 의미의 행정과 형식적 의미의 행정은 그 내용에 있어 대부분 일치하나 완전히 일치하지는 않는다.

Ⅴ. 행정법학의 대상으로서의 행정

행정을 실질적 의미의 행정과 형식적 의미의 행정으로 구별하는 경우 그 중에서 행정법학의 대상이 되는 행정이 전자인지 후자인지가 문제되며, 종래의 통설은 형식적 의미의 행정으로 보았다.

그러나 형식적 의미의 행정 속에는 실질적 의미의 입법·사법도 포함되어 있기 때문에 독자적인 공통원리에 의하여 지배되는 국가작용이라 할 수 없다는 점에서 행정법학의 대상으로서의 행정은 원칙적으로 실질적 의미의 행정을 의미하는 것으로 보아야 한다. 다만 실제로는 실질적 의미의 사법인 행정심판과 실질적 의

---

1) 형식적 의미의 행정과 실질적 의미의 행정이 서로 다른 대표적인 경우는 다음과 같다.

내 용	형식적 의미의			실질적 의미의		
	입법	행정	사법	입법	행정	사법
국무총리령의 제·개정		○		○		
긴급명령의 제정		○		○		
행정심판의 재결		○				○
토지수용위원회 수용재결		○				○
국회사무총장의 직원임명	○				○	

미의 입법인 행정입법 등도 행정법학의 대상으로 취급되고 있기 때문에, 행정법학은 실질적 의미의 행정을 그 중심 대상으로 하면서도 형식적 의미의 행정 역시 그 대상으로 하고 있다는 표현이 정확하다.

Ⅵ. 국가와 지방자치단체의 책무

「행정기본법」 제3조는 "① 국가와 지방자치단체는 국민의 삶의 질을 향상시키기 위하여 적법절차에 따라 공정하고 합리적인 행정을 수행할 책무를 진다. ② 국가와 지방자치단체는 행정의 능률과 실효성을 높이기 위하여 지속적으로 법령 등과 제도를 정비·개선할 책무를 진다"라고 규정하여 국가와 지방자치단체의 책무를 명시하고 있다.

이는 국가와 지방자치단체에 공정하고 합리적인 행정을 수행할 책무가 있음을 명시한 것으로, 이 경우 법치행정의 원칙에 따라 적법절차 준수라는 내용적·절차적 한계를 존중하여야 함을 강조하고 있다. 행위주체가 국가와 지방자치단체이기 때문에 이 규정이 재판규범으로 활용되기는 어렵지만, 행정작용의 해석지침으로는 기능할 수 있을 것이다.

제 2 절 행정의 분류

Ⅰ. 주체에 의한 분류

1. 국가행정

국가행정이란 국가가 직접 그의 기관에 의하여 행하는 행정을 말한다. 행정권은 국가 통치권의 일부이기 때문에 행정은 원래 국가가 담당하여야 하는 국가행정을 원칙으로 한다.

2. 자치행정

자치행정이란 지방자치단체 또는 기타 공공단체가 행정권의 주체로서 행하는 행정을 말한다. 근대국가에서는 지방자치단체에게 일정한 범위 안에서 행정권을 부여하는 것이 통례로 되어 있다.

3. 위임(위탁)행정

위임행정 또는 위탁행정이란 국가 또는 공공단체가 자기의 권한에 속하는 사무의 일부를 다른 기관 또는 사인에게 맡겨 행하게 하는 행정을 말한다. 이 경우

위임은 보조기관이나 하급기관에 맡기는 것을 의미하고, 위탁은 대등한 다른 기관에 맡기는 것을 뜻한다(행정위임위탁규정 제2조). 국가가 그 행정을 지방자치단체에 위임하여 행하는 것이 위임행정의 대표적인 예이다.

II. 목적에 의한 분류

1. 질서행정

질서행정은 공공의 안녕과 질서를 유지하기 위한 위해(危害)방지를 그 목적으로 하는 행정을 말한다. 과거에는 그 전부를 경찰이라 칭하였으나, 오늘날에는 형식적 의미의 경찰 외에도 질서유지를 담당하는 기관이 많이 존재해 전체적으로 질서행정이라 부르고 있다.

2. 급부행정

급부행정은 행정주체가 개개인의 생존과 사회공공의 복리증진을 위하여 적극적으로 사회구성원의 생활을 배려하는 행정을 말한다. 급부행정의 개념은 독일의 행정법학자인 Forsthoff에 의해 정립되었으며,[2] 급부행정의 전형적인 영역으로는 ① 의료보험 등의 사회보장을 중심으로 하는 사회보장행정, ② 도로·공원 등 공공시설이나 수도·가스 등 서비스와 재화를 제공하는 공급행정, ③ 장학금·보조금의 지급 등과 같은 자금을 보조하는 조성행정 등이 있다.

3. 유도행정

유도행정은 국민의 사회적·경제적·문화적 생활을 일정한 방향으로 유도하고 개선하기 위하여 행정주체가 규제하거나 지원하는 행정을 말한다.

4. 공과행정

공과행정은 국가가 필요로 하는 자금을 조달하기 위해 조세 기타 공과금을 부과·징수하는 활동이다.

5. 조달행정

조달행정은 행정목적의 달성에 필요한 인적·물적 수단을 취득하고 관리하는 활동이다.

---

2) E. Forsthoff, Die Verwaltung als Leistungsträger, 1938. 포르스트호프는 "급부주체로서의 행정"이라는 책에서 이른바 생존배려(Daseinvorsorge)라는 징표를 가지는 급부행정의 개념을 정립시켰다.

6. 계획행정

계획행정은 행정청이 행정에 관한 전문적·기술적 판단을 기초로 하여 장래 일정한 행정목적의 달성하기 위해 서로 관련되는 행정수단을 종합·조정하여 활동기준을 정립하는 활동이다.

Ⅲ. 수단에 의한 분류

1. 권력적 행정

권력적 행정은 행정주체가 공권력을 발동하여 국민에 대하여 일방적으로 명령하고 강제하거나 개인의 법적 지위를 일방적으로 형성·변경·소멸시키는 행정을 말한다. 권력적 행정은 고권적 행정이라고도 칭한다. 질서행정, 공과행정, 규제행정, 공용부담행정 등은 권력적 행정의 대표적 예이다.

2. 비권력적(관리) 행정

비권력적 행정은 권력적 행정처럼 명령·강제하는 작용이 아니라 강제성을 띠지 않는 비고권적 행정을 말하며, 관리행정이라고도 한다. 비권력적 행정의 대표적 예로는 행정지도, 비공식적 행정작용, 공법상 계약, 도로·하천 등의 공물의 관리, 학교·병원·도서관 같은 영조물의 경영 등이 있다.

3. 국고행정

국고(國庫)행정은 행정주체가 사법(私法)상의 재산권의 주체로서 행하는 사경제적 작용을 말한다. 국고행정은 행정주체가 사인(私人)의 지위로 토지매매나 물건구매 등의 행위를 하는 것이기 때문에 일반 사인과 마찬가지로 민법 기타 사법의 적용을 받는다. 따라서 국고행정은 행정법의 규율대상이 되는 행정에 속하지 않는다. 국·공유 잡종재산을 임대하거나 매각하는 행위는 행정주체가 경제적 이익을 목적으로 하는 국고작용의 대표적 예이다.

Ⅳ. 법적 효과에 의한 분류

1. 부담적(침해적) 행정

부담적 행정은 개인의 자유와 권리를 침해·제한하거나 의무 또는 부담을 과하는 행정으로 '침해적 행정'이라고도 한다. 예컨대 영업금지, 공용수용, 세금부과 등이 이에 해당한다.

2. 수익적 행정

수익적 행정은 개인에게 새로운 권익을 부여하거나 기존의 의무나 부담을 해제하여 주는 행정을 말한다. 자금·물품·서비스 등의 급부제공이나 각종 허가·인가·특허 등이 수익적 행정의 주요수단이다.

3. 복효적(이중효과적) 행정

복효적 행정은 하나의 행정이 부담적 행정과 수익적 행정의 성질을 모두 지니고 있는 행정을 말한다.

V. 행정의 대상에 의한 분류

행정은 그 대상에 따라 조직행정·재무행정·환경행정·토지행정·교육행정·문화행정, 경찰행정·교통행정·경제행정·건설행정·군사행정·사회행정 등 수없이 많은 분류가 가능하다.

제 2 장 행 정 법

제 1 절 행정법의 의의

I. 개   설

행정법은 민법, 형법, 상법과 같은 실정법의 개념이 아닌 강학상의 개념이다. 다시 말해 민법 제1조는 있어도 행정법 제1조는 존재하지 않는다. 행정법이라는 실정법이 없기 때문이다. 행정법이라는 용어는 '행정과 관련된 모든 법'을 통칭하는 의미로 사용된다. 좀 더 정확히 말하면 행정법이란 '행정의 조직과 작용 및 행정구제에 관한 국내공법'을 말한다. 즉, 행정법은 행정권의 조직에 관한 행정조직법과 국가·공공단체와 개인과의 행정작용에 관한 행정작용법 및 국민의 권리구제에 관한 행정구제법을 총칭하는 법을 말한다.

행정법은 헌법과 밀접한 관계에 있다. 일찍이 '오토 마이어'(O. Mayer)는 "헌법은 사라져도 행정법은 존속한다"라고 하였는데, 이는 헌법의 정치적 성격과 비교하여 행정법의 비정치적 성격과 불변성·기술성을 강조한 것이다. 그러나 '프리츠 베르너'(F. Werner)는 "헌법의 구체화법으로서의 행정법"이란 표현을 사용하여 행정법의 헌법에의 기속 또는 그의 실현이라는 측면을 강조함으로써 행정법이 헌법의 집행법이며, 구체화된 헌법으로서의 특성을 가지고 있음을 나타냈다. 이는 행정법은 헌법에 저촉될 수 없을 뿐만 아니라 헌법의 원칙을 구체화한 행정법의 일반원칙에도 반하여서는 안 됨을 나타낸 것이다.

II. 행정법의 관념

1. 행정법은 '행정의 조직·작용 및 구제'에 관한 법이다

먼저 행정법은 행정에 관한 법이란 점에서 국가와 통치권 전반을 중심관념으로 하는 헌법과 구별된다.

행정법은 행정의 조직과 작용에 관한 법이라는 점에서, 입법기관의 조직과 작용에 관한 법(국회법 등)과 사법기관의 조직과 작용에 관한 법(법원조직법 등)과 구별된다. 행정조직에 관한 법으로는 「정부조직법」, 「국가공무원법」, 「지방자치법」 등을 들 수 있다.

행정법의 대부분의 내용을 차지하고 있는 것은 행정작용법이다. 전통적인 행정작용법인 「국세징수법」, 「국토계획법」, 「경찰관 직무집행법」 등 외에도 행정기능의 확대현상으로 인하여 다양한 행정작용법이 생성되고 있는 중이다. 이러한 추세에 따라 전문성이 강한 행정작용법이 각기 독자적인 법분야로 분화·독립되는 경향이 있다(예컨대 토지공법·환경법·경제행정법·조세법·재정법·사회보장법 등).

행정구제에 관한 법으로는 「행정소송법」, 「행정심판법」, 「행정절차법」, 「국가배상법」 등을 들 수 있다.

2. 행정법은 행정에 고유한 '公法'이다

행정법은 행정에 관한 모든 법을 의미하는 것이 아니라 행정에 고유한 공법만을 의미한다. 즉, 행정법은 행정에 관한 모든 법 중에서 사법을 제외한 공법만을 의미한다.

행정작용은 그 수단에 따라 ① 행정주체가 공권력을 발동하여 국민에 대하여 일방적으로 명령하고 강제하는 권력적 작용, ② 강제성을 띠지 않아 사인 상호간의 행위와 다를 것이 없으나, 그 목적과 효과가 공공성을 가지는 관리작용(비권력적 작용), ③ 행정주체가 사인의 지위에서 물자의 구입·판매 등 경제활동을 하는 국고작용(사경제적 작용)으로 구분된다. 여기서 권력적 작용과 관리작용에 대하여 규율하는 법은 공법으로서 행정법의 대상이지만, 국고작용에 관하여 규율하는 법은 원칙적으로 사법(私法)이다.

3. 행정법은 행정에 관한 '국내법'이다

행정법은 행정에 관한 국내법이라는 점에서 국제법과 구별된다. 국가의 여러 외국과의 관계에 대한 국제행정도 넓은 의미의 행정에는 포함되지만, 국제행정은 국제법의 규율을 받으며, 국제법은 국내법과는 그 원리와 성질을 달리하므로 원칙적으로 행정법의 대상에서 제외된다.

다만 우리 헌법은 "헌법에 의하여 체결·공포된 조약과 일반적으로 승인된 국제법규는 국내법과 같은 효력을 가진다(헌법 제6조 제1항)"라고 규정하고 있으므로, 일정 한도 안에서 국제조약도 국내행정법의 일부를 구성한다고 보아야 한다.

제 2 절 행정법의 특색

행정의 조직·작용 및 구제에 관한 법인 행정법은 단일법전이나 통칙적 규정이 없이 무수한 법령으로 구성되어 있으나, 전체로서 공통의 지도원리를 가진 통일적 법체계를 구성하고 있다. 아래의 행정법의 특색은 민법·상법 등 다른 법분야와의 상대적 비교에 기초한 것이다.

Ⅰ. 형식상의 특색

1. 행정법의 성문성

행정법은 국민의 권리·의무에 관한 사항을 일방적으로 규율하는 법이기 때문에 예측가능성의 보장과 법적 생활의 안정성을 도모하기 위하여 어떤 다른 법분야의 경우보다도 성문성이 강하게 나타난다. 그러나 행정법의 성문성의 특색이 곧 불문법의 존재가치를 부인한다는 의미는 아니다.

2. 행정법의 형식다양성

행정법을 구성하는 법의 형식은 다른 법분야에 비해 다양하다. 즉, 행정법을 구성하는 법은 법률에 의할 것을 원칙으로 하면서도 법률의 수권에 의한 법규명령(위임명령·집행명령)·행정규칙·자치법규 등 다양한 형식으로 존재한다.

Ⅱ. 성질상의 특색

1. 행정법의 획일·강행성

행정법은 보통 다수의 국민을 대상으로 하여 일정한 행정목적의 실현을 그 목적으로 하기 때문에 개개인의 의사여하를 불문하고 획일·강행적으로 규율하는 특색을 지닌다. 이러한 점에서 행정법은 사적 자치의 원칙에 따라 당사자의 자유의사를 존중하는 사법과 비교된다. 행정법이 지닌 이러한 획일·강행성의 특색 때문에 개인뿐 아니라 행정청도 법에 구속된다.

2. 행정법의 기술(技術)성

행정법은 합목적적으로 행정목적을 실현하기 위한 수단과 절차를 정하고 있는 법으로, 이러한 목적을 달성하기 위해 기술성이라는 특색을 지니고 있다. 특히 최근에는 행정과정에서 개인의 참여를 보다 확대하기 위한 절차적·기술적 규율의 필요성이 강조되고 있다.

3. 행정법의 집단·평등성

행정법은 일반적으로 다수의 국민을 그 규율대상으로 하며, 이들을 평등하게 취급해야 하는 특색을 지니고 있다. 따라서 행정법의 규율내용은 점점 정형화되는 경향에 있다.

4. 행정법의 조정성

오늘날의 사회는 끊임없는 변화와 혁신을 추구하고 있어, 이와 같은 사회현상을 규율하는 행정법 역시 변화해 가는 가치체계를 적극적으로 수용하여 사회 및 국가의 동태적 통합과정을 촉진시키는 정의 내지 공익실현을 위한 조정법으로서의 성격을 지니게 되었다.

Ⅲ. 내용상의 특색

1. 행정주체의 우월성

행정법은 국가·공공단체 등의 행정주체에게 국민에 대하여 일방적으로 명령·강제하며 법률관계를 형성·변경하는 힘, 즉 지배권(예컨대 조세의 부과·징수권, 토지 등의 수용·사용권, 경찰상의 명령강제권 등)을 인정해주고 있다. 행정법이 이렇듯 행정주체에게 지배권을 인정해주는 것은 행정주체가 국민에 대하여 우월성을 가진다는 것을 의미한다.

행정주체의 우월성은 행정권에 고유한 본연의 성질의 것은 아니며, 행정행위의 실효성을 확보하기 위해 실정법이 인정한 특성에 불과하다(공정력, 자력집행력).

2. 행정법의 공익우선성

행정법은 공익의 실현을 그 본질로 하는 법이기 때문에 공익우선성이라는 특색을 지니고 있다. 여기서 공익우선성의 의미는 사익을 무시하여도 된다는 의미가 아니며, 공익과 사익의 조화를 전제로 한다는 것이다. 즉, 공익우선성은 공익 상호간, 공익과 사익 상호간, 사익 상호간의 이익형량을 통한 조화를 그 전제로 하고 있다.

제 3 절 행정법의 기본원리

우리 헌법 아래서 ① 법치국가의 원리, ② 민주국가의 원리, ③ 복리국가의 원리 등이 행정법의 기본원리로 인정되고 있다.

Ⅰ. 법치국가의 원리

법치국가의 원리라 함은 국가작용, 그 중에서도 행정이 헌법과 법률에 의해 행해지며 행정을 통해 불이익을 받은 사람을 위한 구제제도가 정비되어 있어야 한다는 헌법상의 기본원리이다. 이러한 헌법상의 법치국가의 원리가 제도적인 측면에서 실현되는 원칙이 법치주의이다. 즉, 법치주의란 '인의 지배'가 아닌 '법의 지배'를 의미하는 것으로, 연혁적으로 법치국가의 원리를 그 기저로 하고 있다.

우리 헌법에는 법치국가의 원리를 명시한 명문의 규정이 없다. 하지만 기본권의 포괄성(제37조 제1항), 기본권제한의 일반원칙(제37조 제2항), 행정권에 대한 포괄적 위임입법의 금지(제75조), 헌법재판소의 위헌법률심사권(제107조 제1항), 명령·규칙·처분에 대한 대법원의 최종심사권(제107조 제2항) 등의 제 규정을 통하여 법치국가의 원리가 기본원리의 하나임을 알 수 있다.

법치행정의 원칙의 구체적 내용에 대해서는 다음 제4절에서 설명하기로 한다.

Ⅱ. 민주국가의 원리

우리 헌법은 제1조 제2항에서 "대한민국의 주권은 국민에게 있고, 모든 권력은 국민으로부터 나온다"라고 규정함으로써 민주주의가 국가 또는 행정의 기본원리임을 분명히 하고 있다. 헌법상의 민주주의의 원리에 입각하여, 행정 및 행정조직 역시 민주국가의 원리를 지향하고 있으며, 다음과 같은 제도를 통해 구체적으로 구현되고 있다.

1. 민주적 국가행정

우리 헌법에 의하면 정부는 그 행정권의 행사에 있어서 국회로부터 예산의 심의·확정(제54조), 국무총리 및 국무위원 등의 출석요구와 질문(제62조), 국무총리 또는 국무위원의 해임건의(제63조) 등을 통하여 견제를 받게 되는데, 이는 헌법이 민주주의 원리에 기초하여 민주적 국가행정을 규정한 것이다.

2. 책임행정

우리 헌법은 책임행정을 확보하기 위한 수단으로 국무총리임명에 대한 국회의 동의(제86조 제1항), 국무총리와 국무위원에 대한 국회의 해임건의(제63조), 국무총리·국무위원 등의 국회출석·답변요구권(제62조), 국회에 의한 대통령·국무총리·국무위원 등에 대한 탄핵소추권(제65조) 등을 규정하고 있다.

3. 지방자치

헌법은 제117조 제1항에서 "지방자치단체는 주민의 복리에 관한 사무를 처리하고, 재산을 관리하며, 법령의 범위 안에서 자치에 관한 규정을 제정할 수 있다"라고 규정하고 있어 지방자치제를 보장하고 있다(제도적 보장). 헌법에 의한 지방자치제의 보장은 지방자치단체가 국가행정조직에서 독립하여 주민의 자치의사에 따른 지방행정을 가능하게 하는 것인데, 이는 곧 지방행정의 민주화와 효율화를 도모하는 것이다.

4. 민주적 공무원제도

헌법은 제7조 제1항에서 "공무원은 국민전체에 대한 봉사자이며, 국민에 대하여 책임을 진다"라고 규정하고 있어 공무원의 국민전체에 대한 봉사자로서 지위를 명백히 하고 있다. 또한 모든 국민의 균등한 공무담임권 및 공무원에 대한 법정주의 등을 통하여 민주적 공무원제도의 확립을 기하고 있다. 이러한 민주적 공무원제도는 민주행정을 보장하는 중요한 수단중의 하나이다.

5. 행정의 적극적 추진

「행정기본법」제4조 제1항은 "행정은 공공의 이익을 위하여 적극적으로 추진되어야 한다"라고 규정하여 행정의 적극적 추진을 명시하고 있다. 또한 제2항에서 "국가와 지방자치단체는 소속 공무원이 공공의 이익을 위하여 적극적으로 직무를 수행할 수 있도록 제반 여건을 조성하고, 이와 관련된 시책 및 조치를 추진하여야 한다"라고 규정하여 개별 공무원의 적극행정을 유도하기 위한 인센티브 등과 같은 조직적·정책적 여건 조성과 구체적인 시책 및 조치를 명시하고 있다. 여기서 적극행정이란 "공무원이 불합리한 규제를 개선하는 등 공공의 이익을 위해 창의성과 전문성을 바탕으로 적극적으로 업무를 처리하는 행위"를 말한다(적극행정 운영규정 제2조 제1호).

헌법상 공무원은 공익실현의 의무가 있으므로 공무원의 국민 전체에 대한 봉사자로서의 공직윤리가 중요하다. 특히 성실하고 능동적인 자세의 적극적 업무수행이 공익실현을 위해 중요한 기능을 수행하기 때문에 적극적 행정에 대한 요청이 사회 전반에서 지속적으로 제기되고 있다. 이러한 요청에 부응하여 「행정기본법」은 적극적 행정에 대해 명시적으로 규정하여 그 촉진을 위한 법률적 근거를 마련한 것이다.

Ⅲ. 복리국가의 원리

복리국가란 모든 국민을 위하여 광범한 사회보장과 완전고용의 실현 등을 국가의 책임으로 하는 국가를 말한다. 즉, 복리국가에서 국가는 사회정의의 입장에서 적극적으로 공공복리의 향상을 도모하여야 하며, 그것은 곧 국가의 책임인 것이다.

우리 헌법은 경제적 약자의 복리실현을 도모함과 동시에 사회정의에 입각한 복리국가의 원리를 실현시키기 위하여 헌법전문에서 ① 사회정의의 실현, ② 정치·경제·사회·문화의 모든 영역에서 기회균등, ③ 국민생활의 균등한 향상을 선언하고 있으며, 제10조에서는 인간의 존엄과 가치 및 행복추구권을 규정하고 있다. 뿐만 아니라 국민의 인간다운 생활권의 보장과 국가의 사회보장·사회복지증진을 위한 의무(제34조), 환경권의 보장(제35조) 등 일련의 사회적 기본권 및 사회적 경제질서의 확보(제119조) 등을 규정하여 복리국가의 원리를 분명히 밝히고 있다.

오늘날 행정작용의 중심적 형태가 권력적 행정에서 국민에게 급부를 제공하는 급부행정과 복리행정의 영역으로 옮겨가고 있는 현상은 헌법상의 복리국가의 원리를 잘 반영하고 있는 것이다.

제 4 절　행정과 법치주의

Ⅰ. 법치주의의 개념

법치주의란 헌법상의 법치국가의 원리가 제도적인 측면에서 실현되는 원칙으로, '인의 지배'가 아닌 '법의 지배'(rule of law)를 의미한다. 이는 행정권의 활동을 국민의 의사를 대표하는 의회의 법률에 기속시키고, 법률의 적용을 보장하는 재판제도를 가짐으로써 법의 지배를 달성하려는 원리이다.

법치주의를 행정면에서 보면 '법치행정의 원칙' 내지는 '행정의 법률적합성의 원칙'이 된다. 법치행정의 원칙은 행정법의 가장 기초가 되는 전제요건으로, 행정법의 가장 핵심적인 개념이다.

「행정기본법」제8조는 "행정작용은 법률에 위반되어서는 아니 되며, 국민의 권리를 제한하거나 의무를 부과하는 경우와 그 밖에 국민생활에 중요한 영향을 미치는 경우에는 법률에 근거하여야 한다"라고 규정하여 법치행정의 원칙을 명문화하였다. 법치주의의 요소인 법치행정의 원칙을 명문화함으로써 행정담당자 및 국민으로 하여금 행정 영역도 법치주의 적용대상임을 명시적으로 인식하도록 선언한 것이다.

Ⅱ. 형식적 법치주의와 실질적 법치주의

형식적 법치주의와 실질적 법치주의라는 용어는 역사적으로 법치주의를 사후적으로 평가하면서 탄생된 것으로, 지금 현재 동시대의 개념이 아닌 서로 다른 시점에서 연혁적으로 사용되고 있는 개념이다.

1. 형식적 법치주의

형식적 법치주의란 제2차 세계대전 전의 나치시대의 법치주의를 평가한 개념이다. 이는 법치주의를 의회가 제정한 법률의 우위를 전제로 한 형식적 법률의 지배로 이해하는 견해이다. 즉, 법률의 형식만 강조되고 법률의 실질적 내용은 문제시 되지 않는 법치주의를 의미한다. 따라서 법률이 의회에서 제정되기만 하였으면, 그 내용이 설령 기본권을 침해하고 있다고 할지라도 적법한 법률로 인정되고, 행정은 이를 집행만 하면 적법한 행정이 되는 것이다. 이는 결과적으로 위헌적인 법률의 우위가 용인되는 것을 의미한다.

2. 실질적 법치주의

실질적 법치주의란 나치시대에 유태인 학살 등 수많은 범죄행위가 자행되었지만, 아이러니하게도 그 모든 행위가 법치주의라는 미명아래 행해졌다는 역사적 반성에서 출발한 개념이다. 제2차 세계대전 종료 후 기존의 법치주의의 법리적 오류가 어디에 있었는지에 대한 반성과 개선책을 추구하면서 탄생된 것이 실질적 법치주의 개념이다. 실질적 법치주의는 법률의 형식뿐만 아니라 법률의 실질적 내용도 인권침해가 없도록 보장하는 민주주의 정치이념의 표현이다. 즉, 실질적 법치주의는 형식적 법치주의를 당연한 전제로 인정하고 한 걸음 더 나아가 법률의 실질적 내용도 합헌적이고 인권침해가 없어야 한다는 의미의 법치주의를 말한다. 따라서 실질적 법치주의는 "모든 행정작용은 합헌적인 법률에 위반되어서는 안 된다"는 의미를 담고 있다. 법률은 무릇 헌법에 종속되는 것이기 때문에, 헌법상 보장된 기본권과 여러 기본원칙을 침해하는 내용을 담고 있어서는 아니 되며, 법률이 합헌적인 경우에 한해서만 행정은 그 법률을 적용할 의무를 진다는 것이다.

오늘날 법치주의라 함은 당연히 실질적 법치주의를 의미한다. 실질적 법치주의는 형식적 법치주의와 대립하는 개념이 아니라 법치주의의 형식적 요소는 물론 국민의 기본권 보호라는 실질적 요소까지 포함하는 개념이다. 우리의 헌법재판소와 대법원도 이를 명확히 인정하고 있다.

> **[판 례]** 우리 헌법이 기본원리로 삼고 있는 법치주의는 단순히 국민의 권리·의무에 관한 사항을 법률로써 정해야 한다는 형식적 법치주의에 그치는 것이 아니라, 그 법률의 목적과 내용이 기본권보장의 헌법이념에 부합되어야 한다는 실질적 법치주의를 지향하는 것이다. 이러한 실질적 법치주의의 실현을 위하여는 국가작용이 법률에 근거하여 행하여져야 한다는 것 못지않게 그 과정에 있어서 법적 안정성 또한 중요하게 고려되어야 한다(헌재 1992.2.25. 90헌가69; 대법원 2006.11.16. 선고 2003두12899 전원합의체 판결).

3. 양자의 관계

형식적 법치주의와 실질적 법치주의라는 개념은 오늘날 병존하는 개념이 아니라 서로 시대를 달리하는 연혁적인 개념이다. 즉, 동일한 법치주의에 대하여 1945년 제2차 세계대전 종전 전후를 기준으로 나치시대의 법치주의를 형식적 법치주의라고 칭하고, 그 이후의 오늘날의 법치주의를 실질적 법치주의라고 부르고 있다. 따라서 양자는 학설에 의한 대립개념이 아니라, 법치주의에 대한 시대적·역사적 평가의 개념이다. 따라서 오늘날 법치주의라는 용어가 사용될 경우 이는 실질적 법치주의를 의미함을 잊지 말아야 한다.

Ⅲ. 법치주의의 내용

법치주의는 행정에서 ① 법률의 법규창조력, ② 법률의 우위, ③ 법률의 유보 등이 그 내용으로 나타난다.

1. 법률의 법규창조력

법률의 법규창조력은 국민의 권리·의무에 관한 새로운 규율을 정하는 것은 법률을 제정하는 의회의 전권에 속하고, 의회에서 제정된 형식적 법률만이 법규로서 구속력을 가진다는 것을 말한다(헌법 제40조).

과거 제2차 세계대전 전 독일에서는 행정권이 독립명령, 긴급명령의 형식으로 의회에서 제정된 법률과는 별개로 독자적으로 법규를 창조할 수 있었고, 행정권에 광범위한 위임입법권이 인정되어 법률의 법규창조력이 무력화된 바 있었다(형식적 법치주의).

오늘날에도 법규로서 구속력을 가지는 행정권의 명령권은 여전히 존재하고 있다. 그러나 종래와는 다르게 예외적으로만 인정될 뿐, 원칙적으로는 허용되지 않는다. 즉, 우리 헌법은 제76조에서 긴급재정·경제명령이나 긴급명령에 대해 그 발령요건을 엄격히 규정하면서 예외적으로만 인정하고 있으며, 그 외의 명령권의 법규창조력은 허용하고 있지 않다. 또한 위임명령은 일반적·포괄적 수권을 하는 경우에는 허용되지 않고, 법률에서 그 내용·범위·목적을 구체적으로 정하여 위임한 사항에 대해서만 제정하도록 하여(헌법 제75조), 법률의 법규창조력을 해치지 않는 범위 내에서만 인정하고 있다(실질적 법치주의).

2. 법률우위의 원칙

법률우위의 원칙은 모든 행정작용은 법률에 위반되어서는 아니된다는 원칙이다. 「행정기본법」 제8조 전단은 행정작용이 법률을 준수하여야 한다는 것을 명시적으로 규율하고 있다. 이는 국민주권의 원리에 따라 의회에서 제정된 법률은 국가의사 중에서 최강의 종류이므로 행정작용과 같은 다른 국가의사가 이를 저촉해서는 아니된다는 의식에 그 기저를 두고 있다. 여기서 말하는 법률의 개념에는 형식적 의미의 법률뿐만 아니라 실질적 의미의 법률인 법규명령, 관습법, 판례법 등 광의의 법규가 포함된다.

따라서 법률우위의 원칙은 행정의 합헌적 법률에의 종속성을 의미한다. 즉, 모든 행정은 어떤 사안에 관하여 이미 합헌적 법률이 제정되어 있는 경우에 그 법률을 적용할 의무를 지며, 또한 어떠한 경우에도 그 법률의 실체적·절차적 규정에 위배되는 조치를 하여서는 아니된다는 것을 의미한다.

만약 법률이 헌법원리를 침해하는 경우에는 그 법률의 합헌 여부가 문제되며, 이 경우 위헌법률심사제도를 통하여 당해 법률의 위헌 여부를 판단할 수 있고, 위헌법률일 때에는 그 효력이 부인된다. 또한 위법한 행정권행사에 대하여는 사법적 통제제도가 확립되어 있어 권익침해를 받은 국민은 행정소송을 제기하여 권익구제를 받을 수 있다. 따라서 위헌법률심사제도와 행정소송제도는 합헌적 법률우위의 원칙을 담보하는 매우 중요한 제도이다.

3. 법률유보의 원칙

(1) 의 의

법률유보란 행정작용의 발동은 법률의 수권에 의하여 행해져야 한다는 것을 말한다. 「행정기본법」 제8조 후단은 "국민의 권리를 제한하거나 의무를 부과하는 경우와 그 밖에 국민생활에 중요한 영향을 미치는 경우에는 법률에 근거하여야 한다"고 규정하여 법률유보의 원칙을 명문으로 인정하고 있다.

앞에서 본 법률우위의 원칙은 법률 등을 포함하여 모든 법규는 행정에 우위하고, 행정은 그 법규에 반할 수 없다는 원칙으로 소극적 의미의 법치행정의 원칙을 말하나, 법률유보의 원칙이란 행정권의 발동은 반드시 법률의 수권이 있어야 한다는 원칙으로 적극적 의미의 법치행정의 원칙을 말한다. 이러한 법률유보의 원칙은 국민의 자유와 권리를 보장하기 위하여 행정권의 활동을 국민의 의사를 대표하는 의회가 제정한 법률에 기속되게 하여 '人의 지배'가 아닌 '法의 지배'를 실현시키기 위한 원리로 근대 입헌주의국가에서 확립된 권력분립제도에 그 기초를 두고 있다.

> **[판 례]** 집회나 시위 해산을 위한 살수차 사용은 집회의 자유 및 신체의 자유에 대한 중대한 제한을 초래하므로 살수차 사용요건이나 기준은 법률에 근거를 두어야 하고, 살수차와 같은 위해성 경찰장비는 본래의 사용방법에 따라 지정된 용도로 사용되어야 하며 다른 용도나 방법으로 사용하기 위해서는 반드시 법령에 근거가 있어야 한다. 혼합살수방법은 법령에 열거되지 않은 새로운 위해성 경찰장비에 해당하고 이 사건 지침에 혼합살수의 근거 규정을 둘 수 있도록 위임하고 있는 법령이 없으므로, 이 사건 지침은 법률유보원칙에 위배되고 이 사건 지침만을 근거로 한 이 사건 혼합살수행위 역시 법률유보원칙에 위배된다(헌재 2018.5.31. 2015헌마476).

법률유보의 원칙은 '법률에 의한' 규율만을 뜻하는 것이 아니라 '법률에 근거한' 규율을 요청하는 것이므로 기본권 제한의 형식이 반드시 법률의 형식일 필요는 없고 법률에 근거는 두면서 헌법 제75조가 요구하는 위임의 구체성과 명확성을 구비하기만 하면 위임입법에 의하여도 기본권을 제한할 수 있다.

(2) 법률유보에 관한 학설

행정작용의 발동을 위해서는 법적 근거가 필요하다는 기본적 생각에는 일반적으로 동의하지만, 법률유보의 원칙이 적용되는 행정작용의 범위에 대해서는 견해가 나누어져 있다. 즉, 법률유보의 원칙이 모든 행정작용에 동일하게 적용되는 것인지, 아니면 일부의 행정작용에만 적용되는 것인지에 대해 다양한 학설이 제시되고 있다.

1) 침해유보설

침해유보설은 행정작용 가운데 국민의 권익을 침해·제한하거나 의무를 부과

하는 침해적(부담적) 행정작용에는 반드시 법률의 근거를 필요로 하나, 국민에게
권익을 부여하거나 의무를 감면하는 수익적 행정작용에는 법률의 근거를 필요로
하지 않는다고 보는 견해이다. 침해유보설은 근대 입헌주의국가 당시부터 주장된
가장 전통적인 학설로 법률유보이론의 핵심에 해당한다.

    침해유보설은 연혁적으로 군주와 시민이 대립관계에 있었던 19세기 입헌군주
제 아래에서 군주와 시민계급의 타협의 산물이다. 군주에게 법률로부터 자유로운
영역이 광범위하게 인정되었던 그 당시, 시민계급은 "자유와 평등"이라는 프랑스
혁명의 영향으로 자신들의 권익을 침해하는 행정작용을 제한하려고 하였으며, 그
타협으로 침해적 행정작용의 경우 최소한 법률의 근거가 있을 것을 요구하였던 것
이다. 더 나아가 19세기 당시 행정작용의 대부분이 국민의 측면에서 보면 수익적
행정이기보다는 침해적 행정이었기 때문에 제기된 이론이다.

    침해유보설은 과거 독일, 일본에서의 통설이었으며, 독일에서는 아직도 상당
한 비중을 차지하고 있다. 현재 우리나라에서는 이 설을 지지하는 학자는 없다. 오
늘날 급부행정영역을 법률유보로부터 제외하는 것은 적합하지 않다는 비판이 제
기되고 있지만 침해적 행정작용에는 언제나 형식적 법률의 근거를 요한다는 점에
서 침해유보설의 의의는 여전히 설득력을 지니고 있다고 본다.

    2) 신침해유보설

    신침해유보설은 원칙적으로 침해유보설의 입장을 취하면서 특별행정법관계에
법률유보가 적용된다는 견해이다. 즉, 침해적 행정작용은 물론이고 특별행정법관
계에서도 행정작용의 발동을 위해서는 법률의 근거가 필요하다는 입장이다. 다만
급부행정의 영역에 있어서는 법률유보가 필수적인 것은 아니라고 본다.

    3) 권력행정유보설

    권력행정유보설은 국민의 권리와 의무에 관계있는 모든 권력적행위에 법률의
근거를 요한다는 견해로 법률의 법규창조력을 그 논거로 하며, 국민에게 영향을
주는 일방적 행위에 대하여 새로운 규범을 정립하는 것은 입법권의 전권에 속한다
고 한다. 그러나 법률유보의 대상에서 급부행정과 같은 비권력적 행정작용은 제외
하게 되는 문제가 있다.

    4) 급부행정유보설

    급부행정유보설(또는 사회유보설)은 침해적 행정작용뿐만 아니라 수익적 행정작
용인 급부행정의 경우에도 법률의 근거를 요한다는 견해로, 현대국가에 있어서의
국가의 급부활동과 국민과의 관련성 및 그 중요성에 그 기초를 두고 있다. 오늘날
국민생활은 국가 등이 제공하는 각종 급부에 크게 의존하고 있는바, 이러한 급부

의 거부 또는 부당한 배분은 실질적으로 침해적 행정작용 못지않게 침해적 성격을 가진다. 따라서 그 내용이나 요건 또는 기준을 법률로 규정하여 그에 대한 예견·예측가능성을 부여함으로써, 행정의 자의를 방지하여야 할 필요성이 있다.

그러나 급부행정유보설은 어떠한 이유에 기한 것이든지 법률이 결여된 경우에는 국가는 국민생활에 필요한 급부를 제공할 수 없게 되어 국민의 권익보호에 오히려 역효과를 초래할 수 있다는 점에서 문제시되고 있다.

5) 전부유보설

전부유보설은 모든 행정작용은 법률의 근거를 요한다고 보는 견해이다. 이는 여타 다른 학설이 부분적인 행정작용에 한하여서만 법률의 근거가 필요하다고 주장하는 입장과는 정반대인 것으로, 권력적 행정작용이든 비권력적 행정작용이든 또는 침해적 행정작용이든 수익적 행정작용이든 불문하고 모두 법률의 근거가 필요하다고 본다.

전부유보설은 국민주권주의와 의회민주주의를 강조하고 있는 오늘날의 헌법현실을 그 배경으로 하여 주장되고 있다. 즉, 과거의 입헌군주제와는 달리 오늘날의 민주적 법치국가에 있어서 행정권은 지도적 역할을 상실하였고, 의회는 국가의 최고기관으로서의 지위를 가지고 있으므로, 모든 행정작용은 국민의 의사의 표현인 법률에 따라 행하여져야 한다고 보는 것이다.[1]

그러나 전부유보설에 따라 모든 행정작용에 대하여 전부 법률의 근거를 요구하게 되면 행정은 다양화되고 가변적인 행정현실에 탄력적으로 대응하지 못하게 된다. 이런 이유로 전부유보설은 행정현실을 도외시한 이상론이라는 비판을 받고 있다.

6) 중요사항유보설(본질성이론)

중요사항유보설[2]은 1970년대 이후 독일의 연방헌법재판소 판례를 통해 형성된 법률유보이론으로, '본질성이론'이라고도 불린다. 우리의 헌법재판소도 최근에는 이 견해를 취하고 있다. 중요사항유보설의 핵심은 국가의 중요하고 본질적인 행정작용은 의회가 직접 형식적인 법률로 규율해야 한다는 것이다. 즉, 본질적인 행정작용은 의회에서 제정한 형식적 법률의 유보 하에 있어야 한다는 것이다(이른

---

1) 전부유보설의 이론을 정립한 학자는 독일의 Jesch 교수이다. Vgl. Jesch, Gesetz und Verwaltung, 1961, S. 204ff.
2) 중요사항유보설이라는 용어는 독일연방헌법재판소에 의해서가 아니라 1976년 Oppermann 교수의 논문에서 최초로 사용되었다. Vgl. Oppermann, Gutachten C, in: Verhandlungen des 51. Deutschen Juristentages, 1976, Bd. I, S. C 51. 아직도 독일연방헌법재판소는 스스로 중요사항유보설이라는 용어사용을 자제하고 있다.

바 의회유보). 중요사항유보설이 가지는 의의는 이것이 기존 학설이 가지는 법률유보의 범위를 축소하거나 확장시키는 것이 아니라 법률유보에 대한 새로운 이론방향을 제시하고 있다는 점이다. 즉, 침해를 중심으로 이루어진 기존의 법률유보이론과는 달리 침해 존재여부와 관계없이 '본질적(중요) 사항'이라는 기준에 의해 법률유보를 결정하고 있는 것이 그 특징이다.

중요사항유보설에 대한 비판으로는 중요하고 본질적 사항이 구체적으로 무엇인지 판단하는 기준이 불명확하고 그 범위가 애매하다는 문제점이 제기된다. 하지만 중요사항유보설에 있어서 본질적 사항 여부에 관한 판단은 당해 행정작용의 속성을 기준으로 하기보다는, 국민 일반 및 개인과의 관계에 있어 당해 사항에 대한 법적 규율이 가지는 의미·효과·중요성 등에 의존한다. 따라서 '본질적'이라는 관념은 확정개념이 아니고, 개별적·상대적으로 결정되는 것이다. 우리의 헌법재판소는 본질적 사항의 대표적 예로 "국민생활에 중요한 영향을 미치는 사항", "국민의 기본권실현에 관련된 영역에 속하는 사항" 등을 들고 있다.

「행정기본법」 제8조는 "행정작용은 국민생활에 중요한 영향을 미치는 경우에는 법률에 근거하여야 한다"라고 규정함으로써 법률유보에 대한 중요사항유보설을 입법적으로 채택하고 있다.

7) 의회유보

한편 중요사항유보설의 설명과정에서 의회유보라는 용어가 혼용되어 사용되고 있어 양자가 동일한 것인지, 아니면 상호 별개의 것인지 혼란이 야기되기도 하는데, 이는 본질성이론이 기존의 법률유보이론과는 달리 2단계로 구성되어 있기 때문이다. 본질성이론의 1단계는 일반적인 법률유보의 한 이론으로서 행정작용 중 본질적 사항의 경우 법률의 수권이 필요하다는 것으로 입법사항의 문제에 그 초점이 맞추어 있다. 본질성이론의 2단계는 법률유보를 전제로 위임입법과의 관계에서 입법자가 위임입법에 위임할 수 없고 반드시 스스로 법률로 정해야 한다는 위임입법금지로서의 기능을 가지고 있는데, 이를 의회유보라고 한다. 즉, 본질성이론의 위임입법금지의 한 형태인 의회유보는 본질적 사항에 해당하는 행정권의 발동은 의회에서 제정한 형식적 의미의 법률에 직접적으로 근거하여야 한다는 것을 말하는 것으로 일반적인 법률유보가 법률과 법규명령과의 구분 없이 포괄적으로 인정하였던 그 법적 근거를 법률로 한정시키고 있다는 점이 특징이다.[3] 다시 말해 의회유보라는 개념은 본질성이론에 따른 위임입법금지의 측면을 강조하여 표현한

---

[3] 헌법 제75조의 위임입법의 내용과 그 한계에 대해서는 본서 제2편 제1장 '행정입법'에서 자세히 설명하니 그 부분을 참조바람.

것으로, 일반적 법률유보이론이 가지고 있는 근본적인 문제점인 위임입법을 통한 법률의 공동화(空洞化)현상을 방지하기 위한 한 단계 성숙된 법률유보이론이다.[4]

8) 결 어

법률유보에 관한 위 학설 중 어느 하나를 취하여 일률적으로 법률유보의 범위와 강도를 정하기보다는 각 행정작용의 내용이나 기능, 국민의 법적 지위와 이익과의 관계 등을 고려하여 개별적으로 판단하여야 할 것이다. 즉, 해당 행정작용과 기본권과의 관련성을 중심으로 하여 본질적 사항인지 여부를 판단하여 최종적으로 결정하는 것이 타당하다고 본다.

하지만 최소한 침해적 행정작용의 영역에 관해서는 이론의 여지가 없이 법률유보가 적용되는 것으로 보아야 한다. 그리고 수익적 행정작용 중에서도 급부행정의 경우는 공정한 급부를 보장하기 위해서라도 법률유보가 적용되어야 하는 것이 타당하다고 본다.

(3) 법률유보에 관한 판례

우리의 헌법재판소는 최근 다수의 판례에서 중요사항유보설의 입장을 취하고 있다.[5] 즉, 중요사항유보설이 비록 독일의 판례에서 형성된 이론이기는 하지만, 이제는 우리의 헌법재판소가 법률유보의 위반여부를 이에 따르고 있으므로 단순히 하나의 외국학설로 치부하여서는 아니된다고 본다.

1) 중학교 의무교육

3년의 중등교육에 대한 의무교육을 대통령령이 정하는 바에 의하여 순차적으로 실시하도록 한 구「교육법」제8조의2에 대한 위헌심판에서 헌법재판소는 비록 합헌결정을 하였지만, 중요사항유보설로부터 도출되는 의회유보를 위임입법의 심사기준으로 제시하였다. 이는 헌법재판소가 실질적으로 중요사항유보설과 의회유보를 인정한 최초의 사례라 할 수 있다.

> **[판 례]** 헌법 제31조에서 보장되고 있는 국민의 교육을 받을 권리를 실질적·구체적으로 실현하기 위하여 국가는 교육에 관한 법제정비의 책임이 있다. 그러나 입법자는 교육에 관한 법제의 전부가 아니라 그 기본골격을 수립할 책무가 있으므로 본질적인 사항에 대하여는 반드시 스스로 기본적인 결정을 내려야 하고, 그러한 기본적

4) 송동수, 중요사항유보설과 의회유보와의 관계, 토지공법연구, 제34집(2006.12), 112면.
5) 자동차등을 이용한 범죄행위의 모든 유형이 기본권 제한의 본질적인 사항으로서 입법자가 반드시 법률로써 규율하여야 하는 사항이라고 볼 수 없고, 법률에서 운전면허의 필요적 취소사유인 살인, 강간 등 자동차등을 이용한 범죄행위에 대한 예측가능한 기준을 제시한 이상, 행정안전부령이 정하는 범죄행위를 한 때 운전면허를 취소하도록 하는 구 도로교통법 제93조 제1항 제11호는 법률유보원칙에 위배되지 아니한다(헌재 2015.5.28. 2013헌가6).

사항의 결정을 행정부에 위임하여서는 아니된다(헌재 1991.2.11. 90헌가27).

2) 토초세법상의 기준시가

> **[판 례]** 토초세법(토지초과이득세법)[6]상의 기준시가는 국민의 납세의무의 성부 및 범위와 직접적인 관계를 가지고 있는 중요한 사항이므로 이를 하위법규에 백지위임하지 아니하고 그 대강이라도 토초세법 자체에서 직접 규정해 두어야만 함에도 불구하고, 토초세법 제11조 제2항이 그 기준시가를 전적으로 대통령령에 맡겨 두고 있는 것은 헌법상의 조세법률주의 혹은 위임입법의 범위를 구체적으로 정하도록 한 헌법 제75조의 취지에 위반된다(헌재 1994.7.29. 92헌바49·52 병합).

3) 한국방송공사의 TV 방송수신료

TV방송수신료의 금액에 대하여 국회가 스스로 결정하거나 결정에 관여함이 없이 한국방송공사로 하여금 결정하도록 한 구「한국방송공사법」제36조 제1항이 법률유보원칙에 위반되는지 여부에 대한 본 사건에서, 헌법재판소는 그동안 제시하였던 중요사항유보설과 의회유보를 더욱 더 구체적으로 설명하였다. 이는 헌법재판소가 법률유보와 관련하여 중요사항유보설을 기본입장으로 취하고 있음을 확고히 한 사례인데, 특히 중요사항의 구체적 기준으로 "국민의 기본권실현과 관련된 영역"이라는 예를 제시한 것은 큰 의미가 있다.

> **[판 례]** 오늘날 법률유보원칙은 단순히 행정작용이 법률에 근거를 두기만 하면 충분한 것이 아니라, 국가공동체와 그 구성원에게 기본적이고도 중요한 의미를 갖는 영역, 특히 국민의 기본권실현과 관련된 영역에 있어서는 국민의 대표자인 입법자가 그 본질적 사항에 대해서 스스로 결정하여야 한다는 요구까지 내포하고 있다(의회유보원칙). 그런데 TV방송수신료는 대다수 국민의 재산권 보장의 측면이나 한국방송공사에게 보장된 방송자유의 측면에서 국민의 기본권실현에 관련된 영역에 속하고, 수신료금액의 결정은 납부의무자의 범위 등과 함께 수신료에 관한 본질적인 중요한 사항이므로 국회가 스스로 행하여야 하는 사항에 속하는 것임에도 불구하고 한국방송공사법 제36조 제1항에서 국회의 결정이나 관여를 배제한 채 한국방송공사로 하여금 수신료금액을 결정해서 문화관광부장관의 승인을 얻도록 한 것은 법률유보원칙에 위반된다(헌재 1999.5.27. 98헌바70).

---

6) 헌재 1994.7.29. 92헌바49·52 전원재판부 결정으로 현재 토지초과이득세법은 폐지되었음.

4) 정관의 자치법적 사항

헌법재판소에 따르면 "법률이 행정부가 아니거나 행정부에 속하지 않는 공법적 기관의 정관에 자치법적 사항을 위임한 경우에는 헌법 제75조, 제95조가 정하는 포괄적인 위임입법의 금지는 원칙적으로 적용되지 않는다"라고 한다. 그러나 "그 사항이 국민의 권리·의무에 관련되는 것일 경우에는, 적어도 국민의 권리와 의무의 형성에 관한 사항을 비롯하여 국가의 통치조직과 작용에 관한 기본적이고 본질적인 사항은 반드시 국회가 정하여야 한다는 법률유보 내지 의회유보의 원칙이 지켜져야 한다"라고 판시하고 있다. 즉, 정관의 자치법적 사항과 관련하여 원칙적으로 의회유보가 적용되지 않지만, 예외적으로 의회유보가 적용될 수 있음을 나타내고 있다.

> **[판 례]** 농업기반공사및농지관리기금법 부칙 제6조가 구 농지개량조합법에 따른 농지개량조합장들의 임기를 종료시키면서 단서에서 '농업기반공사의 정관이 정하는 바에 따라' 필요한 예우를 하도록 규정한 것은, 이미 조합장 등의 기존 임기가 종료된 것을 전제로 종전의 기득권 보호차원에서 필요한 예우를 규정한 것이므로 직업선택의 자유의 기본적이거나 본질적인 사항이라고 볼 수 없어 반드시 국회가 스스로 정할 사항은 아니므로 법률유보의 원칙에 위배되지 않는다(헌재 2001.4.26. 2000헌마122).

> **[판 례]** 토지등소유자가 도시환경정비사업을 시행하는 경우 사업시행인가 신청 시 필요한 토지등소유자의 동의는, 개발사업의 주체 및 정비구역 내 토지 등 소유자를 상대로 수용권을 행사하고 각종 행정처분을 발할 수 있는 행정주체로서의 지위를 가지는 사업시행자를 지정하는 문제로서, 그 동의요건을 정하는 것은 국민의 권리와 의무의 형성에 관한 기본적이고 본질적인 사항이므로 국회가 스스로 행하여야 하는 사항에 속하는 것임에도 불구하고, 사업시행인가 신청에 필요한 동의정족수를 토지등소유자가 자치적으로 정하여 운영하는 규약에 정하도록 한 것은 법률유보원칙에 위반된다(헌재 2012.4.24. 2010헌바1).

(4) 법률유보의 형식

헌법재판소는 법률유보의 형식에 대하여 반드시 법률에 의한 규율만이 아니라 법률에 근거한 규율이면 되기 때문에 기본권 제한에는 법률의 근거가 필요할 뿐이고 기본권제한의 형식이 반드시 법률의 형식일 필요는 없다고 한다.[7] 그러므

---

7) 헌재 2005.3.31. 2003헌마87 전원재판부 결정.

로 법률의 위임을 받은 대통령령, 총리령, 부령 등의 형식에 의하여도 법률유보의
원칙을 충족시킬 수 있다.

하지만 앞서 의회유보에서 살펴본 바와 같이, 국민의 기본권 실현과 관련된
영역이거나 국민의 자유와 권리를 제한할 때에는 그 제한의 본질적 사항을 국회가
직접 법률로 정하여야 한다. 「행정기본법」 제16조 제1항은 "자격이나 신분 등을
취득 또는 부여할 수 없거나 인가, 허가, 지정, 승인, 영업등록, 신고 수리 등(인허
가)을 필요로 하는 영업 또는 사업 등을 할 수 없는 사유(결격사유)는 법률로 정한
다"고 하여 결격사유에 대해서는 법률에서 직접 규정하도록 하는 이른바 결격사유
법률주의를 명문화하였다. 이는 결격사유가 직업의 자유 및 재산권과 같은 국민의
기본권을 제한하는 효과를 갖고 있으므로 법률로 정하여야 하며, 결격사유를 법률
이 아닌 하위법령이나 자치법규, 행정규칙에서 규정해서는 아니 된다는 의미이다.
「행정기본법」 제16조는 기본권 제한과 관련된 제도를 규범적으로 투명하게 하여
궁극적으로는 국민의 권익을 향상시킬 것으로 기대된다.

제 5 절 행정과 통치행위

I. 개   설

1. 통치행위의 개념

통치행위란 고도의 정치적 색채를 가지는 국가기관의 행위로서, 사법심사의
대상으로 하기에 부적합할 뿐만 아니라, 그에 대한 판결이 있는 경우에도 집행이
곤란한 국가작용을 말한다. 이처럼 "고도의 정치적 행위"와 "사법심사의 대상에서
의 제외"라는 특성을 지니는 통치행위가 가지는 근본적 의미는 그것이 법치행정의
원리가 배제되는 일종의 이질적 행정이라는 점에 있다. 즉, 행정이라고 함은 원칙
적으로 사후적 통제장치인 사법심사의 대상이 되어야 하는 것이 기본인데, 통치행
위의 경우는 이러한 사법심사의 대상에서 제외된다는 것이며, 이는 법치주의의 예
외적인 현상이다. 따라서 그 인정에 매우 신중을 기해야 하는 개념이다.

다만 여기서 말하는 사법심사라 함은 민·형사소송, 행정소송만을 의미하며,
헌법재판의 대상에서 제외된다는 의미는 아니다. 우리의 헌법재판소는 통치행위라
할지라도 국민의 기본권 침해와 직접 관련되는 경우에는 당연히 헌법재판소의 심
판대상이 된다고 하였다.[8] 따라서 통치행위의 사법심사의 예외라는 의미가 헌법

---

8) 헌재 1996.2.29. 93헌마186.

재판을 비롯한 일체의 사법심사가 면제된다는 것을 뜻하는 것은 아니다.

2. 통치행위론의 제도적 전제

통치행위가 현실적으로 논의되기 위해서는 최소한 행정소송의 대상에 대한 개괄주의의 원칙이 채택되어 있어야 한다. 공권력행사에 대한 이러한 사법적 심사제도가 완비되지 않은 상태에서의 통치행위에 대한 논의는 법치행정의 원칙을 흔드는 위험물이 될 수 있기 때문에 자제하여야 한다. 즉, 종래의 형식적 법치주의에서 보듯이 행정소송의 대상으로 열기주의를 채택하고 있어 국민의 권익구제가 불완전한 상태에서, 다시 통치행위의 개념을 인정하여 이를 사법심사의 대상에서 제외한다면, 이는 궁극적으로 법치행정을 포기한다는 것이며 국민의 권익구제는 사각지대로 몰린다는 것을 의미하기 때문이다.

Ⅱ. 각국의 통치행위

1. 프랑스

프랑스에서 통치행위의 관념은 행정재판의 한계에 관한 문제로서 국참사원(Conseil d'Etat)의 판례에 의하여 정립·발전되었다. 초기에 있어서 국참사원은 정치적 동기에서 발생된 일체의 조치를 통치행위로 해석하는 등 통치행위의 개념을 넓게 인정하였으나, 오늘날에는 통치행위를 '행정청에 의하여 수행된 행위로 행정법원과 민·형사법원에서 소송대상이 되지 아니하는 행위'로 정의하고 있다. 프랑스에서 통치행위의 범위는 계속적으로 축소되어 왔고, 현재는 의회관계 및 국제관계에 있어서 행정권의 일정한 행위에 대해서만 통치행위가 인정되고 있다.

2. 영 국

영국에서는 통치행위의 관념이 국왕의 대권행위(Royal Prerogative)를 중심으로 하여 논의되어 왔는데, 이는 "국왕은 소추의 대상이 되지 않는다"라는 원칙에 바탕을 둔 것이다. 국왕의 대권에 근거를 둔 행위, 예컨대 국가승인, 선전·강화와 같은 고도의 정치적 사항에 관한 행위에 대하여는 법원의 사법심사가 제외되어 왔다.

3. 미 국

미국에서는 통치행위가 정치문제(political question)의 관념과 관련하여 성립되었는데, 이는 권력분립의 원칙의 엄격한 해석에 따른 것이다. 즉, 권력분립의 원칙에 의하면 법원은 사법권을 행사하는 기관이기 때문에 다른 기관인 입법부의 전권에 속하는 사항에는 관여하지 않는 것이 헌법정신에 부합되며, 아울러 법원이 정치싸움의 소용돌이 속에 빠지는 것을 막을 수 있다는 것이었다. 여기서 정치문제는 사법심사의 대상이 되지 않는다는 것이 아니라 판결의 대상으로 삼지 않는다는 것을 의미한다. 정치문제를 재판대상으로 삼아 심사는 하더라도 이에 대한 판결을 내리는 것이 부적절하다고 판단될 경우 각하형식으로 그 판결을 유보한다는 것이다.

정치문제의 관념을 최초로 명백히 한 판례는 1849년의 'Luther v. Borden사건'이며,[9] 이에 의하면 대통령의 군사상의 결정과 외교정책에 관한 결정 등 대외적 사항과, 주정부의 정체에 관한 판정문제, 헌법개정절차에 관한 문제 등 대내적 사항이 정치문제에 해당된다고 한다. 그리고 1962년의 'Baker v. Carr사건'[10]에서 구체적으로 ① 헌법 자체가 문제해결을 정치를 담당하는 입법부와 행정부에 위임하고 있는 문제, ② 사법부가 문제를 해결하는데 적당한 기준이 없는 문제, ③ 정책적으로 결정하지 않으면 안되는 문제, ④ 동등한 국가기관에 대하여 법원이 독립적인 판단을 하기 어려운 문제, ⑤ 이미 결정된 정치적 판단에 대하여 무조건 따라야만 하는 문제, ⑥ 한 문제에 대하여 많은 국가기관이 다양한 견해를 가지고 있어 사회적 부담이 큰 문제 등이 정치문제의 성격을 가진다고 하였다.[11]

4. 독 일

독일은 제2차 세계대전 전까지 행정소송에 있어 열기주의를 채택하고 있었기 때문에 통치행위의 관념이 인정될 여지가 없었으나, 행정소송의 개괄주의를 취하고 있는 오늘날의 상황에서는 광범위한 정치적 행위가 통치행위로 인정되고 있다. 대표적인 통치행위의 예로는 정부의 국회에서의 국정설명, 수상선거, 수상이나 장관의 임명, 국회의 해산, 조약비준행위 등을 들고 있다.

5. 일 본

일본의 경우 학설상으로는 통치행위 부정설도 있으나 통치행위 긍정설이 통설이다. 판례도 사가와(砂川)사건[12]과 도마베지(苫米地)사건[13]을 통해서 통치행위를

---

9) Luther v. Borden, 7 How. 1(1849). 이 사건에서 법원은 "1841년 Rhode Island주에서 일어난 도어(Dorr)반란사건의 결과로 생긴 두 개의 주정부 중에서 어느 쪽이 정당한 정부인지를 확인하는 것은 사법권이 관여할 문제가 아닌 정치문제"라고 판시하였다.

10) Baker v. Carr, 369 U.S. 186, 217(1962). 이 사건에서 법원은 "선거구 획정은 정치문제이므로 사법심사의 대상에서 제외된다"는 기존의 입장을 수정하여, "선거구 획정은 정치문제가 아니므로 사법심사의 대상이 된다. 다만 지나치게 불평등한 선거구 획정은 수정헌법 제14조의 평등보호조항에 위배된다"라고 판시하였다.

11) 김선화, 통치행위의 인정여부와 판단기준 소고, 공법연구, 제33집 제1호(2004.11), 249면.

12) 사가와(砂川) 사건은 1957년 7월 도쿄 근처 다치카와 비행장을 확장하려는 미군계획에 반대하여 발생한 주민들의 시위로 인한 사건이다. 시위과정에서 주모자 7명이 미일안보조약에 근

인정하고 있다.

Ⅲ. 통치행위의 이론적 근거

1. 통치행위긍정설

통치행위긍정설에는 통치행위의 논거를 주로 법이론적 관점에서 구하는 ①
내재적 한계설, ② 권력분립설, ③ 자유재량행위설과, 법정책적 관점에서 구하는
④ 사법부자제설 등이 대립되어 있다. 이러한 학설은 모두 통치행위를 전면적으로
긍정하는 입장이 아닌 한정된 범위에서 제한적으로 긍정하는 입장을 취하고 있다
(제한적 긍정설).

(1) 내재적 한계설

내재적 한계설은 사법권에는 그에 내재하는 일정한 한계가 있는데, 정치적 문
제에의 불개입이 바로 그 내재적 한계라는 견해이다. 이 설은 정치적 문제는 정치
적으로 책임을 지지 않는 법원이 관여하여 심사하기에 부적절한 것이고, 그러한
문제에 관한 최종적 판단은 행정기관이나 입법기관 또는 국민에게 맡기는 것이 타
당하다며, 그것이 바로 사법권에 내재하는 한계라고 주장한다.

(2) 권력분립설

권력분립설은 통치행위는 헌법상의 입법기관이나 행정기관의 전속적 권한에
속하는 사항이므로 권력분립의 원칙상 사법기관의 관여가 허용되어서는 아니
된다는 견해이다.

(3) 자유재량행위설

자유재량행위설은 통치행위는 정치문제이고 정치문제는 행정부의 자유재량에
속하는 행위이므로 사법심사의 대상에서 제외된다는 견해이다.[14]

(4) 사법부자제설

사법부자제설은 사법부는 이론적으로는 모든 국가작용을 심사할 수 있지만,
고도의 정치적 성격을 가진 정치문제에 말려들지 않기 위하여 통치행위에 대하여

거한 형사특별법 위반 혐의로 체포·기소되었는데, 도쿄지방재판소는 미군 주둔 자체가 일본
헌법 제9조에 위배되는 까닭에 이에 따른 형사특별법도 위헌이며 따라서 기소된 이들 전원
무죄라는 판결을 내려 충격을 던져 주었다. 하지만 1959년 12월 대법원 격인 최고재판소는
"미일 안보조약은 일본의 존립에 매우 중대한 관계를 갖는 고도의 정치성은 요하는 문제, 즉
통치행위인 만큼 명백하게 위헌으로 인정되지 않는 한, 재판소가 이같은 판결을 내리는 것은
사법심사권의 재량을 넘는 것이다"라며 하급심의 판결을 뒤집었다.
13) 도마베지(苫米地) 사건은 일본최고재판소가 중의원 해산처분이 무효라고 하면서 세비(의정활
동비)를 청구한 도마베지(苫米地)의원의 주장에 대하여 중의원해산은 통치행위로서 법원의
재판에서 제외된다는 취지로 판시한 사건이다.
14) G. Jellinek, Allgemeine Staatslehre, S. 616ff.

사법부 스스로 그 사법적 심사를 자제한다는 견해이다. 즉, 국가의 존립에 극도의 혼란을 초래할 수 있는 고도의 정치적 사안들의 경우에는 정책적 관점에서 통치행위가 예외적으로 인정될 수 있다는 것이다.

2. 통치행위부정설

통치행위부정설은 헌법이 법치주의를 취하고 있고 현행 행정소송법이 소송사항에 관하여 개괄주의를 채택하고 있는 이상, 모든 국가작용은 사법심사의 대상이 되어야 하므로 그로부터 자유로운 통치행위의 관념은 인정될 수 없다는 견해이다.[15]

3. 결 어

모든 행정작용은 사법심사의 대상이 되어야 한다며 통치행위의 관념을 전적으로 부정하는 견해는 오늘날 찾아보기 힘들다. 우리나라를 포함하여 대부분 국가의 다수설은 통치행위를 제한적으로 긍정하는 견해이다. 이는 국가작용 그 자체가 고도의 정치성을 가진 경우 또는 설령 사법심사가 가능하다 하더라도 정치적 합목적성 내지 권력분립의 견지에서 정치적 판단에 맡기는 것이 오히려 더 타당한 경우에는, 통치행위를 인정하여 사법심사의 대상에서 제외한다는 것이다.

Ⅳ. 통치행위의 예

헌법상 통치행위의 예로서는 ① 대통령의 국민투표부의권(제72조), ② 대통령의 외교에 관한 행위(제73조), ③ 대통령의 군사에 관한 행위(제74조), ④ 대통령의 긴급명령권의 행사 또는 재정·경제상의 처분·명령권(제76조 제1항·제2항), ⑤ 대통령의 사면권(제79조), ⑥ 국무위원 등의 임면(제86조·제87조), ⑦ 법률안에 대한 거부권의 행사(제53조 제2항), ⑧ 국회의 의사 및 의원자격심사(제64조) ⑨ 국무총리·국무위원의 해임건의(제63조) 등이 제시되고 있다.[16]

---

15) 홍정선, 행정법원론(상), 14면.
16) 박윤흔, 행정법강의(상), 20면; 권영성, 헌법학원론, 737면. 권교수는 통치행위를 절대적 통치행위(진정한 의미의 정치적 분쟁)와 상대적 통치행위(정치적 법률분쟁)로 구분하여, 대통령이 국가안위에 관한 중요정책을 국민투표에 부치는 행위, 법률안에 대한 대통령의 재의요구권, 외국의 승인·외교사절의 신임과 접수, 헌법 제60조 제1항에 규정되지 아니한 조약의 체결 등 대통령의 일반외교에 관한 행위 등을 절대적 통치행위로 보며, 그에 대해서는 사법적 통제가 허용되지 않는 것으로 본다.

V. 통치행위에 대한 판례

1. 대법원 판례

(1) 비상계엄선포

대법원은 대통령의 비상계엄선포에 대한 재판권 쟁의에 관한 재정신청사건에서 "고도의 정치성을 띠고 있는 계엄선포의 당·부당을 판단할 권한과 같은 것은 오로지 정치기관인 국회에만 있다"라고 판시하여 통치행위의 관념을 최초로 인정하였다.[17]

또한 대법원은 1979년 10월 27일 선포한 대통령의 비상계엄에 관한 재판권 재정신청사건에서도 사법부의 내재적 한계설에 입각하여 통치행위의 관념을 인정하였다.

> **[판 례]** 비상계엄의 당·부당을 판단할 권한과 같은 것은 헌법상 계엄의 해제요구권이 있는 국회만이 가지고 있다 할 것이고, 그 선포가 당연무효의 경우라면 모르되, 사법기관인 법원이 계엄선포권의 구비여부나 선포의 당·부당을 심사하는 것은 사법권의 내재적인 본질적인 한계를 넘어서는 것이 되어 적절한 바가 못 된다(대법원 1979.12.7. 자 79초70 재정).

한편 대법원은 1980년 5.18 광주민주화항쟁과 관련한 사건에서 비상계엄선포를 통치행위로 인정하면서도 그 자체의 범죄행위 해당여부에 대해서는 법원이 심사할 수 있다고 판시하였다.

> **[판 례]** 대통령의 비상계엄의 선포나 확대 행위는 고도의 정치적·군사적 성격을 지니고 있는 행위라 할 것이므로, 그것이 누구에게도 일견하여 헌법이나 법률에 위반되는 것으로서 명백하게 인정될 수 있는 등 특별한 사정이 있는 경우라면 몰라도, 그러하지 아니한 이상 그 계엄선포의 요건 구비 여부나 선포의 당·부당을 판단할 권한이 사법부에는 없다고 할 것이나, 비상계엄의 선포나 확대가 국헌문란의 목적을 달성하기 위하여 행하여진 경우에는 법원은 그 자체가 범죄행위에 해당하는지의 여부에 관하여 심사할 수 있다(대법원 1997.4.17. 선고 96도3376 전원합의체 판결).

(2) 남북정상회담과 대북송금

대법원은 2000년 정부주도로 현대상선이 남북경협 사업비 명목으로 북한에

---

17) 대법원 1964.7.21. 선고 64초3 판결.

거금을 송금한 것과 관련하여, 남북정상회담의 개최는 고도의 정치적 성격을 지니고 있는 통치행위이므로 사법심사의 대상에서 제외되지만, 남북정상회담 개최과정에서의 대북송금은 사법심사의 대상이 된다고 판시하였다.

> **[판 례]** 남북정상회담의 개최는 고도의 정치적 성격을 지니고 있는 행위라 할 것이므로 특별한 사정이 없는 한 그 당부를 심판하는 것은 사법권의 내재적·본질적 한계를 넘어서는 것이 되어 적절하지 못하지만, 남북정상회담의 개최과정에서 재정경제부장관에게 신고하지 아니하거나 통일부장관의 협력사업 승인을 얻지 아니한 채 북한측에 사업권의 대가명목으로 송금한 행위 자체는 헌법상 법치국가의 원리와 법 앞에 평등원칙 등에 비추어 볼 때 사법심사의 대상이 된다(대법원 2004.3.26. 선고 2003도7878 판결).

2. 헌법재판소 결정

(1) 대통령의 긴급재정경제명령

헌법재판소는 헌법 제76조의 대통령의 긴급재정경제명령에 대해 통치행위의 관념을 긍정하면서도, 통치행위가 국민의 기본권 침해와 직접 관련되는 경우에는 헌법재판소의 심판대상이 된다고 하였다.

> **[판 례]** 대통령의 긴급재정경제명령은 국가긴급권의 일종으로서 고도의 정치적 결단에 의하여 발동되는 행위이고 그 결단을 존중하여야 할 필요성이 있는 행위라는 의미에서 이른바 통치행위에 속한다고 할 수 있으나, 통치행위를 포함하여 모든 국가작용은 국민의 기본권적 가치를 실현하기 위한 수단이라는 한계를 반드시 지켜야 하는 것이고, 헌법재판소는 헌법의 수호와 국민의 기본권 보장을 사명으로 하는 국가기관이므로 비록 고도의 정치적 결단에 의하여 행해지는 국가작용이라고 할지라도 그것이 국민의 기본권 침해와 직접 관련되는 경우에는 당연히 헌법재판소의 심판대상이 된다(헌재 1996.2.29. 93헌마186).

(2) 대통령의 사면

헌법재판소는 헌법 제79조의 대통령의 사면권에 대해서도 국가원수의 고유한 재량행위인 통치행위로 인정하고 있다.

> **[판 례]** 사면은 형의 선고의 효력 또는 공소권을 상실시키거나, 형의 집행을 면제시키는 국가원수의 고유한 권한을 의미하며, 사법부의 판단을 변경하는 제도로서 권력분립의 원리에 대한 예외가 된다. 사면제도는 역사적으로 절대군주인 국왕의 은사권

(恩赦權)에서 유래하였으며, 대부분의 근대국가에서도 유지되어 왔고, 대통령제국가에서는 미국을 효시로 대통령에게 사면권이 부여되어 있다. 사면권은 전통적으로 국가원수에게 부여된 고유한 은사권이며, 국가원수가 이를 시혜적으로 행사한다. 현대에 이르러서는 법이념과 다른 이념과의 갈등을 조정하고, 법의 이념인 정의와 합목적성을 조화시키기 위한 제도로도 파악되고 있다(헌재 2000.6.1. 97헌바74).

(3) 외국으로의 국군파견

헌법재판소는 일반사병의 이라크전쟁 파견결정에 대한 사건에서 외국으로의 국군의 파견결정은 고도의 정치적 결단이 요구되는 통치행위라고 하면서, 사법부자제설에 입각하여 판결의 대상으로 삼지 않았다.

> **[판 례]** 외국에의 국군의 파견결정은 파견군인의 생명과 신체의 안전뿐만 아니라 국제사회에서의 우리나라의 지위와 역할, 동맹국과의 관계, 국가안보문제 등 궁극적으로 국민 내지 국익에 영향을 미치는 복잡하고도 중요한 문제로서 국내 및 국제정치관계 등 제반상황을 고려하여 미래를 예측하고 목표를 설정하는 등 고도의 정치적 결단이 요구되는 사안이다. 따라서 그러한 파견결정은 그 성격상 국방 및 외교에 관련된 고도의 정치적 결단을 요하는 문제로서, 헌법과 법률이 정한 절차를 지켜 이루어진 것임이 명백하므로, 대통령과 국회의 판단은 존중되어야 하고 헌법재판소가 사법적 기준만으로 이를 심판하는 것은 자제되어야 한다(헌재 2004.4.29. 2003헌마814).

(4) 수도이전에 대한 국민투표

헌법재판소는 신행정수도건설과 수도이전 그 자체는 통치행위로 인정하지 않았으나, 수도이전에 대한 국민투표 여부에 대한 대통령의 결정은 통치행위로 인정하였다. 다만, 그것이 국민의 기본권을 침해할 경우 헌법재판소의 심판대상이 될 수 있다고 보았다.

> **[판 례]** 신행정수도건설이나 수도이전의 문제가 정치적 성격을 가지고 있는 것은 인정할 수 있지만, 그 자체로 고도의 정치적 결단을 요하여 사법심사의 대상으로 하기에는 부적절한 문제라고까지는 할 수 없다. 다만, 신행정수도건설이나 수도이전의 문제를 국민투표에 부칠지 여부에 관한 대통령의 의사결정은 고도의 정치적 결단을 요하는 문제여서 사법심사를 자제함이 바람직하나 그것이 국민의 기본권침해와 직접 관련되는 경우에는 헌법재판소의 심판대상이 될 수 있다(헌재 2004.10.21. 2004헌마554).

(5) 전시증원연습

헌법재판소는 피청구인 대통령이 한미연합 군사훈련의 일종인 2007년 전시증원연습을 하기로 한 결정에 대해서는 통치행위로 인정하지 않았다.

> **[판 례]** 한미연합 군사훈련은 1978. 한미연합사령부의 창설 및 1979.2.15. 한미연합연습 양해각서의 체결 이후 연례적으로 실시되어 왔고, 특히 이 사건 연습은 대표적인 한미연합 군사훈련으로서, 피청구인이 2007.3.경에 한 이 사건 연습결정이 새삼국방에 관련되는 고도의 정치적 결단에 해당하여 사법심사를 자제하여야 하는 통치행위에 해당된다고 보기 어렵다(헌재 2009.5.28. 2007헌마369).

Ⅵ. 결   어

통치행위의 관념은 각국의 학설과 판례에서 인정되고 있는 것이 일반적 추세이나, 그 범위는 시대와 국가에 따라서 다르다. 하지만 통치행위의 범위를 지나치게 확대할 경우, 사법권의 약화와 법치주의의 배제로 인하여 독재화의 위험이 있음을 유의하여야 한다. 이는 통치행위의 관념이 사법절차에 의한 개인의 권리구제를 부정하는 것일 뿐만 아니라, 헌법에 규정된 법원의 명령·처분심사권을 부정하는 것이기 때문이다.

따라서 통치행위의 범위는 구체적인 행위가 갖는 정치적 측면과 법률적 측면의 비교, 그 행위가 국민의 기본권보장에 미치는 영향 그리고 재판제도의 특수성이라는 관점에서 극히 제한적으로 해석하여야 한다. 특히 국민의 기본권보장을 유명무실하게 하거나 실정법에 엄격한 요건이 규정되고 있는 행위는 통치행위의 범위에 포함시켜서는 안된다.

제 6 절 행정법의 법원

Ⅰ. 개   설

1. 법원의 개념

행정법의 법원(法源, Rechtsquelle)은 행정권의 조직과 작용에 관한 실정법의 존재형식 내지 인식근거를 말한다. 법의 인식근거는 "그 어떤 것을 법으로서 인식하는 근거"를 의미한다. 법원을 법의 인식근거로 정의하는 경우 '법'의 범위를 어디까지로 이해하느냐가 문제되며, 이에 관하여 형식적 의미의 법규만을 법원으로 보는 협의설과 법으로서 효력을 가지는 일체의 법규범을 포함하는 것으로 보는 광의설로 나뉘고 있으나, 광의설이 타당하며 다수설의 입장이다.

행정법에 있어서 법원(法源)이 가지는 실질적 의미는 이를 바탕으로 하여 법치행정의 중심요소인 법률우위의 원칙의 위반여부를 판단한다는 것이다. 다시 말해 행정작용이 성문법 또는 불문법에 위반될 경우 이는 위법한 행정이 되어 취소 또는 무효가 될 수 있는 것이다.

2. 행정법의 성문법주의

행정법의 법원은 일반적으로 성문법의 형식으로 존재하는 것이 원칙이다. 행정법이 성문법주의를 취하게 된 이유는 행정작용의 한계와 조건을 미리 성문화하여 그 목적과 수단을 명백히 해 둠으로써 행정작용에 대한 예견가능성과 법적 안정성을 확보하고 아울러 행정구제절차를 명백히 하여 국민의 권익을 보장하기 위함이다. 우리 헌법 역시 ① 국민의 기본권에 관한 사항의 법률유보(제12조 내지 제37조), ② 행정기관의 설치 및 조직에 대한 법정주의(제96조) 등을 통해 성문법주의를 취하고 있음을 간접적으로 설명하고 있다.

그러나 현대국가에서는 행정의 양적 확대로 인하여 모든 행정작용을 빠짐없이 성문법으로 규율하기가 현실적으로 어렵다. 그리하여 성문법이 미비한 영역에서는 관습법·판례법·조리법 등의 불문법이 보충적으로 적용된다.

3. 행정기본법(행정법의 법전화)

행정법의 규율대상인 행정은 매우 광범위하고 유동적일 뿐만 아니라 그 내용도 기술적·전문적 것이 많아 이 모든 것을 단일법전으로 만드는 것은 쉽지 않다. 그 결과 행정법은 민법전, 형법전, 상법전과 같이 단일법전으로 제정되어 있지 않고, 무수한 법령으로 구성되어 있다.[18] 즉, 행정법의 경우 성문법주의를 원칙으로 하면서도, 그것은 무수한 법령의 집합체에 지나지 아니할 뿐 행정법이라는 하나의 통칙적·일반적 법전이 없는 것이 특징이다.

이렇듯 행정법은 국가 법령의 대부분을 차지하고 국민생활과 기업 활동에 중대한 영향을 미치는 핵심 법 영역에 해당하지만 그 집행 원칙과 기준이 되는 기본법조차 존재하지 않아 많은 문제점을 안고 있었다. 그 결과 일선 공무원과 국민들

---

18) 2021년 12월 기준 우리나라의 총 유효법률은 1,554개이며 이 중 다수의 법률이 행정법의 영역에 속한다. 또한 법률에 따른 대통령령 1,819개, 총리령 93개, 부령 1,299개, 기타(국회규칙 등) 356개가 있어 총 5,121개의 법령이 제정되어 있다(출처 : 법제처/법령통계/현행법령).

이 행정법 체계를 이해하기 어렵고 집행의 통일성이 결여되는 일이 빈번하게 발생하였다.

이러한 행정법의 고질적 문제점을 해결하기 위하여 2021년 「행정기본법」이 제정되었다. 「행정기본법」은 그동안 학설과 판례로 정립된 행정법의 기본원칙을 명문화하고 개별법에 흩어져 있던 공통 제도를 체계화한 것이다. 즉 「행정기본법」은 제1조 목적에서 밝힌 바와 같이 "행정의 원칙과 기본사항을 규정하여 행정의 민주성과 적법성을 확보하고 적정성과 효율성을 향상시킴으로써 국민의 권익 보호에 이바지"하기 위하여 제정된 행정법의 총칙에 해당하는 법률이다. 다시 말해 행정에 관한 기본법이며 일반법이다.

「행정기본법」은 제1장 총칙, 제2장 행정의 법 원칙, 제3장 행정작용 그리고 제4장 행정입법 활동 등 총 4장으로 구성되어 있다. 「행정기본법」의 핵심적 내용은 모든 행정작용에 적용되는 기본적 용어의 정의, 행정의 법원칙, 행정작용의 대표적 형태인 처분, 인허가의제, 공법상 계약, 과징금, 행정상 강제, 처분에 대한 이의신청 및 재심사 등에 관한 것이다.

「행정기본법」이 제정되어 시행됨으로써 그동안 명문의 규정의 불비로 말미암은 발생하였던 불필요한 학설의 논쟁은 많은 부분 해소될 것으로 예상된다.

II. 행정법의 성문법원

행정법의 성문법원으로는 헌법·법률·명령·자치법규·조약 및 국제법규 등이 있다.

1. 헌 법

우리 헌법은 국가의 통치권 전반에 걸친 근본조직과 근본작용을 규율하는 기본법으로서 그 전부가 행정법의 제1차적 법원이 되는 것은 아니지만, 헌법규정 중에서 행정조직규정과 행정작용규정은 행정법의 가장 기본적인 법원이 된다. 또한 헌법은 국가의 기본법·최고법이기 때문에 다른 형식의 법원에 우선하는 형식적 효력을 가지며, 특히 제11조 평등원칙, 제37조 비례의 원칙 등은 행정작용의 적법성을 판단하는 기준으로 기능한다.

2. 법 률

여기서 말하는 법률은 형식적 의미의 법률, 즉 국회가 헌법상의 입법절차에 따라 제정한 법률을 말한다. 우리 헌법은 국회입법의 원칙(제40조)과 법치주의의 원칙을 채택하고 있기 때문에 법률은 헌법 다음으로 행정법의 중요한 법원이 된다.

법률은 행정법의 원시적 법원으로서 전래적 법원인 명령(행정입법)이나 조례·규칙에 대하여 우월한 형식적 효력을 가진다. 따라서 명령이나 조례·규칙은 법률에 저촉될 수 없으며(제107조 제2항), 법률상호간에 있어서는 신법우선의 원칙, 특별법우선의 원칙이 적용된다.

3. 법규명령

법규명령은 행정권에 의하여 정립되는 법규를 총칭한 것으로 법률에 대응하는 말이다.[19] 법규명령에는 법률적 효력을 가진 대통령의 긴급명령과 긴급재정·경제명령(제76조)을 제외하고는 대통령령, 총리령과 부령(제75조, 제95조)과 중앙선거관리위원회규칙(제114조), 국회규칙(제64조), 대법원규칙(제108조) 및 헌법재판소규칙(제113조) 등이 있다.

한편 법령은 법률과 법규명령을 합하여 칭하는 용어이다. 구체적으로 법령에는 법률, 대통령령·총리령·부령 및 국회규칙·대법원규칙·헌법재판소규칙·중앙선거관리위원회규칙·감사원규칙 등이 포함된다(행정기본법 제2조 제1호).

4. 자치법규

자치법규는 지방자치단체 또는 그 기관이 법령의 범위 안에서 제정하는 지방자치에 관한 법규범을 말한다. 자치법규에는 지방의회가 제정하는 조례와 지방자치단체의 장이 제정하는 규칙이 있다.

5. 조약 및 국제법규

(1) 의 의

조약은 조약·협약·협정 등의 명칭 여하를 불문하고 국가와 국가 사이의 법적 효력이 있는 문서에 의한 합의를 말하며, 국제법규는 국제사회에서 일반적으로 승인된 것과 보편적·일반적 규범을 말한다. 헌법 제6조 제1항은 "헌법에 의하여 체결·공포된 조약과 일반적으로 승인된 국제법규는 국내법과 같은 효력을 갖는다"라고 규정하고 있어, 조약과 국제법규 중 국내의 행정에 관한 사항을 규율하고 있을 경우 이는 행정법의 법원이 된다.

(2) 효 력

헌법 제6조에서 규정하고 있는 조약과 국제법규의 국내법과의 동일한 효력의 관계는 입법사항에 관한 조약·국제법규는 법률과 동등한 효력을 가지며, 입법사항과 관계없는 조약·국제법규는 원칙적으로 법규명령과 동등한 효력을 가진다는

---

19) 법규명령에 대한 자세한 내용은 후술하는 제2편 제1장 행정입법을 참조.

의미이다. 이는 헌법 제60조 제1항이 입법사항에 관한 조약을 체결·비준함에 있어 국회의 동의를 얻도록 하고 있는 데에 잘 나타나 있다. 따라서 헌법 제60조 제1항에 따라 국회의 동의를 받은 조약은 법률과 같고, 국회의 동의를 받지 않은 조약은 법규명령과 같다.

한편 조약 및 국제법규와 국내법이 충돌하는 경우에 양자의 효력관계가 문제되는데, 이는 국제법이 국내법으로 수용되어 국내법의 일부가 된 경우의 문제이므로, 국내법체계의 유지를 위한 일반원칙인 신법우선의 원칙·특별법우선의 원칙에 의하여 개별적으로 판단하여 해결하여야 할 것이다.[20]

(3) 조약과 국제법규에 관한 판례

1) 남북 사이의 화해와 불가침 및 교류협력에 관한 합의서

대법원은 남북 사이의 화해와 불가침 및 교류협력에 관한 합의서를 조약으로 인정하지 않고 있다.

> **[판 례]** 남북 사이의 화해와 불가침 및 교류협력에 관한 합의서는 남북관계가 '나라와 나라 사이의 관계가 아닌 통일을 지향하는 과정에서 잠정적으로 형성되는 특수관계'임을 전제로, 조국의 평화적 통일을 이룩해야 할 공동의 정치적 책무를 지는 남북한 당국이 특수관계인 남북관계에 관하여 채택한 합의문서로서, 남북한 당국이 각기 정치적인 책임을 지고 상호간에 그 성의 있는 이행을 약속한 것이기는 하나 법적 구속력이 있는 것은 아니어서 이를 국가 간의 조약 또는 이에 준하는 것으로 볼 수 없고, 따라서 국내법과 동일한 효력이 인정되는 것도 아니다(대법원 1999. 7.23. 선고 98두14525 판결).

2) 한·미 FTA 협상과 관련하여 생성한 문서

서울행정법원은 한·미 양국이 한·미 FTA 협상과 관련하여 생성한 문서에 대하여 비공개하기로 한 합의의 법적 성격에 대하여 조약에 해당하지 않는다고 하였다.

> **[판 례]** 국제법상 조약이란 국가 간에 문서로 체결되며, 국제법에 의하여 규율되는 국제적 합의를 의미하는 바, 한·미 양국이 한·미 FTA 협상과 관련하여 생성한 문서에 대하여 비공개하기로 한 합의는 단지 양국 간의 협상의 편의를 위하여 협상자료 등을 공개하지 않기로 합의한 것에 불과하므로 헌법에 의하여 체결·공포된 조약

---

20) 국제항공운송에 관한 법률관계에 대하여는 일반법인 민법에 대한 특별법으로서 우리 정부도 가입한 바르샤바협약이 우선 적용되어야 한다(대법원 1986.7.22. 선고 82다카1372 판결).

에 해당한다고 볼 수 없다(서울행법 2007.2.2. 선고 2006구합23098 판결 : 확정).

3) 지방자치단체의 조례안과 GATT

대법원은 지방자치단체의 조례안이 GATT에 위반되어 무효라고 판결하기도 하였다.

> **[판 례]** GATT(1994년 관세와 무역에 관한 일반협정)는 1994.12.16. 국회의 동의를 얻어 대통령의 비준을 거쳐 공포되고 1995.1.1. 시행된 조약인 '세계무역기구(WTO) 설립을 위한 마라케쉬협정'의 부속 협정이어서, 헌법 제6조 제1항에 의하여 국내법령과 동일한 효력을 가지므로 지방자치단체가 제정한 조례가 GATT에 위반되는 경우에는 그 효력이 없다. 특정 지방자치단체의 초·중·고등학교에서 실시하는 학교급식을 위해 지방자치단체에서 생산되는 우수 농수축산물과 이를 재료로 사용하는 가공식품을 우선적으로 사용하도록 하고 그러한 우수농산물을 사용하는 자를 선별하여 식재료나 식재료 구입비의 일부를 지원하며 지원을 받은 학교는 지원금을 반드시 우수농산물을 구입하는 데 사용하도록 하는 것을 내용으로 하는 지방자치단체의 조례안은 내국민대우원칙을 규정한 GATT에 위반되어 그 효력이 없다(대법원 2005.9.9. 선고 2004추10 판결: 전라북도학교급식조례재의결무효확인).

4) 반덤핑부과처분과 WTO 협정

대법원은 반덤핑부과처분이 WTO 협정에 위반된다는 이유로 사인이 직접 국내법원에 그 취소를 구하는 소를 제기하거나 독립된 취소사유로 주장할 수 없다고 하였다.

> **[판 례]** WTO 협정은 국가와 국가 사이의 권리·의무관계를 설정하는 국제협정으로, 그 내용 및 성질에 비추어 이와 관련한 법적 분쟁은 WTO 분쟁해결기구에서 해결하는 것이 원칙이고, 사인에 대하여는 위 협정의 직접 효력이 미치지 아니한다고 보아야 할 것이므로, 위 협정에 따른 회원국 정부의 반덤핑부과처분이 WTO 협정위반이라는 이유만으로 사인이 직접 국내 법원에 회원국 정부를 상대로 그 처분의 취소를 구하는 소를 제기하거나 위 협정위반을 처분의 독립된 취소사유로 주장할 수는 없다(대법원 2009.1.30. 선고 2008두17936 판결).

Ⅲ. 행정법의 불문법원

행정법의 법원은 성문법을 원칙으로 하지만 현대행정의 복잡·다양하고 유동적인 행정현실에 대해서 모두 성문법으로 규정하는 것은 사실상 불가능하다. 따라서 ① 관습법, ② 판례법, ③ 조리법 등의 불문법원이 보충적으로 적용된다.[21] 특히 조리법의 한 형태의 행정법의 일반원칙은 실제 행정현실에서 해당 행정작용이 위법한지 여부를 판단하는데 있어 아주 중요한 역할을 하고 있다.

1. 관습법
(1) 의 의

관습법은 행정의 영역에서 다년간 계속하여 같은 사실이 관행으로 반복되고, 이 관행이 국민일반의 법적 확신을 얻음으로써 성립하는 법규범을 말한다. 종래에는 행정법의 영역에서는 관습법이 성립될 여지가 없다고 보았으나, 오늘날에는 관습법의 성립을 일반적으로 긍정하고 있다.

> **[판 례]** 관습법이란 사회의 거듭된 관행으로 생성한 사회생활규범이 사회의 법적 확신과 인식에 의하여 법적 규범으로 승인·강행되기에 이른 것을 말하고, 그러한 관습법은 법원(法源)으로서 법령에 저촉되지 아니하는 한 법칙으로서의 효력이 있는 것이고, 또 사회의 거듭된 관행으로 생성한 어떤 사회생활규범이 법적 규범으로 승인되기에 이르렀다고 하기 위하여는 헌법을 최상위 규범으로 하는 전체 법질서에 반하지 아니하는 것으로서 정당성과 합리성이 있다고 인정될 수 있는 것이어야 하고, 그렇지 아니한 사회생활규범은 비록 그것이 사회의 거듭된 관행으로 생성된 것이라고 할지라도 이를 법적 규범으로 삼아 관습법으로서의 효력을 인정할 수 없다 (대법원 2005.7.21. 선고 2002다13850 전원합의체 판결).

(2) 관습법의 성립요건

행정법의 법원으로서 관습법이 성립하기 위해서는 다년간 계속하여 같은 사실이 반복될 것(객관적 요건)과 그 관행에 대한 일반국민의 법적 확신(주관적 요건)이 필요하다. 그 밖에 국가에 의한 승인이 필요한가에 관하여는 국인승인필요설과 국가승인불요설이 대립하고 있으나, 통설과 판례는 국가승인이 필요하지 않다는 국가승인불요설의 입장을 취하고 있다.

국가승인불요설에 의하면 국민의 일반적인 법적 확신을 얻은 장기적·계속적 관행은 그 자체에 내재하는 힘에 의하여 법으로 되기 때문에, 국가에 의한 승인이 필요치 않다고 한다.

---

21) 대법 "행정법의 법원은 헌법·법률·명령 등의 성문법 외에 불문법으로는 재판례·행정선례·관습법·조리 등을 들 수 있다"고 예시하여 불문법의 법원성을 인정하고 있다(대법원 1952.6.19. 선고 4285행상20 판결).

(3) 관습법의 효력

관습법의 법원성을 인정하는 경우에도 그 효력에 관하여는 ① 성문법개폐적 효력설과 ② 성문법보충적 효력설이 대립되고 있다. 성문법개폐적 효력설은 관습법은 법률과 동위의 효력, 즉 법률개폐의 효력을 가진다는 견해이고, 성문법보충적 효력설은 관습법은 성문법의 규정이 불비된 경우에 보충적인 효력만을 가진다는 견해이다.

생각건대, 오늘날의 실질적 법치국가에서 '법에 의한 행정의 원리'에 따라 행정은 법에 종속되는 것이므로 성문법이 불문법보다 우위에 있다고 할 수 있다. 따라서 성문법에 반하는 관습법의 효력은 인정될 수 없으며, 관습법은 성문법이 없거나 그 규정이 불비한 경우에 한하여 보충적 효력만을 가진다.

> **[판 례]** 지방자치법이 개정되기 전까지 종래 매립지 등 관할 결정의 준칙으로 적용되어 온 지형도상 해상경계선 기준이 가지던 관습법적 효력은 지방자치법의 개정에 의하여 변경 내지 제한되었다고 보는 것이 타당하다(대법원 2013.11.14. 선고 2010추73 판결 : 새만금방조제일부구간귀속 지방자치단체결정취소).

(4) 관습법의 종류

행정법의 법원으로서 관습법은 행정선례법과 민중적 관습법 두 가지가 있다.

1) 행정선례법

행정선례법이란 행정청이 취급한 선례가 장기간 반복하여 시행됨으로써 국민 간에 그에 대한 법적 확신이 형성된 관습법이다. 「행정절차법」은 제4조 제2항에서 "행정청은 법령등의 해석 또는 행정청의 관행이 일반적으로 국민들에게 받아들여진 때에는 공익 또는 제3자의 정당한 이익을 현저히 해할 우려가 있는 경우를 제외하고는 새로운 해석 또는 관행에 의하여 소급하여 불리하게 처리하여서는 아니된다"라고 규정하고 있어 일반행정에 있어서의 행정선례법의 존재를 명문으로 인정하고 있다.

또한 「국세기본법」 제18조 제3항은 "세법의 해석 또는 국세행정의 관행이 일반적으로 납세자에게 받아들여진 후에는 그 해석 또는 관행에 의한 행위 또는 계산은 정당한 것으로 보며, 새로운 해석 또는 관행에 의하여 소급하여 과세되지 아니한다"고 하여 조세행정에 있어서의 행정선례법의 존재를 인정하고 있다.

대법원도 일반적으로 납세자에게 받아들여진 국세행정의 관행을 행정선례법으로 인정하고 있다.

> **[판 례]** 국세기본법 제18조 제2항의 규정은 납세자의 권리보호와 과세관청에 대한 납세자의 신뢰보호에 그 목적이 있는 것이므로, 4년 동안 그 면허세를 부과할 수 있는 점을 알면서도 피고인 용산구청장이 수출확대라는 공익상 필요에서 한 건도 이를 부과한 일이 없었다면 납세자인 원고는 그것을 믿을 수밖에 없고 그로써 비과세의 관행이 이루어졌다고 보아도 무방하다(대법원 1980.6.10. 선고 80누6 전원합의체 판결).

> **[판 례]** 종전의 행정선례가 잘못된 것이라는 상급관청의 해석이나 시정조치가 있었다면 모르되 그렇지 않은 한 공무원이 적극적으로 상급기관의 유권해석이나 지휘를 받음이 없이 종전의 행정선례에 따라 업무처리를 하였다고 하여 이를 지방공무원법 제69조제1항 제2호에 규정된 직무상의 의무에 위반하거나 직무를 태만히 한 경우에 해당된다고 할 수는 없다(대법원 1986.8.19. 선고 86누359 판결).

2) 민중적 관습법

민중적 관습법이란 행정법관계에 대한 관행이 민중 사이에서 장기적으로 계속됨으로써 그것이 다수의 국민에 의해 인식되었을 때 성립하는 관습법을 말한다. 민중적 관습법의 예로는 관습상 유수사용권(관개용수권, 음용용수권), 관행어업권(수산업법상 입어권)[22] 등이 있다.

2. 판례법

(1) 의 의

행정사건에 대한 법원의 판결은 추상적인 행정법규의 내용을 구체화하고 명백히 하여 무엇이 법인지를 선언하는 것이다. 판결에 내포되어 있는 합리성은 장래의 같은 종류의 사건에 대해서 재판의 지침으로 적용될 수 있다는 점에서 그 규범성이 인정될 수 있다. 이렇게 성립된 판례법은 그 한도 내에서 행정법의 법원이 된다.

(2) 판례법의 법원성

1) 불문법계

영·미와 같은 불문법국가들에 있어서는 선례구속성의 원칙(doctrine of stare decisis)이 확립되어 있기 때문에 판례법이 행정법의 법원이 되는 점에 의문의 여지가 없다. 여기서 선례구속성의 원칙이란 어떠한 사건에 대하여 내린 상급법원의 판결을 그 이후의 그와 동일 또는 유사한 사건에 적용할 수 있다는 원칙으로 영미법의 대표적인 원칙중의 하나이다.

---

22) 대법원 2001.3.13. 선고 99다57942 판결.

2) 성문법계

대륙법계의 성문법국가에 있어서는 선례구속성의 원칙이 인정되지 않기 때문에 상급법원의 판결이라고 하더라도 장래에 향하여 일반적으로 하급법원을 구속하는 법적 효력을 가지지 아니한다. 따라서 판례에 대하여 법적 구속력을 가진다는 의미에서의 법원성은 인정되지 않는다.

(3) 우리나라의 판례법

1) 대법원판례

대법원판례가 법원성을 갖는다는 규정은 없다. 「법원조직법」 제8조는 "상급법원의 재판에 있어서의 판단은 해당 사건에 관하여 하급심을 기속한다"라고 규정하고 있는데, 이 규정은 판례의 법원성과 직접적인 관련이 없다. 여기서 하급심이 기속당하는 것은 '해당 사건', 즉 같은 사건에서만 기속당하는 것이지 같은 성질을 가진 동종사건에서까지 기속당하는 것은 아니다. 이와 같이 대법원의 판결에서 판시된 법령해석과 법률적 판단은 해당 사건에 관한 것이기 때문에 일반적 법원성을 인정하기는 어렵다.

> **[판 례]** 대법원의 판례가 법률해석의 일반적인 기준을 제시한 경우에 유사한 사건을 재판하는 하급심법원의 법관은 판례의 견해를 존중하여 재판하여야 하는 것이나, 판례가 사안이 서로 다른 사건을 재판하는 하급심법원을 직접 기속하는 효력이 있는 것은 아니다(대법원 1996.10.25. 선고 96다31307 판결).

대법원판례는 그 자체로 행정법의 법원이 되는 것은 아니지만, 대법원판례가 가지는 현실적 기속력 때문에 하급심은 대법원판례를 존중하지 않을 수 없다. 특히 「법원조직법」은 "대법원의 심판권은 대법관전원의 3분의 2 이상의 합의체에서 이를 행사하며, 합의심판은 헌법 및 법률에 다른 규정이 없으면 과반수로 결정한다"(제7조, 제66조)라고 판례변경의 어려움을 부여하고 있다. 다시 말해 대법원판례가 법률상의 구속력은 없으나 심급절차 등을 통하여 사실상의 구속력이 있고, 이러한 범위 내에서 대법원판례는 어느 정도 법원성이 인정된다고 볼 수 있다.

2) 헌법재판소결정례

헌법재판소의 위헌결정은 대법원판례와 달리 법원으로서의 성격을 가진다. 왜냐하면 위헌으로 결정된 법률 또는 법률조항은 효력을 상실하고 아울러 위헌결정은 기타 국가기관이나 지방자치단체를 기속하기 때문이다(헌법재판소법 제47조). 헌재의 위헌결정의 효력은 위헌결정 이후에 제소된 일반사건에도 미친다.

[판 례] 헌법재판소의 위헌결정의 효력은 위헌제청을 한 당해 사건, 위헌결정이 있기 전에 이와 동종의 위헌 여부에 관하여 헌법재판소에 위헌여부심판제청을 하였거나 법원에 위헌여부심판제청신청을 한 경우만이 아니라 따로 위헌제청신청은 하지 아니하였지만 당해 법률 또는 법률의 조항이 재판의 전제가 되어 법원에 계속 중인 사건과 위헌결정 이후에 위와 같은 이유로 제소된 일반 사건에도 미친다(대법원 2003.7.24. 선고 2001다48781 전원합의체 판결).

그러나 이미 취소소송의 제기기간을 경과하여 확정력이 발생한 행정처분의 경우에는 헌법재판소의 위헌결정의 소급효가 미치지 않는다.

[판 례] 위헌결정의 효력은 그 결정 이후에 당해 법률이 재판의 전제가 되었음을 이유로 법원에 제소된 일반사건에도 미치므로, 당해 법률에 근거하여 행정처분이 발하여진 후에 헌법재판소가 그 행정처분의 근거가 된 법률을 위헌으로 결정하였다면 결과적으로 행정처분은 법률의 근거가 없이 행하여진 것과 마찬가지가 되어 하자가 있는 것이 되나, 이미 취소소송의 제기기간을 경과하여 확정력이 발생한 행정처분의 경우에는 위헌결정의 소급효가 미치지 않는다고 보아야 할 것이다(대법원 2002.11.8. 선고 2001두3181 판결).

3. 조리법

조리는 '사물의 본질적 법칙' 또는 '일반사회의 정의감에 비추어 반드시 그러하여야 할 것'이라고 인정되는 것을 말한다. 이러한 조리는 ① 법해석상 의문이 있는 경우에 법해석의 기본원리로서, ② 성문법·관습법·판례법 등이 모두 없는 경우에 최후의 보충적 법원으로서 중요한 의의를 가지고 있다. 학설·판례는 공익의 원칙·평등의 원칙·행정의 자기구속의 원칙·비례의 원칙·신뢰보호의 원칙·부당결부금지의 원칙 등의 행정법의 일반원칙을 조리법으로 인정하고 있다. 행정법의 일반원칙에 대해서는 다음 절에서 자세히 설명하기로 한다.

제 7 절 행정법의 일반원칙

Ⅰ. 일반원칙의 의의

행정법의 일반원칙은 행정법의 모든 분야에 적용되고 지배되는 일반적 원리를 말한다. 이러한 일반원칙에 대해서 통설은 행정법의 최후의 보충적 법원인 조리법으로 설명하기도 한다. 행정의 법률적합성의 원칙, 즉 법치행정의 원칙의 견지에서 보면 행정은 헌법과 법률에 종속됨은 물론 행정법의 일반원칙에도 구속된다. 다시 말해 행정법의 일반원칙에 반하는 행정은 위법한 행정이 되는 것이다.

「행정기본법」은 행정법의 일반원칙으로 법치행정의 원칙, 평등의 원칙, 비례의 원칙, 성실의무 및 권한남용금지의 원칙, 신뢰보호의 원칙과 부당결부금지의 원칙을 명문으로 인정하고 있다. 이는 그동안 학설과 판례로 인정되고 있던 일반원칙을 성문화한 것이다.

Ⅱ. 평등의 원칙

1. 의 의

평등의 원칙은 근대입헌주의 헌법의 가장 기본적인 원칙이다. 여기서 평등이란 "본질적으로 같은 것은 같게, 본질적으로 다른 것은 다르게"라는 의미로 형식적 평등이 아닌 합리적 차별을 인정하는 실질적 평등을 의미한다. 평등의 원칙은 특별한 합리적 근거가 없는 한 행정기관은 행정작용을 함에 있어 그 상대방인 국민을 공평하게 대우해야 한다는 원칙이다. 평등의 원칙은 특히 재량권행사의 한계규정으로서 기능을 수행한다. 평등의 원칙은 법의 불평등한 적용을 금지할 뿐만 아니라 불평등을 내용으로 하는 법의 정립도 금지하는 것이므로 입법자도 구속받는다.

> **[판 례]** 국유잡종재산은 사경제적 거래의 대상으로서 사적 자치의 원칙이 지배되고 있으므로 시효제도의 적용에 있어서도 동일하게 보아야 하고, 국유잡종재산에 대한 시효취득을 부인하는 규정은 합리적 근거없이 국가만을 우대하는 불평등한 규정으로서 헌법상의 평등의 원칙과 사유재산권 보장의 이념 및 과잉금지의 원칙에 반한다(헌재 1991.5.13. 89헌가97).

2. 근 거

헌법 제11조 제1항은 "모든 국민은 법 앞에 평등하다. 누구든지 성별·종교 또는 사회적 신분에 의하여 정치적·경제적·사회적·문화적 생활의 모든 영역에 있어서 차별을 받지 아니한다"라고 규정하여 법 앞의 평등원칙을 천명하고 있다. 여기서 '법'은 국회에 의하여 제정된 법률뿐만 아니라 넓은 의미의 모든 법(헌법·법률·법규명령 등)을 포함하는 의미이다.

「행정기본법」 제9조는 "행정청은 합리적 이유 없이 국민을 차별하여서는 아니 된다"라고 하여 헌법상 원칙인 평등의 원칙을 명문으로 규정하고 있다. 이처럼 헌법상 원칙을 법률에 다시 규율하고 있는 이유는 행정실무 담당자 및 행정의 상대방인 당사자로 하여금 평등의 원칙을 제고시키고 이를 통해 궁극적으로 국민의 권익보호를 향상시키기 위해서이다. 따라서 행정청은 평등의 원칙을 처분 등의 직접적인 근거로 활용할 수 있게 되었다.

3. 위반의 효과

평등의 원칙은 헌법에서 명시하고 있는 헌법원칙이므로 이를 위반한 법령은 위헌이 된다. 또한 평등의 원칙을 위반한 행정행위는 위법한 처분이 되어 취소·무효가 된다.

4. 평등의 원칙 위반 사례

(1) 공평을 잃은 징계처분

평등의 원칙은 모든 행정작용을 통제하는 법원칙이지만, 특히 징계처분과 같은 재량권의 행사를 통제하는 법원칙이다. 즉 합리적인 사유 없이 같은 정도의 비행에 대하여 일반적으로 작용하여 온 기준과 어긋나게 공평을 잃은 징계처분을 하면 평등의 원칙을 위반하게 된다. 대법원은 함께 화투놀이를 한 4명 중 3명에게는 가벼운 견책처분을 하고, 1명에게만 파면처분을 한 것은 평등의 원칙을 위반한 위법한 처분이라 하였다.

> **[판 례]** 부산시 영도구청의 당직 근무 대기 중 약 25분간 같은 근무조원 3명과 함께 심심풀이로 돈을 걸지 않고 점수따기 화투놀이를 한 사실이 국가공무원법 제78조 1, 3호 규정의 징계사유에 해당한다 할지라도 원고와 함께 화투놀이를 한 3명은 부산시 소청심사위원회에서 견책에 처하기로 의결된 사실이 인정되는 점 등 제반 사정을 고려하면 피고가 원고에 대한 징계처분으로 파면을 택한 것은 당직근무 대기자의 실정이나 공평의 원칙상 그 재량의 범위를 벗어난 위법한 것이다(대법원 1972.12.26. 선고 72누194 판결).

다만 같은 정도의 비위를 저지른 자들 사이에 있어서도 그 구체적인 직무의 특성 등에 비추어, 개전의 정이 있는지 여부에 따라 징계의 종류의 선택과 양정에 있어서 차별적으로 취급하는 것은, 사안의 성질에 따른 합리적 차별로서 이를 자의적 취급이라고 할 수 없는 것이어서 평등의 원칙에 반하지 아니한다.

(2) 가산점

헌법재판소는 공무원시험에서의 군가산점제도에 대해 여성과 장애인들의 평등권을 침해하는 위헌적인 제도로 보았고, 국가기관이 채용시험에서 국가유공자의

가족에게 만점의 10%라는 높은 가산점을 부여하는 규정도 평등권을 침해한다고
보았다.[23]

(3) 훼손부담금 부과율의 과도한 차등

[판례] 구 개발제한구역의 지정 및 관리에 관한 특별조치법 시행령 제35조 제1항
제3호에서 집단에너지공급시설에 대한 훼손부담금의 부과율을 전기공급시설 등에
대한 훼손부담금의 부과율인 100분의 20의 다섯 배에 이르는 100분의 100으로 정
한 것은, 집단에너지공급시설과 전기공급시설 등의 사이에 그 공급받는 수요자가 다
소 다를 수 있음을 감안하더라도, 부과율에 과도한 차등을 둔 것으로서 합리적 근거
없는 차별에 해당하므로 헌법상 평등원칙에 위배되어 무효이다(대법원 2007.10.29.
선고 2005두14417 전원합의체 판결).

(4) 폐기물부담금 산출기준의 과도한 차등

[판례] 구 자원의 절약과 재활용촉진에 관한 법률 시행령 제11조 [별표 2] 제7호
에서 플라스틱제품의 수입업자가 부담하는 폐기물부담금의 산출기준을 아무런 제한
없이 그 수입가만을 기준으로 한 것은, 합성수지 투입량을 기준으로 한 제조업자에
비하여 과도하게 차등을 둔 것으로서 합리적 이유 없는 차별에 해당하므로, 위 조항
중 '수입의 경우 수입가의 0.7%'부분은 헌법상 평등원칙을 위반한 입법으로서 무효
이다(대법원 2008.11.20. 선고 2007두8287 전원합의체 판결).

Ⅲ. 행정의 자기구속의 원칙

1. 의 의

　행정의 자기구속의 원칙은 행정청이 어떤 결정을 함에 있어 비록 재량이 인
정되어 있다고 하더라도, 같은 종류의 사안에서 이미 제3자에게 행한 결정과 같은
결정을 상대방에게 하여야 한다는 구속성의 원칙이다. 즉, 행정청이 제3자에게 행
한 결정에 적용된 기준에 스스로 구속된다는 원칙이다. 이 원칙은 원래 재량영역
에서 행정활동도 헌법상의 원리인 평등원칙에 구속되는 것으로 보아 행정의 자의
금지의 원리로서 형성된 개념이다.

　행정의 자기구속의 원칙은 행정에 재량을 부여하고 있는 동종의 사안에 있어

---

23) 헌법재판소는 과거의 결정(헌재 2001.2.22. 2000헌마25)에서 국가유공자자녀에게 가산점을 주
　　는 제도는 합헌이라고 하였으나, 이번 결정에서 이를 변경한 것이다(헌재 2006.2.23. 2004헌
　　마675·981·1022(병합)).

서, 재량권행사에 대한 사후적 사법통제를 확대시키는 기능을 가지고 있다. 하지만 행정의 자기구속의 원칙이 인정된다고 하여, 불법에 있어서 평등적용까지 인정되는 것은 아니다. 즉, 법률에 적합한 행정관행만이 구속력을 갖는다. 또한 선행관행과 동일한 사안이라 하더라도 사정변경으로 다른 결정을 해야 할 공익상 필요가 심히 큰 경우에는 자기구속의 원칙은 적용되지 않는다.

2. 근 거

행정의 자기구속의 원칙은 평등의 원칙이나 신뢰보호의 원칙에 그 근거를 두고 있다는 것이 학설과 판례의 일반적인 견해이다.

3. 재량준칙의 통제기능

(1) 재량준칙

행정의 자기구속의 원칙은 행정청이 엄격한 법의 기속을 받는 이른바 기속행위에서는 인정될 수 없고, 행정청에게 재량의 여지가 허용된 재량행위의 경우에서만 인정될 수 있다. 기속행위의 경우 행정청이 스스로 재량준칙을 정할 수 없고 법규정에 바로 구속되기 때문이다.

행정청에 재량권이 인정되는 경우, 행정청이 그 재량권을 합리적으로 집행하고 재량권을 오용·남용하는 것을 방지하기 위하여 일반적으로 행정청 내부에서만 적용되는 재량권행사의 준칙(재량준칙)을 제정해 놓고 있다. 즉, 행정청에게 주어져 있는 재량권이 담당공무원이 누구이든지 관계없이 일관성을 가지고 공평하게 국민들에게 적용될 수 있도록 내부적 지침을 두고 있는 것이다. 그리고 이러한 재량준칙은 '~에 관한 기준', '~에 관한 지침' 등의 이름으로 제정되는데, 대부분 그 법적 성격이 행정규칙이다.

행정규칙은 원래 법규가 아니므로, 행정청이 자신들이 제정한 재량준칙을 위반하더라도 위법의 문제는 발생하지 않는다. 국민들 입장에서는 행정규칙이든 기타 법령이든 모두 법으로 판단되겠지만, 법리적으로 행정규칙은 행정청 내부에서만 효력이 있고 국민에 대한 외부적 효력은 없기 때문에, 행정처분이 이를 위반해도 위법의 문제가 발생하지 않는다.

물론 행정규칙을 위반한 공무원의 경우 내부적 규율을 위반하였다는 이유로 징계는 받겠지만 그렇다고 해서 이미 발령된 행정처분이 위법해지는 것은 아니다. 따라서 행정규칙에 위배되는 행정처분으로 인하여 권익을 침해받은 국민이 행정소송을 제기하여도 권익구제가 되지 않는다. 이는 결국 권익구제의 사각지대를 의미하게 되어 모든 권익침해에 대한 구제를 요구하는 실질적 법치주의에 반하는 문제가 생긴다.

(2) 전환규범

행정의 자기구속의 원칙에 따르면 행정청이 일정한 사안에 대하여 행정규칙인 재량준칙에 근거하여 재량권을 반복적으로 행사한 경우, 행정청은 같은 종류의 사안에서 이미 제3자에게 행한 결정과 같은 결정을 상대방에게 하여야 한다. 이는 결과적으로 법규적 성격을 갖고 있지 않던 재량준칙이 법규적 성격을 가지게 되고, 행정규칙에 위배된 행정처분에 대해 사법심사가 가능케 된다.

다시 말해 행정의 자기구속의 원칙이 법규성이 없는 행정규칙(재량준칙)을 대외적 효력을 갖게 하는 법규로 전환시키는 이른바 '전환규범'으로서의 기능을 가지게 되고, 행정규칙에 위배되는 행정처분에 대한 사법심사를 가능케 하는 교량적 기능을 수행하게 되는 것이다. 즉, 행정의 자기구속의 원칙을 근거로 해당 재량준칙이 법원의 사법심사의 기준으로 활용될 수 있는 것이다.

4. 판 례

대법원과 헌법재판소는 평등의 원칙이나 신뢰보호의 원칙을 근거로 행정의 자기구속의 원칙을 인정하고 있다.

> **[판 례]** 재량권 행사의 준칙인 행정규칙이 그 정한 바에 따라 되풀이 시행되어 행정관행이 이루어지게 되면 평등의 원칙이나 신뢰보호의 원칙에 따라 행정기관은 그 상대방에 대한 관계에서 그 규칙에 따라야 할 자기구속을 받게 되므로, 이러한 경우에는 특별한 사정이 없는 한 그를 위반하는 처분은 평등의 원칙이나 신뢰보호의 원칙에 위배되어 재량권을 일탈·남용한 위법한 처분이 된다(대법원 2009.12.24. 선고 2009두7967 판결).

> **[판 례]** 행정규칙이 법령의 규정에 의하여 행정관청에 법령의 구체적 내용을 보충할 권한을 부여한 경우나 재량권행사의 준칙인 규칙이 그 정한 바에 따라 되풀이 시행되어 행정관행이 이룩되게 되면, 평등의 원칙에 따라 행정기관은 그 상대방에 대한 관계에서 그 규칙에 따라야 할 자기구속을 당하게 되는 경우에는 대외적인 구속력을 가지게 된다(헌재 2001.5.31. 99헌마413 : 학교장초빙제 실시학교 선정기준).

> **[판례]** 재량준칙은 일반적으로 행정조직 내부에서만 효력을 가질 뿐 대외적인 구속력을 갖는 것은 아니므로 행정처분이 이를 위반하였다고 하여 그러한 사정만으로 곧바로 위법하게 되는 것은 아니고, 다만 그 재량준칙이 정한 바에 따라 되풀이 시행되어 행정관행이 이루어지게 되면 평등의 원칙이나 신뢰보호의 원칙에 따라 행정

기관은 상대방에 대한 관계에서 그 규칙에 따라야 할 자기구속을 받게 되므로, 이러한 경우에는 특별한 사정이 없는 한 그에 반하는 처분은 평등의 원칙이나 신뢰보호의 원칙에 어긋나 재량권을 일탈·남용한 위법한 처분이 된다(대법원 2013.11.14. 선고 2011두28783 판결).

Ⅳ. 비례의 원칙(과잉금지의 원칙)

1. 의 의

비례의 원칙이라 함은 행정작용에 있어서 행정목적의 실현에 필요한 수단을 선택함에 있어 목적과 수단 사이에 합리적인 비례관계가 유지되어야 한다는 원칙을 말한다. 이는 흔히 과잉금지의 원칙이라고도 한다.

2. 연 혁

행정법상의 비례의 원칙은 19세기 초 경찰행정의 영역에서 경찰권발동에 대한 제한이론으로 성립·발전하였다. 그러나 오늘날에 있어서는 침해적 행정이든 수익적 행정이든 관계없이 모든 행정영역에서 비례의 원칙이 적용되고 있다. 다만 그 정도에 있어 침해적 행정영역에 있어 더 엄격하게 적용된다.

3. 근 거

비례의 원칙을 명시적으로 규정하고 있는 헌법규정은 없다. 하지만 비례의 원칙은 헌법상의 기본권 보장규정 및 기본권 제한의 법률유보를 규정하고 있는 헌법 제37조 제2항을 근거로 하여 도출되는 헌법상의 원칙이다. 헌법재판소는 비례의 원칙의 근거를 헌법 제37조 제2항에 두고 있다.[24]

「행정기본법」 제10조는 "행정목적은 ① 행정목적을 달성하는 데 유효하고 적절할 것, ② 행정목적을 달성하는 데 필요한 최소한도에 그칠 것, ③ 행정작용으로 인한 국민의 이익 침해가 그 행정작용이 의도하는 공익보다 크지 아니할 것 등의 원칙에 따라야 한다"라고 하여 비례의 원칙의 3가지 내용을 명문으로 규정하고 있다.「행정기본법」이 시행됨으로써 국가의 모든 기관과 공무원은 이제 개별 법률에 비례의 원칙에 관한 규정이 없다고 하여도「행정기본법」제10조에 근거하여 비례의 원칙을 준수하여야 한다.

한편「경찰관 직무집행법」제1조 제2항은 "경찰관의 직권은 그 직무 수행에 필요한 최소한도에서 행사되어야 하며 남용되어서는 아니 된다"라고 규정하고 있

---

24) 헌재 2019.2.28. 2017헌가33.

어 비례의 원칙을 명문화하고 있다.

4. 내 용

일반적으로 비례의 원칙의 개별적 내용으로는 ① 적합성의 원칙(수단의 적정성), ② 필요성의 원칙(최소침해의 원칙) 및 ③ 상당성의 원칙(균형성의 원칙, 협의의 비례원칙)이 인정되고 있다. 헌법재판소는 비례의 원칙의 내용적 요소로 위 3가지 외에 목적의 정당성을 추가하고 있다.

(1) 적합성의 원칙(수단의 적정성)

적합성의 원칙은 행정목적을 달성하기 위하여 행하는 행정작용은 그 달성하고자 하는 목적에 적합한 수단·조치를 선택하여야 한다는 원칙이다. 「행정기본법」 제10조 제1호는 "행정작용은 행정목적을 달성하는데 유효하고 적절할 것"이라고 규정하고 있다. 따라서 행정기관이 이미 행한 수단·조치가 그 목적에 부적합하게 된 경우에는 그 조치를 중지하고 이미 행해진 수단·조치는 원상회복되어야 한다.

> **[판 례]** 교통사고의 발생원인을 불문하고 졸업생이 낸 교통사고 비율에 따라 운전전문학원에게 운영정지 등을 할 수 있도록 한 것은 운전전문학원이 책임저야 할 범위를 넘어서는 것이므로, 도로교통법 제71조의15 제2항 제8호의 '교통사고' 부분은 입법목적을 달성하기 위한 수단으로서 부적절하며, 운전전문학원의 영업 내지 직업의 자유를 필요 이상으로 제약하는 것이다(헌재 2005.7.21. 2004헌가30).

(2) 필요성의 원칙(최소침해의 원칙)

필요성의 원칙은 행정목적상 명백하고 현존하는 필요성이 있는 경우에 한하여 권리 또는 자유의 침해가 가능하나, 이 경우에도 여러 적합한 수단 중 침해가 가장 적은 수단을 선택해야 한다는 것이다(최소침해의 원칙). 「행정기본법」 제10조 제2호는 "행정작용은 행정목적을 달성하는데 필요한 최소한도에 그칠 것"이라고 규정하고 있다. 헌법재판소 역시 최소침해의 원칙을 비례의 원칙의 구성요소로 인정하고 있다.

> **[판 례]** 대덕연구단지안에서 위험물저장 및 처리시설의 설치를 제한하는 경우에도 입법자는 입법목적에 부합하도록 필요한 최소한도의 범위내에만 제한하여야 한다. 그런데 이 사건 시행령 규정은 주유소를 제외한 일체의 위험물 저장 및 처리시설의 건축을 금지함으로써 지나치고 광범위하게 제한하여 기본권 제한의 헌법상 원칙인

비례원칙에 어긋난다(헌재 2004.7.15. 2001헌마646).

　　헌법재판소에 따르면 입법자는 공익실현을 위하여 기본권을 제한하는 경우에도 입법목적을 실현하기에 적합한 여러 수단 중에서 되도록 국민의 기본권을 가장 존중하고 기본권을 최소로 침해하는 수단을 선택해야 한다고 한다.

> **[판 례]** 기부금품모집금지법이 의도하는 목적인 국민의 재산권보장과 생활안정은 모집목적의 제한보다도 기본권을 적게 침해하는 모집행위의 절차 및 그 방법과 사용목적에 따른 통제를 통해서도 충분히 달성될 수 있다 할 것이므로, 모집목적의 제한을 통하여 모집행위를 원칙적으로 금지하는 법 제3조는 입법목적을 달성하기에 필요한 수단의 범위를 훨씬 넘어 국민의 기본권을 과도하게 침해하는 위헌적인 규정이다(헌재 1998.5.28. 96헌가5).

> **[판 례]** 과잉금지의 원칙상 행정목적을 달성하기 위한 수단은 목적달성에 유효·적절하고 또한 가능한 한 최소침해를 가져오는 것이어야 하며 아울러 그 수단의 도입으로 인한 침해가 의도하는 공익을 능가하여서는 아니된다. 현행범인으로 체포된 여자들에 대하여 유치장 입감을 위한 신체검사를 하면서 브래지어 탈의를 요구하여 제출받은 사안에서, 위 조치는 자살 예방을 위해 필요한 최소한도의 범위 내에서 이루어지거나 기본권이 부당하게 침해되는 일이 없도록 충분히 배려한 상당한 방법으로 이루어진 것이 아니므로 위법하다(대법원 2013.5.9. 선고 2013다200438 판결).

(3) 상당성의 원칙(균형성의 원칙, 협의의 비례원칙)

　　협의의 비례원칙인 상당성의 원칙이란 행정목적의 실현과 그로 인한 국민의 기본권 침해·제한 사이에는 합리적인 비례성 또는 균형성이 요구된다는 원칙을 말한다. 「행정기본법」 제10조 제3호는 "행정작용은 행정작용으로 인한 국민의 이익 침해가 그 행정작용이 의도하는 공익보다 크지 아니할 것"이라고 규정하고 있다. 헌법재판소는 이를 법익의 균형성 또는 법익의 비례성이라고 표현하고 있다.

　　상당성의 원칙에 따르면 공익상의 필요와 개인의 권리제한 사이에 비례성이 있어야 하며, 따라서 어떤 처분을 해야 할 긴급한 필요성이 인정되는 경우에라도 그 처분에 의해 개인의 자유와 권리가 심하게 침해되는 때에는 그 처분을 하지 않아야 한다. 행정처분에 따른 불이익이 그 처분에 의해 달성되는 이익보다 훨씬 큰 경우에는 그 행정처분을 해서는 안된다는 것이다.

[**판 례**] 조세 관련 법률이 과잉금지의 원칙에 어긋나 국민의 재산권을 침해하는 때에는 헌법 제38조에 의한 국민의 납세의무에도 불구하고 헌법상 허용되지 아니한다(헌재 2003.7.24. 2000헌바28).

[**판 례**] 조세의 부과가 정책 목적 달성에 적합하고 필요한 한도 내에 그쳐야 할 뿐만 아니라 그 정책 목적에 의하여 보호하고자 하는 공익과 침해되는 사익 사이에도 비례관계를 유지하여 과잉금지의 원칙에 어긋나지 않도록 하여야 한다(헌재 2008. 11.13. 2006헌바112).

5. 적용범위

(1) 재량권행사의 한계

비례의 원칙은 행정법의 일반원칙이므로 행정의 모든 영역에 걸쳐 적용되지만, 특히 재량권행사의 한계와 관련하여 주로 적용되고 있다. 행정청이 자신들에게 주어진 재량권을 행사·불행사하면서 비례의 원칙을 위반하면 해당 행정처분이 위법해지는 경우가 대부분이다.

[**판 례**] 공정거래위원회의 공정거래법 위반행위자에 대한 과징금 부과처분은 재량행위라 할 것이고, 다만 이러한 재량을 행사함에 있어 과징금 부과의 기초가 되는 사실을 오인하였거나, 비례·평등의 원칙에 위배하는 등의 사유가 있다면 이는 재량권의 일탈·남용으로서 위법하다고 할 것이다(대법원 2011.7.14. 선고 2011두6387 판결).

[**판 례**] 주유소 영업의 양도인이 등유가 섞인 유사휘발유를 판매한 바를 모르고 이를 양수한 석유판매영업자에게 전 운영자인 양도인의 위법사유를 들어 사업정지기간 중 최장기인 6월의 사업정지에 처한 영업정지처분이 석유사업법에 의하여 실현시키고자 하는 공익목적의 실현보다는 양수인이 입게 될 손실이 훨씬 커서 재량권을 일탈한 것으로서 위법하다(대법원 1992.2.25. 선고 91누13106 판결).

재량권의 대표적 예인 징계처분의 행사와 관련하여 우리의 판례는 비례의 원칙이 위법성 판단의 중요한 기준이라고 판시하고 있다. 즉, 징계권의 행사가 재량에 맡겨진 경우라 하더라도 비례의 원칙을 위반한 경우 재량권의 한계를 벗어난 위법한 처분이 된다. 대법원은 단 1회 훈령에 위반하여 요정 출입을 하다가 적발된 경우에 대해 파면처분을 한 것은 비례의 원칙을 위반한 위법한 처분이라고 하였다.[25)]

---

25) 대법원 1967.5.2. 선고 67누24 판결.

[판 례] 공무원인 피징계자에게 징계사유가 있어서 징계처분을 하는 경우 어떠한 처분을 할 것인가는 징계권자의 재량에 의할 것이고, 다만 징계권자가 재량권의 행사로서 한 징계처분이 사회통념상 현저하게 타당성을 잃어 징계권자가 재량권을 남용한 것이라고 인정되는 경우에 한하여 그 처분을 위법하다고 할 수 있으며, 공무원에 대한 징계처분이 사회통념상 현저하게 타당성을 잃었다고 하려면 구체적인 사례에 따라 징계의 원인이 된 비위사실의 내용과 성질, 징계에 의하여 달성하려고 하는 행정목적, 징계 양정의 기준 등 여러 요소를 종합하여 판단할 때 그 징계 내용이 객관적으로 명백히 부당하다고 인정할 수 있는 경우라야 하고, 징계권의 행사가 임용권자의 재량에 의한다고 하여도 공익적 목적을 위하여 징계권을 행사하여야 할 공익의 원칙에 반하거나 일반적으로 징계사유로 삼은 비행의 정도에 비하여 균형을 잃은 과중한 징계처분을 선택함으로써 비례의 원칙에 위반하거나 또는 합리적인 사유 없이 같은 정도의 비행에 대하여 일반적으로 적용하여 온 기준과 어긋나게 공평을 잃은 징계처분을 선택함으로써 평등의 원칙에 위반한 경우에 이러한 징계처분은 재량권의 한계를 벗어난 처분으로서 위법하다(대법원 1999.11.26. 선고 98두6951 판결).

[판 례] 이른바 '심재륜 사건'에서의 면직처분이, 징계면직된 검사가 그 징계사유인 비행에 이르게 된 동기와 경위, 그 비행의 내용과 그로 인한 검찰조직과 국민에게 끼친 영향의 정도, 그 검사의 직위와 그 동안의 행적 및 근무성적, 징계처분으로 인한 불이익의 정도 등 제반 사정에 비추어, 비례의 원칙에 위반된 재량권 남용으로서 위법하다(대법원 2001.8.24. 선고 2000두7704 판결).

(2) 행정강제권 행사의 한계

비례의 원칙은 행정상 강제집행(대집행, 집행벌, 강제징수 등)과 행정상 즉시강제 등의 실력행사의 정도와 방법의 선택에 있어 적용된다.[26)]

(3) 사정재결 및 사정판결

원고의 청구가 이유가 있어 행정처분의 취소·변경함이 원칙임에도 불구하고, 취소·변경하는 것이 현저히 공공복리를 해할 경우 취소·변경하지 않는 대신에 원고에게 손해배상 등의 적절한 조치를 취하도록 하는 사정재결 및 사정판결도 비례의 원칙이 적용되는 경우이다.

(4) 부관의 한계

행정행위에 부관을 붙임에 있어 주된 행정행위의 목적과는 아무런 관계가 없거나, 주된 행정행위의 본질적인 내용을 침해하는 정도의 제한이 되어서는 아니

---

26) 대법원 1996.10.11. 선고 96누8086 판결; 대법원 1989.7.11. 선고 88누11193 판결.

된다는 의미에서 비례의 원칙이 적용된다.

(5) 기 타

비례의 원칙은 기타 철회권 및 취소권행사의 한계, 행정계획에 있어 형량상의 한계, 급부행정의 한계 등의 영역에서도 적용되고 있다. 그리고 행정지도에 대한 「행정절차법」 제48조 제1항 및 행정조사에 대한 「행정조사기본법」 제4조 제1항에서 '그 목적달성에 필요한 최소한'을 규정하고 있다는 점에서 비례의 원칙에 근거한 일정한 한계가 있다. 또한 비례의 원칙은 법률의 제정, 경찰행정과 관련된 각종 규제처분, 국가와 지방자치단체의 관계에 있어서 국가의 자치영역에 대한 입법권 등에 있어 한계설정의 수단으로도 사용된다.

6. 위반의 효과와 행정구제

비례의 원칙은 헌법상의 원칙이므로 이에 반하는 법령은 위헌·무효가 된다. 또한 비례의 원칙에 위반한 행정처분은 위법이 된다.

> **[판 례]** 변호사의 개업지를 제한하고 있는 변호사법 제10조 제2항은 직업선택의 자유를 제한함에 있어서 비례의 원칙에 벗어난 것이어서 위헌이다(헌재 1989.11.20. 89헌가102).

비례의 원칙에 위배된 행정처분은 위법하기 때문에 행정구제법의 법리에 따라 권익구제를 받을 수 있다. 즉, 비례의 원칙을 위반한 행정처분에 의하여 재산상의 손해가 발생한 때에는 국가배상이 인정되며, 또 행정쟁송의 방법에 의하여 위법한 행정처분의 취소나 무효를 다툴 수 있다.

V. 신뢰보호의 원칙

1. 의 의

신뢰보호의 원칙은 행정청이 국민에 대하여 어떤 명시적·묵시적 언동을 하였고, 그 정당성 또는 계속성에 대한 보호가치 있는 개인의 신뢰가 있는 경우 그 신뢰를 보호해 주어야 한다는 원칙을 말한다.

2. 근 거

(1) 이론적 근거

신뢰보호의 원칙의 이론적 근거로는 법적 안정성설이 통설과 판례의 입장이다. 법적 안정성설은 신뢰보호의 원칙을 법치국가원리의 한 내용인 법적 안정성으로부터 도출되는 원칙으로 보는 견해이다.

(2) 실정법적 근거

신뢰보호원칙은 헌법상의 법치국가의 원리로부터 도출된 원칙이며, 「행정기본법」 제12조에 명문으로 규정되어 있는 원칙이다. 「행정기본법」 제12조 제1항은 "행정청은 공익 또는 제3자의 이익을 현저히 해칠 우려가 있는 경우를 제외하고는 행정에 대한 국민의 정당하고 합리적인 신뢰를 보호하여야 한다"라고 하여 신뢰보호의 원칙을 명문으로 인정하고 있다.

「행정절차법」 제4조 제2항은 "법령 등의 해석 또는 행정청의 관행이 일반적으로 국민들에게 받아들여졌을 때에는 공익 또는 제3자의 정당한 이익을 현저히 해칠 우려가 있는 경우를 제외하고는 새로운 해석 또는 관행에 의하여 소급하여 불리하게 처리하여서는 아니 된다"라고 규정하고 있어 신뢰보호의 원칙을 명문화하고 있다.

또한 「국세기본법」 제18조 제3항은 "세법의 해석이나 국세행정의 관행이 일반적으로 납세자에게 받아들여진 후에는 그 해석이나 관행에 의한 행위 또는 계산은 정당한 것으로 보며, 새로운 해석이나 관행에 의하여 소급하여 과세되지 아니한다"라고 규정하여 신뢰보호의 원칙을 명문화하고 있다.

3. 요 건

신뢰보호의 원칙이 인정된다고 하여 국민의 행정결정에 대한 모든 신뢰가 보호되는 것은 아니며, 그것이 보호되기 위해서는 행정기관의 결정에 대한 신뢰에 잘못이 없어야 한다. 일반적으로 신뢰보호의 원칙이 적용되기 위해서는 ① 행정청의 선행조치, ② 신뢰의 보호가치, ③ 상대방의 조치, ④ 권익침해, ⑤ 인과관계 등의 일반적 요건이 충족되어야 한다. 대법원도 신뢰보호의 원칙의 요건에 대하여 동일한 견해를 제시하고 있다.

> **[판 례] 신뢰보호의 원칙의 적용요건**
> 일반적으로 행정상의 법률관계에 있어서 행정청의 행위에 대하여 신뢰보호의 원칙이 적용되기 위해서는, 첫째 행정청이 개인에 대하여 신뢰의 대상이 되는 공적인 견해표명을 하여야 하고, 둘째 행정청의 견해표명이 정당하다고 신뢰한 데에 대하여 그 개인에게 귀책사유가 없어야 하며, 셋째 그 개인이 그 견해표명을 신뢰하고 이에 상응하는 어떠한 행위를 하였어야 하고, 넷째 행정청이 위 견해표명에 반하는 처분을 함으로써 그 견해표명을 신뢰한 개인의 이익이 침해되는 결과가 초래되어야 하며, 마지막으로 위 견해표명에 따른 행정처분을 할 경우 이로 인하여 공익 또는 제

3자의 정당한 이익을 현저히 해할 우려가 있는 경우가 아니어야 한다(대법원 2006.6.9. 선고 2004두46 판결).

한편, 신뢰보호의 원칙은 행정청이 공적인 견해를 표명할 당시의 사정이 그대로 유지됨을 전제로 적용되는 것이 원칙이므로, 사후에 그와 같은 사정이 변경된 경우에는 행정청이 그 견해표명에 반하는 처분을 하더라도 신뢰보호의 원칙에 위반되지 않는다.[27]

(1) 행정청의 선행조치(공적 견해표명)

행정청이 법령·행정규칙의 제정, 행정계획의 확정, 행정처분, 행정지도, 질의에 대한 법령해석, 약속·계약·합의 등의 명시적 또는 묵시적 언동을 통한 선행조치를 하여야 한다. 판례는 이와 같은 행정청의 선행조치를 '공적 견해표명'이라고 표현하고 있다. 이러한 선행조치에는 법률행위뿐만 아니라 행정지도 등의 사실행위도 포함되며, 적극적 언동뿐만 아니라 소극적 언동도 포함된다.

행정청의 공적 견해표명이 있었는지의 여부를 판단하는 데 있어 반드시 행정조직상의 형식적인 권한분장에 구애받는 것은 아니며, 담당자의 조직상의 지위와 임무, 당해 언동을 하게 된 구체적인 경위 및 그에 대한 상대방의 신뢰가능성에 비추어 실질에 의하여 판단하게 된다.[28] 따라서 꼭 처분청 자신이 직접 공적 견해표명을 해야 하는 것은 아니며 경우에 따라서는 행정청의 소속 담당공무원이 한 견해표명도 신뢰보호의 대상이 되는 공적 견해표명에 해당할 수 있다. 그렇다고 하여 별개의 행정주체의 기관의 행위에 대해서까지 공적 견해표명으로 인정되는 것은 아니다.

한편 신뢰보호의 원칙의 요건인 "행정청이 국민에게 신뢰의 대상이 되는 공적인 견해를 표명하였다"는 사실에 대한 주장·입증책임은 행정청이 아닌 상대방에게 있다.[29]

1) 긍정사례

행정청의 공적 표명으로 인정된 사례로는 행정청이 4년 동안 면허세를 부과할 수 있다는 사정을 알면서도 수출확대라는 공익상의 필요에서 한 건도 부과하지 않은 경우,[30] 대통령이 담화를 발표하고 이에 따라 국방부장관이 삼청교육 관련 피해자들에게 그 피해를 보상하겠다고 공고하고 피해신고까지 받은 경우[31] 등을

27) 대법원 2020.6.25. 선고 2018.두34732 판결.
28) 대법원 1997.9.12. 선고 96누18380 판결.
29) 대법원 1992.3.31. 선고 91누9824 판결.
30) 대법원 1980.6.10. 선고 80누6 전원합의체 판결.

들 수 있다.

> **[판 례]** 종교법인이 도시계획구역 내 생산녹지로 답(畓)인 토지에 대하여 종교회관
> 건립을 이용목적으로 하는 토지거래계약의 허가를 받으면서 담당공무원이 관련 법
> 규상 허용된다 하여 이를 신뢰하고 건축준비를 하였으나 그 후 당해 지방자치단체
> 장이 다른 사유를 들어 토지형질변경허가신청을 불허가 한 것은 신뢰보호원칙에 반
> 한다(대법원 1997.9.12. 선고 96누18380 판결).

> **[판 례]** 시의 도시계획과장과 도시계획국장이 도시계획사업의 준공과 동시에 사업부
> 지에 편입한 토지에 대한 완충녹지 지정을 해제함과 아울러 당초의 토지소유자들에
> 게 환매하겠다는 약속을 했음에도, 이를 믿고 토지를 협의매매한 토지소유자의 완충
> 녹지지정해제신청을 거부한 것은, 행정상 신뢰보호의 원칙을 위반하거나 재량권을
> 일탈·남용한 위법한 처분이다(대법원 2008.10.9. 선고 2008두6127 판결).

2) 부정사례

행정청의 특정 사안에 대한 구체적인 회신은 공적 견해표명이 될 수 있으나,
추상적 질의에 대한 일반론적인 회신의 경우에는 공적 견해표명으로 볼 수 없다는
것이 판례의 태도이다. 따라서 행정권의 행사와 무관하게 단순히 법령의 해석에
대한 질의에 회신해 주는 것은 신뢰보호원칙의 적용대상이 아니다. 판례는 다음의
경우에는 공적인 견해표명으로 보지 않는다.

> **[판 례]** 병무청 담당부서의 담당공무원에게 공적 견해의 표명을 구하는 정식의 서
> 면질의 등을 하지 아니한 채 총무과 민원팀장에 불과한 공무원이 민원봉사차원에서
> 상담에 응하여 안내한 것을 신뢰한 경우, 신뢰보호 원칙이 적용되지 아니한다(대법
> 원 2003.12.26. 선고 2003두1875 판결).

> **[판 례]** 개발이익환수에 관한 법률에 정한 개발사업을 시행하기 전에, 행정청이 민
> 원예비심사에 대하여 관련부서 의견으로 '저촉사항 없음'이라고 기재하였다고 하더
> 라도, 이후의 개발부담금부과처분에 관하여 신뢰보호의 원칙을 적용하기 위한 요건
> 인 신뢰의 대상이 되는 공적인 견해표명을 한 것이라고는 보기 어렵다(대법원
> 2006.6.9. 선고 2004두46 판결).

> **[판 례]** 폐기물관리법령에 의한 폐기물처리업 사업계획에 대한 적정통보는 국토이용

---

31) 대법원 2001.7.10. 선고 98다38364 판결.

관리법령에 의한 국토이용계획변경과는 그 제도적 취지와 결정단계에서 고려해야 할 사항들이 다르므로, 행정청이 폐기물처리 사업계획에 대하여 적정통보를 한 것만으로 그 사업부지가 토지에 대한 국토이용계획변경신청을 승인하여 주겠다는 취지의 공적인 견해표명을 한 것으로 볼 수 없다(대법원 2005.4.28. 선고 2004두8828 판결).

[판 례] 행정청이 용도지역을 자연녹지지역으로 지정·결정하였다가 그보다 규제가 엄한 보전녹지지역으로 지정·결정하는 내용으로 도시계획을 변경한 경우 행정청이 용도지역을 자연녹지지역으로 결정한 것만으로는 그 결정 후 그 토지의 소유권을 취득한 자에게 자연녹지지역으로 유지하거나 변경하지 않겠다는 취지의 공적인 견해표명을 한 것이 아니다(대법원 2005.3.10. 선고 2002두5474 판결).

[판 례] 헌법재판소의 위헌결정은 행정청이 개인에 대하여 신뢰의 대상이 되는 공적인 견해를 표명한 것이라고 할 수 없으므로 그 결정에 관련한 개인의 행위에 대하여는 신뢰보호의 원칙이 적용되지 아니한다(대법원 2003.6.27. 선고 2002두6965 판결).

[판 례] 관광숙박시설지원 등에 관한 특별법의 유효기간까지 관광호텔업 사업계획 승인신청을 한 경우에는 그 유효기간이 경과한 이후에도 특별법을 적용할 수 있다는 내용의 문화관광부 장관의 지방자치단체장에 대한 회신내용을 담당 공무원이 알려주었다는 사정만으로 위 지방자치단체장의 공적인 견해표명이 있었다고 보기 어렵다(대법원 2006.4.28. 선고 2005두9644 판결).

[판 례] 행정청이 지구단위계획을 수립하면서 그 권장용도를 판매·위락·숙박시설로 결정하여 고시한 행위를 당해 지구 내에서는 공익과 무관하게 언제든지 숙박시설에 대한 건축허가가 가능하리라는 공적 견해를 표명한 것이라고 평가할 수는 없다(대법원 2005.11.25. 선고 2004두6822 판결).

[판 례] 과세관청이 납세의무자에게 부가가치세 면세사업자용 사업자등록증을 교부하였다고 하더라도 그가 영위하는 사업에 관하여 부가가치세를 과세하지 아니함을 시사하는 언동이나 공적인 견해를 표명한 것으로 볼 수 없다(대법원 2008.6.12. 선고 2007두23255 판결).

[판 례] 고시에서 액화석유가스 충전소의 설치 허가 대상으로 정한 도로 구간에 이 사건 시장을 둘러싼 도로 구간이 모두 포함되어 있다는 사정만으로, 피고가 '이 사

건 시장에 인접한 장소라는 이유로 자동차용 액화석유가스 충전소의 설치 허가를 거부하지는 않겠다'는 의사를 공적으로 표명한 것이라고 보기 어렵다(대법원 2016. 1.28. 선고 2015두52432 판결).

(2) 신뢰의 보호가치(귀책사유)

행정청의 선행조치의 정당성·존속성에 대한 상대방의 신뢰가 보호가치 있는 것이어야 한다. 그렇게 신뢰하게 된 데 대하여 상대방에게 귀책사유가 없어야 신뢰의 보호가치가 인정된다는 것이다.

여기서 말하는 귀책사유라 함은 행정청의 견해표명의 하자가 상대방 등 관계자의 사실은폐나 기타 사위의 방법에 의한 신청행위 등 부정행위(사기·강박·부정신고 등)에 기인한 것이거나 그러한 부정행위가 없다고 하더라도 하자가 있음을 알았거나 중대한 과실로 알지 못한 경우 등을 의미한다.[32] 따라서 부정행위에 의하여 행정작용이 행하여졌거나, 행정작용의 위법성을 알고 있었던 경우에는 보호가치가 없다.

> [판 례] 행정처분의 성립과정에서 그 처분을 받아내기 위한 뇌물이 수수되었다면 특별한 사정이 없는 한 그 행정처분에는 직권취소사유가 있는 것으로 보아야 할 것이고, 이러한 이유로 직권취소하는 경우에는 처분 상대방 측에 귀책사유가 있기 때문에 신뢰보호의 원칙도 적용될 여지가 없다(대법원 2003.7.22. 선고 2002두11066 판결).

> [판 례] 수익적 행정처분의 흠이 당사자의 사실은폐나 기타 사위의 방법에 의한 신청행위에 기인한 것이라면 당사자는 처분에 의한 이익이 위법하게 취득되었음을 알아 취소 가능성도 예상하고 있었다고 할 것이므로, 그 자신이 처분에 관한 신뢰이익을 원용할 수 없음은 물론 행정청이 이를 고려하지 아니하였다고 하여도 재량권의 남용이 되지 않는다(대법원 2010.11.11. 선고 2009두14934 판결).

> [판 례] 건축주와 그로부터 건축설계를 위임받은 건축사가 상세계획지침에 의한 건축한계선의 제한이 있다는 사실을 간과한 채 건축설계를 하고 이를 토대로 건축물의 신축 및 증축허가를 받은 경우, 그 신축 및 증축허가가 정당하다고 신뢰한 데에 귀책사유가 있다. 따라서 행정청이 상당한 정도로 공사가 진척된 이 사건 건축물에 대하여 상세계획지침에 규정된 건축한계선을 침범하였다는 이유로 위반부분의 철거를 명하였다 하더라도 이 사건 처분이 신뢰보호원칙에 반한다고 할 수 없다(대법원 2002.11.8. 선고 2001두1512 판결).

---

32) 대법원 2002.11.8. 선고 2001두1512 판결.

[**판 례**] 동사무소 직원이 행정상 착오로 국적이탈을 사유로 주민등록을 말소한 것을 신뢰하여 만 18세가 될 때까지 별도로 국적이탈신고를 하지 않았던 사람이, 만 18세가 넘은 후 동사무소의 주민등록 직권 재등록 사실을 알고 국적이탈신고를 하자 '병역을 필하였거나 면제받았다는 증명서가 첨부되지 않았다'는 이유로 이를 반려한 처분은 (원고가 위와 같은 주민등록말소를 통하여 자신의 국적이탈이 적법하게 처리된 것으로 신뢰한 것에 대하여 귀책사유가 있다고 할 수 없기 때문에) 신뢰보호의 원칙에 반하여 위법하다(대법원 2008.1.17. 선고 2006두10931 판결).

(3) 상대방의 조치

신뢰보호의 원칙은 행정청의 선행조치에 대한 신뢰에 입각하여 개인이 일정한 조치(예컨대 영업의 개시, 건축의 착수, 토지의 매입 또는 형질변경 등)를 한 경우에 그 조치를 보호하기 위한 것이다. 따라서 신뢰보호의 원칙이 적용되기 위해서는 상대방의 조치가 필수적으로 필요하다.

(4) 권익침해

행정청이 선행조치에 의하여 약속한 행위를 실제로 하지 않았고, 이로 인하여 그것을 신뢰한 상대방의 권익이 침해되어야 한다.

(5) 인과관계

행정청의 선행조치와 이를 믿은 상대방의 신뢰 사이에 인과관계가 있어야 한다.

4. 적용범위

신뢰보호의 원칙이 적용되는 주요 영역을 보면, 행정행위의 취소·철회, 행정법상 확약, 실권의 법리, 법령의 개정 등이 있다.

(1) 행정행위의 취소·철회

[**판 례**] 운전면허 취소사유에 해당하는 음주운전을 적발한 경찰관의 소속 경찰서장이 사무착오로 위반자에게 운전면허정지처분을 한 상태에서 위반자의 주소지 관할 지방경찰청장이 위반자에게 운전면허취소처분을 한 것은 선행처분에 대한 당사자의 신뢰 및 법적 안정성을 저해하는 것으로서 허용될 수 없다(대법원 2000.2.25. 선고 99두10520 판결).

(2) 행정법상 확약

행정법상 확약이란 행청청이 상대방에 대하여 일정한 작위 또는 부작위를 할 것을 약속하는 의사표시를 말한다.

[판 례] 폐기물처리업에 대하여 사전에 관할 관청으로부터 적정통보를 받고 막대한 비용을 들여 허가요건을 갖춘 다음 허가신청을 하였음에도 다수 청소업자의 난립으로 안정적이고 효율적인 청소업무의 수행에 지장이 있다는 이유로 한 불허가처분은 신뢰보호의 원칙 및 비례의 원칙에 반하는 것으로서 재량권을 남용한 위법한 처분이다(대법원 1998.5.8. 선고 98두4061 판결).

[판 례] 시의 도시계획과장과 도시계획국장이 도시계획사업의 준공과 동시에 사업부지에 편입한 토지에 대한 완충녹지 지정을 해제함과 아울러 당초의 토지소유자들에게 환매하겠다는 약속을 했음에도, 이를 믿고 토지를 협의매매한 토지소유자의 완충녹지지정해제신청을 거부한 것은 행정상 신뢰보호의 원칙을 위반한 위법한 처분이다(대법원 2008.10.9. 선고 2008두6127 판결).

(3) 실권의 법리

실권의 법리란 행정청이 권리행사의 기회가 있음에도 장기간에 걸쳐 행사하지 않아 상대방인 국민이 행정청이 그 권리를 행사하지 않을 것으로 신뢰한 경우, 행정청은 그 권리를 행사할 수 없다는 법리를 말한다. 대법원은 실권의 법리를 신의성실의 원칙의 파생원칙으로 본다.[33)]

「행정기본법」 제12조 제2항은 "행정청은 권한 행사의 기회가 있음에도 불구하고 장기간 권한을 행사하지 아니하여 국민이 그 권한이 행사되지 아니할 것으로 믿을 만한 정당한 사유가 있는 경우에는 그 권한을 행사해서는 아니 된다. 다만, 공익 또는 제3자의 이익을 현저히 해칠 우려가 있는 경우는 예외로 한다"라고 하여 실권의 법리를 명문으로 규정하고 있다. 실권의 법리가 인정되기 위한 요건으로는 ① 행정청이 권리행사의 가능성을 알았을 것, ② 장기간 권리를 행사하지 않았을 것, ③ 국민이 행정청의 권리불행사를 신뢰하고 그에 대한 정당한 사유가 있을 것 등이다.

[판 례] 실효의 원칙이 적용되기 위하여 필요한 요건으로서의 실효기간(권리를 행사하지 아니한 기간)의 길이와 의무자인 상대방이 권리가 행사되지 아니하리라고 신뢰할 만한 정당한 사유가 있었는지의 여부는 일률적으로 판단할 수 있는 것이 아니라 구체적인 경우마다 권리를 행사하지 아니한 기간의 장단과 함께 권리자측과 상대방측 쌍방의 사정 및 객관적으로 존재한 사정 등을 모두 고려하여 사회통념에 따라 합리적으로 판단하여야 할 것이다(대법원 2005.10.28. 선고 2005다45827 판결).

---

33) 대법원 1988.4.27. 선고 87누915 판결.

(4) 법령의 개정

법령의 개정에 있어서도 신뢰보호의 원칙은 중요한 기능을 한다. 어떤 법령이 장래에도 그대로 존속할 것이라는 신뢰를 바탕으로 국민이 그 법령에 상응하는 구체적 행위로 나아가 일정한 법적 지위나 생활관계를 형성하여 왔다면, 당연히 국가는 이를 보호하여야 할 것이다. 만일 이 경우 국가가 국민의 신뢰를 전혀 보호하지 않는다면 결과적으로 법질서에 대한 국민의 신뢰는 무너지고 현재의 행위에 대한 장래의 법적 효과를 예견할 수 없게 되어 법적 안정성이 크게 저해될 것이다. 물론 이러한 신뢰보호는 절대적이거나 어느 생활영역에서나 균일한 것은 아니고 개개의 사안마다 관련된 자유나 권리, 이익 등에 따라 보호의 정도와 방법이 다를 수 있다.

만일 법령의 개정에 있어서 구 법령의 존속에 대한 당사자의 신뢰가 합리적이고도 정당하며, 법령의 개정으로 야기되는 당사자의 손해가 극심하여 새로운 법령으로 달성하고자 하는 공익적 목적이 그러한 신뢰의 파괴를 정당화할 수 없다면, 입법자는 경과규정을 두는 등 당사자의 신뢰를 보호할 적절한 조치를 하여야 할 것이다. 따라서 적절한 조치 없이 새 법령을 그대로 시행하거나 적용하는 것은 신뢰보호의 원칙에 위배되며 허용될 수 없다.

[판 례] 변리사 제1차 시험을 절대평가제에서 상대평가제로 환원하는 내용의 변리사법 시행령 개정조항을 즉시 시행하도록 정한 부칙 부분이 헌법에 위반되어 무효이다(대법원 2006.11.16. 선고 2003두12899 전원합의체 판결).

[판 례] 개정 약사법 시행령 부칙이 한약사 국가시험의 응시자격에 관하여 1996학년도 이전에 대학에 입학하여 개정 시행령 시행 당시 대학에 재학 중인 자에게는 개정 전의 시행령 제3조의2를 적용하게 하면서도 1997학년도에 대학에 입학하여 개정 시행령 시행 당시 대학에 재학 중인 자에게는 개정 시행령 제3조의2를 적용하게 하는 것은 헌법상 신뢰보호의 원칙과 평등의 원칙에 위배되어 허용될 수 없다(대법원 2007.10.29. 선고 2005두4649 판결).

반대로 신뢰보호는 새로운 법령을 통하여 실현하고자 하는 공익적 목적이 우월한 때에는 제한될 수도 있다. 결국 신뢰보호의 원칙의 위배 여부를 판단하기 위해서는 한편으로는 침해된 이익의 보호가치, 침해의 중한 정도, 신뢰가 손상된 정도, 신뢰침해의 방법 등과 다른 한편으로는 새 법령을 통해 실현하고자 하는 공익적 목적을 종합적으로 비교·형량하여야 한다.

[판 례] 건축허가기준에 관한 개정 전 조례 조항의 존속에 대한 국민의 신뢰가 자연녹지지역 안에서의 난개발 억제라는 개정 후 조례 조항이 추구하는 공익보다 더 보호가치가 있는 것이라고 할 수 없으므로, 건축허가신청에 대하여 개정 후 조례를 적용하는 것이 신뢰보호원칙에 반하지 않는다(대법원 2007.11.16. 선고 2005두8092 판결).

5. 한 계

(1) 행정의 법률적합성의 원칙과의 관계

신뢰보호의 원칙을 위법한 행정작용에 적용하는 경우 그 위법한 작용의 효력을 시인하게 되는 결과를 초래하게 되어 그것은 헌법상의 법치국가원리와 정면으로 충돌하게 된다. 즉, 법적 안정성의 원칙에서 나온 신뢰보호의 원칙과 행정의 합법성을 그 내용으로 하는 법률적합성의 원칙이 충돌하는 문제가 발생한다.

이에 대하여 학설은 법률적합성우위설과 동위설(이익형량설)로 나누어진다. 법률적합성우위설은 행정의 법률적합성의 원칙이 행정의 법적 안정성의 원칙 및 그로부터 도출되는 신뢰보호의 원칙보다 우월하다는 견해이다. 동위설의 경우는 행정의 법률적합성의 원칙과 법적 안정성은 다 같이 법치국가원리의 내용을 이루는 것이므로 동일한 효력을 갖는다고 보는 견해로 통설과 판례의 입장이다.

(2) 충돌시 이익형량

신뢰보호의 원칙과 행정의 법률적합성의 원칙은 모두 헌법상의 가치이므로 양자 중 하나를 일방적으로 우위로 할 수는 없다. 결국 구체적인 경우에 양 가치를 서로 비교·형량하여 어느 가치를 보다 우위에 둘 것인지 여부를 결정하여야 한다. 물론 이 경우 정당한 제3자의 이익도 고려되어야 한다.

판례도 신뢰보호의 요건을 충족하더라도 신뢰보호의 원칙에 반하는 행위가 위법이 되기 위해서는 공익 또는 제3자의 정당한 이익을 해할 우려가 없는 경우이어야 한다고 한다.[34] 즉, 행정처분이 신뢰보호의 원칙에 반하는 경우라도 행정청이 앞서 표명한 공적인 견해에 반하는 행정처분을 함으로써 달성하려는 공익이 행정청의 공적 견해표명을 신뢰한 개인이 그 행정처분으로 인하여 입게 되는 이익의 침해를 정당화할 수 있을 정도로 강한 경우에는 그 행정처분은 적법하다. 다시 말해 신뢰보호의 원칙의 위반을 이유로 들며 그 행정처분이 위법하다고 주장할 수 없다는 것이다.

우리의 판례가 신뢰보호의 원칙보다 공익을 우위에 두고 판결한 사례로는 다

---

34) 대법원 2001.11.9. 선고 2001두7251 판결.

근거규정을 두고 있었다. 이러한 규정에 근거하여 공급거부조치가 빈번히 사용되었고, 이에 대한 부당결부금지의 원칙에 대한 위반여부가 문제시되었다.

그러나 2005년 「건축법」 개정으로 공급거부에 대한 근거규정인 제69조 제2항은 삭제되었으며, 더 이상 존재하지 않게 되었다. 따라서 이제는 공급거부를 부당결부금지의 원칙에 당연히 반하는 것으로 보아야 할 것이며, 이를 허용하여서는 안된다.

(3) 관허사업의 제한

관허사업 제한에는 의무위반사항과 관련이 있는 사업에 대한 「건축법」 제79조 제2항 및 「질서위반행위규제법」 제52조와 의무위반사항과 직접적인 관련이 없는 「지방세징수법」 제7조 등이 있다.

「건축법」 제79조 제2항은 "허가권자는 제1항에 따라 허가나 승인이 취소된 건축물 또는 제1항에 따른 시정명령을 받고 이행하지 아니한 건축물에 대하여는 다른 법령에 따른 영업이나 그 밖의 행위를 허가·면허·인가·등록·지정하지 아니하도록 요청할 수 있다"라고 관허사업의 제한에 대해 규정하고 있다. 관허사업의 제한이 부당결부금지의 원칙에 반한다 함은 관허사업의 제한과 의무의 불이행이 실질적 관련이 없는 경우를 말한다. 건축법의 경우와 같이 의무위반사항과 관련이 있는 관허사업의 제한의 경우는 부당결부금지의 원칙에 반하지 않는다는 것이 일반적인 견해이다.

3. 위반의 효과

행정작용이 부당결부금지의 원칙에 위배되는 경우에는 위헌·위법이 된다. 실정법이 부당결부금지의 원칙에 위배되어 위헌이 되는 경우에 이에 근거한 처분은 중대한 하자를 지니게 되지만, 명백한 하자가 있다고 보기는 어려우므로 취소사유가 된다.

대법원은 "주택사업계획승인에 붙여진 그 주택사업과는 아무런 관련이 없는 토지를 기부채납하도록 하는 부관은 위법하지만 당연무효라고 볼 수 없다"라고 하였다.

[판례] 지방자치단체장이 승인한 사업자의 주택사업계획은 상당히 큰 규모의 사업임에 반하여, 사업자가 기부채납한 토지 가액은 그 100분의 1 상당의 금액에 불과한데다가, 사업자가 그 동안 그 부관에 대하여 아무런 이의를 제기하지 아니하다가 지방자치단체장이 업무착오로 기부채납한 토지에 대하여 보상협조요청서를 보내자 그 때서야 비로소 부관의 하자를 들고 나온 사정에 비추어 볼 때 부관의 하자가 중

대하고 명백하여 당연무효라고는 볼 수 없다(대법원 1997.3.11. 선고 96다49650 판결).

Ⅶ. 성실의무 및 권한남용금지의 원칙

1. 의   의

「행정기본법」제11조 제1항은 "행정청은 법령등에 따른 의무를 성실히 수행하여야 한다"라고 규정하여 성실의무의 원칙을 선언하고 있다. 이는 사법상의 대원칙인 신의성실의 원칙을 행정청의 성실의무의 원칙으로 수정하여 규정한 것으로 행정청은 자신의 직무상 양심과 인격을 바탕으로 신의에 따라 의무를 성실히 수행하여야 한다는 의미이다. 「행정절차법」제4조 제1항에서도 신의성실의 원칙을 규정하고 있는데, 양 법률 모두 법률관계의 한 당사자인 행정청 일방의 의무만을 규정하고 있다.

한편 「행정기본법」제11조 제2항은 "행정청은 행정권한을 남용하거나 그 권한의 범위를 넘어서는 아니 된다"라고 규정하고 있어 권한남용금지의 원칙을 선언하고 있다. 권한남용금지의 원칙은 행정청의 권한행사와 관련된 원칙이다. 행정청의 행정권한은 행정조직법정주의에 따라 법률로 정해지므로 행정권한이 법률로 정해진 범위나 목적을 벗어나게 행사되면 권한의 일탈과 남용에 해당한다. 예를 들어, 사적 목적을 실현하기 위해 행정권한을 행사한 경우나 특별한 정치적 목적을 가지고 행정권한을 행사한 경우는 권한남용금지의 원칙에 위배된다.

대법원은 권한남용금지의 원칙을 법치국가원리 또는 법치주의에 기초한 것으로 보면서, 행정법상 권한남용금지의 원칙을 민법상 권리남용금지의 원칙과 구별하여 행정법의 고유한 법원칙으로 선언하고 있다.

[**판 례**] 국세기본법은 제81조의4 제1항에서 "세무공무원은 적정하고 공평한 과세를 실현하기 위하여 필요한 최소한의 범위에서 세무조사를 하여야 하며, 다른 목적 등을 위하여 조사권을 남용해서는 아니 된다."라고 규정하고 있다. 이 조항은 세무조사의 적법 요건으로 객관적 필요성, 최소성, 권한 남용의 금지 등을 규정하고 있는데, 이는 법치국가원리를 조세절차법의 영역에서도 관철하기 위한 것으로서 그 자체로서 구체적인 법규적 효력을 가진다. 따라서 세무조사가 과세자료의 수집 또는 신고내용의 정확성 검증이라는 본연의 목적이 아니라 부정한 목적을 위하여 행하여진 것이라면 이는 세무조사에 중대한 위법사유가 있는 경우에 해당하고 이러한 세무조사에 의하여 수집된 과세자료를 기초로 한 과세처분 역시 위법하다(대법원

2016.12.15. 선고 2016두47659 판결).

2. 적용범위

「행정기본법」제11조의 성실의무의 원칙과 권한남용금지의 원칙은 모든 행정작용에 적용된다. 침해적 행정과 수익적 행정, 질서행정과 급부행정, 권력적 행정과 비권력적 행정 등 모든 행정에 적용된다. 그리고 이러한 원칙에 반하는 행정작용은 위법한 행정작용이 된다.

> **[판 례]** 관할관청이 위법한 직업능력개발훈련과정 인정제한처분을 하여 사업주로 하여금 제때 훈련과정 인정신청을 할 수 없도록 하였음에도, 인정제한처분에 대한 취소판결 확정 후 사업주가 인정제한 기간 내에 실제로 실시하였던 훈련에 관하여 비용지원신청을 한 경우에, 관할관청은 단지 해당 훈련과정에 관하여 사전에 훈련과정 인정을 받지 않았다는 이유만을 들어 훈련비용 지원을 거부할 수는 없음이 원칙이다. 이러한 거부행위는 위법한 훈련과정 인정제한처분을 함으로써 사업주로 하여금 제때 훈련과정 인정신청을 할 수 없게 한 장애사유를 만든 행정청이 사업주에 대하여 사전에 훈련과정 인정신청을 하지 않았음을 탓하는 것과 다름없으므로 신의성실의 원칙에 반하여 허용될 수 없다(대법원 2019.1.31. 선고 2016두52019 판결).

제 8 절 행정법의 효력

행정법의 효력이란 행정법이 어떠한 범위에서 관계자를 구속하는 힘을 가지는가 하는 문제이다. 행정법의 효력은 행정에 관한 개별 법규의 구체적 실현의 문제로 시간적·지역적·대인적 효력의 3가지 관점에서 논하여지고 있다.

Ⅰ. 행정법의 시간적 효력

매년 수많은 행정에 관한 법령 등이 제·개정되고 있는 추세여서 빈번한 제·개정으로 인한 시간적 효력이 특히 문제가 되고 있다.

1. 발효시기

행정에 관한 법령(법률·대통령령·총리령 및 부령)이 일정한 절차를 거쳐서 제정·공포되는 때에는 법령으로서 형식적 효력을 갖게 되지만, 현실적인 구속력을 갖기 위해서는 그것이 시행되어야 한다. 즉, 행정법규의 공포와 시행일 사이에는 일반국민에게 주지시키기 위하여 일정한 기간을 두는 것이 원칙이다(법령의 시행유

예기간). 따라서 행정법규의 효력발생시기는 그 부칙 또는 별도의 시행법령에서 ①
일정한 유예기간을 두고 시행하거나, ② 일정한 사실이 발생한 때부터 시행한다거
나, ③ 공포일로부터 시행한다는 등 스스로 규정하고 있다.

그러나 행정법규의 부칙에 그 시행일에 관하여 특별한 규정이 없으면 공포한
날로부터 20일을 경과함으로써 효력을 발생한다(헌법 제53조 제7항, 법령공표법 제13
조). 다만 국민의 권리제한 또는 의무부과와 직접 관련되는 법률, 대통령령, 총리
령, 부령은 긴급히 시행하여야 할 특별한 사유가 있는 경우를 제외하고는 공포일
로부터 원칙적으로 30일이 경과한 후에 시행되도록 하여야 한다(법령공표법 제13조
의2).

「행정기본법」은 제7조에 법령등 시행일의 기간 계산의 규정을 두고 있다. 이
에 따르면 법령등을 공포한 날부터 시행하는 경우에는 공포한 날을 시행일로 한다
(공포일 시행의 원칙). 그리고 법령등을 공포한 날부터 일정 기간이 경과한 날부터
시행하는 경우에는 법령등을 공포한 날을 첫날에 산입하지 아니한다(공포일 초산불
산입의 원칙). 마지막으로 법령등을 공포한 날부터 일정 기간이 경과한 날부터 시행
하는 경우 그 기간의 말일이 토요일 또는 공휴일인 때에는 그 말일로 기간이 만료
한다. 즉, 이 경우「민법」제161조와 같이 그 다음날 기간이 만료되어 법령등이
시행되는 것이 아니다.

여기서 '공포'라 함은 법률·조약·대통령령·총리령 및 부령에 있어서는 관보
에 게재하는 행위를 말하고(법령공표법 제11조 제1항), 조례·규칙에 있어서는 당해
지방자치단체의 공보나 신문에 게재하거나 게시하는 행위를 말한다.

여기에서 법령 등의 시행일을 정하는 시기(기준일)로서 공포일을 언제로 보느
냐가 문제되는데,「법령공표법」제12조는 공포일을 그 법령을 게재한 관보가 발행
된 날로 하고 있으므로 '관보가 발행된 날'이 언제인지가 문제된다. 대법원은 도달
주의에 입각하여 관보가 정부간행물센터에 도달하여 일반 국민들이 이를 구독할
수 있는 최초의 시점(최초구독가능시설)을 '관보가 발행된 날'로 보고 있다.[36]

2. 소급금지의 원칙

(1) 의 의

「행정기본법」제14조 제1항은 "새로운 법령등은 법령등에 특별한 규정이 있
는 경우를 제외하고는 그 법령등의 효력 발생 전에 완성되거나 종결된 사실관계
또는 법률관계에 대해서는 적용되지 아니한다"라고 하여 소급적용 금지의 원칙을

---

36) 대법원 1970.7.21. 선고 70누76 판결.

명시하고 있다. 행정법의 발효시기에 있어서는 법률불소급의 원칙이 적용되기 때문에 행정법의 효력발생 이전에 종결된 사실관계 또는 법률관계에 대하여 새로운 행정법규가 적용되는 진정소급효는 원칙적으로 금지된다. 예컨대 도로교통법상의 운전면허시험과목이 바뀌었다고 해서 이미 운전면허를 받은 사람에게 다시 바뀐 과목으로 운전면허시험을 보도록 하는 소급효는 엄격히 금지된다.

그러나 새로운 행정법규를 과거부터 현재까지 진행 중인 사실관계 또는 법률관계에 적용케 하는 부진정소급효의 경우는 원칙적으로 허용된다.[37] 예컨대 운전면허시험에 응시하였으나 계속 낙방하고 있는 사람에게 「도로교통법」의 개정으로 새로운 과목의 시험을 보아야 하는 경우는 부진정소급효에 해당하므로 허용되는 것이다.

(2) 이론적 근거

소급효를 부인하는 이론적 근거는 ① 기존법률질서의 존중, 즉 법적 안정성과 기득권의 존중, ② 예측가능성이라는 법치국가의 원리에 따른 요청 등에 있다. 우리 헌법 제13조는 소급입법에 의한 처벌·참정권의 제한 또는 재산권의 박탈을 금지하고 있다.

(3) 예 외

이론적으로 부진정소급효의 입법이 허용된다고 하더라도, 법령의 시행당시에 진행중인 사실에 대해서는 법적 안정성 또는 기득권 존중주의의 원칙에서 가급적이면 소급적용을 자제하는 것이 합당하다. 통상적으로 부칙에 '경과조치'를 두어 이를 입법적으로 해결하고 있다.

또한 진정소급이라 하더라도 국민의 기득권을 침해하지 아니하고 오히려 권익을 부여하거나 불이익 또는 고통을 제거하는 것을 내용으로 하는 경우에는 소급적용도 법치주의의 취지에 비추어 허용된다.[38]

[판 례] 구 친일반민족행위자 재산의 국가귀속에 관한 특별법 제3조 제1항 본문(귀속조항)은 진정소급입법에 해당하지만, 친일재산의 소급적 박탈은 일반적으로 소급입법을 예상할 수 있었던 예외적인 사안이고, 진정소급입법을 통해 침해되는 법적 신뢰는 심각하다고 볼 수 없는 데 반해 이를 통해 달성되는 공익적 중대성은 압도

---

37) 행정처분은 그 근거 법령이 개정된 경우에도 경과 규정에서 달리 정함이 없는 한 처분 당시 시행되는 개정 법령과 그에서 정한 기준에 의하는 것이 원칙이고, 그 개정 법령이 기존의 사실 또는 법률관계를 적용대상으로 하면서 종전보다 불리한 법률효과를 규정하고 있는 경우에도 그러한 사실 또는 법률관계가 개정 법률이 시행되기 이전에 이미 종결된 것이 아니라면 이를 헌법상 금지되는 소급입법이라고 할 수는 없다(대법원 2010.3.11. 선고 2008두15169 판결).
38) 대법원 2005.5.13. 선고 2004다8630 판결.

적이라고 할 수 있으므로 진정소급입법이 허용되는 경우에 해당한다. 따라서 귀속조
항이 진정소급입법이라는 이유만으로 헌법 제13조 제2항에 위배된다고 할 수 없다
(대법원 2012.2.23. 선고 2010두17557 판결).

헌법재판소도 예외적인 경우에 한하여 진정소급효를 허용하고 있다.

> **[판 례]** 진정소급효는 헌법적으로 허용되지 않는 것이 원칙이지만 ① 국민이 소급
> 입법을 예상할 수 있었거나 또는 법적 상태가 불확실하거나 혼란스러워 ② 보호할
> 만한 신뢰이익이 적은 경우, ③ 소급입법에 의한 당사자의 손실이 없거나 아주 경미
> 한 경우, 그리고 신뢰보호의 요청에 우선하는 ④ 심히 중대한 공익상의 사유가 소급
> 입법을 정당화하는 경우 등 특단의 사정이 있는 경우에만 예외적으로 허용될 수 있
> 는 반면, 부진정소급효는 원칙적으로 허용되고 단지 소급효를 요구하는 공익상의 사
> 유와 신뢰보호의 요청 사이의 교량과정에서 신뢰보호의 관점이 입법자의 형성권에
> 제한을 가할 뿐이다(헌재 2006.4.27. 2005헌마406).

3. 한시법

예컨대 "2023년 12월 31일까지 효력을 가진다"처럼 명문으로 법령의 유효기
간을 한정한 경우를 한시법이라 한다. 한시법은 유효기간이 경과하면 별도의 법령
폐지행위가 없더라도 자동으로 효력이 소멸된다. 예컨대 1991년 12월 31일 시행
된 「제주도개발특별법」은 부칙 제2항의 규정에 의해 2001년 12월 31일까지만 효
력을 가지고 소멸된 한시법이었다.

Ⅱ. 행정법의 지역적 효력

행정법규는 그것을 제정한 기관의 권한이 미치는 모든 지역에 대하여 효력을
가지는 것이 원칙이다. 즉, 법률·대통령령·총리령·부령은 국가의 영토 전부에 대
하여 효력을 가지며, 조례·규칙 등은 당해 지방자치단체의 관할구역 내에서만 효
력을 가지는 것이 원칙이다. 다만 지방자치단체의 조례가 다른 자치단체의 구역에
도 그 효력이 미치는 경우(지방자치법 제161조 제3항, 제168조 제1항, 제117조 제3항)도
있다. 한편, 행정법규를 제정한 기관의 권한이 미치는 일부 지역 내에만 적용되는
경우도 있다(예컨대 수도권정비계획법).

Ⅲ. 행정법의 대인적 효력

행정법규는 원칙적으로 속지주의에 의해 영토 내에 있는 모든 사람에게 일률

적으로 적용된다. 따라서 한국 내에 있는 자연인·법인·내국인·외국인 모두에게
적용된다. 행정법규가 예외적으로 속인주의에 따르는 경우도 있다. 예컨대 여권법,
병역법은 법령의 취지·목적상 국외에 있는 재외국민에게도 적용된다.

외국인에게도 원칙적으로 행정법규가 일률적으로 적용되지만, 특별규정을 두
는 경우가 많다. 예컨대 「공직선거법」, 「출입국관리법」, 「광업법」 등에서 규정하
고 있는 ① 외국인에 대한 참정권 제한, ② 출입국 특례, ③ 외국인에 대한 광업권
허가에 관한 상호주의 원칙 적용 등이다.

한편, 국제법상 치외법권을 가지는 외국원수 및 외교관 등은 치외법권을 가진
결과로서(외교관계에 관한 Wien 조약) 우리의 행정법규가 적용되지 않는다. 미합중국
군대구성원은 한미방위조약 제4조에 의한 한미행정협정 및 그 시행에 따른 법령
의 규정에 따라 행정법규의 적용이 배제 또는 제한되거나 특례조치가 인정되는 경
우가 많다.

제 9 절 행정법의 흠결의 보충

Ⅰ. 개   설

행정법은 민법전, 형법전 등과 같은 총칙적 규정을 규율하고 있는 단일법전이
없을 뿐만 아니라 현실적으로 다양한 대상의 집합체로 이루어져 있기 때문에 적용
법규가 없는 경우가 많다. 따라서 행정법관계에 적용할 법규가 없는 경우에 그 흠
결을 어떻게 보충할 것인가의 문제가 생긴다.

이러한 행정법의 흠결을 보충함에 있어서 종래에는 주로 사법규정의 적용방
법을 통하여 해결하여 왔다. 이는 사법관계에 있어서는 거기에 적용될 민법 기타
사법규정이 오랜 전통을 가지고 발전하여 왔기 때문에 비교적 정교하고 완벽함은
물론 사법규정의 흠결을 보충할 사법이론도 많이 발달되어 있기 때문이다. 그러나
행정법의 흠결에 대하여 공법규정 가운데 준용할 만한 규정이 있을 때에는 그에
따라 보충하는 것이 타당하다.

Ⅱ. 사법규정의 적용

1. 명문 규정이 있는 경우

행정법관계에 법의 흠결이 있는 경우에 행정법 스스로 사법규정의 적용을 규
정하고 있을 때에는 당해 사안에 대해서 사법규정이 직접 적용된다.

「국가배상법」 제8조는 "국가나 지방자치단체의 손해배상책임에 관하여 이 법에 규정된 사항 외에는 「민법」에 따른다"라고 규정하고 있다.

「국가재정법」 제96조 제3항은 "금전의 급부를 목적으로 하는 국가의 권리에 있어서는 소멸시효의 중단·정지 그 밖의 사항에 관하여 다른 법률의 규정이 없는 때에는 「민법」의 규정을 적용한다"라고 규정하고 있다.

「국세기본법」 제4조는 "이 법 또는 세법에서 규정하는 기간의 계산은 이 법 또는 세법에 특별한 규정이 있는 것을 제외하고는 「민법」에 따른다"고 규정하였고, 동법 제54조 제2항은 "소멸시효에 관하여는 이 법 또는 세법에 특별한 규정이 있는 것을 제외하고는 「민법」에 따른다"고 규정하고 있다.

2. 명문 규정이 없는 경우

행정법관계에 법의 흠결이 있고 행정법 스스로 사법규정의 적용에 관하여 아무런 규정을 두지 않은 경우에, 사법규정이 적용될 수 있는지에 대하여 부정설(소극설)과 긍정설(적극설)이 대립되고 있다. 긍정설이 통설과 판례의 입장이다.

> **[판 례]** 공유수면매립법상 간척사업의 시행으로 인하여 관행어업권이 상실되었음을 이유로 한 손실보상청구권에 민법에서 정하는 소멸시효규정이 유추적용될 수 있다 (대법원 2010.12.9. 선고 2007두6571 판결).

Ⅲ. 공법규정의 적용

1. 헌법원리의 적용

오늘날 헌법과 행정법과의 관계에서 행정법은 헌법의 구체화법의 성격을 지니고 있다. 따라서 헌법의 기본원리인 민주국가의 원리, 법치국가의 원리, 복리국가의 원리는 동시에 행정법의 기본원리가 되며, 행정법의 해석이나 흠결의 보충에 있어 직접 적용되거나 준용되어야 한다. 또한 헌법상의 평등의 원칙과 과잉금지의 원칙 역시 행정법의 흠결의 보충에 직접 적용될 수 있다.

2. 공법규정의 유추적용

행정법의 흠결이 있는 경우 성질이 유사한 다른 사항에 관한 공법규정이 있으면 이를 유추적용하는 것이 가능하다. 「행정소송법」 제11조 제1항은 "처분등의 효력 유무 또는 존재 여부가 민사소송의 선결문제로 되어 당해 민사소송의 수소법원이 이를 심리·판단하는 경우에는 제17조(행정청의 소송참가), 제25조(행정심판기록

의 제출명령), 제26조(직권심리) 및 제33조(소송비용에 관한 재판의 효력)의 규정을 준용
한다"라고 규정하고 있다. 대법원 역시 공법규정의 흠결에 대하여 공법규정의 유
추적용을 인정하고 있다.

> **[판 례]** 비관리청인 행정기관 등이 구 하천법 제30조의 규정에 의한 하천공사허가
> 를 받아 시행한 하천공사로 인하여 손실을 받은 자는 같은 법 제74조 제2항을 유추
> 적용하여 손실보상을 청구할 권리가 있다고 할 것이다(대법원 2006.4.28. 선고 2004
> 두12278 판결).

> **[판 례]** 수용대상토지 지상의 임대용 건물의 일부가 수용된 후 잔여건물을 보수하
> 여 계속 임대용으로 사용함에 있어 3월 이상의 보수기간이나 임대하지 못한 기간이
> 소요되었다는 특별한 사정이 있는 경우, 그 기간 동안의 일실 임대수입을 보상함에
> 있어서 구 공공용지의 취득 및 손실보상에 관한 특례법 시행규칙 제25조 제2항이
> 유추적용된다(대법원 2006.7.28. 선고 2004두3458 판결).

> **[판 례]** 구 관세법에는 과오납관세의 환급에 있어서 국세기본법 제52조 등과 같은
> 환급가산금(이자)에 관한 규정이 없으나, 부당하게 징수한 조세를 환급함에 있어서
> 국세와 관세를 구별할 합리적인 이유가 없으므로 국세기본법의 환급가산금에 관한
> 규정을 유추적용하여 과오납관세의 환급금에 대하여도 납부한 다음날부터 환급가산
> 금을 지급하여야 한다(대법원 1985.9.10. 선고 85다카571 판결).

제 3 장 행정상 법률관계

♣ Key Point
- 행정주체와 행정기관(행정청)
- 개인적 공권과 법률상 이익
- 특별행정법관계와 법치주의

원래 법률관계는 권리주체 상호간의 권리·의무의 관계, 즉 일방당사자가 특정의 권리에 기하여 타당사자에 대하여 일정한 작위·부작위·급부 또는 수인 등을 명하고, 상대방은 이에 따른 의무를 부담하는 것을 내용으로 하는 관계를 말한다.

이러한 법률관계의 개념을 전제로 할 때 보통 행정상 법률관계는 국가·공공단체와 같은 행정주체와 그 상대방인 국민간의 권리·의무관계, 즉 행정작용법적 관계를 의미한다. 이는 공법관계와 사법관계로 구분되며, 이 중에서 전자만을 행정법관계라 한다. 즉, 행정법관계는 행정법상 법률관계 중 공법이 적용되는 법률관계를 말한다.

제 1 절 공법과 사법의 구별

Ⅰ. 개   설

보통 행정권의 주체인 국가·공공단체와 그 상대방인 국민간의 법률관계는 공법인 행정법에 의해 규율되는 공법관계이다. 이는 사법관계와는 달리 공익실현을 위한 행정주체의 우월적 지위가 인정되는 법률관계이다.

공법과 사법의 구별근거는 현행 실정법이 공법과 사법의 구별을 전제로 하고 있고, 또한 행정에 관한 법률관계는 사인 상호간의 법률관계와는 그 성질을 달리한다는 법기술적 이유에서 찾을 수 있다.

Ⅱ. 공·사법 구별의 필요성

1. 소송형식의 결정

공법과 사법의 구별은 분쟁해결수단으로서의 소송의 형태를 결정함에 있어 기준이 된다. 공법상 법률관계에 관한 소송은 행정소송으로 제기하여야 하고, 사법관계에 관한 소송은 민사소송으로 제기하여야 한다. 따라서 분쟁의 대상인 법률관계가 공법관계인지 사법관계인지를 먼저 결정하지 않으면 안 된다.

행정소송은 행정법원이 있는 서울에서는 행정법원이, 행정법원이 없는 지역에서는 지방법원 합의부가 제1심이 되며, 2심은 고등법원이고, 3심은 대법원이다. 행정소송사건의 여러 특수성에 비추어 그 절차에 있어서 민사소송법과 다른 행정소송법이 제정되어 있어 행정소송에 대해서는 동법을 적용하도록 하고 있다.

2. 적용법규의 결정

공법과 사법의 구별은 구체적 법률관계에 적용할 법규나 법원칙을 결정하기 위하여도 필요하다. 현행 우리의 실정법체계는 공법이 지배하는 분야와 사법이 지배하는 분야로 나누어지며, 행정법관계는 공법이 적용된다. 공법관계에 적용되는 법규나 법원칙은 사법관계의 그것과는 다른 특징을 가지고 있다. 예컨대 공법상의 금전채권의 소멸시효는 5년이고(국가재정법 제96조), 사법상의 금전채권의 소멸시효는 10년이다(민법 제162조). 또한 공법상의 의무불이행에 대해서는 행정상 대집행, 강제징수 등 민사소송절차와는 다른 특별한 강제집행수단이 인정된다.

3. 구별기준

(1) 실정법적 구별기준

행정법규가 스스로 공법관계임을 명문으로 직접적으로 규정하고 있는 경우는 거의 없다. 대부분의 행정법규의 경우 간접적으로 공법관계임을 표시하고 있는 있는데, 그 구체적인 예로서는 ① 행정상 강제집행, ② 행정벌, ③ 사권의 제한, ④ 행정상 손해배상이나 손실보상, ⑤ 행정쟁송 등을 들 수 있다. 또한 법규에 ○○종합계획, ○○실행계획 등 각종 행정계획에 관한 규정을 두고 있거나, ○○위원회 등 자문, 의결, 심의 등의 기능을 담당하는 행정위원회를 규정하고 있는 경우 해당 법규는 공법석 법률관계를 규율하는 것으로 볼 수 있다.

한편, 법규에서 간접적으로 공법관계임을 규정하고 있지 않는 경우에는 당해 법규가 규율하고 있는 목적과 내용에 따라 개별적·합리적으로 판단하여야 한다. 이러한 관점에서 보면 법규가 ① 행정주체에게 공권력의 행사를 인정하고 그에 따르는 특수한 효력을 인정한 경우, ② 공공복리의 실현이라는 행정목적의 달성을 위하여 사법적 규율과는 다른 법적 취급을 인정하고 있는 경우 등은 공법관계라 할 것이다.

(2) 이론적 구별기준

관련 법규에 의해 공법관계와 사법관계의 구별이 명확하게 이루어지지 않을 경우에는 해당 법률관계의 성질을 기준으로 하여 양자를 구별하여야 한다. 법률관계의 성질을 기준으로 하여 공법관계와 사법관계를 구별하는 학설에는 ① 법률관계의 주체를 기준으로 하는 주체설, ② 법률관계가 상하복종관계인지 아니면 대등관계인지를 기준으로 하는 권력설, ③ 법률관계의 목적이 공익인지 아니면 사익인지를 기준으로 하는 이익설 등 여러 견해가 대립되어 있다. 하지만 그 어느 학설도 완벽한 기준을 제시하지 못하고 있기에, 여러 학설을 상호보완적으로 적용하여 합리적인 결론을 도출하여야 한다는 것이 학자들의 일반적 견해이다.

(3) 판례의 입장

공법과 사법의 구별에 관한 대법원 판례의 입장은 주체설, 권력설, 이익설 어느 한 설의 입장에 서 있지 않고 구체적 사안에 따라 다르게 나타나고 있다.

1) 공법관계로 본 사례

① 국유재산무단점유자에 대한 변상금부과처분은 관리청이 공권력을 가진 우월한 지위에서 행하는 것으로 행정소송의 대상이 되는 행정처분이다(대법원 1988.2.23. 선고 87누1046 판결).

② 도시재개발법상의 도시재개발조합과 재개발조합원간의 법률관계는 재개발조합이 특수한 존립목적을 부여받은 행정주체로서 국가의 감독 하에 공공사무를 행하고 있는 범위 내에서는 공법상의 권리의무관계이다(대법원 1996.2.15. 선고 94다31235 판결).

③ 공무원연금관리공단의 급여결정은 국민이 권리에 직접 영향을 미치는 것이어서 행정처분에 해당하는 것으로 행정소송의 대상이다(대법원 1996.12.6. 선고 96누6417 판결).

④ 지방자치단체에 근무하는 청원경찰의 근무관계는 사법상의 고용계약관계로 보기는 어려우므로 그에 대한 징계처분의 시정을 구하는 소는 행정소송의 대상이다(대법원 1993.7.13. 선고 92다47564 판결).

⑤ 공유재산의 관리청이 행정재산의 사용·수익에 대한 허가는 순전히 사경제주체로서 행하는 사법상의 행위가 아니라 관리청이 공권력을 가진 우월적 지위에서 행하는 행정처분으로서 특정인에게 행정재산을 사용할 수 있는

권리를 설정하여 주는 강학상 특허이다(대법원 1998.2.27. 선고 97누1105 판결).

⑥ 서울특별시립무용단원의 위촉은 공법상의 계약이라고 할 것이고, 따라서 그 단원의 해촉에 대하여는 공법상의 당사자소송으로 그 무효확인을 청구할 수 있다(대법원 1995.12.22. 선고 95누4636 판결).

⑦ 재개발조합과 조합원과의 법률관계(대법원 1996.2.15. 선고 94다31235 판결).

⑧ 하천법에 따라 국유로 된 토지의 손실보상청구(대법원 2006.5.18. 선고 2004다6207 전원합의체 판결).

⑨ 국유 일반재산의 대부료 체납시 대부료와 연체료의 지급을 구하는 강제징수 행위(대법원 2014.9.4. 선고 2014다203588 판결).

⑩ 재단법인 한국연구재단과 대학이 체결한 두뇌한국(BK)21사업 협약의 법률관계(대법원 2014.12.11. 선고 2012두28704 판결).

⑪ 한국환경산업기술원장이 민간기업과 체결한 환경기술개발사업 협약의 법률관계(대법원 2015.12.24. 선고 2015두264 판결).

⑫ 국가연구개발사업규정에 근거하여 국가 산하 중앙행정기관의 장과 민간기업이 체결한 협약의 법률관계(대법원 2017.11.9. 선고 2015다215526 판결).

⑬ 국유재산의 관리청이 행정재산의 사용·수익을 허가한 다음 그 사용·수익하는 자에 대하여 하는 사용료 부과는 순전히 사경제주체로서 행하는 사법상의 이행청구라 할 수 없고, 이는 관리청이 공권력을 가진 우월적 지위에서 행한 것으로서 항고소송의 대상이 되는 행정처분이라 할 것이다(대법원 1996.2.13. 선고 95누11023 판결).

⑭ 국립의료원 부설 주차장에 관한 위탁관리용역운영계약은 국립의료원이 공권력을 가진 우월적 지위에서 행한 행정처분으로서 특정인에게 행정재산을 사용할 수 있는 권리를 설정하여 주는 강학상 특허에 해당한다 할 것이고 순전히 사경제주체로서 원고와 대등한 위치에서 행한 사법상의 계약으로 보기 어렵다(대법원 2006.3.9. 선고 2004다31074 판결).

2) 사법관계로 본 사례

① 국유잡종재산을 대부하는 행위는 국가가 사경제주체로서 상대방과 대등한 위치에서 행하는 사법상의 계약이다(대법원 2000.2.11. 선고 99다61675 판결).

② 국유잡종재산에 관한 대부료의 납부고지는 사법상의 이행청구에 해당한다(대법원 2000.2.11. 선고 99다61675 판결).

③ 입찰보증금의 국고귀속조치는 국가가 사법상의 재산권의 주체로서 하는 행위로 민사소송의 대상이다(대법원 1983.12.27. 선고 81누366 판결).

④ 조세부과처분이 당연무효임을 전제로 하여 이미 납부한 세금의 반환을 청구하는 것은 민사상 부당이득반환청구로서 민사소송절차에 의한다(대법원 1995.4.28. 선고 94다55019 판결).

⑤ 국유재산의 무단점유자에 대한 부당이득반환청구권(대법원 2014.7.16. 선고 2011다76402 판결).

⑥ 환매권은 재판상이든 재판외이든 그 기간 내에 행사하면 이로써 매매의 효력이 생기고, 위 매매는 환매권자와 국가 간의 사법상의 매매이다(대법원 1992.4.24. 선고 92다4673 판결).

⑦ 한국조폐공사 직원의 근무관계 및 그 직원의 파면행위(대법원 1978.4.25. 선고 78다414 판결).

⑧ 주한미군 한국인 직원의료보험조합 직원의 근무관계(대법원 1987.12.8. 선고 87누884 판결).

⑨ 공무원 및 사립학교 교직원의료보험관리공단 직원의 근무관계(대법원 1993. 11.23. 선고 93누15212).

⑩ 서울시 지하철공사의 임원과 직원의 근무관계(대법원 1989.9.12. 선고 89누2103 판결).

⑪ 사립학교 교원의 해임처분(대법원 1993.2.12. 선고 92누13707 판결).

⑫ 재단법인 한국연구재단이 연구개발비 부당집행을 이유로 두뇌한국(BK)21사업 협약을 해지하고 대학총장에게 연구팀장에 대한 자체 징계요구(대법원 2014.12.11. 선고 2012두28704 판결).

⑬ 도시계획사업 시행자가 그 사업에 필요한 토지의 협의취득하는 행위(대법원 1992.10.27. 선고 91누3871 판결).

⑭ 조달청장이 수요기관인 기타공공기관으로부터 조달계약 체결을 요청받아 국민을 계약당사자로 하여 체결한 계약관계(대법원 2017.6.29. 선고 2014두14389 판결).

⑮ 지방자치단체의 일반재산 매각행위(대법원 2017.11.14. 선고 2016다201395 판결).

⑯ 예산회계법 또는 지방재정법에 따라 지방자치단체가 당사자가 되어 체결하는 계약(대법원 1996.12.20. 선고 96누14708 판결).

⑰ 국유재산법의 규정에 의하여 총괄청 또는 그 권한을 위임받은 기관이 국유잡종재산(일반재산)을 매각하는 행위는 사경제 주체로서 행하는 사법상의 법률행위에 지나지 아니하며, 국유재산매각 신청을 반려한 거부행위도 단순한 사법상의 행위일 뿐 공법상의 행정처분으로 볼 수 없다(대법원

1986.6.24. 선고 86누171 판결).

제 2 절 행정상 법률관계의 종류

행정상 법률관계는 넓은 의미로는 행정조직법적 관계와 행정작용법적 관계를 포함한다. 행정작용법적 관계는 다시 행정법관계(공법관계)와 사법관계를 포함한다.

Ⅰ. 행정조직법적 관계

행정조직법적 관계는 ① 행정주체 상호간의 관계, ② 행정조직 내부관계, ③ 행정주체와 공무원의 관계가 있다.

1. 행정주체 상호간의 관계

행정주체는 행정권의 담당자로서 실제로 행정권을 행사하는 자이며, 국가·공공단체·공무수탁사인 등이 있다. 국가와 지방자치단체와의 관계, 지방자치단체 상호간의 관계 등 행정주체 상호간의 관계가 행정조직법적 관계에 해당한다.

2. 행정조직 내부관계

행정조직의 내부관계는 상하급관청 또는 대등관청 상호간의 관계, 기관위임사무에 관한 국가기관의 장과 지방자치단체의 장과의 관계 등을 말한다. 상하급관청 상호간의 관계에 있어서는 권한위임관계·권한대리관계·권한감독관계가 주로 문제되며, 대등관청 상호간의 관계에 있어서는 권한의 존중이나 협의·사무의 위탁·행정응원 등 상호협력관계가 문제된다.

따라서 행정조직의 내부관계는 권리의무관계가 아니고 직무권한·기관권한에 관한 관계로서의 성질을 가진다. 그러므로 행정조직 내부관계에서 발생한 분쟁은 법률상 쟁송이 아니므로, 개별적인 특별규정이 있어야만 소송제기가 가능하다.

3. 행정주체와 공무원간의 관계

종래에는 국가 또는 지방자치단체와 그 소속공무원 사이의 관계를 특별권력관계이론에 근거하여 행정조직 내부관계로 보았다. 그러나 오늘날에는 특별권력관계는 존재하지 않으므로, 행정주체와 공무원간의 관계도 행정주체와 국민간의 일반권력관계로 보는 것이 타당하다.

Ⅱ. 행정작용법적 관계

1. 개 설

행정주체와 그 상대방인 국민간의 법률관계를 행정작용법적 관계라 한다. 행정작용법적 관계에서 행정주체의 활동은 권력적 작용으로만 나타나는 것은 아니며, 행정사법작용·사법작용 등의 형식으로도 나타난다. 따라서 행정작용법적 관계는 공법관계인 것이 원칙이나, 행정주체의 사법적 활동에 관한 법률관계로서의 사법관계도 있다.

2. 공법관계

(1) 권력관계

권력관계는 국가 등 행정주체에게 우월한 지위를 인정하고 그에 따르는 특수한 법적 효력을 인정하는 법률관계를 말한다. 권력관계의 예로는 권력적 법률행위인 행정행위와 권력적 사실행위인 행정강제가 있다. 권력관계에서는 ① 행정주체는 상대방인 국민에 대하여 일방적으로 명령·강제하며, ② 행정주체의 행위는 공정력·존속력·집행력 등과 같은 법률상 우월한 효력이 인정되며, ③ 원칙적으로 사법규정의 적용없이 특수한 공법적 규율을 받으며, ④ 행정주체의 행위에 관한 행정소송은 항고소송에 의하게 되는 점 등의 특색이 인정되고 있다.

(2) 관리관계(비권력관계)

관리관계는 행정주체가 공권력의 주체로서가 아니라 공적 재산 또는 사업의 주체로서 특정한 공공복리의 실현을 위하여 국민을 대하는 법률관계를 말한다. 관리관계는 비권력적 관계이며, 도로·하천 등의 공물의 관리, 학교·병원·도서관 같은 영조물의 경영 등이 이에 해당한다.

관리관계는 원칙적으로 사인상호간의 관계이므로 사법관계라 하겠으나, 당해 사업의 공공성·윤리성·급부의 계속성 등으로 말미암아 공공복리를 위하여 필요한 한도 내에서 특별한 공법적 규율을 받을 수 있다(이를 전래적 공법관계라 한다). 관리관계가 특별히 공법적 규율을 받기 위해서는 법령에 명문의 규정이 있거나, 순수한 사경제적 활동과는 다른 공익성이 입증되어야 한다. 한마디로 말해 관리관계는 권력관계와 사법관계의 중간영역에 해당한다.

3. 사법관계(국고관계)

사법관계(국고관계)는 행정주체가 공권력의 주체로서가 아니라 국고(사법상의 재산권의 주체), 즉 사인으로서 일반사인에 대한 관계를 말한다. 이러한 행정상의 사법관계는 사인 상호간의 관계와 같이 사법의 적용을 받고, 그에 대한 소송은 민사소송에 의한다. 조달행정과 국유재산관리행정이 이에 속한다. 예컨대 국가 또는 지방자치단체가 ① 사인과 물품매매계약, 도로·공원·교량·관청등의 건설도급계약을 체결하거나, ② 국·공유재산처리관계(사유지매각, 국유재산처분, 국유림대부, 국유광업의 매매), ③ 국채·지방채 모집, ④ 수표발행, ⑤ 주식회사의 주주가 되는 관계, ⑥ 정부종합청사내 약국개설 등의 관계는 사법관계에 해당한다.

국고관계에 있어서도 국가 등의 행정주체가 사법상 재산권의 주체로서 활동하는 것은 사익을 위한 것이 아니라 어디까지나 공익을 위하여 하는 것이다. 따라서 그 행위의 공공성을 확보하기 위하여 일정한 제한과 규제가 수반된다. 예컨대 「국가계약법」[1]·「국가재정법」·「국유재산법」 등에 의하여 계약의 방법·내용·상대방 등에 대한 특별한 제한을 가하는 경우가 여기에 해당된다.

> **[판 례]** 국가가 사인과 계약을 체결할 때에는 국가계약법령에 따른 계약서를 따로 작성하는 등 요건과 절차를 이행하여야 할 것이고, 설령 국가와 사인 사이에 계약이 체결되었더라도 이러한 법령상 요건과 절차를 거치지 아니한 계약은 효력이 없다(대법원 2015.1.15. 선고 2013다215133 판결).

> **[판 례]** 지방재정법 및 국가를 당사자로 하는 계약에 관한 법률상의 요건과 절차를 거치지 않고 체결한 지방자치단체와 사인간의 사법상 계약은 무효이다(대법원 2009. 12.24. 선고 2009다51288 판결).

제3절 행정법관계의 당사자

행정법관계는 행정을 행하는 자와 그 상대방과의 법률관계이므로 행정법관계의 당사자는 행정주체와 행정객체로 구분할 수 있다.

I. 행정주체

1. 의 의

행정주체는 행정권의 담당자로서 실세로 행징권을 헹사히고 그 법적 효과가

---

1) 국가계약법 제27조 제3항은 "중앙관서의 장은 다음 각 호의 어느 하나에 해당하는 자(부정당업자)에게는 2년 이내의 범위에서 대통령령으로 정하는 바에 따라 입찰참가자격을 제한하여야 하며, 그 제한사실을 즉시 다른 중앙관서의 장에게 통보하여야 한다"라고 하여 부정당업자의 입찰참가자격을 제한하고 있다.

귀속되는 자를 의미한다. 이에는 국가·공공단체·공무수탁사인이 있다. 행정주체는 자신의 행정사무를 집행하는 행정기관(행정청)과 구별된다. 행정을 실제로 행사하는 것은 행정주체가 아니라 행정주체의 기관인 행정기관이지만 그 법적 효과는 법인격체인 행정주체에게 귀속된다. 즉 행정기관의 지위에 있는 장관 또는 지방자치단체의 장의 행위는 행정권의 실제적인 행사에 해당하지만, 그 법적 효과는 국가 또는 공공단체 등 행정주체에 귀속하게 된다. 다시 말해 장관 또는 지방자치단체의 장이 곧 바로 행정주체가 되는 것은 아니며 권한행사의 대표자일 뿐이다.

2. 행정주체의 종류

(1) 국　가

국가는 하나의 인격을 가진 법인으로서 행정법관계에 있어서 시원적인 행정주체가 된다.

(2) 공공단체

공공단체는 국가로부터 독립된 행정주체를 말하며, 이에는 지방자치단체·공공조합·영조물법인 등이 있다.

1) 지방자치단체

지방자치단체는 국가의 영토내의 일정한 지역을 단체구성의 기초로 하고 그 지역 안의 주민에 대하여 일정한 행정권(자치권)을 행사하는 공공단체이다. 지방자치단체에는 광역지방자치단체(특별시, 광역시, 특별자치시, 도, 특별자치도)와 기초지방자치단체(시, 군, 자치구)가 있다. 지방자치단체는 그의 의결기관과 집행기관을 통하여 자치권을 행사한다.

2) 공공조합(공법상의 사단법인)

공공조합은 특정한 국가목적을 위하여 법적 자격을 가진 사람(조합원)의 인적 결합으로 설립된 사단법인이다. 공공조합은 특정한 국가목적을 위하여 설립되는 단체인 점에서, 일정한 지역에서 포괄적 행정권을 가진 지방자치단체와는 구별된다. 예컨대, 지역적인 토목사업을 행하는 도시재개발조합, 동업자의 공통된 이익의 증진을 목적으로 하는 상공회의소, 공제사업을 행하는 건설공제조합, 변호사회, 농지개량조합, 의료보험조합, 토기구획정리조합, 재건축조합 등이 있다. 공공조합은 그 설립목적에 필요한 한도 안에서 행정주체의 지위에 서게 되고 사법인(私法人)과 다른 취급을 받는다.

[**판 례**] 변호사회는 공법상의 사단법인이고, 변호사회의 사무 중 변호사의 지도, 감

(3) 공무수탁사인

공무수탁사인이라 함은 행정사무를 위탁받아 자신의 이름으로 처리하는 권한을 부여받은 행정주체인 사인을 말한다. 일반적으로 사인은 행정주체의 상대방인 행정객체의 지위에 서지만 예외적으로 행정주체로부터 행정사무를 위탁받아 처리하는 한도 내에서 행정주체의 지위에 선다. 이 경우 공무수탁사인과 제3자인 국민과의 법률관계는 공법상 법률관계에 해당한다. 공무수탁사인의 사무로 인하여 국민이 권리를 침해당한 경우에는 행정쟁송을 제기할 수 있으며, 국가배상을 청구할 수도 있다.

공무수탁사인의 예로는 ① 사립대학교의 장이 교육법에 의하여 학위를 수여하는 경우, ② 일정한 선박의 선장 또는 항공기의 기장이 경찰사무나 호적업무를 행하는 경우, ③ 사인이 별정우체국의 지정을 받아 체신업무를 경영하는 경우, ④ 사인이 공공사업의 시행자로서 토지를 수용하는 경우, ⑤ 건축사가 건축공사에 대한 현장조사·검사 및 확인업무를 행하는 경우, ⑥ 사인이 자동차검사를 행하는 경우, ⑦ 사인이 교정업무를 위탁받아 민간교도소를 경영하는 경우 등이 있다.

다만, 단순한 공적의무가 부과된 사인(예: 소득원천징수의무자), 행정기관의 보조인에 불과한 사인(예: 아르바이트로 우편업무수행), 제한된 공법상 근무관계에 있는 사인(예: 국립대학 시간강사)의 경우는 공무수탁사인에 해당하지 않는다.

[판 례] 원천징수의무자는 소득세법 제142조 및 제143조의 규정에 의하여 자동적으로 확정되는 세액을 수급자로부터 징수하여 과세관청에 납부하여야 할 의무를 부담하고 있으므로, 원천징수의무자가 비록 과세관청과 같은 행정청이더라도 그의 원천징수행위는 법령에서 규정된 징수 및 납부의무를 이행하기 위한 것에 불과한 것이지, 공권력의 행사로서의 행정처분을 한 경우에 해당되지 아니한다(대법원 1990.3.23. 선고 89누4789 판결).

---

3. 행정청

행정주체로서 국가나 지방자치단체는 법인이기에 권리능력을 갖지만 실질적으로 행위를 할 수는 없다. 이 때문에 행정주체에 일정한 행정기관을 두고 그 기관으로 하여금 행정주체의 임무를 수행하도록 한다. 이러한 행정기관이 행정청이다. 행정청은 일반적으로 국가·지방자치단체 등 행정주체의 의사를 결정·표시할 수 있는 권한을 가진 행정기관을 말한다. 「행정기본법」 제2조 제2호는 행정청을 "행정에 관한 의사를 결정하여 표시하는 국가 또는 지방자치단체의 기관"이나 "법령등에 따라 행정에 관한 의사를 결정하여 표시하는 권한을 가지고 있거나 그 권한을 위임 또는 위탁받은 공공단체 또는 그 기관이나 사인(私人)"이라고 정의하고 있다.

따라서 법무부, 국토부 등과 서울특별시, 경기도, 용인시 등은 국가와 지방자치단체에 해당하는 행정주체이고, 법무부장관, 국토부장관 등과 같은 중앙행정기관의 장이나 서울특별시장, 경기도지사, 용인시장 등은 행정주체의 의사를 결정·표시하는 행정청에 해당한다.

Ⅱ. 행정객체

행정객체는 행정주체에 대하여 그 상대방의 지위에 있는 자를 말한다. 행정객체로는 사인과 공공단체가 있다.

1. 사 인

사인은 앞에서 본 바와 같이 예외적인 경우에 공무수탁사인으로 행정주체의 지위에 서는 경우도 있으나, 원칙적으로 행정주체에 대한 관계에서 행정객체의 지위에 선다.

2. 공공단체

공공단체는 사인에 대한 관계에서는 행정주체의 지위에 서게 되나, 국가나 다른 공공단체에 대한 관계에서는 행정객체의 지위에 서는 경우도 있다.

제4절 공권과 공의무

행정법관계의 내용은 행정법상의 권리·의무관계, 즉 공권과 공의무로 이루어지는 관계를 말한다. 일반적으로 공권이란 행정법관계에 있어서 직접 자기를 위하여 일정한 이익을 주장할 수 있는 법적인 힘을 말하며, 이에는 국가적 공권과 개인적 공권이 있다. 일반적으로 행정법에서 공권이라 함은 개인적 공권을 의미한다.

Ⅰ. 국가적 공권

1. 의 의

국가적 공권은 국가 또는 지방자치단체 등의 행정주체가 행정객체인 개인에 대하여 가지는 권리를 말한다. 하지만 국가적 공권은 국가의 통치권의 구체적 내용이기 때문에 권리라는 측면보다는 권한의 성격이 강하다. 즉, 국가적 공권은 행정법규가 행정주체에게 부여한 권한을 의미한다.

국가적 공권은 그 목적에 따라 경찰권, 규제권, 공용부담권, 조세권, 공물관리권, 재정권 등으로 나눌 수 있다. 또한 국가적 공권은 그 내용에 따라 하명권, 강제권, 형성권 등으로 나눌 수 있다.

2. 특성과 한계

국가적 공권은 사권과 달리 국가 통치권의 발현이기 때문에 행정주체의 의사에 대하여 법률상 우월한 힘이 인정된다. 따라서 행정주체는 공권의 내용을 행정행위에 의하여 구체적·일방적으로 확정하며, 경우에 따라서는 공권의 내용을 자력으로 실현할 수 있다.

국가적 공권은 행정주체가 공권력의 소지자로서 행정객체인 개인에 대하여 가지는 권리이기 때문에 무제한적으로 행사되어서는 아니된다. 즉, 국가적 공권은 법치주의에 따라 법령의 수권의 범위 안에서 법령이 규정하는 바에 따라서만 행사되어야 한다.

Ⅱ. 개인적 공권

1. 개 념

개인적 공권이란 개인이 직접 자신의 이익을 위하여 국가 또는 지방자치단체 등의 행정주체에게 일정한 행위를 할 것을 요구할 수 있는 법적인 힘을 말한다. 행정법에서 통상 공권이라 함은 개인적 공권을 의미한다. 개인적 공권의 개념은 행정쟁송에 있어 원고적격과 관련하여 크게 논란이 된다. 현행 「행정소송법」은 "법률상 이익이 있는 자"에게 원고적격이 있다고 규정하고 있는데, 법률상 이익의 개념에 어느 범위의 공권이 포함되는지가 문제가 된다.

2. 반사적 이익과의 구별

반사적 이익이란 행정법규가 사익이 아닌 공익만을 위하여 행정주체나 사인에게 일정한 의무를 부과함으로 인해 개인이 반사적으로 받게 되는 이익을 말한다. 반사적 이익은 '사실상의 이익'이라고도 하며, 법에 의해 보호받지 못하는 이익이다. 따라서 그것이 침해된 경우에도 원고적격이 인정되지 않아 행정쟁송을 통하여 구제받을 수 없다.

이에 반해 개인적 공권은 처분의 근거법규 및 관계법규가 공익뿐만 아니라 개인의 사익도 아울러 보호하고 있는 경우에 성립될 수 있다. 개인적 공권이 침해된 경우 행정쟁송을 통한 구제를 받을 수 있다는 점에서 반사적 이익과 구별된다.

[판 례] 행정처분의 직접 상대방이 아닌 제3자라도 당해 행정처분의 취소를 구할 법률상의 이익이 있는 경우에는 원고적격이 인정된다. 다만 공익보호의 결과로 국민 일반이 공통적으로 가지는 추상적, 평균적, 일반적인 이익과 같이 간접적이거나 사실적, 경제적, 이해관계를 가지는 데 불과한 경우는 여기에 포함되지 않는다(서울행법 1999.5.27. 선고 98구10249 판결 : 확정).

[판 례] 행정처분의 직접 상대방이 아닌 제3자 하더라도 당해 행정처분으로 인하여 법률상 보호되는 이익을 침해 당한 경우에는 원고적격이 인정되는데, 여기에서 말하는 법률상 보호되는 이익이라 함은 당해 처분의 근거 법규 및 관련 법규에 의하여 보호되는 개별적·직접적·구체적 이익이 있는 경우를 말하고, 공익보호의 결과로 국민 일반이 공통적으로 가지는 일반적·간접적·추상적 이익이 생기는 경우에는 법률상 보호되는 이익이 없다(대법원 2006.3.16. 선고 2006두330 전원합의체 판결).

[판 례] 제주해군기지 사업시행을 위한 해군본부의 요청에 따라 제주특별자치도지사가 절대보존지역이던 서귀포시 강정동해안변지역에 관하여 절대보존지역을 축소한 사안에서, 절대보존지역의 유지로 지역주민회와 주민들이 가지는 주거 및 생활환경상 이익은 지역의 경관 등이 보호됨으로써 반사적으로 누리는 것일 뿐 근거 법규 또는 관련 법규에 의하여 보호되는 개별적·직접적·구체적 이익이라고 할 수 없다는 이유로, 지역주민회 등은 위 처분을 다툴 원고적격이 없다(대법원 2012.7.5. 선고 2011두13187 판결).

3. 개인적 공권의 종류

행정법상의 개인적 공권은 '옐리네크'의 지위이론에 따라 자유권(신체의 자유, 종교의 자유, 언론출판집회결사의 자유등)·수익권(특정행위요구권, 공물사용권, 영조물이용권 등)·참정권(공무원선거권, 공무담임권, 국민투표권등)의 3종으로 분류하는 것이 통설의 입장이었다.

4. 개인적 공권의 성립요건

(1) 강행법규의 존재

개인적 공권이 성립하기 위해서는 먼저 행정주체에게 의무를 부과하는 강행법규가 존재하여야 한다. 즉, 국가에 대하여 작위 또는 부작위를 할 의무를 부과하

는 강행법규 또는 국가에 대하여 이해관계인의 절차적 참가를 보장할 의무를 부과
하는 절차법규 등이 존재하여야 한다. 여기서 행정주체의 의무는 당해 강행법규에
의거한 기속행위이어야 한다.

행정법규가 재량규범인 경우에는 공권이 성립되지 않는 것이 원칙이나, 재량권
이 영으로 수축되어 실질적으로 기속행위가 되는 때에는 공권의 성립이 가능하다.

(2) 사익보호성

개인적 공권이 성립하기 위해서는 강행법규가 단순히 공익의 실현이라는 목
적 이외에도 특정한 개인의 이익보호를 의욕하고 있어야 한다.

그러나 관계법규가 종래와 같은 의미에서 권리는 아니면서도 그렇다고 반사
적 이익으로 볼 수도 없는 이익, 즉 보호이익을 인정하는 때에는 넓은 의미의 공
권이 성립된다. 여기서 관계법규는 이른바 제3자 보호규범을 의미한다. 제3자 보
호규범은 행정법규가 공익보호와 함께 제3자의 이익보호도 목적으로 하는 경우에
는 반사적 이익이 아니라 법적 이익으로 보호하여야 한다는 것을 말한다.

> **[판 례]** 환경영향평가 대상지역 안의 주민들이 공유수면매립면허처분 등과 관련하여
> 갖고 있는 환경상의 이익은 주민 개개인에 대하여 개별적으로 보호되는 직접적·구
> 체적 이익으로서 특단의 사정이 없는 한 환경상의 이익에 대한 침해 또는 침해우려
> 가 있는 것으로 사실상 추정되어 공유수면매립면허처분 등의 무효확인을 구할 원고
> 적격이 인정된다. 한편, 환경영향평가 대상지역 밖의 주민이라 할지라도 공유수면매
> 립면허처분 등으로 인하여 그 처분 전과 비교하여 수인한도를 넘는 환경피해를 받
> 거나 받을 우려가 있는 경우에는, 공유수면매립면허처분 등으로 인하여 환경상 이익
> 에 대한 침해 또는 침해우려가 있다는 것을 입증함으로써 그 처분 등의 무효확인을
> 구할 원고적격을 인정받을 수 있다(대법원 2006.3.16. 선고 2006두330 전원합의체
> 판결).

5. 개인적 공권의 특수성

개인적 공권은 단순히 개인적 이익만을 위해서 인정되는 것이 아니라, 국가
또는 사회 전체의 이익에도 부합되어야 한다는 전제하에서 인정되는 권리이다. 따
라서 개인적 공권은 사권과는 달리 ① 이전의 제한, ② 포기의 제한, ③ 비대체성,
④ 공권구제의 특수성, ⑤ 시효제도의 특수성 등을 가지고 있다.

(1) 이전의 제한

개인적 공권은 보통 공익적 견지에서 인정된 것으로 일신전속성을 가지는 경
우가 많아 양도·상속 등 타인에게 이전이 부인되는 경우가 많다. 이와 같이 개인

적 공권은 그 이전이 제한되기 때문에 그 압류가 제한되거나(민사집행법 제246조 제4호에 의한 급여채권의 제한) 또는 금지되는 경우도 있다(공무원연금법 제39조에 의한 급여청구권의 압류금지, 민사집행법 제246조 제1항 제3호에 의한 병사의 급료의 압류금지). 다만 손실보상청구권이나 재산침해로 인한 국가배상청구권 등은 이전이 가능하다.

> **[판 례]** 국가유공자와 유족들의 보상금 및 기타 연금수급권 등은 당해 개인에게 부여되어진 일신전속적인 권리이어서, 상속의 대상으로도 될 수 없고 전상군경등록거부처분취소청구소송은 원고의 사망과 동시에 종료하였고, 원고의 상속인들에 의하여 승계될 여지도 없다(대법원 2003.8.19. 선고 2003두5037 판결).

> **[판 례]** 보조금은 국가나 지방자치단체가 특정한 사업을 육성하거나 재정상의 원조를 하기 위하여 지급하는 금원으로서, 근거 법령의 취지와 규정 등에 비추어 국가 혹은 지방자치단체와 특정의 보조사업자 사이에서만 수수·결제되어야 하는 것으로 봄이 상당하므로, 보조금청구채권은 양도가 금지된 것으로서 강제집행의 대상이 될 수 없다(대법원 2008.4.24. 선고 2006다33586 판결).

> **[판 례]** 국가유공자와 유족으로 등록되어 보상금을 받고 교육보호 등 각종 보호를 받을 수 있는 권리는 이들의 생활안정과 복지향상을 도모하기 위하여 당해 개인에게 부여되는 일신전속적인 권리이어서 다른 사람에게 양도하거나 압류할 수 없으며 이를 담보로 제공할 수 없고, 상속의 대상도 될 수 없다. 따라서 국가유공자등록거부처분 취소청구소송이 법원에 계속되어 있던 중에 원고가 사망한 경우에는 그 소송물이 상속되지 아니하고 사망과 동시에 소송이 종료된다(대법원 2013.4.11. 선고 2012재두497 판결).

(2) 포기의 제한

개인적 공권은 공익적 견지에서 인정된 것으로 권리인 동시에 의무라는 성질도 지니기 때문에 법규에 특별한 규정이 있는 경우를 제외하고는 포기할 수 없음이 원칙이다. 예컨대, 소권·연금청구권·선거권 등이 이에 해당된다. 다만 권리의 불행사로 인하여 시효에 의해 권리가 소멸된 경우는 공권의 포기를 의미하지 않는다.

> **[판 례]** 행정소송에 있어서 소권은 개인의 국가에 대한 공권이므로 당사자의 합의로써 이를 포기할 수 없다(대법원 1995.9.15. 선고 94누4455 판결).

(3) 비대체성

개인적 공권은 선거권의 경우처럼 일신전속적이기 때문에 타인에의 위임 또는 대리에 친숙하지 못하다.

(4) 공권구제의 특수성

개인적 공권이 침해된 경우에 그 권리구제는 사권과 달리 행정사건으로서 행정소송법의 적용을 받는다. 즉, 공법상의 권리관계에 관한 당사자소송에 의하는 점에서 민사소송에 의하는 사권과는 소송절차 면에서 구별된다.

(5) 시효제도의 특수성

공권의 소멸시효는 사권에 비해 단기인 것이 보통이다. 공법상의 금전채권은 「국가재정법」제96조 또는 「지방재정법」제82조가 적용되어 소멸시효기간이 5년이며, 이 점에서 민법상 채권의 소멸시효기간 10년과 구별된다.

Ⅲ. 기타의 개인적 공권

전통적으로 개인적 공권은 자유권, 수익권, 참정권 등을 중심으로 하여 발전되어 왔으나, 민주주의와 법치주의의 지속적인 발전과 개인의 권리의식의 향상으로 인하여 새로운 형태의 개인적 공권이 행정법학의 연구대상이 되고 있다. 이러한 새로운 형태의 개인적 공권에는 무하자재량행사청구권·행정행위발급청구권·행정개입청구권 등이 있다.

1. 무하자재량행사청구권

(1) 의 의

무하자재량행사청구권은 행정청이 재량권을 행사함에 있어 재량하자를 범하지 말 것을 청구하는 공법상의 권리를 말한다. 이는 특정한 내용의 처분을 해 줄 것을 청구하는 권리가 아니고 행정청에게 오로지 재량권을 하자 없이 행사하여 줄 것을 청구하는 권리이다. 무하자재량행사청구권은 재량행위의 영역에서도 공권이 성립할 수 있음을 나타내고 있다.

무하자재량행사청구권을 인정하는 논거는 재량권의 행사에 있어서도 일정한 법적 한계가 있고 행정청은 그 한계를 준수할 법적 의무가 있기 때문에, 상대방은 행정청에 대해 그 법적 의무로서 재량권의 한계를 준수할 것을 요구하는 청구권을 갖는다는 것이다.

(2) 인정 여부

무하자재량행사청구권을 독자적인 개인적 공권으로 인정할 필요가 있는지에 관하여 견해가 대립하고 있으나, 다수의 견해는 이를 독자적인 개인적 공권으로 인정하고 있다. 대법원 판례도 검사임용거부처분취소소송과 관련하여 무하자재량행사청구권의 법리를 인정하고 있다.

> **[판 례]** 검사의 임용에 있어서 임용권자가 임용 여부에 관하여 어떠한 내용의 응답을 할 것인지는 임용권자의 자유재량에 속하므로 일단 임용거부라는 응답을 한 이상 설사 그 응답내용이 부당하다고 하여도 사법심사의 대상으로 삼을 수 없는 것이 원칙이나, 적어도 재량권의 한계 일탈이나 남용이 없는 위법하지 않은 응답을 할 의무가 임용권자에게 있고 이에 대응하여 임용신청자로서도 재량권의 한계 일탈이나 남용이 없는 적법한 응답을 요구할 권리가 있다고 할 것이며, 이러한 응답신청권에 기하여 재량권 남용의 위법한 거부처분에 대하여는 항고소송으로서 그 취소를 구할 수 있다고 보아야 하므로 임용신청자가 임용거부처분이 재량권을 남용한 위법한 처분이라고 주장하면서 그 취소를 구하는 경우에는 법원은 재량권남용 여부를 심리하여 본안에 관한 판단으로서 청구의 인용 여부를 가려야 한다(대법원 1991.2.12. 선고 90누5825 판결).

> **[판 례]** 직업훈련사업의 목적 및 취지와 한정된 예산 및 시설 등에 비추어 피고가 직업훈련사업을 시행함에 있어 구체적인 방법과 대상자 선정의 기준을 정하는 것은 피고의 재량에 속하는 것으로 봄이 상당하지만, 자유재량에 속하는 행위일지라도 재량권의 한계를 넘거나 남용이 있을 때에는 위법한 처분으로서 항고소송의 대상이 되는 것이므로, 적어도 선정권자인 피고에게 이러한 재량권의 한계일탈이나 남용이 없는 위법하지 않은 응답을 할 의무가 있고 이에 대응하여 원고로서도 재량권의 한계일탈이나 남용이 없는 적법한 응답을 요구할 권리가 있다고 할 것이다(서울행정법원 2007.4.11. 선고 2006구합26899 판결).

(3) 성립요건

무하자재량행사청구권 역시 개인적 공권의 일종이기 때문에 그것이 성립되기 위해서는 공권성립의 요소, 즉 강행법규성(의무의 존재), 사익보호성의 요건을 충족하여야 한다. 먼저 무하자재량행사청구권이 성립하기 위해서는 국가에 대하여 재량권을 하자없이 행사할 의무를 부과하는 강행법규가 존재하여야 한다. 그리고 그 강행법규가 단순히 공익의 실현이라는 목적 이외에도 특정한 개인의 이익보호를 의욕하고 있어야 한다.

(4) 내 용

무하자재량행사청구권은 행정청이 재량권행사와 관련하여 재량하자를 범하지 말 것을 청구하는 개인적 공권이다. 즉, ① 재량권의 유월, ② 재량권의 남용, ③ 재량권의 불행사 또는 해태 등의 재량하자를 행정청이 범하지 말 것을 청구하는 것을 그 내용으로 한다.

(5) 행사방법

행정청의 위법한 재량권행사에 대하여는 그 위법한 처분에 대한 취소소송의 제기를 통하여 실체적 권리구제가 가능하다. 재량권이 수익적 행정행위에 인정되는 경우에 그 행정행위의 신청에 대하여 행정청이 방치하여 부작위가 성립되는 경우에는 당사자는 의무이행심판이나 부작위위법확인소송을 제기할 수 있다. 이 경우 의무이행소송이 보다 직접적인 구제수단이지만 현행 「행정소송법」상 인정되고 있지 않다.

2. 행정행위발급청구권

(1) 의 의

행정행위발급청구권은 허가·인가 등 수익적 행정행위를 청구하는 권리와 같이 개인이 자기의 이익을 위하여 자기에 대한 행정권의 발동을 청구할 수 있는 권리를 말한다.

(2) 성립요건

1) 행정청의 행위의무의 존재

행정행위발급청구권이 성립하기 위해서는 행정법규가 행정청에게 일정한 행정행위를 행할 의무를 기속적으로 부과하여야 한다. 그러므로 행정청이 법률상의 행위의무를 지고 있음에도 불구하고 행정청이 그와 같은 행정행위를 행하지 아니하는 때에는 그 상대방은 행정행위발급청구권을 가진다.

2) 재량권의 영으로의 수축

행정청이 재량권을 가지는 경우 행정청은 행정행위를 할 것인지의 여부를 편의적으로 결정할 수 있으므로 개인의 행정행위발급청구권은 원칙적으로 인정되지 않는다. 그러나 예외적인 경우 재량권이 영으로 수축되어 행정청에게 선택의 여지가 없이 일정한 행위를 하여야 할 의무가 발생하기도 한다. 재량권이 영으로 수축되는 경우로는 ① 개인의 생명·신체 등이 중대한 위험을 받고 있는 경우, ② 행정권의 발동이 없으면 국민생활에의 구체적 위험 내지는 금전으로 배상할 수 없는 손해가 생길 것이 예상되는 경우에 행정권을 발동하면 그러한 위험 내지는 손해를 예방할 수 있는 경우 등이다.

이처럼 재량권이 영으로 수축되면 행정청은 특정한 행위를 하여야 하므로, 그

것은 기속행위로 전환된다. 이와 같은 작위의무가 있음에도 불구하고 행정청이 그와 같은 행정행위를 행하지 아니하는 때에 개인은 행정행위발급청구권을 가진다.

(3) 행사방법

행정행위발급청구권의 성립을 긍정적으로 보는 경우에도 그것을 관철할 수 있는 쟁송수단이 없으면 실익이 없다. 개인이 행정청에게 특정 내용의 행정행위를 발급해 줄 것을 청구하였음에도 행정청이 이를 거부하거나 방치하는 경우 행정소송을 통해 권리구제를 받을 수 있어야 한다. 행정소송수단으로는 행정청의 거부처분에 대해서는 거부처분의 취소소송을, 부작위에 대해서는 부작위위법확인소송을 제기할 수 있다.

3. 행정개입청구권

(1) 의 의

행정개입청구권은 행정청의 부작위로 인하여 권익을 침해당한 자가 당해 행정청에 대하여 제3자에 대한 규제 내지는 단속을 청구할 수 있는 권리를 말한다. 행정행위발급청구권은 자기의 이익을 위하여 자기에 대한 행정권의 발동을 청구하는 권리이지만, 행정개입청구권은 자기의 이익을 위하여 타인(제3자)에 대한 행정권의 발동을 청구하는 권리라는 점에서 양자는 구별된다.

(2) 성립요건

행정개입청구권은 행정청에 대하여 특별한 처분을 해 줄 것을 요구하는 권리이므로 행정청에게 규제, 감독 등의 처분의무가 있어야만 한다. 따라서 행정개입청구권은 기속행위인 경우에만 인정되는 것이 원칙이다.

하지만 재량행위인 경우에도 재량권이 영으로 수축된 경우에는 행정청의 재량행위가 기속행위로 전환되는 것이므로 행정개입청구권이 인정된다.

(3) 행사방법

행정개입청구권이 성립되는 경우 개인은 행정청에 대하여 제3자에 대한 규제 내지는 단속 등을 위하여 개입하여 줄 것을 직접 청구할 수 있다. 따라서 개인의 청구권행사에 대하여 행정청이 아무런 조치를 하지 않는 경우에는 그 개인은 의무이행심판, 부작위위법확인소송을 제기할 수 있다.

Ⅳ. 공의무

1. 공의무의 의의

공의무는 공권에 대응하는 개념으로서 타인의 이익을 위하여 의무자의 의사에 가하여진 공법상의 구속을 말한다. 공의무는 그 주체에 따라 행정주체가 지는 공의무(예컨대 공무원의 봉급청구권에 대한 국가 또는 자치단체의 봉급지급의무)와 개인적 공의무(납세의 의무·교육의 의무·근로의 의무·국방의 의무·환경보전의 의무)로 나눌 수 있다. 또한 공의무는 그 내용에 따라 작위의무·부작위의무·급부의무·수인의무로 나뉜다.

2. 공의무의 특성

공의무는 원칙적으로 의무자의 의사에 의한 것이 아니라 법령 또는 법령에 의거한 행정행위에 의하여 발생되는 점에서 사법상의 의무와 다른 특성이 인정된다. 공의무의 특성으로는 ① 일신전속적 성질을 가진 공의무의 경우 그 포기는 물론 이전이 제한되는 점, ② 공의무의 불이행에 대하여는 행정상 강제집행의 수단이 인정되고, 특히 공법상 금전급부의무의 불이행에 대하여는 국세체납처분의 예에 의한 강제징수방법이 인정되는 점, ③ 공의무의 위반에 대하여는 벌칙이 규정되어 있는 점 등이 있다.

V. 공권·공의무의 승계

1. 행정주체간의 승계

행정주체간의 권리·의무의 승계는 지방자치단체의 폐치·분합 그 밖의 공공단체의 통·폐합의 경우에 인정되고 있다. 예컨대 지방자치단체의 구역변경이나 폐치·분합이 있는 때에는 새로 그 지역을 관할하게 된 지방자치단체가 그 사무와 재산을 승계한다(지방자치법 제8조 제1항).

2. 사인간의 승계

사인의 권리·의무의 승계에 관하여 일반적 규정을 둔 법률은 없고, 「행정절차법」은 동법상의 당사자를 대상으로 그 지위의 승계를 규정하고 있다(제10조). 이와 같은 행정절차법의 규정은 다른 법에 특별한 규정이 없고, 법의 흠결이 있는 경우에는 행정법관계 전반에 걸쳐 준용되는 법의 일반원칙을 천명한 것으로 보는 견해도 있다.

개별법 중에는 행정법상의 권리·의무의 이전을 제한·금지하는 경우(국가배상법 제4조, 기초생활보장법 제36조, 국민건강보험법 제59조, 의료급여법 제18조)도 있고, 승계를 인정하면서 권리·의무의 승계자에게 신고의무를 부과하는 경우(국가유공자법 제62조, 5·18유공자법 제54조, 하천법 제5조)도 있다.

제 5 절 특별행정법관계

Ⅰ. 개 설

특별행정법관계란 특별한 행정목적을 달성하기 위하여 특별권력기관과 특별한 신분을 가진 자와의 사이에 성립되는 특별한 법률관계를 말한다. 특별행정법관계의 예로는 공무원의 근무관계, 군인의 복무관계, 교도소의 재소관계, 국·공립학교의 재학관계 등을 들 수 있다. 이렇듯 특별행정법관계는 행정주체와 일반국민 사이에 성립되는 일반행정법관계에 대응하는 개념이며, 종래에는 이를 '특별권력관계'라는 개념으로 사용하였다.

전통적(종래의) 특별권력관계는 법치주의가 제한되는 관계였다. 즉, ① 법률유보의 원칙을 배제하고, ② 기본권을 제한하며, ③ 사법심사의 대상에서 제외시키는 등의 특성을 가지고 있었다. 전통적 특별권력관계는 실질적 법치주의에 부합되지 않기에, 오늘날에는 특별권력관계라는 개념 대신 특별행정법관계라는 개념이 사용되고 있다.

Ⅱ. 전통적 특별권력관계이론

종래의 통설에 의하면 행정법관계 중 권력관계를 일반권력관계와 특별권력관계로 대별하여 일반권력관계는 법치주의가 전적으로 적용되나, 특별권력관계는 법치주의가 적용되지 않는 것으로 보았다.

1. 의 의

특별권력관계란 특별한 법률원인에 의해 성립되고 일정한 행정목적에 필요한 범위내에서 그 특별권력주체에게 포괄적 지배권이 부여되고, 그 상대방인 특별한 신분에 있는 자(예컨대 공무원·군인·학생·수형자)는 이에 복종하는 관계를 말한다.

2. 역사적 배경

특별권력관계이론은 원래 19세기 후반에 독일의 입헌군주정하에서 행정권의 우월성을 보호하기 위해 등장하였다. 즉, 법률과 기본권으로부터 해방되고 재판의 통제까지도 면제되는 자유행정영역을 설정하여 행정권의 특권적 지위를 확보하려는 의도에서 특별권력관계이론을 정립한 것이다.

3. 특 색

특별권력관계는 법치주의가 적용되지 않는 법률관계라는 점에 가장 큰 특색이 있다.

(1) 법률유보원칙의 배제

특별권력관계에서 특별권력주체의 포괄적 지배권의 발동에는 개별적·구체적인 법률의 근거를 요하지 않는다. 즉, 법률유보의 원칙이 적용되지 않는다.

(2) 기본권의 제한

특별권력관계에서는 일반권력관계에서와는 달리 특별한 신분에 있는 자의 기본권이 보장되지 않는다. 따라서 특별권력관계의 설정목적에 비추어 필요한 범위 내에서는 법률의 수권 없이도 그 구성원의 기본권을 제한할 수 있다.

(3) 사법심사의 배제

특별권력관계에서는 그 권력주체의 행위에 대해서는 원칙적으로 사법심사의 대상이 되지 않는다. 이는 사법권의 기능이 일반시민의 법질서를 유지하는데 있다고 보았기 때문이다.

4. 특별권력관계이론의 재검토

전통적 특별권력관계이론은 그 반법치주의적 성격 때문에 제2차 세계대전 이후 실질적 법치국가에 와서는 그 존립근거가 부인되고 있다. 이에 따라 전면적 부정설을 비롯하여 여러 가지 학설이 새로운 시각에서 제기되고 있다.

(1) 특별권력관계 부정설

특별권력관계부정설은 민주주의·의회주의 및 기본권존중주의를 규정하고 있는 오늘날의 헌법 하에서는 모든 공권력의 행사는 일반권력관계이든 특별권력관계이든 불문하고 법치주의에 따라야 한다는 견해이다. 따라서 법치주의 원칙에 반하는 특별권력관계는 전적으로 부정되어야 한다는 것이다.

(2) 특별권력관계 제한적 긍정설

제한적 긍정설은 특별권력관계를 부정하고 그 관계를 특별행정법관계로 지칭하면서, 이러한 특별행정법관계에 법치주의가 원칙적으로 적용되어야 하지만 그 특수성을 인정하여 일정한 범위 내에서는 법치주의가 완화되어 적용될 수 있다는 견해로 다수설의 입장이다.

Ⅲ. 특별행정법관계의 성립과 소멸

1. 특별행정법관계의 성립

(1) 법률의 규정

특별행정법관계가 당사자의 구체적인 의사표시와는 관계없이 법률의 규정에 의하여 직접 성립하는 경우이다. 예컨대 감염병에 관한 강제처분(감염병예방법 제42조), 병역의무자의 현역병입영(병역법 제16조) 등이 그 예이다.

(2) 상대방의 동의

특별행정법관계는 직접 법률의 규정에 의하여 성립되는 경우를 제외하고는 상대방의 동의에 의하여 성립된다. 상대방의 동의에 의해 성립한 경우에도 ① 그것이 상대방의 자유로운 의사표시에 의한 임의적(자발적) 동의인 경우, ② 그 동의가 법률에 의해 강제되는 의무적(강제적) 동의인 경우로 구분된다. 임의적 동의의 예로는 공무원관계의 설정, 국·공립학교의 입학, 국·공립도서관의 이용 등을 들 수 있고, 의무적 동의로는 학령아동의 초등학교 취학 등이 있다.

2. 특별행정법관계의 소멸

특별행정법관계는 그 종류에 따라 소멸사유가 다르다. 공법상의 근무관계의 경우는 공무원의 퇴임이나 군인의 전역, 공법상의 영조물이용관계는 학생의 졸업이나 영조물이용관계의 종료, 공법상의 특별감독관계의 경우는 국가사무의 위임관계의 해제, 공법상의 사단관계의 경우는 공공조합의 해산 등이 소멸사유가 된다. 그 외에도 행정주체의 일방적인 해제, 예컨대 학생에 대한 퇴학처분, 공무원에 대한 파면처분이나 직권면직 등에 의하여 특별행정법관계는 소멸한다.

Ⅳ. 특별행정법관계의 종류

특별행정법관계의 종류는 ① 공법상의 근무관계, ② 공법상의 영조물이용관계, ③ 공법상의 특별감독관계, ④ 공법상의 사단관계 등이 있다.

1. 공법상의 근무관계

공법상의 근무관계는 법률의 규정에 의하여 특정인이 국가 또는 공공단체를 위하여 포괄적 근무의무를 지게 되는 법률관계를 말한다. 공무원법에 의한 공무원의 근무관계, 병역법에 의한 군인의 복무관계 등이 이에 해당한다.

2. 공법상의 영조물이용관계

공법상의 영조물이용관계는 특정인이 영조물을 이용하는 경우에 그 영조물이 용자와 영조물의 관리자 사이의 법률관계를 말한다. 학생의 국·공립학교의 재학관계, 전염병환자의 국·공립병원의 재원관계, 수형자의 교도소의 재소관계 등이 이에 해당된다.

3. 공법상의 특별감독관계

공법상의 특별감독관계는 개인 또는 단체가 국가 또는 공공단체와 특별한 법률관계에 있음으로써 국가나 공공단체의 특별한 감독을 받는 관계를 말한다. 공공조합·특허기업자 또는 행정사무의 위임을 받은 자가 국가나 공공단체의 특별한 감독을 받게 되는 관계 등이 이에 해당한다.

4. 공법상의 사단관계

공법상의 사단관계는 공공조합과 그 조합원의 관계를 말한다. 공공조합은 공법상의 조합권에 의하여 그 구성원인 조합원과의 관계를 규율하게 된다.

> **[판 례]** 농지개량조합과 그 직원과의 관계는 사법상의 근로계약관계가 아닌 공법상의 특별권력관계이고, 그 조합의 직원에 대한 징계처분의 취소를 구하는 소송은 행정소송사항에 속한다(대법원 1995.6.9. 선고 94누10870 판결).

V. 특별행정법관계의 내용

1. 명령권

명령권은 특별행정법관계의 주체가 그의 포괄적 지배권의 발동으로서 상대방에 대하여 특별행정법관계의 목적달성에 필요한 명령·강제를 할 수 있는 권력을 말한다.

2. 징계권

징계권은 특별행정법관계의 주체가 그 내부질서를 유지하기 위하여 질서문란자에게 제재를 과할 수 있는 권력을 말한다.

이러한 징계권의 발동에는 일정한 한계가 있다. 먼저 임의적 동의에 의하여 특별행정법관계가 성립된 경우에는 원칙적으로 질서문란자를 당해 특별행정법관계에서 배제하거나 그 이익의 박탈에 그쳐야 한다. 그리고 법률의 규정에 의하여 성립된 특별행정법관계의 경우에는 그 법률이 정하는 범위 내에서, 법률에 규정이 없을 때에도 비례의 원칙 등 행정법의 일반원칙 내에서 징계권이 발동되어야 한다.

> **[판 례]** 형법 제156조(무고죄)는 타인으로 하여금 형사처분 또는 징계처분을 받게
> 할 목적으로 공무원에 대하여 허위의 사실을 신고한 자를 처벌하도록 정하고 있다.
> 여기서 '징계처분'이란 공법상의 특별권력관계에 기인하여 질서유지를 위하여 과하
> 여지는 제재를 의미한다(대법원 2010.11.25. 선고 2010도10202 판결).

> **[판 례]** 농지개량조합의 직원에 대한 징계처분을 함에 있어서 어떠한 징계처분을
> 할 것인가는 원칙적으로 징계권자의 재량에 맡기어져 있지만, 징계권자가 한 징계처
> 분이 사회통념상 현저하게 타당성을 잃은 경우에는 재량권을 남용한 것으로 인정될
> 수 있다(대법원 1998.10.9. 선고 97누1198 판결).

Ⅵ. 특별행정법관계와 법치주의

1. 특별행정법관계와 법률유보

(1) 법률유보의 적용

특별행정법관계에도 일반행정법관계에서와 마찬가지로 법률유보의 원칙이
그대로 적용된다. 「공무원법」·「군인사법」·「교육법」 등의 예에서 보듯이 특별행
정법관계는 거의 법률에 의하여 규율되고 있으며, 또 거의 완벽할 정도로 상세하
게 규율되고 있는 것이 최근의 경향이다. 따라서 법률의 근거 없이 공무원·수형
자 등 특별한 신분관계에 있는 자의 권리를 제한하고 있지는 않는다.

> **[판 례]** 국립대학은 공법상의 영조물에, 국립대학과 해당 대학의 학생 사이의 재학
> 관계는 영조물 이용관계에 해당한다. 영조물의 이용관계 자체에서 일반 행정법관계
> 와는 다른 특수한 규율이 곧바로 도출되는 것은 아니고, 그러한 특수한 생활관계를
> 고려하여 국회가 제정한 실정법이 규정하는 바에 따라서 재량권의 행사범위가 다소
> 넓어질 가능성이 인정될 뿐이므로, 영조물의 이용관계에도 일반 행정법관계와 마찬
> 가지로 법률유보의 원칙이 그대로 적용되어야 한다.
> 국립대학의 학생은 교육이라는 공적 목적을 달성하기 위한 인적·물적 결합체인
> 학교라는 영조물의 구조 속에 온전히 편입되어 존재하는 것이 아니라 여전히 독립
> 된 기본권의 주체로서 그 권리를 보장받아야 하고, 특별권력관계라는 전통적인 개
> 념을 근저에 두고 구체적인 법률의 근거도 없이 이용자인 학생의 권리를 제한하거
> 나 의무를 부과하여서는 아니 된다(대법원 2015.6.25. 선고 2014다5531 전원합의체
> 판결). – 국립대학 기성회비 사건

(2) 특별명령의 부인

특별명령이란 종래의 특별권력관계 내부에서 권력복종자의 지위, 이용관계 등에 관하여 규율하는 명령을 말한다. 특별행정법관계에 대한 일반적인 법률유보가 인정되는 오늘날에는 특별명령을 인정할 여지가 없다.

2. 특별행정법관계와 기본권제한

(1) 기본권제한의 내용

특별행정법관계의 구성원인 공무원·군인·학생·수형자 등의 기본권을 제한하기 위해서는 헌법규정 또는 헌법 제37조 제2항의 기본권 제한의 원칙에 따라 법률에 근거가 있어야 한다.

특별행정법관계에서 헌법규정에 의하여 제한되는 기본권으로는 공무원의 근무관계에 있어서의 공무원의 노동3권의 제한(헌법 제33조 제2항), 군인·군무원·경찰공무원의 국가배상청구권의 제한(헌법 제29조 제2항) 등이 있고, 법률에 의한 제한으로는 공무원의 정치운동의 제한(국가공무원법 제65조), 공무원의 근로3권의 제한(국가공무원법 제66조), 수형자의 서신의 검열(형집행법 제43조 제3항 및 제4항) 등이 있다.

(2) 기본권제한의 한계

특별행정법관계에서도 헌법 또는 법률의 근거에 의한 기본권제한은 허용되지만, 그 제한에는 일정한 한계가 있다. 이는 헌법 제37조 제2항에 의한 일반권력관계에서의 기본권제한의 한계와 본질적으로 같다. 다만, 특별행정법관계에서의 기본권제한은 하위 법령에 대한 위임과 일반조항에 의해 이루어지는 경우가 많고, 기본권제한의 법률유보에 있어서의 규율밀도가 느슨한 것이 보통이다.

헌법재판소는 국가·지방자치단체에 종사하는 근로자의 쟁의권을 근본적으로 부인하고 있는 구「노동쟁의조정법」제12조 제2항을 헌법 제33조 제2항의 규정에 위반된다는 이유로 헌법불합치결정을 하였다.[2]

> [판 례] 수용자가 보내려는 모든 서신에 대해 무봉함 상태의 제출을 강제함으로써 수용자의 발송 서신 모두를 사실상 검열 가능한 상태에 놓이도록 하는 것은 기본권 제한의 최소 침해성 요건을 위반하여 수용자인 청구인의 통신비밀의 자유를 침해하는 것이다(헌재 2012.2.23. 2009헌마333).

> [판 례] 육군3사관학교 사관생도인 갑이 4회에 걸쳐 학교 밖에서 음주를 하여 '사관생도 행정예규' 제12조(금주조항)에서 정한 품위유지의무를 위반하였다는 이유로 육

---

2) 헌재 1993.3.11. 88헌마5.

군3사관학교장이 교육운영위원회의 의결에 따라 갑에게 퇴학처분을 한 사안에서, 첫째 사관생도의 모든 사적 생활에서까지 예외 없이 금주의무를 이행할 것을 요구하는 것은 사관생도의 일반적 행동자유권은 물론 사생활의 비밀과 자유를 지나치게 제한하는 것이고, 둘째 예규 제12조에서 사관생도의 모든 사적 생활에서까지 예외 없이 금주의무를 이행할 것을 요구하면서 일률적으로 2회 위반 시 원칙으로 퇴학 조치하도록 정한 것은 사관학교가 금주제도를 시행하는 취지에 비추어 보더라도 사관생도의 기본권을 지나치게 침해하는 것이므로, 위 금주조항은 사관생도의 일반적 행동자유권, 사생활의 비밀과 자유 등 기본권을 과도하게 제한하는 것으로서 무효인 데도 위 금주조항을 적용하여 내린 퇴학처분이 적법하다고 본 원심판결에 법리를 오해한 잘못이 있다고 한 사례(대법원 2018.8.30. 선고 2016두60591 판결).

3. 특별행정법관계와 사법심사

특별행정법관계의 구성원은 자신의 권리침해 또는 분쟁에 대하여 사법심사를 통해 구제를 받을 수 있다. 물론 이 경우 일반권력관계에서와 마찬가지로 위법한 처분에 의하여 권리가 침해되어야 하고, 행정소송을 제기할 '법률상 이익'이 있어야 한다.

대법원은 공법상 근무관계나 국·공립대학의 재학관계에 있어 징계권행사에 대하여 전면적인 사법심사를 인정하고 있다.

[판 례] 농지개량조합과 그 직원과의 관계는 사법상의 근로계약관계가 아닌 공법상의 특별권력관계이고, 그 조합의 직원에 대한 징계처분의 취소를 구하는 소송은 행정소송사항에 속한다(대법원 1995.6.9. 선고 94누10870 판결).

[판 례] 국립교육대학 학생에 대한 퇴학처분은, 국가가 설립·경영하는 교육대학의 교무를 통할하고 학생을 지도하는 지위에 있는 학장이 교육목적 실현과 학교의 내부질서유지를 위해 학칙 위반자인 재학생에 대한 구체적 법집행으로서 국가공권력의 하나인 징계권을 발동하여 학생으로서의 신분을 일방적으로 박탈하는 국가의 교육행정에 관한 의사를 외부에 표시한 것이므로, 행정처분임이 명백하다.
학생에 대한 징계권의 발동이나 징계의 양정이 징계권자의 교육적 재량에 맡겨져 있다 할지라도 법원이 심리한 결과 그 징계처분(퇴학처분)에 위법사유가 있다고 판단되는 경우에는 이를 취소할 수 있는 것이고, 징계처분이 교육적 재량행위라는 이유만으로 사법심사의 대상에서 당연히 제외되는 것은 아니다(대법원 1991.11.22. 선고 91누2144 판결).

제4장 행정법관계의 발생과 소멸

♣ Key Point
- 공법상 소멸시효와 취득시효
- 공법상 부당이득반환청구권
- 자기완결적 신고와 수리를 요하는 신고

제1절 법률요건과 법률사실

Ⅰ. 의 의

일정한 요건이 충족되면 일정한 효과가 발생하는 것은 모든 법률관계에 있어서 동일하다. 행정법상의 법률요건은 행정법관계의 발생·변경 또는 소멸이라는 법률효과를 발생시키는 사실을 말한다. 이러한 법률요건을 이루는 개개의 사실을 법률사실이라 한다.

행정법상의 법률요건은 여러 개의 법률사실로 이루어질 때도 있고(예컨대 건축허가에 있어서 신청과 허가처분), 한 개의 법률사실로 성립되는 때도 있다(예컨대 공법상의 상계, 기권).

Ⅱ. 종 류

행정법상의 법률요건과 법률사실은 민법에 있어서와 같이 사람의 정신작용을 요소로 하는 용태와 사람의 정신작용을 요소로 하지 않는 사건으로 나눌 수 있다.

1. 행정법상의 용태

행정법상의 용태(容態)란 사람의 정신작용을 요소로 하는 행정법상의 법률요건·법률사실을 말하며, 이는 외부적 용태인 행위와 내부적 용태인 내심으로 구분된다. 여기서 행위는 정신작용의 발현인 사람의 거동으로써 법률적 효과를 발생하는 것을 말하고, 내심은 외부에 나타나지 않는 정신적 상태로써 법률적 효과를 발생하는 것을 말한다. 선의·악의·고의·과실 등이 내심에 해당한다.

2. 행정법상의 사건

행정법상의 사건이란 사람의 정신작용을 요소로 하지 아니하는 행정법상의 법률요건·법률사실을 말한다. 여기에는 시간의 경과, 일정한 연령의 도달 등과 같은 자연적 사실도 있고, 일정한 장소에서의 거주, 물건의 소유·점유 등의 사실행위도 있다.

제 2 절 행정법상의 사건

Ⅰ. 시간의 경과

1. 기 간

(1) 개 념

기간은 한 시점에서 다른 시점까지의 시간적 간격을 말한다. 따라서 기간개념에서 시간적 간격의 출발점인 기산점과 종료점인 만료점이 그 구성요소가 된다. 행정법상 기간은 ① 기간경과 그 자체가 행정법관계의 변동을 가져오는 경우(예: 시효와 제척기간), ② 당사자의 의사표시의 한 부분으로 나타나는 경우(예: 기한부 행정행위)에 그 의미를 갖게 된다.

「행정기본법」 제6조 제1항은 "행정에 관한 기간의 계산에 관하여는 이 법 또는 다른 법령등에 특별한 규정이 있는 경우를 제외하고는 「민법」을 준용한다"고 하여 행정에 관한 기간 계산의 원칙을 명시하고 있다. 행정법규 중에는 기간의 계산에 관한 규정을 두는 경우도 있으나, 보통은 규정이 없는 것이 대부분이다. 따라서 공법상 기간의 계산에도 민법상의 기간의 계산에 관한 규정이 적용된다.

(2) 기산점

기간계산의 기산점에 대하여 「민법」은 "시·분·초로 정한 때에는 즉시로부터 기산"하며(민법 제156조), "일·주·월·년으로 정한 때에는 기간의 초일은 산입하지 아니한다(동법 제157조)"라고 규정하여 초일불산입의 원칙을 채택하고 있다. 이 초일불산입의 원칙은 연령계산의 경우와 그 기간이 오전영시로부터 시작되는 때에는 적용되지 않는다(동법 제157조 단서, 제158조).

한편 「행정기본법」 제6조 제2항은 "법령등 또는 처분에서 국민의 권익을 제한하거나 의무를 부과하는 경우 권익이 제한되거나 의무가 지속되는 기간의 계산은 기간을 일, 주, 월 또는 연으로 정한 경우에는 기간의 첫날을 산입한다"라고 하여 초산산입의 원칙을 명시하고 있다. 즉, 「민법」상의 초산불산입의 원칙과는 다른 예외 기준을 제시하고 있는 것이다. 행정법령 중에는 초일을 산입하도록 특별 규정을 두는 경우도 있다(국회법 제168조).

「민법」의 예외 규정인 「행정기본법」상의 초산산입의 원칙이 국민의 입장에서 오히려 불리하게 작용할 수도 있다. 이러한 경우에는 초산산입의 원칙을 적용하지 않고 다시금 초산불산입의 원칙을 적용하여야 한다(행정기본법 제6조 제2항 단서). 예 컨대 건물을 철거하도록 하는 의무를 부담하는 당사자의 입장에서 건물에서 퇴거 하는 시간적 여유를 확보하기 위해서는 기간이 하루라도 늦게 도래하는 것이 유리 하다. 이러한 경우 제2항 단서에 따라 「민법」 제157조의 초산불산입의 원칙을 적 용하여야 한다.

(3) 만료점

기간은 그 기간의 말일이 종료함으로써 만료되는 것이 원칙이나, 기간의 말일 이 일요일 기타 공휴일일 때에는 그 익일에 기간이 만료된다(민법 제159조, 제161조). 한편 「행정기본법」 제6조 제2항은 "법령등 또는 처분에서 국민의 권익을 제한하 거나 의무를 부과하는 경우 권익이 제한되거나 의무가 지속되는 기간의 계산은 기 간의 말일이 토요일 또는 공휴일인 경우에도 기간은 그 날로 만료한다"라고 하여 공휴일 등 만료시의 원칙을 명시하고 있다. 이는 기간이 말일이 토요일 또는 공휴 일이면 기간이 그 다음 날 만료하도록 규정하고 있는 「민법」 제161조의 예외에 해당한다.

(4) 역   산

법령이 기간을 규정함에 있어서 '며칠 전에' 또는 '며칠까지'라고 규정한 경우 에도 위에서 본 기간계산에 관한 원리에 따라야 할 것이다. 즉, '며칠 전'의 경우 해당일은 초일이므로 빼고, 해당일 전일부터 계산하여 0일이 되는 날의 이전을 말 하며(예컨대 3일 전이라면 그 중간에 3일의 기간이 있어야 한다), '며칠까지'의 경우 해당 일의 전일부터 계산하여 0일에 해당하는 날(예컨대 3일 전까지라면 그 중간에 2일의 기 간이 있어야 한다)을 말한다.

2. 시   효

(1) 공법관계와 시효제도

시효제도는 일정한 사실상태가 일정한 기간 동안 계속된 경우에 그 사실 상태가 진실한 법률관계에 합치되는가를 불문하고 그 계속되어 온 사실상태 를 존중하여 그것을 진실한 법률관계로 인정하는 제도를 말한다(소멸시효, 취득시효). 특별한 규정이 없는 한 공법관계에도 민법의 시효에 관한 규정(민법 제162조 내지 제184조)이 적용된다.

(2) 소멸시효

소멸시효란 권리자가 권리를 행사할 수 있음에도 불구하고 권리를 행사하지 않은 사실상태가 일정기간 계속된 경우에 그 권리의 소멸을 인정하는 제도이다. 민법상 소멸시효기간은 일반채권과 판결 등에 의하여 확정된 채권은 10년이다(민법 제162조, 제165조).

> **[판 례]** 국유재산법상 변상금부과처분에 대한 취소소송이 진행중이라도 그 부과권자로서는 위법한 처분을 스스로 취소하고 그 하자를 보완하여 다시 적법한 부과처분을 할 수도 있는 것이어서 그 권리행사에 법률상의 장애사유가 있는 경우에 해당한다고 할 수 없으므로, 변상금부과처분에 대한 취소소송이 진행되는 동안에도 그 부과권의 소멸시효가 진행된다(대법원 2006.2.10. 선고 2003두5686 판결).

1) 기 간

공법상의 금전채권의 소멸시효에 관하여 특별규정을 두고 있는 예로는 「국가재정법」 제96조와 「지방재정법」 제82조를 들 수 있다. 국가나 지방자치단체를 당사자로 하는 금전채권은 국가나 지방자치단체가 가지는 것이든 이들에 대하여 가지는 것이든 다른 법률에 특별한 규정이 없으면, 5년간 행사하지 않을 때에는 시효로 인하여 소멸된다.

2) 중단·정지

소멸시효의 중단은 소멸시효의 기초가 되는 권리의 불행사라는 사실상태가 없어지고 권리를 행사하는 경우에 이를 이유로 소멸시효의 진행을 차단케 하는 것이다. 소멸시효의 중단·정지 등에 관하여 다른 법률에 특별한 규정이 없는 한 민법의 규정(제168조 내지 제182조, 제247조)이 적용된다. 재판상 청구는 대표적인 소멸시효의 중단사유이다. 한편, 「국세기본법」 제28조는 납세고지, 독촉 또는 납부최고, 교부청구, 압류를 국세징수권의 소멸시효중단사유로 규정하고 있다.

> **[판 례]** 근로자가 사용자의 부당노동행위로 인하여 해고를 당한 경우, 구 근로기준법 제33조와 노동조합 및 노동관계조정법 제82조 내지 제86조의 행정상 구제절차를 이용하여 노동위원회에 구제신청을 한 후 노동위원회의 구제명령 또는 기각결정에 대하여 행정소송에서 다투는 방법으로 임금청구권 등 부당노동행위로 침해된 권리의 회복을 구할 수도 있으므로, 근로자가 위 관계 법령에 따른 구제신청을 한 후

이에 관한 행정소송에서 그 권리관계를 다투는 것 역시 권리자가 재판상 그 권리를 주장하여 권리 위에 잠자는 것이 아님을 표명한 것으로서 소멸시효 중단사유로서의 재판상 청구에 해당한다고 보아야 한다(대법원 2012.2.9. 선고 2011다20034 판결).

[판 례] 예산회계법 제98조에서 법령의 규정에 의한 납입고지를 시효중단 사유로 규정하고 있는바, 이러한 납입고지에 의한 시효중단의 효력은 그 납입고지에 의한 부과처분이 취소되더라도 상실되지 않는다(대법원 2000.9.8. 선고 98두19933 판결).

[판 례] 국세기본법 제28조 제1항은 국세징수권의 소멸시효의 중단사유로서 납세고지, 독촉 또는 납부최고, 교부청구 외에 '압류'를 규정하고 있는바, 여기서의 '압류'란 세무공무원이 국세징수법 제24조 이하의 규정에 따라 납세자의 재산에 대한 압류절차에 착수하는 것을 가리키는 것이므로, 세무공무원이 국세징수법 제26조에 의하여 체납자의 가옥·선박·창고 기타의 장소를 수색하였으나 압류할 목적물을 찾아내지 못하여 압류를 실행하지 못하고 수색조서를 작성하는 데 그친 경우에도 소멸시효 중단의 효력이 있다(대법원 2001.8.21. 선고 2000다12419 판결).

3) 소멸시효 완성의 효과

소멸시효의 완성의 효과에 대해서는 ① 소멸시효의 효력은 권리 그 자체를 소멸시키는 것이 아니고, 다만 권리자가 그 권리를 주장하는 경우에 이에 대한 항변권을 발생시키며, 이 항변권의 행사(원용) 여부는 시효의 이익을 받는 자의 의사에 맡겨져 있다고 보는 상대적 소멸설과, ② 시효기간의 경과로 인한 시효완성은 권리의 절대적 소멸원인이 되므로 시효의 이익을 받는 자의 의사와 무관하게 소멸된다는 절대적 소멸설의 대립이 있으나, 후자가 다수설이다.

(3) 공물의 취득시효

「민법」 제245조는 "20년간 소유의 의사로 평온·공연하게 부동산을 점유한 자는 등기함으로써 그 소유권을 취득한다"라고 규정하고 있는 바, 종래에는 공물이 취득시효의 대상이 되는지에 대해 부정설과 긍정설이 대립하였다. 그러나 현행 「국유재산법」 제7조 제2항과 「공유재산법」 제6조 제2항이 "행정재산은 「민법」 제245조의 규정에 불구하고 시효취득의 대상이 되지 아니한다"라고 규정하였고, 또 국·공유의 일반재산에 대해서는 시효취득을 인정하고 있으므로 공물의 시효취득에 관한 이론적 논쟁은 의미가 없게 되었다.[1]

---

1) 국유잡종재산을 취득시효의 대상에서 제외한 규정은 헌법재판소의 위헌결정(헌재 1991.5.13. 89헌가97)으로 무효로 되었다.

3. 제척기간

제척기간은 일정한 권리에 대하여 법률이 정한 권리의 존속기간을 말한다. 「행정소송법」 제20조(행정소송의 제소기간), 「행정심판법」 제27조 제1항·제2항(행정심판청구기간), 「토지보상법」 제23조 (사업인정 실효 이전의 재결신청) 등에서 제척기간을 인정하고 있다. 제척기간은 일정한 기간 내에 권리를 행사하지 않음으로써 그 권리가 소멸된다는 점에서 소멸시효제도와 같다.

그러나 시효는 법적 생활의 안정성을 목적으로 하고 시효의 중단이나 정지가 인정되는 데 대하여, 제척기간은 법률관계의 신속한 확정을 목적으로 하기 때문에 그 중단사유가 인정되지 않는 점에서 시효와 구별된다.

Ⅱ. 주소·거소

1. 의   의

행정법상으로도 주소나 거소를 표준으로 하여 법률관계를 규정하는 것은 사법의 경우와 동일하다. 예컨대, 지방자치단체의 주민이 되는 요건, 주민세의 납세의무의 성립요건, 각종 선거권·피선거권, 인감신고, 서류송달의 장소, 외국인의 귀화 등이 주소를 그 성립요건으로 하는 경우이다.

2. 주   소

「민법」은 "생활의 근거되는 곳을 주소로 한다"(제18조)라고 하여 일반적 규정을 두고 있다. 공법상으로는 주소에 관한 일반적 규정이 없지만 「주민등록법」에서 통칙적 규정을 두고 있기 때문에, 다른 법률에 특별한 규정이 없으면 「주민등록법」에 의한 주민등록지를 주소로 하고 있다.

이러한 주소에 관하여 정주(定住)의 사실 이외에 정주의 의사가 필요하다는 견해(주관설)와 객관적 사실만으로 족하다는 견해(객관설)의 대립이 있으나, 민법의 해석으로는 객관설이 타당하다. 그러나 「주민등록법」상의 주민등록은 ① 30일 이상 거주할 목적으로(의사), ② 일정한 곳에 주소나 거주를 가지는(사실) 경우에 하는 것이므로(제6조), 동법은 공법상의 주소의 인정에 있어 한편에서는 의사주의에 따르면서도 결국은 주민등록이라는 형식적 절차에 따르고 있다.

한편 주소의 수에 관하여 「민법」은 객관주의를 전제로 하여 주소복수제를 명문화하고 있으나(제18조 제2항), 「주민등록법」은 이중등록을 금지하고 있다(제10조 제2항). 따라서 공법관계에서 주소는 특별한 규정이 없는 한 1개 주소에 한한다.

3. 거 소

공법관계에서 거소에 대하여 일정한 법률효과(예컨대, 183일 이상 거소를 둔 자에게 소득세부과(소득세법 제1조의2 제1항 제1호))를 부여하는 경우가 있어 무엇을 거소로 볼 것인지가 문제된다. 거소에 관하여 다른 특별한 규정이 없으면 「민법」의 규정(제19조 내지 제21조)이 적용될 것이다.

제 3 절 공법상 사무관리·부당이득

Ⅰ. 공법상 사무관리

1. 의 의

공법상 사무관리는 법률상의 의무 없이 타인을 위하여 그 사무를 관리하는 행위(민법 제734조)를 말한다. 이는 원래 사법상의 관념인 것이나 공법분야에서도 사무관리가 인정된다는 것이 일반적 견해이다.

> **[판 례]** 몰수할 수 있는 압수물에 대한 수사기관의 환가처분은 그 경제적 가치를 보존하기 위한 형사소송법상의 처분이라고 할지라도 해당 압수물이 그 후의 형사절차에 의하여 몰수되지 아니하는 경우 그 환가처분은 그 물건 소유자를 위한 사무관리에 준하는 행위이다(대법원 2000.1.21. 선고 97다58507 판결).

> **[판 례]** (甲 주식회사 소유의 유조선에서 원유가 유출되는 사고가 발생하자 乙 주식회사가 피해 방지를 위해 해양경찰의 직접적인 지휘를 받아 방제작업을 보조한 사안에서) 타인의 사무가 국가의 사무인 경우, 원칙적으로 사인이 법령상 근거 없이 국가의 사무를 수행할 수 없다는 점을 고려하면, 사인이 처리한 국가의 사무가 사인이 국가를 대신하여 처리할 수 있는 성질의 것으로서, 사무 처리의 긴급성 등 국가의 사무에 대한 사인의 개입이 정당화되는 경우에 한하여 사무관리가 성립하고, 사인은 그 범위 내에서 국가에 대하여 국가의 사무를 처리하면서 지출된 필요비 내지 유익비의 상환을 청구할 수 있다(대법원 2014.12.11. 선고 2012다15602 판결).

2. 공법상 사무관리의 종류

(1) 강제관리

강제관리는 국가의 특별감독하에 있는 사업에 대하여 감독권의 작용으로서 당해 사업을 강제적으로 관리하는 경우를 말한다.

(2) 보호관리

보호관리는 재해 시에 행하는 구호, 행려병자 또는 사자(死者)취급과 같이 보호를 위하여 관리하는 경우를 말한다.

(3) 역무제공

역무제공은 사인이 비상재해 기타의 경우에 행정사무의 일부를 관리하는 경우를 말한다.

3. 적용법규

공법상 사무관리에 관하여는 통칙적 규정이 없으므로, 법령에 특별한 규정이 없으면 일반적으로 「민법」의 사무관리에 관한 규정(제734조 내지 제740조)을 준용하여야 할 것이다. 즉, 사무관리의 통지의무라든지, 비용상환 기타 이해조절에 관한 조치가 그것이다.

Ⅱ. 공법상 부당이득

1. 의 의

공법상 부당이득은 법률상 원인 없이 타인의 재산 또는 노무로 인하여 이익을 얻고 이로 인하여 타인에게 손해를 가하는 것을 말한다. 그리고 이때 그 이익은 반환되어야 한다(민법 제741조). 다시 말해 부당이득이 있는 경우, 이득자는 손실자에게 그 이익을 반환해야 하는 반환의무가 발생하고, 손실자는 부당이득반환청구권을 취득하게 된다.

공법상 부당이득은 공법상의 원인(예컨대 조세부과처분)에 의하여 일단 급부가 행해진 후에 그 원인이 무효이거나 당해 처분이 취소됨으로써 법률상 원인 없는 급부가 되는 경우의 문제이다. 공법상의 부당이득에 관하여는 법령에 특별한 규정(국세기본법 제51조, 제51조의2, 지방세기본법 제60조, 제61조)이 있는 경우를 제외하고는 민법의 규정(제741조 내지 제749조)에 의한다.

2. 법적 성질

공법상 부당이득반환청구권의 법적 성질에 대해서는 공권설과 사권설이 대립되고 있다.

(1) 사권설

사권설은 부당이득의 문제는 아무런 법률상의 원인 없이 타인의 재산이나 노무로 인하여 이익을 얻는 경우에 생기는 점에서 공법상이건, 사법상이건 그 인정취지가 같고, 또한 부당이득제도는 순전히 경제적 견지에서 인정되는 이해조정적 제도이므로 공법상의 원인에 의한 부당이득반환청구권 역시 사권으로 보아야 하고 그에 관한 소송은 민사소송에 의하여야 한다고 견해이다. 우리 판례는 사권설을 취하고 있다.

> **[판 례]** 조세부과처분이 당연무효임을 전제로 하여 이미 납부한 세금의 반환을 청구하는 것은 민사상의 부당이득반환청구로서 민사소송절차에 따라야 한다(대법원 1995.4.28. 선고 94다55019 판결).

> **[판 례]** 개발부담금 부과처분이 취소된 이상 그 후의 부당이득으로서의 과오납금 반환에 관한 법률관계는 단순한 민사 관계에 불과한 것이고, 행정소송 절차에 따라야 하는 관계로 볼 수 없다(대법원 1995.12.22. 선고 94다51253 판결).

> **[판 례]** 국유재산의 무단점유자에 대한 변상금 부과는 공권력을 가진 우월적 지위에서 행하는 행정처분이고, 그 부과처분에 의한 변상금 징수권은 공법상의 권리인 반면, 민사상 부당이득반환청구권은 국유재산의 소유자로서 가지는 사법상의 채권이다. 국가는 무단점유자를 상대로 변상금 부과·징수권의 행사와 별도로 국유재산의 소유자로서 민사상 부당이득반환청구의 소를 제기할 수 있다(대법원 2017.7.16. 선고 2011다76402 전원합의체 판결).

(2) 공권설

공권설은 공법상의 원인에 의하여 발생한 결과를 조정하기 위한 제도인 부당이득반환청구권은 공권이며, 그에 관한 소송은 「행정소송법」에서 규정한 공법상의 권리관계에 관한 소송인 당사자소송에 의하여야 한다는 견해이다. 이는 주로 학계에서 공법학자들이 주장하는 의견이다.

우리의 실정법제도가 공법·사법의 이원적 구별을 인정하고, 「행정소송법」도 "행정청의 처분 등을 원인으로 하는 법률관계에 관한 소송 그 밖에 공법상의 법률관계에 관한 소송"을 행정소송의 하나인 당사자소송으로 규정하고 있는 이상 부당이득반환청구권은 공권적인 것이며, 그에 관한 분쟁은 행정사건으로 보아야 할 것이다.

3. 공법상 부당이득의 유형

(1) 행정주체의 부당이득

행정행위는 공정력을 가지므로 당연무효이거나 권한 있는 기관에 의하여 취소된 경우에 한하여 부당이득이 성립된다. 즉 행정행위에 단순 위법이 있는 경우에는 행정행위가 취소되기 전까지는 부당이득이 되지 않는다.

행정주체의 부당이득의 반환의 범위에 대해서는 행정주체의 선의·악의를 불문하고 항상 전액반환의 특별규정을 두는 경우가 많으며, 그렇지 않더라도 공권력에 의하여 일방적으로 상대방에게 부담을 과한 경우에는 받은 이익의 전부를 반환함이 타당할 것이다. 받은 이익에 이자를 붙일 것인지의 여부는 법령이 정하는 바에 의하여야 할 것이다. 「국세기본법」 제52조는 조세과오납금에 이자를 붙이도록 규정하고 있다.

(2) 사인의 부당이득

행정주체의 부당이득과 마찬가지로 사인의 부당이득이 행정행위에 근거한 경우에는 그 행정행위가 무효 또는 취소됨으로써 부당이득이 성립한다. 또한 사인의 부당이득은 법령이 정한 일정한 요건에 해당하는 경우에도 성립된다. 예컨대 「의료급여법」 제23조는 "사위 기타 부정한 방법으로 보험급여를 받은 자에 대하여 그 급여의 전부 또는 일부를 징수한다"라고 규정하고 있다.

사인의 부당이득에서 사인이 수익자인 경우에도 법에 위반되는 이득은 허용되지 않는 것이므로, 항상 받은 이득의 전액을 반환하게 하여야 한다.

4. 공법상 부당이득반환청구권의 시효

공법상 부당이득반환청구권의 소멸시효기간은 특별한 명문규정이 없는 한 「국가재정법」 제96조 및 「지방재정법」 제82조에 의거하여 5년이다. 특별규정을 두고 있는 경우로는 「산재보험법」이 보험급여권의 소멸시효를 3년으로 규정하고 있다(산재보험법 제112조).

> **[판 례]** 지방재정법 제87조 제1항에 의한 변상금부과처분이 당연무효인 경우에 이 변상금부과처분에 의하여 납부자가 납부하거나 징수당한 오납금은 지방자치단체가 법률상 원인 없이 취득한 부당이득에 해당하고, 이러한 오납금에 대한 납부자의 부당이득반환청구권은 처음부터 법률상 원인이 없이 납부 또는 징수된 것이므로 납부 또는 징수시에 발생하여 확정되며, 그 때부터 소멸시효가 진행한다(대법원 2005. 1.27. 선고 2004다50143 판결).

5. 공법상 부당이득반환청구권의 상계

공법상 부당이득반환청구권의 상계는 법령에 특별한 규정이 있을 때에는 허용된다. 「국세기본법」 제51조는 상대방의 부당이득반환청구권을 수동채권으로 하여 조세과오납금 및 그 이자를 다른 국세·가산금 또는 체납처분비에의 충당을 인정하고 있다. 또한「보조금법」제32조는 보조사업자가 보조금 등의 반환명령을 받고 반환하지 아니한 경우에 그 자에게 동종의 사무 또는 사업에 대하여 교부하여야 할 보조금 등이 있을 때에는 국가의 부당이득반환청구권과 미반환액을 상계할 수 있게 하였다.

제 4 절 사인의 공법행위

Ⅰ. 개   설

1. 사인의 공법행위의 개념

사인의 공법행위는 사인이 국가 등 행정주체의 지위에서 또는 일반 개인의 지위에서 공법적 효과의 발생을 목적으로 하는 모든 법적 행위를 말한다.

2. 사인의 공법행위의 특색

(1) 행정행위에 대한 특색

사인의 공법행위는 공법적 효과의 발생을 목적으로 하는 점에서 행정행위와 같으나, 행정청의 행위가 아니라 사인의 행위인 점에서 구별된다. 또한 사인의 공법행위는 공권력의 행사인 행정행위와 유형을 달리하며, 공정력 등 행정행위가 가지는 효력이 인정되지 않는다.

(2) 사법행위에 대한 특색

사인의 공법행위와 사법행위는 그 주체가 모두 사인이고 비권력적 행위이며 법적 행위인 점에서 본질적으로 동일하다. 그러나 사인의 공법행위는 사적 이해의 조절을 목적으로 하는 사법행위와는 달리 공법적 효과의 발생을 목적으로 하는 점에서 사법행위와 구별된다. 사인의 공법행위는 사법행위와는 다르게 직·간접으로 공공성을 지니게 되므로 그 행위의 법적 안정성이나 객관적 명확성을 위하여 그 내용과 형식에 있어서 정형화가 요구된다.

3. 사인의 공법행위의 분류

(1) 사인의 지위에 따른 분류

사인의 지위에 따른 공법행위는 ① 투표행위와 같이 국가 등 행정주체의 지위에서 하는 행위와, ② 각종의 신고나 신청의 제출 등 행정주체의 상대방의 지위에서 어떠한 이익을 받을 목적으로 하는 행위가 있다.

(2) 자기완결적 공법행위와 행위요건적 공법행위

이는 행위의 효과를 기준으로 한 구분이다. 자기완결적 공법행위라 함은 행위 자체로서 법률효과를 완결하는 공법행위를 말하며(예컨대 합성행위, 신고, 합동행위), 행위요건적 공법행위라 함은 그 행위가 행정주체의 어떠한 공법행위의 요건이 되는 데 그치고 그 자체로서 완결된 법률효과를 발생시키지 못하는 공법행위를 말한다(예컨대 신청, 동의, 공법상 계약의 승낙 등).

4. 사인의 공법행위에 대한 적용법리

사인의 공법행위에 적용할 일반적인 통칙규정은 없으며, 각 개별법에서 예외적으로 특별규정을 두고 있을 뿐이다. 따라서 개별법에 사인의 공법행위에 적용할 아무런 규정이 없는 경우에는 「민법」상의 법원칙, 의사표시(의사능력과 행위능력)나 법률행위에 관한 규정(대리, 의사의 흠결 및 하자있는 의사표시, 부관, 행위의 철회 등)을 원칙상 적용할 수 있다.

Ⅱ. 신   고

1. 개   념

사인의 공법행위로서 신고란 사인이 행정주체에 대하여 일정한 의사를 표시하거나 사실 또는 관념의 통지를 함으로써 공법적 효과가 발생하는 행위를 말한다. 하지만 이러한 신고의 개념은 실정법상·강학상 매우 다의적으로 사용되고 있어 개념의 실체를 파악하기가 쉽지 않다. 현행법상 1,300여 개에 달하는 신고는 신고서가 행정청에 도달하면 효력이 발생하는 '자기완결적 신고'와 행정청이 수리하여야 효력이 발생하는 '수리를 요하는 신고'로 이원화되어 운영되고 있다. 양자는 법적 효력 발생 방식과 시점에서 차이가 있다.

2. 일반법 규정

「행정기본법」제34조는 "법령등으로 정하는 바에 따라 행정청에 일정한 사항을 통지하여야 하는 신고로서 법률에 신고의 수리가 필요하다고 명시되어 있는 경우에는 행정청이 수리하여야 효력이 발생한다"고 하여 수리 여부에 따른 신고의 효력에 대해 규정하고 있다.

「행정절차법」제40조 제1항은 "법령등에서 행정청에 대하여 일정한 사항을 통지함으로써 의무가 끝나는 신고를 규정하고 있는 경우 신고를 관장하는 행정청은 신고에 필요한 구비서류와 접수기관 그밖에 법령 등에 따른 신고에 필요한 사항을 게시하거나 이에 대한 편람을 비치하여 누구나 열람할 수 있도록 하여야 한다"고 규정하고 제2항은 "신고가 일정한 요건을 갖춘 경우에는 신고서가 접수기관에 도달된 때에 신고의 의무가 이행된 것으로 본다"라고 규정하고 있다. 「행정절차법」 제40조는 자기완결적 신고만을 규정하고 있다. 따라서 자기완결적 신고가 아닌 수리를 요하는 신고의 경우에는 적용되지 않는다.

3. 유 형

(1) 자기완결적 신고

강학상 신고는 어떤 사실의 존재나 행위자의 의사를 알리는 경우나 어떤 법률 상태의 존재 여부를 알리는 데 사용된다. 자기완결적 신고란 행정청에 대하여 일방적으로 통고함으로써 효력이 발생하는 신고를 말한다. 즉, 신고요건을 갖춘 신고만 하면 신고의무를 이행한 것이 되는 신고를 말한다. 자기완결적 신고는 신고와 별도로 행정청이 수리해야만 효력이 발생하는 것이 아니다. 그래서 이를 '수리를 요하지 않는 신고'로 불리기도 한다. 이 점에서 신고는 단독행위이다. 「건축법」상의 건축신고, 「체육시설법」상의 골프장이용료 변경신고2) 등이 그 예이다.

> **[판 례]** 신고를 함으로써 건축허가를 받은 것으로 간주되는 경우에는 건축을 하고자 하는 자가 적법한 요건을 갖춘 신고만 하면 행정청의 수리행위 등 별다른 조치를 기다릴 필요 없이 건축을 할 수 있는 것이므로, 행정청이 위 신고를 수리한 행위가 건축주는 물론이고 제3자인 인근 토지소유자나 주민들의 구체적인 권리 의무에 직접 변동을 초래하는 행정처분이라 할 수 없다(대법원 1999.10.22. 선고 98두18435 판결).

> **[판 례]** 수산제조업의 신고를 하고자 하는 자가 그 신고서를 구비서류까지 첨부하여 제출한 경우 시장·군수·구청장으로서는 형식적 요건에 하자가 없는 한 수리하여야 할 것이고, 나아가 관할 관청에 신고업의 신고서가 제출되었다면 담당공무원이 법령에 규정되지 아니한 다른 사유를 들어 그 신고를 수리하지 아니하고 반려하였다고 하더라도, 그 신고서가 제출된 때에 신고가 있었다고 볼 것이다(대법원 1999.12.24. 선고 98다57419, 57426 판결).

> **[판 례]** 인·허가의제 효과를 수반하는 건축신고는 일반적인 건축신고와는 달리, 특별한 사정이 없는 한 행정청이 그 실체적 요건에 관한 심사를 한 후 수리하여야 하는 이른바 '수리를 요하는 신고'에 해당한다(대법원 2011.1.20. 선고 2010두14954 전원합의체 판결).

---

2) 대법원 1993.7.6. 선고 93마635 결정.

(2) 수리를 요하는 신고

수리를 요하는 신고는 신고가 행정청에 의해 수리되어야 신고의 효력이 발생하는 신고를 말한다. 수리를 요하는 신고는 행정청이 해당 신고를 형식적·절차적 요건을 모두 심사한 후 수리해야 비로소 효력이 발생하므로 행위요건적 공법행위의 성격을 가진다. 수리를 요하는 신고에서 수리는 준법률행위적 행정행위로서 「행정소송법」상 처분개념에 해당한다.

대법원이 수리를 요하는 신고로 판단한 사례는 다음과 같다.

① 「체육시설법」상의 신고체육시설업의 신고(대법원 1998.4.24. 선고 97도3121 판결)

② 「건축법」상의 건축주명의변경신고(대법원 1992.3.31. 선고 91누4911 판결)

③ 「수산업법」상의 어업신고(대법원 2000.5.26. 선고 99다37382 판결)

④ 「관광진흥법」상의 지위승계신고(대법원 2012.12.13. 선고 2011두29144 판결)

⑤ 「식품위생법」상의 영업양도에 따른 지위승계신고(대법원 1995.2.24. 선고 94누9146 판결)

⑥ 「액화석유가스법」상의 액화석유가스충전사업 지위승계신고(대법원 1993.6.8. 선고 91누11544 판결)

⑦ 「건축법」상 인·허가의제 효과를 수반하는 건축신고(대법원 2011.1.20. 선고 2010두14954 전원합의체 판결)

⑧ 채석허가 수허가자 명의변경신고(대법원 2005.12.23. 선고 2005두3554 판결)

[판 례] 납골당설치 신고의 처리절차 및 구 장사법의 관계 규정을 종합하면, 납골당설치 신고는 이른바 '수리를 요하는 신고'라 할 것이므로, 납골당설치 신고가 구 장사법 관련 규정의 모든 요건에 맞는 신고라 하더라도 신고인은 곧바로 납골당을 설치할 수는 없고, 이에 대한 행정청의 수리처분이 있어야만 신고한 대로 납골당을 설치할 수 있게 된다. 한편 수리란 신고를 유효한 것으로 판단하고 법령에 의하여 처리할 의사로 이를 수령하는 수동적 행위이므로 수리행위에 신고필증 교부 등의 행위가 꼭 필요한 것은 아니다(대법원 2011.9.8. 선고 2009두6766 판결).

[판 례] 구 유통산업발전법은 기존의 대규모점포의 등록된 유형 구분을 전제로 '대형마트로 등록된 대규모점포'를 일체로서 규제 대상으로 삼고자 하는 데 입법취지가 있으므로 대규모점포의 개설 등록은 이른바 '수리를 요하는 신고'로서 행정처분에 해당한다(대법원 2015.11.19. 선고 2015두295 전원합의체 판결).

(3) 신고 유형 구별의 어려움

개별 법령에서 규정하고 있는 신고가 자기완결적 신고인지 수리를 요하는 신고인지 불분명한 경우가 많다. 양자는 법령 문언에 명시하지 않으면 실제로 명확하게 구분이 되지 않는다. 그 결과 행정실무상 자기완결적 신고임에도 불구하고 관할 행정청이 수리를 반려하는 경우도 많다.

특히 건축신고의 경우 오랫동안 전형적인 자기완결적 신고로 취급되어 왔다. 그 결과 적법한 신고의 반려인 경우에도 처분의 효력이 인정되지 않았고 행정쟁송의 대상도 아니었다. 하지만 대법원이 판례 변경을 통해 일정한 경우 적법한 건축신고에 대한 반려행위에 대해 처분성을 인정하자[3] 건축신고에 대한 법적 성질에 대한 견해가 분분하여졌고, 신고 유형의 구별 어려움이 가중되었다.

(4) 행정기본법의 신고 유형 기준 제시

「행정기본법」 제34조는 "법률에 신고의 수리가 필요하다고 명시되어 있는 경우에는 행정청이 수리하여야 효력이 발생한다"라고 하여 신고의 유형에 대한 기준을 제시하고 있다. 즉, 신고에 대한 행정청의 수리가 필요하다는 것이 법률에 규정되어 있는 경우에만 해당 신고가 수리를 요하는 신고라는 기준을 제시한 것이다.

따라서 신고 유형과 관련하여 법률에 행정청의 수리가 필요하다고 명시되지 않은 경우, 해당 신고는 원칙적으로 자기완결적 신고의 성격을 갖게 된다. 자기완결적 신고는 「행정절차법」 제40조에 따라 규율된다.

다만, 법률에 신고의 수리가 필요하다고 규정되어 있는 경우라도 특수한 사정이 있으면 수리를 요하는 신고에 해당하지 않는다. 법원의 판결 등으로 그 실질이 내부 업무 처리 절차의 형태로서의 수리를 규정한 것으로 판단된 경우, 해당 신고는 자기완결적 신고로 취급된다.

4. 요 건

신고의 요건은 개별법률에서 구체적으로 정하는 바에 의한다. 다만 「행정절차법」 제40조 제2항은 자기완결적 신고가 효력을 발생하기 위한 요건으로 ① 신고서의 기재사항에 흠이 없을 것, ② 필요한 구비서류가 첨부되어 있을 것, ③ 기타 법령 등에 규정된 형식상의 요건에 적합할 것 등을 규정하고 있다.

수리를 요하는 신고의 경우 형식적 요건 외에 실질적 요건도 필요한 경우도 있다.

---

3) 대법원 2010.11.18. 선고 2008두167 전원합의체 판결.

[**판 례**] 행정관청은 노동조합으로 설립신고를 한 단체가 노동조합법 제2조 제4호 각 목에 해당하는지 여부를 실질적으로 심사할 수 있다(대법원 2014.4.10. 선고 2011두6998 판결).

[**판 례**] 노인복지법에 의한 유료노인복지주택의 설치신고를 받은 행정관청으로서는 그 유료노인복지주택의 시설 및 운영기준이 위 법령에 부합하는지와 아울러 그 유료노인복지주택이 적법한 입소대상자에게 분양되었는지와 설치신고 당시 부적격자들이 입소하고 있지는 않은지 여부까지 심사하여 그 신고의 수리 여부를 결정할 수 있다(대법원 2007.1.11. 선고 2006두14537 판결).

한편 자기완결적 신고를 규정한 법률상의 요건 외에 타법상의 요건도 충족되어야 하는 경우, 타법상의 요건을 갖추지 못하는 한 적법한 신고를 할 수 없다.

[**판 례**] 식품위생법에 따른 식품접객업(일반음식점영업)의 영업신고의 요건을 갖춘 자라고 하더라도, 그 영업신고를 한 당해 건축물이 건축법 소정의 허가를 받지 아니한 무허가 건물이라면 적법한 신고를 할 수 없다(대법원 2009.4.23. 선고 2008도6829 판결).

5. 수 리

신고의 수리는 법적 효과를 발생시키는 행정처분에 해당한다. 수리는 자기완결적 신고에서는 문제가 되지 않으며, 오로지 수리를 요하는 신고에서만 문제가 된다. 법령이 정한 적법한 신고가 있으면 행정청은 이를 의무적으로 수리하여야 하며, 법령에 없는 사유를 내세워 수리를 거부할 수 없다. 수리를 요하는 신고가 법령상의 신고요건을 충족하지 않은 경우는 행정청은 당해 신고의 수리를 거부할 수 있다.

[**판 례**] 건축관련법규를 위반하는 내용이 포함된 건물의 용도변경 신고를 수리한 행정관청이 신고내용대로 용도변경된 건물의 사용승인을 거부하는 경우 그 신고내용에 건축관련법규를 위반하는 내용이 포함되어 있었다면 그 신고를 수리한 행정관청은 사용승인을 거부할 수 있고, 그 사용승인을 거부함에 있어 건축허가의 취소에 있어서와 같은 조리상의 제약이 따르지 않는다(대법원 2006.1.26. 선고 2005두12565 판결).

[**판 례**] 행정청이 식품위생법 규정에 의하여 영업자지위승계신고를 수리하는 처분은

종전의 영업자의 권익을 제한하는 처분이라 할 것이므로, 행정청이 신고를 수리하는 처분을 함에 있어서 행정절차법상 당사자에 해당하는 종전의 영업자에 대하여 사전통지, 의견제출 등 소정의 행정절차를 실시하고 처분을 하여야 한다(대법원 2003.2.14. 선고 2001두7015 판결).

6. 효 과

(1) 적법한 신고

자기완결적 신고에 있어서는 적법한 신고가 있으면 행정청의 수리 여부와 관계없이 신고서가 접수기관에 도달할 때에 신고의무가 이행된 것으로 본다. 따라서 행정청이 신고서를 접수하지 않고 반려하여도 신고의무는 이행된 것으로 본다.

수리를 요하는 신고에 있어서는 행정청이 수리를 함으로써 신고의 효과가 발생한다. 「행정기본법」 제34조도 "법률에 신고의 수리가 필요하다고 명시되어 있는 경우에는 행정청이 수리하여야 효력이 발생한다"라고 하여 신고를 수리한 때에 효력이 발생한다고 규정하고 있다. 따라서 수리가 되지 않으면 그 신고에 따른 법적 효과가 발생하지 않는다.

다만, 다른 법률에 「행정기본법」 제34조가 정하고 있는 바와 다른 형태의 규율이 있으면 해당 규율이 적용된다. 예컨대 「노동조합법」 제12조 제5항은 "노동조합이 신고증을 교부받은 경우에는 설립신고서가 접수된 때에 설립된 것으로 본다"고 하여 신고의 효력발생시점을 달리 규정하고 있다. 이 경우 「행정기본법」이 적용되지 않고, 특별법인 「노동조합법」의 규정이 적용된다.

[판 례] 식품위생법에 의한 영업양도에 따른 지위승계신고를 수리하는 허가관청의 행위는 양수인이 그 영업을 승계하였다는 사실의 신고를 접수하는 행위에 그치는 것이 아니라, 영업허가자의 변경이라는 법률효과를 발생시키는 행위라고 할 것이다. 사실상 영업이 양도·양수되었지만 아직 승계신고 및 그 수리처분이 있기 이전에는 여전히 종전의 영업자인 양도인이 영업허가자이고, 양수인은 영업허가자가 되지 못한다. 양도인이 영업을 양도하면서 양수인이 영업을 하도록 허락하였다면 그 양수인의 영업 중 발생한 위법행위에 대한 행정적인 책임은 영업허가자인 양도인에게 귀속된다(대법원 1995.2.24. 선고 94누9146 판결).

(2) 부적법한 신고

자기완결적 신고에 있어서 부적법한 신고가 있었다면 행정청이 이를 수리하였다 해도 신고의 효과가 발생하지 않는다. 따라서 요건미비의 부적법한 신고를 하고 영업을 하였다면, 이는 무신고영업으로 불법영업에 해당한다.

> **[판 례]** 당구장업과 같은 신고체육시설업을 하고자 하는 자는 체육시설의설치·이용
> 에관한법률시행규칙에서 정하는 해당 시설을 갖추어 소정의 양식에 따라 신고서를
> 제출하는 방식으로 시·도지사에 신고하도록 규정하고 있으므로, 소정의 시설을 갖
> 추지 못한 체육시설업의 신고는 부적법한 것으로 그 수리가 거부될 수밖에 없고 그
> 러한 상태에서 신고체육시설업의 영업행위를 계속하는 것은 무신고 영업행위에 해
> 당한다(대법원 1998.4.24. 선고 97도3121 판결).

　　수리를 요하는 신고에 있어서 요건미비의 부적법한 신고가 있었음에도 불구
하고 행정청이 이를 수리하였다면, 그 수리행위는 하자있는 행정행위로 위법한 수
리행위가 된다. 따라서 수리행위가 무효인 경우에 이루어지는 신고업의 영업행위
는 무신고영업으로 불법영업에 해당하지만, 수리행위가 취소할 수 있는 경우에 이
루어지는 신고업의 영업행위는 불법이 아니다.

> **[판 례]** 사업양도·양수에 따른 허가관청의 지위승계신고의 수리는 적법한 사업의
> 양도·양수가 있었음을 전제로 하는 것이므로 그 수리대상인 사업양도·양수가 존
> 재하지 아니하거나 무효인 때에는 수리를 하였다 하더라도 그 수리는 유효한 대상
> 이 없는 것으로서 당연히 무효라 할 것이다(대법원 2005.12.23. 선고 2005두3554
> 판결).

　　「행정절차법」은 부적법한 신고의 보완에 대해 규정하고 있다. 「행정절차법」
제40조 제3항은 "행정청은 요건을 갖추지 못한 신고서가 제출된 경우 지체 없이
상당한 기간을 정하여 신고인에게 보완을 요구하여야 한다"라고 규정하고 있으며,
제4항은 "행정청은 신고인이 보완기간 내에 보완을 하지 아니한 때에는 그 이유를
구체적으로 밝혀 해당 신고서를 되돌려 보내야 한다"라고 규정하고 있다. 이러한
규정은 수리를 요하는 신고에 있어서도 준용된다고 보아야 한다.

7. 양 도

　　신고는 일신전속적이므로 양도의 대상이 아니다. 따라서 신고를 마친 영업을
양수한 경우에 양수자는 새로이 자기 명의로 영업신고를 하여야 하고, 이와 같은
신고를 하지 아니한 채 영업을 한 때에는 과태료가 부과되거나 형사처벌을 받게
된다.

> **[판 례]** 구 풍속영업의규제에관한법률 아래에서는 영업의 양도 등으로 인한 업주의 변경은 변경신고의 대상이 될 수 없는 것으로 해석되고, 달리 영업의 승계 등에 관한 규정이 없는 이상, 기왕에 신고를 마친 업주로부터 노래연습장 영업을 양수한 자는 새로이 자기 명의로 영업신고를 하여야 하고, 이와 같은 신고를 하지 아니한 채 영업을 한 때에는 과태료가 부과되거나 형사처벌된다(대법원 2003.7.25. 선고 2002도4872 판결).

Ⅲ. 신 청

1. 의 의

신청이라 함은 사인이 행정기관에 대하여 일정한 행위(작위·급부 등) 또는 법률적 또는 사실적 판단을 취해 줄 것을 요구하는 의사표시를 말한다. 각종의 인허가의 신청, 특허의 신청이 그 예이다. 여기서 신청은 인허가 등의 하나의 요건에 지나지 않고, 행정청이 신청인의 뜻을 받아들여 인허가가 행해짐으로써 비로소 그의 효과가 달성되기 때문에 쌍방적 행위이다.

「행정절차법」 제17조는 처분을 구하는 신청의 절차를, 「민원처리법」 제8조는 행정기관에 대하여 처분 등 특정한 행위를 요구하는 신청 등에 대해 규정하고 있다.

2. 요 건

신청이 적법하기 위해서는 신청인에게 신청권이 있어야 하며 신청이 법령상 요구되는 구비서류(원칙상 전자문서를 포함하는 문서) 등의 요건을 갖추어야 한다. 신청권은 실정법령의 규정에 의해 또는 조리상 인정될 수 있다.

3. 효 과

행정청은 신청이 있는 때에는 접수의무를 지며, 구비서류의 미비 등 흠이 있는 경우에는 신청인에게 보완을 요구하여야 한다. 보완이 가능함에도 보완을 요구하지 아니한 채 신청을 거부한 것은 재량권의 범위를 벗어난 것이다. 적법한 신청이 있는 경우에 행정청은 상당한 기간 내에 신청에 대하여 응답(가부간의 처분 등)을 하여야 한다.

> **[판 례]** 건축불허가처분을 하면서 그 사유의 하나로 소방시설과 관련된 소방서장의 건축부동의 의견을 들고 있으나 그 보완이 가능한 경우, 보완을 요구하지 아니한 채 곧바로 건축허가신청을 거부한 것은 재량권의 범위를 벗어난 것이다(대법원 2004. 10.15. 선고 2003두6573 판결).

4. 권리구제

신청에 대한 거부처분에 대하여 신청인은 의무이행심판이나 취소심판 또는 거부처분취소소송을 제기할 수 있고, 부작위에 대하여는 의무이행심판 또는 부작위위법확인소송을 제기할 수 있다.

Ⅳ. 사인의 공법행위의 하자와 효과

1. 사인의 공법행위의 하자와 행정행위

(1) 전제요건인 경우

사인의 공법행위가 행정행위의 필요적 전제요건인 경우에 그것은 행정절차를 형성하는 필요적 요소이다. 따라서 사인의 공법행위가 무효 또는 부존재이거나 적법하게 철회된 경우에는 그에 관한 행정행위도 또한 전제요건을 결하게 되어 무효가 됨이 원칙이다. 사인의 공법행위의 하자가 취소할 수 있는 단순 위법에 불과한 경우에는 그에 관한 행정행위는 원칙적으로 유효한 것이라 할 것이다.

(2) 전제요건이 아닌 경우

사인의 공법행위가 행정행위의 전제요건이 아닌 경우에는 그것은 행정행위를 행하기 위한 단순한 동기에 그치고 필요적 전제요건이 아니기 때문에 사인의 공법행위의 하자는 그 정도의 여하에 관계없이 행정행위의 효력에 아무런 영향을 미치지 못한다.

2. 사인의 공법행위의 효과

(1) 행정청의 수리·처리의무

행정청에 대한 사인의 공법행위가 적법하게 행해진 때에는 행정청은 수리하여 처리하여야 할 의무를 지며, 특히 그 처리기한이 법정되어 있음에도 그 기한 내에 처리하지 아니하면 위법한 부작위가 된다. 이 경우 사인은 부작위위법확인소송 또는 거부처분취소소송을 제기할 수 있다.

(2) 사인의 공법행위의 하자의 효과

사인의 공법행위에 하자가 있는 경우에는 그것만으로 곧 당해 공법행위를 불수리(각하)하거나 방치하기 보다는, 그 하자의 보완이 가능한 경우에는 보완할 수 있는 기회를 부여하여 보정케 하여야 한다.

Allgemeines Verwaltungsrecht

제 2 편

·

·

·

행정
작용법

제1장 행정입법

♣ Key Point
- 행정입법의 한계와 통제
- 법규명령 형식의 행정규칙
- 행정규칙 형식의 법규명령

제1절 개   설

I. 행정입법의 의의

행정입법은 "행정주체가 법조(法條)의 형식으로 일반적·추상적 규범을 정립하는 작용"을 말하며 행정권에 의한 입법이라고도 한다. 이는 형식적 의미에서는 행정작용이나, 실질적 의미에서는 입법작용으로 보고 있다.

넓은 의미에서 행정입법은 국가행정권에 의한 입법과 지방자치단체에 의한 자치입법(조례, 규칙)이 포함되지만, 여기서는 국가행정권에 의한 입법만 설명한다. 행정입법은 대외적 효력을 가지고 법규의 성질을 가지는 법규명령과 행정청 내부의 업무처리지침으로 정립되어 법규의 성질을 가지지 아니하고 대내적 효력만 가지는 행정규칙으로 구분된다.

II. 행정입법의 필요성

권력분립의 원칙과 법의 지배의 원리를 기반으로 하고 있는 법치국가에 있어서 국민의 권리·의무에 관한 사항은 국민의 대표기관인 국회에서 입법절차에 따라 제정된 법률에 의해 규율됨이 원칙이다. 그리하여 우리 헌법은 일반적·추상적 규범을 정립하는 작용인 입법권을 국회에 전속시키고 있다(국회입법의 원칙).

그러나 복리국가의 성격을 띠고 있는 현대국가에 있어서는 행정의 기능이 질적·양적으로 확대됨에 따라 법규범의 정립업무를 행정부에 더 많이 위임할 수밖에 없게 되었다. 이렇듯 행정부의 행정입법이 증가되는 이유는 ① 현대행정의 고도의 전문·기술성 때문에 국회는 제도의 근본방향을 정립하고, 보다 전문·기술적인 문제는 전문·기술관료로 구성된 행정부에 위임하는 것이 보다 합리적이며, ② 급변하는 사회의 변화에 적응하기 위해서는 탄력성 있는 행정입법의 필요성이 증가하고 있기 때문이다. 그 외에도 법률의 일반규정으로는 지방적 특수사정을 규율하기 곤란한 점 등의 이유로 행정입법의 필요성이 인정되고 있다. 결론적으로 행정입법의 법원(法源)으로서의 중요성이 점차 증가되고 있는 실정이다.

우리 헌법은 명문으로 행정입법을 인정하고 있다(헌법 제75조, 제95조).

Ⅲ. 행정입법의 문제점과 과제

행정입법의 존재를 인정하게 되면 국회의 입법기능이 저하되고 상대적으로 행정부에 의한 입법기능이 확대·강화된다. 그러면 법규가 행정입법에 맡겨져 실질적으로 행정입법에 의한 법규창조가 행해지게 되고, 이는 '법률에 의한 행정의 원리'와 배치되는 문제를 야기한다.

생각건대 행정입법의 필요성을 인정한다 할지라도 '법률에 의한 행정의 원리'를 형해화해서는 아니 될 것이다. 따라서 행정입법의 한계에 대한 적절한 규범을 정립하여 행정입법의 남용을 억제하여야 한다. 결국 행정입법의 문제는 그것을 제도적·현실적으로 어느 범위까지 인정할 것이며, 그 한계를 어디에다 둘 것인가라는 행정입법에 대한 통제와 그 한계에 있다.

제 2 절 법규명령

Ⅰ. 법규명령의 의의 및 성질

법규명령은 행정권이 정립하는 일반적·추상적 규범으로서 법규의 성질을 가지는 것을 말한다. 따라서 행정입법 중에서 법규의 성질을 가지지 않는 것은 법규명령이 아니다. 여기서 법규라 함은 국가와 국민 사이의 관계를 규율하는 성문의 일반적·추상적인 규정으로서 국민과 행정권을 모두 구속하고(양면적 구속성) 재판규범이 되는 법규범을 총칭하는 개념이다. 법규명령은 법규로서 국가와 국민을 구속할 수 있는 일반적·대외적 구속력을 가진다.

Ⅱ. 법규명령의 종류

1. 법적 근거에 따른 구분

(1) 위임명령

위임명령은 법률 또는 상위명령의 구체적·개별적 위임에 의하여 발해지는 법규명령을 말한다.

(2) 직권명령

직권명령은 법률 또는 상위명령의 구체적·개별적인 위임을 근거로 하는 것이 아니라, 「정부조직법」 등의 일반적 위임에 따라 소관사무를 수행하기 위하여 직권으로 발해지는 법규명령을 말한다.

2. 법률과의 관계에 따른 구분

(1) 법률대위명령

법률대위명령(독립명령)이란 법률과 같은 효력을 가지는 법규명령으로, 독립명령이라고도 불린다. 이는 헌법적 수권에 따라 법률로부터 독립하여 독자적인 권한의 발동으로 발하여지는 법률적 효력을 가지는 명령이다.

법률대위명령은 헌법에 직접 근거하여 발하여지는 명령이기 때문에 법률의 위임 없이도 가능하다. 우리 헌법은 제76조 제1항, 제2항에 긴급재정·경제명령과 긴급명령을 규정하고 있는데, 이는 법률대위명령에 해당한다. 긴급명령은 헌법에 직접 근거하여 발하며, 법률과는 독립하여 발한다는 점에서 독립명령의 하나이다.[1] 긴급명령은 즉시 국회의 승인을 얻어야 하며, 승인을 얻지 못한 때에는 그때부터 효력을 상실한다.

긴급재정·경제명령의 예로는 1993년의 금융실명제의 실시에 관한 「금융실명거래 및 비밀보장에 관한 긴급재정경제명령」[2]을 들 수 있으며, 이는 1997년 「금융실명거래 및 비밀보장에 관한 법」으로 대체되었다.

(2) 법률종속명령

법률종속명령은 법률보다 하위의 효력을 갖는 법규명령을 뜻하는데, 일반적으로 법규명령이라 칭할 때 대부분 이를 의미한다. 법률의 범위 내에서만 효력을 갖는 법률종속명령은 이론상 다시 위임명령과 집행명령으로 나누어진다.

---

1) 제4공화국 헌법상의 긴급조치, 제5공화국 헌법상의 비상조치와 같이 헌법에 직접 근거하여 발하며 헌법적 효력을 가지는 국가긴급시의 비상명령도 있다. 그러나 이러한 비상명령은 오늘날의 법치국가에서는 인정되지 않는 것이 일반적이며, 우리 헌법도 이를 인정하지 않고 있다.
2) 1993.8.12. 대통령긴급재정명령 제16호.

다만, 입법의 실제상 위임명령과 집행명령은 서로 명확히 구분되어 규정되는 것이 아니라, 통상 시행령·시행규칙이라 불리는 하나의 법규명령에 혼합적으로 규정되어 있는 것이 보통이다. 예컨대 「행정절차법 시행령」 제1조는 "이 영은 행정절차법에서 위임된 사항과 그 시행에 관하여 필요한 사항을 규정함을 목적으로 한다"라고 위임명령과 시행명령의 성질을 모두 가지고 있음을 나타내고 있다.

1) 위임명령

위임명령은 법률 또는 상위명령에 의하여 위임된 사항을 규율하는 법규명령으로서, 위임된 범위 내에서는 국민의 권리·의무에 관한 법률사항에 관하여도 규율할 수 있다. 따라서 위임명령은 성질상 법령을 보충하는 성격을 띤다(법률보충명령).

2) 집행명령

집행명령은 법률 또는 상위명령을 시행하기 위해 발해지는 법규명령이다. 따라서 집행명령은 상위법령의 시행에 필요한 절차 및 형식에 관한 사항을 그 주요 규율대상으로 한다. 집행명령은 법률의 명시적 규정이 없더라도 발할 수 있으나, 국민의 권리·의무에 관한 새로운 법률사항에 관하여는 창설할 수 없다.

집행명령은 상위법령이 폐지되면 특별한 규정이 없는 한 실효되지만, 상위법인 근거법령이 개정되면 상위법에 모순·저촉되지 않는 한 새로운 집행명령이 제정·발효될 때까지 여전히 그 효력이 유지된다.

3. 제정권자에 따른 구분

(1) 대통령의 긴급명령, 긴급재정·경제명령

대통령은 법률대위명령으로 긴급명령 또는 긴급재정·경제명령을 발할 수 있다(헌법 제76조). 대통령이 체결하는 국제조약은 헌법 제6조 제1항에 의하여 국내법과 같은 효력이 인정되므로 법규명령과 같은 효력을 갖는 것도 있다.

(2) 대통령령

일반적으로 대통령령이란 헌법 제75조에 의해 대통령이 발하는 법규명령을 말한다. 입법의 실제상 「○○○법 시행령」이라 불리는 대부분이 대통령령이다. 대통령령은 사전에 국무회의의 심의를 거쳐 제정되는데, 내용적으로 법률에서 구체적으로 범위를 정하여 위임받은 사항을 규율하는 위임명령과 법규를 집행하기 위하여 필요한 사항을 규율하는 집행명령을 포함하고 있다.

그런데 대통령령 중에는 「행정 효율과 협업 촉진에 관한 규정」의 예에서 보듯이 모법(母法)이 없는 경우가 있다.

(3) 총리령·부령

총리령·부령은 국무총리와 행정각부의 장이 소관사무에 관하여 법률이나 대통령령을 집행하기 위하여 또는 법률이나 대통령령의 특별한 위임에 의해 직권으로 발하는 법규명령을 말한다. 입법의 실제상 「○○○법 시행규칙」이라 불리는 대부분의 것이 총리령·부령이다. 총리령·부령의 근거는 헌법 제95조에 규정되어 있다.

그런데 여기서 총리령과 부령의 우열이 문제가 되는데, 양자가 동일하다는 견해와 총리령이 우월하다는 견해로 나누어진다. 전자는 총리령도 행정각부의 장과 동위에 있는 집행장관으로서 행하는 명령이므로 부령과 효력의 차이가 없다고 한다. 그러나 국무총리는 대통령의 명을 받아서 행정각부를 통할할 권능을 소관사무로 하고 있기 때문에(헌법 제86조 제2항), 이 한도에서 총리령은 부령에 대하여 실질적으로 우월한 효력을 가진다고 보는 것이 타당하다.

(4) 중앙선거관리위원회규칙

중앙선거관리위원회는 헌법 제114조 제6항에 따라 법령의 범위 안에서 선거관리·국민투표관리·정당사무에 관하여 규칙을 제정할 수 있는 바, 이 규칙은 법규명령의 성질을 가진다. 대법원 판례도 중앙선거관리위원회규칙의 법적 성질을 법규명령으로 보고 있다.

> **[판 례]** 공직선거관리규칙은 중앙선거관리위원회가 헌법 제114조 제6항 소정의 규칙제정권에 의하여 공직선거 및 선거부정방지법에서 위임된 사항과 대통령·국회의원·지방의회의원 및 지방자치단체의 장의 선거의 관리에 필요한 세부사항을 규정함을 목적으로 하여 제정된 법규명령이다(대법원 1996.7.12. 선고 96우16 판결).

(5) 감사원규칙

헌법 제100조는 감사원의 조직·직무범위·감사위원의 자격 등 필요한 사항을 법률로 정하도록 규정하고 있으며, 이에 근거해 「감사원법」이 제정되었다. 헌법에는 "감사원은 규칙을 제정할 수 있다"라는 규정이 없다. 다만, 「감사원법」 제52조는 "감사원은 감사에 관한 절차, 감사원의 내부규율과 감사사무처리에 관하여 필요한 규칙을 제정할 수 있다"라고 규정하고 있는데, 이에 따라 다수의 감사원규칙이 제정되어 있다. 현재 시행 중인 감사원규칙은 감사원 사무처리 규칙, 감사원 심사규칙, 감사원 징계 규칙, 감사연구원 운영규칙 등 약 30여 개가 있다.

감사원규칙은 중앙선거관리위원회규칙과는 달리 직접 헌법적 근거를 갖는 것이 아니고 「감사원법」의 위임에 의해 제정되었기 때문에, 감사원규칙의 법적 성질이 법규명령인지 행정규칙인지에 대해서 견해가 대립해 있었다. 법규명령으로 본다면 감사원규칙은 국민과 공무원에 대하여 구속력을 가질 것이며, 행정규칙으로 본다면 행정내부적 관계에서 공무원에 대해서만 구속력을 갖게 될 것이다.

「행정기본법」 제2조는 '법령'의 범위에 법률 및 대통령령·총리령·부령뿐만 아니라 국회규칙·대법원규칙·헌법재판소규칙·중앙선거관리위원회규칙 및 감사원규칙을 포함하고 있다. 이는 감사원규칙을 법규명령의 한 종류로 명확하게 밝힌 것으로 볼 수 있다.

(6) 공정거래위원회 규칙 등

감사원규칙 외에도 법률의 수권에 따른 규칙으로 공정거래위원회규칙, 금융감독위원회규칙, 금융통화위원회규칙, 방송통신위원회규칙, 중앙노동위원회규칙 등이 있는데, 그 성질이 법규명령인지 행정규칙인지가 문제 된다. 이를 법규명령으로 보는 견해도 있으나, 헌법이 명문으로 인정하지 않는 법형식은 허용되지 아니한다는 점에서 보면, 이들 규칙은 행정규칙의 성질을 지녔다고 할 것이다.

(7) 고시 등

고시·훈령·예규·지침 등은 원칙적으로 법규명령이 아니라 행정규칙이다. 그러나 예외적으로 법규명령의 성질을 가질 수도 있다. 즉, 이들이 법령의 직접적인 위임에 따라 행정기관이 그 법령을 시행하는데 필요한 구체적인 사항을 정한 것이라면, 그것이 상위법령의 위임한계를 벗어나지 아니하는 한, 상위법령과 결합하여 대외적인 구속력을 갖는 법규명령으로서 기능하기도 한다. 대법원 판례 역시 같은 견해이다.

> **[판 례]** 행정규칙이 갖는 일반적 효력으로서가 아니라, 행정기관에 법령의 구체적 내용을 보충할 권한을 부여한 법령규정의 효력에 의하여 그 내용을 보충하는 기능을 갖게 된다할 것이므로 이와 같은 행정규칙, 규정은 당해 법령의 위임한계를 벗어나지 아니하는 한 그것들과 결합하여 대외적인 구속력이 있는 법규명령으로서의 효력을 갖게 된다(대법원 1987.9.29. 선고 86누484 판결; 대법원 2002.9.27. 선고 2000두7933 판결; 대법원 2012.3.29. 선고 2011다104253 판결).

「행정규제기본법」은 "법령에서 전문적·기술적 사항이나 경미한 사항으로서 업무의 성질상 위임이 불가피한 사항에 관하여 구체적으로 범위를 정하여 위임한 경우에는 고시 등으로 정할 수 있다(제4조 제2항 단서)"고 하였고, 동법 시행령은 고시 등의 범위에 훈령·예규·고시 및 공고를 포함시키고 있는데(제2조 제2항), 이들 규정은 위 판례의 입장을 뒷받침해 주고 있다.

그러나 고시 등은 헌법이 허용하는 법형식이 아니기 때문에 행정규칙 형식의 법규명령을 인정하는 것은 위헌의 소지가 매우 크다고 본다.

[판 례] 행정규칙이나 규정이 상위법령의 위임범위를 벗어난 경우에는 법규명령으로서 대외적 구속력을 인정할 여지는 없다. 이는 행정규칙이나 규정 '내용'이 위임범위를 벗어난 경우뿐 아니라 상위법령의 위임규정에서 특정하여 정한 권한행사의 '절차'나 '방식'에 위배되는 경우도 마찬가지이므로, 상위법령에서 세부사항 등을 시행규칙으로 정하도록 위임하였음에도 이를 고시 등 행정규칙으로 정하였다면 그 역시 대외적 구속력을 가지는 법규명령으로서 효력이 인정될 수 없다(대법원 2012.7.5. 선고 2010다72076 판결).

Ⅲ. 법규명령의 근거

법규명령은 헌법 또는 법률 기타 상위명령의 직접적 또는 간접적인 수권을 근거로 하여서만 정립될 수 있다. 대통령의 긴급명령, 긴급재정·경제명령은 헌법 제76조에서 규정한 요건을 충족할 때에 발할 수 있다.

1. 위임명령의 근거

위임명령으로서의 대통령령은 법률에서 구체적으로 범위를 정하여 위임받은 사항에 한하여(헌법 제75조), 위임명령으로서의 총리령·부령은 법률이나 대통령령이 위임한 사항에 한하여(헌법 제95조) 제정될 수 있다. 즉, 위임명령은 법률 또는 상위명령의 일반적 근거만으로는 제정할 수 없고, 법률이나 상위명령이 "구체적으로 범위를 정하여" 개별적으로 수권한 경우에만 가능하다.

2. 집행명령의 근거

집행명령은 헌법이나 상위명령에 의한 명시적 수권 규정이 없더라도 직권으로 발할 수 있다. 집행명령으로서의 대통령령은 "법률을 집행하기 위하여"(헌법 제75조) 발할 수 있고, 집행명령으로서의 총리령·부령은 '직권으로'(헌법 제95조) 발해질 수 있어, 집행명령은 개별적인 법률이나 상위명령의 수권이 필요치 않다.

집행명령은 시행에 필요한 세칙을 정하는 범위 내에서 가능하고, 새로운 권리·의무를 창설할 수는 없다. 보통은 법률에서 "본법의 시행에 필요한 사항은 대통령령으로 정한다"하여 집행명령에 관한 조항을 두고 있으나, 그러한 조항이 없더라도 집행명령은 발할 수 있다.

> **[판 례]** 상위법령의 시행에 필요한 세부적 사항을 정하기 위하여 행정관청이 일반
> 적 직권에 의하여 제정하는 이른바 집행명령은 근거법령인 상위법령이 폐지되면 특
> 별한 규정이 없는 이상 실효되는 것이나, 상위법령이 개정됨에 그친 경우에는 개정
> 법령과 성질상 모순, 저촉되지 아니하고 개정된 상위법령의 시행에 필요한 사항을
> 규정하고 있는 이상 그 집행명령은 상위법령의 개정에도 불구하고 당연히 실효되지
> 아니하고 개정법령의 시행을 위한 집행명령이 제정, 발효될 때까지는 여전히 그 효
> 력을 유지한다(대법원 1989.9.12. 선고 88누6962 판결).

Ⅳ. 법규명령의 성립요건 및 효력요건

1. 법규명령의 성립요건

법규명령이 유효하게 성립하기 위해서는 ① 주체에 관한 요건, ② 내용에 관한 요건, ③ 절차에 관한 요건, ④ 형식에 관한 요건, ⑤ 공포 등의 성립요건을 갖추어야 한다.

(1) 주 체

법규명령은 대통령·국무총리·행정각부장관 등 정당한 권한을 가진 기관이 그 권한의 범위 내에서 제정하여야 한다.

(2) 내 용

법규명령은 그 내용에 있어서 ① 수권의 범위 내의 것이어야 하며, ② 상위명령에 직접 또는 간접으로 저촉되지 않아야 하며, ③ 규정하고 있는 내용이 가능하고 명확한 것이라야 한다.

(3) 절 차

법규명령은 법정절차를 거쳐 제정하여야 한다. 법규명령의 제정절차에 관하여 규율하고 있는 일반법적 규정은 없으나, 「행정절차법」에 대외적 절차에 관하여 규정되어 있다. 동법에 의하면 국민의 권리·의무 또는 일상생활과 밀접한 관련이 있는 법규명령의 제정·개정 또는 폐지는 반드시 사전에 40일 이상 입법예고하고 국민과 이해관계인으로부터 의견을 제출받아 반영하여야 하며, 필요한 경우 공청회까지 개최하도록 되어 있다(동법 제41조 내지 제45조).

(4) 형 식

법규명령은 조문형식에 의하고 「법령공포법」이 정한 요건을 갖추어야 한다. 즉, 대통령령 공포문의 전문에는 국무회의의 심의를 거친 사실을 적고, 대통령이

서명한 후 대통령인을 찍고 그 번호와 공포일을 명기하여 국무총리와 관계 국무위원이 부서하여야 한다(동법 제7조). 총리령 및 부령은 그 번호와 일자를 명기하고 국무총리 또는 해당 부의 장관이 서명한 후 직인을 날인한다(동법 제9조, 제10조).

(5) 공 포

법규명령은 외부에 표시함으로써 유효하게 성립한다. 법규명령을 외부에 표시하는 행위가 공포이다. 공포는 관보에 게재하는 방법에 의한다. 공포일은 당해 법규명령을 게재한 관보가 현실적으로 '발행된 날'이 된다(법령공포법 제11조, 제12조).

2. 법규명령의 효력요건

법규명령은 위에서 본 성립요건을 갖춤으로써 유효하게 성립되며, 그것이 시행됨으로써 현실적으로 효력(구속력)을 발생하게 된다. 시행일은 당해 법규명령에서 규정하는 것이 보통이나, 특별한 규정이 없으면 공포한 날로부터 20일을 경과함으로써 효력이 발생한다(법령공포법 제13조).

그러나 국민의 권리 제한 또는 의무 부과와 직접 관련되는 법규명령은 긴급히 시행하여야 할 특별한 사유가 있는 경우를 제외하고는 공포일로부터 적어도 30일이 경과한 날부터 시행되도록 하여야 한다(동법 제13조의2).

V. 법규명령의 한계

현대국가에서는 국회 입법을 원칙으로 하면서도 행정기능에 비추어 행정입법을 인정하지 않을 수 없으나, 행정입법의 남용에 따른 국민의 권익침해를 방지하기 위해서는 그에 대한 엄격한 한계설정과 통제가 필요하다.

1. 위임명령의 한계

(1) 포괄적 위임의 금지

1) 일반원칙

헌법은 국회입법의 원칙을 천명하고 있다. 따라서 입법권의 전부 또는 일부를 포괄적으로 위임하는 것은 국회가 입법부로서 그 본질적 기능을 스스로 포기하는 것이 되므로 허용되지 않는다. 헌법 제75조도 "법률에서 구체적으로 범위를 정하여 위임받은 사항"만을 위임명령으로서의 대통령령으로 발할 수 있다고 하여 포괄적 위임을 금지하고 있다. 따라서 국민의 권리·의무에 관한 기본적인 사항은 모두 법률에서 직접 규정하여야 하며(법률유보의 원칙, 의회유보의 원칙), 세부적인 법률보충적인 사항에 한해서만 위임할 수 있다.

위임명령은 ① 법률의 보충적 규정, ② 법률의 구체적·특별적 규정, ③ 법률의 해석적 규정에 한하여 규정할 수 있다. 그러나 위임명령으로 법률이 규정한 개인의 권리·의무에 관한 내용을 변경·보충하거나 법률에 규정되지 아니한 새로운 내용을 규정할 수 없다.[3]

2) 일반적 판단기준

위임을 하는 경우에도 위임은 '구체적'이어야 하고 추상적이어서는 아니 되며, 일반적·포괄적 위임이 아닌 '개별적' 위임이어야 한다. 여기서 '구체적·개별적'이라 함은 ① 위임입법으로 규정할 대상이 특정되어야 할 뿐만 아니라(대상의 한정성), ② 이를 규정함에 있어서 수임기관이 고려하여야 할 기준·목표 등이 명확하여야 함을 의미한다(기준의 명확성). 즉, 법률에 이미 대통령령으로 규정될 내용 및 범위의 기본사항이 구체적으로 규정되어 있어서 누구라도 당해 대통령령에 규정될 내용의 대강을 예측할 수 있어야 한다는 것이다(예측가능성).[4]

여기서 예측가능성의 유무는 당해 위임조항 하나만을 가지고 판단할 것이 아니라 그 위임조항이 속한 법률이나 상위명령의 전반적인 체계와 취지, 목적, 당해 위임조항의 규정형식과 내용 및 관련 법규를 유기적·체계적으로 종합하여 판단하여야 한다.

따라서 법률조항 자체에서 위임의 구체적 범위를 명확히 규정하고 있지 않다고 하더라도 당해 법률의 전반적 체계와 관련규정에 비추어 위임조항의 내재적인 위임의 범위나 한계를 객관적으로 분명히 확정할 수 있다면 이를 일반적이고 포괄적인 백지위임에 해당하는 것으로 볼 수 없다.

> **[판 례]** 오수처리시설의 방류수수질기준에 대하여 아무런 정함이 없이 이를 환경부령으로 정하도록 위임하고 있는 오수·분뇨및축산폐수의처리에관한법률 제5조 제1항 중 "오수처리시설의 방류수수질기준은 환경부령으로 정한다" 부분은 방류수수질기준을 탄력적으로 규제한다는 측면에서 일정 정도의 위임의 불가피성이라는 측면, 그리고 위임의 명확성이나 수범자의 예측가능성이라는 측면에서 보아 위임입법의 한계를 벗어난 것이라고 할 수 없다(헌재 2004.11.25. 2004헌가15; 헌재 2006.6.29. 2004헌바8).

> **[판 례]** 헌법 제75조의 규정상 구체적으로 범위를 정한다고 함은 위임의 목적, 내용, 범위와 그 위임에 따른 행정입법에서 준수하여야 할 목표, 기준 등의 요소가 미

---

3) 대법원 2012.7.5. 선고 2010다72076 판결; 대법원 2016.10.19. 선고 2016다208389 판결.
4) 대법원 2007.10.26. 선고 2007두9884 판결.

리 규정되어 있는 것을 가리키고, 이러한 위임이 있는지 여부를 판단함에 있어서는 규율 대상의 종류와 성격에 따라서는 요구되는 구체성의 정도 또한 달라질 수 있으나, 국민의 기본권을 제한하거나 침해할 소지가 있는 사항에 관한 위임에 있어서는 위와 같은 구체성 내지 명확성이 보다 엄격하게 요구된다(대법원 2000.10.19. 선고 98두6265 전원합의체 판결).

3) 구체적 판단기준

위임에 있어 구체성(대상의 한정성과 기준의 명확성)의 정도는 모든 행정 분야에서 천편일률적으로 동일하게 요구할 수는 없으며, 규제 대상의 종류와 성격에 따라 달라진다. 일반적으로 기본권침해영역에 있어서는 그 정도가 강하게 요구될 것이며, 급부행정 영역에서는 그 정도가 완화되어 요구될 것이다.

[판 례] 중학교는 의무교육의 구체적인 실시 시기와 절차 등을 하위법령에 위임하여 정하도록 함에 있어서는 막대한 재정지출을 수반하는 무상교육의 수익적 성격과 규율대상의 복잡다양성을 고려하여 위임의 명확성의 요구정도를 완화하여 해석할 수 있는 것이다(헌재 1991.2.11. 90헌가27).

4) 판 례

[판 례] **구 문화예술진흥법 제19조 제5항 등 위헌제청:** 문예진흥기금의 모금은 공연 등을 관람하려는 수많은 국민들에게 금전적 부담을 지움으로써 국민의 문화향수권 및 재산권 등을 직접적으로 제한하게 된다. 특히 모금액 및 모금방법은 기금납입의무자, 모금대상시설과 아울러 문예진흥기금의 모금에 관한 중요하고도 본질적인 입법사항이다. 그러므로 이에 관한 사항을 하위법규에 위임함에 있어서는 위임의 구체성·명확성이 보다 엄격하게 요구된다 할 것이다. 그런데 심판대상 법조항은 모금의 절차와 방법에 관하여 아무런 제한 없이 대통령령에 위임하고 있다. 심판대상 법조항들의 입법목적, 법의 체계나 다른 규정, 관련법규를 살펴보더라도 대통령령 등에 규정될 내용의 대강을 충분히 예측할 수 없다. 결국 심판대상 법조항들은 구체적으로 범위를 정하지 아니한 채 입법사항을 포괄적으로 대통령령에 위임한 것이어서 헌법 제75조에 규정된 포괄위임입법금지의 원칙에 위배된다 할 것이다(헌재 2003.12.18. 2002헌가2).

[판 례] **공익법인의설립·운영에관한법률 제14조 제2항 위헌제청:** 대통령령이 정하는 사유가 있는 때에는 주무관청이 공익법인의 이사의 취임승인을 취소할 수 있도록 한 공익법인의설립·운영에관한법률 제14조 제2항이 포괄위임금지의 원칙에 반

한다(헌재 2004.7.15. 2003헌가2).

또한 대법원은 법률이 공법적 단체 등의 정관에 자치법적 사항을 위임한 경우에는 헌법 제75조가 정하는 포괄적인 위임입법의 금지는 원칙적으로 적용되지 않는다고 보면서도, 그 사항이 국민의 권리·의무에 관련되는 것일 경우에는 적어도 국민의 권리·의무에 관한 기본적이고 본질적인 사항은 국회가 정하여야 한다고 하였다.

> **[판 례]** 도시 및 주거환경정비법 제28조 제4항 본문이 사업시행인가 신청시의 동의 요건을 조합의 정관에 포괄적으로 위임하고 있다고 하더라도 헌법 제75조가 정하는 포괄위임입법금지의 원칙이 적용되지 아니하므로 이에 위배된다고 할 수 없다(대법원 2007.10.12. 선고 2006두14476 판결).

(2) 총리령·부령에의 적용

위임명령으로서의 총리령·부령에 대해 헌법 제95조는 위임명령으로서의 대통령령에 관한 규정인 헌법 제75조와 달리 "구체적으로 범위를 정하여 위임받은 사항"이라는 포괄적 위임금지에 관한 표현을 두고 있지 않다. 하지만 헌법 제95조 역시 포괄적 위임을 금지하고 있다는 의미로 해석되어야 할 것이다.

(3) 국회전속적 입법사항 위임금지

국회의 입법권 중에서 헌법이 그의 전속적 법률사항(예컨대 제2조 제1항의 국적 취득요건, 제23조 제3항의 재산권의 수용 및 보상, 제96조의 행정각부의 설치, 제117조의 지방자치단체의 종류 등)으로 규정하고 있는 것은 전적으로 법률로 규율해야 하고 법규명령에 위임해서는 아니 된다.

(4) 위임입법권의 재위임

위임입법권의 재위임은 수임된 입법권을 다시 하위명령에 위임하는 것을 말한다. 전면적 재위임은 실질적으로 수권법의 내용을 개정하는 결과가 되기 때문에 허용되지 않는다. 다만, 전면적 재위임이 아니고 위임받은 사항에 관한 요강을 정한 다음 그의 세부적인 사항의 보충을 하위명령에 위임하는 것은 허용된다고 보는 것이 일반적인 견해이다. 헌법 제95조가 '대통령령의 위임'이라고 한 것은 위와 같은 재위임의 의미로 이해되고 있다.

> **[판 례]** 재위임에 의한 부령의 경우에도 위임에 의한 대통령령에 가해지는 헌법상의 제한이 당연히 적용되므로 법률에서 위임받은 사항을 전혀 규정하지 아니하고

그대로 재위임하는 것은 허용되지 않으며 위임받은 사항에 관하여 대강을 정하고 그 중의 특정사항을 범위를 정하여 하위법령에 다시 위임하는 경우에만 재위임이 허용된다(헌재 1996.2.29. 94헌마213).

(5) 벌칙규정의 위임

죄형법정주의는 명령에 대한 벌칙의 일반적 위임을 금지하는 것으로 보아야 하며, 개별적으로 벌칙을 위임하는 경우에도 법률이 처벌 대상인 행위의 요건(범죄구성요건) 및 그 행위에 대한 처벌(형량)을 구체적으로 규정할 것을 요구하는 것이라 할 수 있다.

따라서 처벌 규정의 포괄적 위임은 허용되지 않지만, 모법에서 범죄구성요건의 구체적 기준을 정하여 위임하거나 모법에서 처벌의 상하 한도를 정하여 위임하는 것은 가능하다고 볼 수 있다. 즉, 처벌 규정의 위임은 처벌 대상인 행위가 어떠한 것일 것이라고 이를 예측할 수 있을 정도로 구체적으로 정하고 형벌의 종류 및 그 상한과 폭을 명백히 규정하여야 한다.

[판 례] 처벌법규의 위임은 특히 긴급한 필요가 있거나 미리 법률로써 자세히 정할 수 없는 부득이한 사정이 있는 경우에 한정되어야 하고 이 경우에도 법률에서 범죄의 구성요건은 처벌대상인 행위가 어떠한 것일 것이라고 이를 예측할 수 있을 정도로 구체적으로 정하고 형벌의 종류 및 그 상한의 폭을 명백히 규정하여야 한다(헌재 1991.7.8. 91헌가4; 헌재 1995.10.26. 93헌바62; 대법원 2000.10.27. 선고 2000도1007 판결).

(6) 행정규칙 형식으로의 위임

이는 법률이 입법사항을 대통령령이나 부령이 아닌 고시와 같은 행정규칙의 형식으로 위임하는 것이 헌법 제40조, 제75조, 제95조 등과의 관계에서 허용되는지 여부의 문제이다. 이에 대해 헌법재판소는 헌법이 인정하고 있는 위임입법의 형식은 예시적인 것으로 보아야 할 것이고, 그것은 법률이 행정규칙에 위임하더라도 그 행정규칙은 위임된 사항만을 규율할 수 있으므로, 국회 입법의 원칙과 상치되지도 않는다고 하면서 행정규칙에 대한 위임입법을 제한적으로 인정하고 있다.

[판 례] **금융산업의구조개선에관한법률 제2조 제3호 위헌소원:** 행정규칙은 법규명령과 같은 엄격한 제정 및 개정절차를 요하지 아니하므로, 재산권 등과 같은 기본권을 제한하는 작용을 하는 법률이 입법위임을 할 때에는 "대통령령", "총리령", "부

령" 등 법규명령에 위임함이 바람직하고, 금융감독위원회의 고시와 같은 형식으로 입법위임을 할 때에는 적어도 행정규제기본법 제4조 제2항 단서에서 정한 바와 같이 법령이 전문적·기술적 사항이나 경미한 사항으로서 업무의 성질상 위임이 불가피한 사항에 한정된다 할 것이고, 그러한 사항이라 하더라도 포괄위임금지의 원칙상 법률의 위임은 반드시 구체적·개별적으로 한정된 사항에 대하여 행하여져야 한다 (헌재 2004.10.28. 99헌바91).

(7) 한계를 벗어난 위임명령의 효력

특정 사안과 관련하여 법률에서 하위 법령에 위임을 한 경우 하위 법령이 위임의 한계를 준수하고 있는지 여부를 판단할 때는 당해 법률 규정의 입법 목적과 규정 내용, 규정의 체계, 다른 규정과의 관계 등을 종합적으로 살펴야 한다.[5]

위임의 근거 없이 제정된 법규명령은 원칙적으로 무효이지만, 사후에 법개정으로 위임의 근거가 부여되면 그 때부터는 유효한 법규명령이 된다.

[판 례] 일반적으로 법률의 위임에 의하여 효력을 갖는 법규명령의 경우, 구법에 위임의 근거가 없어 무효였더라도 사후에 법개정으로 위임의 근거가 부여되면 그때부터는 유효한 법규명령이 되나, 반대로 구법의 위임에 의한 유효한 법규명령이 법개정으로 위임의 근거가 없어지게 되면 그때부터 무효인 법규명령이 되므로, 어떤 법령의 위임 근거 유무에 따른 유효 여부를 심사하려면 법개정의 전·후에 걸쳐 모두 심사하여야만 그 법규명령의 시기에 따른 유효·무효를 판단할 수 있다(대법원 1995.6.30. 선고 93추83 판결).

위임명령이 그 위임의 범위를 벗어난 경우에는 법령의 규정을 보충하는 효력이 없으며, 무효가 된다.

[판 례] 공업배치및공장설립에관한법률 시행령 제19조 제6항의 위임에 따른 김포시 고시 공장입지제한처리기준 제4조 제1호가 "레미콘, 아스콘 공장은 주택·학교·축사·종교시설 등의 부지경계선으로부터 직선거리 500m 이상의 이격거리를 둔다"고 규정한 것은 공장설립 등의 승인에 관한 새로운 제한기준을 추가한 것으로서 같은 법 제13조 제1항 및 같은 법 시행령 제19조 제6항의 위임의 범위를 벗어나는 것으로서 위 법령의 규정을 보충하는 효력이 없다(대법원 2004.5.28. 선고 2002두4716 판결).

2. 집행명령의 한계

집행명령은 위임명령과 달리 법률 또는 상위명령을 '집행하기 위하여 필요한

---

5) 대법원 2010.4.29. 선고 2009두17797 판결.

사항'만을 규정할 수 있다. 그러므로 그것은 오직 상위명령의 범위 내에서 그 시행에 필요한 구체적인 절차·형식 등을 규정할 수 있음에 그친다. 따라서 집행명령이 위의 한계를 일탈하여 새로운 법규사항을 규정하게 되면 무효가 되는 것이다.

Ⅵ. 법규명령의 하자

법규명령은 위에서 본 제요건을 갖추지 못한 때에는 하자를 지니게 되고, 그것이 중대하고 명백한 것인 경우에는 무효가 되어 법규명령으로서의 효력을 발생하지 못한다.

> **[판 례]** 시행령의 규정이 모법위반으로 무효인지 여부의 판단기준에 대하여 어느 시행령의 규정이 모법에 저촉되는지의 여부가 명백하지 아니하는 경우에는 모법과 시행령의 다른 규정들과 그 입법 취지, 연혁 등을 종합적으로 살펴 모법에 합치된다는 해석도 가능한 경우라면 그 규정을 모법위반으로 무효라고 선언하여서는 안 된다(대법원 2001. 8. 24. 선고 2000두2716 판결).

Ⅶ. 법규명령의 소멸

법규명령은 ① 폐지, ② 간접적 폐지, ③ 종기의 도래 또는 해제조건의 성취, ④ 근거법령의 소멸 등에 의하여 소멸된다.

1. 폐　지

법규명령의 효력을 장래에 향하여 소멸시키려는 행정권의 직접적·명시적 의사표시를 폐지라 한다. 법규명령의 폐지는 그 대상인 법규명령과 동일한 형식의 법규명령 또는 상위의 법령에 규정되어야 한다.

2. 간접적 폐지

법규명령은 그와 내용상 충돌하는 헌법, 법규 및 상위명령의 새로운 제정 또는 개정이 있게 되면 이에 저촉되는 범위 내에서 그 효력이 소멸된다.

3. 종기의 도래

법규명령의 시행기한을 치음부터 규정하고 있는 한시법의 경우, 그 기한이 도래함으로써 당연히 효력을 상실한다. 또 해제조건이 붙여진 법규명령은 그 해제조건이 성취됨으로써 그 효력이 당연히 소멸된다.

4. 근거법령의 소멸

법규명령은 근거법령의 존재에 의존하는 입법이므로 특별한 규정이 없는 한, 근거법령이 소멸되면 그에 따르는 법규명령도 소멸하게 된다.

Ⅷ. 법규명령에 대한 통제

국민의 권익보호라는 관점에서 위임입법의 남용을 방지하고 통제하는 것은 법치국가의 요청이라 할 수 있다. 법규명령에 대한 통제로는 ① 입법적 통제, ② 사법적 통제, ③ 행정적 통제, ④ 국민의 청원권행사에 의한 통제 등이 있다.

1. 입법적 통제

입법적 통제는 동의권의 유보에 의한 직접적 통제와 국정감사권의 발동에 의한 간접적 통제로 나누어 볼 수 있다.

(1) 직접적 통제

이는 국회가 법규명령의 성립과 발효에 동의 또는 승인을 행하거나 또는 일단 유효하게 성립된 행정입법의 효력을 소멸시키는 권한을 가지는 형태의 통제방식이다.

우리의 경우 일반적인 법규명령에 대해서는 직접적 통제수단이 전혀 인정되고 있지 않다. 다만, 헌법 제76조가 "대통령이 긴급재정·경제명령이나 긴급명령을 발한 때에는 지체 없이 국회에 보고하여 그 승인을 얻어야 하며, 승인을 얻지 못한 때에는 그때부터 효력을 상실한다"라고 규정하고 있어, 이를 직접적 통제(의회에의 제출절차)의 한 형태로 볼 수 있을 뿐이다.

한편, 「국회법」 제98조의2에 따르면 "대통령령·총리령·부령·훈령·예규·고시 등이 제정·개정 또는 폐지된 때에는 10일 이내에 이를 국회 소관 상임위원회에 제출하여야 한다"라고 되어 있어 국회가 법규명령에 대해 비록 소극적인 형태이지만 직접적 통제를 하고 있음을 알 수 있다.

(2) 간접적 통제

국회는 법규명령의 성립이나 효력발생 자체에 관하여 행정부에 대한 국정감사권의 발동을 통하여 간접적으로 위법·부당한 행정입법을 통제한다. 의원내각제 하에서의 불신임결의를 비롯하여, 국정감사(헌법 제61조), 국회에서의 국무총리 등에 대한 질문(헌법 제62조), 국무총리·국무위원의 해임건의(헌법 제63조)나 대통령 등에 대한 탄핵소추(헌법 제65조) 등을 통해 간접적으로 행정부의 입법을 통제할 수 있다.

2. 사법적 통제

(1) 법원의 규범통제

1) 의 의

우리 헌법은 제107조 제2항에서 "명령·규칙·처분이 헌법이나 법률에 위반되는 여부가 재판의 전제가 된 때에는 대법원은 이를 최종적으로 심사할 권한을 가진다"라고 하여 명령·규칙에 대한 위헌·위법심사권을 규정함으로써 법원에 의한 법규명령의 통제를 명시하고 있다.

따라서 대법원과 모든 법원은 법규명령에 대한 위헌·위법심사를 할 수 있으나, 구체적인 사건에 있어서 법규명령의 위헌·위법의 여부가 '재판의 전제가 된 경우'에 한하는 구체적 규범통제를 할 수 있을 뿐이며, 추상적 규범통제[6]는 허용되지 않는다.

> **[판 례]** 법원이 법률 하위의 법규명령, 규칙, 조례, 행정규칙 등이 위헌·위법인지를 심사하려면 그것이 '재판의 전제'가 되어야 한다. 여기에서 '재판의 전제'란 구체적 사건이 법원에 계속 중이어야 하고, 위헌·위법인지가 문제 된 경우에는 규정의 특정 조항이 해당 소송사건의 재판에 적용되는 것이어야 하며, 그 조항이 위헌·위법인지에 따라 그 사건을 담당하는 법원이 다른 판단을 하게 되는 경우를 말한다. 따라서 법원이 구체적 규범통제를 통해 위헌·위법으로 선언할 심판대상은, 해당 규정의 전부가 불가분적으로 결합되어 있어 일부를 무효로 하는 경우 나머지 부분이 유지될 수 없는 결과를 가져오는 특별한 사정이 없는 한, 원칙적으로 해당 규정 중 재판의 전제성이 인정되는 조항에 한정된다(대법원 2019.6.13. 선고 2017두33985 판결).

2) 대 상

헌법 제107조 제2항의 '명령'이란 행정입법으로서 법규명령을 말하며, '규칙'이란 국회규칙, 대법원규칙, 헌법재판소규칙, 중앙선거관리위원회규칙을 의미한다. 지방자치단체의 조례와 규칙도 여기에 포함된다. 하지만 행정입법의 하나로서 내부적 효력만 가지는 행정규칙은 여기에 포함되지 않는다.

---

6) 추상적 규범통제라 함은 구체적 소송사건과는 관계없이 법률 그 자체의 위헌 여부를 추상적으로 심사하고, 위헌으로 판단되면 법률의 효력을 상실하게 하는 제도를 말한다. 우리나라는 「지방자치법」 제107조 및 제172조에서 조례에 대한 사전적·추상적 통제가 예외적으로 인정되고 있을 뿐 원칙적으로 구체적 규범통제만 인정되고 있다.

3) 효 력

법규명령의 심사는 그 자체의 합법성의 심사를 목적으로 하는 독립적 절차인 추상적 규범통제가 아니기 때문에, 어느 법규명령이 구체적인 사건에 대한 재판의 전제가 된 경우에 법원은 그 사건의 심리를 위한 선결문제로 다투는 것이다. 구체적 규범통제를 함에 있어 법원은 법규명령의 성립·효력요건상의 하자, 예컨대 수권범위의 일탈·상위법의 저촉여부 또는 공포절차의 흠결 등을 주로 판단한다.

따라서 구체적 규범통제의 결과로 해당 법규명령이 위헌 또는 위법이라고 판단되는 경우에라도 그 효력은 당해 사건에만 적용이 거부될 뿐이며, 위법인 법규명령 자체가 무효가 되는 것은 아니다(개별적 효력). 왜냐하면 법원은 구체적인 사건의 심사를 목적으로 하는 것이지 법령의 심사를 목적으로 하는 것이 아니기 때문이다. 즉, 명령과 규칙을 무효로 하는 것은 법원의 법규적용의 한계를 일탈한 것이다.

한편, 「행정소송법」은 행정소송에 대한 대법원판결에 의하여 명령·규칙이 헌법 또는 법률에 위반된다는 것이 확정된 경우에는 대법원은 지체 없이 그 사유를 행정안전부장관에게 통보하여야 하며, 통보를 받은 행정안전부장관은 지체 없이 이를 관보에 게재할 것을 규정하고 있다(동법 제6조). 이로 인해 현행 구체적 규범통제는 실제상 추상적 규범통제에 접근하고 있다.

4) 행정행위의 효력

위헌·위법한 법규명령에 기하여 행하여진 행정행위는 중대·명백설에 입각하여 판단할 때 그 하자가 중대한 것이기는 하나 행정청에게는 법령심사권이 없기 때문에 명백한 하자라고 볼 수는 없으므로 당연무효로 볼 수는 없고 취소사유에 해당한다(최근의 주류적 판례의 입장).

(2) 법규명령에 대한 행정소송

법규명령은 일반적·추상적 규범이므로 처분성이 없어 행정소송의 대상이 되지 않는 것이 원칙이다.

> [판 례] 행정소송의 대상이 될 수 있는 것은 구체적인 권리의무에 관한 분쟁이어야 하고 일반적 추상적인 법령 그 자체로서 국민의 구체적인 권리의무에 직접적인 변동을 초래하는 것이 아닌 것은 그 대상이 될 수 없으므로 구체적인 권리의무에 관한 분쟁을 떠나서 재무부령(국유재산법시행규칙) 자체의 무효확인을 구하는 청구는 행정소송의 대상이 아닌 사항에 대한 것으로서 부적법하다(대법원 1987.3.24. 선고 86누656 판결).

독 등의 사무에 관하여는, 국가가 이를 공행정의 일부로 인정하고, 그 사무에 대한 감독과 통제를 실시하면서, 지방변호사회에게 이와 관련하여 소속 변호사에 대한 공권을 부여하고 있는 점에 비추어 볼 때 지방변호사회는 행정주체의 하나인 공공조합에 해당한다고 봄이 상당하고, 지방변호사회가 소속 변호사에 대하여 행하는 겸직허가행위는 항고소송으로 그 위법 여부를 다툴 수 있는 행정소송법상의 처분에 해당한다(서울행법 2003.4.16. 선고 2002구합32964 판결 : 확정).

[판 례] 도시 및 주거환경정비법에 따른 주택재건축정비사업조합은 관할 행정청의 감독 아래 위 법상의 주택재건축사업을 시행하는 공법인으로서, 그 목적 범위 내에서 법령이 정하는 바에 따라 일정한 행정작용을 행하는 행정주체의 지위를 갖는다. 따라서 행정주체인 재건축조합을 상대로 관리처분계획안에 대한 조합 총회결의의 효력 등을 다투는 소송은 행정소송법상의 당사자소송에 해당한다(대법원 2009.10.15. 선고 2008다93001 판결).

3) 영조물법인

영조물법인이란 특정한 국가목적에 제공된 인적·물적 종합시설에 공법상의 법인격이 부여된 공공단체를 말한다. 영조물법인은 국가·지방자치단체 등 일반행정조직과 분리시켜 독립채산제를 운영하여야 하며 설립목적과 재정이 독립적이어야 한다. 영조물법인의 설립에는 반드시 법률의 근거가 있어야 한다. 영조물법인을 설립·운영하는 이유는 국가가 직접 공행정을 수행하는 경우에 적용되는 인사·예산회계 등에 관한 공법상의 엄격한 제약에서 벗어나 사기업과 유사한 합리적·능률적인 경영을 보장하기 위한 것이다.

행정주체의 지위를 가지는 영조물법인으로는 한국방송공사, 서울대학교, 서울대학병원, 국립공원관리공단, 한국은행 등이 있으며, 법인화되지 않은 부산대학교, 경북대학교, 강원대학교 등의 국립대학교는 영조물에 불과하므로 행정주체가 될 수 없다.

4) 공법상의 재단

공법상의 재단은 행정주체가 출연한 재산을 관리하기 위하여 설립된 재단법인으로서 국가의 감독 하에 있는 공공단체이다. 공법상 재단은 공공조합처럼 인적결합이 없고 영조물법인처럼 일반적 이용자도 없으며, 다만 그 지원을 받는 수혜자만 있다. 한국연구재단·한국정신문화연구원·석탄산업합리화사업단 등이 공법상 재단에 해당한다.

그러나 법규명령 중 별도의 집행행위 없이도 국민에 대하여 직접적이고 구체적인 권익침해의 법적 효과를 발생하는 처분적 명령은 예외적으로 「행정소송법」상의 처분으로 볼 수 있고 취소소송의 대상이 된다.

[판 례] 조례가 집행행위의 개입 없이도 그 자체로서 직접 국민의 구체적인 권리의무나 법적 이익에 영향을 미치는 등의 법률상 효과를 발생하는 경우 그 조례는 항고소송의 대상이 되는 행정처분에 해당한다(이른바 두밀분교폐교조례: 대법원 1996.9.20. 선고 95누8003 판결; 대법원 1996.9.20. 선고 95누7994 판결).

[판 례] 고시가 다른 집행행위의 매개 없이 그 자체로서 직접 국민의 권리의무나 법률관계를 규율하는 성격을 가질 때에는 항고소송의 대상이 되는 행정처분에 해당한다(대법원 2003.10.9. 자 2003무23 결정).

(3) 법규명령에 대한 헌법소원

헌법재판소가 공권력의 행사 또는 불행사를 의미하는 명령·규칙에 대한 헌법소원심판권을 가지는지 여부가 문제시 되고 있다.

1) 적극설

적극설은 헌법 제107조 제2항은 '재판의 전제'가 된 경우에 한하여 법원에 위헌심사권을 부여하고 있으므로, 명령·규칙이 국민의 기본권을 침해한 경우에 그에 대한 헌법소원을 인정하는 것은 헌법 제107조 제2항에 반하는 것이 아니라는 견해이다. 또한 「헌법재판소법」 제68조 제1항은 헌법소원의 대상으로 법원의 재판을 제외한 공권력의 행사 또는 불행사를 규정하고 있는데, 이에는 명령·규칙의 제정(또는 불제정)은 당연히 포함된다는 것이다. 헌법재판소도 적극설을 취하고 있다.

[판 례] 법령자체에 의한 직접적인 기본권침해 여부가 문제되었을 경우 그 법령의 효력을 직접 다투는 것을 소송물로 하여 일반 법원에 구제를 구할 수 있는 절차는 존재하지 아니하므로 다른 구제절차를 거칠 것 없이 바로 헌법소원심판을 청구할 수 있는 것이다. 법무사법시행규칙(대법원규칙)에 대한 헌법소원을 받아들여 동시행규칙 제3조 제1항(법원행정처장은 법무사를 보충할 필요가 있다고 인정되는 경우에는 대법원장의 승인을 얻어 법무사시험을 실시할 수 있다)은 국민에게 부여된 법무사자격취득의 기회를 하위법인 시행규칙으로 박탈하고 법무사업을 법원·검찰청 등의 퇴직공무원에게 독점시키는 것이 되며, 이는 결국 대법원이 규칙제정권을 행사함에 있어 위임입법권의 한계를 일탈하여 법무사자격을 취득하고자 하는 모든 국민의 헌법 제11조 제1항의 평등권과 직업선택의 자유를 침해한 것이라는 점에서 위헌이

다(헌재 1990.10.15. 89헌마178).

2) 소극설

소극설은 명령·규칙에 대한 위헌심판권이 헌법재판소에 없다는 견해이다. 그 논거는 우리 헌법은 법률에 대한 위헌심사권과 명령·규칙에 대한 위헌심사권을 구분하여, 전자는 헌법재판소에 부여하고 후자의 위헌심사권은 법원에 배타적으로 부여한 것으로 보아야 한다는 것이다.

3) 평 가

헌법소원제도의 기본권보장제도 및 헌법질서보장제도로서의 기능을 보장하기 위해서는 명령·규칙에 대한 헌법소원을 인정하는 것이 타당하므로 적극설이 타당하다. 명령·규칙 그 자체에 의하여 직접 기본권이 침해되었음을 이유로 하여 헌법소원심판을 청구하는 것은 위 헌법규정과는 아무런 상관이 없는 문제이다. 따라서 입법부·행정부·사법부에서 제정한 규칙이 별도의 집행행위를 기다리지 않고 직접 기본권을 침해하는 것일 때에는 모두 헌법소원심판의 대상이 될 수 있다.

(4) 진정입법부작위에 대한 헌법소원

법규명령의 진정입법부작위라 함은 법령이 명시적으로 법규명령에 위임을 하고 있음에도 불구하고 행정부가 법규명령의 입법을 하지 않은 경우이다. 헌법재판소는 진정입법부작위가 기본권을 중대하게 침해하는 경우 위헌으로 결정할 수 있다.

[판 례] **치과전문의 자격시험 불실시 위헌확인:** 청구인들은 치과대학을 졸업하고 국가시험에 합격하여 치과의사 면허를 받았을 뿐만 아니라, 전공의수련과정을 사실상 마쳤다. 그런데 현행 의료법과 위 규정에 의하면 치과전문의의 전문과목은 10개로 세분화되어 있고, 일반치과의까지 포함하면 11가지의 치과의가 존재할 수 있는데도 이를 시행하기 위한 시행규칙의 미비로 청구인들은 일반치과의로서 존재할 수밖에 없는 실정이다. 따라서 이로 말미암아 청구인들은 직업으로서 치과전문의를 선택하고 이를 수행할 자유(직업의 자유)를 침해당하고 있다. 또한 청구인들은 전공의수련과정을 사실상 마치고도 치과전문의자격시험의 실시를 위한 제도가 미비한 탓에 치과전문의자격을 획득할 수 없었고 이로 인하여 형벌의 위험을 감수하지 않고는 전문과목을 표시할 수 없게 되었으므로 행복추구권을 침해받고 있고, 이 점에서 전공의수련과정을 거치지 않은 일반 치과의사나 전문의시험이 실시되는 다른 의료분야의 전문의에 비하여 불합리한 차별을 받고 있다(헌재 1998.7.16. 96헌마246).

법규명령의 부작위에 대한 헌법소원이 인정되기 위해서는 ① 행정청에게 법규명령의 작위의무가 있어야 하고, ② 상당한 기간이 경과하였음에도 불구하고 ③ 법규명령의 제정권이 행사되지 않아야 한다.

3. 행정적 통제

(1) 감독권에 의한 통제

감독권에 의한 통제는 상급행정기관이 하급행정기관에 대하여 지휘·감독권을 행사함으로써 행정의 적법·타당성을 보장하고 국가의사의 통일을 도모하는 것이다. 즉, ① 훈령권의 행사에 의하여 행정입법의 기준과 방향의 제시, ② 행정입법권의 주관에 관하여 행정기관 사이에 분쟁이 있는 경우에 그 주관행정기관의 결정, ③ 위법한 법규명령의 폐지를 명하는 등의 방법에 의한다.

(2) 절차적 통제

절차적 통제는 법규명령의 적법성을 확보하기 위하여 일정한 절차, 예컨대 행정입법안의 사전통지·이해관계인의 청문 기타 의견진술이나 참고자료제출의 기회부여·관계기관과의 협의 등을 거치게 하는 것이다.

「법령공포법」은 대통령령·총리령·부령 등의 공포절차에 관하여 규정하고 있으나, 그 이외에는 통칙적 규정이 없다. 국민의 입법의견 수렴을 위해 현행 「행정절차법」은 행정상입법예고(제41조), 의견제출(제44조), 공청회(제45조) 등의 규정을 두고 있다.[7]

제 3 절   행정규칙

I. 행정규칙 일반론

1. 행정규칙의 의의

행정규칙이란 행정기관이 법률의 수권 없이 행정내부관계에 있어서의 조직과 활동을 규율하기 위해 정립하는 일반적·추상적 규율을 말한다.[8] 행정규칙은 법령에서 인정된 직무권한 범위 내에서 발해지는 것이므로 법령의 개별적·구체적 수권을 요하지 않는다. 또한 행정규칙은 행정 내부에 관한 사항을 정하는 데 그치고 국민의 권리·의무 등에 관해 규율하는 것은 아니므로 원칙적으로 외부적 효력(법규성)이 없다.

---

7) 자세한 내용은 후술하는 제3편 행정절차를 참조바람.
8) 김남진·김연태, 행정법 I, 160면; 김동희, 행정법 I, 143면.

> **[판 례]** 상급행정기관이 하급행정기관에 대하여 업무처리지침이나 법령의 해석적용에 관한 기준을 정하여 발하는 이른바 행정규칙은 일반적으로 행정조직 내부에서만 효력을 가질 뿐 대외적인 구속력을 갖는 것은 아니다(대법원 1998.6.9. 선고 97누19915 판결).

이와 같은 행정규칙이 필요한 이유는 행정의 전문성·기술성으로 인해 법률해석의 의문이 야기되는 경우가 빈번해지고, 그에 따른 행정청의 업무가 각양각색으로 처리될 위험성이 크기 때문에 이를 방지하고 사무 집행의 통일적 수행을 위해 내부적 규범이 필요하기 때문이다.

행정규칙은 일반적으로 법조(法條)형식의 문서로 발하여지나, 요식행위는 아니므로 구술로 하여도 무방하며, 그 제정 절차에 관해서도 일반적으로 따라야 할 법정 절차가 없다. 즉, 행정규칙은 공포·공고 등의 형식을 법적으로 요구하지는 않으나, 대외적으로 인식시키기 위해 대부분 관보에 의하여 공표하고 있다.

「민원처리법」제36조는 '행정안전부장관은 민원인의 편의를 위하여 관계법령 등에 규정되어 있는 민원의 처리기관, 처리기간, 구비서류, 처리절차, 신청방법 등에 관한 사항을 종합한 민원처리기준표를 작성하여 관보에 고시하고 「전자정부법」제9조 제3항에 따른 통합전자민원창구에 게시하여야 한다'고 규정하고 있다. 하지만 행정규칙이 이와 같은 형식을 지키지 않았다 하여 효력이 부인되는 것은 아니다.

> **[판 례]** 국세청훈령인 재산제세조사 사무처리규정은 국세청장이 구 소득세법시행령 제170조 제4항 제2호에 해당할 거래를 행정규칙의 형식으로 지정한 것에 지나지 아니하므로 적당한 방법으로 이를 표시, 또는 통보하면 되는 것이지, 공포하거나 고시하지 아니하였다는 이유만으로 그 효력을 부인할 수 없다(대법원 1990.5.22. 선고 90누639 판결).

2. 행정규칙의 근거와 한계

행정규칙은 행정기관이 법령의 개별적·구체적 수권 없이 그의 직무권한의 범위 내에서 재량이 인정된 경우에 제정할 수 있다. 판례[9]도 행정규칙의 제정에 상위법령의 위임이 있어야 하는 것은 아니라고 본다.

행정규칙은 법령과 상급기관의 행정규칙에 위배되지 아니하는 한도 내에서 그리고 특정의 행정목적 달성을 위하여 필요한 한도 내에서만 제정할 수 있다. 또

---

9) 대법원 1996.8.23. 선고 95누14718 판결.

한 행정규칙으로는 법령에서 규정하지 아니한 국민의 권리·의무에 관한 사항을 새로이 규정할 수 없다.

> **[판 례]** 행정규칙이 이를 정한 행정기관의 재량에 속하는 사항에 관한 것인 때에는 그 규정 내용이 객관적 합리성을 결여하였다는 등의 특별한 사정이 없는 한 법원은 이를 존중하는 것이 바람직하다. 그러나 행정규칙의 내용이 상위법령이나 법의 일반 원칙에 반하는 것이라면 법치국가원리에서 파생되는 법질서의 통일성과 모순금지 원칙에 따라 그것은 법질서상 당연무효이고, 행정내부적 효력도 인정될 수 없다(대법원 2020.5.28. 선고 2017두66541 판결).

3. 행정규칙의 통제

종래 행정규칙은 제정·개정 절차에 관한 규정이 없어 법제처의 통제대상에서 제외되었으나, 최근 「법제업무 운영규정」이 전면 개정되어 행정규칙에 대한 사전적, 사후적 통제를 강화하고 있다. 「법제업무 운영규정」 제23조(대통령훈령안 등의 심사)에 따르면 "중앙행정기관의 장은 대통령훈령 또는 국무총리훈령의 발령을 추진하려는 경우에 법제처장에게 해당 훈령안의 심사를 요청하여야 한다"라고 하여 훈령 형식의 행정규칙에 대한 사전적 심사를 하고 있다.

또한 법제처는 행정규칙에 대한 사후적 수시심사제를 도입하고 있다. 「법제업무 운영규정」 제25조의2(훈령·예규등의 사후 심사·검토)는 "법제처장은 훈령·예규등을 수시로 심사·검토하고, 법령으로 정하여야 할 사항을 훈령·예규등으로 정하고 있거나 법령에 저촉되는 사항 또는 불합리한 사항을 정한 훈령·예규등이 있는 경우에는 심사의견을 작성하여 소관 중앙행정기관의 장에게 통보하여야 한다. 심사의견을 통보받은 중앙행정기관의 장은 특별한 사유가 없으면 이를 관련 법령 또는 해당 훈령·예규등에 반영하여야 한다"고 규정하고 있다.

4. 행정규칙과 법규명령과의 구별

행정규칙과 법규명령은 행정기관이 정립하는 일반적·추상적 규율인 점에서는 같으나, 양자는 법률의 수권·규율대상·통제수단·효력·위반의 효과의 면에서 다음과 같은 차이가 있다.

(1) 법형식

행정규칙은 훈령·고시·예규·지침 등 다양한 법형식으로 나타나지만, 법규명령은 시행령(대통령령) 또는 시행규칙(부령)의 형식으로 나타난다.

(2) 법률의 수권 여부

행정규칙은 상급행정기관이 하급기관에 대한 지휘·감독권 또는 특별행정법 관계에서의 특별권력에 근거하여 제정하는 것이므로 법률의 수권을 요하지 않는다. 이에 반하여 법규명령은 일반통치권에 근거하여 제정하는 것이므로 상위법령의 개별적·구체적 수권을 요한다.

(3) 규율대상

행정규칙은 행정조직 내부 및 특별행정법관계 내부에 있어서의 조직과 활동을 규율하는 것이므로 그의 직접적인 수범자는 하급기관 또는 그 구성원이 된다. 이에 대하여 법규명령은 법규이므로 그의 직접적인 수범자는 국가기관과 국민이 된다.

(4) 효 력

행정규칙은 행정조직 내부관계를 규율하는 것이기 때문에 직접 국민에 대하여 효력을 미치지 못하며, 일면적 구속력을 가질 뿐이다. 이에 대하여 법규명령은 법령의 위임 또는 법령을 시행하기 위하여 제정되는 법규이므로 국민을 직접적으로 구속함은 물론 국가기관을 구속하는 등 양면적 구속력을 발생한다.

(5) 위반의 효과

행정규칙은 법규가 아니므로 행정기관이 이를 위반하여도 위법이 되지 아니하며, 국민은 행정규칙을 위반한 행정처분에 대하여 그 위법을 이유로 하는 행정소송을 제기할 수 없다. 다만, 행정규칙은 행정기관에 대해서는 구속력을 가지므로 위반되는 행위를 한 공무원은 행정조직 내부의 징계책임을 진다.

이에 대하여 법규명령은 법규이므로 그에 위반되는 행위는 위법하며, 국민은 법규명령을 위반한 행정처분에 대하여 그 위법을 이유로 행정소송을 제기할 수 있다.

Ⅱ. 행정규칙의 유형

1. 형식에 의한 구분

「행정 효율과 협업 촉진에 관한 규정」 제4조에 의하면 행정규칙은 행정실무상 훈령·지시·예규·일일명령 등의 형식으로 구분된다. 이들은 상급기관이 하급기관 또는 소속 공무원에 대하여 일정한 사항을 지시하는 지시문서로서 근무규칙이다.

(1) 훈 령

훈령은 상급기관이 장기간에 걸쳐 하급기관의 권한 행사를 지휘·감독하기 위하여 발하는 일반적·추상적 성질의 행정규칙이다. 훈령은 조문 형식 또는 시행문 형식에 의하여 작성하고, 누년 일련번호를 사용한다.

(2) 지 시

지시는 상급기관이 직권 또는 하급기관의 문의나 신청에 대하여 개별적·구체적으로 발하는 명령이다. 지시는 시행문 형식에 의하여 작성하고, 연도표시 일련번호를 사용한다. 하지만 지시는 일반·추상적 규율을 행하는 것이 아니므로 엄격한 의미에서 행정규칙이 아니다.

(3) 예 규

예규는 법규문서 이외의 문서로서 행정사무의 통일을 기하기 위하여 반복적 행정사무의 처리기준을 제시하는 명령이다. 예규는 조문 형식 또는 시행문 형식에 의하여 작성하고, 누년 일련번호를 사용한다.

(4) 일일명령

일일명령은 당직·출장·휴가 등의 일일업무에 관한 명령이다. 일일명령은 시행문 형식 또는 회보 형식 등에 의하여 작성하고, 연도별 일련번호를 사용한다. 하지만 일일명령이 일반·추상적 규율을 행하는 것이 아닐 때에는 행정규칙이 아니고 단순한 직무명령에 해당한다.

(5) 고 시

고시는 행정기관이 일정한 사항을 일반에게 알리는 통지수단을 의미하거나 법령의 시행과 직접 관련하여 발령하는 행정규칙 또는 법규명령의 유형을 말한다(행정규칙적 고시, 법규명령적 고시).

원칙적으로 고시는 행정규칙이다. 「행정 효율과 협업 촉진에 관한 규정」 제4조는 고시를 공고문서로 분류하고 있고, 「법제업무 운영규정」 제24조의3에서도 고시를 법령의 시행과 직접 관련하여 발령하는 행정규칙으로 규정하고 있다.

한편, 고시의 성질이 법규명령으로 인정되는 경우도 있다. 「행정규제기본법」 제4조는 고시를 대통령령·총리령·부령과 마찬가지로 법규 사항을 규정할 수 있는 법규명령으로 인정하고 있다.

마지막으로 고시는 그 법적 성질이 행정처분으로 판단되는 경우도 있다. 이른바 행징처분적 고시로도 존재한다. 이 경우 고시를 대상으로 행정소송도 가능해진다.

이렇듯 고시는 그 개념이 일의적이지 않고 법적 성질에 따라 다양하게 사용되기 때문에 고시에 담긴 내용에 따라 개별적으로 판단하여야 한다.

2. 내용에 의한 구분

(1) 조직규칙

조직규칙은 행정조직 내부에서의 기관의 설치·조직·내부적 권한분배·사무처리절차 등을 규율하는 규칙을 말한다. 조직규칙은 ① 인적 조직규범, ② 제도적 조직규범, ③ 사항적 조직규범으로 나누어진다.

(2) 규범(법령)해석규칙

규범해석규칙은 상급기관이 하급기관의 법령해석을 통일시키기 위하여 발하는 행정규칙이다. 행정행위의 요건을 불확정개념으로 정하는 법령이 점차 증대되고 있는 오늘날에 있어서, 규범해석규칙은 하급기관이 불확정개념을 적용함에 있어 필요한 해석이나 적용 방향을 정해 줌으로써 법령해석의 통일과 행정의 합리화를 도모하고 있다. 이는 궁극적으로 행정 내부에 있어서 규범해석을 통일하여 국민에 대한 관계에서 법적 평등취급을 보장하고 법률의 집행을 정형화하는 기능을 수행한다.

(3) 재량준칙

재량준칙은 상급기관이 하급기관의 재량권행사에 관한 기준을 정하는 행정규칙이다. 재량준칙은 행정실무에 있어서 훈령 또는 예규의 형식으로 정해지고 있다. 재량준칙은 재량권행사에 관한 일반적 기준을 설정하는 것이므로 행정기관의 재량권행사에 있어 통일을 기하고 평등한 법집행을 확보하는 기능을 하며, 자의적인 재량권행사를 방지하고 국민에 대해서는 행정에 대한 예측가능성을 부여해 준다.

(4) 규범구체화 행정규칙

규범구체화 행정규칙이란 원자력이나 환경과 같이 고도의 전문성·기술성을 가지는 법률이 그 내용을 구체화하지 못하고 그것을 사실상 행정기관에 맡긴 경우에 행정기관이 그 내용을 구체화하는 행정규칙을 말한다. 규범구체화 행정규칙은 독일에서 정립된 개념으로 다른 일반 행정규칙과 달리 그 법규성이 인정되는 것이 특징이다.

독일의 규범구체화 행정규칙을 우리나라에서도 인정할 것인지에 대해 찬반이 있지만, 이는 이미 논의의 실익이 없는 주제이다. 헌법에서 행정규칙을 하나의 입법형식으로 규정하고 있는 독일에서도, 유럽재판소가 독일 행정규칙의 법규성을 부정하고 있다. 따라서 입법구조가 전혀 다른 우리나라에서 행정규칙에 대해 예외적으로 법규성을 인정하는 이론은 설득력이 없다.[10]

---

10) 이에 대한 자세한 설명은 송동수, 규범구체화 행정규칙과 법규범체계의 재정비, 토지공법연구, 제39집(2008.2.), 289면 이하 참조.

3. 특별행정법관계의 종류에 따른 구분

특별행정법관계는 공법상의 근무관계·공법상의 영조물이용관계·공법상의 감독관계·공법상의 사단관계가 있다. 따라서 특별행정법관계를 규율하는 행정규칙도 그에 따라 ① 근무규칙, ② 영조물규칙, ③ 감독규칙, ④ 사원규칙 등으로 구분된다.

Ⅲ. 행정규칙의 성질과 효력

1. 행정규칙의 성질

(1) 학 설

행정규칙의 성질에 대해서는 종래 ① 비법규설과 ② 법규설 등이 대립되었으나, 그것은 '법규' 개념에 대한 이해와 행정규칙이 평등원칙을 매개로 할 때 발생하는 국민에 대한 사실상의 구속력에 대한 이해와 관련하여 생긴 시각차에 따른 것이라 할 수 있다.

비법규설은 행정규칙은 법규가 아니라는 견해이다. 여기서 법규는 일반·추상적인 규정으로서, 국민과 행정권을 구속하고 재판규범이 되는 법규범을 말한다. 행정규칙은 법규가 아니므로 국민과 행정권을 구속하지 못하며 재판규범이 되지 못한다. 오늘날 행정규칙의 비법규설이 통설과 판례의 입장이다.

(2) 판 례

우리의 대법원 판례는 원칙적으로 행정규칙은 법규가 아니라는 태도다.[11] 그러나 최근의 판례는 행정규칙(훈령)의 법규성을 인정하는 예도 있음은 물론 법규명령을 행정규칙으로 보는 등 견해가 일관되지 않는다.

2. 행정규칙의 효력

(1) 내부적 효력

행정규칙은 특별권력에 기초하여 행정청 내부에서의 조직과 작용만을 규율하기 위하여 발령되는 것이므로 국민과 법원을 구속하는 법적 효력은 없고 오직 행정조직 내부 또는 특별행정법관계의 구성원인 특수한 신분 관계에 있는 자에 대해서만 구속하는 효력을 발생한다(일면적 구속성). 따라서 행정규칙에 따른 행정처분은 적법성의 추정도 받지 않는다.[12]

---

11) 대법원 1983.9.13. 선고 82누301 판결; 대법원 1990.8.10. 선고 90누254 판결; 대법원 1990.8.24. 선고 90누3102 판결.
12) 대법원 1990.12.11. 선고 90누1243 판결.

따라서 행정규칙을 위반한 행정행위를 할 경우에도 국민에 대한 효력에는 아무 영향이 없다. 다만 행정규칙을 위반한 공무원이 행정조직 내부에서 징계책임을 지거나, 특별행정법관계의 구성원이 학칙 또는 영조물규칙을 위반하면 징계를 받을 뿐이다.

[판 례] '서울특별시 철거민 등에 대한 국민주택 특별공급규칙'은 '주택공급에 관한 규칙' 제19조 제1항 제3호 (다)목에서 규정하고 있는 '도시계획사업으로 철거되는 주택의 소유자'에 해당하는지 여부를 판단하기 위한 서울특별시 내부의 사무처리준칙에 해당하는 것으로서 위 규정의 해석·적용과 관련하여 대외적으로 국민이나 법원을 기속하는 효력이 있는 것으로 볼 수 없다(대법원 2007.11.29. 선고 2006두8495 판결).

[판 례] 검찰청법 제11조의 위임에 기한 검찰근무규칙 제13조 제1항은, 검찰청의 장이 출장 등의 사유로 근무지를 떠날 때에는 미리 바로 윗 검찰청의 장 및 검찰총장의 승인을 얻어야 한다고 규정하고 있는바, 이는 검찰조직 내부에서 검찰청의 장의 근무수칙을 정한 이른바 행정규칙으로서 검찰청의 장에 대하여 일반적인 구속력을 가지므로, 그 위반행위는 직무상의 의무위반으로 검사징계법 제2조 제2호의 징계사유에 해당한다(대법원 2001.8.24. 선고 2000두7704 판결).

(2) 외부적 효력: 전환규범

행정규칙은 전통적 의미의 법규가 아니므로 외부적 효력을 발생하지 않는 것이 원칙이다. 그러나 행정규칙은 하급행정기관을 구속함으로 인하여 공무원이 재량준칙이나 법령해석규칙에 따라 직무를 처리하게 되며, 그 결과 행정조직 밖에 있는 국민에게도 사실상의 영향력을 미치게 된다. 따라서 행정법규를 위반한 자는 행정규칙이 정한 기준에 따라 영업허가의 정지 또는 철회 등의 불이익을 받게 되는 것이다. 그러나 이러한 행정규칙의 국민에 대한 사실상의 영향력은 어디까지나 간접적 사실상의 효력일 뿐이며, 법적인 효력이 아니다.

다만 행정규칙이 결과적으로 외부적 효력을 갖게 되는 경우도 있다. 재량준칙이나 법령해석규칙과 같은 행정규칙은 그것을 적용하게 되면 행정관행이 성립하는데, 이와 같은 행정관행은 헌법상의 평등원칙에 따라 행정기관을 구속하게 된다. 따라서 행정기관은 행정규칙에 구속되어 누구에게나 평등하게 적용하여야 하고, 그 결과 당해 행정규칙은 국민에 대한 관계에서 간접적으로 외부적 효력을 갖게 되는 것이다. 이 경우 헌법상의 평등원칙은 행정규칙을 외부적 효력을 갖는 법규로 전환시키는 '전환규범'으로서의 기능을 갖는다. 헌법재판소는 행정의 자기구속의 법리를 매개로 한 행정규칙의 간접적 대외적 효력을 인정하는 취지의 입장을 취하고 있다.

> **[판 례]** 행정규칙이 법령의 규정에 의하여 행정관청에 법령의 구체적 내용을 보충할 권한을 부여한 경우 또는 재량권행사의 준칙인 규칙이 그 정한 바에 따라 되풀이 시행되어 행정관행이 이룩되게 되면, 평등의 원칙이나 신뢰보호의 원칙에 따라 행정기관은 그 상대방에 대한 관계에서 그 규칙에 따라야 할 자기구속을 당하게 되고, 그러한 경우에는 대외적인 구속력을 가지게 된다 할 것이다(헌재 1990.9.3. 90헌마13).

> **[판 례]** 행정규칙은 일반적으로 대외적인 구속력을 갖는 것은 아니지만 법령의 규정이 특정 행정기관에게 그 법령 내용의 구체적 사항을 정할 수 있는 권한을 부여하면서 그 권한행사의 절차나 방법을 특정하고 있지 아니한 관계로 수임행정기관이 행정규칙의 형식으로 그 법령의 내용이 될 사항을 구체적으로 정하고 있는 경우, 그러한 행정규칙·규정은 행정조직 내부에서만 효력을 가질 뿐 대외적인 구속력을 갖지 않는 행정규칙의 일반적 효력으로서가 아니라 행정기관에 법령의 구체적 내용을 보충할 권한을 부여한 법령 규정의 효력에 의하여 그 내용을 보충하는 기능을 갖게 되고, 따라서 당해 법령의 위임 한계를 벗어나지 아니하는 한 그것들과 결합하여 대외적인 구속력이 있는 법규명령으로서의 효력을 갖게 된다(대법원 1995.5.23. 선고 94도2502 판결).

Ⅳ. 행정규칙의 요건과 소멸

1. 행정규칙의 성립요건

(1) 주 체

행정규칙은 정당한 권한이 있는 기관이 이를 받을 의무가 있는 기관이나 상대방에게 발하여야 한다.

(2) 내 용

행정규칙은 내용적으로 적법·타당하여야 하며, 상위법령에 위반되지 않아야 한다. 또한 행정규칙의 내용은 사회통념에 비추어 실현 불가능하거나 불확실한 것을 명하여서는 아니 되며 가능하고 명확해야 한다.

(3) 형 식

행정규칙은 일반적으로 요식행위는 아니나, 법조의 형식으로 제정되고 문서

로 함이 일반적이다. 「행정 효율과 협업 촉진에 관한 시행규칙」은 문서의 서식을
규정하고 있으나 그 규정은 훈시규정이기 때문에 행정기관은 그에 구애됨이 없이
다른 서식의 문서에 의하거나 구술에 의해서도 행정규칙을 발령할 수 있다고 본다.

(4) 절 차

행정규칙을 발령하면서 따라야 할 법정의 절차는 없다. 그러나 대통령 훈령
및 국무총리 훈령의 제정은 정부의 법제에 관한 사무의 하나로서 법제처의 심사를
거쳐야 하는 법제처의 직무에 속한다(정부조직법 제23조).

(5) 표 시

행정규칙의 표시는 법규명령과는 달라서 공포의 형식을 요하는 것은 아니나,
어떠한 형태로든 수범자에게 도달되어야 한다. 관보에 게재 또는 게시하거나 사본
배부나 전문 등이 도달 방법으로 활용되고 있다. 「관보규정」은 관보의 편집 구분
에 훈령란과 고시란을 규정하고 있어 관보게재에 의하여 대외적으로 공표되고 있
다(제7조 제7호, 제8호).

2. 행정규칙의 효력요건

행정규칙은 특별한 규정이 없으면 성립요건을 모두 갖추고 합리적 방법에 의
거하여 수범자에게 도달됨으로써 효력을 발생한다.

3. 행정규칙의 소멸

일단 유효하게 성립·시행된 행정규칙은 폐지되거나 종기 또는 해제조건이 성
취됨으로써 효력이 상실한다.

V. 행정규칙의 형식

1. 법규명령 형식의 행정규칙

행정규칙은 원래 고시·훈령·예규 등 독자적인 형식에 의하여 정립되는 것이
원칙이나, 경우에 따라서는 법규명령(대통령령, 부령)의 형식으로 정립되는 경우도
있다. 이처럼 형식은 법규명령이나 그 실질이 행정규칙인 경우, 그것이 행정규칙
인지 아니면 법규명령인지가 문제 된다.

(1) 학 설

1) 형식설

형식설은 법규는 그 내용이 무엇인지와 관계없이 일반 국민에 대하여 구속력
을 가지는 것이므로 법적 안정성의 측면에서, 행정규칙이 법규명령의 형식을 취하
면 법규로서의 성질을 가지는 것으로 본다.

2) 실질설

실질설은 법률이 법규만을 반드시 그 내용으로 하여야 할 필요는 없기 때문에 법규명령의 형식을 취한 행정규칙이라도 그 내용이 행정규칙인 것이 명백한 경우에는 행정규칙으로서의 성질이 변하지 않는 것으로 본다.

(2) 판 례

판례는 종래에는 법규명령 형식의 행정규칙을 모두 행정규칙으로 보았으나, 오늘날에는 법규의 형식이 대통령령인 경우에는 법규로 보고, 법규의 형식이 부령인 경우에는 행정규칙으로 본다.

1) 부령 형식의 행정규칙

판례는 제재적 재량처분의 기준을 정한 부령에 대하여는 그 법규성을 부인하는 것이 기본적 입장이다. 즉, 그 처분기준은 행정청 내부의 사무처리준칙을 규정한 것에 불과하므로 대외적 구속력이 없어 재판규범이 되지 못하고 법원은 이에 구속될 필요가 없다는 것이다. 대표적 판례는 다음과 같다.

①「도로교통법 시행규칙」제53조 제1항이 정한 [별표 16]의 운전면허행정
　처분기준,[13]

②「공중위생법 시행규칙」의 제재적 행정처분의 기준,[14]

③「자동차운수사업법」제31조 등의 규정에 의한 사업면허의 취소 등의 처
　분에 관한 규칙,[15]

④「식품위생법 시행규칙」제53조에서 [별표 15]의 행정처분의 기준,[16]

⑤「건축사법 시행규칙」의 건축사무소등록취소 및 건축사의 업무정지처분
　의 기준,[17]

⑥「약사법 시행규칙」의 제재적 행정처분의 기준,[18]

⑦「국가계약법 시행규칙」제76조 제1항 [별표 2]의 입찰참가자격제한
　기간,[19]

위에서 예시한 바와 같이 판례는 법규명령 형식의 행정규칙의 법규성을 부인

---

13) 대법원 1997.5.30. 선고 96누5773 판결; 대법원 1998.3.27. 선고 97누20236 판결; 대법원 1990.10.16. 선고 90누4297 판결.

14) 대법원 1991.3.8. 선고 90누6545 판결.

15) 대법원 1990.1.25. 선고 89누3564 판결; 대법원 1991.11.8. 선고 91누4973 판결.

16) 대법원 1994.10.14. 선고 94누4370 판결; 대법원 1993.5.25. 선고 92누18726 판결; 대법원 1993.6.29. 선고 93누5635 판결.

17) 대법원 1992.4.28. 선고 91누11940 판결; 대법원 1993.10.8. 선고 93누15069 판결.

18) 대법원 2007.9.20. 선고 2007두6946 판결.

19) 대법원 2019.2.28. 선고 2018두49444 판결; 대법원 2018.5.15. 선고 2016두57984 판결.

하여 실질설을 취하고 있다. 이와 같은 판례에 대하여 일설은 법규명령형식의 행정규칙의 법규성 내지 재판규범성을 부인하는 실질적 이유는 무엇보다도 국민의 권리구제를 위한 현실적 필요성 때문으로 본다. 즉, 사회현상은 매우 다양하여 같은 위반행위도 그 동기나 태양 등이 천차만별임에도 불구하고 일선 공무원의 재량을 줄여 부조리를 방지하기 위해서는 재량준칙을 시행규칙으로 정할 수밖에 없다는 것이다.

그런데 시행규칙의 내용이 정확하지 못하고 부실하게 만들어진 경우가 많아, 재량준칙을 적용한 결과가 사안에 따라서는 사회 통념상 현저하게 타당성을 잃은 경우가 많다. 따라서 법원으로서는 국민의 권리구제와 구체적 타당성 있는 해결을 위하여 재량준칙의 재판규범성을 부인할 수밖에 없고 그 방법이 재량준칙의 대외적 구속력을 부인하는 것이다.

2) 대통령령 형식의 행정규칙

판례는 제재적 재량처분의 기준을 정하고 있는 대통령령 형식의 행정규칙에 대해서는 행정규칙이 아니라 법규명령이라고 보고 있다. 대법원은 인·허가의 취소나 정지 등의 제재적 처분에 관한 재량준칙이 대통령령의 형식으로 규정된 경우, 이를 행정규칙이 아니라 법규명령이라고 본다. 이는 대법원이 그 실질이 무엇이든지 관계없이 형식상 대통령령이라는 법규명령이면 법규명령으로 보아야 한다는 형식설의 입장에 따른 것이다.

[판 례] 주택건설촉진법시행령 제10조의3 별표 1: 당해 처분의 기준이 된 주택건설촉진법시행령 제10조의3 제1항 [별표 1]은 주택건설촉진법 제7조 제2항의 위임규정에 터잡은 규정형식상 대통령령이므로 그 성질이 부령인 시행규칙이나 또는 지방자치단체의 규칙과 같이 통상적으로 행정조직 내부에 있어서의 행정명령에 지나지 않는 것이 아니라 대외적으로 국민이나 법원을 구속하는 힘이 있는 법규명령에 해당한다(대법원 1997. 12. 26. 선고 97누15418 판결).

[판 례] 청소년보호법시행령 제40조 별표 6: 구 청소년보호법 제49조 제1항, 제2항에 따른 같은법 시행령 제40조 [별표 6]의 위반행위의 종별에 따른 과징금처분기준은 법규명령이기는 하나 모법의 위임규정의 내용과 취지 및 헌법상의 과잉금지의 원칙과 평등의 원칙 등에 비추어 같은 유형의 위반행위라 하더라도 그 규모나 기간·사회적 비난 정도·위반행위로 인하여 다른 법률에 의하여 처벌받은 다른 사정·행위자의 개인적 사정 및 위반행위로 얻은 불법이익의 규모 등 여러 요소를 종합적으로 고려하여 사안에 따라 적정한 과징금의 액수를 정하여야 할 것이므로 그

수액은 정액이 아니라 최고한도액이다(대법원 2001.3.9. 선고 99두5207 판결).

생각건대 대통령령과 부령은 다 같이 헌법이 인정하는 법규명령으로서 그 성질 및 효력에 있어서 아무런 차이가 없는 것인데, 판례는 동일한 내용이라도 부령의 형식으로 규정한 사항과 대통령령으로 규정한 사항이 그 성질에 있어서 차이가 있는 것처럼 판시한 것이라는 점에서 문제가 많다.

더욱이 대법원은 총리령의 형식으로 된 재량준칙인 공무원 징계 양정 등에 관한 규칙의 성질[20]에 대하여 행정기관 내부의 사무처리준칙에 불과하다고 판시한 바 있고, 대통령령인 시행령[21]에 규정된 사항을 행정청 내부의 사무처리절차를 규정한 것에 불과하다고 판시한 바 있어 문제가 있다.

> **[판 례]** 감정평가사시험위원회는 그 구성원의 임명절차, 지위 및 임기 등에 비추어 감정평가사시험 실시기관인 행정청을 보조하여 위 시험에 관한 전반적인 사항을 심의하기 위하여 설치된 것이고, 따라서 그 심의사항이나 회의절차에 관한 지가공시및토지등의평가에관한법률시행령 제20조도 행정청 내의 사무처리준칙을 규정하는 것에 불과하여 대외적으로 국민이나 법원을 기속하는 효력이 있는 것은 아니다(대법원 1996.9.20. 선고 96누6882 판결).

(3) 학설 및 판례의 평가

1) 학설의 평가

법규명령 형식의 행정규칙이라도 위임입법의 요건을 갖추면 그것은 형식적 의미의 법규명령으로 보아야 하므로 실질설은 부당하다. 따라서 법규명령 형식의 행정규칙의 성질을 판단함에 있어서는 현행 헌법상의 법형식이 존중되어야 하므로 형식설이 타당하다고 본다.

2) 판례의 평가

위에서 본 「주택건설촉진법 시행령」 관련 판례는 제재적 재량처분의 기준을 정한 시행령(대통령령)에 대하여는 당해 시행령은 근거법령의 위임에 따라 제정된

---

20) 공무원징계양정등에관한규칙은 그 형식은 총리령으로 되어 있으나, 그 제2조가 규정하는 징계양정의 기준의 성질은 행정기관 내부의 사무처리준칙에 지나지 아니한 것이지 대외적으로 국민이나 법원을 기속하는 것은 아니다(대법원 1992.4.14. 선고 91누9954 판결).

21) 「수산업법」 제81조 제4항의 위임에 따른 같은 법 시행령 제61조, 제63조에서 보상의 청구, 보상금액 등의 결정과 통지 등을 규정하고 있더라도 그 규정의 취지는 행정관청이 같은 법 제81조 제1항에 따라 부담하게 된 손실보상금 지급 의무의 이행을 위하여 내부적 사무처리절차를 규정한 것에 불과하고 손실보상금 청구소송의 제기를 위한 필요적 전치절차를 규정한 것으로 볼 수 없다(대법원 1996.7.26. 선고 94누13848 판결(손실보상금지급거부처분취소)).

것이라는 점을 들어 그 법규성(대외적으로 국민이나 법원을 구속하는 힘)을 인정하고 있다. 그러나 대법원은 근거법의 명시적 위임에 따라 제정된 위임명령에 해당하는 구「자동차운수사업법」이나 「식품위생법」 등의 관련 시행규칙(부령)에 대하여는 그 법규성을 부인하고 있어 논리의 일관성을 결여하고 있다.

위임명령에 관한 헌법 제75조와 제95조는 대통령령과 총리령·부령을 달리 규정하고 있으나, 이들 위임명령의 효력에 대하여는 달리 규정하고 있지 아니하다. 따라서 제재적 재량처분의 기준을 정하고 있는 위임명령(대통령령)에 법규성이 인정된다면, 마땅히 같은 내용의 위임명령인 부령에도 그 법규성이 인정되어야 하는 것이 타당하다. 또한 판례는 「청소년보호법시행령」 제44조 제1항 [별표 11]의 '위반행위의 종별에 따른 과징금처분기준'에 대하여 법규성을 인정하면서도 위 기준상의 명시적 규정에도 불구하고 그에서 정하고 있는 800만 원은 정액이 아니라 최고액이라고 하고, 그에 따라 원고에 대한 1,600만 원의 과징금처분은 재량권의 한계를 일탈한 위법한 처분이라고 하였다. 이는 내용상으로는 법원에 의한 입법행위에 해당하는 것으로서 법원의 법령해석권의 범위를 넘어서는 것이라는 점에서 문제가 있다.

그런데 최근 대법원은 건설교통부령인 시외버스운송사업의 사업계획변경 기준 등에 관한 구「여객자동차 운수사업법 시행규칙」 제31조 제2항 제1호, 제2호, 제6호에 대하여 대외적인 구속력이 있는 법규명령이라고 판시하여 판례상의 종전 입장에 큰 변화가 이루어졌다. 이에 따라 위임명령으로서의 부령의 법규성에 대한 학설과 판례의 입장이 접근하게 되었으며, 이는 크게 환영할 일이다.

> **[판 례]** 구 여객자동차 운수사업법 시행규칙 제31조 제2항 제1·2·6호는 구 여객자동차 운수사업법 제11조 제4항의 위임에 따라 시외버스운송사업의 사업계획변경에 관한 절차, 인가기준 등을 구체적으로 규정한 것으로서, 대외적인 구속력이 있는 법규명령이라고 할 것이고, 그것을 행정청 내부의 사무처리준칙을 규정한 행정규칙에 불과하다고 할 수는 없다(대법원 2006.6.27. 선고 2003두4355 판결).

2. 행정규칙 형식의 법규명령

법률 또는 법규명령의 집행을 위하여 제정되는 규칙(집행규칙)은 법규적 성질을 가지기 때문에 당연히 법규명령의 형식으로 제정되어야 하는 것이 원칙이다. 그런데 내용상 법규명령에 해당하면서도 형식상 행정규칙으로 제정되는 경우 이를 법규명령으로 보아야 할지 아니면 행정규칙으로 보아야 할지가 문제 된다.

(1) 학   설

법규적 내용을 가진 행정규칙의 법적 성질에 관하여 학설은 법규명령설과 행정규칙설로 대립되고 있다.

1) 실질설(법규명령설)

실질설은 실질적 기준을 중심으로 비록 행정규칙의 형식으로 발급되었다고 하더라도 법률 또는 법규명령의 구체적·개별적인 위임에 따라 법규를 보충하는 기능을 가지며, 대국민적 효력을 가지는 법규명령으로 보아야 한다는 견해이다.

이 설은 헌법이 법규명령의 형식으로 대통령령·총리령·부령만을 인정하고 있으나, 그것은 한정적·열거적인 것이 아니라 예시적인 것이므로 고시 등으로 법규를 정하도록 위임하는 것도 가능하기 때문에 위헌의 문제가 없는 것으로 본다 (행정규제기본법 제4조 제2항 단서).

헌법재판소는 법령보충적 행정규칙 그 자체에 대한 직접적 대외적인 구속력은 부인하면서도 그것이 상위법령과 결합하여 일체가 되는 한도 내에서 상위법령의 일부가 됨으로써 대외적 구속력이 발생되는 것으로 본다.[22] 이 결정에서 헌법재판소의 다수의견[23]은 법률이 입법사항을 대통령령이나 부령과 같은 법규명령이 아니라, 고시 등 행정규칙 형식으로 위임하는 것이 헌법적으로 허용된다고 보았고, 또한 헌법 제75조, 제95조가 인정하는 위임입법의 형식은 예시적인 것으로 보았다.

2) 형식설(행정규칙설)

형식설은 행정입법은 국회 입법의 원칙에 대한 예외이므로 그러한 예외적인 입법의 형식은 헌법에 근거가 있어야 한다고 본다. 따라서 법규적 내용을 가진 행정규칙은 허용되지 않는 것으로 본다. 이 설은 법규적 내용을 가진 행정규칙을 형식적 기준에 의해 행정규칙으로 이해한다.

(2) 대법원 판례

대법원 판례는 비록 행정규칙의 형식으로 발급되었다고 하더라도 그 내용이 법규를 보충하는 기능을 하고 있으면 이를 대 국민적 효력을 가지는 법규명령으로 보아야 한다고 한다(법률보충적 행정규칙). 즉, 대법원은 실질설의 입장이다.

---

22) 헌재 2004.10.28. 99헌바91.
23) 소수의견은 법률이 입법사항을 고시등 행정규칙 형식을 위임하는 것이 헌법적으로 허용된다면, 행정기관이 통제없는 행정규칙에의 도피의 유혹을 받는 것은 당연한 현상이고, 이는 국민의 권리·자유를 부당하게 침해하고, 행정권의 비대화를 촉진하며, 나아가서 입헌주의와 법치주의를 훼손하는 결과를 초래하게 됨은 부인할 수 없는 일이라고 하여 행정규칙에 법규사항을 위임해서는 아니된다고 보았다.

[판 례] 상급행정기관이 하급행정기관에 대하여 업무처리지침이나 법령의 해석적용에 관한 기준을 정하여 발하는 이른바 행정규칙은 일반적으로 행정조직 내부에서만 효력을 가질 뿐 대외적인 구속력을 갖는 것은 아니지만, 법령의 규정이 특정 행정기관에게 그 법령 내용의 구체적 사항을 정할 수 있는 권한을 부여하면서 그 권한행사의 절차나 방법을 특정하고 있지 아니한 관계로 수임행정기관이 행정규칙의 형식으로 그 법령의 내용이 될 사항을 구체적으로 정하고 있다면 그와 같은 행정규칙은 위에서 본 행정규칙이 갖는 일반적 효력으로서가 아니라, 행정기관에 법령의 구체적 내용을 보충할 권한을 부여한 법령 규정의 효력에 의하여 그 내용을 보충하는 기능을 갖게 된다 할 것이고, 따라서 이와 같은 행정규칙은 당해 법령의 위임한계를 벗어나지 아니하는 한 그것들과 결합하여 대외적인 구속력이 있는 법규명령으로서의 효력을 가지는 것이다(대법원 2008.3.27. 선고 2006두3742, 3759 판결).

대법원은 다음의 판례에서 비록 형식은 행정규칙이지만 이를 법규명령으로 보고 있다.

① 건설교통부장관의 '택지개발업무처리지침'(대법원 2008.3.27. 선고 2006두3742 판결),

② 공정거래위원회 고시 '시장지배적 지위남용행위의 유형 및 기준'(대법원 2001.12.24. 선고 99두11141 판결),

③ 산업자원부장관의 '공장입지기준고시'(대법원 2003.9.26. 선고 2003두2274 판결),

④ 보건복지부장관 고시인 의료보험진료수가기준 중 (부록 1) '수탁검사 실시기관 인정등 기준'(대법원 1999.6.22. 선고 98두17807 판결),

⑤ 보건복지부장관의 '노인복지사업지침'(대법원 1996.4.12. 선고 95누7727 판결),

⑥ 상공부장관의 '수입선다변화품목지정·고시'(대법원 1993.11.23. 선고 93도662 판결),

⑦ 구 지가공시및토지등의평가에관한법률 제10조의 시행을 위한 국무총리 훈령인 '개별토지가격합동조사지침'(대법원 1998.5.26. 선고 96누17103 판결),

⑧ 국세청장의 훈령인 '주류도매면허제도개선업무처리지침'(대법원 1994.4.26. 선고 93누21668 판결),

⑨ 보건사회부장관의 '식품제조업영업허가기준'(대법원 1994.3.8. 선고 92누1728 판결),

⑩ 국세청장의 훈령인 '재산제세조사사무처리규정'(대법원 1989.11.14. 선고 86누5676 판결).

한편, 대법원은 법령의 위임을 받은 것이어도 행정적 편의를 도모하기 위한 절차적 규정인 경우에는 법령보충적 행정규칙이 아니라 단순한 행정규칙의 성질을 가진다고 보았다.[24] 또한 상위법령에서 세부 사항 등을 시행규칙으로 정하도록 위임하였음에도 불구하고 이를 고시 등 행정규칙으로 정한 경우, 대외적 구속력을 가지는 법규명령으로서 효력을 인정할 수 없다고 하였다.[25]

(3) 헌법재판소 결정

헌법재판소는 행정규칙은 일반적으로 대외적 구속력을 가질 순 없지만, 행정규칙이 행정관청에 법령의 구체적 내용을 보충할 권한을 부여한 경우 또는 평등의 원칙이나 신뢰보호의 원칙에 따라 행정기관이 규칙을 따라야 할 자기구속을 당하는 경우에는 대외적 구속력을 갖게 된다고 하여 법령보충적 행정규칙의 '대외적 구속력'을 인정하고 있다(헌재 1990.9.3. 90헌마13).

또한 헌법재판소는 「정보통신망법」 제42조 등에 의한 청소년유해매체물의 표시방법에 관한 정보통신부고시에 대하여 동법 및 동법 시행령의 위임규정에 의하여 제정된 것이므로 상위법령과 결합하여 대외적 구속력을 갖는 법규명령으로 기능하고 있는 것으로 볼 수 있어 헌법소원의 대상이 된다고 하였다(헌재 2004.1.29. 2001헌마894).

> **[판례]** 행정규칙은 법규명령과 같은 엄격한 제정 및 개정절차를 요하지 아니하므로, 재산권 등과 같은 기본권을 제한하는 작용을 하는 법률이 입법위임을 할 때에는 "대통령령", "총리령", "부령" 등 법규명령에 위임함이 바람직하고, 금융감독위원회의 고시와 같은 형식으로 입법위임을 할 때에는 적어도 행정규제기본법 제4조 제2항 단서에서 정한 바와 같이 법령이 전문적·기술적 사항이나 경미한 사항으로서 업무의 성질상 위임이 불가피한 사항에 한정된다 할 것이고, 그러한 사항이라 하더라도 포괄위임금지의 원칙상 법률의 위임은 반드시 구체적·개별적으로 한정된 사항에 대하여 행하여져야 한다(헌재 2004.10.28. 99헌바91).

VI. 행정규칙과 사법심사

1. 위법한 행정규칙

행정규칙은 행정조직 내부 또는 특별행정법관계 내부를 규율하는 일반·추상적 규범이며 법규가 아니다. 즉, 행정규칙은 국민에 대한 관계에서는 외부적 효력

---

24) 대법원 2003.9.5. 선고 2001두403 판결.
25) 건설교통부장관의 '고시'형식으로 되어 있는 '주택건설공사 감리비지급기준'은 이를 건설교통부령으로 정하도록 한 주택법이 시행된 이후에는 대외적인 구속력이 있는 법규명령으로서 효력을 가지지 못한다(대법원 2012.7.5. 선고 2010다72076 판결).

을 발생하지 아니하므로 행정규칙이 위법한 경우에도 그로부터 직접 국민의 권익이 침해되는 것은 아니다. 따라서 위법한 행정규칙에 대해서는 행정쟁송을 제기할수 없다.

> **[판 례]** 항고소송의 대상이 되는 행정처분은 행정청의 공법상의 행위로서 특정사항에 대하여 법률에 의하여 권리를 설정하고 의무를 명하며, 기타 법률상 효과를 발생케 하는 등 국민의 권리의무에 직접 관계가 있는 행위이어야 하고, 다른 집행행위의 매개 없이 그 자체로서 국민의 구체적인 권리의무나 법률관계에 직접적인 변동을 초래케 하는 것이 아닌 일반적, 추상적인 법령 등은 그 대상이 될 수 없다(대법원 2007.4.12. 선고 2005두15168 판결).

그러나 위법한 행정규칙에 따라 행정기관이 국민에 대하여 일정한 처분을 하였을 때에는, 그 상대방은 당해 처분을 다투는 행정쟁송에서 행정규칙의 위법을 주장할 수 있다.

2. 행정규칙에 위반한 행정행위

행정규칙은 법규가 아니므로 그에 위반한 행정행위가 당연히 위법이 되는 것은 아니다. 따라서 행정규칙 위반을 이유로 하여 당해 행정행위를 다툴 수 없다. 그러나 행정규칙 위반이 평등원칙을 침해하는 때에는 법원칙 침해로서의 위법성을 인정할 수 있고, 따라서 행정행위를 다투는 행정쟁송을 제기할 수 있다.

제 4 절   행정의 입법활동 등

2021년에 제정된「행정기본법」제4장은 행정의 입법활동 등에 대해 규정하고 있다. 일반적으로 정부는 국회에 법률안을 제출할 수 있고(헌법 제52조), 법률 시행을 위한 대통령, 총리령·부령을 발할 수 있다(헌법 제75조, 제95조). 그동안 이러한 행정의 입법활동에 대하여 대통령령인「법제업무 운영규정」에서 규정하고 있었다. 하지만「행정기본법」제4장에 행정의 입법활동(제38조), 행정법제의 개선(제39조), 법령해석(제40조) 등의 내용이 규정됨으로써 공정한 행정법제 마련을 위한 기틀이 마련되었다.

Ⅰ. 행정의 입법활동

1. 행정의 입법활동의 의의

행정의 입법활동이란 국가나 지방자치단체가 법령등을 제정·개정·폐지하고
자 하거나 그와 관련된 활동을 하는 것을 말한다. 여기에는 정부가 법률안을 국회
에 제출하는 것(헌법 제52조)과 지방자치단체가 조례안을 지방의회에 제출하는 것
(지방자치법 제76조)이 포함된다. 「행정기본법」 제38조는 행정의 입법활동의 원칙과
기준을 제시하고, 정부가 매년 수립하는 정부입법계획에 대해 규정하고 있는데,
이는 국민에게 법규범에 근거한 행정작용을 예측할 수 있는 순기능을 제공한다.

2. 행정의 입법활동의 주요 내용

(1) 상위법령 준수의 원칙

「행정기본법」 제38조 제1항은 "국가나 지방자치단체가 행정의 입법활동을 할
때에는 헌법과 상위 법령을 위반해서는 아니 된다"라고 하여 상위법령 준수의 원
칙을 명시하고 있다. 이는 하위 규범이 상위 규범에 위반되어서는 아니 된다는 법
이론적 전제를 명문으로 확인한 것이다.

(2) 절차규정 준수의 원칙

「행정기본법」 제38조 제1항은 "국가나 지방자치단체가 행정의 입법활동을 할
때에는 헌법과 법령등에서 정한 절차를 준수하여야 한다"라고 하여 절차규정 준수
의 원칙을 명시하고 있다. 즉, 행정의 입법 활동 시 준수해야 할 사항에는 상위 법
령에서 정하고 있는 실체법적 규율뿐 아니라 절차법적 규율도 포함되는 것으로,
입법절차의 적법성을 강조한 것이다.

(3) 행정의 입법활동의 기준

「행정기본법」 제38조 제2항은 행정의 입법활동과 관련하여 보다 구체적인 기
준을 제시하고 있다.

1) 의견수렴 및 협의

행정의 입법활동은 일반 국민 및 이해관계자로부터 의견을 수렴하고 관계 기
관과 충분한 협의를 거쳐 책임 있게 추진되어야 한다(행정기본법 제38조 제2항 제1호).

2) 법령간 조화

법령등의 내용과 규정은 다른 법령등과 조화를 이루어야 하고, 법령등 상호
간에 중복되거나 상충되지 아니하여야 한다(행정기본법 제38조 제2항 제2호).

3) 알기 쉬운 법령

법령등은 일반 국민이 그 내용을 쉽고 명확하게 이해할 수 있도록 알기 쉽게 만들어져야 한다(행정기본법 제38조 제2항 제3호).

(4) 정부입법계획의 수립

「행정기본법」 제38조 제3항은 "정부는 매년 해당 연도에 추진할 법령안 입법 계획(정부입법계획)을 수립하여야 한다"라고 하여 정부입법계획을 명시하고 있다. 이는 대통령령인 「법제업무 운영규정」에서 규정하고 있는 정부입법계획의 수립과 시행에 관한 법률적 근거를 규정한 것이다. 정부입법계획은 필요한 입법의 확보와 관련 공무원의 효율적인 운영에 큰 도움이 되므로, 궁극적으로 행정의 합리적인 입법활동을 촉진시킨다.

II. 행정법제의 개선

1. 행정법제 개선의 의의

불합리한 행정법제를 개선하는 것은 정부와 국민 모두에게 필요한 일이다. 특히 해당 행정법제가 국민의 권익을 침해하고 있는 경우에도 더욱 중요하다. 「행정기본법」 제39조는 행정법제 개선의 추진과 개선조치 등 관련 제도를 명시하여 행정법제의 개선을 정부의 의무로 규정하고 있다.

2. 행정법제 개선의 주요 내용

(1) 상위법 위반 등에 따른 법령개선

정부는 권한 있는 기관에 의하여 위헌으로 결정되어 법령이 헌법에 위반되거나 법률에 위반되는 것이 명백한 경우 등 대통령령으로 정하는 경우에는 해당 법령을 개선하여야 한다(행정기본법 제39조 제1항).

행정법제 개선의 대상은 법률과 법규명령, 즉 법령이다. 지방자치단체의 조례 및 규칙인 자치법규는 「행정기본법」 제39조의 법제 개선의 대상에 포함되지 않는다.

법률의 위헌 여부는 헌법재판소의 위헌법률심판과 헌법소원을 통해 종국적으로 확정된다. 대통령령·총리령·부령이 헌법 또는 법률에 위반되는지에 대한 최종 판단은 대법원이 한다. 하지만 사법부의 판단을 통해서만 위헌·위법의 법령을 인식하고 개선할 수 있는 것은 아니다. 정부는 행정입법의 제·개정안을 자체적으로 심사하면서 헌법 또는 법률의 위반 여부를 검토할 수 있고, 이러한 판단을 통해 「행정기본법」 제39조에 따른 법령개선을 할 수 있다. 즉, 정부는 위헌으로 결정된 법령이 아닐지라도 대통령령이 정하고 있는 경우의 법령을 개선하여야 한다.

대통령령인 「법제업무 운영규정」 제24조에 따르면 법제처장은 현행 법령이 ① 제정되거나 개정된 후 오랜 기간 동안 법령의 주요 부분이 수정·보완되지 아니하여 해당 법령을 현실에 맞게 정비할 필요가 있는 경우, ② 국민의 일상생활과 기업·영업 활동에 지나친 부담을 주거나 불합리한 법령을 정비할 필요가 있는 경우, ③ 국내외의 여건 변화에 대응하여 중요한 국가정책을 효율적으로 수행하기 위하여 법령의 검토·정비가 필요한 경우, ④ 국민이 알기 쉽도록 법령을 정비할 필요가 있는 경우, ⑤ 권한 있는 기관에 의하여 법령이 헌법이나 법률에 위반되는 것으로 결정되어 법령을 정비할 필요가 있는 경우, ⑥ 그 밖에 현행 법령에 대한 검토·정비가 필요하다고 인정되는 경우에는 해당 법령을 검토·정비하도록 조치하여야 한다.

(2) 행정법제 개선조치

정부는 행정 분야의 법제도 개선 및 일관된 법 적용 기준 마련 등을 위하여 필요한 경우 대통령령으로 정하는 바에 따라 관계 기관 협의 및 관계 전문가 의견 수렴을 거쳐 개선조치를 할 수 있으며, 이를 위하여 현행 법령에 관한 분석을 실시할 수 있다(행정기본법 제39조 제2항).

행정법제의 구체적 타당성과 법적 안정성 확보는 국민의 권익 신장을 위해 필수불가결한 작업이며, 이를 담보하기 위해 정부는 끊임없이 행정법제의 개선을 위해 노력하여야 한다. 또한 개선조치를 위하여 관계 기관과 전문가로부터 의견을 수렴하는 것도 필요하다.

현재 행정 분야의 법제도 개선과 법 적용 기준 마련 등에 관한 주요 사항의 자문을 위하여 법제처에 국가행정법제위원회를 두고 있다. 국가행정법제위원회는 ① 법령등에 공통으로 적용되는 기준의 도입·개선에 관한 사항이나 ② 법령의 실태 조사 및 영향 분석에 관한 사항에 관하여 법제처장의 자문에 응하는 자문위원회이다(동법 시행령 제14조 제1항·제2항).

Ⅲ. 법령 해석

1. 법령 해석의 의의

법령등은 일상 언어와 달리 불확정개념이 빈번히 사용되고 있고 그 개념도 복잡하여 법리적 해석이 별도로 필요한 경우가 대부분이다. 따라서 법령등을 집행하는 공무원이나 일반 국민들의 입장에서는 법령등의 의미를 명확하게 파악하고 해석하기 위한 도움이 필요하다.

법령등의 해석과 관련하여 발생하는 이러한 실무상의 애로를 해소하기 위하여 「행정기본법」 제40조는 법령등의 해석과 관련하여 의문이 있는 경우 이를 제도적으로 지원하는 방안을 규정하고 있다.

2. 법령 해석의 주요 내용

(1) 법령해석 요청권

누구든지 법령등의 내용에 의문이 있으면 법령을 소관하는 중앙행정기관의 장(법령소관기관)과 자치법규를 소관하는 지방자치단체의 장에게 법령해석을 요청할 수 있다(행정기본법 제40조 제1항).

법령해석 요청권을 가지는 주체에는 제한이 없다. 「행정기본법」이 법령해석권의 주체를 '누구든지'로 정하고 있기 때문이다. 이는 국민의 법령해석에 대한 수요를 충족시키고자 하는 취지이다.

법령해석 요청권의 대상기관은 법령을 소관하는 중앙행정기관의 장과 지방자치단체의 장이다. 이들은 법령해석을 요청받으면 반드시 그 요청에 응하여야 하며, 이를 거부하거나 부작위하면 위법한 것이 된다.

(2) 법령소관기관의 책임

법령을 소관하는 중앙행정기관의 장과 자치법규를 소관하는 지방자치단체의 장은 각각 소관 법령등을 헌법과 해당 법령등의 취지에 부합되게 해석·집행할 책임을 진다(행정기본법 제40조 제2항).

소관 법령등을 해석·집행하는 과정에서 문제되는 조항의 해석 방식에 따라 위헌과 합헌의 결과가 병존할 수 있다. 이러한 경우 헌법합치적 해석에 따라 해당 조항을 헌법에 부합하는 방식의 해석으로 채택해야 한다. 이는 헌법합치적 해석의 당연한 결과이며, 「행정기본법」 제40조 제2항이 이를 명시적으로 요청하고 있는 것이다.

> [판 례] 국가의 법체계는 그 자체로 통일체를 이루고 있으므로 상·하규범 사이의 충돌은 최대한 배제하여야 하고, 또한 규범이 무효라고 선언될 경우에 생길 수 있는 법적 혼란과 불안정 및 새로운 규범이 제정될 때까지의 법적 공백 등으로 인한 폐해를 피하여야 할 필요성에 비추어 보면, 하위법령의 규정이 상위법령의 규정에 저촉되는지 여부가 명백하지 않은 경우에, 관련 법령의 내용과 입법 취지 및 연혁 등을 종합적으로 살펴 하위법령의 의미를 상위법령에 합치되는 것으로 해석하는 것이 가능한 경우라면, 하위법령이 상위법령에 위반된다는 이유로 쉽게 무효를 선언할 것은 아니다(대법원 2019.7.10. 선고 2016두61051 판결).

(3) 법령해석 전문기관

법령소관기관이나 법령소관기관의 해석에 이의가 있는 자는 대통령령으로 정하는 바에 따라 법령해석업무를 전문으로 하는 기관에 법령해석을 요청할 수 있다(행정기본법 제40조 제3항).

이는 법령소관기관의 법령해석에 이의가 있는 경우 법령해석을 전문으로 하는 2차적 해석기관에 해석을 요청할 수 있도록 한 것이다. 대통령령인 「법제업무운영규정」 제26조 제1항에 따르면 법령해석 전문기관은 법무부와 법제처이다. 법무부는 민사·상사·형사, 행정소송, 국가배상 관계 법령 및 법무부 소관 법령과 다른 법령의 벌칙조항에 대한 해석을 담당한다. 법제처는 법무부가 담당하는 사항을 제외한 모든 행정 관계 법령의 해석을 담당한다.

제2장 행정행위

제1절 행정행위의 관념

Ⅰ. 행정행위의 개념

1. 행정행위의 개념 정의

행정행위의 개념은 실정법상의 개념이 아니라 학문상 정립된 개념이다. 따라서 개별실정법에는 행정행위라는 용어가 직접 사용되지는 않는다. 실무상으로는 '처분' 또는 '행정처분'이라는 용어가 주로 사용되고 있다.

종래에는 이러한 행정행위의 개념에 대하여 최광의, 광의, 협의, 최협의 등으로 다양하게 설명하였으나, 오늘날에는 "행정청이 법 아래서 구체적 사실에 관한 법집행으로서 행하는 권력적 단독행위인 공법행위"로 견해가 일치되어 있다(통설·판례). 이는 행정행위의 개념에서 행정법상 계약, 공법상 합동행위 등을 제외시킨 것으로, 행정행위의 개념을 가장 좁은 의미로 이해하는 입장이다.

2. 행정행위의 개념 정립의 기초

행정행위의 개념은 실정법상의 것이 아니라 학문상의 개념으로서 행정재판제도를 가진 프랑스나 독일 등에서 형성되었다. 특히 독일에서는 행정법의 아버지라 불리는 '오토 마이어'(O. Mayer)에 의하여 정교한 이론으로 구성되었다.

행정행위의 개념이 행정재판제도를 가지는 대륙법계 국가에서 성립·발달된 이유는 이들 국가에서는 행정주체의 모든 행정활동이 행정재판의 대상이 되는 것이 아니었기 때문이다. 즉, 행정활동 중에서 특수한 법적 규율을 받아 타행정활동과 구별되는 법적 성질(예컨대 법적합성·공정성·존속성·자력집행성 등)을 가지는 일정한 행정활동만이 행정소송의 대상이 되었고, 이를 행정행위라고 칭하였던 것이다. 다시 말해 행정행위의 개념은 수많은 행정작용 중에서 행정쟁송의 대상이 되는 행위를 구별하기 위한 도구 개념으로 성립·발전된 것이다.

3. 행정행위의 개념 정립의 실익

행정행위는 행정주체의 다른 행정작용이나 사법적 행위와 그 성질상의 차이로 인하여 적용법규를 달리하고(실체법상의 차이), 쟁송절차도 달리하기 때문에(쟁송법상의 차이) 학문상 독립적으로 그 개념을 정립할 실익이 있다.

(1) 행정의사의 특성

행정행위는 사법상의 법률행위와는 달리 법의 구체화 내지 집행이므로 '행정청의 의사'는 법으로 명문화된 객관적·국가적 행정목적을 표현하는 의사에 불과하다. 따라서 행정행위에 있어서는 공무원 개인의 심리적 의사의 하자·흠결의 문제가 아니라, 오직 법과의 관계에서 행위의 효력 유무가 결정된다. 그러므로 「민법」의 의사표시에 관한 규정은 행정행위에 그대로 적용할 수 없다.

(2) 행정소송의 대상

행정행위에 대해서는 그 상대방인 국민의 입장에서 위법의 의심이 있다 해도 자신의 판단으로 그 효력을 무시하는 것이 허용되지 않는다. 따라서 행정행위의 위법을 둘러싼 분쟁에 대하여 민사소송이 아닌 행정소송(항고소송)의 방법으로 다투어야 한다.

Ⅱ. 행정행위의 개념 요소

행정행위란 '행정청이 법 아래서 구체적 사실에 관한 법집행으로서 행하는 권력적 단독행위인 공법행위'로 강학상 정의된다. 「행정심판법」과 「행정소송법」은 행정행위라는 용어 대신 처분이라는 용어를 사용하고 있는데, 이에 따르면 "처분이라 함은 행정청이 행하는 구체적 사실에 관한 법집행으로서의 공권력의 행사 또는 그 거부와 그밖에 이에 준하는 행정작용"(제2조 제1호)이다. 다음에서는 이러한 행정행위의 개념 요소에 대해 살펴보기로 한다.

1. 행정청

행정행위는 '행정청'의 행위이다. 행정청은 일반적으로 국가·지방자치단체 등의 의사를 결정·표시할 수 있는 권한을 가진 행정기관을 의미한다. 이는 조직법상의 행정청을 말하는 것이나, 학문상의 행정청의 개념은 조직법상의 개념보다 넓은 실질적·기능적 의미의 개념이다.

「행정기본법」은 행정청을 "행정에 관한 의사를 결정하여 표시하는 국가 또는 지방자치단체의 기관"이나 "그 밖에 법령등에 따라 행정에 관한 의사를 결정하여 표시하는 권한을 가지고 있거나 그 권한을 위임 또는 위탁받은 공공단체 또는 그 기관이나 사인(私人)"이라고 하여 행정청의 개념을 넓은 의미로 규정하고 있다(제2조 제2호).

「행정심판법」 역시 "행정청이란 행정에 관한 의사를 결정하여 표시하는 국가 또는 지방자치단체의 기관, 그 밖에 법령 또는 자치법규에 따라 행정권한을 가지고 있거나 위탁을 받은 공공단체나 그 기관 또는 사인(私人)을 말한다"(제2조 제4호)고 하여 넓은 의미의 행정청의 개념을 규정하고 있다.

따라서 행정청은 국가·지방자치단체의 행정기관에 한하지 않고, 공공단체 또는 사인이라도 국가로부터 행정권을 부여받은 범위 안에서 행정청에 포함된다. 또한 행정청의 보조기관도 행정권한을 위임받으면 행정청이 된다. 행정청은 대부분 독임제행정청이지만, 감사원·소청심사위원회·노동위원회 등과 같은 합의제행정청도 있다.

2. 행정청의 법적 행위

행정행위는 행정청의 '법적 행위'이다. 여기서 법적 행위는 외부에 대하여 직접적인 법적 효과를 발생하는 행위를 말한다. 즉, 행정행위는 당해 행위로써 국민의 권리·의무가 창설되거나 박탈되고 그 범위가 확정되는 등 기존의 권리 상태에 어떤 변동을 직접적으로 야기시키는 행위이다. 그러므로 법적 효과를 발생시키지 않는 단순한 사실행위(예컨대 도로·하천공사, 서류의 정리, 단순한 보고·통지 등)는 행정행위가 아니다. 또한 행정기관 상호 간의 내부적 행위[1]도 행정행위가 아니다.

3. 행정청의 공권력 행사와 그 거부

(1) 공권력 행사

행정행위는 행정청의 공권력 행사로서의 성질을 가지는 행위이다. 즉, 행정행위는 행정청에 의한 공법행위로서 공권력의 행사 내지 우월한 일방적 의사의 발동으로 행하는 단독행위만을 의미한다.

행정청의 행위일지라도 물품구입·국공유재산의 불하·대부·매각·양여 등의 사법행위나 사법적 형식에 의하여 국민의 일상생활을 배려하는 행정사법행위 등

---

1) 국민의 구체적인 권리의무에 직접적인 변동을 초래케 하는 것이 아닌 내부적 내규 및 내부적 사업계획에 불과한 내신성적 산정지침은 행정행위가 아니다(대법원 1994.9.10. 선고 94두33 판결).

은 행정행위가 아니다.

> **[판 례]** 산림청장이나 그로부터 권한을 위임받은 행정청이 산림법 등이 정하는 바
> 에 따라 국유임야를 대부하거나 매각하는 행위는 사경제적 주체로서 상대방과 대등
> 한 입장에서 하는 사법상 계약이지 행정청이 공권력의 주체로서 상대방의 의사 여
> 하에 불구하고 일방적으로 행하는 행정처분이라고 볼 수 없으며 이 대부계약에 의
> 한 대부료부과 조치 역시 사법상 채무이행을 구하는 것으로 보아야지 이를 행정처
> 분이라고 할 수 없다(대법원 1993.12.7. 선고 91누11612 판결).

또한, 공법상 계약·공법상 합동행위 등은 공권력 행사로서의 성질을 가지지
않기 때문에 행정행위가 아니다.

(2) 공권력 행사의 거부행위

행정행위는 적극적인 공권력 행사의 결과인 것이 보통이나, 그 소극적 형태를
취하는 거부와 부작위의 경우도 있으며, 거부처분과 부작위도 행정행위에 해당하
며 「행정심판법」과 「행정소송법」은 이를 명문으로 규정하고 있다(제2조).

거부행위가 항고소송의 대상이 되는 행정처분이 되기 위해서는, 그 신청한 행
위가 공권력의 행사 또는 이에 준하는 행정작용이어야 하고, 그 거부행위가 신청
인의 법률관계에 어떤 변동을 일으키는 것이어야 하며, 그 국민에게 그 행위발동
을 요구할 법규상·조리 상의 신청권이 있어야 한다.

예컨대 건축계획 심의신청을 반려한 행위는 반려처분으로 항고소송의 대상이
된다. 이는 건축허가신청 이전에 먼저 건축위원회 심의를 신청하도록 한 「건축법」
부칙의 규정과 일부 자치단체의 조례 등이 건축계획심의를 신청할 권리를 법률상
인정하고 있다는 것을 의미한다.[2]

판례는 법령 소정의 형식적 요건을 모두 갖춘 신고의 경우 행정청은 수리하
여야 하며 수리 그 자체를 거부할 수 없는 것으로 보았다.[3] 그리고 허가신청이 법
정 요건에 합치할 때 공익상 필요가 없음에도 불구하고 관계 법령에서 정하는 제
한 사유 이외의 사유를 들어 거부처분을 할 수 없다고 보았다.[4]

4. 행정청의 구체적 사실에 관한 법집행행위

행정행위는 행정청이 법 아래서 '구체적 사실을 규율'하기 위한 행위이다. 행
정행위는 구체적 사실을 규율하는 행위이기 때문에 일반적·추상적인 규율을 행하

---

2) 대법원 1996.9.10. 선고 96누1399 판결.
3) 대법원 1996.7.12. 선고 95누11665 판결.
4) 대법원 1996.7.12. 선고 96누5292 판결.

는 행정입법은 특정 범위의 사람을 대상으로 하는 경우에도 행정행위가 아니다.
그러나 고시가 다른 집행행위의 매개 없이 그 자체로서 법률관계를 직접 규율하는
성격을 가지는 경우 항고소송의 대상이 되는 행정처분이 된다.[5]

또한 구체적 사실을 규율하는 행위인 이상 불특정다수인을 대상으로 하는 일
반처분도 행정행위이다.[6] 일반처분은 인적인 규율대상은 일반적이나, 그 규율내용
은 한정된 시간적·공간적 사항만을 규율하는 점에서 구체적 규율을 의미한다.

Ⅲ. 행정행위와 처분의 구별

「행정기본법」은 "처분이란 행정청이 구체적 사실에 관하여 행하는 법 집행으
로서 공권력의 행사 또는 그 거부와 그 밖에 이에 준하는 행정작용을 말한다"(제2
조 제4호)라고 정의하고 있다. 「행정심판법」역시 "처분이라 함은 행정청이 행하는
구체적 사실에 관한 법집행으로서의 공권력의 행사 또는 그 거부와 그밖에 이에
준하는 행정작용을 말한다"(제2조 제1호)라고 정의하고 있고, 「행정소송법」은 동일
한 처분개념을 받아들이면서 그 처분과 행정심판에 대한 재결을 합쳐 '처분 등'이
라 정의하고 있다. 「행정절차법」역시 「행정기본법」과 「행정심판법」상의 처분개념
을 받아들이고 있다(제2조 제2호).

이에 따라 학문상의 행정행위 개념과 행정쟁송법상의 처분개념을 동일한 것
으로 볼 것인지 아니면 다른 것으로 볼 것인지의 문제가 제기된다. 이에 대해 양
자를 동일하게 보는 일원설과 양자를 구별하는 이원설이 대립되고 있다.

1. 일원설

일원설은 학문상의 행정행위 개념과 행정쟁송법상의 처분개념은 동일하게 보
는 견해이다. 이는 실체법상 개념설 내지 행정행위 일원설이라고도 한다.

2. 이원설

이원설은 학문상 행정행위 개념과 행정쟁송법상의 처분개념을 다른 것으로
보는 견해이다. 즉, 실체법상의 행정행위뿐만 아니라 그 밖에 일정한 다른 행정
작용을 행정쟁송의 대상이 되는 처분으로 본다. 이는 쟁송법적 개념설이라고도

---

5) 항정신병 치료제의 요양급여에 관한 보건복지부 고시가 다른 집행행위의 매개 없이 그 자체로
서 제약회사, 요양기관, 환자 및 국민건강보험공단 사이의 법률관계를 직접 규율하는 성격을
가지는 경우에는 항고소송의 대상이 되는 행정처분에 해당한다(대법원 2003.10.9. 자 2003무23
결정).
6) 도로통행금지·야간통행금지·입산금지·도로의 공용개시·공용폐지와 기계화의 수단에 의한 민
방위경보·교통신호 등은 그 예이다.

한다.

3. 평　가

현행 행정쟁송법상의 처분개념은 분명히 행정행위보다 넓은 개념이다. 위의
처분개념의 정의는 '구체적 사실에 관한 법 집행으로서의 공권력의 행사 또는 그
거부'와 '그 밖에 이에 준하는 행정작용'이라는 두 부분으로 나눌 수 있는데, 전반
부는 행정행위이지만 후반부는 행정행위는 아니지만 행정행위에 준하는 행위를
의미한다.

따라서 현행 행정쟁송법에 따르면 행정행위가 아닌 행위도 경우에 따라서는
행정소송의 대상이 될 수 있다. 이는 다양한 행정작용으로 인한 국민의 권익침해
에 대하여 그 구제의 폭을 넓히려는 의도에서이다. 즉, 비록 행정행위는 아니지만
그에 준하는 행정작용을 처분이라는 개념 아래 포함하여 행정쟁송의 대상으로 삼
음으로써 권익구제를 확대하려는 것이다. 결론적으로 행정행위와 행정쟁송법상의
처분은 동일하지 않다. 행정행위는 실체법상의 개념이고, 처분은 행정쟁송법상 인
정된 개념이다.

4. 처분과 제재처분

「행정기본법」은 처분이라는 개념과는 별도로 제재처분이라는 개념을 규정하
고 있다. 이에 따르면 제재처분은 "법령등에 따른 의무를 위반하거나 이행하지 아
니하였음을 이유로 당사자에게 의무를 부과하거나 권익을 제한하는 처분"을 말
한다(제2조 제5호). 즉 제재처분은 법령등의 의무위반이나 불이행을 이유로 부과
되는 의무(예: 과징금) 또는 권익을 제한하는 처분(예컨대 운전면허 취소·정지, 영업허
가 취소·정지 등)을 말한다. 따라서 조세부과처분처럼 의무위반 내지 의무불이행 없
이 당사자에게 과해지는 처분은 제재처분에 해당하지 않는다.

「행정기본법」이 일반적인 처분과는 달리 제재처분을 별도로 규정하는 이유
는, 제재처분 관련 법적용 기준인 행위시법주의 및 그 예외(제14조 제3항), 제재처분
법률주의(제22조), 제재처분 제척기간(제23조), 처분의 재심사에서 제재처분 배제(제
37조)와 같이 일반적인 처분과는 다른 제재처분만의 별도의 규율이 있기 때문이다.
다만 행정상 강제(행정대집행, 이행강제금, 직접강제, 강제징수, 즉시강제)는 제재처분에
포함되지 않기 때문에 제재처분에 대한 규정들이 적용되지 않는다.

Ⅳ. 행정행위의 기능

1. 실체법적 기능

행정행위는 그 상대방에 대해 그 내용에 따라 권리·의무를 발생·변경·소멸시키는 실체법적 기능을 수행한다. 하명·허가·면제 등의 명령적 행위와 특허·인가·대리 등의 형성적 행위가 그 예이다.

행정행위는 행정청의 구체적 사실에 관한 법집행행위이므로 행정청에게는 권한과 의무를 부과하는 기능을 수행한다. 법령은 행정청에게 행정행위를 발령할 수 있는 권한 및 그 한계를 규정하고 있다.

2. 절차법적 기능

행정행위는 행정절차를 종결시키는 인정행위로서 기능을 수행한다. 부담적 행정행위의 절차적 요건으로서 고지·청문·서류열람·이유부기 등에 관한 절차규정이 그 예이다.

3. 쟁송법적 기능

현행 「행정심판법」과 「행정소송법」은 행정쟁송의 대상에 '처분성'을 요구하고 있다. 따라서 행정심판 또는 행정소송을 제기하여 권익구제를 받기 위해서는 권익을 침해하는 행위에 '처분성'이 있어야 한다. 이처럼 '처분성'이 인정되는 경우에 한하여 행정쟁송을 통한 구제가 허용되는 것이기 때문에 행정행위는 쟁송법적 기능을 수행하는 것이다.

4. 집행권원 기능

행정행위는 그에 의하여 부과된 의무를 상대방이 이행하지 않는 경우 그 의무이행을 자력으로 강제할 수 있는 권원 또는 집행권원을 제공하는 기능을 수행한다. 「행정대집행법」, 「국세징수법」 등이 행정대집행·행정상 강제징수 등의 의무이행확보수단을 규정하고 있는 것은 이 집행권원을 토대로 한 것이다.

Ⅴ. 행정행위의 특성

행정행위는 공권력의 발동으로 행하는 우월한 행정의사의 발동인 까닭에 대등한 당사자 사이의 행위인 사법상의 법률행위와 구별되는 여러 가지 특성을 가지는 것이 보통이다. 이러한 행정행위의 특성으로는 ① 법적합성, ② 공정성, ③ 불가쟁성, ④ 불가변성, ⑤ 강제성, ⑥ 권리구제의 특수성 등을 들 수 있다.[7]

제 2 절 행정행위의 분류

Ⅰ. 행정행위의 내용에 따른 구별

1. 법률행위적 행정행위

법률행위적 행정행위란 의사표시(효과의사)를 구성요소로 하고 그 표시된 효과의사의 내용에 따라서 법률적 효과를 발생하는 행위를 말한다. 하명·허가·특허·인가 등이 그 예이다.

2. 준법률행위적 행정행위

준법률행위적 행정행위란 의사표시(효과의사) 이외의 정신작용(판단·인식·관념 등)을 구성요소로 하고 그 법률적 효과는 행위자의 의사와는 무관하게 직접 법규가 정하는 바에 따라 발생하는 행위를 말한다. 확인·공증·통지·수리 등이 그 예이다.

3. 구별실익

양자의 구별실익으로는 법률행위적 행정행위는 그 효과의사를 스스로 제한하는 의미에서 그 행위에 부관을 붙일 수 있으나, 준법률행위적 행정행위에는 그 행위에 부관을 붙일 수 없다는 것을 들고 있다.

양자의 구별은 사법상의 법률행위 개념을 유추하여 분류한 것이나, 행정행위와 사법상의 법률행위는 성질상 이질성을 가지고 있다는 점을 간과하고 있다. 따라서 행정법상 법률행위적 행정행위와 준법률행위적 행정행위의 구별은 그 실익이 거의 없고, 그 구별의 기준으로 부관을 붙일 수 있는 여부를 결정하는 것은 타당하지 않다.

Ⅱ. 법률효과의 성질에 따른 구별

1. 수익적 행정행위

수익적 행정행위는 상대방에게 권리 또는 이익을 부여하거나 권리의 제한을 없애는 행정행위를 말한다. 예컨대, 허가·특허·인가·면제 또는 부담적 행정행위의 철회·수익적 행정행위의 취소의 취소 등이 있다. 수익적 행정행위는 상대방이나 제3자의 신뢰보호와 법적 안정성의 유지라는 관점에서 그 취소나 철회가 제한되는 것이 보통이다.

---

7) 행정행위의 특성에 대한 자세한 내용은 후술하는 "행정행위의 효력" 부분을 참조바람.

2. 침해적(부담적) 행정행위

침해적 행정행위는 국민에게 의무를 부과하거나 권리·이익을 거부·침해하는 등 상대방에 불리한 효과를 발생시키는 행위를 말한다. 이는 부담적 행정행위·침익적 행정행위 라고도 한다. 명령·금지·박권(剝權)행위·수익적 행정행위의 취소나 철회 등이 그 예이다.

3. 이중효과적(복효적) 행정행위

이중효과적 행정행위는 하나의 행정행위가 이익과 불이익의 효과를 동시에 발생시키는 행정행위를 말한다. 이는 복효적 행정행위라고도 한다. 이중효과적 행정행위는 세부적으로 '제3자효 행정행위'와 '혼합효 행정행위'로 나누어진다.

제3자효 행정행위는 두 사람 이상의 상대방을 가지고 그 가운데 적어도 한 사람이 이익을 부여받고 동시에 다른 한 사람이 불이익을 받는 경우의 행정행위를 말하고(예컨대 건축허가), 혼합효 행정행위는 상대방에 대하여 동시에 수익적 효과와 침해적 효과를 발생하는 행정행위를 말한다(예컨대 부담부 행정행위).

Ⅲ. 법규에의 구속 정도에 따른 구별

1. 기속행위

기속행위는 행정법규가 어떤 요건에 어떤 행위를 할 것인가에 대하여 일의적·확정적으로 규정함으로써 행정청은 그 효과에 대한 선택 또는 결정의 영역을 가지지 못한 채 오직 그 법규를 집행함에 그치는 경우의 행정행위를 말한다.

2. 재량행위

재량행위는 법규의 테두리 안에서 행정청이 행위요건을 실현함에 있어서 여러 가지 방법 중에서 그 하나를 선택 또는 결정할 수 있는 행정행위를 말한다. 따라서 이러한 범위 안에서 법규 구속의 정도가 완화되는 것일 뿐 법규에 근거하고 법규에 따라서 집행한다는 점에서는 기속행위와 차이가 없다.

Ⅳ. 행정행위의 대상에 따른 구별

1. 대인적 행정행위

대인적 행정행위는 의사면허나 자동차운전면허 등에서 보듯이 순전히 사람의 학식·기술·경험과 같은 주관적 사정에 착안하여 행하여지는 행정행위를 말한다. 대인적 행정행위의 효과는 일신전속적이기 때문에 다른 사람에게 이전할 수 없다.

2. 대물적 행정행위

대물적 행정행위는 건축허가, 건축물준공검사 등에서 보듯이 오직 물건의 객관적 사정에 착안하여 직접 물건에 대하여 법률상의 자격을 부여하며, 그에 대해 새로운 권리관계나 법률관계를 형성하는 행정행위를 말한다. 대물적 행정행위의 효과는 다른 사람에게 이전할 수 있으나, 행정기관의 승인을 받게 하거나 신고하게 하는 것이 보통이다.

3. 혼합적 행정행위

혼합적 행정행위는 인적인 자격요건 이외에 물적 요건 등 양쪽 요소를 가지는 경우의 행정행위를 말한다. 총포류제조허가 등이 그 예이다.

V. 상대방의 협력여부에 따른 구별

1. 일방적 행정행위

일방적 행정행위는 상대방의 의사와 관계없이 행정청이 직권에 의해 일방적으로 행하는 행정행위를 말한다. 예컨대, 조세부과·경찰하명·허가의 취소·공무원의 징계 등이 이에 해당한다.

2. 협력을 요하는 행정행위

협력을 요하는 행정행위는 상대방의 신청·동의·출원 등을 근거로 하여 행해지는 행정행위를 말한다. 이를 쌍방적 행정행위라고도 한다. 예컨대 영업허가·공기업 또는 공물 사용 특허 신청에 대한 특허 등이 이에 해당한다.

협력을 요하는 행정행위는 그 협력이 행정행위의 단순한 동기이냐 또는 전제요건이냐에 따라 ① 신청을 요하는 행정행위, ② 동의를 요하는 행정행위로 구분된다.

VI. 형식의 필요여부에 따른 구별

1. 요식행위

요식행위는 행정행위의 내용을 명백·확실하게 하려고 법령에서 서면·서명·날인 기타 일정한 형식에 의할 것을 행위의 요건으로 하는 행정행위를 말한다. 예컨대, 서면에 의한 결정 통보(행정심판법 제46조의 행정심판재결), 원부에 등록(변호사법 제7조의 변호사의 등록) 등이 이에 해당한다.

2. 불요식행위

불요식행위는 서면 등의 형식에 의할 것을 행위의 요건으로 하지 아니하는 행정행위를 말한다. 행정행위는 일반적으로 불요식행위이다.

제 3 절   제3자효 행정행위

I. 제3자효 행정행위의 의의

제3자효 행정행위는 하나의 행정행위이면서도 두 사람 이상의 당사자를 가지고 그 가운데 적어도 한 사람이 이익을 부여받고 동시에 다른 한 사람 이상이 불이익을 받는 경우의 행정행위를 말한다. 제3자효 행정행위는 혼합효 행정행위와 더불어 이중효과적(복효적) 행정행위의 한 형태이다. 제3자효 행정행위가 1인에게는 이익을 타인에게는 불이익을 주는 것에 비해, 혼합효 행정행위는 동일인에게 복수의 효과가 발생하는 점에서 차이가 있다.

제3자효 행정행위의 개념을 인정하게 된 것은 취소소송에 있어서 원고적격의 확대화 경향에 따라 그동안 원고적격이 부정되었던 제3자 또는 주민에게 원고적격이 널리 인정되었기 때문이다.

II. 제3자효 행정행위의 특색

1. 복수의 당사자

제3자효 행정행위는 법적으로 이해가 상반되는 복수의 상대방을 가지는 행정행위라는 점에서 한 사람의 상대방에 대하여 수익적 또는 부담적 효과를 발생하는 수익적 행정행위 또는 부담적 행정행위와는 다른 특색이 있다.

2. 당사자 간 이해의 상반성

제3자효 행정행위는 수익적 효과와 부담적 효과를 동시에 발생시키는데, 그 법적 효과의 상대방이 서로 다르므로 당사자 간의 이해가 상반되는 특색이 있다. 예를 들면 건축허가는 건축주에게는 적법하게 건축물을 건축할 수 있는 이익을 부여하는 것이나 동시에 인근 주민에게는 일조권침해 등의 불이익을 가져다주게 된다.

3. 개인법익 간의 대립

수익적 행정행위나 부담적 행정행위의 경우에 그 취소나 철회는 공익과 개인

법익 간 대립의 문제이지만, 제3자효 행정행위의 경우에 있어서는 공익과 개인법익 간의 대립뿐만 아니라 수익적 효과를 누리는 상대방의 개인법익과 부담적 효과의 상대방이 되는 제3자의 개인법익이 상반되기 때문에 행정청은 그의 권한행사에 있어서 일정한 형량을 하여야 한다.

Ⅲ. 제3자의 행정절차 참가

제3자효 행정행위에 있어 그 부담적 효과의 상대방인 제3자에게도 당해 행정행위를 행하기 전에 의견진술 기타 청문절차를 인정하는 등 행정절차에의 참가의 기회가 보장되어야 한다. 특히 부담적 효과의 상대방은 특정인이 아니라 지역주민 또는 소비자 등이 되는 것이 보통인데, 이들의 생존권적인 생활이익을 보호하기 위해서는 청문 등 사전절차에의 참가가 보장되는 것이 바람직하다.

현행 「행정절차법」은 이해관계인을 '당사자 등'에 포함시켜 행정절차에의 참가권을 인정하고 있다. 즉, 행정청은 당사자에게 의무를 과하거나 권익을 제한하는 처분을 하는 경우에는 일정한 사항을 당사자 등에게 통지하도록 하였고(제21조), 의견제출의 기회를 부여하고 있다(제22조 제3항). 그런데 여기서 '당사자 등'이라 함은 행정청의 처분에 대하여 직접 그 상대가 되는 당사자와 행정청이 직권 또는 신청에 의하여 행정절차에 참여하게 한 이해관계인을 말한다고 정의하고 있으므로(제2조 제4호), 행정청의 직권 또는 신청에 의하여 행정절차에 참여하게 되지 않는 한, 모든 이해관계가 있는 제3자에게 행정처분이 통지되는 것은 아니며, 또한 의견 제출의 기회가 주어지는 것도 아니다.

결국 제3자의 경우 「행정절차법」상 절차참가가 원칙상 보장되는 것이 아니고, 행정청의 판단에 의해 결정되는 상황이다. 따라서 이해관계 있는 제3자의 행정절차에의 참가가 확대될 수 있도록 앞으로 입법 개선이 필요하다.

Ⅳ. 제3자효 행정행위의 철회와 직권취소

1. 제3자효 행정행위의 철회

(1) 의   의

제3자효 행정행위의 철회에 있어서도 일반 행정행위의 철회와 마찬가지로 이익형량의 원칙이 적용된다. 즉, 제3자효 행정행위의 철회에 있어서 수익적 효과를 향수하는 자의 권익보호와 아울러 부담적 효과를 받는 자의 이익을 함께 고려하여 철회 여부를 결정하여야 한다. 이 경우에도 제3자효 행정행위의 존속이 제3자에게 불이익이 되는 경우와 제3자에게 이익이 되는 경우가 있으므로 철회 여부를 구분하여 논할 필요가 있다.

(2) 제3자에게 불이익이 되는 경우

행정행위의 존속이 제3자의 이익을 침해할 때는 그 침해의 정도나 당해 이익의 내용·보호할 필요성의 정도에 따라 철회 여부를 결정하여야 한다.

(3) 제3자에게 이익이 되는 경우

행정행위의 존속이 제3자에게 이익이 되는 경우는 당해 행정행위의 철회가 제3자에게 불이익을 주는 것을 의미한다. 그러므로 철회 여부는 제3자의 불이익의 방지라는 관점에서 결정하여야 한다. 즉, 직접 상대방에 대한 관계에서 수익적 행정행위인 인·허가사업(예컨대 자동차운수사업·건설업·음식점영업 등)은 일반 국민이 이용하는 것이기 때문에, 그 인·허가의 철회가 일반 국민에게 불편을 주는 결과가 된다. 따라서 인·허가사업의 철회로 수급상의 균형이 깨져 사회적 큰 혼란이 생기게 되는 때에는 철회 사유가 있더라도 그 철회는 제한될 수 있다.

제3자효 행정행위의 철회의 제한을 인정하면 사업자의 의무이행확보가 어렵게 되는 문제가 생기므로 그에 대처하는 수단으로 과징금제도가 활용되기도 한다.

2. 제3자효 행정행위의 직권취소

위법한 제3자효 행정행위의 직권취소의 경우, 불가쟁력 발생 전에는 부담적 효과를 받는 자의 권익보호를 위하여 취소가 자유로이 인정되어야 하지만, 불가쟁력 발생 후에는 수익적 효과를 향수하는 자의 신뢰보호를 위하여 직권취소가 제한되어야 할 것이다.

V. 제3자효 행정행위와 행정소송

1. 쟁송제기기간

현행 「행정심판법」과 「행정소송법」은 행정쟁송의 제기기간을 규정하고 있고 행정심판 임의주의를 채택하고 있는데, 이는 제3자가 제기하는 행정쟁송의 경우에도 적용된다. 행정심판이나 취소소송은 처분이 있음을 안 날로부터 90일 이내에 제기하여야 한다. 처분이 있음을 알지 못한 경우에는 행정심판의 경우에는 처분이 있은 날로부터 180일 이내에 제기하여야 하고, 행정소송의 경우는 1년을 경과하면 제기하지 못한다(행정심판법 제27조, 행정소송법 제20조).

그런데 처분의 직접 상대방이 아닌 제3자에게는 처분이 통지되지 않기 때문에 행정처분이 있음을 알 수가 없는 것이 보통이다. 따라서 제3자는 행정심판의 경우에는 처분이 있은 날로부터 180일 이내에 제기하여야 하고, 행정소송의 경우는 1년을 경과하기 전에 제기하여야 한다는 규정의 적용을 받는다. 그러나 제3자가 어떤 경위로든 행정처분이 있음을 알았거나 쉽게 알 수 있었던 경우에는 그 때로부터 90일 이내에 행정심판이나 행정소송을 제기하여야 한다.[8]

2. 원고적격

오늘날에는 인인소송(인근주민소송), 경업자소송과 경원자소송에 있어 제3자의 원고적격을 인정하고 있다.

(1) 인인소송(인근주민소송)

인인소송은 제3자효 행정행위에 있어 부담적 효과의 상대방인 인근 주민이 해당 행정행위의 취소를 구하는 행정소송을 말한다. 대법원은 위법한 연탄공장 건축허가로 주거생활상의 불이익을 받은 인근 거주자들이 제기하는 연탄공장 건축허가처분 취소청구소송에서 최초로 인근주민의 원고적격을 인정하였다. 즉, 연탄공장허가처분으로 그 이익이 침해된 자는 당해 처분의 상대자가 아니라도 그 취소를 구할 법률상 이익이 있다고 본 것이다.[9] 이는「도시계획법」과「건축법」상의 주거의 안녕과 생활환경보호의 이익 등을 넓은 의미의 공권(보호이익)으로 인정한 것을 의미한다.

더 나아가 대법원은 환경영향평가 대상지역 내의 주민에게 대상사업에 대한 처분의 취소를 구할 원고적격이 있음을 광범위하게 인정하고 있다.

(2) 경업자소송

경업자소송은 행정청의 신규업자에 대한 행정처분에 대하여 기존업자가 그의 취소를 구하는 소송을 말한다. 일반적으로 면허나 인·허가 등의 수익적 행정처분의 근거가 되는 법률이 해당 업자들 사이의 과당경쟁으로 인한 경영의 불합리를 방지하는 것을 그 목적으로 하는 경우라면, 다른 업자에 대한 면허나 인·허가 등의 수익적 행정처분에 대하여 이미 같은 종류의 면허나 인·허가 등의 수익적 행정처분을 받아 영업을 하는 기존의 업자는 당해 행정처분의 취소를 구할 원고적격이 있다.

대법원은 기존업자가 제기한 신규업자에 대한 선박운송사업 면허처분의 취소소송에서 기존업자의 원고적격을 인정하였고,[10] 또 기존 시내버스업자가 제기한 다른 시외버스업자에 대한 시외버스의 시내버스로의 전환을 허용하는 사업계획변경인가처분의 취소소송에서도 기존업자의 원고적격을 인정하였다.[11]

---

8) 대법원 1997.9.12. 선고 96누14661 판결; 대법원 1996.9.6. 선고 95누16233 판결.
9) 대법원 1975.5.13. 선고 73누96, 97 판결.
10) 대법원 1969.12.30. 선고 69누106 판결.

> **[판 례]** 구 오수·분뇨 및 축산폐수의 처리에 관한 법률과 같은 법 시행령상 업종을 분뇨와 축산폐수 수집·운반업 및 정화조청소업으로 하여 분뇨 등 관련 영업허가를 받아 영업을 하고 있는 기존 업자의 이익이 법률상 보호되는 이익이라고 보아, 기존 업자에게 경업자에 대한 영업허가처분의 취소를 구할 원고적격이 있다(대법원 2006.7.28. 선고 2004두6716 판결).

(3) 경원자소송

경원자소송이란 허가 등 수익적 행정처분을 신청한 여러 명이 서로 경쟁관계에 있어서 한쪽에 대한 허가가 다른 쪽에 대한 불허가가 될 수밖에 없는 경우에서 허가 등의 처분을 받지 못한 자가 제기하는 소송을 말한다. 경원자소송에서 허가 등의 처분을 받지 못한 자는 비록 경원자에 대하여 이루어진 허가 등 처분의 상대방이 아니라 하더라도 당해 처분의 취소를 구할 원고적격을 가진다.

> **[판 례]** (법학전문대학원 설치인가에서 탈락한 학교법인 조선대학교가 교육과학기술 부장관을 상대로 설치인가처분에 대한 취소를 구한 사안에서) 원고를 포함하여 법학전문대학원 설치인가 신청을 한 41개 대학들은 2,000명이라는 총 입학정원을 두고 그 설치인가 여부 및 개별 입학정원의 배정에 관하여 서로 경쟁관계에 있고 이 사건 각 처분이 취소될 경우 원고의 신청이 인용될 가능성도 배제할 수 없으므로, 원고가 이 사건 각 처분의 상대방이 아니라도 그 처분의 취소 등을 구할 원고적격이 있다(대법원 2009.12.10. 선고 2009두8359 판결).

3. 집행정지

제3자효 행정행위의 부담적 효과의 상대방인 지역주민 등 제3자에게 원고적격이 인정되는 경우에는 당해 행정행위를 대상으로 하는 취소심판이나 취소소송을 제기할 수는 있다. 그러나 이익자가 건축허가에 따라 건축물의 건설을 완료하게 되면 쟁송목적인 건축행위를 저지하지 못하는 문제가 생긴다.

따라서 건축행위를 저지하기 위해서는 건축물이 완공되기 이전에 그것을 저지할 수 있는 가구제의 조치가 필요하며, 이에 따라 「행정심판법」이나 「행정소송법」은 집행정지제도를 규정하고 있다. 즉, 연탄공장허가처분 또는 LPG충전소 설치허가처분으로 불이익을 받은 자는 그 허가처분의 취소소송을 제기하고, 그 행위로 회복하기 어려운 손해를 예방하기 위하여 긴급한 필요가 있다고 인정할 때에는 법원에 그 행위의 집행정지를 신청할 수 있다(행정심판법 제30조, 행정소송법 제23조).

---

11) 대법원 1987.9.22. 선고 85누985 판결.

제 4 절 재량행위와 기속행위

I. 개 설

1. 재량행위와 기속행위의 개념

(1) 재량행위의 개념

재량행위는 행정청이 법률에서 규정한 행위요건을 실현하면서 복수의 행위 간에 선택의 자유가 인정되는 경우를 말한다. 이는 법규가 허용한 조치를 할 수도 안 할 수도 있는 재량인 결정재량과 법규가 허용한 여러 조치 중에서 어느 것을 할 것인지의 재량인 선택재량으로 구분된다.

「행정기본법」제21조는 "행정청은 재량이 있는 처분을 할 때에는 관련 이익을 정당하게 형량하여야 하며, 그 재량권의 범위를 넘어서는 아니 된다"라고 규정하여 재량행사의 기준을 명시하고 있다.

(2) 기속행위의 개념

기속행위는 행정법규가 어떤 요건에 해당할 때, 어떤 행위를 할 것인가의 여부(효과)에 대하여 일의적·확정적으로 규정함으로써 행정청은 법규가 정한 바를 단순히 집행하는 데 그치는 경우의 행위를 말한다. 다시 말해 기속행위란 법규의 요건이 충족되면 행정청이 반드시 어떠한 행위를 발해야 하는 행위를 말한다. 따라서 이는 법의 기계적인 집행으로서의 행정행위를 말한다.

> **[판 례]** 구 출입국관리법의 체계와 입법 취지를 종합하면, 난민 인정에 관한 신청을 받은 행정청은 원칙적으로 법령이 정한 난민 요건에 해당하는지를 심사하여 난민 인정 여부를 결정할 수 있을 뿐이고, 이와 무관한 다른 사유만을 들어 난민 인정을 거부할 수는 없다(대법원 2017.12.5. 선고 2016두42913 판결).

(3) 재량행위와 기속행위의 평가

재량행위와 기속행위는 개념적으로 구별하는 것이 일반적이나, 재량행위도 법의 구속으로부터 자유로운 것은 아니기 때문에 기속행위와 본질적인 차이가 있는 것은 아니다. 재량행위와 기속행위는 양적 차이에 불과한 상대적인 구분이라고 할 수 있다.

2. 기속재량과 자유재량과의 관계

종래의 학설은 재량을 기속재량과 자유재량으로 구분하는 견해가 유력하였으나, 현재는 그와 같은 입장을 찾아보기가 어렵다. 다만, 판례는 여전히 기속재량과 자유재량을 구분하고 있다. 어느 행정행위가 기속행위인지 재량행위인지 나아가 재량행위라 할지라도 기속재량행위인지 또는 자유재량에 속하는 것인지는 이를 일률적으로 규정지을 수 없고, 당해 처분의 근거가 된 법규의 체제·형식과 그 문언, 당해 행위가 속하는 행정 분야의 주된 목적과 특성, 당해 행위 자체의 개별적 성질과 유형 등을 모두 고려하여 판단하여야 한다는 것이다.[12]

(1) 기속재량

기속재량은 무엇이 법인지를 판단하는 재량이다. 즉, 법규가 행정행위의 전제에 대하여 일의적으로 규정하지 아니하고 법의의 판단과 해석의 여지를 남겼다고 하더라도, 그것은 전혀 행정청의 자유로운 판단에 맡긴 것을 의미하는 것이 아니라 법규의 해석·적용에 관한 법률적 판단의 여지를 부여한 데 그치는 재량을 말한다. 따라서 그 재량을 그르친 행위는 기속행위에 있어서 위반과 마찬가지로 위법이 되어 사법심사의 대상이 되는 법률문제가 된다.

판례는 일반음식점영업허가, 채광계획인가, 법령상 제한지역 외에서의 건축허가, 법령상 제한구역 외에서의 주유소설치허가 등을 기속재량행위로 보고 있다.

(2) 자유재량(공익재량)

자유재량은 무엇이 공익목적 내지 행정목적에 보다 적합한 것인지를 판단하는 재량, 즉 행정의 편의성·행정의 합목적성에 관한 재량을 말한다. 자유재량은 공익재량이라고도 한다. 자유재량은 그 재량을 그르친 경우에도 부당행위가 되는 것에 불과하여 자율적 시정의 대상은 되지만 사법심사의 대상은 되지 않는다.

대법원은 대학교수의 임용 여부는 임용권자가 「교육법」상 대학교수 등에게 요구되는 고도의 전문적인 학식과 교수능력 및 인격 등을 고려하여 합목적적으로 판단할 자유재량에 속하는 것으로 본다.[13] 판례는 더 나아가 의사자격정지처분, 자동차운수사업계획변경인가, 산림형질변경허가, 농지전용허가 등을 자유재량행위로 보고 있다.

(3) 평 가

재량행위는 복수행위 간 선택의 자유를 의미하므로 모든 재량은 자유재량이며, 모든 재량은 한계에 의해 기속 받게 되므로 기속재량일 수밖에 없다. 따라서 자유재량 아닌 재량이 없고, 기속재량 아닌 재량이 없다는 점에서 양자의 구별은 무의미하다고 할 수 있다.[14]

---

12) 대법원 2014.4.10. 선고 2012두16787 판결; 대법원 2018.10.4. 선고 2014두37702 판결.
13) 대법원 2006.9.28. 선고 2004두7818 판결.

판례가 학설과는 달리 재량을 기속재량과 자유재량으로 구분하는 것은 이론적으로 모순되며, 특히 기속재량행위에는 부관을 붙일 수 없고, 가령 부관을 붙였다 하더라도 이는 무효라는 견해[15]는 동의하기 어렵다.

II. 재량행위와 기속행위의 구별실익

1. 사법심사의 범위

기속행위와 재량행위는 사법심사의 대상이 되는 점에서는 동일하나, 범위에 있어서 상이하다. 즉, 기속행위는 전면적 범위의 사법심사의 대상이나, 재량행위는 재량권의 한계를 넘는 경우(재량의 일탈·남용)에 한해서만 제한적으로 사법심사의 대상이 된다. 「행정소송법」 제27조는 "행정청의 재량에 속하는 처분이라도 재량권의 한계를 넘거나 그 남용이 있는 때에는 법원은 이를 취소할 수 있다"라고 재량행위의 한계를 규정하고 있다. 이는 재량행위는 재량권 일탈·남용이 없는 한 적법한 것이므로 사법심사의 대상이 되지 않는다는 의미이다.

여기서 사법심사의 대상에서 제외된다는 것은 종래 통설의 견해처럼 재량행위에 대한 행정소송을 제기하는 경우 법원은 청구내용에 대해 심사를 하지 않고 각하해야 한다는 의미가 아니다. 오히려 법원은 재량행위에 대해서도 재량권의 남용이나 일탈이 있는지를 심사하여야 하며, 그 결과 재량권의 남용 등이 없는 경우에 기각판결을 할 수 있다는 의미이다.

2. 사법심사의 방식

기속행위에 대한 사법심사는 그 법규에 대한 원칙적인 기속성으로 인하여 법원이 사실인정과 관련 법규의 해석·적용을 통하여 일정한 결론을 도출한 후 그 결론에 비추어 행정청이 한 판단의 적법 여부를 법원이 독자적인 입장에서 판정하는 방식에 의한다.

이에 반해 재량행위에 대한 사법심사는 행정청의 재량에 기한 공익판단의 여지를 감안하여 법원은 독자적인 결론을 도출함이 없이 당해 행위에 재량권의 일탈·남용이 있는지 여부만을 심사하게 되고, 이러한 재량권의 일탈·남용 여부에 대한 심사는 사실오인, 비례·평등의 원칙 위배, 당해 행위의 목적 위반이나 동기의 부정 유무 등을 그 판단 대상으로 한다.[16]

14) 김남진, 행정법상의 학설과 판례의 괴리와 접근, 고시계(2007.5.), 11면; 김남진·김연태, 행정법 I, 195면 참조; 박윤흔, 행정법강의(상), 335면.
15) 감독관청이 사립학교법인의 이사회소집승인을 하면서 소집일시·소집장소를 지정한 것은 기속재량행위에 붙인 부관으로 무효이다(대법원 1988.4.27. 선고 87누1106 판결).

[판 례] (교과서검정은 재량행위라는 전제하에) 법원이 교과서검정에 관한 처분의 위법 여부를 심사함에 있어서는 문교부장관과 동일한 입장에 서서 어떠한 처분을 하여야 할 것인가를 판단하고 그것과 동 처분과를 비교하여 당부를 논하는 것은 불가하다(대법원 1992.5.12. 선고 91누1813 판결).

3. 개인적 공권의 성립

기속행위에 있어서는 행정청은 일정한 행위를 하여야 할 의무를 지기 때문에 상대방은 행정청에 그 의무대로 일정한 행위를 요구할 수 있고, 이 경우에 개인의 요구권은 개인적 공권으로 인정될 수 있다.

이에 대하여 재량행위에 있어서는 행정청은 일정한 행위를 하여야 할 의무를 지는 것은 아니다. 따라서 상대방은 행정청에 대하여 어떤 행위를 행할 것을 요구할 수 있는 청구권이 인정되지 않는다. 다만, 재량행위의 경우에도 재량권이 영으로 수축되는 때에는 재량이 인정되지 않기 때문에 행정개입청구권 등 개인적 공권의 성립을 인정할 수 있다.

4. 행정행위의 부관

기속행위에는 법령상의 요건이 충족되면 당연히 어떤 행위를 하여야 할 기속을 받기 때문에 부관을 붙일 수 없다. 반면 행정행위의 종류, 내용의 선택에 재량이 부여된 재량행위는 논리 필연적으로 당해 행정행위의 효과를 일부 제한할 수 있기 때문에 부관을 붙일 수 있다는 것이 통설과 판례의 입장이다.

[판 례] 자동차운수사업법 제49조 제1항은 자동차운송중개, 대리업 또는 자동차운송주선업 등의 자동차운송알선사업을 경영하고자 하는 자는 교통부장관이 행하는 등록(학문상 허가)을 받아야 한다고 규정하고 있는바, 행정청으로서는 등록결격사유가 없고 그 시설 등이 소정의 등록기준에 적합할 때에는 당연히 등록을 받아 주어야 할 의무가 있다 할 것이므로 이는 기속행위에 속한다 할 것이고, 이러한 기속행위에 대하여는 법령상의 특별한 근거가 없는 한 부관을 붙일 수 없고 가사 부관을 붙였다 하더라도 이는 무효라 할 것이다. 따라서 등록관청이 자동차운송알선사업등록을 함에 있어 붙인 "청주시 내에 화물터미널이 설립될 경우에는 화물터미널 내로 이전하여야 한다"고 한 부관(조건)은 무효이다(대법원 1993.7.27. 선고 92누13998 판결).

---

16) 대법원 2001.2.9. 선고 98두17593 판결.

Ⅲ. 재량행위와 기속행위의 구별기준

1. 요건재량설

요건재량설은 행정청의 재량은 행정행위의 요건에 대한 사실인정과 인정사실의 해당 여부에 관한 판단(요건인정)에 있는 것으로 본다. 이러한 전제하에, 법규가 행정행위의 요건에 대하여 그 종국목적, 즉 공익상 필요만을 요구하고 있을 때에는 재량행위라고 본다. 이에 반하여, 법규가 행정행위의 종국목적 외에 중간목적을 규정하고 있을 때에는 기속행위라고 본다.

판례는 법률요건규정이 불확정개념으로 되어 있는 경우에 그것을 재량개념으로 보고 요건재량으로 다루고 있다. 예컨대 검정신청한 중고등학교용 도서의 검정기준에의 적합여부에 대한 판단사건(대법원 1988.11.8. 선고 86누618 판결), 감정평가사 시험불합격결정 취소사건(대법원 1996.9.20. 선고 96누6882 판결), 유적발굴허가신청불허가처분 취소사건(대법원 2000.10.27. 선고 99두264 판결) 등에서 요건재량을 인정하였다.

요건재량설은 행정행위의 중간목적과 종국목적의 구분 자체가 불명확한 점, 법률문제인 요건인정을 재량문제로 오인하고 있는 점 등에서 비판을 받고 있다.

2. 효과재량설

효과재량설(성질설)은 행정청의 재량을 어떠한 법률효과를 발생시킬 것인가에 대한 선택으로 본다. 그러므로 당해 행위의 성질, 즉 그것이 부담적 행위이냐 또는 수익적 행위이냐를 기준으로 한다.

효과재량설에 의하면 ① 국민의 기득권을 제한·박탈하거나 새로운 의무를 명하는 부담적 행정행위는 법규가 행정청에 재량행위를 허용하는 것과 같이 보일 때에도 그것은 기속행위이고, ② 국민을 위하여 새로운 권리·이익을 주는 수익적 행정행위는 법규상 또는 해석상 특별한 기속이 있는 경우를 제외하고는 원칙적으로 재량행위이며,[17] ③ 직접 국민의 권리·의무와 관계없는 행위는 재량행위가 된다.

효과재량설은 연혁적 관점에서 사법심사로부터 제외되는 자유재량행위의 범위를 축소할 수 있는 이론적 기초를 제공하였다는 점에서는 긍정적으로 평가할 수 있다. 그러나 수익적 행위인가 부담적 행위인가는 취소 또는 철회의 제한, 취소소송의 대상 여부 등을 논함에 있어 의미를 가지는 것이지 기속행위 또는 재량행위인지의 여부를 구별하는 데에는 직접적인 관계가 없다고 보아야 할 것이다.[18] 이

---

17) 개인택시운송사업면허는 특정인에게 권리나 이익을 부여하는 행정행위로서 법령에 특별한 규정이 없는 한 재량행위이고, 그 면허를 위하여 필요한 기준을 정하는 것도 행정청의 재량행위에 속한다(대법원 1994.6.28. 선고 94누1357 판결).

러한 점에서 효과재량설도 현대의 복잡한 행정현상을 다루기에는 미흡한 것이다.

3. 법문언기준설

법문언기준설은 기속행위와 재량행위의 구별기준은 1차적으로 '법규'의 규정표현에서 찾아야 하며, 규정방식이 명확하지 않은 경우에는 부차적으로 입법목적·취지와 행위의 성질을 종합적으로 고려하여 판단하여야 한다는 견해이다.

법문언기준설에 따르면 법규정이 '~할 수 있다'의 형식을 취한 경우는 재량행위이고, '~하여야 한다'의 형식을 취하고 있으면 기속행위라는 것이다. 법규정의 표현이 명확하지 않은 경우에는, 입법목적·취지와 행위의 성질을 종합적으로 고려하여 공익실현에 중요한 의미가 있으면 재량행위, 국민의 기본권을 제한하거나 회복하는 행정행위는 기속행위로 판단한다는 것이다.

일반적으로 원래 당사자에게 허용되었던 권리를 회복시켜 주는 허가의 경우는 당사자의 기본권과의 관련하에서 강한 구속을 받게 되므로 기속행위인 것이 보통이고, 특정인에게 새로운 권리를 설정해 주는 특허의 경우는 재량행위인 것이 보통이다.

[판 례] 도로교통법 제78조 제1항 단서 제8호의 규정에 의하면, 술에 취한 상태에 있다고 인정할 만한 상당한 이유가 있음에도 불구하고 경찰공무원의 측정에 응하지 아니한 때에는 운전면허를 취소하도록 되어 있어 처분청이 그 취소 여부를 선택할 수 있는 재량의 여지가 없음이 법문상 명백하므로, 위 법조의 요건에 해당하였음을 이유로 한 운전면허취소처분에 있어서 재량권의 일탈 또는 남용의 문제는 없다(대법원 2004.11.12. 선고 2003두12042 판결).

Ⅳ. 재량권의 한계

1. 개 설

재량행위는 행정법규가 행정청에 부여한 재량권의 내적·외적 한계 내에서 행사되면 당·부당의 문제가 될 뿐 위법이 되는 것은 아니므로 행정소송의 법적 판단의 대상이 되지 아니한다. 그러나 재량행위도 일정한 내적·외적 한계가 있으므로 곧 법으로부터 자유로운 행위를 의미하는 것은 아니다.

「행정기본법」 제21조도 "행정청은 재량이 있는 처분을 할 때에는 관련 이익을 정당하게 형량하여야 하며, 그 재량권의 범위를 넘어서는 아니 된다"라고 규정

---

18) 김남진·김연태, 행정법Ⅰ, 200면.

하여 재량행사의 기준을 제시하고 있다. 행정청이 처분과 관련하여 재량을 행사할 때 다양한 유형의 이익을 정당하게 형량하여야 함을 명시하고 있다. 이러한 이익에는 처분의 상대방인 사인과 관련된 이익뿐 아니라, 처분의 이해관계인과 관련된 이익과 처분을 통하여 추구되는 공익 등 다양한 형태의 이익이 포함된다.

재량권의 한계를 벗어난 재량권 행사는 위법을 구성하여 법원의 법률적 판단의 대상이 된다. 이른바 재량권의 내적·외적 한계를 벗어난 재량행위는 재량하자를 지닌 위법한 행위가 되며, 「행정소송법」 제27조에 따라 행정소송의 대상이 된다. 따라서 재량권의 한계를 넘은 재량하자의 유형이 중요한 의미를 가진다.

2. 실체적 기준

재량권 한계의 실체적 기준과 관련하여 학설·판례는 그 유형을 재량권의 일탈(유월)과 재량권의 남용으로 이분하였으나, 최근에는 재량권의 불행사를 포함시키고 있다. 재량권의 일탈과 남용은 개념적으로는 구분이 가능하지만, 판례는 일탈과 남용을 동의로 사용하는 것이 보통이다. 따라서 재량권의 유월과 실제로 그 구별의 실익이 없다.

(1) 재량권의 일탈(유월)

재량권의 유월은 행정청이 법이 부여한 재량권의 범위 안에서 법효과를 선택하지 않은 경우, 즉 외적 한계를 넘은 경우를 말한다. 재량권의 유월은 재량권의 일탈이라는 표현으로 더 많이 사용된다.

법이 행정청에 대하여 재량권을 인정하는 경우, 그것은 일정한 범위 내에서의 재량권임을 전제로 하는 것이기 때문에, 그러한 외적 한계를 넘는 재량은 결국 무권한의 재량으로서 위법이 된다. 예컨대, ① 법규를 위반한 영업자에 법이 1개월 내지 6개월의 영업정지처분을 할 수 있다고 규정한 경우에 허가취소처분을 하는 경우, ② 요건사실이 전혀 없는데도 있다고 인정하여 처분을 한 경우(예컨대 징계사유에 해당하는 행위를 전혀 행하지 않은 공무원에 징계처분을 한 경우), ③ 법률의 착오 또는 사실을 오인하여 처분을 한 경우 등이 이에 해당한다.

대법원은 행정처분이 사회통념상 재량권의 범위를 일탈한 것인지 여부에 대한 판단기준으로 형량의 원리를 채택하고 있다.

[판 례] 제재적 행정처분이 사회통념상 재량권의 범위를 일탈하였거나 남용하였는지 여부는 처분사유로 된 위반행위의 내용과 그 위반정도, 당해 처분행위에 의하여 달성하려는 공익상 필요와 개인이 입게 될 불이익 및 이에 따르는 제반사정 등을 객관적으로 심리하여 공익침해의 정도와 그 처분으로 인하여 개인이 입게 될 불이익

을 비교·교량하여 판단하여야 한다(대법원 2006.4.14. 선고 2004두3854 판결).

판례는 수익적 행정행위를 취소함에 있어 취소처분으로 인하여 공익상 필요보다 상대방이 받게 되는 불이익 등이 막대한 경우의 취소권행사는 재량권의 한계를 일탈한 것으로 보았다.[19] 또 주유소의 관리인이 부정휘발유를 구입 및 판매한 것을 이유로 위험물취급소설치허가를 취소한 행정처분은 재량권의 범위를 일탈한 것으로 보았고,[20] 등기의 형식만을 근거로 다가구주택과 다세대주택의 소유자들 사이에 국민주택 등의 특별공급과 관련하여 차이를 두는 것은 합리적인 차별로 보기 어려운 점 등에 비추어 보면, 실질에 있어 다세대주택과 같은 다가구주택 소유자들 각자에게 국민주택 특별분양권의 부여 신청을 거부한 처분은 재량권의 범위를 벗어난 것으로서 위법하다고 하였다.[21]

(2) 재량권의 남용

재량권의 남용은 행정청이 법이 부여한 재량의 목적을 위반하여 남용하는 경우를 말한다. 재량권의 남용은 재량권의 내적 한계를 위반한 재량권행사를 의미하는 것으로 재량권의 행사에 관한 조리상의 제약에 해당한다.

재량권의 남용은 ① 재량규범의 내재적 목적이 아닌 명백히 다른 목적, 즉 특정한 정치적 동기·종교적 동기·사적 동기 등을 위하여 재량권이 발동된 경우, ② 사실의 인정에 흠결이 있는 경우, ③ 사회통념상 현저하게 타당성을 잃은 재량권행사,[22] ④ 비례원칙을 위반하거나,[23] ⑤ 평등원칙을 위반한 경우, ⑥ 부당결부금지의 원칙을 위반한 경우에 볼 수 있다.

[판 례] 농지개량조합의 직원에 대한 징계처분을 함에 있어서 어떠한 징계처분을 할 것인가는 원칙적으로 징계권자의 재량에 맡기어져 있지만, 징계권자가 한 징계처분이 사회통념상 현저하게 타당성을 잃은 경우에는 재량권을 남용한 것으로 인정될 수 있고, 이와 같은 재량권의 남용 여부를 판단함에 있어서는 내부적으로 정한 징계양정의 기준을 참작하여야 할 것이지만 그것만에 의할 것이 아니라 그 징계의 원인이 된 비위사실의 내용과 성질, 징계에 의하여 달성하려고 하는 직무규율상의 목적 등 구체적인 사안에서 나타난 제반 사정을 모두 참작하여야만 한다(대

---

19) 대법원 1996.9.6. 선고 96누914 판결.
20) 대법원 1988.5.10. 선고 87누707 판결.
21) 대법원 2007.11.29. 선고 2006두8495 판결.
22) 대법원 1994.6.10. 선고 94누4622 판결.
23) 공정거래위원회가 내부적으로 제정한 '과징금산정방법및부과지침'상의 과징금 부과기준의 2배에 상당하는 금액을 과징금으로 일률적으로 부과한 경우, 위 과징금 납부명령은 비례원칙에 위배되어 재량권을 일탈·남용한 것이다(대법원 2002.9.24. 선고 2000두1713 판결).

법원 1998.10.9. 선고 97누1198 판결).

> **[판 례]** 공무원에 대한 징계권의 행사가 임용권자의 재량에 맡겨진 것이라고 하여
> 도 공익적 목적을 위하여 징계권을 행사하여야 할 공익의 원칙에 반하거나 일반적
> 으로 징계사유로 삼은 비행의 정도에 비하여 균형을 잃은 과중한 징계처분을 선택
> 함으로써 비례의 원칙에 위반하거나 또는 합리적인 사유 없이 같은 정도의 비행에
> 대하여 일반적으로 적용하여 온 기준과 어긋나게 공평을 잃은 징계처분을 선택함으
> 로써 평등의 원칙에 위반한 경우에 이러한 징계처분은 재량권의 한계를 벗어난 처
> 분으로서 위법하다 할 것이다. 따라서 유흥업소 단속에 관한 청탁행위로 징계위원회
> 에 회부된 경찰공무원에 대하여 해임처분을 한 것은 징계재량권의 범위를 일탈·남
> 용한 것이다(대법원 1999.11.26. 선고 98두6951 판결).

또 판례는 준조세 폐해 근절 및 경제난 극복을 이유로, 북한어린이를 위한 의
약품 지원을 위하여 성금 및 의약품 등을 모금하는 행위 자체를 불허한 것은, 재
량권의 일탈·남용 및 비례원칙에 위반된다고 보았다.[24]

한편 판례는 다음의 경우는 재량권의 남용을 인정하지 않았다.

> **[재량권의 남용을 인정하지 않은 사례]**
> ① 허위의 무사고증명을 제출하여 개인택시면허를 받은 자에 대한 면허를 취소함에
> 있어 행정청이 그 자의 신뢰이익을 고려하지 아니한 경우(대법원 1986.8.19. 선고
> 85누291 판결)
> ② 신규면허처분(자동차운송사업)이 기존업자의 사업구역을 축소한 결과가 되어 경
> 제적 손실을 가져온다 하더라도 그것이 행정구역변경에 따른 사업구역 조정이라는
> 공익상의 필요에 따른 경우(대법원 1992.4.28. 선고 91누10220 판결)
> ③ 군의관에 대한 전역거부처분(대법원 1998.10.13. 선고 98두12253 판결)
> ④ 초음파 검사를 통하여 알게 된 태아의 성별을 고지한 의사에 대한 의사면허자격
> 정지처분(대법원 2002.10.25. 선고 2002두4822 판결)
> ⑤ 경찰공무원이 담당사건의 고소인으로부터 금품을 수수하고 향응과 양주를 제공
> 받았으며 이를 은폐하기 위하여 고소인을 무고하는 범죄행위를 하였다는 사유로 해
> 임처분을 받은 경우, 위 징계사유 중 금품수수사실이 인정되지 않더라도 나머지 징
> 계사유만으로도 해임처분의 타당성이 인정되는 경우(대법원 2002.9.24. 선고 2002두
> 6620 판결)
> ⑥ 명예퇴직 합의 후 명예퇴직 예정일 사이에 허위로 병가를 받아 다른 회사에 근
> 무하였음을 사유로 한 징계해임처분(대법원 2002.8.23. 선고 2000다60890 판결)

---

24) 대법원 1999.7.23. 선고 99두3690 판결.

⑦ 자연녹지지역으로 지정하는 절차가 진행 중인 통도사 인근임야에 고층아파트를 건축하는 내용의 임대주택 사업계획 승인신청을 국토 및 자연의 유지와 환경의 보존 등 중대한 공익상의 필요를 이유로 거부한 경우(대법원 2002.6.14. 선고 2000두10663 판결)

⑧ 문화재청장이 국가지정문화재의 보호구역에 인접한 나대지에 건물을 건축하기 위한 국가지정문화재 현상변경신청을 허가하지 않는 경우(대법원 2006.5.12. 선고 2004두9920 판결)

⑨ 수입 녹용 중 절단하여 측정한 회분함량이 기준치를 0.5% 초과하였다는 이유로 수입 녹용 전부에 대하여 전량 폐기 또는 반송처리를 지시한 경우(대법원 2006.4.14. 선고 2004두3854 판결)

⑩ 대학교측이 부정행위를 들어 응시자에 대한 합격 및 입학을 취소한 조치가 이익형량에 위법이 없는 경우(대법원 2006.7.13. 선고 2006다23817 판결)

⑪ 대학의 장이 인사위원회에서 임용동의안이 부결되었음을 이유로 하여 교수의 임용 또는 임용제청을 거부하는 행위는 그것이 사회통념상 현저히 타당성을 잃었다고 볼 만한 특별한 사정이 없는 경우(대법원 2006.9.28. 선고 2004두7818 판결)

(3) 재량권의 불행사

재량권의 불행사는 행정청이 법이 부여한 재량권을 부주의 또는 착오로 전혀 행사하지 않은 경우의 재량하자를 말한다. 행정법규가 행정청에게 재량권을 인정한 경우라도 당해 행정청은 구체적인 사안에 있어 재량권을 행사하는 것이 적절한지 아닌지를 심사할 의무를 지기 때문에 재량권의 행사 여부에 대하여 심사하지 않았다면 그것은 곧 재량권의 불행사로서 재량하자가 되는 것이다.

[판 례] (행정청이 자신에게 주어진 재량권을 전혀 행사하지 않고 오로지 2002년에 입국금지결정이 있었다는 이유만으로 사증발급 거부처분을 한 사안에서) 처분의 근거 법령이 행정청에 처분의 요건과 효과 판단에 일정한 재량을 부여하였는데도, 행정청이 자신에게 재량권이 없다고 오인한 나머지 처분으로 달성하려는 공익과 그로써 처분상대방이 입게 되는 불이익의 내용과 정도를 전혀 비교형량 하지 않은 채 처분을 하였다면, 이는 재량권 불행사로서 그 자체로 재량권 일탈·남용으로 해당 처분을 취소하여야 할 위법사유가 된다(대법원 2019.7.11. 선고 2017두38874 판결).

3. 절차적 기준

종래에는 재량권한계의 실체적 기준을 중심으로 논의되었으나, 최근에는 실체적 판단의 당부는 행정에 맡기되 이러한 판단에 이르게 된 절차·과정에 대한 재량통제가 강조되고 있다.

재량권의 한계에 대한 절차적 기준으로는 ① 재량행사의 절차의 적정, ② 재량기준의 공정, ③ 재량판단의 방법 내지 과정의 과오 등이 있다.

V. 재량권의 영으로의 수축

1. 수축이론의 연혁

재량권의 영으로의 수축이론은 행정청의 부작위로 인하여 손해가 발생한 경우에 국가의 배상책임을 인정하기 위한 법리로서 성립·발전되었다.

종래의 배상책임이론은 행정청의 부작위로 인한 경우에는 행정편의주의에 따라 국가의 배상책임을 인정하지 않았으나, 오늘날의 복리국가에 와서는 행정청의 작위는 물론 부작위에 의한 손해발생에 대하여도 국가의 배상책임을 인정하고 있다.

2. 수축의 의미

재량권의 영으로 수축은 행정청에게 재량권이 인정된 경우에도 구체적인 상황에 따라서는 행정권의 발동만이 유일한 하자 없는 재량권행사가 되는 것을 의미한다.

3. 수축이론의 인정영역

수축이론은 경찰행정의 영역에서 처음 인정되었다. 경찰법규는 경찰권의 발동요건을 일반조항(예컨대 공공의 안녕과 질서의 유지)으로 규율하는 것이 보통이기 때문에 경찰권을 발동할 것인지 아닌지에 대해서는 일반적으로 경찰청의 재량에 맡겨져 있다. 그러나 특정인의 생명이 타자에 의해 위협되고 있는 급박한 상황이라면 경찰권의 발동만이 유일한 적법의 재량권행사라고 보아야 하기 때문에, 이 경우 행정청의 재량권은 영으로 수축되어 기속행위가 되는 것이다.

4. 판 례

대법원은 "1·21사태시에 공비와 격투 중에 있는 청년의 동거인이 경찰에 구원의 요청을 하였음에도 즉시에 출동하지 않아 사살된 사건"에 있어서 행정청의 부작위로 인한 손해에 대하여 국가의 손해배상책임을 긍정하였다. 이는 곧 대법원 판례가 재량권의 영으로의 수축을 인정한 것이라 할 수 있다.

[판 례] 군경공무원들이 3차에 걸친 간첩출현 신고를 받았고, 동 파출소로부터 위

망 이용선의 집까지는 불과 60-70미터 밖에 떨어져 있지 않았고 망 이용선은 위 공비와 약 15분간에 걸쳐 격투를 계속하고 있었으며 그러는 동안에 동일인으로부터 3차에 걸쳐 간첩출현신고를 받은 것이라면 당시의 무장공비 출현임을 깨닫고 응당 즉시 출동하여야 할 것이거니와 즉시 출동하였다면 그 공비를 체포할 수 있었을 것이고 체포하지 못했다 하더라도 위 망 이용선이 공비의 발사권총탄에 맞아 사망하는 사고는 미연에 방지할 수 있었을 것이 예견되는 것이라 할 것임에 비추어 위 망인의 사망사고는 피고예하 공무원들의 즉시 출동하지 아니한 직무유기 행위로 인하여 발생된 것이라고 못 볼 바 아니다(대법원 1971.4.6. 선고 71다124 판결).

VI. 재량행위에 대한 통제

1. 통제의 필요성

행정권행사의 대부분은 재량권의 행사라고 말할 수 있을 정도로 현대행정에서 재량행위가 차지하는 비중이 크며, 더욱이 복리국가에 와서는 행정재량은 점차 증대되는 경향이 있어 재량통제의 문제는 더욱 심각한 문제로 부각되고 있다. 왜냐하면 재량권 행사의 경우에는 그 내적·외적 한계를 벗어나지 않는 한, 위법의 문제가 없어 사법심사를 통한 통제가 현실적으로 불가능하게 되어 국민의 권익구제를 보장하기 어려운 사각지대가 발생하기 때문이다.

2. 입법적 통제

재량행위에 대한 입법적 통제란 국회에 의한 통제를 의미한다. 입법적 통제의 수단은 ① 국회의 국정감사·조사권(헌법 제61조)에 의하여 국회가 국정을 감사하거나 특정한 국정사안에 대한 조사와 그에 필요한 서류의 제출 또는 증인의 출석과 증언이나 의견의 진술을 듣는 방법, ② 국회의 출석요구 및 질문권(헌법 제62조)에 의하여 국무총리·국무위원 또는 정부위원을 국회에 출석시켜 국정처리상황을 보고하게 하거나 의견을 진술하고 질문에 응답하게 하는 방법, ③ 국회의 국무총리 및 국무위원의 해임건의권(헌법 제63조)에 의하여 국무총리 또는 국무위원의 해임을 건의하는 방법이 그 예이다.

3. 행정적 통제

(1) 감독청에 의한 통제

감독청은 하급행정청의 재량권행사에 대하여 ① 감시권, ② 훈령권, ③ 취소·정지권 등의 감독권행사로 통제할 수 있다. 특히 감독청은 재량권행사에 관한 기준이나 지침을 훈령으로 정함으로써 하급행정청의 재량권행사를 효과적으로 통제할 수 있다.

(2) 행정절차에 의한 통제

행정절차에 의한 통제는 재량권행사에 의하여 결정이 내려지는 행정처분의 절차에 이해관계인의 사전참여를 보장하거나 행정처분의 기준을 사전에 공표하거나 행정처분에 이유부기를 하는 방법에 의하여 행하여질 수 있다.

(3) 행정심판에 의한 통제

행정청의 부당한 재량권 행사에 대하여 관계인은 부당한 처분의 취소를 구하는 취소심판 등 행정심판을 제기할 수 있다. 따라서 행정심판은 부당한 재량권 행사에 의한 개인의 권익침해에 대한 구제수단이 됨과 동시에 행정청에 자율적 시정의 기회를 부여하여 법규적용의 적정을 도모하는 수단이라는 점에서, 행정통제의 기능도 수행하고 있다.

4. 사법적 통제

재량행위에 대한 사법적 통제는 행정청의 위법한 재량권행사에 대한 가장 전통적이며 강력한 통제수단을 의미한다.

(1) 법원에 의한 통제

행정청의 재량권은 그 내적·외적 한계 내에서 행사된 경우에는 위법의 문제가 없어 사법심사의 대상이 되지 않지만, 재량권을 일탈하거나 남용하는 경우에는 위법한 재량권 행사로서 행정소송의 대상이 된다. 따라서 위법한 재량권 행사에 의하여 권익을 침해당한 자는 취소소송 또는 부작위위법확인소송을 제기하여 그 취소나 부작위위법확인을 구할 수 있다.

또한 최근에는 재량행위영역에서 무하자재량행사청구권의 법리와 재량권의 영으로 수축이론의 정립을 통하여 재량통제를 보다 확대하는 경향에 있다.

(2) 헌법재판소에 의한 통제

「헌법재판소법」 제68조 제1항은 "공권력의 행사 또는 불행사로 인하여 헌법상 보장된 기본권을 침해받은 자는 법원의 재판을 제외하고는 헌법재판소에 헌법소원 심판을 청구할 수 있다"라고 규정하고 있다. 따라서 행정청의 위법한 재량권행사로 인하여 헌법상 보장된 기본권을 침해받은 자는 헌법소원을 제기할 수 있다. 다만 헌법소원에는 보충성의 원칙이 적용되므로, 다른 법률에 구제절차가 있는 경우에는 그 절차를 모두 거친 후가 아니면 헌법소원을 청구할 수 없다(동법 제68조 제1항 단서).

Ⅶ. 불확정개념과 판단여지

1. 개 설

행정행위의 요건을 불확정개념으로 규정한 경우에 그 해석·적용에 관한 행위가 재량행위인지 판단여지인지 여부가 새로운 문제로 대두되었다. 이에 따라 재량행위와 구별되는 판단여지를 인정하는 견해와 판단여지라는 용어를 쓰면서도 재량행위와 같은 것으로 보는 견해가 대립하고 있다. 그러나 불확정개념의 해석·적용과 관련하여 행정청에 인정되는 판단여지는 뒤에서 보듯이 여러 가지의 판단의 가능성을 앞에 놓고 선택 또는 결정의 여지가 인정됨을 뜻하는 재량과는 그 의미를 달리하는 것이다.

2. 불확정개념

불확정개념은 법률이 행정행위의 요건으로 추상적·다의적인 개념을 사용하는 경우를 말한다. 재량행위의 문제는 효과(효과재량·행위재량) 면에서 일어나는 데 대하여 불확정개념의 문제는 주로 요건 면에서 나타난다. 불확정개념은 보통 경험(기술)적 개념(예컨대 공익, 위해, 공공의 안녕, 야간 등)과 규범(가치)적 개념(예컨대 신뢰성, 공무원의 충성심 등)으로 구분된다. 이렇듯 불확정개념의 해석·적용은 인식영역의 문제이며, 사안에 따라서는 가치평가와 더불어 미래에 향한 행정예측을 필요로 하는 것이 보통이다. 여러 가지 사정을 고려하면서도 오직 유일한 적법한 판단을 내려야 하는 불확정개념의 적용은 현실적으로 매우 어려운 문제라 하지 않을 수 없다.

3. 판단여지

행정법규가 행정행위의 요건에 대하여 불확정개념으로 규정하고 있는 경우에도, 그 불확정개념의 적용은 구체적 상황과 관련하여 하나의 정당한 결정을 내려야 하는 법적용만이 있을 뿐이고 이는 법원의 사법심사의 대상이 되는 것이 원칙이다.

다만, 일정한 경우 행정청의 전문적·정책적 판단이 종국적인 것으로 존중되며 그 한도에서 법원의 사법심사가 제한되는 경우가 있는데, 이를 판단여지라고 한다. 판단여지의 대표적인 사례로는 ① 시험결정, ② 학교법분야에서 시험유사적 결정, ③ 공무원의 근무평정, ④ 전문가 또는 이익대표자로 구성된 독립한 합의제기관의 가치평가적 결정, ⑤ 환경법이나 경제법영역에서의 위험기준평가, ⑥ 행정정책적 결정 등이 있다.

[판 례] 행정청의 전문적인 정성적 평가 결과는 판단의 기초가 된 사실인정에 중대한 오류가 있거나 그 판단이 사회통념상 현저하게 타당성을 잃어 객관적으로 불합리하다는 등의 특별한 사정이 없는 한 법원이 당부를 심사하기에 적절하지 않으므로 가급적 존중되어야 하고, 여기에 재량권을 일탈·남용한 특별한 사정이 있다는 점은 증명책임분배의 일반원칙에 따라 이를 주장하는 자가 증명하여야 한다. 이러한 법리는 국방부장관 또는 관할부대장 등이 구 군사기지 및 군사시설 보호법 등 관계 법령이 정하는 바에 따라 전문적·군사적인 정성적 평가를 한 경우에도 마찬가지로 적용된다(대법원 2020.7.9. 선고 2017두39785 판결).

4. 판단여지와 재량과의 구별 학설

판단여지를 독자적으로 인정할 것인지에 대해서는 학설이 대립하고 있다.

(1) 긍정설

긍정설은 ① 판단여지를 재량으로 볼 경우에는 전통적으로 재량개념을 행위의 선택에 대해서만 인정하는 견해와 모순되며, ② 행위요건부분의 인정은 인식의 문제로서 법해석의 문제이며, 행위효과결정에 관한 문제가 아니며, ③ 재량은 입법자에 의하여 부여되는 것이나, 판단여지는 법원의 인정에 의한 것이라는 점에서 판단여지와 재량을 구별한다.

예컨대, 법규에서 영업허가의 요건을 신청인의 신뢰성이라는 불확정개념으로 규정한 경우, 그의 해석·적용이 재량이기 위해서는 신뢰성이 '있다'는 해석과 '없다'는 해석이 모두 정당하여야 한다. 그러나 '있다'의 해석과 '없다'의 해석은 논리적으로 양립할 수 없으므로 법규가 허용하는 가능한 여러 방법 중에서 선택의 자유를 의미하는 재량행위에 해당하지 않는다. 따라서 행정청은 영업허가 신청인의 신뢰성이 '있다' 또는 '없다' 중 택일적 결정만을 할 수 있을 뿐이기 때문에 재량권은 인정되지 않는다. 다만, 행정청이 신뢰성이 '없다'고 판단하여 영업허가를 거부한 경우, 신청인이 그에 대하여 행정소송으로 다투게 되면 법원의 심리와 관련하여 판단여지를 인정할 것인지가 비로소 문제 된다.

(2) 부정설

부정설은 판단여지와 재량은 법이론적으로는 서로 다르다는 점을 긍정하면서도 ① 판단여지가 인정되는 경우, 그 한도 안에서 법원의 재판통제가 미치지 아니하는 것이므로 실질적으로 재량행위와 같은 점, ② 판단여지도 행정청의 판단을 종국적인 것으로 존중하기 위하여 행정행위에 대한 사법심사의 한계를 설정하기 위한 것이므로, 넓은 의미에서는 행위요건 부분에 한정되어 인정되는 재량행위의 하나로 보아야 하는 점을 이유로 판단여지와 재량의 구별을 부정한다.[25]

대법원 판례는 부정설의 입장을 취하고 있다. 대법원은 판단여지를 재량과 구별되는 별도의 개념으로 인정하지 않고, 대부분 사례에서 판단여지로 인정될 수 있는 경우에도 이를 재량으로 보고 있다.

> **[판 례]** 신의료기술의 안전성·유효성 평가나 신의료기술의 시술로 국민보건에 중대한 위해가 발생하거나 발생할 우려가 있는지에 관한 판단은 고도의 의료·보건상의 전문성을 요하므로, 행정청이 국민의 건강을 보호하고 증진하려는 목적에서 의료법 등 관계 법령이 정하는 바에 따라 이에 대하여 전문적인 판단을 하였다면, 판단의 기초가 된 사실인정에 중대한 오류가 있거나 판단이 객관적으로 불합리하거나 부당하다는 등의 특별한 사정이 없는 한 존중되어야 한다. 또한 행정청이 전문적인 판단에 기초하여 재량권의 행사로서 한 처분은 비례의 원칙을 위반하거나 사회통념상 현저하게 타당성을 잃는 등 재량권을 일탈하거나 남용한 것이 아닌 이상 위법하다고 볼 수 없다(대법원 2016.1.28. 선고 2013두21120 판결).

(3) 평   가

생각건대, 법치국가의 원리에 비추어 법률의 구성요건은 객관적인 것으로서 요건충족의 판단은 예견 가능해야 하므로, 구성요건의 해석 문제는 재량문제일 수가 없는 것이다. 또한 불확정개념은 법개념이며, 그에 대한 최종적인 해석 권한은 행정청이 아니라 법원이 가지므로 그것은 재량개념이 아니다. 따라서 구성요건의 문제인 판단여지와 그 구성요건이 충족된 후 법적 효과와 관련해서 문제 되는 재량은 구별되어야 한다.

행정행위의 요건을 불확정개념으로 규정한 경우라도 법원은 그에 대하여 전면적 사법심사가 가능하고, 전면적 사법심사를 하여야 하는 것이 원칙이다. 따라서 판단여지는 극히 예외적인 경우에 한하여 인정되는 것이며, 그 예외는 특수한 사실관계로 인하여 사법심사가 불가능하거나 완벽하게 행해질 수 없는 경우로서 법적으로 불가피한 경계영역에서나 인정되어야 한다.

제 5 절   행정행위의 내용

행정행위는 그 법률효과의 발생원인을 기준으로 하여 법률행위적 행정행위와 준법률행위적 행정행위로 구분되고 있다. 즉, 전자는 의사표시를 구성요소로 하고,

---

25) 박윤흔, 행정법강의(상), 332면.

그 효과의사의 내용에 따라서 법률적 효과를 발생하는 행위를 말하고, 후자는 효과의사 이외의 정신작용(예컨대 판단·인식·관념 등)의 표시를 요소로 하고, 그 법률적 효과는 행위자의 의사여하를 불문하고 직접 법규가 정하는 바에 따라 발생하는 행위를 말한다. 다시 말해 법률행위적 행정행위는 그 법률효과에 행정청의 의사(행정청이 의욕한 효과)가 반영되는 것이고, 준법률행위적 행정행위는 그 법률효과가 행정청의 의욕과 관계없이 법령에 규정된 대로 발생하는 것이다.

제 1 관 법률행위적 행정행위

제 1 항 명령적 행위

명령적 행위는 행정행위의 상대방에 대하여 일정한 의무를 부과하거나, 이를 해제함을 내용으로 하는 행정행위를 말한다. 이는 ① 의무를 명하는 하명, ② 의무를 해제하는 허가·면제로 나눌 수 있다.

명령적 행위는 공공의 복리 또는 이익을 위하여 개인의 자연적 자유를 제한하거나, 그 제한을 해제하는 행위라는 점에서 국민의 권리 또는 능력의 발생·변경·소멸을 목적으로 하는 형성적 행위와 구별된다. 따라서 명령적 행위에 위반된 행위는 원칙적으로 행정상의 강제집행 또는 행정벌의 대상이 될 뿐이며, 그 행위의 법률상의 효력에는 영향을 미치지 않는다.

Ⅰ. 하   명

1. 하명의 개념

하명(下命)은 일반통치권에 근거하여 국민의 자유를 제한하고 의무를 부과하는 행정행위를 말하며, 작위·부작위·급부 또는 수인을 명하는 행정행위이다. 이 중에서 부작위를 명하는 행정행위를 특히 금지라 한다.

2. 하명의 근거 및 성질

하명은 개인의 자연적 자유를 제한하거나 새로이 작위·부작위·급부 또는 수인의무를 과하는 것을 내용으로 하는 부담적 행정행위에 해당한다. 따라서 하명은 법률의 근거를 필요로 한다.

법령에서는 하명의 요건과 효과 등에 대하여 구체적으로 규정하여 행정청에 재량의 여지를 허용하지 않는 것이 보통이다. 이처럼 하명은 부담적 행정행위이기 때문에 법령에 특별한 규정이 있는 경우를 제외하고는 원칙적으로 기속행위이다.

3. 하명의 형식

하명은 법령에 근거하여 행정행위로써 행하여지는 것이 보통이므로, 하명처분만이 행정행위로서의 성질을 가진다. 하명처분은 근거 법규의 집행을 위하여 구체적 처분이 있음으로써 비로소 현실적으로 하명의 효과가 발생하는 경우의 하명을 말한다.

하명처분은 ① 불특정다수인에 대하여 행하여지는 경우(일반처분의 형식을 취하는 도로통행금지·야간통행금지 등), ② 특정의 상대방에 대하여 개별적·구체적으로 의무를 명하는 경우(개별처분)가 있다.

4. 하명의 대상

하명의 대상은 통행금지, 교통장해물 제거처럼 사실행위일 때도 있고, 총포거래금지, 영업행위금지처럼 법률행위일 때도 있다.

5. 하명의 종류

하명은 그 내용에 따라 ① 작위하명(일정한 작위를 행할 의무를 명하는 행위), ② 부작위하명(일정한 행위를 하여서는 아니될 의무를 명하는 행위), ③ 급부하명(금전·물품·노력을 제공할 의무를 명하는 행위), ④ 수인하명(행정청에 의한 실력행사를 감수하고 이에 저항하지 말아야 할 의무를 명하는 행위) 등으로 나눌 수 있다.

6. 하명의 효과

하명의 효과는 그 내용에 따라 수명자가 일정한 행위를 사실상 하여야 할 또는 하여서는 아니될 공법상의 의무, 즉 ① 작위의무, ② 부작위의무, ③ 급부의무, ④ 수인의무 등을 지게 한다. 하명의 효과는 원칙적으로 그 수명자에 대한 관계에서 발생되는 것이나, 대물적 하명의 경우에는 수명자의 지위를 승계하는 자에게 미치게 된다.

> **[판 례]** 공중위생영업에 대하여 그 영업을 정지할 위법사유가 있다면, 관할 행정청은 그 영업이 양도·양수되었다 하더라도 그 업소의 양수인에 대하여 영업정지처분을 할 수 있다(대법원 2001.6.29. 선고 2001두1611 판결).

7. 하명위반의 효과

하명에 의하여 명하여진 의무를 수명자가 불이행한 경우에는 행정상 강제집행의 방법에 의하여 의무의 실현을 강제할 수 있고, 또한 의무위반에 대하여는 행정벌이 과하여지게 되는 것이 보통이다.

하명에 위반한 행위는 강제집행이나 처벌의 대상이 되지만, 그렇다고 하여 사법상의 법률적 효력까지 부인되는 것은 아니다.[26) 따라서 사인이 불법으로 무기를 양도한 경우에 양도행위 그 자체는 유효하게 성립되는 것이며, 단지 처벌의 대상이 될 뿐이다.

> **[판 례]** 외국환관리법의 제한과 금지규정들은 원래 자유로이 할 수 있었어야 할 대외거래를 국민경제의 발전을 도모하기 위하여 과도적으로 제한하는 규정들로서 단속법규이고, 따라서 위 제한규정에 저촉되는 행위라 할지라도 그 행위의 사법상의 효력에는 아무런 영향이 없다(대법원 1980.11.25. 선고 80다1655 판결).

8. 위법한 하명에 대한 구제

위법한 하명에 의하여 권리를 침해당한 자는 행정쟁송에 의하여 하명의 취소·변경을 구할 수 있다. 공무원의 직무행위와 관련된 위법한 하명에 의하여 재산상의 손해를 입은 자는 「국가배상법」이 정하는 절차에 따라 손해배상을 청구할수 있다.

Ⅱ. 허 가

1. 허가의 의의

(1) 허가의 개념

허가는 법규에 의한 일반적인 금지(부작위의무)를 특정한 경우에 특정의 상대방에게 해제하여 적법하게 일정한 행위를 할 수 있게 하는 행정행위를 말한다(건축허가, 영업허가, 의사면허 등). 허가는 학문상의 용어이며, 실정법상으로는 허가·인허·특허·인가·승인·등록·지정 등의 용어가 혼용되어 사용되고 있다. 법령상 허가라고 규정되어 있는 것이 학문상의 허가·인가의 성질을 아울러 가지는 경우도 있다(예컨대 국토계획법상의 토지거래계약의 허가).

허가는 허가를 유보한 상대적 금지에 대해서만 행하여지며, 어떠한 경우에도 해제될 수 없는 절대적 금지(예컨대 청소년에 대한 주류판매금지)에 대하여는 행해질수 없다.

모든 국민은 헌법상 보장된 자유권적 기본권을 향유한다. 예컨대 모든 국민은 직업선택의 자유를 가지고 있기에 원칙적으로 누구라도 의사직업을 수행할 수 있

---

26) 대법원 1983.3.22. 선고 83다51 판결; 대법원 1985.3.12. 선고 84다카643 판결.

다. 그러나 공공복리와 사회질서의 유지라는 공익을 위하여 「의료법」에 일정한 요건을 갖추어 의사면허를 취득한 사람만이 의료행위를 할 수 있도록 규정하고 있다. 여기서 말하는 의사면허가 이른바 허가이다.

이처럼 허가는 행정청이 행정목적을 보다 효과적으로 달성하기 위하여 행하는 사전통제적 개입수단을 의미하며, 이 점에서 보통의 허가를 통제허가라 한다. 통제허가는 요건을 갖춘 허가신청이 있으면 반드시 허가해 주어야 하는 통제목적을 위한 예방적 금지의 해제인 허가를 의미한다. 허가는 국민의 권리와 자유를 법규에 의하여 사전에 제한하는 것을 의미하기 때문에, 그 제한은 필요한 최소한도에 그쳐야 하며, 기본권에 대한 제약원리에 충실하여야 한다.[27]

(2) 예외적 허가

예외적 허가는 일반적으로 허용하지 아니하는 행위를 극히 예외적으로 허가하여 주는 억제적 금지의 해제인 허가를 말한다. 이를 예외적 승인이라고도 한다.[28] 예외적 허가는 원래 사회적으로 유해한 행위(예컨대 자연공원지역내에서의 산림훼손행위, 학교환경위생정화구역내에서의 유흥음식점 영업행위 등)를 금지하고 예외적으로 허가해 주는 것이다.

> **[판 례]** 개발제한구역 안에서는 구역 지정의 목적상 건축물의 건축 등의 개발행위는 원칙적으로 금지되고, 다만 구체적인 경우에 이와 같은 구역 지정의 목적에 위배되지 아니할 경우 예외적으로 허가에 의하여 그러한 행위를 할 수 있게 되어 있다. 이러한 예외적인 건축허가는 그 상대방에게 수익적인 것에 틀림이 없으므로 그 법률적 성질은 재량행위 내지 자유재량행위에 속한다(대법원 2003.3.28. 선고 2002두 11905 판결).

2. 허가의 성질

(1) 명령적 행위

허가는 법규에 의한 상대적 금지를 해제하여 주는 것이기 때문에 그의 법률효과는 금지를 해제하여 자연적 자유를 회복시켜 주는 명령적 행위이다. 따라서 허가는 형성적 행위인 특허, 인가와 구별된다(통설). 판례도 "행정법상 소위 허가라는 것은 일반적 금지를 특정한 경우에 해제하는 것으로 … 제한된 자유의 회복일

---

27) 식품접객영업자에 대하여 영업시간에 관한 필요한 제한을 할 수 있도록 한 식품위생법 제30조는 공공복리와 질서유지를 위하여 필요한 제한을 하고 있는 것으로서, 그 제한이 자유와 권리의 본질적 내용을 침해하거나 국민의 평등권을 침해하는 위헌규정이 아니다(대법원 1993.10.26. 선고 93초104 판결).

28) 김남진·김연태, 행정법 I, 218면.

뿐이므로 형성적 행위가 아니다"라고 판시하여 같은 견해를 취하고 있다.[29]

앞에서 본 바와 같이 허가는 명령적 행위인 것이나, 허가를 형성적 행위로 보는 유력한 견해가 주장되고 있다. 즉, 허가는 결코 단순한 자유회복에 그치는 것이 아니라 적법한 권리·이익의 향유를 가능케 하는 행위이므로 형성적 행위라는 것이다. 즉, 특허도 결국은 현행 헌법 아래에서는 직업선택의 자유의 보장과 관련하여 국민의 본래의 자유의 회복이라는 면이 존재하고, 허가도 단순한 자유회복 이상으로 적법하게 어떤 이익을 향유할 수 있는 지위를 설정하는 면이 존재한다는 것이다.

(2) 기속행위

허가는 공익적 관점에서 헌법상의 직업선택의 자유 등의 자유권의 행사에 일정한 제한이 가하여지고 있는 행위를 그 대상으로 하고 있다. 따라서 관계법상의 허가요건이 충족된 경우, 허가를 내주도록 기속을 받는다고 할 것이므로 허가는 원칙적으로 기속행위라 할 것이다.

> **[판 례]** 주유소 설치허가 신청이 관계 법규에서 정하는 어떠한 제한에 배치되지 않은 이상 당연히 허가권자는 주유소설치허가를 하여야 하므로, 법령상의 근거 없이 그 신청이 관계 법규에서 정한 제한에 배치되는지 여부에 대한 심사를 거부할 수 없고, 심사결과 그 신청이 법정요건에 합치하는 경우에는 특별한 사정이 없는 한 이를 허가하여야 하며, 공익상 필요가 없음에도 불구하고 요건을 갖춘 자에 대한 허가를 관계 법령에서 정하는 제한사유 이외의 사유를 들어 거부할 수 없다(대법원 1996.7.12. 선고 96누5292 판결).[30]

> **[판 례]** 건축허가권자는 건축허가신청이 건축법 등 관계 법규에서 정하는 어떠한 제한에 배치되지 않는 이상 당연히 같은 법조에서 정하는 건축허가를 하여야 하고, 중대한 공익상의 필요가 없음에도 불구하고, 요건을 갖춘 자에 대한 허가를 관계 법령에서 정하는 제한사유 이외의 사유를 들어 거부할 수는 없다(대법원 2006.11.9. 선고 2006두1227 판결).

---

29) 대법원 1984.11.13. 선고 84누389 판결.

30) 동지: 농지 위에 설치하는 화약류저장소 설치허가를 함에 있어서 허가권자는 당해 농지를 화약류 판매업소 등으로 전용하는 것이 관계 법령에 의하여 절대적으로 금지되어 있거나 이미 당해 농지에 관하여 적법한 농지전용 불허가 처분이 있는 등 당해 농지에 화약류판매업소를 설치하는 것이 객관적으로 불가능한 것이 명백하다고 인정되는 경우가 아닌 한 총포·도검·화약류단속법에 규정된 허가요건에 따라 심사하여 그 허가 여부를 결정하여야 하고, 당해 농지의 전용허가가 관계 법률에 의하여 가능한지 여부에 따라 그 허가 여부를 결정하는 것은 허용되지 않는다(대법원 1996.6.28. 선고 96누3036 판결).

[판 례] 식품위생법상 일반음식점영업허가는 성질상 일반적 금지의 해제에 불과하므로 허가권자는 허가신청이 법에서 정한 요건을 구비한 때에는 허가하여야 하고 관계 법령에서 정하는 제한사유 외에 공공복리 등의 사유를 들어 허가신청을 거부할 수는 없고, 이러한 법리는 일반음식점 허가사항의 변경허가에 관하여도 마찬가지이다(대법원 2000.3.24. 선고 97누12532 판결).

(3) 재량행위

허가는 법령에 의한 금지를 해제하는 행위이고 그 상대방에게 이익을 부여하는 행위라는 점에서 효과재량설에 의하면 재량행위가 된다. 대법원 판례는 심사결과 관계 법령상의 제한사유 이외의 중대한 공익상의 필요가 있는 경우 허가를 거부할 수 있다고 하여 예외적으로 허가를 재량행위로 보고 있다.

[판 례] 유기장영업허가는 유기장경영권을 설정하는 설권행위가 아니고 일반적 금지를 해제하는 영업자유의 회복이라 할 것이므로 그 영업상의 이익은 반사적 이익에 불과하고 행정행위의 본질상 금지의 해제나 그 해제를 다시 철회하는 것은 공익성과 합목적성에 따른 당해 행정청의 재량행위이다(대법원 1985.2.8. 선고 84누369 판결).

[판 례] 주유소 설치허가권자는 주유소 설치허가신청이 관계 법령에서 정하는 제한에 배치되지 않는 경우에는 특별한 사정이 없는 한 이를 허가하여야 하고, 관계 법규에서 정하는 제한사유 이외의 사유를 들어 허가를 거부할 수는 없는 것이나, 심사결과 관계 법령상의 제한 이외의 중대한 공익상의 필요가 있는 경우에는 그 허가를 거부할 수 있다(대법원 1999.4.23. 선고 97누14378 판결).

[판 례] 단란주점영업허가에 대한 법령상의 시설요건 등을 갖추었다고 하여 반드시 허가하여야 하는 것이 아니라 그 영업이 자연공원법의 목적인 국민의 보건 및 여가와 정서생활의 함양, 건전한 탐방질서의 유지 등에 배치되는 등 공익상 필요가 있을 때는 불허가할 수 있다(대법원 2001.1.30. 선고 99두3577 판결).

[판 례] 산림훼손은 국토 및 자연의 유지와 수질 등 환경의 보전에 직접적으로 영향을 미치는 행위이므로, 법령이 규정하는 산림훼손 금지 또는 제한 지역에 해당하는 경우는 물론 금지 또는 제한 지역에 해당하지 않더라도 허가관청은 국토 및 자연의 유지와 환경의 보전 등 중대한 공익상 필요가 있다고 인정될 때에는 산림훼손 허가를 거부할 수 있고, 그 경우 법규에 명문의 근거가 없더라도 거부처분을 할 수 있다(대법원 2002.10.25. 선고 2002두6651 판결).

(4) 건축허가의 양면성

건축허가는 전통적으로 전형적인 기속행위인 허가로 보았으나, 「건축법」 제11조 제4항 규정신설로 인해 재량행위의 성격도 함께 가지게 되었다.[31] 또한 건축허가 등에 의해 의제되는 인·허가가 재량행위인 경우 및 토지의 형질변경행위를 수반하는 건축허가의 경우는 재량행위에 해당한다.

> **[판 례]** 건축허가권자는 건축허가신청이 관계법규에서 정하는 어떠한 제한에 배치되지 않는 이상 당연히 건축허가를 하여야 하며 법령에서 정하는 제한사유 이외의 사유를 들어 허가신청을 거부할 수 없다(대법원 2009.9.24. 선고 2009두8946 판결).

> **[판 례]** 국토의계획및이용에관한법률에 의하여 지정된 도시지역 안에서 토지의 형질변경행위를 수반하는 건축허가는 재량행위이다(대법원 2005.7.14. 선고 2004두6181 판결).

3. 허가의 기준

허가는 원칙적으로 처분시의 법령과 허가기준에 의하여 처리되어야 하고 허가신청 당시의 기준에 따라야 하는 것은 아니다. 따라서 비록 허가신청 후 허가기준이 변경되었다 하더라도 그 허가관청이 허가신청을 수리하고도 정당한 이유 없이 그 처리를 늦추어 그 사이에 허가기준이 변경된 것이 아닌 이상 변경된 허가기준에 따라서 처분을 하여야 한다.[32]

4. 허가의 형식

허가는 그 성질상 항상 허가처분의 형식(구체적 처분)으로 행하여지며, 직접 법규에 의한 일반적인 형식으로 행하여질 수 없다. 왜냐하면 법규에 의한 일반적 허가가 행하여진다는 것은 곧 허가의 전제가 되는 일반적·상대적 금지가 소멸되는 것이기 때문이다.

허가는 특정의 상대방에 대하여 개별적으로 행하여지는 것이 원칙이나(예컨대 음식점영업허가), 불특정다수인에 대하여 행하여지는 경우(예컨대 도로통행금지의 해제 또는 야간통행금지의 해제)도 있다.

---

31) 건축법 제11조 제4항: 허가권자는 위락시설이나 숙박시설에 해당하는 건축물의 건축을 허가하는 경우 해당 대지에 건축하려는 건축물의 용도·규모 또는 형태가 주거환경이나 교육환경 등 주변 환경을 고려할 때 부적합하다고 인정하면 이 법이나 다른 법률에도 불구하고 건축위원회의 심의를 거쳐 건축허가를 하지 아니할 수 있다.
32) 대법원 2006.8.25. 선고 2004두2974 판결.

5. 허가의 종류

허가는 그 대상을 기준으로 하여 ① 대인적 허가(예컨대 자동차운전면허·의사면허 등), ② 대물적 허가(예컨대 자동차검사·공중목욕탕허가·건축허가·채석허가·유기장허가·석유판매업허가 등), ③ 혼합적 허가(예컨대 약국개설허가[33] 등) 등으로 나눌 수 있다.

> **[판 례]** 건축허가는 대물적 성질을 갖는 것이어서 행정청으로서는 허가를 할 때에 건축주 또는 토지 소유자가 누구인지 등 인적 요소에 관하여는 형식적 심사만 한다 (대법원 2017.3.15. 선고 2014두41190 판결).

6. 허가의 효과

허가의 효과는 일반적 금지를 해제하여 상대방이 적법하게 어떠한 행위를 할 수 있게 하는 자연적 자유의 회복에 그친다. 허가는 자연적 자유의 회복이라는 점에서 새로운 권리의 설정이나 능력을 부여하는 특허와 구별된다. 따라서 허가로 인하여 상대방이 얻게 되는 일정한 사실상의 독점적 이익은 권리가 아니라 반사적 이익에 불과하다.[34]

허가의 효과는 상대적인 것이어서 특정행위에 대한 법적 제한을 해제해 줄 뿐, 그 금지 이외의 다른 법적 제한까지 해제하는 것은 아니다. 따라서 공무원인 자가 음식점영업허가를 받으면 「식품위생법」상의 금지는 해제되지만 「공무원법」상의 제한(영리업무종사금지)까지 해제되는 것은 아니다.

허가의 효과는 원칙적으로 그 허가를 받은 사람에 대한 관계에서만 발생된다. 그러나 대물적 허가에 있어서는 허가의 대상인 물건이나 시설 등의 이전에 따라 그 물건이나 시설을 이전받은 자에게 허가의 효과도 이전되는 것이 보통이다. 그러므로 공중위생업이 양도·양수된 경우에 행정청은 양도인의 법규위반을 이유로 하여 양수인에게 제재처분을 할 수 있다.[35]

---

33) 약사법 제20조(약국 개설등록)에 따르면 약사가 아니면 약국을 개설할 수 없으며, 또한 대통령령으로 정한 시설 기준에 따른 필요시설을 갖추어야 한다. 즉, 인적요건과 물적 요건을 모두 충족하여야 한다.

34) 판례는 "공중목욕탕의 적정분포를 규정한 공중목욕탕업법시행세칙에 의하여 기존목욕탕업자가 받는 영업상 이익은 단순한 사실상의 반사적 이익에 불과하고 법률에 의하여 보호되는 이익이 아니다"고 하였으며(대법원 1963.8.31. 선고 63누101 판결), 또는 무역거래법상의 수입제한이나 금지조치로 인하여 국내산업체가 받는 이익(대법원 1971.6.29. 선고 69누91 판결)에 대해서도 반사적 이익으로 보았다.

35) 대법원 2001.6.29. 선고 2001두1611 판결.

[**판 례**] 석유판매업허가는 소위 대물적 허가의 성질을 갖는 것이어서 그 사업의 양
도도 가능하고 이 경우 양수인은 양도인의 지위를 승계함에 따라 양도인에게 그 허
가를 취소할 위법사유가 있다면 양도인의 귀책사유는 양수인에게 그 효력이 미친다
(대법원 1986.7.22. 선고 86누203 판결).

법령에서 허가를 받은 자에 대하여 일정한 의무, 예컨대 의사의 진료행위거부
금지의무(의료법 제15조)를 과하는 경우도 있다. 이 경우의 공법상 행위의무는 허가
의 법률효과인 것이 아니라 당해 법령의 직접적인 효과이다. 따라서 허가받은 자
는 행정주체에 대하여서만 의무이행의 책임을 지고, 그 불이행에 대하여는 행정주
체만이 그 이행을 강제하거나 행정벌을 과하는 데 그치게 된다. 그러므로 제3자는
의무이행을 소구할 수 없음은 물론 손해배상을 청구할 수도 없다.

7. 허가와 출원

허가는 상대방의 출원에 따라서 행하여지는 것이 보통이다. 그러나 법령에 특
별한 규정이 있는 경우를 제외하고는 출원이 허가의 필요요건은 아니다. 따라서
허가는 특허 또는 인가와는 달리 출원 없이도 행하여질 수 있으며(통행금지해제),
출원의 내용과 다른 허가도 유효하게 성립될 수 있다.

[**판 례**] 개축허가신청에 대하여 행정청이 착오로 대수선 및 용도변경허가를 하였다
하더라도·취소 등 적법한 조치 없이 그 효력은 부인할 수 없음은 물론 이를 다른
처분(즉, 개축허가)으로 볼 근거도 없다(대법원 1985.11.26. 선고 85누382 판결).

8. 허가의 갱신

허가의 갱신이란 유효기간이 만료된 경우에 있어 종전 허가와 동일한 내용의
허가를 해주는 것을 말한다. 갱신은 종전 허가가 동일성을 유지한 채로 지속되는
것에 불과할 뿐 신규허가는 아니므로, 갱신이 있은 후에도 갱신 전의 법위반사실
을 근거로 허가를 취소할 수 있다.[36] 법령에서 허가갱신의 요건을 특별히 규정하
지 않은 경우에는 법령에서 정한 종전 허가의 요건이 갱신허가의 요건이 된다.

갱신허가의 신청은 종전 허가의 기한만료 전에 이루어져야 하며, 종전 허가의
기한이 경과한 후의 갱신신청에 따른 허가는 신규허가로 보아야 한다. 기한만료
전에 적법한 갱신신청이 있었음에도 불구하고 갱신 가부의 결정이 없는 경우에는
종전 허가의 효력이 유지되는 것으로 보아야 한다.

---

36) 대법원 1982.7.27. 선고 81누174 판결.

허가에 붙은 기한이 그 허가된 사업의 성질상 부당하게 짧은 경우 그 기한을 허가 자체의 존속기간이 아닌 허가조건의 존속기간으로 보며, 그 허가기간이 연장되기 위해서는 종기가 도래하기 전에 허가기간의 연장에 관한 신청이 있어야 한다. 만일 그러한 연장신청이 없는 상태에서 허가기간이 만료하였다면 그 허가의 효력은 상실된다.[37)]

9. 무허가

요허가행위를 허가를 받지 않고 행한 경우에는, 행정상 강제집행이나 처벌(행정벌)의 대상은 되지만, 당해 무허가행위의 법률상 효력은 유효하다. 다만, 법률에서 무허가행위에 대한 처벌 외에 특히 당해 행위의 무효를 아울러 규정하고 있는 경우에는 예외이다.

10. 허가권 행사의 한계

허가는 공익을 위하여 일반적 및 상대적으로 제한된 기본권적 자유를 회복하는 행위이므로 허가절차는 기본권에 의하여 보장된 자유를 행사할 권리 그 자체를 제거하여서는 아니 된다. 따라서 허가절차에 규정된 법률요건을 충족시킨 경우에는 기본권의 주체에게 기본권 행사의 형식적 제한을 다시 해제할 것을 요구할 수 있는 법적 권리를 부여하여야 한다.

> **[판 례]** 기부금품모집규제법이 비록 기부금품의 모집허가 대상사업을 같은 법 제4조 제2항 각 호에 규정된 사업에 국한시킴으로써 위 규정에 열거한 사항에 해당하지 아니한 경우에는 허가할 수 없다는 것을 소극적으로 규정하고 있다 하더라도, 기부금품모집허가의 법적 성질이 강학상의 허가라는 점을 고려하면, 기부금품 모집행위가 같은 법 제4조 제2항의 각 호의 사업에 해당하는 경우에는 특별한 사정이 없는 한 그 모집행위를 허가하여야 한다(대법원 1999.7.23. 선고 99두3690 판결).

Ⅲ. 면   제

면제는 법령 또는 법령에 의거한 행정행위에 의하여 일반적으로 과하여진 작위의무·급부의무 또는 수인의무를 특정한 경우에 해제하는 행정행위를 말한다(예컨대 예방접종면제·조세면제·취업의무면제 등).

이러한 면제도 의무를 해제하는 행위인 점에서는 허가와 같으나, 그 해제하는

---

37) 대법원 2007.10.11. 선고 2005두12404 판결.

의무가 부작위의 의무가 아니라 작위·급부 또는 수인의 의무라는 점에서 허가와
다르다. 허가와 면제는 의무에 대한 것을 제외하고는 그 종류·효과 등에서 같기
때문에 허가에 관해 앞에서 설명한 이론은 면제에도 그대로 적용된다.

제 2 항 형성적 행위

형성적 행위라 함은 상대방에게 일정한 권리·능력 또는 포괄적 법률관계 기
타의 법률상의 힘을 설정·변경·소멸시키는 행정행위를 말한다. 형성적 행위는 제
3자에 대하여 대항할 수 있는 법률상의 힘을 형성하는 것을 내용으로 한다는 점에
서, 모든 사람이 본래적으로 가지고 있는 자연적 자유를 대상으로 하여 그것을 제
한 또는 회복시키는 것을 내용으로 하는 명령적 행위와 구별된다.

형성적 행위는 상대방의 여하에 따라 ① 직접 상대방을 위하여 권리·능력·
포괄적 법률관계를 설정·변경·소멸시키는 행위(설권행위·변경행위·박권행위)와 ②
제3자의 법률적 행위의 효력을 보충·완성하거나(인가) 또는 제3자를 대신하여 행
하는 행위(대리)로 구분된다.

Ⅰ. 특 허

1. 특허의 개념

특허는 특정인을 위하여 새로운 법률상의 힘을 부여하는 행위를 말한다. 이는
직접 상대방을 위한 행위로서 특정인에 대하여 새로운 권리·능력(권리능력·행위능
력) 또는 포괄적 법률관계를 설정하는 행정행위라는 점에서 설권행위라고도 한다.
이 중에서 권리설정행위를 좁은 의미의 특허라고도 한다.

특허 중에서도, 특정인의 기존의 권리·능력 기타 포괄적 법률관계를 변경시
키는 행정행위가 있는데, 이를 변경행위(예컨대 공무원전보·공무원에 대한 징계종류의
변경·공물사용권의 변경·광업권자의 광구변경 등)라 하고, 그것을 소멸시키는 행위를 박
권행위(예컨대 공기업특허·어업면허의 취소·공무원의 파면 등)라고 한다.

2. 특허의 성질

특허가 행정법상 계약인지 쌍방적 행정행위(협력을 요하는 행정행위)인지에 대해
서는 견해가 대립되고 있다. 이는 특허가 출원에 의하여 행하여지기 때문에 출원
이 특허의 성립요건 또는 효력요건에 해당하는지에 관한 문제이다.

행정법상 계약설은 출원을 특허의 성립요건으로 보아 특허를 행정법상 계약

으로 보는 견해이다. 이는 사인의 의사표시와 행정청의 의사표시에 대등한 가치를
인정한 것으로 행정행위의 권력성을 배제하려는 입장이다.

쌍방적 행정행위설은 출원을 특허의 효력요건으로 보아 특허를 신청을 요하
는 쌍방적 행정행위로 본다(통설). 이는 사인의 의사표시와 행정청의 의사표시에
대등한 가치를 인정하지 않는 입장이다.

3. 특허의 사례

특허는 크게 대인적 특허(귀화의 허가, 공무원임명)와 대물적 특허로 구분된다.
대인적 특허는 그 효과가 일신전속적이라는 점에서 효과가 이전가능한 대물적 특
허와 다르다. 판례가 인정하고 있는 대표적인 특허 사례는 다음과 같다.

(1) 귀화허가와 체류자격 변경허가

> **[판 례]** 국적은 국민의 자격을 결정짓는 것이고, 이를 취득한 사람은 국가의 주권자
> 가 되는 동시에 국가의 속인적 통치권의 대상이 되므로, 귀화허가는 외국인에게 대
> 한민국 국적을 부여함으로써 국민으로서의 법적 지위를 포괄적으로 설정하는 특허
> 에 해당한다. 법무부장관은 귀화신청인이 귀화 요건을 갖추었다 하더라도 귀화를 허
> 가할 것인지 여부에 관하여 재량권을 가진다(대법원 2010.10.28. 선고 2010두6496
> 판결).

> **[판 례]** 출입국관리법상 체류자격 변경허가는 신청인에게 당초의 체류자격과 다른
> 체류자격에 해당하는 활동을 할 수 있는 권한을 부여하는 일종의 설권적 처분의 성
> 격을 가지므로, 허가권자는 신청인이 관계 법령에서 정한 요건을 충족하였더라도,
> 신청인의 적격성, 체류 목적, 공익상의 영향 등을 참작하여 허가 여부를 결정할 수
> 있는 재량을 가진다(대법원 2016.7.14. 선고 2015두48846 판결).

(2) 운송사업면허

> **[판 례]** 자동차운수사업법에 의한 개인택시운송사업 면허는 특정인에게 특정한 권리
> 나 이익을 부여하는 행정행위로서 법령에 특별한 규정이 없는 한 재량행위이고, 그
> 면허를 위하여 필요한 기준을 정하는 것도 역시 행정청의 재량에 속한다(대법원
> 1997.10.24. 선고 97누10772 판결).

(3) 공물의 사용관계
1) 공유수면 매립면허

> **[판 례]** 공유수면매립면허는 설권행위인 특허의 성질을 갖는 것이므로 원칙적으로

행정청의 자유재량에 속하며, 일단 실효된 공유수면매립면허의 효력을 회복시키는 행위도 특단의 사정이 없는 한 새로운 면허부여와 같이 면허관청의 자유재량에 속한다(대법원 1989.9.12. 선고 88누9206 판결).

2) 하천부지 점용허가

[판 례] 하천부지 점용허가 여부는 관리청의 자유재량에 속하고, 재량행위에 있어서는 법령상의 근거가 없다고 하더라도 부관을 붙일 것인가의 여부는 당해 행정청의 재량에 속한다고 할 것이다(대법원 1991.10.11. 선고 90누8688 판결).

3) 도로 점용허가

[판 례] 도로점용의 허가는 특정인에게 일정한 내용의 공물사용권을 설정하는 설권행위로서, 공물관리자가 신청인의 적격성, 사용목적 및 공익상의 영향 등을 참작하여 허가를 할 것인지의 여부를 결정하는 재량행위이다(대법원 2002.10.25. 선고 2002두5795 판결).

(4) 토지수용을 위한 사업인정

[판 례] 토지수용법 제14조의 규정에 의한 사업인정은 일정한 내용의 수용권을 설정해 주는 행정처분의 성격을 띠는 것으로서 그 사업인정을 받음으로써 수용할 목적물의 범위가 확정되고 수용권으로 하여금 목적물에 관한 현재 및 장래의 권리자에게 대항할 수 있는 일종의 공법상의 권리로서의 효력을 발생시킨다(대법원 1994.11.11. 선고 93누19375 판결).

(5) 대기오염물질 총량관리사업장 설치허가

[판 례] 구 수도권대기환경특별법 제14조 제1항에서 정한 대기오염물질 총량관리사업장 설치의 허가 또는 변경허가는 특정인에게 인구가 밀집되고 대기오염이 심각하다고 인정되는 수도권 대기관리권역에서 총량관리대상 오염물질을 일정량을 초과하여 배출할 수 있는 특정한 권리를 설정하여 주는 행위로서 그 처분의 여부 및 내용의 결정은 행정청의 재량에 속한다(대법원 2013.5.9. 선고 2012두22799 판결).

4. 특허와 출원

특허는 상대방의 출원을 필요요건(효력요건)으로 한다. 따라서 출원이 없거나 그 취지에 반하는 특허는 완전한 효력을 발생하지 못한다. 다만, 특허가 직접 법률에 의하여 이루어지는 경우(예컨대 공법인·특수법인 등의 설립)는 그 성질상 출원이 있을 수 없다.

5. 특허의 형식

특허는 불특정다수인에 대하여 행할 수 없으며, 언제나 특정인에 대하여 행하여지며, 원칙적으로 불요식행위이다. 다만, 법령(예컨대 광업법 시행령 제24조)에서 일정한 형식을 요구하고 있는 경우에는 예외적으로 요식행위가 된다.

특허는 원칙적으로 구체적인 행정행위(특허처분)의 형식으로 행하여지는 것이나 예외적으로 법규에 의하여 직접 행하여지는 경우도 있다(예컨대 한국도로공사법에 의하여 한국도로공사를 설립하고 도로의 설치·관리업무를 특허한 경우).

6. 특허의 효과

특허는 특정의 상대방에 권리·능력 기타 법률상의 힘을 발생시킨다. 따라서 특허에 의하여 설정되는 권리는 공권인 것이 보통이나, 사권인 경우(예컨대 광업권·어업권)도 있다. 특허된 법률상의 힘을 제3자가 침해하면 권리침해가 된다. 특허 중 대인적 특허(예컨대 귀화허가)의 효과는 이전될 수 없다. 그러나 대물적 특허의 효과는 특허의 전제가 된 물건이나 권리의 이전과 함께 자유로이 또는 일정한 제한(예컨대 행정청에 보고 또는 행정청의 승인) 아래 이전될 수 있다. 양립할 수 없는 이중특허의 경우 후행 특허는 당연무효이다.

> **[판 례]** 지구별 어업협동조합 및 지구별 어업협동조합 내에 설립된 어촌계의 어장을 엄격히 구획하여 종래 인접한 각 조합이나 어촌계 상호간의 어장한계에 관한 분쟁이나 경업을 규제하므로써 각 조합이나 어촌계로 하여금 각자의 소속 어장을 배타적으로 점유 관리하게 하였음에 비추어 특별한 경우가 아니면 같은 업무구역 안에 중복된 어업면허는 당연무효이다(대법원 1978.4.25. 선고 78누42 판결).

7. 특허와 허가의 구별

특허는 사람이 본래적으로 가지지 아니하는 법률상의 힘을 부여하는 설권행위로 형성적 행위라는 점에서 일반적 금지의 해제로 사람의 자연적 자유를 회복함에 그치는 명령적 행위인 허가와 구별된다. 또한 특허는 재량행위이지만 허가는 기속행위라는 점에서 양자는 구별된다.

특허와 허가는 다 같이 일정한 경제적 이익을 받게 되는 것이지만, 특허의 경우에는 제3자에 대항할 수 있는 법률상의 힘으로서 이익인 데 대하여, 허가에 의한 이익은 반사적 이익에 불과하다는 점에서 구별된다.

특허는 그 대상사업이 적극적인 공익증진을 위하여 국가의 관여를 요하는 공익사업인 데 대하여, 허가는 그 대상사업이 개인적·영리적 사업이라는 점에서 구별된다.

특허는 출원을 필요적 요건으로 하고, 그 내용도 원칙적으로 출원의 내용과 일치되어야 하며, 그 상대방도 특정인에 한하는 데 대하여, 허가는 상대방의 신청 내지 출원을 절대적인 요건으로 하지 않으며, 반드시 특정인에게 행하여지는 것은 아니라는 점에서 구별된다.

특허는 특허처분 또는 법규의 형식으로 할 수 있는 것이나, 허가는 항상 처분의 형식으로만 하여야 한다는 점에서 차이가 있다.

특허의 효과는 공법적인 것(공기업의 특허, 공물사용권의 특허, 토지수용권의 설정)과 사법적인 것(광업허가·어업면허)이 있는 데 대하여, 허가의 효과는 언제나 공법적인 것이라는 점에서 구별된다.

Ⅱ. 인　　가

1. 인가의 개념

인가는 행정객체가 제3자와의 사이에서 하는 법률적 행위를 행정주체가 보충하여 그 법률상 효력을 완성시켜 주는 행정행위를 말한다. 인가는 국가 또는 공공단체 등 행정주체가 직접 자기와 관계없이 다른 법률관계에 있어서의 당사자의 법률적 행위를 보완하여 그 법률상 효력을 완성시켜 주는 타자를 위한 행위로서, 보충행위라고도 한다. 인가는 행정주체의 보충행위로서, 보호 또는 감독을 위한 공익적 견지에 의한 것이다.

2. 인가의 사례

타인의 법률적 행위를 보충하여 그 법률적 효력을 완성시켜 주는 행정행위인 인가에는 「자동차운수사업법」상 자동차운수사업의 양도계약에 건설교통부장관의 인가, 외국인의 토지취득에 대한 인가, 하천점유권 양도의 인가, 농지소유권 이전 허가 등이 있다. 판례가 인정하고 있는 대표적 사례는 다음과 같다.

(1) 토지거래허가

[판례] 토지거래계약에 대한 허가는 허가 전의 유동적 무효 상태에 있는 법률행위의 효력을 완성시켜 주는 인가적 성질을 띤 것이라고 보는 것이 타당하다(대법원 1991.12.24. 선고 90다12243 판결).

(2) 학교법인임원 취임승인

[판 례] 사립학교법 제20조 제2항에 의한 학교법인의 임원에 대한 감독청의 취임승인은 학교법인의 임원선임행위를 보충하여 그 법률상의 효력을 완성케 하는 보충적 행정행위로서 성질상 기본행위를 떠나 승인처분 그 자체만으로는 법률상 아무런 효과도 발생할 수 없다(대법원 2001.5.29. 선고 99두7432 판결).

(3) 법인의 정관변경허가

[판 례] 민법 제45조와 제46조에서 말하는 재단법인의 정관변경 "허가"는 법률상의 표현이 허가로 되어 있기는 하나, 그 성질에 있어 법률행위의 효력을 보충해 주는 것이지 일반적 금지를 해제하는 것이 아니므로, 그 법적 성격은 인가라고 보아야 한다(대법원1996.5.16. 선고 95누4810 판결).

(4) 도시정비법상의 인가
1) 사업시행계획 인가

[판 례] 도시환경정비사업조합이 수립한 사업시행계획을 인가하는 행정청의 행위는 도시환경정비사업조합의 사업시행계획에 대한 법률상의 효력을 완성시키는 보충행위에 해당한다(대법원 2010.12.9. 선고 2010두1248 판결).

2) 관리처분계획 인가

[판 례] 재건축조합의 관리처분계획에 대한 행정청의 인가는 관리처분계획의 법률상 효력을 완성시키는 보충행위로서의 성질을 갖는다(대법원 2012.8.30. 선고 2010두24951 판결).

3) 조합설립추진위원회 구성승인처분

[판 례] 조합설립추진위원회 구성승인처분은 조합의 설립을 위한 주체인 추진위원회의 구성행위를 보충하여 그 효력을 부여하는 처분으로서 조합설립이라는 종국적 목적을 달성하기 위한 중간단계의 처분에 해당한다(대법원 2013.1.31. 선고 2011두11112 판결).

3. 인가의 대상
인가의 대상은 그 성질상 반드시 법률적 행위이어야 하며, 사실행위는 제외된다. 따라서 인가의 대상인 행위가 법률적 행위이면 공법상의 행위(예컨대 정관변경의 인가)이건 사법상의 행위(예컨대 외국인의 토지취득인가, 특허기업의 인가, 하천점유권 양도의 인가)이건 가리지 않는다.

4. 인가의 형식

인가는 항상 구체적인 처분의 형식으로 행하여진다. 일반적인 형식의 인가는 허용되지 않는데, 그것은 인가 자체의 의의를 상실시키는 것을 의미하기 때문이다. 따라서 인가는 법령에 의하여 일정한 형식이 요구되고 있는 경우를 제외하고는 불요식행위이다.

5. 인가의 사전협의

위임받은 인가권 행사에 대하여 당해 근거법령에서 타행정기관(타 시·도지사 또는 재위임의 경우는 시장·군수 또는 구청장)과의 협의를 거치도록 규정하고 있는 경우에는 이와 같은 사전협의절차를 거친 후 인가를 해야 한다. 예컨대 시·도지사가 둘 이상의 시·도에 걸치는 노선과 관련된 사업계획변경이나 시장·군수 또는 구청장이 둘 이상의 시·군·구에 걸친 사업계획변경을 인가함에 있어서는 각각 사전협의절차를 거쳐야 한다(여객자동차법 제78조).[38]

6. 인가와 신청

인가는 당사자의 신청에 의하여 행하여지는 것이 원칙이다. 바로 이 점에서 인가는 쌍방적 행정행위이다. 따라서 행정청은 인가신청에 대하여 인가를 할 것인지의 여부에 관하여 소극적으로 결정하여야 하며, 적극적으로 신청의 내용과 다른 수정인가를 할 수 없다.

7. 인가와 기본행위

인가는 행정객체와 제3자 사이에서 행하여지는 법률적 행위의 효력을 완성시켜 주는 행정주체의 보충행위이기 때문에 인가의 대상인 법률적 행위의 하자를 수정하는 독립적인 창설적 효과를 가지는 것은 아니다. 즉, 법률적 행위가 무효이면 그에 대한 인가도 당연히 무효가 되는 것이며, 무효인 기본행위를 유효하게 만드는 것이 아니다.

> **[판 례]** 행정청의 인가는 법률상 효력을 완성케 하는 보충행위로서, 그 기본되는 임원선출행위가 불성립 또는 무효인 때에는 그에 대한 인가가 있었다 하여도 그 기본

---

38) 대법원 2010.9.9. 선고 2009두22744 판결.

> 행위인 임원선출행위가 유효한 것이 될 수 없으며, 그 기본행위가 유효적법한 것이
> 라 하여도 그 효력을 완성케 하는 보충행위인 인가에 하자가 있을 때에는 그 인가
> 의 취소청구 또는 무효주장을 할 수 있다(대법원 1967.2.28. 선고 66누8 판결).

인가의 대상인 기본행위에 취소원인인 하자가 있는 경우에 인가로서 그 취소
원인이 소멸되는 것은 아니며, 따라서 인가가 있은 후에도 그 기본행위를 취소할
수 있다.

이에 대하여 기본행위는 유효하지만 인가행위 자체가 무효이거나 취소되면
그에 의거한 행위는 무인가행위가 되며, 인가의 대상인 기본행위가 취소되거나 실
효되면 그에 대한 인가도 실효된다.[39]

기본행위를 떠나 인가처분 자체만으로는 법률상 아무런 효력도 발생할 수 없
기 때문에, 기본행위의 불성립 또는 무효를 내세워 바로 그에 대한 인가처분의 취
소를 구하는 것은 허용되지 않는다.[40]

8. 인가의 효과

인가는 법률적 행위를 대상으로 하여서만 행하여지는 것이기 때문에 그 효과
는 당해 법률적 행위에 대한 관계에 한하여 발생하며, 타인에게 이전되지 않는 것
이 원칙이다.

그러나 「여객자동차법」상의 개인택시 운송사업면허의 양도·양수에 관한 인
가는 양도인과 양수인간의 양도행위를 보충하여 그 법률효과를 완성시키는 의미
에서의 인가처분뿐만 아니라 양수인에 대해 양도인이 가지고 있던 면허와 동일한
내용의 면허를 부여하는 처분을 포함하는 경우도 있다.

> **[판 례]** 개인택시운송사업면허의 양도·양수에 대한 행정청의 인가 후 양수인의 면
> 허취득의 자격요건인 운전경력에 미달됨이 사후에 밝혀진 경우에는 관할관청은 당
> 해 양도·양수 인가처분을 취소할 수 있고, 양수인에 대한 개인택시 운송사업면허처
> 분을 취소할 수 있다(대법원 1994.8.23. 선고 94누4882 판결).

9. 인가와 허가의 구별

인가는 다른 법률관계의 당사자의 법률적 행위를 완전히 유효하게 완성시켜
주는 행정주체의 동의행위이며, 그 동의는 당해 법률적 행위의 효력요건이다. 그

---

39) 대법원 1979.2.13. 선고 78누428 판결.
40) 대법원 1995.12.12. 선고 95누7338 판결.

러므로 무인가행위는 원칙적으로 무효가 되지만, 처벌의 대상은 되지 아니한다. 이에 대하여 명령적 행위인 허가는 사실로서의 행위가 적법하게 성립하기 위한 적법요건이기 때문에 허가없이 행한 행위는 처벌의 대상은 되지만, 행위 자체의 효력이 무효가 되는 것은 아닌 점에서 인가와 성질을 달리한다.

허가와 인가는 ① 허가의 대상이 사실행위인 것이 보통인 데 대하여 인가는 법률적 행위만을 그 대상으로 하는 점, ② 허가의 내용은 일반적·상대적 금지의 해제로서 자연적 자유를 회복시켜 주는 데 대하여, 인가는 다른 법률관계의 당사자의 법률적 행위를 보충하여 인가된 법률적 행위의 효력을 완성시켜 주는 점, ③ 허가는 상대방의 신청 없이도 행하여지는 경우가 있는데, 인가는 언제나 신청에 의하여 행하여지는 점 등에서 구별된다.

10. 인가와 특허의 구별

인가와 특허는 앞에서 본 바와 같이 모두 법률행위적 행정행위이며 형성적 행위인 점에서 같으나, 그 내용과 법적 효과의 면에서 차이가 있다.

인가와 특허의 내용에 있어서 인가는 특정인의 일정한 법률행위의 효력을 완성시켜 주는 행정행위로서 보충행위이나, 특허는 특정인을 위하여 새로이 권리·능력 또는 포괄적 법률관계를 설정하는 행정행위로서 설권행위라는 점에서 그 차이가 있다.

인가와 특허의 법적 효과에 있어서 인가의 효과는 상대방이 제3자와 하는 법률행위의 효력을 완성시켜 주는 데 있으며, 자체로서 새로운 권리·능력 등을 설정하여 주는 것은 아니다.

그리고 인가는 법률적 행위만을 대상으로 하기 때문에, 그 효과는 오직 당해 법률적 행위에 대한 관계에서만 발생하며, 타인에 이전되지 않는 것이 원칙이다. 이에 대하여 특허는 그 상대방(특허권자)으로 하여금 제3자에 대하여 법적으로 주장하고 행사할 수 있는 법률상의 힘을 설정하여 주는 것이므로, 특허된 법률상의 힘을 제3자가 침해하면 권리침해가 된다. 그리고 특허의 효과는 일신전속적인 것이 아닌 한, 특허의 전제가 된 물건이나 권리의 이전과 함께 타인에 이전될 수 있다.

Ⅲ. 대   리

대리행위는 제3자가 행하여야 할 행위를 행정주체가 대신하여 행하는 행위로서, 그 행위의 법률적 효과가 당해 제3자에 귀속하는 것을 말한다.

대리행위에는 ① 행정주체가 감독적 견지에서 행하는 경우(예컨대 공공단체의
임원임명·공법인의 정관작성), ② 당사자 사이에 협의부성립의 경우에 조정적 견지에
서 행하는 경우(예컨대 토지수용위원회의 재결), ③ 행정주체가 타인을 보호하기 위하
여 행하는 경우(예컨대 행려병사자의 유류품처분), ④ 행정주체 자신의 행정목적을 달
성하기 위하여 행하는 경우(예컨대 조세체납처분절차에서 행하는 압류재산의 공매처분) 등
이 있다.

제 2 관 준법률행위적 행정행위

준법률행위적 행정행위라 함은 효과의사 이외의 정신작용, 즉 판단·인식·관
념 등을 구성요소로 하고 그 법률적 효과는 행위자의 의사여하를 불문하고 직접
법규가 정하는 바에 따라 발생하는 행위를 말한다(통설).[41] 이러한 준법률행위적
행정행위는 보통 ① 확인행위, ② 공증행위, ③ 통지행위, ④ 수리행위 등으로 구
분되고 있다.

I. 확인행위

1. 확인행위의 개념

확인행위는 특정한 사실 또는 법률관계의 존부 또는 정부에 관하여 행정청이
공권적으로 판단하는 행위를 말한다. 확인행위에 해당하는 행정행위가 실정법에서
는 재결(행정심판의 재결)·결정(당선인의 결정·시험합격자의 결정·소득금액결정)·조사·
인정·특허(발명의 특허) 등으로 혼용되어 사용되고 있다.

> **[판 례]** 친일반민족행위자 재산의 국가귀속에 관한 특별법 제2조 제2호에 정한 친
> 일반민족행위자의 재산(친일재산)은 친일반민족행위자재산조사위원회가 국가귀속결
> 정을 하여야 비로소 국가의 소유로 되는 것이 아니라 특별법의 시행에 따라 그 취
> 득·증여 등 원인행위시에 소급하여 당연히 국가의 소유로 되고, 위 위원회의 국가
> 귀속결정은 당해 재산이 친일재산에 해당한다는 사실을 확인하는 이른바 준법률행
> 위적 행정행위의 성격을 가진다(대법원 2008.11.13. 선고 2008두13491 판결).

---

41) 그러나 법률행위적 행정행위와 준법률행위적 행정행위의 구별은 비판되고 있으며, 그 구별실
   익도 부인되는 경향에 있으며, 준법률행위적 행정행위의 해체의 가능성이 검토되고 있다. 이
   경우 ① 공증의 행정행위성은 부인되고, ② 통지는 명령적 행위로서의 하명이며, ③ 수리는
   그 내용을 기준으로 할 때 형성적 행위인 것이 원칙이고, ④ 확인은 그 행정행위성이 인정되
   고 있다. 김남진, 준법률행위적 행정행위의 문제점―그의 해체를 주장하며―, 고시연구
   (1992.5.), 46면 이하.

[**판 례**] 국민연금법 제14조 제1항의 자격 상실 확인은 가입자가 국민연금 가입대상 제외자에 해당하는지 여부에 관하여 의문이 있는 경우 공권적으로 그 존부를 판단하는 준법률행위적 행정행위로서, 이미 존재하는 사실 또는 법률관계의 존재 여부를 판단하는 행정처분일 뿐 새로운 법률관계를 창설하는 것은 아니다(서울행법 2003.7.24. 선고 2003구합8821 판결 : 항소).

2. 확인행위의 성질

확인행위는 특정한 사실 또는 법률관계의 존부나 정부 등에 관한 분쟁을 전제로 하여 의문의 여지가 없도록 확정·선언하는 행위라는 점에서 법원의 판결과 성질이 비슷한 법선언적 행위이다. 따라서 넓은 의미의 사법행위의 일종이다.

다만, 확인행위가 발명의 특허에서처럼 구체적 권리를 발생시키는 형성적 효과를 수반하는 경우도 있으나, 그것은 법률이 부여하는 효과인 것이지 확인행위 자체의 효과는 아니다. 확인행위의 법적 성질은 기속행위로 보는 것이 일반적이다.

3. 확인행위의 종류

확인행위는 행정분야에 따라 ① 조직법상 확인(예컨대 당선인결정·국가시험합격자결정), ② 복리행정법상 확인(예컨대 도로·하천 등의 구역결정·발명의 특허·교과서의 검정), ③ 재정법상 확인(예컨대 소득금액의 결정), ④ 군정법상 확인(예컨대 군사시설보호구역) 등이 있다.

확인행위는 쟁송절차를 거치느냐의 여부에 따라 직권확인과 쟁송확인(예컨대 이의신청의 결정·행정심판의 결정)으로 구분할 수 있다.

4. 확인행위의 형식

확인행위는 언제나 구체적인 처분의 형식으로 행하여지며, 법령에 의한 일반적인 확인은 있을 수 없다. 확인행위는 일정한 형식이 요구되는 요식행위인 것이 보통이다(예컨대 자동차검사증의 교부·행정심판의 재결서).

5. 확인행위의 효과

확인행위의 공통적인 효과는 공권적으로 확정한 것을 임의로 변경할 수 없는 불가변력을 발생한다. 그 밖의 효과는 각개의 법령이 규정하는 바에 의히며 일률적인 것이 아니다. 확인행위의 효력발생시기는 그 성질상 일정한 상태가 존재하였을 때로 소급하는 것이 보통이다.

> **[판 례]** 사법시험 제1차 시험에 응시하였다가 위법한 불합격결정을 받고 쟁송을 제기하여 불합격결정이 취소됨으로써 비로소 합격결정을 받았으나 그 사이에 합격결정을 받은 그 회 또는 그 다음 회의 사법시험 제2차 시험이 이미 끝나버려 그 시험에 응시하는 것이 물리적으로 불가능한 경우에는 합격결정을 받은 후에 최초로 실시되는 제2차 시험과 그 다음 회의 제2차 시험에 응시할 자격이 부여된다고 해석함이 사법시험령 규정의 입법 취지에 부합한다(대법원 1999.8.24. 선고 99두5689 판결).

II. 공증행위

1. 공증행위의 개념

공증행위는 특정한 사실 또는 법률관계의 존재를 공적으로 증명하는 행위를 말한다. 예컨대, 선거인명부·부동산등기부에 등록, 각종의 증명서·감찰·면장 등의 교부 등을 들 수 있다. 공증행위는 일단 의문이나 다툼이 없는 사실 또는 법률관계에 대하여 형식적으로 그것을 증명하고 공적 증거력을 부여하는 행정행위이다.

> **[판 례]** 의료유사업자 자격증 갱신발급행위는 유사의료업자의 자격을 부여 내지 확인하는 것이 아니라 특정한 사실 또는 법률관계의 존부를 공적으로 증명하는 소위 공증행위에 속하는 행정행위라 할 것이다(대법원 1977.5.24. 선고 76누295 판결)

> **[판 례]** 특허청장의 상표사용권설정등록행위는 사인간의 법률관계의 존부를 공적으로 증명하는 준법률행위적 행정행위이다(대법원 1991.8.13. 선고 90누9414 판결).

> **[판 례]** 건설업면허증 및 건설업면허수첩의 재교부는 동일한 내용의 면허증 및 면허수첩을 새로이 또는 교체하여 발급하여 주는 것으로서, 이는 건설업의 면허를 받았다고 하는 특정사실에 대하여 형식적으로 그것을 증명하고 공적인 증거력을 부여하는 행정행위(강학상의 공증행위)이다(대법원 1994.10.25. 선고 93누21231 판결).

2. 공증행위의 성질

공증행위는 효과의사의 표시가 아닌 점에서 확인행위와 같으나, ① 확인이 판단의 표시인 데 대하여 공증은 인식의 표시라는 점에서 다르다. ② 확인은 사실 또는 법률관계의 다툼이나 의문이 있는 행위에 대하여 행하는 것이나, 공증은 다툼이나 의문이 없는 행위를 전제로 한다.

공증행위는 단순한 인식작용으로서 특정 사실 또는 법률관계가 객관적으로 존재하는 한 공증을 하여야 하므로 기속행위로 보는 것이 타당하다.

3. 공증행위의 종류

공증의 구체적 종류로는 ① 등기부·등록부에 등기·등록, 각종의 명부·장부·원부의 등재, ② 회의록·의사록 기재, ③ 각종의 증명서 발급, ④ 영수증·허가증·면장 등의 교부, ⑤ 여권·감찰 등의 발급, ⑥ 검인·압날 등을 들 수 있다.[42]

4. 공증행위의 효과

공증행위의 효과는 그 증명에 대한 반증이 있을 때까지 일단 진실한 것으로 추정되는 공적 증거력을 발생시키는 데에 있다. 이와 같은 공증의 효과는 반증이 있게 되면 누구든지 공증의 취소가 없더라도 그것을 전복시킬 수 있다. 따라서 공증은 공정력이 인정되지 않는 것으로, 바로 이 점에서 공증의 행정행위성에 의문이 제기되고 있다.[43]

종래 대법원은 각종 공적 장부(토지대장, 건축물관리대장, 지적공부, 하천대장, 자동차운전면허대장 등)에의 등재행위는 행정사무 집행의 편의와 사실증명의 자료로 삼기 위한 목적으로 행하여지는 것에 불과하고, 그 등재나 변경으로 인해 실체상의 권리관계에 어떠한 변동을 가져오는 것이 아니기 때문에 처분성이 없다고 하였다.[44] 하지만 지목변경신청반려처분 취소소송에서는 지목의 처분성을 인정하였다. 또한 건축물대장의 작성신청을 거부한 행위와 용도변경신청을 거부한 행위가 항고소송의 대상이 되는 행정처분에 해당한다고 하였다.

> **[판 례]** 지목은 토지소유권을 제대로 행사하기 위한 전제요건으로서 토지소유자의 실체적 권리관계에 밀접하게 관련되어 있으므로 지적공부 소관청의 지목변경신청 반려행위는 국민의 권리관계에 영향을 미치는 것으로서 항고소송의 대상이 되는 행정처분에 해당한다(대법원 2004.4.22. 선고 2003두9015 전원합의체 판결).

> **[판 례]** 건축물대장의 용도는 건축물의 소유권을 제대로 행사하기 위한 전제요건으로서 건축물 소유자의 실체적 권리관계에 밀접하게 관련되어 있으므로, 건축물대장 소관청의 작성신청 반려행위는 국민의 권리관계에 영향을 미치는 것으로서 항고소

---

42) 박윤흔, 행정법강의(상), 372면.

43) 김남진·김연태, 행정법 I , 231면 참조.

44) 대법원 1995.12.5. 선고 94누4295 판결(토지대장); 대법원 1989.12.12. 선고 89누5348 판결(건축물관리대장); 대법원 1991.9.24. 선고 91누1400 판결(자동차운전면허대장); 대법원 1990.10.23. 선고 90누5467 판결(가옥대장·건축물관리대장).

송의 대상이 되는 행정처분에 해당한다(대법원 2009.2.12. 선고 2007두17359 판결).

> **[판 례]** 건축물대장 소관청의 용도변경신청 거부행위는 국민의 권리관계에 영향을 미치는 것으로서 항고소송의 대상이 되는 행정처분에 해당한다(대법원 2009.1.30. 선고 2007두7277 판결).

> **[판 례]** 토지대장은 토지의 소유권을 제대로 행사하기 위한 전제요건으로서 토지소유자의 실체적 권리관계에 밀접하게 관련되어 있으므로, 이러한 토지대장을 직권으로 말소한 행위는 국민의 권리관계에 영향을 미치는 것으로서 항고소송의 대상이 되는 행정처분에 해당한다(대법원 2013.10.24. 선고 2011두13286 판결).

공증행위는 공적 증거력을 발생시키는 외에 각 법령이 규정하는 바에 따라서 ① 권리행사의 요건(예컨대 선거인명부에의 등록), ② 권리의 제3자에 대한 대항요건(예컨대 부동산등기부에 등기), ③ 권리발생의 요건(예컨대 광업원부에 등재) 등이 되기도 한다.

Ⅲ. 통지행위

1. 통지행위의 개념
통지는 특정인 또는 불특정다수의 상대방에 대하여 특정한 사실을 알리는 행위를 말한다.

2. 통지행위의 성질
통지는 그 자체로서 독립된 행정행위이기 때문에 이미 성립한 행정행위의 효력발생요건으로서 특정인에 하는 구술 또는 교부·송달과 불특정다수인에 하는 공고 등의 통지(고지)와 다르다.

행정관청이 노동조합에 대하여 서류제출요구를 한 이후 추가로 2, 3차의 제출요구를 한 경우에 그것은 제출을 독촉하거나 그 제출기한을 연기해 주는 통지로서의 의미를 가지는 것에 불과하며 독립된 행정처분이 되는 것은 아니다.[45]

> **[판 례]** 소득의 귀속자에 대한 소득금액변동통지는 원천납세의무자인 소득의 귀속자에 대한 법률상 지위에 직접적인 변동을 가져오는 것이 아니므로 항고소송의 대상이 되는 행정처분에 해당하지 않는다(대법원 2015.1.29. 선고 2013두4118 판결).

---

45) 대법원 1994.2.22. 선고 93누21156 판결.

[**판 례**] 국민건강보험공단이 갑 등에게 '직장가입자 자격상실 및 자격변동 안내' 통보 및 '사업장 직권탈퇴에 따른 가입자 자격상실 안내' 통보를 한 사안에서, 국민건 강보험 직장가입자 또는 지역가입자 자격 변동은 법령이 정하는 사유가 생기면 별도 처분 등의 개입 없이 사유가 발생한 날부터 변동의 효력이 당연히 발생하므로, 국민건강보험공단이 갑 등에 대하여 가입자 자격이 변동되었다는 취지의 '직장가입 자 자격상실 및 자격변동 안내' 통보를 하였더라도, 이는 갑 등의 가입자 자격의 변동 여부 및 시기를 확인하는 의미에서 한 사실상 통지행위에 불과할 뿐, 위 통보에 의하여 가입자 자격이 변동되는 효력이 발생한다고 볼 수 없고, 또한 위 통보로 갑 등에게 지역가입자로서의 건강보험료를 납부하여야 하는 의무가 발생함으로써 갑 등의 권리의무에 직접적 변동을 초래하는 것도 아니라는 이유로, 위 통보의 처분성이 인정되지 않는다고 보아 그 취소를 구하는 갑 등의 소를 모두 각하한 원심판단이 정당하다고 한 사례(대법원 2019.2.14. 선고 2016두41729 판결).

3. 통지행위의 종류

통지행위의 종류로는 토지수용에 있어서 사업인정의 고시·특허출원의 공고와 같은 특정사실에 관한 관념의 통지일 때도 있고, 대집행의 계고·조세체납자에 대한 독촉 등과 같이 행위자의 의사를 알리는 통지일 때도 있다.

4. 통지행위의 효과

통지의 구체적인 효과의 내용은 관계법령의 규정에 따라 다르다.

Ⅳ. 수리행위

1. 수리행위의 개념

수리행위는 행정청이 신고, 신청 등 타인의 행위를 적법하고 유효한 행위로 판단하여 받아들이는 수동적 행위를 말한다. 혼인신고의 수리, 사직서의 수리, 공직선거에서의 입후보자 등록의 수리, 행정심판청구서의 수리 등이 그 예이다.

2. 수리행위의 성질

수리행위는 행정청의 수리의무를 전제로 하여 행해지는 행정행위이다. 이는 단순한 사실의 도달 또는 사실행위인 접수와 구별되는 행정청의 수동적 의사행위이다. 대표적인 수리행위인 수리를 요하는 신고에서의 수리는 준법률행위적 행정행위의 하나로서 행정처분에 해당한다.

3. 수리행위의 종류

수리를 요하는 신고는 행정청이 해당 신고를 형식적·실질적 요건을 모두 심사한 후 수리해야 효력이 발생한다. 「행정기본법」 제34조는 신고에 대한 행정청의 수리가 필요하다는 것이 법률에 규정되어 있는 경우 해당 신고는 수리를 요하는 신고라는 기준을 제시하고 있다.

한편, 자기완결적 신고의 경우 법정요건을 갖춘 신고서가 접수기관에 도달하면 신고의 의무가 이행된 것으로 보며(행정절차법 제40조 제2항), 행정청에게 별도의 수리행위를 요하지 않는다. 따라서 자기완결적 신고에 대하여 행정청이 수리행위를 하더라도 이는 단순한 사실행위인 접수이며 행정행위로서의 수리는 아니다.

4. 수리행위의 효과

타인의 행위가 유효한 것으로 수리되면 법령의 규정에 따라 ① 사법상의 법률효과(혼인신고의 수리)가 발생하거나, ② 공법상의 법률효과(입후보등록) 또는 ③ 심리·재결하여야 할 행정청의 의무가 발생되기도 한다(행정심판청구서의 수리).

제 6 절   행정행위의 부관

제 1 관   개   설

Ⅰ. 행정행위의 부관의 의의

행정행위의 부관이란 행정행위의 효과를 제한하거나 보충하기 위하여 행정청에 의해 주된 행정행위에 부가되는 종적인 규율을 말한다. 따라서 행정행위의 부관은 본체인 행정행위에 부가되는 추가하명을 의미하며, 그의 핵심적 요소는 본체인 행정행위에의 부종성(附從性)에 있다. 「행정기본법」 제17조는 그동안 학설과 판례로 인정되어왔던 행정행위의 부관을 명문화하였다. 수익적 행정행위에 있어서는 법령에 특별한 근거규정이 없다고 하더라도 그 부관으로서 부담을 붙일 수 있으나, 그러한 부담은 비례의 원칙, 부당결부금지의 원칙에 위반되지 않아야만 적법하다.[46]

종래의 통설은 행정행위의 부관을 행정행위의 일반적인 효과를 제한하기 위하여 그 행위의 요소인 의사표시의 주된 내용에 부가되는 종된 의사표시로 보았다. 통설은 행정행위의 부관의 정의와 관련하여 '효과의 제한'과 주된 의사표시에 붙여진 '종된 의사표시'를 강조하여, 의사표시를 요소로 하는 법률행위적 행정행위 중 재량행위에는 부관을 붙일 수 있으나, 의사표시를 요소로 하지 않는 준법률행

---

46) 대법원 1997.3.11. 선고 96다49650 판결.

위적 행정행위에는 부관을 붙일 수 없다고 보았다. 판례도 기속행위나 기속적 재량행위에는 부관을 붙일 수 없고, 가사 부관을 붙였다 하더라도 무효가 된다고 보고 있다.[47)]

그러나 최근의 다수설은 부관의 핵심을 '종된 의사표시'에 두지 않고 '종적인 규율'에 두기 때문에, 준법률행위적 행정행위인 경우에도 부관을 붙일 수 있다고 본다.[48)]

Ⅱ. 행정행위의 부관의 기능

행정행위의 부관은 행정청이 부관이 없으면 행정행위의 전면적인 거부를 할 것을 부관을 통하여 행정행위를 제한적으로 인정한다는 점에서 탄력성 있는 행정을 가능하게도 하지만, 동시에 과도한 규제와 간섭을 내포할 수 있는 위험성도 가지고 있다. 이러한 위험성의 결과가 초래되지 않도록 하기 위해 「행정기본법」 제17조는 부관의 부가 가능성과 한계를 명확하게 규정하고 있다.

1. 부관의 순기능

(1) 행정의 신축성 부여

행정행위의 부관은 행정청이 행정목적을 달성함에 있어서 행정실무적 상황에 보다 적합한 조치를 할 수 있게 광범위한 신축성을 부여하는 기능을 가지고 있다. 즉, 행정행위의 부관은 행정행위의 신청인이 계획하는 행위와 이에 대한 행정청의 처분을 조화시키는 기능을 한다. 예컨대 신청인이 행정행위의 적법요건의 일부가 충족되지 않은 신청을 한 경우 행정청은 원칙적으로 거부처분을 해야 하지만, 부관을 사용할 경우에는 예외적으로 처분을 할 수도 있는 것이다. 즉 행정행위의 부관은 행정청의 거부처분을 방지하는 기능을 한다.

(2) 절차적 경제의 도모

행정행위에 부관을 붙여 허가를 해줌으로써 허가신청의 거부에 대한 재신청과 그에 대한 행정청의 재심사를 생략할 수 있어 재신청과 재심사에 따른 시간과 노력을 절약할 수 있다.

2. 부관의 역기능

행정행위의 부관은 행정편의에 따라 붙이거나 남용하는 경우 국민의 권익을

---

47) 이 판례는 "건축허가를 하면서 일정 토지를 기부채납하도록 하는 내용의 허가조건은 부관을 붙일 수 없는 기속행위 내지 기속적 재량행위인 건축허가에 붙인 부담이거나 또는 법령상 아무런 근거가 없는 부관이어서 무효이다"라고 하였다(대법원 1995.6.13. 선고 94다56883 판결).
48) 박윤흔, 행정법강의(상), 388면.

오히려 침해하는 문제가 생긴다. 해제조건·종기·철회권의 유보 등의 부관은 새로운 상황에의 적응리스크와 비용을 행정행위의 상대방에게 전가시키는 것이기 때문에 그것을 남용하는 때에는 행정행위의 상대방에게 중대한 불이익을 주는 문제가 발생한다.

또 수익적 행정행위에 대한 반대급부의 수단으로서 부담을 활용하면 재정의 확보에 기여하는 이점도 있으나, 이를 행정편의에 치우쳐 부가하는 경우에 행정행위의 상대방은 불이익을 당하게 되는 문제가 생긴다.

Ⅲ. 행정행위의 부관과 법정부관과의 구별

법정부관이란 법령이 직접 규정하고 있는 행정행위의 조건이나 기한을 말한다. 예컨대, 탐사권 존속기간 7년, 채굴권 존속기간 20년을 초과할 수 없다고 규정한 「광업법」 제12조는 법정부관에 해당한다. 법정부관은 법령 그 자체이므로 법률 및 법규명령에 대한 규범통제방식에 의해 통제된다. 반대로 법정부관은 부관이 아니므로 부관의 한계에 관한 일반원칙은 적용되지 않는다.

> **[판 례]** 보건사회부장관의 고시인 식품제조영업허가기준에 따라 보존음료수 제조업의 허가에 붙여진 전량수출 또는 주한외국인에 대한 판매에 한한다는 내용의 조건은 이른바 법정부관으로서 행정청의 의사에 기하여 붙여지는 본래의 의미에서의 행정행위의 부관은 아니므로, 이와 같은 법정부관에 대하여는 행정행위에 부관을 붙일 수 있는 한계에 관한 일반적인 원칙이 적용되지는 않는다(대법원 1994.3.8. 선고 92누1728 판결).

제 2 관 행정행위의 부관의 종류

「행정기본법」 제17조 제1항은 부관의 종류로 조건, 기한, 부담, 철회권의 유보를 예시적으로 규정하고 있다.

Ⅰ. 조 건

1. 조건의 개념

조건은 행정행위의 효력(수익이나 부담의 발생이나 소멸)의 발생 또는 소멸을 장래의 불확실한 사실에 의존케 하는 행정행위의 부관을 말한다. 따라서 행정행위의 조건이 부가되면 불확실한 사실의 성부(成否)가 미정인 동안은 행정행위의 효력은 불확정상태에 있게 된다.

2. 조건의 종류

(1) 정지조건

행정행위의 효력발생을 장래의 불확실한 사실에 의존하게 하는 조건을 정지조건이라 한다. 이는 행정행위를 발령하였으나 조건의 성취에 의해 비로소 행정행위의 효력이 발생한다. 즉, 조건으로 제시된 객관적 사실이 이루어지는 때에 비로소 행정행위의 효력이 발생하는 것이다. 정지조건은 일반적으로 수익적 행정행위에 부가된다.

예컨대 행정청이 민영주택 건설사업계획승인을 하면서 택지주변도로부지를 기부채납하여야 한다는 승인조건을 붙인 경우, 사업계획승인이라는 행정행위는 기부채납이라는 조건이 성취되는 때에 비로소 그 효력이 발생한다. 그 외에도 도로완공을 조건으로 하는 자동차운수사업면허, 회사설립을 조건으로 사력채취허가를 하는 경우 등이 이에 해당한다.

(2) 해제조건

행정행위의 효력소멸을 장래의 불확실한 사실에 의존하게 하는 조건을 해제조건이라 한다. 이는 행정행위의 발령에 의해 일단 행정행위의 효력이 발생하였으나, 조건의 성취에 의하여 주된 행정행위의 효력이 소멸된다. 해제조건은 일반적으로 부담적 행정행위에 부가된다.

예컨대 공사중지처분의 해제조건으로 사업주에 대하여 건축물 자체에 대한 건축축소계획의견서의 제출을 부가하는 경우, 건축축소계획의견서가 제출됨과 동시에 이미 발령된 공사중지처분의 효력이 소멸되는 것이다.[49] 그 외에도 일정한 기간 내의 공사착수를 조건으로 한 공유수면의 매입면허 또는 일정한 기간 내에 시설완성을 하지 않으면 실효할 것을 조건으로 하여 대학설립의 인가를 하는 경우 등이 해제조건의 예이다.

3. 조건의 평가

조건은 행정행위의 효력을 장래의 불확실한 사실의 성부에 매이게 함으로써 행정법관계를 오랫동안 불확정상태에 두기 때문에 공익을 해칠 우려가 있다. 따라서 조건부행정행위의 예는 비교적 적다.

---

49) 서울고법 1997.4.10. 선고 96구29511 판결 : 확정.

Ⅱ. 기 한

1. 기한의 개념

기한은 행정행위의 효과의 발생 또는 소멸을 장래 도래가 확실한 사실의 발생에 의존케 하는 행정행위의 부관을 말한다. 기한은 그 장래의 사실의 도래가 확실하다는 점에서 불확실한 장래의 사실의 성부에 매이게 하는 조건과 구별된다.

2. 기한의 종류

기한은 당해 사실의 발생으로 행정행위가 당연히 효력을 발생하는 때인 시기(始期)와 당연히 그 효력을 소멸하는 때인 종기(終期)가 있다. 예컨대 시기는 "2022년 3월 1일부터 허가한다"라는 경우이고, 종기는 "2023년 12월 31일까지 허가한다"라고 하는 경우이다. 이와 같은 기한은 원칙적으로 시기와 종기가 있을 뿐이지만 경우에 따라서는 시기와 종기가 함께 붙여질 수 있다. 공용시설물의 사용기간의 설정은 그 예이다.

3. 종기 도래의 효과

일반적으로 행정처분에 효력기간이 정하여져 있는 경우에는 그 기간의 경과로 그 행정처분의 효력이 상실되는 것이 원칙이다. 다만 허가에 붙은 기간이 그 허가된 사업의 성질상 부당하게 짧은 경우에는 이를 그 허가 자체의 존속기간이 아니라 그 허가조건의 존속기간으로 보아 그 기한이 도래함으로써 그 조건의 개정을 고려한다는 뜻으로 해석하여야 한다. 물론 이러한 경우라 하더라도 그 허가기간이 연장되기 위해서는 특별한 사정이 없는 한, 그 종기가 도래하기 전에 그 허가기간의 연장에 관한 신청이 있어야 하며, 만일 그러한 연장신청이 없는 상태에서 허가기간이 만료하였다면 그 허가의 효력은 상실된다.[50]

Ⅲ. 부 담

1. 부담의 의의

부담은 행정행위의 주된 내용에 부가하여 그 행정행위의 상대방에게 작위·부작위·급부·수인 등의 의무를 과하는 행정행위의 부관이며, 이는 보통 상대방에게 권리 또는 이익을 주게 되는 수익적 행정행위에 붙여진다.

[판 례] 주택재건축사업시행의 인가는 상대방에게 권리나 이익을 부여하는 효과를

---

50) 대법원 2007.10.11. 선고 2005두12404 판결.

가진 이른바 수익적 행정처분으로서 행정청의 재량행위에 속하므로, 처분청으로서는 법령상의 제한에 근거한 것이 아니라 하더라도 공익상 필요 등에 의하여 필요한 범위 내에서 여러 조건(부담)을 부과할 수 있다(대법원 2007.7.12. 선고 2007두6663 판결).

부담부 행정행위에 있어 그 부담이 상대방의 의사표시에 따라 부관으로 붙여진 경우에 처분청이 수익적 행정처분을 행함에 있어 그 부관의 효력이 미치는지가 문제되는데 판례는 이를 긍정하고 있다.

[판 례] 행정행위의 상대방이 어업권에 관한 면허를 받기 위해 그 면허의 제한 또는 조건으로 정부 또는 지방자치단체의 개발계획상 면허지가 필요할 때 어업권면허는 취소되며, 이 경우 일체의 보상청구를 포기하겠다는 의사표시를 하고, 그러한 취지의 부관이 붙은 어업권에 관한 면허를 받은 경우에 그 부관의 효력이 당해 어업면허의 양수인에게도 미치는지가 문제되는데, 그러한 취지의 부관이 어업권등록원부에 기재된 경우에는 면허권자는 면허를 함에 있어 면허의 제한 등에 관한 부관을 붙일 수 있고, 어업권등록원부에 기재된 위 부관은 당해 어업권의 양수인에게도 미치는 것으로 본다(대법원 1993.6.22. 선고 93다17010 판결).

2. 부담의 특성

부담은 조건과는 달리 행정행위의 구성요소를 이루는 것이 아니고, 다만 본체인 행정행위에 부가된 하명으로서의 성질을 가지기 때문에 그 자체가 하나의 행정행위이다. 즉, 부담은 주된 행정행위의 효력발생이나 소멸과 관련되는 것이 아니기 때문에 부담이 부가되어도 주된 행정행위의 효력은 처음부터 유효하게 발생하고, 부담의 불이행이 있다하여도 당연히 주된 행정행위의 효력이 소멸되는 것은 아니다.

부담은 다른 부관과는 달리 행정행위의 요소가 아니고 그 자체가 독립적인 행정행위이므로, 주된 행정행위와 독립하여 부담 그 자체로서 행정쟁송의 대상이 될 수 있다.[51] 또한 부담 그 자체에 대해 독자적인 강제집행도 가능하다.

3. 부담과 조건과의 구별

(1) 정지조건과의 구별

부담부 행정행위(부담이 부가된 행정행위)는 부담의 이행을 필요로 함이 없이 곧

---

51) 대법원 1992.1.21. 선고 91누1264 판결; 대법원 1991.12.13. 선고 90누8503 판결.

바로 효력이 발생하며, 부담의 성취여부가 주된 행정행위의 효력요건이 되지 않는다. 반면에 정지조건부 행정행위는 조건이 성취되어야 비로소 효력이 발생한다.

(2) 해제조건과의 구별

부담부 행정행위는 부담의 불이행의 경우에도 주된 행정행위가 당연히 소멸하지 않고 별개의 철회처분의 행사가능성만 존재한다. 이에 반해 해제조건부 행정행위는 조건이 성취되면 당연히 효력이 소멸된다.

부담과 해제조건은 행정청이 추구하는 객관적인 행정목적에 따라 구별되어 이용된다. 의무부과를 통해 당사자로부터 기대되는 행위가 이행되지 않으면 당해 행정행위의 목적을 달성할 수 없을 경우에는 해제조건부 행정행위를 이용하고, 의무불이행시에도 행정행위 목적달성에 중요한 장애가 되지 않는 경우에는 주로 부담부 행정행위를 이용한다.

그러나 실제에 있어 부담과 조건의 구별판단이 용이하지 않다. 이처럼 양자의 구별이 명확하지 않을 때에는 최소침해의 원칙에 따라 부담으로 추정함이 타당하다. 그 이유는 조건에 비하여 부담이 상대방의 이익 및 법률생활의 안정 등의 점에서 유리하기 때문이다.

[판 례] 행정청이 건축변경허가시 '대지 내 침범된 인근 건축물의 담장 부분을 철거하고 대지경계에 담장을 설치하라'는 내용의 부관을 붙인 것에 대하여 그 부관의 법적 성격이 단순한 부담인지, 해제조건이나 철회권의 유보인지 분명치 않다고 하여 이를 독립하여 행정소송의 대상이 되는 '부담'으로 본 원심판결을 심리미진을 이유로 파기한 사례(대법원 2000.2.11. 선고 98누7527 판결).

---

4. 행정행위의 하자와 부담의 효력과의 관계

부담은 그의 존속이 본체인 행정행위에 의존하는 것이기 때문에 본체인 행정행위가 효력을 발생할 수 없을 때에는 그 부담도 당연히 효력을 상실한다.

하지만 부담의 경우엔 상대방이 부담을 이행하지 않은 경우 주된 행정행위의 효력이 당연히 소멸하는 것은 아니다. 다만, 의무불이행은 행정행위의 철회사유가 되기 때문에 행정청은 부담 불이행을 이유로 본체인 행정행위를 철회하거나[52] 행정상 강제집행 또는 처벌의 대상으로 할 수 있다.

5. 부담의 한계

부담은 그로써 달성하려는 공익의 내용이나 정도와 그로 인해 입게 되는 상

---

52) 대법원 1989.10.24. 선고 89누2431 판결.

대방의 불이익의 내용 및 정도에 있어 비례의 원칙이 적용된다. 따라서 비례의 원칙을 벗어나는 부담은 재량권의 일탈이나 남용이 된다.[53]

　행정청이 수익적 행정처분을 하면서 부가한 부담의 위법 여부는 처분 당시 법령을 기준으로 판단하여야 하고, 부담이 처분 당시 법령을 기준으로 적법하다면 처분 후 부담의 전제가 된 주된 행정처분의 근거 법령이 개정됨으로써 행정청이 더 이상 부관을 붙일 수 없게 되었다 하더라도 곧바로 위법하게 되거나 그 효력이 소멸하게 되는 것은 아니다.[54]

6. 부담과 행정쟁송

　부담은 다른 부관과는 달리 그 자체로서 행정강제의 대상이 되며, 또한 그 자체로서 주된 행정행위와 독립하여 행정쟁송의 대상이 될 수 있다.

Ⅳ. 철회권의 유보

1. 철회권의 유보의 의의

　철회권의 유보는 행정행위의 주된 내용에 부가되어 있는 특정의 사유가 발생하는 경우에(예컨대 의무위반) 행정행위를 철회할 수 있는 권한을 유보하는 부관을 말한다. 철회권의 유보는 '취소권의 유보'라는 용어로도 사용되는데, 주로 당사자의 지속적인 의무이행의 확보가 필요한 경우에 사용된다.

　철회권이 유보된 행정행위의 상대방은 원칙적으로 신뢰보호의 원칙에 기초하여 철회의 제한을 주장하거나 철회로 인한 손실보상을 요구할 수 없다.

[판 례] 철회권의 유보 사례

① 임시사용중인 관광호텔의 영업허가를 해주면서 "호텔건물의 임시사용기간 만료시까지 준공검사필증을 받지 못하면 영업허가를 취소한다"는 부관을 붙인 경우(대법원 1992. 11. 13. 선고 92누1308 판결)

② 종합주류도매업면허를 해주면서 "무자료판매 및 위장거래의 금액이 총주류판매금액의 20% 이상인 때에는 면허를 취소한다"는 부관을 붙인 경우(대법원 1992. 8. 18. 선고 92누6020 판결)

③ 행정청이 종교단체에 대하여 기본재산전환인가를 함에 있어 인가조건을 부가하고 그 불이행시 인가를 취소할 수 있도록 한 경우(대법원 2003. 5. 30. 선고 2003다6422 판결)

---

53) 대법원 1994. 1. 25. 선고 93누13537 판결.
54) 대법원 2009. 2. 12. 선고 2005다65500 판결.

2. 철회권의 유보의 법적 근거

철회권의 유보가 법규에 직접 규정되는 경우도 있으나, 법적 근거 없이도 해석상 철회권을 유보할 수 있다.

3. 철회권행사의 요건

철회권의 유보는 ① 철회사유를 구체적으로 정하여 하는 경우와 ② 일반적·추상적 기준만을 정하여 하는 경우가 있다. 그러나 철회권은 그것이 유보되어 있어도 철회를 정당화할 근거가 되는 것은 아니며, 철회의 일반적 요건이 충족되어야 철회할 수 있다. 즉, 공익상의 필요성, 당사자의 이해관계, 법적 안정성 등을 고려하여 철회권 행사를 결정하여야 한다.

판례는 철회권을 유보한 경우에 있어서도 무조건으로 철회권을 행사할 수 있는 것은 아니고 철회를 필요로 할 만한 공익상의 필요가 있는 경우에 한하여 철회권을 행사할 수 있다고 한다.[55]

4. 철회권행사의 제한

철회권은 그 유보된 범위 내에서 무제한으로 행사할 수 있는 것이 아니며, 상대방의 권익의 보호와 법적 생활의 안정성을 위하여 그 행사에는 일정한 조리상의 제한이 따른다.

철회권이 제한되는 경우로는 ① 상대방이 이미 행정행위를 통해 권리를 취득한 경우, ② 상대방이 행정행위의 발동을 요구할 수 있는 권리를 취득하고 있는 경우, ③ 상대방이 행정행위의 존속을 믿고 허가받은 일에 이미 착수하거나 출자 등을 행한 경우, ④ 행정청의 형성적 행위를 통해 이미 일정한 법률관계가 형성되고 변동된 경우 등이다.

Ⅴ. 법률효과의 일부배제

법률효과의 일부배제는 주된 행정행위의 내용에 대해 법령이 일반적으로 부여하고 있는 행정행위의 법률효과를 일부 배제시키는 부관을 말한다. 따라서 법령에 특별한 근거가 있을 때에 한하여 법률효과를 일부배제하는 부관이 허용된다고 할 수 있다. 택시영업허가를 하면서 격일제운행을 부관으로 정하거나 개인택시운송사업면허를 하면서 부제운행을 행정행위의 부관(구 자동차운수사업법 제4조 제3항)으로 정하는 것은 그 예이다. 판례는 공유수면매립준공인가 중 매립지 일부에 대하여 한 국가귀속처분을 법률효과를 배제한 부관으로 보았다.

---

55) 대법원 1962.2.22. 선고 4293행상42 판결.

[판 례] 행정청이 한 공유수면매립준공인가 중 매립지 일부에 대하여 한 국가귀속 처분은 매립준공인가를 함에 있어서 매립의 면허를 받은 자의 매립지에 대한 소유권취득을 규정한 공유수면매립법 제14조의 효과 일부를 배제하는 부관을 붙인 것이므로 이러한 행정행위의 부관에 대하여는 독립하여 행정소송의 대상으로 삼을 수 없다(대법원 1991. 12.13. 선고 90누8503 판결; 대법원 1993.10.8. 선고 93누2032 판결).

VI. 부담의 추가·변경 등

부담의 추가·변경 또는 보충권의 유보란 행정행위의 부담의 사후적 추가·변경·보충의 권리를 미리 유보하는 부관을 말한다. 행정행위 사후변경의 유보 또는 추가변경의 유보라고도 한다. 이는 행정행위의 효력이 장기간에 걸쳐 지속되기 때문에 그동안의 사회적·경제적 변화 및 기술적 발전을 예측하기 어려우므로 이에 대비하기 위한 것으로서[56] 당초의 행정행위시에 미리 사후적 의무를 부과할 수 있는 근거를 마련하는 부관이라 할 수 있다.

[판 례] 온천의 기부채납의 범위를 당초의 1.5m에서 20m로 변경한 사례: 행정처분에 이미 부담이 부가되어 있는 상태에서 그 의무의 범위 또는 내용 등을 변경하는 부관의 사후변경은, 법률에 명문의 규정이 있거나 그 변경이 미리 유보되어 있는 경우 또는 상대방의 동의가 있는 경우에 한하여 허용되는 것이 원칙이지만, 사정변경으로 인하여 당초에 부담을 부가한 목적을 달성할 수 없게 된 경우에도 그 목적달성에 필요한 범위 내에서 예외적으로 허용된다(대법원 1997.5.30. 선고 97누2627 판결).

VII. 수정부담

수정부담은 행정행위에 부가하여 새로운 의무를 부과하는 것이 아니라, 보통의 경우 행정행위의 상대방이 신청한 것과는 다르게 행정행위의 내용을 정하는 부관을 말한다. 예컨대 A국가에 대한 수입허가신청을 하였는데 B국가에 대한 수입허가결정승인을 한 경우, 신체장애자가 운전면허신청을 하였는데 이에 대해 오토매틱 운전면허가 발급된 경우 등이 이에 속한다. 수정부담은 신청한 처분의 내용상의 제한 또는 변경이므로 전통적 의미의 부관은 아니다. 하지만 수정부담은 그 상대방이 수정된 내용을 받아들임으로써 완전한 효력을 발생한다.

---

56) 김남진·김연태, 행정법 I, 239면.

제 3 관 행정행위의 부관의 한계

I. 행정행위의 부관의 가능성

1. 법률행위적 행정행위

법률행위적 행정행위(명령적·형성적 행위)에는 부관을 붙일 수 있다. 그러나 법률행위적 행정행위의 경우에도 귀화허가, 공무원 임명 등과 같은 신분설정행위에는 조건이나 부담같은 부관을 붙일 수 없다.

2. 준법률행위적 행정행위

준법률행위적 행정행위는 의사표시를 구성요소로 하지 않기 때문에 본체인 행정행위의 효과를 제한하기 위한 부관을 붙일 수 없는 것이 원칙이다. 그러나 행정행위의 효과를 제한하기 위한 것이 아니라 그 상대방에게 특별한 의무를 부과하기 위한 부관(부담)과 요건을 충족하기 위한 부관은 붙일 수 있다고 본다.[57] 즉, 확인행위 및 공증행위에 종기 정도의 부관은 붙일 수 있는 것이다. 일반여권에 대하여 그 여행목적에 따라 10년 이내의 유효기간을 붙여 발급할 수 있게 규정한 「여권법」 제5조가 그 예이다.

3. 재량행위와 기속행위

「행정기본법」 제17조 제1항은 "행정청은 처분에 재량이 있는 경우에는 부관을 붙일 수 있다"라고 하여 원칙적으로 재량행위에 대해서만 부관이 허용됨을 규정하고 있다. 이와는 달리 제2항에 따르면 "행정청은 처분에 재량이 없는 경우에는 법률에 근거가 있는 경우에 부관을 붙일 수 있다"라고 하여 기속행위의 경우 법률에 명시적 근거가 있는 경우에 한하여 행정행위에 부관을 붙일 수 있음을 명시하고 있다. 따라서 재량행위에 대해서는 법령의 근거가 없어도 부관을 붙일 수 있으나, 기속행위에 대하여는 법령상 특별한 근거가 없는 한 부관을 붙일 수 없고 설령 부관을 붙였다 하더라도 이는 무효가 된다.

[판 례] 지역주택조합에 하는 주택건설사업계획의 승인처분은 수익적 행정행위로 행정청의 재량행위에 속한다. 따라서 승인처분을 함에 있어 진입도로의 설치 등의 조건을 붙일 수 있다(대법원 1997.3.14. 선고 96누16698 판결).

[판 례] 자동차운송알선사업에 대한 교통부장관이 행하는 등록은 기속행위이므로

---

57) 박윤흔, 행정법강의(상), 388면.

(즉, 등록결격사유가 없고 그 시설 등이 소정의 등록기준에 적합하면 당연히 등록을 받아주어야 함), 등록을 함에 있어 "청주시내에 화물터미날이 설립될 경우에는 화물터미널 내로 이전하여야 한다"는 조건은 무효이다(대법원 1993.7.27. 선고 92누13998 판결).

건축허가는 기속행위로 부관이 불가능하다는 것이 판례의 입장이다.

[**판 례**] 건축허가를 하면서 일정 토지를 기부채납하도록 하는 내용의 허가조건은 부관을 붙일 수 없는 기속행위인 건축허가에 붙인 부담이거나 또는 법령상 아무런 근거가 없는 부관이어서 무효이다(대법원 1995.6.13. 선고 94다56883 판결).

[**판 례**] 행정청이 건축변경허가를 함에 있어 건축주에게 '대지 내 침범된 인근 건축물의 담장 부분을 철거하고 대지경계에 담장을 설치하라'는 부관을 붙인 것은 법령상 근거 없는 부담을 부가한 것으로 위법하다(대법원 2000.2.11. 선고 98누7527 판결).

기속행위에 대해서도 행정행위의 요건이 부관에 의하여 충족되는 때에는 행정행위의 요건을 보충하기 위한 부관은 붙일 수 있다. 예컨대, 어떤 영업허가에 관해 법령이 시설기준만을 정하고 있는 경우에 허가신청인이 법정의 시설을 완비하여 허가신청을 하는 경우 행정청은 허가를 하여야 하므로 그 영업허가는 기속행위이다. 이 경우 행정청은 장래에 있어서의 허가요건의 충족을 확보하기 위하여 철회권의 유보와 같은 부관을 붙일 수 있는 것이다.

II. 행정행위의 부관의 내용상 한계

「행정기본법」 제17조 제4항은 "부관은 ① 해당 처분의 목적에 위배되지 아니할 것, ② 해당 처분과 실질적인 관련이 있을 것, ③ 해당 처분의 목적을 달성하기 위하여 필요한 최소한의 범위일 것이라는 요건에 적합하여야 한다"라고 하여 부관의 내용적 한계를 명시하고 있다.

1. 적법 한계

행정행위의 부관은 그 내용이 헌법, 법령 등에 위배되지 않아야 한다.

[**판 례**] 서울시가 도매시장법인을 지정하면서 "지정기간 중 유통정책의 방침에 따라 도매시장법인의 이전 또는 폐쇄지시에도 일체의 소송이나 손실보상을 청구할 수 없

다"라는 부관을 붙인 경우, 이러한 부제소특약은 법령이 허용하고 있는 사인의 국가
에 대한 공권을 포기시키는 것으로 허용되지 않는다(대법원 1998.8.21. 선고 98두
8919 판결).

2. 목적 한계

행정행위의 부관은 그 내용이 해당 행정행위의 목적에 위배되지 아니하여야
한다. 즉, 당해 행정행위를 규율하는 법령 및 당해 행정행위의 목적달성에 필요한
범위를 넘어서는 아니 된다.

> **[판 례]** 부담은 법치주의와 사유재산 존중, 조세법률주의 등 헌법의 기본원리에 비추
> 어 비례의 원칙이나 부당결부의 원칙에 위반되지 않아야만 적법한 것인바, 행정처분
> 과 부관 사이에 실제적 관련성이 있다고 볼 수 없는 경우 공무원이 위와 같은 공법
> 상의 제한을 회피할 목적으로 행정처분의 상대방과 사이에 사법상 계약을 체결하는
> 형식을 취하였다면 이는 법치행정의 원리에 반하는 것으로서 위법하다. 따라서 지방
> 자치단체가 골프장사업계획승인과 관련하여 사업자로부터 기부금을 지급받기로 한
> 증여계약은 공무수행과 결부된 금전적 대가로서 그 조건이나 동기가 사회질서에 반
> 하므로 민법 제103조에 의해 무효이다(대법원 2009.12.10. 선고 2007다63966 판결).

3. 실질적 관련성 한계

행정행위의 부관은 그 내용이 해당 행정행위와 실질적으로 관련성이 있어야
한다. 일반적으로 행정행위와 그에 부가된 부관 사이에 원인적 관련성(인과관계)과
목적적 관련성(동일 목적)이 있으면 실질적 관련성이 있는 것으로 본다. 행정행위에
실질적 관련성이 없는 부관이 붙여질 경우 이는 부당결부금지의 원칙에 위배되어
위법한 행정행위가 된다.

> **[판 례]** 행정청이 주택사업계획승인을 하게 됨을 기화로 그 주택사업과는 아무런
> 관련이 없는 토지를 기부채납하도록 하는 부관은 부당결부금지의 원칙에 위반되어
> 위법하다(대법원 1997.3.11. 선고 96다49650 판결).

4. 비례의 원칙 한계

행정행위의 부관은 그 내용이 비례의 원칙을 위반하여서는 아니 되며, 당해
행정행위의 본질적 효력을 해하지 않아야 한다.[58] 즉, 행정행위에 부관을 필요로

---

58) 대법원 2002.9.24. 선고 2000두5661 판결.

하는 공익과 상대방이 그 부관으로 인하여 받는 불이익간에 상당한 비례관계가 유지되어야 하며, 해당 처분의 목적을 달성하기 위하여 필요한 최소한의 범위 내에서 부관이 붙여져야 한다.

Ⅲ. 행정행위의 부관의 내용상 한계

부관은 행정행위에 대한 종된 규율이기 때문에 행정행위가 발령될 때 동시에 부가되어야 하는 것이 원칙이다. 하지만 행정목적 달성에 필요한 경우 ① 행정행위를 발령한 후에 부관을 새로 붙이거나 ② 행정행위에 이미 붙어있는 부관을 변경하기도 하는데, 이러한 부관의 형태를 사후부관이라고 한다. 이렇듯 사후에 부관이 새롭게 붙여지거나 부관의 내용이 변경되는 것은 행정행위의 상대방인 국민의 신뢰를 저해하는 것이기에 원칙적으로 허용되어서는 아니 된다. 다만 예외적인 경우에 한하여 엄격한 조건 아래 사후부관이 허용될 수도 있다.

「행정기본법」 제17조 제3항은 "행정청은 ① 법률에 근거가 있는 경우, ② 당사자의 동의가 있는 경우, ③ 사정이 변경되어 부관을 새로 붙이거나 종전의 부관을 변경하지 아니하면 해당 처분의 목적을 달성할 수 없다고 인정되는 경우에는 처분을 한 후에도 부관을 새로 붙이거나 종전의 부관을 변경할 수 있다"라고 하여 사후부관의 허용 가능성과 요건을 명시하고 있다. 즉, 사후부관은 원칙적으로 허용되지 않으나 예외적으로 제한적 범위에서 허용된다는 것을 제시하고 있다.

대법원 판례 역시 사후부관은 ① 법률에 명문의 규정이 있는 경우, ② 그 변경이 미리 유보되어 있는 경우, ③ 상대방의 동의가 있는 경우, ④ 사정변경으로 인하여 당초에 부담을 부가한 목적을 달성할 수 없게 된 경우에 그 목적달성에 필요한 범위 내에서 예외적으로만 허용된다고 보고 있다.[59]

[판 례] 당초 이 사건 승인조건은 경전철 분담금의 부과만을 유보하고 있었을 뿐인데, 그 후에 이루어진 이 사건 분담금 부과는 그 외에도 광역전철 및 도로기반시설 분담금까지 포함하고 있으므로, 이는 이미 부가되어 있는 부담의 범위 또는 내용 등을 변경하는 것으로서 사후부담에 해당하는바, 이를 허용하는 법률의 규정도 없고 이 사건 승인조건에서 이를 유보하고 있지도 않음은 명백하고 또한 이에 대한 원고의 동의도 없었으므로, 이 사건 분담금 부과 중 경전철 분담금을 제외한 나머지 부분은 위법하고, 이 사건 분담금 부과 당시의 제반 사정이 비추어 볼 때 그러한 하자는 중대하고 명백한 것이어서 당연무효이다(대법원 2007.12.28. 선고 2005다72300 판결).

---

59) 대법원 1997.5.30. 선고 97누2627 판결.

[판 례] 당초 사업계획승인조건에서는 사업시행자가 주변도로 편입지를 무상양수하는 것으로 정해져 있었는데 그 후에 행정청이 이를 유상양도하는 것으로 정하여 사업계획승인 변경고시를 한 것은 사후부담으로서 위법하다(대법원 2009.11.12. 선고 2008다98006 판결).

제 4 관   하자(흠)있는 부관과 행정행위의 효력

Ⅰ. 하자(흠)있는 부관의 효력

행정행위의 부관이 법령에 위배되거나 공익목적에 배치되는 등 흠을 지니게 된 경우, 그것이 무효인가 아니면 취소할 수 있는 것인가는 행정행위의 무효와 취소에 관한 법리에 준하여 판단하여야 한다. 따라서 부관이 지닌 흠이 중대하고 명백한 것인 때에는 그 부관은 무효이며, 그 흠이 단순하자인 때에는 취소할 수 있다.

행정행위의 부관의 내용이 불명확하거나 불가능한 경우 이는 무효사유에 해당한다. 그리고 부관의 내용이 행정법의 일반원칙에 반하거나, 주된 행정행위와 실질적 관련성이 없는 경우는 취소사유에 해당한다.

[판 례] 하천부지의 점용허가 후 상대방에 대하여 다른 경작인과의 사이의 점용에 관한 분쟁을 해결한 뒤 경작하라는 내용의 사후부관은 부관의 범위를 벗어난 것일 뿐 아니라 불가능한 사항을 명하는 것으로서 무효이다(서울고법 1990.9.27. 선고 89구4613 제2특별부판결 : 상고기각).

Ⅱ. 무효인 부관과 행정행위의 효력

행정행위의 부관이 무효인 경우에 그 본체인 행정행위의 효력에 어떠한 영향을 미치는가에 대해서는 견해가 갈리고 있다. 즉, ① 본체인 행정행위에는 영향이 없고, 그 부관만 무효가 되어 본체인 행정행위는 부관 없는 단순행정행위로서 효력을 발생한다는 설, ② 그 부관이 붙은 행정행위 전체가 무효로 된다는 설, ③ 그 부관이 본체인 행정행위를 행함에 있어서 본질적 요소가 되는 경우, 즉 부관이 아니면 행정행위를 행하지 않았을 것으로 인정되는 경우에 한하여 행정행위 전체가 무효가 되고, 부관이 본체인 행정행위의 본질적 요소가 아니 경우에는 부관 그 자체만 무효가 된다는 설 등이 있다. ③설이 타당하며 통설이다.

[판 례] 도로점용허가의 점용기간은 행정행위의 본질적인 요소에 해당한다고 볼 것
이어서 부관인 점용기간을 정함에 있어서 위법사유가 있다면 이로써 도로점용허가
처분 전부가 위법하게 된다고 할 것이다(대법원 1985.7.9. 선고 84누604 판결).

한편 부관의 무효화에 의하여 본체인 행정처분 자체의 효력에도 영향이 있게
될 수는 있지만, 그 처분을 받은 사람이 부담의 이행으로 사법상 매매 등의 법률
행위를 한 경우에는 그 법률행위 자체를 당연히 무효화하는 것은 아니다.

Ⅲ. 취소사유를 지닌 부관과 행정행위의 효력

행정행위의 부관이 취소사유를 지닌 경우에 그 본체인 행정행위의 효력에 영
향을 미치지 아니한다. 위법한 부관이 쟁송절차에 의거 취소되는 경우에는 부관
없는 단순행정행위로 남게 된다.

제 5 관 하자 있는 부관과 행정쟁송

행정행위의 부관에 하자가 있는 경우에 그 부관만을 독립하여 다툴 수 있느냐
가 문제되는데, 부담의 경우와 기타의 부관과 구별하여 논하는 것이 일반적이다.

Ⅰ. 부담에 대한 행정쟁송

1. 독립쟁송가능성

행정행위의 부관은 행정행위의 일반적인 효력이나 효과를 제한하기 위하여
의사표시의 주된 내용에 부가되는 종된 의사표시이지 그 자체로서 직접 법적 효과
를 발생하는 독립된 처분이 아니므로 현행 행정쟁송제도 아래서는 부관 그 자체만
을 독립된 쟁송의 대상으로 할 수 없는 것이 원칙이다.

다만, 부담의 경우에 있어서는 그것은 본체인 행정행위의 불가분적 요소가 아
니라 본체인 행정행위의 존재를 전제로 하는 그 자체로서 하나의 독립한 행정행위
이기 때문에 부담만은 본체인 행정행위와 별도로 그 자체로서 직접 행정쟁송의 대
상이 된다고 보는 것이 일반적인 견해이다.[60]

2. 독립취소가능성

위법한 행정행위의 부담에 대한 독립쟁송가능성을 긍정하는 경우, 그것은 다

---

60) 대법원 1992.1.21. 선고 91누1264 판결.

시 부담만을 분리하여 일부 취소할 수 있는지(진정일부취소소송)의 문제가 제기된다. 이는 법원이 소송심리를 통하여 부담의 위법성을 인정하는 경우 부담만을 별도로 취소시킬 수 있는지의 문제이다. 이런 문제가 제기되는 이유는 행정행위의 상대방 측에서는 본체인 행정행위에 의하여 부여된 권익 또는 지위는 그대로 유지하면서 위법한 부담에 대해서만 취소시키고자 하는 경우가 많기 때문이다.

위법한 부담으로 인한 취소소송이 제기된 경우 소송의 대상물은 부담 그 자체이므로 진정일부취소소송이 가능하며, 이 경우 법원은 본체인 행정행위의 적법성 여부를 검토하지 않는다. 그리고 부담이 취소될 경우 부담이 본체인 행정행위의 본질적 요소를 이루고 있는 경우에 한하여 주된 행정행위의 효력이 상실된다. 그렇지 않은 경우는 부담 없는 행정행위로 존속하게 된다.

Ⅱ. 기타 부관에 대한 행정쟁송

1. 독립쟁송가능성

행정행위의 부관 중 부담을 제외한 기타의 부관에 대해서는 현행 행정쟁송제도 아래서는 그 부관 자체를 독립한 쟁송대상으로 할 수 없다. 따라서 부담을 제외한 부관에 대하여 취소소송이 제기된 경우 법원은 이를 각하하여야 한다.

> **[판 례]** 행정행위의 부관은 부담인 경우를 제외하고는 독립하여 행정소송의 대상이 될 수 없는 바, 기부채납받은 행정재산에 대한 사용·수익허가에서 공유재산의 관리청이 정한 사용·수익허가의 기간은 그 허가의 효력을 제한하기 위한 행정행위의 부관으로서 이러한 사용·수익허가의 기간에 대해서는 독립하여 행정소송을 제기할 수 없다(대법원 2001.6.15. 선고 99두509 판결).

> **[판 례]** 일부 공유수면매립지에 대하여 한 국가 또는 직할시 귀속처분은 매립준공인가를 함에 있어서 매립의 면허를 받은 자의 매립지에 대한 소유권취득을 규정한 공유수면매립법 제14조의 효과 일부를 배제하는 부관을 붙인 것이고, 이러한 행정행위의 부관은 독립하여 행정소송 대상이 될 수 없다(대법원 1993.10.8. 선고 93누2032 판결).

2. 부관부 행정행위 전체의 취소가능성

위법한 부담 이외의 부관으로 인해 권리를 침해받은 자는 부관의 위법을 이유로 하여 부관부 행정행위를 전체로서 하나의 행정행위로 보아 취소소송을 제기하여야 한다. 이 경우 위법한 부관이 행정행위의 중요한 구성요소가 아닌 때에는 일부취소의 형식이 되어 부관 없는 단순행정행위가 남게 되며, 그 행정행위의 부관의 내용이 본체인 행정행위의 본질적 요소인 경우에는 전부취소의 형식이 되게된다.

제 7 절 행정행위의 요건

행정행위가 성립하여 효력을 발생하기 위해서는 법에 정해진 일정한 요건, 즉 ① 성립요건, ② 효력요건, ③ 적법요건을 갖추어야 한다. 이러한 요건을 갖추지 못한 경우 행정행위는 성립하지 않거나 흠(하자)있는 행정행위가 된다.

Ⅰ. 행정행위의 성립요건

행정행위의 성립요건이라 함은 행정행위가 성립하여 존재하기 위한 최소한의 요건을 말한다. 행정행위가 성립하기 위해서는 행정기관 내부에서 먼저 행정의사가 결정되고(내부적 성립요건), 그것이 외부적으로 표시되어야 한다(외부적 성립요건). 즉, 내부적 성립요건과 외부적 성립요건 모두를 갖추어야 한다. 이러한 행정행위의 성립요건을 결여하면 행정행위는 성립되지 않으며 당연히 부존재하는 것이다.

1. 내부적 성립요건

행정행위가 내부적으로 성립하기 위해서는 먼저 정당한 권한을 가진 행정청이 자신에게 부여된 권한 내에서 정상적인 의사에 따라 주어진 행정절차를 준수하며 문서의 형식으로 행하여야 한다.

「행정 효율과 협업 촉진에 관한 규정」 제6조 제1항은 "문서는 결재권자가 해당 문서에 서명의 방식으로 결재함으로써 성립한다"라고 규정하고 있는데, 이는 행정행위의 내부적 성립만을 의미하는 것이다.

2. 외부적 성립요건

행정행위가 성립하기 위해서는 내부에서 결정된 행정의사가 외부적으로 표시되어야 한다. 행정행위의 외부적 성립은 행정의사가 외부에 표시되어 행정청이 자유롭게 취소·철회할 수 없는 구속을 받게 되는 시점을 확정하는 의미를 가지므로, 어떠한 처분의 외부적 성립 여부는 행정청에 의해 행정의사가 공식적인 방법으로 외부에 표시되었는지를 기준으로 판단하여야 한다.

[판 례] 홈페이지에 행정결정을 게재하는 것은 일반적으로 행정청의 의사를 외부에 표시하는 공식적인 방법이다. 따라서 홈페이지 게재는 행정청이 참가인을 사업시행자로 지정하기로 한 결정을 공식적인 방법으로 외부에 표시한 것이고, 이로써 사업시행자 지정 처분은 객관적으로 성립하였다고 보아야 한다(대법원 2017.7.11. 선고 2016두35120 판결).

[판 례] 과세관청이 납세의무자의 기한 후 신고에 대한 내부적인 결정을 납세의무자에게 공식적인 방법으로 통지하지 않은 경우, 항고소송의 대상이 되는 처분으로서 기한 후 신고에 대한 결정이 외부적으로 성립하였다고 볼 수 없으므로, 항고소소의 대상이 되는 처분이 존재한다고 할 수 없다(대법원 2020.2.27. 선고 2016두60898 판결).

Ⅱ. 행정행위의 효력요건

1. 효력요건의 의의

행정행위의 효력요건이라 함은 행정행위가 상대방에 대하여 효력을 발생하기 위한 요건을 말한다. 행정행위는 앞에서 본 성립요건을 모두 갖추게 되면 일단 유효하게 성립되며, 그것은 법령에 특별한 규정이 있거나, 또는 행정행위의 부관에 의한 특별한 제한이 있는 경우를 제외하고는 효력요건을 갖춤으로써 현실적으로 효력을 발생하게 된다.

2. 도달주의

행정행위는 상대방에게 통지되어 '도달'되어야 효력을 발생한다. 여기서 도달은 상대방이 그 내용을 현실적으로 안 것을 의미하는 것이 아니라 상대방이 알 수 있는 상태에 놓여진 경우를 의미한다.

[판 례] 상대방 있는 행정처분은 특별한 규정이 없는 한 의사표시에 관한 일반법리에 따라 상대방에게 고지되어야 효력이 발생하고, 상대방 있는 행정처분이 상대방에게 고지되지 아니한 경우에는 상대방이 다른 경로를 통해 행정처분의 내용을 알게 되었다고 하더라도 행정처분의 효력이 발생한다고 볼 수 없다(대법원 2019.8.9. 선고 2019두38656 판결).

「행정 효율과 협업 촉진에 관한 규정」 제6조는 "문서는 수신자에게 도달됨으로써 그 효력을 발생한다. 다만, 공고문서의 경우에는 공고문서에 특별한 규정이 있는 경우를 제외하고는 그 고시 또는 공고가 있는 후 5일이 경과한 날부터 효력을 발생한다"라고 도달주의를 규정하고 있다. 또한「행정절차법」제15조 제1항도 "문서는 수신자에게 도달됨으로써 효력을 발생한다"라고 규정하여 수신자에 대한 도달을 행정행위의 효력요건으로 하고 있다.

[판 례] 중요문화재 가지정의 효력발생요건인 통지는 행정처분을 상대방에게 표시하는 것으로서 상대방이 인식할 수 있는 상태에 둠으로써 족하고, 객관적으로 보아서 행정처분으로 인식할 수 있도록 고지하면 되는 것이다(대법원 2003.7.22. 선고 2003두513 판결).

[판 례] 상대방이 부당하게 등기취급 우편물의 수취를 거부함으로써 우편물의 내용을 알 수 있는 객관적 상태의 형성을 방해한 경우 그러한 상태가 형성되지 아니하였다는 사정만으로 발송인의 의사표시의 효력을 부정하는 것은 신의성실의 원칙에 반하므로 허용되지 아니한다. 이러한 경우에는 부당한 수취 거부가 없었더라면 상대방이 우편물의 내용을 알 수 있는 객관적 상태에 놓일 수 있었던 때, 즉 수취 거부 시에 의사표시의 효력이 생긴 것으로 보아야 한다(대법원 2020.8.20. 선고 2019두34630 판결).

3. 일반적 송달

「행정절차법」에 따르면 행정행위의 송달은 우편·교부 또는 정보통신망 이용 등의 방법에 하되, 송달받을 자의 주소·거소·영업소·사무소 또는 전자우편주소로 한다. 다만, 송달받을 자가 동의하는 경우에는 그를 만나는 장소에서 송달할 수 있다(제14조 제1항). 또한 행정청은 송달하는 문서의 명칭, 송달받은 자의 성명 또는 명칭, 발송방법 및 발송연월일을 확인할 수 있는 기록을 보존하여야 한다(제14조 제5항).

[판 례] 납세고지서의 교부송달 및 우편송달에 있어서는 반드시 납세의무자 또는 그와 일정한 관계에 있는 사람의 현실적인 수령행위를 전제로 하고 있다고 보아야 하며, 납세자가 과세처분의 내용을 이미 알고 있는 경우에도 납세고지서의 송달이 불필요하다고 할 수는 없다(대법원 2004.4.9. 선고 2003두13908 판결).

(1) 우편송달

보통 우편에 의한 송달은 상대방에 도달된 것을 입증하여야 하므로 그 입증을 위하여 등기우편의 방법에 의하고 있다. 판례는 등기취급의 방법으로 발송된

경우 반송되는 등의 특별한 사정이 없는 한 그 무렵부터 수취인에게 도달된 것으로 본다.[61]

보통우편의 경우 보통우편의 방법으로 발송되었다는 사실만으로는 그 우편물이 상당한 기간 내에 도달하였다고 추정할 수 없고, 송달의 효력을 주장하는 측에서 증거에 의하여 이를 입증하여야 한다.[62]

국내에 주소·거소·영업소 또는 사무소가 없는 외국사업자에 대하여 우편송달의 방법으로 문서를 송달할 수 있는지의 여부가 문제되나 판례는 이를 긍정한다.[63]

(2) 교 부

「행정절차법」 제14조 제2항은 "교부에 의한 송달은 수령확인서를 받고 문서를 교부함으로써 행하며, 송달하는 장소에서 송달받을 자를 만나지 못한 때에는 그 사무원·피용자 또는 동거자로서 사리를 분별할 지능이 있는 자에게 이를 교부할 수 있다"라고 하여 송달의 요건을 강화하였다. 따라서 사리를 분별할 지능이 없는 자에게 교부한 경우에는 적법한 송달이 있었다고 볼 수 없다.

(3) 전자적 방식

정보통신망을 이용한 송달은 송달받을 자가 동의하는 경우에 한한다(행정절차법 제14조 제3항). 행정기관이 송신한 전자문서는 수신자가 지정한 정보시스템 등에 입력된 때에 그 수신자에게 도달된 것으로 본다. 따라서 정보통신망을 이용하여 전자문서로 송달하는 경우에는 상대방이 그 내용을 확인할 필요까지는 없고 상대방의 컴퓨터 등에 입력된 때에 도달된 것으로 본다. 다만, 지정한 정보시스템 등이 없는 경우에는 수신자가 관리하는 정보시스템 등에 입력된 때에 그 수신자에게 도달된 것으로 본다(전자정부법 제28조 제2항).

4. 공시송달

송달은 우편·교부 등 일반적 송달방법에 의하는 것이 원칙이나, 송달받을 자의 주소 등을 통상적인 방법으로 확인할 수 없거나 송달이 불가능한 경우에는 송달받을 자가 알기 쉽도록 관보·공보·게시판·일간신문 중 하나 이상에 공고하고 인터넷에도 공고하여야 한다(행정절차법 제14조 제4항). 이를 공시송달이라고 한다.

「행정절차법」상 공고에 의한 공시송달의 경우, 법령에 특별한 규정이 있는 경우를 제외하고는 공고일부터 14일이 지난 때에 그 효력이 발생한다. 다만, 긴급히

61) 대법원 1992.3.27. 선고 91누3819 판결.
62) 대법원 2009.12.10. 선고 2007두20140 판결.
63) 대법원 2006.3.24. 선고 2004두11275 판결.

시행하여야 할 특별한 사유가 있어 효력 발생 시기를 달리 정하여 공고한 경우에는 그에 따른다(동법 제15조 제3항).

한편 행정기관이 일정한 사항을 일반국민인 불특정 다수인에게 알리는 공고 문서의 경우는 그 문서에서 효력발생 시기를 구체적으로 밝히고 있지 않으면 그 고시 또는 공고 등이 있은 날부터 5일이 경과한 때에 효력이 발생한다(행정 효율과 협업 촉진에 관한 규정 제6조 제3항).

> **[판 례]** 주소를 변경하면서 면허증상 주소 기재도 같이 변경하였으나 행정착오로 면허대장상은 그대로 남아 있던 관계로 면허취소통지서를 종전의 주소지로 발송하였다가 반송되자 이를 관할경찰서 게시판에 공고한 조치는 도로교통법시행령 제53조 소정의 절차를 거치지 아니한 것이 되어 부적법하고, 그 후 구두로 면허취소 사실을 알렸다고 하더라도 이는 같은 법 시행규칙에 의한 적법한 송달이 아니므로 그 운전면허취소처분은 효력이 발생하지 아니한다(대법원 1994.1.11. 선고 93누21705 판결).

Ⅲ. 행정행위의 적법요건

1. 원칙적 기준시점: 처분시

행정행위는 원칙적으로 처분시의 법령과 처분기준에 의하여 처리되어야 한다. 「행정기본법」제14조 제2항은 "당사자의 신청에 따른 처분은 법령등에 특별한 규정이 있거나 처분 당시의 법령등을 적용하기 곤란한 특별한 사정이 있는 경우를 제외하고는 처분 당시의 법령등에 따른다"라고 하여 처분시법 주의를 명시하고 있다.

다만, 법령의 개정으로 그 기준이 변경된 경우에는 원칙적으로 처분시의 개정 법령에서 규정하고 있는 기준이 적용되며, 행정행위 신청 당시의 기준에 따라야 하는 것은 아니다. 따라서 행정행위 신청 후 처분 전에 법령이 개정된 경우, 신법령 부칙에서 신법령 시행 전에 이미 허가신청이 있는 때에는 종전의 규정에 의한다는 취지의 경과규정을 두지 아니한 이상, 당연히 새로운 법령과 처분기준에 따라 행정행위를 하여야 한다.[64]

2. 예외적 기준시점

행정행위는 그 근거 법령이 개정된 경우에도 경과규정에서 달리 정함이 없는 한 처분 당시 시행되는 개정법령과 그에서 정한 기준에 의하는 것이 원칙이다. 그

---

64) 대법원 2001.3.15. 선고 99두4594 판결.

러나 개정 전 법령의 존속에 대한 국민의 신뢰가 개정법령의 적용에 관한 공익상
의 요구보다 더 보호가치가 있다고 인정되는 경우에는 그러한 국민의 신뢰보호를
보호하기 위하여 예외적으로 그 적용을 제한할 수 있다.[65)]

또한, 행정청이 허가신청을 수리하고도 정당한 이유 없이 처리를 늦추어 그
사이에 법령 및 처분기준이 변경된 경우에는, 예외적으로 허가신청 당시의 법령에
의하여 허가 여부를 판단할 수 있다.

한편, 법령위반행위에 대한 과징금 등 제재처분의 경우는 처분시가 아닌 위반
행위시의 법령에 따라야 한다. 「행정기본법」 제14조 제3항은 "법령등을 위반한 행
위의 성립과 이에 대한 제재처분은 법령등에 특별한 규정이 있는 경우를 제외하고
는 법령등을 위반한 행위 당시의 법령등에 따른다"라고 하여 행위시법주의를 명시
하고 있다. 다만, 법령등을 위반한 행위 후 법령등의 변경에 의하여 그 행위가 법
령등을 위반한 행위에 해당하지 아니하거나 제재처분 기준이 가벼워진 경우로서
해당 법령등에 특별한 규정이 없는 경우에는 변경된 법령등을 적용한다(행정기본법
제14조 제3항 단서).

> **[판 례]** 건설업자가 시공자격 없는 자에게 전문공사를 하도급한 행위에 대하여 과
> 징금 부과처분을 하는 경우, 구체적인 부과기준에 대하여 처분시의 법령이 행위시의
> 법령보다 불리하게 개정되었고 어느 법령을 적용할 것인지에 대하여 특별한 규정이
> 없다면 행위시의 법령을 적용하여야 한다(대법원 2002.12.10. 선고 2001두3228 판
> 결).

제 8 절 행정행위의 효력

행정행위의 효력은 행정행위의 성립요건, 효력요건 및 적법요건을 모두 갖추
었을 때에 행정행위로서 유효하다고 하는 일반적 효력을 갖는 것을 말한다. 이는
행정행위가 법적으로 존재하고, 관계자에 대해 구속적이라는 것을 의미한다.

행정행위의 효력은 동시에 행정행위의 특성이기도 하다. 즉, 행정행위는 공권
력의 발동으로 행하는 우월한 행정의사의 발동인 까닭에 대등한 당사자 사이의 행
위인 사법상의 법률행위와 구별되는 ① 법적합성, ② 공정성, ③ 불가쟁성, ④ 불
가변성, ⑤ 강제성, ⑥ 권리구제의 특수성 등의 특성을 지니고 있는 바, 이는 근원

---

65) 대법원 2010.3.11. 선고 2008두15169 판결.

적으로 행정행위의 효력에 그 바탕을 두고 있다.

Ⅰ. 행정행위의 내용적 구속력

행정행위의 내용적 구속력은 행정행위가 성립요건, 효력요건 및 적법요건을 갖춤으로써 그 내용에 따라 상대방과 관계 행정청 및 관계인을 구속하는 힘을 말한다. 이는 좁은 의미의 구속력을 의미한다. 하명·허가·면제 등의 명령적 행위는 그 상대방에 대하여 작위·부작위·수인·급부의 의무를 부과하거나 이를 해제하는 효과를 발생시키며, 특허·인가·대리 등의 형성적 행위는 그 상대방에게 일정한 권리·능력 또는 포괄적 법률관계 기타의 법률상의 힘을 설정·변경·소멸시키는 효과를 발생시킨다.

행정행위의 내용적 구속력은 행정행위의 특유한 개별적 효력이 아니라, 행정행위로서 당연히 인정되는 행정행위 효력의 또 다른 표현이다. 이는 법령 또는 부관에 의하여 그 법률효과의 발생이 불확정상태에 있는 경우를 제외하고는 성립과 동시에 발생하는 것이 보통이다.

Ⅱ. 행정행위의 공정력

1. 행정행위의 공정력의 의의

(1) 전통적 공정력 개념

행정행위의 공정력이라 함은 비록 행정행위에 하자가 있는 경우라도 그 하자가 중대·명백하여 당연무효가 아닌 이상, 권한 있는 기관에 의하여 취소되기까지는 유효한 것으로 통용되어 관계인을 구속하는 힘을 말한다. 즉, 당연무효가 아닌 이상 아무도 행정행위의 하자를 이유로 행정행위의 효과를 부정하지 못한다는 것을 말한다. 「행정기본법」 제15조는 "처분은 권한이 있는 기관이 취소 또는 철회하거나 기간의 경과 등으로 소멸되기 전까지는 유효한 것으로 통용된다. 다만, 무효인 처분은 처음부터 그 효력이 발생하지 아니한다"라고 하여 행정행위의 공정력을 명시하였다. 판례는 공정력을 행정행위가 위법하더라도 취소되지 않는 한 유효한 것으로 통용되는 효력으로 보고 있다.[66] 이를 예선적 효력이라고도 한다.

사법의 영역에서는 사적 자치의 원칙이 지배하기 때문에 당사자 사이에 다툼이 생기면 그 상대방은 당해 행위의 효력을 부인할 수 있다. 그러나 행정행위에는 그의 실체적 하자(적법·위법 또는 타당·부당)와 관계없이 절차적 관점에서 공정력이 인정되기 때문에, 행정행위는 권한 있는 기관에 의하여 취소될 때까지는 아무도

---

66) 대법원 1994.4.12. 선고 93누21088 판결.

그 효력을 부인하지 못한다. 예컨대 조세부과처분이 비록 위법하다 할지라도 그 하자가 당연무효가 아닌 한 유효하므로 상대방은 세금을 납부해야 할 의무를 지게 되는 것이다.

이러한 공정력은 단순위법한 행정행위는 원칙적으로 유효한 것으로 하고 사후적으로 이를 다툴 수 있게 하는 행정소송제도의 산물이다.

(2) 협의의 공정력 개념

이는 행정행위가 하자를 지닌 경우에도 그것이 중대·명백하여 무효가 아닌 한 권한 있는 기관에 의하여 취소되기까지는 유효한 것으로 통용되어 관계인을 구속하는 힘인 전통적인 공정력의 개념을 광의의 공정력으로 보고, 이를 협의의 공정력과 구성요건적 효력을 구분하는 입장이다.

협의의 공정력이란 행정행위의 상대방 및 이해관계인에 대한 구속력의 하나로서 행정기관의 의사에 우월성을 인정하여 행정행위를 잠정적으로 통용시키는 힘으로서 절차적 효력을 의미한다. 그리고 구성요건적 효력이란 행정행위의 처분청 이외의 행정기관 및 취소소송 수소법원 이외의 법원 등 타 국가기관을 구속하는 효력으로서 실체적 효력을 말한다. 다시 말해 전통적인 공정력 중 상대방과 이해관계인에 대한 부분을 공정력이라 하고, 처분청과 취소소송의 관할법원을 제외한 다른 국가기관(다른 행정청, 법원)에 대하여 미치는 효력을 구성요건적 효력이라 하는 것이다.

협의의 공정력과 구성요건적 효력을 구분하는 것은 타당하며 이 견해에 찬성하는 입장이다. 왜냐하면 공정력은 행정행위가 무효가 아닌 한 취소소송에 의하여만 그 효력을 부인할 수 있게 한 현행 쟁송제도에 근거한 효력이며, 행정쟁송의 제기(원고)는 상대방과 이해관계인의 경우만 가능하고 다른 행정청이나 법원의 경우는 불가능하기 때문이다.

2. 행정행위의 공정력의 근거

(1) 실정법적 근거

과거에는 실정법상 공정력을 직접적으로 인정하는 명문의 근거규정이 없었으나, 「행정기본법」이 제정되어 시행됨으로써 제15조가 공정력의 직접적인 실정법적 근거가 된다.

(2) 이론적 근거

공정력의 이론적 근거에 대해서는 자기확인설(판결유사설), 국가권위설, 법적 안정설(행정정책설), 예선적 특권설(예선적 효력설) 등이 대립되고 있으나, 행정의 안정성 및 실효성 확보를 위한 제도라는 법적 안정설이 통설이다.

3. 행정행위의 공정력의 한계

(1) 무효인 행정행위 등

행정행위의 공정력은 행정의 안정성 및 실효성의 확보를 보장하기 위하여 행정행위에 대한 불복은 행정쟁송을 통하여 행할 수 있게 제도화한 결과로서 인정되는 것이기 때문에, 행정행위가 당연 무효이거나 부존재의 경우에는 인정되지 않는다. 「행정기본법」 제15조는 "무효인 처분은 처음부터 그 효력이 발생하지 아니한다"고 하여 공정력이 논의될 필요가 없음을 명백히 하고 있다. 무효인 행정행위에 대해서는 다른 행정기관이나 법원은 물론 사인도 독자적 판단으로 행정행위의 공정력을 부인할 수 있다(통설). 따라서 무효인 행정행위에 대하여는 행정심판임의주의나 제소기간의 제한에 관한 「행정소송법」의 규정이 적용되지 않으며, 이 점에 대해서 「행정소송법」은 제38조 제1항에서 입법적으로 해결하였다.

(2) 사실행위 등

행정행위의 공정력은 행정쟁송제도를 전제로 한 것이므로 처분, 즉 취소소송의 대상이 아닌 단순한 사실행위, 행정입법 등에는 공정력이 인정되지 않는다.

4. 행정행위의 공정력과 입증책임

행정행위의 공정력과 입증책임의 문제에 대하여 종래의 통설은 항고소송에서 행정행위의 위법을 주장하며 소송을 제기한 원고가 입증책임을 진다고 보았다.

그러나 행정행위의 공정력은 행정행위의 유효성의 추정에 불과하고, 그 실체법적 적법성을 추정시키는 것은 아니므로 그 공정력은 입증책임의 소재와는 전혀 관련성이 없다. 따라서 항고소송에서도 입증책임분배설이 적용되어야 한다. 즉, 행정행위의 취소를 구하는 취소소송에서 권리발생사실에 대하여는 피고인 행정청이, 무효 등의 확인을 구하는 소송에서는 원고 측이 각각 입증책임을 져야 할 것이다.

Ⅲ. 행정행위의 구성요건적 효력

1. 구성요건적 효력의 개념

행정행위의 구성요건적 효력은 유효한 행정행위가 존재하는 이상 타 국가기관(처분청 이외의 행정기관 및 처분의 취소소송 수소법원 이외의 법원)은 그의 존재를 존중하여 스스로의 판단의 기초 내지는 구성요건으로 삼아야 하는 행정행위의 구속력을 말한다. 말하자면 그것은 특정한 행정행위의 존재와 그 규율내용이 그 행위와 관련있는 행정기관이나 법원의 다른 결정에 구성요소가 됨을 의미한다.

2. 공정력과 구성요건적 효력과의 구별

(1) 근거상의 차이

행정행위의 공정력은 행정행위가 무효가 아닌 한 취소쟁송에 의하여 그 효력을 부인할 수 있게 한 현행 쟁송제도에 근거하는 데 대하여, 행정행위의 구성요건적 효력은 국가기관은 각기 권한과 관할을 달리하므로 서로 다른 기관의 권한행사를 존중해야 한다는 것에 근거하고 있다.

(2) 구속력의 상대방의 차이

공정력과 구성요건적 효력은 행정행위의 구속력이라는 점에서는 같으나, 전자는 행정행위의 상대방이나 이해관계인에 대한 구속력인 데 대하여, 후자는 처분청과 취소소송의 수소법원 이외의 국가기관에 대한 구속력이라는 점에 차이가 있다.

3. 구성요건적 효력의 한계

행정행위의 구성요건적 효력은 유효한 행정행위만이 가지는 구속력이므로 무효인 행정행위에는 인정되지 않는다.

4. 구성요건적 효력과 선결문제

선결문제란 행정행위의 위법성여부 또는 효력유무가 다른 민사재판이나 형사재판의 본안판단에 있어서 먼저 해결되어야 하는 것일 때 해당 행정행위의 효력유무 및 위법성여부 등의 문제를 말한다. 이는 행정행위의 적법 또는 유효 여부를 항고소송의 관할 법원 이외의 다른 법원(민사, 형사법원)이 스스로 판단할 수 있는가의 문제로, 행정행위의 구성요건적 효력에 관한 것이다. 물론 행정행위가 당연무효인 경우에는 구성요건적 효력이 인정되지 아니하므로 선결문제는 발생되지 않고, 취소사유인 하자가 있을 경우에만 문제된다.

선결문제에 대해 민사·형사사건에서의 경우를 나누어 살펴보기로 한다.

(1) 민사사건의 경우

민사사건의 선결문제로 되는 경우는 선행 행정행위의 효력유무가 문제되는 경우(부당이득반환청구)와 위법여부가 문제되는 경우(국가배상)가 있다.

1) 과오납 부당이득반환청구사건과 선결문제(효력유무)

(가) 선행 행정행위가 무효인 경우

예컨대 무효인 법령에 근거한 조세부과처분은 당연무효이기에, 잘못 납부한 세금에 대해서는 공법상의 부당이득반환청구권이 발생한다. 학설은 공법상의 부당

이득반환청구권에 대해 원칙적으로 공권이므로 「행정소송법」상의 당사자소송에
의하는 것이 타당하다고 주장하지만, 판례는 이를 사권의 성질로 보고 보통 민사
소송으로 다루고 있다.

현행 「행정소송법」 제11조는 민사소송에서 행정처분의 효력 유무 또는 존재
여부에 대한 분쟁을 선결문제로 심리가능하다고 규정하고 있다. 따라서 과세처분
의 무효를 이유로 이미 납부한 세금의 반환을 받기 위해 부당이득반환청구소송을
제기한 경우, 민사법원은 과세처분의 무효를 판단할 수 있다(판례, 통설). 이때 과세
처분이 당연무효가 되기 위해서는 과세처분이 실체법적으로나 절차법적으로 전혀
법률상의 근거가 없거나 과세처분의 하자가 중대하고 명백하여야 한다. 구성요건
적 효력은 적법성 추정이 아니라 유효성 추정이므로 당연무효인 경우는 민사법원
이 직접 무효판단할 수 있어 청구인용이 가능하다.

(나) 선행 행정행위가 취소사유인 경우

행정행위의 하자가 단순위법인 경우, 선결문제로 행정행위의 효력을 직접 부
인하는 것이 필요한 때에는 행정소송에서 취소판결로 그 효력이 부인되지 않는
한, 민사소송에서 행정행위의 효력을 스스로 부인할 수 없다. 취소할 수 있는 행정
행위에 대하여 민사법원이 선결문제로 판단하게 되면 행정행위가 타 국가기관에
미치는 구속력, 즉 구성요건적 효력에 저촉되기 때문이다. 따라서 민사법원에서의
본안심리는 불가한 것이 되므로 민사법원이 스스로 과세처분을 취소하고 납부된
세금의 반환을 명할 수 없다. 왜냐하면 과세처분이 취소되지 않는 한 이미 납부한
세금은 위법하지만 유효한 과세처분에 의해 납부된 것이기 때문에 부당이득이 되
지 않기 때문이다.

> **[판 례]** 과세처분이 당연무효라고 볼 수 없는 한 과세처분에 취소할 수 있는 위법
> 사유가 있다 하더라도 그 과세처분은 행정행위의 공정력 또는 집행력에 의하여 그
> 것이 적법하게 취소되기 전까지는 유효하다 할 것이므로, 민사소송절차에서 그 과세
> 처분의 효력을 부인할 수 없다(대법원 1999.8.20. 선고 99다20179 판결).

따라서 과오납에 대한 부당이득반환청구소송의 경우 먼저 선결문제로서 조세
부과처분의 위법성을 이유로 취소소송을 제기하여 인용판결을 받은 후(행정행위의
효력 자체를 부인한 이후), 민사소송으로 부당이득반환청구소송을 제기하거나 또는
양 소송을 병합하여 제기하여야 한다.

> **[판 례]** 행정처분의 취소를 구하는 취소소송에 당해 처분의 취소를 선결문제로 하
> 는 부당이득반환청구가 병합된 경우, 이러한 부당이득반환청구가 인용되기 위해서는
> 그 소송절차에서 판결에 의해 당해 처분이 취소되면 충분하고 그 처분의 취소가 확
> 정되어야 하는 것은 아니다(대법원 2009.4.9. 선고 2008두23153 판결).

2) 국가배상사건과 선결문제(위법여부)

예컨대 A시장이 위법하게 B의 영업허가를 취소하여 B에게 손해를 발생시키
자 B가 A시장을 상대로 국가배상청구소송을 제기한 경우, 민사법원이 선결문제인
행정행위인 영업허가취소의 위법성여부를 판단할 수 있는지? 또는 甲행정청의 철
거명령으로 인해 집을 철거당한 乙이 그 철거명령의 위법을 이유로 甲행정청을 상
대로 국가배상청구소송을 제기한 경우에 민사법원이 그 철거명령의 위법성을 스
스로 심사가능한가의 문제이다. 이는 행정행위의 '효력유무'가 아닌 '위법여부'가
선결문제인 경우이다.

통설과 판례는 행정행위의 효력 여하에 관계없이 그 위법성만이 문제되므로
다른 민사법원이 그 위법성을 심판할 수 있다고 한다. 그 논거로는 공정력은 절차
적 효력에 불과하므로 그 행위를 실질적으로 적법한 것으로 만드는 것이 아니며,
따라서 행정행위의 효력을 부정하지 않는 한도에서 그 행위의 위법성을 판단하는
것은 무방하다는 것이다.

생각건대, 국가배상사건에 있어서 민사법원은 행정처분의 위법성 여부에 대
하여 스스로 심사를 할 수 있다. 이는 행정행위의 효력을 상실시키는 것이 아니라
그 위법성을 확인하는 것이기 때문이다. 즉, 법원이 행정처분의 효력 자체를 부인
(취소)하는 것은 아니므로 행정처분의 구성요건적 효력에 저촉되는 것이 아니다.

(2) 형사사건의 경우

1) 행정행위의 효력유무가 선결문제인 경우

이는 행정행위의 효력이 당해 범죄구성요건의 충족 여부에 대한 판단의 선결
문제로 된 경우에 형사법원이 독자적으로 당해 행정행위의 효력유무를 판단할 수
있느냐 하는 것이다. 예컨대 형사법원에서 무면허운전에 대한 형사처벌의 선결문
제로 하자있는 운전면허처분이 전제된 경우, 형사법원이 운전면허처분의 효력유무
를 판단할 수 있느냐의 문제이다.

(가) 무효인 행정행위의 경우

무효인 행정행위는 공정력뿐만 아니라 구성요건적 효력도 인정되지 않으므
로, 형사법원은 그의 효력유무에 대하여 선결문제로 심리·판단하여 직접 무효를

판단할 수 있다.[67)]

> **[판 례]** 소방시설 등의 설치 또는 유지·관리에 대한 명령이 행정처분으로서 하자가
> 있어 무효인 경우, 위 명령 위반을 이유로 행정형벌을 부과할 수 없다(대법원
> 2011.11.10. 선고 2011도11109 판결).

(나) 취소사유를 지닌 행정행위의 경우

행정행위의 하자가 단순위법인 경우, 형사법원의 선결문제로 된 경우에 형사법원이 독자적으로 당해 행정행위의 위법성을 판단할 수 있느냐에 대하여 통설과 판례는 이를 부정하고 있다.

행정행위의 구성요건적 효력은 형사관계에도 미치므로, 행정행위가 단순위법인 경우 형사법원은 행정행위의 효력을 스스로 부인할 수 없는 것이 타당하다. 대법원 판례는 취소사유를 지닌 운전면허의 효력에 대하여 형사법원이 선결적으로 판단할 수 없다는 입장을 취하였다.

> **[판 례]** 연령미달의 결격자인 피고인이 소외인의 이름으로 운전면허시험에 응시, 합
> 격하여 교부받은 운전면허는 당연무효가 아니고 취소 사유에 해당함에 불과하여 취
> 소되지 않는 한 유효하므로 무면허운전죄가 성립하지 아니한다(대법원 1982.6.8. 선
> 고 80도2646 판결).

> **[판 례]** 물품을 수입하고자 하는 자가 일단 세관장에게 수입신고를 하여 그 면허를
> 받고 물품을 통관한 경우에는, 세관장의 수입면허가 중대하고도 명백한 하자가 있는
> 행정행위이어서 당연무효가 아닌 한 관세법 제181조 소정의 무면허수입죄가 성립될
> 수 없다. 생사의 수입승인을 얻는데 필요한 원료수입추천서를 위조하는 등의 부정한
> 방법으로 외국환은행장의 수입승인을 얻어 세관장에게 수입신고를 할 때 이를 함께
> 제출하여 수입면허를 받았다고 하더라도, 그 수입면허가 중대하고도 명백한 하자가
> 있는 행정행위이어서 당연무효라고는 볼 수 없다(대법원 1989.3.28. 선고 89도149
> 판결).

---

67) 대법원은 "……도시계획구역 안에서 허가없이 토지의 형질을 변경한 경우 행정청은 그 토지
의 형질을 변경한 자에 대하여서만 원상회복 등의 조치명령을 할 수 있다고 해석되고, 토지의
형질을 변경한 자도 아닌 자에 대하여 원상복구의 시정명령은 위법하다 할 것이다"고 하여 행
정형벌의 구성요건에 해당하는 시정명령이 무효임을 선결적으로 판단하여 무죄를 선고하였다
(대법원 1992.8.18. 선고 90도1709 판결).

2) 행정행위의 위법여부가 선결문제인 경우

민사사건의 논의와 동일하게 형사법원은 행정행위의 위법성을 판단할 수 있다. 따라서 행정행위가 위법하면 위법한 명령에 따르지 않은 피고인에 대하여 무죄판결을 선고하고, 그 행정행위가 적법하면 유죄판결을 선고할 수 있다.

> **[판 례]** 피고인 甲 주식회사의 대표이사 피고인 乙이 개발제한구역 내에 무단으로 고철을 쌓아 놓은 행위 등에 대하여 관할관청으로부터 원상복구를 명하는 시정명령을 받고도 이행하지 아니하였다고 하여 개발제한구역의 지정 및 관리에 관한 특별조치법 위반으로 기소된 사안에서, 관할관청이 침해적 행정처분인 시정명령을 하면서 적법한 사전통지를 하거나 의견제출 기회를 부여하지 않았고 이를 정당화할 사유도 없어 시정명령은 절차적 하자가 있어 위법하므로, 피고인 乙에 대하여 같은 법 제32조 제2호 위반죄가 성립하지 않는다고 한 사례(대법원 2017.9.21. 선고 2017도7321 판결).

> **[판 례]** 온천수를 사용하는 여관 또는 목욕탕에서 계량기가 달린 양수기를 설치 사용하라는 시설개선명령은 온천수의 효율적인 수급으로 온천의 적절한 보호를 도모하기 위한 조치로서 온천법 제15조가 정하는 온천의 이용증진을 위하여 특히 필요한 명령이라 할 것이므로 이에 위반한 행위는 온천법 제26조 제1호, 제15조의 구성요건을 충족한다(대법원 1986.1.28. 선고 85도2489 판결).

Ⅳ. 행정행위의 존속력

1. 행정행위의 존속력의 의의

행정행위의 존속력은 일정한 기간의 경과, 기타의 사유로 인하여 상대방이 행정행위의 효력을 다툴 수 없게 되는 힘인 불가쟁력(형식적 존속력)과 일정한 행정행위에 있어서는 행정청 자신도 임의로 행정행위를 취소·변경·철회할 수 없는 힘인 불가변력(실질적 존속력)을 말한다. 이는 행정행위가 발해지면 이에 근거하여 많은 법률관계가 형성되므로 행정행위에 대한 자유로운 취소·변경은 바람직하지 못하다는 관념에 기초를 두고 있다.

불가쟁력은 행정행위의 상대방, 이해관계인에 대한 구속력이지만, 불가변력은 처분청 등 행정기관에 대한 구속력이다. 불가쟁력은 주로 행정의 능률성을, 불가변력은 주로 상대방의 법적 안정성을 위한 것이다.

2. 행정행위의 불가쟁력(형식적 존속력)

(1) 불가쟁력의 의의

행정행위의 불가쟁력은 행정행위의 효력을 다툴 수 없게 하는 구속력을 말한다. 즉, 행정행위의 상대방 기타 관계인은 원칙적으로 일정한 불복신청기간내에 행정쟁송을 제기하여 행정행위의 효력을 다툴 수 있으나, 쟁송제기기간이 경과하거나 쟁송수단을 다 거친 때에는 더 이상 행정행위의 효력을 다툴 수 없게 된다. 이를 불가쟁력 또는 형식적 존속력이라고 한다.

불가쟁력은 행정법관계의 안정성을 확보하기 위하여 인정되고 있는 행정행위의 구속력의 하나이다. 여기서 행정행위의 불가쟁력은 직접상대방에 대한 구속력임과 동시에 행정행위의 제3자에 대한 구속력이다.

(2) 불가쟁력의 내용

행정행위의 불가쟁력은 행정처분의 상대방이나 이해관계인 또는 제3자에 대한 구속력을 의미한다. 그러므로 행정처분을 한 행정청이 직권으로 취소하거나 철회하는 것은 가능하다. 또한 불가쟁력이 생긴 행정행위라도 그 행위의 위법이 확인되면 「국가배상법」에 따른 행정상 손해배상청구소송을 제기할 수 있다.

불가쟁력은 그 처분으로 인하여 법률상 이익을 침해받은 자가 당해 처분의 효력을 더 이상 다툴 수 없다는 의미일 뿐, 판결에서 인정되는 기판력과 같은 효력이 인정되는 것은 아니다.[68]

(3) 불가쟁력의 효과

현행 「행정소송법」 제20조는 "취소소송은 처분 등이 있음을 안 날부터 90일 이내에 제기하여야 한다. 취소소송은 처분 등이 있은 날부터 1년을 경과하면 이를 제기하지 못한다"며 제소기간을 명문으로 규정하고 있다. 이와 같은 제소기간이 경과하여 불가쟁력을 발생한 행정행위에 대한 행정쟁송은 부적법을 이유로 각하된다.

(4) 불가쟁력이 부인되는 경우

무효인 행정행위는 처음부터 아무런 효력을 발생하지 않기 때문에 불가쟁력이 발생하지 않는다. 그 결과 무효확인소송을 제기함에 있어 쟁송제기기간의 제한을 받지 않는다.

(5) 불가쟁력과 처분의 재심사

불가쟁력이 발생한 행정행위라 하더라도 구체적 타당성의 관점에서 해당 행

---

68) 대법원 1993.8.27. 선고 93누5437 판결; 대법원 1993.4.13. 선고 92누17181 판결.

정행위를 취소 또는 철회해야 하거나 그 내용을 변경해야 하는 경우가 발생한다. 「행정기본법」 제37조는 불가쟁력으로 인해 행정심판, 행정소송 등을 통해 더 이상 다툴 수 없게 된 경우라도 추후에 행정행위의 기초가 된 사실관계 또는 법률관계가 변경되어 사회적 관념이나 헌법질서와 충돌하는 경우 행정행위에 대한 재심사를 허용하고 있다.

3. 행정행위의 불가변력(실질적 존속력)

(1) 불가변력의 의의

행정행위의 불가변력이란 행정청이라 할지라도 자신의 행정행위를 직권으로 취소 또는 철회할 수 없는 효력을 말한다. 이를 실질적 존속력이라고도 한다.

행정행위는 그 원시적 하자를 이유로 직권취소되거나 후발적 사정을 이유로 철회될 수 있다고 보는 것이 일반적이다. 이와 같이 행정행위의 취소 또는 철회를 인정하는 것은 행정의 법률적합성의 원칙을 확보하고, 행정의 공익적합성을 유지하기 위하여 필요한 수단이기 때문이다. 그런데 일정한 경우 행정행위를 발한 행정청 자신도 행정행위의 하자를 이유로 직권에 의하여 취소·철회할 수 없는 제한을 받게 되는데, 이를 행정행위의 불가변력이라 한다. 이렇듯 행정행위의 불가변력은 행정행위의 처분청에 대한 구속력이다.

(2) 불가변력의 본질

행정행위의 불가변력의 본질은 법적 안정성의 필요에서 발생하는 효력이다. 즉, 불가변력을 인정하는 취지는 법원의 판결과는 달리 법적 안정성의 견지에서 명문의 규정이 없는 경우에도 행정행위의 성질에 비추어 인정되는 효력이다.

(3) 불가변력이 인정되는 행정행위

행정행위의 불가변력은 모든 행정행위에 인정되는 것이 아니라 예외적으로 특별한 경우에만 인정된다.

불가변력이 인정되는 대표적인 경우는 일정한 쟁송절차를 거쳐 행해지는 준사법적 행정행위이다. 예컨대, 행정심판의 재결, 특허심판원의 심결, 토지수용재결, 이의신청의 결정, 징계처분의 결정, 징계처분에 대한 소청심사위원회의 결정 등의 경우이다.

> **[판 례]** 과세처분에 관한 이의신청절차에서 과세관청이 이의신청 사유가 옳다고 인정하여 과세처분을 직권으로 취소한 이상 그 후 특별한 사유 없이 이를 번복하고 종전 처분을 되풀이하는 것은 허용되지 않는다(대법원 2010.09.30. 선고 2009두1020 판결).

또한 이해관계인의 참여에 의하여 객관적 절차에 따라 행해지는 확인행위도 사실 또는 법률관계의 정·부정 또는 존부를 공적 권위를 가지고 선언하는 행위이므로 그 성질상 임의로 변경되어서는 아니되기 때문에 그 범위 내에서 불가변력이 인정된다. 예컨대 국가시험 합격자 결정, 당선인 결정 등의 확인행위는 행정청 스스로 직권으로 취소·철회할 수 없는 불가변력을 가진다.

하지만 수익적 행정행위에 있어서 상대방의 신뢰보호, 법적 안정성의 견지에서 취소권 또는 철회권이 제한되는 경우, 행정행위를 취소함으로 인하여 공공복리를 해치게 되는 경우(사정판결)는 불가변력의 문제가 아니라 취소권 또는 철회권의 제한의 문제로 보는 것이 타당하다.[69]

4. 행정행위의 불가쟁력과 불가변력과의 관계

행정행위의 불가쟁력과 불가변력은 모두 상대방의 신뢰보호를 목적으로 한다는 점과 행정행위의 구속력이라는 점에서 동일하다. 하지만 불가쟁력은 모든 행정행위에 인정되는 절차법적 구속력인데 대하여, 불가변력은 모든 행정행위가 아닌 준사법적 행정행위 또는 확인행위에만 인정되는 실체법적 구속력이라는 점에서 차이가 있다.

불가쟁력은 상대방과 이해관계인을 구속하는 효력인 것에 비해, 불가변력은 처분청 등 행정기관을 구속하는 효력이라는 점에서도 차이가 있다.

그러나 불가쟁력과 불가변력은 절대적인 것이 아니기 때문에, ① 불가쟁력이 발생한 행정행위라도 불가변력의 발생이 없는 한 권한 있는 행정기관이 직권으로 취소할 수 있으며, ② 불가변력이 있는 행정행위가 자동으로 불가쟁력을 발생하는 것은 아니므로 상대방은 쟁송절차에 따라 다툴 수 있다.

Ⅴ. 행정행위의 강제력

행정행위의 강제력은 좁은 의미에서는 자력집행력을 의미하나, 넓은 의미에서는 제재력을 포함한다.

1. 자력집행력

행정행위의 사력집행력은 행정행위에 의해 부과된 의무를 상대방이 이행하지 않은 경우에 행정청이 스스로 강제력을 발동하여 그 의무를 실현시키는 힘을 말한다. 따라서 자력집행력이 인정되는 행정행위는 그 내용의 강제적인 실현을 요구할 수 있는 일정한 의무(작위·부작위·급부·수인)를 명하는 하명행위뿐이다.

---

69) 김남진·김연태, 행정법Ⅰ, 266면; 박윤흔, 행정법강의(상), 139면.

행정행위의 자력집행력은 행정행위에 내재하는 효력은 아니기 때문에 하명의 근거 외에 자력집행력에 관한 별도의 법적 근거가 있어야만 자력집행을 할 수 있다.

2. 제재력

제재력이란 행정행위의 상대방이 부과된 의무를 이행하지 않은 때 그에 대한 제재로 행정벌(행정형벌·행정질서벌)을 부과하는 효력을 말한다. 이와 같은 행정벌을 통한 제재는 명시적인 법적 근거가 있어야만 가능하다.

Ⅵ. 인허가의제와 집중효

1. 인허가의제의 의의

(1) 인허가의제와 집중효의 개념

인허가의제란 하나의 인허가(주된 인허가)를 받으면 법률로 정하는 바에 따라 그와 관련된 여러 인허가(관련 인허가)를 받은 것으로 보는 것을 말한다(행정기본법 제24조 제1항). 여기서 '주된 인허가'란 해당 인허가를 받으면 이와 관련된 여러 인허가 또한 받은 것으로 법적 효과를 의제시키는 인허가를 말하며, '관련 인허가'란 주된 인허가가 있는 경우 법률로 정하는 바에 따라 인허가를 받은 것으로 의제되는 인허가를 말한다.

집중효(Konzentrationswirkung)는 사업계획이 행정행위(인·허가)로 확정된 경우 그 사업계획에 관한 타법령에 규정되어 있는 각종의 인·허가 등을 받은 것으로 간주하는 효력으로 독일의 계획확정절차에서 인정되고 있다. 즉, 일정한 법률에 근거하여 사업계획에 대한 인·허가 등을 받은 경우에 그 사업계획에 관한 관련 법령의 인·허가 등을 받은 것으로 의제되는 효력이다.

인허가의제는 이론상 독일법상의 집중효 제도에 해당하는 제도이다. 집중효와 인허가의제는 절차간소화와 사업의 신속한 진행을 위한 제도이고, 법령에 근거하여 행정청의 권한이 통합된다는 점에서 본질적으로 동일하다. 판례도 집중효와 인허가의제를 구분하지 않고 있다.[70)

(2) 인허가의제의 필요성

현대행정이 복잡하게 수행됨으로 인하여 하나의 사업에 대하여 규제의 목적을 달리하는 수많은 행정규제가 불가피하게 되었다. 이에 따라 하나의 사업을 시행하기 위해서는 근거 법률에 의한 인·허가 외에도 관련 법령에서 규정하고 있는

---

70) 서울행법 2009.4.9 선고 2009구합1693 판결 : 항소; 서울고법 2010.7.1 선고 2010누1042 판결.

각종 인·허가를 모두 받아야 하는 상황이 되었다. 이 경우 법령상의 모든 인·허가를 받는 데에는 많은 시간과 경비가 소요되기 때문에 당연히 사업의 효율적인 추진이 어렵게 되는 문제가 발생한다. 따라서 이러한 문제점을 해결하기 위한 인·허가절차의 간소화 방안으로 인허가의제가 제시된 것이다.

인허가의제는 개별 법률에 산재되어 있는 각종 인허가 사항을 주된 인허가 소관 행정청이 One-Stop 서비스 창구로서 신속하게 일괄적으로 처리하고, 이를 통해 행정절차 진행으로 인한 시간적 지체를 줄일 수 있도록 하는 제도이다. 인허가의제는 1973년에 제정된 「산업기지개발 촉진법」에서 도입된 이래 2022년 현재 약 120여 개의 법률에서 규정하고 있으나 그 내용과 방식은 매우 다양하다.

(3) 행정기본법

2021년에 제정된 「행정기본법」은 인허가의제에 대한 일반법적 성격을 갖는 표준화된 조항을 규정하고 있다. 「행정기본법」이 수많은 개별 법률상의 인허가의제 규정의 표준적인 기준과 절차를 규율함으로써 인허가의제 제도의 복잡성이 축소되고 투명성과 명확성은 제고될 것으로 예상된다.

2. 인허가의제의 절차

(1) 서류 제출

「행정기본법」 제24조 제2항은 "인허가의제를 받으려면 주된 인허가를 신청할 때 관련 인허가에 필요한 서류를 함께 제출하여야 한다"라고 서류 제출에 관해 규정하고 있다.

주된 인허가를 통하여 관련 인허가를 받은 것으로 의제된다고 하여 관련 인허가를 규율하고 있는 법령상의 요청이 무시되어서는 아니 된다. 인허가의제 제도는 주된 인허가 행정청을 통한 인허가 관련 One-Stop 서비스를 의도하는 제도이다. 따라서 신청인은 주된 인허가 행정청에 인허가 제출서류와 함께 관련 인허가와 관련된 제출서류를 함께 제출하여야 한다.

다만, 주된 인허가 행정청에 모든 서류를 제출할 수 없는 불가피한 경우에는 주된 인허가 행정청이 별도로 지정한 날짜까지 해당 서류를 제출하는 것도 가능하다(동법 제24조 제2항 단서). 여기서 '불가피한 경우'는 「행정절차법」 제17조 제5항에 따른 '제출 서류의 보완'과 구별되며, 선행 절차나 처분의 부존재 등 사실상 서류를 제출할 수 없는 경우를 의미한다.

(2) 관련 인허가 행정청과 협의

인허가의제는 관련 인허가를 면제하는 제도가 아니므로 One-Stop 서비스를 제공하는 주된 인허가 행정청은 관련 인허가 행정청과 협의를 한 후 주된 인허가를 하여야 한다. 「행정기본법」 제24조 제3항은 "주된 인허가 행정청은 주된 인허가를 하기 전에 관련 인허가에 관하여 미리 관련 인허가 행정청과 협의하여야 한다"라고 협의에 대해 명시적으로 규정하고 있다.

(3) 의견제출 기간

인허가의제 제도의 취지는 행정절차로 인한 시간적 지체를 줄이고 행정 처리를 신속하게 진행하는 것이다. 따라서 협의절차 지연을 예방하고 신속한 인허가 절차의 진행을 위하여 협의 요청을 받은 기관의 의견제출 기간을 20일 이내로 규정하고 있다(행정기본법 제24조 제4항).

만약 20일 이내에 의견을 제출하지 않은 경우, 협의는 이루어진 것으로 간주된다. 다만 제5항에 따른 심의, 의견 청취 등 별도의 절차가 있거나, 민원 처리 관련 법령에 따라 기간 연장이 있는 경우에는 20일 이상 걸리는 협의가 있을 수 있다.

(4) 관련 인허가 근거 법령 준수

관련 인허가 행정청은 주된 인허가 행정청의 협의 요청과 관련하여 소관 법령을 위반하는 형태로 협의를 해서는 아니 된다(행정기본법 제24조 제5항). 즉, 관련 인허가 행정청은 해당 법령에서 정하고 있는 실체법적 기준에 위반한 사항에 대해 협의를 해 줘서는 안 된다. 관련 인허가의 경우도 해당 법령에 따른 실체적 요건은 충족해야 하기 때문이다.

다만, 절차적 관점에서 관련 인허가에 필요한 절차는 원칙적으로 생략된다. 관련 인허가 행정청은 근거 법령에서 규율하고 있는 행정절차를 진행하지 않아도 법령에 위반하는 것이 되지 않는다. 인허가의제는 인허가 절차의 신속한 처리와 One-Stop 서비스 제공이 주된 목적이기 때문이다.

그렇지만, 관련 인허가의 근거 법률이나 주된 인허가 법률에서 인허가의제 대상이 된다고 하더라도 일정한 절차를 반드시 거치도록 명시적으로 규율하고 있는 경우, 이러한 절차는 진행해야 한다(동법 제24조 제5항 단서).

3. 인허가의제의 효과

(1) 인허가의제의 효과

「행정기본법」 제25조 제1항은 "제24조 제3항·제4항에 따라 협의가 된 사항에 대해서는 주된 인허가를 받았을 때 관련 인허가를 받은 것으로 본다"라고 인허가의제의 효과에 대해 규정하고 있다.

주된 인허가 행정청과 관련 인허가 행정청 사이에 관련 인허가에 관하여 협의가 이루어졌거나 협의가 된 것으로 간주된 사항에 대해서는 주된 인허가를 받았을 시점에 관련 인허가를 받은 것으로 보는 것이다.

(2) 인허가의제의 인정 범위

주된 인허가의 의제적 효력이 미치는 관련 인허가의 범위는 주된 인허가를 규율하고 있는 법률에서 명시적으로 밝히고 있는 것에 한정된다. 「행정기본법」 제25조 제2항은 "인허가의제의 효과는 주된 인허가의 해당 법률에 규정된 관련 인허가에 한정된다"라고 하여 인정 범위를 명확하게 규정하고 있다.

따라서 주된 인허가 근거 법률에서 명시하지 않은 인허가는 주된 인허가를 통해 받은 것으로 의제되지 않는다. 주된 인허가의 근거 법률에 명시되지 않은 인허가를 관련 인허가로 오인하여 협의를 했더라도, 주된 인허가의 의제적 효력은 오인된 인허가에 대해서는 인정되지 않는다.

4. 인허가의제의 사후관리

(1) 관련 인허가의 관리·감독기관

관련 인허가가 주된 인허가를 통해 인허가의제가 이루어진 경우 관련 인허가 행정청은 소관 업무인 관련 인허가 관리·감독으로부터 자유로워지는 것은 아니다.

「행정기본법」 제26조 제1항은 "인허가의제의 경우 관련 인허가 행정청은 관련 인허가를 직접 한 것으로 보아 관계 법령에 따른 관리·감독 등 필요한 조치를 하여야 한다"라고 규정하고 있다. 주된 인허가 행정청과 실제적 심사 및 협의를 거쳐 의제된 관련 인허가에 대해 관련 인허가를 관리·감독할 권한을 갖고 있는 행정청이 책임을 져야 한다는 것이다.

(2) 주된 인허가의 변경

주된 인허가의 변경은 관련 인허가에도 영향을 미친다. 따라서 주된 인허가에 대해 변경이 이루어지는 경우 이를 통해 의제되는 관련 인허가에 대해서도 변경 협의 등의 인허가의제 절차가 필요하게 된다.

「행정기본법」 제26조 제2항은 "주된 인허가가 있은 후 이를 변경하는 경우에는 제24조·제25조 및 이 조 제1항을 준용한다"라고 규정하고 있다. 이는 주된 인허가가 변경되는 경우 변경되는 주된 인허가를 중심으로 다시 인허가의제 변경 관련 절차를 진행해야 한다는 의미이다.

5. 개별법상의 인허가의제

「국토계획법」 제61조는 관련 인허가의제에 관해 규율하고 있다. 이에 따르면 행정청이 개발행위허가를 함에 있어서 그 허가로 의제되는 사항을 미리 관계 행정기관의 장과 협의를 거친 경우에는 그 개발행위에 관한 관련 법령의 인·허가 등을 받은 것으로 본다.

따라서 개발행위허가를 받게 되면, 공유수면의 점용·사용허가, 공유수면의 매립면허, 채굴계획의 인가, 농업생산기반시설의 사용허가, 농지전용의 허가 또는 협의, 무연분묘의 개장허가, 사도 개설의 허가, 산지전용허가, 입목벌채의 허가, 소하천공사 시행의 허가, 전용상수도 설치의 인가, 연안정비사업실시계획의 승인, 초지전용의 허가, 공공하수도에 관한 공사시해의 허가, 하천공사 시행의 허가, 도시공원의 점용허가 등 수 많은 인·허가를 모두 동시에 받은 것으로 본다(제61조).

현재 「국토계획법」 외에도 약 120여 개의 법률에 유사한 인허가의제 규정이 규율되어 있다.

제 9 절   행정행위의 하자(흠)

Ⅰ. 개   설

1. 행정행위의 하자의 의의

행정행위의 하자란 법령에서 요구되는 적법요건(성립 및 효력요건)을 완전하게 구비하지 못하여 완전한 효력발생에 장애가 되는 사유를 말한다. 즉, 행정행위로서 완전한 효력의 발생에 장애가 되는 흠을 가리켜 행정행위의 하자라고 한다.

적법요건을 구비하지 못한 행정행위를 위법한 행정행위라 하고, 적법요건을 구비하였다고 하여도 비합목적적인 재량행사가 있는 행정행위를 부당한 행정행위라고 부른다. 여기서 위법과 부당을 '하자'라고 하고, 위법한 행정행위와 부당한 행정행위를 합하여 하자 있는 행정행위라 부른다.

2. 행정행위 위법여부 판단시점

행정행위에 하자가 있는지, 즉 행정행위의 적법, 위법 여부는 행정처분이 행하여졌을 때의 법령과 사실상태를 기준으로 하여 판단하여야 하고, 처분 후 법령의 개폐나 사실상태의 변동에 의하여 영향을 받지 않는다.[71] 즉, 행정처분의 발령시점이 하자 유무에 대한 판단의 기준시점이 된다(처분시법의 원칙).

「행정기본법」 제14조 제2항은 "당사자의 신청에 따른 처분은 법령등에 특별한 규정이 있거나 처분 당시의 법령등을 적용하기 곤란한 특별한 사정이 있는 경

---

71) 대법원 2007.5.11. 선고 2007두1811 판결.

우를 제외하고는 처분 당시의 법령등에 따른다"라고 하여 처분시법의 원칙을 명시하고 있다. 따라서 부칙에 신청 당시의 법령등에 따르도록 경과규정을 두는 등 특별한 규정이 있거나 처분 당시의 법령등을 적용하기 곤란한 특별한 사정(예를 들어, 불가피한 사유 또는 중대한 과실 등의 이유로 민원사무처리가 지연된 경우)이 있는 경우를 제외하고는 당사자의 신청에 따른 처분은 처분이 이루어지던 당시의 법령등을 적용하여야 한다.

> **[판 례]** 행정소송에서 행정처분의 위법 여부는 행정처분이 행하여졌을 때의 법령과 사실상태를 기준으로 하여 판단해야 하므로, 공정거래위원회의 과징금 납부명령 등이 재량권 일탈·남용으로 위법한지는 다른 특별한 사정이 없는 한 과징금 납부명령 등이 행하여진 '의결일' 당시의 사실상태를 기준으로 판단하여야 한다(대법원 2015.5.28. 선고 2015두36256 판결).

Ⅱ. 행정행위의 부존재

1. 부존재의 의의

행정행위의 부존재란 행정행위라고 볼 수 있는 외형상의 존재 자체가 없어서 행정행위로서 성립하지 못한 경우를 말한다. 행정행위의 부존재는 행정행위 자체가 존재하지 않는다는 점에서, 행정행위의 존재를 전제로 하는 하자 있는 행정행위와 구별된다.

2. 부존재 사유

행정행위의 부존재의 예로서 ① 명백히 행정기관이 아닌 사인의 행위, ② 행정기관의 행위일지라도 행정권발동으로 볼 수 없는 행위, ③ 행정기관의 내부적 의사결정만 있을 뿐 외부에 표시되지 않은 행위, ④ 해제조건의 성취, 기한의 도래, 취소 또는 철회 등에 의해 행정행위가 소멸된 경우 등이다.[72]

3. 부존재와 무효의 구별

행정행위의 부존재와 무효의 구별에 대해서 긍정설과 부정설이 대립되어 있다. 부정설은 「행정심판법」 제5조 제2호 및 「행정소송법」 제4조 제2호는 각각 무효등확인심판 및 무효등확인소송을 명시하여 행정행위의 무효나 부존재의 구별 없이 다 같이 항고쟁송의 대상으로 하고 있으므로 무효와 부존재를 구별할 실익이 없다는 입장이다.

---

72) 홍정선, 행정법원론(상), 328면.

하지만 행정행위의 부존재와 무효는 개념상 엄격히 구별되고 구별해야 할 실익도 존재하기에 양자의 구별을 긍정하는 것이 타당하다. 즉, 행정행위가 무효 사유에 해당하는 하자를 가져 그 행정행위의 효력이 부인된다고 하더라도 당해 행위는 이미 행정행위의 개념징표를 가지고 있음은 불문의 사실이나, 행정행위의 부존재는 행정행위의 개념 징표조차 가지지 못한 행위형태인데 양자의 구별실익이 없다고 하는 것은 개념적으로 문제가 있다. 환언하면, 행정행위가 존재하나 그 위법의 정도가 심하여 효력이 부인되는 경우와 행정행위로 부를 만한 외형조차 존재하지 않는 것은 분명히 다르다.

또한 무효 사유를 가진 행정행위의 경우에는 취소 사유를 가진 행정행위와의 구별의 어려움으로 인해 취소소송의 형태를 통해 그 취소를 구할 수 있지만(무효선언적 의미의 취소소송), 행정행위의 부존재의 경우에는 취소소송을 통해 존재하지도 않는 행정행위를 취소할 수 없고 오로지 부존재확인소송만 가능하다. 따라서 실무상으로도 무효인 행정행위와 행정행위의 부존재는 그 구별실익이 충분히 있다고할 것이다.

Ⅲ. 행정행위의 무효와 취소

1. 행정행위의 무효와 취소의 의의

(1) 무효인 행정행위의 의의

무효인 행정행위는 외관상으로는 행정행위로서 존재하고 있음에도 불구하고, 그 하자가 중대하고 명백하여 권한 있는 기관인 행정청 또는 법원의 취소를 기다리지 아니하고 처음부터 당연히 그 법률적 효과를 발생하지 못하는 행정행위를 말한다. 「행정기본법」 제15조는 "무효인 처분은 처음부터 그 효력이 발생하지 아니한다"라고 하여 무효인 행정행위의 효력을 명시적으로 규정하고 있다. 따라서 무효인 행정행위는 아무런 효력도 발생하지 않는 행위이기 때문에 누구도 그에 구속을 받지 않고 다른 행정청이나 법원은 물론 상대방인 사인도 그를 무시할 수 있으며, 언제든지 그 무효를 주장할 수 있다.

행정행위의 무효는 ① 행정행위가 외관상 존재한다는 점에서 외관상으로는 존재하지 않는 행정행위의 부존재와 구별되며, ② 처음부터 아무런 효력이 발생하지 아니한다는 점에서 권한 있는 기관에 의하여 취소되기까지는 일단 유효한 효력을 갖는 취소할 수 있는 행정행위와 구별된다. 또한 ③ 행정행위가 지닌 하자를 이유로 하여 그 효력이 부인된다는 점에서 아무런 하자 없이 유효하게 성립되어 일정한 실효 사유의 발생에 따라 장래에 향하여 효력이 소멸되는 것을 뜻하는 실효와도 구별된다.

(2) 취소할 수 있는 행정행위의 의의

취소할 수 있는 행정행위라 함은 그 성립에 하자가 있음에도 불구하고 공정력에 의해 권한 있는 기관인 행정청 또는 법원의 취소가 있을 때까지는 유효한 행정행위로서 그 효력을 지속하는 행정행위를 말한다.

따라서 취소할 수 있는 행정행위는 그의 취소가 있을 때까지는 사인은 물론이고, 다른 행정청·법원 등 국가기관도 이에 구속되고 독자적 판단으로 그 효력을 부인하지 못한다.

2. 행정행위의 무효와 취소의 구별실익

행정행위의 무효와 취소는 쟁송절차와 관련하여 많은 차이점이 있다.

(1) 선결문제

선결문제란 당해 소송에서 본안판단을 위해 그 해결이 필수적인 전제로 되는 문제이다. 민사소송이나 형사소송에서 본안판단의 전제로 행정행위의 위법성여부 또는 효력유무 등이 선결문제로 나타날 수 있다.

선결문제가 무효인 행정행위의 경우에는 수소법원은 스스로 당해 행위가 무효임을 판단할 수 있다. 한편 취소할 수 있는 행정행위인 경우에는 행정소송에서 취소판결로 그 효력이 부인되지 않는 한, 수소법원에서 행정행위의 효력을 스스로 부인할 수 없다.

(2) 쟁송제기기간

현행 「행정소송법」 제20조에 따르면, "취소소송은 처분 등이 있음을 안 날부터 90일 이내에 제기하여야 한다. 취소소송은 처분 등이 있은 날부터 1년을 경과하면 이를 제기하지 못한다"라고 하여 제소기간을 명문으로 규정하고 있다. 이와 같은 제소기간이 경과하여 불가쟁력이 발생한 행정행위에 대한 행정소송은 부적법을 이유로 각하된다.

이처럼 취소소송에 있어서는 제소기간이 경과하면 불가쟁력이 발생하는 제한을 받지만, 무효인 행정행위는 처음부터 당연히 효력을 발생하지 아니하기 때문에 위의 제소기간 등의 제한을 받지 않으며(동법 제38조), 직접 법원에 제소하여 그 무효확인을 받을 수 있다.

(3) 행정소송의 형식

취소할 수 있는 행정행위의 경우에는 취소소송의 형식에 의해서만 그 취소를 청구할 수 있다. 이에 대하여 무효인 행정행위의 경우에는 ① 무효선언을 구하는 의미의 취소소송,[73] ② 무효등확인소송 2가지 방법으로 무효를 주장할 수 있다. 따라서 무효와 취소의 구별은 행정소송의 형식을 선택함에 있어서도 필요하다.

(4) 사정재결 및 사정판결

사정재결 및 사정판결은 그 성질상 취소할 수 있는 행정행위에 대해서만 인정되며, 무효인 행정행위에 대하여는 인정될 수 없다.

(5) 하자의 승계

2개 이상의 행정행위가 일련의 절차로 연속하여 행하여지는 경우에 선행행위에 무효 사유인 흠이 있는 때에는 그 성질상 모든 후행행위에 그 흠은 승계된다. 이에 대하여 선행행위에 취소 사유인 흠이 있는 때에는 선행행위와 후행행위가 서로 결합하여 1개의 효과를 완성하는 경우에는 승계되지만, 선행행위와 후행행위가 서로 독립하여 각각 별개의 효과를 목적으로 하는 경우에는 승계되지 않는다.

(6) 하자의 치유와 전환

하자의 치유는 원칙적으로 취소할 수 있는 행정행위에 대하여 인정되지만, 하자 있는 행정행위의 전환은 무효인 행정행위에 대하여만 인정된다.

3. 구별에 관한 학설: 중대·명백설

중대·명백설은 행정행위의 하자가 중대하고 그 존재가 객관적으로 명백한 경우에만 무효이고, 중대성과 명백성 중 어느 하나라도 갖추지 못한 경우에는 취소 사유라고 보는 견해로, 통설·판례의 입장이다.

(1) 하자의 중대성

하자의 중대성이란 행정행위가 중요한 법률요건의 위반하고, 그 위반의 정도가 상대적으로 심하여 그 흠이 내용상 중대하는 것을 의미한다. 어떠한 하자가 중대한 하자인지를 판단함에 있어서는, 행정법규의 규정 자체의 성질뿐만 아니라 그 위반의 정도도 고려하여야 할 것이다. 즉, 하자의 중대성은 법규위반의 여부를 전제로 하면서 구체적 사정 아래서 행정행위의 근거법규와 관계이익을 참작하여 판단하여야 한다.

대법원은 새만금판결에서 하자의 중대성과 관련하여 "공공사업의 경제성 내지 사업성의 결여로 인하여 각 처분이 무효로 되기 위해서는 공공사업을 시행함으로 인하여 얻는 이익에 비하여 공공사업에 소요되는 비용이 훨씬 커서 이익과 비용이 현저하게 균형을 잃음으로써 사회통념에 비추어 각 처분으로 달성하고자 하는 사업목적을 실질적으로 실현할 수 없는 정도에 이르렀다고 볼 정도로 과다한

---

73) 대법원 2008.3.20. 선고 2007두6342 판결; 대법원 1976.2.24. 선고 75누128 판결.

비용과 희생이 요구되는 경우"로 보았다.[74]

(2) 하자의 명백성

하자의 명백성이란 통상인의 정상적인 인식능력을 기준으로 하여 객관적으로 하자임이 판단될 수 있는 경우를 의미한다. 즉, 하자의 존재가 행정행위 성립 당시부터 일반인의 판단에 의해서도 하자가 있음이 인정될 수 있을 정도로 분명한 것을 말한다.

하자가 명백하다고 하기 위해서는 그 사실관계 오인의 근거가 된 자료가 외형상 상태성을 결여하거나 또는 객관적으로 그 성립이나 내용의 진정을 인정할 수 없는 것임이 명백한 경우라야 한다.[75] 따라서 사실관계를 오인한 중대한 하자가 있더라도 사실관계의 자료를 정확히 조사하여 그 하자 유무가 밝혀질 수 있는 경우에는 하자가 명백하였다고 볼 수 없다.[76]

또한, 법률관계나 사실관계에 대하여 그 법률의 규정을 적용할 수 없다는 법리가 명백히 밝혀지지 아니하여 그 해석에 다툼의 여지가 있는 경우, 행정관청이 이를 잘못 해석하여 행정처분을 하였더라도 이는 그 처분 요건사실을 오인한 것에 불과하여 그 하자가 명백하다고 할 수 없다.

[판 례] 행정청이 사전환경성검토협의를 거쳐야 할 대상사업에 관하여 법의 해석을 잘못한 나머지 세부용도지역이 지정되지 않은 개발사업 부지에 대하여 사전환경성 검토협의를 할지 여부를 결정하는 절차를 생략한 채 승인 등의 처분을 한 사안에서, 그 하자가 객관적으로 명백하다고 할 수 없다(대법원 2009.9.24. 선고 2009두2825 판결).

4. 판례의 입장

대법원은 중대·명백설에 입각하여 무효 사유를 그 위법의 정도가 중대할 뿐만 아니라, 그 위법의 존재를 용이하게 확정할 수 있을 만큼 외관상 명백한 하자가 있는 경우만을 말한다는 입장을 취하고 있다.[77]

---

74) 대법원 2006.3.16. 선고 2006두330 판결.
75) 대법원 2004.4.16. 선고 2003두7019 판결.
76) 대법원 1992.4.28. 선고 91누6863 판결.
77) 과세대상이 되는 법률관계나 사실관계가 전혀 없는 사람에게 한 과세처분은 그 하자가 중대하고도 명백하다고 할 것이나 과세대상이 되지 아니하는 어떤 법률관계나 사실관계에 대하여 이를 과세대상이 되는 것으로 오인할 만한 객관적인 사정이 있는 경우에 그것이 과세대상이 되는지의 여부가 그 사실관계를 정확히 조사하여야 비로소 밝혀질 수 있는 경우라면 그 하자가 중대한 경우라도 외관상 명백하다고 할 수 없어 과세요건사실을 오인한 위법의 과세처분을 당연무효라고는 볼 수 없다(대법원 2001.7.10. 선고 2000다24986 판결).

한편, 대법원 판례의 반대의견은 중대·명백설의 엄격성을 비판하면서 무효사유를 좀 더 완화하려는 '명백성보충설'의 태도를 보이고 있다. 명백성보충설은 행정행위의 무효를 논함에 있어 '하자의 중대성'만을 필수적 요건으로 보고, 그 밖의 가중요건은 구체적 이익상황에 따라 판단해야 한다는 견해이다. 명백성보충설은 명백성을 항상 요구하는 것이 아니므로 중대·명백설보다 무효의 범위를 확대하는 결과를 가져온다.

> **[판 례]** 행정행위의 무효사유를 판단하는 기준으로서의 명백성은 행정처분의 법적 안정성 확보를 통하여 행정의 원활한 수행을 도모하는 한편 그 행정처분을 유효한 것으로 믿은 제3자나 공공의 신뢰를 보호하여야 할 필요가 있는 경우에 보충적으로 요구되는 것으로서, 그와 같은 필요가 없거나 하자가 워낙 중대하여 그와 같은 필요에 비하여 처분 상대방의 권익을 구제하고 위법한 결과를 시정할 필요가 훨씬 더 큰 경우라면 그 하자가 명백하지 않더라도 그와 같이 중대한 하자를 가진 행정처분은 당연무효라고 보아야 한다(대법원 1995.7.11. 선고 94누4615 전원합의체 판결 반대의견).

최근 대법원은 신고납부방식의 조세인 취득세 납세의무자의 신고행위의 하자가 중대하지만 명백하지는 않은 경우, 예외적으로 당연무효에 해당한다고 하여 명백성보충설의 입장을 반영하기도 하였다.

> **[판 례]** 취득세 신고행위는 납세의무자와 과세관청 사이에 이루어지는 것으로서 취득세 신고행위의 존재를 신뢰하는 제3자의 보호가 특별히 문제되지 않아 그 신고행위를 당연무효로 보더라도 법적 안정성이 크게 저해되지 않는 반면, 과세요건 등에 관한 중대한 하자가 있고 그 법적 구제수단이 국세에 비하여 상대적으로 미비함에도 위법한 결과를 시정하지 않고 납세의무자에게 그 신고행위로 인한 불이익을 감수시키는 것이 과세행정의 안정과 그 원활한 운영의 요청을 참작하더라도 납세의무자의 권익구제 등의 측면에서 현저하게 부당하다고 볼 만한 특별한 사정이 있는 때에는 예외적으로 이와 같은 하자 있는 신고행위가 당연무효라고 함이 타당하다(대법원 2009.2.12. 선고 2008두11716 판결).

Ⅳ. 행정행위의 하자의 원인

행정행위의 무효원인은 행정행위가 지닌 하자가 중대하고 명백한 경우이다. 그러나 우리 실정법은 무엇이 행정행위의 무효원인에 해당하는지에 대해 명시적으로 규정하고 있지는 않다. 따라서 행정행위의 하자를 취소원인과 무효원인으로 일반적으로 구분하여 말하기는 어려우며, 구체적인 사정에 따라 행정행위의 성질과 관계되는 이익을 종합적으로 고려하여 결정하여야 할 것이다.

1. 주체에 관한 하자

행정행위가 완전하게 성립하기 위한 주체상의 요건으로는 ① 정당한 권한을 가진 행정기관의 행위로서, ② 그 권한의 범위 내에서 행한 행위이고, ③ 정상적 의사에 의거하여 행한 행위 등이어야 한다. 이러한 요건을 결여한 행정행위는 원칙적으로 무효이지만, 상황에 따라서는 그 효력을 인정하는 경우도 있다.

(1) 정당한 권한이 없는 행정기관의 행위

1) 공무원이 아닌 자의 행위

공무원으로 적법하게 선임되지 아니한 자 또는 적법하게 선임되었으나 행위 당시에는 이미 공무원의 신분을 가지지 아니한 자 등이 행한 행위는 원칙적으로 무효이다.

공무원 선임행위의 유효성 여부, 또는 면직·임기만료의 여부는 불명료한 경우가 많기 때문에 적법하게 선임되지 아니한 공무원의 행위인 경우에도, 선의의 상대방의 신뢰보호와 법적 안정성의 관점에서 그러한 행위를 사실상 공무원의 행위로서 효력을 인정해야 하는 경우도 있다.

2) 권한 없는 자의 행위

정당한 권한이 없는 자의 행위는 원칙적으로 무효가 된다. 하지만 적법한 권한위임이 이루어지지 않은 경우에는 하자가 명백하다고 볼 수 없어 당연 무효가 되는 것은 아니다.

> **[판 례]** 운전면허에 대한 정지처분권한은 경찰청장으로부터 경찰서장에게 권한위임된 것이므로 음주운전자를 적발한 단속 경찰관으로서는 관할 경찰서장의 명의로 운전면허정지처분을 대행처리할 수 있을지는 몰라도 자신의 명의로 이를 할 수는 없다 할 것이므로, 단속 경찰관이 자신의 명의로 운전면허행정처분통지서를 작성·교부하여 행한 운전면허정지처분은 권한 없는 자에 의하여 행하여진 점에서 무효의 처분에 해당한다(대법원 1997.5.16. 선고 97누2313 판결).

> **[판 례]** 적법한 권한 위임 없이 세관출장소장에 의하여 행하여진 관세부과처분이 그 하자가 중대하기는 하지만 객관적으로 명백하다고 할 수 없어 당연무효는 아니다(대법원 2004.11.26. 선고 2003두2403 판결).

3) 적법하게 구성되지 아니한 합의기관의 행위

합의기관의 행위는 법규가 요구하는 일정한 요건을 갖추어야 하므로, ① 적법한 소집이 없었거나 정당한 소집권자가 아닌 자가 소집한 경우, ② 소정의 의사정족수가 미달된 경우의 의결, ③ 결격자가 참여한 경우 등 합의기관의 구성에 중대한 하자를 지닌 행위는 원칙적으로 무효가 된다.

4) 타기관의 필요적 협력을 받지 아니한 행위

법규는 일정한 행정행위를 할 수 있는 권한을 특정기관에 부여하면서 그 행위의 법정요건으로서 타기관의 의결·협의·인가 등의 협력을 받도록 할 때가 있다. 이는 국민의 권익보호·행정행위의 적법타당성의 보장·타기관의 관장사무의 관련성 유지 등을 위한 것이다. 이러한 법규상의 필요적 협력을 받지 않고 행한 행위는 원칙적으로 무효가 된다.

대법원의 판례는 교육위원회의 의결사항인 유치원의 설립에 관한 사항에 대하여 그 의결을 거치지 않고 행한 교육감의 설립인가[78]와 학교법인이사회의 승인의결 없이 한 기본재산교환허가신청에 대한 시교육위원회의 교환허가처분은 중대하고 명백한 하자를 지닌 무효의 처분으로 보았다.

> **[판 례]** 학교법인의 감독청인 부산시교육위원회의 학교법인기본재산교환허가처분은 학교법인의 이사장이 교환허가신청을 함에 있어서 이사회의 승인의결을 받음이 없이 이사회회의록사본을 위조하여 첨부한 교환허가신청서에 의한 것인바, 이 허가처분은 중대하고 명백한 하자가 있어 당연 무효이다(대법원 1984.2.28. 선고 81누275 전원합의체 판결).

> **[판 례]** 구 폐기물처리시설 설치촉진 및 주변지역 지원 등에 관한 법률에 정한 입지선정위원회는 폐기물처리시설의 입지를 선정하는 의결기관이고 … 입지선정위원회가 그 구성방법 및 절차에 관한 규정에 위배하여 군수와 주민대표가 선정·추천한 전문가를 포함시키지 않은 채 임의로 구성되어 의결을 한 경우, 그에 터잡아 이루어진 폐기물처리시설 입지결정처분의 하자는 중대한 것이고 객관적으로도 명백하므로 무효사유에 해당한다(대법원 2007.4.12. 선고 2006두20150 판결).

그러나 그 요구된 협력이 다른 행정청의 자문인 경우에는 ① 그것이 행위의 신중·내용의 적정타당성을 확보하기 위한 것일 때에는 반드시 무효가 되는 것이 아니고 취소원인이 된다고 볼 것이며, ② 그것이 법률에 의하여 이해관계인의 권

[78) 대법원 1969.3.4. 선고 68누210 판결.

익보호를 위하여 인정되는 때에는 자문의 결여는 무효원인이 된다고 볼 수 있다.

5) 권한이 소멸된 이후의 행위

조세채권의 소멸시효가 완성되어 부과권이 소멸된 이후에 행한 과세처분은 위법한 처분으로 그 하자가 중대하고 명백하여 무효가 된다.[79]

(2) 행정기관의 무권한행위

행정기관의 권한에는 사항적·지역적·대인적으로 한계가 있으며, 이 한계(권한)를 넘는 행정행위는 무권한행위로서 원칙적으로 무효이다. 예컨대, 농림축산식품부장관의 토지수용의 사업인정, 경찰관청의 조세부과행위 등은 사항적 무권한의 예이며, 서울특별시장의 강원도에 있는 도로의 점용허가 또는 영업허가 등은 지역적 무권한의 예이고, 행정안전부장관의 군인에 대한 징계처분은 대인적 무권한의 예로서 무효가 된다.

하지만 행정기관의 무권한행위라도 평등의 원칙·신뢰보호의 원칙·법적 안정성 등의 관점에서 그 효력을 인정하여야 할 경우도 있다.

> **[판 례]** 5급 이상의 국가정보원 직원에 대한 의원면직처분이 임면권자인 대통령이 아닌 국가정보원장에 의해 행해진 것으로 위법하고, 나아가 국가정보원 직원의 명예퇴직원 내지 사직서 제출이 직위해제 후 1년여에 걸친 국가정보원장 측의 종용에 의한 것이었다는 사정을 감안한다 하더라도 그러한 하자가 중대한 것이라고 볼 수는 없으므로, 대통령의 내부결재가 있었는지에 관계없이 당연무효는 아니다(대법원 2007.7.26. 선고 2005두15748 판결).

(3) 행정기관의 정상적 의사에 기하지 아니한 행위

1) 전혀 의사 없이 한 행위

공무원의 심신상실중의 행위나 저항할 수 없을 정도의 물리적·정신적 강제로 인한 행정행위는 행정기관이 그 행정행위를 하려는 의사가 전혀 없었던 것이므로 무효라 할 것이다.

2) 행위능력 없는 자의 행위

공무원이 될 수 없는 결격사유인 피성년후견인 또는 피한정후견인에 해당되는 공무원이 행한 행위는 무효가 된다. 다만, 선의의 상대방의 신뢰보호와 법적 안정성의 견지에서 그 효력을 인정하여야 하는 경우도 있다(예컨대 사실상 공무원의 행위).

---

79) 대법원 1988.3.22. 선고 87누1018 판결.

3) 의사결정에 하자가 있는 행위

의사결정에 하자가 있는 행위로는 ① 착오로 인한 행위, ② 사기·강박·증수뢰 등에 의한 행위가 있다.

착오에 의한 행정행위의 효력에 대해, 통설은 착오 그 자체만으로 곧 무효나 취소의 원인이 되는 것이 아니라 그 착오에 의한 행위 자체에 하자가 있을 때에 비로소 그 하자를 이유로 무효가 되거나 취소할 수 있음에 그친다고 보고 있다(표시설).

> **[판 례]** 부동산을 양도한 사실이 없음에도 세무당국이 부동산을 양도한 것으로 오인하여 양도소득세를 부과하였다면 그 부과처분은 착오에 의한 행정처분으로서 그 표시된 내용에 중대하고 명백한 하자가 있어 당연 무효이다(대법원 1983.8.23. 선고 83누179 판결).

상대방의 사기·강박·증수뢰 등의 부정수단에 의한 행정행위는 당연무효가 되는 것은 아니며, 신뢰보호의 이유도 없으므로 취소할 수 있음에 불과하다.

2. 내용에 관한 하자

행정행위가 유효하게 성립되기 위해서는 그 내용이 객관적으로 명확하고 사실상·법률상 실현가능하여야 함은 물론, 법에 위반되지 아니하고 또한 공익에 적합하여야 한다. 따라서 행정행위의 내용이 불명확하거나 실현불능인 행정행위는 원칙적으로 무효가 된다. 그러나 단순한 위법행위 또는 공익위반행위는 취소원인이 될 뿐이다.

(1) 내용이 불명확한 행위

행정행위의 내용이 사회통념상 또는 통상인의 판단으로 인식할 수 없을 정도로 불명확하거나 또는 내용이 확정되지 아니한 행정행위는 원칙적으로 무효이다. 대법원의 판례도 "……목적물의 특정은 행정처분의 요소라 할 것이며, 그 특정이 없는 행정처분은 목적물 불특정에 의한 무효라 아니할 수 없다"라고 판시하고 있다.[80]

> **[판 례]** 행정처분은 그 처분내용의 범위가 확정되어야 하는 것이므로 대집행 계고처분의 내용이 단순히 건물의 증축부분을 철거하라는 것이라면 그러한 표시만으로는 구체적으로 어느 부분의 얼마만큼을 철거하라는 것인지 처분내용이 확정되지 아

---

80) 대법원 1964.5.26. 선고 63누136 판결.

니한 것이므로 위법이다(대법원 1980.10.14. 선고 80누351 판결).

[판 례] 행정청이 갑 외 197인에게 금 21,952,000원의 도로점용료부과처분을 하면서 197인이 누구인지 구체적으로 특정하지 아니하였다면 이러한 부과처분은 사회통념상 그 내용을 인식할 수 없을 정도로 불명확하거나 불확정한 행정처분으로서 그 흠이 내용상 중대하고 외관상으로도 명백한 경우에 해당하여 당연무효이다(대구고법 1993.7.7. 선고 92구1002 특별부판결: 확정).

(2) 내용이 실현불능인 행위

내용이 실현불능인 행위에는 사실상 불능과 법률상 불능의 경우가 있다.

1) 사실상 불능

행정행위의 내용이 자연법칙 또는 사회통념에 비추어 사실상 실현될 수 없는 경우에는 무효가 된다. 여름에 도로의 제설명령을 하거나 과거를 기한으로 출두를 명하는 것은 사실상 불능에 해당한다.

2) 법률상 실현불능

법률상 실현불능이란 사자(死者)에 대한 의사면허의 경우처럼 행정행위의 실현이 절대로 불능한 경우 또는 사실상으로는 실현 가능하나 법의 금지 또는 불인정의 결과 그 실현 불능이 객관적으로 명백한 경우를 말한다. 법률상 불능은 그 내용의 실현이 불능인 점에서, 법률에 위반되기는 하나 그 내용의 실현이 가능한 단순위법과는 구별된다. 이러한 법률상 실현불능은 ① 인적 불능, ② 물적 불능, ③ 실질적 불능으로 구분된다.

(가) 인적 불능

인적 불능이란 사자(死者) 또는 법률상 권리능력 또는 의무능력 없는 자에 대하여 권리를 부여하거나 의무를 명하는 행정행위를 말한다(예컨대 사자에 대한 영업허가·무주택자에 대한 재산세부과·조세완납자에 대한 체납처분·여성에 대한 입영명령).

[판 례] 개발부담금의 납부의무자가 주택건설사업계획승인을 받은 사업시행자이고 그 조합원이 아니라면 납부의무자가 아닌 조합원에 대하여 한 개발부담금 부과처분은 그 처분의 법적 근거가 없는 그 하자가 중대하고도 명백하므로 무효가 된다(대법원 1998.5.8. 선고 95다30390 판결).

(나) 물적 불능

물적 불능이란 실존하지 않는 허무의 물건을 목적으로 하거나, 명백히 행정행위의 목적이 될 수 없는 물건을 목적으로 하는 행위를 말한다. 존재하지 않는 물건의 징발을 명하는 행위는 전자의 예이며, 「국세징수법」 제41조에 따라 압류의 목적물이 될 수 없는 압류금지재산에 대해 압류를 하는 것은 후자의 예이다.

(다) 실질적 불능

실질적 불능이란 존재하지 않는 법률관계를 대상으로 하거나, 법률상 명백히 금지되어 있거나, 법률상 절대로 인정되지 않는 권리를 부여하거나, 의무를 명하는 행위를 말한다(예컨대 납세의무 없는 자에 대한 납세의무면제, 의사국가시험 불합격자에 대한 의사면허, 법률상 인정하지 않는 독점권의 부여, 범죄행위를 명하는 행위, 납세자가 아닌 제3자의 재산을 대상으로 하는 압류처분).

> **[판 례]** 체납처분으로서 압류의 요건을 규정하는 국세징수법 제24조 각 항의 규정을 보면 어느 경우에나 압류의 대상을 납세자의 재산에 국한하고 있으므로, 납세자가 아닌 제3자의 재산을 대상으로 한 압류처분은 그 처분의 내용이 법률상 실현될 수 없는 것이어서 당연무효이다(대법원 2006.4.13. 선고 2005두15151 판결).

(3) 미풍양속 위반행위

선량한 풍속 기타의 사회질서에 위반되는 사항을 내용으로 하는 행정행위의 효력에 대하여는 「민법」 제103조에서와는 달리 취소원인으로 보는 것이 보통이다.

(4) 법령 위반행위

환경영향평가를 거쳐야 할 대상사업에 대하여 환경영향평가를 거치지 아니하였음에도 불구하고 승인 등 처분이 이루어진다면, 사전에 환경영향평가를 통해 평가대상지역 주민들의 의견을 수렴하고 그 결과를 토대로 하여 환경부장관과의 협의내용을 사업계획에 미리 반영시키는 것 자체가 원천적으로 봉쇄되는 것이다. 이 경우 환경파괴를 미연에 방지하고 쾌적한 환경을 유지·조성하기 위하여 환경영향평가제도를 둔 입법취지를 달성할 수 없게 되는 결과를 초래할 뿐만 아니라 환경영향평가 대상지역 안의 주민들의 직접적이고 개별적인 이익을 근본적으로 침해하게 되므로, 이러한 행정처분의 하자는 법규의 중요한 부분을 위반한 중대한 것이고 객관적으로도 명백한 것이므로 이와 같은 행정처분은 당연무효가 된다.[81]

> **[판 례]** 공유수면 점·사용 허가 등을 받아 적법하게 사용하는 경우에는 사용료 부과처분을, 허가를 받지 않고 무단으로 사용하는 경우에는 변상금 부과처분을 하는 것이 적법하다. 판단을 그르쳐 변상금 부과처분을 할 것을 사용료 부과처분을 하거

---

81) 대법원 2006.6.30. 선고 2005두14363 판결.

나 반대로 사용료 부과처분을 할 것을 변상금 부과처분을 하였다고 하여 그와 같은 부과처분의 하자를 중대한 하자라고 할 수는 없다(대법원 2013.4.6. 선고 2012두 20663 판결).

3. 절차에 관한 하자

(1) 상대방의 신청 또는 동의가 결여된 행위

법률에서 필요적 절차로 규정한 상대방의 신청(예컨대 광업허가·귀화허가 등) 또는 동의(예컨대 공무원임명)를 결여한 행정행위는 원칙적으로 무효이다.

(2) 공고 또는 통지 없이 한 행위

행정행위를 함에 있어서, 이해관계인에게 권리의 주장·이의신청의 기회를 부여하기 위하여 법령에서 규정한 공고 또는 통지를 결여한 행위는 원칙적으로 무효이다. 다만, 공고·통지 그 자체를 결여한 것이 아니라 그 내용에 단순한 하자가 있는 경우에는 당연무효가 되는 것이라 할 수 없다.

[판 례] 공무원에 대한 징계파면처분은 파면에 처할 만한 징계사유가 있다면 공무원이 그 통지와 사유설명서를 송달받는 때에 그 효력이 발생하는 것이므로 그 송달 전에 공무원 신분을 박탈하였다면 위법임은 물론이나 그것 때문에 합식의 절차에 따른 징계처분이 무효로 될 수는 없다(대법원 1989.3.14. 선고 88누6948 판결).

(3) 이해관계인의 참여 또는 협의를 결여한 행위

당사자 사이의 이해조정을 위하여 규정하고 있는 이해관계인의 참여(입회) 또는 협의 등을 결여한 행정행위는 원칙적으로 무효이다. 예컨대, 조세체납처분으로서의 재산압류에 있어서 체납자의 참여의 결여, 사전에 토지소유자 또는 관계인과 협의를 거치지 않고 행한 토지수용위원회의 재결 등이 있다.

(4) 이해관계인의 청문 또는 의견진술을 결여한 행위

이해관계인의 권익보호를 위하여 규정하고 있는 이해관계인의 청문 또는 의견진술의 기회 등을 주지 아니하고 행한 행정행위는 원칙적으로 무효이다. 그러나 법령에서 규정한 취소 사유를 이유로 행정청이 취소권을 행사하면서 상대방에 필요한 청문의 기회를 부여하지 아니한 경우에 그 행정행위는 취소사유에 해당한다.[82]

[판 례] 행정청이 특히 침해적 행정처분을 할 때 그 처분의 근거 법령 등에서 청문

---

82) 대법원 1986.8.19. 선고 86누115 판결.

을 실시하도록 규정하고 있다면, 행정절차법 등 관련 법령상 청문을 실시하지 않아
도 되는 예외적인 경우에 해당하지 않는 한 반드시 청문을 실시하여야 하며, 그러한
절차를 결여한 처분은 위법한 처분으로서 취소사유에 해당한다(대법원 2007.11.16.
선고 2005두15700 판결).

(5) 관계 행정기관과의 협의를 결여한 행위

행정기관 사이의 이해조정을 위하여 규정하고 있는 관계행정기관과의 협의
등을 결여한 행정행위의 하자는 원칙적으로 취소사유가 된다.

> **[판 례]** 구 택지개발촉진법 제3조에서 건설부장관이 택지개발예정지구를 지정함에
> 있어 미리 관계중앙행정기관의 장과 협의를 하라고 규정한 의미는 그의 자문을 구
> 하라는 것이지 그 의견을 따라 처분을 하라는 의미는 아니라 할 것이므로 이러한
> 협의를 거치지 아니하였다고 하더라도 이는 위 지정처분을 취소할 수 있는 원인이
> 되는 하자 정도에 불과하고 위 지정처분이 당연무효가 되는 하자에 해당하는 것은
> 아니다(대법원 2000.10.13. 선고 99두653 판결).

> **[판 례]** 구 학교보건법상 학교환경위생정화구역에서의 금지행위 및 시설의 해제 여
> 부에 관한 행정처분을 함에 있어 학교환경위생정화위원회의 심의절차를 누락한 행
> 정처분은 취소사유에 해당한다(대법원 2007.3.15. 선고 2006두15806 판결).

4. 형식에 관한 하자

행정행위가 법령에 규정한 적법요건으로서의 형식을 결여하게 되면 무효가
된다. 행정행위의 무효원인이 되는 형식에 관한 하자로는 ① 법령에서 문서에 의
할 것을 요건으로 하고 있는 행정행위를 문서에 의하지 않고 행한 경우, ② 행정
청의 서명을 결여한 경우, ③ 법령에서 규정한 필요적 기재사항을 결여한 경우(이
유를 결여한 행정심판재결서) 등이 있다.

> **[판 례]** 담당 소방공무원이 행정처분인 소방시설 불량사항에 관한 시정보완명령을
> 구술로 고지한 것은 행정절차법 제24조(문서주의)를 위반한 것으로 하자가 중대하고
> 명백하여 당연 무효이다(대법원 2011.11.10. 선고 2011도11109 판결).

5. 위헌법률에 근거하여 발하여진 행정처분의 효력

법률에 근거하여 행하여진 행정처분이 후에 헌법재판소가 그 행정처분의 근
거가 되는 법률을 위헌으로 결정한 경우, 결과적으로 그 행정처분은 법률의 근거

가 없이 행하여진 것과 마찬가지가 되어 하자가 존재한다. 하자 있는 행정처분이 당연무효가 되기 위하여는 그 하자가 중대할 뿐만 아니라 명백한 것이어야 한다. 그러나 일반적으로 법률이 헌법에 위반된다는 사정이 헌법재판소의 위헌결정이 있기 전에는 객관적으로 명백한 것이라 할 수 없으므로 그 행정처분은 취소소송의 전제가 될 수 있을 뿐, 당연무효 사유에 해당되지는 아니한다. 다만, 예외적으로 그 행정처분을 무효로 하더라도 법적 안정성을 크게 해치지 않고, 그 하자가 중대하여 구제가 필요한 경우 당연무효 사유에 해당한다고 보고 있다.

> **[판 례]** 과세처분 이후 조세 부과의 근거가 되었던 법률규정에 대하여 위헌결정이 내려진 경우, 그 조세채권의 집행을 위한 체납처분은 당연무효가 된다(대법원 2012.2.16. 선고 2010두10907 전원합의체 판결).

Ⅴ. 하자 있는 행정행위의 치유와 전환

1. 서 설

행정행위의 성립에 하자가 있는 경우에는 법치주의에 따라 무효로 하거나 취소할 수 있음이 원칙이다. 그러나 행정행위의 무효·취소는 법률생활의 안정이나 상대방의 신뢰보호 또는 관계인의 기득권익에 중대한 영향을 미치게 되는 경우가 많기 때문에 구체적인 경우에 그 무효 또는 취소를 결정함에 있어서는 관계이익과 서로 비교·형량하여야 할 필요가 있다.

따라서 하자있는 행정행위의 취소로 인하여 얻게 되는 이익보다 큰 사회적 이익, 예컨대 공공복리·상대방의 신뢰보호·기득권의 존중 등이 있는 경우에는 하자있는 행정행위의 효력을 그대로 인정하여야 할 필요가 있다. 여기에 하자있는 행정행위의 치유와 전환을 인정하여야 하는 이론적 바탕이 있다.

하자있는 행정행위의 치유와 전환을 인정하는 것은 사법상 법률행위의 하자와 관련하여 무효인 행위의 전환(민법 제138조)과 취소할 수 있는 행위의 추인(동법 제143조, 제145조)을 인정하는 것과 같은 법리이나, 행정행위의 경우에는 「행정절차법」 등의 실정법에 명문 규정이 없기 때문에 「민법」 규정을 유추하여 학설과 판례에 따라 해결할 수밖에 없다.

2. 하자 있는 행정행위의 치유

(1) 치유의 의의

하자의 치유는 성립 당시에 적법요건의 불비로 하자가 있는 행정행위라 하더라도 사후에 그 요건이 보완되었거나 또는 그 행정행위의 취소의 필요가 없어진 경우에, 그 행정행위를 적법한 것으로 보아 효력을 유지시키는 것을 말한다. 즉, 하자의 치유는 처분 당시에는 위법한 행정행위가 사후에 일정한 요건(흠결요건의 사후보완 등) 하에서 적법·유효하게 되는 것이다.

하자의 치유는 취소할 수 있는 행정행위의 경우에만 인정될 수 있고, 무효인 행정행위에서는 인정될 수 없다.

(2) 치유의 근거

하자있는 행정행위에 있어서 하자의 치유는 행정행위의 성질이나 법치주의의 관점에서 볼 때, 원칙적으로는 허용될 수 없으나 행정행위의 무용한 반복을 피하고 당사자의 법적 안정성을 보호하기 위하여 국민의 권리와 이익을 침해하지 아니하는 범위 내에서 구체적인 사정에 따라 예외적으로 허용될 수 있다.[83]

(3) 치유의 인정 범위

1) 필요적 기재사항 누락

행정처분의 함에 있어서 필요적 기재사항을 누락한 경우 이는 하자있는 행정처분으로서 위법하게 된다. 하지만 사전에 발송된 예정(예고)통지서 등에 필요적 기재사항이 충분히 적시되어 있었다면 그 하자는 치유될 수 있다.

> **[판 례]** 당초 개발부담금 부과처분시 발부한 납부고지서에 개발부담금의 산출근거를 누락시켰지만 그 이전에 개발부담금 예정변경통지를 하면서 산출근거가 기재되어 있는 개발부담금산정내역서를 첨부하여 통지하였다면, 그와 같은 납부고지서의 하자는 위 예정변경통지에 의하여 보완 또는 치유된다(대법원 1998.11.13. 선고 97누2153 판결).

> **[판 례]** 납세고지서에 과세표준과 세액의 계산명세가 기재되어 있지 아니하거나 그 계산명세서를 첨부하지 아니하였다면 그 납세고지는 위법하다고 할 것이나, 한편 과세관청이 과세처분에 앞서 납세의무자에게 보낸 과세예고통지서 등에 납세고지서의 필요적 기재사항이 제대로 기재되어 있어 납세의무자가 그 처분에 대한 불복 여부의 결정 및 불복신청에 전혀 지장을 받지 않았음이 명백하다면, 이로써 납세고지서의 하자가 보완되거나 치유된다(대법원 2001.3.27. 선고 99두8039 판결).

2) 절차상 하자

「행정절차법」상 의견진술과 같은 청문절차의 하자의 치유는 원칙적으로 허용되지 않으나, 이해관계인에게 방어의 기회를 준다는 입법취지를 위태롭게 하지 않

---

83) 대법원 2001.6.26. 선고 99두11592 판결.

는 한도 내에서 엄격한 요건 하에 하자의 치유가 인정될 수 있다. 판례도 동일한 입장이다.

> **[판 례]** 행정청이 식품위생법에 의한 청문절차를 이행함에 있어 청문서 도달기간을 어긴 경우, 당해 행정처분은 일단 위법하나, 상대방이 이의제기하지 않거나, 스스로 청문기일에 출석하여 의견을 진술하고 변명하는 등 방어의 기회를 충분히 가졌다면 이러한 하자는 치유된다(대법원 1992.10.23. 선고 92누2844 판결).

징계처분에 대한 재심절차는 원래의 징계절차와 함께 전부가 하나의 징계처분절차를 이루는 것으로서 그 절차의 정당성도 징계과정 전부에 관하여 판단되어야 한다. 따라서 원래의 징계과정에 절차위반의 하자가 있더라도 재심 과정에서 보완되었다면 그 절차위반의 하자는 치유될 수 있다.

> **[판 례]** 징계절차에 징계위원회 구성 등에 관한 절차상의 하자가 있다고 하더라도, 참가인이 이 사건 면직처분에 대한 재심을 청구하고 그 재심절차가 적법하게 이루어진 이상 징계절차상의 하자는 치유된다(대법원 2005.11.25. 선고 2003두8210 판결).

판례는 형식과 절차에 대한 하자에 대해서는 상대적으로 치유를 폭넓게 인정하고 있다.

> **[판 례]** 단체협약에 조합원을 징계할 경우 징계위원회 개최일로부터 소정일 이전에 피징계자에게 징계회부 통보를 하도록 규정되어 있는데도 사용자가 단체협약에 규정된 여유기간을 두지 아니하고 피징계자에게 징계회부 되었음을 통보하는 것은 잘못이나, 피징계자가 징계위원회에 출석하여 통지절차에 대한 이의를 제기하지 아니하고 충분한 소명을 한 경우에는 그와 같은 절차상의 하자는 치유된다(대법원 1999.3.26. 선고 98두4672 판결).

> **[판 례]** 주된 납세의무자에 대한 과세처분의 효력 발생 전에 한 제2차 납세의무자에 대한 납부고지처분의 절차상의 하자가 그 후 주된 납세의무자에 대한 과세처분의 효력 발생으로 그 하자는 치유된다(대법원 1998.10.27. 선고 98두4535 판결).

(4) 치유의 부정
1) 무효인 행정행위
하자의 치유는 취소할 수 있는 행정행위의 경우에만 인정되고, 무효인 행정행위에는 인정되지 않는다는 것이 통설과 판례의 태도이다. 무효인 행정행위에 있어서 하자의 치유가 인정되지 않는 이유로는 ① 무효인 행정행위는 그 흠이 내용적으로 중대·명백한 경우인데 그러한 행위의 치유를 인정하는 것은 오히려 관계인의 신뢰와 법적 생활의 안정에 해가 된다는 점, ② 무효는 처음부터 당연히 효력을 발생하지 아니하는 것으로 새로운 다른 행위로 전환됨은 몰라도 본래의 행정행위로서는 효력을 발생하지 않는 것이 타당하다는 점 등을 들고 있다.

대법원 판례 역시 무효인 행정행위의 치유를 부정하고 있다.

> **[판 례]** 토지등급결정내용의 개별통지가 있다고 볼 수 없어 토지등급결정이 무효인 이상, 토지소유자가 그 결정 이전이나 이후에 토지등급결정내용을 알았다거나 또는 그 결정 이후 매년 정기 등급수정의 결과가 토지소유자 등의 열람에 공하여졌다 하더라도 개별통지의 하자가 치유되는 것은 아니다(대법원 1997.5.28. 선고 96누5308 판결).

> **[판 례]** 징계처분이 중대하고 명백한 흠 때문에 당연무효의 것이라면 징계처분을 받은 자가 이를 용인하였다 하여 그 흠이 치유되는 것은 아니다(대법원 1989.12.12. 선고 88누8869 판결).

2) 내용상 하자

치유의 대상이 되는 하자는 이론상 절차법상의 하자와 실체법상의 하자가 모두 포함되지만, 치유의 성질상 형식과 절차에 대해서만 치유를 인정하는 것이 타당하고 내용상의 하자에 대해서는 치유를 인정하지 않는 것이 바람직하다.

> **[판 례]** 사업계획변경인가처분에 관한 하자가 행정처분의 내용에 관한 것이고 새로운 노선면허가 이 사건 소 제기 이후에 이루어진 사정 등에 비추어 하자의 치유를 인정치 않는 것이 정당하다(대법원 1991.5.28. 선고 90누1359 판결).

> **[판 례]** 재건축조합설립인가처분 당시 동의율을 충족하지 못한 하자는 후에 추가동의서가 제출되었다는 사정만으로 치유될 수 없다(대법원 2013.7.11. 선고 2011두27544 판결).

3) 이유제시의 하자

「행정절차법」 제23조에 따르면, 행정청이 처분을 하는 때에는 당사자에게 처분의 원인이 되는 사실과 처분의 내용 및 법적 근거를 제시하여야 한다. 이렇듯 행정청에게 이유제시의무를 부과한 것은 행정청으로 하여금 신중한 조사와 판단을 하여 정당한 처분을 하게하고, 상대방에게 불복신청의 편의를 줌으로써 절차적 권리를 보장해 주기 위해서이다. 따라서 이러한 이유제시의무를 위반한 경우 그 내용의 적법성 여부를 떠나 그 자체로 위법하게 된다.

　판례는 허가의 취소처분에 있어서 취소처분의 근거와 위반사실의 적시를 빠뜨린 하자의 경우에 그 치유를 부정하고 있다.

> **[판 례]** 허가의 취소처분에는 그 근거가 되는 법령이나 취소권유보의 부관 등을 명시하여야 함은 물론 처분을 받은 자가 어떠한 위반사실에 대하여 당해 처분이 있었는지를 알 수 있을 정도의 사실의 적시를 요한다고 할 것이므로, 이와 같은 취소처분의 근거와 위반사실의 적시를 빠뜨린 하자는 피처분자가 처분당시 그 취지를 알고 있었다거나 그 후 알게 되었다고 하여도 이로써 치유될 수는 없다(대법원 1987.5.26. 선고 86누788 판결).

(5) 치유의 효과

　하자의 치유의 효과는 소급적이다. 즉, 하자를 치유한 시점부터가 아니라 처음부터 적법한 행정행위와 같은 효과를 가진다. 다만 하자있는 행정행위가 존재하였다는 사실은 불변이기 때문에 손해배상소송의 원인은 될 수 있다.

(6) 치유의 한계

1) 실체적 한계

　하자있는 행정행위의 치유는 행정행위의 성질이나 법치주의 관점에서 원칙적으로 허용될 수 없고 예외적으로만 인정될 수 있다. 예외적으로 행정행위의 무용한 반복을 피하고 당사자의 법적 안정성을 위해 치유를 허용하는 경우에도 국민의 권리나 이익을 침해하지 않는 범위 내에서 구체적 사정에 따라 합목적적으로 인정하여야 한다. 즉, 하자의 치유는 한편으로는 행정의 법률적합성의 원칙을 고려하고, 또 다른 한편으로는 법적 안정성·신뢰보호·무익한 행정행위의 반복방지 등의 이익을 종합적으로 비교형량하여 결정하여야 한다.

> **[판 례]** 충전소설치예정지로부터 100미터 이내에 상수도시설 및 농협창고가 위치하고 있어 그 건물주의 동의를 받아야 함에도 불구하고 동의를 결여한 허가신청에 대해 이를 받아들인 액화석유가스충전사업의 허가는 위법하다. 허가처분 후 각 건물주로부터 동의를 받았으니 처분의 하자가 치유되었다는 주장에 대하여, 이 사건에 있어서는 원고의 적법한 허가신청이 참가인들의 신청과 경합되어 있어 이 사건 처분

의 치유를 허용한다면 원고에게 불이익하게 되므로 이를 허용할 수 없다(대법원 1992.5.8. 선고 91누13274 판결).

[판 례] 납세자에 대한 통지를 누락하여 효력이 발생하지 않은 결손처분의 취소로 인하여 압류해제거부처분이 위법하게 된 경우, 사후의 결손처분의 취소 통지로써 그 압류해제거부처분의 하자가 치유되지 않는다(대법원 2001.7.13. 선고 2000두5333 판결).

---

2) 시간적 한계

하자의 치유를 위한 보정은 늦어도 당해 처분에 대한 불복의 결정 및 불복신청에 편의를 줄 수 있는 상당한 기간 내에 하여야 한다. 즉 하자의 치유는 행정쟁송(행정심판이나 행정소송)의 제기 전까지만 허용된다.

3. 하자 있는 행정행위의 전환

(1) 전환의 의의

하자 있는 본래의 행정행위를 하자 없는 다른 행정행위로 인정하는 것을 행정행위의 전환이라 한다. 행정행위가 원래의 행정행위로서는 무효이지만 그것이 다른 행정행위의 적법요건을 갖춘 경우, 그 유효한 다른 행정행위로서의 효력을 승인하는 것을 말한다. 다시 말해 A행정행위로서의 적법요건을 갖추지 못하여 무효인 행정행위를 유효한 B행정행위로 인정하는 것이 행정행위의 전환이다. 예컨대 사자(死者)에 대한 과세처분을 상속인에 대한 적법 유효한 처분으로 인정하는 경우가 이에 해당한다.

하자의 치유는 하자 있는 행정행위가 하자 없는 것으로 되어 본래의 행정행위로서의 효력을 발생시키게 되지만, 행정행위의 전환은 본래의 행정행위가 아닌 다른 행위로서의 효력을 발생시킨다는 점에서 치유와 전환은 구별된다.

(2) 전환의 근거와 성질

행정행위의 전환은 치유와 마찬가지로 행정행위의 성질이나 법치주의의 관점에서 볼 때 원칙적으로 허용될 수 없는 것이지만, 법적 안정성을 도모하고 행정의 무용한 반복을 피하기 위한 행정경제적 측면에서 예외적으로 인정되는 것이다. 따라서 행정행위의 전환은 국민의 권리와 이익을 침해하지 않는 범위에서 구체적 사정에 따라 합목적적으로 행사되어야 한다.[84]

행정행위의 전환은 그 자체가 하나의 행정행위의 성질을 가진다.

---

84) 대법원 1983.7.26. 선고 82누420 판결.

(3) 전환의 요건

행정행위의 전환은 ① 무효인 행정행위가 전환될 행정행위의 성립·효력요건을 갖추고 있어야 하고, ② 무효인 행정행위와 전환될 행정행위가 그 요건·목적·효과에 있어 실질적 공통성이 있어야 하며, ③ 행정청과 상대방이 그 전환을 의욕하고, ④ 상대방 또는 관계인의 이익을 침해하지 않는 경우에 인정될 수 있다.

(4) 전환의 인정 사례

판례는 사망자에 대한 귀속재산의 불하처분을 상속인에 대한 처분으로 인정하였고, 재결신청인이 사망한 경우에 있어서 재결의 효력을 상속인에 대한 것으로 인정하여[85] 무효행위의 전환을 긍정하고 있다.

> [판 례] 귀속재산을 불하받은 자가 사망한 후에 그 수불하자 대하여 한 그 불하처분은 사망자에 대한 행정처분이므로 무효이지만 그 취소처분을 수불하자의 상속인에게 송달한 때에는 그 송달시에 그 상속인에 대하여 다시 그 불하처분을 취소한다는 새로운 행정처분을 한 것이라고 할 것이다(대법원 1969.1.21. 선고 68누190 판결).

(5) 전환의 한계

행정행위의 전환은 위법성의 정도, 위반법규의 취지와 목적, 당해 행정행위에 의해 형성되는 이익상황 등을 구체적으로 비교형량하여 결정하여야 한다.

> [판 례] 직권해임, 직권휴직 및 징계해임은 모두 근로자에게 불리한 신분적 조치를 규정한 것으로서 각 사유 및 절차를 달리하므로 어느 한 처분이 정당한 사유나 절차의 흠결로 인하여 무효인 경우 다른 처분으로서 정당한 사유 및 절차적 요건을 갖추었다 하더라도 다른 처분으로서의 효력을 발휘할 수 없다(대법원 1993.5.25. 선고 91다41750 판결).

(6) 전환의 효과

무효인 행정행위가 전환되면 새로운 행정행위가 발생하고, 전환된 행정행위로서의 효력이 인정된다. 그리고 그 효력은 원래의 행정행위시에 소급하여 발생한다.

(7) 전환에 대한 쟁송

행정행위의 전환은 그 자체가 하나의 새로운 행정행위이기 때문에 관계인은 행정쟁송을 통하여 행정행위의 전환을 다툴 수 있다. 행정행위의 전환이 이루어지

---

85) 대법원 1969.1.21. 선고 68누190 판결.

면 소송계속중 처분이 변경되는 것과 동일한 효과를 가져오므로 처분변경으로 인한 소변경이 행해질 수 있다(행정소송법 제22조).

Ⅵ. 행정행위의 하자의 승계

1. 하자의 승계의 의의

행정행위의 하자의 승계는 동일한 행정목적을 달성하기 위하여 2개 이상의 행정행위가 단계적인 일련의 절차로 연속하여 행하여지는 경우에, 불가쟁력을 발생한 선행행위가 지닌 흠을 이유로 흠 없는 후행행위의 효력을 다투는 것을 말한다. 이는 위법성의 승계라고도 한다.

하자승계의 문제가 논의되기 위해서는 ① 선행 행정행위에만 하자가 존재하고, 후행 행정행위에는 하자가 없으며, ② 선행 행정행위의 하자가 무효가 아닌 취소의 하자이고, ③ 선행 행정행위의 하자를 당사자가 쟁송제기기간 내에 다투지 않아 불가쟁력이 발생하여야 하는 기본적 전제가 있어야 한다.

따라서 선행행위가 무효인 때에는, 선행행위와 후행행위가 서로 결합하여 하나의 법률효과를 완성하는 경우는 물론 서로 독립하여 별개의 법률효과를 목적으로 하는 경우에도 흠 없는 후행행위에 선행행위의 흠이 승계된다.

2. 하자의 승계의 인정기준

행정행위의 하자는 독립적으로 검토되어야 하며 행정상 법률관계의 조속한 확정이 필요하다는 관점에서는 행정행위의 하자의 승계는 원칙적으로 인정되지 않는다. 행정행위의 하자의 문제는 개개 행정행위마다 독립적으로 판단되어야 한다는 원칙적 전제하에, 학설과 판례는 선행 행정행위와 후행 행정행위가 서로 결합하여 하나의 법적효과를 완성하는 것일 때 위법성의 승계가 인정되어 선행 행정행위가 위법하면 후행 행정행위도 위법한 것으로 평가하고 있다. 즉, 선행 행정행위와 후행 행정행위가 결합하여 하나의 법률효과를 목적으로 하고 있는가, 아니면 서로 별개의 법률효과를 목적으로 하고 있는지에 따라 하자의 승계인정 여부를 결정하고 있다.

3. 하나의 법률효과를 완성하는 경우: 하자의 승계 인정

동일한 행정목적을 달성하기 위하여 단계적인 일련의 절차로 연속하여 행하여지는 선행행위와 후행행위가 '서로 결합하여 하나의 법률효과를 완성하는 경우'에는 하자의 승계가 인정된다. 선행행위의 하자가 중대하고도 명백한 것이 아니어서 선행행위를 당연무효의 처분이라고 볼 수 없고 행정쟁송으로 효력이 다투어지지도 아니하여 이미 불가쟁력이 생긴 경우, 후행행위 그 자체에는 아무런 하자가 없다고 하더라도 선행행위가 지닌 하자를 이유로 후행행위의 효력을 다툴 수 있는 것이다. 즉, 선행행위를 전제로 하여 행하여진 후행행위에 대해 선행행위와 같은 하자가 있는 위법한 처분으로 보아 항고소송으로 취소를 청구할 수 있다.

일반적으로 행정행위는 독자적인 법률효과를 내는 것이 원칙이므로, 순차적으로 이루어지는 2개의 행정행위가 결합하여 하나의 법률효과를 내는 경우란 그렇게 흔하지가 않다. 선행행위와 후행행위가 서로 결합하여 하나의 법률효과를 완성하여 하자의 승계가 인정된 대법원의 판례로는 ① 대집행의 계고와 대집행영장발부통보, 대집행의 실행, 대집행비용납부명령,[86] ② 암매장 분묘개장명령과 계고처분,[87] ③ 귀속재산의 임대처분과 매각처분,[88] ④ 한지의사시험자격인정과 한지의사면허처분[89] 등이 있다. 특히 대집행 과정에서 발생하는 일련의 절차가 하나의 법률효과를 내는 행위로 인정되고 있는 점이 특색이다.

> **[판 례]** 안경사가 되고자 하는 자는 국립보건원장이 시행하는 안경사 국가시험에 합격한 후 보건사회부장관의 면허를 받아야 하고 보건사회부장관은 안경사 국가시험에 합격한 자에게 안경사면허를 주도록 규정하고 있으므로, 국립보건원장이 안경사 국가시험의 합격을 무효로 하는 처분을 함에 따라 보건사회부장관이 안경사면허를 취소하는 처분을 한 경우 합격무효처분과 면허취소처분은 동일한 행정목적을 달성하기 위하여 단계적인 일련의 절차로 연속하여 행하여지는 행정처분으로서, 안경사 국가시험에 합격한 자에게 주었던 안경사면허를 박탈한다는 하나의 법률효과를 발생시키기 위하여 서로 결합된 선행처분과 후행처분의 관계에 있다(대법원 1993.2.9. 선고 92누4567 판결).

> **[판 례]** 대집행의 계고, 대집행영장에 의한 통지, 대집행의 실행, 대집행에 요한 비용의 납부명령 등은 타인이 대신하여 행할 수 있는 행정의무의 이행을 의무자의 비용부담하에 확보하고자 하는, 동일한 행정목적을 달성하기 위하여 단계적인 일련의 절차로 연속하여 행하여지는 것으로서, 서로 결합하여 하나의 법률효과를 발생시키는 것이므로, 선행처분인 계고처분이 하자가 있는 위법한 처분이라면, 비록 그 하자가 중대하고도 명백한 것이 아니어서 당연무효의 처분이라고 볼 수 없고 행정소송으로 효력이 다투어지지도 아니하여 이미 불가쟁력이 생겼으며, 후행처분인 대집행영장발부통보처분 자체에는 아무런 하자가 없다고 하더라도, 후행처분인 대집행영장

---

86) 대법원 1993.11.9. 선고 93누14271 판결.
87) 대법원 1961.12.21. 선고 4293행상31 판결.
88) 대법원 1963.2.7. 선고 62누215 판결.
89) 대법원 1975.12.9. 선고 75누123 판결.

발부통보처분의 취소를 청구하는 소송에서 청구원인으로 선행처분인 계고처분이 위법한 것이기 때문에 그 계고처분을 전제로 행하여진 대집행영장발부통보처분도 위법한 것이라는 주장을 할 수 있다(대법원 1996.2.9. 선고 95누12507 판결).

4. 별개의 법률효과를 목적으로 하는 경우

(1) 원 칙

두 개 이상의 행정행위를 연속적으로 하는 경우 선행행위와 후행행위가 '서로 독립하여 별개의 법률효과를 목적'으로 하는 때에는 선행행위에 불가쟁력이 생겨 그 효력을 다툴 수 없게 된 경우에는 선행행위의 하자가 중대하고 명백하여 당연무효인 경우를 제외하고는 선행행위의 하자를 이유로 후행행위의 효력을 다툴 수 없는 것이 원칙이다. 즉 하자의 승계가 인정되지 않는다.

대법원이 2개 행정행위가 별개의 법률효과를 목적으로 한다는 이유로 하자의 승계를 부정한 대표적인 사례는 다음과 같다.

① 사업인정처분과 수용재결처분(대법원 1992.3.13. 선고 91누4324 판결)

② 도시계획결정과 수용재결처분(대법원 1990.1.25. 선고 89누2936 판결)

③ 도시계획사업 실시계획변경의 인가와 수용재결(대법원 1994.5.24. 선고 93누24230 판결)

④ 재개발사업시행변경인가처분과 토지수용재결처분(대법원 1995.11.14. 선고 94누13572 판결)

⑤ 택지개발승인처분과 수용재결이나 이의재결(대법원 1996.4.26. 선고 95누13241 판결)

⑥ 액화석유가스판매사업 허가처분과 사업개시신고 반려처분(대법원 1991.4.23. 선고 90누8756 판결)

⑦ 과세처분과 체납처분(대법원 1961.10.26. 4292행상73 판결)

⑧ 직위해제처분과 직권면직처분(대법원 1971.9.28. 선고 71누96 판결)

⑨ 건물철거명령과 대집행의 계고처분(대법원 1998.9.8. 선고 97누20502 판결)

⑩ 표준지공시지가결정과 개별공시지가결정(대법원 1995.3.28. 선고 94누12920 판결)

⑪ 전직(거부)처분과 직권면직처분(대법원 2005.4.15. 선고 2004두14915 판결)

⑫ 국제항공노선 운수권배분 실효처분과 노선면허처분(대법원 2004.11.26. 선고 2003두3123 판결)

⑬ 택지개발예정지구의 지정과 택지개발의 승인(대법원 1996.3.22. 선고 95누10075 판결)

⑭ 보충역 편입처분과 공익근무요원 소집처분(대법원 2002.12.10. 선고 2001두542
  2 판결)

⑮ 사업계획승인처분과 도시계획시설변경 및 지적승인고시처분(대법원 2000.9.5.
  선고 99두9889 판결)

⑯ 도시 및 주거환경정비법상 사업시행계획과 관리처분계획(대법원 2012.8.23.
  선고 2010두13463 판결)

⑰ 도시·군 계획 시설결정과 도시·군 계획시설사업 실시계획인가(대법원 201
  7.7.18. 선고 2016두49938 판결)

⑱ 공인중개사 업무정지처분과 업무정지기간 중의 중개업무를 사유로 한 중
  개사무소의 개설등록취소처분(대법원 2019.1.31. 선고 2017두40372 판결)

　선행행위와 후행행위가 서로 독립하여 별개의 법률효과를 목적으로 하는 경
우라 할지라도 선행행위가 당연무효인 경우에는 선행행위의 하자가 당연히 후행
행위에 승계된다.

> **[판 례]** 적법한 건축물에 대한 철거명령은 그 하자가 중대하고 명백하여 당연무효
> 라고 할 것이고, 그 후행행위인 건축물철거 대집행계고처분 역시 당연무효라고 할
> 것이다(대법원 1999.4.27. 선고 97누6780 판결).

(2) 예 외

　한편, 선행행위와 후행행위가 서로 독립하여 별개의 법률효과를 목적으로 하
는 경우에도 예외적으로 하자의 승계가 인정될 수 있다. 선행행위의 불가쟁력이나
구속력이 그로 인하여 불이익을 입게 되는 자에게 수인한도를 넘는 가혹한 것이고
그 결과가 당사자에게 예측가능한 것이 아닌 경우에는 하자의 승계가 인정된다.
왜냐하면 그러한 경우에 하자의 승계를 부인하게 되면, 국민의 재판받을 권리를
보장하고 있는 헌법의 이념에 어긋나는 것이기 때문이다.

> **[판 례] 개별공시지가결정과 과세처분:** 개별공시지가결정은 이를 기초로 한 과세처
> 분 등과는 별개의 독립된 처분으로서 서로 독립하여 별개의 법률효과를 목적으로
> 하는 것이나, 위법한 개별공시지가결정에 대하여 그 정해진 시정절차를 통하여 시정
> 하도록 요구하지 아니하였다는 이유로 위법한 개별공시지가를 기초로 한 과세처분
> 등 후행 행정처분에서 개별공시지가결정의 위법을 주장할 수 없도록 하는 것은 수
> 인한도를 넘는 불이익을 강요하는 것으로서 국민의 재산권과 재판받을 권리를 보장
> 한 헌법의 이념에도 부합하는 것이 아니라고 할 것이므로, 개별공시지가결정에 위법

이 있는 경우에는 그 자체를 행정소송의 대상이 되는 행정처분으로 보아 그 위법
여부를 다툴 수 있음은 물론 이를 기초로 한 과세처분 등 행정처분의 취소를 구하
는 행정소송에서도 선행처분인 개별공시지가결정의 위법을 독립된 위법사유로 주장
할 수 있다고 해석함이 타당하다(대법원 1994.1.25. 선고 93누8542 판결).

[판 례] 표준지공시지가결정과 수용재결: 표준지공시지가결정은 이를 기초로 한
수용재결과는 별개의 독립된 처분으로서 서로 독립하여 별개의 법률효과를 목적으
로 하지만, 위법한 표준지공시지가결정에 대하여 그 정해진 시정절차를 통하여 시정
하도록 요구하지 않았다는 이유로 위법한 표준지공시지가를 기초로 한 수용재결 등
후행 행정처분에서 표준지공시지가결정의 위법을 주장할 수 없도록 하는 것은 수인
한도를 넘는 불이익을 강요하는 것으로서 국민의 재산권과 재판받을 권리를 보장한
헌법의 이념에도 부합하는 것이 아니다. 따라서 표준지공시지가결정이 위법한 경우
에는 그 자체를 행정소송의 대상이 되는 행정처분으로 보아 그 위법 여부를 다툴
수 있음은 물론, 수용보상금의 증액을 구하는 소송에서도 선행처분으로서 그 수용대
상 토지 가격 산정의 기초가 된 비교표준지공시지가결정의 위법을 독립한 사유로
주장할 수 있다(대법원 2008.8.21. 선고 2007두13845 판결).

[판 례] 친일반민족행위진상규명위원회의 최종발표와 독립유공자법 적용배제자
결정: 甲을 친일반민족행위자로 결정한 친일반민족행위진상규명위원회의 최종발표
(선행처분)에 따라 지방보훈지청장이 독립유공자법 적용대상자로 보상금 등의 예우
를 받던 甲의 유가족 乙에 대하여 독립유공자법 적용배제자 결정(후행처분)을 한 사
안에서, 乙이 선행처분에 대하여 일제강점하 반민족행위 진상규명에 관한 특별법에
의한 이의신청절차를 밟거나 후행처분에 대한 것과 별개로 행정심판이나 행정소송
을 제기하지 않았다고 하여 선행처분의 하자를 이유로 후행처분의 효력을 다툴 수
없게 하는 것은 乙에게 수인한도를 넘는 불이익을 주고 그 결과가 乙에게 예측가능
한 것이라고 할 수 없어 선행처분의 후행처분에 대한 구속력을 인정할 수 없으므로
선행처분의 위법을 이유로 후행처분의 효력을 다툴 수 있다(대법원 2013.3.14. 선고
2012두6964 판결).

5. 평 가

하자의 승계를 인정하는 것은 결과적으로 불가쟁력을 인정하는 제도의 취지
(행정쟁송제기기간을 제척기간으로 규정하고 있는 행정심판법·행정소송법)에 반하는 것으로
논리상 모순이다. 그럼에도 불구하고 하자의 승계를 인정하는 것은 행정의 실효성
확보와 개인의 권리보호라는 가치를 조화시키기 위해서이다.[90]

---

90) 김남진·김연태, 행정법 I, 346면.

제10절 행정행위의 직권취소, 철회 및 실효

유효하게 성립한 행정행위의 효력을 소멸시키는 방법으로는 행정행위의 직권취소, 철회, 실효가 있다. 즉, 행정행위의 소멸에는 행정행위의 직권취소 또는 철회에 의하여 그 효력이 소멸되는 폐지의 경우와 객관적인 사실의 발생에 의하여 그 효력이 소멸되는 실효의 경우가 있다.

Ⅰ. 행정행위의 직권취소

1. 직권취소의 의의

(1) 직권취소의 개념

행정행위의 직권취소란 유효하게 성립된 행정행위에 대하여 그 성립에 흠(하자)이 있음을 이유로 그 효력을 소멸시키기 위하여 행정청이 직권으로 행하는 새로운 행정행위를 말한다. 일반적으로 행정행위의 취소라고 하는 경우 이러한 직권취소만을 의미한다.

행정행위의 직권취소는 그동안 학설과 판례를 통해서만 인정되어 왔으나, 「행정기본법」이 제정되면서 명문으로 규정되었다. 「행정기본법」 제18조는 "행정청은 위법 또는 부당한 처분의 전부나 일부를 소급하여 취소할 수 있다"라고 하여 위법 또는 부당한 처분의 직권취소에 대한 일반적 규정을 명문화하였다.

(2) 타 행위와의 구별

1) 쟁송취소

행정행위의 취소라는 용어가 넓은 의미로 사용될 경우, 본 직권취소 외에 행정상 쟁송절차를 거쳐 행하여지는 쟁송취소를 포함하는 의미로 사용된다. 쟁송취소란 행정청의 처분에 의해 권익을 침해당한 개인이 제기한 행정심판 또는 행정소송 등의 쟁송에서, 행정심판위원회나 법원이 위법한 행정행위를 취소하는 것을 말한다. 이에 비해 직권취소란 이해관계인의 쟁송제기와 관계없이 행정청이 직권으로 위법한 행정행위를 취소하는 것을 말한다.

직권취소의 경우는 상대방에게 권익을 부여하거나 권리의 제한을 없애는 수익적 행정행위에서 주로 문제가 되고, 쟁송취소의 경우는 개인의 권익에 침해를 가하게 되는 부담적 행정행위에서 주로 다루어진다. 즉 국민의 입장에서 볼 때 자신이 향유하고 있는 수익적 행정행위에 대해 행정청이 일방적으로 직권취소를 할 경우 문제를 제기하며 저항을 할 것이고, 반대로 행정청으로부터 받은 부담적 행정행위에 대해서는 행정쟁송을 통해 그 취소를 요구할 것이기 때문이다.

쟁송취소에 대해서는 제4편 행정구제법에서 자세히 논하기로 하고, 여기서는 주로 직권취소에 대해 중점적으로 다루기로 한다.

2) 철 회

행정행위의 철회란 행정행위가 아무런 하자 없이 적법·타당하게 성립되었으나, 그 후에 발생한 새로운 사정을 이유로 그 효력을 장래에 향하여 소멸시키는 것이라는 점에서 성립 당시의 행정행위의 하자를 이유로 하는 직권취소와 구별된다.

행정행위의 직권취소는 일단 유효하게 성립한 행정행위를 그 행위에 위법 또는 부당한 하자가 있음을 이유로 소급하여 그 효력을 소멸시키는 별도의 행정처분이고, 행정행위의 철회는 적법요건을 구비하여 완전히 효력을 발하고 있는 행정행위를 사후적으로 그 행위의 효력의 전부 또는 일부를 장래에 향해 소멸시키는 행정처분이다. 따라서 행정행위의 취소사유는 행정행위의 성립 당시에 존재하였던 하자를 말하고, 철회사유는 행정행위가 성립된 이후에 새로이 발생한 것으로서 행정행위의 효력을 존속시킬 수 없는 사유를 말한다.[91]

(3) 직권취소와 기간 제한

직권취소의 취소권발동에는 일반적으로 특별한 기간 제한이 없다. 처분청은 행정행위에 불가쟁력이 발생된 경우라도 불가변력이 발생하지 않는 한 직권으로 취소할 수 있다. 또한 직권취소는 쟁송취소와 별개이므로 행정행위에 대한 쟁송이 제기 중이라도 처분청은 직권으로 위법한 처분을 취소할 수 있다.

> **[판 례]** 변상금 부과처분에 대한 취소소송이 진행 중이라도 그 부과권자로서는 위법한 처분을 스스로 취소하고 그 하자를 보완하여 다시 적법한 부과처분을 할 수도 있다(대법원 2006.2.10. 선고 2003두5686 판결).

2. 취소권자

직권취소의 취소권은 원칙적으로 처분청만이 가진다. 처분청은 취소에 관한 별도의 법적 근거가 없더라도 하자있는 행정행위를 직권으로 취소할 수 있다.

감독청은 취소권의 법적 근거에 관한 명문의 규정이 있는 경우에는 당연히 처분청이 행한 행정행위를 직권으로 취소할 수 있다. 「행정위임위탁규정」 제6조에 따르면 감독청인 위임 및 위탁기관은 처분청인 수임 및 수탁기관의 처분이 위법하

---

91) 대법원 2003.5.30. 선고 2003다6422 판결.

거나 부당하다고 인정될 때에는 이를 취소하거나 정지시킬 수 있다.

하지만 감독청의 취소권에 관한 명문 규정이 없는 경우에는 감독청은 직접적인 취소권을 행사할 수 없고 피감독청에 대하여 하자있는 행정행위를 취소할 것을 명령하는 취소명령권만을 가진다고 보아야 한다.

3. 직권취소의 법적 근거

「행정기본법」 제18조는 위법 또는 부당한 처분의 직권취소에 관한 일반법이다. 「행정기본법」 제18조 제1항은 "행정청은 위법 또는 부당한 처분의 전부나 일부를 소급하여 취소할 수 있다"라고 하여 그동안 학설과 판례로 인정되어 왔던 위법 또는 부당한 행정행위의 직권취소를 명문화하였다. 따라서 개별 법률에 직권취소에 관한 조항이 있다면 그 조항이 특별법으로서 우선 적용되지만(예: 도로교통법 제93조), 개별 법률에 그러한 규정이 없다면 「행정기본법」 제18조가 일반조항으로 적용된다.

법치행정의 이념상 행정행위의 성립과정에 하자가 있으면 행정청은 이를 직권으로 취소할 수 있음이 당연하다. 행정이 적법하여야 하고 적정하여야 한다는 법치행정의 이념에 따라 행정청이 잘못된 행정작용을 스스로 시정할 권한을 갖는 것은 당연한 이치이다. 이에 근거하여 학설과 판례는 그동안 행정청은 명시적인 별도의 법적 근거가 없어도 직권취소를 행할 수 있다고 광범위하게 인정하여 왔다.

[판 례] 행정처분을 한 처분청은 그 처분의 성립에 하자가 있는 경우 이를 취소할 별도의 법적 근거가 없다고 하더라도 직권으로 이를 취소할 수 있는바, 지방병무청장은 군의관의 신체등위판정이 금품수수에 따라 위법 또는 부당하게 이루어졌다고 인정하는 경우에는 그 위법 또는 부당한 신체등위판정을 기초로 자신이 한 병역처분을 직권으로 취소할 수 있다(대법원 2002.5.28. 선고 2001두9653 판결).

[판 례] 개별토지에 대한 가격결정도 행정처분에 해당하며, 원래 행정처분을 한 처분청은 그 행위에 하자가 있는 경우에는 원칙적으로 별도의 법적 근거가 없더라도 스스로 이를 직권으로 취소할 수 있는 것이다. 행정처분에 대한 법정의 불복기간이 지나면 직권으로도 취소할 수 없게 되는 것은 아니므로, 처분청은 토지에 대한 개별토지가격의 산정에 명백한 잘못이 있다면 이를 직권으로 취소할 수 있다(대법원 1995.9.15. 선고 95누6311 판결).

생각건대 행정행위를 한 처분청은 그 행위에 하자가 있는 경우 별도의 법적 근거가 없더라도 스스로 이를 취소할 수 있는 것이 타당하다. 특히 위법 또는 부당한 처분이 국민의 권익을 제한하거나 국민에게 의무를 부과하는 침익적 내용인 경우에는 행정의 합법률성 측면이나 국민의 권익구제 측면에서 더욱 능동적으로 시정되어야 할 필요가 있다. 다만 수익적 행정처분을 취소할 때에는 이를 취소하여야 할 공익상의 필요와 그 취소로 인하여 당사자가 입게 될 기득권과 신뢰보호 및 법률생활 안정의 침해 등 불이익을 비교·교량한 후 공익상의 필요가 당사자가 입을 불이익을 정당화할 만큼 강한 경우에 한하여 취소하여야 할 것이다.

물론 처분청은 법적 근거 없이도 직권취소를 할 수 있다 하여 그 사정만으로 이해관계인에게 처분청에 대하여 그 취소를 요구할 신청권이 부여된 것으로 볼 수는 없다.

> **[판 례]** 행정처분을 한 처분청은 그 처분에 하자가 있는 경우에는 원칙적으로 별도의 법적 근거가 없더라도 스스로 이를 직권으로 취소할 수 있지만, 그와 같이 직권취소를 할 수 있다는 사정만으로 이해관계인에게 처분청에 대하여 그 취소를 요구할 신청권이 부여된 것으로 볼 수는 없으므로, 처분청이 위와 같이 법규상 또는 조리상의 신청권이 없이 한 이해관계인의 산림 복구설계승인 및 복구준공통보 등의 취소신청을 거부하더라도, 그 거부행위는 항고소송의 대상이 되는 처분에 해당하지 않는다(대법원 2006.6.30. 선고 2004두701 판결).

한편, 행정청이 직권취소를 함에 있어 행정행위의 근거법이 아닌 다른 관련법률을 근거로 하는 경우 이는 허용되지 않는다. 판례는 「자동차운수사업법」에 의한 사용정지처분에 위반하였음을 이유로 한 자동차운전면허 취소처분은 법령상의 근거가 없어 위법하다고 하였다.

> **[판 례]** 구 도로교통법 제78조는 그 제10호에서 "이 법 및 이 법에 의하여 도로교통의 안전과 원활한 소통을 확보하기 위하여 행하는 명령이나 처분을 위반한 때"를 규정하고 있는바, 여기서 "이 법"이라 함은 도로교통법을 말하는 것임이 분명하므로 결국 자동차운수사업법에 의한 사용정지처분에 위반하였음을 이유로 한 자동차운전면허 취소처분은 법령상의 근거를 결하여 위법하다(대법원 1996.4.12. 선고 95누 10396 판결).

4. 직권취소의 사유

법률에 명문으로 직권취소의 사유가 규정되어 있는 경우에는 해당 사유의 충족에 따라 직권취소를 집행하면 되므로 당연히 별문제가 되지 않는다. 하지만 명문의 규정이 없는 경우에도 「행정기본법」 제18조에 따라 행정행위가 위법하거나 부당하면 직권취소의 사유가 될 수 있다.

5. 직권취소의 한계

(1) 수익적 행정행위에 대한 취소의 한계

직권취소는 주로 수익적 행정행위에서 문제가 되는데, 종래에는 행정의 법률적합성을 중시하여 그 취소가 자유로운 것으로 이해되었으나, 현재는 신뢰보호(법적 안정성), 비례원칙 등 이익형량의 원칙에 따른 제한을 받고 있다.

「행정기본법」 제18조 제2항은 수익적 행정행위의 직권취소의 경우, 행정청은 "취소로 인하여 당사자가 입게 될 불이익"과 "취소로 달성되는 공익"을 비교·형량할 것을 규정하고 있는데, 이는 행정의 법률적합성의 원칙과 신뢰보호의 원칙이라는 서로 상충되는 2가지 원칙을 조화롭게 해결하기 위한 방안이다. 즉, 행정행위의 직권취소의 가부를 결정함에 있어서는 한편으로 구체적 위법사유 및 취소로써 달성하고자 하는 공익상 목적과, 다른 한편으로 상대방이 취득한 권익의 보호, 행정행위의 효력의 유지를 요구하는 제3자의 신뢰보호 및 법률생활의 안정 등의 요청을 구체적으로 비교형량해서 결정하여야 한다는 것이다. 이 경우 비교형량의 결과 공익상의 필요가 당사자가 입을 불이익을 정당화할 만큼 강한 경우에 한하여 취소할 수 있다.

[판 례] 진급예정자로 선발·공표된 사람을 '진급심사 전의 음주 운전 사실 은폐로 인한 부정선발'을 이유로 진급예정자 명단에서 삭제한 사안에서, 군 진급인사의 적정성 등 대령진급 선발을 취소하여야 할 공익상의 필요가 진급예정자가 입게 될 기득권과 신뢰 및 법률생활 안정의 침해 등의 불이익을 정당화할 만큼 강한 경우에 해당한다고 보기 어렵다고 할 것이므로 결국 진급낙천처분은 위법하다고 할 것이다 (대법원 2007.9.20. 선고 2005두13971 판결).

[판 례] 보조사업자가 허위의 신청이나 기타 부정한 방법으로 보조금의 교부를 받았음을 이유로 보조금의 교부결정을 취소함에 있어서, 전부를 취소할 것인지 일부를 취소할 것인지 여부와 일부를 취소하는 경우 그 범위는 종합하여 개별적으로 결정하여야 한다(대법원 2005.1.28. 선고 2002두11165 판결).

(2) 비교·형량이 불필요한 경우

상대방의 신뢰에 보호가치가 없는 경우에는 공익과 사익의 비교·형량을 하지 않아도 되며, 이 경우 행정행위의 직권취소가 제한되지 않고 허용된다. 「행정기본법」 제18조 제2항 단서는 ① 거짓이나 그 밖의 부정한 방법으로 처분을 받은 경우와 ② 당사자가 처분의 위법성을 알고 있었거나 중대한 과실로 알지 못한 경우에는 비교·형량이 필요하지 아니함을 규정하고 있다. 예컨대 사인의 사실은폐나 기타 사위·강박·증수뢰 등 부정수단에 의해서 행정행위가 행하여진 경우에는 그 결과인 행정행위의 내용이 위법이 아닌 경우라 하더라도 그 행위에 신뢰보호의 가치가 없기 때문에 직권취소의 사유가 된다. 왜냐하면 사위의 방법으로 행정행위를 발급받은 사람은 그 이익이 위법하게 취득되었음을 알아 그 취소가능성도 예상하고 있기 때문이다.

[판례] 허위의 고등학교 졸업증명서를 제출하는 사위의 방법에 의한 하사관 지원의 하자를 이유로 하사관 임용일로부터 33년이 경과한 후에 행정청이 행한 하사관 및 준사관 임용취소처분은 적법하다(대법원 2002.2.5. 선고 2001두5286 판결).

[판 례] 행정처분의 성립과정에서 그 처분을 받아내기 위한 뇌물이 수수되었다면 특별한 사정이 없는 한 그 행정처분에는 직권취소사유가 있는 것으로 보아야 할 것이고, 이러한 이유로 직권취소하는 경우에는 처분 상대방 측에 귀책사유가 있기 때문에 신뢰보호의 원칙도 적용될 여지가 없다. 의병전역처분의 전제가 되는 신체등위 5급 판정을 받아내기 위하여 금 2,000만원의 뇌물을 교부하였으므로 이 사건 의병전역처분에는 일응 직권취소사유가 있다 할 것이다(대법원 2003.7.22. 선고 2002두11066 판결).

[판 례] 행정행위를 한 처분청은 그 행위에 하자가 있는 경우에는 별도의 법적 근거가 없더라도 스스로 이를 취소할 수 있고, 다만 수익적 행정처분을 취소할 때에는 이를 취소하여야 할 공익상의 필요와 취소로 인하여 당사자가 입게 될 기득권과 신뢰보호 및 법률생활 안정의 침해 등 불이익을 비교·교량한 후 공익상의 필요가 당사자가 입을 불이익을 정당화할 만큼 강한 경우에 한하여 취소할 수 있으며, 나아가 수익적 행정처분의 하자가 당사자의 사실은폐나 기타 사위의 방법에 의한 신청행위에 기인한 것이라면 당사자는 처분에 의한 이익이 위법하게 취득되었음을 알아 취소가능성도 예상하고 있었다 할 것이므로, 그 자신이 처분에 관한 신뢰이익을 원용할 수 없음은 물론 행정청이 이를 고려하지 아니하였더라도 재량권의 남용이 되지 아니한다(대법원 2014.11.27. 선고 2013두16111 판결).

따라서 부정수단에 의한 행정행위는 그 직권취소로 인하여 사실상의 불이익이 있어도 이를 감수할 수밖에 없으며, 행정청이 상대방의 신뢰이익을 고려하지 아니하더라도 재량권의 남용이 되지 않는다. 그것은 신의칙과 공평의 원칙에 비추어 그 상대방은 신뢰이익을 원용할 수 없기 때문이다.[92]

> **[판 례]** 처분의 하자가 당사자의 사실은폐나 기타 사위의 방법에 의한 신청행위에 기인한 것이라면 당사자는 그 처분에 의한 이익이 위법하게 취득되었음을 알아 그 취소가능성도 예상하고 있었다고 할 것이므로 그 자신이 위 처분에 관한 신뢰이익을 원용할 수 없음은 물론 행정청이 이를 고려하지 아니하였다고 하여도 재량권의 남용이 되지 않는다. 허위의 고등학교 졸업증명서를 제출하는 사위의 방법에 의한 하사관 지원의 하자를 이유로 하사관 임용일로부터 33년이 경과한 후에 행정청이 행한 하사관 및 준사관 임용취소처분이 적법하다(대법원 2002.2.5. 선고 2001두5286 판결).

6. 직권취소의 절차

행정행위의 직권취소의 경우 그 절차에 관한 일반적인 규정은 없지만, 직권취소 역시 행정처분이므로 「행정절차법」이 규정하고 있는 일반적인 처분절차를 준수하여야 한다. 수익적 행정행위의 직권취소는 부담적 처분에 해당하므로 원칙적으로 상대방에 대한 의견청취를 거쳐야 한다(동법 제22조). 개별 법률에서 청문 등의 다른 절차를 정하고 있는 경우에는 그러한 절차도 함께 거쳐야 함은 물론이다.

7. 직권취소의 효과

(1) 소급효와 장래효

직권취소는 행정행위의 성립시의 하자를 이유로 행정행위의 효력을 부인하려는 것이므로, 그 효과는 당해 행위를 한 때에 소급하여 발생하여야 하는 것이 원칙이다. 「행정기본법」 제18조 제1항 역시 "행정청은 위법 또는 부당한 처분의 전부나 일부를 소급하여 취소할 수 있다"라고 하여 소급효를 원칙으로 정하고 있다. 소급효의 의미는 처음부터 행정행위의 효력이 없다는 것으로, 행정행위의 발령시점부터 효력이 없다는 의미이다.

하지만 다른 한편으로 소급하여서는 안 되는 경우도 있는데, 예컨대 직권취소의 원인(귀책사유)이 상대방에 있지 않을 때에는 상대방의 신뢰를 보호하기 위하여 직권취소의 효과가 과거로 소급하지 않는 것이 타당하다. 이러한 이유로 「행정기본법」 제18조 제1항 단서는 "당사자의 신뢰를 보호할 가치가 있는 등 정당한 사유

---

92) 대법원 2006.5.25. 선고 2003두4669 판결.

가 있는 경우에는 장래를 향하여 취소할 수 있다"라고 하며 예외적으로 장래효를 인정하고 있다.

이 때문에 직권취소의 효과는 경우에 따라 소급적일 수도 있고 장래적일 수도 있다. 일반적으로 말해 침해적 행정행위의 직권취소는 소급하여 효과가 발생하고, 수익적 행정행위의 직권취소의 효과는 장래적이다.

다만 행정행위의 쟁송취소는 직권취소와는 달리 구체적인 이익형량이 인정되지 않는 것이 원칙이므로 그 취소의 효과는 언제나 당해 행정행위가 있은 때에 소급하여 발생한다.

(2) 손실보상

행정청이 하자있는 행정행위를 직권취소한 경우 그 상대방은 행정행위의 존속을 신뢰함으로써 받은 재산상의 불이익에 대해 손실보상을 청구할 수도 있다.

8. 직권취소의 취소

(1) 직권취소에 중대하고 명백한 하자가 있는 경우

행정행위의 직권취소가 지닌 하자가 중대하고 명백한 경우에는 그 직권취소처분은 당연무효가 되어 처음부터 직권취소의 효과가 발생하지 아니한다. 즉, 본래의 행정행위는 취소된 것이 아니고 그대로 존속하게 되는 것이다.

(2) 직권취소에 단순위법인 하자가 있는 경우

행정행위의 직권취소에 취소사유인 하자가 있는 경우에 이를 다시 취소할 수 있는지의 문제는 수익적 행정행위와 부담적 행정행위를 구분하여 판단하여야 한다.

먼저 수익적 행정행위의 직권취소를 다시 취소하는 것은 결과적으로 부담적 행정행위에 대한 취소를 의미하므로 원칙적으로 긍정하여야 한다. 다만 취소로 인하여 새롭게 형성된 제3자의 권익이 침해되는 경우에는 취소를 제한하여야 할 것이다.

한편, 부담적 행정행위의 직권취소를 다시 취소하는 것은 결과적으로 수익적 행정행위에 대한 취소를 의미하므로 원칙적으로 부정되어야 한다. 이러한 취소는 위법한 취소가 된다.

[판 례] 과세관청이 과세처분에 대한 이의신청절차에서 납세자의 이의신청 사유가 옳다고 인정하여 과세처분을 직권으로 취소하였음에도, 특별한 사유 없이 이를 번복하고 종전 처분을 되풀이하여서 한 과세처분은 위법하다(대법원 2014.7.24. 선고 2011두14227 판결).

[판 례] 지방병무청장이 재신체검사 등을 거쳐 현역병입영대상편입처분을 보충역편입처분이나 제2국민역편입처분으로 변경하거나, 보충역편입처분을 제2국민역편입처분으로 변경하는 경우 비록 새로운 병역처분의 성립에 하자가 있다고 하더라도 그것이 당연무효가 아닌 한 일단 유효하게 성립하고 제소기간의 경과 등 형식적 존속력이 생김과 동시에 종전의 병역처분의 효력은 취소 또는 철회되어 확정적으로 상실된다고 보아야 할 것이므로 그 후 새로운 병역처분의 성립에 하자가 있었음을 이유로 하여 이를 취소한다고 하더라도 종전의 병역처분의 효력이 되살아난다고 할 수 없다(대법원 2002.5.28. 선고 2001두9653 판결).

Ⅱ. 행정행위의 철회

1. 철회의 의의

(1) 철회의 개념

행정행위의 철회란 아무런 하자 없이 적법하게 성립된 행정행위의 효력을 그 성립 후에 발생된 새로운 사정에 의하여 더 존속시킬 수 없게 된 경우에 장래에 향하여 그 효력의 전부 또는 일부를 소멸시키는 독립된 행정행위를 말한다. 「행정기본법」 제19조는 "행정청은 적법한 처분의 전부 또는 일부를 장래를 향하여 철회할 수 있다"라고 하여 행정행위의 철회를 명문화하고 있다. 행정행위의 철회는 그동안 구체적인 법규정이 없어 제도적으로 불분명한 부분이 있었는데, 이러한 문제를 해결하기 위해 「행정기본법」이 행정행위의 철회에 대한 일반적 규정을 도입한 것이다.

행정행위의 철회는 실정법상으로는 취소로 표현하는 경우가 대부분이다. 운전면허 취소와 같이 우리가 일상생활에서 취소라 칭하는 대부분의 행정처분은 정확히 말해서 철회에 해당한다.

[판 례] 사립학교법인이 관할청의 허가를 받아 차입한 자금을 법인회계에 수입조치 하지 아니하고 본래의 허가 용도가 아닌 다른 용도에 사용하였다는 사유로, 관할청이 기존의 자금차입허가를 취소한 경우, 이는 그 명칭에 불구하고 행정행위의 철회에 해당하는 것으로서 위 자금차입허가의 효력은 장래에 향하여 소멸한다(대법원 2006.5.11. 선고 2003다37969 판결).

또한 학자에 따라서는 행정행위의 철회를 '폐지'라고 하는 경우도 있으나, 폐지는 취소와 철회를 포함하는 상위개념으로 이해하는 것이 일반적이다.

(2) 철회와 직권취소와의 구별

행정행위의 철회는 ① 처분청만이 할 수 있는 점(철회권자), ② 장래에 향해서만 효과를 발생하는 점(효과), ③ 철회원인이 사후에 발생한 사정(사유)에 기인하는 점 등에서 직권취소와 구별된다. 즉, 취소는 원시적 흠의 시정을, 철회는 변화된 새로운 사정에 적합하도록 하는 것을 주목적으로 하는 점에서 차이가 있다.

> **[판 례]** 행정행위의 '취소'는 일단 유효하게 성립한 행정행위를 그 행위에 위법한 하자가 있음을 이유로 소급하여 효력을 소멸시키는 별도의 행정처분을 의미함이 원칙이다. 반면, 행정행위의 '철회'는 적법요건을 구비하여 완전히 효력을 발하고 있는 행정행위를 사후적으로 효력의 전부 또는 일부를 장래에 향해 소멸시키는 별개의 행정처분이다. 그리고 행정행위의 '취소 사유'는 원칙적으로 행정행위의 성립 당시에 존재하였던 하자를 말하고, '철회 사유'는 행정행위가 성립된 이후에 새로이 발생한 것으로서 행정행위의 효력을 존속시킬 수 없는 사유를 말한다(대법원 2018.6.28. 선고 2015두58195 판결).

2. 철회권자

행정행위의 철회는 처분청만이 할 수 있으며, 감독청은 법률에 특별한 규정이 있는 경우를 제외하고는 행정행위에 관한 철회권을 가지지 못한다. 행정행위의 철회는 그 성질상 원래의 행정행위와 동일한 새로운 행정행위이기 때문에 처분청만이 철회권을 가지는 것이 타당하다.

3. 철회의 법적 근거

「행정기본법」제19조는 적법한 행정행위의 철회에 관한 일반법이다. 물론 개별 법률에 처분의 철회에 관한 규정이 있다면, 그 조항이 특별법으로서 우선 적용된다. 개별 법률에 규정이 없다면, 「행정기본법」제19조에 근거하여 적법한 처분을 철회할 수 있다. 따라서 명문의 법적 근거 없이 적법한 행정행위의 철회가 가능한지에 대한 종래의 논란은 「행정기본법」이 시행됨으로 인해 종식되었다고 볼 수 있다.

> **[판 례]** 행정행위를 한 처분청은 비록 그 처분 당시에 별다른 하자가 없었고, 또 그 처분 후에 이를 철회할 별도의 법적 근거가 없다 하더라도 원래의 처분을 존속시킬 필요가 없게 된 사정변경이 생겼거나 또는 중대한 공익상의 필요가 발생한 경우에는 그 효력을 상실케 하는 별개의 행정행위로 이를 철회할 수 있다(대법원 2004.11.26. 선고 2003두10251 판결).

4. 철회의 사유

행정행위의 철회사유는 행정행위가 성립된 이후에 새로이 발생한 것으로서 행정행위의 효력을 존속시킬 수 없는 사유를 말한다. 「행정기본법」 제19조 제1항은 철회의 사유로 ① 법률에서 정한 철회 사유에 해당하게 된 경우, ② 법령등의 변경이나 사정변경으로 처분을 더 이상 존속시킬 필요가 없게 된 경우, ③ 중대한 공익을 위하여 필요한 경우 등을 규정하고 있다. 한편 학설과 판례는 행정행위의 철회사유로 ① 법령이 정한 사실의 발생, ② 사정변경, ③ 중대한 공익상의 필요, ④ 철회권유보 사실의 발생, ⑤ 상대방의 의무위반 등을 인정하고 있다.

> [판 례] 행정행위를 한 처분청은 비록 처분 당시에 별다른 하자가 없었고, 처분 후에 이를 철회할 별도의 법적 근거가 없더라도 원래의 처분을 존속시킬 필요가 없게 된 사정변경이 생겼거나 중대한 공익상 필요가 발생한 경우에는 그 효력을 상실케 하는 별개의 행정행위로 이를 철회할 수 있다(대법원 2017.3.15. 선고 2014두41190 판결).

(1) 법령이 정한 사실의 발생

법령에서 행정행위의 철회사유를 명문으로 규정한 때에는 그 요건충족(도로법에 의한 도로점용허가의 철회사유의 충족)은 철회사유가 된다.[93]

(2) 사정변경

행정행위의 기초가 된 사실관계가 변경되거나 법령 개정의 결과, 행정행위를 철회하지 않으면 위법이 되거나 공익을 해칠 우려가 있는 경우에는 철회할 수 있다.[94] 여기서 철회는 단지 일반적으로 공익을 위하여 존재하는 것만으로는 충분하지 않고, 오히려 공익의 위험을 방지하기 위하여 국가나 공중에 관한 직접적으로 임박한 손해를 방지하기 위하여 철회가 반드시 필요하여야 한다.

예컨대 「식품위생법」 관련규정에 따라 적법하게 유흥접객업 영업허가를 받아 영업을 시작한지 1년이 지난 후에 그 지역이 적법절차에 따라 「학교보건법」상의 학교환경위생 정화구역으로 새로이 설정된 경우, 행정청은 유흥접객업 영업허가를 철회할 수 있다.

(3) 중대한 공익상의 필요

이는 사실관계나 법령의 변경이나 상대방의 유책행위가 원인이 되는 것이 아

---

93) 철회사유를 규정한 실정법의 예로는 하천법 제69조; 공유수면법 제19조 등이 있다.
94) 대법원 2004.7.22. 선고 2003두7606 판결.

니라 당해 행정행위의 존속보다 더 우월하고 중대한 공익상의 필요에 따라 행정행위를 철회하는 것이다. 「공유수면법」 제52조 제1항 제9호가 토지를 수용하거나 사용할 수 있는 사업을 위하여 필요한 경우 기존의 공유수면매립면허를 철회할 수 있다고 규정한 것이 그 대표적 예이다.

중대한 공익상의 필요는 상대방의 귀책사유가 없음에도 불구하고, 행정행위를 철회하는 것이므로 그로 인한 불이익에 대하여는 손실보상을 하여야 한다.

> **[판 례]** 공유수면법 규정을 종합하면, 농림수산부장관은 매립공사의 준공인가 전에 공유수면의 상황 변경 등 예상하지 못한 사정변경으로 인하여 공익상 특히 필요한 경우에는 면허 또는 인가를 취소·변경할 수 있는바, 여기에서 사정변경이라 함은 공유수면매립면허처분을 할 당시에 고려하였거나 고려하였어야 할 제반 사정들에 대하여 각각 사정변경이 있고, 그러한 사정변경으로 인하여 그 처분을 유지하는 것이 현저히 공익에 반하는 경우라고 보아야 한다(대법원 2006.3.16. 선고 2006두330 전원합의체 판결).

(4) 철회권유보 사실의 발생

행정행위를 하면서 행정행위의 부관으로 철회권을 유보한 경우에 그 유보된 일정한 사실이 발생하면 행정청은 철회권을 행사할 수 있다. 다만, 철회권의 행사에 있어서는 유보된 내용의 타당성을 검토함은 물론, 구체적 사정에 비추어 그 행사로 인하여 상대방의 권익에 대한 부당한 침해여부, 신뢰보호와 법적 안정성의 견지에서 공익과 사익간의 이익형량을 거쳐야 한다.[95]

> **[판 례]** 행정청이 종교단체에 대하여 기본재산전환인가를 함에 있어 인가조건을 부가하고 그 불이행시 인가를 취소할 수 있도록 한 경우, 인가조건의 의미는 철회권을 유보한 것이다(대법원 2003.5.30. 선고 2003다6422 판결).

(5) 상대방의 의무위반

행정행위의 상대방이 행정행위에 수반되는 의무나 부관에 의한 의무 등을 위반하거나 이행하지 않은 때에는 그에 관한 행정행위를 철회할 수 있다. 우리 주변에서 흔히 발생하는 음주운전으로 인한 자동차운전면허의 취소(철회)나 불법영업으로 인한 영업허가취소(철회)가 이에 해당한다.

---

95) 김남진·김연태, 행정법 Ⅰ, 310면; 박윤흔, 행정법강의(상), 457면.

[**판 례**] 부담부 행정처분에 있어서 처분의 상대방이 부담(의무)을 이행하지 아니한 경우에 처분행정청은 이를 들어 당해 처분을 철회할 수 있다(대법원 1989.10.24. 선고 89누2431 판결).

한편, 판례는 수익적 행정행위인 자동차운전면허의 취소와 관련하여 취소로 입게 될 당사자의 불이익보다는 공익적 측면을 보다 강조하는 경향에 있다.

[**판 례**] 운전면허를 받은 사람이 음주운전을 하다가 고의 또는 과실로 교통사고를 일으킨 경우에 운전면허의 취소 또는 효력정지 여부는 행정청의 재량행위라 할 것인데, 음주운전으로 인한 교통사고를 방지할 공익상의 필요가 크고 운전면허 취소에 있어서는 일반의 수익적 행정행위의 취소와는 달리 그로 인한 당사자의 불이익보다는 교통사고 등을 방지하여야 하는 일반 예방적 측면이 더욱 강조되어야 하는 바, 특히 운전자가 자동차운전을 생업으로 삼고 있는 경우에는 더욱 더 그러하다(대법원 1996.2.27. 선고 95누16523 판결).

5. 철회의 제한

(1) 부담적 행정행위의 철회

부담적 행정행위의 철회는 상대방의 불이익을 제거하는 것이므로 철회사유가 있는 때에는 제한 없이 철회할 수 있는 것이 원칙이다.

(2) 수익적 행정행위의 철회

수익적 행정행위의 철회는 상대방에게 침해적인 결과를 가져다주는 것이므로 완전히 자유롭게 행사되어서는 아니 된다. 수익적 행정행위의 철회는 법령에 명시적 규정이 있거나 행정행위의 부관으로 철회권이 유보되어 있는 등의 경우가 아니라면, 원래의 행정행위를 존속시킬 필요가 없게 된 사정변경이 생겼거나 또는 중대한 공익상의 필요가 발생한 경우 등의 예외적인 경우에만 허용되어야 할 것이다. 수익적 행정행위의 철회가 제한되는 구체적인 경우는 다음과 같다.

1) 이익형량에 의한 제한

「행정기본법」 제19조 제2항은 "행정청은 처분을 철회하려는 경우에는 철회로 인하여 당사자가 입게 될 불이익을 철회로 달성되는 공익과 비교·형량하여야 한다"고 하여 철회에 대한 이익형량을 명시하고 있다. 수익적 행정행위의 철회는 상대방의 기득권을 침해하고 법적 생활의 안정을 해치게 되므로 공익상 필요와 국민의 기득권익을 비교·형량하여 행정행위의 철회 여부를 결정하여야 한다. 비교·형량하여 공익이 상대방이 입게 될 불이익보다 큰 경우에만 철회할 수 있다. 이는 제3자효 행정행위의 철회에서도 마찬가지이다.

[판 례] 수익적 행정행위를 취소 또는 철회하거나 중지시키는 경우에는 이미 부여된 국민의 기득권을 침해하는 것이 되므로, 비록 취소 등의 사유가 있다고 하더라도 그 취소권 등의 행사는 기득권의 침해를 정당화할 만한 중대한 공익상의 필요 또는 제3자의 이익을 보호할 필요가 있고, 이를 상대방이 받는 불이익과 비교·교량하여 볼 때 공익상의 필요 등이 상대방이 입을 불이익을 정당화할 만큼 강한 경우에 한하여 허용될 수 있다(대법원 2017.3.15. 선고 2014두41190 판결).

[판 례] 건축법 제11조는 건축허가를 받은 자가 허가를 받은 날부터 1년 이내에 공사에 착수하지 아니한 경우에 허가권자는 허가를 취소하여야 한다고 규정하면서도, 정당한 사유가 있다고 인정되면 1년의 범위에서 공사의 착수기간을 연장할 수 있다고 규정하고 있을 뿐이며, 건축허가를 받은 자가 착수기간이 지난 후 공사에 착수하는 것 자체를 금지하고 있지 아니하다. 이러한 법 규정에는 건축허가의 행정목적이 신속하게 달성될 것을 추구하면서도 건축허가를 받은 자의 이익을 함께 보호하려는 취지가 포함되어 있으므로, 건축허가를 받은 자가 건축허가가 취소되기 전에 공사에 착수하였다면 허가권자는 그 착수기간이 지났다고 하더라도 건축허가를 취소하여야 할 특별한 공익상 필요가 인정되지 않는 한 건축허가를 취소할 수 없다(대법원 2017.7.11. 선고 2012두22973 판결).

[판 례] 이전부터 사실상 도로로 사용되는 토지 위에 제1종 근린생활시설 건물을 신축하는 내용으로 토지소유자 갑이 건축신고를 하였는데 행정청이 이를 수리하였다가 위 토지가 건축법상 도로이어서 건축법에 저촉된다는 이유 등으로 건축신고수리 철회통보를 한 사안에서, 건물 신축으로 통행을 막지 않도록 해야 할 공익상 요청이 갑의 기득권, 신뢰, 법적 안정성의 보호보다 훨씬 중요하다고 보아 건축신고수리를 철회한 처분이 적법하다고 보았다(대법원 2012.3.15. 선고 2011두27322 판결).

2) 비례원칙에 의한 제한

일정한 비행·법령위반·처분위반·부담의 불이행 등의 철회사유가 있는 경우에 행정행위의 철회가 인정된다고 하더라도, 영업 등의 정지·개선명령 등에 의한 법령위반상태의 시정이나 부담이행의 강제가 가능한 경우에는 그러한 수단으로 먼저 행정목적의 실현을 도모하여야 할 것이며, 행정행위의 철회권 행사는 최후의 수단으로 인정됨이 원칙이다.

3) 실권법리에 의한 제한

일반적인 규정은 없으나 행정행위의 철회의 경우에도 일정기간 내에서만 철회권의 행사가 가능한 것으로 보아야 할 것이다.

6. 철회의 절차

철회 역시 하나의 독립된 행정행위이므로 「행정절차법」상의 절차를 준수하여야 한다. 특히 행정행위의 철회를 행사함에 있어서는 그 이유를 구체적으로 제시하여야 하는 바, 현행 「행정절차법」 제23조는 이를 명문으로 규정하고 있다. 판례는 「행정절차법」 제정 이전에도 행정행위의 철회에 이유제시를 엄격히 요구하였다.

> [판 례] 면허의 취소처분(강학상 철회)에는 그 근거가 되는 법령이나 취소권 유보의 부관 등을 명시하여야 함은 물론 처분을 받은 자가 어떠한 위반사실에 대하여 당해 처분이 있었는지를 알 수 있을 정도로 사실을 적시할 것을 요한다. 세무서장인 피고가 주류도매업자인 원고에 대하여 한 이 사건 일반주류도매업면허 취소통지에 "상기 주류도매장은 무면허 주류판매업자에게 주류를 판매하여 주세법 제11조 및 국세법사무처리규정 제26조에 의거 지정조건위반으로 주류판매면허를 취소합니다"라고만 되어 있어서 원고의 영업기간과 거래상대방 등에 비추어 원고가 어떠한 거래행위로 인하여 이 사건 처분을 받았는지 알 수 없게 되어 있다면 이 사건 면허취소처분은 위법하다(대법원 1990.9.11. 선고 90누1786 판결).

「행정절차법」상의 절차 외에도 최근의 행정법규는 상대방의 권익보호와 행정행위의 철회의 공정성을 도모하기 위하여 ① 청문, ② 상대방 및 이해관계인의 변명 기회 부여, ③ 특정기관의 의견청취 등 다양한 절차를 요구하고 있다. 판례는 철회의 절차적 요건을 매우 엄격하게 판단하고 있다.

> [판 례] 면허관청이 운전면허정지처분을 하면서 통지서에 의하여 면허정지사실을 통지하지 아니하거나 처분집행예정일 7일 전까지 이를 발송하지 아니한 경우에는 특별한 사정이 없는 한 도로교통관계법령이 요구하는 절차·형식을 갖추지 아니한 조치로서 그 효력이 없다(대법원 1996.6.14. 선고 95누17823 판결).

7. 철회의 효과

(1) 장래효

행정행위 철회의 효과는 장래에 향해서만 발생하는 것이 원칙이나, 별도의 법적 근거가 있는 경우 예외적으로 소급효가 가능하다.

[판 례] 영유아보육법에 따른 평가인증의 취소는 평가인증 당시에 존재하였던 하자가 아니라 그 이후에 새로이 발생한 사유로 평가인증의 효력을 소멸시키는 경우에 해당하므로, 법적 성격은 평가인증의 '철회'에 해당한다. 그런데 행정청이 평가인증을 철회하면서 그 효력을 철회의 효력발생일 이전으로 소급하게 하면, 철회 이전의 기간에 평가인증을 전제로 지급한 보조금 등의 지원이 그 근거를 상실하게 되어 이를 반환하여야 하는 법적 불이익이 발생한다. 이는 장래를 향하여 효력을 소멸시키는 철회가 예정한 법적 불이익의 범위를 벗어나는 것이다. 이처럼 행정청이 평가인증이 이루어진 이후에 새로이 발생한 사유를 들어 영유아보육법 제30조 제5항에 따라 평가인증을 철회하는 처분을 하면서도, 평가인증의 효력을 과거로 소급하여 상실시키기 위해서는, 특별한 사정이 없는 한 영유아보육법 제30조 제5항과는 별도의 법적 근거가 필요하다(대법원 2018.6.28. 선고 2015두58195 판결).

(2) 철회와 신뢰보호

행정행위의 철회가 상대방의 유책사유에 기인된 경우를 제외하고는, 수익적 행정행위의 철회에 의하여 당사자 등이 행정행위의 존속을 신뢰함으로 인하여 받은 재산상의 손실에 대해서는 보상을 하여야 하는 것이 타당하다. 이는 헌법 제23조 제3항의 재산권 제한에 대한 보상규정의 정신 및 정의와 공평의 원칙에 합당한 일이다.[96]

8. 철회의 취소

행정행위의 철회에 하자가 있는 경우에 그 취소여부는 위에서 본 행정행위의 취소의 법리에 따라 논하여야 할 것이다. 따라서 행정행위의 철회의 취소가 그 상대방에게 이익을 주는 것일 때에는 직권취소할 수 있으나, 불이익을 주는 것일 때에는 상대방의 신뢰보호의 관점에서 취소권은 제한된다.

예컨대 영업허가의 철회가 취소된 경우 이는 부담적 행정행위가 직권 취소된 경우로서 상대방에게 이익을 주는 것이므로 허용되는 것이 원칙이며, 취소의 효과는 소급한다. 즉 영업허가의 철회는 철회 당시부터 존재하지 않은 것으로 되고, 따라서 철회 이후의 영업행위는 무허가영업행위에 해당하지 않게 된다.

9. 자동차 운전면허와 철회

(1) 1인이 여러 종류의 운전면허를 가진 경우

한 사람이 여러 종류의 운전면허를 취득하고 있는 경우에 이를 철회하는 때에 서로 별개의 것으로 취급하여야 하는지가 문제된다.

---

96) 보상규정을 둔 입법례: 도로법 제99조, 하천법 제77조, 공유수면법 제57조, 수산업법 제81조.

1) 일부 철회

외형상 하나의 행정처분이라 할지라도 가분성이 있거나 그 처분대상의 일부가 특정될 수 있다면 그 일부만의 철회가 가능하고 그 일부의 철회는 당해 철회부분에 관하여 효력이 생긴다고 할 것인바, 이는 한 사람이 여러 종류의 자동차 운전면허를 취득한 경우 그 각 운전면허를 철회하거나 그 운전면허의 효력을 정지함에 있어서도 서로 별개의 것으로 취급하는 것이 원칙이다.

① 제1종 특수면허의 취소사유에 해당하는 경우 제1종 보통 및 대형면허를 함께 취소할 수 없다.

> **[판 례]** 제1종 보통, 대형 및 특수 면허를 가지고 있는 자가 술에 취한 상태에서 레이카크레인을 운전하다가 교통사고를 일으킨 행위는 제1종 특수면허의 취소사유에 해당될 뿐이고 제1종 보통 및 대형 면허의 취소사유에는 해당되지 아니한다(대법원 1995.11.16. 선고 95누8850 전원합의체 판결).

② 이륜자동차(125cc 초과) 음주운전을 이유로 제1종 대형면허와 보통면허는 취소할 수 없다.

> **[판 례]** 한 사람이 여러 종류의 자동차운전면허를 취득하는 경우 뿐 아니라 이를 취소 또는 정지함에 있어서도 서로 별개의 것으로 취급하는 것이 원칙이라 할 것이다. 이륜자동차로서 제2종 소형면허를 가진 사람만이 운전할 수 있는 오토바이는 제1종 대형면허나 보통면허를 가지고서도 이를 운전할 수 없는 것이어서 이와 같은 이륜자동차의 운전은 제1종 대형면허나 보통면허와는 아무런 관련이 없는 것이므로 이륜자동차를 음주운전한 사유만 가지고서는 제1종 대형면허나 보통면허의 취소나 정지를 할 수 없다(대법원 1992.9.22. 선고 91누8289 판결).

③ 이륜자동차를 절취하였다는 이유로 제1종 보통 및 대형면허를 취소할 수 없다.

> **[판 례]** 제1종 대형, 제1종 보통 자동차운전면허를 가지고 있는 갑이 배기량 400cc의 오토바이를 절취하였다는 이유로 지방경찰청장이 갑의 제1종 대형, 제1종 보통 자동차운전면허를 모두 취소한 사안에서, 도로교통법 규정에 따르면 그 취소 사유가 훔치거나 빼앗은 해당 자동차 등을 운전할 수 있는 특정 면허에 관한 것이며, 제2종 소형면허 이외의 다른 운전면허를 가지고는 위 오토바이를 운전할 수 없어 취소사유가 다른 면허와 공통된 것도 아니므로, 갑이 위 오토바이를 훔친 것은 제1종

대형면허나 보통면허와는 아무런 관련이 없어 위 오토바이를 훔쳤다는 사유만으로 제1종 대형면허나 보통면허를 취소할 수 없다(대법원 2012.5.24. 선고 2012두1891 판결).

2) 전부 철회

한 사람이 여러 종류의 자동차운전면허를 취득하고 있는 경우 이를 별개의 것으로 취급하는 것이 원칙이나, 취소사유가 특정 면허에 관한 것이 아니고 다른 면허와 공통된 것이거나 운전면허를 받은 사람에 관한 것일 경우에는 여러 면허를 전부 취소할 수도 있다.

① 제1종 대형면허의 취소사유에 해당하는 경우 제1종 보통면허도 함께 취소할 수 있다.

[판 례] 제1종 대형면허 소지자는 제1종 보통면허 소지자가 운전할 수 있는 차량을 모두 운전할 수 있는 것으로 규정하고 있어, 제1종 대형면허의 취소에는 당연히 제1종 보통면허소지자가 운전할 수 있는 차량의 운전까지 금지하는 취지가 포함된 것이어서 이들 차량의 운전면허는 서로 관련된 것이라고 할 것이므로, 제1종 대형면허로 운전할 수 있는 차량을 운전면허정지기간 중에 운전한 경우에는 이와 관련된 제1종 보통면허까지 취소할 수 있다(대법원 2005.3.11. 선고 2004두12452 판결).

② 제1종 보통면허의 취소사유에 해당하는 경우 제1종 대형 및 원동기장치자전거면허도 함께 취소할 수 있다.

[판 례] 제1종 대형면허 소지자는 제1종 보통면허로 운전할 수 있는 자동차와 원동기장치자전거를, 제1종 보통면허 소지자는 원동기장치자전거까지 운전할 수 있도록 규정하고 있어서 제1종 보통면허로 운전할 수 있는 차량의 음주운전은 당해 운전면허뿐만 아니라 제1종 대형면허로도 가능하고, 또한 제1종 대형면허나 제1종 보통면허의 취소에는 당연히 원동기장치자전거의 운전까지 금지하는 취지가 포함된 것이어서 이들 세 종류의 운전면허는 서로 관련된 것이라고 할 것이므로 제1종 보통면허로 운전할 수 있는 차량을 음주운전한 경우에 이와 관련된 면허인 제1종 대형면허와 원동기장치자전거면허까지 취소할 수 있는 것으로 보아야 한다(대법원 1994.11.25. 선고 94누9672 판결).

③ 125cc 오토바이 음주운전을 이유로 제1종 대형, 보통, 특수면허를 취소할 수 있다. 125cc 오토바이는 원동기장치자전거에 해당하는데, 원동기장치자전거는

1종 대형, 보통, 소형, 제2종 보통, 소형으로 운전이 모두 가능하다.

[판 례] 갑이 혈중알코올농도 0.140%의 주취상태로 배기량 125cc 이륜자동차를 운전하였다는 이유로 관할 지방경찰청장이 갑의 자동차운전면허[제1종 대형, 제1종 보통, 제1종 특수(대형견인·구난), 제2종 소형]를 취소하는 처분을 한 사안에서, 갑에 대하여 제1종 대형, 제1종 보통, 제1종 특수 운전면허를 취소하지 않는다면, 갑이 각 운전면허로 배기량 125cc 이하 이륜자동차를 계속 운전할 수 있어 실질적으로는 아무런 불이익을 받지 않게 되는 점, 갑의 혈중알코올농도는 0.140%로서 도로교통법령에서 정하고 있는 운전면허 취소처분 기준인 0.100%를 훨씬 초과하고 있고 갑에 대하여 특별히 감경해야 할 만한 사정을 찾아볼 수 없는 점, 갑이 음주상태에서 운전을 하지 않으면 안 되는 부득이한 사정이 있었다고 보이지 않는 점, 처분에 의하여 달성하려는 행정목적 등에 비추어 볼 때, 처분이 사회통념상 현저하게 타당성을 잃어 재량권을 남용하거나 한계를 일탈한 것이 아니다(대법원 2018.2.28. 선고 2017두67476 판결).

(2) 운전면허 취소와 개인택시사업면허의 취소

헌법재판소는 개인택시업자의 운전면허가 취소될 경우 개인택시사업면허 자체를 취소할 수 있도록 규정한 「여객자동차법」 제85조 제1항 제37호에 대해 경제적 자유권과 재산권 보장이 침해당했다며 제기한 헌법소원 사건에서 합헌결정을 내렸다.

[판 례] 이 사건 법률조항은 개인택시운송사업자의 관계법령 위반을 억제하고 부적격 사업자를 제외시켜 교통안전에 이바지하는 효과가 있으므로 입법목적의 정당성과 방법의 적절성이 인정된다. 운전면허가 취소된 경우 필요적이 아닌 임의적으로 개인택시운송사업면허를 취소할 수 있도록 하는 규정이라는 점 등을 고려할 때 개인택시의 안전운행 확보를 통한 국민의 생명·신체 및 재산을 보호하고자 하는 입법목적에 비해 청구인들이 입게 되는 불이익이 크지 않다(헌재 2008.5.29. 2006헌바85).

Ⅲ. 행정행위의 실효

1. 행정행위의 실효의 의의

(1) 실효의 개념

행정행위의 실효는 행정청의 의사행위에 의하지 않고 일정한 객관적인 사실의 발생에 의하여 당연히 기존의 행정행위의 효력이 소멸되는 것을 말한다.

(2) 실효와 무효의 구별

행정행위의 실효와 무효는 행정행위로서의 효력을 발생하지 않는 점에서는 같으나, 행정행위의 실효는 일단 적법하게 발생된 효력이 실효사유에 의하여 소멸되는 것이고, 행정행위의 무효는 중대하고 명백한 하자로 인하여 처음부터 행정행위로서의 효력이 발생되지 않는 점에서 서로 다르다. 또한 행정행위의 실효는 하자와는 아무런 관계가 없으나, 행정행위의 무효는 그 성립상의 하자를 이유로 하는 점에서 서로 다르다.

행정행위의 실효와 무효의 효력소멸의 시기에 있어서 행정행위의 실효는 실효사유가 발생된 때로부터 장래에 향하여 효력이 소멸되는 것이나, 행정행위의 무효는 처음부터 행정행위로서의 효력이 발생되지 않는 점에서 서로 다르다.

2. 행정행위의 실효사유

(1) 행정행위의 대상의 소멸

행정행위의 대상이 되는 상대방이 사망하거나(의사면허에 있어 의사의 사망), 목적물이 소멸된 경우(자동차검사합격처분에 있어 자동차의 소멸)와 같이 행정행위의 대상이 소멸되면 기존의 행정행위는 그 효력이 실효하게 된다.

(2) 해제조건의 성취, 종기의 도래

행정행위의 부관으로 정한 해제조건이 성취되거나 기한부 행정행위에서 기한이 도래하면 기존의 행정행위의 효력은 실효하게 된다. 행정행위의 효력기간이 법령이나 행정행위 자체에 의하여 정해진 경우가 많은데, 이 경우에 그 기간이 경과되면 효력이 소멸된다.

> **[판 례]** 행정처분이 법령이나 처분 자체에 의하여 효력기간이 정하여져 있는 경우에는 그 기간의 경과로 효력이 상실되므로 그 기간 경과 후에는 처분이 외형상 잔존함으로 인하여 어떠한 법률상의 이익이 침해되고 있다고 볼 만한 별다른 사정이 없는 한 그 처분의 취소 또는 무효확인을 구할 법률상의 이익은 없다(대법원 1995.7.14. 선고 95누4087 판결).

> **[판 례]** 공유수면 매립의 면허를 받은 사람이 매립에 관한 공사의 준공기간 안에 공사를 준공하지 못한 경우에는 다른 행정처분을 요치 않고 당연히 매립에 관한 면허의 효력이 상실한다. 따라서 건설부장관의 공유수면매립면허 실효통지는 단순한 사실의 통지에 불과하고 면허의 효력을 상실시키는 행정처분이 아니다(대법원 1969.7.22. 선고 69누46 판결).

(3) 행정행위의 목적의 달성

작위나 급부를 요하는 행정행위에서 작위의무나 급부의무를 이행하여 행정행위의 목적을 달성하면 그 행정행위의 효력은 실효된다.

(4) 자진폐업

신청에 의한 허가영업을 자진 폐업한 경우에도 허가는 실효된다.

> **[판 례]** 청량음료 제조업허가는 신청에 의한 처분이고, 이와 같이 신청에 의한 허가처분을 받은 원고가 그 영업을 폐업한 경우에는 그 영업허가는 당연 실효되고, 이런 경우 허가행정청의 허가취소처분은 허가의 실효됨을 확인하는 것에 불과하므로 원고는 그 허가취소처분의 취소를 구할 소의 이익이 없다(대법원 1981.7.14. 선고 80누593 판결).

3. 행정행위의 실효의 효과

행정행위에 실효사유가 발생되면 행정청의 별개의 행정행위를 요하지 않고 당연히 그 효력이 장래에 향하여 소멸된다.

> **[판 례]** 자동차대여사업의 등록을 받은 사람이 교통부령이 정하는 등록기준에 미달한 경우에는 다른 행정처분을 요하지 않고 자동차운수사업법 규정에 의하여 당연히 자동차대여사업에 관한 등록의 효력이 상실한다 할 것이므로, 행정청이 위 등록을 받은 사람에게 등록이 실효되었다는 통지를 하였다 하여도 이는 단순한 사실의 통지에 불과하고, 그 통지에 의하여 등록의 효력이 상실된다고는 할 수 없어 위 실효통지는 항고소송의 대상이 되는 독립한 행정처분이 될 수 없다(대법원 1996.6.14. 선고 96누3661 판결).

제11절 단계적 행정결정

Ⅰ. 개   설

원래 행정행위는 구체적 사실에 관한 법집행행위이기 때문에 종국적으로 규율되어야 하는 것이 원칙이다. 하지만 오늘날에 있어서는 행정행위에 많은 자료수집과 분석이 요구되고 행정청의 업무처리 능력상의 한계나 업무의 불확실성으로 인하여 종국적인 규율을 행하기 어려운 경우가 많이 생기고 있다.

따라서 종국적인 처분인 행정행위를 하기 이전에 그에 관한 사전적 행위를 통하여 행정상의 법률관계를 정하게 되는 경우가 발생하는데, 이를 단계적 행정결정이라 한다. 이와 같은 행정청의 단계적 행정결정의 예로는 ① 확약, ② 가행정행위, ③ 사전결정, ④ 부분허가 등이 있다.

Ⅱ. 행정법상 확약

1. 확약의 의의

(1) 확약의 개념

행정법상 확약은 행정청이 국민에 대한 관계에 있어서 자기구속을 할 의도로써 장래에 향하여 일정한 작위 또는 부작위를 약속하는 의사표시를 말한다. 행정실무상 확약은 정식 인·허가에 앞서서 행하여지는 내인가, 내허가 등으로 불리고 있다. 확약은 행정청이 우월적 지위에서 공개적(예컨대 특별담화, 기자회견, 관보 또는 일간신문에의 게재 등)으로 하여야 하고, 그 내용이 구체적이고 시간적으로 한정되고 행정법상 법적 구속력이 있어야 한다.[97]

확약의 예로는 의료취약지 병원설립운영자에 대한 한시적 세제 지원 등 정부지원에 관한 보건복지부장관의 공고, 전교조 결성·활동과 관련된 교사들에게 교육부장관이 전교조를 탈퇴할 때에는 처벌하지 않겠다고 한 확약서한 등을 들 수 있다.

(2) 확약과 타 행위와의 구별

1) 행정법상 계약과의 구별

행정법상 확약은 행정청의 일방적 조치라는 점에서, 쌍방적 의사표시인 행정법상(공법상) 계약과 구별된다.

2) 내부행위와의 구별

행정법상 확약은 행정청의 국민에 대한 의사표시라는 점에서 행정조직 내의 단순한 내부행위와 구별된다.

3) 사실행위와의 구별

행정법상 확약은 법적 효과를 발생시키는 행위라는 점에서 도로공사, 서류정리 등과 같이 법적 효과를 발생시키지 않는 단순한 사실행위와는 구별된다.

2. 확약의 법적 근거

(1) 법적 근거

행정법상 확약을 규정하고 있는 현행 실정법은 없다. 1987년 입법예고되었던

---

97) 공직자가 일방적으로 자기확신적 언사를 하는 공언이나 선출직 공무원이 선거에 임하여 행하는 선거공약 등은 확약이 아니다.

행정절차법안에서는 확약에 관한 규정을 두었고, 그 대상을 행정행위로 한정하였
으나(제25조) 1996년 제정된 현행 행정절차법은 확약에 관한 규정을 삭제하였다.

(2) 확약의 허용성

행정법상 확약을 허용하는 명문규정이 없을 때에 그것이 허용될 것인지에 대
해서는 부정설이 없는 것은 아니나 긍정설(본처분권한포함설)이 일반적이다.

긍정설은 행정청이 일정한 권한을 부여받고 있는 경우에 상대방에 대하여 장차
행하고자 하는 본처분의 내용에 대하여 행정법상 확약을 한다는 것은 본처분권과는
다른 별개의 것이 아니라 당해 권한 행사의 일부를 이루는 행위이며, 본처분권의
사전처리작용으로 본다. 따라서 법령이 본처분권을 행정청에 부여한 경우에는 일
반적으로 이에 관한 확약의 권한도 아울러 부여하고 있다고 보는 것이 타당하다.

3. 확약의 법적 성질

행정법상 확약은 후에 있을 본처분의 내용과 관련하여 행정의 자기구속의 법
리 및 신뢰보호의 원칙에 기하여 행정청에 대하여 장래에 이행·불이행을 의무지
우는 효과를 발생시킨다는 점에서 행정행위로서의 성질을 가진다.

하지만 판례는 「수산업법」 제13조에 의거한 어업면허에 선행하는 우선순위결
정을 확약으로 보면서, 이는 행정처분이 아니라는 입장을 취하고 있다.[98]

4. 확약의 요건

행정법상 확약은 행정행위의 경우와 마찬가지로 주체·내용·형식·절차 등의
성립요건을 갖추어야 한다. 즉, ① 확약은 정당한 권한을 가진 행정청에 의해 행하
여져야 하며(주체), ② 그 확약이 적법하기 위해서는 그 대상인 행정행위가 적법한
것이어야 하며(내용), ③ 행정청은 확약하는 행정처분이 다른 행정청의 동의 또는
승인을 요하는 것일 때에는 미리 당해 행정청의 동의 또는 승인을 얻어야 하며(절
차), ④ 법령에서 정한 형식에 의하여야 한다(형식).

그 외에도 행정법상 확약은 본처분에 관한 사전적 행위이기 때문에 그것은
추후에 행해질 본처분인 행정행위와 그 규율사안에 있어 동일하여야 한다.

5. 확약의 효과

(1) 적법한 확약의 구속력

적법한 확약의 경우, 행정청은 자기구속의 의무를 지게 되어 확약 상대방에게

---

[98] 판례는 우선순위결정은 행정청이 우선권자로 결정된 자의 신청이 있으면 그에게 면허를 하지
아니할 만한 다른 사유가 없을 경우 다른 사람에 우선하여 면허처분을 하겠다는 것을 약속하
는 행위로서 강학상 확약에 불과하다고 본다(대법원 1996.6.11. 선고 95누10358 판결).

그 내용에 따른 행정행위를 해야 할 의무를 부담하게 된다. 확약의 상대방은 그 확약된 내용의 이행을 청구할 수 있는 권리를 갖게 된다.

(2) 위법한 확약의 효력

확약이 정당한 권한을 가진 행정청에 의해 행하여진 것이 아니거나 또는 중대한 하자를 지니고 있는 경우에는, 그 하자에 관계된 제반사정을 합리적으로 평가하여 그 결과 확약이 지닌 하자가 명백하다고 판단되면, 그 확약은 무효가 된다.

6. 확약의 실효

확약의 내용을 이행할 수 없을 정도로 사실관계 또는 법률상태가 변경된 경우에는 행정청은 그 확약에 기속되지 않는다. 즉, 확약의 기초가 된 사실 또는 법률상태가 변경되면 그 확약은 행정청의 별다른 의사표시 없이도 실효된다.

행정청이 상대방에게 장차 어떤 처분을 하겠다고 확약을 하면서 상대방으로 하여금 언제까지 처분의 발령을 신청하도록 유효기간을 두었는데도 그 기간 내에 상대방의 신청이 없었다면, 그와 같은 확약은 행정청의 별다른 의사표시를 기다리지 않고 실효된다.[99]

7. 확약의 취소와 철회

확약이 독립적 행정행위라고 볼 수 없다고 하더라도 이에 대하여도 수익적 행정행위의 취소·철회의 제한 등 행정행위에 관한 법리가 준용된다고 할 것이다. 따라서 행정청이 확약을 취소하거나 철회하기 위해서는 확약이 행해진 후에 불가항력이나 기타의 사유로 확약을 이행할 수 없을 정도로 그 기초가 되었던 사실상태나 법률상태가 변경된 경우 또는 확약을 번복해야 할 공익상의 필요가 당사자가 입게 될 기득권과 신뢰 및 법률생활 안정의 침해 등의 불이익을 정당화할 수 있을 만큼 중대한 경우에 한한다.

8. 확약과 권리구제

(1) 행정쟁송

학설은 행정법상 확약을 행정행위로 보아 처분성을 인정하고 있지만, 판례는 학설과는 달리 확약의 처분성을 부정하고 있어 확약 자체에 대한 행정쟁송을 인정하지 않고 있다. 따라서 확약의 상대방은 확약 자체를 대상으로 하는 항고소송을 제기하는 것이 불가능하다.

다만 행정청이 확약된 내용의 의무를 이행하지 않는 경우에는, 상대방은「행

---

99) 대법원 1996.8.20. 선고 95누10877 판결.

정심판법」상 의무이행심판이나 「행정소송법」상 부작위위법확인소송을 통하여 그 의무이행을 구할 수 있다.

(2) 손해배상

행정법상 확약의 불이행으로 손해가 발생한 경우에는 「국가배상법」 제2조의 요건이 충족되면 상대방은 행정상 손해배상을 청구할 수 있다.

Ⅲ. 가행정행위

1. 가행정행위의 의의

(1) 가행정행위의 개념

가(假)행정행위는 최종적인 행정행위가 있기 전에 계속적인 심사를 유보한 상태에서 행정법관계의 권리·의무에 대해 잠정적으로만 구속력을 가지는 행정작용을 말한다. 가행정행위는 잠정적 행정행위라고도 불린다.

가행정행위는 오늘날의 급변하는 행정현실에 따라 생긴 행정의 불확실성에 대하여 유연하게 대응하여 행정상의 법률관계를 조속히 안정화시키고, 동시에 당해 법률관계의 내용을 확인할 수 있는 시간상 및 실무상의 필요영역을 확보하여 실질적이고 구체적인 행정검토를 통한 종국결정을 가능하게 하기 위한 수단의 하나로서 인정되고 있다.[100]

「부가가치세법」, 「개별소비세법」, 「법인세법」, 또는 「관세법」 등과 같은 조세법의 영역에서 개인의 납세신고에 의하여 일단 과세처분의 효과를 발생케 한 다음에 과세행정청의 경정결정에 의해 세액을 확정하는 경우, 징계의결이 요구중인 공무원에 대하여 행하는 임용권자의 직위해제(국가공무원법 제73조의3 제1항 제3호), 환경영향조사서의 제출을 전제로 한 샘물 개발의 가허가(먹는물관리법 제10조) 등은 그 예이다.

> **[판 례]** 국가공무원법상 직위해제는 일시적으로 당해 공무원에게 직위를 부여하지 아니함으로써 직무에 종사하지 못하도록 하는 잠정적인 조치로서의 보직의 해제를 의미하므로 과거의 공무원의 비위행위에 대하여 기업질서 유지를 목적으로 행하여지는 징벌적 제재로서의 징계와는 그 성질이 다르다(대법원 2003.10.10. 선고 2003두5945 판결).

---

100) 최봉석, 잠정적 행정행위(가행정행위)의 요건과 한계, 고시연구(2006.4.), 25면.

(2) 가행정행위와 타 행위와의 구별

1) 행정법상 확약과의 구별

가행정행위와 행정법상 확약은 행정청이 구체적 사실에 관한 종국적 규율을 행하기 전에 그에 관한 잠정적 행위라는 점에서는 같다. 또한 양자는 그 행위 시에 이미 행정행위로서의 성질을 지니게 되는 점에서도 같다.

그러나 가행정행위는 행정청이 구체적 사실에 관한 법적 심사를 유보한 상태에서 그 내용을 잠정적으로 확정하는 규율이기 때문에 당해 법률관계를 외부적으로 형성하는 행위이나, 확약은 행정청이 그 상대방에게 장차 일정한 행정행위를 할 것을 약속하는 행위이기 때문에 그로 인하여 일정한 법률관계가 형성되는 것이 아니라는 점에서 차이가 있다.

2) 행정행위의 부관과의 구별

가행정행위는 그 자체가 본체인 행정행위이며 종국적 행정행위에 부종되어 있는 것은 아니라는 점에서 본체인 행위에 부종되어 종된 규율을 의미하는 행정행위의 부관과 구별된다.

2. 가행정행위의 법적 성질

가행정행위는 행정행위의 일종으로서 특수한 행정행위이며, 일정사항의 불확실성으로 인해 그 법적 규율을 잠정적·임시적 상태에 두고 있는 점에 그 특색이 있다.[101]

3. 가행정행위의 허용성

법률이 가행정행위를 허용하는 명문규정을 두고 있을 때에는 그 허용에 의문이 없으나, 그와 같은 명문규정이 없을 때에도 가행정행위가 허용될 것인지에 대해서는 부정설과 긍정설(본처분권한포함설)이 대립되고 있다.

부정설은 법령에 특히 가행정행위를 인정하는 규정이 있는 경우에 한하여 허용된다는 견해이다. 긍정설은 가행정행위를 본처분권의 사전처리작용으로 보고 별도의 법적 근거가 없더라도 허용된다는 입장이다.

가행정행위의 발령에 법률유보의 원칙이 적용되어야 한다는 부정설은 법치국가원리의 실현이라는 관점에서 일리가 없는 것은 아니나, 가행정행위는 본처분권의 사전처리작용이므로 본처분권에 관한 법적 근거만 있으면 된다는 긍정설이 타당하다고 본다.

---

101) 김남진·김연태, 행정법 I, 211면.

4. 가행정행위의 요건

가행정행위는 행정법상 확약과 마찬가지로 행정행위로서의 주체·내용·형식·절차 등의 성립요건을 갖추어야 한다. 즉, ① 가행정행위는 정당한 권한을 가진 행정청에 의해 행하여져야 하며(주체), ② 그 가행정행위가 적법하기 위해서는 그 대상인 행정행위가 적법한 것이어야 하며(내용), ③ 행정청은 가행정행위를 함에 있어 다른 행정청의 동의 또는 승인을 요하는 것일 때에는 미리 당해 행정청의 동의 또는 승인을 얻어야 하며(절차), ④ 법령에서 정한 형식에 의하여야 한다(형식).

그 외에도 가행정행위는 본처분에 관한 사전적 행위이기 때문에 그것은 추후에 행해질 본처분인 행정행위와 그 규율사안에 있어 동일하여야 한다.

5. 가행정행위와 권리구제

가행정행위는 그 효력이 잠정적이라는 점 외에는 행정행위와 동일한 성질을 가지고 있기 때문에, 가정행정행위로 인하여 권익의 침해를 받은 경우에는 취소심판이나 취소소송 등의 행정쟁송이 가능하다. 다만 가행정행위 후 종국적인 행정처분이 있게 되면 선행처분은 후행처분에 흡수되어 소멸하므로 이러한 경우에 가행정행위를 다투는 소송은 부적법하게 된다.

> **[판 례]** 공정거래위원회가 부당한 공동행위를 한 사업자에게 과징금 부과처분(선행처분)을 한 뒤 다시 자진신고 등을 이유로 과징금 감면처분(후행처분)을 한 경우, 후행처분은 자진신고 감면까지 포함하여 처분 상대방이 실제로 납부하여야 할 최종적인 과징금액을 결정하는 종국적 처분이고, 선행처분은 이러한 종국적 처분을 예정하고 있는 일종의 잠정적 처분으로서 후행처분이 있을 경우 선행처분은 후행처분에 흡수되어 소멸한다. 따라서 위와 같은 경우에 선행처분의 취소를 구하는 소는 이미 효력을 잃은 처분의 취소를 구하는 것으로 부적법하다(대법원 2015.2.12. 선고 2013두987 판결).

Ⅳ. 사전결정(예비결정)

1. 사전결정의 의의

사전결정이란 행정청이 종국적인 행정결정을 하기 전에 사전적인 단계로서 우선적으로 심사하여 내린 결정을 말하며, 예비결정이라고 부르기도 한다. 사전결정은 종국적인 결정을 유보한 상태에서 내린 결정이므로, 사전결정 그 자체만으로 상대방에게 어떠한 행위를 할 수 있게 하는 것은 아니다.

「건축법」 제10조의 건축의 사전결정이나 「폐기물관리법」 제25조의 폐기물처리사업계획에 대한 적합·부적합결정은 사전결정의 예이다.

2. 사전결정의 법적 근거

사전결정은 상대방의 권리·의무에 관한 실체적인 법률관계를 규율하는 것이므로 법적 근거가 있어야 한다.

3. 사전결정의 법적 성질

사전결정은 비록 제한적인 효력을 가지지만 상대방의 권리·의무에 영향을 주는 법적 효과를 가진다는 점에서 그 자체로서 하나의 독립적이고 완결된 행정행위로서의 성질을 가진다. 대법원 판례도 사전결정의 처분성을 인정하고 있다.

> **[판 례]** 주택건설촉진법 제33조가 정하는 주택건설사업계획의 승인은 이른바 수익적 행정처분으로서 행정청의 재량행위에 속하고, 따라서 그 전 단계로서 같은 법 제32조의4 제1항이 정하는 주택건설사업계획의 사전결정 역시 재량행위라고 할 것이다(대법원 1998.4.24. 선고 97누1501 판결).

> **[판 례]** 폐기물처리업의 허가를 받기 위하여는 먼저 사업계획서를 제출하여 허가권자로부터 사업계획에 대한 적정통보를 받아야 하고, 그 적정통보를 받은 자만이 허가신청을 할 수 있으므로, 결국 부적정통보는 허가신청 자체를 제한하는 등 개인의 권리 내지 법률상의 이익을 개별적이고 구체적으로 규제하고 있어 행정처분에 해당한다. 폐기물처리업의 허가에 앞서 사업계획서에 대한 적정·부적정통보 제도를 두고 있는 것은 폐기물처리업을 하고자 하는 자가 스스로 시설 등을 설치하여 허가신청을 하였다가 허가단계에서 그 사업계획이 부적정하다고 판명되어 불허가되면 허가신청인이 막대한 경제적·시간적 손실을 입게 되므로, 이를 방지하는 동시에 허가관청으로 하여금 미리 사업계획서를 심사하여 그 적정·부적정통보 처분을 하도록 하고, 나중에 허가단계에서는 나머지 허가요건만을 심사하여 신속하게 허가업무를 처리하는데 그 취지가 있다(대법원 1998.4.28. 선고 97누21086 판결).

4. 사전결정의 법적 효과

사전결정은 종국적인 행정처분에 앞서 전 단계에서 행해지는 행정처분이므로 원칙적으로 구속력이 인정된다. 하지만 사전결정이 있었다 하여도 행정청은 이에 기속되지 않고 공익과 사익을 비교·형량하여 최종적인 종국결정을 할 수 있다고 보아야 한다.

5. 사전결정과 행정구제

사전결정은 행정행위로서의 성질을 가지기 때문에 처분성이 인정되어 행정쟁송의 대상이 된다. 따라서 사전결정의 상대방은 사전결정을 대상으로 하여 취소소송 등을 제기할 수 있다.

Ⅴ. 부분허가

1. 부분허가의 의의

부분허가는 단계적인 절차를 통해 부분별로 이루어지는 행정작용 과정에서 일부에 대하여 행하는 허가를 말한다. 부분허가는 원자력발전소와 같이 그 건설에 비교적 장기간의 시간을 요하고 사회적 영향력이 큰 시설물에 대한 행정작용 과정에서 단계적으로 일부분에 대하여 부여하는 허가를 말한다.

부분허가의 대표적인 예는 「원자력안전법」상의 부지사전승인, 건설허가 및 운영허가이다. 「원자력안전법」은 발전용 원자로와 관계시설에 대해 1개의 종국적 행정처분으로 규율하지 않고, 그 과정을 단계별로 구분하여 부분허가 방식으로 규율하고 있다. 「원자력안전법」 제10조에 따르면 발전용원자로 및 관계시설을 건설하려는 자는 우선적으로 원자력안전위원회의 허가를 받아야 한다(건설허가). 이 경우 건설허가를 신청하기 전에 먼저 부지에 대한 사전승인을 신청하여 그에 대한 승인을 받을 수 있다(부지사전승인). 그리고 부지에 대한 사전승인을 받게 되면 원자력안전위원회 규칙이 정하는 범위 내에서 공사를 시작할 수 있다.

한편, 「원자력안전법」 제20조에 따르면 발전용 원자로 및 관계시설을 운영하려는 자는 건설허가와는 별도로 원자력안전위원회의 운영허가를 받아야 하며, 허가받은 사항을 변경하려는 때에도 또한 같다(운영허가).

이처럼 「원자력안전법」은 원자력이라는 특성으로 인한 위험예방을 위해 그에 대한 행정처분을 단계적으로 구분하여 일부에 대해서만 허가하는 방식을 취하고 있다.

[판 례] 부지사전승인제도는 원자로 및 관계 시설을 건설하고자 하는 자가 그 계획 중인 건설부지가 원자력법에 의하여 원자로 및 관계 시설의 부지로 적법한지 여부에 대하여 건설허가 전에 미리 승인을 받는 제도이다. 따라서 원자로 및 관계 시설의 부지사전승인처분은 그 자체로서 건설부지를 확정하고 사전공사를 허용하는 법률효과를 지닌 독립한 행정처분이기는 하지만, 건설허가 전에 신청자의 편의를 위하여 미리 그 건설허가의 일부 요건을 심사하여 행하는 사전적 부분 건설허가처분의

성격을 갖고 있는 것이다. 부지사전승인처분은 나중에 건설허가처분이 있게 되면 그 건설허가처분에 흡수되어 독립된 존재가치를 상실함으로써 그 건설허가처분만이 쟁송의 대상이 되는 것이므로, 부지사전승인처분의 취소를 구하는 소는 소의 이익을 잃게 되고, 따라서 부지사전승인처분의 위법성은 나중에 내려진 건설허가처분의 취소를 구하는 소송에서 이를 다투어야 한다(대법원 1998.9.4. 선고 97누19588 판결).

2. 부분허가의 법적 근거

부분허가는 그 자체로서 종국적인 규율을 행하는 행정행위이며, 그것은 그 상대방 및 관계인 등의 권리·의무에 관한 실체적인 법률관계를 규율하는 것이므로 법적 근거가 있어야 한다.

3. 부분허가의 성질

부분허가는 시설물의 설치나 운전에 관련된 한정된 사항에 대하여 종국적으로 규율하는 것이기 때문에 행정행위로서의 성질을 가진다.

4. 부분허가와 권리구제

부분허가는 행정행위로서의 성질을 가지기 때문에 행정행위의 취소나 철회, 행정행위의 하자론 등 행정행위의 이론이 그대로 적용되며, 행정구제의 경우에도 손해전보제도나 행정쟁송제도에 관한 이론이 그대로 적용된다.

제 3 장   행정계획

제 1 절   행정계획의 개관

I. 행정계획의 의의

1. 행정계획의 개념

행정계획이란 행정주체가 행정에 관한 전문적·기술적 판단을 기초로 하여 특정한 행정목표를 예측적으로 설정하고, 그 목표달성을 위해 서로 관련되는 행정수단을 종합·조정함으로써 장래 일정한 시점에 있어서 일정한 질서를 실현하는 것을 내용으로 하는 행정작용을 말한다.[102]

> **[판 례]** 행정계획이라 함은 행정에 관한 전문적, 기술적 판단을 기초로 하여 도시의 건설, 정비, 개량 등과 같은 특정한 행정목표를 달성하기 위하여 서로 관련되는 행정수단을 종합, 조정함으로써 장래의 일정한 시점에 있어서 일정한 질서를 실현하기 위한 활동기준으로 설정된 것이다(대법원 2006.9.8. 선고 2003두5426 판결).

2. 행정계획의 기능

(1) 목표설정적 기능

행정계획은 행정목적의 방향을 정하는 수단으로 활용되는 것이기 때문에, 행정목표를 설정하는 것은 행정계획의 기본적인 기능에 속한다.

(2) 행정수단의 종합화 기능

행정계획은 계획수립절차를 거치면서 행정목표와 관련되는 모든 행정기관을 유기적으로 연관시킴으로써 관계 행정청을 종합적으로 조정하는 기능을 가진다.

---

102) 대법원 2006.9.8. 선고 2003두5426 판결.

(3) 행정과 국민간의 매개적 기능

행정계획은 국민에게 행정목표를 미리 알려 주는 미래에 대한 예측가능성을 가지고 있다. 그 결과 행정목표의 실현을 위한 국민의 협력을 구할 수 있는 계기를 마련하게 됨은 물론 국민의 장래의 활동에 대하여 지침적 효과와 경우에 따라서는 국민의 생활관계에 관하여 규제적 효과를 발생하게 된다.

Ⅱ. 행정계획의 종류

1. 종합계획과 전문계획

종합계획은 종합적·전반적 사업이나 사무를 대상으로 하는 계획을 말하며, 도시기본계획·장기경제계획·장기사회계획과 같은 일종의 전략적 계획이 그 예에 속한다.

전문계획은 종합계획의 구체적 실현 또는 각 행정부문의 특정한 사업·사무를 실현시키기 위한 계획을 말하며, 이는 특정계획 또는 전술적 계획이라고도 한다. 이에는 도시관리계획·지구단위계획·산림기본계획·도로정비계획·주택계획·교육계획 등이 있다.

2. 장기계획·중기계획·단기계획·연도별계획

이는 계획의 기간에 따른 구분이다. 일반적으로 장기계획은 20년, 중기계획은 10년, 단기계획은 5년을 각각 계획기간으로 하는 것이며, 연도별계획은 당해 연도 1년을 계획기간으로 하는 계획을 말한다.

국토계획·산림기본계획은 중기계획의 예이며, 경제개발 5개년 계획·개발제한구역관리계획 등은 단기계획의 예이다. 연차별사업실시계획·도시계획시설에 대한 단계별집행계획은 연도별계획의 예이다.

3. 지역계획과 비지역계획

지역계획과 비지역계획은 계획의 규율대상이 지역적 의미를 가지느냐의 여부에 따른 구별이다. 지역계획은 국토계획·도시계획·수도권정비계획·개발제한구역관리계획·도시재개발기본계획 등과 같은 것이다.

비지역계획은 지역적 의미를 갖지 않는 경제계획·인력계획·교육계획·사회계획·과학기술진흥계획 등과 같은 것이다.

4. 상위계획과 하위계획

상위계획과 하위계획은 다른 계획의 기준이 되는 계획인가의 여부에 따른 구

별이다. 국토계획은 다른 법령에 의한 모든 건설에 관한 계획에 기준이 되는 상위
계획이며, 도시기본계획은 도시관리계획의 기준이 되는 상위계획이다. 도시관리계
획은 도시기본계획과의 관계에서 하위계획이며, 도시기본계획도 국토계획과의 관
계에서는 하위계획에 해당한다.

5. 구속적 계획과 비구속적 계획

구속적 계획과 비구속적 계획은 계획의 법적 구속력의 유무에 의한 구별이다.

행정계획의 법적 구속력은 ① 다른 행정기관이나 지방자치단체에 대하여 법
적 의무를 부과하는 것을 내용으로 하는 경우와 ② 직접 국민의 권리·자유를 규
제하는 경우로 구분할 수 있다. 구속적 계획 중에서도 국민의 권리구제와 관련하
여 중요한 것은 국민에 대한 구속력을 발생하는 계획이다.

> **[판 례]** 도시설계는 도시계획구역의 일부분을 그 대상으로 하여 토지의 이용을 합리화
> 하고, 도시의 기능 및 미관을 증진시키며 양호한 도시환경을 확보하기 위하여 수립하
> 는 도시계획의 한 종류로서 도시설계지구 내의 모든 건축물에 대하여 구속력을 가지는
> 구속적 행정계획의 법적 성격을 갖는다고 할 것이다(헌재 2003.6.26. 2002헌마402).

Ⅲ. 행정계획의 법적 성질

1. 학 설

행정계획의 법적 성질은 행정계획에 대한 행정소송 제기가 가능한지 여부를
판단함에 있어 매우 중요한 의미를 가진다. 현행 「행정소송법」은 항고소송의 대상
을 행정청의 처분 등으로 규정하고 있어, 행정계획에 대한 행정소송이 가능하기
위해서는 그 법적 성질이 처분성으로 인정되어야 하기 때문이다.

행정계획의 법적 성질에 관하여는 입법행위설, 행정행위설, 복수성질설, 독자
성설 등 여러 학설이 대립하고 있지만 최근의 다수설은 행정계획은 종류, 형식이
다양하므로 그 법적 성질은 일률적으로 정할 수 없고 개별적으로 판단하여야 한다
는 복수성질설의 입장이다.

2. 판 례
(1) 처분성 부정

판례는 대부분의 행정계획에 대해 항고소송의 대상이 되는 처분에 해당하지
않는다고 하면서 처분성을 부정하고 있다. 구체적으로는 행정활동의 지침으로서만
의 성격에 그치거나 행정조직 내부에서의 효력만을 가지고 있는 행정계획에 대해

처분성을 인정하지 않고 있다. 특히 도시기본계획, 농어촌도로기본계획, 하수도정
비기본계획, 대학입시기본계획 등 기본계획에 대해서는 엄격히 그 처분성을 부정
하고 있다.

이처럼 행정계획 그 자체에 대해 처분성을 부정하게 되면 행정소송의 대상적
격을 갖추지 못한 것이 되므로 행정계획의 위법성 판단을 받을 수 없게 되고 궁극
적으로 권리구제가 불가능해진다.

> **[판 례]** 구 하수도법 제5조의2에 의하여 기존의 하수도정비기본계획을 변경하여 광
> 역하수종말처리시설을 설치하는 등의 내용으로 수립한 하수도정비기본계획은 항고
> 소송의 대상이 되는 행정처분에 해당하지 아니한다(대법원 2002.5.17. 선고 2001두
> 10578 판결).

> **[판 례]** 구 농어촌도로정비법 제6조에 의한 농어촌도로기본계획은 그에 후속되는
> 농어촌도로정비계획의 근거가 되는 것일 뿐 그 자체로 국민의 권리의무를 개별적
> 구체적으로 규제하는 효과를 가지는 것은 아니므로 이는 항고소송의 대상이 되는
> 행정처분에 해당한다고 할 수 없다(대법원 2000.9.5. 선고 99두974 판결).

> **[판 례]** 토지구획정리사업법 규정상 환지계획은 환지예정지 지정이나 환지처분의 근
> 거가 될 뿐 그 자체가 직접 토지소유자 등의 법률상의 지위를 변동시키거나 또는 환
> 지예정지 지정이나 환지처분과는 다른 고유한 법률효과를 수반하는 것이 아니어서 이
> 를 항고소송의 대상이 되는 처분에 해당한다고 할 수가 없다(대법원 1999.8.20. 선고
> 97누6889 판결).

> **[판 례]** 국토해양부, 환경부, 문화체육관광부, 농림수산부, 식품부가 합동으로 발표
> 한 4대강 살리기 마스터플랜은 4대강 정비사업과 주변 지역의 관련 사업을 체계적
> 으로 추진하기 위하여 수립한 종합계획이자 '4대강 살리기 사업'의 기본방향을 제시
> 하는 계획으로서, 행정기관 내부에서 사업의 기본방향을 제시하는 것일 뿐, 국민의
> 권리·의무에 직접 영향을 미치는 것이 아니어서 행정처분에 해당하지 않는다(대법
> 원 2011.4.21. 자 2010무111 전원합의체 결정).

한편, 행정계획은 그 처분성이 부정되어 행정소송의 대상이 되지 않은 경우라
도 헌법재판소에 의한 헌법소원으로 권리구제를 받을 수 있다.

> **[판 례]** 국립대학인 서울대학교의 "94학년도 대학입학고사주요요강"은 사실상의 준

비행위 내지 사전안내로서 행정쟁송의 대상이 될 수 있는 행정처분이나 공권력의 행사는 될 수 없지만, 그 내용이 국민의 기본권에 직접 영향을 끼치는 내용이고 앞으로 법령의 뒷받침에 의하여 그대로 실시될 것이 틀림없을 것으로 예상되어 그로 인하여 직접적으로 기본권 침해를 받게 되는 사람에게는 사실상의 규범작용으로 인한 위험성이 이미 현실적으로 발생하였다고 보아야 할 것이므로 이는 헌법소원의 대상이 되는 헌법재판소법 제68조 제1항 소정의 공권력의 행사에 해당된다고 할 것이며, 이 경우 헌법소원에 달리 구제방법이 없다(헌재 1992.10.1. 92헌마68).

(2) 처분성 인정

판례는 구속적 계획인 관리계획의 경우 국민의 권리 · 의무에 구체적이고 개별적인 영향을 미친다고 보아 그 처분성을 인정하고 있다.

[판 례] 도시계획법 제12조 소정의 고시된 도시계획결정은 특정 개인의 권리 내지 법률상의 이익을 개별적이고 구체적으로 규제하는 효과를 가져오게 하는 행정청의 처분이라 할 것이고, 이는 행정소송의 대상이 된다(대법원 1982.3.9. 선고 80누105 판결).

[판 례] 구 도시재개발법상 관리처분계획은 주택재개발사업에서 사업시행자가 작성하는 포괄적 행정계획으로서 사업시행의 결과 설치되는 대지를 포함한 각종 시설물의 권리귀속에 관한 사항과 그 비용 분담에 관한 사항을 정하는 행정처분이다(대법원 2007.9.6. 2005두11951 판결).

한편, 판례는 「도시정비법」상의 적법한 재건축정비사업조합이 수립한 사업시행계획에 대해 기본적으로 그 처분성을 인정하고 있다. 하지만 토지소유자들이 사업시행인가를 받기 전에 작성한 사업시행계획에 대해서는 처분성을 부정하고 있다.

[판 례] 도시 및 주거환경정비법에 따른 주택재건축정비사업조합은 관할 행정청의 감독 아래 위 법상 주택재건축사업을 시행하는 공법인으로서, 그 목적 범위 내에서 법령이 정하는 바에 따라 일정한 행정작용을 행하는 행정주체의 지위를 가진다. 재건축정비사업조합이 이러한 행정주체의 지위에서 위 법에 기초하여 수립한 사업시행계획은 인가 · 고시를 통해 확정되면 이해관계인에 대한 구속적 행정계획으로서 독립된 행정처분에 해당한다(대법원 2009.11.2. 자 2009마596 결정).

[판 례] 도시 및 주거환경정비법상 도시환경정비사업을 직접 시행하려는 토지소유자

들은 시장·군수로부터 사업시행인가를 받기 전에는 행정주체로서의 지위를 가지지 못한다. 따라서 그가 사업시행인가를 받기 전에 작성한 사업시행계획은 인가처분의 요건 중 하나에 불과하고 항고소송의 대상이 되는 독립된 행정처분에 해당하지 아니한다(대법원 2013.6.13. 선고 2011두19994 판결).

제 2 절 행정계획의 절차

Ⅰ. 의   의

행정계획의 절차에 대한 일반법은 없으며, 개별법에 각각의 절차규정만 있을 뿐이다. 현행 「행정절차법」은 행정계획의 확정절차에 관해 규정하지 않고 있지만, 국민생활에 매우 큰 영향을 주는 행정계획을 수립·시행하려고 할 경우에는 행정예고를 하도록 규정하고 있다(제46조).

한편, 행정계획이 행정입법의 형식을 띠는 경우에는 「행정절차법」상 입법예고절차를, 처분의 형식을 띠는 경우에는 「행정절차법」상 처분절차를 적용하여야 한다.

Ⅱ. 절차의 주요 내용

1. 관계 행정기관간의 조정

행정계획은 다양한 행정수단을 종합·조정하는 기능을 가진다. 따라서 관계기관의 상반되는 이익의 조정을 위해 협의를 거쳐 조정하는 것이 보통이다. 국토계획에 대한 시·도지사의 의견제출, 수도권정비계획에 대한 중앙행정기관의 장 또는 시·도지사의 의견청취, 신공항건설기본계획에 대한 시·도지사의 의견청취 및 관계 중앙행정기관과의 협의 그리고 그 실시계획에 대한 승인, 도시기본계획에 대한 지방의회의 의견청취 등은 그 예이다.

2. 합의제기관(위원회)의 심의

행정계획은 전문성과 신중성을 담보하기 위하여 합의제기관의 심의를 거쳐 확정하도록 하는 경우가 많다. 국토의 계획 및 이용·관리에 관련되는 주요정책에 대한 국토정책위원회의 심의, 국가균형발전계획에 관한 국가균형발전위원회의 심의, 광역도시계획, 도시계획 등에 대한 중앙도시계획위원회의 심의, 수도권정비계획에 대한 수도권정비위원회의 심의 등은 그 예이다.

3. 주민 및 이해관계인의 참여

주민 및 이해관계인의 참여방법으로는 ① 공람의 기회를 부여하고 공람기간 중에 이해관계인이 의견서를 제출하게 하거나, 또는 주민의 의견청취(국토계획법 제28조 제1항), ② 공청회 개최 등으로 주민 및 관계전문가의 의견청취를 하도록 하는 경우(동법 제14조)가 있다.

4. 지방자치단체의 참여

광역도시계획을 수립하거나 변경하려면 미리 관할 지방자치단체의 의견을 들어야 한다(국토계획법 제15조).

5. 행정예고

현행 「행정절차법」은 행정예고제를 규정하면서 이를 행정계획에도 적용하고 있다(제46조). 즉, 행정청이 ① 국민생활에 매우 큰 영향을 주는 사항, ② 많은 국민의 이해가 상충되는 사항, ③ 많은 국민에게 불편이나 부담을 주는 사항, ④ 기타 널리 국민의 의견수렴이 필요한 사항 등에 관한 계획을 수립·시행하고자 하는 때에는 원칙적으로 이를 예고하여야 한다. 예고기간은 특별한 사정이 없는 한 20일 이상으로 한다.

누구든지 예고된 계획안에 대하여 그 의견을 제출할 수 있고, 행정청은 의견이 제출된 경우 특별한 사유가 없는 한 이를 존중하여 처리하되, 의견을 제출한 자에게 그 처리결과를 통지하여야 한다(동법 제47조).

6. 행정계획의 고시

행정계획은 불특정다수인을 대상으로 하는 경우가 많으므로 국민의 협력을 구하고 예측가능성을 보장하기 위하여 고시하는 것이 보통이다. 판례는 도시계획결정의 효력은 고시로 인하여 생기고 이를 결하면 아무런 효력도 발생하지 않는다고 판시하고 있다.

> **[판 례]** 행정청이 기안, 결재 등의 과정을 거쳐 정당하게 도시계획결정 등의 처분을 하였다고 하더라도 이를 관보에 게재하여 고시하지 아니한 이상 대외적으로는 아무런 효력도 발생하지 아니한다(대법원 1985.12.10. 선고 85누186 판결).

> **[판 례]** 도시계획결정의 효력은 도시계획결정고시로 인하여 생기고 지적고시도면의 승인고시로 인하여 생기는 것은 아니라고 할 것이나, 일반적으로 도시계획결정고시

의 도면만으로는 구체적인 범위나 개별토지의 도시계획선을 특정할 수 없으므로 결
국 도시계획결정 효력의 구체적, 개별적인 범위는 지적고시도면에 의하여 확정된다
(대법원 2000.3.23. 선고 99두11851 판결).

Ⅲ. 행정계획의 절차하자

행정계획의 절차하자는 행정계획을 입안하고 결정하는 과정에서 필요한 절
차, 즉 앞에서 언급된 행정기관의 참여나 주민 및 이해관계인의 참여 등을 결하여
발생한 하자를 말한다. 행정계획의 절차적 하자는 행정계획 자체에는 실체적 하자
가 없고 오직 절차적 하자만 있을 경우, 이를 이유로 행정계획을 취소하거나 무효
확인할 수 있는지의 문제이다.

[판 례] 도시계획의 입안에 있어 해당 도시계획안의 내용을 공고 및 공람하게 한
것은 다수 이해관계자의 이익을 합리적으로 조정하여 국민의 권리자유에 대한 부당
한 침해를 방지하고 행정의 민주화와 신뢰를 확보하기 위하여 국민의 의사를 그 과
정에 반영시키는데 있는 것이므로 이러한 공고 및 공람 절차에 하자가 있는 도시계
획결정은 위법하다(대법원 2000.3.23. 선고 98두2768 판결).

[판 례] 도시계획법 제16조의2는 "시장 또는 군수는 도시계획을 입안하고자 할 때
에는 주민의 의견을 청취하고 그 의견이 타당하다고 인정하는 때에는 이를 반영하
여야 한다". "주민의 의견을 청취하고자 할 때에는 그 입안하고자 하는 도시계획안
의 내용을 일간신문에 2일 이상 공고하고, 14일 이상 일반에게 공람시켜야 한다"고
규정하고 있는바, 위 각 규정의 내용과 취지에 비추어 보면 도시계획안의 내용을 일
간신문에 공고함에 있어서는 도시계획의 기본적인 사항만을 밝히고 구체적인 사항
은 공람절차에서 이를 보충하면 족한 것으로 보아야 할 것이다. 따라서 신문공고에
서 계획도로가 직선도로가 아니라 U자형의 우회도로임이 명시되어 있지 않아도 적
법한 것으로 보아야 한다(대법원 1996.11.29. 선고 96누8567 판결).

제 3 절 행정계획과 행정구제

Ⅰ. 행정계획과 사법심사

행정계획 역시 행정청의 행정작용 중의 하나이기 때문에 법치주의가 적용되
며, 행정계획이 실체적 또는 절차적 하자를 지녀 위법한 경우에는 사법적 통제의
대상이 된다. 그러나 모든 행정작용이 행정소송의 대상이 되는 것은 아니기 때문

에 먼저 행정계획이 행정소송의 대상이 되는 '처분 등'인지와 위법성이 있는지가 규명되어야 한다.

앞에서 본 바와 같이 학설과 판례는 구속적 행정계획의 처분성을 인정하고 있어, 이러한 처분적 행정계획에 대해서는 취소소송을 제기할 수 있다. 그러나 「행정소송법」은 소송요건의 하나로서 처분성 외에도 위법성을 요구하고 있어 어떠한 경우 행정계획이 위법하게 되는지가 문제된다.

II. 계획재량과 형량명령

1. 계획재량의 개념

계획재량의 개념은 행정계획에 대한 사법적 통제를 긍정하는 이론구성과 관련하여 성립된 것으로, 계획재량은 행정계획의 수립과정에서 행정주체가 가지게 되는 계획상의 재량, 즉 형성의 자유를 말한다. 행정계획은 관계법령에 추상적인 행정목표와 절차만이 규정되어 있을 뿐 행정계획의 내용에 대하여는 별다른 규정을 두고 있지 않으므로, 행정주체는 구체적인 행정계획을 입안, 결정함에 있어 광범위한 형성의 자유를 가진다는 것이다. 즉, 계획재량이란 행정계획의 목표달성을 위하여, 행정청에 허용되어 있는 광범위한 형성의 자유로 실정법상의 명문규정과 관계없이 행정계획의 본질적인 특성으로 인정되는 재량이다.

대법원 판례도 "행정주체는 구체적인 행정계획을 입안·결정함에 있어서 비교적 광범위한 형성의 자유를 가진다"고 하여 학설상의 계획재량의 개념을 폭넓게 수용하고 있다.[103]

> **[판 례]** 행정계획은 관계 법령에는 추상적인 행정목표와 절차만이 규정되어 있을 뿐 행정계획의 내용에 관하여는 별다른 규정을 두고 있지 아니하므로 행정주체는 구체적인 행정계획을 입안·결정함에 있어서 비교적 광범위한 형성의 자유를 가지는 것이지만, 행정주체가 가지는 이와 같은 형성의 자유는 무제한적인 것이 아니라 그 행정계획에 관련되는 자들의 이익을 공익과 사익 사이에서는 물론이고 공익 상호간과 사익 상호간에도 정당하게 비교교량하여야 한다는 제한이 있으므로, 행정주체가 행정계획을 입안·결정함에 있어서 이익형량을 전혀 행하지 아니하거나 이익형량의 고려 대상에 마땅히 포함시켜야 할 사항을 누락한 경우 또는 이익형량을 하였으나 정당성과 객관성이 결여된 경우에는 그 행정계획결정은 형량에 하자가 있어 위법하게 된다(대법원 2007.4.12. 선고 2005두1893 판결).

---

103) 대법원 2000.3.23. 선고 98두2768 판결; 대법원 1996.11.29. 선고 96누8567 판결.

2. 행정재량과 계획재량의 구분

행정재량은 구체적 사실과 결부시켜 판단하고 결정하는 것이나, 계획재량은 계획규범이 규정한 계획목적의 범위 내에서 광범위한 형성의 자유를 가지고 행정정책적으로 행정목표를 정하게 된다. 바꾸어 말하면, 행정재량의 경우는 구체적 사실을 연결점으로 하여 재량권이 좁게 인정되는 것이나, 계획재량의 경우에는 그 재량권이 광범위하게 인정되는 것이다.

행정재량의 경우에는 행정법규에서 정한 요건규정과 효과규정의 한계 내에서 재량권이 인정되는 것이나, 계획재량의 경우에는 계획규범이 요건·효과규정에 관하여 공백규정을 두는 것이 보통이기 때문에, 그에 따른 한계가 인정되지 않는다.

행정재량권행사의 위법성 여부에 대하여는 재량권의 내적·외적 한계를 기준으로 판단하게 되는 것이나, 계획재량권행사의 경우에는 재량권행사의 절차적 과정을 중심으로 절차(형량)하자의 구성을 통하여 비로소 위법성의 여부를 판단한다.

행정기관은 행정계획을 수립함에 있어 광범위한 형성의 자유를 의미하는 계획재량을 가지기 때문에 재량권의 남용이나 일탈의 문제가 없는 것이 보통이다. 그리하여 행정계획의 위법성을 인정하기 위해서는 행정계획 특유의 통제 법리가 필요하게 된다.

3. 형량명령

(1) 개 념

행정계획이 처분성이 인정되어 행정소송의 대상이 되는 경우에도 그 행정계획이 취소되기 위해서는 위법하여야 하는데, 그 위법성을 어떻게 인정할 것인지가 문제된다. 이러한 문제를 해결하기 위해 구성된 법리가 독일에서 정립된 형량명령이론이다. 형량명령(Abwägungsgebot)이란 행정계획에 있어 형성의 자유(계획재량)가 인정된다 할지라도 그것은 무제한적인 것이 아니고 행정계획에 관련되는 자들의 이익을 공익과 사익 사이는 물론이고 공익 상호간과 사익 상호간에도 정당하게 비교·형량하여야 한다는 원칙을 말한다. 원어인 독일어의 Gebot라는 단어를 한국에서 '명령'이라고 번역하여 사용하고 있지만, 이는 명령이라는 의미보다는 계획수립기관이 지켜야 할 '원칙'이라는 의미가 더 강하다.[104]

(2) 내 용

행정계획의 수립은 자료의 수집과 분석, 계획초안의 작성, 계획확정절차에 의

---

[104] 형량명령의 연혁에 대해서는 송동수, 독일에 있어 토지에 관한 공익과 사익의 조정, 토지공법연구, 제16집 제1호(2002.9.), 60면 이하 참조.

한 계획확정 등의 3단계의 과정을 거치며, 이와 같은 수립과정에서 행정계획 수립 기관은 계획에 관련되는 모든 공익과 사익을 비교·형량하여야 하는 의무를 진다.

대법원 판례 역시 형량명령을 통하여 행정계획에 대한 통제법리를 마련하고 있다. 즉, 행정주체가 가지는 계획상의 형성의 자유는 무제한적인 것이 아니라 그 행정계획에 관련되는 자들의 이익을 공익과 사익 사이에서는 물론이고 공익 상호 간과 사익 상호간에도 정당하게 비교·교량하여야 한다는 제한을 인정하고 있다.[105] 이렇듯 행정주체는 행정계획을 수립함에 있어 관련 모든 공익과 사익을 정당하게 비교·형량하여야 할 의무를 지게 되며, 형량 여부는 계획규범 적용의 적법 여부의 기준이 된다.

> **[판 례]** 행정주체가 그 주차장설치계획을 입안·결정함에 있어서 특히 특정 토지를 노외주차장으로 도시계획시설결정을 하는 경우에는 그 토지에 노외주차장을 설치할 필요성은 물론 그 토지의 개별공시지가 또는 시가를 감안한 사유재산권의 침해 정도와 주차장으로서의 경제성 내지 효율성의 비교도 이익형량의 고려 대상에 포함시켜야 한다(대법원 2006.4.28. 선고 2003두11056 판결).

> **[판 례]** 행정주체가 구체적인 행정계획을 입안·결정할 때 가지는 형성의 자유의 한계에 관한 법리는 행정주체가 주민의 입안 제안을 받아들여 도시관리계획결정을 할 것인지를 결정할 때에도 동일하게 적용된다(대법원 2012.1.12. 선고 2010두5806 판결).

4. 형량하자

형량하자란 형량명령이 제대로 준수되지 않은 경우를 말하며, 이러한 형량하자는 확정된 행정계획의 하자가 되어 위법한 행정계획이 되는 것이다. 즉, 행정주체가 행정계획을 입안·결정하면서 형량의무를 위반한 때에 형량하자가 발생한다.

대법원 판례는 형량하자의 유형으로 ① 이익형량을 전혀 행하지 아니하거나(형량의 탈락), ② 이익형량의 고려대상에 마땅히 포함시켜야 할 사항을 누락한 경우(형량의 결함), ③ 이익형량을 하였으나 정당성·객관성이 결여된 경우(오형량)를 인정하고 있다. 이와 같은 형량하자를 지닌 행정계획결정은 계획재량권을 일탈·남용한 것으로 위법하게 된다.[106]

> **[판 례]** 대학시설을 유치하기 위한 광역시의 도시계획시설결정이 지역의 교육여건

---

105) 대법원 1996.11.29. 선고 96누8567 판결; 대법원 1997.9.26. 선고 96누10096 판결.
106) 대법원 2005.3.10. 선고 2002두5474 판결.

개선 등의 공익과 지역 내의 토지나 건물 소유자들이 입게 되는 권리행사 제한 등의 사익의 이익형량에 정당성과 객관성을 결여한 하자가 있어 위법하다(대법원 2006.9.8. 선고 2003두5426 판결).

[판 례] 갑 등이 자신들의 토지를 도시계획시설인 완충녹지에서 해제하여 달라는 신청을 하였으나 관할 구청장이 이를 거부하는 처분을 한 사안에서, 위 토지를 완충 녹지로 유지해야 할 공익상 필요성이 소멸되었다고 볼 수 있다는 이유로, 위 처분은 갑 등의 재산권 행사를 과도하게 제한한 것으로서 행정계획을 입안·결정하면서 이 익형량을 전혀 하지 않았거나 이익형량의 정당성·객관성이 결여된 경우에 해당한다 고 본 원심판단을 정당하다고 한 사례(대법원 2012.1.12. 선고 2010두5806 판결).

5. 사법심사의 한계

앞에서 본 바와 같이 위법한 처분적 행정계획에 대해서 상대방은 취소소송의 제기를 통한 사법심사가 가능하지만, ① 계획수립기관이 가지는 계획재량 때문에 원고의 승소가 어렵고, ② 당해 계획의 특정 부분만의 취소가 불합리하거나 어려 우며, ③ 계획확정은 '완성된 사실'을 의미하여 권익구제의 실효성을 거두기 어려 운 점 등의 한계가 있다.

Ⅲ. 행정계획과 손해전보

1. 행정계획과 손해배상

행정계획이 실체적으로나 절차적으로 위법한 것인 때에 그로 인하여 구체적 손해를 입은 자는 헌법 제29조 제1항, 「국가배상법」 제2조 제1항에 의거 손해배상 을 청구할 수 있다. 그러나 국가배상책임의 요건을 충족시키는 것은 쉬운 일이 아 니다.

2. 행정계획과 손실보상

행정계획에 의한 손실은 주로 계획제한에 의한 재산권행사의 제한에 따른 것 으로, 그러한 제한이 보상을 요하는 특별한 희생인지 아니면 보상을 요하지 않는 재산권의 사회적 제약인지의 여부가 문제된다.

사회적 제약과 특별한 희생의 구별은 쉬운 일이 아니다. 따라서 양자의 구별 기준에 관한 학설을 중심으로 판단할 수밖에 없다. 즉, 적법한 계획에 의한 손실이 라도 특정인의 부담으로 방치하는 것이 정의·공평의 원칙에 반하거나 재산권에 대한 침해행위가 당해 재산권에 대하여 종래부터 인정되어 온 목적에 위배되는 때에는 '특별한 희생'으로 보아 손실보상을 긍정하는 것이 타당하다.

제 4 절 계획변경청구권과 계획보장청구권

Ⅰ. 개   설

1. 의   의

행정계획은 가변적인 행정현실을 규율하는 것이기 때문에 그에 대응하기 위해서는 변경하거나 폐지하는 것이 불가피한 경우가 있다. 이와 같은 변경·폐지 등의 가변성은 행정계획의 본질이긴 하지만, 사인이나 기업 등 국민측에서는 당해 행정계획의 존속을 신뢰하여 재산적 가치나 노력을 투입하는 것이 보통이어서 계획의 변경·폐지로 인한 권익의 침해가 발생하기도 한다.

따라서 계획보장의 법리는 계획의 변경·폐지 또는 불이행과 관련하여 계획주체와 그 수범자간에 생기는 리스크를 적절히 분배하고자 하는 것이다.

2. 양자의 구별

계획변경(해제)청구권은 계획수범자인 국민이 계획주체에 대하여 기존의 계획을 변경 또는 해제하여 줄 것을 요구하는 적극적인 권리의 문제인데, 계획보장청구권은 행정주체에 의한 계획의 폐지 또는 변경에 대항하는 계획수범자의 소극적 권리의 문제라는 점에서 양자는 구별된다.[107]

Ⅱ. 계획변경(해제)청구권

1. 의   의

계획변경(해제)청구권은 행정계획의 상대방인 국민이 행정계획의 변경이나 해제를 청구할 수 있는 권리를 말한다. 종래 우리의 판례상 나타난 행정계획의 변경청구권과 관련된 사안들을 보면 원칙적으로 그 청구권이 인정되지 않았고, 따라서 그 거부처분이 행정청의 처분으로 인정되지 않는 것으로 종결되어 왔었다.[108] 하지만 최근 대법원은 행정계획에 대한 변경청구권의 입장이 조금씩 변화되고 있는

---

107) 송동수, 행정계획해제신청에 대한 거부행위, 고시계(2004.12.), 43면 참조.
108) 도시계획시설변경신청(대법원 1984.10.23. 선고 84누227 판결), 국토이용계획상의 용도지역
    변경신청(대법원 1995.4.28. 선고 95누627 판결), 주택개량재개발사업계획의 변경신청(대법
    원 1999.8.24. 선고 97누7004 판결)과 관련하여 대법원은 관계 법령에 명문으로 도시계획이
    사익을 위한 것이라는 취지의 규정이 없을 뿐만 아니라 그 해석상 도시계획이 공익을 위한
    것으로 판단되기에 해당 지역주민에게 계획해제청구권이 인정되지 않는다고 하였다.

추세이다.

2. 거부행위의 처분성

행정계획을 변경 또는 해제해 달라는 신청에 대하여 이를 인용하지 아니함으로써 현재의 법률상태에 변동을 가져오지 아니하려는 행정청의 소극적인 의사표시는 바로 거부행위에 해당한다.

판례는 계획해제신청에 대한 행정청의 거부행위가 처분성을 지닌 것인지의 문제를 신청권의 유무의 문제로 파악하고 있다. 즉, 국민이 행정청에 대하여 어떤 구체적인 처분을 행할 것을 요구할 수 있는 법규상 또는 조리상의 권리가 있는 경우에는 신청권이 인정되고, 그 신청권에 근거한 계획해제신청에 대한 거부행위는 항고소송의 대상이 되는 행정처분이 된다고 보고 있다. 물론 국민에게 신청권이 없는 것으로 판단되면 당연히 행정청의 거부행위는 처분성이 부정되고 항고소송의 대상이 되지 않는다.

3. 계획변경신청에 있어서 신청권의 유무

(1) 부정적인 판례

종래의 판례는 행정계획의 근거가 되는 실정법을 엄격히 해석하여 국민이 행정청에 대하여 해당 행정계획을 변경해 줄 것을 요구할 수 있는 법규상 또는 조리상의 신청권을 가지고 있지 않다고 판단해 왔다. 그 결과 대부분의 계획변경청구에 대한 행정청의 거부행위는 행정소송의 대상이 되지 않았다.

[판 례] 국토이용계획의 결정과 그 변경은 건설부장관이 관계행정기관의 장으로부터 그 의견을 듣거나 그 지정 또는 변경요청을 받아 이를 입안 또는 변경하여 국토이용계획심의회의 심의를 거쳐 고시하도록 규정되어 있을 뿐, 국토이용관리법상 주민이 국토이용계획의 변경에 대하여 신청을 할 수 있다는 규정이 없을 뿐만 아니라, 국토건설종합계획의 효율적인 추진과 국토이용질서를 확립하기 위한 국토이용계획은 장기성, 종합성이 요구되는 행정계획에 있어서는 그 계획이 일단 확정된 후에 어떤 사정의 변동이 있다고 하여 지역주민이나 일반 이해관계인에게 일일이 그 계획의 변경을 청구할 권리를 인정하여 줄 수도 없는 것이라고 할 것이므로, 이 사건 임야의 국토이용계획상의 용도지역을 사설묘지를 설치할 수 있는 용도지역으로 변경하는 것을 허가하여 달라는 원고의 이 사건 신청을 피고가 거부 내지 반려하였다고 하여 그 거부 내지 반려한 행위를 가지고 항고소송의 대상이 되는 행정처분이라고 볼 수는 없다(대법원 1995.4.28. 선고 95누627 판결).

[**판 례**] 주택개량재개발사업계획의 변경에 관하여는 사업지구 내 토지 등의 소유자라 하더라도 그 변경신청을 할 수 있는 법규상의 근거가 없을 뿐만 아니라, 재개발사업의 성격에 비추어 보더라도 그와 같은 신청권을 인정할 수 없으므로, 결국 재개발 사업지구 내 토지 등의 소유자의 재개발사업에 관한 사업계획 변경신청에 대한 불허통지는 항고소송의 대상이 되는 행정처분에 해당하지 아니한다(대법원 1999.8.24. 선고 97누7004 판결).

위의 판결에서 알 수 있는 바와 같이 대법원은 도시계획을 입안·결정하고 변경하는 것은 행정청의 의무로 보고 있다. 그리고 도시계획이 사인을 위한 것이라는 취지의 규정이 없을 뿐만 아니라 그 해석상 도시계획이 공익을 위한 것으로 판단되기에 해당 지역주민들에게 계획변경에 대한 신청권이 인정되지 않는다고 보고 있다.

(2) 긍정적인 판례

판례는 과거 계획해제청구권을 일관되게 부정하였으나, 최근에는 변경신청을 거부하는 것이 실질적으로 당해 행정처분 자체를 거부하는 결과가 되는 경우에 예외적으로 계획변경을 신청할 권리를 인정하고 있다. 도시계획구역 내 토지 등을 소유하고 있는 주민으로서는 입안권자에게 도시계획입안을 요구할 수 있는 법규상 또는 조리상의 신청권이 있다고 할 것이고, 이러한 신청에 대한 거부행위는 항고소송의 대상이 되는 행정처분에 해당한다고 보고 있다.[109)]

[**판 례**] 국토이용계획은 장기성, 종합성이 요구되는 행정계획이어서 원칙적으로는 그 계획이 일단 확정된 후에 어떤 사정의 변동이 있다고 하여 그러한 사유만으로는 지역주민이나 일반 이해관계인에게 일일이 그 계획의 변경을 신청할 권리를 인정하여 줄 수는 없을 것이지만, 장래 일정한 기간 내에 관계 법령이 규정하는 시설 등을 갖추어 일정한 행정처분을 구하는 신청을 할 수 있는 법률상 지위에 있는 자의 국토이용계획변경신청을 거부하는 것이 실질적으로 당해 행정처분 자체를 거부하는 결과가 되는 경우에는 예외적으로 그 신청인에게 국토이용계획변경을 신청할 권리가 인정된다고 봄이 상당하므로, 이러한 신청에 대한 거부행위는 항고소송의 대상이 되는 행정처분에 해당한다(대법원 2003.9.23. 선고 2001두10936 판결).

[**판 례**] 산업단지개발계획상 산업단지 안의 토지 소유자로서 산업단지개발계획에 적합한 시설을 설치하여 입주하려는 자는 산업단지지정권자 또는 그로부터 권한을 위임받은 기관에 대하여 산업단지개발계획의 변경을 요청할 수 있는 법규상 또는 조

---

109) 대법원 2004.4.28. 선고 2003두1806 판결.

리상 신청권이 있고, 이러한 신청에 대한 거부행위는 항고소송의 대상이 되는 행정
처분에 해당한다(대법원 2017.8.29. 선고 2016두44186 판결).

또한 법규상 또는 조리상 신청권이 있는지 여부에 대한 판단은 단순히 관계
법령에 그러한 신청권에 대한 명문의 근거규정이 있는지 여부를 기준으로 하여 좁
게 이루어져서는 아니 되며 관계법령과 헌법적 원리를 종합적으로 해석하여 이루
어져야 한다고 보고 있다.

> **[판 례]** 도시계획법은 도시계획시설부지의 매수청구권, 도시계획시설결정의 실효에
> 관한 규정과 아울러 도시계획 입안권자로 하여금 5년마다 도시계획에 대하여 그 타
> 당성 여부를 전반적으로 재검토하여 정비하여야 할 의무를 지우고, 도시계획 입안제
> 안과 관련하여서는 주민이 입안권자에게 도시계획의 입안을 제안할 수 있고, 입안권
> 자는 그 처리결과를 제안자에게 통보하도록 규정하고 있는 점 등과 헌법상 개인의
> 재산권 보장의 취지에 비추어 보면, 도시계획구역 내 토지를 소유하고 있는 주민으
> 로서는 입안권자에게 도시계획입안을 요구할 수 있는 법규상 또는 조리상의 신청권
> 이 있다고 할 것이고, 이러한 신청에 대한 거부행위는 항고소송의 대상이 되는 행정
> 처분에 해당한다(대법원 2004.4.28. 선고 2003두1806 판결).

> **[판 례]** 문화재보호법은 문화재보호구역의 지정에 따른 재산권행사의 제한을 줄이기
> 위하여, 행정청에게 보호구역을 지정한 경우에 일정한 기간마다 적정성 여부를 검토
> 할 의무를 부과하고, 그 검토사항 등에 관한 사항은 문화관광부령으로 정하도록 위
> 임하였으며, 검토 결과 보호구역의 지정이 적정하지 아니하거나 기타 특별한 사유가
> 있는 때에는 보호구역의 지정을 해제하거나 그 범위를 조정하여야 한다고 규정하고
> 있는 점, 그 적정성 여부의 검토에 있어서 당해 문화재의 보존 가치 외에도 보호구
> 역의 지정이 재산권 행사에 미치는 영향 등을 고려하도록 규정하고 있는 점 등과
> 헌법상 개인의 재산권 보장의 취지에 비추어 보면, 문화재보호구역 내에 있는 토지
> 소유자 등으로서는 위 보호구역의 지정해제를 요구할 수 있는 법규상 또는 조리상
> 의 신청권이 있다고 할 것이고, 이러한 신청에 대한 거부행위는 항고소송의 대상이
> 되는 행정처분에 해당한다(대법원 2004.4.27. 선고 2003두8821 판결).

III. 계획보장청구권

계획보장청구권은 행정계획의 특성상 공익적 견지에서 행정주체에 의한 계획
의 폐지나 변경이 빈번히 발생하고, 이 경우 계획의 상대방인 국민의 신뢰보호의
문제가 발생하기 때문에 이에 대한 적절한 구제방안의 하나로서 인정되는 소극적

인 권리이다. 계획보장청구권은 ① 계획존속청구권, ② 계획준수청구권, ③ 경과조치 및 적합원조청구권, ④ 손해전보청구권 등 다양한 청구권의 내용을 종합한 개념으로, 그 인정여부에 대해서는 일반적으로 부정적인 입장이다.

1. 계획존속청구권

계획존속청구권은 계획의 폐지(또는 변경)에 대항하여 계획의 존속을 주장하는 권리를 말하는데, 원칙적으로 이러한 일반적 계획존속청구권은 인정되지 않는다. 이를 인정하는 경우 계획변경에 의한 공익보다 신뢰보호라는 개인이익에 일방적 우선권을 부여하는 결과가 되기 때문이다.

그러나 계획이 법률 또는 행정행위의 형식으로 행해진 경우 또는 신뢰보호의 원칙(계획존속에 대한 신뢰이익이 정치적·경제적·사회적 상황의 변화에 따른 계획변경의 이익보다 우위에 있는 경우)이 적용되는 경우에는 계획존속청구권이 인정될 여지도 있다.

계획이 법률의 형식인 경우, 진정소급효를 가지는 계획변경은 허용되지 않는다. 계획변경이 부진정소급효를 가지는 경우에는, 당해 계획이 투자 등 조치의 동인이었고, 계획존속에 대한 관계인의 신뢰보호가 계획변경에 따른 공익보다 월등히 큰 때에는 계획존속청구권이 인정될 수도 있다.

계획이 행정행위의 형식으로 확정된 경우에는 그 변경은 행정행위의 철회에 관한 일반법리를 적용하여 판단할 수 있을 것이다.

> **[판 례]** 행정청이 용도지역을 자연녹지지역으로 지정결정하였다가 그보다 규제가 엄한 보전녹지지역으로 지정결정하는 내용으로 도시계획을 변경한 경우, 행정청이 용도지역을 자연녹지지역으로 결정한 것만으로는 그 결정 후 그 토지의 소유권을 취득한 자에게 용도지역을 종래와 같이 자연녹지지역으로 유지하거나 보전녹지지역으로 변경하지 않겠다는 취지의 공적인 견해표명을 한 것이라고 볼 수 없고, 토지소유자가 당해 토지 지상에 물류창고를 건축하기 위한 준비행위를 하였더라도 그와 같은 사정만으로는 용도지역을 자연녹지지역에서 보전녹지지역으로 변경하는 내용의 도시계획변경결정이 행정청의 공적인 견해표명에 반하는 처분을 함으로써 그 견해표명을 신뢰한 개인의 이익이 침해되는 결과가 초래된 것이라고도 볼 수 없다는 등의 이유로, 신뢰보호의 원칙이 적용되지 않는다(대법원 2005.3.10. 선고 2002두5474 판결).

2. 계획준수청구권

계획준수청구권은 행정청의 계획위반적 행위에 대항하여 계획의 준수 및 집행을 주장하는 권리를 말한다. 일반적인 계획준수청구권은 허용되지 않는다. 그러나 구속적 계획의 경우 그에 구속되는 행정청은 계획에 반하는 조치를 할 수 없다. 법령상 행정청이 집행의무를 지고 있고, 그 법령이 개인의 이익을 보호하려는 것인 때에는 계획준수청구권이 인정될 수 있다.

3. 경과조치 및 적합원조청구권

경과조치 및 적합원조청구권은 계획이 변경되는 경우 그로 인하여 재산상의 불이익을 받게 될 자가 행정청에 대하여 그와 같은 불이익을 방지하기 위한 조치를 청구할 수 있는 권리를 말한다. 하지만 이와 같은 일반적 청구권은 인정되지 않는다. 그러므로 계획주체측에서 경과조치나 적합원조조치를 취하여 개인이 입게 될 불이익을 방지하도록 하는 것이 보다 바람직하다.

4. 손해전보청구권

손해배상은 「국가배상법」과 「민법」의 불법행위법에 의하여, 손실보상은 각 개별법의 손실보상규정 및 손실보상에 관한 법원칙에 따라 해결하여야 하므로, 손해배상 또는 손실보상청구를 구하는 독자적인 계획보장청구권은 인정되지 않는다.

Ⅳ. 평   가

행정계획이 현대의 국민 생활에 미치는 큰 영향을 고려할 때 가변성이 계획의 속성이라 할지라도 객관적으로 필요한 한계를 넘어서는 자의적인 행정계획의 변경·폐지는 계획존속을 신뢰한 사인이나 기업의 권익에 중대한 영향을 미치므로 허용되지 않는다.

그러나 손해전보를 구하는 독자적 청구권은 인정되지 않기 때문에 위법한 계획의 변경·폐지로 인하여 생긴 손해에 대해서는 「국가배상법」과 「민법」의 불법행위법에 따른 배상을 하여야 할 것이며, 적법한 계획의 변경·폐지로 인하여 생긴 손실에 대해서는 행정행위의 철회로 인한 손실보상법리에 준하여 손실보상을 하여야 할 것이다. 그런데 손실보상법리를 적용함에 있어서는 보상청구권의 유무가 문제되며, 계획의 변경·폐지로 인한 손실에 대한 보상규정이 없을 때는 수용유사 침해법리의 적용을 통한 보상을 고려하여야 할 것이다.

제4장 공법상 계약

♣ Key Point
- 공법상 계약과 당사자소송
- 국가계약법

I. 공법상 계약의 의의

1. 공법상 계약의 개념

공법상 계약이란 "행정주체 상호간 또는 행정주체와 사인간에 공법적 효과의 발생을 내용으로 하는 계약"을 말한다. 「행정기본법」 제27조 제1항은 "행정청은 법령등을 위반하지 아니하는 범위에서 행정목적을 달성하기 위하여 필요한 경우에는 공법상 법률관계에 관한 계약(공법상 계약)을 체결할 수 있다"고 하여 공법상 계약의 허용성을 명문으로 규정하고 있다.

행정청과 사인 사이의 행정작용은 대부분 행정행위로 대표되는 처분을 중심으로 이루어지고 있다. 하지만 행정작용은 행정청의 일방적인 작용인 처분뿐 아니라 행정청과 사인이 대등한 지위에서 의사 합의를 통해 이루어질 수도 있다. 이러한 합의의 전형적 유형이 공법상 계약이다. 즉, 공법상 계약은 공법상 법률관계의 변동, 즉 공법적 효과의 발생을 목적으로 하는 복수 당사자 사이의 서로 반대 방향의 의사표시의 합치에 의하여 성립하는 공법행위를 말한다.

그동안 공법상 계약을 일반적으로 규율하는 일반적 근거 규정은 없었다. 그러나 「행정기본법」 제27조에 공법상 계약이 허용된다는 점이 원칙적으로 규정됨으로써, 개별 법률에 공법상 계약에 관한 특별한 규정이 있으면 그 규정이 우선 적용되지만, 그러한 특별 규정이 없으면 「행정기본법」 제27조가 적용된다. 즉, 「행정기본법」 제27조는 공법상 계약에 관한 일반법이며, 이를 통해 공법상 계약은 전면적으로 허용된다.

공법상 계약과 관련된 법률로는 「국가계약법」을 들 수 있다. 이 법률은 국가 또는 지방자치단체가 예산을 수반하는 매매, 임대차, 도급 등의 계약을 체결하는 경우에 공법상 계약과 사법상 계약을 구별하지 않고 적용한다.

2. 공법상 계약의 유용성 및 인정영역

우리나라에서 공법상 계약은 오랫동안 행정실무에서는 물론 학설 및 판례에서도 행정행위론에 밀려 큰 발전이 없었었다. 그러나 최근 들어 비권력적 행정의 확대, 행정의 민간화, 공·사협력관계(PPP)의 증진으로 공법상 계약의 유용성이 각 행정법 영역에서 활발히 논의되고 인정받으면서 공법상 계약은 현대행정에 있어서 대안적 행정작용으로 각광을 받고 있다.

특히 지방자치제가 정착하면서 지방자치단체의 효율적 행정작용으로 공법상 계약이 광범위하게 인정되고 있다. 예를 들어 지방자치단체가 특정한 기업에 대하여 공장의 설립을 허가하면서 대기오염방지·수질오염방지·폐기물 및 유해화학물질의 관리 등에 관해 부관이 붙은 행정처분을 일방적으로 발령하기보다는 지방자치단체와 특정 기업간에 공장의 건립에 따른 환경관리협정을 공법상 계약의 형식으로 체결하는 경우이다. 이처럼 일방적인 행정처분보다 공법상 계약을 체결하는 것이 효율적인 공해방지라는 행정목적에도 합당하다는 인식이 고조되고 있다.[1]

또한 사회간접자본의 확충을 위한 「민간투자법」이 시행되면서 국가 또는 지방자치단체와 민자를 투자하는 개인 사이에 시설의 유지·관리·요금의 징수 및 조세의 감면이나 상업차관의 도입 등에 관한 다양한 공법상 계약이 체결되고 있다.

Ⅱ. 공법상 계약과 타 행위와의 구별

1. 행정행위와의 구별

공법상 계약과 행정행위는 모두 공법영역에서 외부적 효과를 지닌 행정청의 행정작용이라는 점에서 공통점을 가지고 있으나 그 성립 방법에서 근본적 차이점이 있다. 즉, 공법상 계약이 양 당사자의 의사표시의 합치에 의해 성립되는 것에 반해 행정행위는 행정청의 구속력 있는 일방적 의사표시에 의해 성립하는 권력적 단독행위이다.

다만, 공무원 임명행위, 귀화허가 등이 공법상 계약인지 행정행위인지가 문제되나, 행정주체의 의사에 법률상 우월한 힘을 인정하고 있는 우리의 쌍방적 행정행위로 보아야 할 것이다.

2. 사법상 계약과의 구별

공법상 계약이나 사법상 계약은 모두 복수의 대등한 당사자의 반대방향의 의

---

1) 송동수, 행정계약의 현대적 재조명, 토지공법연구, 제10집(2000.8.), 270면.

사표시의 합치로 일정한 법률효과가 발생하는 점에서는 본질적으로 같다. 그러나 공법상 계약은 ① 공법적 효과의 발생을 목적으로 하는 점, ② 공익과 밀접한 관계가 있다는 점에서 사법상 계약과 구별된다.

우리의 판례도 공법상의 계약과 사법상 계약을 구분하는 입장을 취하고 있다. 예를 들면 서울특별시립무용단 단원의 위촉을 공법상의 계약으로 보았으나,[2] 「국가계약법」에 따라 지방자치단체가 당사자가 되는 이른바 공공조달계약은 사경제의 주체로서 상대방과 대등한 위치에서 체결하는 사법상의 계약으로서 그 본질적인 내용은 사인 간의 계약과 다를 바가 없다고 보았다.[3]

3. 공법상 합동행위와의 구별

공법상 계약이나 공법상 합동행위는 복수 당사자간의 의사의 합치로써 성립하는 점에서는 서로 같다. 그러나 공법상 계약은 그 당사자 간의 반대방향의 의사의 합치로, 그 법적 효과는 쌍방의 당사자에 대하여 각각 반대의 의미(일방이 권리를 가지며, 타방은 의무를 진다)를 가지는 점에서 같은 방향의 의사의 합치이며, 그 법적 효과가 당사자 쌍방에 대하여 같은 의미를 갖는 공법상 합동행위(시·군조합의 설립)와 구별된다.

Ⅲ. 공법상 계약의 요건

1. 주체에 관한 요건

공법상 계약의 당사자는 그 일방 또는 쌍방이 행정주체이어야 한다. 여기서 행정주체는 국가, 지방자치단체 및 기타의 공공단체(공공조합, 영조물법인, 공법상의 재단) 및 공무수탁사인을 포함한다. 따라서 순수한 사인 상호간의 계약은 공법상 계약이 될 수 없다.

공법상 계약이 유효하게 성립하기 위한 주체상의 요건으로는 ① 정당한 권한을 가진 행정주체의 행위로서, ② 그 권한의 범위 내에서 행한 행위이고, ③ 정상적 의사에 의거하여 행한 계약이어야 한다.

2. 내용에 관한 요건

⑴ 법률우위의 원칙

공법상 계약 역시 행정의 행위형식의 하나이므로 법령뿐만 아니라 공익에 적합하여야 한다. 「행정기본법」 제27조 제1항은 "행정청은 법령등을 위반하지 아니

---

2) 대법원 1995.12.22. 선고 95누4636 판결.
3) 대법원 2001.12.11. 선고 2001다33604 판결.

하는 범위에서 공법상 계약을 체결할 수 있다"고 하여 법치행정의 원칙을 명시하고 있다. 특히 공법상 계약에 법률우위의 원칙이 적용됨을 분명히 하고 있다. 따라서 강행법규에 반하는 공법상 계약은 위법한 것이 된다.

(2) 행정목적의 달성

「행정기본법」 제27조 제1항은 "행정청은 행정목적을 달성하기 위하여 필요한 경우에는 공법상 계약을 체결할 수 있다"고 하여 공법상 계약을 행정목적의 달성을 위해서만 체결할 수 있음을 분명히 하고 있다. 따라서 행정의 법률에의 구속을 회피할 목적으로 공법상 계약을 체결하는 것은 허용되지 않는다.

(3) 공공성과 제3자의 이해관계

「행정기본법」 제27조 제2항은 "행정청은 공법상 계약의 상대방을 선정하고 계약 내용을 정할 때 공법상 계약의 공공성과 제3자의 이해관계를 고려하여야 한다"고 하여 공공성과 제3자의 이해관계에 대한 고려를 공법상 계약의 내용 요건으로 명시하고 있다. 이러한 규정을 둔 이유는 공법상 계약이 공익실현을 목적으로 하는 공행정의 일부분이기 때문이다. 따라서 공공성이 결여되었거나 제3자의 이해관계를 무시한 공법상 계약은 위법한 계약이 될 수 있으며, 경우에 따라 무효가 될 수 있다.

3. 절차에 관한 요건

공법상 계약의 체결 절차에 관하여 일반적 규정을 둔 법률은 없다. 행정절차에 관한 일반법인 「행정절차법」은 공법상 계약에 관하여 규율하고 있지 않기 때문에 적용되지 않는다.

그러나 공법상 계약이 지닌 공익적 성격 때문에 공법상 계약의 성립에 감독청 또는 관계행정청의 인가 또는 확인을 그 절차적 요건으로 하는 경우가 많다. 「토지보상법」상 사업시행자와 토지소유자 및 관계인 간에 협의가 성립한 경우에 그에 대한 관할 토지수용위원회의 확인(제29조)은 그 예이다.

위와 같은 특별한 경우를 제외하고는 공법상 계약의 체결은 「민법」상의 의사표시와 계약에 관한 일반원칙을 따라야 할 것이다. 공법상 계약이 제3자에게 영향을 주거나 다른 행정청의 동의를 필요로 하는 때에는 제3자 또는 다른 행정청의 동의가 있음으로써 당해 계약은 유효하게 성립할 수 있다.

4. 형식에 관한 요건(서면계약의 원칙)

원칙적으로 사법상 계약은 그 체결에 특정한 형식을 요구하지 않기 때문에 구두계약도 가능하다. 하지만 「행정기본법」 제27조 제1항 후단은 "공법상 계약은 계약의 목적 및 내용을 명확하게 적은 계약서를 작성하여야 한다"고 하여 공법상 계약은 서면계약의 형태로 이루어져야만 한다는 점을 명시적으로 규정하고 있다. 사법상 계약이 사적 자치를 기반으로 한 계약당사자 간의 자유로운 합의를 통해 성립하는 반면, 공법상 계약은 법치행정의 원칙, 계약 내용의 공익 적합성 및 계약 과정의 투명성 등 공법적 요청도 준수해야 한다. 이와 같은 공법적 요청을 반영한 것이 공법상 계약의 서면계약의 원칙이다.

계약서의 형식을 갖추지 않으면 공법상 계약으로서 효력이 없으므로 서면계약의 원칙은 계약 성립의 측면에서 사법상 계약과 공법상 계약을 구별하는 기준이 된다. 공법상 계약서에는 계약의 목적과 계약의 내용을 명확하게 담고 있어야 한다.

참고로 「국가계약법」 제11조 제1항도 "각 중앙관서의 장 또는 계약담당공무원은 계약을 체결하고자 할 때에는 (… 중략 …) 필요한 사항을 명백히 기재한 계약서를 작성하여야 한다"고 규정하고 있어 계약의 서면 형식을 천명하고 있다.

Ⅳ. 공법상 계약의 종류

1. 주체에 의한 구분

(1) 행정주체 상호간의 계약

행정주체 상호간의 계약은 국가와 공공단체간·공공단체 상호간 또는 행정기관 상호간에 성립하는 공법상 계약을 말한다.

예컨대, ① 공공단체 상호간의 사무위탁(지방자치법 제151조), ② 지방자치단체 상호간의 협의에 의한 도로의 관리청 및 관리의 방법이나 경계지 도로의 비용에 있어 부담하여야 할 금액 및 분담방법(도로법 제21조·제70조), ③ 시·도지사의 경계하천의 관리협의(하천법 제9조), ④ 교육감의 교육사무의 위임·위탁(교육자치법 제26조) 등을 들 수 있다.

(2) 행정주체와 사인간의 계약

국가 또는 공공단체 등 행정주체와 사인간에도 특정한 행정법관계의 설정을 위하여 계약의 방법을 사용하는 경우가 있다.

이러한 계약에는 ① 지원에 의한 입대·영조물 이용관계의 설정 등 특별행정법관계 설정 합의, ②「공무원법」상의 계약직 공무원의 채용계약, ③ 임의적 공용부담, ④ 환경보전협정, ⑤ 국가연구개발사업협약 등이 있다.

[판 례] 광주광역시문화예술회관장의 단원 위촉은 광주광역시문화예술회관장이 행정청으로서 공권력을 행사하여 행하는 행정처분이 아니라 공법상의 근무관계의 설정

을 목적으로 하여 광주광역시와 단원이 되고자 하는 자 사이에 대등한 지위에서 의
사가 합치되어 성립하는 공법상 근로계약에 해당한다고 보아야 할 것이다(대법원
2001.12.11. 선고 2001두7794 판결).

[판 례] 계약직공무원 채용계약해지의 의사표시는 일반공무원에 대한 징계처분과는
달라서 항고소송의 대상이 되는 처분 등의 성격을 가진 것으로 인정되지 아니하고,
일정한 사유가 있을 때에 국가 또는 지방자치단체가 채용계약 관계의 한쪽 당사자
로서 대등한 지위에서 행하는 의사표시로 취급되는 것으로 이해되므로, 이를 행정처
분과 같이 행정절차법에 의하여 근거와 이유를 제시하여야 하는 것은 아니다(대법
원 2002.11.26. 선고 2002두5948 판결).

[판 례] 채용계약상 특별한 약정이 없는 한 지방계약직공무원에 대하여 지방공무원
법, 지방공무원징계 및 소청규정에 정한 징계절차에 의하지 않고서는 보수를 삭감할
수 없다(대법원 2008.6.12. 선고 2006두16328 판결).

[판 례] 행정청이 자신과 상대방 사이의 근로관계를 일방적인 의사표시로 종료시켰
다고 하더라도 곧바로 그 의사표시가 행정청으로서 공권력을 행사하여 행하는 행정
처분이라고 단정할 수는 없다. 지방계약직공무원인 옴부즈만 채용행위는 공법상 대
등한 당사자 사이의 의사표시의 합치로 성립하는 공법상 계약에 해당한다. 원고의
채용계약 청약에 대응한 피고의 '승낙의 의사표시'가 대등한 당사자로서의 의사표시
인 것과 마찬가지로 그 청약에 대하여 '승낙을 거절하는 의사표시' 역시 행정청이
대등한 당사자의 지위에서 하는 의사표시라고 보는 것이 타당하고, 이를 행정청이
우월한 지위에서 행하는 공권력의 행사로서 행정처분에 해당한다고 볼 수는 없다
(대법원 2014.4.24. 선고 2013두6244 판결).

[판 례] 국립의료원 부설 주차장에 관한 위탁관리용역운영계약의 실질은 행정재산인
위 부설주차장에 대한 사용·수익 허가로서 이루어진 것임을 알 수 있으므로, 이는
국립의료원이 공권력을 가진 우월적 지위에서 행한 행정처분으로서 특정인에게 행
정재산을 사용할 수 있는 권리를 설정하여 주는 강학상 특허에 해당한다 할 것이고
순전히 사경제주체로서 원고와 대등한 위치에서 행한 사법상의 계약으로 보기 어렵
다(대법원 2006.3.9. 선고 2004다31074 판결).

[판 례] 국책사업인 '한국형 헬기 개발사업'(Korean Helicopter Program)에 개발주
관사업자 중 하나로 참여하여 국가 산하 중앙행정기관인 방위사업청과 '한국형헬기
민군겸용 핵심구성품 개발협약'을 체결한 甲 주식회사가 협약을 이행하는 과정에서

환율변동 및 물가상승 등 외부적 요인 때문에 협약금액을 초과하는 비용이 발생하였다고 주장하면서 국가를 상대로 초과비용의 지급을 구하는 민사소송을 제기한 사안에서, 위 협약의 법률관계는 공법관계에 해당하므로 이에 관한 분쟁은 행정소송으로 제기하여야 한다고 한 사례(대법원 2017.11.9. 선고 2015다215526 판결).

(3) 공무수탁사인과 사인간의 계약

사인 상호간의 공법상 계약은 법규에 명문 규정이 있는 경우에 가능하며, 현행법상 「토지보상법」 제26조에서 사인인 사업시행자와 토지소유자간의 협의가 인정되고 있다. 여기서 사업시행자는 공무수탁사인을 의미하므로 행정주체에 해당한다.

사업시행자와 토지소유자간에 보상액에 관한 협의가 이루어지면 토지수용위원회에 의한 수용·사용의 재결과 동일한 효력을 발생하고, 사업시행자의 권리는 원시취득이 됨과 동시에, 위험부담에 관한 사업시행자의 책임(토지보상법 제46조)·토지소유자 및 관계인에게 환매권(토지보상법 제91조)이 발생하는 등 「민법」 규정이 배제되는 점에서 공법상 계약으로 볼 수 있다.[4] 그러나 판례는 당해 협의를 사법상 계약으로 보고 있다.[5]

[판 례] 공익사업을 위한 토지 등의 취득 및 보상에 관한 법령에 의한 협의취득은 사법상의 법률행위이므로 당사자 사이의 자유로운 의사에 따라 채무불이행책임이나 매매대금 과부족금에 대한 지급의무를 약정할 수 있다. 그리고 협의취득을 위한 매매계약을 해석함에 있어서도 처분문서 해석의 일반원칙으로 돌아와 매매계약서에 기재되어 있는 문언대로의 의사표시의 존재와 내용을 인정하여야 하고, 당사자 사이에 계약의 해석을 둘러싸고 이견이 있어 처분문서에 나타난 당사자의 의사해석이 문제되는 경우에는 그 문언의 내용, 그러한 약정이 이루어진 동기와 경위, 그 약정에 의하여 달성하려는 목적, 당사자의 진정한 의사 등을 종합적으로 고찰하여 논리와 경험칙에 따라 합리적으로 해석하여야 한다(대법원 2012.2.23. 선고 2010다91206 판결).

[판 례] 구 공공용지의 취득 및 손실보상에 관한 특례법은 사업시행자가 토지 등의 소유자로부터 토지 등의 협의취득 및 그 손실보상의 기준과 방법을 정한 법으로서, 이에 의한 협의취득 또는 보상합의는 공공기관이 사경제 주체로서 행하는 사법상 매매 내지 사법상 계약의 실질을 가진다(대법원 2004.9.24. 선고 2002다68713 판결).

---

4) 박윤흔, 행정법강의(상), 561면; 홍정선, 행정법원론(상), 384면.
5) 대법원 1992.10.27. 선고 91누3871 판결; 대법원 1989.4.25. 선고 88누5389 판결.

2. 성질에 의한 구분

공법상 계약은 그 성질에 따라 대등계약과 종속계약으로 구분할 수 있다. 독일의 경우에는 종속계약의 유형으로 화해계약과 교환계약을 규정하고 있으며, 이를 '행정행위를 갈음하는 계약'이라 하고 있다.

대등계약이란 대등한 지위에 있는 행정주체 상호간 또는 공무수탁사인과 사인 사이에 체결하는 공법상 계약을 말한다. 이에 대해 종속계약이란 행정주체와 사인간 또는 행정주체와 상하관계에 있는 법인 사이에 체결하는 공법상 계약을 말한다.

V. 공법상 계약의 특색

1. 실체법적 특색

(1) 법적합성

공법상 계약은 행정법상 행정목적의 달성을 위한 행정주체의 행위형식의 하나로서 행하여지는 것이기 때문에 법률우위의 원칙이 적용된다(행정기본법 제27조). 따라서 공법상 계약은 법에 위배되지 않는 범위 내에서만 체결될 수 있다.

(2) 계약의 변경·해지 등

공법상 계약에는 「민법」상의 계약해제에 관한 규정이 직접 적용되지는 않는다. 따라서 공법상 계약 체결 당시에 고려되었던 공공성과 제3자의 이해관계가 체결 이후 변화되었다면 공법상 계약의 내용을 변경할 수도 있다. 더 나아가 공법상 계약을 유지하는 것이 오히려 공공성과 제3자의 이해관계에 비추어 유해할 수 있는 사정이 발생한다면 공법상 계약을 해지할 수도 있다. 물론 이로 인하여 귀책사유 없는 상대방이 손실을 입게 되면, 행정청은 이에 대하여 보상하여야 할 것이다.

2. 절차법적 특색

(1) 계약의 강제절차

행정주체가 상대방의 의무불이행에 대하여 자력집행권을 가지는지가 문제되나, 행정주체는 그 상대방인 사인과 대등한 지위에 있기 때문에 실정법에 명문규정이 있는 경우를 제외하고는 자력집행권을 가지지 않는다.

그러나 행정청은 계약의 이행을 지체한 자에게는 지체상금을 부과하거나 계약의 적정한 이행을 해할 염려가 있거나 기타 입찰에 참가시키는 것이 부적합하다고 인정되는 자에 대하여는 2년 이내의 범위에서 대통령령이 정하는 바에 따라 입찰참가자격을 제한할 수 있다(국가계약법 제26조 제1항, 제27조 제1항).

(2) 쟁송절차

공법상 계약에 관한 쟁송은 공법상의 권리관계에 관한 소송인 당사자소송으로 「행정소송법」의 적용을 받는 점에서 사법상 계약과 다른 절차법적 특색이 인정된다. 행정주체는 상대방이 공법상 계약상의 의무를 불이행하는 경우에 그 이행을 강제하기 위해서는 공법상의 당사자소송을 제기하여야 한다.

> **[판 례]** 공중보건의사 채용계약 해지의 의사표시에 대하여는 대등한 당사자간의 소송형식인 공법상의 당사자소송으로 그 의사표시의 무효확인을 청구할 수 있는 것이지, 이를 항고소송의 대상이 되는 행정처분이라는 전제하에서 그 취소를 구하는 항고소송을 제기할 수는 없다(대법원 1996.5.31. 선고 95누10617 판결).

> **[판 례]** 서울특별시립무용단원이 가지는 지위가 공무원과 유사한 것이라면, 서울특별시립무용단 단원의 위촉은 공법상의 계약이라고 할 것이고, 따라서 그 단원의 해촉에 대하여는 공법상의 당사자소송으로 그 무효확인을 청구할 수 있다(대법원 2014.4.24. 선고 2013두6244 판결).

> **[판 례]** 민간투자사업 실시협약을 체결한 당사자가 공법상 당사자소송에 의하여 그 실시협약에 따른 재정지원금의 지급을 구하는 경우에, 수소법원은 단순히 주무관청이 재정지원금액을 산정한 절차 등에 위법이 있는지 여부를 심사하는 데 그쳐서는 아니 되고, 실시협약에 따른 적정한 재정지원금액이 얼마인지를 구체적으로 심리·판단하여야 한다(대법원 2019.1.31. 선고 2017두46455 판결).

다만, 판례는 공법상 계약 가운데 행정조달계약에 대해서는 "행정조달계약은 사경제의 주체로서 상대방과 대등한 위치에서 체결하는 사법상의 계약으로서 그 본질적인 내용은 사인 간의 계약과 다를 바가 없으므로, 그에 관한 법령에 특별한 정함이 있는 경우를 제외하고는 사적 자치와 계약자유의 원칙 등 사법의 원리가 그대로 적용된다"고 설시하면서 일관되게 민사소송으로 해결할 것을 주문하고 있다.[6] 즉, 판례는 행정조달계약은 사법상의 계약이고 이에 관련된 소송은 민사소송이며 국가계약법령 규정은 국가의 내부규정에 불과하다고 판단하고 있다. 이에 대하여 학설은 행정조달계약의 법적 성질을 공법상 계약으로 보고 있다.[7]

---

6) 대법원 2001.12.11. 선고 2001다33604 판결; 대법원 2004.12.10. 선고 2002다73852 판결; 대법원 2006.6.19. 자 2006마117 결정; 대법원 2016.6.10. 선고 2014다200763, 200770 판결.
7) 김대인, "공공조달계약 관련법제의 개혁에 관한 고찰", 강원법학 제28권, 강원대학교 비교법학

Ⅵ. 위법한 공법상 계약의 법률효과

위법한 공법상 계약이란 공법상 계약으로서 완전한 효력의 발생에 장애가 되는 하자(흠)를 가지고 있는 공법상 계약을 말한다. 이러한 위법한 공법상 계약의 법률효과를 입법적으로 어떻게 정할 것인가 하는 문제는 결국 행정의 법적합성의 원리와 신뢰보호의 원칙 중 어떤 것에 중심을 둘 것인가 하는 문제로 귀결된다. 즉, 행정의 법적합성의 원리에 중심을 둘 경우에는 위법한 공법상 계약은 당연히 무효가 될 것이며, 신뢰보호의 원칙에 중심을 둘 경우에는 공법상 계약은 위법에도 불구하고 유효할 것이다.

공법상 계약의 하자에 관한 일반규정이 없는 우리나라에서는 공법상 계약의 하자의 효과에 대하여는 「민법」상 규정 및 원칙이 적용되어야 할 것이다. 「민법」의 규정에 의하면 ① 의사무능력자의 행위, ② 선량한 풍속 기타 사회질서에 위반한 사항을 내용으로 하는 행위(제103조), ③ 불공정한 행위(제104조) 등은 무효가 된다. 따라서 공법상 계약에 이러한 내용의 하자가 있을 경우 그 계약은 원칙적으로 무효가 된다고 보아야 할 것이다.

연구소, 2009, 34면; 송동수, "행정계약의 현대적 재조명", 토지공법연구 제10집, 한국토지공법학회, 2000, 275면; 이광윤·김철우, "행정조달계약의 성질에 관한 연구", 성균관법학 제28권 제2호, 성균관대학교 법학연구소, 2016, 80면.

행위가 행하여질 당시의 구체적 사정을 종합적으로 고려하여 개별적으로 판단하여야 한다.[1]

헌법재판소는 국제그룹 해체사건과 관련한 결정에서 재무부장관이 제일은행장에 대하여 한 해체준비착수지시와 언론발표지시를 단순한 행정지도로서의 한계를 넘어선 국제그룹 해체라는 결과를 사실상 실현시키는 행위로 판단하고 이런 유형의 행위는 사법인인 주거래은행의 행위였던 점에서 행정행위는 될 수 없더라도 일종의 권력적 사실행위로 볼 수 있다고 하였다.[2]

> **[판 례]** 교도소장이 수형자 갑을 접견내용 녹음·녹화 및 접견 시 교도관 참여대상자로 지정한 사안에서, 위 지정행위는 수형자의 구체적 권리의무에 직접적 변동을 가져오는 행정청의 공법상 행위로서 항고소송의 대상이 되는 처분에 해당한다(대법원 2014.2.13. 선고 2013두20899 판결).

(2) 비권력적 사실행위

비권력적 사실행위는 공권력의 행사와 관계없는 사실행위인데, 이에는 금전출납·경비 등 비권력적 집행행위, 행정기관에 의한 환경보호시설의 건설, 고시·통지·환자치료·행정지도 등 지시표시행위, 공기업·공물의 설치공사 및 유지관리행위 등이 이에 속한다.

> **[판 례]** 학교당국이 미납공납금을 완납하지 아니할 경우에 졸업증의 교부와 증명서를 발급하지 않겠다고 통고한 것은 일종의 비권력적 사실행위로서 헌법재판소법 제68조 제1항에서 헌법소원심판의 청구대상으로서의 공권력에는 해당된다고 볼 수 없다(헌재 2001.10.25. 2001헌마113).

Ⅲ. 행정상 사실행위의 법적 근거와 한계

1. 행정상 사실행위의 법적 근거

행정상의 사실행위도 그것이 적법하기 위해서는 먼저 당해 사실행위를 행할 수 있는 권한이 조직규범에 의하여 수권되어 있어야 한다. 그러나 행정청이 조직규범이 허용한 권한의 테두리 안에서 사실행위를 하고자 하는 경우에 법치주의의 원리에 따른 법률유보의 원리가 적용되는지, 만약 적용된다면 그 범위가 문제된다.

---

1) 헌재 1994.5.6. 89헌마35.
2) 헌재 1993.7.29. 89헌마31.

생각건대, 집행적 사실행위로서 국민에 대하여 침익적인 것과 직접 국민의 신체·재산 등에 실력을 가하는 권력적 사실행위에는 법률유보의 원칙이 엄격하게 적용되어 법적 근거가 필요하다.

2. 행정상 사실행위의 한계

행정상의 사실행위 역시 행정주체의 행정작용의 하나이기 때문에 그것이 권력적 또는 비권력적 사실행위이든지 관계없이 법치행정의 테두리 내에서 법령에 저촉됨이 없이 당해 행정목적을 위하여 필요한 범위 안에서 행해져야 한다(법우위의 원칙).

따라서 행정상의 사실행위도 다른 행정작용의 경우와 마찬가지로 헌법 및 법령에 반하지 않아야 하며, 또한 비례의 원칙·평등의 원칙·신뢰보호의 원칙 등 행정법의 일반원칙에 반하지 않아야 한다.

Ⅳ. 행정상의 사실행위와 행정구제

행정구제와의 관계에서 중요한 의미를 가지는 것은 집행적 사실행위로서 국민에 대하여 침익적인 것과 직접 국민의 신체·재산 등에 실력을 가하는 권력적 사실행위라고 할 수 있다.

1. 행정상의 사실행위와 손해전보

(1) 행정상 손해배상

행정상의 사실행위로 인한 손해배상의 경우에도 국가배상책임의 요건을 충족하여야 한다. 「국가배상법」은 "공무원이 그 직무를 집행하면서 고의 또는 과실로 법령을 위반하여 타인에 손해를 가한 경우"와 "도로·하천 기타 공공의 영조물의 설치 또는 관리에 하자가 있기 때문에 타인에 손해를 발생한 경우"에 국가배상책임을 인정하고 있다.

「국가배상법」상의 청구요건인 공무원의 직무행위의 범위에는 권력적 작용은 물론 비권력적 작용도 포함된다. 공무원의 위법한 직무행위와 밀접한 관련이 있는 공법적 사실행위로 인하여 손해를 입은 자는 국가 또는 지방자치단체에 손해배상을 청구할 수 있으며, 국가 또는 지방자치단체는 손해배상책임을 진다. 예컨대 주·정차위반차량의 견인조치와 관련하여 차량을 파손한 경우에 배상책임은 대행업자가 지는 것이 원칙이지만, 피대행기관이 대행기관에 대한 감독을 소홀히 하여 파손행위가 일어난 경우에는 지방자치단체와 국가도 배상책임을 진다.

영조물의 설치·관리를 위한 사실행위의 하자로 인한 손해발생의 경우에도 국가 또는 지방자치단체는 손해배상책임을 진다. 다만, 「국가배상법」 제2조의 '직무행위'에 사법적 사실행위가 포함되느냐가 문제되나, 그것은 소극적으로 해석하는 것이 일반적이다. 따라서 사법적 사실행위로 인한 손해배상에는 「국가배상법」의 적용이 없고 「민법」(제750조 이하)이 규정한 바에 따라 민사소송절차에 의거 가해공무원 또는 그가 소속한 국가 또는 지방자치단체에 대하여 손해배상을 청구할 수 있다.

(2) 행정상 손실보상

적법한 행정상의 사실행위로 인해 재산상의 손실이 발생한 경우에는 헌법 제23조 제3항의 취지에 따라 손실보상을 긍정할 필요가 있다.

2. 행정상의 사실행위와 행정쟁송

(1) 권력적 사실행위의 처분성

행정상의 사실행위 중 단수조치,³⁾ 물건의 영치 등과 같이 계속적 성질을 가지는 권력적 사실행위는 행정쟁송법상의 처분에 해당하므로, 이에 대하여 취소소송 등 항고소송을 제기할 수 있다는 점에 대해서는 이론이 없다. 즉, 권력적 사실행위는 수인하명이라는 행정처분과 물리적인 순수한 사실행위의 합성적인 사실행위가 결합된 것이고, 그 수인하명이 취소대상이 되는 것이다.

한편, 계속적 성질을 가지는 사실행위와는 달리 무허가건물의 강제철거와 같은 권력적 사실행위는 단기간에 종료되는 것이 보통이므로 소의 이익이 없어 행정쟁송을 통해 구제받는 데에 한계가 있는 것도 사실이다.

헌법재판소는 권력적 사실행위를 「행정소송법」상의 처분으로 보면서도 보충성원칙에 대한 예외에 해당하는 경우 헌법소원의 대상이 된다고 보고 있다.

> **[판 례]** 수형자의 서신을 교도소장이 검열하는 행위는 이른바 권력적 사실행위로서 행정심판이나 행정소송의 대상이 되는 행정처분으로 볼 수 있으나, 위 검열행위가 이미 완료되어 행정심판이나 행정소송을 제기하더라도 소의 이익이 부정될 수 밖에 없으므로 헌법소원심판을 청구하는 외에 다른 효과적인 구제방법이 있다고 보기 어렵기 때문에 보충성의 원칙에 대한 예외에 해당한다(헌재 1998.8.27. 96헌마398).

> **[판 례]** 마약류 관련 수형자에 대하여 마약류반응검사를 위하여 소변을 받아 제출하게 한 것은 권력적 사실행위로서 헌법재판소법 제68조 제1항의 공권력의 행사에 해당한다(헌재 2006.7.27. 2005헌마277).

---

3) 수도의 단수처분은 행정처분이다(대법원 1979.12.28. 선고 79누218 판결).

(2) 비권력적 사실행위의 처분성

비권력적 사실행위의 처분성에 대해서는 긍정설과 부정설이 대립하고 있다. 부정설은 통상적인 비권력적 사실행위는 직접적인 법적 효과를 발생하는 것이 아니므로 처분이 아니라고 보는 견해로 통설과 판례의 입장이다.

> **[판 례]** 수도사업자가 급수공사 신청자에 대하여 급수공사비 내역과 이를 지정기일 내에 선납하라는 취지로 한 납부통지는 수도사업자가 급수공사를 승인하면서 급수 공사비를 계산하여 급수공사 신청자에게 이를 알려 주고 위 신청자가 이에 따라 공 사비를 납부하면 급수공사를 하여 주겠다는 취지의 강제성이 없는 의사 또는 사실 상의 통지행위라고 풀이함이 상당하고, 이를 가리켜 항고소송의 대상이 되는 행정처 분이라고 볼 수 없다(대법원 1993.10.26. 선고 93누6331 판결).

생각건대, 비권력적 사실행위의 처분성을 부인하더라도 그 사실행위가 공법 적인 것이기 때문에 당사자소송를 통하여 손해배상청구를 할 수는 있다.

3. 행정상 사실행위와 헌법소원

헌법소원은 공권력의 행사 또는 불행사로 인하여 헌법상 보장된 기본권이 침 해된 자가 헌법재판소에 청구하는 권리구제의 수단으로 기본권 침해의 원인이 되는 행위가 공권력 행사에 해당하여야 한다. 헌법재판소에 따르면 권력적 사실행위는 헌법소원의 대상이 되는 공권력 행사에 해당하지만, 비권력적 사실행위는 헌법소원의 대상이 되는 공권력 행사에 해당하지 않는다.

> **[판 례]** 교도소 수형자에게 소변을 받아 제출하게 한 것은, 형을 집행하는 우월적인 지위에서 외부와 격리된 채 형의 집행에 관한 지시, 명령을 복종하여야 할 관계에 있는 자에게 행해진 것으로서 그 목적 또한 교도소 내의 안전과 질서유지를 위하여 실시하였고, 일방적으로 강제하는 측면이 존재하며, 응하지 않을 경우 직접적인 징 벌 등의 제재는 없다고 하여도 불리한 처우를 받을 수 있다는 심리적 압박이 존재 하리라는 것을 충분히 예상할 수 있는 점에 비추어, 권력적 사실행위로서 헌법재판 소법 제68조 제1항의 공권력의 행사에 해당한다(헌재 2006.7.27. 2005헌마277).

> **[판 례]** 교도관들이 외부병원 진료 후 구치소 환소과정에 있는 수형자에게 환소차 탑승을 위하여 병원 밖 주차장 의자에 앉아 있을 것을 지시한 행위는 청구인의 신 청에 의한 외부병원 진료에 이미 예정되어 있던 부수적 행위로서 단순한 비권력적 사실행위에 불과하다 할 것이므로 헌법소원의 대상이 되는 공권력 행사에 해당하지 아니한다(헌재 2012.10.25. 2011헌마429).

제 6 장 행정지도

Ⅰ. 행정지도의 의의

1. 행정지도의 개념

행정지도는 실정법상의 관념도 아니고 학문상으로도 비교적 생소한 행정실무에서 사용되고 있는 개념이다. 이는 일본 고유의 풍토를 바탕으로 하여 일본에서 생성된 것으로 일본, 한국 등 동양사회의 행정실무에서 보편화되어 있다.[1]

현행 「행정절차법」(제2조 제3호)은 행정지도를 "행정기관이 그 소관사무의 범위 안에서 일정한 행정목적을 실현하기 위하여 특정인에게 일정한 행위를 하거나 하지 아니하도록 지도·권고·조언 등을 하는 행정작용"으로 정의하고 있다.

2. 행정지도의 법적 성질

행정지도는 상대방에 대한 구속력 또는 강제력을 발생하지 아니하는 비권력적 사실행위이며, 직접적으로는 아무런 법적 효과를 발생하지 아니하는 사실행위이다. 따라서 행정지도는 비권력성과 사실행위성의 법적 성질을 지닌다.

> **[판 례]** 행정관청이 건축허가시에 도로의 폭에 대하여 행정지도를 하였다는 점만으로는 건축법시행령 제64조 제1항 소정의 도로지정이 있었던 것으로 볼 수 없다(대법원 1991.12.13. 선고 91누1776 판결).

그러나 예외적으로 법률이 권력적 규제를 행하기에 앞서 일정한 행정지도를 하도록 규정한 경우에는 「행정절차법」상의 효과를 발생한다.[2] 예컨대, 「상생협력

---

1) 김남진·김연태, 행정법Ⅰ, 360면 참조.
2) 박윤흔, 행정법강의(상), 568면 이하 참조.

법」 제33조에 의거 중소벤처기업부장관은 해당 업종 중소기업의 사업활동 기회를 확보하는 데 필요하다고 인정하면 조정심의회의 심의를 거쳐 해당 대기업등에 사업의 인수·개시 또는 확장의 시기를 3년 이내에서 기간을 정하여 연기하거나 생산품목·생산수량·생산시설 등을 축소할 것을 권고할 수 있다.

Ⅱ. 행정지도의 문제점

1. 사실상의 강제성

행정지도는 국민의 임의적 협력을 바탕으로 하는 비권력적인 사실행위이지만 ① 행정주체가 공권력의 주체로서의 지위에서 행하는 점, ② 대체로 상대방에 대한 경제적 이익의 부여를 간접적 요건으로 제시하게 되어 실질적으로 강제적 효과를 발생시키게 되는 점에서 법치행정의 원리와 부합하기 어려운 문제가 있다.

2. 법치주의의 공동화(空洞化)

행정지도는 법령의 보완기능을 수행하는 장점이 있으나, 이는 행정지도의 형식을 빌어 행정권이 입법권을 갈음하거나 법률에 의한 수권의 범위를 넘어서 실질적으로 규범을 정립하고 규범내용을 변경하는 폐해를 수반한다.

또한 법령으로부터 이탈하여 자의적으로 활동할 위험성을 배제하기 어렵다. 이와 같은 행정지도의 관행화는 실질적으로 법치주의를 공동화(空洞化)시키게 된다.

3. 한계와 기준의 불명확성

행정지도는 명확한 기준이나 그것을 제약할 규범이 없는 것이 보통이기 때문에 행정기관의 자의적인 간섭이나 개입을 통해 상대방의 권익을 침해할 위험이 크다.

또한, 행정지도에는 법률상의 원칙이 없고, 비정식적 형태로 행해지는 것이 보통이기 때문에 책임소재가 불분명하거나 소관에 따라 동일사항에 대해 모순된 행정지도가 행해질 우려도 매우 높다.

4. 행정구제수단의 불완전성

행정지도는 비권력적 사실행위이므로 행정쟁송의 대상이 되기 어렵고, 임의적 협력을 전제로 하는 것이기 때문에 손해배상이나 손실보상을 통한 구제기회를 잃게 되는 경우도 많다.

Ⅲ. 행정지도의 종류

1. 법령의 근거에 의한 분류

(1) 법령의 직접적 근거에 의한 행정지도

실정법 가운데에는 행정지도에 관하여 직접 규정하고 있는 경우도 적지 아니하다. 예컨대 중소기업의 경영 및 기술지도(중소기업진흥법 제43조) 등이 그 예이다.

(2) 법령의 간접적 근거에 의한 행정지도

법령에서 일정한 행정지도에 관하여 직접 규정하고 있지는 않지만 당해 사항에 관하여 일정한 행정행위를 할 수 있는 근거가 있는 경우에 그러한 행정행위를 할 수 있는 권한을 배경으로 하여 1차적으로 행정지도가 행해지는 예도 많이 있다.

(3) 전혀 법령에 근거 없는 행정지도

행정지도에 대하여 규율하는 법령은 없으나, 조직법에 의하여 부여된 일반적 권한에 근거하여 행정주체가 행하는 행정지도가 이에 해당된다.

2. 기능에 의한 분류

(1) 규제적 행정지도

규제적 행정지도란 일정한 행정목적의 달성이나 사회공공의 질서유지에 장애 또는 공익을 해치게 될 일정한 행위를 규제하거나 억제하기 위한 행정지도를 말한다. 이는 물가억제를 위한 권고·공해방지를 위한 규제·자연보호를 위한 오물투기 제한 등의 경우이다.

(2) 조정적 행정지도

조정적 행정지도는 이해대립 또는 과열경쟁 등으로 인하여 일정한 질서의 형성 또는 행정목적의 달성에 지장을 가져올 우려가 있는 경우에 그 이해대립을 조정하기 위하여 행하는 행정지도이다.

(3) 촉진적 행정지도

촉진적 행정지도는 사회적·경제적 약자의 지위에 있는 국민 또는 기업을 보호하거나 지위향상을 위하여 행하는 서비스적 성질의 행정지도이다. 이는 생활개선지도·중소기업의 합리화 지도·기술 및 지식의 공여 또는 조언 등이 있다.

Ⅳ. 행정지도의 방식

1. 명확성의 원칙 및 행정지도실명제

행정지도를 행하는 자는 그 상대방에게 당해 행정지도의 취지·내용 및 신분을 밝혀야 한다. 이는 행정지도의 명확성을 기함과 동시에 책임소재를 밝힌 것이라 할 수 있다.

2. 서면교부청구권

행정지도가 구술로 이루어지는 경우 상대방이 행정지도의 취지, 내용 및 신분 등을 기재한 서면의 교부를 요구하는 때에는 당해 행정지도를 행하는 자는 직무수행에 특별한 지장이 없는 한 이를 교부하여야 한다.

3. 의견제출

행정지도의 상대방은 당해 행정지도의 방식·내용 등에 관하여 행정기관에 의견제출을 할 수 있다.

4. 다수인을 대상으로 하는 행정지도

행정기관이 같은 행정목적을 실현하기 위하여 많은 상대방에게 행정지도를 하고자 하는 때에는 특별한 사정이 없는 한 행정지도에 공통적인 내용이 되는 사항을 공표하여야 한다(행정절차법 제51조).

V. 행정지도의 법적 근거와 한계

1. 행정지도의 법적 근거

(1) 조직법적 근거

행정지도는 그의 성질상 침해적·권력적 행정작용이 아니기 때문에 반드시 법적 근거를 요하는 것이 아니다. 그러나 이에 대한 조직법적 근거는 필요하다. 즉, 행정주체는 조직법상 그의 권한에 속하는 사항에 관하여 개별적인 법적 근거 없이도 자유로이 행정지도를 할 수 있다.

(2) 작용법적 근거

행정지도 역시 행정목적을 실현하기 위한 행정의 행위형식의 하나이기 때문에 법률유보의 원칙을 적용받는 것이 원칙이나, 행정지도는 그의 성질상 침해적·권력적 행정작용이 아니고, 상대방이 임의로 결정할 수 있으므로 작용법적 근거를 요하지 않는다.

2. 행정지도의 원칙과 한계

(1) 행정지도의 원칙

행정지도는 그 목적달성에 필요한 최소한도에 그쳐야 하며, 행정지도의 상대방의 의사에 반하여 부당하게 강요하여서는 아니된다. 그리고 행정기관은 행정지도의 상대방이 행정지도에 따르지 아니하였다는 것을 이유로 불이익한 조치를 하여서는 아니된다(행정절차법 제48조).

(2) 행정지도의 한계

1) 법규상의 한계

행정지도에도 법률우위의 원칙이 적용된다. 따라서 ① 행정지도는 법규에 위반되서는 아니되며, 법령이 행정지도의 기준·절차·방식을 규정하고 있을 때에는 반드시 이에 따라야 한다. ② 행정지도는 조직법상의 목적·임무·소관사무의 범위 내에서 행사되어야 한다.

2) 행정법의 일반원칙에 의한 한계

행정지도는 비권력적 사실행위이지만 행정주체의 행정작용이기 때문에 비례원칙·평등원칙·신뢰보호의 원칙 등 행정법의 일반원칙에 의한 구속을 받는다.

Ⅵ. 행정지도와 행정구제

1. 행정지도와 행정쟁송

행정지도가 법적 한계를 일탈하여 국민의 권익을 침해하게 되는 경우에 행정소송을 통한 구제가 당연히 문제된다. 그러나 행정지도는 그 자체로서 아무런 구속력을 갖지 않는 점에서 행정소송의 요건인 행위의 처분성을 결여하므로 행정쟁송의 대상이 되지 않는다. 대법원도 행정지도의 처분성을 부인하고 있다.[3]

[판 례] 세무당국이 소외 회사에 대하여 원고와의 주류거래를 일정기간 중지하여 줄 것을 요청한 행위는 권고 내지 협조를 요청하는 권고적 성격의 행위로서 소외 회사나 원고의 법률상의 지위에 직접적인 법률상의 변동을 가져오는 행정처분이라고 볼수 없는 것이므로 항고소송의 대상이 될 수 없다(대법원 1980.10.27. 선고 80누395 판결).

[판 례] 구청장이 도시재개발구역내의 건물소유자 갑에게 건물의 자진철거를 요청하는 내용의 공문을 보냈다고 하더라도 그 공문의 제목이 지장물철거촉구로 되어 있어서 철거명령이 아님이 분명하고, 행위의 주체면에서 구청장은 재개발구역내 지장물의 철거를 요구할 아무런 법적 근거가 없다면, 이는 외형상 행정처분으로 오인될 염려가 있는 행정청의 행위가 존재함으로써 상대방이 입게 될 불이익 내지 법적 불

---

3) 알선·권유·사실상의 통지 등과 같이 상대방 또는 기타 관계자들의 법률상 지위에 직접적으로 변동을 일으키지 않는 행위 등은 항고소송의 대상이 될 수 없다(대법원 1967.6.27. 선고 67누44 판결).

안도 존재하지 않는다고 볼 것이므로 이를 행정소송의 대상이 되는 처분이라고 볼
수 없다(대법원 1989.9.12. 선고 88누8883 판결).

그러나 행정지도에 따르지 않은 것을 이유로 하여 어떤 다른 처분, 예컨대 허
가나 특허의 취소, 신청의 각하, 보조금의 부교부결정 등이 행하여진 경우 또는 행
정지도를 전제로 하여 일정한 처분이 행하여진 경우에는 행정지도의 하자를 이유
로 하여 행정처분의 효력을 다툴 수 있다.

2. 행정지도와 손해배상

위법한 행정지도로 손해가 발생한 경우 「국가배상법」 제2조가 정한 요건을
갖춘 경우에는 국가 등을 상대로 손해배상을 청구할 수 있다.

(1) 행정지도와 직무행위

「국가배상법」상의 배상청구의 요건인 '공무원의 직무행위'의 범위에는 권력적
작용은 물론 비권력적 작용도 포함된다고 보는 광의설이 통설이며 판례의 입장이
므로, 행정지도로 인한 손해배상에 대하여도 「국가배상법」이 적용된다.

(2) 행정지도의 위법성

행정지도는 법령에 위반하거나 비례원칙·평등원칙·신뢰보호의 원칙 등 행정
법의 일반원칙에 위배하면 위법이 된다. 행정지도가 강제성을 가지는 경우에는 위
법이 된다.

행정지도의 실효성을 담보하기 위한 제재수단은 행정지도와 직접적 관련이
있어야 하기 때문에 그와 같은 실질적 관련이 없는 수단은 탈법적인 조치로서 행
정청의 권한남용이며 위법하다. 그리고 행정권한의 부당결부금지의 원칙에도 위배
되므로 위법하다.

(3) 행정지도와 손해와의 인과관계

행정지도는 상대방의 임의적 협력을 전제로 이루어지므로 행정지도와 손해와
의 인과관계가 원칙적으로 부정된다. 더욱이 행정지도에 대한 상대방의 동의는 이
미 불법행위의 성립을 조각하기 때문에 국가배상청구권은 인정되지 않는다.

그러나 행정지도의 사실상의 강제성 때문에 상대방이 행정지도를 따를 수밖
에 없는 구체적 사정이 있는 경우에는 예외적으로 인과관계가 인정될 수도 있다.

[1] 행정지도가 강제성을 띠지 않은 비권력적 작용으로서 행정지도의 한계를 일탈하
지 아니하였다면, 그로 인하여 상대방에게 어떤 손해가 발생하였다 하더라도 행정기
관은 그에 대한 손해배상책임이 없다.

[2] 행정기관의 위법한 행정지도로 일정기간 어업권을 행사하지 못하는 손해를 입은 자가 그 어업권을 타인에게 매도하여 매매대금 상당의 이득을 얻었더라도 그 이득은 손해배상책임의 원인이 되는 행위인 위법한 행정지도와 상당인과관계에 있다고 볼 수 없고, 행정기관이 배상하여야 할 손해는 위법한 행정지도로 피해자가 일정기간 어업권을 행사하지 못한 데 대한 것임에 반해 피해자가 얻은 이득은 어업권 자체의 매각대금이므로 위 이득이 위 손해의 범위에 대응하는 것이라고 볼 수도 없어, 피해자가 얻은 매매대금 상당의 이득을 행정기관이 배상하여야 할 손해액에서 공제할 수 없다(대법원 2008.9.25. 선고 2006다18228 판결).

3. 행정지도와 손실보상

적법하게 행하여진 행정지도에 의하여 재산상의 특별한 희생을 입은 경우에 손실보상청구권을 인정할 것인지가 문제된다. 즉, 농촌진흥청의 통일벼 또는 노풍벼 재배장려(행정지도)에 순응한 결과 막대한 재산상의 손실 또는 일정률 이상의 손실을 입은 농민이 손실보상을 청구할 수 있느냐이다. 그러나 손실보상은 적법한 공권력행사로 인하여 생긴 재산상의 손실을 보상요건으로 하고 있으며, 비권력적인 행정지도로 인한 손실에 대해서는 손실보상청구를 할 수 없다.

제 7 장 자동적 처분

♣ Key Point
- 행정작용과 정보통신기술(ICT)
- 자동화시스템을 통한 행정처분
- 제4차산업혁명과 인공지능(AI)

Ⅰ. 자동적 처분의 의의

1. 자동적 처분의 개념

자동적 처분이란 교통신호, 컴퓨터에 의한 시험채점, 컴퓨터를 통한 학교배정 등과 같이 미리 입력된 프로그램에 따라 자동화되어 이루어지는 처분을 말한다. 행정법학에서 자동적 처분은 그동안 자동화된 행정결정 등의 용어로 강학상 사용되었으나,「행정기본법」제20조에 "자동적 처분"이라는 용어로 명문화되면서 정식 법률개념이 되었다.

「행정기본법」제20조는 "행정청은 법률로 정하는 바에 따라 완전히 자동화된 시스템(인공지능 기술을 적용한 시스템을 포함한다)으로 처분을 할 수 있다. 다만, 처분에 재량이 있는 경우는 그러하지 아니하다"고 하여 완전히 자동화된 시스템을 통한 처분의 허용 및 자동적 처분이 적용될 수 있는 영역을 명시적으로 규율하고 있다. 이는 현대 정보통신기술(ICT)을 행정영역에 반영한 것으로, 이러한 시스템에 인공지능(AI) 기술을 적용한 시스템도 포함된다는 점을 명확히 하고 있다.

2. 자동적 처분의 징표

「행정기본법」제20조의 자동적 처분은 완전히 자동화된 시스템으로 발급되는 처분을 말하므로, 사람인 행위자(공무원)의 인식(의사결정) 없이 완전히 자동화된 시스템으로만 발급되는 처분을 말한다.

따라서 행정 보조 수단으로서 처분과정의 일부 자동화는 자동적 처분이 아니다. 또한 시스템에 의해 처분의 내용이 형성되는 과정에서 공무원의 의사적 개입이 있는 경우도 적용 대상이 아니다. 즉, 처분이 담고 있는 규율 내용의 형성에 공무원의 의사가 개입되었다면 자동적 처분에 해당하지 않는다.

Ⅱ. 자동적 처분의 내용

1. 법률적 근거

「행정기본법」 제20조에 따른 완전히 자동화된 시스템을 통한 처분은 무제한적으로 허용되는 것은 아니다. 자동적 처분이 행정에 활용되기 위해서는 무엇보다도 먼저 법률적 근거가 필요하다. 즉, 자동적 처분이 도입되기 위해서는 반드시 개별 법률에 근거가 있어야 하며, 법률에 그 구체적인 내용이 규율되어야 한다. 그리고 자동적 처분의 활용에 대한 신중성을 고려하여 법률이 아닌 법규명령으로 자동적 처분을 할 수 있도록 하는 것은 허용되지 않는다.

자동적 처분은 특성상 그 과정에서 개별 특수성이 조사되지 않을 가능성이 매우 크다. 따라서 자동적 처분이 규율될 개별 법률에는 개별 특수성이 반영될 방안 등이 마련되어야 할 것이다.

2. 재량행위

「행정기본법」 제20조 단서는 "다만, 처분에 재량이 있는 경우는 그러하지 아니하다"고 하여 처분청에 재량이 있는 경우에는 자동적 처분이 허용되지 않는다는 점을 명시하고 있다. 즉, 재량처분은 원칙적으로 자동적 처분으로 발급될 수 없다.

다만 「행정기본법」은 일반법적 성격을 가지고 있으므로, 개별 법률에서는 처분청에 재량이 있어도 자동적 처분이 허용될 수 있도록 규정할 수 있고, 이를 근거로 재량행위에 대한 자동적 처분이 허용될 수도 있다. 더 나아가 기속행위와 재량행위의 구별이 용이하지 않은 점 등을 고려할 때, 재량행위에 대한 자동적 처분의 허용성은 개별 법률의 목적과 원칙, 기준 및 취지 등을 고려하여 개별적으로 판단되어야 할 것이다.

Allgemeines Verwaltungsrecht

제 3 편

.

.

.

행정절차와
행정공개

제1장 행정절차

제1절 행정절차의 의의

Ⅰ. 행정절차의 개념

1. 광의의 행정절차

광의의 행정절차는 행정기관이 행정권을 행사함에 있어 거쳐야 하는 일체의 법적 절차를 말하며, 그것은 입법절차·사법절차에 대립하는 개념이다. 행정기관은 행정목적의 달성을 위하여 대내적·대외적인 행정작용을 수행하지만, 행정기관의 내부에 있어서 사무처리절차는 행정권행사의 법적 절차가 아니기 때문에 넓은 의미의 행정절차에 해당되지 않는다.

광의의 행정절차는 행정기관의 공권력행사의 절차를 의미하며, 그것은 행정입법절차·행정처분절차·계획확정절차·행정상 강제절차·행정질서벌절차·행정심판절차를 모두 포함한다.

2. 협의의 행정절차

협의의 행정절차는 행정기관이 행정작용을 행사함에 있어 대외적으로 거쳐야 하는 사전절차를 말하는 것으로, 「행정절차법」의 행정절차를 의미한다. 즉, 현행 「행정절차법」이 규정하고 있는 처분절차·신고절차·행정상 입법예고절차·행정예고절차 및 행정지도절차 등을 포함하는 행정절차이다. 통상적으로 행정절차라 함은 협의의 행정절차, 「행정절차법」상 행정절차를 의미한다.

Ⅱ. 행정절차의 기능 및 필요성

근대 법치국가에서는 행정의 능률성과 탄력성의 확보를 중시하여 행정작용에 대한 절차적 규제는 능률적 행정운영에 지장을 주는 것으로 보았으나, 오늘날의 실질적 법치국가에 와서는 행정작용이 형식적으로 법률에 따라 행하여지는 것만으로는 법치주의를 구현할 수 없고, 행정의 공정성과 적정성의 보장을 실질적으로 확보할 수 있어야 법치주의가 구현되는 것으로 보게 되었다. 따라서 행정권행사의 이전단계에서도 공익과 사익의 조정을 도모할 필요가 있기 때문에 절차적 규제가 필요하다고 인식하게 되었다.

현대행정이 전문화·기술화현상을 띠게 됨에 따라 행정재량의 범위도 확대되었고 그만큼 그 통제의 필요성도 증가하였다. 이러한 취지에서 위법한 행정활동을 사전에 방지하고, 행정과정에 국민이 참여하도록 하여 행정결정의 공정성을 이루도록 하는 제도가 바로 행정절차인 것이다.

1. 행정의 민주화

행정절차는 행정작용을 민주화하기 위하여 필요하다. 현대복리국가에서 국민의 일상생활은 행정활동에 의존하고 있어 행정주체의 행정활동은 국민의 생활에 직접적인 영향을 미치게 되므로 공익과 사익간에 이해가 대립하게 된다. 따라서 행정작용을 함에 있어서는 공익과 사익을 적절하게 조화시킬 필요가 있으며, 사익을 반영할 수 있도록 이해관계인에게 참여의 기회를 절차적으로 보장해 주는 것은 행정작용을 구체적으로 민주화하는 것이 된다.

예컨대 환경영향평가에 대한 주민참여는 행정정책의 결정에 관계주민의 의견을 반영하기 위한 것이다. 이는 현대행정에 있어서 다원적 이해관계자간의 합의를 도출하고, 행정권의 행사에 적정한 목표와 방향성을 제시하여 적법한 행정권의 행사를 촉진하는 것으로 행정의 민주화에 큰 도움이 된다.

2. 행정의 적정화

행정작용을 하고자 함에 있어 미리 관계인에게 그 뜻을 통지하고 그에 대한 의견이나 참고자료를 제출하게 하는 것은 행정과정을 투명하게 할 뿐 아니라 행정청의 사실인정과 법령의 해석·적용을 적정화함으로서 행정작용의 적법·타당성을 확보하는 바탕이 된다. 특히 오늘날의 행정활동 가운데는 수많은 공익과 사익이 복잡하게 얽히는 경우가 많기 때문에, 공사의 이해갈등을 조정하고 극소화하기 위하여 이해관계인의 참여를 절차적으로 보장하는 것은 행정운영의 적정화에 큰 도움이 된다.

3. 효과적 권익구제

행정의 적정화의 보장 그 자체도 국민의 권익보호에 기여하는 것이나, 권익구제의 효과성은 권익침해가 행하여지기 이전의 단계에서 그것을 사전에 예방함으로써 비로소 가능하게 된다.

계획행정의 예에서 보듯이 계획의 확정은 이미 '완성된 사실'을 의미하기 때문에 사후적 불복수단으로는 권익구제의 실익이 없는 것이 보통이다. 따라서 행정과정에서 이해관계인의 절차적 참여를 보장하여 행정의 적법·타당성을 확보하는 것은 행정작용에 의한 권익침해를 사전에 방지하는 기능을 하게 된다. 따라서 행정절차는 피해국민들의 효과적 권익구제에 기여하게 된다.

4. 행정의 능률화

종래에 행정절차의 법적 규제는 행정의 능률성을 저해하는 것으로 판단되었다. 그러나 복잡·다양한 현대행정에 있어서 행정에 필요한 기준을 절차적으로 표준화하여 명확히 하는 것은 오히려 행정의 능률성을 제고시키는 기능을 한다. 더 나아가 행정절차를 통해 국민들과 합의점을 도출함으로써 사후적인 행정쟁송의 남용을 방지할 수도 있어, 거시적인 측면에서 행정의 신속성과 능률성을 촉진시키는 기능을 가진다.

Ⅲ. 행정절차의 법적 근거

1. 행정절차의 헌법적 근거

(1) 적법절차의 원칙

적법절차의 원칙이라 함은 개인의 생명·자유와 재산을 보장하기 위해 국가권력의 자의적 행사를 금지하는 일반원칙으로서 이들 가치를 제한하는 경우에는 적정한 법의 절차를 거쳐야 한다는 원칙을 말한다.

(2) 적법절차의 원칙과 행정절차

우리의 헌법은 미국수정헌법 제5조 및 제14조의 적법절차조항에 해당하는 규정을 갖고 있지 않다. 그러나 우리 헌법 제12조 제1항은 "모든 국민은 …… 법률과 적법한 절차에 의하지 아니하고는 처벌·보안처분 또는 강제노역을 받지 않는다"고 규정하고 있어 적법절차의 원칙을 헌법의 기본원리로 명시하고 있다. 헌법재판소는 헌법 제12조가 형사절차뿐만 아니라 입법, 행정 등 국가의 모든 공권력의 작용에 적용되는 적법절차원리의 일반조항에 해당한다고 하였다. 즉, 헌법 제12조는 직접적으로는 형사사법권의 발동에 관한 조항이지만, 그 취지는 행정절차에 대해서도 유추적용될 수 있다는 것이다.

[**판 례**] 헌법 제12조 제3항 본문은 동조 제1항과 함께 적법절차원리의 일반조항에 해당하는 것으로서, 형사절차상의 영역에 한정되지 않고 입법, 행정 등 국가의 모든

> 공권력의 작용에는 절차상의 적법성뿐만 아니라 법률의 구체적 내용도 합리성과 정
> 당성을 갖춘 실체적인 적법성이 있어야 한다는 적법절차의 원칙을 헌법의 기본원리
> 로 명시하고 있는 것이다(헌재 1992.12.24. 92헌가8; 헌재 1994.7.29. 90헌바35).

또한, 헌법재판소는 적법절차의 원리를 헌법적 구속력이 있는 법원리로 보고 있다. 따라서 헌법의 기본원리인 적법절차의 원칙에 따라 행정작용에는 절차상의 적법성뿐만 아니라 법률의 내용도 합리성과 정당성을 갖춘 실체적인 적법성이 있어야 한다. 그러므로 행정작용에 대한 절차적 규제의 헌법적 근거에는 의문의 여지가 없다.

> **[판 례]** 법무부장관의 일방적 명령에 의하여 변호사 업무를 정지시키는 것은 해당 변호사가 자기에게 유리한 사실을 진술하거나 필요한 증거를 제출할 수 있는 청문의 기회가 보장되지 아니하여 적법절차를 존중하지 아니한 것이 된다(헌재 1990. 11.19. 90헌가48).

> **[판 례]** 국세징수법과 개별 세법의 납세고지에 관한 규정들은 헌법상 적법절차의 원칙과 행정절차법의 기본 원리를 과세처분의 영역에도 그대로 받아들여, 과세관청으로 하여금 자의를 배제한 신중하고도 합리적인 과세처분을 하게 함으로써 조세행정의 공정을 기함과 아울러 납세의무자에게 과세처분의 내용을 자세히 알려주어 이에 대한 불복 여부의 결정과 불복신청의 편의를 주려는 데 그 근본취지가 있으므로, 이 규정들은 강행규정으로 보아야 한다. 따라서 납세고지서에 해당 본세의 과세표준과 세액의 산출근거 등이 제대로 기재되지 않았다면 특별한 사정이 없는 한 그 과세처분은 위법하다. 나아가 개별 세법에 납세고지에 관한 별도의 규정이 없더라도 국세징수법이 정한 것과 같은 납세고지의 요건을 갖추지 않으면 안 되며, 이는 적법절차의 원칙이 과세처분에도 적용됨에 따른 당연한 귀결이다(대법원 2012.10.18. 선고 2010두12347 전원합의체 판결).

2. 행정절차의 개별법적 근거

(1) 행정절차법

우리나라는 1996년 12월 31일 행정절차에 관한 일반법인 「행정절차법」이 제정되어 현재 시행 중에 있다. 「행정절차법」은 행정절차에 관한 공통적인 사항을 규정하여 국민의 행정 참여를 도모함으로써 행정의 공정성·투명성 및 신뢰성을 확보하고 국민의 권익을 보호함을 목적으로 제정되었다. 「행정절차법」은 일반법이므로 다른 개별법에 행정절차에 관한 별도의 규정이 있으면 당연히 개별법이 우

선 적용된다.

(2) 기타 법률

수익적 행정처분절차에 관하여는 「민원처리법」에서 규율하고 있다. 동법은 행정절차로서 민원사무처리절차와 고충민원의 처리절차를 규율하고 있다. 그 외에 법률·대통령령·총리령·부령으로서 국민의 일상생활과 직접 관련되는 법률제정 및 그 개정절차에 관하여는 「법제업무 운영규정」이 있으며, 동규정은 법령안 입법 예고의 방법·기간·의견제출 등을 규율하고 있다.

제 2 절 행정절차법 총칙

I. 행정절차법의 구성

현행 「행정절차법」은 총 8장 56조로 구성되고 있으며, 행정절차의 종류를 ① 처분절차, ② 신고절차, ③ 행정상 입법예고절차, ④ 행정예고절차, ⑤ 행정지도절 차 등으로 구분하고 있다.

제1장 총칙

제1절 목적·정의 및 적용범위 : 신의성실 및 신뢰보호, 투명성.

제2절 행정청의 관할 및 협조 : 관할, 행정청 간의 협조, 행정응원.

제3절 당사자 등 : 당사자 등의 자격, 지위의 승계, 대표자, 대리인, 대표자·대리인의 통지.

제4절 송달 및 기간·기한의 특례 : 송달, 송달의 효력 발생, 기간 및 기한의 특례.

제2장 처분

제1절 통칙 : 처분의 신청, 다수의 행정청이 관여하는 처분, 처리기간의 설정·공표, 처분기
준의 설정·공표, 처분의 사전통지, 의견청취, 처분의 이유 제시, 처분의 방식,
처분의 정정, 고지.

제2절 의견제출 및 청문 : 의견제출, 제출의견의 반영, 청문 주재자, 청문 주재자의 제척·
기피·회피, 청문의 공개, 청문의 진행, 청문의 병합·분리, 증
거조사, 청문조서, 청문 주재자의 의견서, 청문의 종결, 청문결
과의 반영, 청문의 재개, 문서의 열람 및 비밀유지.

제3절 공청회 : 공청회 개최의 알림, 전자공청회, 공청회의 주재자 및 발표자의 선정, 공청
회의 진행, 공청회 및 전자공청회 결과의 반영, 공청회의 재개최.

제3장 신고

제4장 행정상 입법예고(행정상 입법예고, 예고방법, 예고기간, 의견제출 및 처리, 공청회)

제5장 행정예고(행정예고, 행정예고의 통계 작성 및 공고, 예고방법)

제6장 행정지도(행정지도의 원칙, 행정지도의 방식, 의견제출, 다수인을 대상으로 하는
　　　　　행정지도)

제7장 국민참여의 확대(국민참여 확대 노력, 전자적 정책토론)

제8장 보칙(비용의 부담, 참고인 등에 대한 비용지급, 협조 요청 등)

확약, 공법상 계약, 행정계획 등의 절차에 대해서는 「행정절차법」 입법과정에
서 많은 논의가 있었지만 최종 법률 조문에는 포함되지 않았다. 현행 「행정절차
법」은 이에 대한 규정이 없다.

Ⅱ. 행정절차법의 적용범위

1. 적용범위

처분·신고·행정상 입법예고·행정예고 및 행정지도 등의 행정절차에 관하여
다른 법률에 특별한 규정이 있는 경우를 제외하고는 「행정절차법」이 정하는 바에
따른다. 「행정절차법」 제3조 제1항이 "다른 법률에 특별한 규정이 있는 경우를 제
외하고는 이 법이 정하는 바에 의한다"고 규정하는 취지는 「행정절차법」이 행정
절차에 관한 일반법임을 밝힘과 아울러, 매우 다양한 형식으로 행하여지는 행정작
용에 대하여 일률적으로 「행정절차법」을 적용하는 것이 적절하지 아니함을 고려
한 것이다. 즉, 다른 법률이 행정절차에 관한 특별한 규정을 적극적으로 두고 있거
나 다른 법률이 명시적으로 「행정절차법」의 규정을 적용하지 아니한다고 소극적
으로 규정하고 있는 경우에는 「행정절차법」의 적용을 배제하고 다른 법률의 규정
을 적용한다는 뜻을 밝힌 것이다.

> **[판 례]** 사립학교법 제20조의2 제2항은 "제1항의 규정에 의한 취임승인의 취소는
> 관할청이 해당 학교법인에게 그 사유를 들어 시정을 요구한 날로부터 15일이 경과
> 하여도 이에 응하지 아니한 경우에 한한다."고 규정하고 있는바, 위 조항에 의한 시
> 정요구는 학교법인 이사장을 비롯한 임원들에게, 임원취임승인취소처분의 사전통지와
> 아울러 행정절차법 소정의 의견진술의 기회를 준 것에 다름 아니다(대법원 2002.2.5.
> 선고 2001두7138 판결).

2. 적용제외

한편, 「행정절차법」은 다음의 사항에 대하여는 적용하지 아니한다(제3조 제2
항).

① 국회 또는 지방의회의 의결을 거치거나 동의 또는 승인을 받아 행하는 사항,

② 법원 또는 군사법원의 재판에 의하거나 그 집행으로 행하는 사항,

③ 헌법재판소의 심판을 거쳐 행하는 사항,

④ 각급 선거관리위원회의 의결을 거쳐 행하는 사항,

⑤ 감사원이 감사위원회의 결정을 거쳐 행하는 사항,

⑥ 형사·행형 및 보안처분 관계 법령에 따라 행하는 사항,

⑦ 국가안전보장·국방·외교 또는 통일에 관한 사항 중 행정절차를 거칠 경우 국가의 중대한 이익을 현저히 해칠 우려가 있는 사항,

⑧ 심사청구, 해양안전심판, 조세심판, 특허심판, 행정심판, 그 밖의 불복절차에 따른 사항,

⑨ 「병역법」에 따른 징집·소집, 외국인의 출입국·난민인정·귀화, 공무원 인사 관계 법령에 따른 징계와 그 밖의 처분, 이해 조정을 목적으로 하는 법령에 따른 알선·조정·중재·재정 또는 그 밖의 처분 등 해당 행정작용의 성질상 행정절차를 거치기 곤란하거나 거칠 필요가 없다고 인정되는 사항과 행정절차에 준하는 절차를 거친 사항으로서 대통령령으로 정하는 사항.[1]

대법원은 한국방송공사 사장의 해임처분이나 사관생도 퇴학처분의 경우는

---

1) 행정절차법 시행령 제2조(적용제외)
　　법 제3조 제2항 제9호에서 "대통령령으로 정하는 사항"이라 함은 다음 각 호의 어느 하나에 해당하는 사항을 말한다.
　　1. 「병역법」, 「예비군법」, 「민방위기본법」, 「비상대비자원 관리법」, 「대체역의 편입 및 복무 등에 관한 법률」에 따른 징집·소집·동원·훈련에 관한 사항
　　2. 외국인의 출입국·난민인정·귀화·국적회복에 관한 사항
　　3. 공무원 인사관계법령에 의한 징계 기타 처분에 관한 사항
　　4. 이해조정을 목적으로 법령에 의한 알선·조정·중재·재정 기타 처분에 관한 사항
　　5. 조세관계법령에 의한 조세의 부과·징수에 관한 사항
　　6. 「독점규제 및 공정거래에 관한 법률」, 「하도급거래 공정화에 관한 법률」, 「약관의 규제에 관한 법률」에 따라 공정거래위원회의 의결·결정을 거쳐 행하는 사항
　　7. 「국가배상법」, 「공익사업을 위한 토지 등의 취득 및 보상에 관한 법률」에 따른 재결·결정에 관한 사항
　　8. 학교·연수원 등에서 교육·훈련의 목적을 달성하기 위하여 학생·연수생 등을 대상으로 행하는 사항
　　9. 사람의 학식·기능에 관한 시험·검정의 결과에 따라 행하는 사항
　　10. 「배타적 경제수역에서의 외국인어업 등에 대한 주권적 권리의 행사에 관한 법률」에 따라 행하는 사항
　　11. 「특허법」, 「실용신안법」, 「디자인보호법」, 「상표법」에 따른 사정·결정·심결, 그 밖의 처분에 관한 사항

「행정절차법」의 적용이 배제되지 않고 적용되어야 하는 사항으로 판단하였다.

> **[판 례]** 대통령의 한국방송공사 사장의 해임처분이 행정절차법과 그 시행령에서 열거적으로 규정한 예외 사유에 해당한다고 볼 수 없으므로 이 사건 해임처분에도 행정절차법이 적용된다고 할 것이다(대법원 2012.2.23. 선고 2011두5001 판결).

> **[판 례]** 행정절차법 시행령 제2조 제8호는 '학교·연수원 등에서 교육·훈련의 목적을 달성하기 위하여 학생·연수생들을 대상으로 하는 사항'을 행정절차법의 적용이 제외되는 경우로 규정하고 있으나, 이는 육군3사관학교의 사관생도에 대한 퇴학처분과 같이 신분을 박탈하는 징계처분은 여기에 해당한다고 볼 수 없다(대법원 2018.3.13. 선고 2016두33339 판결).

> **[판 례]** 지방병무청장이 산업기능요원에 대하여 한 산업기능요원 편입취소처분은, 행정처분을 할 경우 '처분의 사전통지'와 '의견제출 기회의 부여'를 규정한 행정절차법상의 '당사자의 권익을 제한하는 처분'에 해당한다. 행정절차법의 적용이 배제되는 사항인 행정절차법 시행령 제2조 제1호에서 규정하는 '병역법에 의한 소집에 관한 사항'에는 해당하지 아니하므로, 행정절차법상의 '처분의 사전통지'와 '의견제출 기회의 부여'등의 절차를 거쳐야 한다(대법원 2002.9.6. 선고 2002두554 판결).

한편, 대법원은 공무원 직위해제처분이나 공정거래위원회 시정조치의 경우는 「행정절차법」의 적용이 배제되는 예외사항에 해당한다고 보았다.

> **[판 례]** 국가공무원법상 직위해제처분은 구 행정절차법 제2조 제2항 제9호에 의하여 해당 행정작용의 성질상 행정절차를 거치기 곤란하거나 불필요하다고 인정되는 사항 또는 행정절차에 준하는 절차를 거친 사항에 해당하므로, 처분의 사전통지 및 의견청취 등에 관한 행정절차법의 규정이 별도로 적용되지 않는다(대법원 2014.5.16. 선고 2012두26180 판결).

> **[판 례]** 구 군인사법상 보직해임처분은 구 행정절차법 제3조 제2항 제9호, 동법 시행령 제2조 제3호에 의하여 당해 행정작용의 성질상 행정절차를 거치기 곤란하거나 불필요하다고 인정되는 사항 또는 행정절차에 준하는 절차를 거친 사항에 해당하므로, 처분의 근거와 이유 제시 등에 관한 행정절차법의 규정이 별도로 적용되지 아니한다(대법원 2014.10.15. 선고 2012두5756 판결).

> **[판 례]** 행정절차법 제3조 제2항, 같은 법 시행령 제2조 제6호에 의하면 공정거래 위원회의 의결·결정을 거쳐 행하는 사항에는 행정절차법의 적용이 제외되게 되어 있으므로, 설사 공정거래위원회의 시정조치 및 과징금납부명령에 행정절차법 소정의 의견청취절차 생략사유가 존재한다고 하더라도, 공정거래위원회는 행정절차법을 적 용하여 의견청취절차를 생략할 수는 없다(대법원 2001.5.8. 선고 2000두10212 판결).

> **[판 례]** 구 국적법 제5조 각호와 같이 귀화는 요건이 항목별로 구분되어 구체적으 로 규정되어 있다. 그리고 성질상 행정절차를 거치기 곤란하거나 거칠 필요가 없다 고 인정되어(행정절차법 제3조 제2항 제9호) 처분의 이유제시 등을 규정한 행정절 차법이 적용되지 않는다(대법원 2018.12.13. 선고 2016두31616 판결).

Ⅲ. 실체법적 원칙

「행정절차법」은 원칙적으로 절차법이다. 「행정절차법」의 주요내용은 대부분 절차에 관한 내용이어서 절차법의 성격에 매우 충실하다. 그러나 우리의 「행정절 차법」은 아주 미세한 부분이지만 실체법적 규정도 가지고 있다. 행정에 있어서의 신의성실 및 신뢰보호의 원칙(제4조)과 행정작용상의 투명성의 원칙(제5조), 행정지 도의 원칙(제48조) 등 실체법적 원칙이 함께 규정되어 있어 절차법의 실효성을 제 고하고 있다.

1. 신의성실의 원칙

행정청은 직무를 수행할 때 신의에 따라 성실히 하여야 한다(행정절차법 제4조 제1항).

2. 신뢰보호의 원칙

행정청은 법령 등의 해석 또는 행정청의 관행이 일반적으로 국민들에게 받아 들여졌을 때에는 공익 또는 제3자의 정당한 이익을 현저히 해칠 우려가 있는 경우 를 제외하고는 새로운 해석 또는 관행에 따라 소급하여 불리하게 처리하여서는 아 니 된다(행정절차법 제4조 제2항).

> **[판 례]** 신뢰보호의 원칙이 적용되기 위하여는, 첫째 행정청이 개인에 대하여 신뢰 의 대상이 되는 공적인 견해표명을 하여야 하고, 둘째 행정청의 견해표명이 정당하 다고 신뢰한 데에 대하여 그 개인에게 귀책사유가 없어야 하며, 셋째 그 개인이 그 견해표명을 신뢰하고 이에 상응하는 어떠한 행위를 하였어야 하고, 넷째 행정청이 그 견해표명에 반하는 처분을 함으로써 그 견해표명을 신뢰한 개인의 이익이 침해

되는 결과가 초래되어야 하며, 마지막으로 위 견해표명에 따른 행정처분을 할 경우 이로 인하여 공익 또는 제3자의 정당한 이익을 현저히 해할 우려가 있는 경우가 아니어야 한다(대법원 2002. 11.8. 선고 2001두1512 판결).

[판 례] 신의성실의 원칙에 위배된다는 이유로 그 권리의 행사를 부정하기 위하여는 상대방에게 신의를 주었다거나 객관적으로 보아 상대방이 그러한 신의를 가짐이 정당한 상태에 이르러야 하고, 이와 같은 상대방의 신의에 반하여 권리를 행사하는 것이 정의 관념에 비추어 용인될 수 없는 정도의 상태에 이르러야 하고, 일반 행정 법률관계에서 관청의 행위에 대하여 신의칙이 적용되기 위해서는 합법성의 원칙을 희생하여서라도 처분의 상대방의 신뢰를 보호함이 정의의 관념에 부합하는 것으로 인정되는 특별한 사정이 있을 경우에 한하여 예외적으로 적용된다(대법원 2004.7.22. 선고 2002두11233 판결).

3. 투명성의 원칙

행정청이 행하는 행정작용은 그 내용이 구체적이고 명확하여야 하며, 행정작용의 근거가 되는 법령 등의 내용이 명확하지 아니한 경우 그 상대방은 해당 행정청에 대하여 그 해석을 요청할 수 있다. 이 경우 해당 행정청은 특별한 사유가 없으면 그 요청에 따라야 한다. 또한, 행정청은 상대방에게 행정작용과 관련된 정보를 충분히 제공하여야 한다(행정절차법 제5조).

Ⅳ. 행정청의 관할 및 협조

1. 행정청의 관할

행정청이 그 관할에 속하지 아니하는 사안을 접수하였거나 이송받은 경우에는 지체 없이 이를 관할 행정청에 이송하여야 하고 그 사실을 신청인에게 통지하여야 한다. 행정청이 접수하거나 이송받은 후 관할이 변경된 경우에도 또한 같다(행정절차법 제6조 제1항).

행정청의 관할이 분명하지 아니한 경우에는 해당 행정청을 공통으로 감독하는 상급 행정청이 그 관할을 결정하며, 공통으로 감독하는 상급 행정청이 없는 경우에는 각 상급 행정청이 협의하여 그 관할을 결정한다(동법 제6조 제2항).

2. 행정청간의 협조

행정청은 행정의 원활한 수행을 위하여 서로 협조하여야 한다(행정절차법 제7조).

3. 행정응원

행정응원은 해당 직무를 직접 응원할 수 있는 행정청에 요청하여야 한다(행정절차법 제8조 제3항). 행정청은 다음의 어느 하나에 해당하는 경우에는 다른 행정청에 행정응원을 요청할 수 있다(동법 제8조 제1항). ① 법령 등의 이유로 독자적인 직무수행이 어려운 경우, ② 인원·장비의 부족 등 사실상의 이유로 독자적인 직무수행이 어려운 경우, ③ 다른 행정청에 소속되어 있는 전문기관의 협조가 필요한 경우, ④ 다른 행정청이 관리하고 있는 문서(전자문서를 포함한다.)·통계 등 행정자료가 직무수행을 위하여 필요한 경우, ⑤ 다른 행정청의 응원을 받아 처리하는 것이 보다 능률적이고 경제적인 경우.

행정응원을 요청받은 행정청은 ① 다른 행정청이 보다 능률적이거나 경제적으로 응원할 수 있는 명백한 이유가 있는 경우, ② 행정응원으로 인하여 고유의 직무수행이 현저히 지장받을 것으로 인정되는 명백한 이유가 있는 경우에는 이를 거부할 수 있다(동법 제8조 제2항). 행정응원을 요청받을 행정청이 응원을 거부하는 경우에는 그 사유를 응원을 요청한 행정청에 통지하여야 한다(동법 제8조 제4항).

행정응원을 위하여 파견된 직원은 응원을 요청한 행정청의 지휘·감독을 받는다. 다만, 해당 직원의 복무에 관하여 다른 법령 등에 특별한 규정이 있는 경우에는 그에 따른다(동법 제8조 제5항).

행정응원에 드는 비용은 응원을 요청한 행정청이 부담하며, 그 부담금액 및 부담방법은 응원을 요청한 행정청과 응원을 하는 행정청이 협의하여 결정한다(동법 제8조 제6항).

V. 행정절차의 당사자 등

1. 당사자 등의 자격

당사자 등이라 함은 행정청의 처분에 대하여 직접 그 상대가 되는 당사자와 행정청이 직권으로 또는 신청에 따라 행정절차에 참여하게 한 이해관계인을 말한다(행정절차법 제2조 제4호). 행정절차에 있어서 당사자 등이 될 수 있는 자는 ① 자연인, ② 법인, 법인이 아닌 사단 또는 재단, ③ 그 밖에 다른 법령 등에 따라 권리·의무의 주체가 될 수 있는 자 등이다(동법 제9조).

2. 지위의 승계

당사자 등이 사망하였을 때의 상속인과 다른 법령 등에 따라 당사자 등의 권리 또는 이익을 승계한 자는 당사자 등의 지위를 승계한다(행정절차법 제10조 제1항).

당사자 등의 지위를 승계한 자는 행정청에 그 사실을 통지하여야 한다(동법 제10조 제3항). 이와 같은 통지가 있을 때까지 사망자에 대하여 행정청이 행한 통지는 당사자 등의 지위를 승계한 자에게도 효력이 있다(동법 제10조 제5항).

당사자 등의 법인 등이 합병한 때에는 합병 후 존속하는 법인 등이나 합병 후 새로 설립된 법인 등이 당사자 등의 지위를 승계한다(동법 제10조 제2항). 당사자 등의 지위를 승계한 법인 등은 행정청에 그 사실을 통지하여야 한다(동법 제10조 제3항). 이와 같은 통지가 있을 때까지 합병전의 법인 등에 대하여 행정청이 행한 통지는 당사자 등의 지위를 승계한 자에게도 효력이 있다(동법 제10조 제5항).

처분에 관한 권리 또는 이익을 사실상 양수한 자는 행정청의 승인을 받아 당사자 등의 지위를 승계할 수 있다(동법 제10조 제4항). 당사자 등의 지위를 승계하고자 하는 자는 행정청에 문서로 지위승계의 승인을 신청하여야 하며, 행정청은 그와 같은 신청을 받은 때에는 지체 없이 승인여부를 결정하여 신청인에게 통지하여야 한다(동법 시행령 제4조).

3. 당사자 등의 대표자

(1) 대표자의 선정

다수의 당사자 등이 공동으로 행정절차에 관한 행위를 할 때에는 대표자를 선정할 수 있다(행정절차법 제11조 제1항). 당사자 등이 대표자를 선정하거나 선임하였을 때에는 지체 없이 그 사실을 행정청에 문서로 통지하여야 한다(동법 제13조, 동법 시행령 제7조).

(2) 행정청의 선정요청

행정청은 당사자 등이 대표자를 선정하지 아니하거나 대표자가 지나치게 많아 행정절차가 지연될 우려가 있는 경우에는 그 이유를 들어 상당한 기간 내에 3인 이내의 대표자를 선정할 것을 요청할 수 있다. 이 경우 당사자 등이 그 요청에 따르지 아니하였을 때에는 행정청이 직접 대표자를 선정할 수 있다(행정절차법 제11조 제2항).

(3) 대표자의 변경 또는 해임

당사자 등은 대표자를 변경하거나 해임할 수 있다(행정절차법 제11조 제3항). 당사자 등이 대표자를 선정하거나 선임한 때에는 지체 없이 그 사실을 행정청에 문서로 통지하여야 한다(동법 제13조, 동법 시행령 제7조).

(4) 대표자의 권한

대표자는 각자 그를 대표자로 선정한 당사자 등을 위하여 행정절차에 관한 모든 행위를 할 수 있다. 다만, 행정절차를 끝맺는 행위에 대하여 당사자 등의 동의를 받아야 한다(행정절차법 제11조 제4항). 이 경우 대표자는 다른 당사자 등의 동의를 입증하는 서류를 첨부하여 행정청에 문서로 통지하여야 한다(동법 시행령 제5조).

대표자가 있는 경우에는 당사자 등은 그 대표자를 통하여서만 행정절차에 관한 행위를 할 수 있다(동법 제11조 제5항). 다수의 대표자가 있는 경우 그 중 1인에 대한 행정청의 행위는 모든 당사자 등에게 효력이 있다. 다만, 행정청의 통지는 대표자 모두에게 하여야 그 효력이 있다(동법 제11조 제6항).

4. 대리인

(1) 대리인의 선임

당사자 등은 ① 당사자 등의 배우자, 직계존·비속 또는 형제자매, ② 당사자 등이 법인인 경우 그 임원 또는 직원, ③ 변호사, ④ 행정청 또는 청문주재자(청문의 경우에 한한다)의 허가를 받은 자, ⑤ 법령 등에 따라 해당 사안에 대하여 대리인이 될 수 있는 자를 대리인으로 선임할 수 있다(행정절차법 제12조). 위 ④의 경우 대리인의 선임허가를 받고자 하는 당사자 등은 행정청 또는 청문주재자(청문의 경우에 한함)에게 문서로 선임허가를 신청하여야 한다(동법 시행령 제6조 제1항). 당사자 등이 대리인을 선임한 때에는 지체 없이 그 사실을 행정청에 문서로 통지하여야 한다(동법 제13조, 동법 시행령 제7조).

(2) 대리인의 변경 또는 해임

당사자 등은 대리인을 변경 또는 해임할 수 있다. 이 경우 당사자 등은 지체 없이 그 사실(대리인의 변경·해임)을 행정청에 문서로 통지하여야 한다(행정절차법 제13조, 동법 시행령 제7조).

(3) 대리인의 권한

대리인은 각자 그를 대리인으로 선정한 당사자 등을 위하여 행정절차에 관한 모든 행위를 할 수 있다. 다만, 행정절차를 끝맺는 행위에 있어서는 당사자 등의 동의를 얻어야 한다(행정절차법 제12조 제2항, 제11조 제4항). 이 경우 대리자는 다른 당사자 등의 동의를 입증하는 서류를 첨부하여 행정청에 문서로 통지하여야 한다(동법 시행령 제6조 제2항·제5조).

다수의 대리인이 있는 경우 그 중 1인에 대한 행정청의 행위는 모든 당사자 등에게 효력이 있다. 다만, 행정청의 통지는 대리인 모두에게 하여야 그 효력이 있다(동법 제12조 제2항, 제11조 제6항).

당사자가 대리인을 선임할 수 있도록 한 「행정절차법」 제12조의 취지에 따라, 대리인으로 선임된 변호사는 징계위원회에 출석하여 의견진술 등을 할 수 있고 행정청은 이를 거부할 수 없다.

> **[판 례]** 행정절차법 제12조 제1항 제3호, 제2항, 제11조 제4항 본문에 따르면, 당사자 등은 변호사를 대리인으로 선임할 수 있고, 대리인으로 선임된 변호사는 당사자 등을 위하여 행정절차에 관한 모든 행위를 할 수 있다고 규정되어 있다. 위와 같은 행정절차법령의 규정과 취지, 헌법상 법치국가원리와 적법절차원칙에 비추어 징계와 같은 불이익처분절차에서 징계심의대상자에게 변호사를 통한 방어권의 행사를 보장하는 것이 필요하고, 징계심의대상자가 선임한 변호사가 징계위원회에 출석하여 징계심의대상자를 위하여 필요한 의견을 진술하는 것은 방어권 행사의 본질적 내용에 해당하므로, 행정청은 특별한 사정이 없는 한 이를 거부할 수 없다(대법원 2018.3.13. 선고 2016두33339 판결).

5. 이해관계인의 참여

행정절차에 참여하고자 하는 이해관계인은 행정청에게 참여대상인 절차와 참여이유를 기재한 문서(전자문서를 포함)로 참여를 신청하여야 한다. 행정청은 이해관계인의 참여신청을 받은 때에는 지체 없이 참여 여부를 결정하여 신청인에게 통지하여야 한다(행정절차법 시행령 제3조).

VI. 송달 및 기간

행정처분의 송달에 있어 전자문서의 경우에는 「전자정부법」이 적용되므로 송달의 방법 및 기간과 관련해서도 종이문서로 하는 처분의 경우와 구별된다. 여기서 전자문서란 컴퓨터 등 정보처리능력을 가진 장치에 의하여 전자적인 형태로 작성되어 송신·수신 또는 저장된 정보를 말한다(행정절차법 제2조 제8호).

1. 송 달

(1) 원칙적 송달

송달은 우편, 교부 또는 정보통신망 이용 등의 방법으로 하되, 송달받을 자의 주소·거소·영업소·사무소 또는 전자우편주소로 한다. 다만, 송달받을 자가 동의하는 경우에는 그를 만나는 장소에서 송달할 수 있다(행정절차법 제14조 제1항). 행정청은 송달하는 문서의 명칭, 송달받는 자의 성명 또는 명칭, 발송방법 및 발송 연월일을 확인할 수 있는 기록을 보존하여야 한다(동법 제14조 제5항).

행정청은 법령에서 고지서·통지서 등의 종이문서로 고지·통지 등을 하도록 규정하고 있는 경우에도 본인이 원하는 때에는 이를 전자문서로 고지·통지 등을 할 수 있고, 이 경우 해당 법령에서 정한 절차에 의하여 고지·통지 등을 한 것으로 본다. 또한 당사자가 민원사항 등을 전자문서로 신청 등을 한 경우에 행정청은 그 처리결과를 전자공문서로 통지 등을 할 수 있다. 이 경우 행정청은 인터넷을 통하여 미리 그 고지·통지 등의 종류와 절차를 국민에게 공표하여야 한다(전자정부법 제7조).

(2) 교부에 의한 송달

교부에 의한 송달은 수령확인서를 받고 문서를 교부함으로써 하며, 송달하는 장소에서 송달받을 자를 만나지 못한 경우 그 사무원·피용자 또는 동거인으로서 사리를 분별할 지능이 있는 사람에게 문서를 교부할 수 있다. 다만, 문서를 송달받을 자 또는 그 사무원 등이 정당한 사유 없이 송달받기를 거부하는 때에는 그 사실을 수령확인서에 적고, 문서를 송달할 장소에 놓아둘 수 있다(행정절차법 제14조 제2항).

(3) 정보통신망을 이용한 송달

정보통신망을 이용한 송달은 송달받을 자가 동의하는 경우에만 하며, 이 경우 송달받을 자는 송달받을 전자우편주소 등을 지정하여야 한다(행정절차법 제14조 제3항).

(4) 공고에 의한 송달

공고에 의한 송달은 ① 송달받을 자의 주소 등을 통상의 방법으로 확인할 수 없는 경우, ② 송달이 불가능한 경우에는 송달받을 자가 알기 쉽도록 관보, 공보, 게시판, 일간신문 중 하나 이상에 공고하고 인터넷에도 공고하여야 한다(행정절차법 제14조 제4항).

2. 송달의 효력발생

송달은 다른 법령 등에 특별한 규정이 있는 경우를 제외하고는 해당문서가 송달받을 자에게 도달됨으로써 그 효력이 발생한다(행정절차법 제15조 제1항). 정보통신망을 이용하여 전자문서로 송달하는 경우에는 송달받을 자가 지정한 컴퓨터 등에 입력된 때엔 도달된 것으로 본다(동법 제15조 제2항).

공고에 의한 송달의 경우 다른 법령에 특별한 규정이 있는 경우를 제외하고는 공고일부터 14일이 지난 때에 그 효력이 발생한다. 다만, 긴급히 시행하여야 할 특별한 사유가 있어 효력발생시기를 달리 정하여 공고한 경우에는 그에 따른다

(동법 제15조 제3항).

3. 기간 및 기한의 특례

천재지변이나 그 밖에 당사자등에게 책임이 없는 사유로 기간 및 기한을 지킬 수 없는 경우에는 그 사유가 끝나는 날까지 기간의 진행이 정지된다(행정절차법 제16조 제1항). 외국에 거주하거나 체류하는 자에 대한 기간 및 기한은 행정청이 그 우편이나 통신에 걸리는 일수를 고려하여 정하여야 한다(동법 제16조 제2항).

제 3 절   처분절차

「행정절차법」은 처분절차를 크게 ① 신청에 의한 처분(수익적 처분)의 절차와 ② 부담적 처분의 절차로 구분하고, 양자의 성립에 있어 처분기준의 설정·공표, 처분의 방식에 대해서는 공통사항으로 규정하였다. 여기서 '처분'이란 행정청이 행하는 구체적 사실에 관한 법 집행으로서의 공권력의 행사 또는 그 거부와 그 밖에 이에 준하는 행정작용을 말한다(동법 제2조 제2호).

Ⅰ. 공통사항

1. 처분기준의 설정·공표

행정청은 필요한 처분기준을 해당 처분의 성질에 비추어 되도록 구체적으로 정하여 공표하여야 하는데, 이는 행정청의 자의적인 권한행사를 사전에 예방하고 행정의 공평과 공정을 보장하기 위한 것이다. 행정청은 처분기준을 당사자 등이 알기 쉽도록 편람을 만들어 비치하거나 게시판·관보·공보·일간신문 또는 소관 행정청의 인터넷 홈페이지 등에 공고하여야 한다(행정절차법 시행령 제12조). 이와 같은 행정정보는 인터넷에 게시하는 방법으로 국민에게 제공할 수 있다(전자정부법 제12조 제2항).

처분기준을 공표하는 것이 해당 처분의 성질상 현저히 곤란하거나 공공의 안전 또는 복리를 현저히 해하는 것으로 인정될 만한 상당한 이유가 있는 경우에는 이를 공표하지 아니할 수 있다(행정절차법 제20조 제2항).

> **[판 례]** 행정청으로 하여금 처분기준을 구체적으로 정하여 공표하도록 한 것은 해당 처분이 가급적 미리 공표된 기준에 따라 이루어질 수 있도록 함으로써 해당 처분의 상대방으로 하여금 결과에 대한 예측가능성을 높이고 이를 통하여 행정의 공

정성, 투명성, 신뢰성을 확보하며 행정청의 자의적인 권한행사를 방지하기 위한 것이다. 그러나 처분의 성질상 처분기준을 미리 공표하는 경우 행정목적을 달성할 수 없게 되거나 행정청에 일정한 범위 내에서 재량권을 부여함으로써 구체적인 사안에서 개별적인 사정을 고려하여 탄력적으로 처분이 이루어지도록 하는 것이 오히려 공공의 안전 또는 복리에 더 적합한 경우도 있다. 그러한 경우에는 행정절차법 제20조 제2항에 따라 처분기준을 따로 공표하지 않거나 개략적으로만 공표할 수도 있다(대법원 2019.12.13. 선고 2018두41907 판결).

당사자 등은 공표된 처분기준이 명확하지 아니한 경우 해당 행정청에 대하여 그 해석 또는 설명을 요구할 수 있으며, 이 경우 해당 행정청은 특별한 사정이 없으면 그 요청에 따라야 한다(행정절차법 제20조 제3항).

2. 처분의 이유제시

(1) 이유제시의 의의

청문을 종결하게 되면, 행정청은 청문조서 기타 관계서류 등을 충분히 검토하고 상당한 이유가 있다고 인정하는 경우에는 처분을 함에 있어서 청문결과를 적극 반영하여야 한다. 따라서 행정절차의 최종단계로서의 처분에는 그 처분의 근거와 이유를 밝히는 이유제시가 있어야 한다. 처분의 이유제시를 통해 행정청은 사안을 설명하며 명확하게 함은 물론 당사자를 양해시키고 만족시킬 수 있게 되는 것이다.

(2) 이유제시의 근거

「행정절차법」 제23조에 따르면, 행정청이 처분을 하는 때에는 ① 신청내용을 모두 그대로 인정하는 처분인 경우, ② 단순·반복적인 처분 또는 경미한 처분으로서 당사자가 그 이유를 명백히 알 수 있는 경우, ③ 긴급히 처분을 할 필요가 있는 경우 등을 제외하고는 당사자에게 그 근거와 이유를 제시하여야 한다(제23조 제1항).

행정청은 처분의 근거와 이유를 제시하지 아니하는 경우(위 ②와 ③의 경우)에라도 처분 후 당사자가 요청하는 경우에는 처분의 근거와 이유를 제시하여야 한다(동법 제23조 제2항).

(3) 이유제시의 정도

이유제시는 처분을 하고자 하는 원인이 되는 사실과 처분의 내용 및 법적 근거이다. 이유제시와 관련하여 "처분의 근거와 이유"를 어느 정도로 구체적으로 제시하여야 하는지의 문제가 있으나, 이는 개별 구체적으로 판단해야 할 것이다.

이유제시는 당사자가 그 근거를 알 수 있을 정도로 상당한 이유이어야 하며, 당사자가 충분히 납득할 수 있을 정도로 구체적이고 명확하게 하여야 한다. 또한, 처분이유에는 최종적인 판단에 이르게 된 논리적 과정을 알 수 있도록 해야 하고, 처분기준이 있는 경우 그 어느 부분에 근거하여 결론에 도달하게 되었는지도 밝혀야 한다.

(4) 이유제시 위반의 효과

이유제시 의무를 위반한 처분은 그 내용의 적법성 여부를 떠나 그 자체로 위법하게 된다. 이유제시 자체를 결여한 하자가 중대·명백하다면 무효사유가 될 것이고, 이유제시 하자가 중대하지 않다면 단순 위법하여 취소사유가 될 것이다.

> **[판 례]** 행정절차법 제23조 제1항, 제24조 제1항의 규정이 행정청이 처분을 하는 때에 그 처분사유를 명시하도록 한 것은 행정청으로 하여금 신중한 조사와 판단을 하여 정당한 처분을 하게하고, 그 정당성의 근거를 제시하도록 하기 위한 것으로서, 처분의 상대방에게 이를 알려 불복신청에 편의를 주고 나아가 이에 대한 사법심사에 있어서 심리의 범위를 한정함으로써 결국 이해관계인의 신뢰를 보호하고 절차적 권리를 보장하기 위한 것으로서, 이러한 이유제시의무에 위반한 경우 그 내용의 적법성 여부를 떠나 그 자체로 위법하게 된다(서울행법 1999.2.26. 선고 98구1115 판결 : 항소기각 상고).

> **[판 례]** 납세고지서에 세액산출근거 등의 기재사항이 누락되었거나 과세표준과 세액의 계산명세서가 첨부되지 않았다면 적법한 납세의 고지라고 볼 수 없으며, 위와 같은 납세고지의 하자는 납세의무자가 그 나름대로 산출근거를 알고 있다거나 사실상 이를 알고서 쟁송에 이르렀다 하더라도 치유되지 않는다(대법원 2002.11.13. 선고 2001두1543 판결).

「행정절차법」 제정 전에도 행정처분의 이유부기에 대하여 판례는 불문법상의 법원칙으로 보고, 이유부기를 흠결한 처분을 위법한 것으로 보았다.

> **[판 례]** 면허의 취소처분에는 그 근거가 되는 법령이나 취소권 유보의 부관 등을 명시하여야 함은 물론 처분을 받은 자가 어떠한 위반사실에 대하여 해당 처분이 있었는지를 알 수 있을 정도로 사실을 적시할 것을 요하며, 이와 같은 취소처분의 근거와 위반사실의 적시를 빠뜨린 하자는 피처분자가 처분 당시 그 취지를 알고 있었다거나 그 후 알게 되었다 하여도 치유될 수 없다(대법원 1990.9.11. 선고 90누1786 판결).

한편, 처분의 상대방이 그 근거를 알 수 있을 정도로 상당한 이유를 제시한 경우에는 처분의 근거 및 이유를 구체적으로 적시하지 않았다 하더라도 그 처분은 위법하지 않다. 대법원 역시 행정구제절차로 나아가는 데에 별다른 지장이 없었거나, 처분의 근거를 알 수 있을 정도로 상당한 이유를 제시한 경우에는 구체적인 조문을 제시하지 않더라도 위법이 되는 것은 아니라고 판시하고 있다.

[판 례] 처분 당시 당사자가 어떠한 근거와 이유로 처분이 이루어진 것인지를 충분히 알 수 있어서 그에 불복하여 행정구제절차로 나아가는 데에 별다른 지장이 없었던 것으로 인정되는 경우에는 처분서에 처분의 근거와 이유가 구체적으로 명시되어 있지 않았다고 하더라도 그로 말미암아 그 처분이 위법한 것으로 된다고 할 수는 없다(대법원 2013.11.14. 선고 2011두18571 판결). – 감리법인 감리보고서 허위 작성으로 인한 영업정지처분

[판 례] 행정청이 토지형질변경허가신청을 불허하는 근거규정으로 ‘도시계획법시행령 제20조’를 명시하지 아니하고 ‘도시계획법’이라고만 기재하였으나, 신청인이 자신의 신청이 개발제한구역의 지정목적에 현저히 지장을 초래하는 것이라는 이유로 구 도시계획법시행령 제20조 제1항 제2호에 따라 불허된 것임을 알 수 있었던 경우, 그 불허처분이 위법하지 아니하다(대법원 2002.5.17. 선고 2000두8912 판결).

[판례] 당사자가 신청하는 허가 등을 거부하는 처분을 하면서 당사자가 그 근거를 알 수 있을 정도로 이유를 제시한 경우에는 처분의 근거와 이유를 구체적으로 명시하지 않았더라도 그로 말미암아 그 처분이 위법하다고 볼 수는 없다. 이때 ‘이유를 제시한 경우’는 처분서에 기재된 내용과 관계 법령 및 해당 처분에 이르기까지의 전체적인 과정 등을 종합적으로 고려하여, 처분 당시 당사자가 어떠한 근거와 이유로 처분이 이루어진 것인지를 충분히 알 수 있어서 그에 불복하여 행정구제절차로 나아가는 데 별다른 지장이 없었다고 인정되는 경우를 뜻한다(대법원 2017.8.29. 선고 2016두44186 판결).

3. 처분의 방식

(1) 문서주의

행정청이 처분을 할 때에는 다른 법령등에 특별한 규정이 있는 경우를 제외하고는 문서로 하여야 하며, 전자문서로 하는 경우에는 당사자의 동의가 있어야 한다. 다만, 신속히 처리할 필요가 있거나 사안이 경미한 경우에는 말 또는 그 밖의 방법으로 할 수 있다. 이 경우 당사자가 요청하면 지체 없이 처분에 관한 문서

를 주어야 한다(행정절차법 제24조 제1항). 처분을 하는 문서에는 그 처분 행정청과 담당자의 소속·성명 및 연락처를 적어야 한다(동법 제24조 제2항).

> **[판 례]** 면허관청이 운전면허정지처분을 하면서 별지 52호 서식의 통지서에 의하여 면허정지사실을 통지하지 아니하거나 처분집행예정일 7일 전까지 이를 발송하지 아니한 경우에는 특별한 사정이 없는 한 위 관계 법령이 요구하는 절차·형식을 갖추지 아니한 조치로서 그 효력이 없고, 이와 같은 법리는 면허관청이 임의로 출석한 상대방의 편의를 위하여 구두로 면허정지사실을 알렸다고 하더라도 마찬가지이다(대법원 1996.6.14. 선고 95누17823 판결). - 면허정지처분으로서의 효력 ×

(2) 불복신청의 고지

행정청이 처분을 할 때에는 당사자에게 그 처분에 관하여 행정심판 및 행정소송을 제기할 수 있는지 여부, 그 밖에 불복을 할 수 있는지 여부, 청구절차 및 청구기간, 그 밖에 필요한 사항을 알려야 한다(행정절차법 제26조).

4. 처분의 정정

행정청은 처분에 오기, 오산 또는 그 밖에 이에 준하는 명백한 잘못이 있을 때에는 직권으로 또는 신청에 따라 지체 없이 정정하고 그 사실을 당사자에게 통지하여야 한다(행정절차법 제25조).

Ⅱ. 신청에 의한(수익적) 처분의 절차

1. 처분의 신청

법령에 특별한 규정이 있는 경우와 행정청이 미리 다른 방법으로 정하여 게시한 경우를 제외하고는, 행정청에 대하여 어떠한 처분을 구하는 신청은 문서(서면주의)로 하여야 한다(행정절차법 제17조 제1항). 그러나 처분을 신청함에 있어 전자문서로 하는 경우에는 행정청의 컴퓨터 등에 입력된 때에 신청한 것으로 본다(동법 제17조 제2항).

행정청은 신청에 필요한 구비서류, 접수기관, 처리기간, 그 밖에 필요한 사항을 게시하거나 이에 대한 편람을 갖추어 두고 누구나 열람할 수 있도록 하여야 한다(동법 제17조 제3항).

신청인은 처분이 있기 전에는 그 신청의 내용을 보완·변경하거나 취하할 수 있다. 다만, 다른 법령 등에 특별한 규정이 있거나 그 신청의 성질상 보완·변경하거나 취하할 수 없는 경우에는 그러하지 아니하다(동법 제17조 제8항).

2. 행정청의 접수의무

행정청은 신청을 받았을 때에는 다른 법령등에 특별한 규정이 있는 경우를 제외하고는 그 접수를 보류 또는 거부하거나 부당하게 되돌려 보내서는 아니 되며, 신청을 접수한 경우에는 신청인에게 접수증을 주어야 한다(행정절차법 제17조 제4항). 다만, ① 구술·우편 또는 정보통신망에 의한 신청, ② 처리기간이 '즉시'로 되어 있는 신청, ③ 접수증에 갈음하는 문서를 주는 신청 등의 경우에는 접수증을 주지 아니할 수 있다(동법 시행령 제9조).

행정청은 다수의 행정청이 관여하는 처분을 구하는 신청을 접수한 경우에는 관계 행정청과의 신속한 협조를 통하여 그 처분이 지연되지 아니하도록 하여야 한다(동법 제18조).

3. 신청서의 보완

행정청은 신청에 구비서류의 미비 등 흠이 있는 경우에는 보완에 필요한 상당한 기간을 정하여 지체 없이 신청인에게 보완을 요구하여야 한다(행정절차법 제17조 제5항). 행정청은 신청인의 소재지가 분명하지 아니하여 보완의 요구가 2회에 걸쳐 반송된 때에는 신청을 취하한 것으로 보아 이를 종결처리 할 수 있다(동법 시행령 제10조). 행정청은 신청인이 보완기간 내에 보완을 하지 아니한 때에는 그 이유를 명시하여 접수된 신청을 되돌려 보낼 수 있다(동법 제17조 제6항).

행정청은 신청인의 편의를 위하여 다른 행정청에 신청을 접수하게 할 수 있으나, 이 경우 행정청은 다른 행정청에 접수할 수 있는 신청의 종류를 미리 정하여 공시하여야 한다(동법 제17조 제7항).

4. 처리기간의 설정·공표

행정청은 신청인의 편의를 위하여 처분의 처리기간을 종류별로 미리 정하고 공표하여야 하며, 부득이한 사유로 처리기간 내에 처리하기 곤란한 경우에는 해당 처분의 처리기간의 범위 내에서 한 번만 그 기간을 연장할 수 있다. 행정청이 처리기간을 연장할 때에는 처리기간의 연장사유와 처리예정기한을 지체 없이 신청인에게 통지하여야 한다(행정절차법 제19조 제2항·제3항).

행정청이 정당한 처리기간 내에 처리하지 아니하였을 때에는 신청인은 해당 행정청 또는 그 감독 행정청에 대하여 신속한 처리를 요청할 수 있다(동법 제19조 제4항).

> **[판 례]** 처분이나 민원의 처리기간을 정하는 것은 신청에 따른 사무를 가능한 한 조속히 처리하도록 하기 위한 것이다. 처리기간에 관한 규정은 훈시규정에 불과할 뿐 강행규정이라고 볼 수 없다. 행정청이 처리기간이 지나 처분을 하였더라도 이를 처분을 취소할 절차상 하자로 볼 수 없다(대법원 2019.12.13. 선고 2018두41907 판결).

신청의 처리기간에 산입하지 아니하는 기간으로는 ① 신청서의 보완에 소요되는 기간, ② 접수·경유·협의 및 처리하는 기관이 각각 상당히 떨어져 있는 경우 서류의 이송에 소요되는 기간, ③ 행정청이 대표자 선정을 요청한 경우에 대표자를 선정하는 데 소요되는 기간, ④ 해당처분과 관련하여 의견청취가 실시되는 경우 그에 소요되는 기간, ⑤ 실험·검사·감정, 전문적인 기술검토 등 특별한 추가절차를 거치기 위하여 부득이하게 소요되는 기간, ⑥ 행정안전부령이 정하는 선행사무의 완결을 조건으로 하는 경우 그에 소요되는 기간 등이다(동법 시행령 제11조).

Ⅲ. 침해적 처분의 절차

1. 처분의 사전통지

(1) 사전통지의 의의

행정절차를 개시하기 위해서는 행정청이 행하고자 하는 처분의 내용·법적 근거와 청문의 일시·장소 등을 미리 당사자에게 알릴 필요가 있는데, 이를 처분의 사전통지라 한다. 통지의 방법에는 송달, 공고 등이 있다. 즉, 처분의 사전통지란 당사자에게 의무를 과하거나 권익을 제한하는 처분을 하기 전에 당사자 등에게 일정한 사항 등을 통지하는 것을 말한다(행정절차법 제21조 제1항). 여기서 당사자라 함은 행정청의 처분에 대하여 직접 그 상대가 되는 자를 의미한다. 영업자지위승계신고를 수리하는 처분은 종전의 영업자의 권익을 제한하는 처분이므로 종전의 영업자가 그 처분에 대하여 직접 상대가 되는 자인 당사자에 해당한다.[2]

> **[판 례]** 행정청이 식품위생법 규정에 의하여 영업자지위승계신고를 수리하는 처분은 종전의 영업자의 권익을 제한하는 처분이라 할 것이고 따라서 종전의 영업자는그 처분에 대하여 직접 그 상대가 되는 자에 해당한다고 봄이 상당하므로, 행정청으로서는 위 신고를 수리하는 처분을 함에 있어서 행정절차법 규정 소정의 당사자에 해당하는 종전의 영업자에 대하여 위 규정 소정의 행정절차를 실시하고 처분을 하여야 한다(대법원 2003.2.14. 선고 2001두7015 판결).

---

2) 대법원 2003.2.14. 선고 2001두7015 판결.

　　대법원은 대형마트 영업시간 제한 등의 처분에서 사전통지는 처분의 상대방인 점포개설자를 대상으로만 필요하고 임차인을 상대로는 거칠 필요는 없다고 판시하였다.

> **[판 례]** 대규모점포 중 개설자가 직영하지 않는 임대매장이 존재하더라도 대규모점포에 대한 영업시간 제한 등 처분의 상대방은 오로지 대규모점포 개설자이다. 따라서 사전통지와 같은 절차도 개설자들을 상대로 거치면 충분하고, 그 밖에 임차인들을 상대로 별도의 사전통지 등 절차를 거칠 필요가 없다(대법원 2015.11.19. 선고 2015두295 전원합의체 판결).

　　한편, 사전통지의 대상이 되는 부담적 처분에 거부처분이 포함되는지의 문제가 있으나, 신청을 하였어도 아직 당사자에게 권익이 부여되지 아니하였으므로 신청을 거부하여도 직접 당사자의 권익을 제한하는 처분에 해당하지 않는다. 판례도 같은 입장이다.

> **[판 례]** 신청에 따른 처분이 이루어지지 아니한 경우에는 아직 당사자에게 권익이 부과되지 아니하였으므로 특별한 사정이 없는 한 신청에 대한 거부처분이라고 하더라도 직접 당사자의 권익을 제한하는 것은 아니어서 신청에 대한 거부처분을 여기에서 말하는 '당사자의 권익을 제한하는 처분'에 해당한다고 할 수 없는 것이어서 처분의 사전통지대상이 되지 않는다(대법원 2003.11.28. 선고 2003두674 판결).

(2) 사전통지의 내용

　　행정청은 ① 처분의 제목, ② 당사자의 성명 또는 명칭과 주소, ③ 처분하려는 원인이 되는 사실과 처분의 내용 및 법적 근거, ④ 처분에 대하여 의견을 제출할 수 있다는 뜻과 의견을 제출하지 아니하는 경우의 처리방법, ⑤ 의견제출기관의 명칭과 주소, ⑥ 의견제출기한, ⑦ 그 밖에 필요한 사항 등을 당사자에게 통지하여야 한다(행정절차법 제21조 제1항).

(3) 사전통지를 요하지 않는 경우

　　행정청은 부담적 처분을 함에 있어서는 원칙적으로 사전통지를 해야 하지만, ① 공공의 안전 또는 복리를 위하여 긴급히 처분을 할 필요가 있는 경우, ② 법령 등에서 요구된 자격이 없거나 없어지게 되면 반드시 일정한 처분을 하여야 하는 경우에 그 자격이 없거나 없어지게 된 사실이 법원의 재판 등에 의하여 객관적으로 증명된 경우, ③ 해당 처분의 성질상 의견청취가 곤란하거나 명백히 불필요하다고 인정될 만한 상당한 이유가 있는 경우에는 통지를 아니할 수 있다(행정절차법 제21조 제4항).

> **[판 례]** 현장조사에서 원고가 위반사실을 시인하였다거나 위반경위를 진술하였다는 사정만으로는 행정절차법 제21조 제4항 제3호가 정한 '의견청취가 현저히 곤란하거나 명백히 불필요하다고 인정될 만한 상당한 이유가 있는 경우'로서 처분의 사전통지를 하지 아니하여도 되는 경우에 해당한다고 볼 수도 없다(대법원 2016.10.27. 선고 2016두41811 판결).

> **[판 례]** 건축법상의 공사중지명령에 대한 사전통지를 하고 의견제출의 기회를 준다면 많은 액수의 손실보상금을 기대하여 공사를 강행할 우려가 있다는 사정이 사전통지 및 의견제출절차의 예외사유에 해당하지 아니한다(대법원 2004.5.28. 선고 2004두1254 판결).

「행정절차법 시행령」 제13조는 사전통지를 하지 아니할 수 있는 구체적인 경우로 다음과 같은 사항을 규정하고 있다. ① 급박한 위해의 방지 및 제거 등 공공의 안전 또는 복리를 위하여 긴급한 처분이 필요한 경우, ② 법원의 재판 또는 준사법적 절차를 거치는 행정기관의 결정 등에 따라 처분의 전제가 되는 사실이 객관적으로 증명되어 처분에 따른 의견청취가 불필요하다고 인정되는 경우, ③ 의견청취의 기회를 줌으로써 처분의 내용이 미리 알려져 현저히 공익을 해치는 행위를 유발할 우려가 예상되는 등 해당 처분의 성질상 의견청취가 현저하게 곤란한 경우, ④ 법령 또는 자치법규에서 준수하여야 할 기술적 기준이 명확하게 규정되고, 그 기준에 현저히 미치지 못하는 사실을 이유로 처분을 하려는 경우로서 그 사실이 실험, 계측, 그 밖에 객관적인 방법에 의하여 명확히 입증된 경우, ⑤ 법령 등에서 일정한 요건에 해당하는 자에 대하여 점용료·사용료 등 금전급부를 명하는 경우 법령 등에서 규정하는 요건에 해당함이 명백하고, 행정청의 금액산정에 재량의 여지가 없거나 요율이 명확하게 정하여져 있는 경우 등 해당 처분의 성질상 의견청취가 명백히 불필요하다고 인정될 만한 상당한 이유가 있는 경우 등.

> **[판 례]** 행정절차법 제21조 제4항 제3호에서 말하는 '의견청취가 현저히 곤란하거나 명백히 불필요하다고 인정될 만한 상당한 이유가 있는지 여부'는 해당 행정처분의 성질에 비추어 판단하여야 하는 것이지, 청문통지서의 반송 여부, 청문통지의 방법 등에 의하여 판단할 것은 아니며, 또한 행정처분의 상대방이 통지된 청문일시에 불

출석하였다는 이유만으로 행정청이 관계 법령상 그 실시가 요구되는 청문을 실시하지 아니한 채 침해적 행정처분을 할 수는 없다(대법원 2001.4.13. 선고 2000두3337 판결).

[판 례] 보건복지부장관의 어린이집 평가인증취소처분은 이로 인하여 원고에 대한 인건비 등 보조금 지급이 중단되는 등 원고의 권익을 제한하는 처분에 해당하며 보조금 반환명령과는 전혀 별개의 절차이다. 보조금 반환명령 당시 사전통지 및 의견제출의 기회가 부여되었다 하더라도 그 사정만으로 이 사건 평가인증취소처분이 행정절차법 제21조 제4항 제3호에서 정하고 있는 사전통지 등을 하지 아니하여도 되는 예외사유에 해당한다고도 볼 수 없으므로, 사전통지를 거치지 않은 이 사건 평가인증취소처분은 위법하다(대법원 2016.11.9. 선고 2014두1260 판결).

[판 례] 행정청이 온천지구임을 간과하여 지하수개발·이용신고를 수리하였다가 행정절차법상의 사전통지를 하거나 의견제출의 기회를 주지 아니한 채 그 신고수리처분을 취소하고 원상복구명령의 처분을 한 경우, 행정지도방식에 의한 사전고지나 그에 따른 당사자의 자진 폐공의 약속 등의 사유만으로는 사전통지 등을 하지 않아도 되는 행정절차법 소정의 예외의 경우에 해당한다고 볼 수 없다는 이유로 그 처분은 위법하다고 한 사례(대법원 2000.11.14. 선고 99두5870 판결).

---

(4) 사전통지의 흠결의 효과

행정청이 침해적 행정처분을 하면서 당사자에게 「행정절차법」상의 사전통지를 하지 않았거나 의견제출의 기회를 주지 아니하였다면 사전통지를 하지 않거나 의견제출의 기회를 주지 아니하여도 되는 예외적인 경우에 해당하지 아니하는 한 그 처분은 위법하여 취소를 면할 수 없다.[3]

2. 청 문

(1) 청문의 의의

청문은 행정청이 어떠한 처분을 하기 전에 당사자 등의 의견을 직접 듣고 조사하는 절차를 말한다(행정절차법 제2조 제5호). 청문절차는 행정처분의 사유에 대하여 청문의 상대방에게 변명의 기회와 유리한 자료를 제출할 기회를 부여함으로써 위법사유의 시정가능성을 고려하고 처분의 신중과 적정을 기하려는 것이 입법취지이다. 의견진술의 목적이 장래에 행해질 행정처분에 영향을 주려는 것이므로, 청문은 위법한 행정처분이 행해질 것에 대한 당사자의 방어수단임과 동시에 공격

---

3) 대법원 2007.9.21. 선고 2006두20631 판결.

수단이기도 하다.

「행정절차법」상 행정청은 부담적 행정처분을 하기 전에 반드시 당사자로부터 의견청취를 하여야 하는데, 청문은 이러한 의견청취의 여러 방법 중 하나이다. 「행정절차법」상 청문은 모든 행정처분에 의무적으로 실시하는 것이 아니고 ① 다른 법령 등에서 청문을 하도록 규정하고 있는 경우, ② 행정청이 필요하다고 인정하는 경우에만 실시한다. 즉, 청문이 의견청취의 필수적 과정이 아니고 예외적으로만 인정되는 수단이다. 의견청취의 방법으로는 청문 외에도 공청회 또는 단순한 의견제출 등이 있다.

> **[판 례]** 행정절차법이 정한 청문제도는 행정처분의 사유에 대하여 당사자에게 변명과 유리한 자료를 제출할 기회를 부여함으로써 위법사유의 시정가능성을 고려하고 처분의 신중과 적정을 기하려는 데 그 취지가 있으므로, 행정청이 특히 침해적 행정처분을 할 때 그 처분의 근거 법령 등에서 청문을 실시하도록 규정하고 있다면, 행정절차법 등 관련 법령상 청문을 실시하지 않아도 되는 예외적인 경우에 해당하지 않는 한 반드시 청문을 실시하여야 하며, 그러한 절차를 결여한 처분은 위법한 처분으로서 취소사유에 해당한다(대법원 2007.11.16. 선고 2005두15700 판결).

그러나 「행정절차법」은 그 자체에서 '행정청이 청문이 필요하다고 인정하는 경우'에 대해 아무런 명확한 기준을 제시하지 않고 있어, 행정실무에서는 개별법에 규정이 있는 경우를 제외하고는 청문을 거의 실시하지 않는 문제가 발생한다.

한편, 행정청이 당사자와 사이에 도시계획사업시행과 관련한 협약을 체결하면서 관계법령 및 「행정절차법」에 규정된 청문의 실시 등 의견청취절차를 배제하는 조항을 둔 경우에 청문을 실시하지 않아도 되는지 여부에 대하여 대법원 판례는 청문을 실시하지 않아도 되는 예외적인 경우에 해당하지 않는 것으로 보았다.

> **[판 례]** 행정청이 당사자와 사이에 도시계획사업의 시행과 관련한 협약을 체결하면서 관계 법령 및 행정절차법에 규정된 청문의 실시 등 의견청취절차를 배제하는 조항을 두었다고 하더라도, 국민의 행정참여를 도모함으로써 행정의 공정성·투명성 및 신뢰성을 확보하고 국민의 권익을 보호한다는 행정절차법의 목적 및 청문제도의 취지 등에 비추어 볼 때, 위와 같은 협약의 체결로 청문의 실시에 관한 규정의 적용을 배제할 수 있다고 볼 만한 법령상의 규정이 없는 한, 이러한 협약이 체결되었다고 하여 청문의 실시에 관한 규정의 적용이 배제된다거나 청문을 실시하지 않아도 되는 예외적인 경우에 해당한다고 할 수 없다(대법원 2004.7.8. 선고 2002두8350

판결).

청문은 청문주재자가 진행하며, 청문의 종결 절차를 거쳐 처분의 결정을 행함으로써 종결된다.

(2) 청문의 사전통지

행정청이 부담적 행정처분을 행하기 전에 청문을 실시하고자 할 경우에는 먼저 사전통지를 하여야 한다. 행정청은 청문이 시작되는 날의 10일 전까지 ① 처분의 제목, ② 당사자의 성명 또는 명칭과 주소, ③ 처분하려는 원인이 되는 사실과 처분의 내용 및 법적 근거, ④ 처분에 대하여 의견을 제출할 수 있다는 뜻과 의견을 제출하지 아니하는 경우의 처리방법, ⑤ 의견제출기관의 명칭과 주소, ⑥ 의견제출기한, ⑦ 그 밖에 필요한 사항 등을 당사자에게 통지하여야 한다(행정절차법 제21조 제1항·제2항).

> [판 례] 행정처분의 상대방에 대한 청문통지서가 반송되었다거나, 행정처분의 상대방이 청문일시에 불출석하였다는 이유로 청문을 실시하지 아니하고 한 침해적 행정처분은 위법하다. 그러므로 구 공중위생법상 유기장업허가취소처분을 함에 있어서 두 차례에 걸쳐 발송한 청문통지서가 모두 반송되어 온 경우, 행정절차법 제21조 제4항 제3호에 정한 청문을 실시하지 않아도 되는 예외 사유에 해당한다고 단정하여 당사자가 청문일시에 불출석하였다는 이유로 청문을 거치지 않고 이루어진 위 처분은 위법하다(대법원 2001.4.13. 선고 2000두3337 판결).

(3) 청문주재자

1) 청문주재자의 선정

청문주재자란 청문의 진행 및 증거조사 등 청문절차를 주재하는 자를 말한다. 청문주재자는 중립적 위치에서 행정청과 당사자 사이의 쟁점을 명확히 밝히고 합리적인 방향으로 결론을 유도하는 역할을 수행하여야 하므로 공정성과 직무상 독립성이 최대한 보장되어야 한다.

청문은 행정청이 소속 직원 또는 대통령령으로 정하는 자격을 가진 자(① 교수·변호사·공인회계사 등 관련분야의 전문직 종사자, ② 청문사안과 관련되는 분야에 근무한 경험이 있는 전직 공무원, ③ 그 밖의 업무경험을 통하여 청문사안과 관련되는 분야에 전문지식이 있는 자) 중에서 선정된 자가 주재하되, 행정청은 청문주재자를 공정하게 선정하여야 한다(행정절차법 제28조 제1항, 동법 시행령 제15조 제1항).

(가) 청문주재자의 제척

청문주재자는 ① 자신이 당사자 등이거나 당사자 등과 「민법」 제777조 각호의 어느 하나에 해당하는 친족관계에 있거나 있었던 경우, ② 자신이 해당 처분과 관련하여 증언이나 감정을 한 경우, ③ 자신이 해당 처분의 당사자 등의 대리인으로 관여하거나 관여하였던 경우, ④ 자신이 해당 처분업무를 직접 처리하거나 처리하였던 경우, ⑤ 자신이 해당 처분업무를 처리하는 부서에 근무하는 경우에는 청문을 주재할 수 없다(행정절차법 제29조 제1항).

(나) 청문주재자의 기피

청문주재자에게 공정한 청문진행을 할 수 없는 사정이 있는 경우 당사자 등은 행정청에 기피신청을 할 수 있으며, 이 경우 행정청은 청문을 정지하고 그 신청이 이유가 있다고 인정하는 때에는 해당 청문주재자를 지체 없이 교체하여야 한다(행정절차법 제29조 제2항).

(다) 청문주재자의 회피

청문주재자는 그 제척 또는 기피사유에 해당하는 경우에는 행정청의 승인을 받아 스스로 청문의 주재를 회피할 수 있다(행정절차법 제29조 제3항).

2) 청문주재자의 권한

청문주재자는 ① 직무집행권, ② 증거조사권, ③ 문서제출 등의 요구권, ④ 청문조서의 작성권, ⑤ 회피신청권 등의 권리를 가진다. 청문주재자는 독립하여 공정하게 직무를 수행하며, 그 직무 수행을 이유로 본인의 의사에 반하여 신분상 어떠한 불이익도 받지 아니한다(행정절차법 제28조 제3항).

3) 청문의 공개

청문은 당사자의 공개를 신청하거나 청문주재자가 필요하다고 인정하는 경우 공개할 수 있다. 다만, 공익 또는 제3자의 정당한 이익을 현저히 해칠 우려가 있는 경우에는 공개하여서는 아니 된다(행정절차법 제30조).

4) 청문주재자의 역할

(가) 청문의 진행

청문주재자가 청문을 시작할 때에는 먼저 예정된 처분의 내용, 그 원인이 되는 사실 및 법적 근거 등을 설명하여야 하고 당사자 등은 의견을 진술하고 증거를 제출할 수 있으며, 참고인이나 감정인등에게 질문할 수 있다(행정절차법 제31조 제1항·제2항). 행정청은 직권 또는 당사자의 신청에 의하여 수개의 사안을 병합하거나 분리하여 청문을 실시할 수 있다(동법 제32조).

당사자 등이 의견서를 제출한 경우에는 그 내용을 출석하여 진술한 것으로 본다(동법 제31조 제3항). 여기서 의견서는 청문이 종결될 때까지(기간이 연장된 경우에는 그 기간이 종료될 때까지) 청문주재자에게 제출된 것에 한한다(동법 시행령 제17조).

청문주재자는 청문의 신속한 진행과 질서유지를 위하여 필요한 조치를 할 수 있으며, 청문을 계속할 경우에는 행정청은 당사자 등에게 다음 청문의 일시 및 장소를 서면으로 통지하여야 하며, 당사자 등이 동의하는 경우에는 전자문서로 통지할 수 있다. 다만, 청문에 출석한 당사자 등에게는 그 청문일에 청문주재자가 말로 통지할 수 있다(동법 제31조 제4항·제5항).

(나) 증거조사

청문주재자는 신청 또는 직권에 의하여 필요한 조사를 할 수 있으며 당사자 등이 주장하지 아니한 사실에 대하여도 조사할 수 있다. 당사자 등이 증거조사를 신청하고자 하는 때에는 청문주재자에게 증명할 사실과 증거조사의 방법을 구체적으로 명시한 문서를 제출하여야 한다(행정절차법 제33조 제1항, 동법 시행령 제18조).

증거조사의 방법은 ① 문서·장부·물건 등 증거자료의 수집, ② 참고인·감정인 등에 대한 질문, ③ 검증 또는 감정·평가, ④ 기타 필요한 조사에 의한다.

청문주재자는 필요하다고 인정하는 때에는 관계 행정청에 필요한 문서의 제출 또는 의견의 진술을 요구할 수 있으며, 이 경우 관계 행정청은 직무수행에 특별한 지장이 없으면 그 요구에 따라야 한다(동법 제33조 제2항·제3항).

(다) 청문조서의 작성

청문주재자는 다음의 사항이 기재된 청문조서를 작성하여야 한다(행정절차법 제34조 제1항). 기재사항은 ① 제목, ② 청문주재자의 소속·성명 등 인적사항, ③ 당사자 등의 주소·성명 또는 명칭 및 출석 여부, ④ 청문의 일시 및 장소, ⑤ 당사자 등의 진술의 요지 및 제출된 증거, ⑥ 청문의 공개 여부 및 공개 또는 비공개한 이유, ⑦ 증거조사를 한 경우에는 그 요지 및 첨부된 증거, ⑧ 그 밖에 필요한 사항 등이다.

당사자 등은 청문조서의 기재내용을 열람·확인할 수 있으며, 이의가 있을 때에는 그 정정을 요구할 수 있다(동법 제34조 제2항).

청문주재자는 청문조서를 작성한 후 지체 없이 청문조서의 열람·확인의 장소 및 기간을 정하여 당사자 등에게 통지하여야 한다. 이 경우 열람·확인의 기간은 청문조서를 행정청에 제출하기 전까지의 기간의 범위 내에서 정하여야 한다(동법 시행령 제19조 제1항).

(라) 청문주재자의 의견서

청문주재자는 청문의 제목, 처분의 내용·주요 사실 또는 증거, 종합의견, 그

밖에 필요한 사항이 기재된 청문주재자의 의견서를 작성하여야 한다(행정절차법 제
34조의2).

(마) 청문의 종결 및 재개

청문주재자는 해당 사안에 대하여 당사자 등의 의견진술, 증거조사가 충분히
이루어졌다고 인정하는 경우에는 청문을 마칠 수 있다(행정절차법 제35조 제1항).

청문주재자는 당사자 등의 전부 또는 일부가 정당한 사유없이 청문기일에 출
석하지 아니하거나 의견서를 제출하지 아니한 경우에는 이들에게 다시 의견진술
및 증거제출의 기회를 주지 아니하고 청문을 마칠 수 있다(동법 제35조 제2항).

청문주재자는 당사자 등의 전부 또는 일부가 정당한 사유로 인하여 청문기일
에 출석하지 못하거나 의견서를 제출하지 못한 경우에는 10일 이상의 기간을 정
하여 이들에게 의견진술 및 증거제출을 요구하여야 하며, 해당 기간이 경과한 때
에 청문을 마칠 수 있다(동법 제35조 제3항).

행정청은 청문을 마친 후 처분을 하기까지 새로운 사정이 발견되어 청문을
재개할 필요가 있다고 인정하는 때에는 제출받은 청문조서 등을 되돌려 보내고 청
문의 재개를 명할 수 있다. 청문주재자는 청문을 재개할 경우에는 당사자 등에게
일시 및 장소를 서면으로 통지하여야 하며, 청문에 출석한 당사자 등에게는 해당
청문일에 구술로 통지할 수 있다(동법 제36조).

(바) 청문결과의 반영

청문주재자는 청문을 마쳤을 때에는 청문조서, 청문주재자의 의견서 그 밖의
관계서류 등을 행정청에 지체 없이 제출하여야 한다(행정절차법 제35조 제4항). 행정
청은 처분을 함에 있어서 제출받은 청문조서, 청문주재자의 의견서, 그 밖의 관계
서류 등을 충분히 검토하고 상당한 이유가 있다고 인정하는 경우에는 청문결과를
반영하여야 한다(동법 제35조의2).

(4) 당사자 등의 권리와 의무

1) 당사자 등의 권리

청문에서 당사자 등은 의견을 진술하고 증거를 제출할 수 있으며, 참고인·감
정인 등에 대하여 질문을 할 수 있다.

(가) 의견진술권 및 증거자료 등의 제출권

당사자 등은 청문에서 의견을 진술하고 증거를 제출할 수 있다(행정절차법 제
31조 제2항, 제27조 제2항). 「행정절차법」은 의견진술권의 범위에 대해서는 명문규정
을 두지 않고 있으나, 청문실시의 통지내용으로서 또는 청문주재자가 청문을 시
작할 때 설명해야할 것으로서 처분하고자 하는 원인이 되는 사실과 처분의 내용

및 법적 근거 등을 규정하고 있음에 비추어 보면, 처분의 원인이 되는 사실 및 그 근거가 되는 법의 해석·적용에 대해서 당사자 등은 의견을 진술할 수 있다고 할 수 있다.

(나) 질문권 및 증거조사 신청권

당사자 등은 참고인이나 감정인 등에게 질문할 수 있고(행정절차법 제31조 제2항), 청문주재자에 대하여 필요한 조사를 신청할 수 있다(동법 제33조 제1항).

(다) 청문주재자 기피신청권

청문주재자에게 공정한 청문진행을 할 수 없는 사정이 있는 경우 당사자등은 행정청에 기피신청을 할 수 있으며, 이 경우 행정청은 청문을 정지하고 그 신청이 이유 있다고 인정하는 때에는 해당 청문주재자를 지체 없이 교체하여야 한다(행정절차법 제29조 제2항).

(라) 청문의 공개신청권

청문의 당사자 등은 청문의 공개신청권을 가지며(행정절차법 제30조), 청문의 공개를 신청하고자 하는 때에는 청문일 전까지 청문주재자에게 공개신청서를 제출하여야 한다. 이 경우 청문주재자는 공개신청서를 지체 없이 검토하여 공개여부를 당사자 등에게 알려야 한다(동법 시행령 제16조).

(마) 청문조서의 열람·확인권, 정정요구권

당사자 등은 청문조서의 내용을 열람·확인할 수 있으며, 이의가 있을 때에는 그 정정을 요구할 수 있다(행정절차법 제34조 제2항). 정정요구는 문서 또는 말로 할 수 있으며, 말로 정정요구를 하는 경우 청문주재자는 정정요구의 내용을 기록하여야 한다(동법 시행령 제19조 제2항).

청문주재자는 당사자 등이 청문조서의 정정요구를 한 경우 그 사실관계를 확인한 후 청문조서의 내용을 정정하여야 한다(동법 시행령 제19조 제3항).

(바) 문서의 열람·복사요청권

당사자 등은 청문의 통지가 있는 날부터 청문이 끝날 때까지 행정청에 대하여 해당 사안의 조사결과에 관한 문서 기타 해당 처분과 관련되는 문서의 열람 또는 복사를 서면으로 요청할 수 있으며, 전자적 형태로 열람을 요청하는 경우 행정청은 당사자 등의 요청에 응하는 것이 현저히 곤란한 경우가 아닌 한 전자적 형태로 열람할 수 있도록 하여야 한다. 이 경우 행정청은 다른 법령에 의하여 공개가 제한되는 경우를 제외하고는 이를 거부할 수 없다(행정절차법 제37조 제1항, 동법 시행령 제20조 제1항).

행정청은 열람 또는 복사의 요청에 따르는 경우 그 일시 및 장소를 지정할 수 있으나, 지정한 때에는 요청자에게 그 사실을 통지하여야 하며, 열람 또는 복사의 요청을 거부하는 경우에는 그 이유를 소명하여야 한다(동법 제37조 제2항·제3항, 동법 시행령 제20조 제2항).

행정청은 복사에 드는 비용을 복사를 요청한 자에게 부담시킬 수 있다(동법 제37조 제5항, 동법 시행령 제20조 제4항). 복사에 따른 비용은 수수료와 우편요금으로 구분하되, 수수료의 금액은 행정안전부령으로 정한다. 다만, 지방자치단체의 경우 수수료의 금액은 조례로 정한다.

정보통신망을 통하여 전자적 형태로 공개하는 때에는 공공기관의 장은 업무부담을 고려하여 행정안전부령이 정하는 금액의 범위 안에서 수수료의 금액을 달리 정할 수 있다. ① 비영리의 학술·공익단체 또는 법인이 학술이나 연구목적 또는 행정감시를 위하여 필요한 정보를 청구한 경우, ② 교수·교사 또는 학생이 교육자료나 연구목적으로 필요한 정보를 소속기관의 장의 확인을 받아 청구한 경우, ③ 그 밖에 공공기관의 장이 공공복리의 유지·증진을 위하여 감면이 필요하다고 인정한 경우 등의 경우는 수수료를 감면할 수 있다.

(사) 청문의 병합·분리신청권

당사자 등은 청문의 병합·분리를 신청할 수 있다(행정절차법 제32조).

2) 당사자 등의 비밀유지의무

누구든지 청문을 통하여 알게 된 사생활 또는 경영상 또는 거래상의 비밀을 정당한 이유없이 누설하거나 다른 목적으로 사용하여서는 아니된다(행정절차법 제37조 제6항).

3. 공청회

(1) 공청회의 의의

공청회는 행정청이 공개적인 토론을 통하여 어떠한 행정작용에 대하여 당사자 등 전문지식과 경험을 가진 사람, 그 밖의 일반인으로부터 의견을 널리 수렴하는 절차를 말한다(행정절차법 제2조 제6호).

「행정절차법」상 행정청은 부담적 행정처분을 하기 전에 반드시 당사자로부터 의견청취를 하여야 하는데, 공청회는 이러한 의견청취의 여러 방법 중 하나이다. 「행정절차법」상 공청회는 모든 행정처분에 의무적으로 실시하는 것이 아니고 ① 다른 법령 등에서 공청회를 개최하도록 규정하고 있는 경우, ② 해당 처분의 영향이 광범위하여 널리 의견을 수렴할 필요가 있다고 행정청이 인정하는 경우, ③ 국민생활에 큰 영향을 미치는 처분으로서 대통령령으로 정하는 처분에 대하여 대통령령으로 정하는 수 이상의 당사자등이 공청회 개최를 요구하는 경우에만 공청회를 개최한다(제22조 제2항). 즉, 공청회는 의견청취의 필수적 과정이 아니고 예외적으로만 인정되는 수단이다. 의견청취의 방법으로는 공청회 외에도 청문 또는 단순한 의견제출 등이 있다.

> **[판 례]** 묘지공원과 화장장의 후보지를 선정하는 과정에서 서울특별시, 비영리법인, 일반 기업 등이 공동발족한 협의체인 추모공원건립추진협의회가 후보지 주민들의 의견을 청취하기 위하여 그 명의로 개최한 공청회는 행정청이 도시계획시설결정을 하면서 개최한 공청회가 아니므로, 위 공청회의 개최에 관하여 행정절차법에서 정한 절차를 준수하여야 하는 것은 아니다(대법원 2007.4.12. 선고 2005두1893 판결).

공청회를 개최하는 경우 행정청은 정보통신망을 통한 의견수렴절차를 병행하여야 한다. 또한 행정청은 그 처분에 관하여 의견이 있는 당사자 및 이해관계인이 그 의견을 정보통신망을 통하여 제출할 수 있도록 하여야 한다(전자정부법 제31조 제1항·제2항).

(2) 공청회의 개최의 알림

행정청이 공청회를 개최하려는 경우에는 공청회 개최 14일 전까지 ① 제목, ② 일시 및 장소, ③ 주요 내용, ④ 발표자에 관한 사항, ⑤ 발표신청 방법 및 신청 기한, ⑥ 정보통신망을 통한 의견제출, ⑦ 그 밖에 공청회 개최에 관하여 필요한 사항을 당사자 등에게 통지하고 관보, 공보, 인터넷 홈페이지 또는 일간신문 등에 공고하는 등의 방법으로 널리 알려야 한다(행정절차법 제38조). 다만, 공청회 개최를 알린 후 예정대로 개최하지 못하여 새로 일시 및 장소 등을 정한 경우에는 공청회 개최 7일 전까지 알려야 한다.

(3) 전자공청회

행정청은 공청회와 병행하여서만 정보통신망을 이용한 공청회(전자공청회)를 실시할 수 있다. 행정청은 전자공청회를 실시하는 경우 의견제출 및 토론 참여가 가능하도록 적절한 전자적 처리능력을 갖춘 정보통신망을 구축·운영하여야 한다(행정절차법 제38조의2 제1항·제2항).

전자공청회를 실시하는 경우에는 누구든지 정보통신망을 이용하여 의견을 제출하거나 제출된 의견 등에 대한 토론에 참여할 수 있다(동법 제38조의2 제3항).

(4) 공청회의 주재자 및 발표자의 선정

1) 주재자

공청회의 주재자는 해당 공청회의 사안과 관련된 분야에 전문적 지식이 있거나 그 분야에서 종사한 경험이 있는 사람 중에서 행정청이 지명하거나 위촉하는 사람으로 한다(행정절차법 제38조의3 제1항). 행정청은 공청회의 주재자를 지명 또는 위촉하거나 선정할 때 공정성이 확보될 수 있도록 하여야 한다(동법 제38조의3 제3항).

2) 발표자

공청회의 발표자는 발표를 신청한 사람 중에서 행정청이 선정한다. 다만, 신청자가 없거나 공청회의 공정성 확보를 위하여 필요하다고 인정하는 경우에는 ① 해당 공청회의 사안과 관련된 당사자 등, ② 해당 공청회의 사안과 관련된 분야에 전문적 지식이 있는 사람, ③ 해당 공청회의 사안과 관련된 분야에서 종사한 경험이 있는 사람 중에서 지명하거나 위촉할 수 있다(행정절차법 제38조의3 제2항).

행정청은 공청회의 발표자를 지명 또는 위촉하거나 선정함에 있어서 공정성이 확보될 수 있도록 하여야 한다(동법 제38조의3 제3항).

(5) 공청회의 진행

공청회의 주재자는 공청회를 공정하게 진행하여야 하며, 공청회의 원활한 진행을 위하여 발표 내용을 제한할 수 있고, 질서유지를 위하여 발언 중지 및 퇴장 명령 등 행정안전부장관이 정하는 필요한 조치를 할 수 있다(행정절차법 제39조 제1항).

발표자는 공청회의 내용과 직접 관련된 사항에 대하여만 발표하여야 한다(동법 제39조 제2항). 공청회의 주재자는 발표자의 발표가 끝난 후에는 발표자 상호간 질의 및 답변을 할 수 있도록 하여야 하며, 방청인에게 의견을 제시할 기회를 주어야 한다(동법 제39조 제3항).

행정청은 그 처분에 관하여 의견이 있는 당사자 및 이해관계인이 그 의견을 정보통신망을 통하여 제출할 수 있도록 하여야 한다(전자정부법 제31조 제2항).

(6) 공청회 및 전자공청회 결과의 반영

행정청은 처분을 함에 있어서 공청회, 전자공청회 및 정보통신망 등을 통하여 제시된 사실 및 의견이 상당한 이유가 있다고 인정하는 경우에는 이를 반영하여야 한다(행정절차법 제39조의2).

4. 의견제출

(1) 의견제출의 의의

행정청이 당사자에게 의무를 부과하거나 권익을 제한하는 처분을 할 때 청문의 실시나 공청회의 개최를 하는 경우 외에는 당사자에게 의견제출의 기회를 주어야 한다(행정절차법 제22조 제3항). 즉, 행정청이 국민에게 침해적 행정처분을 하는 경우에는, 청문이나 공청회를 개최하지 않을 경우에는 최소한 당사자에게 의견제출의 기회를 보장해야 한다는 것이다.

판례는 의견제출절차(동법 제22조 제3항)를 강행규정으로 보고, 이에 위반하면 위법이 되는 것으로 본다.

> **[판 례]** 행정청이 침해적 행정처분을 함에 있어서 당사자에게 위와 같은 사전통지를 하거나 의견제출의 기회를 주지 아니하였다면 사전통지를 하지 않거나 의견제출의 기회를 주지 아니하여도 되는 예외적인 경우에 해당하지 아니하는 한 그 처분은 위법하여 취소를 면할 수 없다(대법원 2000.11.14. 선고 99두5870 판결).

그러나 퇴직연금의 환수결정은 관련 법령에 따라 당연히 환수금액이 정하여지는 것이므로 퇴직연금의 환수결정에 앞서 당사자에게 의견진술의 기회를 주지 아니하여도 「행정절차법」 제22조 제3항의 의견제출의 기회나 신의칙에 어긋나지 아니한다.[4]

한편, 처분의 사전통지를 아니할 수 있는 경우에 해당하는 경우와 당사자가 의견진술의 기회를 포기한다는 뜻을 명백히 표시한 경우에는 의견청취를 하지 아니할 수 있다(동법 제22조 제4항). 하지만 의견청취를 하지 않아도 되는 예외적인 경우에 대한 판단은 개별적 행정처분의 성질에 비추어 신중하게 판단해야 할 것이다.

> **[판 례]** 행정절차법 제22조 제4항, 제21조 제4항 제3호에 의하면, "해당 처분의 성질상 의견청취가 현저히 곤란하거나 명백히 불필요하다고 인정될 만한 상당한 이유가 있는 경우"에는 청문 등 의견청취를 하지 아니할 수 있는데, 여기에서 '의견청취가 현저히 곤란하거나 명백히 불필요하다고 인정될 만한 상당한 이유가 있는 경우'에 해당하는지는 해당 행정처분의 성질에 비추어 판단하여야 하며, 처분 상대방이 이미 행정청에 위반사실을 시인하였다거나 처분의 사전통지 이전에 의견을 진술할 기회가 있었다는 사정을 고려하여 판단할 것은 아니다(대법원 2017.4.7. 선고 2016두63224 판결).

> **[판 례]** 행정절차법 제21조, 제22조, 행정절차법 시행령 제13조의 내용을 행정절차법의 입법 목적과 의견청취 제도의 취지에 비추어 종합적·체계적으로 해석하면, 행

---

4) 대법원 2000.11.28. 선고 99두5443 판결.

정절차법 시행령 제13조 제2호에서 정한 "법원의 재판 또는 준사법적 절차를 거치는 행정기관의 결정 등에 따라 처분의 전제가 되는 사실이 객관적으로 증명되어 처분에 따른 의견청취가 불필요하다고 인정되는 경우"는 법원의 재판 등에 따라 처분의 전제가 되는 사실이 객관적으로 증명되면 행정청이 반드시 일정한 처분을 해야 하는 경우 등 의견청취가 행정청의 처분 여부나 그 수위 결정에 영향을 미치지 못하는 경우를 의미한다고 보아야 한다. 처분의 전제가 되는 '일부' 사실만 증명된 경우이거나 의견청취에 따라 행정청의 처분 여부나 처분 수위가 달라질 수 있는 경우라면 위 예외사유에 해당하지 않는다(대법원 2020.7.23. 선고 2017두66602 판결).

[판 례] 피고인 A주식회사의 대표이사 피고인 을이 개발제한구역 내에 무단으로 고철을 쌓아 놓은 행위 등에 대하여 관할 관청으로부터 원상복구를 명하는 시정명령을 받고도 이행하지 아니하였다고 하여 개발제한구역의 지정 및 관리에 관한 특별조치법 위반으로 기소된 사안에서, 관할 관청이 침해적 행정처분인 시정명령을 하면서 적법한 사전통지를 하거나 의견제출 기회를 부여하지 않았고 이를 정당화할 사유도 없어 시정명령은 절차적 하자가 있어 위법하므로, 피고인 을에 대하여 같은 법 제32조 제2호 위반죄가 성립하지 않는다고 한 사례(대법원 2017.9.21. 선고 2017도7321 판결).

---

(2) 의견제출 방법

당사자 등은 처분 전에 그 처분의 관할 행정청에 서면이나 말로 또는 정보통신망을 이용하여 의견제출을 할 수 있다(행정절차법 제27조 제1항). 당사자 등이 의견제출을 하는 경우 그 주장을 입증하기 위한 증거자료 등을 첨부할 수 있으며, 구술로 의견제출을 한 때에는 서면으로 그 진술의 요지와 진술자를 기록하여야 한다(동법 제27조 제2항·제3항). 당사자 등이 정당한 이유없이 의견제출기한까지 의견제출을 하지 아니한 경우에는 행정청은 의견이 없는 것으로 본다(동법 제27조 제4항).

(3) 의견제출 효과

행정청은 처분을 할 때에 당사자등이 제출한 의견이 상당한 이유가 있다고 인정하는 경우에는 이를 반영하여야 한다(행정절차법 제27조의2 제1항).

5. 처분의 이유제시, 처분의 방식 등

처분의 이유제시, 처분의 방식, 불복신청의 고지, 처분의 정정 등에 대하여는 앞에서 공통사항과 관련하여 상술하였다.

제 4 절   기타 행정절차

Ⅰ. 신고절차

1. 신고의 의의

신고는 법령 등에서 행정청에 대하여 일정한 사항을 통지함으로써 의무가 끝나는 요건으로서 신고를 규정하고 있는 경우를 말한다. 이와 같은 신고는 자기완결적 행위이므로 그것이 적법한 요건을 갖추어 신고되고 행정청에 도달하면 효력을 발생하는 것이 원칙이다.

따라서 실정법상 신고라는 용어를 사용한 경우에라도 ① 수리를 요하는 신고(예컨대 체육시설업신고, 건축주명의변경신고, 온천발견자의 신고 등), ② 사실파악형 신고(구 사회단체신고에관한법률에 의한 사회단체의 설립신고가 그 예이며 위반행위에 대해서는 과태료가 부과되는 것이 보통이다), ③ 규제적 신고(건축법상의 신고, 주택건설촉진법상의 신고 등은 그 예이며 그 위반행위에 대해서는 형벌이 부가되고 시정명령이 행해지거나 과태료가 부과되는 것이 보통이다) 등은 「행정절차법」에서 말하는 신고가 아니다.

2. 행정청의 의무

신고를 관장하는 행정청은 신고에 필요한 구비서류, 접수기관 그 밖에 법령 등에 의한 신고에 필요한 사항을 게시(인터넷 등을 통한 게시를 포함한다)하거나 이에 대한 편람을 갖추어 두고 누구나 열람할 수 있도록 하여야 한다(행정절차법 제40조 제1항).

3. 신고의 효과

신고가 ① 신고서의 기재사항에 흠이 없을 것, ② 필요한 구비서류가 첨부되어 있을 것, ③ 기타 법령 등에 규정된 형식상의 요건에 적합할 것 등의 요건을 갖춘 경우에는 신고서가 접수기관에 도달된 때에 신고 의무가 이행된 것으로 본다(행정절차법 제40조 제2항). 따라서 행정청이 신고의 수리를 거부하더라도 이 수리거부는 사실행위이므로 취소소송으로 다툴 수 없고, 적법한 신고만 있으면 신고의무를 이행한 것이 되며 행정청이 수리하지 않았다고 하여 과태료 또는 벌금의 부과 등 신고자가 어떠한 불이익도 받지 않는다.

[판 례] 신고대상인 건축물의 건축행위를 하고자 할 경우에는 그 관계 법령에 정해진 적법한 요건을 갖춘 신고만을 하면 그와 같은 건축행위를 할 수 있고, 행정청의

수리처분 등 별단의 조처를 기다릴 필요가 없다고 할 것이며, 또한 이와 같은 신고를 받은 행정청으로서는 그 신고가 같은 법 및 그 시행령 등 관계 법령에 신고만으로 건축할 수 있는 경우에 해당하는 여부 및 그 구비서류 등이 갖추어져 있는지 여부 등을 심사하여 그것이 법규정에 부합하는 이상 이를 수리하여야 하고, 같은 법규정에 정하지 아니한 사유를 심사하여 이를 이유로 신고수리를 거부할 수는 없다 (대법원 1999.4.27. 선고 97누6780 판결).

4. 신고의 보완

행정청은 신고의 요건을 갖추지 못한 신고서가 제출된 경우에는 지체 없이 상당한 기간을 정하여 신고인에게 보완을 요구하여야 하며, 신고인이 보완기간 내에 보완을 하지 아니하였을 때에는 그 이유를 구체적으로 밝혀 해당 신고서를 되돌려 보내야 한다(행정절차법 제40조 제3항·제4항).

Ⅱ. 행정상 입법예고절차

1. 입법예고의 의의

행정법규은 국민의 일상생활에 대하여 규제하거나 국민에게 의무를 과하는 것을 내용으로 하는 것이 보통이다. 따라서 행정법규에 대하여 예고하여 국민에게 의견제출의 기회를 부여하는 것은 행정법규에 따른 공·사익간의 갈등을 사전에 조정할 수 있는 제도적 장치로서 기능할 수 있다.

2. 입법예고의 대상

법령 등을 제정·개정 또는 폐지하려는 경우에는 해당 입법안을 마련한 행정청은 이를 예고하여야 한다(행정절차법 제41조 제1항). 행정상 입법예고에 관하여는 「법제업무 운영규정」이 정하는 바에 따른다(동법 시행령 제23조).

그러나 ① 신속한 국민의 권리 보호 또는 예측 곤란한 특별한 사정의 발생 등으로 입법의 긴급을 요하는 경우, ② 상위 법령 등의 단순한 집행을 위한 경우, ③ 입법내용이 국민의 권리·의무 또는 일상생활과 관련이 없는 경우, ④ 단순한 표현·자구를 변경하는 경우 등 입법내용의 성질상 예고의 필요가 없거나 곤란하다고 판단되는 경우, ⑤ 예고함이 공공의 안전 또는 복리를 현저히 해칠 우려가 있는 경우에는 예고를 하지 아니할 수 있다(동법 제41조 제1항 단서).

법제처장은 입법예고를 하지 아니한 법령안의 심사 요청을 받은 경우에 입법예고를 하는 것이 적당하다고 판단할 때에는 해당 행정청에 대하여 입법예고를 권고하거나 직접 예고할 수 있다(동법 제41조 제3항).

3. 입법예고의 방법

행정청은 입법안의 취지, 주요내용 또는 전문을 관보나 공보로 공고하여야 하며, 추가로 인터넷·신문·방송 등을 통하여 공고할 수 있다(행정절차법 제42조 제1항).

행정청은 대통령령을 입법예고 하는 경우에는 국회 소관 상임위원회에 이를 제출하여야 하며(동법 제42조 제2항), 입법안과 관련이 있다고 인정되는 중앙행정기관, 지방자치단체, 그 밖의 단체 등이 예고사항을 알 수 있도록 예고사항을 통지하거나 그 밖의 방법으로 알려야 한다(동법 제42조 제3항).

행정청은 예고된 입법안에 대하여 전자공청회 등을 통하여 널리 의견을 수렴할 수 있다. 이 경우 앞에서 설명한 전자공청회에 관한 규정을 준용한다(동법 제42조 제4항).

4. 입법예고의 기간

입법예고의 기간은 예고할 때 정하되, 특별한 사정이 없는 한 40일(자치법규는 20일) 이상으로 한다(행정절차법 제43조).

5. 열람·복사 및 비용부담

행정청은 예고된 입법안의 전문에 대하여 열람 또는 복사의 요청이 있는 때에는 특별한 사유가 없는 한 이에 따라야 하며, 행정청은 복사에 따른 비용을 복사를 요청한 자에게 부담시킬 수 있다(행정절차법 제42조 제5항·제6항).

6. 의견제출 및 처리

(1) 의견제출

누구든지 예고된 입법안에 대하여 그 의견을 제출할 수 있다. 행정청은 의견접수기관·의견제출기간, 그 밖에 필요한 사항은 해당 입법안을 예고할 때 함께 공고하여야 한다(행정절차법 제44조 제1항·제2항).

(2) 처 리

행정청은 해당 입법안에 대한 의견이 제출된 경우 특별한 사유가 없으면 이를 존중하여 처리하여야 하며, 행정청은 의견을 제출한 자에게 그 제출된 의견의 처리결과를 통지하여야 한다(행정절차법 제44조 제3항·제4항).

7. 공청회

행정청은 입법안에 관하여 공청회를 개최할 수 있으며, 공청회에 관하여는 공청회의 알림(제38조), 전자공청회(제38조의2), 공청회의 주재자 및 발표자의 선정(제38조의3), 공청회의 진행(제39조), 공청회 및 전자공청회 결과의 반영(제39조의2)의 규정을 준용한다.

Ⅲ. 행정예고절차

1. 행정예고의 대상 및 그 예외

행정청은 정책, 제도 및 계획을 수립·시행하거나 변경하려는 경우에는 원칙적으로 이를 예고하여야 한다. 한편, 행정청은 ① 신속하게 국민의 권리를 보호하여야 하거나 예측이 어려운 특별한 사정이 발생하는 등 긴급한 사유로 예고가 현저히 곤란한 경우, ② 법령등의 단순한 집행을 위한 경우, ③ 정책등의 내용이 국민의 권리·의무 또는 일상생활과 관련이 없는 경우, ④ 정책등의 예고가 공공의 안전 또는 복리를 현저히 해칠 우려가 상당한 경우에는 행정예고를 하지 아니할 수 있다(행정절차법 제46조 제1항).

2. 관계기관의 의견청취

행정청이 행정예고대상인 정책·제도 및 계획을 입안한 때에는 해당 정책·제도 및 계획의 내용을 관계기관의 장에게 송부하여 그 의견을 들어야 하며, 의견회신기간은 원칙적으로 10일 이상이 되도록 하여야 한다. 다만, 정책·제도 및 계획을 긴급하게 추진하여야 할 사유가 발생하는 등 특별한 사정이 있는 때에는 의견회신기간을 10일 미만으로 단축할 수 있다(행정절차법 시행령 제24조의2 제1항·제2항).

3. 행정예고의 방법 및 내용

행정청은 행정예고의 취지, 주요내용 또는 전문을 관보·공보나 인터넷·신문·방송 등의 방법으로 널리 공고하여야 한다(행정절차법 제47조, 제42조 제1항). 행정청은 행정예고안의 주요내용, 진행절차, 담당자 및 홈페이지 주소 등을 명시하고, 홈페이지에는 예고내용의 구체적인 사항을 게재하여야 한다(동법 시행령 제24조의3).

4. 행정예고의 기간

행정예고기간은 예고내용의 성격 등을 고려하여 정하되, 특별한 사정이 없는 한 20일 이상으로 한다(행정절차법 제46조 제3항).

5. 열람·복사 및 비용부담

행정청은 행정예고의 전문에 대하여 열람 또는 복사의 요청이 있는 때에는 특별한 사유가 없는 한 이에 응하여야 하며, 행정청은 복사에 따른 비용을 요청한 자에게 부담시킬 수 있다(행정절차법 제47조, 제42조 제4항·제5항).

6. 의견제출 및 처리

누구든지 행정예고에 대하여 그 의견을 제출할 수 있다. 행정청은 의견접수기 관·의견제출기간 기타 필요한 사항은 해당 행정예고를 할 때에 공고하여야 한다 (행정절차법 제47조, 제44조 제1항·제2항).

행정청은 해당 행정예고에 대한 의견이 제출된 경우 특별한 사유가 없는 한 이를 존중하여 처리하여야 하며, 행정청은 의견을 제출한 자에게 그 제출된 의견 의 처리결과를 통지하여야 한다(동법 제47조, 제44조 제3항·제4항). 행정청은 행정예 고 결과 제출된 의견을 검토하여 정책·제도 및 계획에의 반영여부를 결정하고, 그 처리결과 및 처리이유 등을 지체 없이 의견제출자에게 통지하거나 공표하여야 한 다. 이와 같은 처리결과에 대하여는 특별한 사정이 없는 한 인터넷에 게시하는 등 의 방법으로 널리 알려야 한다(동법 시행령 제24조의4).

행정예고된 내용이 국무회의의 심의사항인 경우 행정예고를 한 행정청의 장 은 제출된 의견을 내용별로 분석하여 국무회의 상정안에 첨부하여야 한다(동법 시 행령 제24조의4 제3항).

7. 공청회

행정청은 행정예고에 관하여 공청회를 개최할 수 있으며, 공청회에 관하여는 공청회의 개최의 알림(제38조), 전자공청회(제38조의2), 공청회의 주재자 및 발표자 (제38조의3), 공청회의 진행(제39조), 공청회 결과의 반영(제39조의2)의 규정을 준용하 며, 앞에서 설명한 바와 같다(행정절차법 제47조, 제45조 제1항·제2항).

Ⅳ. 행정지도절차

1. 행정지도의 의의

'행정지도'는 행정기관이 그 소관 사무의 범위에서 일정한 행정목적을 실현하 기 위하여 특정인에게 일정한 행위를 하거나 하지 아니하도록 지도·권고·조언 등 을 하는 행정작용을 말하며(행정절차법 제2조 제3호), 이는 강학상의 행정지도와 크 게 다를 것이 없다.

2. 행정지도의 원칙

행정지도는 그 목적달성에 필요한 최소한도에 그쳐야 하며, 행정지도의 상대방의 의사에 반하여 부당하게 강요하여서는 아니 된다(행정절차법 제48조 제1항).

행정기관은 행정지도의 상대방이 행정지도에 따르지 아니하였다는 것을 이유
로 불이익한 조치를 하여서는 아니된다(동법 제48조 제2항).

3. 행정지도의 방식

행정지도를 행하는 자는 그 상대방에게 그 행정지도의 취지 및 내용과 신분
을 밝혀야 한다(행정절차법 제49조 제1항).

행정지도가 말로 이루어지는 경우에 상대방이 행정지도의 취지·내용 및 신분
을 적은 서면의 교부를 요구하면 그 행정지도를 행하는 자는 직무수행에 특별한
지장이 없는 한 이를 교부하여야 한다(동법 제49조 제2항).

4. 의견제출

행정지도의 상대방은 해당 행정지도의 방식·내용 등에 관하여 행정기관에 의
견제출을 할 수 있다(행정절차법 제50조).

5. 다수인을 대상으로 하는 행정지도

행정기관이 같은 행정목적을 실현하기 위하여 많은 상대방에게 행정지도를
하려는 경우에는 특별한 사정이 없으면 행정지도에 공통적인 내용이 되는 사항을
공표하여야 한다(행정절차법 제51조). 이 경우 행정청은 공표사항에 해당 행정지도의
취지·주요내용·주관행정기관과 해당 행정지도에 관하여 의견을 제출할 수 있다
는 뜻을 포함하여야 한다(동법 시행령 제25조).

제 5 절   행정절차의 하자

Ⅰ. 절차하자의 의의

행정절차의 하자(절차하자)는 법령에서 규정한 적법요건과 일련의 행정절차를
거치지 아니한 위법을 말한다. 절차하자의 예로는 법이 정한 사전통지나 청문을
실시하지 않는 경우, 당사자 등의 의견진술·증거제출기회를 부당하게 제한하거나
봉쇄함으로써 청문이 불공정·불충분하게 진행된 경우, 개별 법령에서 규정한 행
정절차, 그 밖의 법령상 요구되는 상대방의 협력이나 관계 행정청의 협력이 결여
된 경우 등이다.

Ⅱ. 절차하자의 효과

절차하자를 지닌 처분의 효력을 무효로 규정하는 경우도 있으나(국가공무원법 제13조 제2항),[5] 「행정절차법」은 절차상 하자가 있는 행정행위의 효력에 대해 명문의 규정을 두고 있지 않다. 따라서 절차상의 하자가 실체법상의 행정행위의 효력에 어떤 영향을 미치게 되는지가 문제되며, 학설은 소극설(위법부정설), 적극설(위법긍정설) 등이 대립되고 있다.

1. 학 설

(1) 소극설

소극설은 처분에 실체적 하자가 존재하지 아니하는 한 절차적 하자의 존재만으로는 해당 처분이 위법하게 되는 것이 아닌 것으로 본다. 이 설은 절차적 하자가 무효가 아닌 한 그것에 의해 해당 행정행위를 취소하여서는 아니되며, 해당 행정행위의 실체적 적부에 의하여 취소의 가부를 결정해야 하는 것으로 본다.

(2) 적극설

적극설은 처분에 절차적 하자가 존재하는 경우에는 실체적 하자가 존재하지 아니하는 경우에도 해당 처분의 무효사유 또는 취소사유가 된다는 견해이다.[6] 적극설은 절차하자가 어떠한 경우에 처분의 무효사유가 되고, 또 어떠한 경우에 처분의 취소사유가 되는지 명확하지 않은 문제점이 있다.

생각건대, 절차를 정한 취지·목적이 상호대립되는 당사자 사이의 이해를 조정함을 목적으로 하는 경우 또는 이해관계인의 권리·이익의 보호를 목적으로 하는 경우에는 그와 같은 절차를 결하는 때에는 그 절차에 중대하고 명백한 하자가 있는 것이 되어 해당 처분의 무효사유가 된다. 그리고 절차의 취지·목적이 단순히 행정의 적정·원활한 운영을 위하는 등 행정상의 편의에 있을 때에는 그와 같은 절차를 결하는 행정행위는 반드시 무효가 되지 않는 것이 보통이다.

2. 판 례

대법원은 절차하자의 효과에 대하여 독립적인 위법사유가 되는 것으로 본다.

[판 례] 처분의 근거 법령 등에서 청문을 실시하도록 규정하고 있다면, 행정절차법 등 관련 법령상 청문을 실시하지 않아도 되는 예외적인 경우에 해당하지 않는 한

---

5) 소청심사시 소청인에 대하여 '의견진술의 기회를 부여하지 아니한 결정은 이를 무효로 한다'(국가공무원법 제13조 제2항).
6) 김광수, 청문결여 행정처분의 법적 효력 등, 고시연구(2006.1.), 86면.

반드시 청문을 실시하여야 하며, 그러한 절차를 결여한 처분은 위법한 처분으로서 취소사유에 해당한다(대법원 2007.11.16. 선고 2005두15700 판결).

[판 례] 군인사법령에 의하여 진급예정자명단에 포함된 자에 대하여 의견제출의 기회를 부여하지 아니한 채 진급선발을 취소하는 처분을 한 것이 절차상 하자가 있어 위법하다(대법원 2007.9.21. 선고 2006두20631 판결).

한편, 관계법령에 절차규정이 없어 청문절차 없이 처분을 한 경우에 절차하자가 되는지에 대하여 판례는 청문을 포함한 당사자의 의견청취절차 없이 어떤 행정처분을 한 경우에도 관계법령에서 당사자의 의견청취절차를 시행하도록 규정하지 않고 있는 경우에는 그 행정처분이 위법하게 되는 것은 아니라고 한다.[7]

또한, 어떤 행정처분과 연계된 별개의 절차하자가 있는 경우에도 그 행정처분이 취소사유에 이를 정도의 하자가 존재하는 것은 아니라고 한다. 특히 경미한 절차하자의 경우 곧바로 취소사유로 보지 않고, 재량권의 일탈·남용이 있는지 여부를 판단하는 하나의 요소로 보고 있다. 예를 들어 환경영향평가서가 부실하게 작성된 경우 특별한 사정이 없는 한 사업계획승인처분에 재량권의 일탈·남용이 있는지 여부를 판단하는 하나의 요소에 그칠 뿐이라고 판시하고 있다.[8] 도시계획위원회의 심의를 거치지 않고 개발행위허가신청을 불허가한 사건,[9] 예비타당성조사를 실시하지 않고 한 하천공사시행계획 및 각 실시계획승인처분사건 모두 같은 맥락이다.

[판 례] 국가재정법령에 규정된 예비타당성조사는 이 사건 각 처분과 형식상 전혀 별개의 행정계획인 예산의 편성을 위한 절차일 뿐 이 사건 각 처분에 앞서 거쳐야 하거나 그 근거 법규 자체에서 규정한 절차가 아니므로, 예비타당성조사를 실시하지 아니한 하자는 원칙적으로 예산 자체의 하자일 뿐, 그로써 곧바로 이 사건 각 처분의 하자가 된다고 할 수 없다. 따라서 예산이 이 사건 각 처분 등으로써 이루어지는 이 사건 사업을 위한 재정 지출을 그 내용으로 하고 있고, 그 예산의 편성에 절차상 하자가 있다 하더라도, 이러한 사정만으로 곧바로 이 사건 각 처분에 취소사유에 이를 정도의 하자가 존재한다고 보기는 어렵다(대법원 2015.12.10. 선고 2011두32515 판결).

---

7) 대법원 1994.8.9. 선고 94누3414 판결; 대법원 1994.3.22. 선고 93누18969 판결.
8) 대법원 2006.3.16. 선고 2006두330 전원합의체 판결.
9) 대법원 2015.10.29. 선고 2012두28728 판결.

Ⅲ. 절차하자의 치유

행정처분이 절차하자를 지녀 절차적으로는 위법한 것이나, 실체상으로는 적법한 경우에 그 절차하자를 독자적인 취소사유로 보아야 하는지, 아니면 절차하자가 있더라도 실체적으로 하자가 없으면 절차하자의 치유를 인정할 수 있는지가 문제된다. 이에 대해서는 긍정설과 부정설이 대립되고 있다.

1. 긍정설

긍정설은 행정행위의 절차나 형식에 하자가 있는 경우 그 절차 및 형식의 사후충족을 통해서 또는 해당 절차가 수행하는 권리보호기능의 의미가 상실되지 않은 한도에서는 행정작용의 능률적 수행을 위하여 하자의 치유를 긍정하는 견해이다.

법이 정한 청문절차를 실시하지 않았거나 불충분하게 행한 경우에 사후에 청문유사절차를 행하였거나 사후에 그 요건을 보완한 경우와, 청문통지가 없었거나 법이 정한 통지기간보다 짧게 통지하였으나 당사자 등이 청문에 참여하여 의견진술 등의 기회를 가진 경우 등은 절차하자의 치유의 예이다.

긍정설은 행정처분의 무용한 반복을 피하고 당사자의 법적 생활안정을 기하기 위해 국민의 권리와 이익을 침해하지 않는 범위 내에서 구체적 사정에 따라 합목적적으로 절차하자의 치유를 인정하여야 한다는 것이다. 행정행위의 절차적 요건은 기본적으로 적법·타당한 실체적 규정을 보장하기 위한 수단이므로 그 절차하자에도 불구하고 실체적 결정이 적법한 경우에는 절차경제의 관점에서 치유절차를 마련하는 것이 바람직하기 때문이다.

판례는 앞에서 절차하자의 효과에서 살펴본 바와 같이 절차하자의 위법성을 긍정하고 그 절차하자가 해당 처분의 취소사유가 된다고 보아, 절차하자의 치유를 일관되게 부정하였으나, 최근에는 다음의 판례에서 보듯이 국민의 권익을 침해하지 않는 범위내에서 구체적 사정에 따라 합목적적·제한적으로 절차하자의 치유를 긍정하는 경향에 있다(제한적 긍정설).

> **[판 례]** 행정청이 청문서 도달기간을 다소 어겼다하더라도 영업자가 이에 대하여 이의하지 아니한 채 스스로 청문일에 출석하여 그 의견을 진술하고 변명하는 등 방어의 기회를 충분히 가졌다면 청문서 도달기간을 준수하지 아니한 하자는 치유되었다고 봄이 상당하다(대법원 1992.10.23. 선고 92누2844 판결).

2. 부정설

부정설은 절차상의 위법은 내용상의 하자의 경우와 마찬가지로 그 자체로서 해당 행정행위의 취소사유가 되는 것으로 보아 하자의 치유를 부정하는 견해이다. 부정설은 행정행위의 절차나 형식상의 위법성만으로는 행정행위의 취소를 구할 수 없는 것이라고 한다면 행정행위의 성립요건의 하나로 절차상의 요건을 드는 것은 실질적으로 무의미한 것이라는 점을 논거로 하고 있다.

판례는 절차하자의 위법성을 긍정하고 그 절차하자가 해당 처분의 취소사유가 되는 것으로 보고 있는데, 이는 모두 절차하자의 치유를 원칙적으로 부정한 것이라 할 수 있다.

제 2 장 행정정보공개

제 1 절 개   설

오늘날의 사회는 정보화사회이다. 정보화사회에서는 기술·정보가 인간사회에 지대한 영향을 미치게 된다. 특히 행정기관은 컴퓨터를 포함한 첨단의 정보처리시설을 활용하여 각종의 개인자료나 정보를 수집·관리할 수 있게 되었다. 이와 같은 각종 자료나 정보는 행정정책이나 행정조치의 기초가 되기 때문에 행정주체가 정보를 독점하는 경우 국민은 수동적 지위로 전락하게 되어 결과적으로 민주주의 그 자체의 변질을 야기할 수도 있는 것이다. 그러므로 민주주의의 실현을 위해 행정정보의 공개와 그에 대한 공개청구권을 인정할 필요성이 제기되는 것이라 할 수 있다.

이는 오늘날 현대적 민주주의의 과제로서 인식되고 있는 '행정의 민주화'를 실현하기 위해서도 필요한 것이다. 행정기관이 보유하고 있는 정보·자료에 대한 국민의 접근을 보장하지 아니하고는 행정의 민주화는 달성될 수 없기 때문이다. 따라서 행정정보에의 국민의 참여가 필요하며, 이를 위하여 정보에의 접근·이용과 정보공개가 필요하다.

정보공개에 관한 일반법으로서 「정보공개법」이 1996년 12월 31일 제정되어 1998년 1월 1일부터 시행되고 있다. 아래에서는 「정보공개법」을 중심으로 공공기관에 대한 정보공개에 대해 살펴보기로 한다.

Ⅰ. 정보공개의 의의

정보라 함은 공공기관이 직무상 작성 또는 취득하여 관리하고 있는 문서(전자문서를 포함한다) 및 전자매체를 비롯한 모든 형태의 매체 등에 기록된 사항을 말한다(정보공개법 제2조 제1호). 공개라 함은 공공기관이 정보를 열람하게 하거나 그 사본·복제물을 제공하는 것 또는 「전자정부법」 제2조 제10호의 규정에 의한 정보통신망을 통하여 정보를 제공하는 것 등을 말한다(정보공개법 제2조 제2호).

여기서 정보공개는 행정의 절차적 공정성을 보장하기 위한 것이며, 구체적인 사안에 대한 정보를 해당 사안의 관계인에게만 개시하는 것을 의미한다.

II. 정보공개의 법적 근거

1. 헌법상의 알 권리

'알 권리'는 일반적으로 접근할 수 있는 정보원으로부터 의사형성에 필요한 정보를 수집하고, 수집된 정보를 취사·선택할 수 있는 권리를 말한다.[1] 정보에 대한 '알 권리'는 정보수령권, 정보수집권, 정보공개청구권으로 구성되어 있으며, 이는 자유권적 성질과 청구권적 성질을 공유하고 있다.

'알 권리'는 헌법 제21조 제1항의 표현의 자유, 헌법 제1조 제1항의 국민주권의 원리, 헌법 제10조의 인간의 존엄성존중과 행복추구권, 헌법 제34조 제1항의 인간다운 생활을 할 권리 등에 근거를 두고 있다.

[판 례] 정보에의 접근·수집·처리의 자유, 즉 알 권리는 헌법 제21조 소정의 표현의 자유와 표리의 관계에 있으며, 자유권적 성질과 청구권의 성질을 공유하는 것이다. 알 권리의 실현은 법률의 제정이 뒤따라 이를 구체화하는 것이 충실하고도 바람직하지만, 그러한 법률이 제정되어 있지 않더라도 그 실현이 불가능한 것은 아니고 헌법 제21조에 의해 직접 보장될 수 있다(헌재 1991.5.13. 90헌마133).

[판 례] 국민의 알 권리, 특히 국가 정보에의 접근의 권리는 우리 헌법상 기본적으로 표현의 자유와 관련하여 인정되는 것으로, 그 권리의 내용에는 일반 국민 누구나 국가에 대하여 보유·관리하고 있는 정보의 공개를 청구할 수 있는 이른바 일반적인 정보공개청구권과 자신의 권익보호와 직접 관련이 있는 정보의 공개를 청구할 수 있는 이른바 개별적 정보공개청구권이 포함된다(대법원 1999.9.21. 선고 97누5114 판결; 대법원 1999.9.21. 선고 98두3426 판결).

그러나 헌법상의 알 권리로부터 직접 공문서개시청구권이라는 개인적 공권이 성립되는 것은 아니라 할 것이다. 따라서 헌법상의 알 권리를 구체화하기 위해서는 정보공개에 관한 법률을 제정하는 것이 필요하다.

2. 정보공개법

정보공개에 관한 일반법이 제정되지 않았을 때도 헌법 제21조에 근거한 알

---

1) 대법원 2009.12.10. 선고 2009두12785 판결.

권리와 「사무관리규정」[2]에 근거하여, 행정기관에 대하여 그 보유문서에 대한 개인의 공개청구권이 인정되고 있었다. 그러다가 정부는 1994년 3월 2일 "행정정보공개운영지침"을 제정하여 행정정보의 공개를 시행하였다.[3]

정보공개에 관한 일반법인 「정보공개법」은 1996년 12월 31일 제정되어 1998년 1월 1일부터 시행되고 있다. 「정보공개법」은 공공기관이 보유·관리하는 정보에 대한 국민의 공개청구 및 공공기관의 공개의무에 관하여 필요한 사항을 정함으로써 국민의 알 권리를 보장하고 국정에 대한 국민의 참여와 국정운영의 투명성을 확보함에 목적을 두었다(제1조).

「정보공개법」은 정보공개에 관한 일반법의 지위에 있다. 정보의 공개에 관하여는 다른 법률에 특별한 규정이 있는 경우를 제외하고는 「정보공개법」이 정하는 바에 따른다(제4조). '정보의 공개에 관하여는 다른 법률에 특별한 규정이 있는 경우'에 해당하기 위해서는 특별한 규정이 법률이어야 하고, 내용이 정보공개의 대상 및 범위, 정보공개의 절차, 비공개대상 정보 등에 관하여 「정보공개법」과 달리 규정하고 있어야 한다.

「정보공개법」의 구성은

　제1장 총칙(목적, 정의, 정보공개의 원칙, 적용범위),

　제2장 정보공개청구권자와 공공기관의 의무(정보공개청구권자, 공공기관의 의무, 정보공개 담당자의 의무, 정보의 사전적 공개, 정보목록의 작성·비치 등, 공개대상 정보의 원문공개),

　제3장 정보공개의 절차(비공개대상정보, 정보공개의 청구방법, 정보공개 여부의 결정, 반복 청구 등의 처리, 정보공개심의회, 위원의 제척·기피·회피, 정보공개 여부 결정의 통지, 부분공개, 정보의 전자적 공개, 즉시처리가 가능한 정보의 공개, 비용부담),

　제4장 불복구제절차(이의신청, 행정심판, 행정소송, 제3자의 비공개요청),

　제5장 정보공개위원회 등(정보공개위원회의 설치, 위원회의 구성 등, 제도 총괄 등, 자료의 제출 요구, 국회에의 보고, 위임규정, 신분보장, 기간의 계산)

　부칙 등 5장 29개 조문으로 이루어져 있다.

---

2) 「사무관리규정」은 1991년 대통령령으로 제정되어 시행되어 오다가 2011년 「행정업무의 효율적 운영에 관한 규정」(대통령령 제23383호)으로 변경되었으며, 2016년에 「행정효율과 협업 촉진에 관한 규정」(대통령령 제13390호)로 다시 변경되어 시행되고 있다.

3) 대법원은 행정정보공개운영지침(1994.3.2. 국무총리훈령 제288호)은 공개대상에서 제외되는 정보의 범위를 규정하고 있으나, 국민의 자유와 권리는 법률로써만 제한할 수 있으므로, 이는 법률에 의하지 아니하고 국민의 기본권을 제한한 것이 되어 대외적으로 구속력이 없는 것으로 보았다(대법원 1999.9.21. 선고 97누5114 판결(행정정보공개처분취소)).

제 2 절 정보공개법의 주요 내용

I. 총 칙

1. 정보공개의 원칙

(1) 정 보

정보라 함은 공공기관이 직무상 작성 또는 취득하여 관리하고 있는 문서(전자문서를 포함한다) 및 전자매체를 비롯한 모든 형태의 매체 등에 기록된 사항을 말한다(법 제2조 제1호). 「정보공개법」에서 말하는 공개대상 정보는 정보 그 자체가 아닌 「정보공개법」 제2조 제1호에서 예시하고 있는 매체 등에 기록된 사항을 의미한다.[4]

(2) 공 개

공개란 공공기관이 「정보공개법」에 따라 정보를 열람하게 하거나 그 사본·복제물을 제공하는 것 또는 정보통신망을 통하여 정보를 제공하는 것 등을 말한다.

(3) 정보공개의 원칙

정보공개의 원칙이란 공공기관이 보유·관리하는 정보는 「정보공개법」이 정하는 바에 따라 적극적으로 공개하여야 한다는 원칙을 말한다(법 제3조). 이러한 정보공개의무는 특정의 정보에 대한 공개청구가 있는 경우에 비로소 존재하게 되며, 여기서 말하는 정보는 원본뿐만 아니라 사본도 포함한다.

> **[판 례]** 알 권리에서 파생되는 정부의 공개의무는 특별한 사정이 없는 한 국민의 적극적인 정보수집행위, 특히 특정의 정보에 대한 공개청구가 있는 경우에야 비로소 존재하므로, 정보공개청구가 없었던 경우 대한민국과 중화인민공화국이 체결한 양국 간 마늘교역에 관한 합의서 내용을 사전에 마늘재배농가들에게 공개할 정부의 의무는 인정되지 아니한다(헌재 2004.12.16. 2002헌마579).

2. 공공기관의 범위

정보공개의무를 지는 공공기관의 범위는 매우 광범위하다. 「정보공개법」은 정보공개의무를 지는 공공기관에 국가기관, 지방자치단체, 「공공기관운영법」 제2조에 따른 공공기관과 「지방공기업법」에 따른 지방공사 및 지방공단과 그 밖에 대통령령으로 정하는 기관을 모두 포함시키고 있다(법 제2조).

---

4) 대법원 2013.1.24. 선고 2010두18918 판결.

(1) 국가기관

국가기관이란 ① 국회, 법원, 헌법재판소, 중앙선거관리위원회, ② 중앙행정기관(대통령 소속 기관과 국무총리 소속 기관을 포함) 및 그 소속 기관, ③ 「행정기관위원회법」에 따른 위원회를 말한다.

(2) 대통령령으로 정하는 기관

공공기관으로 인정되는 "대통령령으로 정하는 기관"이란

① 「유아교육법」, 「초·중등교육법」, 「고등교육법」에 따른 각급 학교 또는 그 밖의 다른 법률에 따라 설치된 학교,

② 「지방출자출연법」 제2조 제1항에 따른 출자기관 및 출연기관,

③ 특별법에 따라 설립된 특수법인,

④ 「사회복지사업법」 제42조 제1항에 따라 국가나 지방자치단체로부터 보조금을 받는 사회복지법인과 사회복지사업을 하는 비영리법인,

⑤ 제5호 외에 「보조금법」 제9조 또는 「지방재정법」 제17조 제1항 각 호 외의 부분 단서에 따라 국가나 지방자치단체로부터 연간 5천만원 이상의 보조금을 받는 기관 또는 단체. 다만, 정보공개 대상 정보는 해당 연도에 보조를 받은 사업으로 한정한다.

[판 례] 방송법이라는 특별법에 의하여 설립 운영되는 한국방송공사(KBS)는 공공기관의 정보공개에 관한 법률 시행령 제2조 제4호의 '특별법에 의하여 설립된 특수법인'으로서 정보공개의무가 있는 공공기관에 해당한다(대법원 2010.12.23. 선고 2008두13101 판결).

[판 례] 한국증권업협회는 공공기관의 정보공개에 관한 법률 시행령 제2조 제4호의 '특별법에 의하여 설립된 특수법인'에 해당한다고 보기 어렵다(대법원 2010.4.29. 선고 2008두5643 판결).

[판 례] 사립대학교에 대한 국비 지원이 한정적·일시적·국부적이라는 점을 고려하더라도, 같은 법 시행령 제2조 제1호가 정보공개의무를 지는 공공기관의 하나로 사립대학교를 들고 있는 것이 모법인 구 공공기관의 정보공개에 관한 법률의 위임 범위를 벗어났다거나 사립대학교가 국비의 지원을 받는 범위 내에서만 공공기관의 성격을 가진다고 볼 수 없다(대법원 2006.8.24. 선고 2004두2783 판결).

(3) 「공공기관운영법」상의 공공기관

정보공개의무를 지는 공공기관으로 인정되는 「공공기관운영법」 제2조에 따른 공공기관이란 기획재정부장관이 공공기관으로 지정한

① 다른 법률에 따라 직접 설립되고 정부가 출연한 기관,

② 정부지원액이 총수입액의 2분의 1을 초과하는 기관,

③ 정부가 100분의 50 이상의 지분을 가지고 있거나 100분의 30 이상의 지분을 가지고 임원 임명권한 행사 등을 통하여 해당 기관의 정책 결정에 사실상 지배력을 확보하고 있는 기관,

④ 정부와 제1호 내지 제3호의 어느 하나에 해당하는 기관이 합하여 100분의 50 이상의 지분을 가지고 있거나 100분의 30 이상의 지분을 가지고 임원 임명권한 행사 등을 통하여 해당 기관의 정책 결정에 사실상 지배력을 확보하고 있는 기관,

⑤ 제1호 내지 제4호의 어느 하나에 해당하는 기관이 단독으로 또는 두개 이상의 기관이 합하여 100분의 50 이상의 지분을 가지고 있거나 100분의 30 이상의 지분을 가지고 임원 임명권한 행사 등을 통하여 해당 기관의 정책 결정에 사실상 지배력을 확보하고 있는 기관,

⑥ 제1호 내지 제4호의 어느 하나에 해당하는 기관이 설립하고, 정부 또는 설립 기관이 출연한 기관 등을 말한다.

3. 공공기관의 의무

공공기관은 정보의 공개를 청구하는 국민의 권리가 존중될 수 있도록 「정보공개법」을 운영하고 소관 관계 법령을 정비하며, 정보를 투명하고 적극적으로 공개하는 조직문화를 형성하도록 노력하여야 한다(법 제6조 제1항).

공공기관은 정보의 적절한 보존과 신속한 검색이 이루어지도록 정보관리체계를 정비하고, 정보공개 업무를 주관하는 부서 및 담당하는 인력을 적정하게 두어야 하며, 정보통신망을 활용한 정보공개시스템 등을 구축하도록 노력하여야하고, 소속 공무원 또는 임직원 전체를 대상으로 「정보공개법」 및 정보공개 제도 운영에 관한 교육을 실시하여야 한다(법 제6조 제2항·제5항).

행정안전부장관은 공공기관의 정보공개에 관한 업무를 종합적·체계적·효율적으로 지원하기 위하여 통합정보공개시스템을 구축·운영하여야 한다(법 제6조 제3항). 공공기관이 제2항에 따른 정보공개시스템을 구축하지 아니한 경우에는 제3항에 따라 행정안전부장관이 구축·운영하는 통합정보공개시스템을 통하여 정보공개

청구 등을 처리하여야 한다(법 제6조 제4항).

4. 행정정보의 공표

공공기관은 ① 국민생활에 매우 큰 영향을 미치는 정책에 관한 정보, ② 국가
의 시책으로 시행하는 공사 등 대규모의 예산이 투입되는 사업에 관한 정보, ③
예산집행의 내용과 사업평가 결과 등 행정감시를 위하여 필요한 정보, ④ 그 밖에
공공기관이 정하는 정보 등에 대하여는 공개의 구체적 범위, 공개의 주기·시기 및
방법 등을 미리 정하여 정보통신망 등을 통하여 알리고, 이에 따라 정기적으로 공
개하여야 한다(법 제7조 제1항).

그 외에도 공공기관은 국민이 알아야 할 필요가 있는 정보를 국민에게 공개
하도록 적극적으로 노력하여야 한다(법 제7조 제2항).

5. 정보목록의 작성·비치

공공기관은 그 기관이 보유·관리하는 정보에 대하여 국민이 쉽게 알 수 있도
록 정보목록을 작성·비치하고, 그 목록을 정보통신망을 활용한 정보공개시스템
등을 통하여 공개하여야 한다. 다만, 정보목록 중 제9조 제1항의 규정에 의하여
공개하지 아니할 수 있는 정보가 포함되어 있는 경우에는 해당 부분을 갖추어 두
지 아니하거나 공개하지 아니할 수 있다(법 제8조 제1항).

공공기관은 정보의 공개에 관한 사무를 신속하고 원활하게 수행하기 위하여
정보공개 장소를 확보하고 공개에 필요한 시설을 갖추어야 한다(법 제8조 제2항).

Ⅱ. 정보공개청구권

1. 정보공개청구권의 의의

정보공개청구권은 공공기관이 보유·관리하는 모든 정보는 국민의 것이고 그
모두가 국민에게 원칙적으로 공개되어야 한다는 헌법의 기본적 요청으로서 헌법
에 직접 근거를 갖는 청구권적 기본권이다. 아울러 정보공개청구권은 「정보공개
법」 제5조에 의해 인정되는 개인적 공권이다. 즉, 모든 국민은 정보의 공개를 청
구할 권리를 가진다.

또한, 정보공개청구가 오로지 상대방을 괴롭힐 목적으로 정보공개를 구하고
있다는 등의 특별한 사정이 없는 한 정보공개의 청구가 신의칙에 반하거나 권리남
용에 해당한다고 볼 수 없다.[5] 하지만 정보공개의 청구가 권리의 남용이 명백한
경우에는 정보공개청구권의 행사가 허용되지 않는다.

---

5) 대법원 2006.8.24. 선고 2004두2783 판결.

[판 례] 국민의 정보공개청구는 정보공개법 제9조에 정한 비공개 대상 정보에 해당하지 아니하는 한 원칙적으로 폭넓게 허용되어야 하지만, 실제로는 해당 정보를 취득 또는 활용할 의사가 전혀 없이 정보공개 제도를 이용하여 사회통념상 용인될 수 없는 부당한 이득을 얻으려 하거나, 오로지 공공기관의 담당공무원을 괴롭힐 목적으로 정보공개청구를 하는 경우처럼 권리의 남용에 해당하는 것이 명백한 경우에는 정보공개청구권의 행사를 허용하지 아니하는 것이 옳다(대법원 2014.12.24. 선고 2014두9349 판결).

국민의 정보공개청구권은 법률상 보호되는 구체적인 권리라 할 것이므로, 공공기관에 대하여 정보의 공개를 청구하였다가 공개거부처분을 받은 것 자체가 법률상의 이익의 침해에 해당한다.[6]

2. 정보공개청구권자

모든 국민은 정보의 공개를 청구할 권리를 가진다(법 제5조 제1항). 다시 말해, 해당 정보와 아무런 이해관계가 없는 개인도 정보공개를 청구할 수 있다. 그리고 여기에서 말하는 국민에는 자연인은 물론 법인, 권리능력 없는 사단·재단도 포함된다. 그리고 법인, 권리능력 없는 사단·재단 등의 경우에는 설립목적을 불문한다.[7]

외국인의 경우도 ① 국내에 일정한 주소를 두고 거주하거나 학술·연구를 위하여 일시적으로 체류하는 자, ② 국내에 사무소를 두고 있는 법인 또는 단체는 정보공개를 청구할 수 있다(법 제5조 제2항, 동법 시행령 제3조).

한편, 지방자치단체는 정보공개의무자일 뿐 정보공개청구권자는 될 수 없다.

Ⅲ. 공개대상 정보

1. 공개대상 정보 목록

공공기관이 보유·관리하는 정보가 공개대상이 되며, 사적으로 작성한 정보는 공개대상이 되지 않는다. 대법원은 공개청구의 대상이 되는 정보는 공공기관이 직무상 작성 또는 취득하여 현재 보유·관리하고 있는 문서에 한정되는 것으로 보면서도 그 문서가 반드시 원본일 필요는 없다고 보고 있다.[8]

「정보공개법」이 규정하고 있는 공개대상 정보로는

① 법령이 정하는 바에 따라 열람할 수 있는 정보,

---

6) 대법원 2003.12.11. 선고 2003두8395 판결.
7) 대법원 2003.12.12. 선고 2003두8050 판결.
8) 대법원 2006.5.25. 선고 2006두3049 판결.

② 공공기관이 공표를 목적으로 작성하거나 취득한 정보로서 개인의 사생활의 비밀 또는 자유를 부당하게 침해하지 않는 정보,

③ 공공기관이 작성하거나 취득한 정보로서 공개하는 것이 공익 또는 개인의 권리구제를 위하여 필요하다고 인정되는 정보,

④ 직무를 수행한 공무원의 성명·직위,

⑤ 공개하는 것이 공익을 위하여 필요한 경우로써 법령에 의하여 국가 또는 지방자치단체가 업무의 일부를 위탁 또는 위촉한 개인의 성명·직업,

⑥ 사업활동에 의하여 발생하는 위해로부터 사람의 생명·신체 또는 건강을 보호하기 위하여 공개할 필요가 있는 정보,

⑦ 위법·부당한 사업활동으로부터 국민의 재산 또는 생활을 보호하기 위하여 공개할 필요가 있는 정보 등이 있다(법 제9조 제1항 제6호 (가)목 내지 (마)목, 제7호 (가)(나)목 참조).

2. 공개대상 정보로 본 사례

① 증권감독원장의 공인회계사시험 답안지(서울행정법원 1998.12.2. 선고 98구20338 판결)

② 사법시험 제2차시험답안지(대법원 2003.3.14. 선고 2000두6114 판결)

③ KBS가 제작한 추적 60분 방송용테이프(서울행정법원 2007.8.28. 선고 2007구합7826 판결)[9]

④ 수사기록(대법원 1999.9.21. 선고 98두3426 판결)

⑤ 구청 산하 시설관리공단의 징계절차에 관한 회의록 중 발언자의 인적사항을 제외한 회의록(인천지법 2008.5.1. 선고 2007구합4753 판결)

Ⅳ. 비공개대상 정보

공공기관이 보유·관리하는 정보는 원칙적으로 공개되어야 하지만, 「정보공개법」이 예외적으로 규정하고 있는 정보는 공개하지 아니할 수 있다(법 제9조 제1항 제1호 내지 제8호). 정보공개를 요구받은 공공기관은 법률 제 몇 호의 비공개사유에 해당하는지를 주장·입증하여야 하며, 개괄적 사유만을 들어 공개를 거부할 수는 없다.[10]

공공기관은 비공개대상 정보의 범위 안에서 해당 공공기관의 업무의 성격을

---

9) 황우석 교수의 논문조작과 사건과 관련, 2006년 4월 초순경 60분 분량의 가제 '섀튼은 특허를 노렸나'라는 제목의 방송용 가편집본 테이프.

10) 대법원 2003.12.11. 2001두8827 판결.

고려하여 비공개대상 정보의 범위에 관한 세부기준을 수립하고 이를 정보통신망을 활용한 정보공개시스템 등을 통하여 공개하여야 한다(법 제9조 제3항).

1. 다른 법령에 의한 비공개 정보

공공기관은 다른 법률 또는 법률이 위임한 명령(국회규칙·대법원규칙·헌법재판소규칙·중앙선거관리위원회 규칙·대통령령 및 조례에 한한다)에 의하여 비밀 또는 비공개사항으로 규정된 정보는 공개하지 아니할 수 있다(법 제9조 제1항 제1호). 여기서 말하는 '법률이 위임한 명령'은 정보의 공개에 관하여 법률의 구체적인 위임 아래 제정된 법규명령(위임명령)을 의미한다.

(1) 인정(비공개) 사례

[판 례] 국가정보원의 조직·소재지 및 정원에 관한 정보는 특별한 사정이 없는 한 국가안전보장을 위하여 비공개가 필요한 경우로서 구 국가정보원법 제6조에서 정한 비공개 사항에 해당하고, 결국 공공기관의 정보공개에 관한 법률 제9조 제1항 제1호에서 말하는 '다른 법률에 의하여 비공개 사항으로 규정된 정보'에도 해당한다고 보는 것이 타당하다(대법원 2013.1.24. 선고 2010두18918 판결).

[판 례] 학교폭력예방 및 대책에 관한 법률 제21조 제3항이 학교폭력대책자치위원회의 회의를 공개하지 못하도록 규정하고 있는 점 등에 비추어, 학교폭력대책자치위원회의 회의록은 공공기관의 정보공개에 관한 법률 제9조 제1항 제1호의 '다른 법률 또는 법률이 위임한 명령에 의하여 비밀 또는 비공개 사항으로 규정된 정보'에 해당한다(대법원 2010.6.10. 선고 2010두2913 판결).

(2) 불인정(공개) 사례

[판 례] 교육공무원법 제13조, 제14조의 위임에 따라 제정된 교육공무원승진규정은 정보공개에 관한 사항에 관하여 구체적인 법률의 위임에 따라 제정된 명령이라고 할 수 없고, 따라서 교육공무원승진규정 제26조에서 근무성적평정의 결과를 공개하지 아니한다고 규정하고 있다고 하더라도 위 교육공무원승진규정은 공공기관의 정보공개에 관한 법률 제9조 제1항 제1호에서 말하는 법률이 위임한 명령에 해당하지 아니하므로 위 규정을 근거로 정보공개청구를 거부하는 것은 잘못이다(대법원 2006.10.26. 선고 2006두11910 판결).

[판 례] 검찰보존사무규칙이 검찰청법 제11조에 기하여 제정된 법무부령이기는 하지만, 그 사실만으로 같은 규칙 내의 모든 규정이 법규적 효력을 가지는 것은 아니

다. 기록의 열람·등사의 제한을 정하고 있는 같은 규칙 제22조는 법률상의 위임근거가 없어 행정기관 내부의 사무처리준칙으로서 행정규칙에 불과하므로, 위 규칙상의 열람·등사의 제한을 공공기관의 정보공개에 관한 법률 제9조 제1항 제1호의 '다른 법률 또는 법률에 의한 명령에 의하여 비공개사항으로 규정된 경우'에 해당한다고 볼 수 없다(대법원 2006.5.25. 선고 2006두3049 판결).

2. 국가이익 관련 정보

공공기관은 국가안전보장·국방·통일·외교관계 등에 관한 사항으로서 공개될 경우 국가의 중대한 이익을 현저히 해할 우려가 있다고 인정되는 정보는 공개하지 아니할 수 있다(법 제9조 제1항 제2호).

[판 례] 보안관찰법 소정의 보안관찰 관련 통계자료는 북한의 대남전략에 있어 매우 유용한 자료로 악용될 우려가 없다고 할 수 없으므로, 위 정보는 공공기관의정보공개에관한법률 제7조 제1항 제2호 소정의 공개될 경우 국가안전보장·국방·통일·외교관계 등 국가의 중대한 이익을 해할 우려가 있는 정보, 또는 제3호 소정의 공개될 경우 국민의 생명·신체 및 재산의 보호 기타 공공의 안전과 이익을 현저히 해할 우려가 있다고 인정되는 정보에 해당한다(대법원 2004.3.18. 선고 2001두8254 전원합의체 판결).

3. 공공 안전 관련 정보

공공기관은 공개될 경우 국민의 생명, 신체 및 재산의 보호에 현저한 지장을 초래할 우려가 있다고 인정되는 정보는 공개하지 아니할 수 있다(법 제9조 제1항 제3호).

4. 형사사법 관련 정보

공공기관은 진행 중인 재판에 관련된 정보와 범죄의 예방, 수사, 공소의 제기 및 유지, 형의 집행, 교정, 보안처분에 관한 사항으로서 공개될 경우 그 직무수행을 현저히 곤란하게 하거나 형사피고인의 공정한 재판을 받을 권리를 침해한다고 인정할 만한 상당한 이유가 있는 정보는 공개하지 아니할 수 있다(법 제9조 제1항 제4호).

[판 례] 법원 이외의 공공기관이 정보공개법 제9조 제1항 제4호에서 정한 '진행 중인 재판에 관련된 정보'에 해당한다는 사유로 정보공개를 거부하기 위하여는 반드시 그 정보가 진행 중인 재판의 소송기록 그 자체에 포함된 내용의 정보일 필요는 없

으나, 재판에 관련된 일체의 정보가 그에 해당하는 것은 아니고 진행 중인 재판의 심리 또는 재판결과에 구체적으로 영향을 미칠 위험이 있는 정보에 한정된다고 봄이 상당하다(대법원 2011.11.24. 선고 2009두19021 판결).

> **[판 례]** 수용자자비부담물품의 판매수익금과 관련하여 교도소장이 재단법인 교정협회로 송금한 수익금 총액과 교도소장에게 배당된 수익금액 및 사용내역, 수용자신문 구독현황과 관련한 각 신문별 구독신청자 수 등에 관한 정보는 구 공공기관의정보공개에관한법률 제7조 제1항 제4호에서 비공개대상으로 규정한 '형의 집행, 교정에 관한 사항으로서 공개될 경우 그 직무수행을 현저히 곤란하게 하는 정보'에 해당하기 어렵다(대법원 2004.12.9. 선고 2003두12707 판결).

5. 검사·시험 등 관련 정보

공공기관은 감사·감독·검사·시험·규제·입찰계약·기술개발·인사관리·의사결정과정 또는 내부검토과정에 있는 사항으로서 공개될 경우 업무의 공정한 수행이나 연구·개발에 현저한 지장을 초래한다고 인정할 만한 상당한 이유가 있는 정보는 공개하지 아니할 수 있다. 다만, 의사결정 과정 또는 내부검토 과정을 이유로 비공개할 경우에는 제13조 제5항에 따라 통지를 할 때 이러한 과정의 단계 및 종료 예정일을 함께 안내하여야 하며, 과정이 종료되면 제10조에 따른 청구인에게 이를 통지하여야 한다(법 제9조 제1항 제5호).

(1) 인정(비공개) 사례

> **[판 례]** '공개될 경우 업무의 공정한 수행에 현저한 지장을 초래한다고 인정할 만한 상당한 이유가 있는 정보'란 정보공개제도의 목적 및 비공개대상정보의 입법 취지에 비추어 볼 때 공개될 경우 업무의 공정한 수행이 객관적으로 현저하게 지장을 받을 것이라는 고도의 개연성이 존재하는 경우를 말한다(대법원 2011.11.24. 선고 2009두19021 판결).

> **[판 례]** 치과의사 국가시험에서 채택하고 있는 문제은행 출제방식이 출제의 시간·비용을 줄이면서도 양질의 문항을 확보할 수 있는 등 많은 장점을 가지고 있는 점, 그 시험문제를 공개할 경우 발생하게 될 결과와 시험업무에 초래될 부작용 등을 감안하면, 위 시험의 문제지와 그 정답지를 공개하는 것은 시험업무의 공정한 수행이나 연구·개발에 현저한 지장을 초래한다고 인정할 만한 상당한 이유가 있는 경우에 해당하므로, 공공기관의 정보공개에 관한 법률 제9조 제1항 제5호에 따라 이를 공개하지 않을 수 있다(대법원 2007.6.15. 선고 2006두15936 판결).

[판 례] 독립유공자서훈 공적심사위원회의 심의·의결 과정 및 그 내용을 기재한 회의록은 공공기관의 정보공개에 관한 법률 제9조 제1항 제5호에서 정한 '공개될 경우 업무의 공정한 수행에 현저한 지장을 초래한다고 인정할 만한 상당한 이유가 있는 정보'에 해당한다(대법원 2014.7.24. 선고 2013두20301 판결).

[판 례] 학교환경위생구역 내 금지행위(숙박시설) 해제결정에 관한 학교환경위생정화위원회의 회의록에 기재된 발언내용에 대한 해당 발언자의 인적사항 부분에 관한 정보는 공공기관의정보공개에관한법률 제7조 제1항 제5호 소정의 비공개대상에 해당한다(대법원 2003.8.22. 선고 2002두12946 판결).

(2) 불인정(공개) 사례

[판 례] 2002학년도부터 2005학년도까지의 대학수학능력시험 원데이터는 연구 목적으로 그 정보의 공개를 청구하는 경우, 공개로 인하여 초래될 부작용이 공개로 얻을 수 있는 이익보다 더 클 것이라고 단정하기 어려우므로 그 공개로 대학수학능력시험 업무의 공정한 수행이 객관적으로 현저하게 지장을 받을 것이라는 고도의 개연성이 존재한다고 볼 수 없어 위 조항의 비공개대상정보에 해당하지 않는다고(대법원 2010.2.25. 선고 2007두9877 판결).

[판 례] 외국 또는 외국 기관으로부터 비공개를 전제로 정보를 입수하였다는 이유만으로 이를 공개할 경우 업무의 공정한 수행에 현저한 지장을 받을 것이라고 단정할 수는 없다. 다만 위와 같은 사정은 업무의 공정한 수행에 현저한 지장이 있는지를 판단할 때 고려하여야 할 형량 요소이다(대법원 2018.9.28. 선고 2017두69892 판결).

6. 개인 관련 정보

공공기관은 해당 정보에 포함되어 있는 이름·주민등록번호 등 「개인정보 보호법」 제2조 제1호에 따른 개인정보로서 공개될 경우 개인의 사생활의 비밀 또는 자유를 침해할 우려가 있다고 인정되는 정보는 공개하지 아니할 수 있다(법 제9조 제1항 제6호).

여기서 말하는 비공개대상이 되는 정보에는 이름·주민등록번호 등 '개인식별정보'뿐만 아니라 그 외에 정보의 내용을 구체적으로 살펴 '개인에 관한 사항의 공개로 개인의 내밀한 내용의 비밀 등이 알려지게 되고, 그 결과 인격적·정신적 내면생활에 지장을 초래하거나 자유로운 사생활을 영위할 수 없게 될 위험성이 있는

정보'도 포함된다.[11]

(1) 인정(비공개) 사례

> **[판 례]** 불기소처분 기록 중 피의자신문조서 등에 기재된 피의자 등의 인적사항 이
> 외의 진술내용 역시 개인의 사생활의 비밀 또는 자유를 침해할 우려가 인정되는 경
> 우 정보공개법 제9조 제1항 제6호 본문 소정의 비공개대상에 해당한다고 할 것이다
> (대법원 2012.6.18. 선고 2011두2361 전원합의체 판결).

(2) 불인정(공개) 사례

> **[판 례]** 사면대상자들의 사면실시건의서와 그와 관련된 국무회의 안건자료에 관한
> 정보는 그 공개로 얻는 이익이 그로 인하여 침해되는 당사자들의 사생활의 비밀
> 에 관한 이익보다 더욱 크므로 구 공공기관의 정보공개에 관한 법률 제7조 제1항
> 제6호에서 정한 비공개사유에 해당하지 않는다(대법원 2006.12.7. 선고 2005두241
> 판결).

7. 영업비밀 관련 정보

공공기관은 법인·단체 또는 개인의 경영·영업상 비밀에 관한 사항으로서 공
개될 경우 법인 등의 정당한 이익을 현저히 해할 우려가 있다고 인정되는 정보는
공개하지 아니할 수 있다(법 제9조 제1항 제7호).

여기서 말하는 법인 등의 경영·영업상 비밀은 「부정경쟁방지법」 제2조 제2
호 소정의 영업비밀에 한하지 않고, 타인에게 알려지지 아니함이 유리한 사업활동
에 관한 일체의 정보 또는 비밀사항으로 해석하여야 한다.[12]

(1) 인정(비공개) 사례

> **[판 례]** 방송사의 취재활동을 통하여 확보한 결과물이나 그 과정에 관한 정보 또는
> 방송프로그램의 기획·편성·제작 등에 관한 정보는 타인에게 알려지지 아니함이 유
> 리한 사업활동에 관한 일체의 정보에 해당한다고 볼 수 있는바, 공공기관의 정보공
> 개에 관한 법률 제9조 제1항 제7호에 정한 '법인 등의 경영·영업상 비밀에 관한 사
> 항'에 해당할 뿐만 아니라 그 공개를 거부할 만한 정당한 이익도 있다고 보아야 한
> 다(대법원 2010.12.23. 선고 2008두13101 판결).

> **[판 례]** 법인등이 거래하는 금융기관의 계좌번호에 관한 정보는 법인 등의 영업상

---

11) 대법원 2012.6.18. 선고 2011두2361 전원합의체 판결.
12) 대법원 2008.10.23. 선고 2007두1798 판결.

비밀에 관한 사항으로서 공개될 경우 법인등의 정당한 이익을 현저히 해할 우려가 있다고 인정되는 정보에 해당한다(대법원 2004.8.20. 선고 2003두8302 판결).

(2) 불인정(공개) 사례

[**판 례**] 아파트재건축주택조합의 조합원들에게 제공될 무상보상평수의 사업수익성 등을 검토한 자료가 구 공공기관의 정보공개에 관한 법률 제7조 제1항에서 정한 비공개대상정보에 해당하지 않는다(대법원 2006.1.13. 선고 2003두9459 판결).

[**판 례**] 대한주택공사의 아파트 분양원가 산출내역에 관한 정보는, 그 공개로 위 공사의 정당한 이익을 현저히 해할 우려가 있다고 볼 수 없어 구 공공기관의 정보공개에 관한 법률 제7조 제1항 제7호에서 정한 비공개대상정보에 해당하지 않는다(대법원 2007.6.1. 선고 2006두20587 판결).

[**판 례**] 한국방송공사의 '수시집행 접대성 경비의 건별 집행서류 일체'는 공공기관의 정보공개에 관한 법률 제9조 제1항 제7호의 비공개대상정보에 해당하지 않는다(대법원 2008.10.23. 선고 2007두1798 판결).

8. 특정인의 이해 관련 정보

공공기관은 공개될 경우 부동산 투기·매점매석 등으로 특정인에게 이익 또는 불이익을 줄 우려가 있다고 인정되는 정보는 공개하지 아니할 수 있다(법 제9조 제1항 제8호).

V. 정보공개의 절차

1. 정보공개의 청구방법

청구인은 해당 정보를 보유하거나 관리하고 있는 공공기관에 대하여 ① 청구인의 성명·생년월일·주소 및 연락처(전화번호·전자우편주소 등) 다만, 청구인이 법인 또는 단체인 경우에는 그 명칭, 대표자의 성명, 사업자등록번호 또는 이에 준하는 번호, 주된 사무소의 소재지 및 연락처 ② 청구인의 주민번호(본인임을 확인하고 공개 여부를 결정할 필요가 있는 정보를 청구하는 경우로 한정한다) ③ 공개를 청구하는 정보의 내용 및 공개 방법 등을 기재한 정보공개청구서를 공공기관에 직접 출석하여 제출하거나 우편·모사전송 또는 정보통신망에 의하여 제출하거나 구술로써 정보의 공개를 청구할 수 있다(법 제10조 제1항, 동법 시행령 제6조 제1항).

구술로써 정보의 공개를 청구하는 때에는 담당공무원 또는 담당임·직원의 면전에서 진술하여야 하고, 담당 공무원 등은 정보공개청구조서를 작성하고 이에 청구인과 함께 기명날인하여야 한다(법 제10조 제2항).

> **[판 례]** 정보의 공개를 청구하는 자는 정보공개청구서에 '공개를 청구하는 정보의 내용'등을 기재할 것을 규정하고 있는바, 청구대상정보를 기재함에 있어서는 사회일반인의 관점에서 청구대상정보의 내용과 범위를 확정할 수 있을 정도로 특정함을 요한다(대법원 2007.6.1. 선고 2007두2555 판결).

2. 공개 여부의 결정

공공기관은 정보공개의 청구가 있는 때에는 청구를 받은 날부터 10일 이내에 공개 여부를 결정하여야 한다(법 제11조 제1항). 공공기관의 정보공개 여부의 결정은 특별한 사유가 없는 한 반드시 정보공개에 응하여야 하는 기속행위이다.

> **[판 례]** 행정기관의 정보공개허가 여부는 기밀에 관한 사항 등 특별한 사유가 없는 한 반드시 정보공개청구에 응하여야하는 기속행위로서 행정기관에 대하여 정보공개에 관한 재량권을 부여하고 있다고 해석할 수는 없다(대법원 1992.6.23. 선고 92추17 판결).

공공기관은 부득이한 사유[13]로 10일의 기간 이내에 공개 여부를 결정할 수 없는 때에는 그 기간의 만료일 다음 날부터 기산하여 10일의 범위에서 공개 여부 결정기간을 연장할 수 있으나, 이 경우 그 연장된 사실과 연장 사유를 청구인에게 지체 없이 문서로 통지하여야 한다(법 제11조 제1항·제2항).

공공기관은 공개 결정일과 공개 실시일의 사이에 최소한 30일의 간격을 두어야 한다(법 제21조 제3항).

3. 공개 여부 결정의 통지

공공기관은 정보의 공개를 결정한 때에는 공개일시·공개장소 등을 분명히 밝

---

13) 부득이한 사유는 ① 한꺼번에 많은 정보공개가 청구되거나 공개 청구된 내용이 복잡하여 정해진 기간 내에 공개 여부를 결정하기 곤란한 경우, ② 정보를 생산한 공공기관 또는 공개 청구된 정보와 관련 있는 법 제11조 제3항에 따른 제3자의 의견청취, 법 제12조에 따른 정보공개심의회 개최 등의 사유로 정해진 기간 내에 공개 여부를 결정하기 곤란한 경우, ③ 전산정보처리조직에 의하여 처리된 정보가 공개 부분과 비공개 부분을 포함하고 있고, 정해진 기간 내에 부분 공개 가능 여부를 결정하기 곤란한 경우, ④ 천재지변, 일시적인 업무량 폭주 등으로 정해진 기간 내에 공개 여부를 결정하기 곤란한 경우 등이다(정보공개법 시행령 제7조).

혀 청구인에게 통지하여야 한다(법 제13조 제1항). 정보를 공개하는 경우 그 정보의
원본이 더렵혀지거나 파손될 우려가 있거나 그 밖에 상당한 이유가 있다고 인정될
때에는 그 정보의 사본·복제물을 공개할 수 있다(법 제13조 제4항).

공공기관은 청구인이 사본 또는 복제물의 교부를 원하는 경우에는 이를 교부
하여야 한다(법 제13조 제2항).

4. 제3자에 대한 통지

공공기관은 공개 청구된 공개대상 정보의 전부 또는 일부가 제3자와 관련이
있다고 인정되는 때에는 그 사실을 제3자에게 지체 없이 통지하여야 하며, 필요한
경우에는 그의 의견을 청취할 수 있다(법 제11조 제3항).

공개 청구된 사실을 통지받은 제3자는 통지받은 날부터 3일 이내에 해당 공
공기관에 대하여 자신과 관련된 정보를 공개하지 아니할 것을 요청할 수 있다(법
제21조 제1항). 이와 같은 제3자의 비공개요청에도 불구하고 공공기관이 공개결정
을 하는 때에는 공개 결정 이유와 공개 실시일을 분명히 밝혀 지체 없이 문서로
통지하여야 하며, 제3자는 해당 공공기관에 문서로 이의신청을 하거나 행정심판
또는 행정소송을 제기할 수 있다. 이 경우 이의신청은 통지를 받은 날부터 7일 이
내에 하여야 한다(법 제21조 제2항).

5. 소관기관의 이송

공공기관은 다른 공공기관이 보유·관리하는 정보의 공개청구를 받은 때에는
지체 없이 이를 소관 기관으로 이송하여야 하며, 이송을 한 후에는 지체 없이 소
관 기관 및 이송 사유 등을 분명히 밝혀 청구인에게 문서로 통지하여야 한다(법 제
11조 제4항).

6. 정보 비공개 결정의 통지

공공기관이 정보의 비공개 결정을 한 때에는 그 사실을 청구인에게 지체 없
이 문서로 통지하여야 하며, 비공개이유와 불복방법 및 불복절차를 구체적으로 밝
혀야 한다(법 제13조 제5항).

> **[판 례]** 문서에 전자문서를 포함한다고 규정한 구 공공기관의 정보공개에 관한 법
> 률 제2조와 정보의 비공개결정을 문서로 통지하도록 정한 정보공개법 제13조 제4항의
> 규정에 의하면 정보의 비공개결정은 전자문서로 통지할 수 있다(대법원 2014.4.10. 선
> 고 2012두17384 판결).

VI. 정보공개의 방법

1. 정보공개의 구체적 방법

정보의 공개는 ① 문서·도면·사진 등은 열람 또는 사본의 교부, ② 필름·테이프 등은 시청 또는 인화물·복제물의 교부, ③ 마이크로필름·슬라이드 등은 시청·열람 또는 사본·복제물의 교부, ④ 전자적 형태로 보유·관리하는 정보 등은 파일을 복제하여 전자우편으로 송부, 매체에 저장하여 제공, 열람 또는 사본·복제물의 교부 등의 방법으로 한다(동법 시행령 제14조 제1항).

공공기관은 정보를 공개함에 있어서 본인 또는 그 정당한 대리인임을 확인할 필요가 없는 때에는 청구인의 요청에 의하여 사본·출력물·복제물·인화물 또는 복제된 파일을 우편·모사전송 또는 전자통신망을 이용하여 송부할 수 있다(동법 시행령 제14조 제2항).

공공기관이 정보공개를 함에 있어서 그 공개방법을 선택할 재량권이 있느냐의 문제가 있는데, 이에 대하여 판례는 공개방법을 선택할 재량권이 없는 것으로 본다.[14] 즉, 정보공개를 청구하는 자가 정보의 사본 또는 출력물의 교부의 방법으로 공개방법을 선택하여 정보공개청구를 한 경우에 공공기관은 「정보공개법」 제8조 제2항에서 규정한 정보의 사본 또는 복제물의 교부를 제한할 수 있는 사유에 해당하지 아니하는 한 정보공개청구권자가 선택한 공개방법에 따라 정보공개를 하여야 한다.

공공기관이 정보를 공개하는 때에는 타인의 지적소유권, 사생활의 비밀 그 밖의 타인의 권리 또는 이익이 부당하게 침해되지 아니하도록 유의하여야 한다(동법 시행령 제14조 제4항).

2. 청구인 확인

청구된 정보의 공개는 청구인 본인 또는 그 대리인에게 하여야 하며, 공공기관이 정보를 공개하는 때에는 신분증명서 등에 의하여 청구인 본인 또는 그 정당한 대리인임을 확인하여야 한다(동법 시행령 제15조 제1항·제2항). 즉, ① 청구인 본인에게 공개하는 때에는 청구인의 주민등록증 그 밖에 그 신원을 확인할 수 있는 신분증명서(청구인이 외국인인 때에는 여권·외국인등록증 그 밖에 외국인임을 확인할 수 있는 신분증명서, 청구인이 외국의 법인 또는 단체인 때에는 사업자등록증·외국단체등록증 그 밖에 법인 또는 단체임을 확인할 수 있는 증명서), ② 청구인의 법정대리인에게 공개하는 때에는 법정대리인임을 증명할 수 있는 서류와 대리인의 주민등록증 그 밖에 그 신

---

14) 대법원 2004.6.25. 선고 2004두1506 판결; 대법원 2003.3.11. 선고 2002두2918 판결.

원을 확인할 수 있는 신분증명서, ③ 청구인의 임의대리인에게 공개하는 때에는 행정안전부령이 정하는 위임장과 청구인 및 수임인의 주민등록증 그 밖에 그 신원을 확인할 수 있는 신분증명서 등에 의하여 확인하여야 한다(동법 시행령 제15조 제2항 제1호 내지 제3호).

공공기관이 정보통신망을 통하여 정보를 공개하는 경우 청구인 본인 또는 그 대리인의 신원을 확인할 필요가 있는 때에는 전자서명 등을 통하여 그 신원을 확인하여야 한다(동법 시행령 제15조 제3항).

3. 부분공개

공개청구한 정보가 비공개 대상 정보에 해당하는 부분과 공개가 가능한 부분이 혼합되어 있는 경우로서 공개청구의 취지에 어긋나지 아니하는 범위 안에서 두 부분을 분리할 수 있는 때에는 비공개 대상 정보에 해당하는 부분을 제외하고 공개하여야 한다(법 제14조).

여기서 비공개대상 정보에 해당하는 부분과 공개가 가능한 부분을 분리할 수 있다고 함은, 이 두 부분이 물리적으로 분리 가능한 경우를 의미하는 것이 아니고 당해 정보의 공개방법 및 절차에 비추어 당해 정보에서 비공개대상 정보에 관련된 기술 등을 제외 내지 삭제하고 그 나머지 정보만을 공개하는 것이 가능하고 나머지 부분의 정보만으로도 공개의 가치가 있는 경우를 의미한다고 해석하여야 한다.[15]

> **[판 례]** 법원이 정보공개거부처분의 위법 여부를 심리한 결과, 공개가 거부된 정보에 비공개 대상 정보에 해당하는 부분과 공개가 가능한 부분이 혼합되어 있으며, 공개청구의 취지에 어긋나지 아니하는 범위 안에서 두 부분을 분리할 수 있다고 인정할 수 있을 때에는, 공개가 거부된 정보 중 공개가 가능한 부분을 특정하고, 판결의 주문에 정보공개거부처분 중 공개가 가능한 정보에 관한 부분만을 취소한다고 표시하여야 한다(대법원 2010.2.11. 선고 2009두6001 판결).

> **[판 례]** 갑이 외교부장관에게 한·일 군사정보보호협정 및 한·일 상호군수지원협정과 관련하여 각종 회의자료 및 회의록 등의 정보에 대한 공개를 청구하였으나, 외교부장관이 공개 청구 정보 중 일부를 제외한 나머지 정보들에 대하여 비공개 결정을 한 사안에서, 위 정보는 비공개 대상정보에 해당하고, 공개가 가능한 부분과 공개가 불가능한 부분을 쉽게 분리하는 것이 불가능하여 같은 법 제14조에 따른 부분공개도 가능하지 않다(대법원 2019.1.17. 선고 2015두46512 판결).

---

15) 대법원 2004.12.9. 선고 2003두12707 판결.

4. 정보의 전자적 공개

공공기관은 전자적 형태로 보유·관리하는 정보에 대하여 청구인이 전자적 형태로 공개하여 줄 것을 요청하는 경우에는 해당 정보의 성질상 현저히 곤란한 경우를 제외하고는 청구인의 요청에 응하여야 한다(법 제15조 제1항).

공공기관은 전자적 형태로 보유·관리하지 아니하는 정보에 대하여 청구인이 전자적 형태로 공개하여 줄 것을 요청한 경우에는 정상적인 업무수행에 현저한 지장을 초래하거나 해당 정보의 성질이 훼손될 우려가 없는 한 그 정보를 전자적 형태로 변환하여 공개할 수 있다(법 제15조 제2항).

5. 즉시처리가 가능한 정보의 공개

공공기관은 ① 법령 등에 의하여 공개를 목적으로 작성된 정보, ② 일반국민에게 알리기 위하여 작성된 각종 홍보자료, ③ 공개하기로 결정된 정보로서 공개에 오랜 시간이 걸리지 아니하는 정보, ④ 그 밖에 공공기관의 장이 정하는 정보로서 즉시 또는 말로 처리가 가능한 정보에 대하여는 정보공개 여부의 결정절차를 거치지 아니하고 공개하여야 한다(법 제16조).

6. 비용부담

정보의 공개 및 우송 등에 소요되는 비용은 실비의 범위 안에서 청구인의 부담으로 한다. 공개를 청구하는 정보의 사용목적이 공공복리의 유지·증진을 위하여 필요하다고 인정되는 경우에는 비용을 감면할 수 있다(법 제17조).

Ⅶ. 불복구제절차

1. 이의신청

청구인이 정보공개와 관련한 공공기관의 비공개 또는 부분공개 결정에 대하여 불복이 있거나 정보공개 청구 후 20일이 경과하도록 정보공개 결정이 없는 때에는 공공기관으로부터 정보공개 여부의 결정통지를 받은 날 또는 정보공개 청구 후 20일이 경과한 날부터 30일 이내에 해당 공공기관에 문서로 이의신청을 할 수 있다(법 제18조 제1항).

공공기관은 이의신청을 받은 날부터 7일 이내에 그 이의신청에 대하여 결정하고 그 결과를 청구인에게 지체 없이 문서로 통지하여야 한다. 다만, 부득이한 사유로 정해진 기간 이내에 결정할 수 없는 때에는 그 기간이 끝나는 날의 다음 날부터 기산하여 7일의 범위에서 연장할 수 있으며, 연장 사유를 청구인에게 통지하여야 한다(법 제18조 제3항).

공공기관은 이의신청을 각하 또는 기각하는 결정을 한 경우에는 청구인에게 행정심판 또는 행정소송을 제기할 수 있다는 사실을 이의신청에 대한 결과통지와 함께 알려야 한다(법 제18조 제4항).

2. 행정심판

청구인이 정보공개와 관련한 공공기관의 결정에 대하여 불복이 있거나 정보공개 청구 후 20일이 경과하도록 정보공개 결정이 없는 때에는 「행정심판법」이 정하는 바에 따라 행정심판을 청구할 수 있다. 이 경우 국가기관 및 지방자치단체 외의 공공기관의 결정에 대한 감독행정기관은 관계 중앙행정기관의 장 또는 지방자치단체의 장으로 한다. 청구인은 이의신청절차를 거치지 아니하고 행정심판을 청구할 수 있다(법 제19조 제1항·제2항).

행정심판위원회의 위원 중 정보공개 여부의 결정에 관한 행정심판에 관여하는 위원은 재직 중은 물론 퇴직 후에도 그 직무상 알게 된 비밀을 누설하여서는 아니 된다(법 제19조 제3항).

3. 행정소송

청구인이 정보공개와 관련한 공공기관의 결정에 대하여 불복이 있거나 정보공개 청구 후 20일이 경과하도록 정보공개 결정이 없는 때에는 「행정소송법」이 정하는 바에 따라 행정소송을 제기할 수 있다. 물론 이의신청이나 행정심판을 제기함이 없이 곧바로 직접 행정소송의 제기도 가능하다.

재판장은 필요하다고 인정되는 때에는 당사자를 참여시키지 아니하고 제출된 공개청구 정보를 비공개로 열람·심사할 수 있다. 또한, 재판장은 행정소송의 대상이 되는 정보 중 국가안전보장·국방 또는 외교관계에 관한 정보의 비공개 또는 부분공개 결정처분인 경우에 공공기관이 그 정보에 대한 비밀지정의 절차, 비밀의 등급·종류 및 성질과 이를 비밀로 취급하게 된 실질적인 이유 및 공개를 하지 아니하는 사유 등을 입증하는 때에는 해당 정보를 제출하지 아니하게 할 수 있다(법 제20조).

정보공개청구를 거부하는 처분이 있은 후 대상 정보가 폐기되었다든가 하여 공공기관이 그 정보를 보유·관리하지 않게 된 경우에는 특별한 사정이 없는 한 정보공개거부처분의 취소를 구할 법률상 이익이 없다.[16]

또 정보공개를 구하는 자가 공개를 구하는 정보를 행정기관이 보유·관리하고 있을 상당한 개연성이 있다는 점을 입증함으로써 정보공개를 청구할 수 있으나, 공공기관이 그 정보를 보유·관리하고 있지 아니한 경우에는 특별한 사정이 없는

---

16) 대법원 2003.4.25. 선고 2000두7087 판결.

한 정보공개거부처분의 취소를 구할 법률상의 이익은 인정되지 않는다.[17]

Ⅷ. 정보공개심의회, 정보공개위원회

1. 정보공개심의회

국가기관, 지방자치단체 및 「공공기관운영법」 제5조에 따른 공기업 및 준정부기관, 「지방공기업법」에 따른 지방공사 및 지방공단은 정보공개 여부 등을 심의하기 위하여 정보공개심의회를 설치·운영한다. 이 경우 국가기관등의 규모와 업무성격, 지리적 여건, 청구인의 편의 등을 고려하여 소속 상급기관에서 협의를 거쳐 심의회를 통합하여 설치·운영할 수 있다(법 제12조 제1항). 심의회는 위원장 1인을 포함하여 5명 이상 7명 이하의 위원으로 구성한다(법 제12조 제2항).

2. 정보공개위원회

국무총리 소속 하에 두는 정보공개위원회는 ① 정보공개에 관한 정책의 수립 및 제도개선에 관한 사항, ② 정보공개에 관한 기준수립에 관한 사항, ③ 정보공개심의회의 심의결과의 조사·분석 및 심의기준 개선 관련 의견제시에 관한 사항, ④ 공공기관의 정보공개 운영실태 평가 및 그 결과처리에 관한 사항, ⑤ 정보공개와 관련된 불합리한 제도·법령 및 그 운영에 대한 조사 및 개선권고에 관한 사항, ⑥ 법 제7조 제1항에 따른 정보의 사전적 공개에 관한 사항, ⑦ 그 밖에 정보공개위원회에서 심의·조정이 필요하다고 결정한 사항 등을 심의·조정한다(법 제22조 제1항, 동법 시행령 제19조).

정보공개위원회는 위원장과 부위원장 각 1인을 포함한 11인의 위원으로 구성한다(법 제23조 제1항). 정보공개위원회의 위원은 ① 대통령령으로 정하는 관계 중앙행정기관의 차관급 공무원이나 고위공무원단에 속하는 일반직공무원, ② 정보공개에 관하여 학식과 경험이 풍부한 사람으로서 행정안전부장관이 위촉하는 사람, ③ 시민단체(비영리단체법 제2조에 따른 비영리민간단체를 말한다)에서 추천한 사람으로서 행정안전부장관이 위촉하는 사람이 된다. 이 경우 위원장을 포함한 7인은 공무원이 아닌 자로 위촉하여야 한다(법 제23조 제2항). 위원장·부위원장 및 위원의 임기는 2년으로 하되, 연임할 수 있다(법 제23조 제3항).

위원장·부위원장 및 위원은 정보공개업무와 관련하여 알게 된 정보를 누설하거나 그 정보를 이용하여 본인 또는 타인에게 불이익을 주는 행위를 하여서는 아니 된다(법 제23조 제4항).

---

17) 대법원 2006.1.13. 선고 2003두9459 판결.

제3장 개인정보보호

제1절 개   설

I. 개인정보보호의 의의

개인정보는 살아 있는 개인에 관한 정보로서 ① 성명, 주민등록번호 및 영상 등을 통하여 개인을 알아볼 수 있는 정보, ② 해당 정보만으로는 특정 개인을 알아볼 수 없지만 다른 정보와 쉽게 결합하여 알아볼 수 있는 정보, ③ 가목 또는 나목을 가명처리함으로써 원래의 상태로 복원하기 위한 추가 정보의 사용·결합 없이는 특정 개인을 알아볼 수 없는 정보(가명정보) 중 어느 하나에 해당하는 정보를 말한다(개인정보 보호법 제2조 제1호). 개인정보보호는 국가가 국민의 기본권인 정보상 자기결정권을 보호하기 위한 제도로서 개인에 관한 정보가 부당하게 수집, 유통, 이용되는 것을 막아 개인의 프라이버시를 보호하는 제도이다.

오늘날 개인정보의 처리·유통이 전산화됨으로 인하여 개인의 프라이버시가 침해될 위험성, 예컨대 이용목적에 의한 불이익 발생의 위험성, 수집목적 외 사용의 위험성 등이 점차 확대되고 있어 개인의 프라이버시 보호가 문제된다. 특히 「전자정부법」 제38조는 ① 민원사항의 처리를 위하여 필요한 행정정보, ② 통계정보, 문헌정보, 정책정보 등 행정업무의 수행에 참고가 되는 행정정보, ③ 행정기관 등이 법령 등에서 정하는 소관 업무의 수행을 위하여 불가피하게 필요하다고 인정하는 행정정보는 정당한 사유가 없으면 행정정보 공동이용센터를 통하여 공동이용하여야 한다고 규정하고 있어, 개인정보침해의 가능성이 더욱 커지는 상황이다.

더욱이 정보통신기술의 비약적 발전에 따라 개인정보침해의 위험성은 더욱 커지고 있다. 인간의 주변에 있는 모든 사물 안에 컴퓨터 기능을 탑재하거나 인간이 소지하고 있는 소형 단말기에 컴퓨터 기능을 부착하여 "언제, 어디서나" 인간 삶의 모든 것을 관리하고 감독할 수 있는 시대가 된 것이다. 이에 따라 어디에서든지 정보가 누출되고 왜곡될 위험성이 증대되고 있어 개인정보침해 현상을 통제할 수 없게 되는 문제가 생기게 된다. RFID, P2P서비스, CCTV, 위치정보, 전자우편감시기술, 인터넷감시기술, 몰래카메라, 스마트폰 등의 통신기술 활용을 통한 개인정보나 프라이버시 침해는 그 예이다. 이와 같은 침해는 인간의 존엄성을 크게 훼손할 수 있다는 점에 문제의 심각성이 있다.

오늘날 사이버 공간의 등장으로 검색과 감시에 의한 통제의 가능성이 높아져서 IT가 인간의 존엄과 편리를 위해서 사용되는 수단이 아니라 오히려 인류가 IT의 수단으로 전락할 위기에 놓이게 된 것이다. 이러한 측면에서 개인정보보호는 국민의 기본권인 정보의 자기결정권과 개인의 프라이버시를 보호하기 위한 제도이다.

Ⅱ. 개인정보보호의 법적 근거

1. 헌법적 근거

개인정보보호에 관한 명문의 헌법적 근거는 존재하지 않는다. 하지만 대법원은 개인정보자기결정권의 헌법적 근거를 헌법 제10조와 제17조에서 찾고 있고, 헌법재판소는 개인정보자기결정권을 헌법 제10조와 제17조 또는 제37조 제2항의 열거되지 않은 독자적 기본권으로 보고 있다. 이렇듯 개인정보자기결정권은 정보화시대에서의 정보주체인 개인이 사회에 참여하는 한 모습으로서, 사회에 참여하는 자신에 대한 인격적인 캐릭터를 형성하는 자기의 정보에 대한 헌법적 통제권이다.

> **[판 례]** 개인정보자기결정권은 자신에 관한 정보가 언제 누구에게 어느 범위까지 알려지고 또 이용되도록 할 것인지를 그 정보주체가 스스로 결정할 수 있는 권리, 즉 정보주체가 개인정보의 공개와 이용에 관하여 스스로 결정할 권리를 말한다(헌재 2005.5.26. 99헌마513 등).

> **[판 례]** 헌법 제10조는 "모든 국민은 인간으로서의 존엄과 가치를 가지며, 행복을 추구할 권리를 가진다."고 규정하고, 헌법 제17조는 "모든 국민은 사생활의 비밀과 자유를 침해받지 아니한다."라고 규정하고 있는바, 이들 헌법 규정은 개인의 사생활 활동이 타인으로부터 침해되거나 사생활이 함부로 공개되지 아니할 소극적인 권리는 물론, 오늘날 고도로 정보화된 현대사회에서 자신에 대한 정보를 자율적으로 통제할 수 있는 적극적인 권리까지도 보장하려는 데에 그 취지가 있는 것으로 해석된다(대법원 1998.7.24. 선고 96다42789 판결).

> **[판 례]** 인간의 존엄과 가치, 행복추구권을 규정한 헌법 제10조 제1문에서 도출되는 일반적 인격권 및 헌법 제17조의 사생활의 비밀과 자유에 의하여 보장되는 개인정

보자기결정권은 자신에 관한 정보가 언제 누구에게 어느 범위까지 알려지고 또 이용되도록 할 것인지를 그 정보주체가 스스로 결정할 수 있는 권리이다. 즉 정보주체가 개인정보의 공개와 이용에 관하여 스스로 결정할 권리를 말한다. 개인정보자기결정권의 보호대상이 되는 개인정보는 개인의 신체, 신념, 사회적 지위, 신분 등과 같이 개인의 인격주체성을 특징짓는 사항으로서 그 개인의 동일성을 식별할 수 있게 하는 일체의 정보라고 할 수 있고, 반드시 개인의 내밀한 영역이나 사사(私事)의 영역에 속하는 정보에 국한되지 않고 공적 생활에서 형성되었거나 이미 공개된 개인정보까지 포함한다(헌재 2005.7.21. 2003헌마282 등).

[판 례] 개인정보자기결정권의 헌법상 근거로는 헌법 제17조의 사생활의 비밀과 자유, 헌법 제10조 제1문의 인간의 존엄과 가치 및 행복추구권에 근거를 둔 일반적 인격권 또는 위 조문들과 동시에 우리 헌법의 자유민주적 기본질서 규정 또는 국민주권원리와 민주주의원리 등을 고려할 수 있으나, 개인정보자기결정권으로 보호하려는 내용을 위 각 기본권들 및 헌법원리들 중 일부에 완전히 포섭시키는 것은 불가능하다고 할 것이므로, 그 헌법적 근거를 굳이 어느 한두 개에 국한시키는 것은 바람직하지 않은 것으로 보이고, 오히려 개인정보 자기결정권은 이들을 이념적 기초로 하는 독자적 기본권으로서 헌법에 명시되지 아니한 기본권이라고 보아야 할 것이다(헌재 2010.5.27. 2008헌마663).

2. 개인정보 보호법

개인정보보호에 관한 일반법으로서는 「개인정보 보호법」이 제정되어 있다. 동법은 개인정보의 처리 및 보호에 관한 사항을 정함으로써 개인의 자유와 권리를 보호하고, 나아가 개인의 존엄과 가치를 구현함을 목적으로 두었다(제1조). 그 외에도 「전자정부법」 및 「주민등록법」 등의 각 개별법에서 개인정보보호에 관한 규정을 두고 있다.

「개인정보 보호법」의 구성은

제1장 총칙(목적, 정의, 개인정보보호 원칙, 정보주체의 권리, 국가 등의 책무)

제2장 개인정보 보호정책의 수립 등(개인정보보호위원회, 기본계획, 시행계획, 자료 제출 요구, 개인정보 보호지침, 자율규제의 촉진 및 지원, 국제협력)

제3장 개인정보의 처리(개인정보의 수집·이용·제공, 개인정보의 처리 제한, 가명정보 의 처리에 관한 특례)

제4장 개인정보의 안전한 관리(안전조치의무, 개인정보 처리방침의 수립 및 공개, 개 인정보 보호책임자의 지정, 개인정보파일의 등록 및 공개, 개인정보 보호 인증, 개 인정보 영향평가, 개인정보 유출 통지, 과징금의 부과)

제 2 절   개인정보 보호법의 주요 내용

I. 총   칙

1. 용어의 정의

(1) 개인정보

개인정보란 살아 있는 개인에 관한 정보로서 ① 성명, 주민등록번호 및 영상 등을 통하여 개인을 알아볼 수 있는 정보, ② 해당 정보만으로는 특정 개인을 알아볼 수 없더라도 다른 정보와 쉽게 결합하여 알아볼 수 있는 정보, ③ 위의 ① 또는 ②를 가명처리함으로써 원래의 상태로 복원하기 위한 추가 정보의 사용·결합 없이는 특정 개인을 알아볼 수 없는 정보(가명정보) 중 어느 하나에 해당하는 정보를 말한다(법 제2조 제1호).

헌법재판소는 지문도 개인정보에 해당한다고 보았다.

> **[판 례]** 개인의 고유성, 동일성을 나타내는 지문은 그 정보주체를 타인으로부터 식별가능하게 하는 개인정보이므로, 시장·군수 또는 구청장이 개인의 지문정보를 수집하고, 경찰청장이 이를 보관·전산화하여 범죄수사목적에 이용하는 것은 모두 개인정보자기결정권을 제한하는 것이다(헌재 2005.5.26. 99헌마513 등).

(2) 가명처리

가명처리란 개인정보의 일부를 삭제하거나 일부 또는 전부를 대체하는 등의 방법으로 추가 정보 없이는 특정 개인을 알아볼 수 없도록 처리하는 것을 말한다(법 제2조 제1의2호).

(3) 처 리

처리란 개인정보의 수집, 생성, 연계, 연동, 기록, 저장, 보유, 가공, 편집, 검색, 출력, 정정(訂正), 복구, 이용, 제공, 공개, 파기(破棄), 그 밖에 이와 유사한 행위를 말한다(법 제2조 제2호).

(4) 정보주체

정보주체란 처리되는 정보에 의하여 알아볼 수 있는 사람으로서 그 정보의 주체가 되는 사람을 말한다(법 제2조 제3호).

(5) 개인정보파일

개인정보파일이란 개인정보를 쉽게 검색할 수 있도록 일정한 규칙에 따라 체계적으로 배열하거나 구성한 개인정보의 집합물(集合物)을 말한다(법 제2조 제4호).

(6) 개인정보처리자

개인정보처리자란 업무를 목적으로 개인정보파일을 운용하기 위하여 스스로 또는 다른 사람을 통하여 개인정보를 처리하는 공공기관, 법인, 단체 및 개인 등을 말한다(법 제2조 제5호).

2. 개인정보 보호 원칙

「개인정보 보호법」 제3조는 개인정보의 원칙으로 8개의 기본원칙을 제시하고 있다.

(1) 목적 명확성의 원칙

개인정보처리자는 개인정보의 처리 목적을 명확하게 하여야 하고 그 목적에 필요한 범위에서 최소한의 개인정보만을 적법하고 정당하게 수집하여야 한다.

(2) 이용제한의 원칙

개인정보처리자는 개인정보의 처리 목적에 필요한 범위에서 적합하게 개인정보를 처리하여야 하며, 그 목적 외의 용도로 활용하여서는 아니 된다.

(3) 정보 정확성의 원칙

개인정보처리자는 개인정보의 처리 목적에 필요한 범위에서 개인정보의 정확성, 완전성 및 최신성이 보장되도록 하여야 한다.

(4) 안전성 확보의 원칙

개인정보처리자는 개인정보의 처리 방법 및 종류 등에 따라 정보주체의 권리가 침해받을 가능성과 그 위험 정도를 고려하여 개인정보를 안전하게 관리하여야 한다.

(5) 공개성의 원칙

개인정보처리자는 개인정보 처리방침 등 개인정보의 처리에 관한 사항을 공개하여야 하며, 열람청구권 등 정보주체의 권리를 보장하여야 한다.

(6) 수집제한의 원칙

개인정보처리자는 정보주체의 사생활 침해를 최소화하는 방법으로 개인정보를 처리하여야 한다.

(7) 익명성의 원칙

개인정보처리자는 개인정보를 익명 또는 가명으로 처리하여도 개인정보 수집목적을 달성할 수 있는 경우 익명처리가 가능한 경우에는 익명에 의하여, 익명처리로 목적을 달성할 수 없는 경우에는 가명에 의하여 처리될 수 있도록 하여야 한다.

(8) 책임의 원칙

개인정보처리자는 이 법 및 관계 법령에서 규정하고 있는 책임과 의무를 준수하고 실천함으로써 정보주체의 신뢰를 얻기 위하여 노력하여야 한다.

Ⅱ. 개인정보 보호위원회

1. 구 성

개인정보 보호에 관한 사무를 독립적으로 수행하기 위하여 국무총리 소속으로 개인정보 보호위원회를 둔다(법 제7조).

보호위원회는 상임위원 2명(위원장 1명, 부위원장 1명)을 포함한 9명의 위원으로 구성한다. 보호위원회의 위원은 개인정보 보호에 관한 경력과 전문지식이 풍부한 사람 중에서 위원장과 부위원장은 국무총리의 제청으로, 그 외 위원 중 2명은 위원장의 제청으로, 2명은 대통령이 소속되거나 소속되었던 정당의 교섭단체 추천으로, 3명은 그 외의 교섭단체 추천으로 대통령이 임명 또는 위촉한다(법 제7조의2).

2. 기본계획과 실행계획

보호위원회는 개인정보의 보호와 정보주체의 권익 보장을 위하여 3년마다 개인정보 보호 기본계획을 관계 중앙행정기관의 장과 협의하여 수립한다. 기본계획에 포함되어야 하는 사항은 ① 개인정보 보호의 기본목표와 추진방향, ② 개인정보 보호와 관련된 제도 및 법령의 개선, ③ 개인정보 침해 방지를 위한 대책, ④ 개인정보 보호 자율규제의 활성화, ⑤ 개인정보 보호 교육·홍보의 활성화, ⑥ 개인정보 보호를 위한 전문인력의 양성, ⑦ 그 밖에 개인정보 보호를 위하여 필요한 사항 등이다(법 제9조).

중앙행정기관의 장은 기본계획에 따라 매년 개인정보 보호를 위한 시행계획을 작성하여 보호위원회에 제출하고, 보호위원회의 심의·의결을 거쳐 시행하여야 한다(법 제10조).

3. 개인정보 보호지침

보호위원회는 개인정보의 처리에 관한 기준, 개인정보 침해의 유형 및 예방조치 등에 관한 표준 개인정보 보호지침을 정하여 개인정보처리자에게 그 준수를 권장할 수 있다.

Ⅲ. 개인정보의 처리·처리제한

1. 개인정보의 처리

(1) 개인정보의 수집·이용

개인정보처리자는 ① 정보주체의 동의를 받은 경우, ② 법률에 특별한 규정이 있거나 법령상 의무를 준수하기 위하여 불가피한 경우, ③ 공공기관이 법령 등에서 정하는 소관 업무의 수행을 위하여 불가피한 경우, ④ 정보주체와의 계약의 체결 및 이행을 위하여 불가피하게 필요한 경우, ⑤ 정보주체 또는 그 법정대리인이 의사표시를 할 수 없는 상태에 있거나 주소불명 등으로 사전 동의를 받을 수 없는 경우로서 명백히 정보주체 또는 제3자의 급박한 생명, 신체, 재산의 이익을 위하여 필요하다고 인정되는 경우, ⑥ 개인정보처리자의 정당한 이익을 달성하기 위하여 필요한 경우로서 명백하게 정보주체의 권리보다 우선하는 경우 중 어느 하나에 해당하는 경우에는 개인정보를 수집할 수 있으며 그 수집 목적의 범위에서 이용할 수 있다(법 제15조 제1항).

개인정보처리자는 제1항 제1호에 따른 정보주체의 동의를 받을 때에는 ① 개인정보의 수집·이용 목적, ② 수집하려는 개인정보의 항목, ③ 개인정보의 보유 및 이용 기간, ④ 동의를 거부할 권리가 있다는 사실 및 동의 거부에 따른 불이익이 있는 경우에는 그 불이익의 내용 등을 정보주체에게 알려야 한다. 이러한 사항을 변경하는 경우에도 이를 알리고 동의를 받아야 한다(법 제15조 제2항).

개인정보처리자는 당초 수집 목적과 합리적으로 관련된 범위에서 정보주체에게 불이익이 발생하는지 여부, 암호화 등 안전성 확보에 필요한 조치를 하였는지 여부 등을 고려하여 정보주체의 동의 없이 개인정보를 이용할 수 있다(법 제15조 제3항).

(2) 개인정보의 수집 제한

개인정보처리자는 제15조 제1항 각 호의 어느 하나에 해당하여 개인정보를 수집하는 경우에는 그 목적에 필요한 최소한의 개인정보를 수집하여야 한다. 이 경우 최소한의 개인정보 수집이라는 입증책임은 개인정보처리자가 부담한다(법 제16조 제1항).

개인정보처리자는 정보주체의 동의를 받아 개인정보를 수집하는 경우 필요한 최소한의 정보 외의 개인정보 수집에는 동의하지 아니할 수 있다는 사실을 구체적으로 알리고 개인정보를 수집하여야 한다(법 제16조 제2항).

개인정보처리자는 정보주체가 필요한 최소한의 정보 외의 개인정보 수집에 동의하지 아니한다는 이유로 정보주체에게 재화 또는 서비스의 제공을 거부하여서는 아니 된다(법 제16조 제3항).

(3) 개인정보의 제공

개인정보처리자는 ① 정보주체의 동의를 받은 경우, ② 제15조 제1항 제2호·제3호·제5호 및 제39조의3 제2항 제2호·제3호에 따라 개인정보를 수집한 목적 범위에서 개인정보를 제공하는 경우에는 정보주체의 개인정보를 제3자에게 제공할 수 있다(법 제17조 제1항).

개인정보처리자는 제1항 제1호에 따른 정보주체의 동의를 받을 때에는 ① 개인정보를 제공받는 자, ② 개인정보를 제공받는 자의 개인정보 이용 목적, ③ 제공하는 개인정보의 항목, ④ 개인정보를 제공받는 자의 개인정보 보유 및 이용 기간, ⑤ 동의를 거부할 권리가 있다는 사실 및 동의 거부에 따른 불이익이 있는 경우에는 그 불이익의 내용 등의 사항을 정보주체에게 알려야 한다. 이러한 사항을 변경하는 경우에도 이를 알리고 동의를 받아야 한다(법 제17조 제2항).

개인정보처리자가 개인정보를 국외의 제3자에게 제공할 때에는 제2항 각 호에 따른 사항을 정보주체에게 알리고 동의를 받아야 하며, 이 법을 위반하는 내용으로 개인정보의 국외 이전에 관한 계약을 체결하여서는 아니 된다(법 제17조 제3항).

개인정보처리자는 당초 수집 목적과 합리적으로 관련된 범위에서 정보주체에게 불이익이 발생하는지 여부, 암호화 등 안전성 확보에 필요한 조치를 하였는지 여부 등을 고려하여 대통령령으로 정하는 바에 따라 정보주체의 동의 없이 개인정보를 제공할 수 있다(법 제17조 제4항).

(4) 개인정보의 목적 외 이용·제공 제한

개인정보처리자는 개인정보를 법률에서 정하는 범위를 초과하여 이용하거나, 제3자에게 제공하여서는 아니 된다(법 제18조 제1항).

그럼에도 불구하고 개인정보처리자는 다음 각 호의 어느 하나에 해당하는 경우에는 정보주체 또는 제3자의 이익을 부당하게 침해할 우려가 있을 때를 제외하고는 개인정보를 목적 외의 용도로 이용하거나 이를 제3자에게 제공할 수 있다(법 제18조 제2항).

- 정보주체로부터 별도의 동의를 받은 경우
- 다른 법률에 특별한 규정이 있는 경우
- 정보주체 또는 그 법정대리인이 의사표시를 할 수 없는 상태에 있거나 주소불명 등으로 사전 동의를 받을 수 없는 경우로서 명백히 정보주체 또는 제3자의 급박한 생명, 신체, 재산의 이익을 위하여 필요하다고 인정되는 경우
- 개인정보를 목적 외의 용도로 이용하거나 이를 제3자에게 제공하지 아니하면 다른 법률에서 정하는 소관 업무를 수행할 수 없는 경우로서 보호위원회의 심의·의결을 거친 경우
- 조약, 그 밖의 국제협정의 이행을 위하여 외국정부 또는 국제기구에 제공하기 위하여 필요한 경우
- 범죄의 수사와 공소의 제기 및 유지를 위하여 필요한 경우
- 법원의 재판업무 수행을 위하여 필요한 경우
- 형(刑) 및 감호, 보호처분의 집행을 위하여 필요한 경우

(5) 개인정보의 파기

개인정보처리자는 보유기간의 경과, 개인정보의 처리 목적 달성 등 그 개인정보가 불필요하게 되었을 때에는 지체 없이 그 개인정보를 파기하여야 한다. 다만, 다른 법령에 따라 보존하여야 하는 경우에는 그러하지 아니하다. 개인정보처리자가 개인정보를 파기할 때에는 복구 또는 재생되지 아니하도록 조치하여야 한다(법 제21조 제1항·제2항).

2. 개인정보의 처리제한

(1) 민감정보의 처리 제한

개인정보처리자는 사상·신념, 노동조합·정당의 가입·탈퇴, 정치적 견해, 건강, 성생활 등에 관한 정보, 그 밖에 정보주체의 사생활을 현저히 침해할 우려가 있는 개인정보로서 대통령령으로 정하는 정보(민감정보)를 처리하여서는 아니 된다. 다만, ① 정보주체에게 다른 개인정보의 처리에 대한 동의와 별도로 동의를 받은 경우, ② 법령에서 민감정보의 처리를 요구하거나 허용하는 경우에는 그러하지 아니하다(법 제23조 제1항). 즉, 개인정보처리자는 원칙적으로 민감정보를 처리할 수

없지만, 예외적으로 제한된 범위에서 민감정보를 처리할 수 있다.

개인정보처리자가 민감정보를 처리하는 경우에는 그 민감정보가 분실·도난·유출·위조·변조 또는 훼손되지 아니하도록 안전성 확보에 필요한 조치를 하여야 한다(법 제23조 제2항).

(2) 고유식별정보의 처리 제한

개인정보처리자는 원칙적으로 주민등록번호, 여권번호, 운전면허의 면허번호, 외국인등록번호 등과 같은 개인을 고유하게 구별하기 위하여 부여된 식별정보(고유식별정보)를 처리할 수 없다. 다만 다른 개인정보의 처리에 대한 동의와 별도로 동의를 받은 경우나 법령에서 구체적으로 고유식별정보의 처리를 요구하거나 허용하는 경우에는 예외적으로 고유식별번호를 처리할 수 있다(법 제24조 제1항, 동법 시행령 제19조).

개인정보처리자가 고유식별정보를 처리하는 경우에는 그 고유식별정보가 분실·도난·유출·위조·변조 또는 훼손되지 아니하도록 암호화 등 안전성 확보에 필요한 조치를 하여야 한다(법 제24조 제3항).

(3) 주민등록번호 처리의 제한

고유식별정보의 처리 제한에도 불구하고 개인정보처리자는 원칙적으로 주민등록번호를 처리할 수 없다. 다만 다음의 경우에는 예외적으로 주민등록번호를 처리할 수 있다(법 제24조의2 제1항).

- 법률·대통령령·국회규칙·대법원규칙·헌법재판소규칙·중앙선거관리위원회규칙 및 감사원규칙에서 구체적으로 주민등록번호의 처리를 요구하거나 허용한 경우
- 정보주체 또는 제3자의 급박한 생명, 신체, 재산의 이익을 위하여 명백히 필요하다고 인정되는 경우
- 주민등록번호 처리가 불가피한 경우로서 보호위원회가 고시로 정하는 경우

개인정보처리자는 주민등록번호를 처리하는 경우에도 정보주체가 인터넷 홈페이지를 통하여 회원으로 가입하는 단계에서는 주민등록번호를 사용하지 아니하고도 회원으로 가입할 수 있는 방법을 제공하여야 한다(법 제24조의2 제3항).

3. 가명정보의 처리에 관한 특례

(1) 가명정보의 처리

개인정보처리자는 통계작성, 과학적 연구, 공익적 기록보존 등을 위하여 정보주체의 동의 없이 가명정보를 처리할 수 있다. 개인정보처리자는 가명정보를 제3

자에게 제공하는 경우에는 특정 개인을 알아보기 위하여 사용될 수 있는 정보를 포함해서는 아니 된다(법 제28조의2).

(2) 가명정보의 결합 제한

제28조의2에도 불구하고 통계작성, 과학적 연구, 공익적 기록보존 등을 위한 서로 다른 개인정보처리자 간의 가명정보의 결합은 보호위원회 또는 관계 중앙행정기관의 장이 지정하는 전문기관이 수행한다(법 제28조의3 제1항).

결합을 수행한 기관 외부로 결합된 정보를 반출하려는 개인정보처리자는 가명정보로 처리한 뒤 전문기관의 장의 승인을 받아야 한다(법 제28조의3 제2항).

(3) 가명정보에 대한 안전조치의무

개인정보처리자는 가명정보를 처리하는 경우에는 원래의 상태로 복원하기 위한 추가 정보를 별도로 분리하여 보관·관리하는 등 해당 정보가 분실·도난·유출·위조·변조 또는 훼손되지 않도록 대통령령으로 정하는 바에 따라 안전성 확보에 필요한 기술적·관리적 및 물리적 조치를 하여야 한다(법 제28조의4 제1항).

개인정보처리자는 가명정보를 처리하고자 하는 경우에는 가명정보의 처리 목적, 제3자 제공 시 제공받는 자 등 가명정보의 처리 내용을 관리하기 위하여 관련 기록을 작성하여 보관하여야 한다(법 제28조의4 제2항).

(4) 가명정보 처리 시 금지의무

누구든지 특정 개인을 알아보기 위한 목적으로 가명정보를 처리해서는 아니 된다. 개인정보처리자는 가명정보를 처리하는 과정에서 특정 개인을 알아볼 수 있는 정보가 생성된 경우에는 즉시 해당 정보의 처리를 중지하고, 지체 없이 회수·파기하여야 한다(법 제28조의5).

Ⅳ. 개인정보분쟁조정위원회

1. 구 성

개인정보에 관한 분쟁의 조정(調停)을 위하여 개인정보 분쟁조정위원회를 둔다. 분쟁조정위원회는 위원장 1명을 포함한 20명 이내의 위원으로 구성하며, 위원은 당연직위원과 위촉위원으로 구성한다(법 제40조 제1항·제2항).

위원장은 위원 중에서 공무원이 아닌 사람으로 보호위원회 위원장이 위촉하며, 위원장과 위촉위원의 임기는 2년으로 하되, 1차에 한하여 연임할 수 있다(법 제40조 제4항·제5항).

분쟁조정위원회는 분쟁조정 업무를 효율적으로 수행하기 위하여 필요하면 대통령령으로 정하는 바에 따라 조정사건의 분야별로 5명 이내의 위원으로 구성되는 조정부를 둘 수 있다. 이 경우 조정부가 분쟁조정위원회에서 위임받아 의결한 사항은 분쟁조정위원회에서 의결한 것으로 본다(법 제40조 제6항).

2. 조정의 신청

개인정보와 관련한 분쟁의 조정을 원하는 자는 분쟁조정위원회에 분쟁조정을 신청할 수 있다. 분쟁조정위원회는 당사자 일방으로부터 분쟁조정 신청을 받았을 때에는 그 신청내용을 상대방에게 알려야 한다. 공공기관이 분쟁조정의 통지를 받은 경우에는 특별한 사유가 없으면 분쟁조정에 응하여야 한다(법 제43조).

분쟁조정위원회는 분쟁조정 신청을 받은 날부터 60일 이내에 이를 심사하여 조정안을 작성하여야 한다. 다만, 부득이한 사정이 있는 경우에는 분쟁조정위원회의 의결로 처리기간을 연장할 수 있다(법 제44조).

3. 분쟁의 조정

분쟁조정위원회는 ① 조사 대상 침해행위의 중지, ② 원상회복, 손해배상, 그 밖에 필요한 구제조치, ③ 같거나 비슷한 침해의 재발을 방지하기 위하여 필요한 조치 중의 어느 하나의 사항을 포함하여 조정안을 작성할 수 있다(법 제47조 제1항).

분쟁조정위원회는 제1항에 따라 조정안을 작성하면 지체 없이 각 당사자에게 제시하여야 하며, 조정안을 제시받은 당사자가 제시받은 날부터 15일 이내에 수락 여부를 알리지 아니하면 조정을 거부한 것으로 본다(법 제47조 제2항·제3항).

당사자가 조정내용을 수락한 경우 분쟁조정위원회는 조정서를 작성하고, 분쟁조정위원회의 위원장과 각 당사자가 기명날인하여야 한다. 이러한 조정의 내용은 재판상 화해와 동일한 효력을 갖는다(법 제47조 제4항·제5항).

4. 조정의 거부 및 중지

분쟁조정위원회는 분쟁의 성질상 분쟁조정위원회에서 조정하는 것이 적합하지 아니하다고 인정하거나 부정한 목적으로 조정이 신청되었다고 인정하는 경우에는 그 조정을 거부할 수 있다. 이 경우 조정거부의 사유 등을 신청인에게 알려야 한다(법 제48조 제1항).

분쟁조정위원회는 신청된 조정사건에 대한 처리절차를 진행하던 중에 한 쪽 당사자가 소를 제기하면 그 조정의 처리를 중지하고 이를 당사자에게 알려야 한다(법 제48조 제2항).

5. 집단분쟁조정

국가 및 지방자치단체, 개인정보 보호단체 및 기관, 정보주체, 개인정보처리자는 정보주체의 피해 또는 권리침해가 다수의 정보주체에게 같거나 비슷한 유형으로 발생하는 경우로서 대통령령으로 정하는 사건에 대하여는 분쟁조정위원회에 일괄적인 분쟁조정(집단분쟁조정)을 의뢰 또는 신청할 수 있다(법 제49조 제1항).

집단분쟁조정을 의뢰받거나 신청받은 분쟁조정위원회는 그 의결로써 집단분쟁조정의 절차를 개시할 수 있다(법 제49조 제2항).

분쟁조정위원회는 집단분쟁조정의 당사자가 아닌 정보주체 또는 개인정보처리자로부터 그 분쟁조정의 당사자에 추가로 포함될 수 있도록 하는 신청을 받을 수 있으며, 그 의결로써 집단분쟁조정의 당사자 중에서 공동의 이익을 대표하기에 가장 적합한 1인 또는 수인을 대표당사자로 선임할 수 있다(법 제49조 제3항·제4항).

분쟁조정위원회는 개인정보처리자가 분쟁조정위원회의 집단분쟁조정의 내용을 수락한 경우에는 집단분쟁조정의 당사자가 아닌 자로서 피해를 입은 정보주체에 대한 보상계획서를 작성하여 분쟁조정위원회에 제출하도록 권고할 수 있다(법 제49조 제5항).

분쟁조정위원회는 집단분쟁조정의 당사자인 다수의 정보주체 중 일부의 정보주체가 법원에 소를 제기한 경우에는 그 절차를 중지하지 아니하고, 소를 제기한 일부의 정보주체를 그 절차에서 제외한다(법 제49조 제6항).

집단분쟁조정의 기간은 제2항에 따른 공고가 종료된 날의 다음 날부터 60일 이내로 한다. 다만, 부득이한 사정이 있는 경우에는 분쟁조정위원회의 의결로 처리기간을 연장할 수 있다(법 제49조 제7항).

V. 개인정보 단체소송

1. 개인정보 단체소송의 의의

일정한 요건에 해당하는 단체는 개인정보처리자가 「개인정보 보호법」에 따른 집단분쟁조정을 거부하거나 집단분쟁조정의 결과를 수락하지 아니한 경우에 법원에 권리침해 행위의 금지·중지를 구하는 소송을 제기할 수 있다.

2. 원고적격

개인정보 단체소송은 소비자단체와 비영리민간단체만 원고적격을 가져 소송을 제기할 수 있다. 이를 구체적으로 살펴보면,

「소비자기본법」 제29조에 따라 공정거래위원회에 등록한 소비자단체로서 ① 정관에 따라 상시적으로 정보주체의 권익증진을 주된 목적으로 하는 단체일 것, ② 단체의 정회원수가 1천명 이상일 것, ③ 등록 후 3년이 경과하였을 것의 요건

을 모두 갖춘 단체는 개인정보 단체소송을 제기할 수 있다.

또한, 「비영리단체법」 제2조에 따른 비영리민간단체로서 ① 법률상 또는 사실상 동일한 침해를 입은 100명 이상의 정보주체로부터 단체소송의 제기를 요청받을 것, ② 정관에 개인정보 보호를 단체의 목적으로 명시한 후 최근 3년 이상 이를 위한 활동실적이 있을 것, ③ 단체의 상시 구성원수가 5천명 이상일 것, ④ 중앙행정기관에 등록되어 있을 것의 요건을 모두 갖춘 단체 역시 개인정보 단체소송을 제기할 수 있다(법 제51조).

3. 전속관할

단체소송의 소는 피고의 주된 사무소 또는 영업소가 있는 곳, 주된 사무소나 영업소가 없는 경우에는 주된 업무담당자의 주소가 있는 곳의 지방법원 본원 합의부의 관할에 전속한다. 외국사업자에 적용하는 경우 대한민국에 있는 이들의 주된 사무소·영업소 또는 업무담당자의 주소에 따라 정한다(법 제52조).

4. 소송대리인 선임

단체소송의 원고는 변호사를 소송대리인으로 선임하여야 한다(법 제53조).

5. 소송허가신청

단체소송을 제기하는 단체는 소장과 ① 원고 및 그 소송대리인, ② 피고, ③ 정보주체의 침해된 권리의 내용을 기재한 소송허가신청서를 법원에 제출하여야 한다. 이 경우 소송허가신청서에는 ① 소제기단체가 원고적격의 요건을 갖추고 있음을 소명하는 자료, ② 개인정보처리자가 조정을 거부하였거나 조정결과를 수락하지 아니하였음을 증명하는 서류의 자료를 첨부하여야 한다(법 제54조).

6. 소송허가요건

법원은 ① 개인정보처리자가 분쟁조정위원회의 조정을 거부하거나 조정결과를 수락하지 아니하였을 것, ② 소송허가신청서의 기재사항에 흠결이 없을 것의 요건을 모두 갖춘 경우에 한하여 결정으로 단체소송을 허가한다. 단체소송을 허가하거나 불허가하는 결정에 대하여는 즉시항고할 수 있다(법 제55조).

7. 확정판결의 효력

원고의 청구를 기각하는 판결이 확정된 경우 이와 동일한 사안에 관하여 다른 단체는 원칙적으로 단체소송을 다시 제기할 수 없다. 다만, 판결이 확정된 후 그 사안과 관련하여 국가·지방자치단체 또는 국가·지방자치단체가 설립한 기관에 의하여 새로운 증거가 나타난 경우나 기각판결이 원고의 고의로 인한 것임이 밝혀진 경우에는 단체소송을 다시 제기할 수 있다(법 제56조).

Allgemeines Verwaltungsrecht

제 4 편

·
·
·

행정법상 의무이행 확보수단

행정법상 의무이행 확보수단은 행정법규 또는 행정처분에 의거하여 국민에게 부과된 의무의 이행을 담보하기 위한 수단이다. 전통적인 행정상 강제수단으로는 ① 의무불이행의 경우에 직접적으로 실력을 행사하여 장래에 그 의무이행의 실현을 확보하려는 행정상 강제와, ② 과거의 의무위반에 대하여 일정한 제재를 가함으로써 행정법규 위반에 대한 제재를 직접적인 목적으로 하고 간접적으로 의무자에게 심리적 압박을 가함으로써 의무이행을 확보하는 행정벌이 있다.

행정상 강제의 경우는 행정상 강제집행과 즉시강제로 구분되며, 행정벌은 행정형벌과 행정질서벌로 구분된다. 그리고 행정상 강제집행의 수단으로는 행정대집행, 이행강제금, 직접강제, 강제징수 등이 인정되고 있다.

행정상 강제는 국민의 기본권 제한을 초래하는 것이므로 이에 대한 체계적인 규율이 필요함에도 불구하고 그동안 행정대집행 및 강제징수에 대한 개별 법률만 있었을 뿐, 행정상 강제 전반을 규율하는 일반법이 존재하지 않았었다. 이러한 이유로 행정상 강제를 통일적으로 규율하기 위해 2021년에 제정된 「행정기본법」 제3장 제5절에 '행정상 강제'에 관한 내용이 규정되었다. 「행정기본법」은 행정상 강제의 종류로 기존 강학상 '행정상 강제집행'에 해당하는 행정대집행, 이행강제금, 강제징수, 직접강제와 행정상 강제집행과는 별도의 유형으로 분류되는 '즉시강제'로 구분하여 규정하고 있다. 또한 행정상 강제를 위해서 개별 법률의 근거가 필요하다는 점과 행정상 강제의 기본원칙을 명시하고 있다.

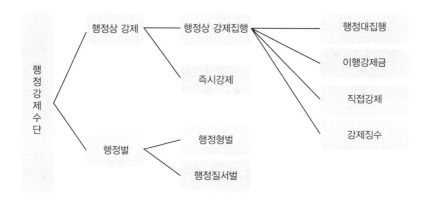

제 1 장 행정상 강제집행

제 1 절 개 설

I. 행정상 강제집행의 의의

행정상 강제집행은 행정법상의 의무불이행에 대하여 행정청이 실력을 가하여 그 의무를 이행시키거나 이행이 있는 것과 같은 상태를 실현시키는 작용을 말한다. 이러한 행정상 강제집행의 수단으로는 ① 행정대집행, ② 이행강제금, ③ 직접강제, ④ 강제징수 등이 인정되고 있다. 「행정기본법」 제30조 제1항 역시 기존 강학상 '행정상 강제집행'에 해당하는 행정대집행, 이행강제금, 직접강제, 강제징수를 명문으로 규정하고 있다.

「행정기본법」 제30조 제1항은 "행정청은 행정목적을 달성하기 위하여 필요한 경우에는 법률로 정하는 바에 따라 필요한 최소한의 범위에서 행정상 강제 조치를 할 수 있다"고 규정하고 있어 행정상 강제집행에 비례의 원칙이 엄격하게 적용됨을 명시하고 있다.

II. 타 작용과의 구별

1. 즉시강제와의 구별

행정상 강제집행은 행정상 필요한 상태를 실현시키기 위한 행정상 강제수단이라는 점에서 즉시강제와 같으나, 행정상 강제집행은 의무의 존재와 그 의무의 불이행을 전제로 하는 점에서, 의무불이행을 전제로 하지 않고 급박한 경우에 즉시 실력을 행사하는 즉시강제와 구별된다.

2. 행정벌과의 구별

행정상 강제집행은 행정목적의 실현을 위한 강제수단이라는 점에서는 행정벌과 같으나, 행정벌은 과거의 의무위반에 대한 제재를 직접적인 목적으로 하는 데 대하여, 행정상 강제집행은 장래에 향해 의무를 이행시키기 위한 강제수단이라는 점에서 서로 구별된다.

3. 민사상 강제집행과의 구별

행정상 강제집행과 민사상 강제집행은 강제수단이라는 점에서 같으나, 민사상 강제집행에 대하여 다음과 같은 특색이 있다.

민사상 강제집행이 행하여지기 위해서는 집행될 청구권의 존재가 법원 등의 국가기관에 의하여 확인되어 판결이나 집행증서 등의 집행권원에 따라 채권자가 국가의 집행기관에 집행을 청구해야 한다. 이에 대하여 행정상 강제집행은 의무를 과하고 그 이행을 청구하는 행정기관이 법원 등의 개입을 거치지 않고 독자적인 강제수단에 의하여 집행을 행하는 자력집행력이 있는 점에서 민사상 강제집행과 구별된다.

따라서 행정상 강제집행이 가능한 경우에는 민사상 강제집행은 허용될 수 없다. 다만, 행정상 강제집행이 인정되지 않은 경우에는 민사상 강제집행의 수단을 활용할 수 있다.

> **[판 례]** 지방자치단체장은 행정대집행의 방법으로 공유재산에 설치한 시설물을 철거할 수 있고, 이러한 행정대집행의 절차가 인정되는 경우에는 민사소송의 방법으로 시설물의 철거를 구하는 것은 허용되지 아니한다(대법원 2017.4.13. 선고 2013다207941 판결).

> **[판 례]** 아무런 권원 없이 국유재산에 설치한 시설물에 대하여 행정청이 행정대집행을 실시하지 않는 경우, 그 국유재산에 대한 사용청구권을 가지고 있는 자가 국가를 대위하여 민사소송으로 그 시설물의 철거를 구할 수 있다(대법원 2009.6.11. 선고 2009다1122 판결).

Ⅲ. 행정상 강제집행의 근거

1. 이론적 근거

오늘날의 통설은 행정상 강제집행을 위해서는 의무를 명하는 법규와는 별도로 그 의무 이행을 강제하는 데 필요한 명시적인 법적 근거가 있어야 한다고 한다(법규설). 즉, 의무를 명하는 행위와 의무 내용을 강제적으로 실현하는 행위는 성질상 별개의 행위이며, 따라서 하명권의 근거법이 당연히 강제권의 근거법이 될 수는 없다는 것이다.

생각건대, 우리 헌법은 의회가 제정하는 법률에 의하여 행정권의 활동이 기속

되는 동시에, 사법권에 의한 법률의 적용을 보장하는 재판제도를 가짐으로써 인권
보장을 존중하는 법치주의를 그 구성원리로 하고 있다. 행정상 강제집행은 행정청
스스로에 의한 자력집행권의 행사를 의미하기 때문에 법치주의에 대한 예외라고
할 수 있다. 따라서 행정상 강제집행을 위해서는 하명에 대한 근거법은 물론 그
강제에 관한 근거법이 별도로 있어야 한다.

2. 실정법적 근거

「행정기본법」 제30조 제1항은 "행정청은 법률로 정하는 바에 따라 행정상 강
제 조치를 할 수 있다"라고 하고 있고, 제2항은 "행정상 강제 조치에 관하여 이 법
에서 정한 사항 외에 필요한 사항은 따로 법률로 정한다"라고 규정하고 있어 법률
유보의 원칙을 명시하고 있다. 여기서 행정상 강제는 행정상 강제집행의 상위 개
념이므로, 행정상 강제집행에도 법률유보의 원칙이 당연히 적용된다. 제1항이 행
정상 강제집행의 유형화에 대한 법률유보인 것에 반해, 제2항은 행정상 강제집행
의 세부적 사항에 대한 법률유보이다.

행정상 강제집행에 관한 실정법으로는 행정대집행에 관한 일반법인 「행정대
집행법」, 강제징수에 대한 실질적 일반법인 「국세징수법」이 있다.

제 2 절 행정대집행

I. 행정대집행의 의의

1. 행정대집행의 개념

행정대집행은 의무자가 행정상 의무(법령등에서 직접 부과하거나 행정청이 법령등
에 따라 부과한 의무)로서 타인이 대신하여 행할 수 있는 의무를 이행하지 아니하는
경우 법률로 정하는 다른 수단으로는 그 이행을 확보하기 곤란하고 그 불이행을
방치하면 공익을 크게 해칠 것으로 인정될 때에 행정청이 의무자가 하여야 할 행
위를 스스로 하거나 제3자에게 하게 하고 그 비용을 의무자로부터 징수하는 것을
말한다(행정기본법 제30조 제1항 제1호). 즉, 행정대집행은 행정법상의 대체적 작위의
무를 진 자가 그 의무를 이행하지 아니한 경우에, 당해 행정청이 스스로 행하거나
또는 제3자로 하여금 이를 행하게 함으로써 의무의 이행이 있는 것과 같은 상태
를 실현시킨 후, 그에 관한 비용을 의무자로부터 징수하는 행정상 강제집행을 말
한다.

2. 행정대집행의 법적 근거

행정대집행에 관한 일반법으로는 「행정대집행법」이 있으며, 그 외에도 몇몇의 개별 법률에 행정대집행에 관하여 규정을 두고 있다(토지보상법 제89조, 군사기지법 제11조).

3. 행정대집행의 주체

행정대집행을 할 수 있는 자는 당해 행정청이다(행정대집행법 제2조). 여기서 당해 행정청이라 함은 당초에 의무를 명하는 행정행위를 한 행정청을 말한다. 당해 행정청은 스스로 의무자가 하여야 할 행위를 하거나(자기집행) 또는 제3자로 하여금 이를 대신 행하게(타자집행) 할 수 있다.

행정대집행의 권한위임을 받은 하급행정기관 역시 행정대집행의 주체가 될 수 있으며, 행정청으로부터 행정대집행의 권한을 수여받은 제3자도 공무수탁사인으로서 행정대집행의 주체가 될 수 있다.

> **[판 례]** 군수가 군사무위임조례의 규정에 따라 무허가 건축물에 대한 철거대집행사무를 하부 행정기관인 읍·면에 위임하였다면, 읍·면장에게는 관할구역 내의 무허가 건축물에 대하여 그 철거대집행을 위한 계고처분을 할 권한이 있다(대법원 1997.2.14. 선고 96누15428 판결).

> **[판 례]** 본래 시·도지사나 시장·군수 또는 구청장의 업무에 속하는 대집행권한을 한국토지공사에게 위탁하도록 되어 있는바, 한국토지공사는 이러한 법령의 위탁에 의하여 대집행을 수권받은 자로서 공무인 대집행을 실시함에 따르는 권리·의무 및 책임이 귀속되는 행정주체의 지위에 있다(대법원 2010.1.28. 선고 2007다82950, 82967 판결).

Ⅱ. 행정대집행의 요건

행정대집행의 요건으로는 대체적 작위의무를 ① 의무자가 불이행한 경우에, ② 다른 수단으로써 그 이행을 확보하기 곤란하고, ③ 그 불이행을 방치함이 심히 공익을 해할 것으로 인정되어야 한다(행정기본법 제30조 제1항 제1호, 행정대집행법 제2조).

1. 대체적 작위의무의 불이행

행정대집행의 대상이 되는 의무는 공법상의 대체적 작위의무의 불이행이다.

(1) 의무의 대체성

대체적 작위의무는 타인이 하더라도 의무자가 스스로 행한 것과 마찬가지로 행정상 필요한 상태를 실현할 수 있는 성질의 의무를 말한다(예컨대 건물철거, 물건의 제거, 입목의 벌채, 방재시설의 설치, 오염정화시설의 설치 등). 따라서 일신전속적 성질이 강하거나 고도의 개인적 지능을 요하는 작위의무(예컨대 의사의 진료), 수인의무 또는 부작위의무는 대체성이 없으므로 행정대집행의 대상이 되지 못한다.

[판 례] 법치주의의 원리에 비추어 볼 때 부작위의무로부터 그 의무를 위반함으로써 생긴 결과를 시정하기 위한 작위의무를 당연히 끌어낼 수는 없으며, 또 금지규정으로부터 작위의무, 즉 위반결과의 시정을 명하는 권한이 당연히 추론되는 것도 아니다(대법원 1996.6.28. 선고 96누4374 판결).

어떤 의무를 대체적 작위의무로 볼 수 있는 한, 그 의무를 타인이 갈음하여 행하는 것이 의무자 스스로 행하는 경우에 비하여 더 많은 비용이 소요된다 하더라도 당해 의무는 행정대집행의 대상이 된다.

한편, 토지·건물의 점유이전의무나 점유자의 퇴거 및 명도의무는 대체적 작위의무가 아니므로 행정대집행의 대상이 되지 않는다.

[판 례] 도시공원시설인 매점의 소유자에 대한 매점으로부터 퇴거와 이에 부수하여 그 판매시설물 및 상품을 반출하는 행위는 점유자의 점유를 배제하고 그 점유이전을 받아야 하는 행위이므로 대체적 작위의무가 아니다(대법원 1998.10.23. 선고 97누157 판결).

[판 례] 구 토지수용법상 피수용자 등이 기업자에 대하여 부담하는 수용대상 토지의 인도의무는 그것을 강제적으로 실현하면서 직접적인 실력행사가 필요한 것이지 대체적 작위의무라고 볼 수 없으므로 특별한 사정이 없는 한 행정대집행법에 의한 대집행의 대상이 될 수 있는 것이 아니다(대법원 2005.8.19. 선고 2004다2809 판결).

대체적 작위의무를 의무자가 불완전하게 이행한 경우에는 그 이행되지 않은 부분의 대체적 작위의무도 행정대집행의 대상이 된다.

(2) 작위의무

행정대집행의 대상의무는 작위의무에 한하고, 부작위의무 및 수인의무를 위반한 경우는 원칙적으로 행정대집행의 대상이 되지 않는다. 따라서 사용중지의무는 부작위의무이기 때문에 행정대집행의 대상이 될 수 없다.

예컨대 용도 위반 부분을 장례식장으로 사용하는 것이 관계 법령에 위반한 것이라는 이유로 장례식장 사용을 중지할 것과 이를 불이행할 경우 「행정대집행법」에 의하여 대집행하겠다는 내용의 처분을 할 경우, 처분에 따른 '장례식장 사용중지의무'가 당사자 이외의 '타인이 대신'할 수 없고, 타인이 대신하여 '행할 수 있는 행위'라고도 할 수 없는 비대체적 부작위의무이므로 행정대집행의 대상이 될 수 없다.[1]

불법 공작물의 설치 그 자체가 행정대집행의 대상이 되는지에 대하여, 공작물의 설치행위는 부작위의무의 위반행위이므로 그에 대하여 제재를 가할 수는 있으나 행정대집행을 할 수는 없다. 불법 공작물을 행정대집행의 방법으로 철거하기 위해서는 먼저 철거를 명하여 작위의무를 부과하고, 그 불이행이 있을 때 행정대집행을 하여야 한다. 물론 이러한 행정대집행을 하기 위해서는 명문의 법적 근거가 필요하다(도로법 제83조, 건축법 제79조, 옥외광고물법 제10조 등).

(3) 행정상 의무

행정대집행의 대상이 되는 것은 법령(법률이나 법률의 위임에 의한 명령, 지방자치단체의 조례)에 의하여 직접 부과되었거나 이들 법령에 따라 행정청의 명령에 의해 부과된 의무이어야 한다(행정기본법 제30조 제1항 제1호, 행정대집행법 제2조). 물론 이러한 행정상 의무는 구체적·특정적 의무이어야 한다.

2. 다른 수단으로는 그 이행확보가 곤란할 것

행정대집행은 다른 수단으로는 대체적 작위의무의 이행확보가 곤란하여야 한다. 여기서 말하는 '다른 수단'은 행정대집행의 방법보다 '손쉬운 방법'을 의미한다. 만약 그러한 손쉬운 방법이 있으면 행정대집행보다 그 방법을 택하여야 한다는 것이다. 이는 행정대집행을 행함에 있어 보충성의 원칙을 따라야 함을 의미한다. 직접강제와 이행강제금 등은 행정대집행보다 부담이 무거운 것이기 때문에 '다른 수단'으로 볼 수 없다.

3. 불이행을 방치함이 심히 공익을 해할 것

행정대집행은 '그 불이행을 방치함이 심히 공익을 해할 것으로 인정'되어야 할 수 있다. 따라서 대체적 작위의무의 불이행이 있다는 사실만으로 곧 행정대집행을 할 수 있는 것은 아니며, 그것이 심히 공익을 해하는 것일 때에 비로소 행정대집행을 할 수 있다. 물론 이러한 행정대집행 요건의 주장·입증책임은 처분행정

---

1) 대법원 2005.9.28. 선고 2005두7464 판결.

청에 있다.[2]

여기서 '심히 공익을 해할 것'은 불확정개념이기 때문에 그것이 무엇을 의미하는지를 일률적으로 말하기는 어렵다.

대법원의 판례는 허가내용을 위반한 증·개축이기는 하나, 그 공사 결과 건물 모양이 산뜻하게 되었고 건물의 안정감이 더하여진 반면 그 증평 부분을 철거함에는 큰 비용이 소요되고 이를 철거하여도 건물의 외관만 손상되고 쓰임새가 줄 뿐인 경우라면 건축주의 철거의무 불이행을 방치함이 심히 공익을 해하는 것으로 볼 수 없다고 하였다.[3] 또한 붕괴위험이 있는 노후건물에 대하여 수선허가 없이 개수신고만 하고 대수선을 하였으나 도시미관을 해치지 않은 경우라면, 건물을 방치하더라도 심히 공익을 해하는 것이 아니라고 보았다.[4]

그러나 판례는 무허가로 불법 건축되어 철거할 의무가 있는 건축물의 경우, 도시미관·주거환경, 교통소통에 지장이 없는 경우라도 공익을 해칠 우려가 있다고 보았다.[5]

> **[판 례]** 위법건축 부분의 면적이 지나치게 크고 무단증축함으로써 결국 2층 공장건물을 그 구조 및 용도가 전혀 다른 4층 일반건물로 변경한 결과가 된 경우는 합법화될 가능성도 없어서 위법건축 부분을 그대로 방치하여야 한다면 불법건축물을 단속하는 당국의 권능을 무력화하여 건축행정의 원활한 수행을 위태롭게 하고, 건축법이 정하고 있는 여러 제한규정을 회피하는 것을 사전에 예방하지 못하게 되어 이는 더 큰 공익을 해하는 것이 된다(대법원 1995.12.26. 선고 95누14114 판결).

Ⅲ. 행정대집행의 절차

행정대집행의 절차는 ① 행정대집행의 계고, ② 대집행영장에 의한 통지, ③ 행정대집행의 실행, ④ 비용징수의 4단계로 나누어진다. 이는 타인이 대신하여 행할 수 있는 행정상 의무의 이행을 의무자의 비용부담하에 확보하고자 하는, 동일한 행정목적을 위하여 단계적인 일련의 절차로 연속하여 행하여지는 행정행위이다. 이러한 행정행위는 서로 결합하여 하나의 법률효과를 발생시킨다.[6]

---

2) 대법원 1993.9.14. 선고 92누16690 판결.
3) 대법원 1987.3.10. 선고 86누860 판결.
4) 대법원 1988.2.9. 선고 87누213 판결.
5) 대법원 1989.3.28. 선고 87누930 판결; 대법원 1988.12.13. 선고 87누714 판결.
6) 대법원 1996.2.9. 선고 95누12507 판결.

1. 행정대집행의 계고

(1) 계고의 의의

행정대집행을 하려면 먼저 '상당한 이행기한'을 정하여 그 기한까지 이행되지 아니할 때에는 행정대집행을 한다는 뜻을 미리 문서로써 계고하여야 한다(행정대집행법 제3조 제1항). 즉, 계고는 행정대집행 실행의 사전절차로서 행정대집행이 행하여진다는 사실을 미리 의무자에게 알려줌으로써 스스로 의무를 이행하도록 촉구하는 것이다. 다만, 법률에 다른 규정이 있거나(건축법 제85조), 비상시 또는 위험이 절박한 경우에 있어서 계고를 할 여유가 없을 때에는 계고를 생략할 수 있다(행정대집행법 제3조 제3항).

'상당한 이행기한'은 사회통념상 이행에 필요한 기한이다. 상당한 이행기간 여부는 구체적 사안에 따라 의무의 성질, 의무자의 구체적 사정 등을 고려하여 객관적·합리적으로 판단할 문제이다.

(2) 계고의 내용

행정청이 행정대집행의 계고를 함에 있어서는 의무자가 스스로 이행하지 아니할 때 대집행할 행위의 내용 및 범위를 구체적으로 특정하여야 한다. 따라서 구체적인 특정이 결여된 계고처분은 위법하다.[7]

그러나 행정대집행할 행위의 내용 및 범위는 반드시 행정대집행 계고서에 의하여서만 특정되어야 하는 것은 아니다. 처분 전후에 송달된 문서나 기타 사정을 종합하여 행위의 내용이 특정되거나 실제 건물의 위치, 구조, 평수 등을 계고서의 표시와 대조·검토하여 행정대집행 의무자가 그 이행의무의 범위를 알 수 있을 정도로 하면 족하다.[8] 판례는 건물 중 무단 증축 부분이 명확히 식별될 수 있고 그 부분의 철거가 가능한 사실이 인정되는 경우라면 계고처분에 철거명령 및 행정대집행 대상 부분이 그 증축 부분의 실제 면적과 다르게 기재되었더라도 철거대상 부분이 특정된 것으로 보았다.[9]

(3) 계고의 성질

행정대집행 계고의 성질은 의무의 이행을 독촉하는 준법률행위적 행정행위로서 통지이며,[10] 행정대집행의 요건은 계고를 할 때 이미 충족되어 있어야 한다. 계고는 행정소송의 대상이 되는 처분성이 인정되며, 반복된 계고의 경우에는 1차 계

7) 대법원 1987.12.8. 선고 87누262 판결.
8) 대법원 1996.10.11. 선고 96누8086 판결; 대법원 1994.10.28. 선고 94누5144 판결; 대법원 1992.3.10. 선고 91누4140 판결.
9) 대법원 1988.12.27. 선고 87누1008 판결.
10) 대법원 1966.10.31. 선고 66누25 판결.

고에 대해서만 처분성을 인정한다.

(4) 계고의 형식

계고는 문서로 하여야 하며, 문서에 의하지 아니한 계고는 형식적 요건을 결한 것으로 무효가 된다. 즉, 계고를 구술로 하면 무효가 된다.

(5) 철거명령과 계고의 결합

철거명령과 계고를 동시에 행하는 것(결합)이 가능한지가 문제 될 수 있다. 독일의 경우와 달리 명문의 규정이 없는 우리나라에서는 의무를 명하는 행정행위인 철거명령과 행정대집행의 계고는 법리상 동시에 행할 수 없는 것이 원칙이다. 다만, 철거명령을 할 때 행정대집행 요건이 충족될 것이 명백하고 급속한 실시를 요하는 아주 긴박한 경우에는 예외적으로 철거명령과 계고를 동시에 할 수 있다.

대법원 판례는 철거명령과 계고의 결합을 원칙적으로 인정하고 있다.[11] 즉, 계고서라는 명칭의 1장의 문서로 일정 기간 내에 위법 건축물의 자진철거를 명함과 동시에 그 소정기한 내에 자진철거를 하지 아니할 때는 행정대집행 할 뜻을 미리 계고하는 것이 가능하다고 한다. 1장의 계고서에「건축법」에 의한 철거명령과「행정대집행법」에 의한 계고처분이 독립하여 있는 것으로서 각각 그 요건이 충족되었다고 보고 있다. 또한 철거명령에서 주어진 일정기간이 자진철거에 필요한 상당한 기간이라면 그 기간 속에는 계고시에 필요한 '상당한 이행기간'도 포함되어 있다고 보고 있다.

2. 대집행영장에 의한 통지

의무자가 계고를 받고 그 지정기한까지 그 의무를 이행하지 아니할 때는 당해 행정청은 대집행영장으로 대집행을 할 시기, 대집행을 시키기 위하여 파견하는 집행책임자의 성명과 대집행에 필요한 비용계산에 의한 견적액을 의무자에게 통지하여야 한다(행정대집행법 제3조 제2항).

다만, 법률에 다른 규정이 있거나(건축법 제85조), 비상시 또는 위험이 절박한 경우에 통지를 할 여유가 없는 때에는 통지를 생략할 수 있다(행정대집행법 제3조 제3항).

3. 행정대집행의 실행

행정대집행의 실행이란 행정청 스스로 의무자가 할 행위를 하거나 제3자로 하여금 그 의무를 이행시키는 물리력의 행사를 말한다. 행정대집행의 실행은 권력적 사실행위로서 처분성이 인정된다.

---

11) 대법원 1992.6.12. 선고 91누13564 판결.

행정대집행은 대집행영장에 기재된 시기에 대집행책임자에 의해서 실행된다. 행정대집행을 실행하기 위하여 현장에 파견되는 집행책임자는 그가 집행책임자라는 것을 표시한 증표를 휴대하고 대집행시에 이해관계인에게 제시하여야 한다(행정대집행법 제4조 제3항).

적법한 행정대집행을 행하던 공무원들에 대항하여 이해관계인이 폭행·협박 등 항거행위를 하면 이는 「형법」상의 공무집행방해죄(제136조)에 해당한다.[12] 하지만 적법성이 결여된 행정대집행의 실행에 대항하여 폭행이나 협박을 가한 경우에는 공무집행방해죄가 성립되지 않는다. 왜냐하면 공무집행방해죄는 공무원의 직무집행이 적법한 경우에 한하여 성립하는 것으로, 이러한 적법성이 결여된 직무행위를 하는 공무원에게 대항하여 폭행이나 협박을 가하였더라도 이를 공무집행방해죄로 다스릴 수는 없기 때문이다.[13]

행정대집행의 실행에 대한 이해관계인의 항거가 있는 경우에 집행책임자가 실력에 의하여 그 항거를 배제하는 것이 행정대집행의 일부로서 인정될 것인지가 문제가 된다. 그러한 항거배제를 인정하는 명문규정이 없는 우리나라에서는 실력에 의한 저항의 배제를 행정대집행 기능의 일부로 보기는 어려우며, 행정대집행은 의무의 대체적 실행에 그쳐야 한다.

따라서 그와 같은 항거가 「형법」상의 공무집행방해죄(제136조)의 구성요건에 해당하면 이에 의하고, 만일에 그 행위가 「경찰관 직무집행법」의 발동요건(제5조)에 해당된다면 이에 의한 행정상 즉시강제의 방법에 의하여야 할 것이다.

4. 비용의 징수

행정대집행에 소요된 모든 비용은 당해 행정청이 의무자로부터 징수하는데, 비용의 징수는 그 금액과 납부기한을 정하여 의무자에게 문서로써 납부를 명하여야 한다(행정대집행법 제5조). 의무자가 스스로 그 납부기한까지 행정대집행 비용을 납부하지 아니하는 경우에는 「국세징수법」의 예에 따라 징수한다(동법 제6조).

또한 LH공사가 법령에 의하여 행정대집행 권한을 위탁받아 공무인 행정대집행을 실시하기 위하여 지출한 비용 역시 「행정대집행법」 절차에 따라 「국세징수법」의 예에 의하여 징수할 수 있다.[14]

---

12) 대법원 2011.4.28. 선고 2008도4721 판결.
13) 대법원 2011.4.28. 선고 2007도7514 판결.
14) 대법원 2011.9.8. 선고 2010다48240 판결.

Ⅳ. 행정대집행과 권리구제

1. 행정쟁송의 제기

행정대집행 각 단계에서의 행위는 모두 행정쟁송의 대상인 처분성이 인정되므로, 행정대집행에 관하여 불복이 있는 자는 행정심판을 제기할 수 있으며(행정대집행법 제7조), 또한 법원에 직접 행정소송을 제기할 수도 있다(동법 제8조).

2. 하자의 승계 문제

행정대집행에 대한 행정쟁송을 제기하는 경우 구체적으로 행정대집행 절차의 어느 단계의 행위를 대상으로 하여야 하는가의 문제와 선행행위와 후행행위의 관계에 있는 행정대집행 절차에서 하자의 승계가 허용되는지의 문제가 있다.

행정대집행은 ① 행정대집행의 계고, ② 대집행영장에 의한 통지, ③ 행정대집행의 실행, ④ 비용징수의 4단계의 행위로 이루어지며, 이들 각 단계의 행위는 행정대집행이라는 동일한 목적을 위한 단계적 절차의 일부를 의미하기 때문에 하자의 승계가 인정된다.[15) 즉 불가쟁력을 발생한 선행행위가 가진 흠을 이유로 흠 없는 후행행위의 효력을 다툴 수 있다.

그러나 행정대집행의 전제가 되는 하명처분(건물 등의 철거명령)의 하자는 행정대집행의 계고에 승계되지 않는다. 이 경우 관계인은 하명처분에 대한 행정쟁송을 제기하고, 행정대집행에 대해서는 집행정지신청을 하여야 할 것이다. 물론 적법한 건축물에 대한 철거명령은 그 하자가 중대하고 명백하여 당연무효가 되며, 그 후행행위인 건물철거 행정대집행 계고처분 역시 당연무효가 된다.[16)

3. 행정대집행의 실행과 행정쟁송

(1) 구제의 실익

권력적 사실행위인 행정대집행의 실행도 행정쟁송의 대상이 되지만, 실행의 단계에 이르면 단기간 내에 행정대집행이 종료되는 것이 보통이므로 실행행위가 장기간에 걸쳐 계속되는 경우를 제외하고는 실제로 충분한 권리구제의 실익이 없는 것이 보통이다.

(2) 소의 이익

행정대집행의 실행이 종료된 후에는 설령 위법이라 할지라도 소의 이익이 없는 것이 보통이므로, 행정쟁송으로 그 취소 또는 무효확인을 구할 수는 없다.[17) 그

---

15) 대법원 1996.2.9. 선고 95누12507 판결.
16) 대법원 1995.7.28. 선고 95누2623 판결.

러나 현행 행정쟁송법은 처분 등이 소멸된 뒤에도 그 처분 등의 취소로 인하여 회복되는 법률상 이익이 있으면 원고적격을 인정하고 있다(행정심판법 제13조, 행정소송법 제12조). 따라서 행정대집행의 실행이 종료된 뒤에도 그 행정대집행의 취소로 회복될 법률상 이익이 있는 경우에는 그 취소를 구하는 행정쟁송을 제기할 수 있다.

(3) 판 례

대법원은 건물철거 행정대집행 계고처분 취소소송이 상고심 계속 중 대상건물의 철거로 소의 이익이 없게 된 경우에 원고의 주장을 인용한 원심판결을 부적법한 것으로 보고 이를 파기하고 대법원이 직접 판결하면서 소를 각하하였다.[18]

헌법재판소는 위법건축물에 대하여 계고 등의 절차 없이 이루어진 철거행위의 위헌확인을 구할 권리보호이익의 유무와 관련하여 철거행위가 이미 종료된 경우에는 주관적인 권리보호이익이 소멸된 것으로 보았다.[19] 한편 헌법소원심판청구가 청구인의 주관적 권리구제에는 도움이 되지 않는다 하더라도 그러한 침해행위가 앞으로도 반복될 위험이 있고, 당해 분쟁의 해결이 헌법질서의 수호·유지를 위하여 긴요한 사항이어서 헌법적으로 그 해명이 중대한 의미를 지니고 있는 경우에는 심판청구의 이익이 인정될 수 있다.

4. 행정대집행과 국가배상 등

위법한 행정대집행의 실행으로 손해가 발생한 경우 국가배상청구가 가능하다.

제 3 절 이행강제금

Ⅰ. 이행강제금의 의의

1. 이행강제금의 개념

이행강제금은 의무자가 행정상 의무를 이행하지 아니하는 경우 행정청이 적절한 이행기간을 부여하고, 그 기한까지 행정상 의무를 이행하지 아니하면 금전급부의무를 부과하는 것을 말한다(행정기본법 제30조 제1항 제2호). 즉, 이행강제금은 의무자가 행정상 의무를 이행하지 아니하는 경우에 그 의무를 이행할 때까지 반복적으로 금전적인 부담을 부과함으로써 그 의무자에게 심리적 압박을 가하여 의무의 이행을 간접적으로 강제하는 수단을 말한다. 이행강제금은 주로 비대체적 작위의

---

17) 대법원 1976.1.27. 선고 75누230 판결.
18) 대법원 1995.11.21. 선고 94누11293 판결; 대법원 1995.7.14. 선고 95누4087 판결.
19) 헌재 2005.10.27. 2005헌마126.

무(다른 사람이 대신 이행할 수 없는 의무)가 대상이지만 대체적 작위의무에 대해서도 인정된다.[20] 이행강제금은 기존의 행정상 강제집행수단인 행정대집행과 행정벌만으로는 의무이행을 강제하여 행정목적을 달성하는데 어려움이 발생하자 이에 대한 개선책으로 1991년 「건축법」에 처음으로 도입되었다.

2. 이행강제금과 행정벌과의 구별

이행강제금은 일정한 이행기한까지 행정상 의무를 이행하지 아니하면 금전적 부담을 과할 뜻을 미리 계고함으로써 의무자에게 심리적인 압박을 주어 장래에 그 의무를 이행하게 하려는 행정상 강제집행의 한 수단이다. 따라서 이행강제금은 과거의 의무위반에 대한 제재로서의 벌인 행정벌과는 다르다.

또한, 이행강제금은 처벌이 아니므로 의무의 이행이 있을 때까지 반복할 수 있지만(단 횟수 제한은 있음), 행정벌은 과거의 위반에 대한 제재이기 때문에 하나의 의무위반에 대해 반복하여 부과할 수 없다.

따라서 이행강제금과 행정벌은 양자를 병과하더라도 헌법에서 금지하는 이중처벌에 해당하지 않는다.

> **[판 례]** 건축법 제78조에 의한 무허가 건축행위에 대한 형사처벌과 건축법 제83조에 의한 시정명령 위반에 대한 이행강제금의 부과는 그 처벌 내지 제재대상이 되는 기본적 사실관계로서의 행위를 달리하며, 또한 그 보호법익과 목적에서도 차이가 있으므로 헌법 제13조가 금지하는 이중처벌에 해당한다고 할 수 없다(헌재 2004.2.26. 2001헌바80 등).

3. 이행강제금의 필요성

종래에는 행정상 의무의 이행을 확보하기 위한 수단으로 이행강제금보다는 행정벌에 의한 제재를 활용하였다. 하지만 오늘날에는 국민의 권리의식 내지는 인권의식이 크게 고양되어 있어 행정법규 위반에 대하여 행정벌에 의한 제재로 대처하는 것은 한계가 있다. 또한 행정법규의 실효성 확보라는 공익을 위하여 대부분의 국민을 전과자로 만드는 것도 바람직한 것은 아니다.

이와 같은 사회현상과 국민의식의 변화에 순응하면서 행정법규의 실효성도 확보하는 방안으로 제시된 것이 이행강제금의 활용이다. 즉, 이행강제금을 활용하

---

20) 대체적 작위의무 불이행의 경우에도 이행강제금 부과가 가능한지에 대해, 헌법재판소는 "행정청은 행정대집행과 이행강제금을 선택적으로 활용할 수 있다"며 긍정하고 있다(헌재 2011.10.25. 2009헌바140).

면 ① 의무불이행 상태가 존속하고 있는 한 행정청이 스스로 판단하여 반복적으로 이행강제금을 부과할 수 있고, ② 행정형벌과 같은 엄격한 절차가 요구되지 않으므로 신속하게 행정목적을 달성할 수 있으며, ③ 이기주의적 의무불이행자에 대하여 효율적인 대응을 할 수 있는 장점이 있다.

Ⅱ. 이행강제금의 법적 근거

1. 행정기본법

과거에는 이행강제금에 관한 일반법이 없었으나, 「행정기본법」 제31조에 이행강제금에 관한 전반적 사항이 통일적으로 규정됨으로써 「행정기본법」이 이행강제금에 관한 일반법의 기능을 하고 있다. 이행강제금은 국민의 재산권에 직접적인 영향을 미치므로 이행강제금의 부과근거는 법률로 정해야 한다. 「행정기본법」 제31조 제1항은 "이행강제금 부과의 근거가 되는 법률에는 이행강제금에 관한 사항을 명확하게 규정하여야 한다"고 하여 이행강제금의 법적 근거가 법률에 있어야 한다는 점을 명시적으로 규정하고 있다.

따라서 다른 법률에 이행강제금에 관한 규정이 있으면 특별법 우선의 원칙에 따라 그 법률에 따르지만, 다른 법률에 규정이 없으면 「행정기본법」 제31조가 적용된다. 다만 「행정기본법」 제31조는 공포 후 2년이 지난 날인 2023년 3월 24일부터 시행되고(부칙 제1조 단서), 시행일 이후 이행강제금을 부과하는 경우부터 적용한다(부칙 제5조 제1항).

2. 근거 법률의 입법사항

「행정기본법」 제31조 제1항은 이행강제금의 근거 규정인 법률이 담고 있어야 할 주요 내용을 제시하고 있다. 이행강제금의 근거 법률의 입법사항으로는 ① 이행강제금 부과 주체와 징수 주체, ② 이행강제금을 부과하는 요건, ③ 이행강제금 부과 금액, ④ 이행강제금 부과 금액 산정기준, ⑤ 연간 부과 횟수나 횟수의 상한 등이 명확하게 규율되어 있어야 한다. 이행강제금을 규정하고 있는 현행 개별 법률 대부분이 이러한 사항들을 규정하고 있다.

이행강제금 부과 금액 산정기준과 연간 부과 횟수 및 상한을 법률로 규정하는 것이 입법목적이나 입법취지를 훼손할 우려가 크다고 인정되는 경우에는 예외적으로 대통령령으로 그 내용을 규정할 수 있다(행정기본법 제31조 제1항 단서). 실제로 「근로기준법」, 「공정거래법」 등의 법률은 대통령령인 시행령에 위임하고 있다.

3. 개별 법률

「건축법」제80조는 위법건축물의 건축주 등에 대하여 행한 행정청의 시정명령의 이행을 확보하기 위한 수단으로 '이행강제금'을 규정하고 있는데, 이는 대표적인 이행강제금의 한 예이다. 그 외에도「개발제한구역법」제30조의2,「교통약자법」제29조의2,「농지법」제63조,「공정거래법」제16조,「물류시설법」제50조의3,「부동산실명법」제6조,「산업집적법」제43조의3,「옥외광고물법」제10조의3,「전기통신사업법」제13조,「주차장법」제32조 등에서도 이행강제금을 규정하고 있다. 행정대집행에 대한 사회적 우려 등으로 인해 그 집행이 점점 어려워지고 있는 현실에서 그 대안으로 이행강제금이 적극적으로 도입되고 있는 추세이다.

Ⅲ. 이행강제금 부과

1. 부과 금액의 가중·감경

행정청이 의무자에게 이행강제금을 부과할 때, 의무를 불이행하게 된 구체적 상황을 고려하여 법률에서 규정하고 있는 기준에 비해 그 금액을 가중하거나 감경할 수 있는 재량 부여가 필요하다. 이행강제금의 가중·감경 제도는 의무불이행자로 하여금 의무를 적극적으로 이행하도록 유도하기 위해 필요할 수도 있고, 이행강제금 부과로 인해 의무불이행자에게 초래될 수 있는 과도한 재정적 부담을 완화하기 위해 필요할 수도 있다.

이러한 점을 고려하여「행정기본법」제31조 제2항은 "행정청은 이행강제금의 부과 금액을 가중하거나 감경할 수 있다"고 규정하여 이행강제금을 부과할 때 가중 또는 감경할 수 있는 재량권을 명시하고 있다. 다만, 이행강제금의 가중·감경이 행정청의 자의에 의해 이루어지는 것을 예방하기 위해 ① 의무 불이행의 동기, 목적 및 결과, ② 의무 불이행의 정도 및 상습성, ③ 그 밖에 행정목적을 달성하는 데 필요하다고 인정되는 사유 등을 구체적인 가중·감경 사유로 제시하고 있다. 이러한 가중·감경 사유는 이행강제금 부과 행정청이 이행강제금 가중·감경에 대한 재량권을 행사할 때 고려해야 할 형량요소라 할 수 있다.

2. 부과 절차

「행정기본법」제31조는 이행강제금 부과와 관련된 기준과 절차를 통일적으로 규율하고 있다. 따라서 개별 법률에 달리 규정되어 있지 않는 한 이 절차에 따라야 한다.

(1) 계 고

행정청은 이행강제금을 부과하기 전에 미리 의무자에게 적절한 이행기간을 정하여 그 기한까지 행정상 의무를 이행하지 아니하면 이행강제금을 부과한다는 뜻을 문서로 계고(戒告)하여야 한다(행정기본법 제31조 제3항). 계고는 이행강제금 부과를 위한 적법요건의 하나로서 절차요건이다. 계고는 준법률행위적 행정행위로서 통지행위에 해당하며 그 자체로서 행정쟁송의 대상이 되는 처분에 해당한다.

「행정기본법」 제31조 제3항은 계고를 생략할 수 있는 예외적인 경우를 규정하고 있지 않기 때문에 이행강제금 부과를 위해서는 반드시 계고절차를 거쳐야 한다. 계고절차를 거치지 아니하고 이행강제금을 부과하면, 그 부과처분은 위법한 처분이 된다.

(2) 문서와 이행기간

계고는 문서로 하여야 한다. 따라서 구두로 한 계고는 무효이다. 또한 문서에는 적절한 이행기간이 정해져야 한다. 이때, 적절한 기간이란 의무의 성질과 내용 등을 고려하여 해당 의무를 이행하는 데 필요한 기간을 의미한다.

3. 부과처분

「행정기본법」 제31조 제4항은 "행정청은 의무자가 제3항에 따른 계고에서 정한 기한까지 행정상 의무를 이행하지 아니한 경우 이행강제금의 부과 금액·사유·시기를 문서로 명확하게 적어 의무자에게 통지하여야 한다"고 규정하고 있다. 행정청의 이행강제금 부과는 의무자에게 부과된 액수의 금액을 납부하여야 할 의무를 발생시키는 처분으로 급부하명에 해당한다.

이행강제금 부과처분은 재량행위이다. 따라서 행정청은 이행강제금 부과처분을 할 때 관련 이익을 정당하게 형량하여야 하며, 그 재량권의 범위를 넘어서는 아니된다.

한편, 이행강제금 납부의무는 상속인 기타의 사람에게 승계될 수 없는 일신전속적인 성질의 것이므로 이미 사망한 사람에게 이행강제금을 부과하는 내용의 처분이나 결정은 당연무효다.[21)]

(1) 행정상 의무의 불이행

이행강제금을 부과하기 위해서는 의무자가 계고에서 정한 기한까지 행정상 의무를 이행하지 않아야 한다. 만약 의무자가 계고에서 정한 기한까지 행정상 의무를 이행하였다면, 당연히 이행강제금을 부과할 수 없다. 한편, 계고에서 정한 기

---

21) 대법원 2006.12.8. 자 2006마470 결정.

한이 지났지만, 아직 행정청이 이행강제금을 부과하기 전에 행정상 의무를 이행한 경우에도 이행강제금을 부과할 수 없다.

(2) 문서의 필요적 기재사항

이행강제금 부과처분은 문서로 하여야 하며, 그 문서에는 부과 금액·사유· 시기가 명확하게 적혀 있어야 한다. 이는 문서의 필요적 기재사항이다. 따라서 이러한 필요적 기재사항의 일부가 누락된 명확하지 않은 부과처분은 위법한 처분이 된다.

(3) 통 지

이행강제금 부과처분은 수령을 요하는 처분이므로, 반드시 의무자에게 통지하여야 한다.

4. 반복 부과

행정청은 의무자가 행정상 의무를 이행할 때까지 이행강제금을 반복하여 부과할 수 있다. 다만, 의무자가 의무를 이행하면 새로운 이행강제금의 부과를 즉시 중지하되, 이미 부과한 이행강제금은 징수하여야 한다(행정기본법 제31조 제5항).

「행정기본법」 제31조 제5항은 이행강제금 반복 부과에 대한 일반법이다. 따라서 개별 법률에 특별한 규정이 있다면 그 특별 규정이 적용된다.

반복적인 이행강제금 부과는 행정상 의무이행을 유도하는 방법으로 활용될 수 있다. 그러나 반복적인 이행강제금 부과는 행정상 의무가 이행된 경우 즉시 중단되어야 한다. 반복적인 이행강제금 부과의 목적은 정상 의무의 이행을 유도하는 것이기 때문이다.

이행강제금 부과는 의무자에게 금전채무를 발생시킨다. 이러한 금전채무는 이행강제금 부과를 초래한 행정상 의무를 이행했다고 하여 소멸하는 것은 아니다. 즉, 행정상 의무를 부담하던 자가 이행강제금을 부과받은 경우, 해당 행정상 의무를 이행한다고 하더라도 이미 부과된 이행강제금은 납부하여야 한다.

5. 강제징수

행정청은 이행강제금을 부과받은 자가 납부기한까지 이행강제금을 내지 아니하면 국세강제징수의 예 또는 「지방행정제재부과금법」에 따라 징수한다(행정기본법 제31조 제6항).

이행강제금 부과를 통해 성립된 금전채무는 행정상 금전급부의무에 해당하므로, 이를 납부기한 내에 납부하지 않으면 이는 별도의 행정상 의무 불이행이 된다. 그리고 금전급부의무 불이행은 「행정기본법」 제31조 제6항에 따른 강제징수의 대상이 된다. 강제징수는 행정청이 중앙행정기관 등 국가기관인 경우 「국세징수법」에 따른 국세강제징수의 예 또는 지방자치단체의 경우 「지방행정제재부과금법」에 따른 절차를 통해 이루어진다.

Ⅳ. 건축법상의 이행강제금

1. 이행강제금의 의의

「건축법」 제80조에 근거한 이행강제금은 위법건축물에 대하여 시정명령 이행시까지 지속적으로 부과함으로써 건축물의 안전과 기능, 미관을 향상시켜 공공복리의 증진을 도모하는 시정명령 이행확보수단이다. 이는 국민의 자유와 권리를 제한한다는 의미에서 이른바 침해적(부담적) 행정행위에 속한다. 따라서 그 부과요건·부과대상·부과금액·부과회수 등이 법률로써 엄격하게 정하여져야 하고, 이행강제금 부과의 전제가 되는 시정명령도 그 요건이 법률로써 엄격하게 정해져야 한다.[22)]

> **[판 례]** 공무원들이 위법건축물임을 알지 못하여 공사 도중에 시정명령이 내려지지 않아 위법건축물이 완공되었다 하더라도, 완공 후에라도 위법건축물임을 알게 된 이상 시정명령을 할 수 있다(대법원 2002.8.16. 자 2002마1022 결정).

2. 이행강제금의 부과요건: 시정명령 불이행

대지나 건축물이 「건축법」에 따른 명령이나 처분에 위반한 경우에는 허가권자는 먼저 건축주등에게 공사의 중지를 명하거나 상당한 기간을 정하여 건축물의 철거 등의 조치를 명하여야 한다. 그리고 만약 건축주 등이 시정명령을 받은 후 그 시정기간 내에 시정명령을 불이행한 때에는 상당한 이행기한을 정하여 그때까지 이행하지 아니한 경우 법정의 이행강제금을 부과하여야 한다(동법 제80조 제1항).

시정명령을 받은 의무자가 이행강제금이 부과되기 전에 시정명령을 이행한 경우에는 비록 시정명령에서 정한 기간을 지나서 이행한 경우라도 이행강제금을 부과할 수 없다.

> **[판 례]** 건축주 등이 장기간 시정명령을 이행하지 아니하였으나 그 기간 중에 시정명령의 이행 기회가 제공되지 아니하였다가 뒤늦게 이행 기회가 제공된 경우, 이행 기회가 제공되지 아니한 과거의 기간에 대한 이행강제금까지 한꺼번에 부과할 수

---

22) 헌재 2000.3.30. 98헌가8.

없으며 이를 위반하여 이루어진 이행강제금 부과처분은 무효이다(대법원 2016.7.14. 선고 2015두46598 판결).

[판 례] 시정명령을 받은 의무자가 그 시정명령의 취지에 부합하는 의무를 이행하기 위한 정당한 방법으로 행정청에 신청 또는 신고를 하였으나 행정청이 위법하게 이를 거부 또는 반려함으로써 결국 그 처분이 취소되기에 이르렀다면, 특별한 사정이 없는 한 그 시정명령의 불이행을 이유로 이행강제금을 부과할 수는 없다(대법원 2018.1.25. 선고 2015두35116 판결).

또한, 구 「건축법」상 용도변경신고의 대상은 아니지만 건축물대장 기재사항의 변경을 신청해야 하는 근린생활시설에서 원룸으로 용도변경된 건물을 취득한 갑이 그 용도변경에 대하여 위 변경신청을 하지 않고 있던 중, 구 「건축법」이 개정되어 위 건물의 용도변경이 용도변경신고의 대상이 된 경우 그 건물은 용도변경신고의무 위반의 위법건축물에 해당하므로 행정청은 시정명령을 하고, 시정명령불이행에 따른 이행강제금을 부과할 수 있다.[23]

[판 례] 건축법상의 이행강제금에 관한 규정은 시정명령 불이행을 이유로 한 구 건축법상의 과태료에 관한 규정을 개선한 것이기는 하나, 그 최고한도 및 부과횟수 등에 있어서 차이가 있으므로, 위반행위를 한 시기가 개정 건축법이 시행되기 전이라서 구 건축법 제56조의2 제1항을 적용하여 과태료에 처할 것을 개정 건축법 제83조 제1항을 적용하여 이행강제금에 처하였다면 위법하다(대법원 2006.5.22. 자 2004마953 결정).

여기서 「건축법」 위반 건축물에 대해 건축주 명의를 갖는 자가 실제 건축주가 아닌 경우 시정명령의 대상이 되는 건축주에 해당하는지가 문제 되는데, 판례는 실제 건축주가 아니더라도 건축주 명의를 가진 자가 건축주에 해당한다고 본다.

[판 례] 위반 건축물에 대해 건축주 명의를 갖는 자는 명의가 도용되었다는 등의 특별한 사정이 있지 않은 한 건축법 제79조 제1항의 건축주에 해당한다고 보아야 한다(대법원 2010.10.14. 선고 2010두13340 판결).

---

23) 대법원 2010.8.19. 선고 2010두8072 판결

3. 이행강제금의 부과절차

허가권자는 이행강제금을 부과하기 전에 이행강제금을 부과·징수한다는 뜻을 미리 문서로써 계고하여야 한다(건축법 제80조 제3항). 이 경우 허가권자는 이행강제금을 부과하는 경우 금액·부과사유·납부기한·수납기관·이의제기방법 및 이의제기기관 등을 명시한 문서로써 하여야 한다(동법 제80조 제4항).

4. 이행강제금의 징수

허가권자는 최초의 시정명령이 있은 날을 기준으로 하여 1년에 2회 이내의 범위에서 지방자치단체의 조례로 정하는 횟수만큼 그 시정명령이 이행될 때까지 반복하여 이행강제금을 부과·징수할 수 있다(건축법 제80조 제5항). 허가권자는 시정명령을 받은 자가 시정명령을 이행하는 경우에는 새로운 이행강제금의 부과를 즉시 중지하되, 이미 부과된 이행강제금은 징수하여야 한다(동법 제80조 제6항). 이행강제금을 부과받은 자가 이행강제금을 납부기한까지 내지 아니하면 「지방행정제재부과금법」에 따라 징수한다(동법 제80조 제7항).

5. 부과처분에 대한 불복절차

이행강제금의 부과처분에 대하여는 부과처분에서 명시한 이의제기 방법 및 이의제기 기관에 불복할 수 있다. 개별 법률이 이행강제금 부과처분에 대하여 「비송사건절차법」에 따르도록 규정하고 있으면, 그 절차에 따라 구제받을 수 있을 뿐 행정쟁송을 제기할 수 없다.

예컨대 「농지법」 제63조는 "이행강제금 부과처분을 받은 자가 이의를 제기하면 시장·군수 또는 구청장은 지체 없이 관할 법원에 그 사실을 통보하여야 하며, 그 통보를 받은 관할 법원은 「비송사건절차법」에 따른 과태료 재판에 준하여 재판을 한다"고 규정하고 있다. 구 「건축법」 역시 이행강제금에 대해 법원이 「비송사건절차법」에 따른 과태료 재판을 하도록 하였으나, 현행 「건축법」은 그 규정을 삭제하였다.

[판 례] 농지법 제63조에 따른 이행강제금 부과처분에 불복하는 경우에는 비송사건절차법에 따른 재판절차가 적용되어야 하고, 행정소송법상 항고소송의 대상은 될 수 없다. 농지법이 이행강제금 부과처분에 대한 불복절차를 분명하게 규정하고 있으므로, 이와 다른 불복절차를 허용할 수는 없다. 설령 관할청이 이행강제금 부과처분을 하면서 재결청에 행정심판을 청구하거나 관할 행정법원에 행정소송을 할 수 있다고 잘못 안내하거나 관할 행정심판위원회가 각하재결이 아닌 기각재결을 하면서 관할

법원에 행정소송을 할 수 있다고 잘못 안내하였다고 하더라도, 그러한 잘못된 안내로 행정법원의 항고소송 재판관할이 생긴다고 볼 수도 없다(대법원 2019. 4.11. 선고 2018두42955 판결).

개별 법률에 이행강제금 부과처분의 불복방법에 관해 특별한 규정이 없으면 행정소송 또는 행정심판을 제기할 수 있다. 즉, 이행강제금 부과처분이 위법·부당하다고 인정하면 행정심판이나 행정소송의 행정쟁송절차에 의하여 그 취소 또는 변경을 구할 수 있다. 현행 「건축법」상 이행강제금 부과처분 역시 행정쟁송을 통해 구제받을 수 있다.

제 4 절   직접강제

I. 직접강제의 의의

1. 직접강제의 개념

직접강제는 의무자가 행정상 의무를 이행하지 아니하는 경우 행정청이 의무자의 신체나 재산에 실력을 행사하여 그 행정상 의무의 이행이 있었던 것과 같은 상태를 실현하는 행정상 강제집행이다(행정기본법 제30조 제1항 제3호).

직접강제의 가장 대표적인 예로는 "폐쇄조치"를 들 수 있다. 허가가 취소되거나 영업소 폐쇄명령을 받은 후에도 계속하여 영업을 하는 경우, 행정청은 해당 영업소의 간판 등의 영업표지물을 제거하거나 적법한 영업소가 아님을 알리는 게시문 부착 또는 영업소를 사용할 수 없게 봉인하는 등의 폐쇄조치를 취할 수 있는데, 이것이 대표적인 직접강제에 해당한다. 또한, 「출입국관리법」상의 각종 의무를 위반한 자에 대한 강제퇴거 역시 직접강제에 해당한다.

직접강제는 대체적 작위의무뿐만 아니라 비대체적 작위의무·부작위의무·수인의무 등 모든 의무불이행에 대하여 그 이행을 강제할 수 있다. 다만 대체적 작위의무에 대하여 행정대집행이 가능한 경우에는 비례의 원칙상 직접강제는 인정되지 않는다고 보아야 한다.

2. 직접강제의 필요성

직접강제는 가장 강력한 강제집행수단이라는 점에서 개별법에서 예외적으로 인정하는 경향에 있었으나, 최근에는 이를 폭넓게 채택해야 한다는 주장이 제기되고 있다. 현행법상 강제집행수단인 행정대집행과 행정벌로써는 부작위의무의 불이행에 대하여 효과적으로 대처하기 어렵기 때문이다.

예를 들면 허가를 받아 영업을 하는 자가 그 영업행위에 관한 의무위반이 있게 되면, 그 영업자는 그 위반에 대하여 개선명령·영업정지·허가취소 등의 방법으로 제재를 받게 됨은 물론 그에 위반하면 다시 벌칙이 적용된다. 그런데 허가영업을 처음부터 무허가로 영업하는 자의 경우 오직 벌칙적용에 의한 제재 이외에는 의무확보 내지는 의무위반상태의 원상회복을 위한 아무런 수단이 없으므로 법적용상 형평의 원리에 어긋나게 된다.

생각건대, 행정벌이 지닌 문제점을 극복하고 법적용에 있어 형평의 원리를 실현하고, 행정법규의 실효성을 확보하기 위해서는 직접강제(예컨대 무허가영업소의 폐쇄조치, 간판 기타 영업표지물의 제거·삭제 등)를 선별적으로 도입할 필요가 있다.

3. 직접강제와 다른 강제집행 수단과의 구별

직접강제는 강제집행의 수단이라는 점에서는 행정대집행, 행정상 강제징수와 같으나, 다음과 같은 차이가 있다.

직접강제는 의무자의 신체·재산에 실력을 가하여 직접 의무이행의 상태를 실현하는 것이라는 점 및 모든 행정법상 의무의 불이행에 대하여 그 의무이행의 상태를 실현하는 점에서 대체적 작위의무의 강제수단인 행정대집행과 구별된다.

직접강제는 행정법규 위반상태를 띠고 있는 재산 그 자체를 배제하는 점에서 금전급부의무의 강제수단인 행정상 강제징수와 구별된다.

또한, 직접강제는 행정상 의무의 불이행을 전제로 하는 점에서 의무의 존재와 그 의무의 불이행을 전제로 하지 않고 즉시에 실력을 행사하는 즉시강제와 구별된다.

4. 직접강제의 보충성

직접강제는 국민의 신체나 재산에 직접적으로 실력을 가하는 강제집행의 수단이다. 그러므로 기본권 제약의 강도가 행정대집행이나 이행강제금의 부과에 비해 높다. 따라서 직접강제는 행정대집행 또는 이행강제금의 부과와 같은 다른 형태의 강제집행을 통하여 해결되지 않는 의무위반에 대해서만 적용되어야 한다. 즉 직접강제는 의무이행을 확보하기 위하여 최후수단으로만 활용하여야 한다.

「행정기본법」 제32조 제1항은 "직접강제는 행정대집행이나 이행강제금 부과의 방법으로는 행정상 의무이행을 확보할 수 없거나 그 실현이 불가능한 경우에 실시하여야 한다"며 직접강제의 보충성을 명시적으로 규정하고 있다. 따라서 행정대집행이나 이행강제금 부과의 방식으로 행정상 의무이행을 확보할 수 있음에도 불구하고 직접강제를 실행하는 것은 직접강제의 보충성에 반하는 것이 된다.

Ⅱ. 직접강제의 법적 근거

1. 행정기본법

과거에는 직접강제에 관한 일반법이 없었으나, 「행정기본법」 제32조에 직접강제에 관한 전반적 사항이 규정됨으로써 직접강제에 관한 일반법 기능을 하고 있다. 따라서 다른 법률에 직접강제에 관한 규정이 있으면 특별법 우선의 원칙에 따라 그 법률에 따르지만, 다른 법률에 규정이 없으면 「행정기본법」 제32조가 적용된다. 다만 「행정기본법」 제32조는 공포 후 2년이 지난 날인 2023년 3월 24일부터 시행되고(부칙 제1조 단서), 시행일 이후 직접강제를 하는 경우부터 적용한다(부칙 제5조 제2항).

2. 개별 법률

한편 「식품위생법」 제79조, 「공중위생관리법」 제11조 등에서 폐쇄조치를 규정하고 있으며, 「출입국관리법」 제46조, 「방어해면법」 제7조, 「군사기지법」 제11조에서 강제퇴거를 규정하는 등 직접강제에 관해 규율하고 있다.

Ⅲ. 직접강제의 내용과 절차

1. 직접강제의 내용

현행법이 인정하고 있는 직접강제의 내용으로는 영업소의 폐쇄조치, 강제퇴거 등이 있다.

「공중위생관리법」상 시장·군수·구청장은 공중위생영업자가 영업소폐쇄명령을 받고도 계속하여 영업을 하는 때에는 관계공무원으로 하여금 당해 영업소를 폐쇄하기 위하여 ① 당해 영업소의 간판 기타 영업표지물의 제거, ② 당해 영업소가 위법한 영업소임을 알리는 게시물 등의 부착, ③ 영업을 위하여 필수불가결한 기구 또는 시설물을 사용할 수 없게 하는 봉인 등의 조치를 취할 수 있다(제11조 제5항).

또한 「방어해면법」상 관할통제권자는 그의 출입허가 또는 항행허가를 받지 않은 선박이 방어해면구역을 출입 또는 항행하는 때에 퇴거명령이나 강제퇴거 등 원상회복에 필요한 조치를 명할 수 있다(제7조).

2. 직접강제의 절차

(1) 계고와 통지

직접강제는 현행의 강제집행 수단 중에서 국민의 기본권을 강하게 제약하는 가장 강력한 수단이다. 따라서 직접강제의 상대방에 대한 권익 보호 장치가 필요하다. 「행정기본법」 제32조 제3항은 직접강제의 계고 및 통지 등의 절차가 이행강제금에 대한 절차와 동일한 방식으로 진행된다고 규정하고 있다.

(2) 집행책임자

직접강제는 직접강제 대상자의 신체 또는 재산에 행정청이 직접 실력을 행사하는 것이므로, 이러한 실력 행사과정에서 사고 등 불상사가 발생할 수 있다. 따라서 이와 같은 사고 방지 등 직접강제의 집행과정 전반에 대해서 책임 있는 관리와 감독을 하는 집행책임자가 필요하다.

「행정기본법」 제32조 제2항은 "직접강제를 실시하기 위하여 현장에 파견되는 집행책임자는 그가 집행책임자임을 표시하는 증표를 보여 주어야 한다"고 하여 집행책임자에 대한 사항을 규율하고 있다. 집행책임자는 본인이 집행책임자임을 표시하는 증표를 제시하여 직접강제 대상자가 해당 직접강제의 권한 여부와 책임자임을 인지할 수 있도록 해야 한다. 집행책임자가 파견되지 않거나 집행책임자가 증표를 제시하지 않은 직접강제는 하자 있는 직접강제로서 절차상 위법이 된다.

제 5 절 강제징수

Ⅰ. 강제징수의 의의

1. 강제징수의 개념

강제징수는 의무자가 행정상 의무 중 금전급부의무를 이행하지 아니한 경우에, 행정청이 의무자의 재산에 실력을 행사하여 그 행정상 의무가 실현된 것과 같은 상태를 실현하는 행정상 강제를 말한다(행정기본법 제30조 제1항 제4호).

2. 강제징수의 법적 근거

강제징수의 일반법적 지위를 가진 법률로는 「국세징수법」이 있다. 원래 「국세징수법」은 국세의 강제징수에 관한 법이나, 「보조금법」(제33조의3) 등 많은 법률이 강제징수에 관하여 「국세징수법」을 준용하고 있기 때문에 실질적으로 「국세징수법」이 강제징수에 관한 일반법적 지위를 가진다.

Ⅱ. 강제징수의 절차

「국세징수법」에 의한 강제징수의 절차는 독촉 및 체납처분으로 나누어지며,

체납처분은 다시 재산압류, 압류재산의 매각, 청산의 단계를 거쳐 행하여진다.

1. 독 촉

독촉은 납세의무자에게 이행을 최고하고 일정한 기한까지 그 의무를 이행하지 아니한 경우에는 체납처분을 할 것이라는 통지행위인 준법률행위적 행정행위이다. 따라서 독촉 또는 납부고지는 체납처분의 전제요건을 충족시키며, 또한 시효중단의 효과를 발생하게 한다(국세기본법 제28조 제1항 제2호).

독촉은 그 자체로서 행정소송의 대상이 되는 행정처분이며, 동일한 내용의 반복적인 독촉이 이루어질 경우는 최초의 독촉만이 행정소송의 대상이 되는 행정처분이다.

> **[판 례]** 부당이득금 또는 가산금의 납부를 독촉한 후 다시 동일한 내용의 독촉을 하는 경우 최초의 독촉만이 징수처분으로서 항고소송의 대상이 되는 행정처분이 되고 그 후에 한 동일한 내용의 독촉은 민법상의 단순한 최고에 불과하여 국민의 권리의무나 법률상의 지위에 직접적으로 영향을 미치는 것이 아니므로 항고소송의 대상이 되는 행정처분이라 할 수 없다(대법원 1999.7.13. 선고 97누119 판결).

국세를 그 납부기한까지 완납하지 아니하였을 때에는 세무서장은 납부기한이 지난 후 10일 내에 독촉장을 발급하여야 한다(국세징수법 제10조). 즉, 독촉은 문서의 형식으로 이루어져야 한다. 또한, 독촉장을 발급할 때에는 납부기한을 발급일부터 20일 내로 한다(동법 제10조 제2항).

> **[판 례]** 압류처분에 앞서 독촉절차를 거치지 아니하였고 또 참가압류조서에 납부기한을 잘못 기재한 잘못이 있다고 하더라도 이러한 위법사유만으로는 압류처분을 무효로 할 만큼 중대하고도 명백한 하자라고 볼 수 없다(대법원 1992.3.10. 선고 91누6030 판결).

2. 체납처분

체납처분은 ① 재산압류, ② 압류재산의 매각, ③ 청산의 단계를 거쳐 행하여진다. 부부공유 유체동산의 압류에 관한 「민사집행법」 제190조의 규정은 체납처분에 유추적용을 배제할 만한 특수성이 없으므로 이를 체납처분에 유추적용할 수 있다.[24]

---

24) 대법원 2006.4.13. 선고 2005두15151 판결.

(1) 재산압류

재산압류란 납세자 재산의 사실상 및 법률상의 처분을 금지하고 재산을 확보하는 강제행위이며, 권력적 사실행위로서 행정처분에 해당한다. 재산압류는 세무공무원이 집행한다.

1) 압류의 요건

납세자가 독촉장을 받고 지정된 기한까지 국세와 가산금을 완납하지 아니한 경우와 「국세징수법」 제10조에 따른 독촉 또는 제9조 제2항에 따른 납부고지를 받고 지정된 기한까지 국세를 완납하지 아니한 경우 납세자의 재산을 압류한다(제31조 제1항).[25]

예외적으로 납세자가 납기 전에 납부의 고지를 받고 지정된 기한까지 완납하지 아니한 때와 납기 전 징수에 해당하는 사유가 있어 국세가 확정된 후에는 당해 국세를 징수할 수 없다고 인정되는 때에는 국세로 확정되리라고 추정되는 금액의 한도 안에서 납세자의 재산을 압류할 수 있으나, 미리 지방국세청장의 승인을 얻어야 한다(동법 제31조 제2항·제3항).

2) 압류의 대상재산

납세자의 소유이고 금전적 가치를 가지며, 양도성이 있는 모든 재산은 압류대상이 된다. 그러나 ① 의복·침구·가구·식료 등 생활을 함에 있어서 필요한 물건, ② 제복, 인감도장, 비품, 기구 등 직업에 관한 물건, ③ 훈장과 같이 명예, 예우에 관한 물건, ④ 교육, 종교에 관한 물건, ⑤ 기타 장애 및 재해방지 등을 위한 물건은 체납자가 국세 등에 충당할 만한 다른 재산을 제공한 때에는 압류할 수 없다(국세징수법 제41조).

급료, 연금, 임금, 봉급, 상여금, 세비, 퇴직연금, 그 밖에 이와 비슷한 성질을 가진 급여채권에 대해서는 그 총액의 2분의 1에 해당하는 금액은 압류가 금지된다(동법 제42조 제1항·제3항).

납세자가 아닌 제3자의 재산을 대상으로 한 압류처분은 그 처분의 내용이 법률상 실현될 수 없는 것이어서 당연무효가 된다.

> **[판례]** 乙 회사가 관할 세무서장에게 부가가치세 신고를 하고 이를 납부하지 않자 세무서장이 乙 회사를 체납자로 하여 신탁재산인 甲 회사의 예금채권을 압류하는 처분을 한 사안에서, 위 처분이 무효라고 본 원심판단을 정당하다고 한 사례(대법원

---

25) 판례는 압류재산의 가액이 징수할 국세액을 초과하는 경우에도 압류가 당연무효의 처분이 아닌 것으로 본다(대법원 1986.11.11. 선고 86누479 판결).

2012.4.12. 선고 2010두4612 판결).

3) 압류의 방법

동산 및 유가증권, 채권, 부동산, 항공기, 무체재산권에 따라 각각 압류방법이 다르다. 동산 및 유가증권의 압류는 세무공무원이 점유함으로써 행하며, 부동산의 압류는 압류등기를 소관등기소에 촉탁하여 행한다.

재산압류를 함에 있어 세무공무원은 체납처분을 위한 질문·검사 또는 수색을 하거나 재산을 압류할 때에는 그 신분을 표시하는 증표 및 압류·수색 등 통지서를 휴대하고 이를 관계자에게 제시하여야 하며(국세징수법 제38조), 재산을 압류한 때에는 압류조서를 작성하여야 한다(동법 제34조 제1항).

4) 압류의 효력

압류의 효력은 압류된 재산의 사실상·법률상의 처분을 금지시키는 데 있다. (국세징수법 제43조) 압류의 효력은 압류재산으로부터 생기는 천연과실과 법정과실에 미친다(동법 제44조). 압류의 효력은 재판상의 가압류·가처분 재산이 체납처분의 대상인 경우 및 체납자의 사망이나 법인의 합병으로 소멸에 영향을 받지 않는다(동법 제27조).

5) 압류의 해제

압류의 필요적 해제사유는 ① 압류와 관계되는 체납액의 전부가 납부 또는 충당된 경우, ② 국세 부과의 전부를 취소한 경우, ③ 여러 재산을 한꺼번에 공매하는 경우로서 일부 재산의 공매대금으로 체납액 전부를 징수한 경우, ④ 총 재산의 추산가액이 강제징수비를 징수하면 남을 여지가 없어 강제징수를 종료할 필요가 있는 경우, ⑤ 그 밖에 제1호부터 제4호까지의 규정에 준하는 사유로 압류할 필요가 없게 된 경우 등이다. 이러한 압류의 필요적 해제사유에 해당하는 때에는 압류를 해제하여야 한다(국세징수법 제57조 제1항).

또한, ① 압류 후 재산가격이 변동하여 체납액 전액을 현저히 초과한 경우, ② 압류에 관계되는 체납액의 일부가 납부되거나 충당된 경우, ③ 부과의 일부를 취소한 경우, ④ 체납자가 압류할 수 있는 다른 재산을 제공하여 그 재산을 압류한 경우에 해당하는 경우에는 압류재산의 전부 또는 일부에 대하여 압류를 해제할 수 있다(동법 제57조 제2항).

공매처분을 하여도 우선채권 및 체납처분비에 충당하고 잔여가 생길 여지가 없는 경우는 물론 과세처분 및 그 체납처분절차의 근거 법률에 대한 위헌결정으로 후속 체납처분을 진행할 수 없는 등의 사유로 압류의 근거가 상실되었거나 압류를

지속할 필요성이 없게 된 경우도 압류해제사유가 된다.[26]

> **[판 례]** 과세관청이 체납처분의 일환으로 납세자의 재산을 압류하였으나 국세징수법 제53조 제1항 각 호가 정하는 압류해제사유가 발생한 경우 세무서장은 압류를 해제하여야 하는 것으로서, 압류한 재산이 제3자의 소유에 속하는 것으로 판명되는 경우에 그 제3자가 증거서류를 따로 제출하지 아니하더라도 압류해제의 신청이 있는 이상 세무서장은 압류를 해제하여야 하는 것이다(대법원 2002.3.29. 선고 2000두6084 판결).

(2) 압류재산의 매각

압류재산의 매각은 압류한 납세자의 재산을 금전으로 바꾸는 것을 말한다. 압류재산의 매각방법은 원칙적으로 공매 또는 수의계약에 의한다. 공매는 경쟁입찰 또는 경매의 방법에 의한다(국세징수법 제65조 제1항, 제2항 제1호·제2호).

1) 공　매

공매는 공법상 대리로서 행정소송의 대상이 되는 처분성이 인정된다.

2) 공매통지

압류재산의 공매공고를 함에 있어 그 공고와 동시에 체납자에게 공매의 기일·장소·방법·대상·담보물의 소유자 등을 통지하여야 한다(국세징수법 제75조). 공매통지는 공매사실 그 자체를 체납자에게 알려주는 사실행위이다. 공매통지는 체납자로 하여금 공매절차가 유효한 조세부과처분 및 압류처분에 근거하여 적법하게 이루어지는지 여부를 확인하고 이를 다툴 수 있는 기회를 주기 위한 제도이다. 즉, 공매통지는 국가의 강제력에 의하여 진행되는 공매에서 체납자의 권리 내지 재산상의 이익을 보호하기 위하여 법률로 규정한 절차적 요건이다.

만약에 공매처분을 하면서 체납자에게 공매통지를 하지 않았거나 공매통지를 하였더라도 그것이 적법하지 아니한 경우에는 절차상의 흠이 있어 그 공매처분은 위법하게 된다. 하지만 공매통지 자체가 그 상대방인 체납자의 법적 지위나 권리·의무에 직접적인 영향을 주는 행정처분에 해당하지는 않으므로, 체납자는 공매통지의 결여나 위법을 들어 공매처분의 취소 등을 구할 수 있는 것이지 공매통지 자체를 항고소송의 대상으로 삼아 그 취소 등을 구할 수는 없을 것이다.[27] 따라서 통지를 하지 아니한 채 공매처분을 한 경우에 그 공매처분이 당연무효가 되는 것은 아니다.[28]

---

26) 대법원 2002.8.27. 선고 2002두2383 판결.
27) 대법원 2011.3.24. 선고 2010두25527 판결.

(3) 청 산

세무서장은 압류한 금전, 체납자 또는 제3채무자로부터 받은 금전, 압류재산의 매각대금 및 그 매각대금의 예치이자, 교부청구에 의하여 받은 금전을 국세·가산금과 체납처분비 기타의 채권에 배분한다(국세징수법 제94조, 제96조 제1항). 그러나 배분 후 잔여금이 있으면 체납자에게 지급하고, 부족하면 법령에 따라 배분순위와 금액을 정한다(동법 제96조 제3항·제4항).

> **[판 례]** 국세징수법에 의한 체납처분절차는 세무서장이 그 절차의 주관자이면서 동시에 그 절차에 의하여 만족을 얻고자 하는 채권(국세)의 채권자로서의 지위도 겸유하고 있는 점을 아울러 고려하면, 압류에 관계되는 국세가 여럿 있고 공매대금 중 그 국세들에 배분되는 금액이 그 국세들의 총액에 부족한 경우에 세무서장이 민법상 법정변제충당의 법리에 따르지 아니하고 어느 국세에 먼저 충당하였다고 하더라도, 체납자의 변제이익을 해하는 것과 같은 특별한 사정이 없는 한 그 조치를 위법하다고는 할 수 없다(대법원 2002.3.15. 선고 99다35447 판결).

3. 압류·매각의 유예

세무서장은 체납자가 ① 국세청장이 성실납세자로 인정하는 기준에 해당하는 때, ② 재산의 압류나 압류재산의 매각을 유예함으로써 사업을 정상적으로 운영할 수 있게 되어 체납액의 징수가 가능하다고 인정되는 때에는 체납자의 신청 또는 직권으로 강제징수에 의한 재산의 압류나 압류재산의 매각을 유예할 수 있다(국세징수법 제105호 제1항). 압류 또는 매각의 유예 기간은 원칙적으로 그 유예한 날의 다음 날로부터 1년 이내로 하고, 특수한 경우에는 예외적으로 2년 이내로 할 수 있다(동법 시행령 제77조 제1항·제2항).

세무서장은 체납처분을 유예하는 경우에 필요하다고 인정하는 때에는 이미 압류한 재산의 압류를 해제할 수 있다(동법 제105조 제2항).

세무서장은 재산의 압류를 유예하거나, 압류한 재산의 압류를 해제하는 경우에는 그에 상당하는 납세담보의 제공을 요구할 수 있다. 다만, 성실납세자가 체납세액 납부계획서를 제출하고 제87조의 국세체납정리위원회가 체납세액 납부계획의 타당성을 인정하는 경우에는 납세담보의 제공을 요구하지 아니한다(동법 제105조 제3항).

---

28) 대법원 1996.9.6. 선고 95누12026 판결.

Ⅲ. 강제징수에 대한 불복

독촉 또는 체납처분이 위법·부당하다고 인정할 때에는 행정쟁송절차에 의하여 그 취소 또는 변경을 구할 수 있다. 다만, 행정쟁송절차 중 행정심판에 있어서는 「행정심판법」의 규정을 적용하지 아니하고, 「국세기본법」 제7장에서 규정한 심사청구 및 그에 관한 특별한 절차에 의한다(국세기본법 제56조 제1항).

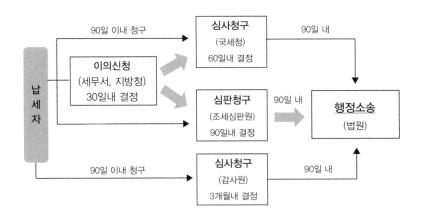

「국세징수법」에 의한 강제징수의 절차는 독촉 및 체납처분(재산압류·압류재산의 매각·청산)으로 행하여지는 것이나, 이들은 모두가 결합하여 1개의 효과를 완성하는 관계에 있어 하자의 승계가 인정된다.

조세부과처분이 하자를 지닌 경우에 그 하자가 강제징수절차에 승계되는 것인지의 문제가 있으나, 이들은 각각 별개의 법률효과를 목적으로 하는 것이기 때문에 하자의 승계가 인정되지 않는다. 즉 조세의 부과처분과 압류 등의 체납처분은 별개의 행정처분으로서 독립성을 가지므로 부과처분에 하자가 있더라도 그 부과처분이 취소되지 아니하는 한 그 부과처분에 의한 체납처분은 위법이라고 할 수는 없다. 다만 체납처분은 부과처분의 집행을 위한 절차에 불과하므로 그 부과처분에 중대하고도 명백한 하자가 있어 무효인 경우에는 그 부과처분의 집행을 위한 체납처분도 당연히 무효라 할 것이다.[29]

---

29) 대법원 1987.9.22. 선고 87누383 판결.

제 2 장   즉시강제

Ⅰ. 즉시강제의 의의

1. 즉시강제의 개념

즉시강제는 현재의 급박한 행정상의 장해를 제거하기 위한 경우로서 ① 행정청이 미리 행정상 의무 이행을 명할 시간적 여유가 없는 경우나 ② 그 성질상 행정상 의무의 이행을 명하는 것만으로는 행정목적 달성이 곤란한 경우에 행정청이 곧바로 국민의 신체 또는 재산에 실력을 행사하여 행정목적을 달성하는 행정상 강제이다(행정기본법 제30조 제1항 제5호). 즉시강제는 권력적 사실행위로서 항고소송의 대상이 되는 행정처분에 해당한다.

> **[판 례]** 행정상 강제는 행정상 강제집행을 원칙으로 하며, 법치국가적 요청인 예측가능성과 법적 안정성에 반하고, 기본권 침해의 소지가 큰 권력작용인 행정상 즉시강제는 어디까지나 예외적인 강제수단이라고 할 것이다(헌재 2002.10.31. 2000헌가12).

2. 즉시강제와 직접강제와의 구별

즉시강제와 직접강제는 실력으로 행정상 필요한 상태를 실현시키는 사실행위인 점에서 서로 같으나, 이들 양자는 그 발동 원인 및 성질을 달리한다.

즉, 직접강제는 선행적인 의무의 존재와 그 불이행을 전제로 하는 것에 비하여, 즉시강제는 선행하는 의무 자체가 존재하지 아니하므로 그 불이행을 전제로 하지 않는다. 여기서 직접강제에 있어서 선행의 의무란 법령에 의한 일반적 의무와 법령에 기한 행정행위에 의한 개별적 의무를 말한다.

Ⅱ. 즉시강제의 법적 근거

1. 행정기본법

즉시강제는 급박한 행정상 장해를 제거하기 위해 공식적인 행정적 절차의 진행을 통한 행정상 의무 부과 없이 즉각적으로 국민의 신체 또는 재산에 공권력을 행사하는 것이다. 즉시강제는 전형적인 침해적 행정작용으로 기본권 제약의 강도가 매우 크므로, 이를 행사하기 위해서는 엄격한 실정법적 근거를 요한다.

「행정기본법」 제33조 제1항은 "즉시강제는 다른 수단으로는 행정목적을 달성할 수 없는 경우에만 허용되며, 이 경우에도 최소한으로만 실시하여야 한다"고 하여 즉시강제의 보충성 및 최소침해성을 명시하고 있다.

즉시강제에 관한 「행정기본법」 제33조는 공포 후 2년이 지난 날인 2023년 3월 24일부터 시행되고(부칙 제1조 단서), 시행일 이후 즉시강제를 하는 경우부터 적용한다(부칙 제5조 제2항).

2. 개별 법률

즉시강제에 관한 개별 법률로는 「경찰관 직무집행법」이 있으며, 그 외에 「도로교통법」(제71조 제2항, 제72조 제2항)·「소방기본법」(제25조)·「감염병예방법」(제42조)·「재난안전법」(제45조)·「마약류관리법」(제47조)·「정신건강복지법」(제50조) 등이 있다.

Ⅲ. 즉시강제의 수단

즉시강제의 수단에 관해서는 「경찰관 직무집행법」을 비롯하여 여러 개별 법률에서 규정하고 있는데, 이들은 그 대상에 따라 대인적 즉시강제·대물적 즉시강제 및 대가택 즉시강제로 분류할 수 있다.

1. 대인적 즉시강제

대인적 즉시강제는 개인의 신체에 실력을 가하여 행정상 필요한 상태를 실현시키는 즉시강제를 말한다.

(1) 경찰법규상 대인적 즉시강제

「경찰관 직무집행법」상의 대인적 즉시강제 수단으로는 보호조치(제4조), 위험발생의 방지(제5조), 범죄의 예방과 제지(제6조), 경찰장비의 사용(제10조) 등이 있다.

[판 례] 경찰관직무집행법 제4조에서 규정하는 술에 취한 상태로 인하여 자기 또는 타인의 생명·신체와 재산에 위해를 미칠 우려가 있는 피구호자에 대한 보호조치는 경찰 행정상 즉시강제에 해당하므로, 그 조치가 불가피한 최소한도 내에서만 행사되도록 발동·행사 요건을 신중하고 엄격하게 해석하여야 한다(대법원 2012.12.13. 선고 2012도11162 판결).

(2) 개별 법률상 대인적 즉시강제

각 개별 법률상의 대인적 즉시강제 수단으로는 마약류중독자의 치료보호(마약류관리법 제40조), 감염병환자에 대한 입원치료나 감염병에 감염되었을 것으로 의심되는 자에 대한 건강진단 또는 예방접종조치(감염예방법 제41조·제46조) 등이 있다.

2. 대물적 즉시강제

대물적 즉시강제는 타인의 물건에 대한 소유권 기타의 권리를 실력으로 침해함으로써 행정상 필요한 상태를 실현시키는 즉시강제를 말한다.

(1) 경찰법규상 대물적 즉시강제

「경찰관 직무집행법」상의 대물적 즉시강제 수단으로는 피구호자가 휴대하고 있는 무기·흉기등 물건의 경찰관서의 임시영치가 있다. 임시영치는 10일을 초과할 수 없다(경찰관 직무집행법 제4조 제3항·제7항).

(2) 개별 법률상 대물적 즉시강제

개별 법률에서 규정하고 있는 대물적 즉시강제 수단으로는 물건의 수거 또는 폐기(식품위생법 제17조, 약사법 제71조, 검역법 제15조), 수용자의 휴대금품의 영치(형집행법 제25조), 장애물의 제거(도로교통법 제71조, 자연재해대책법 제11조) 및 소방대상물의 강제처분(소방기본법 제25조) 등이 있다.

3. 대가택 즉시강제

대가택 즉시강제는 소유자나 점유자, 관리자의 의사에 반하여 가택·영업소 등을 실력에 의하여 침해하여 행정상 필요한 상태를 실현시키는 즉시강제를 말한다. 경찰법규상의 대가택 즉시강제 수단으로는 위험방지를 위한 출입(경찰관 직무집행법 제7조)이 있다.

Ⅳ. 즉시강제의 한계

1. 실체법적 한계

즉시강제는 구체적 의무를 명함이 없이 직접 실력을 행사한다는 점에서 법적 안정성과 예측가능성이라는 법치국가적 요청에 반하는 전형적 권력작용이다. 따라서 즉시강제의 발동은 보다 엄격한 법적 근거를 필요로 하고 법령의 테두리 안에서도 그 목적을 위하여 필요한 최소한도 내에서 행사하여야 하며, 이를 남용해서는 안된다. 「행정기본법」 제33조 제1항은 "즉시강제는 다른 수단으로는 행정목적을 달성할 수 없는 경우에만 허용되며, 이 경우에도 최소한으로만 실시하여야 한다"고 규정하여 즉시강제의 보충성과 최소침해성을 명문화하고 있다.

[판 례] 행정상 즉시강제는 엄격한 실정법상의 근거를 필요로 할 뿐만 아니라, 그 발동에 있어서는 법규의 범위 안에서도 다시 행정상의 장해가 목전에 급박하고, 다른 수단으로는 행정목적을 달성할 수 없는 경우이어야 하며, 이러한 경우에도 그 행사는 필요 최소한도에 그쳐야 함을 내용으로 하는 조리상의 한계에 기속된다(헌재 2002.10.31. 2000헌가12).

「행정기본법」이 제정됨에 따라 즉시강제의 행사가 이제는 단순한 조리상 한계가 아닌 법률상 한계에 의해 기속된다.

(1) 급박성

즉시강제는 단순히 위험발생의 가능성만으로는 행해질 수 없으며, 목전의 급박한 위해를 방지·제거하기 위하여서만 행해져야 한다.

(2) 보충성

즉시강제는 구체적인 상황으로 보아 다른 수단으로는 당해 행정목적을 달성할 수 없는 경우이어야 한다.

(3) 소극성

즉시강제는 적극적인 행정목적을 위해서 발동되어서는 아니 되고, 소극적으로 공공의 안녕질서를 유지하기 위한 것이어야 한다.

(4) 비례성

즉시강제는 행정목적 달성에 적합하고 유효한 수단을 선택하여야 하며(적합성의 원칙), 또한 여러 적합한 수단 중에서도 최소한의 침해를 가져오는 수단을 선택하여야 한다(최소침해의 원칙). 더 나아가 즉시강제의 침해 정도는 공익상의 정도와 상당한 비례성이 유지되어야 한다(상당성의 원칙).

[판 례] 경찰관직무집행법 제6조 제1항 중 경찰관의 제지에 관한 부분은 범죄의 예방을 위한 경찰 행정상 즉시강제에 관한 근거 조항이다. 행정상 즉시강제는 그 본질상 행정 목적 달성을 위하여 불가피한 한도 내에서 예외적으로 허용되는 것이므로, 위 조항에 의한 경찰관의 제지 조치 역시 그러한 조치가 불가피한 최소한도 내에서만 행사되도록 그 발동·행사 요건을 신중하고 엄격하게 해석하여야 한다(대법원 2008.11.13. 선고 2007도9794 판결).

[판 례] 불법게임물은 불법현장에서 이를 즉시 수거하지 않으면 증거인멸의 가능성이 있고, 그 사행성으로 인한 폐해를 막기 어려우며, 대량으로 복제되어 유통될 가능성이 있어, 불법게임물에 대하여 관계당사자에게 수거·폐기를 명하고 그 불이행

을 기다려 직접강제 등 행정상의 강제집행으로 나아가는 원칙적인 방법으로는 목적
달성이 곤란하다고 할 수 있으므로, 이 사건 법률조항의 설정은 위와 같은 급박한
상황에 대처하기 위한 것으로서 그 불가피성과 정당성이 인정된다(헌재 2002.10.31.
2000헌가12).

2. 절차법적 한계

즉시강제의 실행에 헌법상의 영장주의를 적용할 것인가가 문제된다.[1] 학설은
영장불요설·영장필요설·절충설 등이 대립되고 있다.

(1) 영장불요설

영장불요설은 헌법의 영장주의에 관한 규정은 형사사법권에만 적용되고 행정
목적 수행을 위한 즉시강제에는 적용되지 않는다는 견해이다. 헌법재판소는 즉시
강제에 원칙적으로 영장이 불필요하다는 영장불요설의 입장이다.

> **[판 례]** 음반·비디오물 및 게임물에 관한 법률의 조항은 급박한 상황에 대처하기
> 위한 것으로서 그 불가피성과 정당성이 충분히 인정되는 경우이므로, 이 사건 법률
> 조항이 영장 없는 수거를 인정한다고 하더라도 이를 두고 헌법상 영장주의에 위배
> 되는 것으로는 볼 수 없다(헌재 2002.10.31. 2000헌가12).

(2) 영장필요설

영장필요설은 영장제도가 형사작용에만 적용된다는 명문의 규정이 없는 이
상, 헌법상의 영장주의의 원칙은 즉시강제에도 적용된다는 견해이다. 형사작용과
즉시강제는 직접적인 목적은 다르나 신체·재산에 대한 실력의 행사란 점에서 다
같이 국민의 권리를 침해하는 작용이므로 즉시강제에도 영장주의가 적용되어야
한다는 것이다.

> **[판 례]** 경찰관직무집행법상 정신착란자, 주취자, 자살기도자 등 응급의 구호를 요
> 하는 자를 24시간을 초과하지 아니하는 범위 내에서 경찰관서에 보호조치할 수 있
> 는 시설로 제한적으로 운영되는 경우를 제외하고는 구속영장을 발부받음이 없이 피
> 의자를 보호실에 유치함은 영장주의에 위배되는 위법한 구금이므로, 긴급구속절차를
> 밟음이 없이 영장집행을 위한 편의를 위해 보호실에 유치하는 것은 불법구금에 해

---

1) 영장주의란 체포·구속·압수 등의 강제처분을 함에 있어서는 사법권 독립에 의하여 그 신분이
보장되는 법관이 발부한 영장에 의하지 않으면 아니 된다는 원칙이고, 따라서 영장주의의 본질
은 신체의 자유를 침해하는 강제처분을 함에 있어서는 중립적인 법관이 구체적 판단을 거쳐 발
부한 영장에 의하여야만 한다는 데에 있다(헌재 1997.3.27. 96헌바28·31·32).

당한다(대법원 1999.4.23. 선고 98다41377 판결).

(3) 절충설

절충설은 헌법상의 영장제도는 형사사법권뿐만 아니라, 즉시강제에도 동일하게 적용되어야 하는 것이 원칙이나, 즉시강제 가운데 행정목적 달성을 위해 불가피하다고 인정할 만한 합리적인 이유가 있는 예외적 경우에는 영장주의 적용이 배제될 수 있다고 한다. 이 설이 현재의 통설과 대법원 판례의 입장이다.

3. 집행책임자

즉시강제는 급박한 행정상 장해를 제거하기 위해 행정상 의무 부과 없이 즉각적으로 국민의 신체 또는 재산에 직접 실력을 행사하는 것이므로 기본권 제약의 강도가 매우 크다. 따라서 즉시강제 집행과정에서 상대방의 권익을 보호하고 집행과정 전반에 대해서 책임 있는 관리와 감독을 하는 제도가 필요하다. 이러한 기능을 담당하는 제도가 집행책임자 제도이다.

「행정기본법」 제33조 제2항은 "즉시강제를 실시하기 위하여 현장에 파견되는 집행책임자는 그가 집행책임자임을 표시하는 증표를 보여 주어야 하며, 즉시강제의 이유와 내용을 고지하여야 한다"고 하여 집행책임자에 대한 사항을 규율하고 있다. 집행책임자는 본인이 집행책임자임을 표시하는 증표를 제시하여 즉시강제 대상자가 해당 즉시강제의 권한 여부와 책임자임을 인지할 수 있도록 해야 한다.

Ⅴ. 즉시강제에 대한 구제

1. 적법한 즉시강제에 대한 손실보상

즉시강제는 적법하게 행하여졌으나 그로 말미암아 귀책사유 없이 수인의 정도를 넘는 특별한 손실을 입은 자에게는 그 재산상 손실에 대한 보상청구권을 인정하여야 한다. 헌법은 제23조 제3항에서 "공공필요에 의한 재산권의 수용·사용 또는 제한 및 그에 대한 보상은 법률로써 하되 정당한 보상을 지급하여야 한다"라고 규정하여 재산권 침해에 대한 손실보상청구권을 인정하고 있다.

그러므로 즉시강제에 의하여 손실을 입은 피해자는 법률이 정하는 바에 따라 보상을 청구할 수 있다. 현행법상 적법한 즉시강제를 통하여 제3자가 입은 특별희생에 대하여 보상규정을 두고 있는 예로는 「경찰관 직무집행법」 제11조의2(손실보상), 「소방기본법」 제49조의2 제1항 제3호(강제처분에 대한 손실보상), 「방조제 관리법」 제11조(응급조치에 대한 손실보상), 「자연재해대책법」 제68조(토지출입, 장애물제거에 대한 손실보상) 등이 있다.

2. 위법한 즉시강제에 대한 구제

즉시강제가 법률의 근거 없이 행하여지거나 법률에 근거하더라도 법률상 또는 조리상의 한계를 일탈하고 강제권을 남용하여 국민의 자유와 재산을 위법하게 침해한 경우는 행정쟁송, 국가배상, 정당방위 등에 의한 구제가 가능하다.

(1) 행정쟁송

행정쟁송은 위법 또는 부당한 즉시강제로 인하여 권익을 침해받은 경우 행정 심판 또는 행정소송을 제기하여 그 취소 또는 변경을 구하는 구제 방법이다. 즉시 강제는 대개 급박을 요하는 경우에 신체나 재산에 실력을 가하는 사실행위이므로 이미 침해행위가 종료된 후에는 즉시강제의 취소 또는 변경을 청구할 소의 이익이 없는 것이 보통이다.[2] 따라서 즉시강제가 비교적 장기에 걸치는 계속적 성질의 것을 제외하고는, 위법한 즉시강제에 대하여 행정쟁송을 제기하여 구제받을 수 있는 경우는 그리 많지 않다.

그러나 「행정소송법」 제12조 규정에 따라 즉시강제 이후라도 취소로 인하여 회복될 법률상 이익이 있거나 침해행위가 비교적 장기에 걸쳐 계속되는 경우는 취소소송을 통한 구제가 가능하다.

(2) 국가배상

위법한 즉시강제로 인하여 손해를 입은 자는 국가나 공공단체에 대하여 국가 배상을 청구할 수 있다(헌법 제29조, 국가배상법 제2조). 「국가배상법」에 의한 구제는 행정쟁송에 의한 구제가 사실상 많은 제약을 받기 때문에 위법한 즉시강제에 대한 구제 수단 중에서 가장 중요한 수단이라 할 수 있다.

> **[판 례]** 경찰관이 구 윤락행위등방지법 소정의 '요보호여자'에 해당하지 않는 여자를 '요보호여자'에 해당한다고 보아 지도소측에서 신병을 인수해 갈 때까지 영장 없이 경찰서 보호실에 강제로 유치한 행위에 대하여, 영장주의의 적용이 배제되는 행정상의 즉시강제에 해당한다는 국가의 주장을 배척하고, 영장주의에 위배되는 위법한 구금에 해당할 뿐 아니라 '요보호여자'에 해당한다고 보아 수용보호를 의뢰한 데에도 과실이 있어 국가배상책임이 있다(대법원 1998.2.13. 선고 96다28578 판결).

---

2) 행정법상의 즉시강제 또는 행정대집행과 같은 사실행위는 그 실력이 완료되면 그 사실행위의 취소청구는 권리보호의 이익이 없다(대법원 1965.5.31. 선고 65누25 판결).

(3) 정당방위

즉시강제의 권한이 없는 공무원이 즉시강제를 행사하거나 법률이 즉시강제의 요건으로 정하고 있는 신분을 표시한 증표를 제시하지 못한 경우, 또는 재량권을 남용한 경우 등 위법한 즉시강제에 대해서는 「형법」상의 정당방위의 법리에 의한 항거가 가능하다.[3] 이러한 항거 행위는 「형법」상 공무집행방해죄에 해당하지 않는다.

[판 례] 적법성이 결여된 직무행위를 하는 공무원에게 항거하였다고 하여도 그 항거행위가 폭력을 수반한 경우에 폭행죄 등의 죄책을 묻는 것은 별론으로 하고 공무집행방해죄로 다스릴 수는 없다(대법원 1992.2.11. 선고 91도2797 판결).

---

3) 정당방위에 있어서는 반드시 방위행위에 보충의 원칙은 적용되지 않으나 방위에 필요한 한도 내의 행위로서 사회윤리에 위배되지 않는 상당성있는 행위임을 요한다(대법원 1991.9.10. 선고 91다19913 판결).

제 3 장 행 정 벌

제 1 절 개 설

Ⅰ. 행정벌의 의의

행정벌은 행정법상의 의무위반, 즉 행정법규에 의한 명령 또는 금지위반에 대한 제재로서 일반통치권에 근거하여 과하는 처벌을 말한다. 이렇듯 행정벌은 과거의 행정법상 의무위반행위에 대한 제재라는 점과 일반통치권에 근거하여 과하는 제재라는 두 가지 개념징표를 지니고 있다.

행정목적은 법령 또는 이에 근거한 행정행위에 의하여 달성될 수 있지만, 행정법상의 의무를 지는 자가 그 의무를 위반하면 행정목적 실현을 확보하기 어렵게 된다. 따라서 의무위반에 대한 제재인 행정벌이 필요하게 되며, 이에는 행정형벌과 행정질서벌이 있다.

Ⅱ. 행정벌과 타 행위와의 구별

1. 행정벌과 징계벌

행정벌은 행정법규의 실효성을 확보하기 위하여 일반통치권에 근거하여 행정법상 의무위반자에게 과해지는 제재이고, 징계벌은 공법상의 특별행정법관계에서 그 내부질서를 유지하기 위하여 관리권(특별권력)에 근거하여 질서를 위반한 자에게 과하는 제재이다. 따라서 양자는 각각 그 목적·대상·권력적 기초를 달리하고 있다.

2. 행정상 강제집행과의 구별

행정벌과 행정상 강제집행은 행정목적의 실현을 확보함을 목적으로 하는 점에서 동일하나, 그 구체적 목적과 수단에 있어서 차이가 있다. 즉, 행정벌은 과거의 행정법상의 의무위반에 대하여 과하는 제재인 것에 반하여, 행정상 강제집행은 행정법상 의무불이행이 있는 경우에 장래의 이행을 강제하기 위한 수단이라는 점에서 서로 다르다. 다시 말해 행정벌은 제재를 통해 간접적으로 의무자에게 심리적 압박을 가하여 의무이행을 촉진하는 수단인 것에 반하여, 행정상 강제집행은 장래의 의무이행을 직접적으로 확보하는 수단이라는 점에서 서로 구별된다. 그러나 행정벌과 행정상 강제집행은 행정상의 의무이행을 확보한다는 관점에서 보면 상호 보완관계에 있다.

Ⅲ. 행정벌의 근거

행정벌은 행정법상의 의무위반에 대한 제재로서「형법」상의 형벌을 부과하는 처벌이기 때문에 헌법 제12조의 죄형법정주의의 원칙이 적용되어 반드시 법률의 근거가 있어야 한다. 그 결과 현재 우리나라에서 시행되고 있는 거의 모든 행정 관련 법률은 마지막 장에 벌칙에 관한 장을 따로 두고서 행정형벌과 행정질서벌인 과태료를 규정하고 있다.

현행 헌법하에서 법률에 의한 벌칙규정의 위임은 일반적 위임이 허용되지 아니하며, 개별적인 위임만을 할 수 있을 뿐이다. 즉, 법률이 벌칙규정을 법규명령에 위임하는 경우에는 처벌대상이 되는 행위(범죄구성요건)와 그에 대한 형벌의 최고한도(형량)에 대해서 구체적으로 정하여야 한다. 다만,「지방자치법」은 조례로써 벌칙을 정할 수 있다는 예외를 규정하고 있다(제28조).

Ⅳ. 행정벌의 종류

1. 행정형벌

행정형벌은 행정법상의 의무위반에 대한 제재로서「형법」제41조상의 형벌(사형·징역·금고·자격상실·자격정지·벌금·구류·과료 및 몰수)을 과하는 것이기 때문에 그 종류는 형사벌의 경우와 같다. 행정형벌에는 특별한 규정이 있는 경우를 제외하고는 원칙적으로 형법총칙이 적용된다. 과벌절차는 형사소송절차에 의하는 것이 원칙이나, 예외적으로 통고처분절차 또는 즉결심판절차에 의하는 경우도 있다.

2. 행정질서벌(과태료)

행정질서벌은 신고·등록서류비치 등의 의무를 태만하게 하는 것과 같이 간접적으로 행정질서에 영향을 미치는 행정법상의 의무위반에 대하여「형법」에 없는 과태료를 과하는 행정벌이다. 행정질서벌에 대해서는 형법총칙이 적용되지 않고, 과벌절차도「형사소송법」에 의하지 않고「질서위반행위규제법」에 따른다.

헌법재판소는 어떤 행정법규 위반행위에 대하여 이를 단지 간접적으로 행정상의 질서에 장해를 줄 위험성이 있음에 불과한 경우로 보아 행정질서벌인 과태료를 과할 것인가 아니면 직접적으로 행정목적과 공익을 침해한 행위로 보아 행정형벌을 과할 것인가, 그리고 행정형벌을 과할 경우 그 법정형의 형종과 형량을 어떻게 정할 것인가 등의 처벌내용은 기본적으로 입법권자가 제반사정을 고려하여 결정할 입법재량에 속하는 문제라고 한다.[1]

제 2 절 행정형벌

Ⅰ. 행정형벌과 형법총칙

「형법」 제8조는 "본법 총칙은 타법령에 정한 죄에 적용한다. 단, 그 법령에 특별한 규정이 있는 때에는 예외로 한다"고 규정하고 있다. 따라서 다른 법령에 특별한 규정을 두고 있지 않는 한, 행정범에 대해서도 형법총칙이 적용된다.

여기에서 '특별한 규정'의 의미는 당해 규정 자체의 해석상 형벌의 범위를 축소한다거나 감경하는 경우는 죄형법정주의에 반하는 것은 아니므로 형법총칙의 규정을 배제·제한할 수 있다는 의미이다.

Ⅱ. 행정형벌의 특수성

행정형벌에 관하여 명문상 또는 해석상 형법총칙의 적용이 문제되는 구체적 경우는 다음과 같다.

1. 고의·과실

(1) 고 의

「형법」 제13조는 "죄의 성립요소인 사실을 인식하지 못한 행위는 벌하지 아니한다. 단, 법률에 특별한 규정이 있는 경우에는 예외로 한다"고 규정하고 있다. 이 규정은 행정범에 대해서도 당연히 적용된다. 따라서 행정범의 경우에도 원칙적으로 고의가 있는 경우만을 처벌할 수 있다.

> **[판 례] 행정형벌은 명문의 규정이 없는 한 원칙적으로 고의범에게만 적용된다**
> 행정법상의 단속을 주안으로 하는 법규라 하더라도 명문규정이 있거나 해석상 과실범도 벌할 뜻이 명확한 경우를 제외하고는 형법의 원칙에 따라 고의가 있어야 벌할 수 있다(대법원 2010.2.11. 선고 2009도9807 판결).

---

1) 헌재 1994.4.28. 91헌바14.

(2) 과 실

「형법」제14조는 "정상의 주의를 태만함으로 인하여 죄의 성립요소인 사실을 인식하지 못한 행위는 법률에 특별한 규정이 있는 경우에 한하여 처벌한다"고 과실에 대해 규정하고 있다. 이 규정은 행정범에 대해서도 당연히 적용된다. 따라서 행정범의 경우에도 과실범인 경우 명문규정이 있거나 과실범도 벌한다는 취지가 명백한 경우에만 범죄가 성립한다.

행정법규 중에는 과실에 의한 의무위반을 처벌하는 취지의 명문 규정을 둔 경우가 적지 않다(도로교통법 제151조, 부정수표 단속법 제2조 제3항). 더 나아가 명문의 규정이 없더라도 행정형벌 법규의 해석에 의해 과실행위를 처벌한다는 뜻이 노출되는 경우에는 과실행위도 처벌할 수 있다.

> **[판 례] 관계법규의 목적과 취지를 고려해 과실범의 가별성을 긍정한 경우**
> 법정의 배출허용기준을 초과하는 배출가스를 배출하면서 자동차를 운행하는 행위를 처벌하는 구 대기환경보전법 제57조 제6호의 규정은 자동차의 운행자가 그 자동차에서 배출되는 배출가스가 소정의 운행자동차 배출허용기준을 초과하는 점을 실제로 인식하면서 운행한 고의범의 경우는 물론 과실로 인하여 그러한 내용을 인식하지 못한 과실범의 경우도 함께 처벌하는 규정이다(대법원 1993.9.10. 선고 92도1136 판결).

2. 법률의 착오

「형법」제16조는 "자기의 행위가 법령에 의하여 죄가 되지 아니하는 것으로 오인한 행위는 그 오인에 정당한 이유가 있는 때에 한하여 벌하지 아니한다"고 하여 법률의 착오를 규정하고 있다.

「형법」제16조의 규정은 원칙적으로 행정범에도 적용된다. 그러나 행정범은 법률의 제정에 의해 비로소 죄가 되는 것이므로 형사범에 비하여 위법성 인식 가능성이 없는 경우가 넓게 인정되어 「형법」제16조 소정의 '정당한 이유'가 인정될 가능성이 크다. 따라서 행정범의 경우 법률의 착오가 인정되어 책임이 조각되거나 고의가 조각되는 사례가 형사범에 비하여 상대적으로 많아질 수 있다. 개별법 중에는 「형법」제16조의 적용을 배제하는 명문 규정을 두는 경우도 있다(담배사업법 제31조).

> **[판 례]** 행정청의 허가가 있어야 함에도 불구하고 허가를 받지 아니하여 처벌대상의 행위를 한 경우라도, 허가를 담당하는 공무원이 허가를 요하지 않는 것으로 잘못

알려주어 이를 믿었기 때문에 허가를 받지 아니한 것이라면 허가를 받지 않더라도 죄가 되지 않는 것으로 착오를 일으킨 데 대하여 정당한 이유가 있는 경우에 해당하여 처벌할 수 없다(대법원 1992.5.22. 선고 91도2525 판결).

위 판례는 행정범의 상대적 특수성을 인정하는 취지로 이해할 수 있을 것이다.

3. 책임능력

형사범에 있어서는 심신장애자의 행위는 형을 감경하거나 벌하지 아니하고(형법 제10조), 농아자의 행위는 형을 감경하며(형법 제11조), 14세가 되지 아니한 자의 행위는 벌하지 아니한다(형법 제9조). 그러나 행정범의 경우에 있어서는 이 적용을 배제하는 규정을 두는 예가 있다(담배사업법 제31조 등).

4. 양벌규정

양벌규정은 범죄행위자와 함께 행위자 이외의 자를 처벌하는 법규정이다. 행정범에서는 양벌규정을 두는 경우가 많다.

1) 법인의 처벌

형사범에 있어서 통설과 판례는 법인의 범죄능력을 부정한다.[2] 「형법」상 범죄의 주체는 동시에 형벌의 주체임이 원칙이기 때문이다. 하지만 행정범에 있어서는 법인의 대표자나 대리인 또는 사용인 기타 종업원이 법인의 사무에 관하여 행정법상의 의무에 위반하는 행위를 할 때 그 행위자를 벌하는 이외에 법인에 대해서도 처벌하는 양벌규정이 많다(소방기본법 제55조, 조세범 처벌법 제18조, 자본시장법 제448조, 선원법 제178조, 건축법 제112조, 마약류관리법 제68조, 문화재보호법 제102조, 노동조합법 제94조, 건설산업기본법 제98조 등). 법인을 처벌하는 경우 그 형벌은 성질상 벌금·과료·몰수 등의 금전벌이다.

법인의 처벌은 일반적으로는 불가능하고, 오직 법인을 처벌한다는 명문 규정이 있을 때만 가능하다. 법인의 처벌에 관한 명문 규정이 없음에도 불구하고 법인을 처벌할 경우 이는 죄형법정주의에 반한다.[3]

[**판 례**] 법인은 기관인 자연인을 통하여 행위를 하게 되는 것이기 때문에, 자연인이 법인의 기관으로서 범죄행위를 한 경우에도 행위자인 자연인이 범죄행위에 대한 형사책임을 지는 것이고, 다만 법률이 목적을 달성하기 위하여 특별히 규정하고 있는 경우에만 행위자를 벌하는 외에 법률효과가 귀속되는 법인에 대하여도 벌금형을 과

---

2) 대법원 1961.10.19. 선고 4294형상417 판결.
3) 대법원 1967.9.26. 선고 67다1683 판결.

할 수 있을 뿐이다(대법원 1994.2.8. 선고 93도1483 판결).

한편, 법인 대표자의 행위에 대한 책임은 법인 자신의 직접적인 책임인 것에 반하여 법인의 대리인 기타 종업원의 행위에 대한 책임은 법인의 기관이 종업원에 대한 주의·감독의무를 태만하게 한 것에 대한 과실책임이다. 따라서 법인이 종업원에 대한 주의·감독의무를 게을리하지 아니한 경우에는 법인에게 책임을 물을 수 없다.

> **[판 례]** 법인이 고용한 종업원 등이 업무에 관하여 범죄행위를 하였다는 이유만으로 법인에 대하여 형사처벌을 과하고 있는바, 이는 다른 사람의 범죄에 대하여 그 책임 유무를 묻지 않고 형벌을 부과함으로써 법치국가의 원리 및 죄형법정주의로부터 도출되는 책임주의원칙에 반하여 헌법에 위반된다(헌재 2010.9.30. 2010헌가10 등).

2) 행위자 이외의 자의 책임

행정범에 있어서는 행위자 이외의 자를 처벌하는 규정을 두는 경우가 있다. 즉, 종업원의 위반행위에 대하여 행위자 외에 사업주도 처벌하는 경우이다(청소년보호법 제62조, 조세범 처벌법 제18조).

사업주나 법정대리인이 지는 책임의 성질은 종업원에 대한 업무상 감독에 관하여 상당한 주의를 하지 아니하였다는 과실책임이다. 물론 사업주의 처벌에 있어 종업원의 범죄성립이 전제될 필요는 없다.

> **[판 례]** 양벌규정에 의한 영업주의 처벌은 금지위반행위자인 종업원의 처벌에 종속하는 것이 아니라 독립하여 그 자신의 종업원에 대한 선임감독상의 과실로 인하여 처벌되는 것이므로 종업원의 범죄성립이나 처벌이 영업주 처벌의 전제조건이 될 필요는 없다(대법원 2006.2.24. 선고 2005도7673 판결).

> **[판 례]** 구 건축법 제57조의 양벌규정은 업무주가 아니면서 당해 업무를 실제로 집행하는 자가 있는 때에 위 벌칙규정의 실효성을 확보하기 위하여 그 적용대상자를 당해 업무를 실제로 집행하는 자에게까지 확장함으로써 그러한 자가 당해 업무집행과 관련하여 위 벌칙규정의 위반행위를 한 경우 위 양벌규정에 의하여 처벌할 수 있도록 한 행위자의 처벌규정임과 동시에 그 위반행위의 이익귀속주체인 업무주에 대한 처벌규정이라고 할 것이다(대법원 1999.7.15. 선고 95도2870 판결).

> **[판 례]** 이 사건 심판대상 법률조항들은 개인이 고용한 종업원 등의 일정한 범죄행위 사실이 인정되면 종업원 등의 범죄행위에 대한 영업주의 가담 여부나 종업원 등의 행위를 감독할 주의의무의 위반 여부 등을 전혀 묻지 않고 곧바로 영업주인 개인을 종업원 등과 같이 처벌하도록 규정하고 있는바, 이는 아무런 비난받을만한 행위를 한 바 없는 자에 대해서까지 다른 사람의 범죄행위를 이유로 처벌하는 것으로서 형벌에 관한 책임주의에 위반된다(헌재 2010.7.29. 2009헌가14).

5. 공 범

행정범에 있어서는 공동정범(형법 제30조)·교사범(형법 제31조)·종범(형법 제32조)의 적용을 배제하는 경우(선박법 제39조), 종범감경규정(형법 제32조 제2항)을 배제하는 경우(담배사업법 제31조), 교사자를 정범으로 처벌하도록 하는 경우(근로기준법 제115조) 등이 있다.

Ⅲ. 행정형벌의 특별 과벌절차

행정형벌은 「형사소송법」이 정하는 바에 따라 과벌하는 것이 원칙이나 특별 과벌절차로서 ① 통고처분과 ② 즉결심판이라는 예외적인 과벌절차가 인정되고 있다.

1. 통고처분

(1) 의 의

통고처분이란 법률이 정하는 일정한 위법행위의 범법자에게 벌금·과료에 상당하는 금액(범칙금)[4]의 납부를 명하고, 범칙자가 그 범칙금을 납부하면 처벌이 종료되는 준사법적 성질의 행정행위이다.[5]

통고처분은 대량의 범칙사건을 간이·신속하게 처리하고, 전과자의 양산을 방지함에 기여한다. 통고처분은 처분을 받은 당사자의 임의적 승복을 발효요건으로 하고 있으며, 행정공무원에 의하여 발하여지는 것이지만, 통고처분에 따르지 않고자 하는 당사자에게는 정식재판의 절차가 보장되어 있다.

통고처분은 경미한 법규위반자가 형사처벌절차에 수반되는 심리적 불안, 시간과 비용의 소모, 명예와 신용의 훼손 등의 여러 불이익을 당하지 않고 범칙금

---

4) 범칙금이란 경미한 법규위반자에 대하여 정식재판에 의한 형벌인 벌금이나 과료 대신 부과되는 것으로 통고처분에 의해 납부하여야 할 금전을 말한다.
5) 헌법재판소는 통고처분은 경제적 측면에서 벌금과 마찬가지의 효과를 가지며 징역형 등 자유형의 대상이 될 수 있는 위반행위까지도 그 대상이 된다는 점에서 형벌의 금전법화 경향과 그 맥을 같이 하는 것으로 보았다(헌재 1998.5.28. 96헌바4).

납부로써 위반행위에 대한 제재를 신속·간편하게 종결할 수 있게 하여준다. 특히 교통법규 위반행위가 홍수를 이루고 있는 현실에서 행정공무원에 의한 전문적이고 신속한 사건처리를 가능하게 하고, 검찰과 법원의 과중한 업무 부담을 덜어 준다. 또한 통고처분은 형벌의 비범죄화 정신에 접근하는 제도이다.[6]

> **[판 례]** 통고처분을 할 것인지의 여부는 관세청장의 재량에 맡겨져 있고, 따라서 관세청장이 관세범에 대하여 통고처분을 하지 아니한 채 고발하였다는 것만으로는 그 고발 및 이에 기한 공소의 제기가 부적법하게 되는 것은 아니다(대법원 2007.5.11. 선고 2006도1993 판결).

> **[판 례]** 통고처분은 법원에 의하여 자유형 또는 재산형에 처하는 형사절차에 갈음하여 과세관청이 조세범칙자에 대하여 금전적 제재를 통고하고 이를 이행한 조세범칙자에 대하여는 고발하지 아니하고 조세범칙사건을 신속·간이하게 처리하는 절차로서, 형사절차의 사전절차로서의 성격을 가진다(대법원 2016.9.28. 선고 2014도10748 판결).

(2) 대상 및 처분권자

통고처분은 조세범·출입국관리범·관세범·교통사범 등의 영역에서 인정되고 있다. 그리고 통고처분권자는 국세청장(세무서장), 출입국관리소장, 관세청장(세관장), 경찰서장 등의 행정청이다.

(3) 절   차

지방국세청장·세무서장 또는 세관장은 범칙사건의 조사에 의하여 범칙의 심증을 얻은 때에는 그 이유를 명시하여 벌금 또는 과료에 상당하는 금액의 범칙금 납부를 통고할 수 있다(조세범 처벌절차법 제15조, 관세법 제311조). 통고처분을 받은 자가 그 통고에 따라 이행한 때에는 일사부재리의 원칙이 적용되어 다시 소추하지 못한다(조세범 처벌절차법 제15조 제3항, 관세법 제317조). 경찰서장 역시 범칙자로 인정하는 사람에 대하여 범칙금 납부통고서로 범칙금을 낼 것을 통고할 수 있다(도로교통법 제163조).

그러나 통고처분을 받은 자가 15일 내에 이행하지 않으면 통고처분은 그 효력을 상실한다. 이때 세무서장·관세청장은 통고처분의 불이행자를 고발하여야 하며 이로써 형사소송절차로 이행하게 된다(조세범 처벌절차법 제17조, 관세법 제316조).

---

6) 헌재 2003.10.30. 2002헌마275.

[판 례] 경찰서장이 범칙행위에 대하여 통고처분을 한 이상, 범칙자의 위와 같은 절차적 지위를 보장하기 위하여 통고처분에서 정한 범칙금 납부기간까지는 원칙적으로 경찰서장은 즉결심판을 청구할 수 없고, 검사도 동일한 범칙행위에 대하여 공소를 제기할 수 없다. 또한 범칙자가 범칙금 납부기간이 지나도록 범칙금을 납부하지 아니하였다면 경찰서장이 즉결심판을 청구하여야 하고, 검사는 동일한 범칙행위에 대하여 공소를 제기할 수 없다. 나아가 특별한 사정이 없는 이상 경찰서장은 범칙행위에 대한 형사소추를 위하여 이미 한 통고처분을 임의로 취소할 수 없다(대법원 2021.4.1. 선고 2020도15194 판결).

(4) 처분성

통고처분의 성질은 일반적으로 행정처분인 금전 등의 납부명령으로 해석되지만, 소정의 기간 내에 통고처분을 이행하지 아니하면 당연히 그 효력을 상실하기 때문에 취소소송의 대상인 행정처분은 아니다. 즉, 통고처분 그 자체를 대상으로 하여 항고소송을 제기할 수 없다.

[판 례] 도로교통법 제118조에서 규정하는 경찰서장의 통고처분은 행정소송의 대상이 되는 행정처분이 아니므로 그 처분의 취소를 구하는 소송은 부적법하고, 도로교통법상의 통고처분을 받은 자가 그 처분에 대하여 이의가 있는 경우에는 통고처분에 따른 범칙금의 납부를 이행하지 아니함으로써 경찰서장의 즉결심판청구에 의하여 법원의 심판을 받을 수 있게 될 뿐이다(대법원 1995.6.29. 선고 95누4674 판결).

[판 례] 통고처분은 그 자체만으로는 통고이행을 강제하거나 상대방에게 아무런 권리의무를 형성하지 않으므로 행정심판이나 행정소송의 대상으로서의 처분성을 부여할 수 없고, 통고처분에 대하여 이의가 있으면 통고내용을 이행하지 않음으로써 고발되어 형사재판절차에서 통고처분의 위법·부당함을 얼마든지 다툴 수 있기 때문에 관세법 제38조 제3항 제2호가 법관에 의한 재판받을 권리를 침해한다든가 적법절차의 원칙에 저촉된다고 볼 수 없다(헌재 1998.5.28. 96헌바4).

(5) 효 력

통고처분을 받은 자가 그 범칙금을 납부하면 그 납부에 대해서는 확정판결에 준하는 효력이 인정되며, 그 결과 일사부재리 원칙의 적용을 받아 다시 소추할 수 없다. 그러나 소정의 기간 내에 범칙자가 통고처분을 이행하지 아니하면 당연히 그 효력은 상실되고, 통고처분을 한 행정청은 즉시 즉결심판을 청구하여야 한다.

> **[판 례]** 도로교통법 관계규정은 범칙금 납부통고서를 받은 사람이 그 범칙금을 납부한 경우 그 범칙행위에 대하여 다시 벌받지 아니한다고 규정하고 있는바, 이는 범칙금의 납부에 확정재판의 효력에 준하는 효력을 인정하는 취지로 해석하여야 한다 (대법원 2002.11.22. 선고 2001도849 판결).

(6) 벌 점

「도로교통법」은 교통사범에 대하여 범칙금을 부과하여 통고처분을 하는 외에 위반행위별로 일정한 벌점을 부여하고 있다. 이와 같은 벌점은 자동차운전면허의 취소·정지처분의 기초자료로 활용하기 위하여 법규 위반 또는 사고야기에 대하여 그 위반의 경중·피해의 정도 등에 따라 배점되는 점수를 말한다. 벌점의 누산에 따른 「도로교통법」상의 처분기준은 행정청 내의 사무처리에 관한 재량준칙에 지나지 아니할 뿐 법규적 효력을 가지는 것은 아니다.[7]

2. 즉결심판

(1) 의 의

즉결심판이란 경미한 범죄사건(20만 원 이하의 벌금·구류 또는 과료에 해당하는 사건)에 대하여 정식 형사소송 절차를 거치지 않고 「즉결심판법」에 따라 경찰서장의 청구로 행하여지는 약식재판을 말한다. 즉, 20만원 이하의 벌금·구류 또는 과료의 행정형벌은 즉결심판에 의해 과해지고 그 형은 경찰서장에 의해 집행된다(즉결심판법 제2조, 제18조 제1항).

(2) 대 상

현재 우리나라에서 실시하고 있는 즉결심판은 「도로교통법」 위반이 주류를 이루고 있다. 즉 경미한 「도로교통법」 위반행위에 대하여 먼저 벌금이나 과료 대신 범칙금납부를 명하는 통고처분을 내리고, 통고를 받은 사람이 범칙금 통고처분을 이행하지 않을 경우에는 통고처분의 효력이 상실되기 때문에 즉시 즉결심판으로 전환되어 원래의 벌금이나 과료가 청구되고 있다.

(3) 절 차

즉결심판은 경찰서장이 관할법원에 이를 청구하며, 즉결심판을 청구함에는 즉결심판청구서를 제출하여야 한다. 즉결심판청구서에는 피고인의 성명·기타 피고인을 특정할 수 있는 사항·죄명·범죄사실과 적용법조를 기재하여야 한다. 또한 즉결심판을 청구할 때에는 사전에 피고인에게 즉결심판의 절차를 이해하는 데 필요한 사항을 서면 또는 구두로 알려주어야 한다(즉결심판법 제3조).

---

7) 대법원 1998.3.27. 선고 97누20236 판결.

즉결심판의 선고에 불복하는 자는 정식재판을 청구하여 「형사소송법」상의 항소·상고 등의 방법에 의하여 구제받을 수 있다. 즉결심판의 선고에 불복하는 피고인은 즉결심판의 선고·고지를 받은 날로부터 7일 이내에 정식재판청구서를 경찰서장에 제출하여야 하고, 정식재판청구서를 받은 경찰서장은 지체 없이 판사에게 이를 송부하여야 한다(동법 제14조 제1항).

판사는 정식재판청구서를 받은 날부터 7일 이내에 경찰서장에게 정식재판청구서를 첨부한 사건기록과 증거물을 송부하고, 경찰서장은 지체 없이 관할지방검찰청 또는 지청의 장에게 이를 송부하여야 하며, 그 검찰청 또는 지청의 장은 지체 없이 관할법원에 이를 송부하여야 한다(동법 제14조 제3항).

(4) 관 할

정식재판에 대한 관할권은 그 지역을 관할하는 지방법원 또는 지방법원지원이 가진다(법원조직법 제34조 제2항).

(5) 효 력

즉결심판은 정식재판의 청구에 의한 판결이 있는 때에는 그 효력을 잃는다(즉결심판법 제15조). 또한 즉결심판은 정식재판의 청구기간의 경과, 정식재판 청구권의 포기 또는 청구의 취하에 의하여 확정판결과 동일한 효력이 생긴다. 정식재판청구를 기각하는 재판이 확정된 때에도 같다(동법 제16조).

Ⅳ. 행정형벌과 행정구제

행정형벌 중 구류·과료를 제외한 행정형벌은 일반 형사범의 경우와 같이 형사소송절차에 따른 사법절차에 의하여 처리되므로 「형사소송법」상의 항소·상고 등의 방법에 의하여 구제받을 수 있다.

제 3 절 행정질서벌(과태료)

Ⅰ. 행정질서벌의 의의

1. 행정질서벌의 개념

행정질서벌은 행정법상의 의무위반에 대한 제재로서 「형법」상의 형벌의 성질을 가지지 않는 과태료를 과하는 금전적 제재수단을 말한다. 행정질서벌에 대한 일반법인 「질서위반행위규제법」은 질서위반행위를 법률상(지방자치단체의 조례를 포함한다)의 의무를 위반하여 과태료를 부과하는 행위로 정의하고 있다(제2조 제1호).

「질서위반행위규제법」은 법률(조례 포함)에 따르지 아니하고는 어떠한 행위도 질서위반행위로 과태료가 부과되지 아니한다고 규정하여 질서위반행위 법정주의를 천명하고 있다(제6조).

어떤 행정법규 위반에 대하여 행정형벌로 과할 것인가 아니면 행정질서벌인 과태료로 과할 것인가 하는 문제는 입법권자의 입법재량에 속한다.

> **[판 례]** 어떤 행정법규 위반행위에 대하여 이를 단지 간접적으로 행정상의 질서에 장해를 줄 위험성이 있음에 불과한 경우로 보아 행정질서벌인 과태료를 과할 것인가 아니면 직접적으로 행정목적과 공익을 침해한 행위로 보아 행정형벌을 과할 것인가는 기본적으로 입법권자가 제반사정을 고려하여 결정할 입법재량에 속하는 문제이다(헌재 1994.4.28. 91헌바14).

2. 행정질서벌의 종류

행정질서벌은 국가의 행정법규 위반에 대한 제재로서 과하는 경우와 지방자치단체의 자치법규 위반에 대한 제재로서 과하는 경우가 있으나, 실정법에서는 과태료로 지칭하는 것이 보통이다. 「지방자치법」 제27조는 "지방자치단체는 조례를 위반한 행위에 대하여 조례로써 1천만원 이하의 과태료를 정할 수 있다"고 하여 조례위반에 과태료를 규정하고 있다.

3. 행정질서벌의 성질

행정형벌은 행정법규에 위반하여 직접적으로 행정목적을 침해하는 행위에 대한 제재인 것에 반하여, 행정질서벌은 직접적으로 행정목적을 침해하는 단계까지 이르지 않고 단지 간접적으로 행정상 질서에 장해를 줄 위험성 있는 행위에 대한 제재에 지나지 않는다. 과태료에 대해 이의신청을 하면 그 효력이 상실되므로, 과태료 부과처분의 법적 성질은 행정제재에 불과하고 행정소송의 대상인 행정처분은 아니다.

> **[판 례]** 수도조례 및 하수도사용조례에 기한 과태료의 부과 여부 및 그 당부는 최종적으로 질서위반행위규제법에 의한 절차에 의하여 판단되어야 한다고 할 것이므로, 그 과태료 부과처분은 행정청을 피고로 하는 행정소송의 대상이 되는 행정처분이라고 볼 수 없다. 질서위반행위규제법이 행정청의 과태료 부과처분에 대하여 당사자가 이의제기를 통해 불복할 수 있고, 이의제기가 있으면 그 효력이 상실되도록 함으로써 헌법상 보장된 재판청구권의 행사를 제한하고 있다고 볼 수도 없다(대법원

2012.10.11. 선고 2011두19369 판결).

4. 행정질서벌의 근거

행정질서벌에 관한 일반법은 「질서위반행위규제법」이다. 이는 질서위반행위 및 과태료 처분과 관련된 실체법적, 절차법적 일반사항에 관한 내용을 규정하고 있다.

「질서위반행위규제법」은 원칙적으로 행정상의 의무위반을 이유로 과태료를 행정질서벌로 부과되는 경우에만 적용된다. 즉, 소송법상·사법(私法)상의 과태료, 징계벌로서 부과되는 과태료나 「민법」·「상법」 등 사인간의 법률관계를 규율하는 법 또는 「민사소송법」·「가사소송법」·「민사집행법」·「형사소송법」·「민사조정법」 등 분쟁해결에 관한 절차를 규율하는 법상의 의무를 위반하여 과태료가 부과되는 경우에는 적용되지 않는다.

마찬가지로 「공증인법」·「법무사법」·「변리사법」·「변호사법」 등 기관, 단체 등이 구성원의 의무위반에 대하여 제재를 가할 수 있도록 규정하고 있는 법률에 따른 징계사유에 해당하여 과태료를 부과하는 경우에도 「질서위반행위규제법」은 적용되지 않는다(질서위반행위규제법 제2조).

Ⅱ. 행정질서벌의 특수성

1. 행정질서벌과 형법총칙

「질서위반행위규제법」의 제정 전에는 행정질서벌은 형법총칙이 적용되지 않는다고 보았다. 그러나 「질서위반행위규제법」은 질서위반행위 및 과태료 법정주의를 명문으로 규정하고 있고(제6조), 질서위반행위의 성립요건에 책임주의원칙을 도입하여 「형법」에 상응하도록 규정하고 있다. 종전에는 객관적인 위법사실만 있으면 행위자의 고의·과실 등이 없더라도 과태료를 부과할 수 있었으나, 「질서위반행위규제법」은 국민의 권익보장을 위하여 고의·과실, 위법성 인식가능성을 요건으로 하고, 14세 미만자나 심신상실자에게는 과태료를 부과하지 않는 것으로 하고 있다.

(1) 고의 또는 과실

「질서위반행위규제법」은 질서위반행위의 성립요건으로서 고의 또는 과실이 필요함을 명문으로 규정하고 있다(제7조). 법규위반이라는 객관적 사실 외에 행위자의 고의·과실이라는 주관적 요건의 존재를 필요로 하고, 과실이 없는 경우에는 과태료를 과하지 않는다는 것이다. 여기서 고의란 질서위반행위의 구성요건인 사

실의 인식 및 법위반의사를, 과실은 일반적으로 요구되는 주의의무를 위반하여 과
태료 부과 대상인 질서위반행위가 발생한 경우를 의미한다.

> **[판 례]** 질서위반행위규제법은 과태료의 부과대상인 질서위반행위에 대하여도 책임
> 주의 원칙을 채택하고 있으므로, 질서위반행위를 한 자가 자신의 책임 없는 사유로
> 위반행위에 이르렀다고 주장하는 경우 법원으로서는 그 내용을 살펴 행위자에게 고
> 의나 과실이 있는지를 따져보아야 한다(대법원 2011.7.14. 자 2011마364 결정).

(2) 위법성의 착오

새로운 단속법규가 제정된 것을 모르고 태연하게 위법행위를 행하는 것과 같
이 법률에서 금지되어 있는 것을 알지 못하거나 허용되는 것으로 믿고 질서위반행
위를 행하는 것을 위법성의 착오(금지착오)라고 한다.

「질서위반행위규제법」 제8조는 "자신의 행위가 위법하지 아니한 것으로 오인
하고 행한 질서위반행위는 그 오인에 정당한 이유가 있다면 과태료를 부과하지 않
는다"고 규정하고 있다. 이는 행정질서범과 형사범의 구분이 상대화되고 있는 현
실을 고려하여 「형법」 제16조와 같이 상당한 이유에 기초한 위법성의 착오는 질
서위반행위의 성립을 부정할 필요가 있어 위법성 인식이 필요함을 규정한 것이다.

(3) 책임능력

「질서위반행위규제법」 제9조는 "다른 법률에 특별한 규정이 있는 경우를 제
외하고는 14세가 되지 아니한 자의 질서위반행위는 과태료를 부과하지 않는다"라
고 규정하고 있다. 또한 심신장애자 및 심신미약자의 행위를 과태료를 부과하지
않거나 그 액수를 감경한다. 그러나 스스로 심신장애 상태를 일으켜 질서위반행위
를 한 자에 대하여는 위 규정을 적용하지 아니한다(동법 제9조·제10조).

「형법」은 생물학적 관점에서 14세 미만자를 형사미성년자로 하여 개별적인
발육상태를 고려함이 없이 14세 미만자는 행위의 시비를 변별하고 이에 따라 행
위할 수 있는 능력이 없는 것으로 간주하고 있다. 「질서위반행위규제법」도 과태료
가 제재라는 점에서 벌금과 차이가 없는 점을 고려하여 14세 미만자에 대하여 과
태료를 부과하지 않는 것으로 규정한 것이다.

(4) 법인 등 사용자의 책임

「질서위반행위규제법」은 "법인의 대표자, 법인 또는 개인의 대리인·사용인
및 그 밖의 종업원이 업무에 관하여 법인 또는 그 개인에게 부과된 법률상의 의무
를 위반한 때에는 법인 또는 그 개인에게 과태료를 부과한다"고 규정하고 있다(제

11조 제1항). 이는 종업원의 의무위반에 대하여 수범자인 법인이 과태료 처벌을 받
도록 명문의 규정을 둠으로써 종래 논란이 되어 왔던 법인처벌의 법적 근거를 명
확히 한 것이다.

(5) 다수의 질서위반행위

「질서위반행위규제법」은 2인 이상이 질서위반행위에 가담한 때에는 각자가
질서위반행위를 한 것으로 본다(제12조 제1항). 이는 「질서위반행위규제법」이 단일
정범 개념을 채택하여 질서위반행위의 가담형태에 따라 가담자를 세분하지 않고
질서위반행위의 실현에 기여한 가담자를 모두 정범으로 본다는 것이다.

신분에 의하여 성립하는 질서위반행위에 신분이 없는 자가 가담한 때에는 신
분이 없는 자에 대하여도 질서위반행위가 성립한다(동법 제12조 제2항). 신분에 의하
여 과태료를 감경 또는 가중하거나 과태료를 부과하지 아니하는 때에는 그 신분의
효과는 신분이 없는 자에게는 미치지 아니한다(동법 제12조 제3항). 예컨대 의사의
허위진단서 발급에 대한 과태료의 경우 허위진단서를 요청한 제3자와 허위진단서
를 발급한 의사가 모두 동일한 과태료 대상이 되며, 오폐수배출에 대하여 환경기
사와 일반인을 별도의 과태료로 규정하고 있는 경우 각각 별도로 부과된다. 여기
서 말하는 '신분'이란 남녀의 성별, 내·외국인 구별, 친족관계, 공무원의 자격과
같은 관계에만 한정하지 않고 특정 질서위반행위에 관한 위반자의 인적관계인 특
수한 지위 또는 상태를 의미한다.

(6) 수개의 질서위반행위의 처리

하나의 행위가 두개 이상의 질서위반행위에 해당하는 경우에는 각 질서위반
행위에 대하여 정한 과태료 중 가장 중한 과태료를 부과한다(질서위반행위규제법 제
13조 제1항).

하나의 행위가 두개 이상의 질서위반행위에 해당하는 경우를 제외하고 2 이
상의 질서위반행위가 경합하는 경우 또는 다른 법령이나 지방자치단체의 조례에
특별한 규정이 있는 한 각 질서위반행위에 대하여 정한 과태료를 각각 부과한다
(동법 제13조 제2항).

(7) 행정형벌과 행정질서벌의 병과

대법원은 행정형벌과 행정질서벌은 그 목적과 성질을 달리하므로 동일행정
범에 대하여 양자를 병과하여도 일사부재리의 원칙에 위반되지 않는다고 하였다.
또한, 위반사실의 동일성이 인정되지 않는 경우에는 행정질서벌인 과태료의 부과
처분 후에 행정형벌을 부과하더라도 일사부재리의 원칙에 반하지 아니한다고 하
였다.

[판 례] 행정형벌과 행정질서벌의 병과

행정법상의 질서벌인 과태료의 부과처분과 형사처벌은 그 성질이나 목적을 달리하는 별개의 것이므로 행정법상의 질서벌인 과태료를 납부한 후에 형사처벌을 한다고 하여 이를 일사부재리의 원칙에 반하는 것이라고 할 수는 없다(대법원 1996.4.12. 선고 96도158 판결).

한편, 헌법재판소는 행정형벌과 행정질서벌의 병과에 대해 동일한 행위를 대상으로 하여 형벌을 부과하면서 과태료를 부과하는 것은 이중처벌금지의 기본정신에 배치될 여지가 있다는 태도를 취하고 있다.

[판 례] 행정질서벌로서의 과태료는 행정상 의무의 위반에 대하여 국가가 일반통치권에 기하여 과하는 제재로서 행정형벌과 목적·기능이 중복되는 면이 없지 않으므로, 동일한 행위를 대상으로 하여 형벌을 부과하면서 아울러 행정질서벌로서의 과태료까지 부과한다면 그것은 이중처벌금지의 기본정신에 배치되어 국가 입법권의 남용으로 인정될 여지가 있음을 부정할 수 없다(헌재 1994.6.30. 92헌바38).

생각건대, 행정형벌과 행정질서벌은 모두 행정벌이므로 동일한 사유에 대하여 양자를 병과해서는 아니된다.[8] 현행 「질서위반행위규제법」은 질서위반행위의 성립요건을 형법에 상응하도록 규정하고 있는데, 이는 행정형벌과 행정질서벌의 병과를 부정하는 입법취지라 할 것이다.

(8) 과태료의 시효

과태료는 행정청의 과태료 부과처분이나 법원의 과태료 재판이 확정된 후 5년간 징수하지 아니하거나 집행하지 아니하면 시효로 인하여 소멸한다(동법 제15조).

2. 행정질서벌의 부과절차

(1) 사전통지 및 의견제출

현행 「질서위반행위규제법」에 따르면, 행정청이 질서위반행위에 대하여 과태료를 부과하고자 하는 때에는 미리 당사자에게 대통령령으로 정하는 사항을 통지하고, 10일 이상의 기간을 정하여 의견을 제출할 기회를 주어야 한다. 이 경우 지정된 기일까지 의견제출이 없는 경우에는 의견이 없는 것으로 본다(동법 제16조 제1항). 당사자가 의견제출 기한 이내에 과태료를 자진하여 납부하는 경우에는 20%의

---

8) 김남진·김연태(Ⅰ), 2008, 472면; 박균성, 행정법론(상), 502면.

범위 이내로 감경될 수 있다(동법 제18조).

행정청은 당사자가 제출한 의견에 상당한 이유가 있는 경우에는 과태료를 부과하지 아니하거나 통지한 내용을 변경할 수 있다(동법 제16조 제3항).

(2) 부과의 방식

「질서위반행위규제법」에 따르면 행정청은 의견제출 절차를 마친 후에 서면으로 과태료를 부과하여야 하며, 서면에는 질서위반행위, 과태료 금액 그 밖에 대통령령으로 정하는 사항을 명시하여야 한다(제17조). 행정청은 당사자가 의견 제출 기한 이내에 과태료를 자진하여 납부하고자 하는 경우에는 대통령령으로 정하는 바에 따라 과태료를 감경할 수 있으며, 현행 대통령령은 이를 20%로 규정하고 있다(동법 제18조, 동법 시행령 제5조).

(3) 과태료 부과의 제척기간

행정청은 질서위반행위가 종료된 날(다수인이 질서위반행위에 가담한 경우에는 최종 행위가 종료된 날을 말한다)부터 5년이 경과한 경우에는 해당 질서위반행위에 대하여 과태료를 부과할 수 없다(질서위반행위규제법 제19조 제1항).

(4) 이의제기 등

「질서위반행위규제법」에 따르면, 행정청의 과태료 부과에 불복하는 당사자는 과태료 부과의 통지를 받은 날부터 60일 이내에 해당 행정청에 서면으로 이의를 제기할 수 있다. 이의제기가 있는 경우에는 행정청의 과태료 부과처분은 그 효력을 상실한다(동법 제20조). 이의제기를 받은 행정청이 이의제기를 받은 날부터 14일 이내에 이에 대한 의견 및 증빙서류를 첨부하여 관할 법원에 통보함으로써 과태료 재판절차로 이행한다(동법 제21조 제1항, 제25조).

행정청은 당사자가 이의를 제기하지 아니하고 과태료를 납부하지 않으면 국세 또는 지방세 체납처분의 예에 따라 강제징수할 수 있다(동법 제24조 제3항).

3. 행정질서벌의 실효성 제고 및 귀속

(1) 실효성 제고

「질서위반행위규제법」은 과태료 납부의 실효성 제고를 위해 다음과 같은 수단을 규정하고 있다. ① 당사자가 의견 제출 기한 이내에 과태료를 자진하여 납부하는 경우에 과태료를 감경할 수 있다(동법 제18조). ② 행정청은 과태료의 부과·징수를 위하여 필요한 때에는 관계 행정기관, 지방자치단체, 그 밖에 대통령령으로 정하는 공공기관의 장에게 그 필요성을 소명하여 자료 또는 정보의 제공을 요청할 수 있다(동법 제23조). ③ 과태료를 체납한 경우에는 가산금과 중가산금을 부과할 수 있고, 관허사업을 제한할 수 있다(동법 제24조, 제52조). ④ 고액상습체납자에 대하여는 신용정보기관에 관련 정보를 제공하고, 법원의 재판을 통하여 30일의 범위 내에서 감치(監置)할 수 있다(동법 제54조).

과태료가 체납된 경우에 부과하는 가산금과 중가산금의 고지는 행정소송의 대상인 행정처분이 아니다.

> **[판 례]** 국세징수법이 규정하는 가산금 또는 중가산금은 국세를 납부기한까지 납부하지 아니하면 과세청의 확정절차 없이도 법률 규정에 의하여 당연히 발생하는 것이므로 가산금 또는 중가산금의 고지가 항고소송의 대상이 되는 처분이라고 볼 수 없다(대법원 2005.6.10. 선고 2005다15482 판결).

실효성 제고수단은 과태료 체납자 또는 고액·상습체납자 등에게 아무런 불이익이 없고 행정청이 적극적으로 강제징수를 추진하기도 어려워 생긴 과태료 체납 현상의 만연을 타개하기 위한 것이다.

(2) 과태료의 귀속

행정청에 의해 부과·징수되는 과태료는 당해 행정청이 속한 국가 또는 지방자치단체에 귀속되고, 「질서위반행위규제법」에 의해 부과·징수되는 과태료는 국가에 귀속된다. 다만, 지방자치단체의 장이 과태료 재판의 집행을 위탁받은 경우에는 그 집행한 금원은 당해 지방자치단체의 수입으로 한다(동법 제43조).

Ⅲ. 행정질서벌의 재판

1. 질서위반행위규제법에 따른 재판

과태료사건은 「질서위반행위규제법」이 정한 절차에 의해 처리된다. 이에 의하면 행정질서벌인 과태료사건은 다른 법령에 특별한 규정이 있는 경우를 제외하고는 과태료에 처할 자의 주소지의 지방법원 또는 그 지원의 관할로 한다(동법 제25조). 과태료의 재판은 이유를 붙인 결정으로써 하며(동법 제36조), 당사자와 검사는 과태료 재판에 대하여 즉시 항고할 수 있다. 이 경우 항고는 집행정지의 효력이 있다(동법 제38조).

> **[판 례]** 과태료재판의 경우, 법원으로서는 기록상 현출되어 있는 사항에 관하여 직권으로 증거조사를 하고 이를 기초로 하여 판단할 수 있는 것이나, 그 경우 행정청의 과태료부과처분사유와 기본적 사실관계에서 동일성이 인정되는 한도 내에서만 과태료를 부과할 수 있다(대법원 2012.10.19. 자 2012마1163 결정).

과태료 재판은 검사의 명령으로써 집행하며, 그 명령은 집행력 있는 집행권원과 동일한 효력이 있다. 이러한 과태료 재판의 집행절차는 「민사집행법」에 따르거나 국세 또는 지방세 체납처분의 예에 따른다(동법 제42조).

2. 조례에 의한 과태료

(1) 지방자치법 제27조에 의한 절차

지방자치단체는 조례를 위반한 행위에 대하여 조례로써 1천만원 이하의 과태료를 정할 수 있고, 조례가 정하는 바에 따라 해당 지방자치단체의 장이나 그 관할 구역안의 자치단체의 장이 부과·징수한다(지방자치법 제34조).

(2) 지방자치법 제139조에 의한 절차

지방자치단체는 사기나 그 밖의 부정한 방법으로 사용료·수수료 또는 분담금의 징수를 면한 자에 대하여는 그 징수를 면한 금액의 5배 이내의 과태료를, 공공시설을 부정사용한 자에 대하여는 50만원 이하의 과태료를 부과하는 규정을 조례로 정할 수 있다(지방자치법 제156조).

그리고 지방자치단체의 조례에 의한 과태료의 부과·징수, 재판 및 집행 등의 절차에 관한 사항은 「질서위반행위규제법」에 따른다.

제 4 장   행정법상 새로운 의무이행 확보수단

I. 개 설

1. 전통적 행정상 강제수단의 문제점

전통적 행정상 강제수단은 19세기의 자유주의적 질서국가에서 인정되던 것으로, 오늘날의 복리국가에서 다양해진 행정법상의 의무이행을 담보하기 위한 수단으로는 적절하지 못하다. 왜냐하면, 행정상 강제집행은 민사상 강제집행과는 달리 모든 행정법상 의무의 실현이 가능하도록 포괄적으로 정비되지 못하여 제도적 완결성을 갖고 있지 못하기 때문이다.

이런 이유로 현행법 아래에서는 행정상 강제수단 중에서 행정벌을 활용하여 의무자에게 심리적 압박을 가함으로써 의무이행을 확보하는 것이 일반적으로 되었다.

그런데 행정벌은 ① 간접강제수단에 불과하며, ② 계속되는 위반행위에 대하여 이중처벌금지의 원칙 때문에 동일한 위반사실에 대하여 반복하여 처벌하지 못하고, ③ 위반행위에 의하여 얻어지는 경제적 이익이 막대한 경우에는 그에 대한 제재로서 과하는 벌금형의 강제효과를 기대하기 어려우며, ④ 모든 위반행위를 적발하여 그에 대하여 행정벌을 과하는 것은 사실상 불가능하고, ⑤ 행정법규의 수가 늘어남에 따라 행정벌도 늘어나고 이러한 벌칙을 모든 위반행위에 빠짐없이 적용하면 전과자를 양산하는 문제가 발생한다.

2. 새로운 의무이행 확보수단의 필요성

오늘날 복리국가에 있어서의 행정주체는 공공복리증진을 실현시키기 위하여 국민의 사회·경제적 생활에 적극적으로 관여하고 있다. 이와 같은 적극행정의 대두에 따라 행정주체는 다양한 수단에 의거하여 국민생활에 관여하고 있으며, 그 결과 국민이 지는 행정법상 의무 역시 다양해지고 있다.

이처럼 행정작용이 복잡·다양해짐에 따라 종래의 행정상 강제·행정벌 등의 전통적인 강제수단만으로는 현대행정의 다양한 수요에 충분히 대응할 수 없어 이를 극복하기 위한 방안의 하나로 행정현실에 상응하는 새로운 의무이행 확보수단을 인정할 필요가 생겼다.

3. 새로운 의무이행 확보수단의 유형

새로운 의무이행확보수단으로는 ① 공급거부, ② 공표, ③ 관허사업의 제한, ④ 제재처분, ⑤ 가산세, ⑥ 과징금 등이 인정되고 있다.

행정청은 일정한 행정법상의 의무위반에 대하여 수도나 전기의 공급을 거부한다든가 그 의무위반사항을 불특정다수인에게 공표하거나 납세의무를 이행하지 않는 자에 대하여 관허사업의 제한이나 영업허가를 거부 또는 철회함으로써 행정법상의 의무이행을 확보하려고 하고 있다. 이들은 모두 간접적으로 의무이행을 담보하여 행정목적의 실현을 보장하려는 것이다.

4. 새로운 의무이행 확보수단의 한계

새로운 유형의 의무이행확보수단이 등장함에 따라 행정법규의 실효성확보의 강화라는 긍정적인 측면과 아울러 상대적으로는 법치행정의 원칙과 국민의 기본권을 침해할 수 있는 위험이 따르는 부정적인 문제가 동시에 제기되고 있다.

생각건대, 새로운 의무이행 확보수단은 행정권의 강화 내지 공익실현 우선의 측면에서 등장한 만큼 헌법의 기본원리인 인권보장의 취지 및 공권력 행사의 엄격한 제한이라는 취지를 고려하여 그 도입과 운영에 법치주의의 한계를 벗어나지 않아야 할 것이다.

Ⅱ. 공급거부

1. 공급거부의 의의

공급거부는 행정상의 의무를 위반하거나 불이행한 자에 대하여 일정한 행정상의 수도·전기·가스 등의 역무나 재화의 공급을 거부하는 행정조치를 말한다. 오늘날의 현대국가들 대부분은 그 복리국가적 성격으로 말미암아 국민의 생활배려를 위한 급부행정이 발달하여 국민이 행정에 의존하는 바가 커지게 되었다. 이렇게 처음에는 국민의 생활배려라는 수익적 목적을 위한 급부행정이 그 영역의 확대로 인하여 개인의 생활이 행정권의 활동에 의존하는 경향이 점차 커지게 되자, 행정주체는 국민의 행정법상의 의무불이행이나 의무위반에 대해 일정한 급부를 거부함으로써 의무의 이행을 확보하려는 수단으로 사용하게 되었다.

2. 공급거부의 법적 근거

공급거부는 다른 행정목적을 위하여 간접적으로 강제하는 수단이며, 상대방

에 대한 권리를 침해하는 침해적 행정작용이기 때문에 엄격한 법적 근거를 요한
다. 따라서 법적 근거 없는 공급거부는 허용되지 않는다.

3. 공급거부의 운영실태

과거 「건축법」, 「산업집적법」, 「소음·진동규제법」등의 실정법은 전화·전기·
수도의 설치나 공급을 거부하는 근거규정을 가지고 있었으며 행정실무에서도 공
급거부가 매우 광범위하게 운영되었다. 예컨대 구 건축법 제69조 제2항은 "허가권
자는 허가 또는 승인이 취소된 건축물 또는 시정명령을 받고 이행하지 아니한 건
축물에 대하여는 전기·전화·수도의 공급자, 도시가스사업자 또는 관계행정기관의
장에게 전기·전화·수도 또는 도시가스공급시설의 설치 또는 공급의 중지를 요청
할 수 있다"라고 규정하고 있었다.[1]

한편, 공급거부라는 수단은 행정목적의 달성에는 아주 효율적인 제도이지만,
부당결부금지의 원칙에 위반된다는 학계의 비판이 끊임없이 제기되었다. 그 결과
공급거부를 규정하고 있는 대부분의 법률은 개정되어 모두 삭제되었다. 다시 말해
현재 명시적으로 공급거부를 규정하고 있는 법률은 존재하지 않는다.

4. 공급거부와 권리구제

공급거부는 급부행정의 영역에서 문제되는 것이나, 그 급부관계의 성질이 공
법적인 경우도 있고 사법적인 경우도 있어 매우 다양하다. 따라서 공급거부의 성
질을 규명하여 그에 따라 구제절차를 정하여야 한다.

공급거부가 사법적인 경우에는 민사소송의 방법에 의하고, 공법적인 경우에
는 행정쟁송의 방법에 의하여 다툴 수 있다. 후자의 경우 공급거부의 내용인 단전
조치, 단수조치의 처분성이 인정되어야 한다. 판례는 단수조치를 행정처분으로 보
고 있으므로 위법한 단수조치에 대해서는 취소소송을 제기할 수 있다.[2] 다만, 공
급거부 요청행위나 회신은 항고소송의 대상이 되는 행정처분이 아니다.

[판 례] 행정청이 위법 건축물에 대한 시정명령을 하고 나서 위반자가 이를 이행하
지 아니하여 전기·전화의 공급자에게 그 위법 건축물에 대한 전기·전화공급을 하
지 말아 줄 것을 요청한 행위는 권고적 성격의 행위에 불과한 것으로서 전기·전화
공급자나 특정인의 법률상 지위에 직접적인 변동을 가져오는 것은 아니므로 이를
항고소송의 대상이 되는 행정처분이라고 볼 수 없다(대법원 1996.3.22. 선고 96누
433 판결).

---

1) 이 규정은 2005년 삭제되었다.
2) 대법원 1979.12.28. 선고 79누218 판결.

[판 례] 무단 용도변경을 이유로 단전조치된 건물의 소유자로부터 새로이 전기공급 신청을 받은 한국전력공사가 관할구청장에게 전기공급의 적법 여부를 조회한 데 대하여, 관할구청장이 한국전력공사에 대하여 위 건물에 대한 전기공급이 불가하다는 내용의 회신을 하였다면, 그 회신은 권고적 성격의 행위에 불과한 것으로서 한국전력공사나 특정인의 법률상 지위에 직접적인 변동을 가져오는 것은 아니므로 항고소송의 대상이 되는 행정처분이라고 볼 수 없다(대법원 1995.11.21. 선고 95누9099 판결).

Ⅲ. 위반사실의 공표

1. 공표의 의의

위반사실의 공표는 일정한 행정법상의 의무위반이 있는 경우에 위반자의 성명·위반사실 등을 인터넷, 신문, 방송 등 매체를 통하거나 불특정다수인이 주지할수 있도록 공개함으로써 그 위반자의 명예·신용의 침해를 위협하여 행정법상의의무이행을 간접적으로 강제하는 수단이다. 공표대상자에게 사회적 비난에 따른수치심과 정신적 고충을 가하여 이를 통하여 행정법상의 의무의 이행을 강제하고자 하는 것이다.[3]

2. 공표의 법적 근거

위반자의 명단·위반사실을 공개하는 것은 그 상대방의 기본권, 특히 인격권·프라이버시권 등을 침해하는 침해적 행위이기 때문에 법률에 근거가 있어야 한다.

현재 공표를 규정하고 있는 법률은 국민의 보건과 같이 중요한 사안이거나공익과 밀접한 관련성이 있는 경우가 대부분이며, 「식품위생법」, 「국민건강보험법」, 「석유사업법」 등이 대표적인 예이다.

「식품위생법」 제84조에 따르면 행정청은 영업자가 위반행위를 하여 폐기처분, 허가취소 등의 행정처분을 할 경우 "식품위생법 위반사실의 공표"라는 표제아래 영업의 종류, 영업소 명칭, 소재지 및 대표자 성명, 식품 등의 명칭, 위반행위의 구체적인 내용과 행정처분의 내용과 기간 등을 해당 기관의 인터넷 홈페이지나일반일간신문에 게재하여 공표하여야 한다.

또한 「국민건강보험법」은 서류를 위조·변조하여 요양급여비용을 거짓으로청구하는 요양기관에 대하여 공표를 할 수 있도록 규정하고 있는 바(제100조), 이는 국민의 건강을 담보하는 요양기관이 불공정, 편법행위 등을 하지 않고 건전하

---

3) 김치환, 행정상 공표에 있어서 실효성 확보와 권익보호의 조화, 토지공법연구, 제26집(2005. 6), 265면.

게 운영될 수 있도록 도모하기 위한 것이다.

「석유사업법」은 석유정제업자나 석유대체연료 제조업자가 가짜석유제품 제조 등의 금지 의무를 위반한 것으로 밝혀진 경우에 이를 공표하도록 규정하고 있다(제39조의2).

한편 「공직자윤리법」은 공무원의 재산등록 및 공개의무에 따른 등록대상재산을 허위기재하거나 중대한 과실로 누락 또는 오기한 경우에 일간신문 광고란을 통한 허위등록사실의 공표를 규정하고 있으며(제8조의2 제1항 제3호, 제2항 제3호), 「원산지표시법」은 농수산물이나 그 가공품 등의 원산지 등을 2회 이상 표시하지 아니하거나 거짓으로 표시함에 따라 시정명령 등의 처분이 확정된 경우 처분과 관련된 사항을 주요 인터넷 정보제공 사업자의 홈페이지에 공표하도록 규정하고 있다(제9조).

「건축법」은 행정청이 「건축법」에 위반한 위반건축물 등의 건축주에게 공사의 중지 또는 그 건축물의 철거 등 시정명령을 하는 경우에는 표지를 그 위반건축물이나 그 대지에 설치하도록 규정하고 있다(제79조 제4항). 표지의 설치를 통해 의무위반사실을 알린다는 점에서는 공표와 유사한 것이라 하겠다.

「국세기본법」은 불성실기부금수령단체 등의 명단을 공개할 수 있도록 규정하고 있는데(제85조의5), 이 역시 행정상의 공표에 해당한다.

> **[판 례]** 청소년 성매수자에 대한 신상공개를 규정한 구 「청소년의 성보호에 관한 법률」 제20조 제2항 제1호가 이중처벌금지원칙에 위배되지 않는다(헌재 2003.6.26. 2002헌가14).

3. 공표의 법적 성질

공표는 일정한 행정법상의 의무위반사항을 일반에게 공개하여 의무이행을 확보하려는 행위이다. 이러한 공표는 사실행위이지만 그로 인하여 의무위반자의 명예나 신용이 침해되므로 단순한 사실행위가 아닌 권력적 사실행위이다.

대법원은 병역의무기피자에 대한 인적사항 공표는 공개를 위한 행정결정이 전제되어 있는 사실행위로서 항공소송의 대상이 되는 행정처분이라고 하였다.

> **[판 례]** 병무청장이 병역법 제81조의2 제1항에 따라 병역의무 기피자의 인적사항 등을 인터넷 홈페이지에 게시하는 등의 방법으로 공개한 경우 병무청장의 공개결정을 항고소송의 대상이 되는 행정처분으로 보아야 한다. 그 구체적인 이유는 다음과

같다.

① 병무청장이 하는 병역의무 기피자의 인적사항 등 공개는, 특정인을 병역의무 기피자로 판단하여 그 사실을 일반 대중에게 공표함으로써 그의 명예를 훼손하고 그에게 수치심을 느끼게 하여 병역의무 이행을 간접적으로 강제하려는 조치로서 병역법에 근거하여 이루어지는 공권력의 행사에 해당한다.

② 병무청장이 하는 병역의무 기피자의 인적사항 등 공개조치에는 특정인을 병역의무 기피자로 판단하여 그에게 불이익을 가한다는 행정결정이 전제되어 있고, 공개라는 사실행위는 행정결정의 집행행위라고 보아야 한다. 병무청장이 그러한 행정결정을 공개 대상자에게 미리 통보하지 않았다거나 처분서를 작성·교부하지 않았다는 점만으로 항고소송의 대상적격을 부정하여서는 아니 된다.

③ 병무청 인터넷 홈페이지에 공개 대상자의 인적사항 등이 게시되는 경우 그의 명예가 훼손되므로, 공개 대상자는 자신에 대한 공개결정이 병역법령에서 정한 요건과 절차를 준수한 것인지를 다툴 법률상 이익이 있다. 병무청장이 인터넷 홈페이지 등에 게시하는 사실행위를 함으로써 공개 대상자의 인적사항 등이 이미 공개되었더라도, 재판에서 병무청장의 공개결정이 위법함이 확인되어 취소판결이 선고되는 경우, 병무청장은 취소판결의 기속력에 따라 위법한 결과를 제거하는 조치를 할 의무가 있으므로 공개 대상자의 실효적 권리구제를 위해 병무청장의 공개결정을 행정처분으로 인정할 필요성이 있다. 만약 병무청장의 공개결정을 항고소송의 대상이 되는 처분으로 보지 않는다면 국가배상청구 외에는 침해된 권리 또는 법률상 이익을 구제받을 적절한 방법이 없다(대법원 2019.6.27. 선고 2018두49130 판결).

4. 공표제도와 프라이버시권과의 관계

공표제도는 행정법상의 의무위반사실을 대중에게 공표함으로써 의무위반자에게 정신적 고통을 가하여 행정법상의 의무이행을 강제하는 제도이므로 개인에 대한 명예나 신용을 훼손하거나 수치심을 자극하는 정도가 크면 클수록 그 실효성을 거둘 수 있는 제도이다.

한편, 공표제도는 사생활의 비밀과 자유의 불가침을 보장하고 있는 헌법 제17조에 대한 침해여부와 관련하여 문제가 될 수 있다. 헌법 제17조의 사생활의 비밀과 자유 내지는 프라이버시권도 공공이익을 위해서 그 제한이 불가피한 경우에는 법률이 정하는 범위 내에서 허용된다. 또한, 프라이버시권이 국민의 알 권리 등의 다른 기본권과 충돌하는 경우에는 그 이익을 비교·형량하여 법률로 정하는 범위 내에서 허용된다.

따라서 공표제도는 행정법의 일반원칙을 준수하면서 프라이버시권과 알권리를 조화시키는 범위와 방법으로 규율되는 것이 바람직하다고 본다.

[판 례] 인격권으로서의 개인의 명예의 보호와 표현의 자유의 보장이라는 두 법익이 충돌하였을 때 그 조정을 어떻게 할 것인지는 구체적인 경우에 사회적인 여러 가지 이익을 비교하여 표현의 자유로 얻어지는 이익, 가치와 인격권의 보호에 의하여 달성되는 가치를 형량하여 그 규제의 폭과 방법을 정하여야 한다(대법원 1998. 7.14. 선고 96다17257 판결).

5. 공표의 한계

프라이버시권의 제한보다 큰 공공의 이익을 위해서 또는 국민의 알 권리 등의 보장을 위해서 불가피한 경우에는 공표는 허용되는 것이나, 그것을 규율하는 법률은 헌법 제37조 제2항의 기본권제한의 한계를 준수하여야 한다.

또한, 공표는 법의 우위의 원칙에 따라 법에 적합하게 행사하여야 하는 법규상의 한계 내에서 허용된다. 공표는 그 달성하고자 하는 행정목적을 위하여 필요한 최소한도에 그쳐야 하는 등 비례원칙에 의한 한계가 있다.

6. 공표에 대한 권리구제

공표는 그 자체로서는 아무런 법적 효과도 발생하지 아니하는 사실행위이기 때문에 처분성을 인정하기 어렵다는 입장에서는 공표에 대한 행정소송의 제기가 불가능하다고 본다.

한편, 공표의 처분성을 긍정하는 입장은 공표행위는 실질적으로는 간접적 강제기능을 수행하고 있다는 점을 고려하여 위법한 공표행위에 대한 다른 적절한 구제수단이 없는 한도에서는 행정쟁송법상의 '기타 이에 준하는 작용'으로서의 처분으로 보고 있다.[4] 이 견해는 공표를 권력적 사실행위로 행정소송의 대상인 처분에 해당하는 것으로 본다.

Ⅳ. 관허사업의 제한

1. 관허사업 제한의 의의

관허사업은 일정한 법률행위나 사실행위의 적법요건으로서 행정청의 인가·허가·면허·등록 등을 필요로 하는 각종의 사업을 말하며, 관허사업의 제한이란 행정법상 의무를 위반한 사람에 대하여 행정기관이 인가·허가·면허·등록 등을 하지 않는 것을 말한다. 관허사업의 제한은 국가 공동체사회의 공공의 안녕과 질서유지라는 국가목적 내지는 행정목적을 실현하기 위하여 헌법상의 직업선택의 자유, 영업의 자유 등의 기본권을 제한하는 제도적 장치를 의미한다.

---

4) 김동희, 행정상 위반사실의 공표, 고시연구(1999.12.), 143면.

관허사업의 인가나 허가를 받는 것은 곧 국민의 자연적 자유의 회복 내지는 일정한 이익 또는 일정한 권리를 향수할 수 있는 지위를 가지게 되는 것을 의미한다. 그러므로 관허사업의 제한은 바로 허가 또는 인가를 받은 자의 일정한 이익이나 지위를 박탈하는 침해적 행정작용이 되는 것이다. 그리고 관허사업의 제한은 의무위반과 직접적인 관련이 없는 일체의 관허사업을 일반적으로 제한하고 있어 과잉금지의 원칙과 부당결부의 원칙에 반한다는 비판을 받고 있다.

2. 관허사업 제한의 내용

관허사업의 제한이란 행정법상 의무를 위반한 사람에 대하여 의무위반과 관련된 사업인지 여부를 묻지 않고 모든 관허사업을 제한하는 것을 말한다. 이는 행정법상의 의무위반사항과 직접적인 관련이 없는 각종의 인가·허가 등 수익적 행정행위를 철회하거나 정지함으로써 간접적으로 행정법상의 의무이행을 확보하는 경우를 말한다.

3. 관허사업 제한의 법적 근거

행정법상의 의무위반과 직접적인 관련이 없는 일반적 관허사업의 제한을 규정한 현행법으로는 체납자에 대한 「국세징수법」 제112조와 「지방세징수법」 제7조, 병역기피자에 대한 「병역법」 제76조, 위반건축물을 이용한 자에 대한 「건축법」 제79조 등이 있다.

4. 관허사업 제한의 종류

(1) 체납자에 대한 제한

「국세징수법」은 체납자에 대하여 일반적인 관허사업의 제한을 광범위하게 규정하고 있다. 우선 세무서장은 납세자가 특별한 사유 없이 국세를 체납한 때에는 허가·인가·면허 및 등록과 그 갱신을 요하는 사업의 주무관서에 당해 납세자에 대하여 그 허가 등을 하지 아니할 것을 요구할 수 있다(동법 제112조 제1항). 또한 세무서장은 이미 허가 등을 받아 사업을 경영하는 자가 국세를 3회 이상 체납한 경우로서 그 체납액이 500만원 이상일 때에는 그 주무관서에 사업의 정지 또는 허가의 취소를 요구할 수 있다(동법 제112조 제2항).

이처럼 세무서장이 허가 등을 하지 아니할 것을 요구하거나 사업의 정지나 허가의 취소 등을 요구한 때에는 당해 주무관서는 정당한 사유가 없는 한 이에 따라야 하며, 그 조치결과를 즉시 해당 세무서장에게 알려야 한다(동법 제112조 제4항).

「국세징수법」에 의한 관허사업의 제한은 조세의 체납자에 대하여 국가의 허가나 인가를 요하는 사업을 새로이 할 수 없게 하거나 기존의 허가·인가 등을 취소 또는 정지하여 기존의 사업도 하지 못하게 함으로써 체납세무의 납부를 강제하는 의무이행확보수단의 하나이다.

(2) 위반건축물에 대한 제한

위반건축물이란 대지 또는 건축물이 「건축법」 또는 동법에 의한 명령이나 처분에 위반함으로써 그에 대한 허가나 승인이 취소된 건축물과 공사의 중지 등 시정명령을 받고도 이행하지 아니한 건축주 등의 건축물을 말한다(제79조 제1항).

이와 같은 위반건축물에 대하여는 허가권자는 당해 건축물을 사용하여 행하는 다른 법령에 의한 영업 기타 행위의 허가·면허·인가등록·지정 등을 하지 아니하도록 요청할 수 있고, 그 요청을 받은 자는 특별한 이유가 없으면 요청에 따라야 한다(동법 제79조 제2항·제3항).

V. 제재처분

1. 제재처분의 의의

제재처분이란 법령등에 따른 의무를 위반하거나 이행하지 아니하였음을 이유로 당사자에게 의무를 부과하거나 권익을 제한하는 처분을 말한다(행정기본법 제2조 제5호). 일반적으로 제재처분은 행정법규에 의하여 인허가를 받은 자가 행정상 의무를 위반하거나 이행하지 않은 경우에, 당해 법률에 근거하여 의무를 부과하거나 (예: 과징금 부과) 인허가를 철회·정지하는(예: 운전면허 취소·정지) 등 권익을 제한하는 것을 말한다. 따라서 의무위반 내지 의무 불이행 없이 당사자에게 의무를 부과하거나 권익을 제한하는 처분(예: 조세부과)은 제재처분이 아니다.

「행정기본법」은 일반적인 처분과는 달리 제재처분을 별도로 규율하고 있다. 이처럼 제재처분을 별도로 규율하고 있는 이유는, 제재처분의 적용 기준인 행위시 법주의(제14조 제3항), 제재처분 법률주의(제22조), 제재처분 제척기간(제23조) 등과 같이 일반적인 처분과는 다른 제재처분만의 규율이 있기 때문이다.

「행정기본법」에 따른 제재처분에는 행정대집행, 이행강제금, 직접강제, 강제징수, 즉시강제와 같은 행정상 강제는 포함되지 않는다. 따라서 행정상 강제에는 「행정기본법」상의 제재처분에 대한 규정들이 적용되지 않는다.

2. 제재처분의 법적 근거

(1) 제재처분 법정주의

「행정기본법」 제22조 제1항은 "제재처분의 근거가 되는 법률에는 제재처분의 주체, 사유, 유형 및 상한을 명확하게 규정하여야 한다"라고 제재처분 법정주의를 명시하고 있다. 제재처분은 국민의 권리를 이익을 제한하는 침해적 처분이므로, 헌법 제37조 제2항에 비추어 엄격한 법의 통제 아래 이루어져야 한다. 즉 제재처분의 법적 근거는 법률에 규정되어 있어야 한다.

(2) 제재처분 입법시 고려사항

제재처분의 근거가 되는 법률에는 ① 누가 제재처분을 할 수 있는지(주체), ② 어떠한 경우에 제재처분을 할 수 있는지(사유), ③ 어떠한 유형의 제재처분이 허용되는지(유형), ④ 제재처분의 상한은 무엇인지(상한) 등이 명확하게 규정되어 있어야 한다.

권익을 제한하는 제재처분의 유형에는 인허가의 정지·취소·철회, 등록 말소, 영업소 폐쇄처분 등이 있고, 의무를 부과하는 제재처분의 유형으로는 과징금 등이 있다. 제재처분의 근거가 되는 법률에는 제재처분의 내용을 규정하면서 동시에 하한과 상한을 규정하여야 하여야 한다(예: 영업정지처분의 경우 그 기간을 1개월 이상 6개월 이하). 그리고 이러한 제재처분의 유형과 상한을 법률로 규정할 때에는 해당 위반행위의 특수성과 유사한 위반행위와의 형평성 등을 종합적으로 고려하여야 한다(행정기본법 제22조 제1항).

「행정기본법」제22조 제1항에서 규정하고 있는 제재처분에 대한 입적 기준은 기본적으로 법률을 제정하거나 개정하는 과정에서 고려되어야 할 사항이지, 행정청이 제재처분을 발령하는 과정에서 적용되지는 않는다.

(3) 제재처분 입법 사례

제재처분의 유형으로 인허가의 취소 또는 정지를 규정하고 있는 대표적 입법 사례는 다음과 같다.

① 「건축법」의 규정에 의한 허가나 승인을 건축법령 또는 그에 의한 처분에 위반한 것을 이유로 취소하는 경우(제79조 제2항).

② 「국토계획법」에 의한 허가·인가 등의 취소, (i) 「국토계획법」과 시행령, 시행규칙 그리고 그에 따른 처분에 위반한 경우, (ii) 부정한 방법으로 동법에 의한 허가·인가 또는 승인을 받은 경우 등을 이유로 취소하는 경우(제133조 제1항).

③ 「도로교통법」에 의한 운전면허의 취소·정지, (i) 혈중 알콜농도 0.03퍼센트 이상인 자가 자동차등을 운전한 경우, (ii) 약물의 영향으로 인하여 정상적으로 운전하지 못할 우려가 있는 상태에서 자동차등을 운전한 경우, (iii) 도로에서 2명 이상이 공동으로 2대 이상의 자동차등을 정당한 사유없이

앞뒤로 또는 좌우로 줄지어 통행하면서 다른사람에게 위해를 끼치거나 교
통상의 위험을 발생하게 하는 공동 위험행위를 한 경우 등(제93조 제1항).

④「식품위생법」에 의한 영업허가를 동법상의 의무위반, 즉 (i) 판매금지된 식
품 또는 첨가물을 판매하거나, (ii) 질병에 걸렸거나 그 염려가 있는 동물
등을 식품으로 판매한 경우 (iii) 판매를 목적으로 하거나 영업에 사용할
목적으로 수입한 식품등을 신고하지 않은 경우 등을 이유로 당해 영업허
가의 전부 또는 일부를 취소하거나 6월 이내의 기간을 정하여 영업을 정지
하는 경우(제75조 제1항).

⑤「마약류관리법」에 의한 마약취급자가 동법상의 의무위반 또는 기타 마약
에 관한 법령에 위반한 것을 이유로 마약취급업자의 면허를 취소하거나
그 업무 또는 마약사용의 전부 또는 일부의 정지를 명하는 경우(제44조)

3. 제재처분의 기준

(1) 행위시법주의

「행정기본법」제14조 제3항은 "법령등을 위반한 행위의 성립과 이에 대한 제
재처분은 법령등에 특별한 규정이 있는 경우를 제외하고는 법령등을 위반한 행위
당시의 법령등에 따른다"고 하여 행위시법주의를 명시하고 있다.

예컨대 9월 1일에 음주운전으로 단속되었고 행정청은 운전면허 정지 등 제재
처분에 관한 행정절차를 시작하였다. 그런데 9월 10일에 「도로교통법」 개정으로
제재처분이 강화되었고 이러한 상황에서 행정청이 9월 20일자로 제재처분을 해야
한다면 어느 시점이 기준이 되는지가 문제된다. 즉, 행위시인 9월 1일을 기준으로
제재처분을 해야 하는지, 아니면 처분시인 9월 20일 법령을 기준으로 해야 하는지
가 문제될 수 있다.

「행정기본법」제14조 제13항은 이러한 문제의 해결책으로 제시된 규정이다.
제재처분의 경우 처분시가 아닌 위반행위 당시의 법령이 기준이 된다는 행위시법
주의를 채택하고 있는 것이다. 국민은 행위 당시의 법령을 준수할 수 있는 것이지
미래의 개정될 법령을 미리 준수할 수는 없기 때문이다.

(2) 변경 법령의 적용

「행정기본법」제14조 제3항 단서는 "법령등을 위반한 행위 후 법령등의 변경
에 의하여 그 행위가 법령등을 위반한 행위에 해당하지 아니하거나 제재처분 기준
이 가벼워진 경우로서 해당 법령등에 특별한 규정이 없는 경우에는 변경된 법령등
을 적용한다"라고 하여 행위시법주의에 대한 예외를 허용하고 있다.

예컨대 「식품위생법」 위반행위로 3개월 영업정지라는 제재처분이 예정된 상황에서, 법개정으로 해당 위반행위에 대한 제재가 삭제되거나 3개월이 1개월로 완화된 경우는 행위시의 법령이 아닌 변경된 법령을 적용한다는 것이다. 제재처분이 완화된 것은 기존의 사회적 인식에 변화가 있다는 것이고, 제재처분의 기준 역시 당연히 이러한 변화를 반영하여야 한다는 것이다.

4. 제재처분 집행시 고려사항

「행정기본법」 제22조 제2항은 재량이 있는 제재처분의 집행시 행정청이 고려하여야 할 사항을 규정하고 있다. 이에 따르면 행정청은 제재처분을 발령하는 경우 ① 위반행위의 동기, 목적 및 방법, ② 위반행위의 결과, ③ 위반행위의 횟수 등을 종합적으로 고려하여야 한다.

이러한 고려사항은 제재처분과 관련된 행정청의 재량행사 기준으로 볼 수 있다. 따라서 이러한 사항을 제대로 고려하지 않고 이루어진 제재처분은 재량권 행사의 하자가 있는 처분으로 판단될 수 있다.

5. 제재처분의 제척기간

(1) 제척기간의 의의

법위반 행위에 대해 행정청이 장기간 제재처분을 하지 않을 경우 당사자 입장에서는 법적 불안정성이 지속되게 된다. 또한, 장기간 제재처분이 이루어지지 않아 제재처분이 없을 것으로 신뢰한 상태에서 제재처분이 부과되면 당사자의 신뢰가 침해된다. 법적 안정성 보장과 신속한 제재처분 집행 유도라는 측면에서 제재처분에 대한 제척기간의 도입은 필요하다. 제척기간이란 행정청이 일정한 기간 내에 권한을 행사하지 않으면 그 기간의 경과로 해당 권한이 소멸되어 더 이상 권한을 행사할 수 없게 하는 제도를 말한다.

「행정기본법」 제23조 제1항은 "행정청은 법령등의 위반행위가 종료된 날부터 5년이 지나면 해당 위반행위에 대하여 제재처분(인허가의 정지·취소·철회, 등록 말소, 영업소 폐쇄와 정지를 갈음하는 과징금 부과)을 할 수 없다"라고 제재처분의 제척기간을 명시하고 있다.

(2) 제척기간 적용 대상

모든 재재처분이 제척기간의 적용 대상이 되는 것은 아니다. 즉, 법령등에 따른 의무를 위반하거나 이행하지 아니하였음을 이유로 당사자에게 의무를 부과하거나 권익을 제한하는 모든 제재처분에 대해 제척기간이 적용되는 것은 아니다. 「행정기본법」 제23조 제1항에 따라 제척기간의 적용을 받는 제재처분의 범위는 인허가의 정지·취소·철회, 등록 말소, 영업소 폐쇄와 정지를 갈음하는 과징금 부과에 한정된다.

따라서 이 유형에 해당하지 않는 제재처분(예컨대 영업정지와 관계없이 이익 환수 차원에서 부과되는 과징금)은 제척기간의 적용 대상에서 제외된다. 또한, 행정상 강제의 경우 제재처분의 개념에 포함되지 않기 때문에 당연히 제척기간이 적용되지 않는다.

(3) 제척기간 및 효과

「행정기본법」 제23조에 따른 제재처분의 제척기간은 5년이다. 즉, 기산점이 되는 법령등의 위반행위가 종료된 날부터 5년이 지나면 행정청은 제재처분을 할 수 없다. 다만, 개별 법령에서 달리 제척기간을 정하고 있거나 제척기간을 배제하는 규정을 둔 경우에는 그 법률의 규정에 따른다. 또한 「행정기본법」 제23조 제2항에 따른 제척기간의 예외에 해당할 경우는 제척기간 도과와 상관없이 제재처분이 가능하다.

(4) 제척기간 적용의 배제

제재처분의 제척기간을 인정한다고 하더라도 상대방의 신뢰를 보호해줄 필요가 없거나 공익상 필요한 특별한 사유가 있는 경우에는 제척기간을 적용하지 않는 것이 구체적 타당성에 부합하다.

「행정기본법」 제23조 제2항은 제척기간의 적용을 배제하는 사유로 ① 거짓이나 그 밖의 부정한 방법으로 인허가를 받거나 신고를 한 경우, ② 당사자가 인허가나 신고의 위법성을 알고 있었거나 중대한 과실로 알지 못한 경우, ③ 정당한 사유 없이 행정청의 조사·출입·검사를 기피·방해·거부하여 제척기간이 지난 경우, ④ 제재처분을 하지 아니하면 국민의 안전·생명 또는 환경을 심각하게 해치거나 해칠 우려가 있는 경우 등을 들고 있다. 이러한 경우는 제척기간의 적용으로 제재처분 상대방이 얻는 이익보다 제척기간을 적용하지 아니함으로 인해 오는 공익이 더 크다고 본 것이다.

6. 제재처분의 승계

(1) 의 의

제재처분의 승계란 인·허가사업 등의 양도자에게 발생한 제재처분의 사유(허가 등의 정지·철회사유, 영업소의 폐쇄조치 사유 등)가 타인에게 이전되는 경우를 말한다. 제재처분의 승계를 부인하는 경우 행정법상의 의무를 강제하기 위해 행해진 제재수단이 무력화되는 문제가 생긴다.

(2) 학 설

제재처분의 승계에 대해서는 승계부정설, 승계긍정설, 한정승계인정설 등의 견해가 있다. 일신전속적 성질의 제재처분의 사유를 제외한 대물적 성질의 제재처분의 승계만을 인정한다는 한정승계인정설이 다수설의 입장이다.

(3) 판 례

판례도 제재처분의 성질이 대인적 성질의 것인지 대물적 성질의 것인지를 구별하여 후자에 대해서만 일반적으로 승계를 인정하고 있다.

> [판 례] 석유판매업 등록은 원칙적으로 대물적 허가의 성격을 갖고 있으므로, 위와 같은 지위승계에는 종전 석유판매업자가 유사석유제품을 판매함으로써 받게 되는 사업정지 등 제재처분의 승계가 포함되어 그 지위를 승계한 자에 대하여 사업정지 등의 제재처분을 취할 수 있다(대법원 2003.10.23. 선고 2003두8005 판결).

> [판 례] 산림법의 규정에 의한 원상회복명령에 따른 복구의무는 타인이 대신하여 행할 수 있는 일신전속적인 성질을 가진 것이 아니므로 산림을 무단형질변경한 자가 사망한 경우 당해 토지의 소유권 또는 점유권을 승계한 자가 사망한 경우 그 상속인은 그 복구의무를 부담한다. 따라서 행정청은 그 상속인에 대하여 복구명령을 할 수 있다(대법원 2005.8.19. 선고 2003두9817 판결).

> [판 례] 구 건축법상의 이행강제금은 위반행위에 대하여 시정명령을 받은 후 시정기간 내에 당해 시정명령을 이행하지 아니한 건축주에게 부과되는 간접강제의 일종으로서 그 이행강제금 납부의무는 상속인 기타의 사람에게 승계될 수 없는 일신전속적인 성질의 것이므로 이미 사망한 사람에게 이행강제금을 부과하는 내용의 처분이나 결정은 당연무효이다(대법원 2006.12.0. 자 2006마470 결정).

(4) 승계의 한계

1) 비례의 원칙

제재처분의 승계는 비례의 원칙상 ① 당해 행정목적을 달성하는 데 적합해야 하며, ② 설정된 지위승계의 목적을 실현하기 위하여 필요한 이상으로 행해져서는 아니 되고, ③ 당해 지위승계가 설정된 행정목적을 실현하기 위하여 필요한 경우라 할지라도 그 지위승계는 공익상 필요의 정도와 상당한 균형을 유지해야 한다.

> [판 례] 주유소 영업의 양도인이 등유가 섞인 유사휘발유를 판매한 바를 모르고 이를 양수한 석유판매영업자에게 전 운영자인 양도인의 위법사유를 들어 사업정지기

간 중 최장기인 6월의 사업정지에 처한 영업정지처분이 석유사업법에 의하여 실현
시키고자 하는 공익목적의 실현보다는 양수인이 입게 될 손실이 훨씬 커서 재량권
을 일탈한 것으로서 위법하다(대법원 1992.2.25. 선고 91누13106 판결).

2) 제3자의 신뢰보호

제재처분의 승계가 인정되는 경우에도 처분사유가 존재하였다는 사실을 알지
못한 선의의 양수인에게는 승계되지 아니할 수 있다. 「식품위생법」 제78조는 "행
정제재처분의 효과는 양수인 등에 승계되며, 다만 양수인이 그 처분 또는 위반사
실을 알지 못하였음을 증명하는 때에는 그러하지 아니하다"라고 규정하고 있다.
이는 위반사실을 모르는 선의의 제3자의 신뢰를 보호하기 위해 제재처분효과의
승계를 입법적으로 제한하고 있는 것이다.

Ⅵ. 가산세

1. 가산세의 의의

가산세란 세법상 의무의 성실한 이행을 확보하기 위하여 세법에 따라 산출한
세액에 가산하여 징수하는 금액을 말한다. 이는 세법상 의무위반에 대한 경제적
불이익으로서 본래의 조세와는 별개로 과하여지는 조세이다.

가산세는 오로지 형식적으로만 조세일 뿐이고, 본질적으로는 본세(本稅)의 징
수를 확보하기 위한 수단이다. 가산세의 법적 성질에 대하여는 일종의 행정벌이라
는 것이 지배적 견해이며, 판례의 입장이다. 가산세를 부과함에 있어 고의·과실은
고려되지 아니하나, 의무불이행의 정당한 사유가 있는 경우에는 가산세를 부과할
수 없다.

[**판 례**] 세법상 가산세는 과세권의 행사 및 조세채권의 실현을 용이하게 하기 위하
여 납세자가 정당한 이유 없이 법에 규정된 신고, 납세 등 각종 의무를 위반한 경
우에 개별세법이 정하는 바에 따라 부과되는 행정상의 제재로서 납세자의 고의, 과
실은 고려되지 않는다(대법원 2011.4.28. 선고 2010두16622 판결).

[**판 례**] 세법상 가산세는 납세의무자가 그 의무를 알지 못한 것이 무리가 아니었다
거나 그 의무의 이행을 당사자에게 기대하는 것이 무리라고 하는 사정이 있을 때
등 그 의무해태를 탓할 수 없는 정당한 사유가 있는 경우에는 이를 부과할 수 없다
(대법원 2003.9.5. 선고 2001두403 판결).

2. 가산세의 근거와 내용

가산세는 납세자의 권익을 침해하는 행정작용이므로, 이에 대한 명확한 법적 근거가 필요하다.

「국세기본법」은 크게 신고불성실에 대한 가산세와 납부불성실에 대한 가산세에 대해 규정하고 있는 바, 그 구체적인 내용으로는 ① 법정신고기한 내에 과세표준을 신고하여야 할 의무가 있음에도 불구하고 신고 그 자체를 하지 아니한 경우의 무신고가산세, ② 과세표준 또는 납부세액을 신고하여야 할 금액보다 적게 신고한 경우의 과소신고가산세, ③ 환급세액을 신고하여야 할 금액보다 많이 신고한 경우의 초과환급신고가산세, ④ 납부기한까지 국세의 납부를 하지 아니하거나 납부하여야 할 세액보다 적게 납부한 경우의 납부불성실가산세, ⑤ 환급받아야 할 세액보다 많이 환급받은 경우의 환급불성실가산세 등이 있다(제47조 내지 제49조).

거의 모든 세법은 가산세의 부과·징수에 관한 근거규정을 두고 있다. 대표적인 법률로는 「소득세법」 제81조, 「법인세법」 제75조, 「농어촌특별세법」 제11조, 「부가가치세법」 제60조, 「상속세 및 증여세법」 제78조, 「인지세법」 제8조의2, 「주세법」 제27조, 「증권거래세법」 제13조, 「개별소비세법」 제14조, 「지방세기본법」 제52조 내지 제57조 등이 있다.

Ⅶ. 과징금

1. 과징금의 의의

과징금은 행정청이 법령등에 따른 의무를 위반한 자에 대하여 그 위반행위에 대하여 부과하는 금전적 제재를 말한다(행정기본법 제28조 제1항). 과징금은 그 성격에 따라 행정법상 의무위반으로 얻은 경제적 이익을 박탈하는 금전적 제재 형태의 과징금, 사업의 취소·정지에 갈음하는 형태의 과징금으로 구분된다. 우리나라에 과징금제도가 최초로 도입된 것은 1980년에 제정된 「공정거래법」에서였으며, 현재에는 약 130여개의 법률에 다양하게 규정되어 있다.

2. 과징금의 법적 근거

(1) 법률유보의 원칙

과징금 부과를 위해서는 과징금 부과에 대한 근거가 법률에 있어야 한다. 「행정기본법」 제28조 제1항은 "행정청은 법령등에 따른 의무를 위반한 자에 대하여 법률로 정하는 바에 따라 과징금을 부과할 수 있다"고 하여 과징금 법정주의를 명시하고 있다. 과징금은 부과 대상자의 재산권에 직접적으로 제한을 가하는 침해적 행정작용이므로, 법치행정의 원칙상 당연히 법률상의 근거가 있어야 한다. 따라서 법률의 근거 없이 과징금을 부과하면, 이러한 부과처분은 위법한 처분이 된다.

(2) 과징금 근거 법률의 입법 사항

「행정기본법」제28조 제2항은 과징금의 근거 법률이 규정하여야 할 구체적인 사항을 제시하고 있다. 과징금 근거 법률 조항에는 ① 부과·징수 주체, ② 부과 사유, ③ 상한액, ④ 가산금을 징수하려는 경우 그 사항, ⑤ 과징금 또는 가산금 체납 시 강제징수를 하려는 경우 그 사항이 명확하게 규정되어야 한다. 이러한 사항들이 과징금 부과에 있어 근본적으로 중요한 사항으로 판단되므로 과징금 근거 법률에 이러한 내용을 명확하게 규정해야 한다는 의미이다. 물론 이러한 내용은 과징금 관련 법률의 제정이나 개정 과정에서 고려되고 반영되어야 할 것이다.

3. 과징금의 법적 성질

과징금을 부과하는 행위는 행정행위의 성질을 가지며 행정소송의 대상이 되는 처분에 해당한다. 또한 과징금 부과처분은 기속행위가 아닌 재량행위이다.

[판 례] 공정거래위원회는 공정거래법 위반행위에 대하여 과징금을 부과할 것인지 여부와 만일 과징금을 부과할 경우 공정거래법과 같은 법 시행령이 정하고 있는 일정한 범위 안에서 과징금의 액수를 구체적으로 얼마로 정할 것인지에 관하여 재량을 가지고 있다고 할 것이므로, 공정거래위원회의 공정거래법 위반행위자에 대한 과징금 부과처분은 재량행위라 할 것이고, 다만 이러한 재량을 행사함에 있어 과징금 부과의 기초가 되는 사실을 오인하였거나, 비례·평등의 원칙에 위배하는 등의 사유가 있다면 이는 재량권의 일탈·남용으로서 위법하다고 할 것이다(대법원 2011.7.14. 선고 2011두6387 판결).

4. 타 행위와의 구별

(1) 벌금 또는 과태료와의 구별

과징금은 일정한 행정법상의 의무위반에 대한 금전적 제재로 과하는 제재금이라는 점에서 벌금 또는 과태료와 다를 것이 없으나, 과징금은 형식상 행정벌에 속하지 않는 점에서 행정형벌인 벌금 또는 행정질서벌인 과태료와 다르다.

(2) 범칙금과의 구별

과징금과 범칙금은 행정법상의 의무위반에 대한 금전적 제재로 과하는 행정제재금이라는 점과 벌금이 아니라는 점에서는 같다. 그러나 과징금은 불법적인 경제적 이익을 박탈하기 위한 것이나, 범칙금은 형사벌을 과해야 할 범죄행위에 대하여 그 형사적 처벌을 유보한 채, 금전적 제재를 과하는 것이라는 점에서 서로 다르다.

5. 행정형벌과 과징금의 병과

과징금은 범죄에 대한 국가형벌권의 실행이 아니므로, 행정형벌을 부과하고 별도로 과징금을 부과하는 것은 이중처벌금지에 위반되지 않는다. 따라서 1개의 위반행위에 대해 행정형벌과 과징금의 병과가 가능하다.

> **[판 례]** 독점규제 및 공정거래에 관한 법률 제24조의2에 의한 부당내부거래에 대한 과징금은 그 취지와 기능, 부과의 주체와 절차 등을 종합할 때 부당내부거래 억지라는 행정목적을 실현하기 위하여 그 위반행위에 대하여 제재를 가하는 행정상의 제재금으로서의 기본적 성격에 부당이득환수적 요소도 부가되어 있는 것이라 할 것이고, 이를 두고 헌법 제13조 제1항에서 금지하는 국가형벌권 행사로서의 처벌에 해당한다고는 할 수 없으므로, 공정거래법에서 형사처벌과 아울러 과징금의 병과를 예정하고 있더라도 이중처벌금지원칙에 위반된다고 볼 수 없다(헌재 2003.7.24. 2001헌가25).

> **[판 례]** 부동산 실권리자명의 등기에 관한 법률 제5조에 규정된 과징금은 그 취지와 기능, 부과의 주체와 절차 등에 비추어 행정청이 명의신탁행위로 인한 불법적인 이익을 박탈하거나 위 법률에 따른 실명등기의무의 이행을 강제하기 위하여 의무자에게 부과·징수하는 것일 뿐 그것이 헌법 제13조 제1항에서 금지하는 국가형벌권 행사로서의 처벌에 해당한다고 할 수 없으므로 위 법률에서 형사처벌과 아울러 과징금의 부과처분을 할 수 있도록 규정하고 있다 하더라도 이중처벌금지 원칙에 위반한다고 볼 수 없다(대법원 2007.7.12. 선고 2006두4554 판결).

6. 과징금의 유형

현재 많은 법률에서 과징금이라는 용어가 사용되고 있는데 이는 크게 2가지 서로 다른 개념이 혼용된 상태이다. 즉, 실정법은 과징금이라는 용어를 구분 없이 동일하게 사용하고 있으나, 이는 크게 서로 다른 2개의 개념으로 분류된다.

(1) 본래적 형태의 과징금

본래적 형태의 과징금이라 함은 실정법상의 개념이 아닌 학문상의 분류개념으로, 과징금이 처음 도입될 당시의 개념을 바탕으로 하여 설정된 개념이다. 즉 본래적 형태의 과징금은 「공정거래법」에 의하여 1980년 처음으로 도입된 것으로, 이는 시장지배적 사업자가 남용행위를 한 경우 그로 인하여 얻게 될 불법적인 경제적 이익을 박탈하기 위하여 그 이익에 따라 과하여지는 금전적 제재를 말한다 (제8조).

실정법에서는 본래적 과징금이라는 용어가 아닌 단순히 과징금이라는 용어로 사용되고 있다. 이는 그 목적이 위반행위로 얻은 경제적 이익을 박탈함으로써 사업자가 위반행위를 하여도 결국 얻는 이익이 없도록 하여 법의 실효성을 확보하고자 한 것이다. 결국 과징금은 위반행위에 대한 규제수단임과 동시에 의무이행을 강제하는 수단이기도 한다.[5]

> **[판 례]** 구 독점규제및공정거래에관한법률 제23조 제1항의 규정에 위반하여 불공정거래행위를 한 사업자에 대하여 부과되는 과징금은 행정법상의 의무를 위반한 자에 대하여 당해 위반행위로 얻게 된 경제적 이익을 박탈하기 위한 목적으로 부과하는 금전적인 제재로서, 같은 법이 규정한 범위 내에서 그 부과처분 당시까지 부과관청이 확인한 사실을 기초로 일의적으로 확정되어야 할 것이고, 그렇지 아니하고 부과관청이 과징금을 부과하면서 추후에 부과금산정 기준이 되는 새로운 자료가 나올 경우에는 과징금액이 변경될 수도 있다고 유보한다든지, 실제로 추후에 새로운 자료가 나왔다고 하여 새로운 부과처분을 할 수는 없다(대법원 1999.5.28. 선고 99두1571 판결).

(2) 변형된 형태의 과징금

변형된 형태의 과징금은 인·허가 등을 받은 사업자가 법률위반행위를 하여 사업정지 사유에 해당하는 경우 사업정지를 하지 않고 이에 갈음하여 제재금을 부과하는 것으로, 이는 사업정지기간에 사업을 행하여도 그 기간에 얻을 수 있는 이익이 없게 하여 법의 실효성을 확보하려는 제도이다. 즉 변형된 과징금은 위반행위로 얻은 이익을 박탈하는 것은 아니고, 정지기간에 사업을 행하여 얻을 수 있는 이익을 추산하여 박탈하는 것이다.

변형된 형태의 과징금제도는 1961년 「자동차운수사업법」을 개정하여 처음으로 도입되었으며, 현재 약 130여개의 법률에 광범위하게 규정되어 있다. 사업 정지에 갈음하는 변형된 형태의 과징금은 「관광진흥법」(제37조), 「대기환경보전법」(제37조), 「도시가스사업법」(제10조), 「석유사업법」(제14조, 제35조), 「물환경보전법」(제43조, 제66조), 「식품위생법」(제82조), 「약사법」(제81조), 「의료법」(제67조), 「자동차관리법」(제74조), 「해운법」(제19조) 등에 규정되어 있다.

이처럼 변형된 형태의 과징금은 교통·의료와 같은 공중의 일상생활에 필수적

---

5) 배영길, "과징금제도에 관한 연구",「공법학연구」, 제3권 제2호, 2002, 249면.

인 사업의 경우, 사업은 존속시키면서 사업으로 인한 수익을 박탈하는 행정작용이다. 이 경우 영업정지처분을 할 것인지 과징금을 부과할 것인지는 통상 행정청의 재량에 속한다.

7. 과징금의 부과와 절차

(1) 과징금 부과의 기준

「공정거래법」상의 과징금은 매출액을 기준으로 하여 부과된다. 공정거래위원회는 시장지배적사업자가 남용행위를 한 경우에는 그 사업자에게 매출액에 100분의 6을 곱한 금액을 초과하지 아니하는 범위에서 과징금을 부과할 수 있다(동법 제8조). 다만, 매출액이 없거나 매출액의 산정이 곤란한 경우에는 20억원을 초과하지 아니하는 범위에서 과징금을 부과할 수 있다.

석유정제업자가 석유판매가격의 최고액 또는 최저액을 위반하여 석유를 판매하거나 석유수출입업자가 허가를 받지 않고 석유정제시설을 신설·증설 또는 개조하는 등의 경우에 행정청은 사업정지처분에 갈음하여 20억원 이하의 과징금을 부과할 수 있다(석유사업법 제14조).

(2) 과징금액의 확정

「공정거래법」상의 과징금은 법이 규정한 범위 내에서 그 부과처분 당시까지 부과관청이 확인한 사실을 기초로 일의적으로 확정되어야 한다. 부과관청이 과징금을 부과하면서 추후에 부과금 산정 기준이 되는 새로운 자료가 나올 경우에는 과징금액이 변경될 수도 있다고 유보한다든지, 실제로 추후에 새로운 자료가 나왔다고 하여 새로운 과징금 부과처분을 할 수 없다.[6]

한편, 과징금 부과처분이 법정최고액을 초과하여 위법한 경우 초과한 부분만 취소할 수 없고 과징금 전체에 대해 취소하여야 한다.

> **[판 례] 금 1,000,000원을 부과한 당해 처분 중 금 100,000원을 초과하는 부분은 재량권 일탈·남용으로 위법하다며 그 일부분만을 취소한 원심판결을 파기한 사례**
> 과징금부과처분이 법이 정한 한도액을 초과하여 위법할 경우 법원으로서는 그 전부를 취소할 수밖에 없고, 그 한도액을 초과한 부분이나 법원이 적정하다고 인정되는 부분을 초과한 부분만을 취소할 수 없다(대법원 1998.4.10. 선고 98두2270 판결).

(3) 감경 사유

과징금의 근거가 되는 개별 법률에 과징금 감경 사유가 규정되어 있으면, 부

---

6) 대법원 1999.5.28. 선고 99두1571 판결.

과관청은 과징금 부과시 이러한 감경 사유를 고려하여야 하며, 이를 위반하면 위법한 부과처분이 된다. 판례는 과징금 임의적 감경사유가 있음에도 이를 전혀 고려하지 않거나 감경사유에 해당하지 않는다고 오인하여 과징금을 감경하지 않은 경우, 그 과징금 부과처분은 재량권을 일탈·남용한 위법한 처분이라고 보았다.

> **[판 례]** 실권리자명의 등기의무를 위반한 명의신탁자에 대하여 부과하는 과징금의 감경에 관한 '부동산 실권리자명의 등기에 관한 법률 시행령' 제3조의2 단서는 임의적 감경규정임이 명백하므로, 그 감경사유가 존재하더라도 과징금 부과관청이 감경사유까지 고려하고도 과징금을 감경하지 않은 채 과징금 전액을 부과하는 처분을 한 경우에는 이를 위법하다고 단정할 수는 없으나, 위 감경사유가 있음에도 이를 전혀 고려하지 않았거나 감경사유에 해당하지 않는다고 오인한 나머지 과징금을 감경하지 않았다면 그 과징금 부과처분은 재량권을 일탈·남용한 위법한 처분이라고 할 수밖에 없다(대법원 2010.7.15. 선고 2010두7031 판결).

(4) 청문 절차

과징금의 부과는 개인의 권익에 미치는 영향이 크므로 그 부과에 있어서는 상대방에게 의견진술 기타 청문의 기회를 부여하여야 한다. 「공정거래법」은 당사자 또는 이해관계인의 출석 및 의견의 청취 등의 청문절차를 규정하고 있다(제93조).

8. 과징금의 납부

(1) 과징금 일괄납부의 원칙

과징금은 한꺼번에 납부하는 것이 원칙이다(행정기본법 제29조 본문). 즉, 과징금을 부과받은 자는 과징금을 납부할 때 부과받은 과징금 전액을 한꺼번에 납부하여야 한다.

(2) 일괄납부 원칙의 예외 사유

과징금은 한꺼번에 납부하는 것이 원칙이지만, 과징금의 규모 및 과징금 납부자의 개별 상황에 따라 구체적 타당성을 확보하기 위해 일괄납부의 원칙에 대한 예외가 허용될 수 있다.

「행정기본법」 제29조 단서는 과징금을 부과받은 자가 ① 재해 등으로 재산에 현저한 손실을 입은 경우, ② 사업 여건의 악화로 사업이 중대한 위기에 처한 경우, ③ 과징금을 한꺼번에 내면 자금 사정에 현저한 어려움이 예상되는 경우, ④ 그 밖에 제1호부터 제3호까지에 준하는 경우로서 대통령령으로 정하는 사유가 있는 경우 일괄납부 원칙의 예외 사유로 인정하고 있다.

(3) 납부기한의 연기 및 분할 납부

과징금 일괄납부 원칙의 예외 사유가 인정되는 경우, 행정청은 납부기한을 연기하거나 분할 납부를 허용할 수 있다. 또한 이 경우 필요하다고 인정하면 담보를 제공하게 할 수 있다(행정기본법 제29조 단서).

「행정기본법」이 시행됨으로 인해 개별법에 과징금의 납부 연기 및 분할 납부에 관한 규정이 없더라도 제29조에 근거하여 납부기한 연기 및 분할 납부가 가능하게 되었다.

Allgemeines Verwaltungsrecht

제 5 편

·

·

·

행정상
손해전보

행정상 손해전보라는 개념은 실정법상의 개념이 아닌 강학상의 개념이다. 즉, 행정상 손해전보라 함은 행정작용으로 인하여 국민에게 발생한 손해를 보전해 주는 것을 총칭하는 것으로서, 이에는 위법행위에 의한 손해배상인 행정상 손해배상과 적법행위에 의한 손실보상인 행정상 손실보상이 있다. 즉, 행정상 손해전보는 행정상 손해배상과 행정상 손실보상을 모두 포함하는 상위개념이다.

행정상 손해배상은 공무원의 위법한 직무집행행위 또는 국가나 공공단체의 영조물의 설치 또는 관리의 하자로 인하여 개인에게 손해를 가한 경우에 국가나 공공단체가 그 손해를 배상하는 것을 말한다. 이에 반해 행정상 손실보상은 공공필요에 의한 적법한 공권력 행사로 인하여 개인에게 과해진 특별한 희생에 대하여 전체적인 공평부담의 견지에서 행해지는 재산적 전보를 의미한다.

행정상 손해배상과 행정상 손실보상은 원래 그 손해의 발생원인 및 손해전보의 기초원리를 달리하는 별개의 제도로 발전해 왔다. 행정상 손해배상은 「민법」상의 불법행위책임과 마찬가지로 개인주의적 사상을 기저로 하고 도덕적 책임주의를 기초원리로 하여 성립·발전한 것이다.

한편, 행정상 손실보상은 단체주의적 사상을 바탕으로 하여 사회적 공평 부담주의의 실현을 기초이념으로 하여 발전된 것이다. 즉, 사회 전체의 공익을 위해 필요하다 할지라도 개인의 재산권에 대한 침해는 평등의 견지에서 국가 전체의 공동부담 하에 손실보상을 하여야 한다는 제도로 발전하였다.

이처럼 행정작용으로 인하여 국민의 권익을 침해하고 손해를 발생시킨 경우에, 행정상 손실보상과 함께 행정상 손해배상을 인정하는 것은 사유재산제를 보장해 주는 근대 입헌국가에서 정의와 공평의 원리에 따른 것이다.

오늘날 행정상 손해배상제도와 행정상 손실보상제도는 다 같이 국가나 공공단체의 활동으로 개인이 입은 특별한 손실에 대한 전보를 목적으로 하는 점에서 공통의 성격을 지니고 있다. 이 점에서 양 제도는 일원화의 경향에 있다고 할 수 있다. 즉, 행정상 손해배상과 행정상 손실보상은 피해자구제라고 하는 관점에서 이미 절대적 차이가 아닌 상대적 차이밖에 없는 제도로 정착하고 있다.

제 1 장 행정상 손해배상

♣ Key Point
- 헌법 제29조 국가배상청구권과 국가배상법
- 국가배상법 제2조와 제5조의 관계
- 국가배상법 제2조 손해배상책임의 요건
- 손해배상책임의 성질과 구상권

제 1 절 행정상 손해배상의 의의

I. 행정상 손해배상의 개념

행정상 손해배상은 공무원의 위법한 직무집행행위 또는 국가나 공공단체의 공공영조물의 설치 또는 관리의 하자로 인하여 개인에게 손해를 가한 경우에 국가나 공공단체가 그 손해를 배상하는 것을 말한다.

II. 국가배상법

1. 국가배상법의 의의

현행 헌법은 제29조 제1항에서 "공무원의 직무상 불법행위로 손해를 받은 국민은 법률이 정하는 바에 의하여 국가 또는 공공단체에 정당한 배상을 청구할 수 있다. 이 경우 공무원 자신의 책임은 면제되지 아니한다"라고 규정하여 국가 또는 공공단체에 대한 불법행위 배상책임을 보장하고 있다.

「국가배상법」은 헌법 제29조의 손해배상청구권에 근거하여 제정된 법률이며, 행정상 손해배상에 관한 일반법적 지위에 있다.

2. 헌법과 국가배상법

헌법 제29조는 공무원의 직무상 불법행위로 인한 배상책임만을 규정하고 있으나, 「국가배상법」은 ① 공무원의 위법한 직무행위로 인한 배상책임, ② 공공영조물의 설치·관리의 하자로 인한 책임 등 두 가지 유형으로 나누어 규정하고 있다.

그리고 「국가배상법」은 배상 주체에 관하여 '국가 또는 공공단체'로 규정하고 있는 헌법과 달리 '국가 또는 지방자치단체'로 한정하고 있어, 지방자치단체 이외의 공공단체의 배상책임에 대해서는 「민법」에 맡기고 있다.

이렇듯 헌법 제29조 제1항이 공무원의 직무상 불법행위로 인한 배상청구권만을 규정하고 있어, 「국가배상법」 제5조의 '영조물의 설치나 관리상의 하자로 인한 손해'에 대한 국가나 공공단체의 배상책임을 인정하는 헌법적 근거가 문제 된다. 이와 관련하여 「국가배상법」 제5조를 헌법 제29조와의 관계에서 확대해석하는 논리를 전개하거나[1] 국가배상 청구권이라는 기본권의 내용으로 설명하려는 경향이 있다.

그리고 헌법 제29조 제1항 단서규정은 " …… 공무원 자신의 책임은 면제되지 아니한다"고 규정하고 있는데, 이는 공무원이 한 직무상 불법행위로 인하여 국가 등이 배상책임을 진다고 할지라도 그 때문에 공무원 자신의 민·형사책임이나 징계책임이 면제되지 아니한다는 원칙을 규정한 것이다. 하지만 그 조항 자체가 공무원 개인의 구체적인 손해배상책임의 범위까지 규정한 것은 아니다. 여기서 공무원이 직무수행 중 불법행위로 타인에게 손해를 입힌 경우에 국가 등이 국가배상책임을 부담하는 외에 공무원 개인도 고의 또는 중과실이 있는 경우에는 불법행위로 인한 손해배상책임을 지는 것이나, 경과실의 경우에는 공무원 개인은 손해배상책임을 지지 아니한다는 해석이 나온다.

3. 국가배상법의 지위

(1) 국가배상에 관한 일반법

「국가배상법」 제8조는 "국가나 지방자치단체의 손해배상의 책임에 관하여는 이 법의 규정에 의한 것을 제외하고는 「민법」의 규정에 의한다. 다만, 「민법」 이외의 법률에 다른 규정이 있을 때에는 그 규정에 의한다"라고 규정하고 있는데, 이는 「국가배상법」이 국가 또는 지방자치단체의 불법행위책임에 관한 일반법임을 명시한 것이라 할 수 있다.

따라서 ① 국가나 지방자치단체의 불법행위책임에 관하여 「민법」 이외의 다른 법률이 있으면 그 법률이 먼저 적용되며, ② 그러한 특별법이 없는 경우에는 「국가배상법」이 원칙적으로 적용된다. ③ 「국가배상법」에 규정이 없는 사항에 대하여는 「민법」이 보충적으로 적용된다.

---

1) 홍정선, 행정법원론(상), 552면.

(2) 외국인이 피해자인 경우

「국가배상법」은 외국인이 피해자인 경우에는 상호 보증이 있을 때에만 적용된다(제7조). 이러한 상호주의의 채택은 공평의 요청에 의한 것이기 때문에, 외국인(피해자)의 본국법에 우리나라 「국가배상법」과 같은 규정이 있어야 함은 물론 판례 또는 법해석에 의하여 한국인도 외국에 대하여 배상을 청구할 수 있는 원칙이 확립되어 있어야 한다.

[판 례] [1] 국가배상법 제7조는 우리나라만이 입을 수 있는 불이익을 방지하고 국제관계에서 형평을 도모하기 위하여 외국인의 국가배상청구권의 발생요건으로 '외국인이 피해자인 경우에는 해당 국가와 상호보증이 있을 것'을 요구하고 있는데, 해당 국가에서 외국인에 대한 국가배상청구권의 발생요건이 우리나라의 그것과 동일하거나 오히려 관대할 것을 요구하는 것은 지나치게 외국인의 국가배상청구권을 제한하는 결과가 되어 국제적인 교류가 빈번한 오늘날의 현실에 맞지 아니할 뿐만 아니라 외국에서 우리나라 국민에 대한 보호를 거부하게 하는 불합리한 결과를 가져올 수 있는 점을 고려할 때, 우리나라와 외국 사이에 국가배상청구권의 발생요건이 현저히 균형을 상실하지 아니하고 외국에서 정한 요건이 우리나라에서 정한 그것보다 전체로서 과중하지 아니하여 중요한 점에서 실질적으로 거의 차이가 없는 정도라면 국가배상법 제7조가 정하는 상호보증의 요건을 구비하였다고 봄이 타당하다. 그리고 상호보증은 외국의 법령, 판례 및 관례 등에 의하여 발생요건을 비교하여 인정되면 충분하고 반드시 당사국과의 조약이 체결되어 있을 필요는 없으며, 당해 외국에서 구체적으로 우리나라 국민에게 국가배상청구를 인정한 사례가 없더라도 실제로 인정될 것이라고 기대할 수 있는 상태이면 충분하다.

[2] 일본인 갑이 대한민국 소속 공무원의 위법한 직무집행에 따른 피해에 대하여 국가배상청구를 한 사안에서, 일본 국가배상법 제1조 제1항, 제6조가 국가배상청구권의 발생요건 및 상호보증에 관하여 우리나라 국가배상법과 동일한 내용을 규정하고 있는 점 등에 비추어 우리나라와 일본 사이에 국가배상법 제7조가 정하는 상호보증이 있다고 한 사례(대법원 2015.6.11. 선고 2013다208388 판결).

또한, 주한 미국군대 및 한국 증원군대의 구성원 등의 공무집행 중의 행위와 이들이 점유·소유·관리하는 시설 등의 설치 또는 관리의 하자로 인한 피해자도 「국가배상법」의 규정에 따라 대한민국에 대하여 배상을 청구할 수 있다.

[판 례] 주한미군 소속 헬기가 야간에 타조 농장이 있는 곳을 저공비행함으로써 그 비행소음으로 인하여 그 농장주에게 타조 폐사 등의 손해를 입게 한 사안에서,

SOFA 제23조 등 관련 법규에 따라 위 손해에 대한 배상의무를 부담한다(서울중앙
지법 2006.7.4. 선고 2005가합88362 판결 : 확정).

4. 국가배상법의 법적 성격

「국가배상법」의 법적 성격에 대하여는 종래부터 공법설과 사법설이 대립하고
있으며, 이는 국가배상책임의 성질이 공법상의 배상책임인지 또는 사법상의 배상
책임인지의 문제와 직결된다.

(1) 사법설

사법설은 헌법이 국가의 특권적 지위, 즉 무책임 특권을 포기하여 국가도 불
법행위에 대한 배상책임을 지지 않으면 아니 된다고 규정한 이상 사인과 똑같은
지위에서 사법상 책임을 지는 것이라는 견해이다. 따라서 국가배상책임을 규율한
「국가배상법」은 일반법인 「민법」에 대한 특별법에 불과하다고 한다. 이는 판례의
입장이다.

사법설에서는 ① 「국가배상법」이 제8조에 「민법」의 특별법적 성격에 대하여
명문 규정을 두고 있는 점, ② 소송 실무에서도 「국가배상법」에 의한 청구사건에
대하여 법원이 민사사건으로 처리하고 있는 점, ③ 국가배상책임은 「민법」의 불법
행위책임을 기초로 발전·형성된 제도로서 행정상의 불법행위책임 이론으로 전개
되고 있다는 점 등을 논거로 하고 있다.

> **[판 례] 국가배상책임은 민사상의 손해배상책임이라는 판례:** 공무원의 직무상 불
> 법행위로 손해를 받은 국민이 국가 또는 공공단체에 배상을 청구하는 경우 국가 또
> 는 공공단체에 대하여 그의 불법행위를 이유로 손해배상을 구함은 국가배상법이 정
> 한 바에 따른다 하여도 이 역시 민사상의 손해배상책임을 특별법인 국가배상법이
> 정한데 불과하다(대법원 1972.10.10. 선고 69다701 판결).

(2) 공법설

공법설은 실정법상 공법과 사법의 이원적 대립이 인정되고 있는 이상, 공법적
원인으로 인한 국가의 배상책임은 평등원리에 의하여 지배되고 대등한 사적 관계
를 위주로 하는 「민법」이 그대로 적용될 수 없다는 견해이다. 따라서 「국가배상
법」은 이러한 공법상의 책임에 관한 규정이라고 한다. 이는 공법학계의 통설이다.

공법설은 ① 헌법에서 국가 무책임의 원칙을 포기함으로써 공권력 주체로서
의 특권적 지위를 지양하였다고 하더라도 일정한 법률관계에 있어서 행정주체의
사인과 다른 특수한 법적 지위까지 전적으로 부인될 수 없다는 점, ② 실정법상

공법과 사법의 이원적 대립을 인정하면서도 유독 배상책임에 있어서만 국가를 사인과 동일한 지위에 두는 것은 타당치 않다는 점 등을 논거로 하고 있다.

(3) 결 어

「행정소송법」 제3조에서 "행정청의 처분 등을 원인으로 하는 법률관계에 관한 소송 그 밖에 공법상의 법률관계에 관한 소송"을 당사자소송으로 규정한 것은 손해배상 청구소송을 공법상의 당사자소송의 하나로 예상한 것으로 볼 수 있다.

특히 소송절차상 국가배상사건을 민사사건으로 다루는 것은 그것이 권리구제에 보다 더 효과적이라는 전통적인 심리에 기인하는 것일 뿐이다. 이는 국가배상청구권의 법적 성격을 공권으로 보고 그 실현에 관한 「국가배상법」을 공법으로 보는 것과는 서로 모순되는 것이 아니다. 따라서 「국가배상법」은 헌법상 국가배상청구권의 구체적 실현에 관한 공법인 것이다.

Ⅲ. 행정상 손해배상의 유형

「국가배상법」은 행정상 손해배상의 유형으로 ① 공무원의 직무행위로 인한 손해배상(제2조)과 ② 영조물의 설치·관리상의 하자로 인한 손해배상(제5조) 두 가지를 규정하고 있다.

제 2 절 공무원의 직무행위로 인한 손해배상

Ⅰ. 손해배상의 의의

손해배상은 공무원의 위법한 직무집행행위로 인하여 개인에게 손해를 가한 경우에 국가나 지방자치단체가 그 손해를 배상하는 것을 말한다. 이는 개인주의적·도의적 책임주의를 기초원리로 하는 것으로, 사유재산제를 보장하는 근대입헌국가에서 정의와 공평의 원리를 실현하는 구제수단이다.

Ⅱ. 손해배상책임의 요건

손해배상책임의 요건으로는 "공무원이 그 직무를 집행하면서 고의 또는 과실로 법령을 위반하여 타인에게 손해를 가하는 것이다"(국가배상법 제2조 제1항). 즉 ① 공무원의 행위, ② 직무행위, ③ 직무를 집행하면서 행한 행위, ④ 고의 또는 과실로 인한 행위, ⑤ 법령을 위반한 행위, ⑥ 타인에게 손해를 발생케 하고, ⑦ 직무행위와 손해발생 사이에 인과관계가 있을 것 등이다.

1. 공무원의 행위

손해배상책임이 성립하기 위해서는 '공무원'이 그 직무를 집행하면서 고의 또는 과실로 법령을 위반하여 타인에게 손해를 가하여야 한다.

여기서 공무원은 조직법상의 의미뿐만 아니라 기능적 의미의 공무원을 포함하는 개념이다. 「국가공무원법」 및 「지방공무원법」상 공무원의 신분을 가진 자는 물론 널리 공무를 위탁받아 실질적으로 공무에 종사하고 있는 모든 사람을 총칭한다. 즉, 행정부 소속의 공무원은 물론 입법부 및 사법부 소속의 공무원도 포함되며, 사인이라 할지라도 공무를 위탁받아 수행하면, 그것이 비록 일시적이고 한정적인 사무에 해당한다 할지라도 공무원에 해당한다.[2]

> **[판 례]** 구 수산청장으로부터 뱀장어에 대한 수출추천 업무를 위탁받은 수산업협동조합이 수출제한조치를 취할 당시 국내 뱀장어 양식용 종묘의 부족으로 종묘확보에 지장을 초래할 우려가 있다고 판단하여 추천업무를 행하지 않은 것이 공무원으로서 타인에게 손해를 가한 때에 해당한다(대법원 2003.11.14. 선고 2002다55304 판결).

대법원 판례는 육군 병기기계공작창 내규에 의하여 채용된 자,[3] 국가나 지방자치단체에 근무하는 청원경찰,[4] 동원기간 중에 있는 향토예비군,[5] 집행관(집달리),[6] 미군부대에 파견된 군인,[7] 통장,[8] 지방자치단체의 '교통 할아버지 봉사계획'에 따라 동장에 의거 선정된 교통 할아버지,[9] 구청 소속의 청소차량 운전수[10] 등을 공무원으로 보았다. 하지만 판례는 의용소방대원에 대해서는 「국가배상법」상의 공무원으로 인정하지 않았다.[11]

> **[판 례]** 구 부동산소유권 이전등기 등에 관한 특별조치법상 보증인은 공무를 위탁받아 실질적으로 공무를 수행한다고 볼 수 없어, 국가배상법 제2조 제1항에서 정한 '공무원'은 아니다(대법원 2019.1.31. 선고 2013다14217 판결).

---

2) 대법원 2001.1.5. 선고 98다39060 판결.
3) 대법원 1970.11.24. 선고 70다2253 판결.
4) 대법원 1993.7.13. 선고 92다47564 판결.
5) 대법원 1970.5.26. 선고 70다471 판결.
6) 대법원 1968.5.7. 선고 68다326 판결.
7) 대법원 1966.10.18. 선고 65다2044 판결.
8) 대법원 1991.7.9. 선고 91다5570 판결.
9) 대법원 2001.1.5. 선고 98다39060 판결.
10) 대법원 1980.9.24. 선고 80다1051 판결.
11) 대법원 1975.11.25. 선고 73다1896 판결.

> **[판 례]** 법령에 의해 대집행권한을 위탁 받은 한국토지공사는 국가공무원법 제2조
> 에서 말하는 공무원에 해당하지 않는다(대법원 2010.1.28. 선고 2007다82950, 82967
> 판결).

2. 직무행위

손해배상책임이 성립하기 위해서는 공무원이 그 '직무행위'를 집행하면서 고
의 또는 과실로 법령을 위반하여 타인에게 손해를 가하여야 한다.

(1) 직무행위의 범위와 내용

1) 직무행위의 범위

국가작용에는 권력작용, 비권력작용(관리작용), 사경제적 작용이 있는데, 이들
작용 중에서 「국가배상법」 제2조의 공무원의 '직무행위'에는 사경제적 작용을 제
외한 모든 공행정작용, 즉 권력작용과 비권력작용만이 포함된다. 통설과 판례 역
시 공법상의 권력작용과 비권력작용만이 「국가배상법」 제2조의 직무행위에 해당
한다고 보고 있다.[12]

> **[판 례]** 공탁도 행정지도의 일환으로 직무수행으로서 행하였다고 할 것이므로, 비권
> 력적 작용인 공탁으로 인한 피고의 손해배상책임은 성립할 수 있다(대법원 1998.7.10.
> 선고 96다38971 판결).

> **[판 례]** 지방자치단체가 농지 및 담수호 조성 등을 목적으로 간척지 개발사업을 시
> 행하기로 하여 공유수면매립면허를 받고 방조제 설치공사를 하였다면 이는 지방자
> 치단체의 공기업적 사업의 하나로서 사회공공의 이익을 목적으로 하는 것이지 순수
> 한 사경제적 작용에 속한다고 할 수는 없으므로 이러한 간척지 개발사업과 관련된
> 지방자치단체 소속 공무원의 행위는 지방자치단체의 공권력 행사 기타 공행정 작용
> 과 관련된 활동이라고 보아야 할 것이니, 지방자치단체 소속 공무원이 그와 같은 직
> 무를 집행함에 당하여 고의 또는 과실로 법령에 위배하여 손해를 가하였음을 이유
> 로 한 손해배상의 소송은 국가배상법에 따라 제소할 수 있다(대법원 1997.9.26. 선
> 고 96다50605 판결).

> **[판 례]** 도로가설 등 공사로 인한 무허가건물의 강제철거와 관련하여 이루어지는
> 시나 구 등 지방자치단체의 철거건물 소유자에 대한 시영아파트분양권 부여 및 세
> 입자에 대한 지원대책 등의 업무는 지방자치단체의 공권력 행사 기타 공행정작용과
> 관련된 활동으로 볼 것이지 단순한 사경제주체로서 하는 활동이라고는 볼 수 없다

---

12) 대법원 2004.4.9. 선고 2002다10691 판결.

(대법원 1991.7.26. 선고 91다14819 판결).

한편, 국가 또는 지방자치단체가 사법상 재산권의 주체로서 행하는 사경제적 작용은 「민법」 기타 사법의 적용을 받으므로, 「국가배상법」 제2조의 직무행위에 포함되지 않는다.

> **[판 례]** 국가의 철도운행사업은 국가가 공권력의 행사로서 하는 것이 아니고 사경 제적 작용이라 할 것이므로, 이로 인한 사고에 공무원이 간여하였다고 하더라도 국 가배상법을 적용할 것이 아니고 일반 민법의 규정에 따라야 한다(대법원 1999.6.22. 선고 99다7008 판결).

2) 직무행위의 내용

「국가배상법」 제2조의 '직무행위'의 내용은 대부분 권력작용과 비권력적 작용 같은 행정작용이다. 여기에는 법률행위적 행정행위·준법률행위적 행정행위·사실 행위·행정지도·작위·부작위 등의 구별 없이 모두 포함된다.[13] 또한, 「국가배상 법」 제2조의 직무행위에는 행정작용뿐만 아니라 입법행위와 사법행위도 포함될 수 있다. 이를 구체적으로 살펴보면 다음과 같다.

(2) 입법행위

1) 입법적 불법

국회의원이 위헌법률을 제정하거나 필요한 법률상 규정을 위법하게 방치하는 이른바 입법적 불법으로 인한 손해의 경우에도 행정작용과 마찬가지로 배상책임 을 물을 수 있는지가 문제된다.[14] 물론 국회의원 역시 공무원의 범위에 포함되기 에 원칙적으로 배상책임의 가능성은 열려져 있으나, ① 국회의원이 제안하는 법률 안은 여러 단계의 입법과정을 거쳐 제정되는 것이므로 어느 단계의 누구의 입법참 여행위를 공무원의 직무행위로 볼 것인지의 문제가 있고, ② 국회의원의 직무상 위법에 고의·과실을 인정하기 어려운 면이 있으며, ③ 법률제정에 의해 누리는 이 익 또는 불이익은 반사적 이익인 것이 보통이기 때문에 배상책임의 요건의 하나인 '손해'에 포함되기 어려운 점 등을 고려해 볼 때 국회의원의 입법행위에 대하여 일 의적으로 광범위한 배상책임을 인정하는 것은 무리가 있다.

대법원 판례도 국회의원은 입법에 관하여 원칙적으로 국민 전체에 대한 관계 에서 정치적 책임을 질 뿐 국민 개개인의 권리에 대응하여 법적 의무를 지는 것은

---

13) 김남진·김연태, 행정법Ⅰ, 500면 이하; 김동희, 행정법Ⅰ, 471면.
14) 정남철, 규범상 불법에 대한 국가책임, 공법연구 제33집 제1호(2004.11.), 546면.

아니므로, 「국가배상법」 제2조의 위법행위에 해당되지 않는다고 보고 있다. 다만 "입법 내용이 헌법의 문언에 명백히 위반됨에도 불구하고 국회가 굳이 당해 입법을 한 경우"와 같이 특수한 경우에는 예외적으로 배상책임이 인정될 수 있음을 판시하고 있다.[15] 다시 말해 국회의원의 입법적 불법에 대해 일반적으로 배상책임이 인정되지는 않으나 예외적인 경우에 한해서 인정될 수 있음을 암시하고 있다.

2) 입법부작위

국회에서 국회의원이 법률을 제정하지 않음으로 인하여, 즉 입법부작위로 인하여 국민들에게 손해를 발생시킨 경우 배상책임이 인정될 수 있는지의 문제이다. 생각건대 국회 및 국회의원의 입법권 내지 입법형성의 자유를 고려할 때 입법부작위로 인한 배상책임을 광범위하게 인정하는 것에는 어려움이 있어 보인다.

판례는 국가가 일정한 사항에 관하여 헌법에 의하여 부과되는 구체적인 입법의무를 부담하고 있음에도 불구하고 그 입법에 필요한 상당한 기간이 경과하도록 고의 또는 과실로 이러한 입법의무를 이행하지 아니하는 등 극히 예외적인 사정이 인정되는 사안에 한정하여 「국가배상법」 소정의 배상책임이 인정될 수 있으며, 위와 같은 구체적인 입법의무 자체가 인정되지 않는 경우에는 애당초 부작위로 인한 불법행위가 성립할 여지가 없다고 보고 있다.[16] 즉 입법부작위로 인한 배상책임은 원칙적으로 인정되기 어렵고 극히 예외적인 경우에 한해서만 인정될 수 있다는 것이다.

> **[판 례]** 거창사건 희생자들의 신원 등을 위한 특별법을 제정할 것인지 여부는 입법정책적인 판단문제로서 이에 관하여 국가가 구체적인 입법의무를 부담한다고 보기 어렵기 때문에, 국가가 현재까지 이러한 특별법을 제정하지 아니하였다는 사정만으로는 거창사건 이후 유족들에 대한 관계에서 부작위에 의한 불법행위가 성립한다고 볼 수 없다(대법원 2008.5.29. 선고 2004다33469 판결).

3) 위헌법률에 근거한 행정처분

헌법재판소가 법률을 위헌으로 결정한 경우에 그에 근거한 행정처분으로 인하여 생긴 손해는 법률상 근거가 없다는 점에서 위법성을 인정할 수 있다. 이 경우 행위자인 공무원의 과실 유무가 문제되나, 공무원은 법률의 위헌 여부를 심사할 권한이 없기 때문에 과실을 인정하기는 어렵다.[17]

---

15) 대법원 1997.6.13. 선고 96다56115 판결.
16) 대법원 2008.5.29. 선고 2004다33469 판결.
17) 김동희, 행정법Ⅰ, 473면.

4) 위헌인 처분법규

처분법규란 행정청의 별도의 집행행위 없이 국민의 권리와 의무를 직접적으로 규율하는 법규를 말한다. 즉 법규란 원래 추상적·일반적 규범이기에 그 매개체로 개별적이고 구체적인 행정처분을 필요로 하는 것이 원칙이지만, 예외적으로 법규가 행정처분 없이 스스로 국민을 구속하는 경우가 있는데 이를 처분법규라 한다.

위헌인 처분법규에 의하여 손해를 입은 경우에도 그 위법성의 인정에는 문제가 없으나, 그 처분법규의 입법과정에서의 과실을 인정하는 데는 어려움이 따른다. 그러나 「국가보위 입법회의법」 부칙 제4항이 헌법재판소에서 위헌으로 결정되었음을[18] 전제로 동 조항에 의하여 면직된 공무원들(국회사무처·국회도서관 직원)이 제기한 손해배상청구가 인용된 판례가 있다.[19]

(3) 사법(司法)행위

사법행위 중 법원의 강제집행과 같은 사법행정작용에 대해서는 일반 공무원의 직무행위와 마찬가지로 국가배상책임이 인정되어야 함이 마땅하다. 하지만 법관의 재판작용에 대해서는 헌법상 보장된 법관의 독립성과 판결의 기판력으로 인하여 배상책임의 인정이 문제시되고 있다.

생각건대, 사법행위 중 법관의 재판작용을 행정작용과 동일시하여 국가배상책임을 인정하는 것은 신중하여야 한다. 이는 법관의 판결 등 사법행위가 지닌 특수성(재판사무의 특수성과 그 재판과정의 잘못에 대하여는 따로 불복절차에 의하여 시정될 수 있는 제도적 장치 장치가 마련되어 있는 점)으로 인하여 현실적으로 국가의 배상책임의 요건을 충족시키기 어려운 것이 보통이며, 또한 판결이 상소 또는 재심에 의하여 번복되는 것만으로 관계 법관의 행위가 위법하다고 말하기 어렵기 때문이다. 또한, 「국가배상법」 위법은 판결 자체의 위법이 아니라 법관의 공정한 재판을 위한 직무상 의무위반으로서의 위법이기 때문이다.

판례도 법관의 재판에 법령의 규정을 따르지 아니한 잘못이 있다 하더라도 이로써 바로 그 재판상 직무행위가 「국가배상법」 제2조 제1항에서 말하는 위법한 행위로 되어 국가의 손해배상책임이 발생하는 것은 아니고, 그 국가배상책임이 인정되려면 당해 법관이 위법 또는 부당한 목적을 가지고 재판을 하였다거나 법이 법관의 직무수행상 준수할 것을 요구하고 있는 기준을 현저하게 위반하는 등 법관이 그에게 부여된 권한의 취지에 명백히 어긋나게 이를 행사하였다고 인정할 만한

---

18) 헌법재판소는 국가보위입법회의법 부칙 제4항 후단이 합리적 이유 없이 임명권자의 후임자 임명처분으로 공무원직을 상실하도록 함으로써 직업공무원제를 침해하였다고 결정하였다(헌재 1989.12.18. 89헌마32, 33).
19) 대법원 1996.7.12. 선고 94다52195 판결; 대법원 1996.4.23. 선고 94다446 판결.

특별한 사정이 있어야 한다고 하였다.[20)

> **[판 례]** 압수수색할 물건의 기재가 누락된 압수수색영장을 발부한 법관이 위법·부당한 목적을 가지고 있었다거나 법이 직무수행상 준수할 것을 요구하고 있는 기준을 현저히 위반하였다는 등의 자료를 찾아볼 수 없다면 그와 같은 압수수색영장의 발부행위는 불법행위를 구성하지 않는다(대법원 2001.10.12. 선고 2001다47290 판결).

한편, 대법원 판례는 재판에 대하여 불복절차 내지 시정절차 자체가 없는 경우에는 부당한 재판으로 인하여 불이익 내지 손해를 입은 사람은 국가배상 이외의 방법으로는 자신의 권리 내지 이익을 회복할 방법이 없다는 점에서 배상책임의 요건이 충족되는 한 국가배상책임을 인정해야 하는 것으로 본다.

> **[판 례]** 재판에 대하여 따로 불복절차 또는 시정절차가 마련되어 있는 경우에는 원칙적으로 국가배상에 의한 권리구제를 받을 수 없다고 봄이 상당하다고 하겠으나, 재판에 대하여 불복절차 내지 시정절차 자체가 없는 경우에는 부당한 재판으로 인하여 불이익 내지 손해를 입은 사람은 국가배상 이외의 방법으로는 자신의 권리 내지 이익을 회복할 방법이 없으므로, 이와 같은 경우에는 배상책임의 요건이 충족되는 한 국가배상책임을 인정하지 않을 수 없다. 헌법소원심판을 청구한 자로서는 헌법재판소 재판관이 일자 계산을 정확하게 하여 본안판단을 할 것으로 기대하는 것이 당연하고, 따라서 헌법재판소 재판관의 위법한 직무집행의 결과 잘못된 각하결정을 함으로써 청구인으로 하여금 본안판단을 받을 기회를 상실하게 한 이상, 설령 본안판단을 하였더라도 어차피 청구가 기각되었을 것이라는 사정이 있다고 하더라도 잘못된 판단으로 인하여 헌법소원심판 청구인의 위와 같은 합리적인 기대를 침해한 것이고 이러한 기대는 인격적 이익으로서 보호할 가치가 있다고 할 것이므로 그 침해로 인한 정신상 고통에 대하여는 위자료를 지급할 의무가 있다(대법원 2003.7.11. 선고. 99다24218 판결).

(4) 공무원의 부작위

공무원의 부작위도 직무행위의 내용에 속하므로 「국가배상법」 제2조 제1항의 요건이 충족되는 경우에 배상책임이 인정된다. 법령상의 작위의무에 따른 의무를 이행하지 아니한 위법한 부작위로 인한 손해에 대하여는 당연히 배상책임이 인정된다.

여기서 부작위는 형식적 의미의 법령에 명시적으로 규정된 작위의무의 위반

---

20) 대법원 2003.7.11. 선고 99다24218 판결.

만을 의미하는 것이 아니라, 명시적인 의무가 없더라도 국민의 생명·신체·재산 등에 대하여 절박하고 중대한 위험상태가 발생하였거나 발생할 우려가 있는 경우 일차적으로 그 위험을 배제할 의무를 지는 국가가 그 작위의무를 위반한 부작위도 포함된다. 대법원도 법령에 명시적인 작위의무가 없는 경우에도 예외적으로 위험 방지 작위의무를 인정하고 있다.

> **[판 례]** '법령에 위반하여'라고 하는 것이 엄격하게 형식적 의미의 법령에 명시적으로 공무원의 작위의무가 규정되어 있는데도 이를 위반하는 경우만을 의미하는 것은 아니고, 국민의 생명, 신체, 재산 등에 대하여 절박하고 중대한 위험상태가 발생하였거나 발생할 우려가 있어서 국민의 생명, 신체, 재산 등을 보호하는 것을 본래적 사명으로 하는 국가가 초법규적, 일차적으로 그 위험 배제에 나서지 아니하면 국민의 생명, 신체, 재산 등을 보호할 수 없는 경우에는 형식적 의미의 법령에 근거가 없더라도 국가나 관련 공무원에 대하여 그러한 위험을 배제할 작위의무를 인정할 수 있을 것이다(대법원 2001.4.24. 선고 2000다57856 판결).

　　종래에는 행정권의 발동 여부가 공무원의 재량에 맡겨져 있다고 보았기 때문에 공무원의 부작위로 인해 국민이 어떠한 피해를 보더라도 그것은 국민의 반사적 이익의 침해로 보아 배상책임이 부인되었다. 그러나 행정개입청구권 내지는 재량권의 영으로의 수축이론이 광범위하게 인정됨으로 인해 공무원의 위법한 부작위에 대한 국가배상책임도 확대되는 추세이다. 결국, 국가의 배상책임 여부는 구체적 사안에 있어서 국가의 작위의무 유무와 작위의무와 손해발생 간의 관계 등을 종합적으로 고려하여 판단하여야 한다.[21)]

> **[판 례]** 공무원의 부작위로 인한 국가배상책임을 인정할 것인지 여부가 문제되는 때에 관련 공무원에 대하여 작위의무를 명하는 법령의 규정이 없다면 공무원의 부작위로 인하여 침해된 국민의 법익 또는 국민에게 발생한 손해가 어느 정도 심각하고 절박한 것인지, 관련 공무원이 그와 같은 결과를 예견하여 그 결과를 회피하기 위한 조치를 취할 수 있는 가능성이 있는지 등을 종합적으로 고려하여 판단하여야 한다(대법원 2009.9.24. 선고 2006다82649 판결).

---

21) 무장공비색출체포를 위한 대간첩작전을 수행하기 위하여 파출소 소장, 순경 및 육군 장교 수명 등이 파출소에서 합동대기하고 있던 중 그로부터 불과 60−70미터 거리에서 약 15분간에 걸쳐 주민들이 무장간첩과 격투하던 주민 중 1인이 무장간첩의 발사 권총탄에 맞아 사망하였다면 위 군경공무원들의 직무유기행위와 위 망인의 사망과의 사이에 인과관계가 있다고 봄이 상당하다(대법원 1971.4.6. 선고 71다124 판결).

대법원이 공무원의 부작위로 인한 국가배상책임을 인정한 사례는 다음과 같다.

[판 례] 토석채취공사 도중 경사지를 굴러 내린 암석이 가스저장시설을 충격하여 화재가 발생한 사안에서, 토지형질변경허가권자에게 허가 당시 사업자로 하여금 위해방지시설을 설치하게 할 의무를 다하지 아니한 위법과 작업 도중 구체적인 위험이 발생하였음에도 작업을 중지시키는 등의 사고예방조치를 취하지 아니한 위법이 있다고 한 사례(대법원 2001.3.9. 선고 99다64278 판결).

[판 례] (집중호우 때 회사 경비원인 A씨가 건물지하에서 새벽 근무를 하던 중 지하차도에 설치된 배수펌프 통제로 빗물이 건물로 유입되는 바람에 익사한 후 유족들이 제기한 손해배상청구소송에서) 피고 소속 공무원들에게는 폭우로 인하여 차도 또는 하수도가 침수되어 인근 건물 내의 인명 또는 재산 피해가 예상되는 경우 침수의 방지, 통제, 퇴거 등의 조치를 취하고, 재해비상발령이 내려진 상황에서 신속하게 서울시 재해대책본부로부터 지시받은 조치를 시행하거나 방재책임자 등에게 이를 알리는 등 재해방지에 필요한 적절한 조치를 신속히 취하여야 할 의무가 있고, 그 의무 위반행위는 국가배상법 제2조 제1항 소정의 '법령 위반'에 해당한다(대법원 2004.6.25. 선고 2003다69652 판결).

[판 례] 윤락녀들이 윤락업소에 감금된 채로 윤락을 강요받으면서 생활하고 있음을 쉽게 알 수 있는 상황이었음에도, 경찰관이 이러한 감금 및 윤락 강요행위를 제지하거나 윤락업주들을 체포·수사하는 등 필요한 조치를 취하지 아니하고 오히려 업주들로부터 뇌물을 수수하며 그와 같은 행위를 방치한 것은 경찰관의 직무상 의무에 위반하여 위법하다(대법원 2004.9.23. 선고 2003다49009 판결).

[판 례] 경찰서 및 교도소측이 망인의 생명·신체·건강의 위험을 방지할 주의의무에 위반하여, 망인에게 아무런 적절한 조치도 취하지 아니한 채 망인을 방치함으로써 결국 망인을 사망에 이르게 하였다면, 경찰서 및 교도소 소속 공무원들이 인신이 구금된 자의 생명·신체·건강의 위험을 방지할 주의의무를 위반한 것이다(대법원 2005.7.22. 선고 2005다27010 판결).

[판 례] 개별공시지가 산정업무 담당공무원 등이 그 직무상 의무에 위반하여 현저하게 불합리한 개별공시지가가 결정되도록 함으로써 국민 개개인의 재산권을 침해한 경우에는 그 손해에 대하여 상당인과관계 있는 범위 내에서 그 담당공무원 등이 소속된 지방자치단체가 배상책임을 지게 된다(대법원 2010.7.22. 선고 2010다13527 판결).

> **[판 례]** 주점에서 발생한 화재로 사망한 甲 등의 유족들이 乙 광역시를 상대로 손해배상을 구한 사안에서, 소방공무원들이 업주들에 대하여 적절한 지도·감독을 하지 않는 등 직무상 의무를 위반하였고, 소방공무원들의 직무상 의무위반과 甲 등의 사망 사이에 상당인과관계가 인정된다고 한 사례(대법원 2016.8.25. 선고 2014다225083 판결).

이렇듯, 판례는 공무원의 직무상 의무의 내용이 단순한 공공일반의 이익을 위한 것이거나 행정기관 내부의 질서를 규율하기 위한 것이 아니고, 전적으로 또는 부분적으로 사회구성원 개인의 안전과 이익을 보호하기 위하여 설정된 것이라면, 공무원이 그와 같은 직무상 의무를 위반함으로 인하여 피해자가 입은 손해에 대하여는 상당인과관계가 인정되는 범위 내에서 국가가 배상책임을 지는 것으로 보고 있다.

(5) 행정입법의 부작위

행정입법의 부작위도 개인의 권리를 침해하는 불법행위에 해당하는 때에는 국가는 그로 인한 손해를 배상할 책임이 있다. 국회가 특정한 사항에 대하여 행정부에 위임하였음에도 불구하고 행정부가 정당한 이유 없이 이를 이행하지 않는다면 권력분립의 원칙과 법치국가의 원칙에 위배되기 때문이다.

판례는 「군법무관법」은 군법무관의 봉급과 그 밖의 보수를 법관 및 검사의 예에 준하도록 규정하면서 그 구체적 내용을 시행령에 위임하고 있는 이상, 행정부가 정당한 사유 없이 시행령을 제정하지 않은 것은 위 보수청구권을 침해하는 불법행위에 해당하며, 따라서 국가는 「국가배상법」에 따라 군법무관들이 입은 손해를 배상하여야 한다고 판시하였다.[22]

(6) 행정상의 사실행위

직무행위의 내용에 행정상의 사실행위도 포함된다. 국가배상청구는 대부분 사실행위로 인하여 생긴 손해에 대하여 제기되는 것이 보통이고, 손해배상은 위법한 사실행위에 대해서는 유일한 구제수단이 된다.

> **[판 례]** 소년수인 미결수용자에 대하여 반드시 계구를 사용하였어야 할 필요성이 있었다고 보기 어렵다 할 것임에도 불구하고 교도관이 위 미결수용자를 포승으로 묶고 수갑을 채운 상태로 독거수감하였을 뿐 아니라, 그 이후 위 미결수용자가 별다른 소란행위 없이 싸운 경위의 조사에 응하고 식사를 하는 등의 상태에서는 더 이상 계구를 사용할 필요가 없다고 할 것임에도 그가 자살한 상태로 발견되기까지 무

---

22) 대법원 2007.11.29. 선고 2006다3561 판결; 헌재 2004.2.26. 2001헌마718 참조.

려 27시간 동안이나 계속하여 계구를 사용한 것은 그 목적 달성에 필요한 한도를 넘은 것으로서 위법한 조치에 해당한다(대법원 1998.11.27. 선고 98다17374 판결).

> **[판 례]** 교도소장이 교도관의 멱살을 잡는 등 소란행위를 하고 있는 수감자에 대하여 수갑과 포승 등 계구를 사용한 조치는 적법하나, 수감자가 소란행위를 종료하고 독거실에 수용된 이후 별다른 소란행위 없이 단식하고 있는 상태에서 수감자에 대하여 계속하여 계구를 사용한 것은 위법한 행위이다(대법원 1998.1.20. 선고 96다18922 판결).

(7) 행정지도

행정지도는 행정목적을 달성하기 위한 비권력적 사실행위로서 비권력적 행정작용이므로 직무행위의 내용에 포함된다. 판례는 공무원의 직무에 행정지도도 당연히 포함되며, 공탁과 같은 행정지도로 인해 손해가 발생한 경우 배상책임이 있다고 판시하였다.

> **[판 례]** 국가배상법이 정한 배상청구의 요건인 '공무원의 직무'에는 권력적 작용만이 아니라 행정지도와 같은 비권력적 작용도 포함된다. 피고 및 그 산하의 강남구청은 이 사건 도시계획사업의 주무관청으로서 그 사업을 적극적으로 대행·지원하여 왔고 이 사건 공탁도 행정지도의 일환으로 직무수행으로서 행하였다고 할 것이므로, 비권력적 작용인 공탁으로 인한 피고의 손해배상책임은 성립할 수 없다는 상고이유의 주장은 이유가 없다(대법원 1998.7.10. 선고 96다38971 판결).

(8) 수사기관의 행위

수사기관인 검사의 행위도 원칙적으로 공무원의 직무행위에 포함된다. 물론 검사가 공소제기한 사건에 대하여 형사재판 과정에서 무죄판결이 확정되었다는 사유만으로는 국가배상책임이 인정되지 않는다. 하지만 검사는 공익의 대표자로서 실체적 진실에 입각한 국가 형벌권의 실현을 위하여 공소제기와 유지를 할 의무뿐만 아니라 그 과정에서 피고인의 정당한 이익을 옹호하여야 할 의무를 진다고 할 것이다.

그러므로 구속 및 공소제기에 관한 검사의 판단이 그 당시의 자료에 비추어 경험칙이나 논리칙상 도저히 합리성을 긍정할 수 없는 정도에 이른 경우에는 그 위법성을 인정할 수 있다. 따라서 검사가 수사 및 공판 과정에서 피고인에게 유리한 증거를 발견하였음에도 이를 법원에 제출하지 않고 은폐하였다면 이러한 직무행위는 위법하다.

> **[판 례]** 강도강간의 피해자가 제출한 팬티에 대한 국립과학수사연구소의 유전자검사 결과 그 팬티에서 범인으로 지목되어 기소된 원고나 피해자의 남편과 다른 남자의 유전자형이 검출되었다는 감정 결과를 검사가 공판 과정에서 입수한 경우 그 감정 서는 원고의 무죄를 입증할 수 있는 결정적인 증거에 해당하는데도 검사가 그 감정 서를 법원에 제출하지 아니하고 은폐하였다면 검사의 그와 같은 행위는 위법하다고 보아 국가배상책임을 인정한 사례(대법원 2002.2.22. 선고 2001다23447 판결).

3. 직무를 집행하면서 행한 행위

(1) 직무집행행위의 판단기준

'직무를 집행하면서'란 순수한 직무집행행위 자체뿐만 아니라 직무수행의 수 단으로 행한 행위 및 직무와 밀접하게 관련하여 행한 부수된 행위를 모두 포함한 다. 즉, 실질적으로 직무집행행위가 아닌 경우 또는 행위자에게 주관적인 직무집 행 의사가 없더라도, 행위 자체의 외관을 객관적으로 관찰하여 직무행위로 보여질 때에는 직무를 집행한 것으로 본다.[23] 이러한 외형설이 통설과 판례 태도이다. 외 형설은 외형상 직무행위라고 볼 수 있는 상태의 행위는 대체로 적법의 행정인 것 으로 국민이 신뢰하게 되는 점에 바탕을 두고 있다.

외형설에 따르면 당해 직무행위가 현실적으로 정당한 권한 내의 것인지 또 는 행위자인 공무원의 주관적 의사가 있었는지 여부와 관계없이 오로지 객관적으 로 직무행위의 외형을 갖추고 있는지만을 기준으로 판단하게 된다. 그리고 행위의 외관상 공무원의 직무행위로 보여질 때에는 실질적으로 직무집행행위가 아니라는 사정을 피해자가 알았다 하더라도 직무집행행위로 인정된다.[24]

> **[판 례]** '직무를 집행함에 당하여'라 함은 직접 공무원의 직무집행행위이거나 그와 밀접한 관계에 있는 행위를 포함하고, 이를 판단함에 있어서는 행위 자체의 외관을 객관적으로 관찰하여 공무원의 직무행위로 보여질 때에는 비록 그것이 실질적으로 직무행위에 속하지 않는다 하더라도 그 행위는 공무원이 '직무를 집행함에 당하여' 한 것으로 보아야 한다(대법원 2001.1.5. 선고 98다39060 판결).

---

23) 대법원 2001.1.5. 선고 98다39060 판결.
24) 대법원 1966.6.28. 선고 66다781 판결.

(2) 직무집행행위로 인정된 사례

① 민간인의 승차를 금한 군용차에 민간인을 승차시킨 행위(대법원 1967.12.29. 선고 67다2046 판결).

② 귀대 중인 군용차의 운전병이 민간인을 승차시키고 마음대로 그 운행방향을 변경하여 유흥의 목적으로 운행을 하다가 일으킨 사고를 발생한 경우에 그 운행행위(대법원 1968.10.22. 선고 68다1442 판결).

③ 조교인 상병 甲이 훈련중인 예비군에게 실탄사격교육훈련을 마치고 휴식 중 꿩한마리가 기어가는 것을 보고 예비군 乙이 교육용으로 지급받아 가지고 있던 칼빈총을 빌려 사격하여 휴식 중이던 예비군을 명중 사망하게 한 행위(대법원 1971.7.27. 선고 71다1290 판결).

④ 육군 중사가 훈련에 대비하여 개인 소유의 오토바이를 운전하여 사전정찰차 훈련지역 일대를 돌아보고 귀대하다가 교통사고를 일으킨 경우, 오토바이의 운전행위(대법원 1994.5.27. 선고 94다6741 판결).

⑤ 상급자가 전임신병인 하급자에게 암기사항에 관하여 교육하던 중 훈계하다가 도가 지나쳐 폭행한 경우(대법원 1995.4.21. 선고 93다14240 판결).

⑥ 인사업무담당 공무원이 다른 공무원의 공무원증 등을 위조한 행위에 대하여 실질적으로는 직무행위에 속하지 아니한 경우(대법원 2005.1.14. 선고 2004다26805 판결).

⑦ 수사 도중 고문행위(대법원 2011.1.13. 선고 2009다103950 판결).

(3) 직무집행행위로 부정된 사례

① 군운전병이 그 소속 사령관의 지시에 따라 소속대 병장인 피해자를 선임 탑승자로 태우고 그 사령관의 자녀를 운동회를 하는 학교 운동장까지 태워 주고 다시 그 학교 교감의 부탁에 의하여 역시 피해자인 군교육장 내외를 태워 가지고 오다가 사고를 일으킨 경우에 그 운전행위(대법원 1968.5.28. 선고 68다531 판결).

② 전투사격훈련에 임하였던 교관이 사격훈련이 끝난 후에 사격 중 부근 논에서 본 잉어를 잡으려고 총기를 발사한 결과 사고를 일으킨 경우에는 공무를 집행함에 당하여 일으킨 사고라고 할 수 없다(대법원 1968.1.31. 선고 67다1987 제1부 판결).

③ 육군 대대장이 동리 이장의 부탁으로 산돼지를 분배 받으려고 그 부하 사병에게 부대의 총기를 가지고 주민들과 같이 사냥을 가라고 명령한 행위(대법원 1969.3.18. 선고 68다1366 판결).

④ 구청 공무원 甲이 주택정비계장으로 부임하기 이전에 그의 처 등과 공모하여 乙에게 무허가건물철거 세입자들에 대한 시영아파트 입주권 매매행위를 한 경우(대법원 1993.1.15. 선고 92다8514 판결).

⑤ 공무원이 통상적으로 근무하는 근무지로 출근하기 위하여 자기 소유의 자동차를 운행하다가 자신의 과실로 교통사고를 일으킨 경우(대법원 1996. 5.31. 선고 94다15271 판결).

⑥ 공군참모총장이 군종장교로 하여금 교계에 널리 알려진 특정 종교에 대한 비판적 정보를 담은 책자를 발행·배포하게 한 행위(대법원 2007.4.26. 선고 2006다87903 판결).

4. 고의·과실로 인한 행위

손해배상책임이 성립하기 위해서는 공무원이 그 직무를 집행하면서 '고의 또는 과실로' 법령을 위반하여 타인에게 손해를 가하여야 한다. 즉, 국가가 배상책임을 지는 손해는 행위자인 당해 공무원의 고의 또는 과실을 요한다. 이는 과실책임주의의 원칙에 의한 것이라 할 수 있다.

(1) 고의·과실의 의의

「국가배상법」상 고의·과실의 관념은 「민법」상 불법행위 성립요건으로서의 고의·과실(민법 제750조)과 같다. 즉, 고의란 공무원이 앞으로 일정한 결과가 발생할 것이라는 것을 인식하면서도 그 행위를 행하는 심리상태를 말하며, 과실이란 공무원이 앞으로 일정한 결과가 발생할 것이라는 것을 인식하지는 못했으나 그 인식하지 못했음이 사회 공동생활의 일원으로서 요구되는 정도의 주의를 게을리 한 경우를 말한다.

따라서 「국가배상법」 제2조의 행정상 손해배상책임은 과실책임으로 고의 또는 과실이 있어야 한다. 여기서 공무원의 "직무집행상의 과실"이라 함은 공무원이 그 직무를 수행함에 있어 당해 직무를 담당하는 평균인이 통상적으로 갖추어야 할 주의의무를 게을리한 것을 의미한다. 즉, 공무원을 선임·감독함에 있어 국가의 과실이 있는지 여부가 아니라, 직무를 행하는 공무원을 기준으로 과실이 있는지를 판단한다.

[**판 례**] 국가배상법 제2조 제1항 본문 및 제2항의 입법 취지는 공무원의 직무상 위법행위로 타인에게 손해를 끼친 경우에는 변제자력이 충분한 국가 등에게 선임감독상 과실 여부에 불구하고 손해배상책임을 부담시켜 국민의 재산권을 보장하려는데 있다(대법원 1996.2.15. 선고 95다38677 전원합의체 판결).

[판 례] 인감증명사무를 처리하는 공무원으로서는 그것이 타인과의 권리의무에 관계되는 일에 사용되어 지는 것을 예상하여 그 발급된 인감으로 인한 부정행위의 발생을 방지할 직무상의 의무가 있다. 위조 인장에 의하여 타인 명의의 인감증명서가 발급되고 이를 토대로 소유권이전등기가 경료된 부동산을 담보로 금전을 대여한 자가 손해를 입게 된 경우, 인감증명 발급업무 담당 공무원의 직무집행상의 과실을 인정하였다(대법원 2004.3.26. 선고 2003다54490 판결).

(2) 국가의 배상책임의 성질

고의·과실의 해석에 있어서 국가의 배상책임을 대위책임으로 보느냐 또는 자기책임으로 보느냐에 따라 그 의미가 다르게 된다.

1) 대위책임설에서의 고의·과실(과실의 객관화)

통설과 판례의 입장인 대위책임설에 의하면 공무원의 고의·과실은 당해 공무원의 불법행위책임의 주관적 요건이며, 공무원의 주관적 인식 유무를 기준으로 판단하게 된다. 따라서 공무원이 심신상실 중에 한 행위에는 고의·과실이 인정되지 않는다.

대위책임설은 국가책임이 성립하기 위해서는 공무원의 주관적 책임요건으로서 고의·과실이 필요하다고 보면서, 오늘날 위험에 대처하기 위해서는 과실을 객관화·정형화함으로써 국가 등의 책임 범위를 확대해야 한다고 주장한다.[25]

2) 자기책임설에서의 고의·과실

자기책임설에 의하면 고의·과실은 위법한 국가작용의 발생원인을 객관적으로 평가하여 국가의 책임 범위를 정하기 위한 기준이며, 국가 등의 귀책사유가 될 수 있는 공무운영상의 흠의 발생이라고 하는 객관적 사정을 의미한다. 따라서 공무원이 심신상실 중에 한 행위인 경우에도 객관적으로 보아 통상 공무원에 대하여 요구되는 주의력을 결했기 때문에 행해진 행위라고 인정될 때에는 과실의 존재를 인정하게 된다.

(3) 가해공무원의 특정

공무원의 과실을 입증하기 위해서는 먼저 공무원을 특정하여 과실 여부를 논하여야 하겠지만, 가해 공무원을 특정할 필요는 없으며, 당해 직무집행행위가 누구이든지간에 공무원에 의한 행위임이 인정되기만 하면 국가 등이 배상책임을 진다. 다시 말해 가해공무원의 특정은 국가책임의 성립요건이 아니다. 따라서 누구의 행위인지가 판명되지 않더라도 손해의 상황으로 보아 공무원의 행위에 의한 손

---

25) 박윤흔, 행정법강의(상), 707면.

해로 인정되면 손해배상책임이 인정된다.

[판 례] (가해공무원을 특정하지 않고) 국가 소속 전투경찰들이 시위진압 과정에서 타인의 생명과 신체에 위해를 가하는 사태가 발생하지 아니하도록 하여야 하는데도, 이를 게을리한 채 합리적이고 상당하다고 인정되는 정도를 넘어 지나치게 과도한 방법으로 시위진압을 한 잘못으로 시위 참가자로 하여금 사망에 이르게 하였다는 이유로 국가의 손해배상 책임을 인정하였다(대법원 1995.11.10. 선고 95다23897 판결).

(4) 고의·과실의 입증책임

고의·과실의 입증책임은 원칙적으로 피해자인 원고에게 있다. 하지만 공무원의 과실을 피해자인 원고가 입증하여야 하는 경우 과실의 입증이 매우 곤란하기 때문에 피해자가 사실상 권리구제를 받지 못하는 경우가 있게 되는 문제가 있다. 이러한 원고의 입증책임은 피해자에게 너무 가혹한 것으로 형평에도 맞지 않을 수 있다.

따라서 국가 측에서도 무과실을 반증하도록 하여 피해자의 입증책임의 부담을 경감시켜 주어야 한다. 이 경우에 「민사소송법」상의 일응추정의 법리가 원용될 수 있다. 즉, 피해자인 원고가 가해자인 피고 측의 불법행위에 관하여 이미 입증한 사실 또는 현저한 사실이, 사물의 성질상 고의·과실을 추정케 하는 개연성이 있는 경우에는 피고 측이 반증으로 추정을 전복하지 못하는 한, 그 입증된 사실로부터 일단 고의·과실이 인정되어야 한다. 이런 경우 예외적으로 고의 또는 과실이 추정될 수 있다.

[판 례] 구 국세징수법 제24조 제2항과 같이 국세가 확정되기 전에 보전압류를 한 후 보전압류에 의하여 징수하려는 국세의 전부 또는 일부가 확정되지 못하였다면 보전압류로 인하여 납세자가 입은 손해에 대하여 특별한 반증이 없는 한 과세관청의 담당공무원에게 고의 또는 과실이 있다고 사실상 추정되므로, 국가는 부당한 보전압류로 인한 손해를 배상할 책임이 있다(대법원 2015.10.29. 선고 2013다209534 판결).

(5) 항고소송에서의 처분의 취소와 공무원의 과실

직무행위의 위법과 공무원의 고의·과실은 별개의 개념이다. 배상책임 성립에 있어 위법성은 객관적 요건이고 과실은 공무원의 주관적 요건이다. 따라서 위법

자체만으로 고의·과실로 인한 불법행위를 구성한다고 단정할 수 없고, 고의·과실
에 대해서는 별도의 판단이 필요하다.

따라서 어떠한 행정처분이 후에 항고소송에서 취소되었다고 할지라도 그 판
결의 기판력은 처분이 위법하다는 점에만 미칠 뿐 그것만으로 곧바로 공무원의 고
의 또는 과실을 인정하는 것은 아니다. 그 이유는 행정청이 업무를 처리한 것이
결과적으로 위법하게 되어 그 법령의 부당집행이라는 결과를 빚었다고 하더라도
처분 당시 그와 같은 처리방법 이상의 것을 성실한 평균적 공무원에게 기대하기
어려웠던 경우라면 특단의 사정이 없는 한 이를 두고 공무원의 과실로 인한 것이
라고는 할 수 없기 때문이다.[26] 공무원의 고의 또는 과실의 유무에 대하여는 별도
의 판단이 필요하다.

> **[판 례]** 존치기간이 경과한 콘도분양용 모델하우스를 위법 건축물로 판단하여 그
> 부속토지를 종합합산과세대상 토지로 과세처분한 담당공무원의 행위가 국가배상책
> 임을 인정할 만한 과실에 해당한다고 볼 수 없다(대법원 2004.6.11. 선고 2002다
> 31018 판결).

> **[판 례]** 어떠한 행정처분이 후에 항고소송에서 취소되었다고 할지라도 그 기판력에
> 의하여 당해 행정처분이 곧바로 공무원의 고의 또는 과실로 인한 것으로서 불법행
> 위를 구성한다고 단정할 수는 없는 것이고, 그 행정처분의 담당공무원이 보통 일반
> 의 공무원을 표준으로 하여 볼 때 객관적 주의의무를 결하여 그 행정처분이 객관적
> 정당성을 상실하였다고 인정될 정도에 이른 경우에 국가배상법 제2조 소정의 국가
> 배상책임의 요건을 충족하였다고 봄이 상당할 것이다. 개간허가 취소처분이 후에 행
> 정심판 또는 행정소송에서 취소되었으나 담당공무원에게 객관적 주의의무를 결한
> 직무집행상의 과실이 없다는 이유로 국가배상책임을 부인한 사례(대법원 2000.5.12.
> 선고 99다70600 판결).

(6) 공무원의 법령 해석상의 잘못과 과실 인정

공무원은 자신의 사무영역에서 표준적인 법령 및 그에 대한 판례와 학설의
해석내용을 알아야 하며, 공무원이 법령에 대한 해석상의 잘못으로 인해 손해를
발생시켰다면 이 경우 공무원의 직무행위에 대한 과실이 인정된다. 특히 행정청이
확립된 법령 해석기준이 있음에도 이에 어긋나는 해석을 하였다면 손해배상책임
이 있다.

---

26) 대법원 1999.9.17. 선고 96다53413 판결.

[판 례] 법령에 대한 해석이 복잡, 미묘하여 워낙 어렵고, 이에 대한 학설, 판례조차 귀일되어 있지 않는 등의 특별한 사정이 없는 한 일반적으로 공무원이 관계 법규를 알지 못하거나 필요한 지식을 갖추지 못하고 법규의 해석을 그르쳐 행정처분을 하였다면 그가 법률전문가가 아닌 행정직 공무원이라고 하여 과실이 없다고는 할 수 없다(대법원 2001.2.9. 선고 98다52988 판결).

[판 례] 숙박업법 제5조 제2호는 숙박업자에 대하여 미성년자인 남녀의 혼숙을 금지하는 규정이라 볼 수 없고, 보건사회부 훈령 제211호는 숙박업법에 따른 명령 또는 처분이라고 볼 수 없을 뿐만 아니라 이 건 혼숙행위 후에 제정된 훈령이므로 위법 규정이나 위 훈령을 적용하여 한 영업허가처분 취소처분은 위법하다. 서울특별시 중구청장이 미성년자인 남녀의 혼숙행위를 이유로 숙박업 영업허가를 취소하였다면 서울특별시는 국가배상법상의 손해배상 책임이 있다(대법원 1981.8.25. 선고 80다1598 판결).

[판 례] 대법원의 판단으로 관계 법령의 해석이 확립되고 이어 상급 행정기관 내지 유관 행정부서로부터 시달된 업무지침이나 업무연락 등을 통하여 이를 충분히 인식할 수 있게 된 상태에서, 확립된 법령의 해석에 어긋나는 견해를 고집하여 계속하여 위법한 행정처분을 하거나 이에 준하는 행위로 평가될 수 있는 불이익을 처분상대방에게 주게 된다면, 이는 그 공무원의 고의 또는 과실로 인한 것이 되어 그 손해를 배상할 책임이 있다(대법원 2007.5.10. 선고 2005다31828 판결).

[판 례] 변호인의 접견교통권 침해로 인한 국가배상책임 인정 사례: 수사기관이 법령에 의하지 않고는 변호인의 접견교통권을 제한할 수 없다는 것은 대법원이 오래전부터 선언해 온 확고한 법리로서 변호인의 접견신청에 대하여 허용 여부를 결정하는 수사기관으로서는 마땅히 이를 숙지해야 한다. 이러한 법리에 반하여 변호인의 접견신청을 허용하지 않고 변호인의 접견교통권을 침해한 경우에는 접견 불허결정을 한 공무원에게 고의나 과실이 있다고 볼 수 있다(대법원 2018.12.27. 선고 2016다266736 판결).

(7) 행정규칙에 따른 처분과 공무원의 과실

공무원이 행정규칙(재량준칙)에 따라 처분을 한 경우 결과적으로 그 처분이 재량을 일탈·남용하여 위법하게 되었다고 하더라도 공무원에게 과실이 있다고 보기는 어렵다.

[판 례] 공무원의 조치가 행정규칙을 위반하였다고 해서 그러한 사정만으로 곧바로

위법하게 되는 것은 아니고, 공무원의 조치가 행정규칙을 따른 것이라고 해서 적법성이 보장되는 것도 아니다. 공무원의 조치가 적법한지는 행정규칙에 적합한지 여부가 아니라 상위법령의 규정과 입법 목적 등에 적합한지 여부에 따라 판단해야 한다 (대법원 2020.5.28. 선고 2017다211559 판결).

특히, 이른바 편의재량(공익재량)의 경우에는 관계공무원이 공익성, 합목적성의 인정·판단을 잘못하여 그 재량권의 범위를 넘어선 행정행위를 한 경우가 있다 하더라도 공익성 및 합목적성의 적절 여부의 판단기준은 구체적 사안에 따라 각각 동일하다 할 수 없을 뿐만 아니라, 구체적인 경우 어느 행정처분을 할 것인가에 관하여 행정청 내부에 일응의 기준을 정해 둔 경우 그 기준에 따른 행정처분을 하였다면 이에 관여한 공무원에게 그 직무상의 과실이 있다고 할 수 없다.[27]

(8) 처분의 근거 법률의 위헌결정과 공무원의 과실

처분의 근거 법률이 헌법재판소에서 사후적으로 위헌결정이 된 경우, 법령에 대한 심사권이 없는 공무원으로서는 법령이 명백히 무효가 아닌 이상 법률을 집행할 의무가 있으므로, 이 경우 과실이 인정되기 어렵다.

[판 례] 법률이 헌법에 위반된다는 사정은 헌법재판소의 위헌결정이 있기 전에는 객관적으로 명백한 것이라고 할 수 없으므로, 법률이 헌법에 위반되는지 여부를 심사할 권한이 없는 공무원으로서는 그 법률을 적용할 수밖에 없는 것이고, 따라서 법률에 근거한 행정처분이 사후에 그 처분의 근거가 되는 법률에 대한 헌법재판소의 위헌결정으로 결과적으로 위법하게 집행된 처분이 될지라도, 이에 이르는 과정에 있어서 공무원의 고의, 과실을 인정할 수는 없다 할 것이다(헌재 2008.4.24. 2006헌바72).

[판 례] 형벌에 관한 법령이 헌법재판소의 위헌결정으로 소급하여 효력을 상실하거나 법원에서 위헌·무효로 선언된 경우, 위헌 선언 전 위 법령에 기초하여 수사가 개시되어 공소가 제기되고 유죄판결이 선고되었다는 사정만으로 국가의 손해배상책임이 발생하는 것은 아니다(대법원 2014.10.27. 선고 2013다217962 판결).

5. 법령을 위반한 행위

손해배상책임이 성립하기 위해서는 공무원이 그 직무를 집행하면서 고의 또는 과실로 '법령을 위반하여' 타인에게 손해를 가하여야 한다. 즉, 공무원이 법령을 위반하여야 한다.

---

27) 대법원 2002.5.10. 선고 2001다62312 판결.

(1) 법령의 범위

「국가배상법」제2조 법령의 범위는 형식적 의미의 법률과 법규명령만을 포함하는 것이 아니고, 성문법과 불문법을 포함한 광의의 모든 법규를 포함하는 의미이다. 여기에는 인권존중·권리남용금지·신의성실·사회질서 등 여러 원칙의 위반도 포함하며 해당 직무행위가 객관적으로 정당성을 상실한 경우까지 포함된다.

[**판 례**] 대통령이 담화를 발표하고 이에 따라 국방부장관이 삼청교육 관련 피해자들에게 그 피해를 보상하겠다고 공고하고 피해신고까지 받은 것은, 대통령이 정부의 수반인 지위에서 피해자들인 국민에 대하여 향후 입법조치 등을 통하여 그 피해를 보상해 주겠다고 구체적 사안에 관하여 종국적으로 약속한 것으로서, 국가가 그 약속을 어기고 후속조치를 취하지 아니함으로써 위 담화 및 피해신고 공고에 따라 피해신고를 마친 피해자의 신뢰를 깨뜨린 경우, 그 신뢰의 상실에 따르는 손해를 배상할 의무가 있다(대법원 2001.7.10. 선고 98다38364 판결).

[**판 례**] 성폭력범죄의 담당 경찰관은 그 경찰서에 설치되어 있는 범인식별실을 사용하지 않은 채 공개된 장소인 형사과 사무실에서 피의자 41명을 한꺼번에 세워 놓고 피해자로 하여금 범행일시와 장소별로 범인을 지목하게 한 행위는 법규상 또는 조리상의 한계를 위반한 것으로 국가배상법상 법령위반에 해당한다(대법원 2008.6.12. 선고 2007다64365 판결).

[**판 례**] 甲이 국가의 의뢰로 도라산역사 내 벽면 및 기둥들에 벽화를 제작·설치하였는데, 국가가 작품 설치일로부터 약 3년 만에 벽화를 철거하여 소각한 사안에서, 국가가 벽화 설치 이전에 이미 알고 있었던 사유를 들어 적법한 절차를 거치지 아니한 채 철거를 결정하고 원형을 크게 손상시키는 방법으로 철거 후 소각한 행위는 현저하게 합리성을 잃은 행위로서 객관적 정당성을 결여하여 위법하다(대법원 2015.8.27. 선고 2012다204587 판결).

[**판 례**] 50cc 소형 오토바이 1대를 절취하여 운전 중인 15~16세의 절도 혐의자 3인이 경찰관의 검문에 불응하며 도주하자, 경찰관이 체포 목적으로 오토바이의 바퀴를 조준하여 실탄을 발사하였으나 오토바이에 타고 있던 1인이 총상을 입게 된 경우, 제반 사정에 비추어 경찰관의 총기 사용이 사회통념상 허용범위를 벗어나 위법하다(대법원 2004.5.13. 선고 2003다57956 판결).

[**판 례**] 국가배상책임에 있어서 공무원의 가해행위는 '법령에 위반한' 것이어야 하고, 법령 위반이라 함은 엄격한 의미의 법령 위반뿐만 아니라 인권존중, 권력남용금

지, 신의성실, 공서양속 등의 위반도 포함하여 널리 그 행위가 객관적인 정당성을
결여하고 있음을 의미한다(대법원 2009.12.24. 선고 2009다70180 판결).

[판 례] '법령에 위반하여'라고 하는 것은 엄격하게 형식적 의미의 법령에 명시적으
로 공무원의 작위의무가 규정되어 있는데도 이를 위반하는 경우만을 의미하는 것은
아니고, 국민의 생명, 신체, 재산 등에 대하여 절박하고 중대한 위험상태가 발생하
였거나 발생할 우려가 있어서 국가가 초법규적, 일차적으로 그 위험 배제에 나서지
아니하면 국민의 생명, 신체, 재산 등을 보호할 수 없는 경우에는 형식적 의미의 법
령에 근거가 없더라도 국가나 관련 공무원에 대하여 그러한 위험을 배제할 작위의
무를 인정할 수 있다. 폭우로 인하여 차도 또는 하수도가 침수되어 인근 건물 내의
인명 또는 재산 피해가 예상되는 경우 침수의 방지, 통제, 퇴거 등의 조치를 취하
고, 재해비상발령이 내려진 상황에서 신속하게 서울시재해대책본부로부터 지시받은
조치를 시행하거나 방재책임자 등에게 이를 알리는 등 재해방지에 필요한 적절한
조치를 신속히 취하여야 할 의무가 있고, 그 의무 위반행위는 국가배상법 제2조 제
1항 소정의 '법령 위반'에 해당한다(대법원 2004.6.25. 선고 2003다69652 판결).

---

(2) 법령위반의 의미

위법이 무엇인지, 그 위법성의 판단기준에 관하여는 ① 결과불법설, ② 행위
불법설, ③ 상관관계설 등의 견해로 나뉘고 있다.

1) 결과불법설

결과불법설은 위법이란 가해행위의 결과인 손해의 불법이라는 견해이다. 즉,
위법을 원인행위의 적법 여부에 상관없이 법이 허용하지 않는 손해가 발생한 것으
로 보며, 피해가 중대하면 위법성이 있다고 본다.

결과불법설은 「민법」상 불법행위책임에서는 타당하지만, 법치행정의 원칙상
행위의 위법 여부를 논하여야 하는 국가배상책임에서는 타당하지 못하다는 비판
을 받는다.[28]

2) 행위불법설

행위불법설은 위법이란 행위가 법규범에 위반된다는 것이라는 견해이다. 법
규범 위반행위가 무엇인지에 대하여 ① 공권력 발동요건 결여설, ② 직무행위 기
준설로 나뉜다.

(가) 공권력 발동요건 결여설

이 설은 법령위반의 행위가 무엇인가에 대하여 법령에서 규정한 공권력 발동

---

28) 박균성, 행정법강의, 507면.

요건을 결여한 것으로 본다. 이는 위법을 법규에 위반한 행위로 보며, 국가배상의 법치행정의 원리의 담보기능을 중시한다.

대법원은 국가배상책임은 공무원의 직무집행이 법령에 위반한 것임을 요건으로 하는 것으로서 공무원의 직무집행이 법령이 정한 요건과 절차에 따라 이루어진 것이라면 특별한 사정이 없는 한 이는 법령에 적합한 것이고 그 과정에서 개인의 권리가 침해되는 일이 생긴다고 하여 그 법령적합성이 곧바로 부정되는 것은 아니다고 한다.[29]

> **[판 례]** 국가배상책임은 공무원의 직무집행이 법령에 위반한 것임을 요건으로 하는 것으로서, 공무원의 직무집행이 법령이 정한 요건과 절차에 따라 이루어진 것이라면 특별한 사정이 없는 한 이는 법령에 적합한 것이고 그 과정에서 개인의 권리가 침해되는 일이 생긴다고 하여 그 법령적합성이 곧바로 부정되는 것은 아니다. 경찰관이 교통법규 등을 위반하고 도주하는 차량을 순찰차로 추적하는 직무를 집행하는 중에 그 도주 차량의 주행에 의하여 제3자가 손해를 입은 경우, 경찰관의 추적행위는 추적의 개시·계속 혹은 추적의 방법이 상당하지 않다는 등의 특별한 사정이 없는 한 위법하다고 할 수 없다(대법원 2000.11.10. 선고 2000다26807, 26814 판결).

(나) 직무행위 기준설

이 설은 법규위반의 행위가 무엇인가에 대하여 공무원으로서 직무상 의무를 태만히 한 것으로 본다. 대법원의 일부 판례는 직무행위 기준설을 따르고 있다. 이 경우 위법성 판단기준을 공무원이 개별적 국민에 대하여 부담하는 직무상의 법적 의무라고 본다. 즉, 국가나 공무원은 법령에 구체적인 의무가 없더라도 국민의 생명이나 재산이 위험에 처한 경우 국민을 적극적으로 보호할 의무가 있으며, 이를 위반할 경우 국가는 손해배상책임을 져야 하는 것으로 보고 있다.

> **[판 례]** 국민의 생명, 신체, 재산 등에 대하여 절박하고 중대한 위험상태가 발생하였거나 발생할 우려가 있어서 국민의 생명, 신체, 재산 등을 보호하는 것을 본래적 사명으로 하는 국가가 초법규적, 일차적으로 그 위험 배제에 나서지 아니하면 국민의 생명, 신체, 재산 등을 보호할 수 없는 경우에는 형식적 의미의 법령에 근거가 없더라도 국가나 관련 공무원에 대하여 그러한 위험을 배제할 작위의무가 있다(대법원 2004.6.25. 선고 2003다69652 판결).

---

29) 대법원 1997.7.25. 선고 94다2480 판결.

3) 상관관계설(상대적 위법성설)

상관관계설은 침해행위의 성질·태양과 피침해이익의 종류·내용을 종합적으로 고려하여 판단해야 하는 것으로 본다. 이 설은 상대적 위법성설이라고도 한다. 다음의 판례는 상관관계설을 취하고 있다.

> **[판 례]** 행정처분의 담당공무원이 보통 일반의 공무원을 표준으로 하여 볼 때 객관적 주의의무를 결하여 그 행정처분이 객관적 정당성을 상실하였다고 인정될 정도에 이른 경우에 국가배상법 제2조 소정의 국가배상책임의 요건을 충족하였다고 봄이 상당할 것이며, 이 때에 객관적 정당성을 상실하였는지 여부는 피침해이익의 종류 및 성질, 침해행위가 되는 행정처분의 태양 및 그 원인, 행정처분의 발동에 대한 피해자측의 관여의 유무, 정도 및 손해의 정도 등 제반 사정을 종합하여 손해의 전보 책임을 국가 또는 지방자치단체에게 부담시켜야 할 실질적인 이유가 있는지 여부에 의하여 판단하여야 한다(대법원 2003.12.11. 선고 2001다65236 판결).

> **[판 례]** 하천법의 관련 규정에 비추어 볼 때, 하천의 유지·관리 및 점용허가 관련 업무를 맡고 있는 지방자치단체 담당공무원의 직무상 의무는 부수적으로라도 사회구성원 개개인의 안전과 이익을 보호하기 위하여 설정된 것이다. 노외주차장이용자 주차권 뒷면에 부동문자로 기재된 "차량의 파손 및 도난은 본 차고에 민·형사상의 책임이 없다"라는 문구는 주차장 관리자가 고의 또는 중대한 과실로 선량한 관리자의 주의의무를 다하지 않음으로써 발생한 손해에 대한 배상까지도 정당한 이유 없이 배제하는 약관으로서 무효라고 한 사례(대법원 2006.4.14. 선고 2003다41746 판결).

(3) 항고소송의 위법과 국가배상법상의 위법

항고소송에서의 위법성과 「국가배상법」의 위법성 개념이 동일한 지에 대하여는 견해가 대립하고 있다.

위법성의 판단기준에 관한 학설 중 결과불법설, 직무행위기준설, 상당관계설은 양 소송의 위법은 서로 다른 것으로 보고 있다. 즉, 항고소송에서의 위법은 행정처분에 한정되지만, 「국가배상법」상의 위법은 모든 공권력 행사(비권력적 공행정작용, 입법작용, 사법작용을 포함)에 대하여 인정된다는 것이다.

한편, 공권력 발동요건 결여설은 양 소송의 위법성은 동일한 것으로 본다. 양소송의 위법성은 모두 객관적 법규범의 위반이므로 시기·주체 등 전제조건이 동일하다면 법률에 의한 행정의 원리에 의하여 양 소송에서의 위법성을 달리 해석할 이유가 없다는 것이다. 이는 일원적 위법성설의 입장이며, 위법성 개념은 법치행정의 원리에 따라 일원적·통일적으로 파악함으로써 법개념의 상대성으로 인한 무용의 혼란을 방지하고 법적 안정성을 기할 필요가 있다는 견해이다.

(4) 항고소송의 기판력과 국가배상소송

항고소송의 위법성과 국가배상소송의 위법성 개념이 동일하다고 보는 견해(공권력 발동요건 결여설)는 기판력 긍정설을 취하며, 위법성 개념이 다르다고 보는 견해(결과불법설, 직무행위 기준설, 상당관계설)는 기판력 부정설을 취한다.

국가배상소송의 위법성을 항고소송의 위법성보다 넓게 보는 입장에서는 항고소송의 인용판결의 기판력은 국가배상소송에 미치지만 기각판결의 기판력은 국가배상소송에 미치지 않는다고 보아 기판력 일부긍정설을 취한다.

(5) 행정규칙 위반

행정규칙은 법규가 아니므로 원칙적으로 법령위반에 포함되지 않지만, 행정규칙위반이 평등원칙 등 행정법의 원칙을 침해하여 위법이 되는 때에는 법령위반에 포함된다.

또한, 재량권의 남용이나 일탈이 있는 경우에는 위법성이 인정되지만, 이에 이르지 않는 정도의 재량의 과오는 부당으로서의 재량위반에 해당해 법령위반에 포함되지 않는다.

(6) 손해배상청구와 선결문제

행정행위의 위법성을 이유로 행정상 손해배상을 청구하는 경우에 선결문제로서 미리 그 행위의 취소나 무효확인의 판결을 받지 않고 민사법원이 그 위법성을 인정할 수 있는지가 문제된다.

대법원은 행정행위의 구성요건적 효력(공정력)은 절차적 효력에 그치는 것이므로 당해 행정행위의 효력을 직접 부정하는 것이 아닌 한 일반법원은 민사소송절차에서도 행정행위의 위법성을 판단할 수 있으며, 행정행위가 취소되기 전이라도 그 위법을 주장하여 손해배상을 청구할 수 있다고 본다. 생각건대, 공정력이란 행정행위의 실체법상의 적법성을 추정시키는 것은 아니므로 그 효력을 직접 부인하는 것이 아닌 이상 손해배상청구사건을 심사하는 법원은 선결문제로서 당해 행정행위의 위법성을 심사할 수 있다.

> **[판 례]** 계고처분 또는 행정 대집행 영장에 의한 통지와 같은 행정처분이 위법임을 이유로 배상을 청구하는 본 건에 있어 미리 그 행정처분의 취소판결이 있어야만 그 행정처분의 위법임을 이유로 피고에게 배상을 청구할 수 있는 것은 아니다(대법원 1972.4.28. 선고 72다337 판결).

6. 타인에게 손해 발생

손해배상책임이 성립하기 위해서는 공무원이 그 직무를 집행하면서 고의 또는 과실로 법령을 위반하여 '타인에게 손해를' 가하여야 한다. 국가배상책임이 인정되기 위해서는 타인에게 손해가 발생하여야 한다.

> **[판 례]** 국가배상법 제2조 제1항에 따른 국가배상책임이 성립하기 위해서는 공무원의 직무집행이 위법하다는 점만으로는 부족하고, 그로 인해 타인의 권리·이익이 침해되어 구체적 손해가 발생하여야 한다(대법원 2016.8.30. 선고 2015두60617 판결).

(1) 타인의 범위

여기서 '타인'은 국가 또는 지방자치단체, 가해자인 공무원 및 그의 직무행위에 가세한 자 이외의 모든 사람을 가리킨다. 공무원은 가해자의 입장에 있을 때에는 '타인'이 아니지만, 다른 공무원의 불법행위로 인하여 손해를 받은 때에는 '타인'의 범위에 포함된다. 피해자가 가해자인 공무원과 동일 또는 동종의 기관에 근무하는 직무수행 중인 공무원이라 하더라도 그가 가해행위에 관여한 것으로 인정될 수 없는 한 여기서 말하는 타인에 해당된다.

> **[판 례]** 공무원이 자신의 소유인 승용차를 운전하여 공무를 수행하고 돌아오던 중 동승한 다른 공무원을 사망하게 하는 교통사고를 발생시킨 경우, 이는 외형상 객관적으로 직무와 밀접한 관련이 있는 행위이고, 가해행위를 한 공무원과 동일한 목적을 위한 업무를 수행한 공무원이라 할지라도 그가 가해행위에 관여하지 아니한 이상 국가배상법 제2조 제1항 소정의 '타인'에 해당하므로 국가배상법에 의한 손해배상책임이 인정된다(대법원 1998.11.19. 선고 97다36873 전원합의체 판결).

(2) 손해의 범위

손해는 공무원의 가해행위로 인하여 피해자가 입은 모든 불이익을 가리킨다. 따라서 그 손해는 가해행위로부터 발생한 일체의 손해를 말하며, 재산적 손해(재산권에 가하여진 침해)·신체적 손해(생명·신체에 가하여진 침해)·정신적 손해(명예·정조·사생활·가족관계에 가하여진 침해·생활방해) 또는 적극적 손해·소극적 손해(일실이익)를 가리지 아니한다.

> **[판 례]** 재산상의 손해로 인하여 받는 정신적 고통은 그로 인하여 재산상 손해의 배상만으로는 전보될 수 없을 정도의 심대한 것이라고 볼 만한 특별한 사정이 없는

한 재산상 손해배상으로써 위자된다(대법원 1998.7.10. 선고 96다38971 판결).

(3) 이중배상금지

공무원도 피해를 입은 때에는 일반사인의 경우와 마찬가지로 피해자의 입장에서 국가에 손해배상청구를 할 수 있다. 그런데 헌법(제29조 제2항) 및 「국가배상법」(제2조 제1항 단서)은 공무원 중에서 군인[30]·군무원·경찰공무원 또는 향토예비군대원에 대하여는, 본인이나 그 유족이 다른 법령에 의한 재해보상금·유족연금·상이연금 등의 보상을 받을 수 있음을 전제로 「국가배상법」 및 「민법」의 규정에 의한 손해배상을 청구할 수 없다고 특례를 규정하고 있다. 이 제도는 위험성이 높은 직무종사자에게는 사회보장적 위험부담으로서의 보상제도를 별도로 마련하고, 그것과 경합되는 이중배상청구를 배제하려는 취지라 할 수 있다.

> **[판 례]** 헌법 제29조 제2항 및 이를 근거로 한 국가배상법 제2조 제1항 단서 규정의 입법 취지는, 국가 또는 공공단체가 위험한 직무를 집행하는 군인·군무원·경찰공무원 또는 향토예비군대원에 대한 피해보상제도를 운영하여, 직무집행과 관련하여 피해를 입은 군인 등이 간편한 보상절차에 의하여 자신의 과실 유무나 그 정도와 관계없이 무자력의 위험부담이 없는 확실하고 통일된 피해보상을 받을 수 있도록 보장하는 대신에, 피해 군인 등이 국가 등에 대하여 공무원의 직무상 불법행위로 인한 손해배상을 청구할 수 없게 함으로써, 군인 등의 동일한 피해에 대하여 국가 등의 보상과 배상이 모두 이루어짐으로 인하여 발생할 수 있는 과다한 재정지출과 피해 군인 등 사이의 불균형을 방지하고, 또한 가해자인 군인 등과 피해자인 군인 등의 직무상 잘못을 따지는 쟁송이 가져올 폐해를 예방하려는 데에 있다(대법원 2002.5.10. 선고 2000다39735 판결).

헌법재판소도 「국가배상법」 제2조 제1항 단서는 헌법 제29조 제1항에 의하여 보장되는 국가배상청구권을 헌법 내재적으로 제한하는 헌법 제29조 제2항에 직접 근거하고, 실질적으로 그 내용을 같이하는 것이므로 헌법에 위반되지 않는 것으로 보았다.[31]

따라서 군인·경찰공무원 또는 향토예비군대원이 전투·훈련 등 직무집행과 관련하여 전사·순직 또는 공상을 입은 경우에 본인 또는 그 유족이 다른 법령의

---

30) 국가배상법상 군인의 신분은 예비역 군인의 경우에 있어서는 소집명령서를 받고 실역에 복무하기 위하여 지정된 장소에 도착하여 군통수권의 지휘하에 들어가 군부대의 구성원이 되었을 때 비로소 시작되는 것이고 부대 영문인 위병소가 있는 곳에 도착한 것만으로서는 아직 국가배상법상 군인의 신분을 취득하였다고 할 수 없다(대법원 1976.12.14. 선고 74다1441 판결).
31) 헌재 2001.2.22. 2000헌바38; 헌재 1995.12.8. 95헌바3.

규정에 의하여 손해보상금·유족연금·상이연금 등의 보상을 지급받을 수 있을 때에는 「국가배상법」 및 「민법」 규정에 의한 손해배상을 청구할 수 없다.

다만 군인·경찰공무원 등이 재해보상금·유족연금·상이연금 등 별도의 보상을 받을 수 없는 경우에는 「국가배상법」 규정에 따른 손해배상을 청구할 수 있다.

> **[판 례]** 군인, 군무원 등 국가배상법 제2조 제1항 단서에 열거된 자가 전투·훈련 기타 직무집행과 관련하는 등으로 공상을 입은 경우라고 하더라도 군인연금법 또는 국가유공자예우등에관한법률에 의하여 재해보상금, 유족연금, 상이연금 등 별도의 보상을 받을 수 없는 경우에는 국가배상법 제2조 제1항 단서의 적용 대상에서 제외된다(대법원 1996.12.20. 선고 96다42178 판결).

판례는 다른 법령에 의한 보상금청구권이 시효로 소멸된 경우 「국가배상법」 제2조 제1항 단서 규정이 적용되어 국가배상청구가 인정되지 않는다고 보고 있다.

> **[판 례]** 공상을 입은 군인이 국가배상법에 의한 손해배상청구 소송 도중에 국가유공자등예우및지원에관한법률에 의한 국가유공자 등록신청을 하였다가 인과관계가 없어 공상군경 요건에 해당되지 않는다는 이유로 비해당결정 통보를 받고 이에 불복하지 아니한 후 위 법률에 의한 보상금청구권과 군인연금법에 의한 재해보상금청구권이 모두 시효완성된 경우, 국가배상법 제2조 제1항 단서 소정의 '다른 법령에 의하여 보상을 받을 수 있는 경우'라 하여 국가배상청구를 할 수 없다(대법원 2002.5.10. 선고 2000다39735 판결).

다만, 「보훈보상자법」의 보훈급여금의 경우는 「국가배상법」에 따라 손해배상금을 받은 다음에도 그 지급을 청구할 수 있다.

> **[판 례]** 전투·훈련 등 직무집행과 관련하여 공상을 입은 군인·군무원·경찰공무원 또는 향토예비군대원이 먼저 국가배상법에 따라 손해배상금을 지급받은 다음 보훈보상자법이 정한 보상금 등 보훈급여금의 지급을 청구하는 경우, 국가배상법 제2조 제1항 단서가 명시적으로 '다른 법령에 따라 보상을 지급받을 수 있을 때에는 국가배상법 등에 따른 손해배상을 청구할 수 없다'고 규정하고 있는 것과 달리 보훈보상자법은 국가배상법에 따른 손해배상금을 지급받은 자를 보상금 등 보훈급여금의 지급대상에서 제외하는 규정을 두고 있지 않은 점, 국가배상법 제2조 제1항 단서의 입법 취지 및 보훈보상자법이 정한 보상과 국가배상법이 정한 손해배상의 목적과 산정방식의 차이 등을 고려하면 국가배상법 제2조 제1항 단서가 보훈보상자법 등에 의한 보상을 받을 수 있는 경우 국가배상법에 따른 손해배상청구를 하지 못한다는

것을 넘어 국가배상법상 손해배상금을 받은 경우 보훈보상자법상 보상금 등 보훈급
여금의 지급을 금지하는 것으로 해석하기는 어려운 점 등에 비추어, 국가보훈처장은
국가배상법에 따라 손해배상을 받았다는 사정을 들어 보상금 등 보훈급여금의 지급
을 거부할 수 없다(대법원 2017.2.3. 선고 2015두60075 판결).

한편, 헌법재판소는 「국가배상법」 제2조 제1항 단서 위헌소원에 대하여 「국
가배상법」 제2조 제1항의 단서 중 "군인이 …… 직무집행과 관련하여 …… 공상을
입은 경우에 본인 또는 그 유족이 다른 법령의 규정에 의하여 재해보상금·유족연
금·상이연금 등의 보상을 지급받을 수 있을 때에는 이 법 및 「민법」의 규정에 의
한 손해배상을 청구할 수 없다"는 부분은, 일반 국민이 직무집행 중인 군인과의
공동불법행위로 직무집행 중인 다른 군인에게 공상을 입혀 그 피해자에게 공동의
불법행위로 인한 손해를 배상한 다음 공동불법행위자인 군인의 부담부분에 관하
여 국가에 대하여 구상권을 행사하는 것을 허용하지 아니한다고 해석하는 한, 헌
법에 위반(한정위헌결정)된다고 보았다.[32]

7. 직무행위와 손해발생 간의 인과관계

(1) 상당인과관계의 의의

공무원의 직무상 불법행위에 기초한 손해배상청구권이 성립하기 위해서는
고의·과실에 의한 가해행위와 발생한 손해 사이에 상당인과관계가 있어야 한
다.[33] 여기서 상당인과관계란 「민법」에서와 같이 법률상의 인과관계를 말한다.
즉, 원인·결과의 관계에서는 무한한 사실 가운데에서, 객관적으로 보아 어떠한 전
행 사실로부터 보통 일반적으로 초래되는 후행 사실이 있는 때에, 양자는 상당인
과관계에 있게 된다. 이는 현실적으로 생긴 손해 가운데서 우선 '통상 생기게 될
손해'를 배상케 하는 것을 의미하기 때문에 배상의 범위를 '통상 생기게 될 손해'
로 제한하게 된다.

(2) 상당인과관계 판단기준

상당인과관계의 유무를 판단하는 기준은 일반적인 결과 발생의 개연성은 물
론 직무상 의무를 부과하는 법령 기타 행동규범의 목적, 그 수행하는 직무의 목적
내지 기능으로부터 예견 가능한 행위 후의 사정, 가해행위의 태양 및 피해의 정도
등을 종합적으로 고려하여야 한다.[34]

---

32) 헌재 1994.12.29. 93헌바21.
33) 대법원 2010.9.9. 선고 2008다77795 판결.
34) 대법원 2007.12.27. 선고 2005다62747 판결.

인과관계는 반드시 의학적·자연과학적으로 명백히 입증하여야 하는 것은 아니고 제반 사정을 고려할 때 업무와 질병 사이에 상당인과관계가 있다고 추단되는 경우에도 그 입증이 있다고 보아야 한다. 또한, 평소에 정상적인 근무가 가능한 기초 질병이나 기존 질병이 직무의 과중 등이 원인이 되어 자연적인 진행속도 이상으로 급격하게 악화된 때에도 그 입증이 있는 경우에 포함된다. 그리고 업무와 사망과의 인과관계 유무는 보통평균인이 아니라 당해 근로자 등의 건강과 신체조건을 기준으로 판단하여야 한다.[35]

(3) 상당인과관계 인정 사례

[판 례] 근로자가 업무상 질병으로 요양 중 자살한 경우에 있어서는 자살자의 질병 내지 후유증상의 정도, 그 질병의 일반적 증상, 요양기간, 회복가능성 유무, 연령, 신체적·심리적 상황, 자살자를 에워싸고 있는 주위상황, 자살에 이르게 된 경위 등을 종합적으로 고려하여 상당인과관계가 있다고 추단할 수 있으면 그 인과관계를 인정하여야 할 것이다(대법원 1999.6.8. 선고 99두3331 판결).

[판 례] 유흥주점에 감금된 채 윤락을 강요받으며 생활하던 여종업원들이 유흥주점에 화재가 났을 때 미처 피신하지 못하고 유독가스에 질식해 사망한 사안에서, 소방공무원이 위 화재 전 유흥주점에 대하여 구 소방법상 시정조치를 명하지 않은 직무상 의무 위반과 위 사망의 결과 사이의 상당인과관계를 인정한 사례(대법원 2008.4.10. 선고 2005다48994 판결).

[판 례] 우편집배원이 압류 및 전부명령 결정 정본을 특별송달하는 과정에서 민사소송법을 위반하여 부적법한 송달을 하고도 적법한 송달을 한 것처럼 우편송달보고서를 작성하여 압류 및 전부의 효력이 발생한 것과 같은 외관을 형성시켰으나, 실제로는 압류 및 전부의 효력이 발생하지 아니하여 집행채권자로 하여금 피압류채권을 전부받지 못하게 함으로써 손해를 입게 한 경우에는, 우편집배원의 위와 같은 직무상 의무위반과 집행채권자의 손해 사이에는 상당인과관계가 있다고 봄이 상당하고, 국가는 국가배상법에 의하여 그 손해에 대하여 배상할 책임이 있다(대법원 2009.7.23. 선고 2006다87798 판결).

[판 례] 상당인과관계가 인정되기 위하여는 공무원에게 부과된 직무상 의무의 내용이 단순히 공공 일반의 이익을 위한 것이거나 행정기관 내부의 질서를 규율하기 위한 것이 아니고 전적으로 또는 부수적으로 사회구성원 개인의 안전과 이익을 보호하기 위하여 설정된 것이어야 한다(대법원 2010.9.9. 선고 2008다77795 판결).

---

35) 대법원 2001.7.27. 선고 2000두4538 판결.

(4) 상당인과관계 부정 사례

> **[판 례]** 개별공시지가 산정업무 담당공무원 등이 잘못 산정·공시한 개별공시지가를 신뢰한 나머지 토지의 담보가치가 충분하다고 믿고 그 토지에 관하여 근저당권설정 등기를 경료한 후 물품을 추가로 공급함으로써 손해를 입었음을 이유로 그 담당공무원이 속한 지방자치단체에 손해배상을 구한 사안에서, 그 담당공무원 등의 개별공시지가 산정에 관한 직무상 위반행위와 위 손해 사이에 상당인과관계가 있다고 보기 어렵다고 판단한 사례(대법원 2010.7.22. 선고 2010다13527 판결).

> **[판 례]** 금융감독원에 금융기관에 대한 검사·감독의무를 부과한 법령의 목적이 금융상품에 투자한 투자자 개인의 이익을 직접 보호하기 위한 것이라고 할 수 없으므로, 피고 금융감독원 및 그 직원들의 위법한 직무집행과 부산2저축은행의 후순위사채에 투자한 원고들이 입은 손해 사이에 상당인과관계가 있다고 보기 어렵다(대법원 2015.12.23. 선고 2015다210194 판결).

Ⅲ. 손해배상의 범위 및 기준

1. 손해배상의 범위

(1) 원 칙

손해배상의 범위는 일반 민사상의 불법행위로 인한 손해배상의 경우(민법 제750조)와 마찬가지로 공무원의 가해행위와 상당인과관계가 있는 모든 손해액이다.

(2) 사망·신체의 해에 대한 배상

1) 사 망

공무원의 위법한 직무행위가 타인을 사망하게 한 경우(타인의 신체에 해를 입혀 그로 인하여 사망하게 한 경우를 포함한다) ① 사망 당시(신체에 해를 입고 그로 인하여 사망한 경우에는 신체에 해를 입은 당시를 말한다)의 월급액이나 월실수입액 또는 평균임금에 장래의 취업가능기간을 곱한 유족배상, ② 평균임금(임금통계를 남자 또는 여자로 구분하여 공표하는 경우에는 남자 평균임금으로 한다)의 100일분의 장례비를 피해자의 유족에게 배상한다(국가배상법 제3조 제1항, 동법 시행령 제3조).

2) 신체의 해

공무원의 위법한 직무행위가 타인의 신체에 해를 입힌 경우에는 ① 필요한 요양을 하거나 이에 대신할 요양비, ② 위 요양으로 인하여 월급액이나 월실수입액 또는 평균임금의 수입에 손실이 있는 때에는 그 요양기간 중 그 손실액의 휴업배상, ③ 피해자가 완치 후 신체에 장해가 있는 경우는 그 장해로 인한 노동력 상실 정도에 따라 피해를 입은 당시의 월급액이나 월실수입액 또는 평균임금에 장래의 취업가능기간을 곱한 액의 장해배상을 배상한다(국가배상법 제3조 제2항). 취업가능기간과 장해의 등급 및 노동력 상실률은 대통령령으로 정한다(동법 제3조 제6항).

피해자가 완치 후에도 신체에 장해가 있어 다른 사람의 보호 없이는 활동이 어려운 것으로 인정되는 경우에는 제4조에 따른 보통 인부의 일용노동임금을 기준으로 하여 피해자의 기대여명기간의 범위에서 간병비를 지급한다(동법 시행령 제3조의2).

사망하거나 신체의 해를 입은 피해자의 직계존속·직계비속 및 배우자, 신체의 해나 그 밖의 해를 입은 피해자에게는 대통령령으로 정하는 기준 내에서 피해자의 사회적 지위, 과실의 정도, 생계 상태, 손해배상액 등을 고려하여 그 정신적 고통에 대한 위자료를 배상하여야 한다(동법 제3조 제5항).

> **[판 례]** 국가배상법 제3조 제5항에 생명, 신체에 대한 침해로 인한 위자료의 지급을 규정하였을 뿐이고 재산권 침해에 대한 위자료의 지급에 관하여 명시한 규정을 두지 아니하였으나 같은 법조 제4항의 규정이 재산권 침해로 인한 위자료의 지급의무를 배제하는 것이라고 볼 수는 없다(대법원 1990.12.21. 선고 90다6033·6040(병합), 6057(병합) 판결).

(3) 물건의 침해에 대한 배상

공무원의 위법한 직무행위가 타인의 물건을 멸실·훼손한 경우에는 ① 피해를 입은 당시의 그 물건의 교환가액 또는 필요한 수리를 하거나 이를 대신할 수리비, ② 수리로 인하여 수입에 손실이 있는 경우에는 수리기간 중 그 손실액의 휴업배상을 한다(국가배상법 제3조 제3항).

(4) 공제액

피해자가 손해를 입은 동시에 이익을 얻은 경우에는 손해배상액에서 그 이익에 상당하는 금액을 빼야 하며, 사망·신체의 해로 인한 유족배상·장해배상 및 장래에 필요한 요양비 등을 한꺼번에 신청하는 경우에는 중간이자를 빼야 한다(국가배상법 제3조의2). 중간이자의 공제방식은 법정이율에 의한 단할인법인 호프만 방식에 의한다(동법 시행령 제6조 제3항).

유족배상액을 산정함에 있어서는 월급액이나 월실수액 또는 평균임금에서 일정 부분의 생활비를 공제하여야 한다(동법 시행령 제6조 제1항). 물건의 훼손으로 인한 휴업배상액을 산정함에 있어서는 수리 기간 중의 수입손실액에서 수리로 인하여 지출이 불필요하게 된 비용 상당의 이익을 공제하여야 한다(동법 시행령 제6조 제2항).

2. 손해배상금액의 기준

「국가배상법」 제3조 및 제3조의2는 손해배상금액의 기준을 규정하고 있는데, 이러한 기준에 대해서는 ① 단순한 기준규정으로 보는 견해(기준액설), ② 제한규정으로 보는 견해(한정액설)가 대립하고 있다.

기준액설은 「국가배상법」 제3조의 손해배상금액의 기준은 단순한 기준을 정한 것에 불과하므로 구체적인 경우 배상금액은 증감이 가능하다는 견해로, 현재통설과 판례의 입장이다.[36] 기준액설은 ① 국가배상책임이 공무원의 불법행위책임이고 그 책임은 「민법」상의 불법행위책임과 동일한 것으로 양자 간에 균형의 유지가 필요한 점, ② 재산상의 손해에 대한 범위와 균형을 고려하여야 하는 점 등을 그 논거로 하고 있다.

> **[판 례]** 국가배상법 제3조 제1항과 제3항의 손해배상의 기준은 배상심의회의 배상금 지급기준을 정함에 있어서의 하나의 기준을 정한 것에 지나지 아니하는 것이고, 이로써 배상액의 상한을 제한한 것으로 볼 수 없다 할 것이며 따라서 법원이 국가배상법에 의한 손해배상액을 산정함에 있어서 그 기준에 구애되는 것이 아니라 할 것이다(대법원 1970.1.29. 선고 69다1203 전원합의체 판결).

한정액설은 「국가배상법」 제3조의 기준은 배상금액의 상한을 정한 것이라는 견해이다. 이는 ① 배상의 범위를 객관적으로 명백하게 하여 당사자 사이의 분쟁 여지를 없애야 하는 점, ② 배상의 범위를 법정화한 것은 곧 그에 의한 배상액의 산정을 요구한 것이라고 보아야 하는 점, ③ 배상액의 산정을 요구한 조항은 별도의 규정이 없는 한 배상심의회의 배상금 지급 결정의 기준이 되며, 법원도 그 적용 대상이 되는 것으로 보아야 하는 점 등을 그 논거로 하고 있다.

생각건대, 배상심의회는 「국가배상법」 제3조에서 규정한 배상기준에 의하여 배상금 지급을 심의·결정하여야 하는 점과 배상심의회의 결정에 대하여 피해자는 일반법원에 제소할 수 있고, 이 경우에 법원은 「국가배상법」의 기준규정에 구애됨이 없이 판결할 수 있는 점에서 단순한 기준규정(기준액설)으로 보는 견해가 타당하다.

---

36) 대법원 1970.1.29. 선고 68다1208 판결; 대법원 1970.3.10. 선고 69다1772 판결.

Ⅳ. 손해배상책임

1. 손해배상책임자

(1) 국가배상법 제2조의 책임자

「국가배상법」제2조에 따르면 공무원이 직무를 집행하면서 고의 또는 과실로 법령을 위반하여 타인에게 손해를 입혔을 때에는 국가나 지방자치단체가 그 손해를 배상하여야 한다. 즉, 국가사무에 대해서는 국가가 배상책임을 지고, 지방자치단체의 사무에 대해서는 지방자치단체가 배상책임을 진다. 「국가배상법」제2조는 헌법 제29조와는 달리 배상책임자로 공공단체가 아닌 지방자치단체만을 규정하고 있으므로, 지방자치단체 외의 공공단체의 경우에는 「국가배상법」이 아닌 「민법」의 적용을 받는다.

(2) 국가배상법 제6조 제1항의 책임자

「국가배상법」제6조 제1항에 의하면, 국가나 지방자치단체가 손해를 배상할 책임이 있는 경우에 공무원의 선임·감독을 맡은 자와 봉급·급여 기타의 비용을 부담하는 자가 동일하지 아니하면 그 비용을 부담하는 자도 손해를 배상하여야 한다.

「국가배상법」제6조 제1항의 입법 취지는 국민에게 '선임·감독자'와 '비용을 부담하는 자'에 대해서 선택적으로 배상청구를 할 수 있도록 함으로써 배상청구권을 최대한 보장하려는 것이다. 여기서 '선임·감독자' 사무의 귀속 주체가 누구인지를 의미하며, '비용을 부담하는 자'는 형식적·실질적으로 비용을 부담하는 자가 모두 비용부담자라는 의미이다.

[판 례] 지방자치단체의 장이 기관위임된 국가행정사무를 처리하는 경우 그에 소요되는 경비의 실질적·궁극적 부담자는 국가라고 하더라도 당해 지방자치단체는 국가로부터 내부적으로 교부된 금원으로 그 사무에 필요한 경비를 대외적으로 지출하는 자이므로, 이러한 경우 지방자치단체는 국가배상법 제6조 제1항 소정의 비용부담자로서 공무원의 불법행위로 인한 같은 법에 의한 손해를 배상할 책임이 있다(대법원 1994.12.9. 선고 94다38137 판결).

[판 례] 지방자치단체장이 설치하여 관할 지방경찰청장에게 관리 권한이 위임된 교통신호기의 고장으로 인하여 교통사고가 발생한 경우, 지방자치단체뿐만 아니라 교통신호기를 관리하는 지방경찰청장 산하 경찰관들에 대한 봉급을 부담하는 국가도 국가배상법 제6조 제1항에 의한 배상책임을 부담한다(대법원 1999.6.25. 선고 99다

11120 판결).

(3) 최종적 배상책임자

공무원의 선임·감독을 맡은 자와 봉급·급여 기타의 비용을 부담하는 자가 동일하지 아니하여 그 비용을 부담하는 자가 손해를 배상한 경우, 손해를 배상한 자는 내부관계에서 그 손해를 배상할 책임이 있는 자에 대하여 구상권을 행사할 수 있다(국가배상법 제6조 제2항).

(4) 기관위임사무

기관위임사무란 법령에 의하여 국가 또는 상급지방자치단체로부터 지방자치단체의 집행기관인 지방자치단체의 장에게 처리가 위임된 사무를 말한다. 기관위임사무는 비록 지방자치단체의 장이 사무집행을 하여도 법적 성질은 본질적으로 국가사무 또는 상급지방자치단체의 사무이다. 지방자치단체의 장은 당해 지방자치단체의 대표기관으로의 지위가 아니라, 국가 또는 상급지방자치단체의 기관의 지위에서 사무를 행한 것에 불과하다.

지방자치단체가 처리하는 기관위임사무로 인하여 타인에게 손해를 입혔을 때에는 당해 지방자치단체는 원칙적으로 손해배상책임이 없다. 이 경우 「국가배상법」 제2조의 배상책임자는 기관위임사무의 위임자인 국가 또는 상급지방자치단체가 되는 것이다.

하지만 당해 지방자치단체가 봉급을 부담하는 지방공무원이 기관위임사무로 인하여 타인에게 손해를 입혔을 때에는 지방자치단체도 「국가배상법」 제6조 소정의 비용부담자로서 손해배상책임을 진다.

[판 례] 군수가 도지사로부터 사무를 기관위임받은 경우 사무를 처리하는 담당공무원이 군 소속이라고 하여도 군에게는 원칙적으로 국가배상책임이 없지만, 위 담당공무원이 군 소속 지방공무원으로서 군이 이들에 대한 봉급을 부담한다면 군도 국가배상법 제6조 소정의 비용부담자로서 국가배상책임이 있다(대법원 1994.1.11. 선고 92다29528 판결).

2. 손해배상책임의 성질

행정상 손해배상책임의 성질에 관하여는 ① 대위책임설, ② 자기책임설, ③ 중간설 등의 견해가 대립되고 있다.

(1) 대위책임설

대위책임설은 공무원의 불법행위로 인한 손해배상책임은 원래 가해 공무원이 부담하여야 할 책임의 것이나 국가 또는 지방자치단체가 이를 대신 지는 것이라는 견해이다. 대위책임설은 「국가배상법」이 과실책임주의를 채택하고 있어, 공무원의 불법행위책임 성립을 전제로 국가 등의 책임이 성립한다는 것에 그 논거를 두고 있다.

(2) 자기책임설

자기책임설은 국가 또는 지방자치단체의 손해배상책임은 공무원의 책임을 대신 지는 것이 아니고 국가의 기관에 해당하는 공무원에 대한 일종의 위험부담으로서의 자기책임을 지는 것이라는 견해이다.

(3) 중간설(절충설)

중간설은 고의 또는 중과실에 의한 공무원의 불법행위는 국가 또는 지방자치단체의 기관의 행위로서의 성질을 가질 수 없는 것이므로, 그에 대한 배상책임은 공무원에 갈음한 대위책임인 것이나, 기타의 경우는 기관의 행위로서의 성질을 인정하여 국가 또는 지방자치단체의 자기책임이라는 견해이다. 중간설은 「국가배상법」 제2조 제1항이 고의 또는 중과실의 경우에만 공무원에 대한 구상권을 인정하고, 경과실의 경우에는 구상권을 인정하지 않고 있음에 그 논거를 두고 있다.

대법원 판례는 공무원의 외부적 책임을 경과실과 중과실의 경우로 구분하고, 중과실에 한하여 공무원 개인의 배상책임을 인정하여 중간설과 유사한 입장을 취하고 있다.

[판 례] 국가배상법 제2조 제1항 본문 및 제2항의 입법 취지는 공무원의 직무상 위법행위로 타인에게 손해를 끼친 경우에는 변제자력이 충분한 국가 등에게 선임감독상 과실 여부에 불구하고 손해배상책임을 부담시켜 국민의 재산권을 보장하되,
공무원이 직무를 수행함에 있어 경과실로 타인에게 손해를 입힌 경우에는 그 직무수행상 통상 예기할 수 있는 흠이 있는 것에 불과하므로, 이러한 공무원의 행위는 여전히 국가 등의 기관의 행위로 보아 그로 인하여 발생한 손해에 대한 배상책임도 전적으로 국가 등에만 귀속시키고 공무원 개인에게는 그로 인한 책임을 부담시키지 아니하여 공무원의 공무집행의 안정성을 확보하고,
반면에 공무원의 위법행위가 고의·중과실에 기한 경우에는 비록 그 행위가 그의 직무와 관련된 것이라고 하더라도 그와 같은 행위는 그 본질에 있어서 기관행위로서의 품격을 상실하여 국가 등에게 그 책임을 귀속시킬 수 없으므로 공무원 개인에게 불법행위로 인한 손해배상책임을 부담시키되,

다만 이러한 경우에도 그 행위의 외관을 객관적으로 관찰하여 공무원의 직무집행으로 보여질 때에는 피해자인 국민을 두텁게 보호하기 위하여 국가 등이 공무원 개인과 중첩적으로 배상책임을 부담하되 국가 등이 배상책임을 지는 경우에는 공무원 개인에게 구상할 수 있도록 함으로써 궁극적으로 그 책임이 공무원 개인에게 귀속되도록 하려는 것이라고 봄이 합당하다(대법원 1996.2.15. 선고 95다38677 전원합의체 판결).

3. 「자동차손해배상 보장법」에 따른 손해배상

(1) 「자동차손배법」 제3조의 의의

「국가배상법」 제2조 제1항은 "국가 또는 지방자치단체는 공무원이 그 직무를 집행하면서 고의 또는 과실로 법령을 위반하여 타인에게 손해를 입히거나, 「자동차손배법」의 규정에 의하여 손해배상책임이 있는 때에는 이 법에 의하여 그 손해를 배상하여야 한다"라고 하여 국가배상책임과 「자동차손배법」에 의한 배상책임을 함께 규정하고 있다.

또한 「자동차손배법」 제3조는 "자기를 위하여 자동차를 운행하는 자는 그 운행으로 인하여 다른 사람을 사망하게 하거나 부상하게 한 때에는 그 손해를 배상할 책임을 진다"라고 규정하고 있다. 「자동차손배법」의 입법취지에 비추어 볼 때, 제3조는 자동차의 운행이 사적인 용무를 위한 것이건 국가 등의 공무를 위한 것이건 구별하지 아니하고 「민법」이나 「국가배상법」에 우선하여 적용된다고 보아야 한다.

「자동차손배법」 제3조는 자동차의 운행이 사적인 용무를 위한 것이건, 국가 등의 공무를 위한 것이건 구별하지 아니하고 발생한 손해에 대한 배상책임을 인정하는 점에서, 그 배상책임은 원칙적으로는 과실 여부를 불문하는 무과실책임이다.

(2) 「자동차손배법」상 배상책임의 요건

「자동차손배법」상의 배상책임의 요건은 ① 자기를 위하여 자동차를 운행하는 자가, ② 운행으로 인하여, ③ 다른 사람을 사망하게 하거나 부상하게 하는 인적 손해가 발생하여야 하며, ④ 자살 및 고의에 의한 부상 등 면책사유가 존재하지 않아야 한다는 것이다.

여기서 "자기를 위하여 자동차를 운행하는 자(운행자성)"라고 함은 자동차에 대한 운행을 지배하여 그 이익을 향수하는 책임 주체로서의 지위에 있는 자를 뜻한다.

[**판 례**] 자동차의 소유자가 자동차에 대한 운행지배와 운행이익을 상실하였는지 여부는 평소의 자동차나 그 열쇠의 보관 및 관리상태, 소유자의 의사와 관계없이 운행이 가능하게 된 경위, 소유자와 운전자의 인적 관계, 운전자의 차량반환의사 유무, 무단운행 후 보유자의 승낙 가능성, 무단운전에 대한 피해자의 주관적 인식 유무 등 객관적이고 외형적인 여러 사정을 사회통념에 따라 종합적으로 평가하여 이를 판단하여야 한다(대법원 1993.7.13. 선고 92다41733 판결).

(2) 국가배상책임과 「자동차손배법」의 관계
1) 운전차량이 공무원 개인차량인 경우

「자동차손배법」 제3조는 자동차운행자가 그 운행으로 인하여 타인에게 손해를 입힌 때에 각호의 규정에 의한 예외적인 경우를 제외하고는 무과실책임을 지도록 하고 있다. 따라서 공무원이 자기 소유의 개인차량으로 공무를 수행하다가 사고를 일으켜 다른 사람에게 손해를 입힌 경우에는, 그 사고가 자동차를 운전한 공무원의 경과실에 의한 것인지 중과실 또는 고의에 의한 것인지를 가리지 않고, 그 공무원이 「자동차손배법」 제3조 소정의 '자기를 위하여 자동차를 운행하는 자'에 해당하여 「자동차손배법」상의 손해배상책임을 부담하게 된다.

이 경우 국가 또는 지방자치단체는 사고 자동차의 운행자가 아니므로 국가 등에 대해서는 「자동차손배법」이 아닌 「국가배상법」이 적용된다.

피해자 측면에서는 공무원의 과실의 경중 등을 묻지 않고 선택적으로, 공무원에 대하여는 「자동차손배법」상의 배상책임을 주장할 수 있고, 국가에 대하여는 공무원의 고의 또는 과실을 입증하여 「국가배상법」상의 배상책임을 주장할 수 있다.

[**판 례**] 일반적으로 공무원의 공무집행상의 위법행위로 인한 공무원 개인 책임의 내용과 범위는 민법과 국가배상법의 규정과 해석에 따라 정하여 질 것이지만, 자동차의 운행으로 말미암아 다른 사람을 사망하게 하거나 부상하게 함으로써 발생한 손해에 대한 공무원의 손해배상책임의 내용과 범위는 이와는 달리 자동차손해배상보장법이 정하는 바에 의할 것이므로, 공무원이 직무상 자동차를 운전하다가 사고를 일으켜 다른 사람에게 손해를 입힌 경우에는 그 사고가 자동차를 운전한 공무원의 경과실에 의한 것인지 중과실 또는 고의에 의한 것인지를 가리지 않고, 그 공무원이 자동차손해배상보장법 제3조 소정의 '자기를 위하여 자동차를 운행하는 자'에 해당하는 한 자동차손해배상보장법상의 손해배상책임을 부담한다(대법원 1996.3.8. 선고 94다23876 판결).

[**판 례**] 공무원이 통상적으로 근무하는 근무지로 출근하기 위하여 자기 소유의 자

동차를 운행하다가 자신의 과실로 교통사고를 일으킨 경우에는 특별한 사정이 없는 한 국가배상법 제2조 제1항 소정의 공무원이 '직무를 집행함에 당하여' 타인에게 불법행위를 한 것이라고 할 수 없으므로 그 공무원이 소속된 국가나 지방공공단체가 국가배상법상의 손해배상책임을 부담하지 않는다(대법원 1996.5.31. 선고 94다15271 판결).

2) 운전차량이 관용차량인 경우

공무원이 국가 또는 지방자치단체 소유의 차량을 운행하다가 손해를 입힌 때에는 자동차에 대한 운행지배나 운행이익은 운전한 공무원 개인이 아니라 그 공무원이 소속한 국가 또는 지방자치단체에 귀속된다. 따라서 공무원 자신이 개인적으로 그 자동차에 대한 운행지배나 운행이익을 가지는 것이라고 볼 수 없으므로, 공무원은 「자동차손배법」 제3조의 손해배상책임의 주체가 될 수 없다. 공무원이 공무를 위해 관용차를 운전한 경우뿐만 아니라 무단으로 관용차를 운행한 경우에도 국가 등에 운행자성이 인정되면 국가 등이 배상책임을 부담한다.

따라서 사고로 인한 피해자는 공무원에게는 「민법」상의 손해배상책임을 주장할 수 있고, 국가에 대해서는 「자동차손배법」상의 배상책임을 주장할 수 있다.

[판 례] 공무원이 그 직무를 집행하기 위하여 국가 또는 지방자치단체 소유의 관용차를 운행하는 경우, 그 자동차에 대한 운행지배나 운행이익은 그 공무원이 소속한 국가 또는 지방자치단체에 귀속된다고 할 것이고, 그 공무원 자신이 개인적으로 그 자동차에 대한 운행지배나 운행이익을 가지는 것이라고는 볼 수 없으므로, 그 공무원이 자기를 위하여 관용차를 운행하는 자로서 같은 법조 소정의 손해배상책임의 주체가 될 수는 없다(대법원 1992.2.25. 선고 91다12356 판결).

[판 례] 국가소속 공무원이 관리권자의 허락을 받지 아니한 채 국가소유의 오토바이를 무단으로 사용하다가 교통사고가 발생한 경우에 있어 국가가 그 오토바이와 시동 열쇠를 무단운전이 가능한 상태로 잘못 보관하였고 위 공무원으로서도 국가와의 고용관계에 비추어 위 오토바이를 잠시 운전하다가 본래의 위치에 갖다 놓았을 것이 예상되는 한편 피해자들로 위 무단운전의 점을 알지 못하고 또한 알 수도 없었던 일반 제3자인 점에 비추어 보면 국가가 위 공무원의 무단운전에도 불구하고 위 오토바이에 대한 객관적, 외형적인 운행지배 및 운행이익을 계속 가지고 있었다고 봄이 상당하다(대법원 1988.1.19. 선고 87다카2202 판결).

V. 선택적 청구권 및 구상권

1. 선택적 청구권

헌법 제29조 제1항은 "공무원의 직무상 불법행위로 손해를 받은 국민은 국가 또는 공공단체에 정당한 배상을 청구할 수 있다. 이 경우 공무원 자신의 책임은 면제되지 아니한다"라고 규정하고 있는데, 이 단서 조항의 해석과 관련하여 피해 자인 국민이 '국가 등'외에 '가해자인 공무원'에게도 선택적으로 손해배상청구권을 행사할 수 있는지가 문제된다.

(1) 선택적 청구권설(긍정설)

선택적 청구권설은 국가 손해배상책임의 성질을 대위책임으로 보아 선택적 청구를 긍정한다. 즉, 배상책임은 국가 또는 지방자치단체가 공무원을 대신하여 지는 대위책임이나, 국가 또는 지방자치단체와 가해 공무원은 모두 배상책임자가 되기 때문에 피해자는 국가 또는 지방자치단체에 대한 배상청구와 가해 공무원에 대한 손해배상청구를 선택적으로 할 수 있다는 것이다.

(2) 대국가적 청구권설(부정설)

대국가적 청구권설은 국가 손해배상책임의 성질을 국가의 자기책임으로 보아 국가가 배상책임자가 되는 것으로 본다. 즉, 배상책임은 국가 또는 지방자치단체 의 자기책임인 것이며, 배상책임자는 국가가 되기 때문에 피해자는 국가 또는 지 방자치단체에 대해서만 손해배상청구를 할 수 있다는 것이다.

(3) 판 례

대법원은 종래 공무원 개인은 공무원의 귀책사유 정도에 관계없이 손해배상 책임을 지지 아니한다고 하여 대국가적 청구권설을 취한 바 있으나,[37] 그 이후 이 를 변경하여 공무원의 경과실에 대해서만 대국가적 청구를 인정하고, 중과실에 대 해서는 공무원 개인의 손해배상책임을 인정하고 있다.[38] 앞서 '손해배상책임의 성 질' 항목에서 살펴본 바와 같이 대위책임설과 자기책임설을 절충한 중간설의 입장 을 취하고 있는 것이다.

결론적으로 고의·중과실의 경우에는 피해자의 선택적 청구권을 긍정하고, 경 과실의 경우에는 공무원 개인에게 책임이 없으므로 피해자의 선택적 청구권은 부 정된다.

---

37) 대법원 1994.4.12. 선고 93다11807 판결.
38) 대법원 1996.2.15. 선고 95다38677 전원합의체 판결.

2. 구상권

구상권 행사는 공무원의 내부적 책임문제이다.

(1) 구상권의 의의

「국가배상법」제2조 제2항에 따르면 "국가 또는 지방자치단체가 공무원의 직무상 불법행위로 인한 배상책임을 진 경우에 공무원에게 고의 또는 중과실이 있으면 국가 또는 지방자치단체는 그 공무원에게 구상할 수 있다"라고 하여 공무원에 대한 구상권을 규정하고 있다.

공무원에 대한 구상권 발생요건으로서의 중과실은 공무원에게 통상 요구되는 정도의 상당한 주의를 하지 않더라도 약간의 주의를 한다면 손쉽게 위법, 유해한 결과를 예견할 수 있는 경우임에도 만연히 이를 간과함과 같은 거의 고의에 가까운 현저한 주의를 결여한 상태를 의미한다.[39]

경과실의 경우에는 구상권이 인정되지 않는데 그것은 모든 경우에 구상권을 인정하게 되면 공무원에게 너무 가혹함은 물론 공무집행이 오히려 위축될 우려가 있다는 정책적 고려에 따른 것이다. 공무원의 선임감독자와 봉급 등 비용부담자가 다른 경우 실제로 배상을 한 기관은 배상을 해야 할 책임이 있는 기관에게 구상권을 행사할 수 있다(국가배상법 제6조 제2항).

(2) 구상권의 법적 성격

구상권의 성격은 대위책임설의 견지에서는, 본래 공무원이 부담할 책임을 국가 또는 지방자치단체가 갈음하여 지는 것이므로 본래의 책임자인 공무원에게 구상하는 것은 논리적으로 당연한 것이며, 그것은 일종의 부당이득반환청구권과 유사한 성질의 것이다. 이는 자기책임설의 견지에서도 공무원은 국가에 대해 직무상 의무위반으로서의 책임은 져야 하기 때문에 공무원이 구상권의 행사를 받게 됨은 당연한 것이다.

(3) 구상권의 제한

「국가배상법」제2조 제1항 단서에 의하여 이중배상이 배제되는 군인·군무원 등은 직접 국가에 대하여 손해배상청구권을 행사할 수 없음은 물론 국가와 공동불법행위의 책임이 있는 자가 그 배상채무를 이행하였음을 이유로 국가에 대하여 구상권을 행사하는 것도 허용되지 않는다.

(4) 공무원의 국가에 대한 구상권

일반적으로 구상권은 국가 등이 손해배상책임을 먼저 부담하고 그 이후 내부

---

39) 대법원 2003.2.11. 선고 2002다65929 판결.

적으로 가해 공무원에게 구상하는 과정이다. 하지만 반대의 경우도 존재하는데, 경과실의 공무원이 먼저 손해배상책임을 부담하고 그 이후 국가 등에 구상하는 경우이다.

경과실이 있는 공무원이 피해자에 대하여 손해배상책임을 부담하지 아니함에도 불구하고 피해자에게 손해를 배상하였다면 그것은 채무자 아닌 사람이 타인의 채무를 변제한 경우에 해당하며, 이 경우 피해자에게 손해를 직접 배상한 경과실이 있는 공무원은 국가에 대하여 구상권을 취득한다.

[판 례] 공중보건의인 甲에게 치료를 받던 乙이 사망하자 乙의 유족들이 甲 등을 상대로 손해배상청구의 소를 제기하였고, 甲의 의료과실이 인정된다는 이유로 甲 등의 손해배상책임을 인정한 판결이 확정되어 甲이 乙의 유족들에게 판결금 채무를 지급한 사안에서, 甲은 공무원으로서 직무수행 중 경과실로 타인에게 손해를 입힌 것이어서 乙과 유족들에 대하여 손해배상책임을 부담하지 아니함에도 乙의 유족들에 대한 패소판결에 따라 그들에게 손해를 배상한 것이고, 이는 민법 제744조의 도의관념에 적합한 비채변제에 해당하여 乙과 유족들의 국가에 대한 손해배상청구권은 소멸하고 국가는 자신의 출연 없이 채무를 면하였으므로, 甲은 국가에 대하여 변제금액에 관하여 구상권을 취득한다(대법원 2014.8.20. 선고 2012다54478 판결).

(5) 공동불법행위로 인한 구상권

일반 국민이 직무집행 중인 군인과의 공동불법행위로 직무집행 중인 다른 군인에게 피해를 입힌 경우 그 일반 국민은 피해 군인이 법률로 정하는 보상을 지급받는 것과는 별도로 공동불법행위이론에 의하여 공동불법행위자인 군인의 부담부분을 포함한 전부의 손해를 배상할 책임을 지게 된다.

만일 일반 국민이 피해 군인 등에게 자신의 귀책 부분을 넘어서 배상한 경우에 국가 등에게 구상권을 행사할 수 있는지 여부가 문제시 된다. 이에 관하여 헌법재판소는 긍정설을, 대법원은 부정설을 취하고 있다.

[헌법재판소 결정] 일반 국민이 직무집행 중인 군인과의 공동불법행위로 직무집행 중인 다른 군인에게 공상을 입혀 그 피해자에게 공동의 불법행위로 인한 손해를 배상한 다음 공동불법행위자인 군인의 부담부분에 관하여 국가에 대하여 구상권을 행사하는 것을 허용하지 않는다고 해석한다면, 이는 위 단서 규정의 헌법상 근거 규정인 헌법 제29조가 구상권의 행사를 배제하지 아니하는데도 이를 배제하는 것으로 해석하는 것으로서 합리적인 이유 없이 일반 국민을 국가에 대하여 지나치게 차별

하는 경우에 해당하므로 헌법 제11조, 제29조에 위반된다(헌재 1994.12.29. 93헌바 21).

[대법원 판례] 민간인이 군인 등의 불법행위로 국가와 함께 공동불법행위책임, 사용자책임 또는 자동차운행자책임을 지는 경우에 공동불법행위자 등이 부진정연대채무자로서 각자 피해자의 손해 전부를 배상할 의무를 부담하는 공동불법행위의 일반적인 경우와 달리 예외적으로 민간인은 피해 군인 등에 대하여 그 손해 중 국가 등이 민간인에 대한 구상의무를 부담한다면 그 내부적인 관계에서 부담하여야 할 부분을 제외한 나머지 자신의 부담부분에 한하여 손해배상의무를 부담하고, 한편 국가 등에 대하여는 그 귀책부분의 구상을 청구할 수 없다고 해석함이 상당하다. 이러한 해석이 손해의 공평·타당한 부담을 그 지도원리로 하는 손해배상제도의 이상에도 맞는다 할 것이다(대법원 2001.2.15. 선고 96다42420 전원합의체 판결).

생각건대, 손해의 공평·타당한 부담·배분을 위해서는 군인 등의 손해를 배상한 민간인이 국가 등에 대하여 구상권을 행사할 수 있다고 해석하여야 한다. 만약 국가 등이 군인 등의 손해 전부를 배상한 민간인에 대한 구상의무까지 부담하지 않는다면, 국가 등은 공무원의 직무행위로 빚어지는 이익의 귀속주체로서 그 손해의 발생에 책임이 있는 경우에도 그 손해 중 민간인과의 관계에서 원래는 자신이 부담함이 마땅한 부분을 민간인에게 전가시킴으로써 재산상 불이익을 주게 될 것이다. 이러한 결과는 공평과 재산권 보장의 정신에 반하고, 헌법 및 「국가배상법」의 규정에 의하여 정당화될 수는 없기 때문이다.

제 3 절 영조물의 설치·관리상 하자로 인한 손해배상

Ⅰ. 손해배상의 의의

1. 국가배상법 제5조

「국가배상법」 제5조 제1항은 "도로·하천, 그 밖의 기타 공공의 영조물의 설치나 관리에 하자가 있기 때문에 타인에게 손해를 발생하게 하였을 때에는 국가나 지방자치단체는 그 손해를 배상하여야 한다"고 규정하고 있다.

여기에서의 손해배상은 도로·하천 그 밖의 공공의 영조물의 설치나 관리의 하자로 인한 손해에 대하여 국가나 지방자치단체가 배상하는 것을 말한다. 이는 개인주의적·도의적 책임주의의 기초원리를 바탕으로 성립한 것이라는 점에서 「국가배상법」 제2조의 공무원의 불법행위로 인한 손해배상책임과 같다. 공무원의 불법행위책임은 과실책임주의에 입각하고 있으나, 공공의 영조물의 설치·관리의 하자로 인한 손해배상책임은 무과실책임주의에 입각하고 있는 점에서 차이가 있다.

한편, 「국가배상법」 제2조의 공무원의 불법행위로 인한 손해배상책임과는 달리 「국가배상법」 제5조의 영조물의 설치·관리상 하자로 인한 손해배상에 관하여는 헌법 제29조에 명문 규정이 없다.

2. 민법 제758조의 국가배상법 제5조

「민법」 제758조 제1항은 "공작물의 설치 또는 보존의 하자로 인하여 타인에게 손해를 가한 때에는 공작물점유자가 손해를 배상할 책임이 있다. 그러나 점유자가 손해의 방지에 필요한 주의를 해태하지 아니한 때에는 그 소유자가 손해를 배상할 책임이 있다"라고 하여 공작물 등의 점유자와 소유자의 책임을 규정하고 있다.

「민법」 제758조는 인공적 물건인 공작물의 하자에 대해 규정한 것으로, 점유자의 면책을 인정하고 있다. 이에 반해 「국가배상법」 제5조는 인공공물, 자연공물을 포함한 영조물의 하자에 대해 규정한 것으로, 「민법」 제758조보다 책임 대상이 더 넓다. 또한 면책규정도 존재하지 않는다.

> **[판례]** 민법 제758조 제1항에 규정된 공작물의 설치·보존상의 하자라 함은 공작물이 그 용도에 따라 통상 갖추어야 할 안전성을 갖추지 못한 상태에 있음을 말하며, 이와 같은 안전성의 구비 여부를 판단함에 있어서는 당해 공작물의 설치·보존자가 그 공작물의 위험성에 비례하여 사회통념상 일반적으로 요구되는 정도의 방호조치 의무를 다하였는지의 여부를 기준으로 삼아야 한다. 따라서 공작물에서 발생한 사고라도 그것이 공작물의 통상의 용법에 따르지 아니한 이례적인 행동의 결과 발생한 사고라면, 특별한 사정이 없는 한 공작물의 설치·보존자에게 그러한 사고에까지 대비하여야 할 방호조치 의무가 있다고 할 수는 없다(대법원 2006.1.26. 선고 2004다21053 판결).

결론적으로 양자의 차이는, ① 「민법」에서는 그 대상을 공작물 등에 한정하고 있으나, 「국가배상법」은 그 범위를 확대하고 있다. 또한, ② 「민법」은 공작물의 소유자에게는 절대적 책임을 과하면서도, 점유자에게는 손해의 발생을 방지함에 필요한 주의를 게을리하지 아니한 때에는 면책을 인정하고 있으나, 「국가배상법」은 점유자의 면책을 인정하지 않고 있다.

3. 무과실책임

「국가배상법」제5조의 배상책임, 즉 공공의 영조물의 설치·관리의 하자로 인한 국가 또는 지방자치단체의 배상책임은 공공의 영조물의 설치 또는 관리에 하자가 있다고 하는 객관적 사실에 의하여 발생한다. 이는 영조물의 설치·관리를 담당한 공무원의 고의·과실의 유무를 불문하는 점에서 무과실책임의 일종이다.

따라서 「국가배상법」제5조의 손해배상책임은 영조물의 이용자가 우연히 받는 손해를 국민 전체가 연대하여 전보한다는 사회보장적 색채, 즉 '불법행위의 형식을 취한 사회보장'의 기능을 수행하는 것으로 평가되고 있다.[40]

판례는 '하자'를 영조물이 그 용도에 따라 통상 갖추어야 할 안전성을 갖추지 못한 상태에 있음을 말한다고 하여, 하자를 무과실로 해석하고 있다. 그러나 '안전무결한 상태에 있지 아니하고 그 기능상 어떠한 결함이 있다는 것만으로 영조물의 설치 또는 관리에 하자가 있다고 할 수 없는 것'이라고 하여 무과실인 경우까지 무조건 책임을 질 수는 없다는 입장을 취하고 있다.[41]

그리고 안전성의 구비 여부를 판단함에 있어서는, 당해 영조물의 용도, 그 설치장소의 현황 및 이용상황 등 제반사정을 종합적으로 고려하여 설치관리자가 그 영조물의 위험에 비례하여 사회통념상 일반적으로 요구되는 정도의 방호조치의무를 다했는지 여부를 기준으로 삼아야 하는 것으로 본다. 이에 따라 판례는 객관적으로 보아 시간적·장소적으로 영조물의 기능상 결함으로 인한 손해발생의 예견가능성과 회피가능성이 없는 경우에는 영조물의 설치·관리상의 하자를 인정하지 않는다.

Ⅱ. 손해배상책임의 요건

「국가배상법」제5조의 국가 또는 지방자치단체의 손해배상책임이 성립하기 위해서는 ① 공공의 영조물, ② 그 설치·관리의 하자, ③ 타인에 대한 손해의 발생 등의 요건이 충족되어야 한다.

1. 공공의 영조물

(1) 공 물

「국가배상법」제5조의 공공의 영조물은 국가 또는 지방자치단체에 의하여 공공목적에 공용되는 유체물 내지 물적 설비, 즉 강학상의 공물(公物)을 의미한다.

---

40) 박윤흔, 행정법강의(상), 726면.
41) 대법원 2007.4.26. 선고 2006다87903 판결.

「국가배상법」 제5조가 영조물이라는 표현을 사용하고 있지만, 이는 국가나 공공단체가 계속적으로 공공목적에 공용(供用)하는 인적·물적 시설의 종합체인 영조물을 의미하는 것이 아니라 강학상 공물을 뜻하는 것이다.

강학상 공물은 그 목적에 따라 일반공중이 사용하는 공공용물, 행정주체가 직접 사용하는 공용물로 분류되는데, 이 모든 것이 「국가배상법」 제5조의 영조물에 해당한다. 따라서 인공공물(도로·상하수도·관공서 청사)·자연공물(하천), 동산(관용차), 동물(경찰견) 등이 모두 「국가배상법」 제5조의 영조물에 해당한다. 즉, 공공목적에 제공되는 모든 유체물 내지 물적 설비가 「국가배상법」 제5조의 영조물이다.

이러한 공물에는 국가나 지방자치단체가 소유권, 임차권 그 밖의 권원에 의해 관리하는 것뿐 아니라 사실상의 관리를 하고 있는 경우도 포함된다.[42] 또한 사(私)소유물이라도 국가 또는 지방자치단체가 관리하는 공물인 한, 「국가배상법」 제5조의 영조물에 해당한다.

> **[판 례]** 공공의 영조물이란 국가 또는 지방자치단체에 의하여 특정 공공의 목적에 공여된 유체물 내지 물적 설비를 지칭하며, 특정 공공의 목적에 공여된 공물이라는 말은 일반공중의 자유로운 사용에 직접적으로 제공되는 공공용물에 한하지 아니하고, 행정주체 자신의 사용에 제공되는 공용물도 포함하며 국가 또는 지방자치단체가 소유권, 임차권 그밖의 권한에 기하여 관리하고 있는 경우뿐만 아니라 사실상의 관리를 하고 있는 경우도 포함된다(대법원 1995.1.24. 선고 94다45302 판결).

(2) 공물 인정 및 부정 사례

대법원은 도로, 하천, 저수지, 광장 등에 대하여는 「국가배상법」 제5조의 영조물로 인정하였지만, 완성되지 않아 아직 일반공중에 제공되지 않은 옹벽에 대해서는 영조물로 인정하지 않았다.

> **[판 례]** 서울특별시 영등포구가 여의도광장에서 차량진입으로 일어난 인신사고에 관하여 국가배상법 제6조 소정 비용부담자로서의 손해배상책임이 있으며, 차량진입으로 인한 인신사고와 여의도광장의 관리상 하자 사이에 상당인과관계가 있다고 한 사례(대법원 1995.2.24. 선고 94다57671 판결).

> **[판 례]** 공사 중이며 아직 완성되지 않아 일반공중의 이용에 제공되지 않는 옹벽이 국가배상법 제5조 제1항 소정의 영조물에 해당하지 않는다고 한 사례(대법원

---

42) 대법원 1998.10.23. 선고 98다17381 판결.

1998.10.23. 선고 98다17381 판결).

한편, 「국유재산법」상의 일반재산(개정 전 잡종재산)은 공물에 해당하지 않아 「국가배상법」 제5조의 적용 대상이 되지 않고 「민법」이 적용된다.

2. 설치 또는 관리의 하자

(1) 하자의 의의

「국가배상법」 제5조의 영조물의 설치 또는 관리는 「민법」 제758조의 공작물의 설치 또는 보전과 같은 관념으로 설치·유지·보관·수선 등의 작용을 총칭하는 의미이다. 「국가배상법」 제5조의 영조물의 설치 또는 관리의 하자란 공공의 목적에 제공된 영조물이 그 용도에 따라 통상 갖추어야 할 안전성을 갖추지 못한 상태를 의미한다.

'설치·관리의 하자'의 해석을 둘러싸고는 객관설, 주관설, 절충설의 대립이 있는데, 객관설이 기존의 통설과 판례의 기본적 입장이다.[43] 최근에는 객관설에 주관적 요소를 고려한 판례도 많이 등장하고 있다.

(2) 학 설

1) 객관설

객관설은 하자의 유무를 객관적 판단의 문제로 보고 설치·관리의 하자를 타인에게 위해를 미칠 위험성이 있는 상태를 의미하는 것으로 보는 견해이다. 즉, 하자는 객관적으로 영조물의 설치와 그 후의 유지·수선에 불완전한 점이 있어, 사회통념상 일반적으로 갖추어야 할 안전성을 갖추지 못한 상태를 의미하는 것으로 본다. 객관설에 따르면 하자발생은 과실의 유무와는 별개의 문제이기 때문에, 하자입증이 쉬워지고 피해자구제에 유리해진다.

> **[판 례]** '영조물의 설치 또는 관리의 하자'라 함은 공공의 목적에 공여된 영조물이 그 용도에 따라 갖추어야 할 안전성을 갖추지 못한 상태에 있음을 말하고, 여기서 안전성을 갖추지 못한 상태, 즉 타인에게 위해를 끼칠 위험성이 있는 상태라 함은 당해 영조물을 구성하는 물적 시설 그 자체에 있는 물리적·외형적 흠결이나 불비로 인하여 그 이용자에게 위해를 끼칠 위험성이 있는 경우뿐만 아니라 그 영조물이 공공의 목적에 이용됨에 있어 그 이용 상태 및 정도가 일정한 한도를 초과하여 제3자에게 사회 통념상 참을 수 없는 피해를 입히는 경우까지 포함된다고 보아야 할 것

---

43) 대법원 1993.7.27. 선고 93다20702 판결; 대법원 1993.6.8. 선고 93다11678 판결; 대법원 1993.6.25. 선고 93다14424 판결.

이고, 사회 통념상 참을 수 있는 피해인지의 여부는 그 영조물의 공공성, 피해의 내용과 정도, 이를 방지하기 위하여 노력한 정도 등을 종합적으로 고려하여 판단하여야 한다(대법원 2004.3.12. 선고 2002다14242 판결).

객관설에 의하면 영조물의 설치·관리의 하자에 의한 손해배상책임은 무과실책임이기 때문에, 국가 또는 지방자치단체는 손해의 원인에 대하여 책임을 질 자가 따로 있고 없고를 막론하고, 또 손해의 발생을 방지하기 위하여 필요한 주의를 하였거나 아니 하였거나를 불문하고 배상책임을 지게 된다.

2) 주관설

주관설은 하자를 관리자의 영조물에 대한 안전확보의무 내지 사고방지의무위반에 기인하는 물적 위험상태로 보기 때문에 하자의 발생에는 관리자의 주관적 귀책사유가 있어야 하는 것으로 본다. 이는 물적 결함의 발생에 대하여 아무런 귀책사유가 없었다면 관리자에게 책임을 지울 수 없다고 보는 견해로, 의무위반설이라고도 한다.

주관설은 하자발생에 있어 어떤 의미에서든지 관리자의 주관적 귀책사유가 있어야 한다는 인식을 배경으로 하고 있으며, 이 경우 국가의 손해배상책임은 과실책임이 된다.

[판 례] '영조물의 설치 또는 관리의 하자'라 함은 영조물이 그 용도에 따라 통상 갖추어야 할 안전성을 갖추지 못한 상태에 있음을 말하는 것으로서, 영조물이 완전 무결한 상태에 있지 아니하고 그 기능상 어떠한 결함이 있다는 것만으로 영조물의 설치 또는 관리에 하자가 있다고 할 수 없는 것이고, 위와 같은 안전성의 구비 여부를 판단함에 있어서는 당해 영조물의 용도, 그 설치장소의 현황 및 이용 상황 등 제반 사정을 종합적으로 고려하여 설치 관리자가 그 영조물의 위험성에 비례하여 사회통념상 일반적으로 요구되는 정도의 방호조치의무를 다하였는지 여부를 그 기준으로 삼아야 할 것이다(대법원 2007.9.21. 선고 2005다65678 판결).

---

3) 절충설

절충설은 하자의 유무를 영조물 자체의 객관적 하자(안전성의 결여)뿐만 아니라 관리자의 안전관리의무의 위반이라는 주관적 요소(관리자의 과오)도 고려하여 판단하여야 하는 것으로 본다. 절충설은 영조물 자체에 결함이 없는 경우에도 그 관리행위의 과오로 인하여 생긴 손해에 대하여 국가의 배상책임을 인정할 수 있으나, 자연재해로 인한 손해에까지 배상책임의 범위가 무한정하게 확대될 수 있어 문제가 있다. 또 영조물의 설치·관리의 하자라는 하나의 개념이 성질을 달리하는 두 의미를 함께 포함하는 것이 되어 논리적 모순에 빠지는 문제가 있다.

(3) 일반적 판단기준

1) 안전성

영조물의 설치·관리상 하자는 통상 갖추어야 할 안전성을 갖추지 못한 상태를 의미하는 것이므로, 여기서 말하는 '안전성의 정도'가 어느 정도인지가 문제 된다. 하자와 관련된 안전성의 정도는 완전무결한 상태를 유지할 정도의 고도의 안전성을 의미하는 것이 아니라, 영조물의 위험성에 비례하여 사회통념상 일반적으로 요구되는 정도를 뜻한다. 물론 안전성 구비 여부는 당해 영조물의 구조, 본래의 용법, 장소적 환경 및 이용 상황 등의 여러 사정을 종합적으로 고려하여 구체적·개별적으로 판단하여야 한다.[44]

영조물의 설치 및 관리에 있어서 항상 완전무결한 상태를 유지할 정도의 고도의 안전성을 갖추지 아니하였다고 하여 영조물의 설치 또는 관리에 하자가 있다고 단정할 수는 없다. 대법원은 고속도로에서 방음벽 충격방지시설을 갖추지 않은 경우나 도로에서 방호울타리를 설치 않은 경우처럼 완전무결한 상태의 안전성을 갖추지 않았다 하여 설치·관리상 하자가 있는 것은 아니라고 하였다.

[판 례] 고속도로가 사고지점에 이르러 다소 굽어져 있으나, 사고 지점의 차선 밖에 폭 3m의 갓길이 있을 뿐 아니라, 사고 지점 도로변에 야간에 도로의 형태를 식별할 수 있게 하는 시설물들이 기준에 따라 설치되어 있는 경우, 도로의 관리자로서는 야간에 차량의 운전자가 사고 지점의 도로에 이르러 차선을 따라 회전하지 못하고 차선을 벗어난 후 갓길마저 지나쳐 도로변에 설치되어 있는 방음벽을 들이받은 사고를 일으킨다고 하는 것은 통상 예측하기 어려우므로 도로의 관리자가 그러한 사고에 대비하여 도로변에 야간에 도로의 형태를 식별할 수 있는 시설물들을 더 많이 설치하지 않고, 방음벽에 충격방지시설을 갖추지 아니하였다고 하여 사고 지점 도로의 설치 또는 관리에 하자가 있다고 볼 수 없다고 한 사례(대법원 2002.8.23. 선고 2002다9158 판결).

[판 례] 좌로 굽은 도로에서 운전자가 무리하게 앞지르기를 시도하여 중앙선을 침범하여 반대편 도로로 미끄러질 경우까지 대비하여 도로 관리자인 지방자치단체가 차량용 방호울타리를 설치하지 않았다고 하여 도로에 통상 갖추어야 할 안전성이 결여된 설치·관리상의 하자가 있다고 보기 어렵다(대법원 2013.10.24. 선고 2013다

---

44) 대법원 2000.1.14. 선고 99다24201 판결.

208074 판결).

2) 물적 하자

물적 하자는 물적 시설 그 자체에 있는 물리적·외형적 흠결이나 불비로 인하여 이용자에게 위해를 끼칠 위험이 있는 경우를 말한다. 대법원은 이례적인 사고가 있을 것을 예상하여 경고표지판을 설치할 의무가 없다는 이유로 학교시설의 설치·관리상 하자가 없다고 판단하였다.

[판 례] 고등학교 3학년 학생이 교사의 단속을 피해 담배를 피우기 위하여 3층 건물 화장실 밖의 난간을 지나다가 실족하여 사망한 사안에서, 학교 관리자에게 그와 같은 이례적인 사고가 있을 것을 예상하여 복도나 화장실 창문에 난간으로의 출입을 막기 위하여 출입금지장치나 추락위험을 알리는 경고표지판을 설치할 의무가 있다고 볼 수는 없다는 이유로 학교시설의 설치·관리상의 하자가 없다고 하였다(대법원 1997.5.16. 선고 96다54102 판결).

3) 기능적 하자

영조물의 설치·관리상 하자를 영조물이 사회통념상 일반적으로 갖추어야 할 안전성을 결여한 상태로 이해하는 전통적 개념으로는 소음을 일으키는 공항 등에 어떠한 하자가 있다고 설명하기 어렵다. 영조물 자체에는 하자가 존재하지 않기 때문이다. 이러한 문제점을 해결하기 위해 제시된 개념이 바로 기능적 하자이다.

기능적 하자란 영조물의 이용 상태 및 정도가 일정한 한도를 초과하여 제3자에게 사회통념상 참을 수 없는 피해를 입히는 경우를 의미한다. 대법원은 매향리 사격장 소음, 김포공항 소음으로 인한 피해에 대해 영조물의 설치·관리상 하자로 인정하여 기능적 하자 개념을 수용하고 있다.

[판 례] 안전성을 갖추지 못한 상태, 즉 타인에게 위해를 끼칠 위험성이 있는 상태라 함은 당해 영조물을 구성하는 물적 시설 그 자체에 있는 물리적·외형적 흠결이나 불비로 인하여 그 이용자에게 위해를 끼칠 위험성이 있는 경우뿐만 아니라, 그 영조물이 공공의 목적에 이용됨에 있어 그 이용상태 및 정도가 일정한 한도를 초과하여 제3자에게 사회통념상 수인할 것이 기대되는 한도를 넘는 피해를 입히는 경우까지 포함된다고 보아야 한다. 김포공항에서 발생하는 소음 등으로 인근 주민들이 입은 피해는 사회통념상 수인한도를 넘는 것으로서 김포공항의 설치·관리에 하자가 있다(대법원 2005.1.27. 선고 2003다49566 판결).

(4) 구체적 판단기준

1) 도 로

영조물인 도로의 경우 일반 국민이 일상적으로 가장 많이 사용하는 시설로, 도로의 노면 상태, 표지판 미설치, 신호등 고장, 제3자로 인한 장해물, 자연력에 의한 통행 장애 등으로 인해 사고가 끊임없이 발생하는 곳이다. 도로에서 발생한 피해에 대한 「국가배상법」 제5조의 적용 여부는 영조물의 설치 또는 관리상 하자의 인정 여부에 달려 있다. 대표적인 사례를 소개하면 다음과 같다.

도로의 웅덩이를 방치하여 사고가 난 경우와 신호등 고장으로 인한 사고의 경우에는 설치·관리상의 하자를 인정하고 있다.

> **[판 례]** 보행자 신호기가 고장난 횡단보도 상에서 교통사고가 발생한 사안에서, 적색등의 전구가 단선되어 있었던 위 보행자 신호기는 그 용도에 따라 통상 갖추어야 할 안전성을 갖추지 못한 관리상의 하자가 있어 지방자치단체의 배상책임이 인정된다(대법원 2007.10.26. 선고 2005다51235 판결).

> **[판 례]** 가변차로에 설치된 두 개의 신호기에서 서로 모순되는 신호가 들어오는 고장을 예방할 방법이 없음에도 그와 같은 신호기를 설치하여 그와 같은 고장을 발생하게 한 것이라면, 그 고장이 자연재해 등 외부요인에 의한 불가항력에 기인한 것이 아닌 한 그 자체로 설치·관리자의 방호조치의무를 다하지 못한 것으로서 신호등이 그 용도에 따라 통상 갖추어야 할 안전성을 갖추지 못한 상태에 있었다고 할 것이고, 따라서 설령 적정전압보다 낮은 저전압이 원인이 되어 위와 같은 오작동이 발생하였고 그 고장은 현재의 기술수준상 부득이한 것이라고 가정하더라도 그와 같은 사정만으로 손해발생의 예견가능성이나 회피가능성이 없어 영조물의 하자를 인정할 수 없는 경우라고 단정할 수 없다(대법원 2001.7.27. 선고 2000다56822 판결).

제3자의 행위로 인하여 도로에 장해물이 생긴 경우에는 그와 같은 결함이 있다는 것만으로 도로의 보존상 하자를 인정할 수 없고 장해물을 발견하여 제거할 합리적인 시간이 있었는지에 따라 하자의 유무를 판단하여야 한다.

> **[판 례]** 트럭 앞바퀴가 고속도로상에 떨어져 있는 자동차 타이어에 걸려 중앙분리대를 넘어가 사고가 발생한 경우에 있어서, 한국도로공사에게 도로의 보존상 하자로 인한 손해배상책임을 인정하기 위하여는 순찰 등 감시체제, 타이어의 낙하 시점, 위 공사가 타이어의 낙하사실을 신고받거나 직접 이를 발견하여 그로 인한 고속도로상의 안전성 결함을 알았음에도 사고방지조치를 취하지 아니하고 방치하였는지 여부,

혹은 이를 발견할 수 있었음에도 발견하지 못하였는지 여부 등 제반 사정을 심리하여 고속도로의 하자 유무를 판단하여야 한다. 타이어가 고속도로상에 떨어진 것이 사고 발생 10분 내지 15분 전이었다면 손해배상책임을 물을 수 없다(대법원 1992.9.14. 선고 92다3243 판결).

또한, 폭설로 차량 운전자 등이 고속도로에서 장시간 고립된 사안에서, 고속도로의 경우 도로관리자에게 신속한 제설작업 등 관리의무가 있으므로 관리상 하자가 인정된다고 하였다.

[판 례] 강설에 대처하기 위하여 완벽한 방법으로 도로 자체에 융설 설비를 갖추는 것이 현대의 과학기술 수준이나 재정사정에 비추어 사실상 불가능하다고 하더라도, 최저 속도의 제한이 있는 고속도로의 경우에 있어서는 도로관리자가 도로의 구조, 기상예보 등을 고려하여 사전에 충분한 인적·물적 설비를 갖추어 강설시 신속한 제설작업을 하고 나아가 필요한 경우 제때에 교통통제 조치를 취함으로써 고속도로로서의 기본적인 기능을 유지하거나 신속히 회복할 수 있도록 하는 관리의무가 있다. 폭설로 차량 운전자 등이 고속도로에서 장시간 고립된 사안에서, 고속도로의 관리자가 고립구간의 교통정체를 충분히 예견할 수 있었음에도 교통제한 및 운행정지 등 필요한 조치를 충실히 이행하지 아니하였으므로 고속도로의 관리상 하자가 있다고 한 사례(대법원 2008.3.13. 선고 2007다29287, 29294 판결).

한편, 대법원은 고속도로가 아닌 겨울철 산간지역에 위치한 도로에 강설로 생긴 빙판을 그대로 방치하여 발생한 사고에 대해, 도로상황에 대한 경고나 위험표지판을 설치하지 않았다는 사정만으로 도로관리상의 하자가 있다고 할 수 없다고 하였다.[45]

그 외에도 도로에서의 설치·관리상 하자로 인한 손해배상책임을 인정하지 않은 사례는 다음과 같다.

[판 례] 甲이 함께 술을 마신 乙과 멱살을 잡고 시비하다가 국가가 설치·관리하는 제방도로에서 아래로 추락하여 지방자치단체가 설치·관리하는 우수토실에 빠져 익사한 사안에서, 정상적인 이용방법이 아닌 술에 취하여 싸우다가 도로 밑으로 추락하는 이례적인 사고가 있을 것까지 예상하여 방호 울타리나 추락방지 표지판 등을 설치할 의무는 없다며 제방도로와 우수토실의 설치 또는 관리에 하자가 없다고 하였다(대법원 2013.4.11. 선고 2012다203133 판결).

---

45) 대법원 2000.4.25. 선고 99다54998 판결.

[판 례] 甲이 음주 상태에서 차량을 운전한 과실로 도로가에 설치된 철제울타리를 들이받는 사고가 발생하여 차량 조수석에 같이 탄 乙이 사망한 사안에서, 사고지점 도로에 설치된 점등식 시선유도시설이 당시에 꺼져 있었다는 사정만으로는 사고지점 도로의 설치, 관리상의 어떠한 하자가 있었다고 할 수 없다(대법원 2014.4.24. 선고 2014다201087 판결).

2) 하 천

영조물인 하천은 여름에 집중호우로 인한 홍수가 빈번하게 발생하여 사고가 발생하는 장소이다. 자연 영조물로서의 하천은 원래 이를 설치할 것인지 여부에 대한 선택의 여지가 없고, 위험을 내포한 상태에서 자연적으로 존재하고 있으며, 간단한 방법으로 위험상태를 제거할 수 없는 경우가 많다. 유수의 원천인 강우의 규모, 범위, 발생시기 등의 예측이나 홍수의 발생 작용 등의 예측이 곤란하고, 실제로 홍수가 어떤 작용을 하는지는 실험에 의한 파악이 거의 불가능하여 결국 과거의 홍수 경험을 토대로 하천관리를 할 수밖에 없는 특질이 있다.

따라서 하천관리의 하자 유무는, 과거에 발생한 수해의 규모 등을 종합적으로 고려하여 사회통념에 비추어 시인될 수 있는 안전성을 구비하고 있다고 인정할 수 있는지 여부를 기준으로 하여 판단해야 한다.

대법원은 하천정비기본계획에서 정한 계획홍수위를 충족하거나 100년 발생빈도의 강우량을 기준으로 한 계획홍수위를 초과하여 발생한 피해에 대해 손해배상책임을 인정하지 않았다.

[판 례] 집중호우로 제방도로가 유실되면서 그 곳을 걸어가던 보행자가 강물에 휩쓸려 익사한 경우, 사고 당일의 집중호우가 50년 빈도의 최대강우량에 해당한다는 사실만으로 불가항력에 기인한 것으로 볼 수 없다는 이유로 제방도로의 설치·관리상의 하자를 인정한 사례(대법원 2000.5.26. 선고 99다53247 판결).

[판 례] 관리청이 하천정비기본계획 등에서 정한 계획홍수량 및 계획홍수위를 충족하여 하천이 관리되고 있다면 당초부터 계획홍수량 및 계획홍수위를 잘못 책정하였다거나 그 후 이를 시급히 변경해야 할 사정이 생겼음에도 불구하고 이를 해태하였다는 등의 특별한 사정이 없는 한, 그 하천은 용도에 따라 통상 갖추어야 할 안전성을 갖추고 있다고 봄이 상당하다(대법원 2007.9.21. 선고 2005다65678 판결).

[판 례] 100년 발생빈도의 강우량을 기준으로 책정된 계획홍수위를 초과하여 600년

또는 1,000년 발생빈도의 강우량에 의한 하천의 범람은 예측가능성 및 회피가능성
이 없는 불가항력적인 재해로서 그 영조물의 관리청에게 손해배상책임을 물을 수
없다(대법원 2003.10.23. 선고 2001다48057 판결).

[판 례] 동대문구가 설치·관리하는 빗물펌프장이 서울특별시가 마련한 시설기준에
부합한다면 위 시설기준이 잘못되었다거나 시급히 변경시켜야 할 사정이 있었다는
등의 특별한 사정이 없는 이상 그 설치상 하자는 없다(대법원 2007.10.25. 선고
2005다62235 판결).

한편, 대법원은 하천에서의 익사사고와 관련하여 하천 주변상황, 접근성, 과
거 사고빈도 등을 종합적으로 고려하여 방호조치의무를 개별적으로 판단하여야
한다고 하였다. 즉, 위험성이 큰 하천의 경우는 위험경고 표지판 설치만으로는 부
족하고 적극적인 방호조치를 해야 하고, 그렇지 않은 경우는 위험경고 표지판이나
현수막 등으로도 방호조치의무가 충족된다고 보았다.

[판 례] 국가하천 주변에 체육공원이 있어 다양한 이용객이 왕래하는 곳으로서 과
거 동종 익사사고가 발생하고, 또한 그 주변 공공용물로부터 사고지점인 하천으로의
접근로가 그대로 존치되어 있기 때문에 이를 이용한 미성년자들이 하천에 들어가
물놀이를 할 수 있는 상황이라고 한다면, 특별한 사정이 없는 한 그 사고지점인 하
천으로의 접근을 막기 위하여 방책을 설치하는 등의 적극적 방호조치를 취하지 아
니한 채 하천 진입로 주변에 익사사고의 위험을 경고하는 표지판을 설치한 것만으
로는 국가하천에서 성인에 비하여 사리 분별력이 떨어지는 미성년자인 아이들의 익
사사고를 방지하기 위하여 그 관리주체로서 사회통념상 일반적으로 요구되는 정도
의 방호조치의무를 다하였다고 할 수는 없다(대법원 2010.7.22. 선고 2010다33354,
33361 판결).

[판 례] 수련회에 참석한 미성년자 甲이 하천을 가로질러 수심이 깊은 맞은 편 바
위 위에서 다이빙을 하며 놀다가 익사하자, 甲의 유족들이 하천 관리주체인 지방자
치단체를 상대로 손해배상을 구한 사안에서, 지방자치단체가 유원지 입구나 유원지
를 거쳐 하천에 접근하는 길에 수영금지의 경고표지판과 현수막을 설치함으로써 하
천을 이용하는 사람들의 안전을 보호하기 위하여 사회통념상 일반적으로 요구되는
정도의 방호조치의무를 다하였다면 하천의 설치·관리상의 하자를 인정할 수 없다
(대법원 2014.1.23. 선고 2013다211865 판결).

(5) 하자의 입증책임

영조물의 설치·관리의 하자의 존재는 손해배상책임의 성립요건이기 때문에 그 하자의 입증책임은 원칙적으로 원고가 지는 것이나, 그 입증이 매우 어려운 것이 보통이다. 따라서 그 하자의 입증에는 「민사소송법」상의 일응추정이론을 원용할 필요가 있다. 즉, 영조물로 인하여 손해가 발생하면, 일단 하자의 존재가 추정되고, 영조물의 관리자가 그 설치·관리에 하자가 없었음을 입증하지 아니하는 한 국가 등은 배상책임을 지는 것이다.

3. 배상책임의 면책사유

(1) 불가항력

불가항력이란 인간의 능력으로 예견할 수 없거나 예견하였더라도 회피할 수 없는 힘에 의해 손해가 발생한 경우를 말한다. 불가항력 사유에 의한 손해 발생의 경우에는 원칙적으로 그 배상책임이 성립되지 않는다. 객관적으로 보아 영조물의 기능상 결함으로 인한 손해발생의 예견가능성과 회피가능성이 없는 경우, 즉 그 영조물의 결함이 영조물의 설치·관리자의 관리행위가 미칠 수 없는 상황임이 입증된다면 영조물의 설치·관리상의 하자가 인정되지 않아 면책된다.

> **[판 례]** 100년 발생빈도의 강우량을 기준으로 책정된 계획홍수위를 초과하여 600년 또는 1,000년 발생빈도의 강우량에 의한 하천의 범람은 예측가능성 및 회피가능성이 없는 불가항력적인 재해로서 그 영조물의 관리청에게 책임을 물을 수 없다(대법원 2003.10.23. 선고 2001다48057 판결).

한편, 집중호우로 국도변 산비탈이 무너져 내려 차량의 통행을 방해함으로써 일어난 교통사고에 대하여, 매년 비가 많이 오는 장마철을 겪고 있는 우리나라와 같은 기후의 여건 하에서 위와 같은 집중호우가 내렸다고 하여 전혀 예측할 수 없는 천재지변이라고 보기는 어렵다고 하면서 국가의 도로에 대한 설치 또는 관리상의 하자책임을 인정하였다.[46]

(2) 재정적 제약

재정적 제약으로 인하여 영조물의 안전성을 확보하지 못하여 그 설치·관리에 하자가 생기는 경우, 그것은 국가 등의 손해배상책임의 면책사유가 되는 것은 아니나 참고사유는 될 수 있다.

---

46) 대법원 1993.6.8. 선고 93다11678 판결.

4. 손해의 발생과 상당인과관계

타인에 대한 손해의 발생은 영조물의 설치 또는 관리의 하자로 인한 것이어야 하며, 하자와 손해 사이에 상당인과관계가 있어야 한다. 하자와 손해의 발생 사이에 상당인과관계가 있는 한 자연현상 또는 제3자나 피해자의 행위가 그 손해의 원인으로서 가세되었더라도 손해배상책임은 성립한다.

> **[판 례]** 이 사건 사고지점에 방호 울타리가 설치되어 있었다면 이 사건 버스가 방호울타리를 들이받는 과정에서 그 충격이 상당한 정도로 흡수되어 이 사건 버스가 도로를 이탈하지 않았거나 도로를 이탈하더라도 위 옹벽에서 추락하는 것은 면하였을 개연성이 충분한 점 등을 종합하면, 이 사건 사고 당시 노측용 방호울타리가 설치되지 아니한 이 사건 사고지점 도로는 그 용도에 따라 통상 갖추어야 할 안정성을 갖추지 못한 상태로서 그 설치·관리상의 하자가 있었고, 이 사건 사고의 경위 및 결과 등에 비추어 보면 이 사건 사고지점 도로의 설치·관리상 하자와 이 사건 사고로 인한 손해 발생이나 확대 사이에 상당인과관계도 인정된다(대법원 2016.3.10. 선고 2013다204539 판결).

하자와 손해의 발생에 상당인과관계가 있었음을 입증할 책임은 피해자에게 있다. 그러나 일반적으로 전문적 지식과 재력이 약한 피해자에게 이 원칙을 견지할 경우 손해배상책임의 성립 내지 권리구제가 어려워지는 문제가 있다.

5. 국가배상법 제2조와 제5조와의 경합

양자는 서로 별개이므로 항상 경합하는 것은 아니나, 양자가 모두 성립하는 경우에는 무과실책임인 「국가배상법」 제5조의 배상책임을 묻는 것이 요건 입증에 유리하다.

(1) 영조물의 하자와 공무원의 과실의 경합으로 인한 손해

공용자동차의 기계의 하자와 운전자의 과실이 경합하여 사람을 사상하게 하는 경우에는 제2조와 제5조가 경합되어 양책임이 중복적으로 성립된다. 이 경우 피해자는 어느 규정에 의하여서도 손해배상을 청구할 수 있다. 그리고 관리의무위반으로 물적 하자가 생겨서 이로 인하여 손해를 받은 경우에도 제2조와 제5조의 어느 규정에 의하여서도 배상을 청구할 수 있다.

(2) 물적 하자 없이 영조물의 관리행위의 하자로 인한 손해

물적인 하자는 없는데, 영조물의 관리행위의 하자(관리의무위반)로 인하여 손해가 발생한 경우에 제2조와 제5조 중 어느 규정에 의하여 배상을 청구할 것인지가 문제될 수 있다. 이는 영조물의 '설치·관리의 하자'의 해석에 관한 학설, 즉 객관설, 주관설, 절충설에 따라 달라지게 된다.

① 객관설은 제5조에 의한 책임을 상태책임으로 보고, 제2조에 의한 책임을 행위책임으로 보기 때문에 영조물 관리자의 관리의무위반으로 인한 손해배상은 제2조가 적용될 문제가 된다고 본다. 판례는 우기가 되면 침수가능성이 상존하는 하천부지에 대한 행정청의 점용허가를 받아 설치된 상설 노외주차장에 주차한 차량에 대한 침수피해가 발생한 경우에 공무원의 직무상 의무위반행위에 대해 국가 또는 지방자치단체가 손해배상책임을 지기 위한 요건과 관련하여 다음에서 보듯이 제2조 적용의 문제로 보고 지방자치단체의 배상책임을 인정하였다.

> **[판 례]** 소속 공무원이 전적으로 또는 부수적으로라도 국민 개개인의 안전과 이익을 보호하기 위하여 법령에서 정한 직무상의 의무에 위반하여 국민에게 손해를 가하면 상당인과관계가 인정되는 범위 안에서 국가 또는 지방자치단체가 배상책임을 부담한다. 하천법의 관련 규정에 비추어 볼 때, 하천의 유지·관리 및 점용허가 관련 업무를 맡고 있는 지방자치단체 담당공무원의 직무상 의무는 부수적으로라도 사회 구성원 개개인의 안전과 이익을 보호하기 위하여 설정된 것이다(대법원 2006.4.14. 선고 2003다41746 판결).

② 주관설은 제5조의 책임의 근거를 제2조의 책임과 같이 영조물 관리자의 관리행위에 있어서의 관리의무위반에 있다고 보기 때문에 양자의 경우에 모두 제5조가 적용된다고 본다.

③ 절충설은 영조물의 설치·관리의 하자를 영조물 자체의 객관적 하자뿐만 아니라 관리자의 관리의무 위반도 포함된다고 보기 때문에 양자의 경우에 모두 제5조가 적용될 문제가 된다고 본다.

Ⅲ. 손해배상책임자 및 손해배상액

1. 손해배상책임자

(1) 국가배상법 제5조의 책임자

「국가배상법」제5조의 영조물의 설치 또는 관리상 하자로 인한 손해배상책임자는 국가나 지방자치단체이다. 즉, 국가가 관리하는 영조물에 대해서는 국가가 배상책임을 지고, 지방자치단체가 관리하는 영조물에 대해서는 지방자치단체가 배상책임을 진다.

> **[판 례]** 국토해양부장관이 하천공사를 대행하더라도 이는 국토해양부장관이 하천관리에 관한 일부 권한을 일시적으로 행사하는 것으로 볼 수 있을 뿐 하천관리청이 국토해양부장관으로 변경되는 것은 아니므로, 국토해양부장관이 하천공사를 대행하던 중 지방하천의 관리상 하자로 인하여 손해가 발생하였다면 하천관리청이 속한 지방자치단체는 국가와 함께 국가배상법 제5조 제1항에 따라 지방하천의 관리자로서 손해배상책임을 부담한다(대법원 2014.6.26. 선고 2011다85413 판결).

> **[판 례]** 甲이 덤프트럭을 운전하여 국가 소유의 토지에 설치된 도로를 진행하던 중 도로가 붕괴되면서 덤프트럭이 전복되는 사고가 발생한 사안에서, 위 도로는 한국농어촌공사가 농업생산기반 정비사업을 통하여 설치한 농업생산기반시설로서 설치·관리사무의 귀속주체가 한국농어촌공사이므로, 국가는 甲에 대하여 손해배상책임을 부담하지 않는다(대법원 2015.9.10. 선고 2012다200622 판결).

(2) 기관위임사무

기관위임사무란 법령에 의하여 국가 또는 상급지방자치단체로부터 지방자치단체의 집행기관인 지방자치단체의 장에게 처리가 위임된 사무를 말한다. 기관위임사무는 비록 지방자치단체의 장이 사무집행을 하여도 법적 성질은 국가사무 또는 상급지방자치단체의 사무이다. 지방자치단체의 장은 당해 지방자치단체의 대표기관으로의 지위가 아니라, 국가 또는 상급지방자치단체의 기관의 지위에서 사무를 행한 것에 불과하다.

따라서 국가 또는 광역지방자치단체가 공공의 영조물의 관리권 일부를 하급기관인 광역지방자치단체나 기초지방자치단체에 위임한 경우, 법정의 관리책임 및 유지책임은 여전히 위임기관에 있으므로 수임기관의 영조물의 설치·관리의 하자로 인한 손해배상책임은 사무귀속주체로서 위임기관이 진다. 즉, 권한을 위임한 기관이 「국가배상법」 제5조에 의한 배상책임을 부담하는 것이지, 권한을 위임받은 기관이 배상책임을 부담하는 것은 아니다.

> **[판 례]** 자동차운전면허시험 관리업무는 국가행정사무이고 지방자치단체의 장인 서울특별시장은 국가로부터 그 관리업무를 기관위임받아 국가행정기관의 지위에서 그 업무를 집행하므로, 국가는 면허시험장의 설치 및 보존의 하자로 인한 손해배상책임을 부담한다(대법원 1991.12.24. 선고 91다34097 판결).

(3) 국가배상법 제6조 제1항의 책임자

「국가배상법」 제6조 제1항에 의하면, 영조물의 설치 또는 관리를 맡은 자와 그 비용을 부담하는 자가 다른 경우에는 그 비용부담자도 배상책임을 진다. 따라서 피해자는 관리 주체 또는 비용부담자 중에서 선택적으로 청구권을 행사할 수 있다.

「국가배상법」 제6조 제1항의 입법 취지는 국민에게 '관리자(관리주체)'와 '비용을 부담하는 자(비용주체)'에 대해서 선택적으로 배상청구를 할 수 있도록 함으로써 배상청구권을 최대한 보장하려는 것이다.

대법원은 지방자치단체장이 설치하고 관할 지방경찰청장에게 관리권한이 위임된 교통신호기 고장으로 사고가 발생한 경우, 지방자치단체는 사무귀속자로서 배상책임을 부담하고, 국가는 경찰관에게 봉급을 지급하는 비용부담자로서 배상책임을 진다고 하였다.

> **[판 례]** 지방자치단체장이 교통신호기를 설치하여 그 관리권한이 관할 지방경찰청장에게 위임되어 지방자치단체 소속 공무원과 지방경찰청 소속 공무원이 합동 근무하는 교통종합관제센터에서 그 관리업무를 담당하던 중 위 신호기가 고장난 채 방치되어 교통사고가 발생한 경우, 배상책임을 부담하는 것은 지방경찰청장이 소속된 국가가 아니라, 그 권한을 위임한 지방자치단체장이 소속된 지방자치단체라고 할 것이나, 한편 국가배상법 제6조 제1항은 같은 법 제2조, 제3조 및 제5조의 규정에 의하여 국가 또는 지방자치단체가 손해를 배상할 책임이 있는 경우에 공무원의 선임·감독 또는 영조물의 설치·관리를 맡은 자와 공무원의 봉급·급여 기타의 비용 또는 영조물의 설치·관리의 비용을 부담하는 자가 동일하지 아니한 경우에는 그 비용을 부담하는 자도 손해를 배상하여야 한다고 규정하고 있으므로 교통신호기를 관리하는 지방경찰청장 산하 경찰관들에 대한 봉급을 부담하는 국가도 국가배상법 제6조 제1항에 의한 배상책임을 부담한다(대법원 1999.6.25. 선고 99다11120 판결).

(4) 최종적 배상책임자(구상권)

1) 설치·관리자와 비용부담자가 다른 경우의 구상권

「국가배상법」 제6조 제2항은 "손해를 배상한 자는 내부관계에서 그 손해를 배상할 책임이 있는 자에게 구상할 수 있다"라고 규정하고 있다. 이는 영조물의 설치·관리를 맡은 자와 영조물의 설치·관리 비용을 부담하는 자가 동일하지 아니하여 그 비용을 부담하는 자가 손해를 배상한 경우, 손해를 배상한 자는 내부관계에서 그 손해를 배상할 책임이 있는 자에 대하여 구상권을 행사할 수 있다는 것이다.

따라서 피해자는 관리주체와 비용주체에 대하여 선택적으로 손해배상을 청구할 수 있다. 이 경우 손해를 먼저 배상한 자는 내부관계에서 그 손해를 배상할 책임이 있는 자에게 구상할 수 있을 뿐이다. 다시 말해 「국가배상법」 제6조 제2항은 영조물의 관리자와 비용부담자 사이의 내부관계에 관한 규정일 뿐 제3자와의 관계에서는 적용되지 않는다.

> **[판 례]** 국가배상법 제6조 제2항의 규정은 도로의 관리주체인 국가와 그 비용을 부담하는 경제주체인 시 상호간에 내부적으로 구상의 범위를 정하는데 적용될 뿐 이를 들어 구상권자인 공동불법행위자에게 대항할 수 없다(대법원 1993.1.26. 선고 92다2684 판결).

한편, 손해를 배상할 책임이 있는 최종적 배상책임자가 누구인지가 문제 되는데, 학설은 관리자설(사무귀속자설), 비용부담자설, 기여도설 등으로 나뉘어 있다. 최종적 배상책임자는 영조물의 관리자라는 관리자설이 다수설의 입장이나, 판례의 입장은 불분명하다.

> **[판 례]** 국가하천의 관리상 하자로 인한 손해에 관하여, 국가는 사무의 귀속주체 및 보조금 지급을 통한 실질적 비용부담자로서, 해당 시·도는 구 하천법 제59조 단서에 따른 법령상 비용부담자로서 각각 책임을 중첩적으로 지는 경우, 국가와 해당 시·도 모두가 국가배상법 제6조 제2항에서 정한 '손해를 배상할 책임이 있는 자'에 해당한다. 나아가 내부적 구상 관계에서 원고와 피고 전라북도는 모두 궁극적 배상책임이 있다(대법원 2015.4.23. 선고 2013다211834 판결).

> **[판 례]** 지방자치단체장의 교통신호기에 관한 관리권한이 도로교통법시행령 제71조의2 제1항의 규정에 의하여 관할 경찰서장에게 위임되어 경찰서 소속 공무원이 그 관리업무를 담당하던 중 교통신호기가 고장난 채 방치되어 교통사고가 발생한 경우, 국가배상법 제2조 또는 제5조에 의한 배상책임을 부담하는 것은 경찰서장이 소속된 국가가 아니라, 그 권한을 위임한 지방자치단체장이 소속된 지방자치단체이다(대법원 2001.9.25. 선고 2001다41865 판결).

2) 원인책임자에 대한 구상권

국가 또는 지방자치단체가 손해를 배상한 경우에 '손해의 원인에 대하여 책임을 질 자'가 따로 있을 때에는 국가 또는 지방자치단체는 이들에 대하여 구상권을 가진다(국가배상법 제5조 제2항).

이러한 경우로는 ① 고의·과실에 의하여 영조물이 통상 갖추어야 할 안전성을 갖추지 않게 한 자(예컨대 불안전하게 영조물을 건조한 건축공사업자·교량을 파손한 자동차운수업자), ② 영조물 관리기관을 구성하는 공무원이 그 보수의무를 게을리한 것이 손해발생의 원인이 되었을 때의 그 공무원 등이 이에 해당된다.

[판 례] 甲 주식회사 등이 시공한 도로공사 구간에서 침수사고가 발생하자, 국가가 이로 인해 피해를 입은 피해자 乙에게 손해를 배상한 사안에서, 제반 사정에 비추어 甲의 시공상 과실과 공사구간의 도로를 설치·관리하는 국가의 영조물 설치·관리상의 하자가 경합하여 침수사고가 발생하였으므로 국가와 甲은 乙에게 공동불법행위 책임을 부담하고, 다만 국가와 甲의 내부 구상 관계에서 국가에 침수사고 발생에 어떠한 어떠한 과실이 있다고 보기 어려우므로 국가로서는 甲 회사 등에 배상액 전액을 구상할 수 있다(대법원 2012.3.15. 선고 2011다52727 판결).

2. 손해배상액

「국가배상법」 제5조의 영조물의 설치 또는 관리상 하자로 인한 손해배상액에는 하자와 상당인과관계에 있는 모든 것이 포함된다. 그러나 그 손해가 생명·신체상의 것인 때에는 「국가배상법」 제3조에서 규정한 배상기준 및 제3조의2에 규정된 공제액에 따라 배상하게 된다.

Ⅳ. 손해배상청구권의 제한

1. 기본권 제한의 법률유보

헌법 제29조의 국가배상청구권은 권리구제를 위한 청구권으로서의 기본권이기 때문에 일반적인 기본권의 경우와 마찬가지로 기본권 제한입법의 한계조항(헌법 제37조 제2항)의 범위 내에서 제한할 수 있다. 즉, 국가안전보장·질서유지·공공복리를 위하여 필요한 경우에 법률로 제한할 수 있으나, 과잉금지의 원칙을 존중하여야 한다. 따라서 국가배상청구권의 본질적 내용을 제한할 수 없으며, 평등원칙·비례원칙 등에 위배되어서는 아니된다.

2. 이중배상금지

(1) 이중배상금지의 근거

헌법 제29조 제2항은 "군인·군무원·경찰공무원 기타 법률이 정하는 자가 전투·훈련 등 직무집행과 관련하여 받은 손해에 대하여는 법률이 정하는 보상 외에 국가 또는 공공단체에 공무원의 직무상 불법행위로 인한 배상을 청구할 수 없다"

라고 규정하고 있다.

또한 「국가배상법」 제2조 제1항 단서도 "군인·군무원·경찰공무원 또는 예비군대원이 전투·훈련 등 직무집행과 관련하여 전사·순직하거나 공상을 입은 경우에 본인이나 그 유족이 다른 법령에 따라 재해보상금·유족연금·상이연금 등의 보상을 지급받을 수 있을 때에는 이 법 및 「민법」에 따른 손해배상을 청구할 수 없다"라고 규정하고 있다.

공무원도 영조물의 설치·관리의 하자로 인하여 손해를 입은 때에는 손해배상을 청구할 수 있는데, 「국가배상법」 제2조 제1항 단서는 군인·군무원·경찰공무원·예비군대원 등 직무의 성질상 위험성이 높은 공무원에 대해서는 이중배상을 배제하는 특례를 두고 있는 것이다. 이러한 이중배상금지의 입법 취지는 위험성 높은 공무원에 대한 확실한 피해보상을 보장하는 한편 과도한 재정지출을 방지하기 위해서이다.

> **[판 례]** 헌법 제29조 제2항 및 이를 근거로 한 국가배상법 제2조 제1항 단서 규정의 입법 취지는, 국가 또는 공공단체가 위험한 직무를 집행하는 군인·군무원·경찰공무원 또는 향토예비군대원에 대한 피해보상제도를 운영하여, 직무집행과 관련하여 피해를 입은 군인 등이 간편한 보상절차에 의하여 자신의 과실 유무나 그 정도와 관계없이 무자력의 위험부담이 없는 확실하고 통일된 피해보상을 받을 수 있도록 보장하는 대신에, 피해 군인 등이 국가 등에 대하여 공무원의 직무상 불법행위로 인한 손해배상을 청구할 수 없게 함으로써, 군인 등의 동일한 피해에 대하여 국가 등의 보상과 배상이 모두 이루어짐으로 인하여 발생할 수 있는 과다한 재정지출과 피해 군인 등 사이의 불균형을 방지하고, 또한 가해자인 군인 등과 피해자인 군인 등의 직무상 잘못을 따지는 쟁송이 가져올 폐해를 예방하려는 데에 있다(대법원 2002.5.10. 선고 2000다39735 판결).

(2) 이중배상금지 조항의 위헌성

헌법재판소는 「국가배상법」 제2조 제1항 단서는 헌법 제29조 제1항에 의하여 보장되는 국가배상청구권을 헌법 내재적으로 제한하는 헌법 제29조 제2항에 직접 근거하고, 실질적으로 그 내용을 같이 하는 것이므로 헌법에 위반되지 아니한다고 하였다.[47]

하지만 헌법 제29조 제2항 및 「국가배상법」 제2조 제1항 단서의 규정은 군인 등에 대해서만 합리적인 이유 없이 국가배상청구권을 배제하는 것이 되어, 헌법

---

47) 헌재 2001.2.22. 2000헌바38.

제11조 평등원칙에 위반된다는 비판을 받고 있다.⁴⁸⁾ 이러한 점에서 「국가배상법」 제2조 제1항 단서 위헌소원에 대한 헌법재판소 결정의 소수의견을 신중하게 고려해야 한다.

> **[판 례]** 헌법에는 보다 상위의 근본규정에 해당하는 헌법규정과 그러한 근본규정에 해당하지 않는 보다 하위의 헌법규정이 있을 수 있고, 하위의 헌법규정이 상위의 헌법규정과 합치하지 않는 모든 경우에 그 효력을 부인할 수 있는 것은 아니나, 더 이상 감내할 수 없을 정도로 일반인의 정의감정에 합치하지 아니하는 경우에는 헌법의 개별조항도 헌법소원에 의한 위헌심사의 대상으로 보아 헌법재판소가 그 위헌성을 확인할 수 있다. 군인 등 신분이라는 이유만으로 국가배상청구권을 박탈한 헌법 제29조 제2항은 상위규정이며 민주주의 헌법의 기본이념이고 근본규정이라고 할 수 있는 헌법 제11조 제1항의 평등원칙에 위배되고 인간의 존엄과 가치를 보장한 헌법 제10조에도 위반된다(헌재 2001.2.22. 2000헌바38).

대법원은 「국가배상법」 제2조 제1항 단서의 구성요건을 제한적으로 해석함으로써 국가보상과 국가배상을 양립시켜 「국가배상법」상의 배상청구권의 인정범위를 확대하고 있다.

> **[판 례]** 경찰관이 숙직실에서 연탄가스로 순직한 사건에서 숙직실은 국가배상법 제2조 제1항 단서에서 말하는 전투·훈련에 관련된 시설이라고 볼 수 없으므로 위 숙직실에서 순직한 경찰공무원의 유족들은 국가배상법 제2조 제1항 본문에 의하여 국가배상법 및 민법의 규정에 의한 손해배상을 청구할 권리가 있다(대법원 1979.1.30. 선고 77다2389 판결).

(3) 이중배상금지의 적용대상자

이중배상금지의 적용대상자는 「국가배상법」 제2조 제1항 단서에 규정된 군인·군무원·경찰공무원 또는 예비군대원이다. 예비군대원은 헌법 제29조에는 규정되어 있지 않고 「국가배상법」에만 규정되어 위헌성이 문제 되었으나, 헌법재판소는 이를 합헌으로 판단하였다.⁴⁹⁾

---

48) 대법원은 지난 1971년 군인·군속의 국가배상청구권을 제한하고 있던 구 국가배상법 제2조 제1항(현행 헌법 제29조 제2항과 동일)은 위헌이라고 판결하였다. 당시 대법원은 군인연금법, 군인재해보상규정 등에 의해 받은 재해보상금, 유족보상금 등은 사회보장적 목적이 있는 것이라며, 이와 별도로 국가의 불법행위로 인한 손해배상을 한다고 해서 이중배상금지원칙에 반하지 않는데도 군인이라는 이유로 국가배상을 제한하는 것은 위헌이라고 판시하였다(대법원 1971.6.22. 선고 70다1010 전원합의체 판결).

[판 례] 전투경찰순경은 경찰청 산하의 전투경찰대에 소속되어 대간첩작전의 수행 및 치안업무의 보조를 그 임무로 하고 있어서 그 직무수행상의 위험성이 다른 경찰공무원의 경우보다 낮다고 할 수 없을 뿐만 아니라, 전투경찰대설치법 제4조가 경찰공무원법의 다수 조항을 준용하고 있는 점 등에 비추어 보면, 국가배상법 제2조 제1항 단서 중의 '경찰공무원'은 '경찰공무원법상의 경찰공무원'만을 의미한다고 단정하기 어렵고, 널리 경찰업무에 내제된 고도의 위험성을 고려하여 '경찰조직의 구성원을 이루는 공무원'을 특별취급하려는 취지로 파악함이 상당하므로 전투경찰순경은 헌법 제29조 제2항 및 국가배상법 제2조 제1항 단서 중의 '경찰공무원'에 해당한다 (헌재 1996.6.13. 94헌마118 등).

한편, 대법원은 공익근무요원이나 현역병 입영 후 경비교도로 전임된 자는 이중배상금지가 적용되는 군인이 아니라고 판단하였다.[50]

(4) 전투·훈련 등 직무집행 관련성

「국가배상법」 제2조 제1항 단서는 전투·훈련 등 직무집행과 관련하여 전사·순직하거나 공상을 입은 경우에 이중배상을 금지하고 있다. 따라서 직무집행과 관련된 손해가 아닌 경우에는 「국가배상법」에 따른 손해배상청구권을 행사할 수 있다.

[판 례] 경찰서 지서의 숙직실은 국가배상법 제2조 제1항 단서에서 말하는 전투·훈련에 관련된 시설이라고 볼 수 없으므로 위 숙직실에서 순직한 경찰공무원의 유족들은 국가배상법 제2조 제1항 본문에 의하여 국가배상법 및 민법의 규정에 의한 손해배상을 청구할 권리가 있다(대법원 1979.1.30. 선고 77다2389 전원합의체 판결).

(5) 국가배상법 선지급의 경우

한편, 직무집행과 관련하여 공상을 입은 군인 등이 먼저 「국가배상법」에 따라 손해배상금을 지급받은 다음 「보훈보상자법」이 정한 보상금 등 보훈급여금의 지급을 청구하는 경우, 「국가배상법」에 따라 손해배상을 받았다는 이유로 그 지급을 거부할 수는 없다.

[판 례] 국가배상법 제2조 제1항 단서가 명시적으로 '다른 법령에 따라 보상을 지급받을 수 있을 때에는 국가배상법 등에 따른 손해배상을 청구할 수 없다'고 규정하고 있는 것과 달리 보훈보상자법은 국가배상법에 따른 손해배상금을 지급받은 자를 보

---

49) 헌재 1996.6.13. 94헌바20.
50) 대법원 1997.3.28. 선고 97다4036 판결; 대법원 1998.2.10. 선고 97다45914 판결.

상금 등 보훈급여금의 지급대상에서 제외하는 규정을 두고 있지 않은 점, 국가배상법 제2조 제1항 단서의 입법 취지를 고려하면 국가배상법 제2조 제1항 단서가 보훈보상자법 등에 의한 보상을 받을 수 있는 경우 국가배상법에 따른 손해배상청구를 하지 못한다는 것을 넘어 국가배상법상 손해배상금을 받은 경우 보훈보상자법상 보상금 등 보훈급여금의 지급을 금지하는 것으로 해석하기는 어려운 점 등에 비추어, 국가보훈처장은 국가배상법에 따라 손해배상을 받았다는 사정을 들어 보상금 등 보훈급여금의 지급을 거부할 수 없다(대법원 2017.2.3. 선고 2015두60075 판결).

3. 특별법에 의한 제한

「국가배상법」의 적용을 배제하고 국가배상책임의 범위를 제한하고 있는 특별법이 있다. 예컨대, 「우편법」 제39조는 "정부는 우편물의 손해가 발송인 또는 수취인의 잘못으로 인한 것이거나 해당 우편물의 성질, 결함 또는 불가항력으로 인하여 발생한 경우에는 그 손해를 배상하지 아니한다"고 규정하고 있다.

Ⅴ. 손해배상청구권의 양도·압류 금지와 소멸시효

1. 양도·압류 금지

「국가배상법」은 피해자나 유족 등을 보호하기 위한 사회보장적 견지에서 생명·신체의 침해로 인한 국가배상을 받을 권리는 양도하거나 압류하지 못하게 규정하고 있다(제4조).

[판 례] 국가기관 소속 수사관들에 의하여 영장 없이 체포·구금된 후 구 '국가안전과 공공질서의 수호를 위한 대통령 긴급조치'(긴급조치 제9호)를 위반하였다는 공소사실로 기소되어 유죄확정판결을 받은 갑이 그 판결에 대한 재심절차에서 무죄판결이 선고되어 확정되자, 국가를 상대로 손해배상을 청구하면서 자신과 함께 정신적 손해를 입은 형제들인 을 등으로부터 그들의 국가배상청구권을 양도받은 사안에서, 수사관들의 불법행위로 손해를 입은 갑과 을 등 사이에서 가족들의 이익을 위하여 손해배상채권을 양도하는 것은 국가배상법 제4조의 규정에도 불구하고 허용된다고 한 사례(서울고법 2020.1.22. 선고 2019나2036194 판결).

2. 소멸시효

「국가배상법」에는 배상청구권의 소멸시효에 관하여 특별한 규정이 없으므로 그에 관하여는 「민법」 제766조가 적용된다(국가배상법 제8조). 따라서 손해배상청구권은 피해자나 그 법정대리인이 손해 및 그 가해자를 안 날로부터 3년간 이를 행사하지 않거나 불법행위를 한 날로부터 10년이 경과하면 시효로 소멸한다. 여기서 손해 및 가해자를 안 날은 직무행위 등 불법행위의 요건을 구비하였음을 인식한 날을 의미한다.

> **[판 례]** 국가배상법 제2조 제1항 본문 전단 규정에 따른 배상책임을 묻는 사건에 대하여는 동법 제8조의 규정에 의하여 민법 제766조 소정의 단기소멸시효제도가 적용되는 것인 바, 여기서 가해자를 안다는 것은 피해자가 가해 공무원이 국가 또는 지방자치단체와의 간에 공법상 근무관계가 있다는 사실을 알고, 또한 일반인이 당해 공무원의 불법행위가 국가 또는 지방자치단체의 직무를 집행함에 있어서 행해진 것이라고 판단하기에 족한 사실까지도 인식하는 것을 의미한다(대법원 1989.11.14. 선고 88다카32500 판결).

한편, 「국가배상법」이 규정한 결정절차에 따른 배상심의회에 대한 손해배상금 지급신청은 시효 중단사유가 되며, 그 신청에 대한 배상심의회의 결정이 있은 때로부터 다시 전 시효기간이 진행된다.

3. 소멸시효 완성과 신의성실의 원칙

「국가배상법」상의 손해배상청구권의 소멸시효가 완성되면 원칙적으로 국가배상책임이 인정될 수 없으나, 이러한 항변이 신의성실의 원칙에 반하는 권리남용으로 판단될 경우에는 국가배상을 청구할 수 있다.

> **[판 례]** 경찰 수사관들이 갑을 불법구금 상태에서 고문하여 간첩혐의에 대한 허위자백을 받아내는 등의 방법으로 증거를 조작함으로써 갑이 구속 기소되어 유죄판결을 받고 그 형집행을 당하도록 하였으므로, 그 소속 공무원들의 불법행위로 인하여 갑과 그 가족이 입은 일체의 비재산적 손해에 대하여 국가배상법에 따른 위자료배상책임을 인정하면서, 갑이 국가를 상대로 위자료지급청구를 할 수 없는 객관적인 장애사유가 있었고, 피해자인 갑을 보호할 필요성은 심대한 반면 국가의 이행거절을 인정하는 것은 현저히 부당하고 불공평하므로 국가의 소멸시효 완성 항변은 신의성실의 원칙에 반하는 권리남용으로서 허용될 수 없다(대법원 2011.1.13. 선고 2009다103950 판결).

> **[판 례]** 공무원의 불법행위로 손해를 입은 피해자가 갖는 국가배상청구권의 소멸시효 기간이 지났으나 국가가 소멸시효 완성을 주장하는 것이 신의성실의 원칙에 반하는 권리남용으로 허용될 수 없어 배상책임을 이행한 경우, 국가가 공무원에게 구

상권을 행사하는 것은 신의칙상 허용되지 않는다(대법원 2016.6.9. 선고 2015다
200258 판결).

[**판 례**] 공무원의 불법행위로 손해를 입은 피해자의 국가배상청구권의 소멸시효 기
간이 지났으나 국가가 소멸시효 완성을 주장하는 것이 신의성실의 원칙에 반하는
권리남용으로 허용될 수 없어 배상책임을 이행한 경우에는, 소멸시효 완성 주장이
권리남용에 해당하게 된 원인행위와 관련하여 공무원이 원인이 되는 행위를 적극적
으로 주도하였다는 등의 특별한 사정이 없는 한, 국가가 공무원에게 구상권을 행사
하는 것은 신의칙상 허용되지 않는다(대법원 2016.6.10. 선고 2015다217843 판결).

Ⅵ. 배상심의회

1. 배상심의회의 의의

배상심의회는 영미식 행정위원회의 성격을 가진 합의제 행정관청으로서 「국
가배상법」상 손해배상금을 심의·결정하고 그 결과를 신청인에게 송달하는 업무를
수행한다. 「국가배상법」에 의한 배상심의회의 결정은 행정처분이 아니므로 행정
소송의 대상은 아니다.[51]

배상심의회는 상급심의회인 본부심의회 및 특별심의회와 하급심의회인 지
구심의회로 구성되어 있다. 이들 심의회는 법무부장관의 지휘를 받는다(제10조 제
3항).

2. 본부심의회와 특별심의회의 설치 및 권한

(1) 설 치

본부심의회는 국가나 지방자치단체에 대한 배상신청사건을 심의하기 위하여
법무부에 두며, 특별심의회는 군인이나 군무원이 타인에게 입힌 손해에 대한 배상
신청사건을 심의하기 위하여 국방부에 둔다(국가배상법 제10조 제1항).

(2) 권 한

본부심의회와 특별심의회는 ① 지구심의회로부터 송부받은 사건, ② 재심신
청사건, ③ 그 밖에 법령에 의하여 그 소관에 속하는 사항을 심의·처리한다(국가배
상법 제11조).

본부심의회와 특별심의회가 지구심의회로부터 송부받아 배상결정을 하여야
할 사건은 ① 지구심의회의 심의결과 배상금의 개산액이 5천만원 이상인 사건, ②
피해자가 직업선수, 예능인, 임기의 정함이 있는 자 기타 월평균 실수액이 일용근

---

51) 대법원 1981.2.10. 선고 80누317 판결.

로자에 통상 인정되는 취업가능기간 전기간에 걸쳐 계속된다고 인정되지 아니하는 자의 사건으로서 지구심의회가 본부심의회 또는 특별심의회에서 결정함이 타당하다고 인정한 사건 등이다(동법 시행령 제20조).

3. 지구심의회의 권한

각 지구심의회는 그 관할에 속하는 국가 또는 지방자치단체에 대한 배상신청사건을 심의·처리한다(국가배상법 제11조 제2항).

4. 배상결정의 효력

구 「국가배상법」 제16조는 "심의회의 배상결정은 신청인이 동의한 때에는 「민사소송법」의 규정에 의한 재판상의 화해가 성립된 것으로 본다"라고 규정하고 있었으나, 이 조항은 헌법재판소 위헌결정으로 삭제되었다.[52] 따라서 현재는 배상결정에 동의하거나 배상금을 수령한 경우에도 법원에 손해배상청구소송을 제기할 수 있다. 다만 배상주체는 배상금을 지급하면서 부제소의 합의를 할 수 있다. 실제로 배상금을 수령하면서 작성하는 청구서에는 "동일한 내용으로 법원에 제소하지 않는다"라는 문구가 기재되어 있어, 부제소 합의를 강제하고 있다. 따라서 배상금 수령 후 재차 법원에 국가배상청구의 소를 제기하면 부적법한 소로 각하판결을 받게 된다.

Ⅶ. 손해배상 청구절차

「국가배상법」 제2조 공무원의 직무행위로 인한 손해배상과 제5조 영조물의 설치·관리상 하자로 인한 손해배상은 동일한 청구절차에 의해 진행된다.

1. 임의적 결정전치주의

「국가배상법」 제9조는 "이 법에 의한 손해배상의 소송은 배상심의회에 배상신청을 아니하고도 이를 제기할 수 있다"라고 하여 행정상 손해배상 청구절차를 거치지 아니하고도 법원에 손해배상청구소송을 제기할 수 있게 하였다.[53] 즉, 임의적 결정전치주의를 취하여, 배상심의회에 배상신청을 하지 않고도 곧바로 손해

---

52) 헌재 1995.5.25. 91헌가7.
53) 구 국가배상법 제9조는 결정전치주의를 취한 바 있고, 이는 ① 국가 또는 지방자치단체가 스스로 배상금을 지급하여 국민과의 사이에 야기될 수 있는 법적 분쟁을 미리 해결하도록 하고, ② 손해배상청구절차에 관한 경비·노력·시간을 절약하며, ③ 배상사무의 원활(행정편의)을 기하며, ④ 피해자가 신속하고 간편한 절차에 의하여 배상금을 지급받을 수 있도록 하기 위한 것으로 평가되었으나, 국가배상법 개정법률(2000.12.29. 법률 제6319호)에 의거 결정전치주의는 폐지되었다.

배상청구소송을 제기할 수 있게 하였다.

2. 행정절차에 의한 손해배상청구

(1) 신 청

국가배상심의회의 결정절차를 통하여 배상금의 지급을 받고자 하는 자는 그 주소지·소재지 또는 배상원인발생지를 관할하는 지구심의회에 대하여 배상신청을 하여야 한다(국가배상법 제12조 제1항).

손해배상의 원인을 발생하게 한 공무원의 소속기관의 장은 피해자 또는 유족을 위하여 배상신청을 권장하여야 한다(동법 제12조 제2항). 심의회의 위원장은 배상신청이 부적법하나 보정할 수 있다고 인정하는 경우에는 상당한 기간을 정하여 보정을 요구하여야 하며, 보정이 있는 때에는 적법한 배상신청이 있은 것으로 본다(동법 제12조 제3항·제4항). 보정기간은 '4주일 이내'라는 배상결정 기간에 이를 산입하지 아니한다(동법 제12조 제5항).

(2) 배상결정

지구심의회가 배상신청을 받으면 지체 없이 증인신문·감정·검증 등 증거조사를 한 후 그 심의를 거쳐 4주일 이내에 배상금지급결정·기각결정 또는 각하결정(이하 "배상결정"이라 함)을 하여야 한다(국가배상법 제13조 제1항).

(3) 배상금의 사전지급

지구심의회는 긴급한 사유가 있다고 인정할 때에는 장례비·요양비 및 수리비의 일부를 사전에 지급하도록 결정할 수 있다. 사전에 지급을 한 경우에는 배상결정 후 배상금을 지급할 때에 그 금액을 빼야 한다(국가배상법 제13조 제2항).

지구심의회의 회의를 소집할 시간적 여유가 없거나 그 밖의 부득이한 사유가 있으면 지구위원회의 위원장은 직권으로 사전지급을 결정할 수 있다. 이 경우 위원장은 지구심의회에 그 사실을 보고하고 추인을 받아야 하며, 지구심의회의 추인을 받지 못할 때에는 그 결정은 효력을 잃는다(동법 제13조 제4항).

(4) 본부심의회나 특별심의회의 배상결정

지구심의회는 배상신청사건을 심의한 결과 당해 사건이 ① 배상금의 개산액이 5천만원 이상인 사건, ② 그 밖에 예능인, 직업선수 등 대통령령이 본부심의회나 특별심의회에서 심의·결정하도록 한 사건 등에 해당한다고 인정되면 지체 없이 사건기록에 심의결과를 첨부하여 본부심의회 또는 특별심의회에 송부하여야 한다(국가배상법 제13조 제6항). 이 경우 본부심의회 또는 특별심의회가 사건기록을 송부받으면 4주일 이내에 배상결정을 하여야 한다(동법 제13조 제7항).

(5) 배상신청의 각하

심의회는 ① 신청인이 이전에 동일한 신청원인으로 배상신청을 하여 배상금 지급 또는 기각의 결정을 받은 경우(기각의 결정을 받은 신청인이 새로이 중요한 증거가 발견되었다는 사유를 소명하는 때를 제외함), ② 신청인이 이전에 동일한 청구원인으로 손해배상의 소송을 제기하여 배상금지급 또는 기각의 확정판결을 받은 경우, ③ 그 밖에 배상신청이 부적법하고 그 흠결을 보정할 수 없거나 위원장의 보정요구에 응하지 아니한 경우에는 배상신청을 각하한다(국가배상법 제13조 제8항).

(6) 결정서의 송달

심의회는 배상결정을 하면 그 결정을 한 날부터 1주일 이내에 그 결정정본을 신청인에게 송달하여야 한다(국가배상법 제14조 제1항). 송달에 관하여는 「민사소송법」의 송달(제174조 내지 제197조)에 관한 규정을 준용한다(국가배상법 제14조 제2항).

(7) 배상금 지급청구

배상결정을 받은 신청인은 지체 없이 그 결정에 대한 동의서를 첨부하여 국가 또는 지방자치단체에 대하여 배상금 지급을 청구하여야 한다(국가배상법 제15조 제1항). 배상결정통지서를 송달받은 신청인은 배상금의 지급을 받고자 할 때에는 일정한 사항을 기재한 동의 및 청구서[54]에 배상결정서 정본 1통과 법무부장관이 정하는 서류를 첨부하여 이를 배상금 지급기관의 장에게 제출하여야 한다(동법 시행령 제23조 제1항).

배상금 지급청구를 한 신청인이 동일한 내용으로 손해배상의 소송을 제기하여 배상금지급의 확정판결을 받거나 이에 준하는 화해·인낙·조정 등이 있는 경우에는 동의 및 청구서 외에 확정판결 정본이나 화해·인낙·조정조서 정본 등을 제출하여야 한다(동법 시행령 제23조 제4항).

(8) 배상금의 지급

동의 및 청구서를 받은 배상금 지급기관의 장은 지체 없이 가해공무원 소속기관 기타 관계기관에 배상금 지급에 관한 사항을 통보하여야 한다(국가배상법 시행령 제23조 제3항). 지방자치단체 및 특별회계의 배상금 지급기관의 장은 신청인으로부터 배상신청을 받은 때에는 2주일 이내에 배상금을 지급하여야 하며, 본부심의회 또는 특별심의회소속 지구심의회 배상금 지급기관의 장은 1주일 이내에 배상금을 지급하여야 한다(동법 시행령 제24조).

---

54) 동의 및 청구서에는 ① 신청인의 성명주소 및 생년월일, ② 배상결정 사건번호 및 결정주문, ③ 배상결정에 동의하고 배상금의 지급을 청구한다는 취지, ④ 청구연월일 등을 기재하여야 한다(국가배상법 시행령 제23조 제1항 제1호 내지 제4호).

(9) 부동의서의 제출

신청인이 심의회의 배상결정에 동의하지 아니할 때에는 부동의서를 배상금 지급기관의 장에게 제출하여야 한다(국가배상법 시행령 제23조 제2항).

배상결정을 받은 신청인이 배상금 지급의 청구를 하지 아니하거나 지방자치단체가 배상신청을 받은 때로부터 2주일 이내에 배상금을 지급하지 아니한 때에는 그 결정에 동의하지 아니한 것으로 본다(동법 제15조 제3항).

(10) 재심신청

지구심의회에서 배상신청이 기각 또는 각하된 신청인은 결정정본이 송달된 날로부터 2주일 이내에 그 심의회를 거쳐 본부심의회나 특별심의회에 재심을 신청할 수 있다(국가배상법 제15조의2 제1항). 재심신청을 받은 지구심의회는 1주일 이내에 배상신청기록 일체를 본부심의회나 특별심의회에 송부하여야 한다(동법 제15조의2 제2항).

본부심의회나 특별심의회는 재심신청에 대하여 심의를 거쳐 4주일 이내에 다시 배상결정을 하여야 한다(동법 제15조의2 제3항).

배상신청을 각하한 지구심의회의 결정이 법령에 위반되는 경우 본부심의회나 특별심의회는 사건을 당해 지구심의회에 환송할 수 있다(동법 제15조의2 제4항). 배상신청이 각하된 신청인이 그 흠결을 보정하여 재심신청을 한 때에는 본부심의회 또는 특별심의회는 사건을 당해 지구심의회에 환송할 수 있다(동법 제15조의2 제5항).

결정서의 송달, 신청인의 동의와 배상금지급은 앞에서 본 배상결정의 경우와 같다(동법 제15조의2 제6항).

3. 사법절차에 의한 손해배상청구

손해배상청구소송에 관하여는 「민사소송법」이 정하는 민사소송이어야 한다는 설과 「행정소송법」상의 당사자소송이어야 한다는 설이 있으나, 후설이 타당하다.

이 경우에 사법절차는 일반절차와 특별절차의 경우가 같다. 특별절차는 행정소송의 제기와 관련되는 손해배상을 행정소송과 병합하여 청구하는 소송절차(행정소송법 제7조, 제10조)를 말한다. 일반절차는 국가 또는 지방자치단체를 피고로 하여 관할법원·소송비용·소송절차 등에 관하여 민사소송절차에 따르는 경우를 말한다.

제 4 절 공법상의 위험책임

Ⅰ. 위험책임의 의의

위험책임은 일정한 경우에 과실이 없이도 행정권이 책임을 지는 무과실책임의 근거가 되는 이론이다. 국가가 일정한 위험한 시설 또는 물건의 운용으로 인하여 위험한 상태를 조성시킨 경우에는 행위자의 고의·과실, 침해행위의 위법성과는 관계없이 그 위험상태로부터 발생한 개인의 손해에 대하여 배상책임을 인정한다는 법리이다. 이는 사법분야에서 불법행위책임상의 과실책임의 원칙에 대한 예외로서 인정되고 있다.

Ⅱ. 위험책임의 근거

공법상의 위험책임을 일반적으로 인정하는 일반법 규정은 없으나, 헌법과 관련하여 ① 법치국가의 원리 내지는 사회국가적 이념, ② 평등원칙 특히 부담평등의 원칙, ③ 재산권 보장의 원칙, ④ 수용규정의 유추적용 등은 그 근거가 될 수 있다.

실정법적 근거로는 헌법 제28조 및 제30조에 근거를 둔 형사보상제도 및 범죄피해자 구조제도와 각종 공무재해 보상제도를 규정한 법률, 예컨대 「광업법」 제75조,[55] 「원자력 손해배상법」 제3조[56] 등이 있다.

Ⅲ. 타 전보책임과의 구별

1. 손해배상책임과의 구별

위험책임은 가해행위의 적법·위법 및 공무원의 과실·무과실을 묻지 않는 무과실책임인 점에서 위법·유책을 배상책임의 요건으로 하는 「국가배상법」 제2조의

---

55) 광업법 제75조(광해의 종류와 배상의무) ① 광물을 채굴하기 위한 토지의 굴착, 갱수나 폐수의 방류, 폐석이나 광재의 퇴적 또는 광연의 배출로 인하여 타인에게 현저한 손해를 입힌 경우에는 다음 각 호의 구분에 따라 정하는 자가 손해를 배상할 의무를 진다.
　1. 손해가 발생할 당시에 해당 광업권이 소멸하지 아니한 경우: 해당 광구의 광업권자
　2. 손해가 발생할 당시에 이미 광업권이 소멸한 경우: 소멸 당시 그 광구의 광업권자
56) 원자력 손해배상법 제3조(무과실책임 및 책임의 집중 등) ① 원자로의 운전 등으로 인하여 원자력손해가 생긴 때에는 당해 원자력사업자가 그 손해를 배상할 책임을 진다. 다만, 그 손해가 국가간의 무력충돌, 적대행위, 내란 또는 반란으로 인한 경우에는 그러하지 아니하다. ② 원자력손해가 원자력사업자간의 핵연료물질 또는 그에 의하여 오염된 것의 운반으로 인하여 생긴 것인 때에는 당해 핵연료물질의 발송인인 원자력사업자가 그 손해를 배상할 책임을 진다. 다만, 그 손해배상책임에 관하여 원자력사업자간에 특약이 있는 경우에는 그 특약에 의한다.

배상책임과 구분된다.

2. 손실보상책임과의 구별

위험책임은 행정활동에 의하여 형성된 위험의 실현에 의한 것으로 직접적인 침해행위가 아니면서도 정의·형평의 관념에 따라 부담하는 책임인 점에서, 적법한 공권력행사에 의한 직접적인 재산권 침해에 대한 손실보상책임과 구분된다.

또한, 위험책임의 손해는 사고에 의하여 우연히 발생하는 것이고 법이 예상한 침해(손해)가 아니라는 점에서 침해 그 자체가 법에 의해 사전에 예상되는 손실보상과 구분된다.

Ⅳ. 위험책임에 대한 평가

위험책임의 이론은 현행 손해전보제도로 커버할 수 없는 손해가 현실적으로 발생하고 있기 때문에 제도보완의 측면에서 논의되는 것이다. 현실적으로 어떤 손해가 발생하였음에도 불구하고 제도의 흠결로 인하여 책임을 인정하지 못하게 되는 것은 실질적 법치국가의 원리에도 부합되지 않는다. 그러므로 공법상 위험책임은 개인의 권익구제 확대를 위하여 긍정적으로 평가되어야 하고, 그 입법적 해결이 요청된다.

제 2 장 행정상 손실보상

♣ Key Point
- 헌법 제23조 재산권 보장과 토지보상법
- 경계이론과 분리이론
- 손실보상의 기본원칙
- 수용유사침해와 수용적 침해

제 1 절 개   설

Ⅰ. 행정상 손실보상의 의의

행정상 손실보상은 공공필요에 의한 적법한 공권력 행사로 인하여 개인에게 과하여진 '특별한 희생'에 대하여 사유재산권의 보장과 전체적인 공평부담의 견지에서 행정주체가 행하는 조절적인 재산적 보상을 말한다. 행정상 손실보상은 그 보상원인이 적법한 공권력 행사에 의한 것이며, 그 손실은 적법하게 과하여진 '특별한 희생'이라는 점 등에서 행정상 손해배상과 다르다. 행정상 손실보상의 개념을 자세히 설명하면 다음과 같다.

1. '적법한 행위'로 인한 손실의 보상

행정상 손실보상은 토지수용·농지매수 등과 같이 법률이 처음부터 상대방에 손실을 발생시킬 권한을 행정기관에 부여한 경우에, 그 권한의 적법한 행사로 인하여 생긴 손실이다. 행정상 손실보상은 사회적 공평부담주의의 실현을 기본이념으로 하는 것이나, 행정상 손해배상은 개인주의적·도의적 책임주의를 기초원리로 한 것이라는 점에서 구별되는 것이다.

2. 적법한 '공권력의 행사'로 인한 손실의 보상

행정상 손실보상은 적법한 공권력 행사를 원인으로 하는 손실의 보상이며, 그것은 공법적 성질을 가진다. 따라서 공익사업을 위한 토지 등을 협의에 의해 취득하고 그 대가의 지급(토지보상법 제17조, 제61조)이나, 토지·건물의 소유자로서 국가가 상린권을 행사한 결과로서 배상금을 지급하는 것(민법 제236조 제1항, 제242조 제2항)은 손실보상과 구별된다.

3. '특별한 희생'에 대한 조절적 보상

행정상 손실보상은 특정한 개인이 입은 재산상의 '특별한 희생'을 공평부담의 견지에서 국민 전체의 부담으로 전가시켜 이를 조절하기 위하여 행하는 보상이다. 그러므로 공권력의 행사가 재산권 등에 영향을 미친 경우에라도 그것이 일반적 부담 또는 권리의 의무화에 따르는 재산권 자체에 내재하는 사회적 제약의 범위 내의 것인 때에는 손실보상의 문제가 생기지 않는다.

4. '공용침해'에 대한 보상

손실보상은 재산권에 대한 공용침해에 대한 보상이라는 점에서 형의 선고에 의한 노력 동원과 국방 목적을 위한 전시 근로동원 등에 대한 대상과 구별된다.

공용침해는 공용수용, 공용사용, 공용제한으로 이루어져 있다. 공용수용은 재산권의 박탈을, 공용사용은 재산권의 박탈에 이르지 아니하는 일시사용을, 공용제한은 소유자 기타 사인에 의한 사용·수익을 제한하는 것을 의미한다. 다만, 공용제한의 경우 그 근거 법률에서 보상규정을 두지 않고 있는 것이 일반적이므로, 공용제한에 대한 보상은 그것이 '보상을 요하는 특별한 희생'이 되는 경우 문제가 된다.

Ⅱ. 행정상 손실보상의 근거

1. 이론적 근거

행정상 손실보상의 이론적 근거에 대해서는 과거에는 기득권설, 은혜설 등이 주장되었으나, 현재의 통설은 특별희생설이다. 특별희생설은 사유재산권 보장을 전제로 하여 공익을 위해 특정 개인에게 부과된 특별한 희생에 대해서는 사회 전체의 공평부담으로 하여 조절적 보상을 하는 것이 정의·공평의 요구에 합치된다는 견해이다.

따라서 손실보상제도의 이론적 근거는 특별한 희생에 대한 보상을 통해 ① 공적 부담 앞의 평등이라는 사회정의의 실현, ② 공익과 사익의 조절, ③ 법률생활의 안정을 기할 수 있다는 점에서 찾을 수 있다. 다시 말해 재산권의 보장과 공적 부담 앞의 평등원칙이 손실보상의 이론적 근거이다.

2. 실정법적 근거

행정상 손실보상의 실정법적 근거는 헌법 제23조 제3항이다. 이 헌법규정은

"공공필요에 의한 재산권의 수용·사용 또는 제한 및 그에 대한 보상은 법률로써 하되, 정당한 보상을 지급하여야 한다"라고 규정하고 있다. 헌법규정에 따라 국민의 재산권을 침해하는 행위 그 자체는 형식적 법률에 반드시 근거를 두어야 하지만,[1] 전체적인 손실보상의 기준과 방법 등에 관하여 규정한 일반법은 없고, 각 개별법(예컨대 토지보상법, 국토계획법, 도로법, 하천법 등)에서 이를 규정하고 있다.

3. 근거법이 없는 경우의 보상문제

공용침해가 보상을 필요로 하는 '특별한 희생'임에도 불구하고 그것을 허용하는 법률에서 보상규정을 두지 아니한 경우, 다시 말해 법률이 재산권 침해를 규정하면서 보상규정을 두지 않은 경우, 이에 대한 손실보상청구 가능성에 대해서는 견해가 대립하고 있다.

(1) 방침규정설(입법지침설)

방침규정설은 손실보상에 관한 헌법 제23조 제3항은 재산권 보장의 원칙을 선언한 방침규정에 지나지 않으므로 재산권을 침해당한 자에 대한 보상 여부는 그 손실보상에 관하여 법률에 명문 규정을 두고 있는 경우에 비로소 성립된다고 한다. 이 견해는 입법자가 보상이 필요하지 않다고 판단하여 보상규정을 두지 않으면 국민은 이를 수인할 수밖에 없다는 데 바탕을 두고 있다. 이 설을 취하는 우리나라의 학자는 없다.

(2) 입법자에 대한 직접효력설(위헌무효설)

입법자에 대한 직접효력설은 헌법 제23조 제3항 보상규정은 입법자로 하여금 국민의 재산권을 침해하는 법률을 제정하는 경우 보상규정을 두도록 구속하는 효력을 가진다고 한다. 이를 위헌무효설 또는 위헌설이라고도 한다.

입법자 직접효력설에 따르면 재산권 침해를 규정하는 법률이 보상규정을 두지 않게 되면 그 법률은 위헌무효가 되며, 그 법률에 근거한 재산권의 침해행위는 불법행위가 되기 때문에 불법행위로 인한 손해배상을 청구할 수 있을 뿐이며, 법률에 규정되지 아니한 손실보상을 헌법규정을 근거로 청구하지 못한다. 그러나 보상규정 없는 법률에 근거한 재산권 침해를 행정상 손해배상의 문제로 보는 경우 그 배상은 「국가배상법」에 기하여 청구하여야 한다. 동법은 가해행위의 위법성과 공무원의 과실을 배상책임의 엄격한 요건으로 하고 있어 결과적으로 피해자에 대한 배상이 부정될 수밖에 없는 문제가 발생한다.

---

1) 군사상의 긴급한 필요에 의하여 국민의 재산을 수용 또는 사용한 경우에도 그것이 법률의 근거가 없는 경우에는 불법행위에 해당한다(대법원 1966.10.18. 선고 66다1715 판결).

(3) 국민에 대한 직접효력설

국민에 대한 직접효력설은 법률이 재산권 침해를 규정하면서 보상에 관해 규정하지 않으면 그 법률은 헌법 그 자체로서 가지는 실정법적 효력에 위반되어 위헌무효가 되며, 피해자는 헌법 제23조에 근거하여 직접 손실보상청구권을 행사할 수 있다고 한다. 이는 직접효력설이라고도 한다.

그러나 헌법 제23조 제3항은 보상은 법률로써 하도록 규정하고 있어, 직접효력설의 여지를 배제하고 있으므로 이 학설은 헌법 제23조 제3항에 정면으로 위반되는 것으로 평가되고 있다.

(4) 유추적용설(간접효력설)

유추적용설은 법률에서 공용침해 등의 재산권 침해를 규정하면서 보상에 관한 규정을 두지 않은 경우에라도 국민은 직접 헌법 제23조 제1항(재산권 보장규정)과 제11조(평등원칙)를 근거로 하는 동시에 헌법 제23조 제3항(보상규정) 및 기타 관련 법규상의 보상규정을 유추 적용하여 보상청구권을 행사할 수 있다는 견해이다. 이를 간접효력설이라고도 한다. 유추적용설은 보상규정 없는 법률에 의한 재산권 침해가 보상을 요하는 '특별한 희생'이 되는 때에 그것을 수용유사의 침해로 보는 입장에서 주장되고 있다.

(5) 판 례

최근 대법원은 공용침해로 인한 특별한 손해에 대해 보상규정이 없는 경우 관련 법률상의 보상규정을 유추적용하여 보상을 하여야 한다고 판시하고 있다.

> **[판 례]** 구 도시정비법 규정에 따라 관리처분계획의 인가·고시가 있으면 목적물에 대한 종전 소유자 등의 사용·수익이 정지되므로 사업시행자는 목적물에 대한 별도의 수용 또는 사용의 절차 없이 이를 사용·수익할 수 있게 되는 반면, 임차인은 도시정비법 제49조 제6항 본문에 의하여 자신의 의사에 의하지 아니하고 임차물을 사용·수익할 권능을 제한받게 되는 손실을 입는다. 그렇다면 사업시행자는 도시정비법 제49조 제6항 본문에 의하여 사용·수익권을 제한받는 임차인에게 구 토지보상법을 유추적용하여 그 해당 요건이 충족되는 경우라면 손실을 보상할 의무가 있다(대법원 2011.11.24. 선고 2009다28394 판결).

Ⅲ. 행정상 손실보상청구권의 성질

행정상의 손실보상청구권의 법적 성질에 관하여는 공권설과 사권설이 대립되고 있다.

1. 공권설

공권설은 행정상 손실보상은 적법한 공권력 행사로 인하여 특정한 개인이 입은 특별한 희생에 대한 보전이기 때문에 공법상의 법률관계의 문제로 본다. 따라서 공법상의 법률관계에서 인정되는 손실보상을 청구할 수 있는 권리는 공권이라고 한다. 공권설이 우리의 통설이다.

판례는 하천구역에 편입된 토지에 대한 손실보상청구가 행정소송이 아닌 민사소송의 대상이라고 보았으나,[2] 이를 변경하였다. 즉, 판례는 "하천구역으로 편입된 토지에 대해 손실보상청구권을 규정한 것은 헌법 제23조 제3항이 선언하고 있는 손실보상청구권을 구체화한 것으로, 「하천법」 그 자체에 의해 직접 사유지를 국유로 하는 이른바 입법적 수용이라는 국가의 공권력행사로 인한 토지소유자의 손실을 보상하기 위한 것이므로 그 법적 성질은 공법상의 권리"라고 판시하였다.[3]

한편, 손실보상청구권의 성질을 공권으로 보는 경우 그에 관한 소송은 「행정소송법」 제3조 제2호에서 규정한 '공법상의 권리관계에 관한 소송'으로서 행정소송인 당사자소송에 의하게 된다.

> **[판 례]** 손실보상청구권의 법적 성질은 공법상의 권리임이 분명하므로 그에 관한 쟁송은 민사소송이 아닌 행정소송절차에 의하여야 할 것이고, 위 손실보상금의 지급을 구하거나 손실보상청구권의 확인을 구하는 소송은 행정소송법 제3조 제2호 소정의 당사자소송에 의하여야 할 것이다(대법원 2006.11.9. 선고 2006다23503 판결).

> **[판 례]** 공익사업으로 인하여 농업의 손실을 입게 된 자가 사업시행자로부터 구 토지보상법 제77조 제2항에 따라 농업손실에 대한 보상을 받기 위해서는 구 토지보상법 제34조, 제50조 등에 규정된 재결절차를 거친 다음 그 재결에 대하여 불복이 있는 때에 비로소 구 토지보상법 제85조 행정소송절차에 따라 권리구제를 받을 수 있다(대법원 2011.10.13. 선고 2009다43461 판결).

> **[판 례]** 구 토지보상법 제79조 제2항, 동법 시행규칙 제57조에 따른 사업폐지 등에 대한 보상청구권은 손실보상의 일종으로 공법상 권리임이 분명하므로 그에 관한 쟁송은 민사소송이 아닌 행정소송절차에 의하여야 한다(대법원 2012.10.11. 선고 2010다23210 판결).

---

2) 대법원 1990.12.21. 선고 90누5689 판결.
3) 대법원 2006.5.18. 선고 2004다6207 전원합의체 판결.

또한, 재산권에 대한 침해가 현실적으로 발생하고 공익사업과 손실 사이에 상당인과관계가 있어야 한다.

[**판 례**] 공유수면 매립면허의 고시가 있다고 하여 반드시 그 사업이 시행되고 그로 인하여 손실이 발생한다고 할 수 없으므로, 매립면허 고시 이후 매립공사가 실행되어 관행어업권자에게 실질적이고 현실적인 피해가 발생한 경우에만 공유수면매립법에서 정하는 손실보상청구권이 발생하였다고 할 것이다(대법원 2010.12.9. 선고 2007두6571 판결).

한편, 공권적 침해이면서도 보상에 관한 요건을 갖추지 못해 위법하게 되는 수용유사침해의 경우와 같이 부수적 사정이 가미되었거나 행정작용의 이형적·비의욕적인 부수적 결과로서의 재산권손실을 의미하는 수용적 침해는 침해의 직접성이 없으므로 여기서 말하는 보상의 직접적인 원인이 되지 않는다.

Ⅱ. 공공의 필요

1. 공공필요의 개념

재산권에 대한 공권적 침해는 공공의 필요 또는 공익을 위하여 행해지는 것이어야 한다. '공공필요'란 일정한 공익사업을 시행하거나 공공복리를 달성하기 위해 재산권의 제한이 불가피한 경우를 말한다.

공공필요는 불확정개념이어서 그에 대해서 일반적·추상적으로 확정하기 어려운 문제가 있다. 일반적으로 ① 당해 사업이 순수한 수익 목적 내지는 영리 목적을 위한 경우, ② 당해 사업이 사람의 사회·경제·문화생활상 직접적인 필요성이 극히 적은 경우, ③ 사업주체가 당해 재산을 직접 자기 목적을 위하여 공용하지 아니한 경우 등에 대하여는 공공필요가 없는 것으로 보고 있다.

[**판 례**] 헌법 제23조 제3항에서 규정하고 있는 공공필요는 국민의 재산권을 그 의사에 반하여 강제적으로라도 취득해야 할 공익적 필요성으로서, 공공필요의 개념은 공익성과 필요성이라는 요소로 구성되어 있다. 공익성은 추상적인 공익 일반 또는 국가의 이익 이상의 중대한 공익을 요구하므로 기본권 일반의 제한사유인 공공복리보다 좁게 보는 것이 타당하다. 공용수용이 허용될 수 있는 공익성을 가진 사업, 즉 공익사업의 범위는 사업시행자와 토지소유자 등의 이해가 상반되는 중요한 사항으로서, 공용수용에 대한 법률유보의 원칙에 따라 법률에서 명확히 규정되어야 한다. 공공의 이익에 도움이 되는 사업이라도 공익사업으로 실정법에 열거되어 있지 않은

사업은 공용수용이 허용될 수 없다(헌재 2014.10.30. 2011헌바172 등).

2. 공공필요의 확대

사회경제적 여건이 크게 변화한 오늘날에는 '공공필요'의 개념이 점차 확대되는 경향에 있다. 예컨대, 행정주체가 시행한 개발사업이 완료된 후에 토지를 수익적·영리적 사업에 제공하거나 주택지 조성사업의 예에서 보듯이 사업자가 광대한 토지를 조성한 후에 그 소유권을 제3자인 사인에게 분양하는 경우 등에 있어서도 '공공성'이 인정되고 있다.

3. 판단기준

오늘날 재산권의 공권적 침해의 요건으로서의 '공공필요'의 개념은 확대 경향에 있으나, 구체적인 '공공필요'의 여부는 공권적 침해로 얻게 되는 공익과 재산권 보장이라는 사익간의 이익형량을 통해서 판단된다. 공익과 사익의 이익형량의 기준으로는 행정법상의 비례의 원칙, 즉 적합성의 원칙, 필요성의 원칙, 상당성의 원칙은 물론 보충성의 원칙, 평등성의 원칙이 적용된다.

한편, 공용수용이 공익사업을 필요한지에 대한 입증책임은 사업시행자에게 있다.

[판 례] 공용수용은 공익사업을 위하여 특정의 재산권을 법률에 의하여 강제적으로 취득하는 것을 내용으로 하므로 그 공익사업을 위한 필요가 있어야 하고, 그 필요가 있는지에 대하여는 수용에 따른 상대방의 재산권침해를 정당화할 만한 공익의 존재가 쌍방의 이익의 비교형량의 결과로 입증되어야 하며, 그 입증책임은 사업시행자에게 있다(대법원 2005.11.10. 선고 2003두7507 판결).

[판 례] 헌법 제23조 제3항은 정당한 보상을 전제로 하여 재산권의 수용 등에 관한 가능성을 규정하고 있지만, 재산권 수용의 주체를 한정하지 않고 있다. 위 헌법조항의 핵심은 당해 수용이 공공필요에 부합하는가, 정당한 보상이 지급되고 있는가 여부 등에 있는 것이지, 그 수용의 주체가 국가인지 민간기업인지 여부에 달려 있다고 볼 수 없다. 산업입지법 제22조의 수용조항은 산업입지의 원활한 공급과 산업의 합리적 배치를 통하여 균형있는 국토개발과 지속적인 산업발전을 촉진함으로써 국민경제의 건전한 발전에 이바지하고자 하고, 나아가 산업의 적정한 지방 분산을 촉진하고 지역경제의 활성화를 목적으로 하는 것이다. 산업입지가 원활히 공급된다면 산업단지의 건설이 용이해 질 수 있고, 따라서 산업단지의 건설을 통하여 효과적인 경제적 발전 내지 성장을 기대할 수 있다. 또한, 산업단지개발사업의 시행자인 민간기

업이 자신의 이윤추구에 치우친 나머지 애초 산업단지를 조성함으로써 달성, 견지하고자 한 공익목적을 해태하지 않도록 규율하고 있다는 점도 함께 고려한다면, 이 사건 수용조항은 헌법 제23조 제3항의 '공공필요성'을 갖추고 있다고 보인다(헌재 2009.9.24. 2007헌바114).

[판 례] 공용수용은 헌법상의 재산권 보장의 요청상 불가피한 최소한에 그쳐야 한다는 헌법 제23조의 근본취지에 비추어 볼 때, 사업시행자가 사업인정을 받은 후 그 사업이 공용수용을 할 만한 공익성을 상실하거나 사업인정에 관련된 자들의 이익이 현저히 비례의 원칙에 어긋나게 된 경우 또는 사업시행자가 해당 공익사업을 수행할 의사나 능력을 상실하였음에도 여전히 그 사업인정에 기하여 수용권을 행사하는 것은 수용권의 공익 목적에 반하는 수용권의 남용에 해당하여 허용되지 않는다(대법원 2011.1.27. 선고 2009두1051 판결).

4. 사인을 위한 공용침해

사기업도 생활배려영역에서 공익적 기능을 수행한다면 법률에 근거하여 공용수용을 할 수 있다. '사인을 위한 공용침해'의 경우는 '공공필요'라는 요건이 인정되어야 할 것인가의 여부가 크게 문제가 된다. 영리추구를 목적으로 하는 사기업들이 그들의 영리활동에 부수하여 지역발전이나 고용증대 등과 같은 효과가 있다는 이유를 들어, '공공필요'의 요건을 충족시키는 것으로 보고 공용침해를 인정할 수 있는지가 문제가 되는 것이다.

우리나라에서 현재 사인을 위한 공용침해를 허용하고 있는 법률은 「민간투자법」, 「지역개발지원법」, 「기업도시법」, 「소도읍법」, 「산업입지법」, 「도시정비법」 등이 있다.

한편, 「토지보상법」 제4조의2에서는 토지 등을 수용하거나 사용할 수 있는 사업은 동법 제4조(공익사업) 또는 별표에 규정된 법률에 따르지 아니하고는 정할 수 없도록 하고, 별표는 이 법 외의 다른 법률로 개정할 수 없도록 규정하고 있다. 이는 공용침해가 허용되는 공익사업의 범위를 무분별하게 확대하는 것을 제한하기 위해서이다.

또한, 중앙토지수용위원회는 동법 제4조 제8호의 '그 밖에 별표에 규정된 법률에 따라 토지등을 수용하거나 사용할 수 있는 사업'의 신설, 변경 및 폐지, 그 밖에 필요한 사항에 관하여 심의를 거쳐 관계 중앙행정기관의 장에게 개선을 요구하거나 의견을 제출할 수 있도록 하고 있다(토지보상법 제4조의3).

Ⅲ. 재산권 침해의 적법성

손실보상의 원인으로서의 개인의 재산권에 대한 공권적 침해는 적법한 것이어야 한다. 헌법 제23조 제3항은 "공공필요에 의한 재산권의 수용·사용 및 제한은 법률로써"하여야 함을 규정하고 있다. 여기서 법률은 형식적 의미의 법률을 의미한다. 「토지보상법」, 「국토계획법」, 「도시개발법」 등이 그 대표적 법률이다.

Ⅳ. 특별한 희생

1. 사회적 제약과 특별한 희생

헌법 제23조는 ① 모든 국민의 재산권은 보장된다. 그 내용과 한계는 법률로 정한다. ② 재산권의 행사는 공공복리에 적합하도록 하여야 한다. ③ 공공필요에 의한 재산권의 수용·사용 또는 제한 및 그에 대한 보상은 법률로써 하되, 정당한 보상을 지급하여야 한다고 규정하고 있다.

헌법 제23조의 재산권 보장에 관한 구조를 살펴보면, 먼저 제2항에서 재산권의 행사는 공공복리에 적합하여야 한다는 사회적 제약을 설정하고 있다. 즉, 모든 재산권은 재산권 자체에 내재하는 사회적 제약이라는 한계를 가지고 있으며, 그 범위 안에서 행사되어야 한다는 것이다. 이러한 사회적 제약은 해당 재산권이 사회공동체의 이익을 위하여 당연히 감수해야 하는 희생이며, 이에 대한 손실보상은 필요치 않다.[6]

한편, 제3항에서는 공용침해와 그에 대한 손실보상을 규정하고 있다. 재산권에 내재하는 사회적 제약의 한계를 넘는 침해가 있으면, 이러한 공용침해는 사회적 제약에 포함되는 단순한 희생이 아니라 특별한 희생에 해당한다. 이러한 특별한 희생에 대해서는 손실보상이 이루어져야 한다.

결론적으로 손실보상의 요건이 충족되기 위해서는 재산권의 침해를 통하여 사회적 제약의 범위를 넘어서는 특별한 희생이 발생하여야 한다.

2. 양자의 구별에 관한 학설

보상을 요하지 않는 사회적 제약과 보상을 요하는 특별한 희생을 구별하기

---

6) 사회적 제약의 예로는 ① 법령위반 등 스스로 자초한 원인에 의하여 침해된 경우(청소년 보호법 제44조 제3항), ② 보안상·위생상 위험한 상태를 방지·제거하기 위한 경우(건축법 제70조 제1항), ③ 검사·시험을 위한 필요 최소량의 견품의 수거(식품위생법 제22조), ④ 일정한 공익목적에 공하기 위하여 재산권의 일정한 효용을 제한하는 경우(문화재보호법 제7조), ⑤ 토지이용이 제한되더라도 종래의 방법에 의해 토지이용이 가능하고 또한 그 제한이 당해 토지의 본래의 기능에 반하지 않는 경우 등이다.

위한 학설은 형식적 기준설과 실질적 기준설이 있다.

(1) 형식적 기준설

형식적 기준설은 침해행위가 일반적인 것이냐 개별적인 것이냐는 형식적 기준에 의하여 특별한 희생과 사회적 제약을 구별한다. 형식적 기준설에 따르면 특정인 또는 한정된 범위 내에 있는 자에 대하여 다른 개인이나 집단에 요구되지 않는 개별적 침해를 특별한 희생으로 본다. 이 설은 개별행위설 또는 특별한 희생설이라고도 한다.

(2) 실질적 기준설

실질적 기준설은 사회적 제약과 특별한 희생의 구별기준을 침해행위의 중대성·강도·수인한도성이라고 하는 실질적 표준에서 찾고 있다. 이 설은 다시 수인한도설, 보호가치성설, 사적 효용설, 목적위배설, 상황구속성설, 사회적 비용설, 비례원칙설 등으로 구별된다.

1) 수인한도설

수인한도설은 재산권에 대한 침해행위의 본질성과 강도에 비추어 재산권의 본체인 배타적 지배성을 침해하는 행위는 수인의 한도를 넘어서는 것으로 보상을 요하는 침해행위라 한다.

2) 보호가치성설

보호가치성설은 재산권에 대하여 역사적·일반적 사상·용어의 관용·법률의 취지 등에 비추어 보호할 만한 것과 그렇지 않은 것으로 구분할 수 있음을 전제로 보호할 만한 재산권에 대한 침해만을 보상을 요하는 특별한 희생으로 보는 견해이다.

3) 사적 효용설

사적 효용설은 사유재산제도의 본질을 재산권의 사적 효용성에서 구하고, 그 사적 효용성을 침해하는 행위가 보상을 요하는 특별한 희생에 해당한다고 한다.

4) 목적위배설

목적위배설은 재산권 침해가 당해 재산권 본래의 기능 또는 목적에 위배되는 것인가 아닌가를 기준으로 사회적 제약과 특별한 희생을 구별하는 견해이다. 재산권 본래의 기능 또는 목적에 위배되는 공권적 침해를 특별한 희생으로 본다. 예컨대, 도로건설을 위하여 농지를 수용하거나 택지가 개발제한구역으로 지정되는 경우, 그것은 그 재산권에 대하여 종래부터 인정되어 온 목적에 위배되는 것이며, 그것은 공공복리라는 관점에서 재산권의 본래적 기능을 박탈하는 것이기 때문에 특별한 희생이라는 것이다.

5) 상황구속성설

상황구속성설은 동종의 재산권이라 하더라도 그것이 처해 있는 구체적 위치나 상황이 다르므로 그 구체적 위치나 상황에 따라 사회적 제약에 차이가 있고 보상 여부가 결정된다는 견해이다. 이는 주로 토지의 이용제한(예컨대 자연보호구역 내의 토지, 문화재보존구역 내의 건물 등)과 관련하여 성립된 이론이다.

토지는 그 지리적 위치에 따라 일정한 토지이용의 부작위의 의무성을 수반하는 것이므로 그 상황에 일치된 토지이용금지가 구체적으로 결정되더라도 그것은 사회적 제약에 불과하다고 한다.

예컨대, 공업지역에 위치한 농업용지가 녹지대로 편입됨에 따라 건축이 금지되더라도 그것은 사회적 제약이 된다는 것이다. 공업지역은 그 지역적 성격상 녹지대의 설정이 불가피하므로 그에 상응하는 토지이용의 의무가 그 토지가 해당 지역에 위치할 때부터 상황적으로 내재하였다는 것이다.

6) 사회적 비용설

사회적 비용설은 공공필요에 의한 공용침해는 의도적인 재산권 침해행위로서 원칙적으로 재산권 주체에게 특별한 희생을 의미하므로 공용침해가 행해지는 시점부터 그 강도와 관계없이 보상하여야 하나 그 손실보상에는 사회적 비용(예컨대 특별한 희생의 범위와 액수를 조사하는 비용, 담당 공무원의 보수, 기타 제도운영비용 등)을 고려하여 보상 여부를 결정하여야 한다는 견해이다.

따라서 손실보상을 실시하기 위한 사회적 비용이 특별한 희생을 상회하는 경우는 보상을 요하지 아니하나, 하회하는 경우에는 보상을 요한다는 것이다.

7) 비례원칙설

비례원칙설은 재산권에 대한 제약이 비례원칙에 합치하는지 여부를 가지고 사회적 제약을 판단해야 한다는 견해로 헌법재판소의 입장이다.[7] 즉, 재산권에 대한 제약이 비례원칙에 합치하는 것이라면 그 제약은 재산권자가 수인하여야 하는 사회적 제약의 범위 내에 있는 것이고, 반대로 재산권에 대한 제약이 비례원칙에 반하여 과잉된 것이라면 그 제약은 재산권자가 수인하여야 하는 사회적 제약의 한계를 넘은 것이라고 본다.

토지를 종래의 목적으로도 사용할 수 없거나 더 이상 법적으로 허용된 토지이용방법이 없어서 실질적으로 사용·수익을 할 수 없는 경우에 해당하지 않는 제약은 토지소유자가 수인하여야 하는 사회적 제약의 범주 내에 있는 것이고, 그러

---

7) 헌재 2005.9.29. 2002헌바84·89, 2003헌마678·943(병합).

하지 아니한 제약은 손실을 완화하는 보상적 조치가 있어야 비로소 허용된다는 것이다.

제 3 절 경계이론과 분리이론

Ⅰ. 성립 배경

앞에서 살펴본 바와 같이 헌법 제23조는 제1항에서 재산권의 보장과 한계, 제2항에서 사회적 제약 그리고 제3항에서 공용침해와 손실보상을 규정하고 있다. 재산권에 대한 침해가 있으면 형식적·실질적 기준에 따라 사회적 제약과 특별한 희생으로 구별하여 판단하였다. 하지만 현실적으로 재산권에 어떠한 침해가 이루어지는 경우 그러한 법규정이 재산권 행사에 내재하는 사회적 제약에 해당하는지 아니면 그 한계를 넘어서는 특별한 희생인지 판단하기가 매우 어렵다.

보상이 필요하지 않은 사회적 제약과 보상이 필요한 특별한 희생에 대한 구별의 어려움은 우리만의 문제가 아니라 비슷한 헌법규정을 가지고 있는 독일에서도 마찬가지이다. 독일 기본법 제14조는 ① 재산권과 상속권은 보장된다. 그 내용과 한계는 법률로 정한다, ② 재산권은 의무를 수반한다. 그 행사는 동시에 공공복리에 적합하여야 한다, ③ 공용수용은 공공복리를 위해서만 할 수 있다. 공용수용은 법률로써 또는 법률에 근거하여서만 행해지며, 법률은 보상의 방법과 정도를 정한다. 보상은 공공의 이익과 관계자의 이익을 공정하게 형량하여 정해져야 한다. 보상액으로 분쟁이 발생하면 일반법원에 재판청구권이 행사할 수 있다고 규정하고 있다.

이처럼 독일 기본법 제14조는 우리 헌법 제23조와 거의 동일한 구조로 이루어져 있다. 제1항은 재산권 보장규정이며, 제2항은 재산권의 사회적 의무규정이며, 제3항은 공용수용과 보상의 근거를 정한 것이라 할 수 있다. 특히 제3항의 규정은 불가분조항(Junktimklausel)이다. 이는 공공필요에 의해 사인의 재산권 행사를 제약하는 공권력행사에 관한 규정과 이에 대한 손실보상에 관한 규정은 모두 하나의 법률로 규정되어야 한다는 것이다.

경계이론과 분리이론은 재산권의 제한이 보상이 필요하지 않은 사회적 제약인지 아니면 보상이 필요한 특별한 희생(공용침해)인지의 여부와 관련하여 독일에서 성립된 이론이다. 독일 연방헌법재판소는 1981년 자갈채취사건 결정에서 기본법 제14조의 전통적 이론인 경계이론에서 벗어나 새로운 분리이론을 정립하였다.[8] 분리이론의 핵심은 재산권의 내용규정과 공용침해규정은 서로 분리된 별개의 제도로서 양자는 서로 전환될 수 없다는 것이다.

이처럼 분리이론은 본래 독일의 이론이었으나 1998년 헌법재판소가 이른바 개발제한구역(그린벨트) 결정에서 분리이론을 도입함으로써 우리에게도 정립된 이론으로 인정되고 있다.

II. 경계이론

1. 의 의

경계이론은 재산권에 대한 사회적 제약(독일 기본법 제14조 제2항)과 공용침해(동법 제14조 제3항)는 별개의 제도가 아니라 재산권 침해의 정도의 차이로 보는 이론으로 기존의 전통적 견해이다. 경계이론에 의하면 '재산권 제한의 정도'에 의하여 사회적 제약과 보상을 요하는 특별한 희생을 구별한다.

경계이론에 의하면 재산권의 사회적 제약이나 공용침해는 다 같이 재산권 제한을 의미하지만, 사회적 제약은 공용침해보다 재산권에 대한 침해가 적은 경우이므로 보상 없이 수인해야 하는 것에 반하여, 공용침해는 사회적 제약의 범주를 넘어서는 것으로서 보상이 필요한 재산권에 대한 침해를 의미한다. 따라서 보상이 필요하지 않은 사회적 제약에 해당하는 재산권 침해의 경우에도 '재산권 제한의 효과'가 일정한 강도를 넘게 되면 자동으로 보상의무가 있는 공용침해로 전환된다(전환이론).

경계이론에 따르면 입법자는 재산권의 제한을 하면서 그 강도에 따라 경계를 설정하는 것이 매우 중요하다. 경계이론은 독일의 연방최고법원(BGH)과 우리 대법원이 취하는 입장이다.

2. 대법원 판례

대법원은 「도시계획법」[9]에 의한 개발제한구역 또는 「군사시설보호법」[10]에 의한 군사시설보호구역 안에 있는 토지에 대한 공용제한은 공공복리를 위한 합리적인 제한이므로 보상규정이 없어도 위헌이 되는 것은 아니라고 하였다.

[판 례] 도시계획법 제21조 제1항, 제2항의 규정에 의하여 개발제한구역 안에 있는 토지의 소유자는 재산상의 권리행사에 많은 제한을 받게 되고 그 한도 내에서 일반

---

8) BVerfGE 58, 300(Nassauskiesungsbeschluss).
9) 2002년 2월 4일 「국토의 계획 및 이용에 관한 법률」(국토계획법)이 제정되면서 폐지됨.
10) 2008년 9월 22일 「군사기지 및 군사시설 보호법」이 제정되면서 폐지·대체됨.

토지소유자에 비하여 불이익을 받게 되었음은 명백하지만 '도시의 무질서한 확산을 방지하고 도시주변의 자연환경을 보전하여 도시민의 건전한 생활환경을 확보하기 위하여 또는 국방부장관의 요청이 있어 보안상 도시의 개발을 제한할 필요가 있다고 인정되는 때'(도시계획법 제21조 제1항)에 한하여 가하여지는 위와 같은 제한은 공공복리에 적합한 합리적인 제한이라고 볼 것이고, 그 제한으로 인한 토지소유자의 불이익은 공공의 복리를 위하여 감수하지 아니하면 안될 정도의 것이라고 인정되므로 이에 대하여 손실보상의 규정을 하지 아니하였다 하여 도시계획법 제21조 제1항, 제2항의 규정을 헌법 제23조 제3항이나 제37조 제2항에 위배되는 것이라고 할 수 없다(대법원 1990.5.8. 자 89부2 결정).

[판 례] 군사시설보호법 제5조, 제5조의2, 제6조, 제7조 등에 의하여 군사시설보호 구역 안에 있는 토지의 소유자는 재산상의 권리행사에 많은 제한을 받게 되고 그 한도 내에서 일반 토지소유자에 비하여 불이익을 받게 되었음은 명백하지만 중요한 군사시설을 보호하고 군작전의 원활한 수행을 기하기 위하여 가하여지는 위와 같은 제한은 공공복리에 적합한 합리적인 제한이라 볼 것이고, 그 제한으로 인한 토지소유자의 불이익은 공공의 복리를 위하여 감수하지 아니하면 안될 정도의 것이라고 인정되므로 이에 대하여 손실보상의 규정을 하지 아니하였다 하여 위 각 규정을 헌법 제23조 제3항에 위배되는 것이라고 할 수 없다(대법원 1992.11.24. 선고 92부14 판결).

3. 평 가

경계이론에 따르면 헌법 제23조 제2항의 사회적 제약과 제3항의 공용침해에 대한 구별과 재산권 침해에 대한 손실보상의 여부는 재산권 제한의 목적, 태양, 정도, 사회적 수용성, 사회적인 수인한도, 평등원칙, 행정적 비용 등을 종합적으로 고려하여 구체적·개별적으로 결정하여야 한다.

또한, 경계이론에 따르면 재산권의 사회적 제약에 해당하는 침해행위의 경우는 손실보상의 문제가 없으나, 그 한계를 벗어나 '특별한 희생'이 되는 수용유사침해의 경우에는 손실보상을 긍정하여야 한다.

Ⅲ. 분리이론

1. 의 의

(1) 개 념

분리이론은 재산권에 대한 사회적 제약(독일 기본법 제14조 제2항)과 공용침해(동법 제14조 제3항)를 완전히 서로 독립된 제도로 본다. 즉, 재산권의 내용규정과 공용침해규정을 서로 다른 독립된 제도로 보고, 재산권 제한의 효과가 아니라 입법의 형식과 목적에 따라서 구분한다. 이 경우 재산권의 내용규정은 '입법자가 장래에 있어서 추상적이고 일반적인 형식으로 재산권의 내용, 즉 재산권자의 권리와 의무를 형성하고 확정하는 것'을 의미하며, 공용침해는 '국가가 구체적인 공적 과제를 이행하기 위하여 이미 형성된 구체적인 재산권적 지위를 의도적으로 전면적 또는 부분적으로 박탈하려는 것'을 의미한다.

(2) 위헌성 판단기준

따라서 재산권의 내용규정은 입법자의 의사에 따라 재산권의 내용을 확정하는 일반·추상적인 규정이고, 공용침해는 개별적·구체적으로 재산권 지위를 박탈하는 것을 말한다. 이처럼 재산권의 내용규정과 공용침해규정은 서로 독립된 별개의 제도이기 때문에 그 위헌성을 심사하는 기준 역시 서로 다르다.

재산권 내용규정의 경우는 다른 모든 기본권 제한법률과 마찬가지로 비례의 원칙, 평등의 원칙 등을 기준으로 위헌 여부를 판단하지만, 공용침해규정은 공공필요, 정당보상 등 헌법 제23조 제3항이 스스로 정하고 있는 기준으로 위헌 여부를 판단한다.

(3) 전환금지

분리이론에 의하면 재산권의 내용규정이 경우에 따라 과도한 침해(수용적 효과)를 가져오더라도 이로 인하여 '내용규정'이 '공용침해'로 전환될 수 없고, 보상규정을 두지 않았다면 단지 위헌적인 내용규정이 될 뿐이다.

또한, 내용규정이 비례의 원칙, 평등의 원칙, 신뢰보호의 원칙 등에 위반되는 경우에도 공용침해로 전환되지 않는다. 하지만 이 경우 그 위헌성은 보상규정을 통하여 제거되어야 하며, 이러한 내용규정은 '보상을 요하는 내용규정'이 된다. 따라서 헌법 제23조 제1항 및 제2항의 보상을 요하는 내용규정은 재산권의 내용을 합헌적으로 규율하기 위한 조건이자 구성요소가 된다.

2. 헌법재판소 결정

헌법재판소는 「도시계획법」 제21조에 대한 위헌소원 결정에서 「도시계획법」 제21조에 의한 개발제한구역의 지정과 같은 계획제한은 그 유형에 있어서 헌법 제23조 제3항의 공용침해규정과는 전혀 별개인 헌법 제23조 제1항(재산권보장) 및 제2항(재산권의 사회적 제약)의 재산권 내용규정에 속하는 제도로 판단하였다.

즉, 개발제한구역의 지정처럼 사회적 제약의 한계를 넘는 재산권의 제한을 헌법 제23조 제3항의 공용제한규정으로 보지 아니하고 비례의 원칙에 위배되는 재산권의 내용 및 한계규정으로 이해하고 헌법 제23조 제1항 및 제2항에 근거하여 그 위헌성을 판단하였다.

또한, 헌법재판소는 보상의 필요성 문제를 사회적 제약과 특별한 희생의 경계에 관한 기준(형식적·실질적 기준설)으로 판단하지 아니하고 신뢰보호의 관점에서 접근하였다.

> **[판 례]** 도시계획법 제21조에 의한 재산권의 제한은 개발제한구역으로 지정된 토지를 원칙적으로 지정 당시의 지목과 토지현황에 의한 이용방법에 따라 사용할 수 있는 한, 재산권에 내재하는 사회적 제약을 비례의 원칙에 합치하게 합헌적으로 구체화한 것이라고 할 것이나, 종래의 지목과 토지현황에 의한 이용방법에 따른 토지의 사용도 할 수 없거나 실질적으로 사용·수익을 전혀 할 수 없는 예외적인 경우에도 아무런 보상없이 이를 감수하도록 하고 있는 한, 비례의 원칙에 위반되어 당해 토지소유자의 재산권을 과도하게 침해하는 것으로서 헌법에 위반된다.
> 도시계획법 제21조에 규정된 개발제한구역제도 그 자체는 원칙적으로 합헌적인 규정인데, 다만 개발제한구역의 지정으로 말미암아 일부 토지소유자에게 사회적 제약의 범위를 넘는 가혹한 부담이 발생하는 예외적인 경우에 대하여 보상규정을 두지 않은 것에 위헌성이 있는 것이고, 보상의 구체적 기준과 방법은 헌법재판소가 결정할 성질의 것이 아니라 광범위한 입법형성권을 가진 입법자가 입법정책적으로 정할 사항이므로, 입법자가 보상입법을 마련함으로써 위헌적인 상태를 제거할 때까지 위 조항을 형식적으로 존속케 하기 위하여 헌법불합치결정을 하는 것인바, 입법자는 되도록 빠른 시일 내에 보상입법을 하여 위헌적 상태를 제거할 의무가 있고, 행정청은 보상입법이 마련되기 전에는 새로 개발제한구역을 지정하여서는 아니되며, 토지소유자는 보상입법을 기다려 그에 따른 권리행사를 할 수 있을 뿐 개발제한구역의 지정이나 그에 따른 토지재산권의 제한 그 자체의 효력을 다투거나 위 조항에 위반하여 행한 자신들의 행위의 정당성을 주장할 수는 없다(헌재 1998.12.24. 89헌마214).

또한, 헌법재판소는 「택지소유 상한에 관한 법률」에 대한 위헌결정,[11] 등 많은 결정에서 위 그린벨트 결정과 동일한 논지를 취하고 있다.

> **[판 례]「도시계획법」 장기 미집행 도시계획시설에 대한 헌법불합치결정**
> 토지재산권의 강화된 사회적 의무와 도시계획의 필요성이란 공익에 비추어 일정한 기간까지는 토지소유자가 도시계획시설결정의 집행지연으로 인한 재산권의 제한을 수인해야 하지만, 일정 기간이 지난 뒤에는 입법자가 보상규정의 제정을 통하여 과도한 부담에 대한 보상을 하도록 함으로써 도시계획시설결정에 관한 집행계획은 비

---

11) 헌재 1999.4.29. 94헌바37.

로소 헌법상의 재산권 보장과 조화될 수 있다고 보면서, 어떠한 경우라도 토지의 사적 이용권이 배제된 상태에서 토지소유자로 하여금 10년 이상을 아무런 보상 없이 수인하도록 하는 것은 공익실현의 관점에서도 정당화될 수 없는 과도한 제한으로서 헌법상의 재산권보장에 위배된다고 보아야 한다(헌재 1999.10.21. 97헌바26).

[판 례]「학교보건법」제6조 여관 부분 위헌소원에서의 합헌결정

초·중·고등학교 및 대학교 경계선으로부터 200미터 내로 설정된 학교환경위생정화구역 안에서 여관시설 및 영업행위를 금지하고 있는 이 사건 법률조항 중 초등학교 부분에 대하여는 초등학교 학생들의 건전하고 쾌적한 교육환경을 조성하여 학교 교육의 능률화를 기하기 위하여 일정한 학교환경위생정화구역 안에 여관의 시설을 금지함으로써 그 여관시설 및 영업자에 대한 재산권의 사회적 제약을 구체화하는 입법이라는 것이 헌법재판소의 판례인바, 이러한 이치는 중·고등학교 및 대학교 부분에 대하여도 그대로 타당하다고 할 것이고 따라서 이 사건 법률조항은 공익목적을 위하여 개별적·구체적으로 이미 형성된 구체적 재산권을 박탈하거나 제한하는 것이 아니므로, 보상을 요하는 헌법 제23조 제3항 소정의 수용·사용 또는 제한에 해당되는 것은 아니다(헌재 2006.3.30. 2005헌바110).

[판 례]「도시정비법」제65조 위헌소원에서의 합헌결정

정비사업의 시행으로 인하여 용도가 폐지되는 국가 또는 지방자치단체 소유의 정비기반시설을 사업시행자가 새로이 설치한 정비기반시설의 설치비용에 상당하는 범위 안에서 사업시행자에게 무상으로 양도되도록 한 도시정비법 제65조 제2항 후단에 관하여 헌법상 수용에 따른 정당한 보상의 원칙이 적용되지 않는다(헌재 2013.10.24. 2011헌바355).

3. 평 가

분리이론에 의하면 사회적 제약과 특별한 희생의 구별은 재산권의 내용규정과 공용침해규정의 구별 문제가 된다. 공용침해의 요건을 충족하는 경우 보상을 받게 되며, 장래에 향한 재산권의 내용 및 한계규정의 일반적·추상적 확정이 비례의 원칙을 위반할 경우는 그것은 공용침해로 전환되는 것이 아니라 위헌적 내용규정이 된다. 이러한 내용규정은 '보상을 요하는 내용규정'이 된다.

분리이론은 비록 독일에서 정립된 이론이지만, 우리 헌법재판소가 이미 헌법 제23조에 대한 판단기준으로 이를 도입하였으므로 이제는 재산권 보장과 관련된 확립된 이론이다. 분리이론은 특히 손실보상의 이념적 가치를 가치보장이 아닌 존속보장에 무게중심을 두고 있어 향후 헌법 질서의 수호에도 많은 영향을 끼칠 것으로 판단된다.

제 4 절   손실보상의 기준과 내용

Ⅰ. 손실보상의 기준

1. 헌법 제23조 보상의 기준

손실보상의 범위를 침해된 재산적 가치에 대하여 어느 정도로 할 것인가에 대하여는 각국의 입법 태도와 헌법을 뒷받침하는 사회적 가치관의 차이에 따라 다르다. 현행 헌법 제23조 제3항은 "공공필요에 의한 재산권의 수용·사용 또는 제한 및 그에 대한 보상은 법률로써 하되, 정당한 보상을 지급하여야 한다"라고 하여 정당보상의 원칙을 천명하고 있다.

하지만 헌법 제23조는 구체적인 보상액의 산출기준을 법률에 유보하고 있어, 헌법상 정당보상의 원칙이 정확히 무엇을 의미하는지 그 해석에 대해 의견이 대립하고 있다. 학설은 일반적으로 완전보상설과 상당보상설 및 절충설이 대립되고 있다.

(1) 완전보상설

완전보상설은 손실보상은 피침해재산이 갖는 재산적 가치를 충분하고 완전하게 보상하는 것이라는 입장이다. 이 설은 다시 ① 보통 발생하는 손실 전부를 보상하는 것이어야 하며, 이에 부대적 손실도 포함되어야 한다는 입장, ② 손실보상은 재산권에 대응하는 것이므로 피침해재산의 시가·거래가격에 의한 객관적 가치를 완전히 보상하는 것이어야 하나 부대적 손실은 포함되지 않는다는 입장으로 나누어진다.

완전보상은 재산권의 객관적 가치의 보상은 물론 그 보상의 시기·방법 등에 어떠한 제한을 두어서는 아니 된다는 완전한 보상을 의미한다. 즉, 피침해재산권의 객관적 가치의 손실뿐만 아니라 부대적 손실에 대해서도 보상하여야 한다는 것이다.

(2) 상당보상설

상당보상설의 내용에 대해서는 견해가 나누어지는바, ① 완전보상을 상회하거나 하회할 수 있다는 입장, ② 사회통념에 비추어 객관적으로 타당성이 인정되는 것이면 완전보상을 하회하여도 무방하다고 보는 입장 등이다.

(3) 절충설

절충설은 개인의 재산권에 대한 개별적 침해에 대해서는 피해자가 입은 모든 손실을 보상해 주는 완전보상이 원칙이지만, 공익상의 합리적 사유가 있거나 공익과 사익을 조정해야 하는 경우는 완전보상을 하회할 수 있고 상회할 수도 있으며 생활보상도 가능할 수 있다는 견해이다.

(4) 평 가

현행 헌법상 정당보상의 원칙은 원칙적으로는 완전보상설을 취한 것이라 할 수 있으며,[12] 이에 따라 손실보상은 침해된 재산권의 객관적 가치의 보상은 물론 그 보상의 시기·방법 등에 제한이 없는 완전한 보상이어야 한다. 즉, 피침해재산권의 객관적 가치의 손실과 부대적 손실에 대해서도 보상하여야 한다.

헌법상 정당보상의 원칙은 완전보상을 원칙으로 하면서도 그것을 상회(생활보상)하거나 공익상의 합리적 사유 또는 공익과 사익을 조정하는 견지에서 완전보상을 하회(개발이익의 배제)하는 경우도 가능하다. 그러므로 보상기준에 관한 학설 중 절충설이 타당하다.

2. 개발이익 배제

(1) 의 의

개발이익이란 개발사업의 시행 등으로 인해 정상 지가상승분을 초과하는 토지가액의 증가분을 말한다. 손실보상액에서 개발이익을 배제하는 것이 완전보상에 해당하는지에 의문이 없는 것은 아니나, 개발이익은 피수용토지의 객관적 가치 내지는 피수용자의 손실에 해당하지 아니하므로 손실보상액 산정에서 배제되는 것이 타당하다.

손실보상액 산정에서 개발이익을 배제하는 것은 ① 지가가 갑자기 오른 개발지역 내에서 토지를 수용당한 자와 수용당하지 않은 자간의 불균형을 시정하고, ② 개발이익을 포함하여 보상함으로써 피수용자에 이중의 이익을 주는 것을 배제하여 공평부담이라는 보상원리에 따르기 위한 것이다.

(2) 헌법재판소

헌법재판소는「국토이용관리법」제29조 제5항 및「토지수용법」제46조 제2항에 대한 헌법소원에서 헌법 제23조 제3항의 정당한 보상을 완전보상을 뜻하는 것으로 해석하면서도, 개발이익은 완전보상의 범위에 포함되는 피수용토지의 객관적 가치 내지는 피수용자의 손실에 해당하지 않는 것으로 보았다.

---

12) 헌재 1995.4.20. 93헌바20·66, 94헌바4·9, 95헌바6(병합).

[판 례] 헌법 제23조 제3항에서 규정한 '정당한 보상'이란 원칙적으로 피수용재산의 객관적인 재산가치를 완전하게 보상하여야 한다는 완전보상을 뜻하는 것이다. 그러나 공익사업의 시행으로 지가가 상승하여 발생하는 개발이익은 궁극적으로는 국민 모두에게 귀속되어야 할 성질의 것이며, 완전보상의 범위에 포함되는 피수용토지의 객관적 가치 내지 피수용자의 손실이라고는 볼 수 없다.

국토이용관리법 제29조 제5항을 포함하여 제29조 내지 제29조의6에 의하여 평가된 기준지가는 그 평가의 기준이나 절차로 미루어 대상 토지가 대상지역 공고일 당시 갖는 객관적 가치를 평가하기 위한 것으로 볼 수 없고, 토지수용법 제46조 제2항이 들고 있는 시점보정의 방법은 보정결과의 적정성에 흠을 남길 만큼 중요한 기준이 누락되었다거나 적절치 아니한 기준을 적용한 것으로 판단되지 않는다.

따라서 토지수용법 제46조 제2항의 보상액을 산정함에 있어 개발이익을 배제하고, 기준지가의 고시일 이후 시점보정을 인근토지의 가격변동률과 도매물가상승률 등에 의하여 행하도록 규정한 것은 헌법 제23조 제3항에 규정한 정당보상의 원리에 어긋나지 않는다(헌재 1991.2.11. 90헌바17, 18).

(3) 대법원

대법원 역시 개발이익은 수용대상 토지의 수용 당시의 객관적 가치에 포함되지 아니하므로, 공익사업으로 인한 개발이익은 배제되는 것이 타당하다는 입장이다. 개발이익은 형평의 관념에 비추어 볼 때 토지소유자에게 당연히 귀속되어야 할 성질의 것도 아니고, 공익사업의 시행을 볼모로 한 주관적 가치부여에 지나지 않으므로 배제되는 것이 옳다는 태도이다.

[판 례] 수용사업의 시행으로 인한 개발이익은 수용대상 토지의 수용 당시의 객관적 가치에 포함되지 아니하는 것이므로 수용대상 토지에 대한 손실보상액을 산정함에 있어서 구 토지수용법 제46조 제2항에 의하여 손실보상액 산정의 기준이 되는 공시지가에 당해 수용사업의 시행으로 인한 개발이익이 포함되어 있을 경우 그 공시지가에서 그러한 개발이익을 배제한 다음 이를 기준으로 하여 손실보상액을 평가하고, 반대로 그 공시지가가 당해 수용사업의 시행으로 지가가 동결된 관계로 개발이익을 배제한 자연적 지가상승분도 반영하지 못한 경우에는 그 자연적 지가상승률을 산출하여 이를 기타사항으로 참작하여 손실보상액을 평가하는 것이 정당보상의 원리에 합당하다(대법원 1993.7.27. 선고 92누11084 판결).

(4) 개발이익환수법

토지에서 발생하는 개발이익을 환수하여 이를 적정하게 배분하고 토지의 효율적인 이용을 촉진하여 국민경제의 건전한 발전에 이바지하는 것을 목적으로 제정된 「개발이익환수법」이 현재 시행 중이다. 국가는 「개발이익환수법」 제5조에 따른 개발부담금 부과 대상 사업이 시행되는 지역에서 발생하는 개발이익을 이 법으로 정하는 바에 따라 개발부담금으로 징수하고 있다(동법 제3조).

Ⅱ. 손실보상의 내용

1. 손실보상 내용의 다양화

전통적인 손실보상이론은 공공사업이 주로 도로·학교 등 개발사업이어서 생활권침해가 없거나 공용수용에 따르는 경제적 손실도 미약하였다. 그 결과 손실보상이론은 재산권에 대한 보상을 중심으로 구성되었다.

오늘날 복지국가의 공공사업은 공공복리의 증진을 위한 목적으로 시행되기 때문에 댐·공업단지·항만건설 등 이른바 대규모 면적 개발사업이다. 이와 같은 대규모 공공사업의 시행은 수몰민의 예에서 보듯이 주민들이 일시에 다른 곳으로 이주하는 문제가 생겨 수몰민의 재산권이 침해됨은 물론 생활기반 그 자체를 상실하는 경우가 생기게 된다. 즉, 개발사업의 시행은 토지소유권은 물론 토지소유권 이외의 각종 재산권을 침해하고, 부수적으로 경제적 손실과 생활권을 침해하는 문제를 발생시킨다.

따라서 손실보상의 내용은 종래의 재산권보상으로부터 생활 재건조치·사업손실 등을 포함하는 생활보상으로 다양화해지고 있다.

2. 토지보상

(1) 의 의

재산권보상은 개별적·구체적인 재산손실에 대한 대가성을 갖는 보상을 의미한다. 재산권보상에는 재산권 그 자체의 상실은 물론 재산권 상실에 부대하는 경제적 손실에 해당하는 보상도 모두 포함된다. 토지는 공익사업을 위한 공용침해의 가장 빈번한 대상이 되는 재산권이다.

(2) 가격시점

토지에 대한 보상은 공시지가를 기준으로 하여 지가변동이 없는 인근 토지의 지가상승률 등을 고려한 금액으로 원칙적으로 결정된다.

토지보상에 있어 가격시점이 매우 중요하다. 가격시점이란 보상액 산정의 기준이 되는 시점을 말한다. 토지 보상액의 산정은 협의의 경우는 협의 성립 당시의 가격을,[13] 재결에 의한 경우는 수용 또는 사용의 재결 당시의 가격을 기준으로 한

---

13) 판례는 "기업자가 토지가 포락되었다고 판단하여 수용절차나 보상 없이 공사를 시행하는 도

다(토지보상법 제67조 제1항). 보상액을 산정할 경우 해당 공익사업으로 인하여 토지 등의 가격이 변동되었을 때에는 이를 고려하지 아니한다(동법 제67조 제2항).[14]

(3) 공시지가

협의나 재결로 취득하는 토지는 공시지가를 기준으로 하여 보상하되, 그 공시 기준일로부터 가격시점까지의 관계 법령에 의한 그 토지의 이용계획, 해당 공익사 업으로 인한 지가의 영향을 받지 아니하는 지역의 지가변동률,[15] 생산자물가상승 률 그 밖에 그 토지의 위치·형상·환경·이용상황 등을 고려하여 평가한 적정가격 으로 보상하여야 한다(토지보상법 제70조 제1항).

> **[판 례]** 토지수용으로 인한 손실보상액의 산정을 공시지가를 기준으로 하되, 개발이 익을 배제하고, 공시기준일부터 재결시까지의 시점보정을 인근 토지의 가격변동률과 도매물가상승률 등에 의하여 행하는 것은 기준지가가 대상 지역 공고일 당시의 표 준지의 객관적 가치를 정당하게 반영하는 것이고, 표준지와 지가선정 대상 토지 사 이에 가격의 유사성을 인정할 수 있도록 표준지의 선정이 적정하며, 대상 지역 공 고일 이후 수용시까지의 시가변동을 산출하는 시점보정의 방법이 적정한 것으로 보 이므로, 헌법상의 정당보상의 원칙에 위배되는 것이 아니다(헌재 1995.4.20. 93헌바 20·66, 94헌바4·9, 95헌바6 병합).

여기서 보상액 산정기준이 되는 공시지가는 ① 사업인정 전의 협의에 의한 취득에 있어서는 해당 토지의 가격시점 당시 공시된 공시지가 중 가격시점과 가장 가까운 시점에 공시된 공시지가로 하며, ② 사업인정 후의 취득의 경우에 사업인 정고시일 전의 시점을 공시기준일로 하는 공시지가로서, 해당 토지에 관한 협의의 성립 또는 재결 당시 공시된 공시지가 중 그 사업인정고시일과 가장 가까운 시점 에 공시된 공시지가로 한다(동법 제70조 제3항·제4항).

중에 토지가 포락된 것이 아니라는 판결이 확정되자 비로소 이를 수용하게 되어 수용재결 당 시에는 당해 공공사업으로 토지현상 및 용도지역이 변경된 경우, 손실보상액은 수용재결일이 아니라 사업승인고시일을 기준으로 산정하여야 하는 것"으로 본다(대법원 1999.10.22. 선고 98두7770 판결).

14) 당해 공공사업의 시행을 직접 목적으로 하는 계획의 승인·고시 또는 사업 시행으로 인한 가 격변동은 이를 고려함이 없이 수용재결 당시의 가격을 기준으로 하여 적정가격을 정하여야 하고, 당해 공공사업과는 관계없는 다른 사업의 시행으로 인한 개발이익은 이를 배제하지 아 니한 가격으로 평가하여야 한다(대법원 1999.10.22. 선고 98두7770 판결).

15) 지가변동 외에 도매물가상승률을 참작하라고 하는 취지는 지가변동률이 지가추세를 적절히 반영하지 못한 특별한 사정이 있는 경우 이를 통하여 보완하기 위한 것일 뿐이므로 지가변동 률이 지가추세를 적절히 반영한 경우에는 이를 필요적으로 참작하여야 하는 것은 아니다(대 법원 1999.8.24. 선고 99두4754 판결).

그리고 공익사업의 계획 또는 시행이 공고되거나 고시됨으로 인하여 취득하여야 할 토지의 가격이 변동되었다고 인정되는 경우에는 해당 공고일 또는 고시일 전의 시점을 공시기준일로 하는 공시지가로서 그 토지의 가격시점 당시 공시된 공시지가 중 당해 공익사업의 공고일 또는 고시일에 가장 가까운 시점에 공시된 공시지가로 한다(동법 제70조 제5항).

취득하는 토지와 이에 관한 소유권 외의 권리에 대한 구체적인 보상액의 산정 및 평가방법은 투자비용, 예상수익 및 거래가격 등을 고려하여 국토교통부령으로 정한다(동법 제70조 제6항).

(4) 사용하는 토지에 대한 보상

사용하는 토지에 대하여는 그 토지와 인근 유사토지의 지료, 임대료, 사용방법, 사용기간 및 그 토지의 가격 등을 고려하여 평가한 적정가격으로 보상하여야 한다(토지보상법 제71조 제1항). 또한, 사용하는 토지와 그 지하 및 지상의 공간 사용에 대한 구체적인 보상액의 산정 및 평가방법은 투자비용, 예상수익 및 거래가격 등을 고려하여 국토교통부령으로 정하도록 함으로써, 지하 및 지상의 공간 사용의 보상근거를 규정하고 있다(동법 제71조 제2항).

3. 토지 이외의 재산권보상

(1) 건축물 등

건축물·입목·공작물과 그 밖에 토지에 정착한 물건(건축물등)에 대하여는 이전에 필요한 비용(이전비)으로 보상하여야 한다. 다만, ① 건축물등을 이전하기 어렵거나 그 이전으로 인하여 건축물등을 종래의 목적대로 사용할 수 없게 된 경우, ② 건축물등의 이전비가 그 물건의 가격을 넘는 경우, ③ 사업시행자가 공익사업에 직접 사용할 목적으로 취득하는 경우에는 해당 물건의 가격으로 보상하여야 한다(토지보상법 제75조 제1항).

> **[판 례]** 지장물인 건물은 그 건물이 적법한 건축허가를 받아 건축된 것인지 여부에 관계없이 토지수용법상의 사업인정의 고시 이전에 건축된 건물이기만 하면 손실보상의 대상이 됨이 명백하다(대법원 2000.3.10. 선고 99두10896 판결).

(2) 농작물 등

농작물에 대한 손실은 그 종류와 성장의 정도 등을 종합적으로 참작하여 보상하여야 하며(토지보상법 제75조 제2항), 토지에 속한 흙·돌·모래 또는 자갈에 대하여는 거래가격 등을 고려하여 평가한 적정가격으로 보상하여야 한다(동법 제75조 제

3항).

(3) 권 리

토지에 관한 소유권 이외의 권리에 대한 구체적인 보상액 산정 및 평가방법은 투자비용, 예상수익 및 거래가격 등을 고려하여 국토교통부령으로 정한다(토지보상법 제70조 제6항). 광업권·어업권·양식업권 및 물 등의 사용에 관한 권리에 대하여는 투자비용, 예상수익 및 거래가격 등을 고려하여 평가한 적정가격으로 보상하여야 하며, 보상액의 구체적인 산정 및 평가방법은 국토교통부령으로 정한다(동법 제76조 제1항·제2항).

4. 실비변상적 보상

실비변상적 보상이란 재산권의 상실·이전 등에 따라 비용의 지출을 요하는 경우에 그 비용을 보상하는 것을 말한다. 「토지보상법」상의 건축물 등의 이전비 보상, 분묘의 이장비 보상, 잔여지 공사비보상 등이 그 예이다. 이 경우에도 보상액의 구체적인 산정 및 평가방법과 보상기준은 국토교통부령으로 정해지게 된다(토지보상법 제75조 제6항, 제73조).

(1) 건축물 등의 이전비 보상

전술한 바와 같이 취득하는 토지 위에 존재하는 건축물 등, 즉 건축물·입목·공작물 그 밖에 토지에 정착한 물건에 대하여는 이전비를 보상함이 원칙이다(토지보상법 제75조 제1항).

(2) 분묘의 이장비 보상

분묘에 대하여는 이장에 소요되는 비용 등을 산정하여 보상하여야 한다(토지보상법 제75조 제4항).

(3) 잔여지 공사비 보상

사업시행자는 동일한 소유자에게 속하는 일단의 토지의 일부가 취득되거나 사용됨으로 인하여 잔여지의 가격이 감소하거나 그 밖의 손실이 있을 때 또는 잔여지에 통로·도랑·담장 등의 신설이나 그 밖의 공사가 필요할 때에는 국토교통부령으로 정하는 바에 따라 그 손실이나 공사의 비용을 보상하여야 한다. 다만, 잔여지의 가격 감소분과 잔여지에 대한 공사의 비용을 합한 금액이 잔여지의 가격보다 큰 경우에는 사업시행자는 그 잔여지를 매수할 수 있다(토지보상법 제73조 제1항).

5. 일실손실 보상

일실손실 보상은 재산권에 대한 수용에 부수하여 또는 독립적으로 사업을 폐지하거나 휴업하게 되는 경우에 있어 전업기간 또는 휴업기간 중에 사업경영으로 얻을 수 있는 기대이익의 일실에 대한 보상을 말한다.

(1) 영업의 폐지·휴업

영업을 폐지하거나 휴업함에 따른 영업손실에 대하여는 영업이익과 시설의 이전비용 등을 고려하여 보상하여야 한다(토지보상법 제77조 제1항). 여기서 영업손실이란 수용의 대상이 된 토지·건물 등을 이용하여 영업을 하다가 그 토지·건물 등이 수용됨으로 인하여 영업을 할 수 없거나 제한을 받게 됨으로 인하여 생기는 직접적인 손실을 말한다. 영업손실의 보상대상인 영업에 해당하는지 여부는 협의성립, 수용재결 또는 사용재결 당시를 기준으로 판단하여야 한다.

> **[판 례]** 영업손실에 관한 보상에 있어 영업의 폐지로 볼 것인지 아니면 영업의 휴업으로 볼 것인지를 구별하는 기준은 당해 영업을 그 영업소 소재지나 인접 시·군 또는 구 지역 안의 다른 장소로 이전하는 것이 가능한지의 여부에 달려 있다 할 것이고, 이러한 이전 가능 여부는 법령상의 이전장애사유 유무와 사실상의 이전장애사유 유무 등을 종합하여 판단함이 상당하다. 수자원개발사업 지역에 편입된 농기구수리업 또는 잡화소매업 영업소의 영업손실에 관한 보상은 폐업보상이 아니라 휴업보상에 해당한다(대법원 2001.11.13. 선고 2000두1003 판결).

(2) 농업의 손실

농업의 손실에 대하여는 농지의 단위면적당 소득 등을 참작하여 실제 경작자에게 보상하여야 한다. 다만, 농지소유자가 해당 지역에 거주하는 농민인 경우에는 농지소유자와 실제 경작자가 협의하는 바에 따라 보상할 수 있다(토지보상법 제77조 제2항).

(3) 휴직·실직

휴직하거나 실직하는 근로자의 임금손실에 대하여는 「근로기준법」에 의한 평균임금 등을 고려하여 보상하여야 한다(토지보상법 제77조 제3항).

Ⅲ. 생활보상

1. 생활보상의 의의

종래의 대물적 보상을 중심으로 한 손실보상은 토지 등의 재산을 보상의 직접적인 대상으로 하면서 그 재산과 인과관계가 있는 통상적인 손실을 부가적으로 보상하였으나, 현대사회에 와서는 대물적 보상의 전제 그 자체가 성립되지 않는 경우가 많게 되었다. 그 이유는 ① 토지의 희소성, ② 공익사업의 시행결과로 피수용자의 생활근거가 상실되는 경우가 많기 때문이다.

특히 다목적댐의 건설은 수몰민의 생활 근거지 그 자체를 박탈하는 것이 보통이기 때문에, 그러한 경우 비록 고액의 보상금으로 재산권의 가치보장을 해 주더라도 피수용자는 만족할 수 없을 뿐만 아니라, 종래와 같은 생활 재건은 어렵게 된다.

따라서 손실보상은 이제 대물적 보상에 의한 재산상태의 확보만으로는 부족하며, 수용이 없었던 것과 같은 생활 재건의 확보를 내용으로 하는 이른바 생활보상으로의 확대가 필요하다. 하지만 현재 생활보상에 대한 개념과 범위는 학설에 따라 차이가 있으며, 대법원은 생활보상이라는 용어를 사용하고는 있지만, 손실보상에 대한 일반법적 지위에 있는 「토지보상법」은 생활보상의 개념과 범위에 대해 명확한 태도를 보이지 않고 있다.

2. 생활보상의 개념

(1) 협의의 생활보상

협의의 생활보상이란 현재 해당 지역에서 현실적으로 누리고 있는 생활이익의 상실로서 재산권보상으로 메워지지 아니한 손실에 대한 보상을 말한다.

(2) 광의의 생활보상

광의의 생활보상이란 재산의 등가교환적 가치의 보상에 그치는 것이 아니라, 유기체적인 생활을 종전과 마찬가지 수준으로 보장해 주는 것을 말한다. 즉, 생활보상은 적어도 개발사업의 시행 또는 수용이 없었던 것과 같은 생활재건을 실현시켜 재산권의 존속을 보장하는 것이다. 구체적으로 말하면 광의의 생활보상은 협의의 생활보상 외에 부대적 손실에 대한 보상까지 포함하는 개념이다.

광의의 생활보상은 그 내용으로 주거의 총체가치의 보상, 영업상 손실의 보상, 이전료 보상, 소수잔존자 보상 등을 든다.

3. 생활보상의 법적 근거

(1) 헌법적 근거

헌법 제23조 제3항은 "공공필요에 의한 재산권의 수용·사용 또는 제한 및 그에 대한 보상은 법률로써 하되, 정당한 보상을 지급하여야 한다"고 규정하고 있다. 여기서 '정당한 보상'이란 개인의 재산권에 대한 개별적·우연적 침해에 대해서는 피해자가 입은 모든 손실을 보상해 주는 완전보상이어야 한다는 것을 원칙으로 하되, 공익상의 합리적 사유가 있거나 공익과 사익을 조정하는 견지에서 완전보상을 하회할 수도 있으며 경우에 따라 생활보상까지 포함하는 것으로 해석된다. 따라서 헌법 제23조 제3항은 생활보상의 헌법적 근거가 된다.

대법원 역시 이주대책 등의 생활대책이 헌법 제23조 제3항에 근거하고 있는 것으로 보았다.

[판 례] 생활대책 역시 공공필요에 의한 재산권의 수용·사용 또는 제한 및 그에 대한 보상은 법률로써 하되, 정당한 보상을 지급하여야 한다고 규정하고 있는 헌법 제23조 제3항에 따른 정당한 보상에 포함되는 것으로 보아야 한다(대법원 2011. 10.13. 선고 2008두17905 판결).

한편, 헌법재판소는 이주대책 등의 생활대책은 헌법 제23조 제3항에 규정된 보상에 포함되는 것이라기보다는 국가의 정책적인 배려에 의해 마련된 제도라고 보았다.[16)

(2) 개별법적 근거

생활보상에 대해 전반적으로 규율하고 있는 일반법은 존재하지 않는다. 토지에 대한 손실보상을 일반적으로 규율하고 있는 「토지보상법」 역시 생활보상을 명문으로 규정하지 않고 있다. 다만, 생활보상의 중요 내용인 이주대책의 수립에 대해서만 규정하고 있을 뿐이다(제78조).

그 외에도 「산업입지법」, 「댐건설관리법」, 「전원개발촉진법」, 「발전소주변지역법」, 「폐기물처리촉진법」 등이 이주대책에 관하여 규정하고 있다.

4. 생활보상의 성격

(1) 생활권보장의 성격

생활보상은 공공사업의 시행으로 인한 개인의 재산권 침해에 대하여 그러한 침해가 없었던 것과 같은 생활상태의 확보를 위한 보상이다. 따라서 생활보상은 개인의 생활권 보장을 위한 것이며, 그것은 헌법상의 복지국가의 원리에서 우러나오는 당연한 요청이라 할 수 있다.

(2) 원상회복적 성격

생활보상은 공공사업의 시행이 없었던 것과 같은 재산상태를 확보해 주는데 그치는 것이 아니라, 공공사업의 시행이 없었던 것과 같은 생활상태를 재건할 수 있게 해 주는 보상이라는 점에서 원상회복적 보상의 성격을 지니고 있다.

따라서 생활보상은 대물적 보상금을 지급하는 것과는 별도로, 공공사업의 결과로 생활의 근거를 상실하는 자가 있을 때는 법령이나 예산의 범위 내에서 종전과 같은 생활상태의 재건을 위하여 필요한 토지나 건물의 취득알선이나 직업소개

---

16) 헌재 2006.2.23. 2004헌마19.

또는 지도·융자알선 등의 생활재건조치를 필요로 한다.

5. 생활보상의 내용

생활보상의 내용으로서 「토지보상법」은 ① 이주대책 등, ② 취업알선, ③ 공장에 대한 이주대책, ④ 그 밖의 토지에 관한 비용보상, ⑤ 간접보상, ⑥ 잔여지보상 등을 규정하고 있다.

(1) 이주대책 등

1) 이주대책의 의의

「토지보상법」제78조에 따르면 사업시행자는 공익사업의 시행으로 인하여 주거용 건축물을 제공함에 따라 생활의 근거를 상실하게 되는 자(이주대책대상자)를 위하여 대통령령으로 정하는 바에 따라 이주대책을 수립·실시하거나 이주정착금을 지급하여야 한다.

이주대책은 공공사업의 시행에 필요한 토지 등을 제공함으로 인하여 생활의 근거를 상실하게 되는 이주자들을 위하여 사업시행자가 기본적인 생활시설이 포함된 택지를 조성하거나 그 지상에 주택을 건설하여 이주자들에게 이를 그 투입비용 원가만의 부담하에 개별공급하는 것을 말한다.[17]

이주대책은 공익사업의 시행으로 생활의 근거를 상실하게 되는 자의 재정착을 지원하기 위한 생활재건 조치이다. 보상 실무에서는 이주대책에 갈음하여 이주정착금을 지급하는 경우도 있기 때문에 이주대책과 함께 이주정착금도 법문에 명시되었다. 이러한 제도는 이주자들에 대하여 인간다운 생활을 보장하여 주기 위한 생활보상의 일환으로 국가의 적극적이고 정책적인 배려에 의하여 마련된 제도이다.

> **[판 례]** 이주대책은 이주자들에 대하여 종전의 생활상태를 원상으로 회복시키면서 동시에 인간다운 생활을 보장하여 주기 위한 이른바 생활보상의 일환으로 국가의 적극적이고 정책적인 배려에 의하여 마련된 제도라 할 것이다(대법원 2003.7.25. 선고 2001다57778 판결).

> **[판 례]** 이주대책은 헌법 제23조 제3항에 규정된 정당한 보상에 포함되는 것이라기보다는 이에 부가하여 이주자들에게 종전의 생활상태를 회복시키기 위한 생활보상의 일환으로서 국가의 정책적인 배려에 의하여 마련된 제도라고 볼 것이다. 따라서 이주대책의 실시 여부는 입법자의 입법정책적 재량의 영역에 속하므로 토지보상법

---

17) 대법원 1994.5.24. 선고 92다35783 전원합의체 판결(지장물세목조서명의변경).

시행령 제40조 제3항 제3호가 이주대책의 대상자에서 세입자를 제외하고 있는 것이 세입자의 재산권을 침해하는 것이라 볼 수 없다(헌재 2006.2.23. 2004헌마19).

[판 례] 생업의 근거를 상실하게 된 자에 대하여 일정 규모의 상업용지 또는 상가 분양권 등을 공급하는 생활대책은 헌법 제23조 제3항에 규정된 정당한 보상에 포함되는 것이라기보다는 생활보상의 일환으로서 국가의 정책적인 배려에 의하여 마련된 제도이므로, 그 실시 여부는 입법자의 입법정책적 재량의 영역에 속한다(헌재 2013.7.25. 2012헌바71).

2) 이주대책의 수립·실시의무

「토지보상법」 제78조에 따른 이주대책의 수립 및 실시의무는 사업시행자가 필수적으로 준수하여야 할 법적 의무이다. 이는 당사자의 합의나 사업시행자의 재량에 의해 적용을 배제할 수 없는 강행법규이다.

[판 례] 사업시행자의 이주대책 수립·실시의무를 정하고 있는 구 공익사업법 제78조 제1항은 물론 이주대책의 내용에 관하여 규정하고 있는 같은 조 제4항 본문 역시 당사자의 합의 또는 사업시행자의 재량에 의하여 적용을 배제할 수 없는 강행법규이다(대법원 2011.6.23. 선고 2007다63089, 63096 전원합의체 판결).

그리고 사업시행자는 이주대책을 수립하려면 미리 관할 지방자치단체의 장과 협의하여야 하며, 국가나 지방자치단체는 이주대책의 실시에 따른 주택지의 조성 및 주택의 건설에 대하여는 「주택도시기금법」에 따른 주택도시기금을 우선적으로 지원하여야 한다(토지보상법 제78조 제2항·제3항).

3) 이주대책의 내용

이주대책의 내용에는 이주정착지(이주대책의 실시로 건설하는 주택단지를 포함한다)에 대한 도로·급수시설·배수시설 그 밖의 공공시설 등 통상적인 수준의 생활 기본시설이 포함되어야 하며, 이에 필요한 비용은 사업시행자가 부담한다. 다만, 행정청이 아닌 사업시행자가 이주대책을 수립·실시하는 경우에 지방자치단체는 비용의 일부를 보조할 수 있다(토지보상법 제78조 제4항).

사업시행자는 이주대책을 수립할 의무는 지지만, 이주대책의 내용결정에 있어서는 법령에 의한 것을 제외하고는 재량권을 가진다.

[판 례] 사업시행자는 이주대책기준을 정하여 이주대책대상자 중에서 이주대책을 수

립·실시하여야 할 자를 선정하여 그들에게 공급할 택지 또는 주택의 내용이나 수량을 정할 수 있고, 이를 정하는 데 재량을 가지므로, 이를 위해 사업시행자가 설정한 기준은 그것이 객관적으로 합리적이 아니라거나 타당하지 않다고 볼 만한 다른 특별한 사정이 없는 한 존중되어야 한다(대법원 2009.3.12. 선고 2008두12610 판결).

[판 례] 이주대책의 대상이 되는 주거용 건축물이란 '공익사업을 위한 관계 법령에 의한 고시 등이 있은 날(이주대책기준일)' 당시 건축물의 용도가 주거용인 건물을 의미한다고 해석되므로, 그 당시 주거용 건물이 아니었던 건물이 그 이후에 주거용으로 용도 변경된 경우에는 건축 허가를 받았는지 여부에 상관없이 수용재결 내지 협의계약 체결 당시 주거용으로 사용된 건물이라 할지라도 이주대책대상이 되는 주거용 건축물이 될 수 없다(대법원 2009.2.26. 선고 2007두13340 판결).

사업시행자가 하는 이주대책대상자의 확인 및 결정은 법적 성질이 행정처분이므로 이에 대한 소송은 항고소송으로 제기되어야 한다. 즉, 이주대책대상자 선정신청에 대한 거부에 대하여는 취소소송을 제기하고 응답이 없는 경우에는 부작위위법확인소송을 제기하여야 한다.

[판 례] 공익사업시행자가 하는 이주대책대상자 확인·결정은 행정작용으로서의 처분이지 이를 단순히 절차상의 필요에 따른 사실행위에 불과한 것으로 평가할 수는 없다. 따라서 이주자가 소정의 절차에 따라 이주대책대상자 선정신청을 한 데 대하여 사업시행자가 이주대책대상자가 아니라고 하여 위 확인·결정 등의 처분을 하지 않고 이를 제외시키거나 거부조치한 경우에는, 이주자로서는 사업시행자를 상대로 항고소송에 의하여 제외처분이나 거부처분의 취소를 구할 수 있다(대법원 2014.2.27. 선고 2013두10885 판결).

한편, 이주자는 이주대책 내용의 일환으로 개인적 공권으로서의 수분양권(분양청구권)을 가진다. 이는 「토지보상법」 제78조가 공익사업의 주체에 대하여 이주사업을 실시해야 할 의무를 부과하고 있기 때문이다.

[판 례] 사업시행자에게 이주대책의 수립, 실시의무를 부과하고 있다고 하여 그 규정자체만에 의하여 이주자에게 사업시행자가 수립한 이주대책상의 택지분양권이나 아파트입주권 등을 받을 수 있는 구체적인 권리(수분양권)가 직접 발생하는 것이라고는 볼 수 없으며, 사업시행자가 이주대책에 관한 구체적인 계획을 수립하여 이를 해당자에게 통지 내지 공고한 후, 이주자가 수분양권을 취득하기를 희망하여 이주대

책에 정한 절차에 따라 사업시행자에게 이주대책대상자 선정신청을 하고 사업시행자가 이를 받아 들여 이주대책대상자로 확정, 결정하여야만 비로소 구체적인 수분양권이 발생하게 되는 것이다(대법원 1994.10.25. 선고 93다46919 판결).

[판 례] 사업시행자 스스로 공익사업의 원활한 시행을 위하여 생활대책을 수립·실시할 수 있도록 하는 내부규정을 두고 이에 따라 생활대책대상자 선정기준을 마련하여 생활대책을 수립·실시하는 경우, 생활대책대상자 선정기준에 해당하는 자는 사업시행자에게 생활대책대상자 선정 여부의 확인·결정을 신청할 수 있는 권리를 가지는 것이어서, 만일 사업시행자가 그러한 자를 생활대책대상자에서 제외하거나 선정을 거부하면, 이러한 생활대책대상자 선정기준에 해당하는 자는 사업시행자를 상대로 항고소송을 제기할 수 있다고 보는 것이 타당하다. 뉴타운개발 사업시행자가 사업시행으로 생활근거 등을 상실하는 주민들을 위한 주거대책 및 생활대책을 공고함에 따라 화훼도매업을 하던 갑이 사업시행자에게 생활대책신청을 하였으나 사업시행자가 이를 거부한 사안에서, 위 거부행위가 행정처분에 해당한다고 한 사례(대법원 2011.10.13. 선고 2008두17905 판결).

---

4) 주거이전비

건물의 소유자를 포함한 주거용 건물의 거주자에 대하여는 주거이전에 필요한 비용과 가재도구 등 동산의 운반에 필요한 비용을 산정하여 보상하여야 한다. 공익사업의 시행으로 인하여 영위하던 농·어업을 계속할 수 없게 되어 다른 지역으로 이주하는 농·어민이 지급받을 보상금이 없거나 그 총액이 국토교통부령으로 정하는 금액에 미치지 못하는 경우에는 그 금액 또는 차액을 보상하여야 한다. 이와 같은 보상의 기준 역시 국토교통부령으로 정해진다(토지보상법 제78조 제5항·제6항·제9항).

(2) 취업알선

사업시행자는 해당 공익사업이 시행되는 지역에 거주하고 있는 「기초생활보장법」 제2조 제1호 및 제11호에 따른 수급권자 및 차상위계층이 취업을 희망하는 경우에는 그 공익사업과 관련된 업무에 우선적으로 고용할 수 있으며, 이들의 취업 알선을 위하여 노력하여야 한다(토지보상법 제78조 7항).

(3) 공장에 대한 이주대책

사업시행자는 대통령령으로 정하는 공익사업의 시행으로 인하여 공장부지가 협의 양도되거나 수용됨에 따라 더 이상 해당 지역에서 공장을 가동할 수 없게 된 자가 희망하는 경우 「산업입지법」에 따라 지정·개발된 인근 산업단지에 입주하게 하는 등 대통령령으로 정하는 이주대책에 관한 계획을 수립하여야 한다(토지보상법

제78조의2).

(4) 그 밖의 토지에 관한 비용보상

사업시행자는 공익사업의 시행으로 인하여 취득하거나 사용하는 토지 외의 토지에 통로·도랑·담장 등의 신설이나 그 밖의 공사가 필요할 때에는 그 비용의 전부 또는 일부를 보상하여야 한다. 다만, 그 비용보상의 청구는 해당 사업의 공사 완료일로부터 1년이 지난 후에는 이를 청구할 수 없다(토지보상법 제79조 제1항·제2항).

(5) 간접보상 등

1) 간접보상의 의의

간접보상이란 토지·건물 등 재산권이 직접 공익사업을 위한 용지의 취득대상 또는 수용대상은 아니지만, 대상 물건이 공공사업으로 인하여 본래의 기능을 수행할 수 없게 됨으로써 그 소유자 등이 입은 손실을 보상하는 것을 말한다.

「토지보상법」제79조 제2항은 "공익사업이 시행되는 지역 밖에 있는 토지등이 공익사업의 시행으로 인하여 본래의 기능을 다할 수 없게 되는 경우에는 국토교통부령으로 정하는 바에 따라 그 손실을 보상하여야 한다"라고 간접보상의 원칙을 규정하고 있다.

2) 간접보상의 유형

「토지보상법」은 간접보상의 유형으로 공익사업 시행지구 밖의 대지 등에 보상, 공익사업 시행지구 밖의 건출물에 대한 보상, 소수 잔존자에 대한 보상, 공익사업 시행지구 밖의 공작물 등에 대한 보상, 공익사업 시행지구 밖의 어업의 피해에 대한 보상, 공익사업 시행지구 밖의 영업손실에 대한 보상, 공익사업 시행지구 밖의 농업의 손실에 대한 보상 등을 규정하고 있다(토지보상법 시행규칙 제59조 내지 65조).

(6) 잔여지 보상

1) 개   념

토지의 일부가 수용되어 잔여지를 종래 목적대로 사용하는 것이 현저히 곤란할 때 사업인정 후 관할 토지수용위원회에 잔여지수용을 청구하여 보상을 받는 것을 말한다.

[판 례] 잔여지 수용청구는 사업시행자와 사이에 매수에 관한 협의가 성립되지 아니한 경우 일단의 토지의 일부에 대한 관할 토지수용위원회의 수용재결이 있기 전까지 관할 토지수용위원회에 하여야 한다. 또한 잔여지 수용청구의 의사표시는 관할

> 토지수용위원회에 하여야 하는 것으로서, 사업시행자에게 한 잔여지 매수청구의 의
> 사표시를 관할 토지수용위원회에 한 잔여지 수용청구의 의사표시로 볼 수는 없다
> (대법원 2010.8.19. 선고 2008두822 판결).

2) 규 정

사업시행자는 동일한 소유자에게 속하는 일단의 토지의 일부가 취득되거나
사용됨으로 인하여 잔여지의 가격이 감소하거나 그 밖의 손실이 있을 때 또는 잔
여지에 통로·도랑·담장 등의 신설이나 그 밖의 공사가 필요할 때에는 국토교통부
령으로 정하는 바에 따라 그 손실이나 공사의 비용을 보상하여야 한다(토지보상법
제73조 제1항).

또한, 동일한 소유자에게 속하는 일단의 토지의 일부가 협의에 의하여 매수되
거나 수용됨으로 인하여 잔여지를 종래의 목적에 사용하는 것이 현저히 곤란할 때
에는 해당 토지소유자는 사업시행자에게 잔여지를 매수하여 줄 것을 청구할 수 있
으며, 사업인정 이후에는 관할 토지수용위원회에 수용을 청구할 수 있다. 이 경우
수용의 청구는 매수에 관한 협의가 성립되지 아니한 경우에만 할 수 있으며, 사업
완료일까지 하여야 한다(동법 제74조 제1항).

한편, 대법원은 토지 일부가 공익사업에 취득되거나 사용됨으로 인하여 발생
한 것이 아니라면 잔여지 보상의 대상에 해당하지 않는다고 하였다.

> **[판 례]** 공익사업의 사업시행자가 동일한 소유자에게 속하는 일단의 토지 중 일부
> 를 취득하거나 사용하고 남은 잔여지에 현실적 이용상황 변경 또는 사용가치 및 교
> 환가치의 하락 등이 발생하였으나 그 손실이 토지의 일부가 공익사업에 취득되거나
> 사용됨으로 인하여 발생한 것이 아닌 경우, 공익사업을 위한 토지 등의 취득 및 보
> 상에 관한 법률 제73조 제1항 본문에 따른 잔여지 손실보상 대상에 해당하지 않는
> 다(대법원 2017.7.11. 선고 2017두40860 판결).

6. 생활보상의 평가

종래의 대물적 보상은 피수용자나 관계인에게 만족할 만한 보상이 되지 않는
경우가 많을 뿐만 아니라 현대사회에 와서는 대물적 보상의 전제 그 자체가 성립
할 수 없게 된 경우가 많아 보상제도에 대한 전반적인 재검토가 필요하게 되었다.
수용의 결과 또는 공익사업의 시행결과로 피수용자 또는 관계인이 생활근거를 상
실하는 경우가 빈번한 현실에서 재산상태를 회복시켜 주는 것을 내용으로 하는 대
물적 보상은 이제 충분한 해결책이 되지 못하였다.

더욱이 복지국가의 원칙을 실현하기 위하여 시행하는 공익사업의 결과로 생활권이 오히려 위협받게 되는 것은 헌법적 가치에 위배됨은 물론 보상제도의 존재의의에도 부합되지 않는 것이었다.

오늘날의 손실보상이론은 재산권의 금전 가치보다는 재산권의 존속을 중시하는 경향에 있다. 따라서 손실보상은 대물적 보상을 당연한 전제로 하되 수용 또는 공공사업의 시행이 없었던 것과 같은 생활상태 확보를 가능하게 하는 생활보상 중심으로 이루어져야 한다.

제 5 절 손실보상의 방법 및 절차

Ⅰ. 손실보상의 방법

행정상 손실보상은 현금으로 지급하는 원칙이고, 일정한 경우 현물보상, 매수보상, 채권보상 등 다른 보상으로 하는 것도 가능하다.

1. 현금 지급의 원칙

현금은 자유로운 유통이 보장되고 객관적인 가치의 변동이 적어 손실보상의 완전성을 확보하기 쉬운 보상수단이란 점에서 손실보상은 현금 지급이 원칙이다. 즉, 손실보상은 다른 법률에 특별한 규정이 있는 경우를 제외하고는 현금으로 지급하여야 한다(토지보상법 제63조 제1항).

2. 현물보상

「토지보상법」은 현금보상에 대한 예외로서 일정한 기준과 절차에 따라 공익사업의 시행으로 조성한 토지로 보상할 수 있게 하여 현물보상을 인정하고 있다(제63조 제1항 단서·제2항). 피수용자의 생활재건을 위해서는 금전보상보다는 현물보상이 효과적이다. 도시개발사업의 시행 후에 환지처분을 하는 것은 현물보상의 예이다(도시개발법 제40조).

3. 매수보상

매수보상은 금전보상의 변형으로 볼 수 있다. 즉, 건축물 등의 이전이 어렵거나 그 이전으로 인하여 건축물 등을 종래의 목적대로 사용할 수 없게 된 경우 해당 물건의 가격으로 보상하거나(토지보상법 제75조 제1항), 잔여지를 종래의 목적에 사용하는 것이 현저히 곤란할 때 해당 토지소유자가 사업시행자에게 잔여지의 매수를 청구하거나(동법 제74조 제1항), 또는 공익사업 시행지구 밖의 대지·건축물·분묘 또는 농지가 공익사업의 시행으로 인하여 산지나 하천 등에 둘러싸여 교통이 두절되거나 경작이 불가능하게 된 경우 그 소유자의 청구에 의하여 보상을 하는 것(동법 시행규칙 제59조) 등이 매수보상의 예이다. 이는 그 물건을 매수하게 함으로써 실질적인 보상을 도모하기 위한 것이다.

4. 채권보상

(1) 채권보상의 의의

채권보상은 공익사업을 위한 토지 등의 취득 또는 사용으로 인하여 토지소유자 및 관계인이 입은 손실을 보상함에 있어서 일정한 경우에 채권으로 지급하는 것을 말한다.

(2) 채권보상의 필요성

그동안 행정주체가 시행한 각종 개발사업은 토지투기 문제와 함께 지가의 급격한 상승요인으로 작용하였고, 그 결과 오늘날 공공사업에 필요한 용지보상비가 사업비에서 차지하는 비율이 너무 커져 효율적인 개발사업의 시행이 어렵게 되는 상황에 이르렀다.

이러한 문제점을 해결하여 사업시행자의 자금확보를 지원하고 사회간접시설의 확충에 도움을 주는 방안으로 보상금을 채권으로 지급하는 채권보상이 제도적으로 도입되었다.

(3) 채권보상의 요건

1) 토지소유자가 원하는 경우와 부재부동산소유자의 토지

사업시행자가 국가·지방자치단체 그 밖에 대통령령으로 정하는 「공공기관운영법」에 따라 지정·고시된 공공기관 및 공공단체[18]인 경우에 ① 토지소유자나 관계인이 원하는 경우, ② 사업인정을 받은 사업에 있어서 대통령령이 정하는 부재부동산소유자의 토지에 대한 보상금이 1억원을 초과하는 경우로서 그 초과하는 금액에 대하여 보상하는 경우에는, 해당 사업시행자가 발행하는 채권으로 지급할 수 있다(토지보상법 제63조 제7항, 동법 시행령 제27조 제1항).

2) 토지투기우려지역의 부재부동산소유자의 토지에 대한 보상

토지투기가 우려되는 지역으로서 대통령령이 정하는 지역(부동산거래신고법 제10조에 따른 토지거래계약에 관한 허가구역이 속한 시·군 또는 구, 앞의 지역과 연접한 시·군

---

18) 한국토지주택공사, 한국전력공사, 한국농어촌공사, 한국수자원공사, 한국도로공사, 한국관광공사, 한국전기통신공사, 한국가스공사, 국가철도공단, 인천국제공항공사, 한국환경공단, 지방공사, 항만공사, 한국철도공사, 한국산업단지공단 등이다(토지보상법 시행령 제25조).

또는 구) 안에서 ① 택지개발사업, ② 산업단지개발사업, ③ 그 밖에 대규모 개발사업으로서 대통령령이 정하는 사업(물류단지개발사업, 관광단지조성사업, 도시개발사업, 공공주택사업, 행정중심복합도시건설사업 등)을 시행하는 자 중 대통령령으로 정하는 「공공기관운영법」에 따라 지정·고시된 공공기관 및 공공단체는 부재부동산소유자의 토지에 대한 보상금 중 1억원을 초과하는 부분에 대하여는 해당 사업시행자가 발생하는 채권으로 지급하여야 한다(토지보상법 시행령 제27조 제1항, 27조의2).

(4) 채권보상의 상환

사업시행자가 보상금을 채권으로 지급하는 경우 채권의 상환기한은 5년을 넘지 아니하는 범위 안에서 정하여야 하며, 그 이자율은 다음과 같다.

① 부재부동산 소유자에게 채권으로 지급하는 경우:

3년 만기 정기예금 이자율(채권발행일 전달의 이자율로서 「은행법」에 따라 설립된 은행 중 전국을 영업 구역으로 하는 은행이 적용하는 이자율을 평균한 이자율로 한다)로 한다(토지보상법 제63조 제9항 제1호).

② 부재부동산 소유자가 아닌 자가 원하여 채권으로 지급하는 경우:

3년 만기 국고채 금리(채권발행일 전달의 국고채 평균 유통금리로 한다)로 하되, 3년 만기 정기예금 이자율이 3년 만기 국고채 금리보다 높은 경우에는 3년 만기 정기예금 이자율을 적용한다(동법 제63조 제9항 제2호).

(5) 채권보상의 문제점

헌법 제23조 제3항은 손실보상에 있어 '정당보상의 원칙'을 규정하고 있는데, 이는 보상금액뿐만 아니라 그 시기와 방법까지도 정당해야 한다는 것을 의미한다. 채권보상제도는 보상방법에 대한 선택권을 박탈하는 것을 의미하는 점에서 위헌의 문제가 있다. 또한, 채권보상의 대상이 되는 재산권 중 부재부동산소유자의 토지도 헌법 제23조 제1항에 의하여 보장된 재산권에 속하는데, 그에 대하여는 다른 재산권과 구별하여 채권보상을 하도록 한 것은 헌법상의 평등원칙에 위배된다는 점에서 위헌의 문제가 있다.

Ⅱ. 손실보상의 지급원칙

1. 사전보상의 원칙

사업시행자는 해당 공익사업을 위한 공사에 착수하기 이전에 토지소유자와 관계인에게 보상액 전액을 지급하여야 한다. 다만, 천재지변 시의 토지 사용과 시급한 토지 사용의 경우 또는 토지소유자 및 관계인의 승낙이 있는 경우에는 그러하지 아니하다(토지보상법 제62조).

사업시행자는 원칙적으로 토지수용위원회가 재결로써 정한 수용 또는 사용의 개시일까지 관할 토지수용위원회가 재결한 보상금을 지급하거나 공탁하여야 한다(동법 제40조 제1항·제2항). 이러한 사전보상의 원칙은 토지소유자 및 관계인, 즉 피수용자를 보호하기 위한 것으로 수용 또는 사용의 개시일까지 보상금을 지급·공탁하지 아니하면 재결은 그 효력을 상실한다. 이 경우 사업시행자는 재결의 효력이 상실됨으로 인하여 토지소유자 또한 관계인이 입은 손실을 보상하여야 한다(동법 제42조).

> **[판 례]** 기업자가 관할 토지수용위원회에서 재결된 보상금을 그 수용시기까지 지급 또는 공탁하지 아니하면, 그 보상금에 대한 후급약정이 있다든가 또는 보상금액에 대해서만 다툰다든가 하는 특별한 사정이 없는 한 그 수용재결은 전부 효력을 상실하므로, 수용대상토지를 점유사용 함은 불법점유로 되어 그 손해를 배상하여야 한다(대법원 1970. 11. 30. 선고 70다2171 판결).

2. 개인별 보상의 원칙

손실보상은 원칙적으로 토지소유자 또는 관계인에게 개인별로 하여야 한다(토지보상법 제64조). 개인별이란 수용 또는 사용의 대상이 되는 물건별로 보상을 하는 것이 아니라 피보상자 개인별로 보상을 한다는 의미이다. 즉, 대상 토지 위에 소유권 이외의 지상권·지역권·전세권·저당권 등이 설정되어 있는 경우 소유자 및 각 권리자별로 보상액을 산정한다는 의미이다.

담보물권의 목적물이 수용 또는 사용된 경우에는 당해 담보물권은 그 목적물의 수용 또는 사용으로 인하여 채무자가 받을 보상금에 대하여 행사할 수 있도록 규정을 둠으로써 이른바 물상대위를 명시하였다. 그리고 물상대위의 일반원칙상 특정성이 유지되는 한도에서 권리행사가 이루어져야 하므로 보상금의 지급 전에 이를 압류하여야 한다(동법 제47조). 물상대위가 인정되는 경우는 개인별 보상원칙에 대한 예외가 된다.

또한, 사업시행자는 동일한 사업지역에 보상시기를 달리하는 동일인 소유의 토지등이 여러 개 있는 경우 토지소유자나 관계인이 요구할 때에는 한꺼번에 보상금을 지급하도록 하여야 한다(동법 제64조 단서, 제65조).

> **[판 례]** 토지수용법 제45조 제2항은 수용 또는 사용함으로 인한 보상은 피보상자의 개인별로 산정할 수 없을 때를 제외하고는 피보상자에게 개인별로 하여야 한다고

규정하고 있으므로, 보상은 수용 또는 사용의 대상이 되는 물건별로 하는 것이 아니라 피보상자 개인별로 행하여지는 것이라고 할 것이어서 피보상자는 수용 대상물건 중 전부 또는 일부에 관하여 불복이 있는 경우 그 불복의 사유를 주장하여 행정소송을 제기할 수 있다(대법원 2000.1.28. 선고 97누11720 판결).

3. 전액보상의 원칙

사업시행자는 해당 공익사업을 위한 공사에 착수하기 이전에 토지소유자와 관계인에게 보상액 전액(全額)을 지급하여야 한다(토지보상법 제62조). 이때 말하는 전액의 지급은 통상 일시급으로 이루어진다.

4. 사업시행자보상의 원칙

공익사업에 필요한 토지등의 취득 또는 사용으로 인하여 토지소유자나 관계인이 입은 손실은 사업시행자가 보상하여야 한다(토지보상법 제61조). 공익사업에 있어서 보상의무자는 사업시행자이며, 손실보상액 결정에 있어 사업시행자의 재산상태는 고려 대상이 아니다.

5. 일괄보상의 원칙

사업시행자는 동일한 사업지역에 보상 시기를 달리하는 동일인 소유의 토지 등이 여러 개 있는 경우 토지소유자나 관계인이 요구할 때에는 한꺼번에 보상금을 지급하도록 하여야 한다(토지보상법 제65조).

[판 례] 토지보상법 제65조 문언상으로 동일한 사업지구라도 보상시기를 달리하는 경우를 예정하고 있고, 다만 그와 같은 경우 각기 보상시기를 달리하는 수개의 토지를 소유하는 사람으로 하여금 일괄하여 보상금을 청구할 수 있게 한 조항일 뿐이므로 위 규정을 근거로 전체 사업지역 중 일부에 대하여만 먼저 보상계획을 수립, 공고하는 것이 금지된다고 볼 수 없다(수원지법 2009.1.19. 2008구합9158).

6. 사업시행 이익과의 상계금지

사업시행자는 동일한 소유자에게 속하는 일단의 토지의 일부를 취득하거나 사용하는 경우 해당 공익사업의 시행으로 인하여 잔여지의 가격이 증가하거나 그 밖의 이익이 발생한 경우에도 그 이익을 그 취득 또는 사용으로 인한 손실과 상계할 수 없다(토지보상법 제66조). 이는 수용의 대상이 되지 않은 토지와 보상금은 직접적 관계가 없다는 점, 잔여지의 개발이익 등은 개발이익환수의 방법을 적용해야 할 사항이라는 점 등을 고려하여 민사법상의 손익상계적 발상을 배제한 것이다.

Ⅲ. 손실보상액의 산정과 공탁

1. 보상액의 산정방법

사업시행자는 자신이 국토교통부령이 정하는 기준에 따라 직접 보상액을 산정할 수 있는 경우를 제외하고, 토지 등의 보상액을 산정하려는 경우에는 감정평가업자 3인(시·도지사와 토지소유자가 모두 감정평가업자를 추천하지 아니하거나 시·도지사 또는 토지소유자 어느 한쪽이 감정평가업자를 추천하지 아니하는 경우에는 2인)을 선정하여 토지 등의 평가를 의뢰하여야 한다(토지보상법 제68조 제1항).

사업시행자가 감정평가업자를 선정할 때 해당 토지를 관할하는 시·도지사와 토지소유자는 대통령령으로 정하는 바에 따라 감정평가업자를 각 1인씩 추천할 수 있다. 이 경우 평가의뢰의 절차 및 방법, 보상액의 산정기준 등에 관하여 필요한 사항은 국토교통부령으로 정한다(동법 제68조 제2항·제3항).

2. 보상금의 공탁

사업시행자는 ① 보상금을 받을 자가 그 수령을 거부하거나 보상금을 수령할 수 없는 때, ② 사업시행자의 과실 없이 보상금을 받을 자를 알 수 없는 때, ③ 관할 토지수용위원회가 재결한 보상금에 대하여 사업시행자가 불복할 때, ④ 압류나 가압류에 의하여 보상금의 지급이 금지되었을 때에는 수용 또는 사용의 개시일까지 수용 또는 사용하고자 하는 토지 등의 소재지의 공탁소에 보상금을 공탁할 수 있다(토지보상법 제40조 제2항).

「토지보상법」은 실무상의 불편을 덜기 위하여 사업인정고시가 된 후 권리의 변동이 있는 때에는 그 권리를 승계한 자가 보상금 또는 공탁금을 받도록 규정하고 있다(제40조 제3항). 또 재결 보상금에 사업시행자가 불복하는 경우 보상금을 받을 자에게 사업시행자 자신이 산정한 보상금을 지급하고 그 금액과 토지수용위원회가 재결한 보상금과의 차액을 공탁하여야 하며 이 경우, 보상금을 받을 자는 그 불복의 절차가 종결될 때까지 공탁된 보상금을 수령할 수 없다(동법 제40조 제4항). 이는 변제공탁의 경우 조건 부과가 불가능하여 불복절차가 종결되기 전에 공탁금을 받아가는 경우가 발생하고, 그러한 경우 회수가 어려워지는 문제를 막기 위한 것이다.

Ⅳ. 손실보상의 절차와 불복

1. 협의전치주의

(1) 당사자의 협의(사업인정 전)

「토지보상법」상 사업시행자는 수용 또는 사용할 토지의 소유자 및 관계인과 보상액, 수용의 개시 등에 관하여 협의하여야 한다. 사업시행자는 토지 등에 대한 보상에 관하여 토지소유자 및 관계인과 성실하게 협의하여야 하며, 협의가 성립하는 경우 사업시행자는 토지소유자 및 관계인과 계약을 체결하여야 한다(동법 제16조, 제17조). 협의가 성립되면 그것으로 공용수용의 절차는 종결되고, 협의의 내용에 따라 수용의 효과가 발생한다.

협의의 성립으로 체결한 계약은 그 법적 성질은 사법상 계약이다. 따라서 합의 내용이 법에서 정하는 손실보상 기준에 부합하지 않더라도 특별한 사정이 없는 한 그 손실보상 기준에 따른 보상금 청구를 추가로 할 수 없다.

> **[판 례]** 토지보상법에 의한 보상합의는 공공기관이 사경제주체로서 행하는 사법상 계약의 실질을 가지는 것으로서, 당사자 간의 합의로 같은 법 소정의 손실보상의 기준에 의하지 아니한 손실보상금을 정할 수 있으며, 이와 같이 같은 법이 정하는 기준에 따르지 아니하고 손실보상액에 관한 합의를 하였다고 하더라도 그 합의가 착오 등을 이유로 적법하게 취소되지 않는 한 유효하다. 토지보상법에 의한 보상을 하면서 손실보상금에 관한 당사자 간의 합의가 성립하면 그 합의 내용대로 구속력이 있고, 손실보상금에 관한 합의 내용이 토지보상법에서 정하는 손실보상 기준에 맞지 않는다고 하더라도 합의가 적법하게 취소되는 등의 특별한 사정이 없는 한 추가로 토지보상법상 기준에 따른 손실보상금 청구를 할 수는 없다(대법원 2013.8.22. 선고 2012다3517 판결).

(2) 수용절차에서의 협의(사업인정 후)

수용절차에 의하는 경우 국토교통부장관의 사업인정을 받은 사업시행자는 토지조서 및 물건조서의 작성, 보상계획의 공고·통지 및 열람, 보상액의 산정과 토지소유자 및 관계인과의 협의의 절차를 거쳐야 한다(토지보상법 제26조 제1항). 이 협의가 성립하는 경우에는 공법상 계약이 체결된 것으로 본다.

> **[판 례]** 사업인정 이전에 관련 절차를 거쳤으나 협의가 성립되지 아니한 경우 토지조서 및 물건조서의 내용에 변동이 없는 때에는 다시 협의 등 절차를 거치지 않도

록 규정한 토지보상법 제26조 제2항은 공익사업을 신속하게 추진하기 위하여 이미 거쳤던 절차를 반복하지 않도록 한 것으로서 토지조서 등에 변동이 있는 경우에는 다시 협의 등의 절차를 거쳐야 하므로 재산권을 침해하지 않는다(헌재 2007.11.29. 2006헌바79).

협의가 성립된 때에는 사업시행자는 사업인정고시 후 1년 이내에 당해 토지소유자 및 관계인의 동의를 얻어 대통령령이 정하는 바에 따라 관할 토지수용위원회에 협의 성립의 확인을 신청할 수 있다(동법 제29조 제1항). 협의 성립의 확인에는 재결절차에 관한 제 규정이 준용된다(동법 제29조 제2항). 확인은 「토지보상법」상의 재결로 간주되며, 사업시행자·토지소유자 및 관계인이 그 확인된 협의의 성립이나 내용을 다툴 수 없는 확정력이 발생한다(동법 29조 제4항).

2. 토지수용위원회의 재결

(1) 사업시행자의 재결신청

당사자 간에 수용절차상의 협의가 성립되지 아니하거나 협의를 할 수 없을 때는 사업시행자는 사업인정의 고시가 있은 날부터 1년 이내에 대통령령이 정하는 바에 따라 관할 토지수용위원회에 재결을 신청할 수 있다(토지보상법 제28조 제1항).

(2) 토지소유자와 관계인의 재결신청 청구

사업인정의 고시가 있은 후 협의가 성립되지 아니하였을 때에는 토지소유자와 관계인은 대통령령이 정하는 바에 따라 서면으로 사업시행자에게 재결신청을 할 것을 청구할 수 있다(토지보상법 제30조 제1항). 재결신청은 사업시행자만이 토지수용위원회에 할 수 있으므로, 토지소유자나 관계인은 직접 재결신청은 하지 못하고 사업시행자에게 신청할 것을 청구할 수 있을 뿐이다.

재결신청의 청구를 받은 사업시행자는 그 청구가 있은 날부터 60일 이내에 대통령령이 정하는 바에 따라 관할 토지수용위원회에 재결을 신청하여야 하며, 이 기간을 경과하여 재결을 신청한 때에는 그 경과한 기간에 대하여 「소송촉진법」 제3조의 규정에 의한 법정이율을 적용하여 산정한 금액을 관할 토지수용위원회에서 재결한 보상금에 가산하여 지급하여야 한다(토지보상법 제30조 제2항·제3항).

(3) 열 람

토지수용위원회가 재결신청서를 접수한 때에는 대통령령이 정하는 바에 따라 지체 없이 이를 공고하고 공고한 날부터 14일 이상 관계 서류의 사본을 일반이 열람할 수 있도록 하여야 하고, 이 기간 중 토지소유자 또는 관계인은 의견을 제시할 수 있다(토지보상법 제31조 제1항·제2항).

(4) 심 리

토지수용위원회는 위의 열람기간이 경과한 때에는 지체 없이 해당 신청에 대한 조사 및 심리를 하여야 하며, 심리를 함에 있어서 필요하다고 인정하는 때에는 사업시행자·토지소유자 및 관계인을 출석시켜 그 의견을 진술하게 할 수 있다(토지보상법 제32조 제1항·제2항).

(5) 화해의 권고

토지수용위원회는 그 재결이 있기 전에는 그 위원 3인으로 구성되는 소위원회로 하여금 사업시행자·토지소유자 및 관계인에게 화해를 권고하도록 할 수 있다. 화해가 성립된 때에는 화해조서를 작성하여 화해에 참여한 위원·사업시행자·토지소유자 및 관계인이 이에 서명 또는 날인하도록 하여야 하며, 이 경우 당사자 간에 화해조서와 동일한 내용의 합의가 성립된 것으로 간주된다(토지보상법 제33조 제1항·제2항·제3항).

(6) 재 결

화해가 성립되지 않는 경우 토지수용위원회는 특별한 사유가 없는 한 심리를 개시한 날부터 14일 이내에 재결을 하여야 한다(토지보상법 제35조). 재결은 서면으로 하며, 이 재결서에는 주문 및 그 이유와 재결의 일자를 기재하고, 위원장 및 회의에 참석한 위원이 이에 기명날인한 후 그 정본을 사업시행자·토지소유자 및 관계인에게 송달하여야 한다(동법 제34조 제1항·제2항).

토지수용위원회의 재결에 의해 보상액, 수용의 개시일 등이 결정되며, 토지수용위원회는 사업시행자, 토지소유자 또는 관계인인 신청한 범위 내에서 재결하여야 한다. 물론 이러한 수용재결이 있은 후에도 사업시행자와 토지소유자는 다시 협의하여 임의로 계약을 체결할 수 있다.

[판 례] 토지보상법은 사업시행자로 하여금 우선 협의취득 절차를 거치도록 하고, 협의가 성립되지 않거나 협의를 할 수 없을 때에 수용재결취득 절차를 밟도록 예정하고 있기는 하다. 그렇지만 일단 토지수용위원회가 수용재결을 하였더라도 사업시행자로서는 수용 또는 사용의 개시일까지 토지수용위원회가 재결한 보상금을 지급 또는 공탁하지 아니함으로써 재결의 효력을 상실시킬 수 있는 점, 토지소유자 등은 수용재결에 대하여 이의를 신청하거나 행정소송을 제기하여 보상금의 적정 여부를 다툴 수 있는데, 그 절차에서 사업시행자와 보상금액에 관하여 임의로 합의할 수 있는 점 등을 종합해 보면, 토지수용위원회의 수용재결이 있은 후라고 하더라도 토지소유자 등과 사업시행자가 다시 협의하여 토지 등의 취득이나 사용 및 그에 대한 보상에 관하여 임의로 계약을 체결할 수 있다고 보아야 한다(대법원 2017.4.13. 선

고 2016두64241 판결).

3. 이의신청

(1) 재결에 대한 이의신청

「토지보상법」 제83조에 따르면 중앙토지수용위원회의 재결에 이의가 있는 자는 중앙토지수용위원회에 이의를 신청할 수 있고, 지방토지수용위원회의 재결에 이의가 있는 자는 해당 지방토지수용위원회를 거쳐 중앙토지수용위원회에 이의를 신청할 수 있다. 이러한 이의의 신청은 재결서의 정본을 받은 날부터 30일 이내에 하여야 한다.

이의신청은 행정심판으로서의 성질을 가지며, 「토지보상법」 제83조의 이의신청에 관한 규정은 「행정심판법」에 대한 특별법으로서의 의미가 있다. 물론 이러한 이의신청은 필수적 절차가 아닌 임의적 절차에 불과하다.

(2) 이의신청에 대한 재결의 취소·변경

중앙토지수용위원회는 이의신청을 받은 경우 제34조에 따른 재결이 위법하거나 부당하다고 인정할 때에는 그 재결의 전부 또는 일부를 취소하거나 보상액을 변경할 수 있다(토지보상법 제84조 제1항). 이의신청으로 인하여 보상금이 늘어난 경우 사업시행자는 재결의 취소 또는 변경의 재결서 정본을 받은 날부터 30일 이내에 보상금을 받을 자에게 그 늘어난 보상금을 지급하여야 한다(동법 제84조 제2항).

4. 행정소송

(1) 행정소송의 제기

사업시행자, 토지소유자 또는 관계인은 제34조에 따른 재결에 불복할 때에는 재결서를 받은 날부터 90일 이내에, 이의신청을 거쳤을 때에는 이의신청에 대한 재결서를 받은 날부터 60일 이내에 각각 행정소송을 제기할 수 있다. 이 경우 사업시행자는 행정소송을 제기하기 전에 제84조에 따라 늘어난 보상금을 공탁하여야 하며, 보상금을 받을 자는 공탁된 보상금을 소송이 종결될 때까지 수령할 수 없다(토지보상법 제85조 제1항).

재결이나 이의재결에 대하여 제기하려는 행정소송이 보상금의 증감에 관한 소송인 경우 그 소송을 제기하는 자가 토지소유자 또는 관계인일 때에는 사업시행자를, 사업시행자일 때에는 토지소유자 또는 관계인을 각각 피고로 한다(동법 제85조 제2항).

토지소유자는 특별한 사정이 없는 한 「토지보상법」 제34조에 규정된 재결절차를 거치지 않은 채 곧바로 사업시행자를 상대로 행정소송을 제기할 수 없다. 즉, 재결절차를 거친 경우에만 행정소송을 제기할 수 있다.

> **[판 례]** 공익사업으로 인하여 영업을 폐지하거나 휴업하는 자가 사업시행자에게서 구 토지보상법 제77조 제1항에 따라 영업손실에 대한 보상을 받기 위해서는 구 토지보상법 제34조, 제50조 등에 규정된 재결절차를 거친 다음 재결에 대하여 불복이 있는 때에 비로소 구 토지보상법 제83조 내지 제85조에 따라 권리구제를 받을 수 있을 뿐, 이러한 재결절차를 거치지 않은 채 곧바로 사업시행자를 상대로 손실보상을 청구하는 것은 허용되지 않는다(대법원 2011.9.29. 선고 2009두10963 판결).

> **[판 례]** 토지보상법 관련 규정에 의하여 취득하는 어업피해에 관한 손실보상청구권은 민사소송의 방법으로 행사할 수는 없고, 구 토지보상법 제34조, 제50조 등에 규정된 재결절차를 거친 다음 그 재결에 대하여 불복이 있는 때에 비로소 구 토지보상법 제83조 내지 제85조에 따라 권리구제를 받아야 하며, 이러한 재결절차를 거치지 않은 채 곧바로 사업시행자를 상대로 손실보상을 청구하는 것은 허용되지 않는다(대법원 2014.5.29. 선고 2013두12478 판결).

> **[판 례]** 토지소유자가 사업시행자로부터 토지보상법 제73조, 제75조의2에 따른 잔여지 또는 잔여 건축물 가격감소 등으로 인한 손실보상을 받기 위해서는 토지보상법 제34조, 제50조 등에 규정된 재결절차를 거친 다음 그 재결에 대하여 불복할 때 비로소 공익사업법 제83조 내지 제85조에 따라 권리구제를 받을 수 있을 뿐이며, 특별한 사정이 없는 한 이러한 재결절차를 거치지 않은 채 곧바로 사업시행자를 상대로 손실보상을 청구하는 것은 허용되지 않는다(대법원 2014.9.25. 선고 2012두24092 판결).

> **[판 례]** 수용재결에 불복하여 취소소송을 제기하는 때에는 이의신청을 거친 경우에도 수용재결을 한 중앙토지수용위원회를 피고로 하여 수용재결의 취소를 구하여야 하고, 다만 이의신청에 대한 재결 자체에 고유한 위법이 있음을 이유로 하는 경우에는 그 이의재결을 한 중앙토지수용위원회를 피고로 하여 이의재결의 취소를 구할 수 있다고 보아야 한다(대법원 2010.1.28. 선고 2008두1504 판결).

한편, 이의신청이나 행정소송의 제기는 공익사업의 진행 및 토지의 수용 또는 사용을 정지시키지 않는다.

(2) 소송의 대상 : 원처분주의

「토지보상법」 제85조에 따른 행정소송의 대상은 원처분인 수용재결이다. 즉,

수용재결에 대한 이의신청이 있었고 이에 대한 이의재결이 있은 경우 행정소송의
대상은 이의재결이 아닌 수용재결이 된다.

> **[판 례]** 수용재결에 불복하여 취소소송을 제기하는 때에는 이의신청을 거친 경우에
> 도 수용재결을 한 중앙토지수용위원회 또는 지방토지수용위원회를 피고로 하여 수
> 용재결의 취소를 구하여야 하고, 다만 이의신청에 대한 재결 자체에 고유한 위법이
> 있음을 이유로 하는 경우에는 그 이의재결을 한 중앙토지수용위원회를 피고로 하여
> 이의재결의 취소를 구할 수 있다고 보아야 한다(대법원 2010.1.28. 선고 2008두1504
> 판결).

5. 보상금 증감소송

(1) 의 의

보상금 증감소송은 수용재결이나 이의재결 중 보상금에 대한 재결에 불복이
있는 경우 보상금의 증액 또는 감액을 청구하는 행정소송이다.[19]

(2) 법적 성질

보상금 증감소송은 이른바 형식적 당사자소송이다. 즉, 처분청인 토지수용위
원회를 피고로 하지 않고 대등한 당사자인 토지소유자와 사업시행자를 각각 원고
와 피고를 하고 있다. 현행 「토지보상법」 제85조가 처분청인 토지수용위원회를 소
송상대방으로부터 제외하고 사업시행자를 소송당사자로 함으로써 보상금 증감소
송의 성격이 형식적 당사자소송임이 명백해졌다.

(3) 당사자적격

보상금 증감소송은 그 소송을 제기하는 자가 토지소유자 또는 관계인일 때에
는 사업시행자를, 사업시행자일 때에는 토지소유자 또는 관계인을 각각 피고로 한
다(토지보상법 제85조 제2항).

보상금 증액청구소송의 경우에는 토지소유자와 관계인이 원고가 되고 사업시
행자가 피고가 된다. 반대로 보상금 감액청구소송에서는 사업시행자가 원고가 되
고 토지소유자와 관계인이 피고가 된다.

(4) 입증책임

보상금 증액청구소송에서 입증책임은 원고에게 있다.

---

19) 보상금 증감소송에서 이의재결의 기초가 된 감정평가와 법원 감정인의 감정평가가 차이가 생
    긴 경우, 그중 어느 것을 신뢰할 것인지는 법원의 재량이다(대법원 2014.6.12. 선고 2013두
    4620 판결).

[**판 례**] (보상금 증액에 관한 소송에서 정당한 보상액에 더 많다는 점에 대해 원고
에게 입증책임이 있음에도 불구하고), 원고는 원심에 이르기까지 표준지공시지가가
낮게 책정되었다고만 주장하였을 뿐 비교표준지공시지가의 구체적인 위법사유에 대
하여 아무런 주장도 하지 않고 있는데다가 이와 같은 사유를 인정할만한 증거도 없
는 사실을 알 수 있는바, 원심이 원고의 이 사건 청구를 배척한 결론은 결과적으로
정당하다(대법원 2008.8.21. 선고 2007두13845 판결).

(5) 보상항목 일부에 대한 불복

보상금 증감소송은 피보상자 또는 사업시행자가 여러 보상항목 중 일부에 대
해서만 개별적으로 불복의 사유를 주장하여 행정소송을 제기할 수 있다.

[**판 례**] 하나의 재결에서 피보상자별로 여러 가지의 토지, 물건, 권리 또는 영업의
손실에 관하여 심리·판단이 이루어졌을 때, 피보상자 또는 사업시행자가 반드시 재
결 전부에 관하여 불복하여야 하는 것은 아니며, 여러 보상항목 중 일부에 관해서만
불복하는 경우에는 그 부분에 관해서만 개별적으로 불복의 사유를 주장하여 행정소
송을 제기할 수 있다. 이러한 보상금 증감 소송에서 법원의 심판범위는 하나의 재결
내에서 소송당사자가 구체적으로 불복신청을 한 보상항목들로 제한된다(대법원
2018.5.15. 선고 2017두41221 판결).

제 6 절   기타 손실보상제도

Ⅰ. 수용유사침해

1. 수용유사침해의 개념

수용유사침해(Enteignungsgleicher Eingriff)는 타인의 재산권에 대한 위법한 공용
침해의 경우를 말하는 것으로 독일의 「국가배상법」 이론이다. 이는 공용침해의 모
든 허용요건을 갖추고 있으면서도 보상에 관한 요건을 결하고 있는 침해의 경우이
다. 다시 말하면, 공용침해를 허용하는 법률이 그로 인해 발생하는 특별한 희생에
대하여 보상규정을 두어야 함에도 불구하고 이를 갖추지 않고 있어 개인의 재산권
에 침해적 결과를 가져오는 경우를 말한다.

수용유사침해 법리는 침해의 상대방에게 보상의 폭을 넓히기 위하여 전통적
보상법이론에 있어 위법·적법성 여부의 구별보다는 오히려 재산권의 가치보장에
중점을 두어 침해행위에 대한 보상 자체를 중심으로 구성된 것이다.

2. 행정상 손해배상과의 구별

수용유사침해에 의한 보상과 행정상 손해배상은 청구권의 성립요건·보상의 범위·청구절차·소멸시효기간에 있어서 서로 다르다. 수용유사침해는 고권적 조치를 통한 재산권 침해에 대한 보상이나, 손해배상은 공무원의 위법한 직무집행행위로 타인에게 가한 손해의 배상이다. 또한, 수용유사침해의 경우는 「민사소송법」 또는 「행정소송법」이 정하는 절차에 따라야 하는 것이나, 손해배상은 「국가배상법」의 규정에 따른다.

3. 수용유사침해 법리인정의 필요성

개별법 중에는 공용침해규정은 있으나 그로 인한 손실에 대한 보상규정을 두지 않는 경우가 많은데, 이러한 보상규정 없는 법률에 근거한 재산권 침해가 보상을 요하는 특별한 희생을 의미하는 경우 이를 수용유사침해로 보아 보상을 긍정할 필요가 있는 것이다.

이와 같은 재산권 침해에 대하여 수용유사침해 법리를 적용하는 경우 헌법상의 재산권보장(제23조 제1항)과 평등원칙(제11조)을 근거로 하는 동시에 보상규정(제23조 제3항) 및 기타 관련 법규상의 보상규정을 유추 적용하여 위법·무책 또는 위법·유책의 공용침해에 대하여 손실보상을 인정할 수 있는 장점이 있다.

수용유사침해 법리는 적어도 「국가배상법」상 위험책임이나 무과실책임이 도입되어 보상규정 없는 법률에 근거한 재산권 박탈에 대한 불법행위책임이 인정되기까지는 긍정적으로 평가하고 인정해야 할 필요가 있는 것이다.

4. 수용유사침해의 근거

독일 연방최고법원(BGH)은 수용유사침해에 대한 보상근거를 기본법 제14조 제3항에 두었으나, 1981년 연방헌법재판소(BVerfG)의 자갈채취사건 판결[20] 이후부터는 일반국법(ALR) 제74조, 제75조에 바탕을 둔 일반적 희생보상사상에 근거를 두고 있다. 그 결과 수용유사침해라 함은 고권적 조치에 의해 직접적으로 야기된 재산권에 대한 위법한 침해를 말한다.

5. 수용유사침해의 적용요건

수용유사의 침해법리의 적용요건으로는 ① 재산권 침해, ② 고권적 조치, ③ 침해의 직접성, ④ 침해의 위법성 등이다.

---

20) BVerfGE 58, 300.

6. 판례의 입장

대법원은 수용유사침해이론의 도입 여부에 대해 유보적 입장만 보인바 있을 뿐 명시적으로 이를 인정한 적은 없다. 대법원은 "수용유사적 침해의 이론은 국가 기타 공권력의 주체가 위법하게 공권력을 행사하여 국민의 재산권을 침해하였고 그 효과가 실제에 있어 수용과 다름 없을 때에는 적법한 수용이 있는 것과 마찬가지로 국민이 그로 인한 손실의 보상을 청구할 수 있다는 것인데, 1980년 6월말경의 비상계엄 당시 국군보안사령부 정보처장이 언론통폐합조치의 일환으로 사인소유의 방송사 주식을 강압적으로 국가에 증여하게 한 것은 위 수용유사행위에 해당하지 않는다"라고 판시하였다.[21]

이러한 대법원의 판결은 수용유사침해 법리를 최초로 수용한 고등법원의 판결[22]을 백지화하였다. 그러나 위 대법원 판례는 수용유사의 침해이론에 대해서는 법적 판단을 하지 아니하고 원심판결을 파기했지만, 우리나라에서도 법적 현안의 해결을 위한 하나의 대안으로 수용유사침해 법리를 고려하였다는 사실만으로도 그 의의를 인정할 수 있다.

Ⅱ. 수용적 침해

수용적 침해(Enteignender Eingriff)는 공공필요에 의한 적법한 공권력행사가 예상하지 못한 부수적이며 비정형적인 결과를 가져다주어 개인의 재산권에 직접적인 피해를 준 경우 이를 특별한 희생으로 보아 손실보상을 인정해야 한다는 독일의 이론이다. 수용적 침해는 수용유사침해와 마찬가지로 독일의 연방최고법원의 판례를 통해 성립·발전된 이론으로, 우리나라에서 학설은 긍정적이지만 판례는 이를 도입하지 않고 있다.

수용적 침해는 법률에 근거하여 적법하게 타인의 재산권에 가해진 침해이기 때문에 상대방은 그 침해를 수인할 의무를 지며, 관계 법률은 공권력행사의 부수적 결과로 인한 재산권 침해를 예상하여 보상규정을 두고 있는 것은 아니므로 수용적 침해에 대한 손실보상을 위한 법적 근거가 없다. 예컨대, 도로공사로 인한 차

량통행 제한으로 인근 상점 등이 입게 되는 판매고 격감과 같은 피해나 상업적 영업장의 장기간 이용제한, 자동차 등의 파손, 건물의 훼손 등이 그 예이다.

　　수용적 침해는 적법한 침해라는 점에서 수용유사침해와 구별되고, 의도하지 않은 재산권 침해라는 점에서 재산권에 대한 의도적인 침해인 손실보상과 구별된다.

　　수용적 침해의 요건은 공공필요, 적법한 공권력 행사, 비의도적인 결과로 인한 재산권 침해, 특별한 희생 등이다. 여기서 특별한 희생은 수용적 침해의 결정적인 요건에 해당하며, 희생 한계의 일탈에 관해서는 수인성 및 상황구속성 등의 적용을 통해 구체화된다.

Ⅲ. 희생보상청구권

1. 희생보상청구권의 의의

(1) 희생보상청구권의 개념

　　희생보상청구권은 행정청의 공권력행사에 의하여 개인의 생명·신체 등 비재산적 법익이 침해된 경우 그 손실에 대한 보상을 청구할 수 권리를 말한다. 손실보상이 개인 재산권에 대한 침해인 것에 반해 희생보상은 비재산적 법익에 대한 침해로 야기된 손실보상이다. 희생보상청구권 이론 역시 수용유사침해, 수용적 침해와 마찬가지로 독일에서 성립·발전된 이론이다. 다만, 희생보상청구권의 경우는 우리 실정법에도 이미 많은 규정이 도입되어 있다.

　　희생보상청구권의 대표적 사례로는 ① 감염병 환자를 강제치료한 결과로 생긴 장해, ② 부상군인에 대하여 실험이 종결되지 못한 의약품을 사용한 결과로 생긴 장해, ③ 미결수가 다른 수형자에 의하여 상해를 입게 된 경우, ④ 범인추적을 하던 경찰관이 보행인을 상해한 경우 등이 있다.

(2) 희생보상청구권의 법적 근거

　　헌법 제23조 제3항의 보상은 재산권 침해에 대한 보상을 의미하므로 비재산적 법익침해로 인한 손실에 대한 희생보상청구권의 보상근거로 보기 어렵다. 비재산적 법익을 침해하는 행위는 적법한 공권력 행사이므로 위법·유책을 책임요건으로 하는 「국가배상법」을 근거로 하기도 어렵다. 또한, 수용유사침해 법리는 보상규정 없는 법률에 의한 재산권 침해에 대한 보상근거이므로 비재산적 법익침해가 문제 되는 희생보상청구권의 근거로 할 수도 없다.

　　현행 법률 중 비재산적 법익 침해에 대하여 보상규정을 둔 경우로는 「소방기본법」(제19조의2), 「감염병예방법」(제71조)이 있고, 정당보상의 원칙을 규정한 헌법

제23조 제3항을 유추적용하여 희생보상청구권의 근거로 삼고 있다.

> **[판 례]** 구 전염병예방법 제54조의2의 규정에 의한 국가의 보상책임은 예방접종의
> 실시 과정에서 드물기는 하지만 불가피하게 발생하는 부작용에 대해서, 예방접종의
> 사회적 유용성과 이에 따른 국가적 차원의 권장 필요성, 예방접종으로 인한 부작용
> 이라는 사회적으로 특별한 의미를 가지는 손해에 대한 상호부조와 손해분담의 공평,
> 사회보장적 이념 등에 터 잡아 구 전염병예방법이 특별히 인정한 독자적인 피해보
> 상제도이다(대법원 2014.5.16. 선고 2014두274 판결).

(3) 공용침해 등과의 구별

공용침해는 헌법 제23조 제1항의 재산권에 대한 수용·사용·제한 등의 공권
적 침해를 의미하고 그에 대해서는 손실보상이 행하여지는 것이나, 희생보상청구
는 생명·신체 등 비재산적 법익에 대한 침해로 발생한 손실에 대한 보상이다. 법
이론적으로 보면 공용침해보상청구권과 희생보상청구권은 침해 목적물의 경우를
제외하고는 보상의 요건, 효과의 면에서 일치된다.

또한, 희생보상청구권은 비재산적 법익에 대한 침해를 전제로 하는 점에서 재
산권에 대한 위법한 침해를 전제로 하는 수용유사침해와 재산권에 대한 의도하지
않은 침해를 대상으로 하는 수용적 침해와 구별된다.

2. 희생보상청구권의 요건

(1) 공행정작용에 의한 침해

공행정작용에 의한 침해에는 권력적 침해는 물론 비권력적 공행정작용에 의
한 침해도 포함된다. 권력적 침해의 경우 공용침해(수용·사용·제한)의 경우처럼 의
욕적 침해일 필요는 없으나, 생명·신체 등 비재산적 법익에 대한 직접적인 침해이
어야 한다.

여기서 권력적 침해는 관계인에게 일정한 수인이나 작위 또는 부작위를 강제
하는 경우를 말한다. 그러므로 스스로 어떤 위험상태에 처하거나 자기과실에 의하
여 그러한 위험상태에 처하여 상해를 입게 되는 경우는 제외된다. 그러나 관계인
에게 수인·작위·부작위 의무를 강제하지 않는 경우일지라도 공행정작용의 일환
으로 행하여진 침해는 포함된다.

(2) 공공복리를 위한 행정작용에 의한 침해

희생침해는 공공복리를 위한 행정작용의 결과로 인한 것이어야 한다. 관계인
이 입은 희생침해가 공공에게 어떤 구체적 이익을 주는 것일 필요는 없지만, 최소

한 공공복리에 관한 지향성은 요구된다.

예방접종 사고의 예에서 보듯이 강제 예방접종 그 자체는 누구에게나 가해지는 부담이기 때문에 특별한 희생을 의미하는 것은 아니나, 예방접종의 결과로서 사전에 예상하지 못했던 부작용이 생기게 되면 그것은 특별한 희생이 된다. 이 경우 공공복리의 관련성은 예방접종 그 자체이지 결과로서의 부작용은 아니다.

(3) 비재산적 법익에 대한 침해

비재산적 법익은 생명·건강·신체 등을 말하며, 이는 헌법 제12조 제1항의 신체의 자유에 관한 권리이다. 신체의 자유는 신체적 안전성과 신체적 활동의 임의성을 그 내용으로 하며, 이는 생명권을 당연한 전제로 하는 것이다. 우리 헌법은 생명권에 관해서는 명문 규정이 없으나, 생명권은 신체의 자유의 당연한 전제일 뿐 아니라, 인간의 존엄성을 그 가치적인 핵으로 하는 기본권 질서의 논리적인 기초로 평가되고 있다.

(4) 특별한 희생

비재산적 법익에 권리에 대한 권력적 침해는 관계인에 대하여 특별한 희생을 의미하여야 한다. 특별한 희생인지의 여부는 헌법상의 평등원칙을 기준으로 판단할 수 있다.

특별한 희생은 권력적 침해가 다른 사람의 경우와 비교하여 불평등한 부담을 주는 것으로서 일반적 희생의 한계를 일탈하여 특별한 부담을 주는 경우이다. 이 경우 침해행위 그 자체뿐만 아니라 그 침해행위와 직접적인 관련이 있는 결과(침해의 효과)를 기준으로 판단하는 것이 보통이다. 그러므로 일반적인 권력적 강제조치 그 전부가 특별한 희생이 되는 것은 아니다.

권력적 강제조치는 전형적으로 일정한 장해, 예컨대 예방접종 후에 나타나는 불쾌감과 미열 등이 발생할 수 있는데, 그러한 장해는 관계인 스스로 책임을 져야 한다. 그것은 법률이 누구에게나 요구하는 것으로 수인되어야 하기 때문이다. 그러나 경미한 장해의 범위를 넘는 경우, 예컨대 경련·신체의 마비·질병의 발생 경우는 그 관계인에게 불평등하게 나타나는 현상이므로 특별한 희생이 되는 것이다.

3. 희생보상의 범위

희생보상은 권력적 침해에 의하여 비재산적 법익에 가해진 손실에 대한 금전보상을 원칙으로 한다. 진료비·양육비·일실소득에 대한 보상은 그 예이다.

「감염병예방법」 제71조는 예방접종을 받은 사람 또는 예방·치료 의약품을 투여받은 사람이 이로 인하여 질병에 걸리거나 장애인이 되거나 사망하였을 때에는 ① 질병으로 진료를 받은 사람에 대하여는 그 진료비 전액과 정액 간병비, ② 장애인이 된 사람에 대하여는 일시보상금, ③ 사망한 사람에 대하여는 대통령령으로 정하는 유족에 대한 일시보상금과 장제비를 각각 보상하도록 규정하고 있다.

희생보상은 손해배상이 아니므로 위자료는 희생보상의 범위에서 제외된다. 그러나 관계인에게 귀책사유가 있는 때에는 보상액의 결정시 반영할 수 있다. 과실상계는 일반 법리의 하나로 이해할 수 있기 때문이다.

Ⅳ. 결과제거청구권

1. 결과제거청구권의 의의

(1) 개　념

행정상 결과제거청구권은 위법한 행정작용의 결과로서 남아있는 상태로 인하여 자신의 권익을 침해받고 있는 자가 행정주체를 상대로 그 위법한 상태를 제거해 줄 것을 청구하는 권리를 말한다. 여기서 결과제거청구권은 위법한 행정작용의 결과로서 남아있는 상태를 제거하고 원상태로 회복시키기 위한 청구권, 즉 원상회복청구를 의미한다.

(2) 필요성

결과제거청구권 이론은 기존의 행정구제제도를 보완하기 위한 이론으로 성립되었다. 기존의 행정상 손해전보제도나 행정쟁송제도에 의하여 충분한 권익구제가 어렵거나 권익구제의 목적을 달성할 수 없는 경우가 있을 수 있고, 이러한 영역에 있어서 그 구제를 위해 도입된 이론이 결과제거청구권이다.[23]

개인의 토지가 수용절차에 의하여 도로부지에 편입된 후에 그 수용처분이 행정소송에 의하여 취소되었음에도 불구하고 그 토지를 계속 도로로 사용하고 있는 경우, 전통적 행정구제제도는 수용된 토지를 반환에 아무런 도움이 되지 못한다. 이러한 경우에 결과제거청구권을 인정하여 원상회복을 가능하게 하는 것만이 토지소유자 권리구제의 목적을 달성하는 유일한 방법이 된다.

(3) 손해배상청구권과의 구별

결과제거청구권은 행정청에 의한 위법한 상태의 제거를 청구하여 적법한 권

---

23) 제2차 세계대전 후 독일에서 전쟁 난민의 주택문제 해결을 위하여 행정청은 경찰법상의 긴급권을 근거로 무주택자를 제3자의 주택에 일정 기간 임시적으로 강제 거주케 하는 처분을 하였다. 그러나 상황이 변한 후에도 무주택자는 계속 제3자의 주택에 거주하는 사례가 빈발하였으며, 이 경우 제3자는 행정소송을 통하여 경찰처분을 취소시킬 수 있었으나 무주택자의 계속적인 거주, 즉 위법상태의 제거를 구할 수 있는 법적 근거가 없었다. 이런 연유로 시작한 결과제거청구권은 1971년 연방행정법원(BVerwG)의 판결로써 행정행위 뿐만 아니라 사실행위로 인한 위법상태의 제거까지 포함하는 청구권으로 인식하게 되었다.

리상태의 회복을 위한 것일 뿐, 위법한 행정처분으로 말미암아 생긴 손해의 배상은 아니다. 결과제거청구권은 결과의 위법성이 있는 것에 반해 손해배상청구권은 가해행위에 위법성이 존재한다.

손해배상청구권은 채권적 청구권이며 금전배상을 내용으로 하는 것에 반하여, 결과제거청구권은 물권적 청구권이며 비재산적 침해의 경우에도 적용되며, 그 내용은 사실상태의 원상회복이라는 점에서 구별된다. 그러나 결과제거청구권으로 원상회복이 되었지만 그 피해가 충분히 전보되지 않은 때에는 부가적으로 손해배상의 청구가 인정될 수도 있다.

결론적으로 행정상의 결과제거청구권은 행정작용의 집행결과로서 생긴 위법한 침해상태를 제거하여 원상회복을 하기 위한 청구권일 뿐 손해배상을 위한 청구권은 아니다.

2. 결과제거청구권의 성질

(1) 물권적 청구권

결과제거청구권은 행정청의 정당한 권원 없는 행정작용으로 인하여 사인의 물권적 지배권이 침해된 경우에 발생하는 물권적 지배권의 성질을 가지는 것이 원칙이다. 하지만 비재산적 침해의 경우에도 결과제거청구권이 가능하다는 점에서 보면 물권적 청구권으로 한정되는 것은 아니다.

(2) 공 권

결과제거청구권을 사권으로 보는 견해도 있으나, 그것은 행정주체의 공행정작용으로 인하여 야기된 위법한 상태를 제거함을 목적으로 하는 것이기 때문에 공권의 성질을 가진다.

3. 결과제거청구권의 법적 근거

결과제거청구권의 실체법적 근거는 헌법상의 법치행정의 원리, 헌법 제10조 내지 헌법 제37조 제1항의 기본권 규정에 있다. 또한, 「민법」 제213조(소유물반환청구권) 및 제214조(소유물방해제거·방해예방청구권)의 규정도 유추적용의 범위 내에서 결과제거청구권의 근거가 된다.[24]

결과제거청구권의 절차법적 근거는 「행정소송법」상의 관련 청구의 이송 및 병합에 관한 규정(제10조), 판결의 기속력에 관한 규정(제30조 제1항), 당사자소송에 관한 규정(제4장)에서 찾을 수 있다.

---

24) 김남진·김연태, 행정법Ⅰ, 577면; 박윤흔, 행정법강의(상), 743면; 홍정선, 행정법원론(상), 639면.

4. 결과제거청구권의 요건

행정상 결과제거청구권이 성립하기 위해서는 ① 행정청의 공행정작용으로 인한 침해가, ② 재산권 등 개인의 권리나 법률상 이익에 대하여 행하여지고, ③ 그로 인하여 위법한 상태가 형성되고, ④ 그러한 상태가 계속되고 있어야 하는 등의 요건이 충족되어야 한다.

(1) 행정청의 공행정작용

먼저 행정주체의 공행정작용에 의한 침해가 존재하여야 하며, 그 범위는 공행정작용에 의하여 생긴 모든 것을 포함한다. 위법한 공용부담행위를 근거로 하여 타인의 토지에 출입하여 장애물을 제거하거나 이전하는 행위, 사유지를 정당한 권원을 가지지 아니한 채 도로나 공공시설의 부지로 사용하는 행위, 합법적으로 압류한 물건이기는 하나 쟁송에 의하여 압류의 취소가 되었음에도 계속하여 압류물건을 반환하지 않는 행위 등은 공행정작용에 의한 침해행위의 예이다.

행정주체의 사법적 활동에 의한 침해의 경우에는 사법상의 소유물반환청구(민법 제213조)나 소유물방해제거청구(동법 제214조)에 의한 사법의 규율대상이 되며, 결과제거청구권은 성립되지 않는다.

(2) 타인의 권익침해

행정주체의 공행정작용에 의하여 생긴 결과적 상태가 타인의 권리 또는 법률상 이익을 침해하여야 한다. 여기서 권리 또는 이익은 재산적 가치가 있는 것은 물론 명예·직업 등 그 밖의 것도 포함한다.[25]

여기서 권리 또는 이익은 보호받을 만한 가치가 있어야 한다. 따라서 관계자가 불법적으로 취득한 권리 또는 이익은 결과제거청구권의 대상이 되지 못한다.

(3) 위법한 상태의 존재

행정주체의 공행정작용에 의하여 야기된 결과적 상태가 위법한 상태로 존재하고 있어야 한다. 결과제거청구권은 위법한 상태의 제거를 목적으로 하는 것이기 때문이다. 위법한 상태의 존재 여부는 사실심의 변론종결시를 기준으로 하여 판단되어야 한다. 여기서 위법성은 정당한 권원 없는 공용부담권의 행사에서 보듯이 처음부터 발생할 수도 있으며, 기간의 경과 또는 공행정작용의 취소·철회 등에 의하여 사후적으로 발생할 수도 있다.

취소할 수 있는 행정행위의 경우에는 위법성을 인정할 수 있으나, 권한 있는 기관에 의하여 취소되기 전까지는 당해 행정행위의 효력은 존속하고 그 행정행위

---

25) 김남진·김연태, 행정법Ⅰ, 578면; 박윤흔, 행정법강의(상), 743면; 홍정선, 행정법원론(상), 640면.

에 의하여 야기된 상태는 아직 정당화되는 것이기 때문에 결과제거청구권은 성립되지 않는다. 따라서 행정행위의 상대방은 행정쟁송에 의하여 당해 행정행위의 취소를 구하여 취소가 확정된 이후에 결과제거청구권을 행사할 수 있다. 또는 결과제거청구와 취소소송의 청구를 병합하여 제기할 수도 있다(행정소송법 제10조).

(4) 위법한 상태의 계속

행정주체의 공행정작용에 의하여 야기된 결과적 상태가 위법한 상태로 계속하여 존재하고 있어야 한다. 결과제거청구권이 목적하는 바는 현존하는 사실상태(위법한 침해)와 권리상태를 일치시키려는 것이기 때문이다.

어떤 물건이 압류된 경우 그 압류가 취소된 이후에 물건소유자에게 반환되었을 때에는 위법한 상태가 존재하지 않기 때문에 결과제거청구의 문제는 발생하지 않는다. 이러한 경우는 압류의 결과로서 위법한 상태가 존재하지 않기 때문에 결과제거청구의 문제는 없고, 위법한 압류로 인한 권리침해로서의 불이익만 문제된다. 따라서 이 경우 그 불이익에 대한 손해배상 또는 손실보상을 청구할 수 있는지의 문제만이 남는다.

5. 결과제거청구권의 내용과 한계

(1) 결과제거청구권의 내용

결과제거청구권은 위법한 행정작용에 의하여 야기된 결과적 상태를 제거하여 침해가 없는 원래의 상태로 회복시킬 것을 청구하는 것을 내용으로 한다. 따라서 위법한 상태가 원인이 된 취소된 행정행위가 다른 적법한 행정행위에 의거, 대체되어 위법한 상태가 다시 적법하게 되는 경우는 결과제거청구권이 성립하지 않는다.

(2) 결과제거청구권의 한계

1) 기대가능성

결과제거청구권의 요건이 충족되는 경우에라도, 결과 제거로 인하여 본래적 상태의 회복이 사실상 또는 법률상 가능하며 또한 의무자에 있어 그것이 기대가능한 것이어야 한다는 한계가 있다.

위법한 상태의 제거가 사실상 또는 법적으로 불가능한 경우에는 손해배상이나 손실보상만이 고려될 수 있다. 우리나라의 대법원도 같은 취지의 판결을 한 바 있다.

[**판 례**] 도로법 제4조에 의해 도로를 구성하는 부지에 대하여는 사권을 행사할 수

없으므로 그 부지의 소유자는 불법행위를 원인으로 하여 손해배상을 청구함은 별론
으로 하고 그 부지에 관하여 그 소유권을 행사하여 인도를 청구할 수 없다(대법원
1968.10.22. 선고 68다1317 판결).

2) 비용 또는 신의성실의 원칙

결과제거청구권에 따라 결과 제거를 통한 원상회복을 하고자 하는 경우 그
비용이 지나치게 많이 들거나 신의성실의 원칙에 반하는 때에는 결과 제거의 기대
가능성이 없기 때문에 대상적인 전보를 통하여 해결할 수밖에 없다.

「행정심판법」 제44조와 「행정소송법」 제28조에서 사정재결 및 사정판결 제
도를 채택하고 있는 것은 부분적으로는 기대가능성 없는 결과 제거에 대한 대상적
전보의 법리에 입각한 것이라 할 수 있다. 그러나 판례는 결과 제거가 현실적으로
심히 곤란하다거나 많은 비용이 소요되는 것과 같은 사유는 결과제거청구권의 행
사를 저해하지 않는다고 보고 있다.

[판 례] 피고가 공익사업으로서 공중의 편의를 위하여 매설한 상수도관을 철거할
수 없다거나 이를 이설할 만한 마땅한 다른 장소가 없다는 사유만으로서는 …… 원
고가 그 소유권에 기하여 불법점유를 하고 있는 피고에 대하여 그 철거를 구하는
것을 권리남용이라고 할 수 없다(대법원 1987.7.7. 선고 85다카1383 판결).

3) 과실상계

위법한 상태의 발생에 피해자의 과실도 있는 경우에 「민법」상의 과실상계규
정(제396조)의 유추적용이 원칙적으로 가능하다. 따라서 피해자의 과실의 정도에
따라 결과제거청구권이 제한되거나 상실될 수도 있다. 그러나 명예훼손발언의 철
회나 타인토지의 불법점유와 같이 처음부터 과실상계의 문제가 없는 경우도 있다.

6. 제3자의 결과제거청구권

이중효과적 행정행위에 의하여 자신의 법률상의 이익을 침해받았다고 주장
하는 제3자가 위법한 침해의 결과제거를 청구할 수 있는지의 문제도 발생할 수
있다.

생각건대, 행정상의 결과제거청구권은 원래 행정작용의 결과로 초래된 위법
한 침해상태를 배제시키기 위한 것이므로 그 침해는 직접적인 것이어야 한다. 따
라서 위법한 행정작용의 결과로서 자신의 법률상의 이익을 간접적으로 침해받았
다고 주장하는 자까지 결과제거청구권을 인정할 수는 없을 것이다.

7. 결과제거청구권의 행사방법

결과제거청구권은 공권이므로 그 행사는 행정소송을 통하여 제기하여야 하며, 이 경우 소송의 형태는 당사자소송이 된다. 다만, 위법한 상태가 국가나 공공단체 등 행정주체의 사법적 활동에 의하여 야기된 경우에는 공법의 적용이 없으며, 피해자는 「민법」 제214조에 의거하여 「민사소송법」에 의한 절차에 따라 소유물방해제거청구권을 행사할 수 있다.

Allgemeines Verwaltungsrecht

제 6 편

.
.
.

행정쟁송

행정쟁송이란 행정상의 법률관계에 관한 분쟁에 대하여 국가기관이 유권적으로 심리·판정하기 위한 절차를 말하며, 이에는 행정심판과 행정소송이 있다. 이를 행정상 쟁송이라고도 한다. 행정쟁송은 행정상 손해배상·행정상 손실보상 등의 행정상 손해전보와 함께 넓은 의미의 행정구제제도이다.

행정심판과 행정소송은 부당 또는 위법한 행정작용의 시정을 위한 행정쟁송 절차라는 점에서는 동일하나, 행정심판은 성질상 행정작용에 속하고 행정소송은 사법작용에 속한다는 점에서 양자는 전혀 다른 제도이다. 또한, 행정심판과 행정소송은 그 심판기관·심판절차 및 쟁송사항 등에 있어서도 서로 다르다. 이처럼 행정심판과 행정소송은 그 성질이 서로 다르면서도 부당·위법한 행정작용에 대한 불복절차라는 점에서 제도적으로 서로 연계되어 발전되어 왔다.

우리나라는 행정소송을 포함한 모든 법률적 소송은 일반법원의 관할에 속하는 이른바 사법국가주의를 채택하고 있다. 그 결과 사법심사인 행정소송을 통해 행정작용에 대한 최종적 통제를 함과 동시에 사법심사의 단점을 보충하는 행정심판을 동시에 채택하고 있다. 즉, 현행 행정쟁송은 행정심판과 행정소송의 이원주의를 취하면서 국민의 권리구제와 행정에 대한 통제를 강화하고 있다.

한편, 2021년에 제정된 「행정기본법」은 처분에 대한 이의신청과 재심사 제도를 도입하고 있다(제36조, 제37조). 처분에 대해 당사자의 이의가 있는 경우, 해당 처분청에 이의를 신청하는 이의신청 제도는 행정쟁송 전에 간편하게 불복할 수 있는 기회를 제공하는 장점을 갖고 있다. 이러한 이의신청 제도는 궁극적으로 국민의 권리구제를 강화하는 것을 목적으로 한다. 처분의 재심사 제도는 불가쟁력의 발생으로 행정심판과 행정소송을 통해 더 이상 다툴 수 없게 된 경우, 예외적인 사유에 한하여 처분에 대한 재심사를 허용하는 것으로, 이 역시 국민의 권리구제의 확대를 그 목적으로 하고 있다.

제 1 장 행정심판

제 1 절 행정심판의 개관

Ⅰ. 행정심판의 의의

행정심판은 위법·부당한 행정행위로 인하여 권익을 침해당한 자가 행정기관에 대하여 그 시정을 구하는 행정쟁송의 절차를 말한다. 따라서 행정심판은 행정기관에 의한 심판이라고도 한다.

행정심판에 관한 일반법은 「행정심판법」이다.[1] 행정심판에 관한 다른 특별법이 있는 경우 특별법이 우선 적용된다. 「행정심판법」은 제1조에서 "이 법은 행정심판 절차를 통하여 행정청의 위법 또는 부당한 처분이나 부작위로 침해된 국민의 권리 또는 이익을 구제하고, 아울러 행정의 적정한 운영을 꾀함을 목적으로 한다"라고 규정하고 있다. 이 법의 목적에 비추어보면, 행정심판이란 행정기관에 의한 심판절차로서 행정청의 위법 또는 부당한 처분이나 부작위로 인한 국민의 권익침해에 대한 구제를 위한 불복절차를 의미하는 것으로 볼 수 있다.

> **[판 례]** 징계 기타 불이익처분을 받은 지방공무원의 불복절차에 관하여 지방공무원법에서 규정하지 아니한 사항에 관하여는 행정심판법이 정하는 바에 의하여야 하므로 지방공무원법이 규정하지 않은 사항을 규정한 행정심판법 각 규정은 징계 기타 불이익처분을 받은 지방공무원의 불복절차에도 적용된다(대법원 1989.9.12. 선고 89누909 판결).

Ⅱ. 행정심판의 유사제도

1. 이의신청

(1) 이의신청의 의의

이의신청이란 행정청의 위법·부당 처분으로 권익이 침해된 자가 처분청에

---

1) 행정심판법, 법률 제17354호, 2020.6.9. 타법개정, 시행 2020.12.10.

불복을 제기하는 것을 말한다. 이의신청은 처분을 한 행정청에 대하여 불복하는 것으로서, 처분을 한 행정청이 아닌 제3자의 기관에 불복하는 행정심판과는 구별된다.

처분청에 이의를 신청하는 이의신청 제도는 행정쟁송 제기 전에 간편하게 불복할 수 있는 기회를 제공하는 장점을 갖고 있다. 하지만 이러한 제도와 관련하여 현행 개별법에는 이의신청, 불복, 재심 등 다양한 용어와 형태로 규정되어 있어 실효성 있는 제도로 정착하지 못하였다. 하지만 2021년 제정된 「행정기본법」 제36조에 이의신청에 대한 공통적인 방법과 절차가 명문으로 규정됨으로써 앞으로 국민의 권리구제에 크게 이바지할 것으로 예상된다.

「행정기본법」 제36조는 처분의 이의신청에 대한 일반법 규정이다. 「행정기본법」 제36조 제1항에 따르면 처분의 상대방이 처분에 이의가 있는 경우 30일 이내에 처분청에 이의를 제기할 수 있다. 개별 법령에 이의신청에 관한 내용이 규정되어 있지 아니한 경우라 하더라도 제36조에 따라 이의신청을 할 수 있다.

다만, 처분의 이의신청에 관한 「행정기본법」 제36조는 공포 후 2년이 지난 날인 2023년 3월 24일부터 시행되고(부칙 제1조 단서), 시행일 이후에 하는 처분부터 적용한다(부칙 제6조).

(2) 이의신청권자

「행정기본법」상 이의를 제기할 수 있는 자는 처분의 직접 상대방에 한정되며, 이해관계인은 제외된다. 「행정기본법」이 일반적 규정인 점에서 제3자에 의한 이의신청의 남용을 방지하기 위한 취지이다.

(3) 이의신청의 대상과 적용 제외

이의신청의 대상이 되는 처분은 「행정심판법」 제3조에 따른 일반행정심판의 대상이 되는 처분에 한정된다(행정기본법 제36조 제1항). 따라서 개별 법률에서 특별 행정심판이 적용되도록 규정하고 있거나, 행정심판의 적용이 배제되는 처분은 이의신청 대상이 아니다.

한편, 「행정기본법」 제36조 제7항은 ① 공무원 인사 관계 법령에 따른 징계 등 처분에 관한 사항, ② 「국가인권위원회법」 제30조에 따른 진정에 대한 국가인권위원회의 결정, ③ 「노동위원회법」 제2조의2에 따라 노동위원회의 의결을 거쳐 행하는 사항, ④ 형사, 행형 및 보안처분 관계 법령에 따라 행하는 사항, ⑤ 외국인의 출입국·난민인정·귀화·국적회복에 관한 사항, ⑥ 과태료 부과 및 징수에 관한 사항에 관해서는 개별 법령에서 별도의 절차를 두고 있는 점을 고려하여 「행정기본법」의 이의신청의 대상에서 제외하였다.

이는 공무원 인사 관계 법령에 따른 처분의 특수성, 인권위원회 결정의 준사법적 성격, 노사 관계의 특수성, 형사·행형·보안처분 관련 사항의 사법작용으로서의 성격, 상호주의가 적용되는 외국인 관련 사항의 특수성 등을 고려한 것이다.

(4) 이의신청의 기간

「행정기본법」 제36조에 따르면 이의신청은 처분을 받은 날부터 30일 이내에 하여야 하며(이의신청 기간), 이의신청을 받은 행정청은 신청을 받은 날부터 14일 이내에 이의신청에 대한 결과를 통지하여야 한다(신청결과 통지기간). 신청결과 통지기간은 부득이한 사유가 있는 경우 통지기간 만료일 다음 날부터 10일의 범위에서 한 차례 연장이 가능하다.

(5) 이의신청과 행정쟁송과의 관계

이의신청을 한 경우라 하더라도 행정심판이나 행정소송을 제기하는 것이 가능하다(행정기본법 제36조 제3항). 이는 이의신청을 거치지 않으면 행정심판이나 행정소송을 제기할 수 없도록 하는 필요적 전치주의를 채택하고 있지 않다는 의미이다.

또한, 이의신청에 대한 결과를 통지받은 후 행정심판 또는 행정소송을 제기하려는 자는 그 결과를 통지받은 날부터 90일 이내에 행정심판 또는 행정소송을 제기할 수 있다(행정기본법 제36조 제4항). 이는 이의신청 절차 중에 행정심판 또는 행정소송의 제기기간이 도과하여 국민의 권리구제가 제한되는 현실적인 문제를 해소하기 위해 이의신청 절차 중에 행정심판·행정소송의 제기기간이 정지된다는 것을 명확히 한 것이다.

> **[판 례]** 국가유공자 비해당결정 등 원결정에 대한 이의신청이 받아들여지지 아니한 경우에도 이의신청인으로서는 원결정을 대상으로 항고소송을 제기하여야 하고, 국가유공자 등 예우 및 지원에 관한 법률 제74조의18 제4항이 이의신청을 하여 그 결과를 통보받은 날부터 90일 이내에 행정심판법에 따른 행정심판의 청구를 허용하고 있고, 행정소송법 제18조 제1항 본문이 "취소소송은 법령의 규정에 의하여 당해 처분에 대한 행정심판을 제기할 수 있는 경우에도 이를 거치지 아니하고 제기할 수 있다."라고 규정하고 있는 점 등을 종합하면, 이의신청을 받아들이지 아니하는 결과를 통보받은 자는 통보받은 날부터 90일 이내에 행정심판법에 따른 행정심판 또는 행정소송법에 따른 취소소송을 제기할 수 있다(대법원 2016.7.27. 선고 2015두45953 판결).

(6) 개별 법률상 이의신청제도와의 관계

다른 법률에서 이의신청과 이에 준하는 절차에 대하여 정하고 있는 경우에도 그 법률에서 규정하지 아니한 사항에 관하여는 「행정기본법」 제36조에서 정하는 바에 따른다(행정기본법 제36조 제5항).

[**판 례**] 지방자치법 제140조 제3항에서 정한 이의신청은 행정청의 위법·부당한 처분에 대하여 행정기관이 심판하는 행정심판과는 구별되는 별개의 제도이나, 이의신청과 행정심판은 모두 본질에 있어 상대방의 권리구제에 목적이 있고, 행정소송에 앞서 먼저 행정기관의 판단을 받는 데에 목적을 둔 엄격한 형식을 요하지 않는 서면행위이므로, 이의신청을 제기해야 할 사람이 처분청에 표제를 '행정심판청구서'로 한 서류를 제출한 경우라 할지라도 서류의 내용에 이의신청 요건에 맞는 불복취지와 사유가 충분히 기재되어 있다면 표제에도 불구하고 이를 처분에 대한 이의신청으로 볼 수 있다(대법원 2012.3.29. 선고 2011두26886 판결).

[**판 례**] 과세관청이 과세처분에 대한 이의신청절차에서 납세자의 이의신청 사유가 옳다고 인정하여 과세처분을 직권으로 취소한 경우, 허위의 자료를 제출하는 등 부정한 방법에 기초하여 직권취소되었다는 등의 특별한 사유 없이 이를 번복하고 종전과 동일한 처분을 하는 것은 위법하다(대법원 2017.3.9. 선고 2016두56790 판결).

2. 처분의 재심사

(1) 처분의 재심사의 의의

행정쟁송 제기기간의 경과 등으로 불가쟁력이 발생하면 당사자는 더 이상 처분의 효력을 다툴 수 없게 된다. 하지만 불가쟁력이 발생한 경우라 하더라도 구체적 타당성의 관점에서 해당 처분을 취소 또는 철회하거나 그 내용을 변경해야 할 경우가 존재한다. 예컨대 기간의 경과로 처분에 기초가 되었던 사실관계나 법률관계가 사회적 관념이나 헌법 질서와 충돌하는 경우는, 종전의 처분을 유지하는 것이 정의의 관념에 반하며 처분을 취소하거나 철회하는 것이 타당하다.

「행정기본법」 제37조 제1항은 "당사자는 처분이 행정심판, 행정소송 및 그 밖의 쟁송을 통하여 다툴 수 없게 된 경우라도 다음 각 호의 어느 하나에 해당하는 경우에는 해당 처분을 한 행정청에 처분을 취소·철회하거나 변경하여 줄 것을 신청할 수 있다"고 하여 처분의 재심사를 명시하고 있다.

즉, 처분의 재심사란 행정심판, 행정소송 등을 통해 더 이상 다툴 수 없게 된 경우라도 행정청의 처분에 일정한 사유가 있는 경우 당사자가 해당 행정청에 그 처분의 취소·철회 또는 변경을 신청하는 절차를 말한다. 처분의 재심사는 해당 처분과 관련된 구체적 타당성을 제고하여 국민의 권익을 향상시키는 것을 목적으로 하는 제도이다. 이는 민사소송과 형사소송에서 법원의 판결에 대한 재심제도를 두고 있는 것과 같은 취지의 제도이다.

「행정기본법」제37조는 처분의 재심사에 관한 일반법이다. 다른 법률에 특별한 규정이 있으면 그 특별규정이 우선 적용되지만, 다른 법률에 처분의 재심사에 관한 특별한 규정이 없다면 「행정기본법」제37조가 일반적으로 적용된다.

다만, 처분의 재심사에 관한 「행정기본법」제37조는 공포 후 2년이 지난 날인 2023년 3월 24일부터 시행되고(부칙 제1조 단서), 시행일 이후에 하는 처분부터 적용한다(부칙 제7조).

(2) 처분의 재심사 사유

불가쟁력이 발생한 처분에 대하여 광범위하게 재심사를 인정하게 되면 오히려 법적 안정성과 처분에 대한 관계자들의 신뢰가 침해된다. 따라서 처분의 재심사가 필요한 예외 사유를 엄격하고 명확하게 제시하는 것이 필요하며 이러한 방식을 통해 구체적 타당성과 법적 안정성을 조화시켜야 한다.

「행정기본법」제37조 제1항은 처분의 재심사가 허용되는 사유를 ① 처분의 근거가 된 사실관계 또는 법률관계가 추후에 당사자에게 유리하게 바뀐 경우, ② 당사자에게 유리한 결정을 가져다주었을 새로운 증거가 있는 경우, ③ 「민사소송법」제451조에 따른 재심사유에 준하는 사유가 발생한 경우 등 대통령령으로 정하는 경우 3가지로 한정하여 규정하고 있다.

제1호의 '사실관계의 변경'은 처분의 결정에 객관적으로 중요했던 사실이 없어지거나 새로운 사실이 추후에 발견되어 관계인에게 유리한 결정을 끌어낼 수 있는 경우를 말한다. 또한, '법률관계의 변경'은 처분의 근거 법령이 처분 이후에 폐지되었거나 변경된 경우 등을 의미한다.

제2호의 '새로운 증거'는 ⅰ) 처분의 절차나 쟁송 과정에서 사용할 수 없었던 증거, ⅱ) 당사자의 과실 없이 절차 진행 당시 제때 습득하지 못하였거나 마련할 수 없었던 증거, ⅲ) 당사자의 과실 없이 당사자가 당시에 인지하지 못하고 있었던 증거, ⅳ) 처분 당시 제출되어 있었으나 행정청의 무지, 오판, 불충분한 고려가 있었던 경우 등을 의미한다.

제3호의 '대통령령으로 정하는 경우'는 ⅰ) 처분 업무를 직접 또는 간접적으로 처리한 공무원이 그 처분에 관한 직무상 죄를 범한 경우, ⅱ) 처분의 근거가 된 문서나 그 밖의 자료가 위조되거나 변조된 것인 경우, ⅲ) 제3자의 거짓 진술이 처분의 근거가 된 경우, ⅳ) 처분에 영향을 미칠 중요한 사항에 관하여 판단이 누락된 경우를 말한다(행정기본법 시행령 제12조).

(3) 처분의 재심사 적용 제외사항

처분의 재심사의 사유에 해당한다고 하더라도 재심사의 적용이 배제되는 경우가 있다. 「행정기본법」 제37조 제8항은 ① 공무원 인사 관계 법령에 따른 징계 등 처분에 관한 사항, ② 「노동위원회법」 제2조의2에 따라 노동위원회의 의결을 거쳐 행하는 사항, ③ 형사, 행형 및 보안처분 관계 법령에 따라 행하는 사항, ④ 외국인의 출입국·난민인정·귀화·국적회복에 관한 사항, ⑤ 과태료 부과 및 징수에 관한 사항, ⑥ 개별 법률에서 그 적용을 배제하고 있는 경우에 대해서는 처분의 재심사 규정이 적용되지 않는다고 하고 있다.

이는 공무원 인사 관계 법령에 따른 처분의 특수성, 노사관계의 특수성, 형사·행형·보안처분 관련 사항의 사법작용으로서의 성격, 상호주의가 적용되는 외국인 관련 사항의 특수성 등을 고려한 것이다.

(4) 처분의 재심사 한계

1) 재심사 대상 제외사항

처분의 재심사 대상은 처분이다. 하지만 제재처분과 행정상 강제는 처분의 재심의 대상에서 제외된다. 불가쟁력이 발생한 제재처분이나 행정상 강제를 취소·철회 또는 변경하여 줄 것을 신청할 수 있게 되면, 제재처분이나 행정상 강제의 실효성은 약화될 수밖에 없다. 이러한 문제점을 방지하기 위하여 제재처분과 행정상 강제를 처분의 재심사 대상에서 제외한 것이다.

또한, 대법원 판결의 기판력과 충돌 우려를 고려하여 처분에 대한 법원의 확정판결이 있는 경우도 재심사의 대상에서 제외하였다(행정기본법 제37조 제1항).

2) 중대한 과실

처분의 재심사 신청이 허용되기 위해서는 재심사 사유가 당사자의 중대한 과실 없이 해당 처분의 절차, 행정심판, 행정소송 및 그 밖의 쟁송에서 검토되지 않아야 한다(행정기본법 제37조 제2항). 따라서 당사자가 처분을 위한 행정절차 및 쟁송 절차에서 재심사 사유를 고의로 주장하지 않았거나 경과실로 주장하지 못한 경우에는 재심사가 허용되지 않는다.

3) 신청 기간

재심사의 신청 기간 제한을 통한 재심사의 한계도 존재한다. 「행정기본법」 제37조 제3항은 당사자는 재심사 사유를 안 날부터 60일 이내에 신청을 해야 한다고 규정하고 있으며, 무엇보다 처분이 있은 날부터 5년이 지나면 처분의 재심사를 신청할 수 없다고 명시하고 있다. 이처럼 재심사 신청 기간에 시간적 제한을 두고 있는 것은 처분의 재심사로 야기될 수 있는 법적 불안정 상태를 시간적으로 한정하여 법적 안정성을 높이려는 것이다.

(5) 처분의 재심사 결과

처분의 재심사 신청이 있는 경우 처분청은 해당 신청이 재심사 사유에 해당하는지 여부를 먼저 결정하여야 한다. 재심사 사유에 해당하지 않을 경우 재심사 대상 요건에 해당하지 않는다는 결정을 신청인에게 통지하여야 한다.

처분청이 재심사 사유에 해당한다고 판단하는 경우, 처분에 대한 재심사를 실시하여 재심사 대상처분을 유지할 것인지, 아니면 해당 처분을 취소·철회 또는 변경할 것인지 결정하여 해당 결정을 신청인에게 통지하여야 한다. 그리고 이러한 통지는 재심사 신청을 받은 날부터 90일 이내에 이루어져야 한다(행정기본법 제37조 제4항).

(6) 재심사 결정에 대한 불복 제한

「행정기본법」 제37조 제5항은 "처분의 재심사 결과 중 처분을 유지하는 결과에 대해서는 행정심판, 행정소송 및 그 밖의 쟁송수단을 통하여 불복할 수 없다"고 규정하고 있다.

이는 원처분을 유지하는 결정으로 국민의 권리·의무에 아무런 변동이 없고, 처분의 재심사 제도가 원처분을 다툴 수 없는 상황에서 예외적으로 허용되는 제도라는 점을 고려한 조항이다. 즉, 재심사 결정에 대한 불복을 제한함으로써 불필요한 쟁송의 반복을 방지하려는 입법정책적 고려에서 도입된 규정이다.

(7) 처분의 취소 및 철회와의 관계

「행정기본법」 제37조 제6항에서 "행정청의 제18조에 따른 취소와 제19조에 따른 철회는 처분의 재심사에 의하여 영향을 받지 아니한다"고 규정하고 있다. 즉, 처분의 재심사 제도가 있다고 하여 처분의 직권취소 및 직권철회가 제한받는 것은 아니라는 것이다. 처분의 직권취소와 직권철회는 처분의 재심사와는 별도의 제도로 각각 운영될 수 있다는 점을 확인한 것이다.

3. 청 원

청원은 국민이 국가에 대하여 불만 또는 희망을 개진하고 시정을 구하는 것을 말하며, 이는 헌법 제26조 제1항에 의한 기본권의 하나로서 모든 국민에게 보장되어 있다. 행정심판과 청원은 행정청에 대하여 자기반성을 촉구하고, 피해의 구제를 도모하기 위한 제도라는 점에서 공통성을 가진다. 또한 헌법은 청원이 제출된 경우에 국가의 수리·심사의무만을 규정하고 있으나(제26조 제2항), 「청원법」은 심사결과의 통지의무까지 부과하고 있어(제21조) 약간의 절차적 차이가 있으나 내용적인 면에서는 크게 다르지 않다.

그러나 행정심판은 기본적으로 권리구제를 위한 행정쟁송 제도이고, 청원은 행정쟁송 수단이라기보다는 국정에 대한 국민의 정치적 의사의 표시를 보장하기 위한 제도이므로, 양자는 그 본질적인 목적을 달리한다. 행정심판과 청원의 차이는 다음과 같다.

① 행정심판은 위법 또는 부당한 처분 등에 의하여 권익이 침해된 경우 일정한 심판청구기간 내에 행정심판위원회에 청구하여야 하는 등의 제한이 있으나, 청원은 누구든지 기간의 제한 없이 어떠한 국가기관에 대하여 원칙적으로 어떠한 사항(재판에 간섭하는 것이거나 국가원수를 모독하는 것은 제외됨)에 관해서도 제출할 수 있다. 즉, 행정심판의 경우 행정심판 청구기간이 경과되면 불가쟁력을 발생하게 되어 행정심판을 청구하지 못하나, 청원은 청원기간에 제한이 없어 불가쟁력이 발생한 처분에 대하여도 할 수 있다.

② 행정심판은 위법 또는 부당한 처분 등에 대하여 청구하는 것이나, 청원은 그 대상이 될 국가작용의 적법성·위법성·부당성 여부를 불문한다.

③ 행정심판은 심사절차·판정형식·판정내용 등에 있어 법적 기속을 받지만, 청원은 이러한 사항에 있어 법적 기속이 없다.

④ 행정심판의 재결은 불가변력·불가쟁력 등 효력을 발생하지만, 청원의 처리는 그러한 효력을 발생하지 않는다.

4. 국민고충처리

국민고충처리는 국무총리 소속하에 설치된 국민권익위원회가 행정과 관련된 국민의 고충민원에 대하여 상담·조사 및 처리하는 제도로, 그 근거 법률은 「부패방지권익위법」이다.

「부패방지권익위법」 제39조에 따르면 누구든지 국민권익위원회 또는 시민고충처리위원회에 고충민원을 신청할 수 있다. 국민고충처리 신청은 원칙적으로 행정심판청구로 인정할 수 없으나 예외적으로 인정하는 경우도 있다.

[판 례] 국민고충처리제도는 행정심판법에 의한 행정심판절차와는 제도의 취지나 성격을 달리하고 있으므로 국민고충처리위원회에 대한 고충민원의 신청이 행정소송의 전치절차로서 요구되는 행정심판청구에 해당하는 것으로 볼 수는 없다. 다만 국민고충처리위원회에 접수된 신청서가 행정기관의 처분에 대하여 시정을 구하는 취지임이 내용상 분명한 것으로서 국민고충처리위원회가 이를 당해 처분청 또는 그 재결청에 송부한 경우에 한하여 행정심판법 제17조 제2항, 제7항의 규정에 의하여 그

신청서가 국민고충처리위원회에 접수된 때에 행정심판청구가 제기된 것으로 볼 수 있다(대법원 1995.9.29. 선고 95누5332 판결).

Ⅲ. 행정심판과 행정소송의 비교

1. 공통점

행정심판과 행정소송은 모두 위법 또는 부당한 행정처분으로 인하여 침해된 국민의 권익구제를 도모하는 실질적 행정쟁송에 해당한다. 행정심판과 행정소송은 구체적인 분쟁을 전제로 행정처분의 적법·타당성 여부를 판단하는 실질적 사법작용이라는 점에서 양자는 같다.

행정심판과 행정소송은 쟁송의 제기에 의해서만 개시되고, 법률상 이익이 있는 자만이 원고적격 또는 청구인적격을 가지며, 원칙적으로 대심구조를 취하고 있는 점에서 양자는 같다.

행정심판과 행정소송은 심리절차에서 직권심리주의, 불고불리 및 불이익변경 금지의 원칙이 인정되는 점에서 양자는 같다. 행정심판과 행정소송은 그 제기의 효과로서 집행부정지의 원칙이 적용되고, 판결 또는 재결에서 사정판결 또는 사정재결이 인정되는 점에서도 양자는 같다.

2. 차이점

행정심판은 행정조직 내부에 있어서 행정의 적정한 운영을 위한 통제적·감독적 기능이 중시되지만, 행정소송은 행정작용에 의거 침해된 국민의 권익구제를 위하여 독립된 사법권에 의한 행정권행사에 대한 통제라는 점에서 행정구제적 기능이 보다 강조된다. 그 결과 행정심판과 행정소송은 ① 성질, ② 쟁송사항의 범위, ③ 판정기관, ④ 판정절차 등에서 다음과 같은 차이가 있다.

(1) 성 질

행정심판은 행정심판위원회가 판정기관이 되어 행정처분의 적법·타당성을 판단하는 작용이므로 형식적 의미의 행정작용이다. 특히 행정심판은 행정의 자율적 통제절차로서 행정절차로서의 성질을 가진다. 이에 대하여 행정소송은 법원이 일정한 소송절차를 거쳐 행하는 재판작용으로서 형식적 의미의 사법작용이기 때문에 행정심판과 행정소송은 그 성질에 차이가 있다.

(2) 범 위

행정심판은 행정의 적법성·합목적성의 유무, 즉 행정의 적법성 또는 위법성에 관한 판단뿐만 아니라 당·부당의 판단을 대상으로 하는 것에 반하여, 행정소송은 원칙적으로 행정의 적법성 유무, 즉 법률문제의 판단만을 대상으로 한다. 다만, 행정소송의 대상인 법률문제에는 재량권의 내적·외적 한계를 벗어난 재량권의 일탈·남용이 포함된다.

(3) 판정기관

행정심판의 판정기관은 행정심판위원회 등 어느 정도 독립성이 보장된 특별기관이고 행정소송은 법원이 관할한다.

(4) 심리절차

행정심판은 약식쟁송이기 때문에 구술주의보다는 서면심리주의를 주로 하는 등 그 절차가 행정소송에 비하여 상대적으로 간단하다. 이에 비해 행정소송은 정식쟁송이기 때문에 대심구조를 취하고 구술주의를 원칙으로 하는 등 그 절차가 완전하다. 또한, 행정심판은 비공개가 원칙이지만 행정소송은 공개가 원칙이다.

Ⅳ. 행정심판의 종류

현행 「행정심판법」 제5조는 행정심판의 종류로 취소심판, 무효등확인심판, 의무이행심판 등 3개의 항고심판을 명문으로 규정하고 있다. 항고심판이란 이미 행하여진 행정처분으로 인하여 권익을 침해당한 자가 당해 행정처분의 위법 또는 부당을 이유로 그 시정을 구하는 행정심판을 말한다.

이 외에도 사안의 전문성과 특수성으로 인해 개별법상 인정되고 특별행정심판(특허심판, 조세심판 등)과 당사자심판 등이 인정되고 있다.

1. 취소심판

(1) 취소심판의 의의

취소심판은 행정청의 위법 또는 부당한 처분을 취소하거나 변경하는 행정심판을 말한다(행정심판법 제5조 제1호). 이는 행정심판의 가장 대표적인 유형으로서 「행정심판법」은 취소심판을 중심으로 행정심판을 규정하고 있다.

(2) 취소심판의 성질

취소심판의 성질에 대하여는 형성적 쟁송으로 보는 설과 확인적 쟁송으로 보는 설이 대립하고 있다. 확인적 쟁송설은 취소심판이란 처분의 위법성을 확인하는 절차라는 입장에서 주장되고 있으나, 취소심판은 일단 일정한 법률관계를 성립시킨 처분의 효력을 다툼으로써 당해 처분의 취소(또는 변경)를 통하여 그 법률관계를 소멸·변경하는 성질, 즉 형성적 성질을 가진 것으로 보아야 한다. 형성적 쟁송설이 통설이다.

(3) 취소심판에 대한 재결

취소심판의 청구가 부적법하거나 이유 없다고 인정되는 때에는 해당 심판청구를 각하 또는 기각하는 재결을 한다. 다만, 취소심판의 청구가 이유 있다고 인정하면 처분을 취소 또는 다른 처분으로 변경하거나 다른 처분으로 변경할 것을 피청구인에게 명한다(행정심판법 제43조 제3항).

2. 무효등확인심판

(1) 무효등확인심판의 의의

무효등확인심판은 행정청의 처분의 효력 유무 또는 존재 여부를 확인하는 행정심판으로, 행정소송에 있어서 무효등확인소송에 대응되는 심판유형이다(행정심판법 제5조 제2호). 무효등확인심판에는 구체적으로 처분의 유효·무효·실효에 관한 확인심판 및 처분의 존재·부존재에 관한 확인심판이 포함된다.

(2) 무효등확인심판의 성질

무효등확인심판의 성질에 관해서는 ① 확인적 쟁송설, ② 형성적 쟁송설, ③ 준형성적 쟁송설로 나누어진다. 무효등확인심판은 실질적으로는 확인적 쟁송이지만, 형식적으로는 처분의 효력 유무 또는 존재 여부를 직접 쟁송의 대상으로 한다는 점에서 형성적 쟁송의 성질도 함께 가진 것으로 보는 준형성적 쟁송설이 통설이다.

(3) 무효등확인심판에 대한 재결

행정심판위원회는 무효등확인의 심판청구가 이유 있다고 인정하면 심판청구의 대상이 된 처분의 유효·무효 또는 존재·부존재를 확인하는 재결을 한다(행정심판법 제43조 제4항). 무효등확인심판은 취소심판의 경우와는 달리 청구기간 및 사정재결에 관한 규정이 적용되지 않는다(동법 제27조 제7항, 제44조 제3항).

3. 의무이행심판

(1) 의무이행심판의 의의

의무이행심판은 당사자의 신청에 대한 행정청의 위법 또는 부당한 거부처분이나 부작위에 대하여 일정한 처분을 하도록 하는 행정심판이다(행정심판법 제5조 제3호). 「행정심판법」이 의무이행심판을 명문으로 채택한 것은 오늘날 행정의 중심이 점차 급부행정의 영역으로 변천하는 추세를 반영한 입법 태도이다.

급부·규제행정의 영역에 있어서 국민의 생활은 행정에의 의존도가 점차 증대되고 있으므로 행정청이 일정한 처분을 해야 할 법률상의 의무가 있음에도 불구하고 이를 하지 아니하고 방치하면 부작위 그 자체가 국민의 권익을 침해하는 것이 된다.

행정심판이 행정청의 공권력 행사에 대한 불복의 심판절차라고 한다면 그 불복의 대상은 논리적으로 적극적인 공권력 행사뿐만 아니라 소극적인 행사, 즉 거부처분이나 부작위에 대한 다툼도 행정심판의 대상이 되어야 한다.

(2) 의무이행심판의 성질

의무이행심판은 이행쟁송의 성질을 가진다. 그런데 의무이행심판이 지닌 항고쟁송의 성질에 비추어 현재의 이행쟁송만이 가능하고 장래의 이행쟁송은 허용되지 않는 것으로 보아야 할 것이다.

(3) 의무이행심판에 대한 재결

행정심판위원회는 의무이행심판의 청구가 이유 있다고 인정되면 지체 없이 신청에 따른 처분을 하거나 처분을 할 것을 피청구인에게 명하는 재결을 한다(행정심판법 제43조 제5항). 당사자의 신청을 거부하거나 부작위로 방치한 처분의 이행을 명하는 재결이 있으면 행정청은 지체 없이 이전의 신청에 대하여 재결의 취지에 따라 처분을 하여야 한다(동법 제49조 제3항). 행정심판위원회는 피청구인이 처분을 하지 아니하는 경우에는 당사자가 신청하면 기간을 정하여 서면으로 시정을 명하고 그 기간에 이행하지 아니하면 직접 처분을 할 수 있다(동법 제50조 제1항).

의무이행심판은 취소심판의 경우와는 달리 청구기간에 관한 규정이 적용되지 않는다(동법 제27조 제7항).

4. 특별행정심판

특별행정심판이란 「행정심판법」에 따른 행정심판이 아니라 개별법에서 정한 절차에 따라 행정심판에 갈음하는 특별한 행정불복절차를 말한다. 「행정심판법」은 다른 법률에 특별한 규정이 있는 경우를 제외하고는 이 법에 따라 행정심판을 청구할 수 있다고 하여 특별행정심판의 존재를 인정하고 있다(제3조 제1항).

개별법에서 특별행정심판을 규정하는 경우는 매우 다양하다. 예를 들면 「국가공무원법」 및 「지방공무원법」상의 고충심사와 소청(국가공무원법 제76조의2, 지방공무원법 제67조의2), 「국세기본법」상의 심사청구(제61조)와 심판청구(제68조, 제69조 제1항), 「특허법」상의 특허심판과 그 항고심판(제186조 제8항) 등이 있다.

이처럼 특별행정심판의 내용은 한결같지 아니하고 그 명칭도 이의신청(광업법 제90조)·심사청구(국세기본법 제61조)·심판청구(국세기본법 제68조) 및 소청(국가공무원법 제9조) 등 매우 다양하다.

> **[판 례]** 구 공무원연금법상 공무원연금급여 재심위원회에 대한 심사청구 제도는 사안의 전문성과 특수성을 살리기 위하여 특히 필요하여 행정심판법에 따른 일반행정심판을 갈음하는 특별한 행정불복절차(행정심판법 제4조 제1항), 즉 특별행정심판에 해당한다(대법원 2019.8.9. 선고 2019두38656 판결).

특별행정심판은 그 대상이 되는 사건의 전문적·특수적 성질을 고려하여 채택된 제도이므로 그 심판절차는 사법절차에 준하는 것이 보통이다(헌법 제107조 제3항). 「특허법」상의 심결에 대한 소 및 심판청구서나 재심청구서의 각하결정에 대한 소는 특허법원의 전속관할로 하고, 이러한 소는 심결 또는 결정의 등본을 송달받은 날로부터 30일 불변기간 내에 제기하여야 한다. 특허법원의 판결에 대하여는 대법원에 상고할 수 있다(특허법 제186조 제8항).

한편, 현행 「행정심판법」은 사안의 전문성과 특수성을 살리기 위하여 특히 필요한 경우 외에는 「행정심판법」에 따른 행정심판을 갈음하는 특별한 행정불복절차(특별행정심판)나 「행정심판법」에 따른 행정심판 절차에 대한 특례를 다른 법률로 정할 수 없게 하였다(제4조 제1항). 또한, 관계 행정기관의 장이 특별행정심판 또는 이 법에 따른 행정심판 절차에 대한 특례를 신설하거나 변경하는 법령을 제정·개정할 때에는 미리 중앙행정심판위원회와 협의하여야 한다고 규정하고 있다(제4조 제3항). 이는 특별행정심판이나 특례를 가능한 한 남용하지 않도록 하려는 취지이다.

5. 당사자심판

당사자심판은 행정청의 처분 등을 원인으로 하는 법률관계에 대한 심판, 그 밖에 공법상의 법률관계에 관한 심판으로서 그 법률관계의 한쪽 당사자를 피고로 하는 행정심판을 말한다. 당사자심판에서는 공권력행사, 불행사 그 자체가 소송물이 아니고 그러한 행사로 인해 형성되는 공법상 법률관계(권리관계)가 소송의 대상이다. 그리고 당사자심판은 이미 행하여진 행정처분의 위법 또는 부당을 이유로 그 시정을 구하는 항고심판과는 달리 처음부터 심판절차로써 행정청의 재결을 구하는 것이기 때문에 시심적 쟁송에 해당한다.

현행 「행정심판법」은 항고심판만 규정하고 있고 당사자심판에 대해서는 명문의 규정이 없다. 따라서 각종 공법상 계약과 관련한 사건에 대하여 행정심판 청구가 있더라도 이를 각하하거나, 부득이한 경우 예외적으로 매우 넓은 의미의 처분성을 인정하는 우회적 방법을 활용하고 있다.

각 개별법에는 당사자심판의 성격을 가지고 있는 행정법관계에 대한 각종 심판이 재결·재정·결정·판정 등 여러 가지 표현으로 규정되어 있다(예컨대 환경분쟁조정법상 재정제도).

V. 행정심판의 대상

「행정심판법」제1조는 행정심판법의 목적을 '행정심판 절차를 통하여 행정청의 위법 또는 부당한 처분이나 부작위로 침해된 국민의 권리 또는 이익을 구제하고, 아울러 행정의 적정한 운영을 꾀함'으로 정하고 있다. 또한, 제3조에서 '행정청의 처분 또는 부작위에 대하여는 다른 법률에 특별한 규정이 있는 경우 외에는 이 법에 따라 행정심판을 청구할 수 있다'라고 하여, 행정심판의 대상을 처분과 부작위로 명문으로 규정하고 있다.

1. 개괄주의와 열기주의

행정심판의 대상을 정하는 입법 방식은 열기주의와 개괄주의로 구별된다.

(1) 열기주의

열기주의는 행정심판 대상을 법령이 구체적으로 정하는 특정 사항으로 한정하고 이에 대해서만 행정심판의 청구를 허용하는 방식을 말한다. 이는 종래 대륙법계 국가에서 채택한 바 있으나, 제2차 세계대전 이후에는 대부분 국가가 열기주의를 포기하고 개괄주의를 채택하고 있다. 열기주의는 행정심판 청구의 남용을 방지한다는 장점이 있으나, 국민의 권익구제에는 충실하지 못한 단점이 있다.

(2) 개괄주의

개괄주의는 행정심판 대상을 한정하여 제한하지 않고 행정청의 위법 또는 부당한 처분으로 인하여 권익이 침해되었다고 주장하는 자에 대하여 널리 행정심판의 청구를 인정하는 방식을 말한다. 개괄주의는 국민의 권익구제에 충실한 점에서 그 장점이 있으나 행정심판 청구를 남용한다든지 또는 행정심판의 한계가 불분명하다는 등의 단점이 있다.

현행 「행정심판법」 역시 행정심판의 대상을 특정 사항으로 한정하지 않고 처분성이 있는 모든 행정작용으로 하고 있어 개괄주의를 채택하고 있다.

2. 행정청의 처분

「행정심판법」은 다른 법률에 특별한 규정이 있는 경우 외에는 행정청의 처분에 대하여 행정심판을 청구할 수 있다고 규정하고 있다(제3조 제1항). 여기서 행정청의 처분이란 행정청이 행하는 구체적 사실에 관한 법집행으로서의 공권력의 행사 또는 그 거부, 그 밖에 이에 준하는 행정작용을 말한다(동법 제2조 제1호).

행정심판의 대상인 행정청의 처분은 동시에 행정소송의 대상이기도 하므로

제2장 행정소송에서 자세하게 설명하기로 한다.

3. 행정청의 부작위

(1) 부작위의 개념

행정청의 부작위는 '행정청이 당사자의 신청에 대하여 상당한 기간 내에 일정한 처분을 하여야 할 법률상 의무가 있는데도 처분을 하지 아니하는 것'을 말한다(행정심판법 제2조 제2호). 「행정심판법」이 행정청의 부작위의 개념을 명시하고 그 부작위를 행정심판의 대상으로 규정한 것은 부작위로 인한 국민의 불이익을 구제하고 행정 운영을 공정하고 바르게 하려는 취지이다.

행정청이 법령에 따른 개인의 신청(예컨대 생활보호의 신청, 인·허가의 신청, 환경오염의 규제신청 등)에 대하여 그 처리를 방치하거나 사무처리를 지연시키게 되면 그로 인하여 개인은 불이익을 받게 되는 경우가 많으므로 그러한 불이익을 구제하기 위하여 요청되는 것이 바로 부작위심판이다.

(2) 부작위의 성립요건

1) 당사자의 신청

행정청의 부작위가 성립하기 위해서는 먼저 당사자의 신청이 있어야 한다. 신청은 법령에 명시된 경우뿐만 아니라, 법 해석상 당해 규정이 특정인의 신청을 전제로 하고 있음이 인정되는 경우를 포함한다.

2) 상당한 기간

행정청이 일정한 처분을 하여야 할 상당한 기간이 지나도 아무런 처분을 하지 아니하여야 한다. 여기서 '상당한 기간'이란 사회통념상 당해 신청에 대한 처분을 하는 데 소요되는 것으로 판단되는 기간을 의미한다.

「민원처리법」제20조 제1항의 규정에 따라 행정안전부장관이 민원인의 편의를 위하여 관계법령등에 규정되어 있는 민원사항의 처리기관, 처리기간 등에 관한 사항을 종합하여 관보에 고시되는 「민원처리기준표 고시」[2]에서 정한 처리기간은 당해 신청의 처리를 위한 '상당한 기간'으로 볼 수 있다. 또한, 다른 동종의 신청에 대하여 소요되는 처리기간에 대하여 경험칙을 기준으로 하여 '상당한 기간'을 판단할 수 있다.

(3) 법률상 의무의 존재

당사자의 신청에 대하여 일정한 처분을 하여야 할 행정청의 법률상 의무가 있어야 한다. 행정청의 법률상 의무란 법령에 일정한 처분을 할 것을 명하는 명문

---

2) 행정안전부고시 제2021-63호, 2021. 10. 6. 일부개정, 시행 2021. 10. 12.

의 규정이 있는 경우는 물론 법령의 취지나 당해 처분의 성질로 보아 행정청의 기속행위인 경우를 포함한다. 그것은 기속행위의 경우에는 행정청은 당사자의 적법한 신청에 대해서는 당해 행위를 할 기속, 즉 법률상의 의무를 지고 있기 때문이다. 재량행위도 재량권이 영(零)으로 수축되는 때에는 행정청은 처분할 법률상 의무를 진다.

4. 행정청의 위법 또는 부당한 처분

행정심판의 대상은 처분·거부처분 및 부작위가 되는 것이나, 그것이 위법 또는 부당한 경우이어야 한다.

(1) 처분의 위법성

처분의 위법성은 행정청의 행위가 당해 근거법규를 위반하거나 행정법의 일반원칙 내지 조리법을 위반한 경우를 말한다. 처분이 유효하게 성립하기 위해서는 그 성립요건과 효력요건을 갖추어야 하는데, 거기에 흠이 있을 때는 처분의 효력을 완전히 발생하지 못하며, 위법한 처분이 되는 것이다.

처분의 위법성의 원인이 되는 하자가 중대·명백한 때에는 당해 처분의 무효원인이 되며, 단순위법에 해당하는 때에는 행정쟁송에 의한 취소사유가 된다. 행정청의 재량행위도 재량권의 내적·외적 한계를 벗어난 때에는 위법성이 인정된다.

(2) 처분의 부당성

처분의 부당성은 행정청의 재량권행사가 그 한계 내에서 행사되었기 때문에 위법의 문제는 없으나, 당해 재량규범의 수권 목적에 비추어 가장 합목적적이라고 할 수 없는 경우를 말한다.

(3) 위법과 부당의 구별

현행 「행정소송법」 제27조는 "행정청의 재량에 속하는 처분이라도 재량권의 한계를 넘거나 그 남용이 있는 때에는 법원은 이를 취소할 수 있다"라고 규정하고 있다. 이는 기속행위이든 재량행위든 관계없이 모두 행정소송의 대상이 되지만, 재량행위의 경우는 그 일탈과 남용이 있어 한계를 넘는 경우에만 취소된다는 것이다. 즉, 행정소송 심리를 통해 그 재량행위가 부당한 것으로 판단된 경우라도 이는 위법하지 않은 적법한 행정행위이고 법원은 이를 취소하지 않는다는 것이다. 이러한 관점에서 재량행위는 원칙적으로 행정심판의 완전한 대상이 되지만, 행정소송에서는 외부적 한계를 넘는 경우에만 사법심사의 대상이 된다.

그러므로 구체적인 행정사건에 있어 그것이 행정심판의 대상에 그치는 것인지 또는 행정소송의 대상도 되는지는, 당해 처분이 위법한 것인지 부당한 것인지에 좌우되므로 위법과 부당의 개념은 구별되어야 한다.

그러나 현실적으로 위법과 부당의 구별은 쉽지 않으며, 당해 처분의 근거법규의 성질에 따라 판단된다. 근거법규에 위반되는 행위, 행정법의 일반원칙 또는 조리법에 위반되는 행위 등은 위법하며, 공익재량에 위반되는 행위는 부당한 것으로 보아야 할 것이다.

5. 제외대상

「행정심판법」제3조 제2항에 따르면 대통령의 처분 또는 부작위에 대하여는 원칙적으로 행정심판을 청구할 수 없다. 그리고 심판청구에 대한 재결이 있으면 그 재결 및 같은 처분 또는 부작위에 대하여 다시 행정심판을 청구할 수 없다(제51조). 이른바 반복적인 행정심판의 재청구를 금지하고 있다.

제 2 절   행정심판의 당사자 등

행정심판 절차에서 청구인과 피청구인은 당사자이고 심판참가인은 관계인이다. 이 외에도 행정심판절차에서 청구인과 피청구인을 대리하는 대리인이 있다.

I. 행정심판의 청구인

1. 청구인의 자격

청구인은 행정심판의 대상인 처분 또는 부작위에 불복하여 그의 취소(또는 변경) 등을 위하여 심판청구를 제기하는 자를 말한다. 청구인은 처분의 상대방이 아닌 제3자도 될 수 있으며 원칙적으로 자연인 또는 법인이어야 하나, 법인이 아닌 사단 또는 재단으로서 대표자나 관리인이 정하여져 있는 경우에는 그 사단이나 재단의 이름으로 심판청구를 할 수 있다(행정심판법 제14조).

> **[판 례]** 청구인적격이 없는 자의 명의로 제기된 행정심판청구에 대하여 행정청이나 재결청에게 행정심판청구인을 청구인적격이 있는 자로 변경할 것을 요구하는 보정을 명할 의무가 없고, 행정심판절차에서 임의적인 청구인의 변경은 원칙적으로 허용되지 아니한다(대법원 1999.10.8. 선고 98두10073 판결).

2. 선정대표자

여러 명의 청구인이 공동으로 심판청구를 할 때에는 청구인들 중에서 3명 이하의 대표자를 선정할 수 있고, 청구인이 선정대표자를 선정하지 아니한 경우에 위원회는 필요하다고 인정하면 청구인들에게 선정대표자를 선정할 것을 권고할 수 있다(행정심판법 제15조 제1항·제2항). 선정대표자는 다른 청구인들을 위하여 그 사건에 관한 모든 행위를 할 수 있다. 다만, 심판청구를 취하하려면 다른 청구인들의 동의를 받아야 하며, 이 경우 동의받은 사실을 소명하여야 한다.

선정대표자가 선정되면 다른 청구인들은 그 선정대표자를 통해서만 그 사건에 관한 행위를 할 수 있다(동법 제15조 제3항·제4항). 그러나 선정대표자를 선정한 청구인들은 필요하다고 인정하면 선정대표자를 해임하거나 변경할 수 있다. 이 경우 청구인들은 그 사실을 지체 없이 위원회에 서면으로 통지하여야 한다(동법 제15조 제5항).

> **[판 례]** 행정심판절차에서 청구인들이 당사자가 아닌 자를 선정대표자로 선정하였더라도 행정심판법 제11조(현 제15조)에 위반되어 그 선정행위는 그 효력이 없다(대법원 1991.1.25. 선고 90누7791 판결).

3. 청구인적격

청구인적격이란 특정의 행정심판에 있어서 청구인으로 행정심판을 청구하고 본안에 관한 재결을 받기에 적합한 자격을 말한다.

(1) 취소심판의 청구인적격

취소심판의 청구인적격은 처분의 상대방 여부와 관계없이 구체적인 처분의 취소(또는 변경)를 구할 법률상 이익이 있는 자가 가진다(행정심판법 제13조 제1항).

여기서 법률상 이익에 공권·사권 등 권리가 포함된다는 점은 의문이 없으나, 그것은 불확정개념이고 또한 법률상 이익의 범위가 점차 확대되는 경향이기 때문에 구체적으로 행정심판을 통하여 구제받을 수 있는 법률상 이익의 범위가 문제된다. 그에 관한 학설로는 ① 권리향수회복설, ② 법률상 이익구제설, ③ 보호가치이익설, ④ 적법성보장설 등이 있으며, 법률상 이익구제설이 통설이다.

법률상 이익구제설에 의하면 법률상 이익이란 청구인이 주장하는 이익이 처분의 근거가 된 실체법규에 의해 보호되고 있는 것을 의미한다. 따라서 권리를 침해받은 자 외에도 법률이 보호하고 있는 이익(보호이익)을 침해받은 자에게도 청구인적격을 인정하나, 반사적 이익은 제외된다.

종래에는 청구인적격과 관련하여 처분의 효과가 기간의 경과나 집행의 종료 등으로 인하여 소멸한 경우에는, 당해 처분의 취소(또는 변경)를 구할 법률상 이익이 없는 것으로 보았다. 그러나 현행 「행정심판법」은 이 점에 대하여 "처분의 효과가 기간의 경과, 처분의 집행, 그 밖의 사유로 인하여 소멸된 뒤에도 그 처분의 취소로 인하여 회복되는 법률상 이익이 있는 자"에게는 청구인적격을 명시적으로 인정하고 있다(제13조 제1항 단서).

(2) 무효등확인심판의 청구인적격

무효등확인심판의 청구인적격은 처분의 효력 유무 또는 존재의 확인을 구할 법률상 이익이 있는 자가 가진다(행정심판법 제13조 제2항).

여기서 확인을 구할 법률상 이익이란, 해당 행정심판의 목적인 처분의 효력 유무나 존재 여부에 관하여 당사자간에 분쟁이 있어 재결을 통해 확정하는 것이, 그의 법적 지위의 위험을 제거할 수 있는 경우를 말한다.

(3) 의무이행심판의 청구인적격

의무이행심판의 청구인적격은 처분을 신청한 자로서 행정청의 거부처분 또는 부작위에 대하여 일정한 처분을 구할 법률상 이익이 있는 자가 가진다(행정심판법 제13조 제3항). 그러나 청구인적격이 인정되기 위해서는 일정한 처분의 신청을 한 것만으로는 부족하고, 법령에 의해 처분의 신청권이 인정되어야 한다.

4. 청구인의 지위승계

행정심판에서 청구인의 지위가 승계되는 경우로는 ① 청구인이 사망한 경우, ② 법인인 청구인이 합병에 따라 소멸한 경우, ③ 권익양수로 인한 경우 등이 있다.

(1) 사망으로 인한 승계

행정심판을 청구한 뒤에 청구인이 사망한 경우에는 상속인이나 그 밖에 법령에 따라 심판청구의 대상에 관계되는 권리나 이익을 승계한 자가 청구인의 지위를 승계한다(행정심판법 제16조 제1항).

청구인의 사망에 따라 청구인의 지위를 승계한 자는 행정심판위원회에 서면으로 그 사유를 신고하여야 한다. 이 경우 신고서에는 사망 등에 의한 권리·이익의 승계를 증명하는 서면을 함께 제출하여야 한다(동법 제16조 제3항). 청구인의 지위를 승계한 자가 행정심판위원회에 서면에 의한 신고가 있을 때까지 사망자에 대하여 한 통지 또는 그 밖의 행위가 청구인의 지위를 승계한 자에게 도달하면 지위를 승계한 자에 대한 통지 또는 그 밖의 행위로서의 효력이 있다(동법 제16조 제4항).

(2) 법인 등의 합병으로 인한 승계

법인인 청구인이 합병에 따라 소멸하였을 때에는 합병 후 존속하는 법인이나 합병에 따라 설립된 법인이 청구인의 지위를 승계한다(행정심판법 제16조 제2항). 법인 등의 합병에 따라 청구인의 지위를 승계한 자는 행정심판위원회에 서면으로 그 사유를 신고하여야 한다. 이 경우 신고서에는 합병 사실을 증명하는 서면을 함께 제출하여야 한다(동법 제16조 제3항).

청구인의 지위를 승계한 법인이 행정심판위원회에 서면에 의한 신고가 있을 때까지 합병전의 법인에 대하여 한 통지 또는 그 밖의 행위가 청구인의 지위를 승계한 자에게 도달하면 지위를 승계한 자에 대한 통지 또는 그 밖의 행위로서의 효력이 있다(동법 제16조 제4항).

(3) 권익 양수로 인한 승계

심판청구의 대상과 관계되는 권리나 이익을 양수한 자는 행정심판위원회의 허가를 받아 청구인의 지위를 승계할 수 있다(행정심판법 제16조 제5항). 위원회는 권익 양수로 인한 지위 승계 신청을 받으면 기간을 정하여 당자자와 참가인에게 의견을 제출하도록 할 수 있으며, 당사자와 참가인이 그 기간에 의견을 제출하지 아니하면 의견이 없는 것으로 본다(동법 제16조 제6항). 위원회는 지위 승계 신청에 대하여 허가 여부를 결정하고, 지체 없이 신청인에게는 결정서 정본을, 당사자와 참가인에게는 결정서 등본을 송달하여야 한다(동법 제16조 제7항). 신청인은 위원회가 지위 승계를 허가하지 아니하면 결정서 정본을 받은 날부터 7일 이내에 위원회에 이의신청을 할 수 있다(동법 제16조 제8항).

Ⅱ. 행정심판의 피청구인

1. 피청구인적격

행정심판은 처분을 한 행정청 또는 부작위를 한 부작위청(의무이행심판의 경우 청구인의 신청을 받은 행정청)을 피청구인으로 하여 청구하여야 한다. 다만, 심판청구의 대상과 관계되는 권한이 다른 행정청에 승계된 경우에는 권한을 승계한 행정청을 피청구인으로 하여야 한다(행정심판법 제17조 제1항).

2. 피청구인의 경정

청구인이 피청구인을 잘못 지정한 경우에는 위원회는 직권으로 또는 당사자의 신청에 의하여 결정으로써 피청구인을 경정(更正)할 수 있다(행정심판법 제17조 제2항). 당사자가 피청구인의 경정을 신청할 때에는 그 뜻을 적은 서면을 위원회에 제출하야야 한다(동법 시행령 제15조 제1항). 위원회는 지체 없이 심사하여 허가 여부를 결정하여야 한다(동법 시행령 제15조 제2항).

위원회는 피청구인을 경정하는 결정을 하면 결정서 정본을 당사자(종전의 피청구인과 새로운 피청구인을 포함한다)에게 송달하여야 한다(동법 제17조 제3항). 이와 같은 피청구인의 경정 결정이 있으면 종전의 피청구인에 대한 심판청구는 취하되고 종전의 피청구인에 대한 행정심판이 청구된 때에 새로운 피청구인에 대한 행정심판이 청구된 것으로 본다(동법 제17조 제4항).

위원회는 행정심판이 청구된 후에 심판청구의 대상과 관계되는 권한이 다른 행정청에 승계되면 직권으로 또는 당사자의 신청에 의하여 결정으로써 피청구인을 경정한다(동법 제17조 제1항·제2항). 위원회가 피청구인을 경정하는 결정을 하면 결정서 정본을 당사자에게 송달하여야 한다. 이 경우 종전의 피청구인에 대한 심판청구는 취하되고 종전의 피청구인에 대한 행정심판이 청구된 때에 새로운 피청구인에 대한 행정심판이 청구된 것으로 본다(동법 제17조 제4항). 당사자는 위원회의 결정에 대하여 결정서 정본을 받은 날부터 7일 이내에 위원회에 이의신청을 할 수 있다(동법 제17조 제6항).

Ⅲ. 참가인

1. 제3자나 행정청의 심판참가

행정심판의 결과에 이해관계가 있는 제3자나 행정청은 해당 심판청구에 대한 위원회나 소위원회의 의결이 있기 전까지 그 사건에 대하여 심판참가를 할 수 있다(행정심판법 제20조 제1항). 심판참가를 하려는 자는 참가의 취지와 이유를 적은 참가신청서를 위원회에 제출하여야 한다. 이 경우 당사자의 수만큼 참가신청서 부본을 함께 제출하여야 한다(동법 제20조 제2항).

위원회는 참가신청서를 받으면 참가신청서 부본을 당사자에게 송달하여야 한다(동법 제20조 제3항). 위원회는 기간을 정하여 당사자와 다른 참가인에게 제3자의 참가신청에 대한 의견을 제출하도록 할 수 있으며, 당사자와 다른 참가인이 그 기간에 의견을 제출하지 아니하면 의견이 없는 것으로 본다(동법 제20조 제4항).

위원회는 참가신청을 받으면 허가 여부를 결정하고, 지체 없이 신청인에게는 결정서 정본을, 당사자와 다른 참가인에게는 결정서 등본을 송달하여야 한다(동법 제20조 제5항). 신청인은 참가 여부에 대한 결정서 정본을 송달을 받은 날부터 7일 이내에 위원회에 이의신청을 할 수 있다(동법 제20조 제6항).

「행정심판법」이 이해관계인에게 심판참가의 기회를 보장하고 있는 것은 행정심판의 심리의 적정을 도모함과 동시에 이해관계인의 권익을 보호하고자 하는 제 도적 표현이라 할 수 있다.

2. 심판참가의 요구

위원회는 필요하다고 인정하면 그 행정심판 결과에 이해관계가 있는 제3자나 행정청에 그 사건 심판에 참가할 것을 요구할 수 있다. 심판 참가 요구를 받은 제 3자나 행정청은 지체 없이 그 사건 심판에 참가할 것인지 여부를 위원회에 통지하 여야 한다(행정심판법 제21조).

3. 참가인의 지위

참가인은 행정심판 절차에서 당사자가 할 수 있는 심판절차상의 행위를 할 수 있다(행정심판법 제22조 제1항). 당사자가 위원회에 서류를 제출할 때에는 참가인 의 수만큼 부본을 제출하여야 하고, 위원회가 당사자에게 통지를 하거나 서류를 송달할 때에는 참가인에게도 통지하거나 송달하여야 한다(동법 제22조 제2항).

Ⅳ. 대리인

1. 사선대리인

행정심판의 청구인이나 피청구인은 대리인을 선임하여 당해 심판청구에 관한 행위를 할 수 있다(행정심판법 제18조 제1항).

청구인의 경우 법정대리인 외에 ① 청구인의 배우자, 청구인 또는 배우자의 사촌 이내의 혈족, ② 청구인이 법인이거나 청구인 능력이 있는 법인이 아닌 사단 또는 재단의 경우 그 소속 임직원, ③ 변호사, ④ 다른 법률에 따라 심판청구를 대 리할 수 있는 자, ⑤ 그 밖에 위원회의 허가를 받은 자[3]를 대리인으로 선임할 수 있다.

피청구인 역시 변호사, 다른 법률에 따라 심판청구를 대리할 수 있는 자, 그 밖에 위원회의 허가를 받은 자를 대리인으로 선임할 수 있다(동법 제18조 제2항).

행정심판의 대리인은 청구인 또는 피청구인들을 위하여 그 사건에 관한 모든 행위를 할 수 있다. 다만, 심판청구를 취하하려면 청구인 또는 피청구인의 동의를 받아야 하며, 이 경우 동의받은 사실을 서면으로 소명하여야 한다. 청구인 또는 피

---

3) 위원회의 허가를 받아 대리인을 선임하고자 하는 자는 ① 대리인이 될 자의 인적사항, ② 대리 인을 선임하고자 하는 이유, ③ 청구인 또는 피청구인과 대리인과의 관계 등을 기재한 서면으 로 위원회에 허가신청을 하여야 하며, 위원회가 허가신청을 받은 때에는 지체 없이 이를 심사 하여 허가 여부를 결정하고 그 뜻을 신청인에게 통지하여야 한다(행정심판법 시행령 제16조 제 1항·제2항).

청구인은 필요하다고 인정하면 대리인을 해임하거나 변경할 수 있다. 이 경우 청구인 또는 피청구인은 그 사실을 지체 없이 위원회에 서면으로 알려야 한다(동법 제18조 제3항).

위원회의 허가를 받아 대리인을 선임하려면 대리인이 될 자의 인적사항, 대리인을 선임하려는 이유, 청구인 또는 피청구인과 대리인의 관계 등을 적은 서면으로 위원회에 허가를 신청하여야 한다(동법 시행령 제16조).

2. 국선대리인

국선 대리인 제도는 2017년 「행정심판법」 개정으로 도입된 제도이다. 청구인은 경제적 능력으로 인해 대리인을 선임할 수 없는 경우에 위원회에 국선대리인을 선임하여 줄 것을 신청할 수 있다(제18조의2 제1항). 위원회는 제1항의 신청에 따른 국선대리인 선정 여부에 대한 결정을 하고, 지체 없이 청구인에게 그 결과를 통지하여야 한다. 이 경우 위원회는 심판청구가 명백히 부적법하거나 이유 없는 경우 또는 권리의 남용이라고 인정되는 경우에는 국선대리인을 선정하지 아니할 수 있다(동법 제18조의2 제2항). 국선대리인 신청절차, 국선대리인 지원 요건, 국선대리인의 자격·보수 등 국선대리인 운영에 필요한 사항은 국회규칙, 대법원규칙, 헌법재판소규칙, 중앙선거관리위원회규칙 또는 대통령령으로 정한다(동법 제18조의2 제3항).

국선 대리인은 경제적 사유로 대리인의 선임이 곤란한 사회적 약자에게 행정심판위원회가 대리인을 선임하여 지원함으로써 행정심판을 통한 국민 권익구제 역량을 확대하려는 것이다.

제 3 절   행정심판위원회

I. 행정심판위원회의 설치

1. 의 의

행정심판위원회는 행정심판청구를 수리하여 심리하고 재결하는 권한을 가진 합의제 행정기관이다. 행정심판제도에 있어서 행정심판의 심리·재결절차를 적정화하고 심리·재결기관을 객관화하는 것은 공정한 재결을 위하여 필요한 가장 중요한 제도적 장치라 할 수 있다. 종전 「행정심판법」은 처분청, 의결기관인 행정심판위원회, 행정심판위원회의 의결에 따라 재결하는 재결청 등 행정심판과 관련된 기관의 구조가 복잡하였다.

그러나 현행 「행정심판법」은 행정심판위원회가 행정심판사건에 대하여 직접 재결을 하도록 하고 있다. 즉, 행정심판위원회가 행정심판의 심리와 재결기능을 모두 담당하고 있다.

2. 종 류

「행정심판법」은 행정심판위원회의 종류로 해당 행정청 소속 행정심판위원회, 중앙행정심판위원회, 시·도지사 소속 행정심판위원회, 직근 상급행정기관 소속 행정심판위원회 등 4종류의 행정심판위원회를 규정하고 있다. 일반적으로 행정심판위원회라고 표현하였을 때는 4종류 모두를 포함하는 상위개념이며, 이는 약칭으로 위원회라고 칭해진다.

(1) 해당 행정청 소속 행정심판위원회

행정심판청구의 대상인 처분이나 부작위를 한 행정청 또는 그 소속 행정청이 ① 감사원, 국가정보원장, 그 밖에 대통령령으로 정하는 대통령 소속기관의 장, ② 국회사무총장·법원행정처장·헌법재판소사무처장 및 중앙선거관리위원회사무총장, ③ 국가인권위원회, 그 밖에 지위·성격의 독립성과 특수성 등이 인정되어 대통령령으로 정하는 행정청인 때에는 해당 행정청 자체에 두는 행정심판위원회에서 심리·재결한다(행정심판법 제6조 제1항).

해당 행정청에 직접 소속 행정심판위원회를 두는 것은, 해당 행정청이 여타의 다른 행정청과 다른 독립적이고 특수한 성격을 지니고 있어 관련된 행정심판 업무를 일반적인 행정심판위원회에 맡기는 것보다는, 직접 자체의 행정심판위원회에서 처리하는 것이 합리적이기 때문이다. 특히 국회, 법원, 헌법재판소의 경우 행정부 소속 행정심판위원회가 행정심판 업무를 담당하는 것이 삼권분립의 원칙에 위반되기 때문이다.

(2) 중앙행정심판위원회

국민권익위원회에 두는 중앙행정심판위원회는 ① 해당 행정청 소속으로 행정심판위원회를 두는 경우 외의 국가행정기관의 장 또는 그 소속 행정청, ② 특별시장·광역시장·특별자치시장·도지사·특별자치도지사 또는 특별시·광역시·특별자치시·도·특별자치도의 의회, ③ 「지방자치법」에 따른 지방자치단체조합 등 관계 법률에 따라 국가·지방자치단체·공공법인 등이 공동으로 설립한 행정청의 처분 또는 부작위에 대하여 심리·재결한다(행정심판법 제6조 제2항).

(3) 시·도지사 소속 행정심판위원회

시·도지사 소속으로 두는 행정심판위원회는 ① 시·도 소속 행정청, ② 시·도의 관할구역에 있는 시·군·자치구의 장, 소속 행정청 또는 시·군·자치구의 의회, ③ 시·도의 관할구역에 있는 둘 이상의 지방자치단체·공공법인 등이 공동으로 설립한 행정청의 처분이나 부작위에 대한 심판청구에 대하여 심리·재결한다 (행정심판법 제6조 제3항).

(4) 직근 상급행정기관 소속 행정심판위원회

중앙행정심판위원회에서 심리하지 아니하는 법무부 및 대검찰청 소속 특별행정기관의 장의 처분 또는 부작위에 대한 심판청구에 대하여는 해당 행정청의 직근 상급행정기관에 두는 행정심판위원회에서 심리·재결한다(행정심판법 제6조 제4항, 동법 시행령 제3조). 직근 상급행정기관이란 해당 행정심판청구의 대상인 처분이나 부작위를 한 행정청에 대하여 행정조직의 계열상 제1차적 감독기관을 말한다.

Ⅱ. 행정심판위원회의 구성

1. 각급 행정심판위원회

(1) 구 성

행정심판위원회(중앙행정심판위원회는 제외한다)는 위원장 1명을 포함하여 50명 이내의 위원으로 구성한다(행정심판법 제7조 제1항).

(2) 위원장

행정심판위원회의 위원장은 그 행정심판위원회가 소속된 행정청이 되며, 위원장이 없거나 부득이한 사유로 직무를 수행할 수 없거나 필요하다고 인정하는 경우에는 ① 위원장이 사전에 지명한 위원, ② 지명된 공무원인 위원(2명 이상인 경우에는 직급 또는 직무등급도 같은 경우에는 위원 재직기간이 긴 위원 순서로, 재직기간도 같은 경우에는 연장자 순서로 한다)의 순서에 따라 위원이 위원장의 직무를 대행한다(행정심판법 제7조 제2항).

시·도지사 소속으로 두는 행정심판위원회의 경우에는 해당 지방자치단체의 조례로 정하는 바에 따라 공무원이 아닌 위원을 위원장으로 정할 수 있다. 이 경우 위원장은 비상임으로 한다(동법 제7조 제3항).

(3) 회의 및 의결정족수

행정심판위원회의 회의는 위원장과 위원장이 회의마다 지정하는 8명의 위원 (그중 위촉위원은 6명 이상으로 하되, 위원장이 공무원이 아닌 경우에는 5명으로 한다)으로 구성한다.

다만, 국회규칙, 대법원규칙, 헌법재판소규칙, 중앙선거관리위원회규칙 또는 대통령실장, 방송통신위원회, 국가정보원장, 대검찰청 소속 특별지방행정기관의 장에 두는 행정심판위원회의 회의는 위원장과 위원장이 회의마다 지정하는 6명의 위원(그중 위촉위원은 5명 이상으로 하되, 공무원이 아닌 위원이 위원장인 경우에는 4명 이상으로 한다)으로 구성할 수 있다(행정심판법 제7조 제5항, 동법 시행령 제5조).

행정심판위원회는 그 구성원 과반수의 출석과 출석위원 과반수의 찬성으로 의결한다(동법 제7조 제6항).

2. 중앙행정심판위원회

(1) 구 성

중앙행정심판위원회는 위원장 1명을 포함한 70인 이내의 위원으로 구성 하되, 위원 중 상임위원은 4명 이내로 한다(행정심판법 제8조 제1항).

(2) 위원장

중앙행정심판위원회의 위원장은 국민권익위원회의 부위원장 중 1명이 되며, 위원장이 없거나 부득이한 사유로 직무를 수행할 수 없거나 위원장이 필요하다고 인정하는 경우에는 상임위원이 위원장의 직무를 대행한다(행정심판법 제8조 제2항).

(3) 상임위원 및 비상임위원

중앙행정심판위원회 상임위원은 일반직 공무원으로서 임기제 공무원으로 임명하되, 3급 이상 공무원 또는 고위공무원단에 속하는 일반직공무원으로 3년 이상 근무한 사람이나 그 밖에 행정심판에 관한 지식과 경험이 풍부한 사람 중에서 중앙행정심판위원회의 위원장의 제청으로 국무총리를 거쳐 대통령이 임명한다(행정심판법 제8조 제3항).

비상임위원은 ① 변호사의 자격을 취득한 후 5년 이상의 실무 경험이 있는 사람, ②「고등교육법」제2조 제1호부터 제6호까지의 규정에 따른 학교에서 조교수 이상으로 재직하거나 재직하였던 사람, ③ 행정기관의 4급 이상 공무원이었거나 고위공무원단에 속하는 공무원이었던 사람, ④ 박사학위를 취득한 후 해당 분야에서 5년 이상 근무한 경험이 있는 사람, ⑤ 그 밖에 행정심판과 관련된 분야의 지식과 경험이 풍부한 사람 중에서 중앙행정심판위원회 위원장의 제청으로 국무총리가 성별을 고려하여 위촉한다(동법 제8조 제4항).

(4) 위원회의 회의

중앙행정심판위원회의 회의는 위원장, 상임위원 및 위원장이 회의마다 지정하는 비상임위원을 포함하여 총 9명으로 구성한다(행정심판법 제8조 제5항). 위원회는 구성원 과반수의 출석과 출석위원 과반수의 찬성으로 의결한다(동법 제8조 제7항).

(5) 소위원회 또는 전문위원회

중앙행정심판위원회는 심판청구사건 중 「도로교통법」에 따른 자동차운전면허 행정처분에 관한 사건(소위원회가 중앙행정심판위원회에서 심리·의결하도록 결정한 사건은 제외한다)을 심리·의결하게 하기 위하여 4명의 위원으로 구성하는 소위원회를 둘 수 있다(행정심판법 제8조 제6항).

중앙행정심판위원회는 위원장이 지정하는 사건을 미리 검토하도록 필요한 경우에는 전문위원회를 둘 수 있다(동법 제8조 제8항).

Ⅲ. 위원의 임기 및 신분보장

행정심판위원회의가 소속된 행정청이 위촉하거나 지명된 공무원인 위원은 그 직에 재직하는 동안 재임한다(행정심판법 제9조 제1항). 중앙행정심판위원회 상임위원의 임기는 3년으로 하되, 1차에 한하여 연임할 수 있다(동법 제9조 제2항).

해당 행정심판위원회가 소속된 행정청이 위촉하거나 지명된 공무원인 위원 및 중앙행정심판위원회 위원장의 제청으로 국무총리가 위촉한 비상임위원의 임기는 2년으로 하되, 2차에 한하여 연임할 수 있다. 다만, 국회사무총장·법원행정처장·헌법재판소사무처장 및 중앙선거관리위원회사무총장에 두는 행정심판위원회의 위촉위원의 경우에는 각각 국회규칙, 대법원규칙, 헌법재판소규칙 또는 중앙선거관리위원회규칙으로 정하는 바에 따른다(동법 제9조 제3항).

Ⅳ. 위원의 제척·기피·회피

「행정심판법」은 위원회가 행정심판청구사건에 대한 심리·재결기능을 수행함에 있어 공정한 심판을 기할 수 있도록 위원에 대한 제척·기피·회피제도에 관하여 명시하였을 뿐 아니라(제10조 제1항 내지 제7항), 위원회의 심리·재결에 관한 사무에 관하여는 직원에게도 이를 준용하고 있다(제10조 제8항).

1. 위원의 제척

행정심판위원회의 위원은 ① 위원 또는 그 배우자나 배우자이었던 사람이 사건의 당사자이거나 사건에 관하여 공동 권리자 또는 의무자인 경우, ② 위원이 사건의 당사자와 친족이거나 친족이었던 경우, ③ 위원이 사건에 관하여 증언이나 감정(鑑定)을 한 경우, ④ 위원이 당사자의 대리인으로서 사건에 관여하거나 관여하였던 경우, ⑤ 위원이 사건의 대상이 된 처분 또는 부작위에 관여한 경우에는 그 사건의 심리·의결에서 제척(除斥)된다.

2. 위원의 기피신청이나 제척신청

당사자는 위원에게 공정한 데 심리·의결을 기대하기 어려운 사정이 있으면 위원장에게 기피신청을 할 수 있으며, 위원에 대한 제척신청이나 기피신청은 그 사유를 소명한 문서로 하여야 한다. 다만, 불가피한 경우에는 신청한 날로부터 3일 이내에 신청 사유를 소명할 수 있는 자료를 제출하여야 한다. 만약 이를 위반하였을 경우 위원장은 결정으로 각하하여야 한다. 위원장은 제척신청이나 기피신청의 대상이 된 위원에게서 그에 대한 의견을 받을 수 있다(행정심판법 제10조 제2항 내지 제5항).

위원장은 제척신청이나 기피신청을 받으면 제척 또는 기피 여부에 대한 결정을 하고, 지체 없이 신청인에게 결정서 정본을 송달하여야 한다(동법 제10조 제6항).

3. 위원의 회피

위원회의 회의에 참석하는 위원이 제척사유 또는 기피사유에 해당되는 것을 알게 되었을 때에는 스스로 그 사건의 심리·의결에서 회피할 수 있다. 이 경우 회피하고자 하는 위원은 위원장에게 그 사유를 소명하여야 한다(행정심판법 제10조 제7항).

Ⅴ. 행정심판위원회의 권한과 의무

1. 행정심판위원회의 권한

행정심판위원회는 ① 심리·재결권, ② 자료제출 요구권, ③ 조정권, ④ 임시처분권, ⑤ 사정재결권, ⑥ 집행정지결정권, ⑦ 증거조사권, ⑧ 시정조치요청권, ⑨ 직접 처분권, ⑩ 심리·재결권에 부수된 권한 등을 가진다.

(1) 심리·재결권

행정심판위원회는 심판청구사건에 대한 심리·재결권을 가진다. 과거의 「행정심판법」은 재결권과 심리권을 분리해 재결권은 재결청에, 심리권은 행정심판위원회에 각각 부여하였으나, 2008년 개정 「행정심판법」은 이를 통합하여 행정심판위원회의 권한으로 하였다.

위원회는 심판청구사건에 대한 심리를 명백히 하기 위하여 문서 또는 구술로 당사자 및 관계인의 주장과 반박을 듣고, 그것을 뒷받침하는 증거 기타의 자료 등을 수집·조사하는 등 심리를 진행한다. 위원회의 심리는 각 심판사건을 단위로 행하는 것이 원칙이다. 필요에 따라서는 심판청구의 병합심리나 병합된 심판청구를 분리하여 심리할 수 있는데, 이는 심리의 능률성과 합리성을 확보하기 위한 것이다.

위원회는 심판청구가 부적법하다고 판단하면 각하재결, 심판청구가 이유 없다고 인정하면 기각재결, 심판청구가 이유 있다고 인정하면 취소 또는 변경재결, 무효등확인심판의 청구가 이유 있다고 인정하면 무효등확인재결, 의무이행심판의 청구가 이유 있다고 인정하면 의무이행재결 등을 행한다(제43조).

(2) 자료제출 요구권

행정심판위원회는 사건의 심리에 필요하면 관계 행정기관이 보관 중인 관련 문서, 장부, 그 밖에 필요한 자료를 제출할 것을 요구할 수 있다(행정심판법 제35조 제1항). 위원회는 필요하다고 인정하면 사건과 관련된 법령을 주관하는 행정기관이나 그 밖의 관계 행정기관의 장 또는 그 소속 공무원에게 위원회 회의에 참석하여 의견을 진술할 것을 요구하거나 의견서를 제출할 것을 요구할 수 있다(동법 제35조 제2항).

관계 행정기관의 장은 특별한 사정이 없으면 위원회의 자료제출요구, 의견진술 요구 및 의견서 제출 요구 등 위원회의 요구에 따라야 한다(동법 제35조 제3항). 중앙행정심판위원회에서 심리·재결하는 심판청구의 경우 소관 중앙행정기관의 장은 의견서를 제출하거나 위원회에 출석하여 의견을 진술할 수 있다(동법 제35조 제4항).

(3) 조정권

행정심판위원회의 조정권은 2017년 「행정심판법」 개정을 통해 신설된 권한이다. 제43조의2에 의하면, 위원회는 당사자의 권리 및 권한의 범위에서 당사자의 동의를 받아 심판청구의 신속하고 공정한 해결을 위하여 조정을 할 수 있다. 다만, 그 조정이 공공복리에 적합하지 아니하거나 해당 처분의 성질에 반하는 경우에는 그러하지 아니하다(제1항). 위원회는 제1항의 조정을 함에 있어서 심판청구된 사건의 법적·사실적 상태와 당사자 및 이해관계자의 이익 등 모든 사정을 참작하고, 조정의 이유와 취지를 설명하여야 한다(제2항). 조정은 당사자가 합의한 사항을 조정서에 기재한 후 당사자가 서명 또는 날인하고 위원회가 이를 확인함으로써 성립한다(제3항).

조정권은 양 당사자 간의 합의가 가능한 사건의 경우 행정심판위원회가 개입·조정하는 절차를 통하여 갈등을 조기에 해결하도록 하기 위한 것이다.

(4) 임시처분권

행정심판위원회는 처분 또는 부작위가 위법·부당하다고 상당히 의심되는 경우로서 처분 또는 부작위 때문에 당사자가 받을 우려가 있는 중대한 불이익이나 당사자에게 생길 급박한 위험을 막기 위하여 임시지위를 정하여야 할 필요가 있는 경우에는 직권으로 또는 당사자의 신청에 의하여 임시처분을 결정할 수 있다(행정심판법 제31조 제1항).

(5) 사정재결권

사정재결권은 행정심판청구에 대한 심리의 결과 계쟁처분 또는 부작위가 위법 또는 부당하다고 인정할 때에는 인용재결을 하여야 하는 것이 원칙이지만 그 인용재결을 하는 것이 공공복리에 크게 위배된다고 인정하면 그 심판청구를 기각하는 재결을 할 수 있는 위원회의 권한이다(행정심판법 제44조 제1항).

(6) 집행정지결정권

「행정심판법」은 "심판청구는 처분의 효력이나 그 집행 또는 절차의 속행에 영향을 주지 아니한다"라고 규정하여 심판청구의 제기에 관하여 집행부정지의 원칙을 채택하고 있다(제30조 제1항). 집행부정지의 원칙은 일정한 경우에 한하여 예외가 인정되며, 이 예외적인 경우에는 위원회가 당사자의 신청이나 직권에 의하여 집행정지결정을 할 수 있다.

위원회는 심판청구의 대상인 처분, 처분의 집행 또는 절차의 속행 때문에 중대한 손해가 생기는 것을 예방할 필요성이 긴급하다고 인정할 때에는 직권으로 또는 당사자의 신청에 의하여 처분의 효력, 처분의 집행 또는 절차의 속행(처분의 효력정지는 처분의 집행 또는 절차의 속행을 정지함으로써 그 목적을 달성할 수 있는 때에는 허용되지 아니한다)의 전부 또는 일부의 정지를 결정할 수 있다. 단, 공공복리에 중대한 영향을 미칠 우려가 있을 때에는 허용되지 않는다(동법 제30조 제2항·제3항).

위원회는 집행정지를 결정한 후에 집행정지가 공공복리에 중대한 영향을 미치거나 그 정지사유가 없어진 경우에는 직권으로 또는 당사자의 신청에 의하여 집행정지 결정을 취소할 수 있다(동법 제30조 제4항).

(7) 증거조사권

증거조사는 심리기관이 증인이나 감정인 등 인적 증거를 청취하고, 문서·검증물 등 물적 증거를 열독·검사하는 심리상의 절차를 말한다. 이는 사실관계에 대하여 당사자간에 다툼이 있을 때 객관적·합리적인 사실인정을 밑받침하는 자료로 요구되는 증거를 조사하는 것이다.

행정심판위원회는 사건을 심리하기 위하여 필요하면 직권으로 또는 당사자의 신청에 의하여 ① 당사자나 관계인을 위원회의 회의에 출석하게 하여 신문(訊問)하는 방법, ② 당사자나 관계인이 가지고 있는 문서·장부·물건 또는 그 밖의 증거자료의 제출을 요구하고 영치(領置)하는 방법, ③ 특별한 학식과 경험을 가진 제3자에게 감정을 요구하는 방법, ④ 당사자 또는 관계인의 주소·거소·사업장이나 그 밖의 필요한 장소에 출입하여 당사자 또는 관계인에게 질문하거나 서류·물건 등을 조사·검증하는 방법 등에 따라 증거조사를 할 수 있다(행정심판법 제36조 제1항).

위원회는 필요하면 위원회가 소속된 행정청의 직원이나 다른 행정기관에 촉탁하여 증거조사를 하게 할 수 있다(동법 제36조 제2항). 당사자 등은 위원회의 조사나 요구 등에 성실하게 협조하여야 한다(동법 제36조 제4항).

(8) 시정조치요청권

중앙행정심판위원회는 심판청구를 심리·재결할 때에 처분 또는 부작위의 근거가 되는 명령 등(대통령령·총리령·부령·훈령·예규·고시·조례·규칙 등을 말한다)이 법령에 근거가 없거나 상위 법령에 위배되거나 국민에게 과도한 부담을 주는 등 크게 불합리하면 관계 행정기관에 대하여 당해 명령 등의 개정·폐지 등 적절한 시정조치를 요청할 수 있다. 이 경우 중앙행정심판위원회는 시정조치를 요청한 사실을 법제처장에게 통보하여야 한다(행정심판법 제59조 제1항).

중앙행정심판위원회로부터 시정조치를 요청받은 관계 행정기관은 정당한 사유가 없는 한 이에 따라야 한다(동법 제59조 제2항).

(9) 직접 처분권

행정심판위원회는 피청구인이 처분의 이행을 명하는 재결에도 불구하고 처분을 하지 아니하는 경우에는 당사자가 신청하면 기간을 정하여 서면으로 시정을 명하고 그 기간에 이행하지 아니하면 직접 처분을 할 수 있다(행정심판법 제50조 제1항).

(10) 심리·재결권에 부수된 권한

심리·재결권에 부수된 권한으로서는 ① 3인 이하의 대표자를 선정하는 공동심리청구에 있어서의 청구인에 대한 대표자선정권고권(행정심판법 제15조 제1항), ② 청구인의 지위승계에 관한 허가권(동법 제16조 제5항), ③ 대리인선임에 관한 허가권(동법 제18조 제1항), ④ 피청구인이 잘못 지정된 때의 피청구인경정권(동법 제17조 제2항), ⑤ 제3자 또는 행정청에 대한 참가허가권 및 참가요구권(동법 제21조), ⑥ 청구의 변경에 대한 불허가권(동법 제29조 제6항), ⑦ 적법하지 아니하나 보정할 수 있는 청구에 대한 보정요구권(동법 제32조) 등이 있다.

2. 행정심판위원회의 의무

(1) 심판청구통지의무

「행정심판법」은 행정심판의 청구인적격에 대하여, 해당 처분이나 부작위의 직접 상대방뿐 아니라 제3자라도 당해 행정심판을 청구할 법률상 이익이 있으면 심판청구를 할 수 있도록 하고 있다. 그 결과 제3자가 제기한 심판청구에 관한 재결로 인하여, 당해 처분의 상대방은 재결의 기속력 때문에 불측의 손해를 입을 우려가 있으며, 그것을 방지하기 위하여 「행정심판법」은 이해관계 있는 제3자 또는 행정청의 심판참가를 인정하고 있다.

그러나 제3자에 의하여 심판청구가 된 처분의 상대방은 당해 처분에 대하여 심판청구가 제기된 사실을 알지 못하는 경우 심판참가를 할 수 없다. 따라서 해당 처분의 상대방이 심판참가를 할 수 있기 위해서는 재결청에 통지의무를 지울 필요가 있다. 이러한 이유로 위원회는 제3자가 심판청구를 한 경우에는 지체 없이 처분의 상대방에게 그 사실을 알려야 할 의무가 있다(제24조 제2항).

(2) 증거서류 등 반환의무

위원회는 재결을 한 후 증거서류 등의 반환 신청을 받으면 신청인이 제출한 문서·장부·물건이나 그 밖의 증거자료의 원본을 지체 없이 제출자에게 반환하여야 할 의무를 진다(행정심판법 제55조). 이 경우 위원회는 필요하다고 인정할 때에는 그 사본을 작성하여 사건기록에 철할 수 있다(동법 시행령 제41조).

3. 행정심판위원회의 권한 승계

당사자의 심판청구 후 위원회가 법령의 개정·폐지 또는 피청구인의 경정 결정에 따라 그 심판청구에 대하여 재결할 권한을 잃게 된 경우에는 해당 위원회는 심판청구서와 관계 서류, 그 밖의 자료를 새로 재결할 권한을 갖게 된 위원회에 보내야 한다(행정심판법 제12조 제1항).

위원회의 권한승계에 따라 행정심판청구서 등 관계 서류를 송부 받은 새로운 위원회는 지체 없이 그 사실을 행정심판 청구인, 행정심판 피청구인 및 참가인에게 알려야 한다(동법 제12조 제2항).

제 4 절 행정심판의 청구

행정심판은 청구인적격이 있는 자가, 심판청구의 대상이 되는 위법 또는 부당

한 처분이나 부작위를 대상으로, 법령에서 정한 행정심판청구기간 내에, 소정의
형식과 절차를 갖추어, 행정심판위원회에 청구하여야 한다.

I. 행정심판청구기간

「행정심판법」상의 행정심판청구기간에 관한 규정은 무효등확인심판과 부작위
에 대한 의무이행심판에는 적용되지 않기 때문에(제27조 제7항), 이는 실질적으로
취소심판과 거부처분에 대한 의무이행심판에만 적용된다.

1. 원칙적인 행정심판청구기간

행정심판청구는 '처분이 있음을 알게 된 날부터 90일 이내'에 제기하여야 하
는 것이 원칙이다. 그리고 정당한 사유가 없는 한 '처분이 있었던 날부터 180일'이
지나면 청구하지 못 한다(행정심판법 제27조 제1항·제3항).

여기서 '처분이 있음을 알게 된 날'이라 함은 그 처분이 있었음을 현실적으로
안 날을 의미한다. 따라서 통지를 요하는 서면처분인 경우 그 서면이 상대방에 도
달한 날이며, 고시·공고 등 공시송달의 경우는 효력이 발생하는 날을 말한다.

> **[판 례]** '처분이 있음을 안 날'이라 함은 당사자가 통지, 공고 기타의 방법에 의하여
> 당해 처분이 있었다는 사실을 현실적으로 안 날을 의미하는바, 특정인에 대한 행정
> 처분을 주소불명 등의 이유로 송달할 수 없어 관보·공보·게시판·일간신문 등에 공
> 고한 경우에는, 공고가 효력을 발생하는 날에 상대방이 그 행정처분이 있음을 알았
> 다고 볼 수는 없고, 상대방이 당해 처분이 있었다는 사실을 현실적으로 안 날에 그
> 처분이 있음을 알았다고 보아야 한다(대법원 2006.4.28. 선고 2005두14851 판결).

> **[판 례]** 처분에 관한 서류가 당사자의 주소지에 송달되는 등 사회통념상 처분이 있
> 음을 당사자가 알 수 있는 상태에 놓여진 때에는 반증이 없는 한 그 처분이 있음을
> 알았다고 추정할 수 있다. 아르바이트 직원이 납부고지서를 수령한 경우, 납부의무
> 자는 그 때 부과처분이 있음을 알았다고 추정할 수 있다(대법원 1999.12.28. 선고
> 99두9742 판결).

> **[판 례]** 통상 고시 또는 공고에 의하여 행정처분을 하는 경우에는 그 처분의 상대
> 방이 불특정 다수인이고 그 처분의 효력이 불특정 다수인에게 일률적으로 적용되는
> 것이므로, 그 행정처분에 이해관계를 갖는 자가 고시 또는 공고가 있었다는 사실을
> 현실적으로 알았는지 여부에 관계없이 고시가 효력을 발생하는 날 행정처분이 있음
> 을 알았다고 보아야 한다(대법원 2007.6.14. 선고 2004두619 판결).

'처분이 있었던 날'이란 그 처분이 통지에 의하여 외부에 표시되고 그 효력이 발생한 날을 말한다. 「행정심판법」은 상대방이 처분이 있는 사실을 알았건 몰랐건, 처분이 있었던 날부터 180일이 지나면 행정심판을 청구할 수 없도록 규정하고 있는데, 이는 행정법관계의 조속한 안정이라는 공익상 필요를 위한 입법적 조치라고 할 수 있다.

　행정처분이 공고일로부터 효력을 발생한 경우라도 그 상대방이 공고일에 당해 행정처분이 있음을 알았다고까지 의제할 수 없는 경우에는 행정심판청구기간은 처분이 있은 날부터 180일이 된다.

> **[판 례]** 개별토지가격결정의 공고는 행정편의상 일단의 각 개별토지에 대한 가격결정을 일괄하여 읍·면·동의 게시판에 공고하는 것일 뿐 그 처분의 효력은 각각의 토지소유자에 대하여 각별로 효력을 발생하는 것이므로 개별토지가격결정의 공고는 공고일로부터 그 효력을 발생하지만 처분 상대방인 토지소유자 및 이해관계인이 공고일에 개별토지가격결정처분이 있음을 알았다고까지 의제할 수는 없다. 결국 개별토지가격결정에 대한 행정심판의 청구기간은 처분 상대방이 실제로 처분이 있음을 안 날로부터 기산하여야 할 것이나, 시장, 군수 또는 구청장이 개별토지가격결정을 처분 상대방에 대하여 별도의 고지절차를 취하지 않는 이상 토지소유자 및 이해관계인이 위 처분이 있음을 알았다고 볼 경우는 그리 흔치 않을 것이므로, 특별히 위 처분을 알았다고 볼 만한 사정이 없는 한 개별토지가격결정에 대한 행정심판청구는 행정심판법 제18조 제3항 소정의 처분이 있는 날로부터 180일 이내에 이를 제기하면 된다(대법원 1993.12.24. 선고 92누17204 판결).

2. 예외적인 행정심판청구기간

(1) 90일에 대한 예외

　청구인이 천재지변·전쟁, 사변 그 밖의 불가항력으로 인하여 처분이 있음을 안 날부터 90일 이내에 행정심판청구를 할 수 없었을 때에는 그 사유가 소멸한 날로부터 14일, 국외에서는 30일 이내에 행정심판을 청구할 수 있다(행정심판법 제27조 제2항).

(2) 180일에 대한 예외

　처분이 있었던 날부터 180일 이내에 행정심판을 청구하지 못한 '정당한 사유'가 있는 경우에는 그 기간이 지난 후라도 행정심판을 청구할 수 있다(행정심판법 제27조 제3항).

　여기서 정당한 사유가 무엇인지가 문제 되나, 그것은 처분이 있었던 날부터

180일 이내에 그 심판청구를 하지 못함을 정당화할 수 있는 객관적인 사유를 의미한다. 이는 원칙적 행정심판청구기간에 관한 예외적 사유에 해당하는 천재지변·전쟁·사변 기타 불가항력에 의한 경우보다는 넓은 개념이다.

3. 제3자효 행정행위의 행정심판청구기간

처분 등은 원칙적으로 상대방에게 통지됨으로써 효력이 발생하는데, 대부분의 법률에는 제3자에게 처분을 통지하도록 하는 규정이 없다. 따라서 행정처분의 상대방이 아닌 제3자는 일반적으로 처분이 있는 것을 바로 알 수 없는 처지에 있으므로 처분이 있었던 날로부터 180일이 경과하더라도 특별한 사유가 없는 한 정당한 사유가 있는 것으로 보아 심판청구가 가능하다.[4] 즉, 행정처분에 대한 제3자의 지위가 심판청구기간 180일에 대한 예외인 정당한 사유에 해당한다는 것이다.

그러나 제3자가 어떤 경위로든 행정처분이 있음을 알았거나 쉽게 알 수 있는 등 심판청구기간 내에 심판청구가 가능하였다는 사정이 있는 경우에는 그때로부터 90일 이내에 행정심판을 청구하여야 한다.[5]

> **[판 례]** 행정청의 상대방이 아닌 제3자의 경우, 처분이 있은 날로부터 180일 이내에 심판청구를 제기하지 아니한 경우에도 그 심판청구기간 내에 심판청구가 가능하였다는 특별한 사정이 없는 한 그 기간을 지키지 못한 '정당한 사유'에 해당한다(대법원 1989.5.9. 선고 88누5150 판결).

4. 행정심판청구기간의 불고지

「행정심판법」은 행정심판의 고지제도를 채택하고 있다. 따라서 행정청은 서면에 의하여 처분을 하는 경우 그 처분의 상대방에게 ① 해당 처분에 대한 행정심판을 청구할 수 있는지, ② 행정심판을 청구하는 경우의 심판청구 절차 및 심판청구 기간을 알려야 한다(제58조 제1항).

행정청이 행정심판청구기간을 소정의 기간(90일)보다 긴 기간으로 잘못 알린 경우에 그 잘못 알린 기간 내에 행정심판청구가 있으면 그 행정심판은 청구기간 내에 청구된 것으로 본다(동법 제27조 제5항). 만약에 행정청이 행정심판청구기간을 알리지 아니한 경우에는 처분이 있었던 날부터 180일 이내에 행정심판을 청구할 수 있다(동법 제27조 제6항).

---

4) 대법원 2002.5.24. 선고 2000두3641 판결.
5) 대법원 1996.9.6. 선고 95누16233 판결.

5. 특별법상의 행정심판청구기간

「국가공무원법」·「국세기본법」 등과 같은 특별법은 「행정심판법」상의 행정심판청구기간에 대하여 특별규정을 두는 경우가 많다. 예컨대, 「국세기본법」 제55조에서 규정한 심사청구에 대해서는 「행정심판법」이 적용되지 않는다(국세기본법 제56조).

Ⅱ. 행정심판청구의 방식

1. 서면주의

행정심판청구는 일정한 사항을 기재한 행정심판청구서를 제출함으로써 이루어진다(행정심판법 제23조). 그리고 심판청구는 서면으로 하여야 한다(동법 제28조 제1항).

심판청구서에는 ① 청구인의 이름과 주소 또는 사무소, ② 피청구인과 위원회, ③ 심판청구의 대상이 되는 처분의 내용, ④ 처분이 있음을 알게 된 날, ⑤ 심판청구의 취지 및 이유, ⑥ 피청구인의 행정심판 고지 유무와 그 내용 등을 기재하여야 한다(동법 제28조 제2항). 그리고 심판청구서에는 대표자·관리인·선정대표자 또는 대리인의 자격을 소명하는 서면과 증거서류(또는 증거물)를 첨부할 수 있고, 피청구인의 수에 따른 부본을 첨부하여야 한다(동법 시행령 제20조).

심판청구서에는 청구인·대표자·관리인·선정대표자 또는 대리인이 서명하거나 날인하여야 한다(동법 제28조 제5항).

행정심판의 청구는 엄격한 형식을 요하지 아니하는 서면행위이다. 따라서 가능하다면 보정이 이루어지도록 하고, 행정청은 청구인의 이익이 되도록 해석하고 처리하여야 한다.[6]

> **[판 례]** 한국교원대학교로부터 제명처분을 당한 원고의 어머니가 그 처분이 있음을 알고 원고를 대신하여 작성, 제출한 학사제명취소신청서에는 행정심판청구로서의 형식을 갖추고 있지는 않으나, 위 서면의 내용에서 계쟁처분의 내용과 심판청구의 취지 및 이유를 알아 볼 수가 있고 행정처분의 상대방인 원고의 이름과 학년, 학과를 기재하여 처분청인 피고(위 대학교 총장)에게 이를 제출하였다면, 청구인을 원고, 피청구인을 피고로 하여 원고의 어머니가 원고의 대리인으로서 심판청구를 하고 있다고 보아야 할 것이며, 결국 위 학사제명취소신청서는 행정소송의 전치 요건인 행정심판청구서로서 원고는 적법한 행정심판청구를 한 것으로 보아야 할 것이다(대법

---

6) 대법원 1992.4.10. 선고 91누7798 판결.

원 1990.6.8. 선고 89누851 판결).

[판 례] 비록 제목이 '진정서'로 되어 있고, 행정심판청구서로서의 형식을 다 갖추고 있다고 볼 수는 없으나, 피청구인인 처분청과 청구인의 이름과 주소가 기재되어 있고, 청구인의 기명이 되어 있으며, 문서의 기재 내용에 의하여 심판청구의 대상이 되는 행정처분의 내용과 심판청구의 취지 및 이유, 처분이 있은 것을 안 날을 알 수 있는 경우, 위 문서에 기재되어 있지 않은 재결청, 처분을 한 행정청의 고지의 유무 등의 내용과 날인 등의 불비한 점은 보정이 가능하므로 위 문서를 행정처분에 대한 행정심판청구로 보는 것이 옳다(대법원 2000.6.9. 선고 98두2621 판결).

2. 부작위 심판청구의 경우

부작위에 대한 심판청구의 경우에도 행정심판은 서면으로 청구하여야 한다. 이 경우 심판청구서에 ① 청구인의 이름과 주소 또는 사무소, ② 피청구인과 위원회, ③ 심판청구의 취지 및 이유의 사항과 그 부작위의 전제가 되는 신청의 내용과 날짜를 적어야 한다(행정심판법 제28조 제3항).

3. 청구인이 법인인 경우 등

청구인이 법인이거나 청구인 능력이 없는 법인이 아닌 사단 또는 재단이거나 행정심판이 선정대표자나 대리인에 의하여 청구되는 것일 때에는 앞에서 본 행정심판청구서에 포함해야 할 사항과 함께 그 대표자·관리인·선정대표자 또는 관리인의 이름과 주소를 적어야 한다(행정심판법 제28조 제4항).

Ⅲ. 행정심판청구의 절차

1. 서면에 의한 청구절차

(1) 심판청구서의 제출

행정심판을 청구하려는 자는 심판청구서를 작성하여 피청구인(처분청 또는 부작위청)이나 위원회에 제출하여야 한다. 이 경우 피청구인의 수만큼 심판청구서 부본을 함께 제출하여야 한다(행정심판법 제23조 제1항). 청구인은 행정심판을 본인의 선택에 따라 처분청을 경유하여 청구하거나 행정심판위원회에 직접 청구할 수 있다. 즉, 청구인은 처분청을 필수적으로 경유하여 청구하지 않아도 된다.

[판 례] 행정심판청구는 엄격한 형식을 요하지 않는 서면행위로 해석되므로, 처분의 취소나 변경을 구하는 서면이 제출되었을 때에는 그 표제와 제출기관의 여하를 불

문하고 이를 행정소송법 제18조 소정의 행정심판청구로 보아야 하며, 심판청구인은 일반적으로 전문적 법률지식을 갖지 못하여 제출된 서면의 취지가 불명확한 경우가 적지 않을 것이나, 이러한 경우 행정청으로서는 그 서면을 가능한 한 제출자에게 이익이 되도록 해석하고 처리하여야 한다(대법원 2007.6.1. 선고 2005두11500 판결).

(2) 행정청의 처리
1) 행정심판청구서의 송부
행정청이 고지를 하지 아니하거나 잘못 고지하여 청구인이 심판청구서를 다른 행정기관에 제출한 경우에는 그 행정기관은 그 심판청구서를 지체 없이 정당한 권한이 있는 피청구인에게 보내야 한다(행정심판법 제23조 제2항). 심판청구서를 보낸 행정기관은 지체 없이 그 사실을 청구인에게 알려야 한다(동법 제23조 제3항).

2) 피청구인의 심판청구서 등의 접수·처리
피청구인이 심판청구서를 접수하거나 송부받으면 10일 이내에 심판청구서와 답변서를 위원회에 보내야 한다(행정심판법 제24조 제1항).

피청구인은 처분의 상대방이 아닌 제3자가 심판청구를 한 경우에는 지체 없이 처분의 상대방에게 그 사실을 알려야 하며, 이 경우 심판청구서 사본을 함께 송달하여야 한다(동법 제24조 제2항). 심판청구 사실의 통지는 청구인의 이름, 주소 및 심판청구일, 심판청구의 대상이 되는 처분의 내용, 심판청구의 취지 및 이유 등을 적은 서면으로 하여야 한다(동법 시행령 제19조).

피청구인이 심판청구서를 보낼 때에는 심판청구서에 위원회가 표시되지 아니하였거나 잘못 표시된 경우에도 정당한 권한이 있는 위원회에 보내야 한다(동법 제24조 제3항).

3) 답변서의 제출
피청구인이 심판청구서를 접수하거나 송부 받고 답변서를 보낼 때에는 청구인의 수만큼 답변서 부본을 함께 보내되, 답변서에는 처분이나 부작위의 근거와 이유, 심판청구의 취지와 이유에 대응하는 답변, 제3자가 심판청구를 한 경우에는 처분의 상대방의 이름·주소·연락처와 처분의 상대방에게 그 사실을 알렸는지 등을 기재하여야 한다(행정심판법 제24조 제4항).

4) 청구인에의 통지 등
행정청이 고지를 하지 아니하거나 잘못 고지하여 청구인이 심판청구서를 다른 행정기관에 제출한 경우에는 그 행정기관은 그 심판청구서를 지체 없이 정당한 권한이 있는 피청구인에게 보내야 하는데, 심판청구서를 보낸 행정기관은 지체 없이 그 사실을 청구인에게 알려야 한다(행정심판법 제23조 제2항·제3항).

피청구인은 제3자가 심판청구를 한 경우에는 지체 없이 처분의 상대방에게 그 사실을 알려야 하며, 심판청구서에 위원회가 표시되지 아니하였거나 잘못 표시된 경우에는 정당한 권한이 있는 위원회에 보내야 하는데, 이와 같은 송부 사실을 지체 없이 청구인에게 알려야 한다(동법 제24조 제5항).

중앙행정심판위원회에서 심리·재결하는 사건인 경우 피청구인은 위원회에 심판청구서 또는 답변서를 보낼 때에는 소관 중앙행정기관의 장에게도 그 심판청구·답변의 내용을 알려야 한다(동법 제24조 제6항).

(3) 심판청구 기간의 계산

심판청구 기간을 계산할 때에는 심판청구서가 피청구인이나 위원회에 제출되었을 때에 행정심판이 청구된 것으로 본다. 행정청이 고지를 하지 아니하거나 잘못 고지하여 청구인이 심판청구서를 다른 행정기관에 제출한 경우에는, 그 행정기관에 심판청구서가 제출되었을 때에 행정심판이 청구된 것으로 본다(행정심판법 제23조 제4항).

(4) 피청구인의 직권취소 등

심판청구서를 받은 피청구인은 그 심판청구가 이유 있다고 인정하면 심판청구의 취지에 따라 직권으로 처분을 취소·변경하거나 확인을 하거나 신청에 따른 처분(직권취소)을 할 수 있다. 이 경우 서면으로 청구인에게 알려야 한다(행정심판법 제25조 제1항).

피청구인은 직권취소 등을 하였을 때에는 청구인이 심판청구를 취하한 경우가 아니면 심판청구서·답변서를 보낼 때 직권취소 등의 사실을 증명하는 서류를 위원회에 함께 제출하여야 한다(동법 제25조 제2항).

(5) 위원회의 심판청구서 등의 접수·처리

위원회는 심판청구서를 받으면 지체 없이 피청구인에게 심판청구서 부본을 보내야 하며, 위원회는 피청구인으로부터 답변서가 제출되면 답변서 부본을 청구인에게 송달하여야 한다(행정심판법 제26조).

2. 전자정보처리조직을 통한 행정심판 절차

「행정심판법」은 전자정보처리조직을 통한 행정심판절차의 수행을 도입하고 있으며, 이에 따라 행정심판절차를 밟는 자는 심판청구서와 그 밖의 서류를 전자문서화하고 이를 정보통신망을 이용하여 위원회에서 지정·운영하는 전자정보처리조직을 통하여 제출할 수 있다(제52조 내지 제54조).

(1) 전자문서에 의한 심판청구

1) 의 의

행정심판 절차를 밟는 자는 심판청구서와 그 밖의 서류를 전자문서화하고 이를 정보통신망을 이용하여 위원회에서 지정·운영하는 전자정보처리조직[7]을 통하여 제출할 수 있다(행정심판법 제52조 제1항).

전자정보처리조직을 이용하려는 자는 위원회가 지정하는 방식으로 ① 사용자의 이름, ② 사용자의 생년월일, ③ 사용자의 주소, ④ 사용자의 전화번호, ⑤ 사용자의 아이디, ⑥ 사용자의 전자우편주소 등의 사항을 기재하여 사용자등록을 하여야 한다(동법 시행령 제35조 제1항).

2) 부본 제출의무의 면제

전자정보처리조직을 통하여 제출된 전자문서는 「행정심판법」에 따라 제출된 것으로 보며, 부본을 제출할 의무는 면제된다(제52조 제2항).

3) 전자문서의 접수

제출된 전자문서는 그 문서를 제출한 사람이 정보통신망을 통하여 전자정보처리조직에서 제공하는 접수번호를 확인하였을 때에 전자정보처리조직에 기록된 내용으로 접수된 것으로 본다(행정심판법 제52조 제3항).

청구인 또는 참가인이 피청구인 또는 위원회를 잘못 지정하여 전자문서를 제출한 경우 해당 행정기관은 전자정보처리조직을 통하여 이를 정당한 권한이 있는 피청구인에게 보내야 하며, 청구인 또는 참가인에게 그 사실을 알려야 한다(동법 시행령 제36조 제1항). 전자정보처리조직을 통하여 정당한 권한이 있는 피청구인에게 보낼 수 없는 경우에는 해당 행정기관은 이를 서면으로 출력하여 보내야 한다(동법 시행령 제36조 제2항).

4) 심판청구기간

전자정보처리조직을 통하여 접수된 심판청구의 경우 심판청구 기간을 계산할 때에는 그 문서를 제출한 사람이 정보통신망을 통하여 전자정보처리조직에서 제공하는 접수번호를 확인하였을 때에 행정심판이 청구된 것으로 본다(행정심판법 제52조 제4항).

(2) 전자서명

위원회는 전자정보처리조직을 통하여 행정심판 절차를 밟으려는 자에게 본인

---

7) 전자정보처리조직은 중앙행정심판위원회의 온라인행정심판시스템, 행정심판위원회를 설치하는 해당 행정심판위원회에서 지정하는 온라인행정심판시스템으로 구분된다(행정심판법 시행령 제34조).

임을 확인할 수 있는 「전자서명법」 제2조 제2호에 따른 공인전자서명이나 그 밖의 인증을 요구할 수 있다(행정심판법 제53조 제1항). 이 경우 전자서명을 한 자는 「행정심판법」에 따른 서명 또는 날인을 한 것으로 본다(동법 제53조 제2항).

전자정보처리조직을 통하여 행정심판 절차를 밟으려는 대표자·관리인·선정대표자 또는 대리인은 그 자격을 소명하는 서면을 전자적인 이미지 형태로 변환하여 전자정보처리조직을 통하여 제출할 수 있다, 다만, 위원회가 필요하다고 인정하여 그 원본의 제출을 요청하면 이에 따라야 한다(동법 시행령 제37조 제2항).

(3) 전자정보처리조직을 이용한 송달

피청구인 또는 위원회는 전자정보처리조직을 통하여 행정심판을 청구하거나 심판참가를 한 자에게 전자정보처리조직과 그와 연계된 정보통신망을 이용하여 재결서나 각종 서류를 송달할 수 있다. 다만, 청구인이나 참가인이 동의하지 아니하는 경우에는 그러하지 아니하다(행정심판법 제54조 제1항).

위원회는 송달하여야 할 재결서 등 서류를 전자정보처리조직에 입력하여 등재한 다음 그 등재 사실을 전자우편 등으로 알려야 한다(동법 제54조 제2항). 전자정보처리조직을 이용한 송달은 서면으로 한 것과 같은 효력을 가진다(동법 제54조 제3항).

전자정보처리조직을 이용한 서류의 송달은 청구인이 등재된 전자문서를 확인한 때에 전자정보처리조직에 기록된 내용으로 도달한 것으로 본다. 다만, 등재사실을 통지한 날부터 2주 이내(재결서 외의 서류는 7일 이내)에 확인하지 아니하였을 때에는 등재사실을 통지한 날부터 2주가 지난 날(재결서 외의 서류는 7일이 지난 날)에 도달한 것으로 본다(동법 제54조 제4항).

피청구인 또는 위원회는 전자정보처리조직과 그와 연계된 정보통신망의 장애 등의 사유로 송달할 수 없거나 청구인 또는 참가인이 본인의 책임이 없는 사유로 송달된 서류를 확인할 수 없는 경우에는 「민사소송법」 중 송달에 관한 규정을 준용하여 송달하여야 한다(동법 시행령 제38조 제3항).

Ⅳ. 행정심판청구의 변경·취하

1. 심판청구의 변경

(1) 의 의

행정심판청구의 변경은 행정심판을 청구한 후에 그 청구인이 당초에 청구한 행정심판사항에 대하여 새로운 행정심판을 청구하지 않고 변경하는 것을 말한다. 「행정심판법」은 민사소송의 경우와 같이 행정심판청구의 변경을 인정하여 청구인의 편의와 행정심판의 촉진을 도모하고 있다.

(2) 청구변경의 유형

1) 일반 청구의 변경

청구인은 청구의 기초에 변경이 없는 범위에서 청구의 취지나 이유를 변경할 수 있다(행정심판법 제29조 제1항).

2) 처분변경으로 인한 청구의 변경

행정심판이 청구된 후에 피청구인이 새로운 처분을 하거나 심판청구의 대상인 처분을 변경한 경우에는 청구인은 새로운 처분이나 변경된 처분에 맞추어 청구의 취지나 이유를 변경할 수 있다(동법 제29조 제2항).

(3) 청구변경 신청에 대한 허가

위원회는 청구변경 신청에 대하여 허가할 것인지 여부를 결정하고, 지체 없이 신청인에게는 결정서 정본을, 당사자 및 참가인에게는 결정서 등본을 송달하여야 한다(행정심판법 제29조 제6항). 신청인은 송달을 받은 날부터 7일 이내에 위원회에 이의신청을 할 수 있다(동법 제29조 제7항).

청구의 변경결정이 있으면 처음 행정심판이 청구되었을 때부터 변경된 청구의 취지나 이유로 행정심판이 청구된 것으로 본다(동법 제29조 제8항).

(4) 변경절차

심판청구의 변경은 서면으로 신청하여야 한다. 이 경우 피청구인과 참가인의 수만큼 청구신청서 부본을 함께 제출하여야 한다(행정심판법 제29조 제3항).

위원회는 청구변경신청서 부본을 피청구인과 참가인에게 송달하여야 한다(동법 제29조 제4항). 청구변경신청서 부본을 송달하는 경우 위원회는 기간을 정하여 피청구인과 참가인에게 청구변경 신청에 대한 의견을 제출하도록 할 수 있으며, 피청구인과 참가인이 그 기간에 의견을 제출하지 아니하면 의견이 없는 것으로 본다(동법 제29조 제5항).

2. 심판청구의 취하

행정심판의 청구인 또는 참가인은 심판청구에 대하여 위원회의 의결(행정심판법 제7조 제6항) 또는 중앙행정심판위원회 및 소위원회의 의결(동법 제8조 제7항)이 있을 때까지 서면으로 심판청구 또는 참가신청 전부 또는 일부를 취하할 수 있다(동법 제42조 제1항·제2항, 동법 시행령 30조 제1항). 심판청구 또는 참가신청을 취하하는 경우에는 상대방의 동의 없이도 취하할 수 있다(동법 시행령 제30조 제2항).

심판청구 또는 참가신청의 취하서에는 청구인이나 참가인이 서명하거나 날인하여야 한다(동법 제42조 제3항).

청구인 또는 참가인은 취하서를 피청구인 또는 위원회에 제출하여야 한다. 행정청이 고지를 하지 아니하거나 잘못 고지하여 청구인 또는 참가인이 취하서를 다른 행정기관에 제출한 경우에는 그 행정기관은 그 취하서를 지체 없이 정당한 권한이 있는 피청구인에게 보내야 한다. 취하서를 보낸 행정기관은 지체 없이 그 사실을 청구인에게 알려야 한다. 행정기관에 취하서가 제출되었을 때에 행정심판이 취하된 것으로 본다(동법 제42조 제4항).

피청구인 또는 위원회는 계속 중인 사건에 관하여 청구인 또는 참가인의 심판청구 취하서를 받으면 지체 없이 다른 관계 기관, 청구인, 참가인에게 취하 사실을 알려야 한다(동법 제42조 제5항).

심판청구 또는 참가신청의 취하가 있으면 그 취하된 부분에 대해서는 처음부터 심판청구 또는 참가신청이 없었던 것으로 본다(동법 시행령 제30조 제3항).

제 5 절   행정심판청구의 효과

행정심판이 심판청구기간 내에 청구되면 행정심판위원회는 그 심판사건을 심리·재결할 의무를 진다. 이에 대하여 행정심판의 청구인은 심판을 받을 절차적 권리를 가지게 된다.

Ⅰ. 집행부정지

1. 집행부정지의 원칙

집행부정지의 원칙이란 행정심판이 청구되더라도 행정처분의 효력에는 아무 영향이 없으며 그 집행 또는 절차의 속행을 정지시키지 않는다는 원칙을 말한다. 「행정심판법」은 "심판청구는 처분의 효력이나 그 집행 또는 절차의 속행에 영향을 주지 아니한다"라고 규정하고 있어(제30조 제1항), 행정심판청구의 효과에 대하여 집행부정지의 원칙을 천명하고 있다.

2. 집행부정지의 원칙의 근거

집행부정지의 원칙에 대한 이론적 근거는 행정행위의 입법정책 본다. 이는 집행부정지의 원칙을 채택할 것이냐 또는 집행정지의 원칙을 채택할 것이냐는 행정의 원활한 운영의 필요성과 당사자의 권익 보호라는 측면에서 입법정책적으로 결정할 문제라는 것이다.

물론 집행부정지의 원칙은 청구 남용의 폐단을 방지하여 행정운영의 부당한 정체를 예방할 수 있다는 점에서 그 제도적 의의를 인정할 수 있다. 그러나 위법 또는 부당한 행정작용으로부터 개인의 권익구제라는 관점에서는 사익 보호를 소홀히 하는 입법정책이라는 비판을 면할 길 없다.

Ⅱ. 집행정지

1. 집행정지의 의의

집행부정지원칙에 대한 예외로 집행정지가 허용된다. 위원회는 처분, 처분의 집행 또는 절차의 속행 때문에 중대한 손해가 생기는 것을 예방할 필요성이 긴급하다고 인정할 때에는 직권으로 또는 당사자의 신청으로 집행정지를 결정할 수 있다.

2. 집행정지의 신청

집행정지 신청은 심판청구와 동시에 또는 심판청구에 대한 위원회나 소위원회의 의결이 있기 전까지 신청의 취지와 원인을 적은 서면을 위원회에 제출하여야 한다. 다만, 심판청구서를 피청구인에게 제출한 경우로서 심판청구와 동시에 집행정지 신청을 할 때에는 심판청구서 사본과 접수증명서를 함께 제출하여야 한다(행정심판법 제30조 제5항).

신청의 취지와 원인을 적은 서면에는 신청의 이유를 소명하는 서류 또는 자료를 첨부할 수 있다(동법 시행령 제22조 제1항). 당사자가 피청구인인 행정청에 집행정지신청서를 제출한 경우에는 피청구인인 행정청은 이를 지체 없이 위원회에 송부하여야 한다(동법 시행령 제22조 제2항). 집행정지의 신청에 대한 위원회의 심리·재결에 관한 절차를 준용한다(동법 시행령 제22조 제3항).

3. 집행정지의 요건

집행정지결정의 요건은 적극적 요건과 소극적 요건으로 나눌 수 있다.

(1) 적극적 요건

재결청이 집행정지결정을 하기 위해서는 ① 행정심판청구의 계속, ② 집행정지대상인 처분의 존재, ③ 중대한 손해예방의 필요, ④ 손해예방의 긴급성 등의 요건이 충족되어야 한다.

1) 행정심판청구의 계속

집행정지는 행정소송의 경우와 마찬가지로 먼저 적법한 행정심판청구가 위원회에 계속되어 있어야 한다.

2) 집행정지대상인 처분의 존재

집행정지의 대상이 되는 처분이 존재하여야 한다. 집행정지는 처분의 존재를 전제로 하여 소극적으로 처분이 없었던 것과 같은 상태를 실현하는 것이므로 거부처분이나 부작위는 그 대상이 되지 않는다. 처분이 이미 집행 종료되었거나 그 처분의 목적을 달성하는 등으로 집행할 실체가 없게 된 때에도 집행정지의 실익이 없어 그 대상이 되지 않는다.

다만, 무효인 처분의 경우에는 외형상 처분이 존재하므로 그 상대방은 구속력이 있는 것으로 오인할 염려가 있고, 또 「행정소송법」이 집행정지에 관한 규정을 무효등확인소송에 준용하도록 규정하고 있음에 비추어 그 처분이 존재하는 것으로 보아야 한다.

3) 중대한 손해예방의 필요

집행정지는 처분, 처분의 집행 또는 절차의 속행 때문에 '중대한 손해'가 생기는 것을 예방할 필요성이 긴급하다고 인정할 때에 인정된다. 따라서 집행정지는 '중대한 손해'의 예방 차원에서만 허용되며, '중대한 손해'에 대한 인정 여부가 집행정지 신청에 결정적 요소가 된다.

「행정심판법」과 유사한 입법 체계를 가지고 있는 「행정소송법」 역시 집행정지를 규정하고 있는데, 집행정지 요건으로 '중대한 손해'라는 표현이 아닌 '회복하기 어려운 손해'라는 표현을 사용하고 있다. '회복하기 어려운 손해'란 특별한 사정이 없는 한 금전으로 보상할 수 없는 손해로서 이는 금전보상이 불능인 경우 내지는 금전보상으로는 사회 관념상 행정처분을 받은 당사자가 참고 견딜 수 없거나 또는 참고 견디기가 현저히 곤란한 경우의 유형·무형의 손해를 말한다.

따라서 「행정심판법」상 집행정지 요건인 중대한 손해는 「행정소송법」상의 집행정지 요건인 회복하기 어려운 손해보다는 엄격하지 않은 기준으로 보는 것이 타당하다.

4) 손해예방의 긴급성

'손해예방의 긴급성'이란 중대한 손해의 발생이 시간적으로 절박하여 재결을 기다릴 만한 여유가 없는 경우를 말한다.

(2) 소극적 요건

앞에서 본 적극적 요건을 충족하는 경우 집행정지를 결정할 수 있지만, 그것이 '공공복리에 중대한 영향을 미칠 우려가 있을 때'에는 집행정지가 허용되지 않는다(행정심판법 제30조 제3항).

따라서 청구인의 권익보전이라는 이익을 희생시켜서라도 보호하여야 할 만한 '공공복리'에 대하여, 집행정지가 중대한 영향을 미치는 경우는 집행정지결정을 할 수 없는 것이다. 다만, 집행정지결정이 공공복리에 대하여 중대한 영향을 주는 것인지의 여부는 개별적·구체적으로 관계 공익과 사익을 비교·형량하여 상대적으로 판단해야 한다.

4. 집행정지의 대상

집행정지의 대상은 ① 처분의 효력, ② 처분의 집행, ③ 절차의 속행이며, 그 정지범위는 그 전부 또는 일부이다. 이러한 집행정지는 처분 전의 상태를 유지하는 소극적 행위이다.

행정청의 거부처분이나 부작위는 처분 전의 상태를 변경시키는 적극적인 조치가 아니므로 집행정지의 대상이 되지 않는다. 또한, 처분의 효력 정지는 처분의 집행 또는 절차의 속행을 정지함으로써 그 목적을 달성할 수 있을 때는 허용되지 아니한다(행정심판법 제30조 제2항). 따라서 과세처분에 대한 집행정지의 경우 강제징수절차에서 압류와 같은 절차의 속행을 정지함으로써 집행정지의 목적을 달성할 수 있으므로 과세처분 그 자체에 대한 효력정지는 필요하지 않다.

5. 집행정지의 결정

위원회는 집행정지 또는 집행정지의 취소에 관하여 심리·결정하면 지체 없이 당사자에게 결정서 정본을 송달하여야 한다(행정심판법 제30조 제7항). 위원회의 심리·결정을 기다릴 경우 중대한 손해가 생길 우려가 있다고 인정되면 위원장은 직권으로 심리·결정을 갈음하는 결정을 할 수 있다. 이 경우 위원장은 지체 없이 위원회에 그 사실을 보고하고 추인을 받아야 하며, 위원회의 추인을 받지 못하면 위원장은 집행정지 또는 집행정지 취소에 관한 결정을 취소하여야 한다(동법 제30조 제6항).

6. 집행정지 결정의 취소

위원회는 집행정지를 결정한 후에 집행정지가 공공복리에 중대한 영향을 미치거나 그 정지 사유가 없어진 경우에는 직권으로 또는 당사자의 신청에 의하여 집행정지 결정을 취소할 수 있다(행정심판법 제30조 제4항).

Ⅲ. 임시처분

1. 임시처분의 의의

임시처분이란 처분 또는 부작위 때문에 당사자가 받을 우려가 있는 중대한 불이익이나 당사자에게 생길 급박한 위험을 막기 위하여 임시지위를 정하는 처분이다(행정심판법 제31조 제1항).

2. 임시처분의 요건

(1) 적극적 요건

임치처분은 처분 또는 부작위가 위법·부당하다고 상당히 의심되는 경우에만 결정할 수 있다. 또한, 당사자가 받을 우려가 있는 중대한 불이익이나 당사자에게 생길 급박한 위험이 존재하여야 한다(행정심판법 제31조 제1항).

(2) 소극적 요건

임시처분은 공공복리에 중대한 영향을 미칠 우려가 있을 때에는 허용되지 아니한다(행정심판법 제30조 제3항). 또한 임시처분은 집행정지로 목적을 달성할 수 있는 경우에는 허용되지 아니한다(동법 제31조 제3항).

3. 임시처분의 신청

임시처분의 신청은 심판청구와 동시에 또는 심판청구에 대한 위원회나 소위원회의 의결이 있기 전까지, 임시처분 결정의 취소신청은 심판청구에 대한 위원회나 소위원회의 의결이 있기 전까지 신청의 취지와 원인을 적은 서면을 위원회에 제출하여야 한다(행정심판법 제30조 제5항, 제31조 제2항).

임시처분에 관하여는 대부분 집행정지에 관한 규정을 준용한다(동법 제31조 제2항).

4. 임시처분 결정의 취소

위원회는 임시처분을 결정한 후에 임시처분이 공공복리에 중대한 영향을 미치거나 그 정지사유가 없어진 경우에는 직권으로 또는 당사자의 신청에 의하여 임시처분 결정을 취소할 수 있다(행정심판법 제30조 제4항, 제31조 제2항).

위원회는 임시처분의 취소에 관하여 심리·결정하면 지체 없이 당사자에게 결정서 정본을 송달하여야 한다(동법 제30조 제7항, 제31조 제2항).

제 6 절 행정심판의 심리

I. 심리의 의의

1. 심리의 개념

행정심판의 심리는 재결의 기초가 될 사실관계 및 법률관계를 명백히 하기 위하여 당사자 및 관계인의 주장과 반박을 듣고, 증거 기타의 자료를 수집·조사하는 일련의 절차를 말한다.

행정심판위원회는 해당 사건에 대한 재결의 기초가 될 각종의 사실 및 증거 등 자료를 수집하고 정리하는 절차를 밟는 등 심리를 수행한다. 이와 같은 행정심판의 심리는 법원이 소송절차를 통한 재판과 성질상 크게 다를 것이 없는 사법적 성질의 작용이다.

2. 심리절차의 준사법화

헌법 제107조 제3항은 "심리의 전심절차로서 행정심판을 할 수 있다. 행정심판의 절차는 법률로 정하되, 사법절차가 준용되어야 한다"고 규정하고 있다. 심리절차의 준사법화는 심리의 공정성과 권리구제를 실현하기 위한 것으로, 자연적 정의 또는 절차적 정의의 요청에 부응하기 위한 것이다.

「행정심판법」은 행정심판청구의 심리에 있어서 대심주의, 구술심리주의를 채택하는 등 심리절차를 준사법화 하고 있다. 행정심판은 헌법의 가치 기준에 부합되고 헌법 이념을 구현하는 것이어야 하므로, 행정심판의 심리절차에서도 행정심판청구인의 절차상의 권리를 충분히 존중하는 등 헌법 이념이 구현되도록 하여야 한다.

II. 심리의 내용과 범위

1. 심리의 내용

행정심판청구의 심리는 요건심리와 본안심리로 이루어져 있다.

(1) 요건심리(형식적 심리)

요건심리는 해당 심판청구의 수리 여부를 결정하기 위하여 청구요건을 갖춘 적법한 심판청구인지의 여부를 형식적으로 심리하는 것을 말한다. 요건심리의 결과 행정심판청구가 부적법한 것이라고 인정되면 각하하여야 한다.

위원회는 심판청구가 적법하지 아니하나 보정(補正)할 수 있다고 인정하면 기간을 정하여 청구인에게 보정할 것을 요구할 수 있으며, 경미한 사항은 직권으로 보정할 수 있다(행정심판법 제32조 제1항). 청구인은 보정의 요구를 받으면 서면으로 보정하여야 하며, 이 경우 당사자의 수만큼 보정서 부본을 함께 제출하여야 한다. 위원회는 제출된 보정서 부본을 지체 없이 다른 당사자에게 송달하여야 한다. 이러한 절차에 따라 보정을 한 경우에는 처음부터 적법하게 행정심판이 청구된 것으로 보며, 보정 기간은 재결 기간에 산입되지 아니한다(동법 제32조 제2항 내지 제5항).

(2) 본안심리(실질적 심리)

본안심리는 행정처분의 위법·부당 여부를 심리하는 것을 말한다. 본안심리에서는 본안에 대하여 실체적으로 심리하여 행정심판청구의 취지를 인용할 것인지 또는 기각(사정재결을 포함)할 것인지에 대하여 심리·판단한다.

2. 심리의 범위

(1) 불고불리 및 불이익변경금지의 원칙

「행정심판법」은 행정심판의 권리구제기능을 중시하여 재결의 범위에 관하여 불고불리 및 불이익변경금지의 원칙을 규정하였으며, 이는 심리에서도 그대로 적용된다.

불고불리(不告不理)의 원칙이란 소송법상의 개념으로 당사자 사이에 주장하지 않은 사실에 대하여 판사가 개입하지 않는다는 당사자주의의 기본원칙이다. 「행정심판법」 제47조 제1항은 "위원회는 심판청구의 대상이 되는 처분이나 부작위 외의 사항에 대해서는 재결을 하지 못한다"라고 규정하고 있어 청구된 처분 외의 사안에 대해 심리를 하지 못하는 불고불리의 원칙을 천명하고 있다.

불이익변경금지의 원칙 역시 소송법상의 원칙으로 피고인이 상소한 사건에 대하여는 원심판결의 형보다 중한 형을 선고할 수 없다는 원칙을 말한다. 「행정심판법」 제47조 제2항은 "심판청구의 대상이 되는 처분보다 청구인에게 불리한 재결을 하지 못한다"라고 규정하고 있어 불이익변경금지의 원칙의 취지를 그대로 반영하고 있다.

(2) 법률문제·사실문제

행정심판의 심리에서는 행정소송의 경우와는 달리 행정심판의 대상인 처분이나 부작위에 관한 적법·위법의 판단인 법률문제뿐만 아니라, 당·부당의 판단인 재량문제를 포함한 사실문제에 대하여도 심리할 수 있다.

행정심판에서 처분이나 부작위의 당·부당의 문제까지 심리할 수 있는 것은, 행정심판위원회는 법원과 달리 그 자신이 행정기관으로서 합리성·능률성 등의 기

준에 따라 재량권을 행사할 수 있는 기관이기 때문이다. 따라서 행정심판은 행정
소송보다 국민의 권리구제에 있어 폭이 넓다고 할 수 있다.

Ⅲ. 심리의 절차

1. 심리절차의 기본원칙

(1) 대심주의(對審主義)

대심주의란 심리를 위한 전체적인 구조를 분쟁당사자의 공격과 방어에 의하
여 심리를 진행하고 이를 중립적 지위에 있는 기관으로 하여금 주재하게 하는 것
을 말한다. 이는 심리에 있어서 당사자 쌍방에 공격·방어방법을 제출하는 기회를
동등하게 보장하는 제도이다. 대심주의는 당사자주의라고도 한다.

「행정심판법」은 행정심판청구의 당사자를 청구인과 피청구인으로 하여, 이들
당사자가 서로 대등한 입장에서 공격·방어방법을 제출할 수 있게 하고, 원칙적으
로 당사자가 제출한 공격·방어방법을 기초로 하여 행정심판위원회가 심리·의결
하는 대심주의를 취하고 있다.

(2) 직권심리주의

직권심리주의(또는 직권주의)는 위원회가 심리에 필요한 자료를 직권으로 수
집·조사하는 직권진행, 직권심리를 할 수 있는 제도를 말하며, 이는 당사자주의에
대립되는 개념이다. 「행정심판법」은 당사자주의를 원칙으로 하면서도, 심판청구의
심리를 위하여 필요하다고 인정되는 경우에는 직권심리주의를 취하고 있다.

직권심리주의에 따라 위원회는 심판청구의 심리에 있어서 필요하면 당사자가
주장하지 아니한 사실에 대하여도 심리할 수 있다(동법 제39조). 또한, 위원회는 직
권으로 당사자나 참고인을 심문할 수 있고, 당사자 또는 관계인이 소지하는 문서
기타 증거자료의 제출을 요구하고 이를 영치할 수 있으며, 특별한 학식과 경험을
가진 제3자에게 감정을 명할 수 있다(동법 제36조 제1항).

「행정심판법」이 직권심리주의를 취하고 있는 것은, 심리의 간이·신속을 도
모하고, 행정심판은 개인의 권리구제 및 행정의 적법성·타당성 보장이라고 하는
공익실현과 밀접한 관련이 있어 심리를 통한 실체적 진실의 발견이 요구되기 때
문이다.

그러나 직권심리주의에도 불고불리의 원칙이 적용되므로 위원회의 직권심리
도 행정심판청구의 대상이 되는 처분 또는 부작위 이외의 사항에는 미치지 못한다
(제47조).

(3) 구술심리주의와 서면심리주의

「행정심판법」은 행정심판의 심리는 구술심리나 서면심리로 한다고 규정하여 어느 방식을 취할지는 행정심판위원회의 선택에 맡기고 있다. 다만, 당사자가 구술심리를 신청한 경우에는 서면심리만으로 결정할 수 있다고 인정되는 경우 외에는 구술심리를 하여야 한다(제40조 제1항). 위원회는 구술심리 신청을 받으면 그 허가 여부를 결정하여 신청인에게 알려야 하며, 이와 같은 통지는 간이통지방법으로 할 수 있다(동법 제40조 제2항·제3항).

행정심판에 있어 서면심리주의는 심리의 간이·신속을 기할 수 있는 장점이 있으나 ① 당사자의 진의를 파악하기 어렵고, ② 진술이 모순되거나 미흡한 때에 석명을 통한 보완이 어려우며, ③ 쟁점의 정리가 어렵고, ④ 현장 감각이 결여되는 단점이 있다. 이와 같은 서면심리주의가 지닌 단점을 보완하기 위하여 현행 「행정심판법」은 구술심리를 인정하고 있다.

(4) 비공개주의

행정심판은 행정소송과 달리 서면심리주의가 지배할 뿐 아니라 심리의 능률화를 도모하는 관점에서 행정심판청구의 심리·재결을 일반인이 방청할 수 없는 상태에서 행하게 되는데, 이를 비공개주의라 한다. 「행정심판법」에서는 이에 관한 명문의 규정은 없으나, 서면심리주의·직권심리주의 등을 채택한 「행정심판법」의 전체적인 구조로 보아, 비공개주의를 원칙으로 하는 것으로 해석된다.

「행정심판법」은 위원회에서 위원이 발언한 내용이나 그 밖에 공개되면 위원회의 공정성을 해칠 우려가 있는 사항으로서 대통령령[8]으로 정하는 사항은 이를 공개하지 아니한다(제41조)고 규정하고 있다.

2. 당사자의 절차적 권리

행정심판청구의 당사자는 청구인과 피청구인을 말하며, 심리절차에서 다음과 같은 권리를 가진다.

(1) 위원·직원에 대한 기피신청권

당사자는 위원에게 공정한 심리·의결을 기대하기 어려운 사정이 있는 경우에는 그 위원에 대한 기피신청권을 가진다(행정심판법 제10조 제2항). 위원장은 기피신청을 받으면 기피 여부에 대한 결정을 하고, 지체 없이 신청인에게 결정서 정본을

---

8) 이는 ① 위원회(소위원회와 전문위원회를 포함한다)의 회의에서 위원이 발언한 내용이 적힌 문서, ② 심리 중인 심판청구사건의 재결에 참여할 위원의 명단, ③ 기타 공개할 경우 위원회의 심리·재결의 공정성을 해칠 우려가 있다고 인정되는 사항으로서 총리령이 정하는 사항 등이다(행정심판법 시행령 제29조).

송달하여야 한다(동법 제10조 제6항).

(2) 구술심리신청권

심판청구의 심리는 구술심리나 서면심리로 한다. 당사자는 위원회에 구술심리를 신청할 수 있는 권리를 가진다. 구술심리를 신청하려면 심리기일 3일 전까지 위원회에 서면 또는 구술로 신청하여야 한다(행정심판법 시행령 제27조). 당사자가 구술심리를 신청한 경우에는 서면심리만으로 결정할 수 있다고 인정되는 경우 외에는 구술심리를 하여야 한다(동법 제40조 제1항 단서).

(3) 보충서면제출권

당사자는 심판청구서·보정서·답변서·참가신청서에서 주장한 사실을 보충하고 다른 당사자의 주장을 반박하기 위하여 필요하면 보충서면을 제출할 수 있다. 이 경우 다른 당사자의 수만큼 보충서면 부분을 함께 제출하여야 한다(행정심판법 제33조 제1항). 위원회는 필요하다고 인정하면 보충서면의 제출기한을 정할 수 있다(동법 제33조 제2항). 위원회는 보충서면을 받으면 지체 없이 다른 당사자에게 그 부본을 송달하여야 한다(동법 제33조 제3항).

> **[판 례]** 피청구인의 답변서의 제출 및 송달은 행정심판위원회의 의결의 편의와 청구인에게 주장을 보충하고 답변에 대한 반박의 기회를 주기 위한 것일 뿐이므로 행정심판위원회가 피청구인이 아닌 자로부터 제출된 답변서를 청구인에게 송달하여 청구인으로 하여금 그 주장을 보충하고 답변서에 대하여 반박할 기회를 주었다면, 청구인이 피청구인으로 한 자의 답변서제출과 그 송달 없이 한 행정심판의 재결에 고유한 위법이 되는 것은 아니다(대법원 1992.2.28. 선고 91누6979 판결).

(4) 증거제출권

당사자는 심판청구서·보정서·답변서·참가신청서·보충 서면에 덧붙여 그 주장을 뒷받침하는 증거서류나 증거물을 제출할 수 있으며, 이와 같은 증거서류에는 다른 당사자의 수만큼 증거서류 부본을 함께 제출하여야 한다(행정심판법 제34조 제1항·제2항). 위원회는 당사자가 제출한 증거서류의 부본을 지체 없이 다른 당사자에게 송달하여야 한다(동법 제34조 제3항).

(5) 증거조사신청권

당사자는 사건의 심리에 있어서 자기의 주장을 뒷받침하기 위하여 필요하면 위원회에 증거조사를 신청할 수 있다.

따라서 위원회는 당사자의 신청 또는 직권으로 ① 당사자나 관계인을 위원회의 회의에 출석하게 하여 심문(審問)하는 방법, ② 당사자나 관계인이 가지고 있는 문서·장부·물건 또는 그 밖의 증거자료의 제출을 요구하고 이를 영치하는 방법, ③ 특별한 학식과 경험을 가진 제3자에 감정을 요구하는 방법, ④ 당사자 또는 관계인의 주소·거소·사업장이나 그 밖의 필요한 장소에 출입하여 당사자 또는 관계인에게 질문하거나 서류·물건 등을 조사·검증하는 방법 등에 따라 증거조사를 할 수 있다(행정심판법 제36조 제1항).

「행정심판법」이 당사자에게 증거조사신청권을 인정하는 것은, 직권심리주의의 자의성을 억제함과 동시에 당사자주의적 요소를 가미하여 심리의 적정을 도모한 것이라 할 수 있다.

(6) 임시처분 신청권

당사자는 처분 또는 부작위가 위법·부당하다고 상당히 의심되는 경우로서 처분 또는 부작위 때문에 당사자가 받을 우려가 있는 중대한 불이익이나 당사자에게 생길 급박한 위험을 막기 위하여 임시지위를 정하여야 할 필요가 있는 경우에는 위원회에 임시처분을 결정할 것을 신청할 수 있다(행정심판법 제31조 제1항).

3. 심리기일의 지정과 변경

심리기일은 위원회가 직권으로 지정하며, 변경은 직권으로 또는 당사자의 신청에 의하여 한다. 위원회는 심리기일이 변경되면 그 사실과 사유를 당사자에게 알려야 한다(행정심판법 제38조 제1항 내지 제3항).

심리기일의 통지나 심리기일 변경의 통지는 심리기일 7일 전까지 당사자와 참가인에게 서면으로 하거나 심판청구서에 적힌 전화, 휴대전화를 이용한 문자전송, 팩시밀리 또는 전자우편 등 간편한 통지방법(간이통지방법)으로 할 수 있다(동법 제38조 제4항, 동법 시행령 제26조).

4. 심리의 병합과 분리

행정심판위원회는 필요하면 관련되는 행정심판청구를 병합하여 심리하거나 병합된 관련 청구를 분리하여 심리할 수 있다(행정심판법 제37조). 즉, 위원회는 여러 개의 심판청구사건이 동일한 행정청이 행한 유사한 내용의 처분이거나, 서로 관련되는 사건일 경우에는 심리의 신속성·경제성을 도모하기 위해 이들 사건을 병합하여 함께 심리할 수 있다.

제 7 절 행정심판의 재결

Ⅰ. 재결의 의의

재결은 행정심판청구에 대한 행정심판위원회의 종국적 판단의 의사표시로 준사법행위이다. 즉, 재결이란 행정심판의 청구에 대하여 행정심판위원회가 행하는 판단을 말한다(행정심판법 제2조 제3호).

재결은 행정법상의 법적 분쟁에 대하여 행정심판위원회가 판단·확정하는 행위이기 때문에 확인행위의 성질을 가지며 재결기관의 재량이 허용되지 않는 기속행위이다. 또한, 행정심판의 재결은 행정심판의 청구를 전제로 한 재결기관(행정심판위원회)의 판단작용이라는 점에서 법원의 판결과 성질이 비슷한 실질적 의미의 사법행위에 해당한다.

Ⅱ. 재결의 절차와 형식

1. 재결기간

재결은 피청구인 또는 위원회가 행정심판청구서를 받은 날부터 60일 이내에 하여야 하는 것이 원칙이나, 부득이한 사정이 있는 경우에는 위원장이 직권으로 30일을 연장할 수 있다(행정심판법 제45조 제1항). 위원장이 직권으로 재결기간을 연장한 경우에는 재결 기간이 끝나기 7일 전까지 당사자에게 알려야 한다(동법 제45조 제2항).

「행정심판법」상의 재결기간은 재결에 관한 시간적 기준을 제시한 훈시규정이므로 그 기간 경과 후에 한 재결도 유효하다.

2. 재결의 방식

재결은 소정의 사항을 적은 서면으로 하여야 하는 요식행위이다(서면주의). 재결서에는 ① 사건번호와 사건명, ② 당사자·대표자 또는 대리인의 이름과 주소, ③ 주문, ④ 청구의 취지, ⑤ 이유, ⑥ 재결한 날짜 등의 사항이 포함되어야 한다(행정심판법 제46조 제1항·제2항). 재결서에 적는 이유에는 주문 내용이 정당하다는 것을 인정할 수 있는 정도의 판단을 표시하여야 한다(동법 제46조 제3항).

「행정심판법」은 재결방식에 서면주의를 채택하고 있으므로 구술에 의한 심판결정의 통지는 허용되지 않는다.

3. 재결의 범위

위원회는 불고불리의 원칙에 따라 행정심판청구의 대상인 처분이나 부작위 외의 사항에 대하여는 재결하지 못한다(행정심판법 제47조 제1항). 또한, 위원회는 불이익변경금지의 원칙에 따라 행정심판청구의 대상이 되는 처분보다 청구인에 불리한 재결을 하지 못한다(동법 제47조 제2항). 위원회가 행정심판청구에 대한 재결에 불고불리의 원칙 및 불이익변경금지의 원칙을 엄격히 적용하고 있다.

4. 재결의 송달과 효력발생

재결이 결정되면 위원회는 지체 없이 당사자에게 재결서의 정본을 송달하여야 한다. 이 경우 중앙행정심판위원회는 재결 결과를 소관 중앙행정기관의 장에게도 알려야 한다(행정심판법 제48조 제1항). 재결은 송달되었을 때에 그 효력이 생긴다(동법 제48조 제2항). 위원회는 재결서의 정본을 지체 없이 참가인에게 송달하여야 한다(동법 제48조 제3항).

처분의 상대방이 아닌 제3자가 심판청구를 한 경우 위원회는 재결서의 등본을 지체 없이 피청구인을 거쳐 처분의 상대방에게 송달하여야 한다(동법 제48조 제4항).

5. 재결의 경정

재결에 오기·계산착오 또는 그 밖에 이와 비슷한 잘못이 있는 것이 명백한 경우는 위원장은 직권으로 또는 당사자의 신청에 의하여 경정 결정을 할 수 있다(행정심판법 시행령 제31조 제1항). 경정 결정의 원본은 재결서의 원본에 첨부하고, 경정 결정의 정본 및 등본은 각각 당사자 및 참가인에게 송달한다(동법 시행령 제31조 제2항, 동법 제48조 참조).

6. 위원회의 직접 처분

위원회는 피청구인이 재처분의무에 따른 처분을 하지 아니하는 경우에는 당사자가 신청하면 기간을 정하여 시정을 명하고 그 기간에 이행하지 아니하면 직접 처분을 할 수 있다. 다만, 그 처분의 성질이나 그 밖의 불가피한 사유로 위원회가 직접 처분을 할 수 없는 경우에는 그러하지 아니한다(행정심판법 제50조 제1항). 위원회가 직접 처분을 할 경우에는 재결의 취지에 따라야 하며, 직접 처분을 할 수 없는 경우에는 지체 없이 당사자에게 그 사실 및 사유를 알려야 한다(동법 시행령 제33조).

위원회는 직접 처분을 하였을 때에는 그 사실을 해당 행정청에 통보하여야 하며, 그 통보를 받은 행정청은 위원회가 한 처분을 자기가 한 처분으로 보아 관계법령에 따라 관리·감독 등 필요한 조치를 하여야 한다(동법 제50조 제2항).

Ⅲ. 재결의 종류

1. 각하재결

각하재결은 위원회가 심판청구가 적법하지 아니하여 그 심판청구를 각하하는 재결로, 본안심리를 거절하는 재결이다(행정심판법 제43조 제1항).

2. 기각재결

기각재결은 위원회가 심판청구가 이유가 없다고 인정하여 그 심판청구를 기각함으로써 원처분을 지지하는 재결이다(행정심판법 제43조 제2항). 즉, 기각재결은 원처분이 적법·타당함을 인정하는 재결이다.

기각재결이 있은 뒤에도 처분청은 정당한 사유가 있으면 직권으로 원처분을 취소·변경할 수 있음은 물론 재결의 취지에 따라 새로운 처분을 할 수 있다.

3. 사정재결

(1) 사정재결의 의의

위원회는 심판청구가 이유있다고 인정하는 경우에도 이를 인용하는 것이 현저히 공공복리에 크게 위배된다고 인정하면 그 심판청구를 기각하는 재결을 할 수 있는데(행정심판법 제44조 제1항), 이를 사정재결이라 한다.

사정재결은 행정의 합법성의 원리에 따라 위법한 처분을 취소(또는 변경)하여 사익을 보호하여야 함에도 불구하고, 그 사익 보호가 오히려 공공복리를 현저히 해칠 우려가 있어 공익 보호의 차원에서 청구를 기각하는 것이다. 이는 행정소송에 있어서 사정판결에 대응하여 인정된 것으로 행정의 합법성의 원리에 대한 예외적인 제도에 해당하는 것이다.

사정재결은 취소심판 및 의무이행심판에 대하여만 인정되고, 무효등확인심판에는 인정되지 아니한다(동법 제44조 제3항).

(2) 사정재결의 요건

사정재결은 심판청구를 인용하는 것이 '공공복리에 크게 위배된다고 인정'되어야 할 수 있다. 사정재결은 공익 보호를 위한 예외적인 제도이므로 그 요건인 공공복리는 매우 엄격하고 제한적으로 해석하여야 한다. 따라서 위법한 처분의 효력을 유지함으로 인하여 발생할 공익의 침해보다 그 처분을 취소함으로 인하여 발생할 공익침해의 정도가 월등하게 큰 경우에 한하여 사정재결을 인정하여야 한다.

(3) 사정재결과 구제방법

사정재결을 하는 경우라도 계쟁처분이 지닌 하자가 치유되는 것은 아니므로, 위원회는 사정재결의 주문에서 그 처분 또는 부작위가 위법하거나 부당하다는 것을 구체적으로 밝혀야 한다(행정심판법 제44조 제1항). 이는 사정재결에 의하여 청구인이 손해배상을 청구하는 경우 그 위법판단을 반복하는 것을 막고 그 근거를 명백히 하기 위한 것이다.

따라서 위원회는 사정재결을 할 때에는 청구인에 대하여 상당한 구제방법을 취하거나 상당한 구제방법을 취할 것을 피청구인에게 명할 수 있다(동법 제44조 제2항).

이와 같은 구제방법과 관계없이 사정재결에 불복하는 청구인은 처분 또는 부작위의 위법을 이유로 하여 취소소송 또는 부작위위법확인소송을 제기할 수 있다.

4. 인용재결

인용재결은 본안심리의 결과 원처분 또는 부작위가 위법·부당하다고 인정하여 심판청구의 취지를 인용하는 내용의 재결을 말하며, 이는 취소재결·무효등확인재결·의무이행재결 등으로 구분된다.

(1) 취소·변경재결

취소재결은 위원회가 취소심판의 청구가 이유 있다고 인정하여 스스로 처분을 취소 또는 다른 처분으로 변경하거나, 피청구인에게 취소 또는 다른 처분으로 변경할 것을 명하는 재결이다(행정심판법 제43조 제3항). 위원회가 스스로 처분을 취소 또는 변경하는 재결은 형성적 재결의 성질을 가진다.

변경재결에서의 변경은 소극적 변경뿐만 아니라 적극적 변경, 즉 원처분을 갈음하는 다른 처분으로 변경하는 것까지 포함한다. 예컨대 운전면허취소처분을 6개월의 운전면허정지처분으로 변경하는 것도 포함된다.

(2) 무효등확인재결

무효등확인재결은 위원회가 무효등확인심판의 청구가 이유 있다고 인정한 때에 처분의 효력 유무 또는 존재 여부를 확인하는 재결이다(행정심판법 제43조 제4항).

(3) 의무이행재결

의무이행재결은 위원회가 의무이행심판의 청구가 이유 있다고 인정한 때에, 지체 없이 신청에 따른 처분을 하거나 처분할 것을 피청구인에게 명하는 재결이다(행정심판법 제43조 제5항). 따라서 행정청이 재결의 취지에 따른 처분을 하지 아니하고 그 처분과는 양립할 수 없는 다른 처분을 하는 것은 위법하다.[9]

Ⅳ. 재결의 효력

1. 기속력

기속력이란 피청구인인 행정청이나 관계행정청으로 하여금 재결의 취지에 따라 행동할 의무를 발생시키는 효력이다. 「행정심판법」은 재결의 효력 중 기속력에 대해서만 명문으로 규정하고 있다. 「행정심판법」 제49조 제1항에 의하면, 심판청구를 인용하는 재결은 피청구인과 그 밖의 관계 행정청을 기속한다. 이러한 기속력은 인용재결에만 인정되고 각하재결·기각재결에는 인정되지 않는다.

(1) 반복금지의무(소극적 의무)

관계 행정청은 재결의 내용을 실현하여야 할 의무를 진다. 이와 같은 재결의 기속력 때문에 처분을 취소하는 취지의 재결이 있은 때에는, 행정청은 같은 사정 아래에서 동일인에게 재결의 내용에 모순되는 동일 내용의 처분을 다시 하지 못한다. 반복금지의무를 위반하여 동일한 내용의 처분을 다시 한 경우 그 처분은 하자가 중대하고 명백하여 무효가 된다.

반복금지의무의 위반 여부는 기본적 사실관계의 동일성 유무를 기준으로 판단한다.

> **[판 례]** 행정심판법 제37조가 정하고 있는 재결은 당해 처분에 관하여 재결주문 및 그 전제가 된 요건사실의 인정과 판단에 대하여 처분청을 기속하므로, 당해 처분에 관하여 위법한 것으로 재결에서 판단된 사유와 기본적 사실관계에 있어 동일성이 인정되는 사유를 내세워 다시 동일한 내용의 처분을 하는 것은 허용되지 않는다. 건축허가권자는 건축허가신청이 건축법, 도시계획법 등 관계 법규에서 정하는 어떠한 제한에 배치되지 않는 이상 당연히 같은 법조에서 정하는 건축허가를 하여야 하고, 중대한 공익상의 필요가 없음에도 불구하고, 요건을 갖춘 자에 대한 허가를 관계 법령에서 정하는 제한 사유 이외의 사유를 들어 거부할 수는 없다(대법원 2003.4.25. 선고 2002두3201 판결).

> **[판 례]** 재결의 기속력은 재결의 주문 및 그 전제가 된 요건사실의 인정과 판단, 즉 처분 등의 구체적 위법사유에 관한 판단에만 미치며, 종전 처분이 재결에 의하여 취소되었다 하더라도 종전 처분시와는 다른 사유를 들어서 처분을 하는 것은 기속력에 저촉되지 않는다. 여기에서 동일사유인지 다른 사유인지는 종전 처분에 관하여 위법한 것으로 재결에서 판단된 사유와 기본적 사실관계에 있어 동일성이 인정되는

---

9) 대법원 1988.12.13. 선고 88누7880 판결.

사유인지 여부에 따라 판단되어야 한다(대법원 2005.12.9. 선고 2003두7705 판결).

[판 례] 부과처분을 취소하는 재결이 있는 경우 당해 처분청은 재결의 취지에 반하지 아니하는 한, 그 재결에 적시된 위법사유를 시정·보완하여 정당한 조세를 산출한 다음 새로이 이를 부과할 수 있는 것이고, 이러한 새로운 부과처분은 재결의 기속력에 저촉되지 아니한다(대법원 2001.9.14. 선고 99두3324 판결).

(2) 재처분의무(적극적 의무)

재결에 의하여 취소되거나 무효 또는 부존재로 확인되는 처분이 당사자의 신청을 거부하는 것을 내용으로 하는 경우에는 그 처분을 한 행정청은 재결의 취지에 따라 다시 이전의 신청에 대한 처분을 하여야 한다(행정심판법 제49조 제2항).

당사자의 신청을 거부하거나 부작위로 방치한 처분의 이행을 명하는 재결이 있으면 행정청은 지체 없이 이전의 신청에 대하여 재결의 취지에 따라 처분을 하여야 한다(동법 제49조 제3항).

신청에 따른 처분이 절차의 위법 또는 부당을 이유로 재결로써 취소된 경우는 행정청은 지체 없이 이전의 신청에 대하여 재결의 취지에 따라 처분을 하여야 한다(동법 제49조 제4항).

[판 례] 당사자의 신청을 받아들이지 않은 거부처분이 재결에서 취소된 경우에 행정청은 종전 거부처분 또는 재결 후에 발생한 새로운 사유를 내세워 다시 거부처분을 할 수 있다. 그 재결의 취지에 따라 이전의 신청에 대하여 다시 어떠한 처분을 하여야 할지는 처분을 할 때의 법령과 사실을 기준으로 판단하여야 하기 때문이다(대법원 2017.10.31. 선고 2015두45045 판결).

(3) 취소·변경의 공고 또는 고시

법령의 규정에 따라 공고하거나 고시한 처분이 재결로써 취소되거나 변경되면 처분을 한 행정청은 지체 없이 그 처분이 취소 또는 변경되었다는 것을 공고하거나 고시하여야 한다(행정심판법 제49조 5항).

법령의 규정에 따라 처분의 상대방 외의 이해관계인에게 통지된 처분이 재결로써 취소되거나 변경되면 처분을 한 행정청은 지체 없이 그 이해관계인에게 그 처분이 취소 또는 변경되었다는 것을 알려야 한다(동법 제49조 제6항).

(4) 위원회의 직접 처분

1) 의 의

당사자의 신청을 거부하거나 부작위로 방치한 처분의 이행을 명하는 재결이 있으면 행정청은 지체 없이 이전의 신청에 대하여 재결의 취지에 따라 처분을 하여야 한다. 그럼에도 불구하고 행정청이 처분을 하지 아니하는 경우에는 당사자가 신청하면 기간을 정하여 서면으로 시정을 명하고 그 기간에 이행하지 아니하면 위원회는 직접 처분을 할 수 있다(행정심판법 제50조 제1항).

행정심판위원회의 직접처분권은 의무이행재결에만 인정되고 취소재결 또는 무효등확인재결에는 인정되지 않는다.

2) 요 건

행정심판위원회의 직접처분권이 인정되기 위해서는 ① 처분이행재결이 있었을 것, ② 위원회가 당사자의 신청에 따라 기간을 정하여 시정을 명하였을 것, ③ 해당 행정청이 그 기간 내에 시정명령을 이행하지 아니하였을 것의 요건을 갖추어야 한다.

> **[판례]** 재결청(행정심판위원회)이 직접 처분을 하기 위하여는 처분의 이행을 명하는 재결이 있었음에도 당해 행정청이 아무런 처분을 하지 아니하였어야 하므로, 당해 행정청이 어떠한 처분을 하였다면 그 처분이 재결의 내용에 따르지 아니하였다고 하더라도 재결청이 직접 처분을 할 수는 없다(대법원 2002.7.23. 선고 2000두9151 판결).

3) 한 계

처분의 성질이나 그 밖의 불가피한 사유로 위원회가 직접 처분을 할 수 없는 경우에는 직접 처분을 할 수 없다(행정심판법 제50조 제1항).

(5) 위원회의 간접강제

1) 의 의

간접강제제도는 2017년 「행정심판법」 개정으로 도입된 제도이다. 행정청의 재처분의무에도 불구하고 행정청이 인용재결에 따른 처분을 하지 아니하면 행정심판위원회가 당사자 신청에 의하여 결정으로 상당한 기간을 정하고, 행정청이 그 기간 내에 이행하지 아니하는 경우에는 그 지연기간에 따라 일정한 배상을 하도록 명하거나 즉시 배상을 할 것을 명할 수 있도록 하는 제도이다(제50조의2 제1항).

2) 효 력

간접강제 결정의 효력은 피청구인인 행정청이 소속된 국가·지방자치단체 또는 공공단체에 미치며, 결정서 정본은 제4항에 따른 소송제기와 관계없이 「민사집행법」에 따른 강제집행에 관하여는 집행권원과 같은 효력을 가진다.

행정심판 청구인은 행정심판위원회의 간접강제 결정에 불복하는 경우 그 결정에 대하여 행정소송을 제기할 수 있다(행정심판법 제50조의2 제4항).

2. 공정력

재결도 행정청의 행위로서 본질적으로 실체법상의 행정행위에 해당되는 것이기 때문에 다른 행정행위의 경우와 같이 공정력을 가진다. 따라서 재결에 하자가 있는 경우에도 그것이 중대하고 명백하여 당연무효의 원인이 되지 않는 한, 권한 있는 기관에 의해 취소 또는 변경될 때까지 그 유효성이 추정된다.

3. 불가쟁력

심판청구에 대한 재결이 있으면 그 재결 및 같은 처분 또는 부작위에 대하여는 다시 심판청구를 청구할 수 없다(행정심판법 제51조). 이를 재결의 불가쟁력이라 한다. 다만, 재결 자체에 고유한 위법이 있는 경우에 한하여 행정소송의 제기가 허용된다(동법 제19조). 그러나 그 소를 제기할 수 있는 기간이 지나면 재결은 형식적으로 확정되어 누구든지 그 효력을 다툴 수 없게 된다.

4. 불가변력

재결은 당사자의 참여 아래 일정한 쟁송절차를 거쳐 행하여지는 판단행위 내지 준사법적 행위이기 때문에 다른 일반 행정행위와는 달리 행정청이라 하더라도 임의로 재결을 취소 또는 변경할 수 없는 기속을 받는다. 이를 재결의 불가변력이라 한다.

5. 형성력

처분에 대한 취소재결이 확정되면 당해 처분의 효력은 처분청의 별도의 행위가 없어도 처분시에 소급하여 소멸됨으로써 기존의 법률관계의 변동을 초래한다. 이와 같이 재결의 효과로서 기존의 법률관계의 변동을 가져오는 효력을 재결의 형성력이라고 한다.

> **[판 례]** 행정심판에 있어서 재결청의 재결내용이 처분청에 취소를 명하는 것이 아니라 처분청의 처분을 스스로 취소하는 것일 때에는 그 재결에 형성력이 발생하여

당해 행정처분은 별도의 행정처분을 기다릴 것 없이 당연히 취소되어 소멸된다(대법원 1994.4.12. 선고 93누1879 판결).

V. 재결에 대한 불복

「행정심판법」은 행정심판위원회의 재결이 있는 경우에는 당해 재결 및 동일한 처분 또는 부작위에 대해서는 다시 행정심판을 청구하지 못하도록 하고 있기 때문에(제51조), 재결에 불복하는 자는 행정소송을 제기할 수밖에 없다.

재결도 행정처분이므로 이론적으로 취소소송의 대상이 될 수 있지만, 「행정소송법」은 취소소송의 대상에 관하여 원처분주의를 채택하고 있기 때문에 재결이 취소소송의 대상이 되는 것은 일정한 경우에 한정된다. 따라서 재결의 취소소송은 재결 자체에 고유한 위법이 있음을 이유로 하는 경우에만 제기할 수 있다. 그러므로 행정심판위원회에서 원처분을 지지하여 심판청구를 기각하는 재결을 한 경우에도 이에 불복하는 소송을 제기하는 때에는 원처분의 위법을 이유로 해야 한다.

제8절 행정심판의 고지

I. 고지의 의의

1. 고지의 개념

행정심판의 고지는 행정청이 행정처분을 할 때 처분의 상대방에게 해당 처분에 대하여 행정심판을 청구할 수 있는지, 행정심판을 청구하는 경우의 심판청구절차 및 심판청구 기간을 미리 알려 주어야 하는 것을 말한다(행정심판법 제58조 제1항).

행정심판의 고지는 일정한 행정행위로 인하여 국민이 권익의 침해를 받았을 경우 행정심판의 절차를 모르거나, 또 행정심판절차는 알고 있으나 청구기간 등을 알지 못하여 적법한 행정심판을 청구하지 못하는 폐단을 막기 위한 제도이다.

「행정절차법」도 행정심판 및 행정소송을 제기할 수 있는지 여부, 그 밖에 불복을 할 수 있는지 여부, 청구절차 및 청구기간 등의 고지규정을 두고 있으나(제26조) 고지의무를 이행하지 않은 경우에 대한 제재를 규정하고 있지 않다는 점에서 「행정심판법」의 고지규정과는 구별된다.

2. 고지의 필요성

(1) 행정불복의 기회보장

행정청이 일정한 처분을 하면서 처분의 상대방에 행정심판의 제기에 필요한 구체적인 요건을 제시하여 불복절차를 밟을 수 있는 기회를 실질적으로 보장해 준다.

(2) 행정의 적정화

행정쟁송의 제기를 예상하여 행정청이나 그 구성원(공무원)이 처분을 신중하게 발령하고 결과적으로 처분의 적정화를 도모한다.

Ⅱ. 고지의 성질

고지는 그 자체로서는 행정청이 행정심판과 관련된 사실을 알려주는 비권력적 사실행위로서 아무런 법적 효과도 발생시키지 않는다. 고지 그 자체는 처분이나 행정행위가 아니므로 행정쟁송의 대상도 될 수 없다.

또한, 고지 유무나 그 내용 여하가 고지의 대상이 되는 처분에 영향을 미치는 것은 아니며, 필요한 고지를 결한 경우나 잘못된 경우의 효과는 고지 자체에서 나오는 것이 아니라, 「행정심판법」이 고지에 대하여 부여한 법률효과인 것이다.

Ⅲ. 고지의 종류

1. 직권에 의한 고지

직권에 의한 고지란 행정청이 처분을 할 때 그 상대방에게 일정한 사항을 알려주는 것을 말한다.

(1) 고지의 상대방

직권에 의한 고지는 당해 처분의 상대방에 대하여 하여야 한다. 여기서 상대방은 '처분의 직접 상대방'을 의미한다.

(2) 고지의 대상

직권에 의한 고지의 대상은 서면에 의한 처분이다. 다른 법률에 의해 행정심판 대상이 되는 서면에 의한 처분도 포함된다.

(3) 고지의 내용

고지할 내용은 당해 처분에 대한 행정심판의 청구에 필요한 사항이며, ① 처분에 관하여 행정심판을 청구할 수 있는지, ② 행정심판을 청구하는 경우의 심판청구 절차 및 심판청구 기간 등이다(행정심판법 제58조 제1항).

(4) 고지의 방법·시기

고지의 방법과 시기에 관하여 명문의 규정이 없으나, 서면에 의한 처분이 고지의 대상이 되는 점에서, 그 고지 역시 서면으로 함이 원칙이라 할 것이다. 고지는 처분시에 함이 원칙이다. 다만 처분시에 하지 않고 사후에 고지한 경우, 그 불고지의 흠은 치유된다고 볼 수 있다.

2. 요구에 의한 고지

행정청은 이해관계인으로부터 고지를 요구받은 때에는 지체 없이 그 내용을 알려 주어야 한다(행정심판법 제58조 제2항).

(1) 고지의 요구권자

고지의 요구권자는 해당 처분의 이해관계인이다. 여기서 이해관계인은 해당 처분으로 인하여 직접 자신의 법률상 이익이 침해받은 제3자를 의미한다. 그러나 행정청이 처분을 할 때 고지를 하지 아니한 경우에는 당해 처분의 상대방도 포함된다고 할 것이다. 따라서 고지를 요구하는 자는 스스로 당해 처분에 대하여 이해관계가 있음을 소명하여야 한다.

(2) 고지의 대상

요구에 의한 고지는 직권에 의한 경우와 달리 반드시 서면에 의한 처분에 한하지 않고, 그 고지요구권자의 법률상 이익을 침해한 모든 처분이 그 대상이 된다.

(3) 고지의 내용

고지의 내용은 ① 해당 처분이 행정심판의 대상이 되는 처분인지, ② 행정심판의 대상이 되는 경우 소관 위원회 및 심판청구 기간 등이다(행정심판법 제58조 제2항).

(4) 고지의 방법·시기

고지의 방법에는 특별한 제한이 없으나, 요구권자가 서면으로 알려 줄 것을 요구하면 반드시 서면으로 알려 주어야 한다(행정심판법 제58조 제2항). 왜냐하면 서면에 의하는 것은 고지 유무 및 그 정오가 행정심판청구와 밀접한 관계에 있으므로 후에 그에 관한 분쟁을 없애는 의미가 있기 때문이다.

고지의 시기에 관하여는 「행정심판법」은 '지체 없이' 이를 알려야 한다고 규정하고 있다.

Ⅳ. 고지의무 위반의 효과

1. 고지의 하자와 처분의 효력

「행정심판법」 제58조의 고지의무를 위반한 경우 처분 자체가 위법하게 되는 것은 아니다.

> **[판 례]** 환류처분을 하면서 행정심판법 제58조의 불복절차에 대한 고지의무를 해태
> 한 것만으로 위법하다고 보기 어렵다(서울행정법원 2012.7.13. 선고 2012구합6216
> 판결).

2. 경유절차

행정청이 고지를 하지 아니하거나(불고지) 잘못 고지하여(오고지) 청구인이 심
판청구서를 다른 행정기관에 제출한 경우에는 그 심판청구서를 접수한 행정기관
은 그 심판청구서를 지체 없이 정당한 권한이 있는 피청구인에게 보내고(행정심판
법 제23조 제2항), 그 사실을 지체 없이 청구인에게 알려야 한다.

3. 심판의 청구기간

(1) 불고지

행정청이 행정심판청구기간을 알리지 아니한 경우에는 해당 처분에 대한 심
판청구 기간은 처분이 있었던 날부터 180일이 된다(행정심판법 제27조 제3항).

(2) 오고지

행정청이 행정심판청구기간을 소정의 기간보다 긴 기간으로 잘못 고지한 경
우에는 그 잘못 알린 기간에 심판청구가 있으면 적법한 기간 내에 심판청구가 청
구된 것으로 본다(행정심판법 제27조 제5항).

제 2 장   행정소송

제 1 절   행정소송의 개관

Ⅰ. 행정소송의 의의

1. 행정소송의 개념

행정소송은 행정청의 공권력행사에 대한 불복 및 행정법상의 법률관계에 대한 분쟁을 법원의 정식 재판절차에 의해 해결하는 것을 말한다.

(1) 행정소송은 행정사건에 관한 소송이다

행정소송은 행정청의 공권력행사에 대한 불복 및 행정법상의 법률관계에 대한 분쟁 등의 행정사건에 대한 소송이다. 이 점에서 국가의 형벌권 발동을 위한 형사소송과 사법상의 법률관계에 관한 분쟁을 해결하기 위한 민사소송과 구별된다.

(2) 행정소송은 법원의 정식 소송절차에 의한 행정쟁송이다.

행정소송은 당사자와 이해관계가 없는 제3자의 지위에 있는 법원의 정식 소송절차에 의한 행정쟁송이다. 이 점에서 행정심판과 구별된다. 행정소송은 국민의 권익구제를 위하여 대심구조, 심리절차의 공개, 구두변론 등 정식 소송절차로서의 특색을 지니고 있다.

2. 행정소송의 법원(法源)

행정소송에 관한 일반법으로 「행정소송법」이 있다. 「행정소송법」은 행정소송의 특수성을 고려하여 그 내용을 규정하고 있다. 다만, 「행정소송법」은 입법기술상 행정소송에 관한 모든 내용을 규율하지는 않고, 일정한 사항에 대해 「민사소송법」과 「민사집행법」 및 「법원조직법」을 준용하도록 규정하고 있다(행정소송법 제8조).

Ⅱ. 행정소송의 기능

1. 권익구제의 기능

실질적 법치주의의 내용의 하나인 법의 우위의 원칙은 모든 행정작용이 적법

하게 행사될 것을 요구하지만, 현실적으로 많은 행정작용이 위법하게 행사됨으로
써 국민의 권익을 침해하고 있다. 이 경우 행정소송제도는 권익을 침해받는 자에
게 위법한 행정작용에 대한 행정소송을 제기할 수 있게 함으로써 위법한 행정권행
사에 대하여 국민의 권익구제수단 기능을 수행한다.

2. 행정통제의 기능

행정소송은 행정작용의 적법성을 보장함으로써 행정통제의 기능을 수행한다.
즉, 위법한 행정작용으로 권익을 침해받은 개인은 그 자신의 권익을 보호하기 위
하여 행정소송을 제기함으로써 간접적으로 행정의 적법성 통제에 참여하게 된다.
물론 행정소송의 주된 기능은 국민의 권익구제에 있고, 행정통제 기능은 행정소송
의 딸린 기능이라고 할 수 있다.

Ⅲ. 행정소송의 한계

현행 「행정소송법」은 행정소송의 대상에 관하여 개괄주의를 취하고 있어 처
분성이 있는 모든 행정작용에 대하여 행정소송의 제기를 인정하여 국민의 권익구
제의 길을 종래보다 넓히고 있다. 그러나 법원의 행정재판권 행사는 행정사건에
대한 사법작용이기 때문에 사법권의 본질 또는 헌법상의 권력분립주의로 인한 일
정한 한계가 있다.

1. 사법권의 본질에 따른 한계

「행정소송법」은 행정소송사항에 관하여 개괄주의를 취하고 있으나, 「법원조
직법」 제2조 제1항은 "법원은 헌법에 특별한 규정이 있는 경우를 제외하고는 일체
의 법률적 쟁송을 심판하고, 기타 법률에 의하여 법원에 속하는 권한을 가진다"라
고 하여 민사사건은 물론 행정사건에 대하여도 원칙적으로 법률적 쟁송일 것을 규
정하고 있다.

법률적 쟁송이란 당사자 사이의 구체적인 권리·의무에 관한 분쟁으로서, 법
령을 해석·적용함으로써 해결할 수 있는 쟁송을 의미한다. 따라서 행정사건이라
도 행정소송의 대상이 되기 위해서는 법률적 쟁송이어야 하고, 처분권주의[1]의 지
배를 받는 등의 한계가 있는 것이다. 이를 구체적으로 살펴보면 다음과 같다.

---

1) 처분권주의(Dispositionsprinzip)는 소송절차의 개시나 종료에 관하여 당사자의 지배권을 인정
   하여, 당사자의 신청이 있는 경우에 한하여 소송을 개시하고, 심판의 대상과 범위도 당사자가
   확정하며, 한번 제기된 소송의 처분권도 당사자에게 주어져, 당사자가 청구를 포기 또는 인낙
   하거나 또는 소의 취하, 화해 등에 의하여 소송을 종료시키는 것을 허용하는 주의를 말한다.
   김상원 등, 주석민사소송법(Ⅲ), 82면.

(1) 구체적 사건성

재판제도란 법원에 의한 보장적 기능을 통하여 국민의 권리·이익을 보호하기 위하여 존재하는 것이므로 사법심사의 대상이 되기 위해서는 당사자 간의 구체적인 권리·의무에 관한 쟁송이어야 한다. 그러므로 구체적 사건성이 없으면 소송으로써 다툴 수 없다.[2] 학설과 판례는 ① 반사적 이익, ② 단순한 사실행위, ③ 법령의 효력 및 해석, ④ 객관적 소송 등에 대해서는 구체적 사건성을 부인한다.

1) 반사적 이익

반사적 이익은 행정법규가 규정한 사회적 공동이익을 실현하기 위해 추상적인 제도를 시행하는 결과로서 반사적으로 개인이 받는 이익을 말한다. 이는 공동이익의 실현을 위한 행정주체의 제도적 작용으로 개인이 간접적으로 받는 이익이기 때문에, 그에 대한 침해는 소송을 통하여 그 보호를 구하는 법률적 쟁송의 대상이 아니다.

그러나 행정법규의 규율이익 중에는 종래와 같은 의미에서 권리는 아니지만, 단순한 반사적 이익이라고만 볼 수 없는 보호이익이 있는데, 이는 넓은 의미의 공권에 속하며 그 침해에 대해서는 행정소송을 제기할 수 있다.

> **[판 례]** 도시계획법과 건축법의 규정 취지에 비추어 볼 때 이 법률들이 주거지역 내에서의 일정한 건축을 금지하고 또한 제한하고 있는 것은 도시계획법과 건축법이 추구하는 공공복리의 증진을 도모하고자 하는 데 그 목적이 있는 동시에, 한편으로는 주거지역내에 거주하는 사람의 주거의 안녕과 생활환경을 보호하고자 하는 데도 그 목적이 있는 것으로 해석이 된다. 그러므로 주거지역 내에 거주하는 사람이 받는 위와 같은 보호이익은 단순한 반사적 이익이나 사실상의 이익이 아니라 바로 법률에 의하여 보호되는 이익이라고 할 것이다(대법원 1975.5.13. 선고 73누96·97 판결; 대법원 1976.5.25. 선고 75누238 판결).

위 판례는 '주거의 안녕과 생활환경의 보호'를 보호이익으로 보고 그 침해에 대해서 행정소송을 인정하고 있다.

「행정소송법」은 항고소송의 원고적격에 관하여 '법률상 이익이 있는 자'라고 규정하였고, '법률상 이익'의 범위에 관한 해석과 관련하여 통설인 법률상 이익구제설은 권리는 물론 보호이익(넓은 의미의 공권)도 '법률상 이익'에 포함되는 것으로 보고 있다.

---

2) 행정소송의 대상이 될 수 있는 것은 구체적인 권리·의무에 관한 분쟁이어야 한다(대법원 1961.5.1. 선고 4292행상55 판결; 대법원 1987.3.24. 선고 86누656 판결).

2) 단순한 사실행위

단순한 비권력적 사실행위는 개인의 구체적인 권리·의무에 직접 영향을 미치는 것이 아니므로 행정소송의 대상이 될 수 없다. 다만 권력적 사실행위는 그 자체로서 처분성이 인정되어 행정소송의 대상이 될 수 있다.

> **[판 례]** 국가보훈처장 등이 발행한 책자 등에서 독립운동가 등의 활동상을 잘못 기술하였다는 등의 이유로 그 사실관계의 확인을 구하거나, 국가보훈처장의 서훈추천서의 행사, 불행사가 당연무효 또는 위법임의 확인을 구하는 청구는 과거의 역사적 사실관계의 존부나 공법상의 구체적인 법률관계가 아닌 사실관계에 관한 것들을 확인의 대상으로 하는 것으로서 항고소송의 대상이 되지 않는다(대법원 1990.11.23. 선고 90누3553 판결).

3) 법령의 효력과 해석

구체적인 권리·이익의 침해와는 무관하게 직접 법령의 효력 또는 그 해석을 소송으로 다투는 것은 허용되지 않는다. 그와 같은 추상적 규범통제는 대립하는 당사자 간의 구체적 권리·의무에 관한 쟁송이 아니기 때문이다. 다만, 법령이라도 그 자체가 직접 국민의 권리·의무에 영향을 주는 처분법규일 경우는 행정소송의 대상이 될 수 있다.

4) 객관적 소송

민중소송·기관소송·단체소송과 같은 객관적 소송은 개인의 구체적인 권리·의무와 직접적인 관계가 있는 법률적 쟁송이 아니고, 행정법규의 적정한 적용을 확보하기 위한 소송이기 때문에 법률로 특별히 인정된 경우를 제외하고는 행정소송의 대상이 되지 않는다.

(2) 법령의 적용

1) 정치적 문제 등

단순히 정치적 또는 경제적 문제, 기술상 또는 학술·예술상의 분쟁은 당사자 간의 구체적 사건 또는 분쟁인 경우에도 법령적용의 문제가 아니므로 사법심사의 대상이 되지 않는다.

2) 재량행위

재량행위는 행정청이 일정한 행위를 할 것인가의 여부(결정재량) 또는 법적으로 허용되는 수 개의 행위 중에서 어느 행위를 선택할 것인가(선택재량)에 관하여 행정청에 독자적인 판단권이 부여된 행위를 말한다. 따라서 재량행위는 행정의 편의성·합목적성에 관한 판단을 하는 것으로 그 재량이 그릇된 경우에도 부당행위가 됨에 그치고 위법한 것은 아니므로 법원의 법적 판단의 대상이 되지 않는다.

그러나 재량행위라도 당해 법령이 허용한 재량권을 일탈하거나 남용한 경우에는 위법한 재량권의 행사로서 사법심사의 대상이 된다. 이 경우 법원은 각하하는 것이 아니라, 본안판단을 통해 기각 또는 인용판결을 하여야 한다.

3) 통치행위

통치행위는 고도의 정치성을 띤 국가기관의 행위로서 그 성질상 사법심사의 대상으로 하기에는 부적합한 행위를 말한다. 사법권의 본래 성질과 권력분립의 원칙에 비추어 그 논거에는 약간의 차이가 있으나, 각국에서 통치행위를 일반적으로 인정하고 있으며, 우리의 통설·판례도 일정한 국가기관의 행위에 대하여 통치행위를 인정하고 있다.

2. 권력분립에 따른 한계

행정권과 사법권은 그 성격 및 기능상의 차이로 인해 사법권의 행정권에 대한 개입과 사법적 심사는 스스로 일정한 한계가 있다.

(1) 의무이행소송

의무이행소송은 행정청이 개인이 신청한 행정행위에 대하여 이를 거부하거나 부작위로 방치한 경우에, 신청에 따른 행정행위를 할 것을 행정청에 명하는 판결을 구하는 소송을 말한다. 「행정소송법」은 의무이행소송을 규정하지 않아 법원이 행정청에 갈음하여 일정한 처분을 하는 '적극적 형성판결'이나 행정청에 일정한 처분을 할 것을 명하는 '이행판결'을 할 수 있는지는 적극설과 소극설이 대립하고 있다.

적극설은 행정의 적법성 보장과 개인의 권익 보호를 사법권의 본질적 기능으로 파악하여, 법원은 행정청의 위법한 행위를 취소할 수 있음은 물론 적극적인 이행판결을 할 수 있으며, 그것이 권력분립의 원칙에 반하는 것은 아니라고 본다.

한편, 소극설은 행정에 대한 제1차적 판단권은 행정기관에 있고 법원은 행정기관 또는 감독기관의 지위에 있는 것이 아니므로 행정청에 갈음하여 직접 어떤 행정처분을 하거나 행정청에 어떤 처분을 명하는 것은, 사법권의 행정권에 대한 침해가 되어 권력분립의 원리에 반한다고 본다.

판례는 행정청에 대하여 처분의 이행을 구하는 청구는 특별한 규정이 없는 한 행정소송의 대상이 될 수 없다고 하여 소극설을 취하고 있다.[3]

---

3) 대법원 1996.10.29. 선고 95누10341 판결.

[판 례] 검사에게 압수물 환부를 이행하라는 청구는 행정청의 부작위에 대하여 일정한 처분을 하도록 하는 의무이행소송으로 현행 행정소송법상 허용되지 아니한다 (대법원 1995.3.10. 선고 94누14018 판결).

(2) 적극적 형성판결

「행정소송법」 제4조 제1호는 취소소송을 "행정청의 위법한 처분 등을 취소 또는 변경하는 소송"이라고 규정하고 있다. 여기서 '변경'이 소극적 변경(일부취소판결)인지 적극적 변경(적극적 형성판결)인지의 문제가 있다. 의무이행소송을 부인하는 소극설은 그 '변경'을 일부 취소로 보지만, 의무이행소송을 긍정하는 적극설은 그 '변경'을 적극적 변경으로 이해하여 적극적 형성판결을 할 수 있는 것으로 본다. 즉, 법원은 원처분에 갈음하여 새로운 처분으로 대체하는 적극적 형성판결을 할 수 있다는 것이다.

판례는 적극적 형설판결에 대해 부정적인 입장을 취하고 있다.

[판 례] 현행 행정소송법상 행정청으로 하여금 일정한 행정처분을 하도록 명하는 이행판결을 구하는 소송이나 법원으로 하여금 행정청이 일정한 행정처분을 행한 것과 같은 효과가 있는 행정처분을 직접 행하도록 하는 형성판결을 구하는 소송은 허용되지 아니한다(대법원 1997.9.30. 선고 97누3200 판결).

3. 예방적 부작위소송

예방적 부작위소송은 행정청의 처분으로 장래에 개인의 법률상 이익이 침해될 경우를 대비하여 사전에 행정청이 일정한 처분을 하지 못하도록 그 부작위를 청구하는 소송이다. 따라서 이는 위법한 행정작용으로 권리가 이미 침해된 경우가 아니라 위법한 행정작용이 임박하여 권리침해가 우려되는 경우 이에 대한 예방과 방지를 통하여 권리를 보호하는 제도이다.

예방적 부작위소송이 인정될 수 있는지에 대해 긍정설과 부정설이 대립하고 있는바, 판례를 이를 부정하고 있다.

[판 례] 건축건물의 준공처분을 하여서는 아니된다는 내용의 부작위를 구하는 청구는 행정소송에서 허용되지 아니하는 것이므로 부적법하다(대법원 1987.3.24. 선고 86누182 판결).

[판 례] 행정소송법상 행정청이 일정한 처분을 하지 못하도록 그 부작위를 구하는

청구는 허용되지 않는 부적법한 소송이라 할 것이므로, 피고 국민건강보험공단은 이 사건 고시를 적용하여 요양급여비용을 결정하여서는 아니 된다는 내용의 원고들의 위 피고에 대한 이 사건 청구는 부적법하다(대법원 2006.5.25. 선고 2003두11988 판결).

IV. 행정소송의 종류

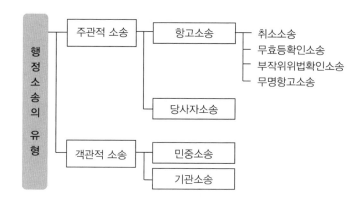

1. 내용에 따른 분류

「행정소송법」 제3조는 행정소송의 종류를 항고소송, 당사자소송, 민중소송, 기관소송으로 분류하고 있다.

(1) 항고소송

항고(抗告)란 원래 법원이 하는 민사·형사재판에서 판결을 제외한 결정·명령 등에 대한 불복신청을 말한다. 「행정소송법」상 항고소송이라는 개념도 이를 차용한 것으로, 행정청의 공권력 행사에 대한 불복소송이라고 할 수 있다. 즉, 행정청의 우월한 일방적인 행정권행사 또는 불행사에 불복하여 권익구제를 구하는 소송을 말한다.

현행 「행정소송법」은 항고소송의 대상을 '처분'과 '부작위'로 규정하고 있다. 그리고 항고소송의 종류로 취소소송, 무효등확인소송, 부작위위법확인소송을 인정하고 있다.

현재 법원에서 진행되는 대부분 행정소송은 항고소송에 관한 것이며, 그중에서도 취소소송에 관한 것이 주류를 차지하고 있다. 「행정소송법」 역시 항고소송, 취소소송을 중심으로 규정하고 있어, 행정법 교과서의 많은 부분에서 행정소송, 항고소송, 취소소송이 동의어로 혼용되어 사용되고 있다.

(2) 당사자소송

당사자소송이란 공법상 법률관계의 주체가 당사자가 되어 다투는 공법상 법률관계에 관한 소송을 말한다. 「행정소송법」은 당사자소송을 "행정청의 처분등을 원인으로 하는 법률관계에 관한 소송 그 밖에 공법상의 법률관계에 관한 소송으로서 그 법률관계의 한쪽 당사자를 피고로 하는 소송"으로 정의하고 있다(제3조 제2호).

「행정소송법」에 당사자소송이 규정되어 있음에도 불구하고 행정소송 실무에서는 당사자소송이 빈번하게 이용되고 있지는 않다. 당사자소송 대신 국민에게 친숙한 민사소송을 오히려 더 이용하기 때문이다.

(3) 민중소송

민중소송이란 국가 또는 공공단체의 기관이 법률에 위반되는 행위를 한 때에 직접 자기의 법률상 이익과 관계없이 그 시정을 구하기 위하여 제기하는 소송이다. 이는 공익소송으로 개인의 권익구제를 목적으로 하는 소송이 아닌, 객관적 소송이다.

(4) 기관소송

기관소송이란 국가 또는 공공단체의 기관 상호간에 있어서의 권한의 존부 또는 그 행사에 관한 다툼이 있을 때에 이에 대하여 제기하는 소송이다. 다만, 「헌법재판소법」 제2조의 규정에 의하여 헌법재판소의 관장사항으로 되어 있는 권한쟁의심판은 제외된다.

현행 「행정소송법」은 기관소송을 법률이 정한 경우에 한하여 제기할 수 있다고 규정하고 있어 기관소송 법정주의를 취하고 있다(제45조). 현행법상 인정되고 있는 기관소송의 예로는 「지방자치법」상의 기관소송을 들 수 있다.

2. 성질에 따른 분류

(1) 형성의 소

형성의 소는 행정법상 법률관계를 발생·변경·소멸 등 변동시키는 형성판결을 구하는 소송이다. 항고소송 중 취소소송은 행정청의 위법한 처분 등의 취소·변경을 구하는 소송이므로 형성의 소에 속한다.

(2) 이행의 소

이행의 소는 원고가 피고에 대한 일정한 실체법상 이행청구권을 확정하고 그 이행을 명령하는 이행판결을 구하는 소송이다. 행정청의 위법한 부작위에 대한 의무이행소송이 이행의 소에 속한다.

(3) 확인의 소

확인의 소는 특정한 권리 또는 법률관계의 존재·부존재의 확인을 구하는 소송이다. 항고소송 중 무효등확인소송, 부작위위법확인소송이나 공법상 법률관계의 존부를 확인하는 당사자소송이 이에 속한다.

3. 목적에 따른 분류
(1) 주관적 소송

주관적 소송은 개인의 권리·이익의 구제를 주된 목적으로 하는 행정소송이다. 항고소송과 당사자소송은 주관적 소송의 대표적 예이다.

(2) 객관적 소송

객관적 소송은 행정법규의 객관적 적법성 유지 또는 공익의 보호를 직접적인 목적으로 하는 행정소송을 말한다. 민중소송과 기관소송이 객관적 소송의 대표적 예이다.

제 2 절 취소소송

Ⅰ. 취소소송의 의의
1. 취소소송의 개념

취소소송은 행정청의 위법한 처분 등을 취소 또는 변경하는 소송을 말하며, 이는 항고소송의 가장 대표적인 유형에 해당한다. 취소소송은 행정의 적법성 확보와 사인의 권리·이익의 보호라는 두 가지 요소를 주목적으로 하는 소송이다.

취소소송의 대상인 '처분등'이란 '처분'과 '행정심판에 대한 재결'을 말한다. 취소소송은 행정청의 위법한 처분의 전부 또는 일부의 취소 또는 변경을 구하는 내용을 원칙으로 한다. 위법한 재결의 취소 또는 변경은 당해 재결 자체에 고유한 위법이 있음을 이유로 하는 경우에만 예외적으로 소구할 수 있다.

취소소송은 위법한 처분이나 재결의 취소 또는 변경을 구하는 소송의 것이 보통이나 무효인 처분에 대한 무효선언을 구하는 취소소송도 가능하다.

2. 취소소송의 성질

취소소송의 성질에 관하여 형성소송설, 확인소송설, 구제소송설 등으로 학설이 나뉘어 있으나, 통설과 판례는 형성소송설의 입장이다.

형성소송설은 취소소송을 행정법상의 법률관계를 변동시키는 것을 목적으로 하는 형성소송으로 본다. 이에 따르면 취소소송에 의하여 행정처분이 취소되거나 변경되면 그 취소되거나 변경되는 범위 내에서 기존의 법률관계를 변경 또는 소멸 시킨다는 것이다.

3. 취소소송의 소송물

(1) 소송물의 개념

소송물이란 특정한 사실상태에 근거해 원고가 자신의 권익을 보호해 달라고 법원에 제출한 법적인 주장, 이른바 소송상 분쟁의 대상물을 말한다. 다시 말해 소송물이란 소송에서 다툼이 되는 사항을 말한다.

소송물은 소송의 대상과는 달리 소송상 분쟁대상의 범위를 확정하는 것이다. 소송물은 관할법원, 소의 병합, 처분사유의 추가·변경, 소의 변경 등을 정함에 있어 중요한 기준이 된다.

취소소송의 소송물을 무엇으로 볼 것인가에 관하여 견해가 대립하고 있다.

(2) 위법성 일반설

위법성 일반설은 취소소송의 소송물을 해당 처분의 위법성 일반으로 보는 견해이다. 위법성 일반설에 따르면 원고나 피고는 당해 처분에 존재하는 모든 위법사유를 주장할 수 있다. 위법성 일반설이 통설과 판례의 입장이다.

> **[판 례]** 과세처분이란 법률에 규정된 과세요건이 충족됨으로써 객관적, 추상적으로 성립한 조세채권의 내용을 구체적으로 확인하여 확정하는 절차로서, 과세처분취소소송의 소송물은 그 취소원인이 되는 위법성 일반이다(대법원 2009.1.15. 선고 2006두14926 판결).

(3) 개개의 위법사유설

개개의 위법사유설은 처분 개개의 위법사유를 소송물로 보는 견해이다. 이는 취소소송의 소송물을 위법성 일반으로 하는 경우 판결의 기판력도 위법성 일반에 미치므로 원고가 미처 주장하지 못한 위법사유에 대해서도 기판력이 미치는 문제가 발생하므로 개개의 위법사유가 각각 독립한 소송물이 되어야 한다는 견해이다.

Ⅱ. 취소소송의 재판관할

1. 재판의 관할

(1) 심급관할

「행정소송법」은 취소소송의 제1심 관할법원을 피고(행정청)의 소재지를 관할하는 행정법원으로 하고 있다(제9조 제1항). 즉, 지방법원급인 행정법원이 제1심법원이고, 그 항소심은 고등법원, 상고심은 대법원이 담당한다.

행정법원이 설치되지 않은 지역에서의 행정법원의 권한에 속하는 사건은 행정법원이 설치될 때까지 해당 지방법원 본원이 관할한다(법원조직법 부칙 제2조). 즉, 행정법원이 설치된 지역인 서울에서는 서울행정법원이, 행정법원이 설치되지 않은 서울 이외의 지역에서는 지방법원 본원이 제1심 관할법원이 된다.

(2) 사물관할

사물관할이란 지방법원 단독판사와 합의부 사이의 제1심 소송사건의 분담을 정하는 것을 말한다. 현행 「법원조직법」은 행정법원의 심판권은 판사 3명으로 구성된 합의부에서 행사한다고 규정하고 있다. 다만, 행정법원 합의부가 단독판사가 심판할 것으로 결정한 사건의 심판권은 단독판사가 행사한다(동법 제7조 제3항).

(3) 토지관할

1) 보통관할

「행정소송법」은 취소소송의 제1심 관할법원을 피고(행정청)의 소재지를 관할하는 행정법원으로 하고 있다(제9조 제1항). 다만, ① 중앙행정기관, 중앙행정기관의 부속기관과 합의제행정기관 또는 그 장, ② 국가의 사무를 위임 또는 위탁받은 공공단체 또는 그 장에 대하여 취소소송을 제기하는 경우에는 대법원 소재지를 담당하는 행정법원에 제기할 수 있다(동법 제9조 제2항).

2) 특별관할

토지의 수용 기타 부동산 또는 특정의 장소에 관계되는 처분 등에 대한 취소소송은 그 부동산 또는 그 장소의 소재지를 관할하는 행정법원에 이를 제기할 수 있다(행정소송법 제9조 제3항).

토지의 수용에 관계되는 처분은 「토지보상법」상의 국토교통부장관의 사업인정 및 토지수용위원회의 재결·이의재결 등의 처분을 말한다. 부동산에 관계되는 처분이란 예컨대 광업권에 관한 처분, 토지거래허가에 관한 처분, 부동산에 관한 권리행사의 강제·제한·금지를 명하거나 직접 실현하는 처분을 말한다. 특정의 장소에 관계되는 처분이란 예컨대 자동차운수사업면허 등과 같이 특정 지역에서 일정한 행위를 할 수 있는 권리를 부여하는 처분이나 특정 지역을 정하여 일정한 행위를 제한·금지하는 처분 등을 말한다.[4]

---

4) 김철용, 행정법 Ⅰ, 569면 참조.

2. 소송의 이송

(1) 이송의 의의

소송의 이송이란 어느 법원에 일단 계속된 소송을 그 법원의 결정에 따라 다른 법원으로 옮기는 것을 말한다. 관할권이 없는 법원에 소송이 제기된 경우에 소송을 각하하기보다는 관할권 있는 법원에 이송하는 것이 다시 소송을 제기하는 데 소요되는 시간·노력·비용을 절감하고 제소기간 준수의 효력(예컨대, 시효중단이나 법률상 기간준수의 이익)을 유지하는 등 소송경제에 도움이 되기 때문에 인정되는 제도이다.[5]

(2) 이송의 원인

1) 관할위반에 의한 이송

법원은 소송의 전부 또는 일부가 그 관할에 속하지 아니함을 인정한 때에는 결정으로 관할법원에 이송한다(민사소송법 제34조 제1항). 「민사소송법」 제34조 제1항의 규정은 원고의 고의 또는 중대한 과실 없이 행정소송이 심급을 달리하는 법원에 잘못 제기된 경우에도 적용한다(행정소송법 제7조). 이 경우 이송은 법원이 직권으로 이송하며, 당사자의 신청권이 인정되지 아니한다.

> **[판 례]** 원고가 고의 또는 중대한 과실 없이 행정소송으로 제기하여야 할 사건을 민사소송으로 잘못 제기한 경우, 수소법원으로서는 만약 행정소송에 대한 관할도 동시에 가지고 있다면 이를 행정소송으로 심리·판단하여야 하고, 행정소송에 대한 관할을 가지고 있지 아니하다면 당해 소송이 이미 행정소송으로서의 전심절차 및 제소기간을 도과하였거나 행정소송의 대상이 되는 처분 등이 존재하지도 아니한 상태에 있는 등 행정소송으로서의 소송요건을 결하고 있음이 명백하여 행정소송으로 제기되었더라도 어차피 부적법하게 되는 경우가 아닌 이상 이를 부적법한 소라고 하여 각하할 것이 아니라 관할법원에 이송하여야 한다(대법원 2017.11.9. 선고 2015다215526 판결).

> **[판 례]** 도시정비법상의 주택재건축정비사업조합을 상대로 관리처분계획안에 대한 총회결의의 무효확인을 구하는 소를 민사소송으로 제기한 사안에서, 그 소는 행정소송법상 당사자소송에 해당하므로 전속관할이 행정법원에 있고 관할법원인 행정법원으로 이송함이 상당하다(대법원 2009.9.17. 선고 2007다2428 전원합의체 판결).

---

5) 김홍규, 민사소송법, 133면.

2) 손해나 지연을 피하기 위한 이송

법원은 소송에 대하여 관할권이 있는 경우라도 현저한 손해 또는 지연을 피하기 위하여 필요하면 직권 또는 당사자의 신청에 따른 결정으로 소송의 전부 또는 일부를 다른 관할법원에 이송할 수 있다. 다만, 전속관할이 정하여진 소의 경우에는 그러하지 아니하다(민사소송법 제35조). 이송신청은 원고·피고 외에도 소송에 참가한 제3자나 행정청도 할 수 있다. 이송결정과 이송신청의 각하결정에 대하여는 즉시항고를 할 수 있다(동법 제39조).

(3) 이송의 효과

소송을 이송 받은 법원은 이송결정에 따라야 한다(민사소송법 제38조 제1항). 소송을 이송 받은 법원은 사건을 다시 다른 법원에 이송하지 못한다(동법 제38조 제2항). 이송결정이 확정된 때에는 소송은 처음부터 이송받은 법원에 계속(係屬)된 것으로 본다(동법 제40조 제1항).

3. 관련청구소송의 이송

(1) 관련청구소송의 이송의 의의

행정청의 처분이나 재결에 불복하는 경우에 취소소송의 제기는 물론 그와 관련하여 손해배상이나 원상회복 등의 청구소송을 동시에 제기할 수 있다. 이때 취소소송의 피고는 처분청이 되나, 손해배상이나 원상회복 등의 청구소송의 피고는 국가 또는 공공단체 등 권리주체가 되는 것이므로 피고가 서로 다르고 그 결과 관할법원을 달리할 때가 많다. 따라서 이들 관련되는 각 소송을 하나로 통합하여 병합 심리할 필요가 있다.

취소소송과 관련청구소송이 각각 다른 법원에 계속되고 있는 경우에 관련청구소송을 취소소송이 계속되고 있는 법원으로 이송하여 병합 심리할 수 있도록 하는 것은 소송경제의 도모와 심리의 중복 및 재판의 모순과 저촉을 피할 수 있다는 점에서 매우 바람직하다.

「행정소송법」 제10조는 취소소송이 계속된 법원으로 이송이 가능한 관련청구소송을 ① 당해 처분등과 관련되는 손해배상·부당이득반환·원상회복등 청구소송, ② 당해 처분등과 관련되는 취소소송으로 한정하여 규정하고 있다.

(2) 취소소송 계속 법원으로의 이송

취소소송과 관련청구소송이 각각 다른 법원에 계속되고 있는 경우에 관련청구소송이 계속된 법원이 상당하다고 인정하는 때에는 당사자의 신청 또는 직권에 의하여 당해 사건을 취소소송이 계속된 법원으로 이송할 수 있다(행정소송법 제10조

제1항). 관련청구소송의 이송은 취소소송은 물론 무효등확인소송, 부작위위법확인
소송, 당사자소송에도 인정되고 있다(동법 제38조, 제44조 제2항).

(3) 관련청구소송의 이송의 요건

취소소송과 관련청구소송이 각각 다른 법원에 계속되고 있어야 한다.

또한, 관련청구소송이 계속된 법원이 당해 소송을 취소소송이 계속된 법원으
로 이송하여 병합·심리하는 것이 '상당하다고'인정하는 경우에 한하여 이송이 된
다. 다시 말하면 모든 관련청구소송이 당연히 이송되는 것은 아니며, 그것이 계속
된 법원이 병합심리의 필요성을 인정하는 경우에 한하여 이송이 가능한 것이다.

관련청구소송의 이송재판은 당사자의 신청이나 직권에 의하여 한다. 법원의
이송결정이나 이송신청기각결정에 대하여는 즉시항고를 할 수 있다(민사소송법 제39
조).

4. 관련청구소송의 병합

(1) 병합의 의의

관련청구소송의 병합이란 하나의 소송절차에서 여러 개의 청구에 대하여 일
괄하여 심판이 이루어지는 것을 말한다. 1명의 원고가 1명의 피고에 대하여 하나
의 소송절차에서 여러 개의 청구를 하는 경우 병합하는 것을 객관적 병합이라고
한다. 이에 반해 주관적 병합이란 원고·피고의 어느 일방 또는 쌍방 당사자가 다
수인 경우를 말한다.

관련청구소송의 병합은 행정청(처분청)과 행정주체(국가·지방자치단체)라는 각기
다른 피고의 주관적 병합이 수반되는 점, 그리고 취소소송과 당사자소송(혹은 민사
소송)의 병합이라는 이종청구 사이의 병합이 인정된다는 점에 특색이 있다.

「행정소송법」제10조 제1항 제1호는 행정소송에 병합될 수 있는 관련청구에
관하여 '당해 처분 등과 관련되는 손해배상·부당이득반환·원상회복 등의 청구'라
고 규정함으로써 그 병합요건으로 본래의 행정소송과의 '관련성'을 요구하고 있다.
이는 행정소송에서 계쟁 처분의 효력을 장기간 불확정한 상태에 두는 것은 바람직
하지 않다는 관점에서 병합될 수 있는 청구의 범위를 한정함으로써 사건의 심리범
위가 확대·복잡화되는 것을 방지하여 그 심판의 신속을 도모하려는 취지이다.

여기서 '관련성'이란 청구의 내용 또는 발생원인이 공통되는 것이거나, 병합되
는 청구가 당해 행정처분으로 인한 것인 경우 또는 당해 행정처분의 취소변경을
선결문제로 하는 경우를 의미한다.

> **[판 례]** 손해배상청구 등의 민사소송이 행정소송에 관련청구로 병합되기 위해서는 그 청구의 내용 또는 발생원인이 행정소송의 대상인 처분 등과 법률상 또는 사실상 공통되거나, 그 처분의 효력이나 존부 유무가 선결문제로 되는 등의 관계에 있어야 함이 원칙이다(대법원 2000.10.27. 선고 99두561 판결).

(2) 관련청구소송의 범위

1) 손해배상·부당이득반환 등 청구소송

여기서 처분 등과 관련되었다고 하는 것은, ① 그 처분 등이 원인이 되어 발생한 손해에 대한 손해배상청구, ② 그 처분 등의 취소를 선결문제로 하는 부당이득반환청구 등을 말한다(행정소송법 제10조 제1항 제1호).

예컨대 처분에 대한 취소소송에 해당 처분으로 인한 손해에 대한 국가배상청구소송을 병합하는 경우, 조세부과처분취소소송에 처분의 취소를 전제로 하는 부당이득반환청구소송을 병합하는 경우 등이 이에 해당한다.[6]

2) 취소소송

여기서 처분 등과 관련되는 취소소송은, ① 해당 처분과 함께 하나의 절차를 구성하는 다른 처분의 취소를 구하는 소송(하자의 승계가 인정되는 선행처분과 후행처분), ② 해당 처분에 관한 재결의 취소소송, ③ 해당 재결의 대상인 처분의 취소소송, ④ 해당 처분 등의 취소를 구하는 다른 자의 취소소송 등이다(행정소송법 제10조 제1항 제2호).

그러나 행정처분에 대한 무효확인과 취소청구는 서로 양립할 수 없는 청구로서 주위적·예비적 청구로서만 병합이 가능하고 선택적 청구로서의 병합이나 단순병합은 허용되지 아니한다.[7]

> **[판 례]** 동일한 행정처분에 대하여 무효확인의 소를 제기하였다가 그 후 그 처분의 취소를 구하는 소를 추가적으로 병합한 경우, 주된 청구인 무효확인의 소가 적법한 제소기간 내에 제기되었다면 추가로 병합된 취소청구의 소도 적법하게 제기된 것으로 봄이 상당하다(대법원 2005.12.23. 선고 2005두3554 판결).

(3) 병합의 요건

취소소송에는 사실심의 변론종결시까지 관련청구소송을 병합하거나 피고외의

---

6) 이에 대한 자세한 설명은 제2편 제2장(행정행위) 제8절 III. 행정행위의 구성요건적 효력을 참조하기 바람.
7) 대법원 1999.8.20. 선고 97누6889 판결.

자를 상대로 한 관련청구소송을 취소소송이 계속된 법원에 병합하여 제기할 수 있다(행정소송법 제10조 제2항).

관련청구소송의 병합은 그 청구를 병합할 본체인 취소소송을 전제로 하는 것이므로, 그 본체인 취소소송은 행정심판전치·당사자적격·제소기간·소익 등 당해 소송에 요구되는 소송요건을 모두 갖춘 적법한 것이어야 한다. 다만, 본체인 취소소송에 처음부터 관련청구를 병합하여 제기하는 것은 무방하다.

Ⅲ. 취소소송의 당사자

1. 개 설

(1) 당사자의 지위

취소소송도 항상 원고와 피고가 대립하여 구체적 사건을 서로 다투는 점에서 민사소송과 본질에서 다를 것이 없다. 다만, 행정소송의 종류에 따라 원고와 피고의 지위가 달라진다.

당사자소송의 경우는 민사소송에서와 같이 원고와 피고는 서로 권리를 주장하여 대립한다. 그러나 취소소송의 경우에는 당사자 사이에 서로 권리를 주장하는 것이 아니라 처분 등의 취소·변경을 구하는 당사자의 한쪽인 원고에 대하여 다른 한쪽 당사자인 행정청이 원고에 대립하는 권리주체로서가 아니라 단지 행정법규의 집행에 위법이 없음을 주장하기 위하여 소송 절차상 피고의 지위에 서는 것에 불과하다.

(2) 당사자능력

당사자능력이란 소송의 당사자(원고·피고·참가인)가 될 수 있는 추상적 자격을 말한다. 「민법」 등에 의하여 권리능력을 갖는 자연인·법인은 물론, 법인격 없는 사단은 그 대표자를 통하여 그 단체의 이름으로 원고가 될 수 있다(민사소송법 제52조, 행정소송법 제8조 제2항).

[판 례] 국가가 국토이용계획과 관련한 지방자치단체의 장의 기관위임사무의 처리에 관하여 지방자치단체의 장을 상대로 취소소송을 제기하는 것은 허용되지 않는다. 주위적 원고 대한민국의 소는 위에서 본 바와 같은 이유로 부적법하고, 예비적 원고 충북대학교 총장의 소는, 원고 충북대학교 총장이 원고 대한민국이 설치한 충북대학교의 대표자일 뿐 항고소송의 원고가 될 수 있는 당사자능력이 없어 부적법하다(대법원 2007.9.20. 선고 2005두6935 판결).

(3) 당사자적격

당사자적격이란 당사자능력이 있음을 전제로 논의되는 것으로, 구체적 소송사건에서 원고·피고·참가인 등 당사자로서 소송을 수행하고 본안판결을 받을 자격을 말한다. 당사자적격은 권한의 측면에서 보면 소송수행권을 의미하며, 당사자적격이 있는 자를 정당한 당사자라 한다.

2. 원고적격

(1) 넓은 의미의 소익

취소소송에 있어서 원고적격은 처분 등의 취소를 구할 수 있는 자격을 의미한다. 이는 넓은 의미의 소(訴)의 이익에 관한 문제 중의 일부이다. 소에 대하여 본안판결이 행하여지기 위해서는 소의 내용인 원고의 청구가 국가의 재판제도를 이용하여 해결할 만한 실제적인 가치 내지는 필요성을 가진 것으로 인정되어야 한다. "이익 없으면 소권 없다"라는 말은 바로 소익(訴益)을 뜻한다.

넓은 의미의 소익은 내용상으로 ① 청구의 내용이 소송의 대상으로 될 적합성을 가지고 있는가(소송대상), ② 당사자가 청구할 만한 정당한 이익을 가지고 있는가(원고적격), ③ 청구에 대하여 법원이 판단할 만한 구체적인 실익이나 현실적 필요성이 인정되는가(협의의 소익) 등으로 구성되어 있다.

그러나 이들은 관념적으로는 분리될 수 있을지라도 원래는 같은 문제에 대해 관점을 달리한 평가에 지나지 않으므로 이론적으로 동일한 지도이념에 근거하여 통일적으로 판단함이 마땅하다.

(2) 원고적격의 의의

취소소송에서 원고적격은 구체적인 처분에 대하여 누가 원고로서 취소소송을 제기하여 본안판결을 받을 자격이 있는가의 문제를 말한다. 원고적격은 소송요건의 하나이므로 사실심 변론종결시는 물론 상고심에서도 존속하여야 하고 이를 흠결하면 부적법한 소가 된다.[8]

(3) 행정소송법 규정

「행정소송법」 제12조는 "취소소송은 처분 등의 취소를 구할 법률상 이익이 있는 자가 제기할 수 있다"라고 규정하고 있다. 즉, 원고적격의 문제는 '법률상 이익이 있는 자'의 해석에 관한 문제이다.

(4) 원고적격의 범위

법률상 이익이 구체적으로 무엇을 의미하는지에 대해서는 견해가 나뉘어 있

---

8) 대법원 2007.4.12. 선고 2004두7924 판결.

다. 법률상 이익에 공권·사권 등 권리가 포함된다는 점은 의문의 여지가 없다. 하지만 행정소송을 통하여 구제받을 수 있는 법률상 이익의 범위를 권리 밖 어디까지 확대하여야 하는지 대해서는 여러 견해가 대립하고 있다. 이에 관한 학설을 범위의 크기 순서로 나열하면 ① 권리구제설, ② 법률상 이익구제설, ③ 보호가치이익설, ④ 적법성보장설 등이 있다.

1) 권리구제설

권리구제설은 취소소송의 목적 및 기능을 개인의 권리를 침해하고 있는 위법한 처분의 효력을 배제하여 그 권리를 회복시키는 것으로 본다. 따라서 위법한 처분으로 인하여 권리를 침해당한 자만이 원고적격을 가지며, 법률상 이익은 권리를 의미한다.

2) 법률상 이익구제설(법률상 보호이익설)

법률상 이익구제설은 취소소송을 고유한 의미의 권리뿐만 아니라 '법률로서 보호되고 있는 이익'까지 구제하기 위한 수단으로 본다. 여기서 '법률이 보호하고 있는 이익'이란 처분의 근거법규 및 관계법규에 의해 보호되는 개별적·직접적·구체적 이익을 말한다.[9] 따라서 처분에 의해 침해되고 있는 이익이 권리뿐만 아니라 법률에서 보호되고 있는 이익인 경우에도 그러한 이익을 가진 자는 소송을 제기할 수 있는 원고적격을 가진다.

법률상 이익구제설은 법률상 이익을 좁은 의미의 권리와 보호이익을 포함하는 것으로 보며, 반사적 이익은 제외한다. 즉, 간접적이거나 사실적·경제적 이해관계를 가지는데 불과한 경우는 '법률상 이익'에 포함되지 않는 것으로 본다.[10] 이 설이 우리의 통설·판례의 입장이다.

3) 보호가치이익설

보호가치이익설은 취소소송을 권리 또는 실체법상의 보호법익을 보장하기 위한 수단으로 보지 않고 구체적인 분쟁에 있어서 법관이 법률의 해석적용으로써 해결하는 절차로 본다. 따라서 위법한 처분의 취소 또는 변경을 구하여야 할 실질적 이익을 가지는 한, 그 이익은 법률이 보호하는 이익인지 사실상의 이익인지를 가리지 않는다.

따라서 보호가치이익설은 권리와 법률상 이익이 침해된 자에게 원고적격을 당연히 인정함은 물론 반사적 이익에 불과한 단순한 사실상의 이익도 재판상 보호할 가치가 있는 이익이면 원고적격을 인정한다.

---

9) 대법원 2004.8.16. 선고 2003두2175 판결.
10) 대법원 2006.3.16. 선고 2006두330 전원합의체 판결.

4) 적법성보장설

적법성보장설은 취소소송의 기능과 목적을 개인의 권익구제에 두지 않고 행정처분의 적법성 보장에서 찾고 있다. 따라서 해당 처분을 다툴 가장 적합한 이익 상태에 있는 자에게 원고적격을 인정하여야 한다고 한다.

5) 원고적격의 범위에 대한 대법원의 기본입장

대법원이 원고적격에 대하여 취하고 있는 기본적인 입장은 다음과 같다.

행정처분의 직접 상대방이 아닌 제3자라 하더라도 당해 행정처분으로 인하여 법률상 보호되는 이익을 침해당한 경우에는 취소소송을 제기하여 그 당부의 판단을 받을 자격이 있다.

여기서 법률상 보호되는 이익이란 당해 처분의 근거법규 및 관련법규에 의하여 보호되는 개별적·직접적·구체적 이익이 있는 경우를 말한다. 다만 공익보호의 결과로 국민 일반이 공통적으로 가지는 일반적·간접적·추상적 이익과 같이 사실적·경제적 이해관계를 가지는 데 불과한 경우는 여기에 포함되지 아니한다.

당해 처분의 근거법규 및 관련법규에 의하여 보호되는 법률상 이익이라 함은
- 당해 처분의 근거법규의 명문규정에 의하여 보호받는 법률상 이익,
- 당해 처분의 근거법규에 의하여 보호되지는 아니하나 당해 처분의 행정목적을 달성하기 위한 일련의 단계적인 관련 처분들의 근거법규에 의하여 명시적으로 보호받는 법률상 이익,
- 당해 처분의 근거법규 또는 관련법규에 명시적으로 당해 이익을 보호하는 명문의 규정이 없더라도 근거법규 및 관련법규의 합리적 해석상 그 법규에서 행정청을 제약하는 이유가 순수한 공익의 보호만이 아닌 개별적·직접적·구체적 이익을 보호하는 취지가 포함되어 있다고 해석되는 경우까지를 말한다.[11]

6) 평 가

원고적격의 문제는 행정처분으로 권익을 침해받은 자가 행정소송을 제기하였을 때 첫 번째로 넘어야 하는 관문이다. 누구든지 소송을 제기할 수는 있지만, 소송을 제기할 자격, 즉 원고적격이 없는 것으로 판단되면 법원은 사건을 본안 심리하지 않고 각하해 버리기 때문이다. 실질적으로 원고적격은 처분의 상대방이 아닌 제3자가 어느 정도의 범위에서 원고적격으로 허용되는지의 문제로 귀결된다.

원고적격의 문제는 행정소송에 대한 입법정책의 문제이다. 행정청이 위법한

---

11) 대법원 2006.3.16. 선고 2006두330 전원합의체 판결; 대법원 2010.4.15. 선고 2007두16127 판결; 대법원 2015.7.9. 선고 2015두39590 판결 등 참조.

행정처분을 하는 것은 법치행정의 원칙상 허용되지 않는다. 따라서 이론적으로 말하면 누구든지 위법한 행정처분에 대해 다툴 수 있어야 한다.

하지만 우리의 「행정소송법」 제12조는 누구에게나 소송을 제기할 수 있는 자격을 부여하지 않고, 오로지 '법률상 이익이 있는 자'만이 소송을 제기할 원고적격이 있다고 규정하였다. 이에 따르면 비록 누구든지 소송을 제기하는 것은 허용되지 않지만, '법률상 이익이 있는 자'의 범위에 대한 해석을 최대한 확대하면 그만큼 소송을 제기할 수 있는 원고의 범위가 확대될 수 있다.

판례는 '법률상 이익'의 범위와 관련해 초기에는 이를 권리로 한정하여 파악하였으나, 현재의 지배적인 견해는 권리와 근거 법률과 관련 법률에 의해 보호되는 이익을 모두 포함시키고 있다. 이는 상대적으로 과거보다 원고적격의 범위가 확대된 것이라는 의미이다. 물론 아직도 '법률상 이익'에 보호가치 있는 이익, 간접적이거나 사실적·경제적 이해관계를 가지는 데 불과한 경우 등은 포함되지 않기 때문에, 위법한 행정처분으로 인하여 실질적으로 피해를 본 경우에는 행정소송을 통해 구제되지 않는다.

(5) 국가 등의 원고적격

법률상 이익이 있는 자에는 권리주체로서 자연인과 법인이 있으며, 법인격 없는 단체의 경우 단체의 대표자를 통해 단체의 이름으로 취소소송을 제기할 수 있다.

국가기관은 원칙적으로 원고가 될 수 있는 능력이 없다. 하지만 국가기관이 다른 국가기관에 대하여 한 조치라도 그것이 일반 국민에 대한 행정처분 등과 동등하다고 평가할 수 있을 정도로 권리·의무에 직접적이고 구체적인 영향을 미치고 그 조치의 위법성을 제거할 다른 법적 수단이 없는 경우에는, 국가기관의 지위에서 그 조치를 한 상대방 국가기관을 상대로 법원에 소를 제기하여 다툴 수 있는 당사자능력과 당사자적격을 예외적으로 인정하는 것이 타당하다.

> **[판 례] 경기도 선거관리위원회 위원장 ↔ 국민권익위원회**
> 甲이 국민권익위원회법에 따른 신고와 신분보장조치를 요구하였고, 국민권익위원회가 乙시·도선거관리위원회 위원장에게 '甲에 대한 중징계요구를 취소하고 향후 신고로 인한 신분상 불이익처분 및 근무조건상의 차별을 하지 말 것을 요구'하는 내용의 조치요구를 한 사안에서, 처분성이 인정되는 위 조치요구에 불복하고자 하는 乙로서는 조치요구의 취소를 구하는 항고소송을 제기하는 것이 유효·적절한 수단이므로 비록 乙이 국가기관이더라도 당사자능력 및 원고적격을 가진다고 보는 것이 타당하다(대법원 2013.7.25. 선고 2011두1214 판결).

[**판 례**] **지방자치단체(서울특별시) ↔ 지방자치단체의 장(양양군수)**

건축협의 취소는 그 상대방이 다른 지방자치단체 등 행정주체라 하더라도, 지방자치
단체인 원고가 이를 다툴 실효적 해결 수단이 없는 이상, 원고는 건축물 소재지 관
할 허가권자인 지방자치단체의 장을 상대로 항고소송을 통해 건축협의 취소의 취소
를 구할 수 있다(대법원 2014.2.27. 선고 2012두22980 판결).

[**판 례**] **소방청장 ↔ 국민권익위원회 위원장**

국민권익위원회가 소방청장에게 인사와 관련하여 부당한 지시를 한 사실이 인정된
다며 이를 취소할 것을 요구하기로 의결하고 그 내용을 통지하자 소방청장이 국민
권익위원회 조치요구의 취소를 구하는 소송을 제기한 사안에서, 처분성이 인정되는
국민권익위원회의 조치요구에 불복하고자 하는 소방청장으로서는 조치요구의 취소
를 구하는 항고소송을 제기하는 것이 유효·적절한 수단으로 볼 수 있으므로 소방청
장이 예외적으로 원고적격을 가진다고 한 사례(대법원 2018.8.1. 선고 2014두35379
판결).

(6) 법인 구성원의 원고적격

법인 또는 단체에 대한 행정처분의 경우 법인 또는 단체 스스로 취소소송을
제기하면 되는 것이고, 그 구성원은 직접적·구체적 이해관계가 없으므로 원고적
격이 인정되지 않는 것이 원칙이나, 예외적으로 인정되는 경우도 있다.

예컨대, 법인의 주주는 법인에 대한 행정처분에 관하여 사실상이나 간접적인
이해관계를 가질 뿐이어서 스스로 그 처분의 취소를 구할 원고적격이 없는 것이
원칙이다. 하지만 법인에 대한 처분이 당해 법인의 존속 자체를 직접 좌우하거나
주주의 지위에 중대한 영향을 초래함에도 불구하고 구성원 스스로 그 지위를 보호
할 방법이 없는 경우에는 원고적격이 인정될 수 있다.

[**판 례**] 상호신용금고회사의 계약 전부를 소외 금고회사로 이전하는 재정경제원 장
관의 계약이전결정처분이 당해 법인의 존속 자체를 직접 좌우하는 처분인 경우, 그
주주나 임원이라 할지라도 당해 처분에 관하여 직접적이고 구체적인 법률상 이해관
계를 가진다고 할 것이므로 그 취소를 구할 원고적격이 있다(대법원 1997.12.12. 선
고 96누4602 판결).

[**판 례**] 부실금융기관의 정비를 목적으로 은행의 영업 관련 자산 중 재산적 가치가
있는 자산 대부분과 부채 등이 타에 이전됨으로써 더 이상 그 영업 전부를 행할 수
없게 되고, 은행업무정지처분 등의 효력이 유지되는 한 은행이 종전에 행하던 영업

을 다시 행할 수는 없는 경우, 은행의 주주에게 당해 은행의 업무정지처분 등을 다툴 원고적격이 인정된다고 한 사례(대법원 2005.1.27. 선고 2002두5313 판결).

(7) 원고적격 관련 판례
1) 원고적격 인정사례

[판 례] 도시계획사업 시행지역에 포함된 토지의 소유자

도시계획사업 시행지역에 포함된 토지의 소유자는 도시계획사업 실시계획의 인가로 인하여 자기의 토지가 수용당하게 되고 또 자기의 토지가 수용되지 않는 경우에도 도시계획사업이 시행되어 도시계획시설이 어떻게 설치되느냐에 따라 토지의 이용관계가 달라질 수 있으므로, 도시계획사업 시행지역에 포함된 토지의 소유자는 도시계획사업 실시계획 인가처분의 효력을 다툴 이익이 있다(대법원 1995.12.8. 선고 93누9927 판결).

[판 례] 이주대책대상자

소정의 이주대책업무가 종결되고 그 공공사업을 완료하여 사업지구 내에 더 이상 분양할 이주대책용 단독택지가 없는 경우에도 보상금청구권 등의 권리를 확정하는 법률상의 이익은 여전히 남아 있는 것이므로 이주대책대상자 선정신청을 거부한 행정처분의 취소를 구할 법률상 이익이 있다(대법원 1999.8.20. 선고 98두17043 판결).

[판 례] 주택건설사업의 양수인

주택건설사업의 양수인이 사업주체의 변경승인신청을 한 이후에 행정청이 양도인에 대하여 그 사업계획변경승인의 전제로 되는 사업계획승인을 취소하는 처분을 한 경우, 양수인은 위 처분의 취소를 구할 법률상의 이익을 가진다(대법원 2000.9.26. 선고 99두646 판결).

[판 례] 채석허가 양수인

수허가자의 지위를 양수받아 명의변경신고를 할 수 있는 양수인의 지위는 단순한 반사적 이익이나 사실상의 이익이 아니라 산림법령에 의하여 보호되는 직접적이고 구체적인 이익으로서 법률상 이익이므로, 관할 행정청이 양도인에 대하여 채석허가를 취소하는 처분을 하였다면 이는 양수인의 지위에 대한 직접적 침해가 된다고 할 것이고 양수인은 채석허가를 취소하는 처분의 취소를 구할 법률상 이익을 가진다(대법원 2003.7.11. 선고 2001두6289 판결).

[판 례] 조합설립추진위원회의 구성에 동의하지 아니한 토지소유자

조합설립추진위원회의 구성에 동의하지 아니한 정비구역 내의 토지 등 소유자도 조
합설립추진위원회 설립승인처분에 대하여 같은 법에 의하여 보호되는 직접적이고
구체적인 이익을 향유하므로 그 설립승인처분의 취소소송을 제기할 원고적격이 있
다(대법원 2007.1.25. 선고 2006두12289 판결).

[판 례] 학교법인의 임원

관할청이 학교법인의 임원취임 승인신청에 대하여 이를 반려하거나 거부하는 경우
학교법인에 의하여 임원으로 선임된 사람은 학교법인의 임원으로 취임할 수 없게
되는 불이익을 입게 되는바, 이와 같은 불이익은 간접적이거나 사실상의 불이익이
아니라 직접적이고도 구체적인 법률상의 불이익이라 할 것이므로 학교법인에 의하
여 임원으로 선임된 사람에게는 관할청의 임원취임 승인신청 반려처분을 다툴 수
있는 원고적격이 있다(대법원 2007.12.27. 선고 2005두9651 판결).

[판 례] 예탁금회원제 골프장의 기존회원

체육시설업자 등이 회원모집계획서를 제출하면서 허위의 사업시설 설치공정확인서
를 첨부하거나 사업계획의 승인을 받을 때 정한 예정 인원을 초과하여 회원을 모집
하는 내용의 회원모집계획서를 제출하여 그에 대한 시·도지사 등의 검토결과 통보
를 받는다면 이는 예탁금회원제 골프장 기존회원의 골프장에 대한 법률상의 지위에
영향을 미치게 되므로, 이러한 경우 기존회원은 회원모집계획서에 대한 시·도지사
의 검토결과 통보의 취소를 구할 법률상의 이익이 있다(대법원 2009.2.26. 선고
2006두16243 판결).

[판 례] 임차인대표회의

임차인대표회의도 당해 주택에 거주하는 임차인과 마찬가지로 임대주택의 분양전환
과 관련하여 그 승인의 근거 법률인 임대주택법에 의하여 보호되는 구체적이고 직
접적인 이익이 있다고 봄이 상당하다. 따라서 임차인대표회의는 행정청의 분양전환
승인처분이 승인의 요건을 갖추지 못하였음을 주장하여 그 취소소송을 제기할 원고
적격이 있다(대법원 2010.5.13. 선고 2009두19168 판결).

2) 원고적격 부정사례

[판 례] 구 문화재보호법에 의하여 행하여지는 도지사의 도지정문화재 지정처분의
입법목적이나 취지는 지역주민이나 국민 일반의 문화재 향유에 대한 이익을 공익으
로서 보호함에 있는 것이지, 특정 개인의 문화재 향유에 대한 이익을 직접적·구체

적으로 보호함에 있는 것으로 해석되지 아니하므로, 설령 위 지정처분으로 인하여 어느 개인이나 그 선조의 명예 내지 명예감정이 손상되었다고 하더라도, 그러한 명예 내지 명예감정은 위 지정처분의 근거법규에 의하여 직접적·구체적으로 보호되는 이익이라고 할 수 없으므로 그 처분의 취소를 구할 법률상의 이익에 해당하지 아니한다(대법원 2001.9.28. 선고 99두8565 판결).

[판 례] 국방부 제주해군기지 사업시행을 위한 해군본부의 요청에 따라 제주특별자치도지사가 절대보존지역이던 서귀포시 강정마을에 관하여 절대보존지역을 변경(축소)하고 고시한 사안에서, 절대보존지역의 유지로 지역주민회와 주민들이 가지는 주거 및 생활환경상 이익은 지역의 경관 등이 보호됨으로써 반사적으로 누리는 것일 뿐 근거법규 또는 관련법규에 의하여 보호되는 개별적·직접적·구체적 이익이라고 할 수 없다는 이유로, 지역주민회 등은 위 처분을 다툴 원고적격이 없다고 하였다(대법원 2012.7.5. 선고 2011두13187, 13194 판결).

[판 례] 환경부장관이 생태·자연도 1등급으로 지정되었던 지역을 2등급 또는 3등급으로 변경하는 내용을 고시하자, 인근 주민 甲이 생태·자연도 등급변경처분의 무효확인을 청구한 사안에서, 생태·자연도의 작성 및 등급변경의 근거가 되는 구 자연환경보전법에 의하면, 생태·자연도는 토지이용 및 개발계획의 수립이나 자연환경을 체계적으로 보전·관리하기 위한 것일 뿐, 1등급 권역의 인근 주민들이 가지는 생활상 이익을 직접적이고 구체적으로 보호하기 위한 것이 아님이 명백하고, 1등급 권역의 인근 주민들이 가지는 이익은 환경보호라는 공공의 이익이 달성됨에 따라 반사적으로 얻게 되는 이익에 불과하므로, 인근 주민에 불과한 甲은 생태·자연도 등급변경처분의 무효 확인을 구할 원고적격이 없다(대법원 2014.2.21. 선고 2011두29052 판결).

[판 례] 건물의 사용검사처분은 건축허가를 받아 건축된 건물이 건축허가 사항대로 건축행정 목적에 적합한지 여부를 확인하고 사용검사필증을 교부하여 줌으로써 허가받은 자로 하여금 건축한 건물을 사용·수익할 수 있게 하는 법률효과를 발생시킨다. 그렇지만 사용검사처분은 건축물을 사용·수익할 수 있게 하는 데에 그치므로 건축물에 대하여 사용검사처분이 이루어졌다고 하더라도 그 사정만으로는 건축물에 있는 하자나 건축법 등 관계 법령에 위반되는 사실이 정당화되지는 않는다. 따라서 이러한 사정들을 종합해 보면, 구 주택법상 입주자나 입주예정자는 사용검사처분의 취소를 구할 법률상 이익이 없다(대법원 2014.7.24. 선고 2011두30465 판결).

3. 제3자의 원고적격

(1) 의 의

취소소송의 원고적격은 당해 처분이나 재결의 직접 상대방이 가지는 것이 원칙이다. 오늘날 행정작용은 그 상대방과의 관계에서만 법적 효과를 발생하지 않고, 제3자와 인근 주민 또는 경쟁 관계에 있는 이해관계인에게도 법적 효과를 미치는 경우가 빈번하다. 특히, 제3자등이 당해 처분의 직접 상대방이 아니면서도 그 처분의 침해적인 법적 효과로 인하여 불이익을 받게 되는 경우 문제가 발생한다.

따라서 행정처분의 직접 상대방이 아닌 제3자가 행정처분의 취소 등을 구할 법률상 이익이 있는지가 문제가 되는데, 앞에서 살펴본 바와 같이 제3자라 하더라도 당해 행정처분으로 인하여 법률상 보호되는 이익이 침해당한 경우에는 취소소송을 제기하여 그 당부의 판단을 받을 원고적격이 있다.

여기서 법률상 보호되는 이익이란 당해 처분의 근거법규 및 관련법규에 의하여 보호되는 개별적·직접적·구체적 이익이 있는 경우를 말하고, 다만 공익보호의 결과로 국민 일반이 공통적으로 가지는 일반적·간접적·추상적 이익과 같이 사실적·경제적 이해관계를 가지는 데 불과한 경우는 여기에 포함되지 아니한다.

처분의 직접 상대방이 아닌 제3자가 그에 대한 침해적 법적 효과를 제거하기 위한 대표적인 행정소송은 경업자소송, 경원자소송이다. 그리고 주민 일반에게 공통되는 집단적 이익 내지는 생활적 이익이 침해된 때에는 인인소송, 환경소송 등의 형태로 나타난다.

(2) 경업자소송

1) 의 의

경업자소송(競業者訴訟)은 여러 영업자가 경쟁 관계에 있는 경우에 행정청의 신규업자에 대한 인·허가 처분에 대하여 기존업자가 그의 취소를 구하는 소송을 말한다. 이를 소극적·방어적 경쟁자소송이라고도 한다.

통설과 판례는 기본적으로 기존업자가 특허업자인지 허가업자인지를 구분하여, 특허업자인 경우는 특허로 받은 이익을 법률상 이익으로 보아 원고적격을 인정하고, 허가업자인 경우는 반사적 이익 또는 사실상 이익에 불과한 것으로 보아 원고적격을 부정하고 있다. 다만, 허가의 경우에도 법률이 기존업자의 이익을 보호하고 있는 것으로 판단되는 경우에는 기존업자도 원고적격이 있다고 본다.

그러나 경업자에 대한 행정처분이 경업자에게 불리한 내용이라면 그와 경쟁 관계에 있는 기존업자에게는 특별한 사정이 없는 한 유리할 것이므로 기존업자가 그 행정처분의 무효확인 또는 취소를 구할 이익은 없다.[12]

2) 기존업자가 특허업자여서 원고적격이 인정되는 경우

일반적으로 면허 등 수익적 행정처분의 근거가 되는 법률이 해당 업자들 사이의 과다한 경쟁으로 인한 경영의 불합리를 방지하는 것을 그 목적으로 하고 있는 경우에는, 이미 같은 종류의 면허 등의 수익적 행정처분을 받아 영업 중인 기존업자는 신규업자에 대하여 이루어진 행정처분의 상대방이 아니라 하더라도 당해 행정처분의 취소를 구할 원고적격이 있다.

판례는 기존의 자동차 운송사업자, 시외버스 운송사업자, 담배 일반소매인 등에게 신규업자에 대한 처분의 취소를 구할 원고적격이 있다고 보았다.

> **[판 례]** 시외버스운송사업계획변경인가처분으로 시외버스 운행노선 중 일부가 기존의 시내버스 운행노선과 중복하게 되어 기존 시내버스사업자의 수익감소가 예상되는 경우, 기존의 시내버스운송사업자에게 위 처분의 취소를 구할 법률상의 이익이 있다(대법원 2002.10.25. 선고 2001두4450 판결).

> **[판 례]** 구 오수·분뇨 및 축산폐수의 처리에 관한 법률상 업종을 분뇨와 축산폐수 수집·운반업 및 정화조 청소업으로 하여 분뇨 등 관련 영업허가를 받아 영업을 하고 있는 기존업자의 이익이 법률상 보호되는 이익이라고 보아, 기존업자에게 경업자에 대한 영업허가처분의 취소를 구할 원고적격이 있다(대법원 2006.7.28. 선고 2004두6716 판결).

> **[판 례]** 담배사업법상 담배 일반소매인의 지정기준으로서 일반소매인의 영업소 간에 일정한 거리 제한을 두고 있는 것은 국민경제에의 이바지라는 공익목적과 동시에 일반소매인 간의 과당경쟁으로 인한 불합리한 경영을 방지함으로써 일반 소매인의 경영상 이익을 보호하는 데에도 그 목적이 있다고 보이므로, 담배 일반소매인으로 지정되어 영업을 하고 있는 기존업자의 신규 일반소매인에 대한 이익은 단순한 사실상의 반사적 이익이 아니라 법률상 보호되는 이익이라고 해석함이 상당하다. 따라서 기존업자인 원고는 새로운 경업자인 참가인에 대하여 이루어진 이 사건 처분의 상대방이 아니라 하더라도 처분의 취소를 구할 원고적격이 있다(대법원 2008.3.27. 선고 2007두23811 판결).

> **[판 례]** 기존의 고속형 시외버스 운송사업자에게 직행형 시외버스운송사업자에 대한 사업계획변경인가처분의 취소를 구할 법률상의 이익이 있다(대법원 2010.11.11. 선고 2010두4179 판결).

---

12) 대법원 2020.4.9. 선고 2019두49953 판결.

[판 례] 한정면허를 받은 시외버스운송사업자가 일반면허를 받은 시외버스운송사업자에 대한 사업계획변경 인가처분으로 수익감소가 예상되는 경우, 일반면허 시외버스운송사업자에 대한 사업계획변경인가처분의 취소를 구할 법률상의 이익이 있다(대법원 2018.4.26. 선고 2015두53824 판결).

3) 기존업자가 허가업자여서 원고적격이 부정되는 경우

기존업자가 허가로 인하여 받은 이익은 반사적 이익 또는 사실상 이익에 지나지 아니한다고 보아 원고적격이 부정된다.

[판 례] 도로부지 위에 점용허가를 받음이 없이 무허가건물을 축조·점유하여 온 원고가 행정청이 제3자에 대하여 한 같은 도로부지의 점용허가처분으로 인하여 어떠한 불이익을 입게 되었다고 하더라도 처분의 직접 상대방이 아닌 제3자인 원고로서는 위 처분에 관하여 법률상으로 보호받아야 할 직접적이고 구체적인 이해관계가 있다고 할 수 없어 위 처분의 취소를 구할 원고적격이 없다(대법원 1991.11.26. 선고 91누1219 판결).

[판 례] 원고가 석유판매업허가신청을 하였다가 이미 석유판매업허가를 받아 경영하고 있는 제3자의 주유소와의 거리가 이격거리에 저촉된다는 사유로 석유판매업허가신청이 반려되었다면, 원고는 위 제3자에 대한 허가처분에 의하여 석유판매업을 영위하지 못하게 될 위험에 처하게 된다 하더라도 이 불이익은 간접적이고 사실상의 반사적 결과에 불과하고 이로 인하여 원고의 법률상의 이익이 직접적·구체적으로 침해되는 것이라고는 할 수 없으므로, 원고로서는 행정청을 상대로 제3자에 대한 석유판매업허가처분의 취소를 구할 법률상의 이익이 있는 자에 해당하지 아니한다(대법원 1992.3.13. 선고 91누3079 판결).

[판 례] 한의사 면허는 경찰금지를 해제하는 명령적 행위(강학상 허가)에 해당하고, 한약조제시험을 통하여 약사에게 한약조제권을 인정함으로써 한의사들의 영업상 이익이 감소되었다고 하더라도 이러한 이익은 사실상의 이익에 불과하고 약사법이나 의료법 등의 법률에 의하여 보호되는 이익이라고는 볼 수 없으므로, 한의사들이 한약조제시험을 통하여 한약조제권을 인정받은 약사들에 대한 합격처분의 무효확인을 구하는 소는 원고적격이 없는 자들이 제기한 소로서 부적법하다(대법원 1998.3.10. 선고 97누4289 판결).

[판 례] 건물의 4, 5층 일부에 객실을 설비할 수 있도록 숙박업구조변경허가를 함으로써 그곳으로부터 50m 내지 700m 정도의 거리에서 여관을 경영하는 원고들이 받

게 될 불이익은 간접적이거나 사실적, 경제적인 불이익에 지나지 아니하므로 그것만
으로는 원고들에게 위 숙박업구조변경 허가처분의 취소를 구할 법률상 이익이 없다
(대법원 1990.8.14. 선고 89누7900 판결).

(3) 경원자소송

1) 의 의

경원자소송(競願者訴訟)은 인·허가 등의 수익적 행정처분을 신청한 여러 사람
이 서로 경쟁 관계에 있어서 일방에 대한 허가 등의 처분이 타방에 대한 불허가
등으로 될 수밖에 없는 때, 허가 등의 처분을 받지 못한 자가 경원자에 대하여 행
해진 허가 등의 취소를 구하는 항고소송을 말한다.

경원자관계에 있는 경우에는 각 경원자에 대한 허가 등의 처분이 배타적 관
계에 있으므로 자신의 권익을 구제하기 위해 타인에 대한 처분을 취소할 법률상
이익이 있다고 보아야 한다. 즉, 경원자관계에서는 원고적격이 원칙적으로 인정
된다.

2) 경원자의 원고적격 인정사례

[판 례] 액화석유가스충전사업의 허가기준을 정한 전라남도 고시에 의하여 고흥군
내에는 당시 1개소에 한하여 L.P.G. 충전사업의 신규허가가 가능하였는데, 원고가
한 허가신청은 허가요건을 갖춘 것이고, 참가인들의 그것은 그 요건을 갖추지 못한
것임에도 피고는 이와 반대로 보아 원고의 허가신청을 반려하는 한편 참가인들에
대하여는 이를 허가하는 이 사건 처분을 하였다. 그렇다면 원고와 참가인들은 경원
관계에 있다 할 것이므로 원고에게는 이 사건 처분의 취소를 구할 당사자적격이 있
다고 하여야 함은 물론 나아가 이 사건 처분이 취소된다면 원고가 허가를 받을 수
있는 지위에 있음에 비추어 처분의 취소를 구할 정당한 이익도 있다고 하여야 할
것이다(대법원 1992.5.8. 선고 91누13274 판결).

[판 례] 노선버스 한정면허 기준에 관한 구 자동차운수사업법시행규칙의 규정상 기
존의 농어촌버스운송사업계획 변경신청을 인가하면 신규의 마을버스운송사업 면허
를 할 수 없게 되는 경우, 마을버스운송사업 면허신청자는 농어촌버스운송사업계획
변경인가처분의 취소를 구할 원고적격이 있다(대법원 1999.10.12. 선고 99두6026 판
결).

[판 례] 원고(학교법인 조선대학교)를 포함하여 법학전문대학원 설치인가 신청을 한
41개 대학들은 2,000명이라는 총 입학정원을 두고 그 설치인가 여부 및 개별 입학
정원의 배정에 관하여 서로 경쟁관계에 있고 이 사건 각 처분이 취소될 경우 원고

의 신청이 인용될 가능성도 배제할 수 없으므로, 원고가 이 사건 각 처분의 상대방이 아니라도 그 처분의 취소 등을 구할 원고적격이 있다(대법원 2009.12.10. 선고 2009두8359 판결).

3) 경원자의 원고적격 부정사례

경원자관계에 있어서 경원자에 대하여 이루어진 허가 등의 처분에 대해 그 취소를 구할 원고적격이 원칙적으로 인정된다. 다만 그 처분이 취소된다 하더라도 허가 등이 처분을 받지 못한 불이익이 회복된다고 볼 수 없을 때나[13] 명백한 법적 장애로 인하여 원고 자신의 신청이 인용될 가능성이 처음부터 배제되어 있는 경우에는 취소를 구할 정당한 이익이 없다.[14]

또한, 허가 등의 처분을 받지 못한 자가 비법인 사단일 경우, 그 구성원에 불과한 자는 경원자에 대하여 이루어진 처분에 의하여 법률상 직접적이고 구체적인 이익을 침해당하였다 할 수 없으므로 당해 처분의 취소를 구할 원고적격이 없다.

[판 례] 이 사건 처분에 의하여 법률상 이익을 침해당한 자는 허가신청에 관하여 경쟁관계에 있는 자로서 이 사건 처분이 없었더라면 허가대상법인으로 선정되었을 지위에 있는 설립 중의 회사 또는 비법인 사단인 A주식회사라 할 것이다. 따라서 그 출자자에 불과한 원고는 이 사건 처분에 대하여 사실상이며 간접적인 이해관계를 갖는데 불과하므로 이 사건 처분을 취소하여 달라는 행정소송을 제기할 이익이 없다(대법원 1996.6.28. 선고 96누3630 판결).

(4) 인인소송 (인근 주민의 소송)
1) 의 의

인인소송(隣人訴訟)은 어떠한 시설의 설치를 허가하는 처분에 대하여 당해 시설의 인근 주민이 다투는 소송을 말한다. 처분의 상대방에게는 수익적 처분에 해당하지만, 그로 인하여 불이익을 받는 인근 주민이 그 수익처분의 취소를 구하는 소송을 말한다. 인근 주민을 뜻하는 인인이라는 용어 대신 이웃이라는 용어를 사용하여 이웃소송이라고도 한다.

인인소송은 종래 건축법 분야에서 인정되었으나, 오늘날에는 환경법 영역에서 인근 주민들의 건강·생명·신체상의 침해방지 및 쾌적한 생활환경보호 등을 보호이익으로 하여 광범위하게 인정되고 있다.

---

13) 대법원 1998.9.8. 선고 98두6272 판결.
14) 대법원 2009.12.10. 선고 2009두8359 판결.

인근 주민들의 원고적격이 인정되는지는 당해 허가처분의 근거법규 및 관계 법규의 보호목적에 따라 결정된다. 처분의 근거법률이 인근 주민의 향유하고 있는 이익을 보호이익으로 규정하고 있다고 해석되면, 인근 주민들은 법률상 이익이 있게 되고 결과적으로 원고적격이 인정된다.

2) 인근 주민의 원고적격 인정사례

우리나라에서 행정청의 처분에 대하여 당사자가 아닌 인근 주민들이 그 취소를 구하는 이른바 인인소송의 시초는 '연탄공장 건축허가처분'에 대한 취소소송이었다. 대법원은 주거지역 내의 위법한 연탄공장 건축허가로 주거생활상의 불이익을 받는 인근 주민들이 제기한 건축허가처분 취소청구소송에서 주민들의 원고적격을 인정하였다. 즉, 주거지역 내에 거주하는 사람의 거주의 안녕과 생활환경의 보호라는 보호이익은 단순한 반사적 이익이나 사실상의 이익이 아니라 바로 법률에 의하여 보호되는 이익이라고 보았다.

> **[판 례]** 주거지역 안에서는 도시계획법과 건축법에 의하여 공익상 부득이 하다고 인정될 경우를 제외하고는 거주의 안녕과 건전한 생활환경의 보호를 해치는 모든 건축이 금지되고 있을뿐 아니라 주거지역 내에 거주하는 사람이 받는 위와 같은 보호이익은 법률에 의하여 보호되는 이익이라고 할 것이므로, 주거지역 내에 소정 제한면적을 초과한 연탄공장 건축허가처분으로 불이익을 받고 있는 제3거주자는 비록 당해 행정처분의 상대자가 아니라 하더라도 그 행정처분으로 말미암아 법률에 의하여 보호되는 이익을 침해받고 있다면 당해 행정처분의 취소를 소구하여 그 당부의 판단을 받을 법률상의 자격이 있다(대법원 1975.5.13. 선고 73누96, 97 판결).

> **[판 례] 공설화장장 인근 주민**
> 도시계획법 시행령에 따라 공설화장장은 20호 이상의 인가가 밀집한 지역, 학교 또는 공중이 수시 집합하는 시설 또는 장소로부터 1,000m 이상 떨어진 곳에 설치하도록 제한되어 있다. 또한 국민보건상 위해를 끼칠 우려가 있는 지역, 도시계획법 규정에 의한 주거지역, 상업지역, 공업지역 및 녹지지역 안의 풍치지구 등에서는 공설화장장의 설치가 금지되어 있다. 따라서 이러한 규정에 의하여 보호되는 인근 주민들의 이익은 법률에 의하여 보호되는 법률상 이익이며, 인근 주민들에게는 도시계획결정처분의 취소를 구할 법률상 이익이 있다(대법원 1995.9.26. 선고 94누14544 판결).

> **[판 례] 원자로 시설부지 인근 주민**
> 원자력법의 취지가 방사성물질에 의하여 보다 직접적이고 중대한 피해를 입으리라

고 예상되는 지역 내의 주민들의 이익을 직접적·구체적 이익으로서도 보호하려는 데에 있다 할 것이므로, 원자로 시설부지 인근 주민들에게 방사성물질 등에 의한 생명·신체의 안전침해를 이유로 부지사전승인처분의 취소를 구할 원고적격이 있다(대법원 1998.9.4. 선고 97누19588 판결).

[판 례] 토사채취 허가지 인근 주민

직접적이고 중대한 생활환경의 피해를 입으리라고 예상되는 토사채취 허가지의 주민들이 토사채취허가와 관련하여 가지는 이익은 처분의 근거법규 등에 의하여 보호되는 직접적·구체적인 법률상 이익이다(대법원 2007.6.15. 선고 2005두9736 판결).

[판 례] 수질오염 우려가 있는 취수장의 물을 공급받는 주민

김해시장이 낙동강에 합류하는 하천수 주변의 토지에 구 산업집적활성화 및 공장설립에 관한 법률에 따라 공장설립을 승인하는 처분을 한 사안에서, 공장설립으로 수질오염 등이 발생할 우려가 있는 취수장에서 물을 공급받는 부산광역시 또는 양산시에 거주하는 주민들도 위 처분의 근거 법규 및 관련 법규에 의하여 법률상 보호되는 이익이 침해되거나 침해될 우려가 있는 주민으로서 원고적격이 인정된다(대법원 2010.4.15. 선고 2007두16127 판결).

3) 인근 주민의 원고적격 부정사례

[판 례] 상수원보호구역 설정의 근거가 되는 수도법 관계규정이 보호하고자 하는 것은 상수원의 확보와 수질보전일뿐이고, 그 상수원에서 급수를 받고 있는 지역주민들이 가지는 상수원의 오염을 막아 양질의 급수를 받을 이익은 직접적이고 구체적으로는 보호하고 있지 않음이 명백하다. 따라서 상수원보호구역 지역주민들이 가지는 이익은 상수원의 확보와 수질보호라는 공공의 이익이 달성됨에 따라 반사적으로 얻게 되는 이익에 불과하므로 지역주민들에 불과한 원고들에게는 위 상수원보호구역 변경처분의 취소를 구할 법률상의 이익이 없다(대법원 1995.9.26. 선고 94누14544 판결).

(5) 환경영향평가법 관련 환경소송

1) 의 의

환경영향평가제도는 대규모 개발사업이나 「환경영향평가법」에서 규정하는 대상사업에 대하여, 사업으로부터 유발될 수 있는 모든 환경영향에 대하여 사전에 조사·예측·평가하여 자연훼손과 환경오염을 최소화하는 방안을 마련하는 종합체계이다. 환경영향평가에 대한 일반법으로는 「환경영향평가법」이 있다.

행정처분의 직접 상대방이 아닌 자로서 그 처분에 의하여 자신의 환경상 이익을 침해받거나 침해받을 우려가 있다는 이유로 취소를 구하는 제3자는, 자신의 환경상 이익이 그 처분의 근거법규 또는 관련법규에 의하여 개별적·직접적·구체적으로 보호되는 이익, 즉 법률상 보호되는 이익임을 입증하여야 원고적격이 인정된다.

판례는 「환경영향평가법」을 환경영향평가 대상사업에 대한 허가처분의 근거법률 내지 관련법률로 보고 있다. 그리고 환경영향평가 대상지역 안의 주민들이 누리는 환경상의 이익은 단순히 환경공익 보호의 결과로 국민 일반이 공통적으로 가지게 되는 추상적·평균적·일반적인 이익이 아니고 주민 개개인에 대하여 개별적으로 보호되는 직접적·구체적인 이익, 즉 법률상 보호되는 이익으로 보고 있다.

그리하여 환경영향평가 지역주민의 원고적격에 대하여 ① 환경영향평가 대상지역 안의 주민과 ② 환경영향평가 대상지역 밖의 주민을 구분하여, 전자에게는 원고적격이 있는 것으로 추정하고, 후자에게는 스스로 입증함으로써 원고적격을 인정받을 수 있게 하고 있다.

2) 환경영향평가 대상지역 안의 주민

환경영향평가 대상지역 내의 주민들에 대하여는 당해 처분으로 인하여 직접적이고 중대한 환경피해를 입으리라고 예상할 수 있고, 그들에 대하여는 특단의 사정이 없는 한 환경상 이익에 대한 침해 또는 침해 우려가 있는 것으로 사실상 추정되어 법률상 보호되는 이익이 인정되고, 해당 주민들에게는 원고적격이 인정된다.

[판 례] 당해 국립공원 용화집단시설지구개발사업으로 인하여 직접적이고 중대한 환경피해를 입으리라고 예상되는 환경영향평가대상지역 안의 주민에게 환경영향평가 대상사업에 관한 변경승인 및 허가처분의 취소를 구할 원고적격이 있다(대법원 1998.4.24. 선고 97누3286 판결).

[판 례] 국립공원 집단시설지구개발사업으로 인하여 직접적이고 중대한 환경피해를 입으리라고 예상되는 환경영향평가대상지역 안의 주민들이 누리고 있는 환경상의 이익이 위 변경승인처분으로 인하여 침해되거나 침해될 우려가 있는 경우에는 그 주민들에게 위 변경승인처분과 그 변경승인처분의 취소를 구하는 행정심판청구를 각하한 재결의 취소를 구할 원고적격이 있다(대법원 2001.7.27. 선고 99두2970 판결).

[판 례] 사전환경성검토 대상지역 개연성

환경정책기본법령상 사전환경성검토협의 대상지역 내에 포함될 개연성이 충분하다고 보이는 주민들에게 그 협의대상에 해당하는 창업사업계획승인처분과 공장설립승인처분의 취소를 구할 원고적격이 인정된다(대법원 2006.12.22. 선고 2006두14001 판결).

3) 환경영향평가 대상지역 밖의 주민

판례는 초창기에는 환경영향평가 대상지역 밖의 주민들에게 원고적격을 인정하지 않았었다. 그러나 2006년 이른바 새만금판결[15]을 계기로 환경영향평가 대상지역 밖의 주민에게도 원고적격이 인정될 수 있는 가능성이 제시되었다.

즉, 영향권 밖의 주민들은 당해 처분으로 인하여 그 처분 전과 비교하여 수인한도를 넘는 환경피해를 받거나 받을 우려가 있다는 자신의 환경상 이익에 대한 침해 또는 침해 우려가 있음을 입증하여야만 법률상 보호되는 이익으로 인정되어 원고적격이 인정된다.

환경상 이익에 대한 침해 또는 침해 우려가 있는 것으로 사실상 추정되어 원고적격이 인정되는 사람에는 환경상 침해를 받으리라고 예상되는 영향권 내의 주민들을 비롯하여 그 영향권 내에서 농작물을 경작하는 등 현실적으로 환경상 이익을 향유하는 사람도 포함된다. 그러나 단지 그 영향권 내의 건물·토지를 소유하거나 환경상 이익을 일시적으로 향유하는 데 그치는 사람은 포함되지 않는다.[16]

4. 협의의 소익(권리보호의 필요)

(1) 의 의

취소소송은 원고적격이 있는 자가 소를 제기할 수 있지만, 그 외에도 원고의 소송상의 청구에 대하여 '본안판결을 구하는 것을 정당화시킬 수 있는 구체적인 실익이나 현실적 필요성'이 있어야 한다. 이처럼 원고가 분쟁을 소송에 의해 해결할 현실적 필요성을 협의의 소익(訴益) 또는 권리보호의 필요라고 한다. 이러한 소익은 상고심에서도 존재하여야 한다.

위법한 행정처분의 취소를 구하는 소는 위법한 처분에 의하여 발생한 위법상태를 배제하여 원상으로 회복시키고 그 처분으로 침해되거나 방해받은 권리와 이익을 보호·구제하고자 하는 소송이므로, 비록 그 위법한 처분을 취소한다고 하더라도 원상회복이 불가능한 경우에는 그 취소를 구할 이익이 없다.[17]

---

15) 대법원 2006.3.16. 선고 2006두330 전원합의체 판결.
16) 대법원 2009.9.24. 선고 2009두2825 판결.

(2) 행정소송법 규정

「행정소송법」제12조 후문은 "처분 등의 효과가 기간의 경과, 처분 등의 집행 그 밖의 사유로 인하여 소멸된 뒤에도 그 처분 등의 취소로 인하여 회복되는 법률 상 이익이 있는 경우에는 또한 같다"라고 '협의의 소익'을 규정하고 있다.

이 제12조 후문은 비록 제12조 전단과 함께 '원고적격'이라는 제목 아래 함께 묶여 규정되어 있지만, 원고적격과 성격이 전혀 다른 '협의의 소익'에 관한 규정이 다. 이처럼 「행정소송법」제12조가 '원고적격'이라는 제목하에 '원고적격'과 '협의 의 소익(권리보호의 필요)'을 함께 규정하고, 또한 동시에 양자에 대하여 '법률상 이 익'이라는 용어를 사용하고 있는 것은, 법 해석의 혼란을 일으키는 문제가 있다.

(3) 소의 이익의 유무에 대한 일반적 판단기준

일반적으로 원고적격이 있는 자가 취소소송을 제기한 경우에는 원칙상 협의 의 소익(권리보호의 필요)이 있는 것으로 보아야 한다. 그런데, 처분의 효력이 소멸 한 경우, 권익침해가 해소된 경우, 원상회복이 불가능한 경우에는 소의 이익이 부 정된다. 다만, 이 경우에도 취소를 구할 현실적 이익이 있는 경우에는 소의 이익이 인정된다. 결론적으로 취소소송에서 소의 이익은 계쟁처분의 취소를 구할 현실적 인 법률상 이익이 있는지 여부를 기준으로 판단한다.

1) 소의 이익에서의 법률상 이익

「행정소송법」제12조 후문의 '법률상 이익'의 범위와 관련된 쟁점은 기본적인 법률상 이익뿐만 아니라 부수적 이익까지 협의의 소익의 범위에 포함될 수 있는가 이다.

판례는 초기에는 「행정소송법」제12조 전문 및 후문의 '법률상 이익'을 구별 하지 않고 모두 '당해 처분의 근거법률에 의하여 보호되는 직접적이고 구체적인 이익'이라고 해석하고, 간접적이거나 사실적·경제적 이해관계를 가지는데 불과한 경우는 여기에 해당하지 아니한다고 보았다.

그러나 현재의 통설과 판례는 「행정소송법」제12조 후문의 '법률상 이익'은 취소소송을 통하여 구제되는 기본적인 법률상 이익뿐만 아니라 부수적 이익, 예컨 대 경제적 이익(예컨대 파면처분취소소송의 진행 중에 원고가 정년에 달한 경우 봉급청구 등 을 다툴 이익), 신용이나 명예회복과 같은 정신적 이익(예컨대 공무원에 대한 직위해제처 분기간이 경과된 경우라도 그 처분취소로 명예를 회복할 수 있는 이익)을 포함하는 것으 로 보고 있다. 즉, 「행정소송법」제12조 후문의 '법률상 이익'을 제12조 전문 원고 적격에서의 '법률상 이익' 보다는 넓은 개념으로 보고 있다. 따라서 권리가 회복되

---

17) 대법원 2006.7.28. 선고 2004두13219 판결.

지 않더라도 부수적 이익이 있으면 취소소송의 제기가 가능하다.

2) 소송을 통해 구제될 수 있는 현실적 이익

소의 이익은 소송을 통해 구제될 수 있는 현실적 이익이 있어야 인정된다. 막연한 추상적 이익이나 과거의 이익만으로는 소의 이익을 인정할 수 없다.

(4) 처분의 효력이 소멸한 경우

처분의 효력이 소멸한 경우에는 원칙적으로 취소소송을 제기할 소의 이익이 없다. 행정처분에 그 효력기간이 정하여져 있는 경우, 그 기간의 경과로 그 행정처분의 효력은 상실된다. 따라서 효력기간 경과 후에는 그 처분이 외형상 잔존함으로 인하여 어떠한 법률상 이익이 침해되고 있다고 볼 만한 별다른 사정이 없는 한 그 처분의 취소를 구할 소의 이익이 없다.[18]

> **[판 례]** 소음·진동배출시설에 대한 설치허가가 취소된 후 그 배출시설이 어떠한 경위로든 철거되어 다시 복구 등을 통하여 배출시설을 가동할 수 없는 상태라면, 이는 배출시설 설치허가의 대상이 되지 아니하므로 외형상 설치허가취소행위가 잔존하고 있다고 하여도 특단의 사정이 없는 한 이제 와서 굳이 위 처분의 취소를 구할 법률상의 이익이 없다. 설령 원고가 이 사건 처분이 위법하다는 점에 대한 판결을 받아 피고에 대한 손해배상청구소송에서 이를 원용할 수 있다거나 위 배출시설을 다른 지역으로 이전하는 경우 행정상의 편의를 제공받을 수 있는 이익이 있다 하더라도, 그러한 이익은 사실적·경제적 이익에 불과하여 이 사건 처분의 취소를 구할 법률상 이익에 해당하지 않는다(대법원 2002.1.11. 선고 2000두2457 판결).

(5) 제재처분의 전력이 장래 처분의 가중요건인 경우

1) 가중요건이 법령에 규정된 경우

계쟁 제재처분이 기간이 경과하여(예: 영업정지처분의 기간종료) 효력을 상실한 경우에도 법령에서 제재처분의 전력이 장래의 제재처분의 가중요건으로 규정되어 있어 가중된 제재처분을 받을 위험이나 불이익이 현실적으로 존재하는 경우에는, 이를 제거하기 위하여 이미 제재기간이 지난 제재처분의 취소를 구할 소의 이익이 있다.

> **[판 례]** 건설기술관리법 시행령에서 감리원에 대한 제재적인 업무정지처분을 일반정지처분과 가중정지처분의 2단계 조치로 규정하면서 전자의 제재처분을 좀 더 무거운 후자의 제재처분의 요건으로 규정하고 있는 이상, 감리원 업무정지처분에서 정한

---

18) 대법원 2002.7.26. 선고 2000두7254 판결.

업무정지기간이 도과되었다 하더라도 위 처분을 그대로 방치하여 둠으로써 장래 가
중된 감리원 업무정지의 행정처분을 받게 될 우려가 있다는 점에서 감리원으로서
업무를 행할 수 있는 법률상 지위에 대한 위험이나 불안을 제거하기 위하여 위 처
분의 취소를 구할 법률상 이익이 있다고 보아야 할 것이다(대법원 1999.2.5. 선고
98두13997 판결)

[판 례] 의료법에서 의료인에 대한 제재적인 행정처분으로서 면허자격정지처분과 면
허취소처분이라는 2단계 조치를 규정하면서 전자의 제재처분을 보다 무거운 후자의
제재처분의 기준요건으로 규정하고 있는 이상 자격정지처분을 받은 의사로서는 면
허자격정지처분에서 정한 기간이 도과되었다 하더라도 그 처분을 그대로 방치하여
둠으로써 장래 의사면허취소라는 가중된 제재처분을 받게 될 우려가 있는 것이어서
의사로서의 업무를 행할 수 있는 법률상 지위에 대한 위험이나 불안을 제거하기 위
하여 면허자격정지처분의 취소를 구할 이익이 있다(대법원 2005.3.25. 선고 2004두
14106 판결).

물론 실제로 가중된 제재처분을 받을 우려가 없어졌다면 제재처분의 취소를
구할 소의 이익 역시 없다.

[판 례] 건축사법에 따라 업무정지처분을 받은 후 새로운 업무정지처분을 받음이
없이 1년이 경과하여 실제로 가중된 제재처분을 받을 우려가 없어졌다면 위 처분에
서 정한 정지기간이 경과한 이상 특별한 사정이 없는 한 그 처분의 취소를 구할 법
률상 이익이 없다(대법원 2000.4.21. 선고 98두10080 판결).

2) 가중요건이 행정규칙에 규정된 경우

제재처분의 가중요건이 행정규칙으로 정해진 경우도 제재처분을 받을 위험이
현실적인 경우에 해당한다고 보아 소의 이익을 인정할 수 있는가에 대해서는 견해
가 대립하고 있다.

(가) 부정설(소의 이익 부정)

가중요건이 법적 구속력이 없는 행정규칙으로 규정되어 있는 경우에는 가중
된 제재처분을 받을 위험이 불확실하므로 제재기간이 지난 제재처분의 취소를 구
할 소의 이익이 없다는 견해이다.[19] 부정설은 제재적 처분기준이 시행규칙으로 규
정된 경우 부령 형식의 행정규칙은 실질적으로 행정규칙에 불과하고 법적 기속력

---

19) 대법원 1995.10.17. 선고 94누14148 전원합의체 판결; 대법원 1997.9.30. 선고 97누7790 판결;
    대법원 2002.3.15. 선고 2001두10622 판결; 대법원 2003.10.10. 선고 2003두6443 판결.

이 없으므로, 취소소송이 제기된 이후에 제재처분의 기간이 경과되어 처분의 효력이 소멸된 경우에는 소의 이익이 없다고 하였다. 이 견해는 최초의 대법원 판례의 입장이었다.

[판 례] 행정처분에 효력기간이 정하여져 있는 경우, 그 처분의 효력 또는 집행이 정지된 바 없다면 위 기간의 경과로 그 행정처분의 효력은 상실되므로 그 기간 경과 후에는 그 처분이 외형상 잔존함으로 인하여 어떠한 법률상 이익이 침해되고 있다고 볼 만한 별다른 사정이 없는 한 그 처분의 취소를 구할 법률상의 이익이 없고, 행정명령에 불과한 각종 규칙상의 행정처분 기준에 관한 규정에서 위반 횟수에 따라 가중처분하게 되어 있다 하여 법률상의 이익이 있는 것으로 볼 수는 없다(대법원 1995.10.17. 선고 94누14148 전원합의체 판결).

(나) 제한적 긍정설

제한적 긍정설은 가중요건이 부령 형식의 행정규칙이나 행정규칙에 규정된 경우에도 관할 행정청이나 담당 공무원은 이를 준수할 의무가 있으므로 후행 가중된 제재처분의 위험은 구체적이고 현실적인 것이므로 선행 제재처분의 취소를 구하여 장래의 가중 제재처분을 막을 이익을 인정해야 한다는 견해이다.

대법원은 전원합의체 판결에서 제재적 행정처분이 그 처분에서 정한 제재기간의 경과로 효력이 소멸된 경우에도 제재적 행정처분(선행처분)을 받은 것을 가중사유나 전제요건으로 삼아 장래의 제재적 행정처분(후행처분)을 하도록 하는 경우에는 선행처분의 취소를 구할 법률상 이익이 있다고 보아, 종전의 입장(소의 이익을 부정한 판례)을 변경하였다.

이에 따르면 부령 형식의 제재적 처분기준에서 가중요건을 규정한 경우, 그 기준의 성격이 법규명령인지와 상관없이 소의 이익을 인정한다는 것이다. 그리고 가중요건이 행정규칙에 규정된 경우에도 소의 이익은 인정된다.

[판 례] 부령인 규칙 등의 처분기준에서 제재적 행정처분(선행처분)을 받은 것을 가중사유나 전제요건으로 삼아 장래의 제재적 행정처분(후행처분)을 하도록 정하고 있는 경우, 제재적 행정처분의 가중사유나 전제요건에 관한 규정이 법령이 아니라 규칙의 형식으로 되어 있다고 하더라도, 그러한 규칙이 정한 바에 따라 선행처분을 받은 상대방이 그 처분의 존재로 인하여 장래에 받을 불이익, 즉 후행처분의 위험은 구체적이고 현실적인 것이므로, 상대방에게는 선행처분의 취소소송을 통하여 그 불이익을 제거할 필요가 있다.

행정청으로서는 선행처분이 적법함을 전제로 후행처분을 할 것이 당연히 예견되므로, 이러한 선행처분으로 인한 불이익을 선행처분 자체에 대한 소송에서 사전에 제거할 수 있도록 해 주는 것이 상대방의 법률상 지위에 대한 불안을 해소하는 데 가장 유효적절한 수단이 된다.

행정소송법의 목적 등에 비추어 행정처분의 존재로 인하여 국민의 권익이 실제로 침해되고 있는 경우는 물론이고 권익침해의 구체적·현실적 위험이 있는 경우에도 이를 구제하는 소송이 허용되어야 한다는 요청을 고려하면, 규칙이 정한 바에 따라 선행처분을 가중사유 또는 전제요건으로 하는 후행처분을 받을 우려가 현실적으로 존재하는 경우에는, 선행처분을 받은 상대방은 비록 그 처분에서 정한 제재기간이 경과하였다 하더라도 그 처분의 취소소송을 통하여 그러한 불이익을 제거할 권리보호의 필요성이 충분히 인정된다고 할 것이므로, 선행처분의 취소를 구할 법률상 이익이 있다고 보아야 한다(대법원 2006.6.22. 선고 2003두1684 전원합의체 판결).

[판 례] 학교법인 임원취임승인의 취소처분 후 그 임원의 임기가 만료되고 구 사립학교법 소정의 임원결격사유기간마저 경과한 경우 또는 위 취소처분에 대한 취소소송 제기 후 임시이사가 교체되어 새로운 임시이사가 선임된 경우, 위 취임승인취소처분 및 당초의 임시이사선임처분의 취소를 구할 소의 이익이 있다(대법원 2007.7.19. 선고 2006두19297 전원합의체 판결).

대법원은 교육부에 의해 취임 승인이 취소된 학교법인 이사는 원래 정해진 자신의 임기가 끝나고 심지어 새로 선임된 임시이사가 임기만료로 교체된 경우에도 취임 승인 취소처분 및 임시이사 선임처분에 대한 취소소송을 구할 법률상 이익이 있다고 판시하였다. 이에 따라 소송을 제기하기 이전이나 소송 도중 임기 및 임원결격기간이 모두 종료됐다는 이유로 처분의 효력을 다툴 수 없었던 학교법인 임원들도 교육부의 처분에 대한 취소소송을 제기할 수 있게 되었다.

(6) 원상회복이 불가능한 경우

1) 원칙 : 소의 이익 부정

취소소송은 위법한 처분에 의해 발생한 위법상태를 배제하여 원상으로 회복시키고 그 처분으로 방해받은 권익을 구제하고자 하는 소송이므로, 비록 그 위법한 처분을 취소한다 하더라도 원상회복이 불가능한 경우에는 원칙적으로 그 취소를 구할 소의 이익이 없다.

[판 례] 행정대집행 실행 완료 후 대집행계고처분의 취소

대집행계고처분 취소소송의 변론종결 전에 대집행영장에 의한 통지절차를 거쳐 사

실행위로서 대집행의 실행이 완료된 경우에는 행위가 위법한 것이라는 이유로 손해배상이나 원상회복 등을 청구하는 것은 별론으로 하고 처분의 취소를 구할 법률상 이익은 없다(대법원 1993.6.8. 선고 93누6164 판결).

[판 례] 건축공사 완료 후 건축허가의 취소

건축허가가 건축법 소정의 이격거리를 두지 아니하고 건축물을 건축하도록 되어 있어 위법하다 하더라도 그 건축허가에 기하여 건축공사가 완료되었다면 그 건축허가를 받은 대지와 접한 대지의 소유자인 원고가 위 건축허가처분의 취소를 받아 이격거리를 확보할 단계는 지났으며 민사소송으로 위 건축물 등의 철거를 구하는 데 있어서도 위 처분의 취소가 필요한 것이 아니므로 원고로서는 위 처분의 취소를 구할 법률상의 이익이 없다(대법원 1992.4.24. 선고 91누11131 판결).

[판 례] 건축공사 완료 후 건축준공처분의 취소

신축한 건물이 무단증평, 이격거리위반, 베란다돌출, 무단구조변경 등 건축법에 위반하여 시공됨으로써 인접주택 소유자의 사생활과 일조권을 침해하고 있다고 하더라도, 인접건물 소유자들로서는 위 건물준공처분의 무효확인이나 취소를 구할 법률상 이익이 없다(대법원 1993.11.9. 선고 93누13988 판결).

2) 예외 : 소의 이익 인정

원상회복이 불가능한 경우라도 회복되는 부수적 이익이 있는 경우에는 예외적으로 소의 이익이 인정될 수 있다. 제명의결 취소소송 중 임기만료, 직위해제처분 취소소송 중 정년초과 등의 사유가 있어도 봉급, 수당 등 경제적 이익에 관한 부수적 이익이 남아 있는 경우에는 예외적으로 소의 이익이 인정된다.

[판 례] 지방의회 의원에 대한 제명의결 취소소송 계속중 의원의 임기가 만료된 사안에서, 제명의결의 취소로 의원의 지위를 회복할 수는 없다 하더라도 제명의결시부터 임기만료일까지의 기간에 대한 월정수당의 지급을 구할 수 있는 등 여전히 그 제명의결의 취소를 구할 법률상 이익이 있다(대법원 2009.1.30. 선고 2007두13487 판결).

[판 례] 한국방송공사 사장에 대한 해임처분 무효확인 또는 취소소송 계속 중 임기가 만료되어 해임처분의 무효확인 또는 취소로 지위를 회복할 수는 없다고 할지라도, 그 무효확인 또는 취소로 해임처분일부터 임기만료일까지 기간에 대한 보수 지급을 구할 수 있는 경우에는 해임처분의 무효확인 또는 취소를 구할 법률상 이익이

있다(대법원 2012.2.23. 선고 2011두5001 판결).

> **[판 례]** 국가공무원법상 직위해제처분의 무효확인 또는 취소소송 계속 중 정년을 초과하여 직위해제처분의 무효확인 또는 취소로 공무원 신분을 회복할 수는 없다고 할지라도, 그 무효확인 또는 취소로 직위해제일부터 직권면직일까지 기간에 대한 감액된 봉급 등의 지급을 구할 수 있는 경우에는 직위해제처분의 무효확인 또는 취소를 구할 법률상 이익이 있다(대법원 2014.5.16. 선고 2012두26180 판결).

공장의 철거, 공사 완료 등으로 원상회복이 불가능하게 된 경우라도 경제적 이익 등의 부수적 이익이 있는 경우에는 예외적으로 소의 이익이 인정될 수 있다.

> **[판 례]** 공장등록이 취소된 후 그 공장시설물이 철거되었다 하더라도 대도시 안의 공장을 지방으로 이전할 경우 조세특례제한법상의 세액공제 및 소득세 등의 감면혜택이 있고, 공업배치및공장설립에관한법률상의 간이한 이전절차 및 우선 입주의 혜택이 있는 경우, 그 공장등록취소처분의 취소를 구할 법률상의 이익이 있다(대법원 2002.1.11. 선고 2000두3306 판결).

> **[판 례]** 도시개발사업의 공사 등이 완료되고 원상회복이 사회통념상 불가능하게 된 경우, 도시개발사업의 시행에 따른 도시계획변경결정처분과 도시개발구역지정처분 및 도시개발사업실시계획인가처분의 취소를 구할 법률상 이익이 있다(대법원 2005. 9.9. 선고 2003두5402, 5419 판결).

(7) 사정변경에 의해 권익침해가 해소된 경우

1) 원칙 : 소의 이익 부정

처분 후의 사정에 의하여 권리와 이익의 침해가 해소된 경우에는 원칙적으로 그 처분의 취소를 구할 소의 이익이 없다. 예컨대, 시험 불합격처분 이후 새로 실시된 시험에 합격한 경우 기존의 권익침해가 해소되었으므로 소의 이익이 없다.

> **[판 례]** 사법시험 제2차 시험 불합격처분 이후에 새로이 실시된 제2차와 제3차 시험에 합격한 사람이 불합격처분의 취소를 구할 법률상 이익이 없다(대법원 2007.9.21. 선고 2007두12057 판결).

> **[판 례]** 현역병입영대상자로 병역처분을 받은 자가 그 취소소송 중 모병에 응하여 현역병으로 자진 입대한 경우, 소의 이익이 없다(대법원 1998.9.8. 선고 98두9165

판결).

[판 례] 공익근무요원 소집해제신청을 거부한 후에 원고가 계속하여 공익근무요원으로 복무함에 따라 복무기간 만료를 이유로 소집해제처분을 한 경우, 원고가 입게 되는 권리와 이익의 침해는 소집해제처분으로 해소되었으므로 위 거부처분의 취소를 구할 소의 이익이 없다(대법원 2005.5.13. 선고 2004두4369 판결).

[판 례] 교원소청심사위원회의 파면처분 취소결정에 대한 취소소송 계속 중 학교법인이 교원에 대한 징계처분을 파면에서 해임으로 변경한 경우, 종전의 파면처분은 소급하여 실효되고 해임만 효력을 발생하므로, 소급하여 효력을 잃은 파면처분을 취소한다는 내용의 교원소청심사결정의 취소를 구하는 것은 법률상 이익이 없다(대법원 2010.2.25. 선고 2008두20765 판결).

2) 예외 : 소의 이익 인정

처분 후 사정변경이 있더라도 권익침해가 해소되지 않은 경우에는 소의 이익이 인정된다.

[판 례] 현역입영대상자로서는 현실적으로 입영을 하였다고 하더라도, 입영 이후의 법률관계에 영향을 미치고 있는 현역병입영통지처분 등을 한 관할지방병무청장을 상대로 위법을 주장하여 그 취소를 구할 소송상의 이익이 있다(대법원 2003.12.26. 선고 2003두1875 판결).

[판 례] 고등학교에서 퇴학처분을 당한 후 고등학교졸업학력검정고시에 합격하였다 하여 고등학교 학생으로서의 신분과 명예가 회복될 수 없는 것이니 퇴학처분을 받은 자로서는 퇴학처분의 위법을 주장하여 그 취소를 구할 소송상의 이익이 있다(대법원 1992.7.14. 선고 91누4737 판결).

(8) 보다 실효적인 권리구제수단이 있는 경우

행정청이 한 처분 등의 취소를 구하는 취소소송은 처분에 의하여 발생한 위법 상태를 배제하여 원래 상태로 회복시키고 처분으로 침해된 권익을 구제하고자 하는 것이 주목적이다. 따라서 해당 처분 등의 취소를 구하는 것보다 실효적이고 직접적인 구제수단이 있음에도 처분 등의 취소를 구하는 것은 분쟁 해결의 유효적절한 수단이라고 할 수 없어 원칙적으로 소의 이익이 인정되지 않는다.

> **[판 례]** 거부처분이 재결에서 취소된 경우 재결에 따른 후속처분이 아니라 그 재결의 취소를 구하는 것은 실효적이고 직접적인 권리구제수단이 될 수 없어 분쟁해결의 유효적절한 수단이라고 할 수 없으므로 법률상 이익이 없다(대법원 2017.10.31. 선고 2015두45045 판결).

특히 인가처분에 대한 취소소송에서, 기본행위의 하자를 이유로 기본행위를 다투는 소송이 기본행위의 하자를 이유로 인가처분을 다투는 것보다 더 실효적인 권리구제수단이므로, 기본행위의 하자를 이유로 한 인가처분의 취소를 구할 소의 이익이 없다.

> **[판 례]** 기본행위인 이사선임결의가 적법·유효하고 보충행위인 승인처분 자체에만 하자가 있다면 그 승인처분의 무효확인이나 그 취소를 주장할 수 있지만, 이 사건 임원취임 승인처분에 대한 취소의 소처럼 기본행위인 임시이사들에 의한 이사선임결의의 내용 및 그 절차에 하자가 있다는 이유로 이사선임결의의 효력에 관하여 다툼이 있는 경우에는 민사쟁송으로서 그 기본행위에 해당하는 이사선임결의의 무효확인을 구하는 등의 방법으로 분쟁을 해결할 것이지 그 이사선임결의에 대한 보충적 행위로서 그 자체만으로는 아무런 효력이 없는 승인처분만의 취소를 구하는 것은 특단의 사정이 없는 한 분쟁해결의 유효적절한 수단이라 할 수 없으므로, 임원취임승인처분의 취소를 구할 법률상 이익이 없다(대법원 2002.5.24. 선고 2000두3641 판결).

(9) 위법한 처분의 반복가능성이 있는 경우

위법한 행정처분에 대한 취소소송은 그 위법한 처분을 취소한다고 하더라도 원상회복이 불가능한 경우에는 원칙적으로 취소를 구할 소의 이익이 없다.

다만, 처분을 취소하여도 원상회복이 불가능해 보이는 경우라도, 그 행정처분과 같은 사유로 동일한 내용의 위법한 처분이 반복될 위험이 있고 행정처분의 위법성을 확인하거나 불분명한 법률문제를 해명할 필요가 있는 경우에는, 행정의 적법성 확보와 그에 대한 사법통제, 국민의 권리구제 확대 등의 측면에서 예외적으로 그 처분의 취소를 구할 소의 이익이 인정될 수 있다.[20]

> **[판 례]** 교도소장이 수형자 甲을 '접견내용 녹음·녹화 및 접견 시 교도관 참여대상자'로 지정한 사안에서, 위 지정행위는 수형자의 구체적 권리·의무에 직접적 변동을 가져오는 행정청의 공법상 행위로서 항고소송의 대상이 되는 처분에 해당한다. 교도

---

20) 대법원 2007.7.19. 선고 2006두19297 전원합의체 판결.

소장이 접견내용 녹음·녹화 및 접견 시 교도관 참여대상자에서 해제하기는 하였지만, 앞으로도 원고에게 위와 같은 지정행위와 같은 포괄적 접견 제한처분을 할 염려가 있으므로, 이 사건 소는 여전히 소의 이익이 있다(대법원 2014.2.13. 선고 2013두20899 판결).

(10) 기타 소의 이익에 관한 판례

1) 소의 이익을 인정한 사례

[판 례] 채석불허가처분의 취소를 구하는 임야 임차인이 소송 도중 임야의 사용·수익권을 잃어 허가요건이 불비된 경우, 위법한 채석불허가처분의 취소를 구할 소의 이익이 없게 되는 것은 아니다(대법원 1996.10.29. 선고 96누9621 판결).

[판 례] 부실금융기관에 대한 파산결정이 확정되고 이미 파산절차가 상당 부분 진행되고 있다 하더라도 파산종결이 될 때까지는 그 가능성이 매우 적기는 하지만 동의 폐지나 강제화의 등의 방법으로 당해 부실금융기관이 영업활동을 재개할 가능성이 여전히 남아 있으므로, 금융감독위원회의 위 부실금융기관에 대한 영업인가의 취소처분에 대한 취소를 구할 소의 이익이 있다(대법원 2006.7.28. 선고 2004두13219 판결).

[판 례] 건축허가를 받아 건축물을 완공하였더라도 건축허가가 취소되면 그 건축물은 철거 등 시정명령의 대상이 되고, 이를 이행하지 않은 건축주 등은 이행강제금 부과처분이나 행정대집행을 받게 되며, 나아가 다른 법령상의 인·허가 등을 받지 못하게 되는 등의 불이익을 입게 된다. 따라서 건축허가 취소처분을 받은 건축물 소유자는 그 건축물이 완공된 후에도 여전히 위 취소처분의 취소를 구할 법률상 이익을 가진다(대법원 2015.11.12. 선고 2015두47195 판결).

2) 소의 이익을 부정한 사례

[판 례] 행정청이 공무원에 대하여 새로운 직위해제사유에 기한 직위해제처분을 한 경우 그 이전에 한 직위해제처분은 이를 묵시적으로 철회하였다고 봄이 상당하므로, 그 이전 처분의 취소를 구하는 부분은 존재하지 않는 행정처분을 대상으로 한 것으로서 그 소의 이익이 없어 부적법하다(대법원 2003.10.10. 선고 2003두5945 판결).

[판 례] 보충역편입처분 및 공익근무요원소집처분의 취소를 구하는 소의 계속 중 병역처분변경신청에 따라 제2국민역편입처분으로 병역처분이 변경된 경우, 종전 보

충역편입처분 및 공익근무요원소집처분의 취소를 구할 소의 이익이 없다(대법원 2004.12.10. 선고 2003두12257 판결).

[판 례] 행정청이 당초의 분뇨 등 관련 영업 허가신청 반려처분의 취소를 구하는 소의 계속 중, 사정변경을 이유로 위 반려처분을 직권취소함과 동시에 위 신청을 재 반려하는 내용의 재처분을 한 경우, 당초의 반려처분의 취소를 구하는 소는 더 이상 소의 이익이 없다(대법원 2006.9.28. 선고 2004두5317 판결).

[판 례] 병역감면신청서 회송처분과 공익근무요원 소집처분이 직권으로 취소되었는 데도, 이에 대한 무효확인과 취소를 구하는 소는 더 이상 존재하지 않는 행정처분을 대상으로 하거나 과거의 법률관계의 효력을 다투는 것에 불과하므로 소의 이익이 없어 부적법하다(대법원 2010.4.29. 선고 2009두16879 판결).

[판 례] 「도시정비법」상 이전고시가 효력을 발생한 후에는 조합원 등이 관리처분계 획의 취소 또는 무효확인을 구할 법률상 이익이 없다고 보는 것이 타당하고, 이는 관리처분계획에 대한 인가처분의 취소 또는 무효확인을 구하는 경우에도 마찬가지 이다(대법원 2012.5.24. 선고 2009두22140 판결).

[판 례] 「도시정비법」상 조합설립추진위원회 구성승인처분을 다투는 소송 계속 중 조합설립 인가처분이 이루어진 경우, 조합설립추진위원회 구성승인처분에 대하여 취 소 또는 무효확인을 구할 법률상 이익은 없다(대법원 2013.1.31. 선고 2011두11112, 2011두11129 판결).

[판 례] 공정거래위원회가 부당한 공동행위를 한 사업자에게 과징금 부과처분(선행 처분)을 한 뒤, 다시 자진신고 등을 이유로 과징금 감면처분(후행처분)을 하였다면, 후행처분은 자진신고 감면까지 포함하여 처분 상대방이 실제로 납부하여야 할 최종 적인 과징금액을 결정하는 종국적 처분이고, 선행처분은 이러한 종국적 처분을 예정 하고 있는 일종의 잠정적 처분으로서 후행처분이 있을 경우 선행처분은 후행처분에 흡수되어 소멸한다. 따라서 위와 같은 경우에 선행처분의 취소를 구하는 소는 이미 효력을 잃은 처분의 취소를 구하는 것으로 부적법하다(대법원 2015.2.12. 선고 2013 두987 판결).

[판 례] 甲 도지사가 도에서 설치·운영하는 乙 지방의료원을 폐업하겠다는 결정을 발표하고 그에 따라 폐업을 위한 일련의 조치가 이루어진 후 乙 지방의료원을 해산 한다는 내용의 조례를 공포하고 乙 지방의료원의 청산절차가 마쳐진 사안에서, 甲

도지사의 폐업결정은 항고소송의 대상에 해당하지만 폐업결정의 취소로 회복할 수 있는 다른 권리나 이익이 남아 있다고 보기도 어려우므로, 甲 도지사의 폐업결정이 법적으로 권한 없는 자에 의하여 이루어진 것으로서 위법하더라도 취소를 구할 소의 이익을 인정하기 어렵다(대법원 2016.8.30. 선고 2015두60617 판결).

[판 례] 행정청이 과징금 부과처분을 한 후 부과처분의 하자를 이유로 감액처분을 한 경우, 감액처분에 의하여 감액된 부분에 대한 부과처분 취소청구는 이미 소멸하고 없는 부분에 대한 것으로서 소의 이익이 없어 부적법하다(대법원 2017.1.12. 선고 2015두2352 판결).

5. 피고적격

피고적격이란 소송에서 올바른 피고를 상대방으로 하여 제기되었는지를 말한다.

(1) 처분 등을 행한 행정청

취소소송의 피고는 다른 법률에 특별한 규정이 없는 한 그 처분 등을 행한 행정청(처분청)이 됨이 원칙이다(행정소송법 제13조 제1항). 여기서 '행정청'이라 함은 국가 또는 공공단체의 기관으로서 국가나 공공단체의 의견을 결정하여 외부에 표시할 수 있는 권한, 즉 처분권한을 가진 기관을 말한다. 따라서 대외적으로 의사를 표시할 수 있는 기관이 아닌 내부기관은 실질적인 의사가 그 기관에 의하여 결정되더라도 피고적격을 갖지 못한다(예: 징계위원회).

[판 례] 보건복지가족부장관의 위임을 받은 질병관리본부장이 경기도지사에 대하여 한 예방접종피해보상심의위원회의 심의 결과 통지는 행정기관의 내부적 행위이므로 항고소송의 대상이 되는 행정처분이라고 할 수 없다. 결국 질병관리본부장을 상대로 장애인정거부처분의 취소를 구하는 이 사건 소는 피고적격 없는 자를 상대로 한 부적법한 소이다(대법원 2014.5.16. 선고 2014두274 판결).

「행정소송법」이 취소소송의 피고를 행정주체로 하지 않고 처분을 실제로 한 행정청으로 하는 것은, 그것이 더 효율적이기 때문이다. 행정청의 행위의 효과는 결국 행정주체인 국가 또는 공공단체에 귀속되기 때문에, 취소소송의 피고도 권리·의무의 귀속주체인 국가 또는 공공단체가 되는 것이 원칙이지만, 「행정소송법」은 소송기술상의 편의를 도모하기 위하여 처분행정청을 피고로 하고 있다.

대리권을 수여받은데 불과하여 그 자신의 명의로는 행정처분을 할 권한이 없는 행정청의 경우 대리관계를 밝힘이 없이 그 자신의 명의로 행정처분을 하였다면 그

에 대하여는 처분명의자인 당해 행정청이 항고소송의 피고가 되는 것이 원칙이다.[21]

하지만 대리관계를 명시적으로 밝히지는 아니하였다 하더라도 처분명의자가 피대리 행정청 산하의 행정기관으로서 실제로 피대리 행정청으로부터 대리권한을 수여받아 피대리 행정청을 대리한다는 의사로 행정처분을 하였고 처분명의자는 물론 그 상대방도 그 행정처분이 피대리 행정청을 대리하여 한 것임을 알고서 이를 받아들인 예외적인 경우에는 피대리 행정청이 피고가 된다.

> **[판 례]** 근로복지공단의 이사장으로부터 보험료의 부과 등에 관한 대리권을 수여받은 지역본부장이 대리의 취지를 명시적으로 표시하지 않고서 산재보험료 부과처분을 한 경우, 그러한 관행이 약 10년간 계속되어 왔고, 실무상 근로복지공단을 상대로 산재보험료 부과처분에 대한 항고소송을 제기하여 온 점 등에 비추어 지역본부장은 물론 그 상대방 등도 근로복지공단과 지역본부장의 대리관계를 알고 받아들였다는 이유로, 위 부과처분에 대한 항고소송의 피고적격이 근로복지공단에 있다(대법원 2006.2.23. 자 2005부4 결정).

(2) 다른 법률에 특별한 규정이 있는 경우

「국가공무원법」의 적용을 받는 공무원에 대한 징계 기타 불이익처분의 처분청이 대통령인 때에는 소속장관(대통령령으로 정하는 기관의 장을 포함), 중앙선거관리위원회위원장의 처분 또는 부작위의 경우에는 중앙선거관리위원회사무총장을 각각 피고로 한다(제16조 제2항).

(3) 권한승계와 권한폐지의 경우

처분 등이 있은 뒤에 그 처분 등에 관계되는 권한이 다른 행정청에 승계된 때에는 새로이 권한을 승계한 행정청이 피고가 된다(행정소송법 제13조 제1항 단서). 여기서 '권한이 다른 행정청에 승계된 때'라고 함은 처분 등이 있은 뒤에 행정기구의 개혁, 행정주체의 합병·분리 등에 의하여 처분청의 당해 권한이 타 행정청에 승계된 경우뿐만 아니라 처분 등의 상대방인 사인의 지위나 주소의 변경 등에 의하여 변경 전의 처분 등에 관한 행정청의 관할이 이전된 경우 등을 말한다.[22]

처분 등을 행한 행정청이 없게 된 때에는 그 처분 등에 관한 사무가 귀속되는 국가 또는 공공단체가 피고가 된다(동법 제13조 제2항).

취소소송의 계속 중에 권한의 승계 또는 권한의 이관이 있는 때에는 권한을 승계 또는 양수한 행정청으로 피고를 경정함으로써 소송을 승계한다(동법 제14조 제

6항).

(4) 피고의 경정

피고의 경정은 소송의 계속 중에 피고로 지정된 자를 다른 자로 변경하는 것을 말한다. 행정소송에 있어서는 피고가 누구인지 명확하지 못한 경우가 많기 때문에 잘못된 피고의 지정으로 인하여 입게 될 국민의 불측의 손해를 방지하기 위하여 「행정소송법」은 피고경정제도를 명시하였다(제14조).

피고경정신청을 인용한 결정에 대하여 종전 피고는 항고제기의 방법으로 불복신청을 할 수 없고, 「민사소송법」 제449조 소정의 특별항고가 허용될 뿐이다. 피고의 경정이 허용되는 경우는 다음과 같다.

1) 피고를 잘못 지정한 때

원고가 피고를 잘못 지정한 때에는 법원은 원고의 신청에 의하여 결정으로써 피고의 경정을 허가할 수 있다(행정소송법 제14조 제1항). 원고가 피고를 잘못 지정한 경우에는 법원이 석명권을 행사하여 원고로 하여금 피고를 경정하게 하여야 한다. 만일 법원이 피고의 지정이 잘못되었다는 이유로 바로 소를 각하하면 위법하다.[23]

법원의 결정이 있은 때에는 새로운 피고에 대한 소는 처음에 소를 제기한 때에 제기된 것으로 보며, 종전의 피고에 대한 소송은 취하된 것으로 본다(동법 제14조 제4항·제5항). 그러나 피고경정은 사실심 변론종결시까지만 가능하고 상고심에서는 허용되지 않는다.[24]

2) 권한승계와 기관폐지가 있은 때

소의 제기 후에 그 처분 등에 관계되는 권한이 다른 행정청에 승계되거나 당해 처분 등을 한 기관이 폐지된 때에는 법원은 당사자의 신청 또는 직권에 의하여 피고를 승계행정청 또는 폐지된 기관의 사무가 귀속되는 국가 또는 공공단체 등으로 경정한다(행정소송법 제13조 제1항 단서, 제14조 제6항).

3) 소의 변경이 있은 때

법원은 취소소송을 당해 처분 등에 관계되는 사무가 귀속하는 국가 또는 공공단체에 대한 당사자소송 또는 취소소송 외의 항고소송으로 변경하는 것이 상당하다고 인정할 때에는 청구의 기초에 변경이 없는 한 사실심의 변론종결시까지 원고의 신청에 의하여 결정으로써 소의 변경을 허가할 수 있으며, 이 경우 법원은 새로이 피고로 될 자의 의견을 들어야 한다(행정소송법 제21조 제1항·제2항). 이처럼 「행정소송법」은 소의 변경에 따르는 피고의 경정을 간접적으로 인정하고 있다.

---

23) 대법원 2004.7.8. 선고 2002두7852 판결.
24) 대법원 2006.2.23. 자 2005부4 결정; 대법원 1996.1.23. 선고 95누1378 판결.

6. 공동소송인

수인의 청구 또는 수인에 대한 청구가 처분 등의 취소청구와 관련되는 청구인 경우에 한하여 「행정소송법」은 그 수인이 공동소송인이 될 수 있게 하였다(제15조). 이처럼 「행정소송법」은 관련청구소송에 관하여 주관적 병합을 인정하고 있다.

공동소송의 형태에 관하여는 「민사소송법」의 관련 규정이 준용된다. 다만, 「민사소송법」에 의한 공동소송의 경우에는 권리·의무가 공통될 것, 권리·의무가 동일한 사실상 원인 및 법률상 원인에 기인할 것 등의 주관적 요건과 객관적 병합 요건을 갖추어야 하지만, 취소소송의 경우에는 관련청구소송인 이상 병합이 인정된다.

7. 소송참가

(1) 소송참가의 의의

소송참가란 소송의 계속 중에 자기의 법률상 지위를 보호하기 위하여 제3자 또는 행정청이 자기의 이익을 위하여 그 소송절차에 참가하는 것을 말한다. 현행 「행정소송법」은 취소판결의 대세적 효력을 명시하면서 행정청 및 제3자의 소송참가를 인정하고 있다.

행정청 및 제3자를 행정소송에 참가시키는 것은 소송심리에 필요한 자료를 제공시키고 공공의 이익에 밀접한 관계가 있는 행정소송의 공정한 해결을 위하여 필요할 뿐만 아니라, 판결의 효력을 행정청 또는 제3자에게 미치게 하는 데 필요하기 때문이다. 바꾸어 말하면, 소송참가는 취소판결의 대세적 효력에 따른 제3자의 권익보호를 위한 제도라고 할 수 있다.

소송참가제도는 취소소송뿐만 아니라 취소소송 이외의 항고소송, 당사자소송, 민중소송 및 기관소송에도 준용된다. 그리고 소송참가의 시기는 판결선고 전까지 가능하며, 소송이 취하되거나 재판상 화해가 있고 난 뒤에는 참가시킬 수 없다.

(2) 소송참가의 형태

「행정소송법」은 소송참가의 형태로서 행정청 및 제3자의 소송참가를 인정하고 있으며, 이는 항고소송은 물론 당사자소송 및 객관적 소송에도 인정된다(제16조 제1항, 제46조).

1) 제3자의 소송참가

법원은 소송의 결과에 따라 권리 또는 이익의 침해를 받을 제3자가 있는 경우에는 당사자 또는 제3자의 신청 또는 직권에 의하여 결정으로써 그 제3자를 소송에 참가시킬 수 있다. 제3자의 소송참가를 결정하려고 할 때, 법원은 미리 당사자

및 제3자의 의견을 들어야 한다(행정소송법 제16조 제1항·제2항). 소송의 대상인 처분
등은 다수인의 권익에 관계되는 경우가 많으며, 제3자효 행정행위에서 보듯이 처
분의 상대방 이외의 제3자에게 침해적 영향을 미치는 경우가 많아서 소송당사자
이외의 제3자의 권익보호를 위하여 소송참가는 필요한 것이다.

제3자의 소송참가의 경우 참가인의 지위는 「민사소송법」 제67조가 준용되므
로 필요적 공동소송의 공동소송인에 준하는 지위가 인정된다(행정소송법 제16조 제4
항). 공동소송인에 준하는 지위의 제3자인 참가인은, 당사자에 대하여 독자적인 청
구를 할 수 있는 것은 아니기 때문에 일종의 공동소송적 보조참가와 비슷한 성격
을 가지게 된다.

특정 소송사건에서 당사자 일방을 보조하기 위하여 보조참가를 하려면 당해
소송의 결과에 대하여 이해관계가 있어야 하고, 여기서 말하는 이해관계라 함은 사
실상·경제상 또는 감정상의 이해관계가 아니라 법률상의 이해관계를 가리킨다.[25]

> **[판 례]** 피고보조참가인은 이 사건 충전소로부터 1.4㎞ 떨어진 곳에서 피고로부터
> 고압가스 제조 및 판매허가를 받아, 압축천연가스를 충전시키는 가스충전소를 운영
> 하고 있는데, 원고의 이 사건 청구가 인용될 경우 피고보조참가인의 압축천연가스
> 판매량이 급감하게 되어 그로 인한 충전요금 상승으로 광주광역시의 재정부담이 커
> 질 개연성이 많으므로, 피고보조참가인은 이 사건 소송의 결과에 법률상의 이해관계
> 가 있다고 주장하나, 고압가스법에 해당 업자들 사이의 과당경쟁으로 인한 경영의
> 불합리를 방지하는 것을 그 목적으로 하고 있다고 볼만한 규정이 없는 이상, 위와
> 같은 사정만으로는 이 사건 소송에 관하여 법률상 이해관계가 있다고 할 수 없으므
> 로, 이 사건 보조참가신청은 참가의 요건을 갖추지 못하여 부적법하다(대법원
> 2014.8.28. 선고 2011두17899 판결).

2) 행정청의 소송참가

법원은 다른 행정청을 소송에 참가시킬 필요가 있다고 인정할 때에는 당사자
또는 당해 행정청의 신청 또는 직권에 의하여 결정으로써 그 행정청을 소송에 참
가시킬 수 있다. 행정청의 소송참가를 결정하려고 할 때, 법원은 미리 당사자 및
당해 행정청의 의견을 들어야 한다(행정소송법 제17조 제1항·제2항).

참가인인 행정청의 지위에 대하여는 「민사소송법」 제76조의 규정을 준용하게
되므로(행정소송법 제17조 제3항), 당해 행정청은 소송행위를 함에 있어 보조참가인
에 준하는 지위를 가진다. 따라서 참가인인 행정청은 소송 정도에 따라 할 수 없

---

25) 대법원 2010.5.13. 선고 2009두5572 판결.

는 것을 예외로 하고는, 소송에 대하여 공격·방어·이의·상소 기타 일체의 소송행
위를 할 수 있다. 그러나 피참가인의 소송행위와 저촉되는 소송행위를 할 수 없으
며, 그와 같은 소송행위를 하더라도 그것은 무효가 된다(민사소송법 제76조).

8. 소송대리인

「행정소송법」은 소송대리인에 관하여 특별한 규정을 두지 않고 있으나, 행정
소송에서도 민사소송의 경우와 같이 소송대리인이 당연히 인정된다. 따라서 행정
소송의 대리인에 관하여는 원칙적으로 「민사소송법」 제87조 내지 제97조의 규정
에 의하게 되나, 국가가 당사자인 소송에 있어서는 「국가소송법」에 의한 특례가
인정된다.

Ⅳ. 취소소송의 대상

1. 개 설

「행정소송법」은 취소소송의 대상을 '처분 등'으로 명시하고 있다(제4조 제1호).
취소소송은 행정청의 위법한 처분 등을 대상으로 하는 소송이므로 행정청의 처분
등이 당연히 존재하고 있어야 한다. 여기서 '처분 등'이란 처분과 행정심판에 대한
재결을 합한 개념이다(동법 제2조 제1항 제1호). 따라서 취소소송의 대상은 처분과 재
결이 된다.

「행정소송법」상의 '처분'의 개념적 요소는 ① 행정청의 행위, ② 구체적 사실
에 관한 행위, ③ 법집행행위, ④ 공권력행사, ⑤ 거부처분, ⑥ 그 밖에 이에 준하
는 행정작용 등이다.

2. 처 분

(1) 처분과 행정행위

「행정심판법」은 "처분이라 함은 행정청이 행하는 구체적 사실에 관한 법집행
으로서의 공권력의 행사 또는 그 거부와 그밖에 이에 준하는 행정작용을 말한다"
(행정심판법 제2조 제1호)라고 정의하고 있다. 「행정소송법」도 처분개념을 받아들이
면서 그 처분과 행정심판에 대한 재결을 합쳐 '처분 등'이라 하고 있다. 「행정절차
법」역시 「행정심판법」상의 처분개념을 받아들이고 있다(행정절차법 제2조 제2호). 이
에 따라 학문상의 행정행위 개념과 행정쟁송법상의 처분개념이 동일한 것인지 아
니면 서로 다른 것이지 논란이 되고 있다. 이에 대해 일원설과 이원설이 서로 대
립하고 있다.

일원설은 학문상의 행정행위 개념과 행정쟁송법상의 처분개념을 동일하게 보

는 견해이다. 이원설은 학문상 행정행위 개념과 행정쟁송법상의 처분개념을 서로 다른 것으로 보는 견해이다(다수설).

현행 행정쟁송법상의 처분개념은 분명히 행정행위보다 넓은 개념이다. 처분의 개념요소는 '구체적 사실에 관한 법집행으로서의 공권력의 행사 또는 그 거부'와 '그 밖에 이에 준하는 행정작용'이라는 두 부분으로 나눌 수 있다. 이 중 전반부는 행정행위이고 후반부는 행정행위가 아니지만 행정행위에 준하는 행위를 의미한다.

따라서 현행 행정쟁송법에 따르면 행정행위가 아닌 행위도 때에 따라 행정소송의 대상이 될 수 있다. 이는 다양한 행정작용으로 인한 국민의 권익침해에 대하여 그 구제의 폭을 넓히려는 의도에서이다. 즉, 비록 행정행위는 아니지만 그에 준하는 행정작용을 처분이라는 개념 아래 포함시켜 행정쟁송의 대상으로 삼음으로써 권익구제를 확대시키려는 것이다. 결론적으로 행정행위와 행정쟁송법상의 처분은 서로 다른 개념이다. 행정행위는 실체법상의 개념이고, 처분은 행정쟁송법상 인정된 개념이다.

[**판례**] 행정청의 어떤 행위를 행정처분으로 볼 것이냐의 문제는 추상적·일반적으로 결정할 수 없고, 구체적인 경우 행정처분은 행정청이 공권력의 주체로서 행하는 구체적 사실에 관한 법집행으로서 국민의 권리의무에 직접적으로 영향을 미치는 행위라는 점을 염두에 두고, 관련 법령의 내용 및 취지와 그 행위가 주체·내용·형식·절차 등에 있어서 어느 정도로 행정처분으로서의 성립 내지 효력요건을 충족하고 있는지 여부, 그 행위와 상대방 등 이해관계인이 입는 불이익과의 실질적 견련성, 그리고 법치행정의 원리와 당해 행위에 관련한 행정청 및 이해관계인의 태도 등을 참작하여 개별적으로 결정하여야 한다(대법원 2011.10.13. 선고 2008두17905 판결).

(2) 처분의 개념요소

1) 행정청의 행위

취소소송의 대상인 처분은 행청청이 하는 행위이어야 한다. 행정청은 일반적으로 국가 또는 지방자치단체의 의사를 결정·표시할 수 있는 권한을 가진 행정기관을 말하지만, 「행정소송법」은 '법령에 의하여 행정권한의 위임 또는 위탁을 받은 행정기관·공공단체 및 그 기관 또는 사인'을 행정청으로 규정하고 있다. 따라서 국가와 공공단체 그 자체는 행정청에 포함되지 않지만, 행정사무의 처리 권한을 부여받은 기관은 모두 포함된다.

공공단체에는 지방자치단체나 공사·공단 등의 공법인이 포함되고, 공공단체의 기관에는 지방자치단체의 장이 포함되며, 지방자치단체의 의결기관(지방의회)도 공법상의 효과의 발생을 목적으로 의결[26]을 행하거나 처분[27]을 하는 경우에는 행정청이 될 수 있다. 입법기관·사법기관도 소속직원의 임명 등 실질적 행정작용을 행하는 경우에는 행정청의 지위를 가진다.

특별한 법률에 근거를 두고 행정주체로서의 국가 또는 지방자치단체로부터 독립하여 특수한 존립 목적을 부여받은 특수한 행정주체로서 국가의 특별한 감독하에 그 존립 목적의 특정한 공공사무를 행하는 공법인인 특수행정조직(대한주택공사)도 행정청에 해당한다.[28]

행정권한의 위임·위탁을 받은 행정기관에는 보조기관도 포함된다. 행정권한의 위탁을 받은 사인에는, 예컨대 소득세원천징수권을 위임받은 회사, 별정우체국장 등 사법인 또는 자연인이 포함된다.

그리고 처분이나 부작위가 있은 뒤에 그 처분이나 부작위에 관계되는 권한이 다른 행정청에 승계된 때에는 그 권한을 승계한 행정청이 처분청 또는 부작위청이 된다(행정소송법 제13조 제1항 단서).

2) 구체적 사실에 관한 행위

처분은 행정청이 구체적 사실을 규율하기 위한 행위이다. 즉, 특정 개인의 구체적인 권리·의무에 직접적인 변동을 초래하는 행위이어야 한다. 그러므로 국민의 구체적인 권리·의무에 직접적인 변동을 초래케 하는 것이 아닌 일반적·추상적인 법령 또는 내부적 내규 및 내부적 사업계획에 불과한 것은 처분이 아니다.[29] 또한, 일반적·추상적인 규율을 행하는 행정입법도 처분이 아니며, 행정계획 역시 입법행위적 성질을 가지는 것이 보통이기 때문에 처분이 아니다.

[판 례] 항고소송의 대상이 되는 행정처분이라 함은 행정청의 공법상의 행위로서 특정 사항에 대하여 법규에 의한 권리의 설정 또는 의무의 부담을 명하고 기타 법률상의 효과를 발생케 하는 등 국민의 권리의무에 직접적 변동을 초래하는 행위를 가리키는 것으로서 행정권 내부에서의 행위나 사실상의 통지 등과 같이 상대방 또는 기타 관계자들의 법률상 지위에 직접적인 법률적 변동을 일으키지 아니하는 행위는 항고소송의 대상이 될 수 없다(대법원 2000.9.8. 선고 99두1113 판결).

---

26) 대법원 1995.6.30. 선고 95누955 판결.
27) 대법원 1996.2.9. 선고 95누14978 판결.
28) 대법원 1992.11.27. 선고 92누3618 판결.
29) 대법원 1994.9.10. 선고 94두33 판결.

[판 례] 의료기관의 명칭표시판에 진료과목을 함께 표시하는 경우 글자 크기를 제한하고 있는 구 의료법 시행규칙 제31조가 그 자체로서 국민의 구체적인 권리·의무나 법률관계에 직접적인 변동을 초래하지 아니하므로 항고소송의 대상이 되는 행정처분이라고 할 수 없다(대법원 2007.4.12. 선고 2005두15168 판결).

법규명령, 행정규칙 등의 행정입법은 원칙적으로 행정처분이 아니나, 집행행위의 매개 없이 직접 국민의 권리·의무를 규율하는 경우 예외적으로 처분이 될 수 있다.

[판 례] 보건복지부 고시인 약제급여·비급여목록 및 급여상한금액표는 다른 집행행위의 매개 없이 그 자체로서 국민건강보험가입자, 국민건강보험공단, 요양기관 등의 법률관계를 직접 규율하는 성격을 가지므로 항고소송의 대상이 되는 행정처분에 해당한다(대법원 2006.9.22. 선고 2005두2506 판결).

조례 또한 일반적·추상적인 규율을 정립하는 행위이어서 원칙적으로 행정처분이 될 수 없으나, 집행행위의 개입 없이 그 자체로서 직접 국민의 구체적인 권리·의무나 법적 이해에 영향을 미치는 등의 법률상 효과를 발생하는 경우 항고소송의 대상이 되는 행정처분에 해당한다(두밀분교폐지조례).[30]

3) 법집행행위

처분은 행정청의 법집행행위이다. 여기서 법집행행위는 외부에 대하여 직접 법적 효과를 발생하는 행위를 말한다. 법률행위적 행정행위(하명·허가·면제·특허·인가·대리)와 준법률행위적 행정행위(확인·공증·통지·수리)는 모두 상대방의 권리·의무에 직접적인 변동을 초래하는 행위이며, 취소소송의 대상이 되는 처분에 해당한다.

따라서 단순한 사실행위나 행정기관 내부의 행위는 법집행행위가 아니다.

[판 례] 각 군 참모총장이 '군인 명예전역수당 지급대상자 결정절차'에서 국방부장관에게 수당지급대상자를 추천하거나 신청자 중 일부를 추천하지 않는 행위는 행정기관 상호간의 내부적인 의사결정과정의 하나일 뿐 그 자체만으로는 직접적으로 국민의 권리·의무가 설정, 변경, 박탈되거나 그 범위가 확정되는 등 기존의 권리상태에 어떤 변동을 가져오는 것이 아니므로 이를 항고소송의 대상이 되는 처분이라고 할 수는 없다(대법원 2009.12.10. 선고 2009두14231 판결).

---

30) 대법원 1996.9.20. 선고 95누8003 판결.

> **[판 례]** 공정거래위원회의 고발조치는 사직 당국에 대하여 형벌권 행사를 요구하는 행정기관 상호간의 행위에 불과하여 항고소송의 대상이 되는 행정처분이라 할 수 없으며, 더욱이 공정거래위원회의 고발 의결은 행정청 내부의 의사결정에 불과할 뿐 최종적인 처분은 아닌 것이므로 이 역시 항고소송의 대상이 되는 행정처분이 되지 못한다(대법원 1995.5.12. 선고 94누13794 판결).

4) 공권력행사

행정청의 공권력행사는 행정청에 의한 공법행위 내지 우월한 일방적 의사의 발동으로 행하는 단독행위를 의미하며, 학문상의 행정행위가 그 중심이 된다. 이는 행정청이 행정주체의 기관의 지위에서 구체적 사실에 대한 법집행으로서 행하는 권력적 활동을 의미한다. 바꾸어 말하면, 행정청의 공권력행사는 행정청이 우월한 의사의 주체로서 법집행을 위하여 특정 개인에 대하여 구체적인 사실에 관한 권리의 설정 또는 의무의 부담을 명하거나 기타 법률상의 효과를 발생하게 하는 행위를 말한다.

따라서 그 상대방이나 관계인의 권리·의무에 직접 법률상 변동을 가져오지 아니하는 처분은 행정처분에 해당하지 아니한다.

> **[판 례]** 산업재해보상보험 적용사업종류 변경처분은 보험료부과처분에 앞선 처분으로서 보험가입자가 그로 인하여 구체적인 보험료납부의무를 부담하게 된다거나 그 밖에 현실적으로 어떠한 권리침해 내지 불이익을 받는다고 할 수 없으므로 항고소송의 대상이 되는 행정처분이라고 할 수 없다(대법원 1989.5.23. 선고 87누634 판결).

행정청의 공권력행사는 강학상의 행정행위가 중심이 되지만, 행정청이 공권력의 행사로서 행하는 사실행위도 포함된다. 대표적 사실행위인 건축물 철거명령의 경우 행정청의 공권력행사로서 처분성이 인정된다.

> **[판 례]** 시장, 군수가 건축법 제28조에 위반하여 건축된 건축물의 건축주에 대하여 하는 철거명령은 행정청이 구체적 사실에 관한 법집행으로서 하는 공권력의 행사이므로 이는 행정처분이다(대법원 1987.3.10. 선고 86누574 판결).

행정청의 행위일지라도 우월한 공권력 행사로서의 성질을 가지지 않는 사법행위나 공법상 계약, 공법상 합동행위 등은 처분이 아니다.

5) 거부처분

(가) 거부처분의 의의

행정청의 거부처분은 소극적 형태의 공권력 행사를 말한다. 즉, 행정청의 거부처분은 개인이 행정청에 대하여 일정한 처분의 신청이 있는 경우에 그 신청에 따르는 처분을 할 것을 거부하는 내용의 처분을 말한다. 행정청의 어떠한 조치가 신청에 대한 거부처분에 해당한다고 보기 위해서는 행정청의 종국적이고 실질적인 거부의 의사결정이 권한 있는 기관에 의하여 외부로 표시되어 신청인이 이를 알 수 있는 상태에 다다른 것으로 볼 수 있어야 한다.[31] 거부처분을 받은 신청에 대하여 그 이후 동일한 내용의 신청에 대하여 다시 거절의 의사표시를 명백히 한 경우에는 새로운 거부처분이 있은 것으로 본다.[32]

거부처분은 현재의 법률상태에 아무런 변동을 가져오지 않는 소극적 행정행위에 해당한다. 거부처분은 행정청의 부작위와는 달리 외관상으로는 행정청의 일정한 행정행위가 행하여지기 때문에 소극적 효과를 발생한다는 점을 제외하고는 공권력행사와 크게 다를 것이 없다.

(나) 거부처분의 요건

국민의 적극적 행위 신청에 대하여 행정청이 그 신청에 따른 행위를 하지 않겠다고 거부한 행위가 항고소송의 대상이 되는 처분으로 인정받기 위해서는 다음 3가지의 요건을 충족하여야 한다. 먼저 ① 그 신청한 행위가 공권력의 행사 또는 이에 준하는 행정작용이어야 하고, ② 그 거부행위가 신청인의 법률관계에 어떤 변동을 일으키는 것이어야 하며, ③ 그 국민에게 그 행위발동을 요구할 법규상 또는 조리상의 신청권이 있어야 한다.[33]

① 먼저 신청한 행위가 공권력의 행사에 해당하여야 한다. 따라서 신청한 행위가 사법상의 행위에 해당할 경우, 이에 거부행위는 행정처분이 아니다.

> **[판 례]** 지방자치단체장이 국유 잡종재산(현 일반재산)을 대부하여 달라는 신청을 거부한 것은 항고소송의 대상이 되는 행정처분이 아니므로 행정소송으로 그 취소를 구할 수 없다(대법원 1998.9.22. 선고 98두7602 판결).

② '신청인의 법률관계에 어떤 변동을 일으키는 것'이라는 의미는 신청인의 실체상의 권리관계에 직접적인 변동을 일으키는 것은 물론, 그렇지 않다 하더라도

---

31) 대법원 2008.10.23. 선고 2007두6212, 6229 판결.
32) 대법원 2002.3.29. 선고 2000두6084 판결.
33) 대법원 2006.6.30. 선고 2004두701 판결; 대법원 2004.4.27. 선고 2003두8821 판결.

신청인이 실체상의 권리자로서 권리를 행사함에 중대한 지장을 초래하는 것도 포함한다. 따라서 단순한 사실증명의 신청에 대한 거부는 처분으로 볼 수 없다.

> **[판 례]** 건축계획심의신청에 대한 반려처분은 객관적으로 행정처분으로 인식할 정도의 외형을 갖추고 있고, 원고도 이를 행정처분으로 인식하고 있는 점, 원고로서는 피고의 이 사건 반려처분으로 인하여 적법한 건축허가를 받기 어려운 불안한 법적 지위에 놓이게 된 점 등에 비추어 보면, 피고의 이 사건 반려처분은 원고의 권리·의무나 법률관계에 직접 영향을 미쳤다고 할 것이다. 따라서 건축계획심의신청에 대한 반려처분은 항고소송의 대상이 되는 행정처분에 해당된다(대법원 2007.10.11. 선고 2007두1316 판결).

　③ 신청권은 실정법 규정에 따라 인정되기도 하고, 조리상 인정되기도 한다. 신청권의 존재 여부는 관계법규의 해석상 일반 국민에게 그러한 신청권을 인정하고 있는가를 살펴 종합적으로 판단하여야 한다. 관계법규의 해석상 처분신청을 통해 보호받을 법적 이익이 있는 자에게는 명문의 신청권 규정이 없어도 조리상 신청권이 인정된다.

　대표적으로 행정계획 등 변경신청권이 조리상 인정되고 있다.

> **[판 례]** 국토계획법은 입안권자에게 5년마다 관할 구역의 도시·군관리계획에 대하여 타당성 여부를 전반적으로 재검토하여 정비하여야 할 의무를 지우고(제34조), 주민에게는 도시·군관리계획의 입안을 제안할 권리를 부여하고 있고, 입안제안을 받은 입안권자는 그 처리결과를 제안자에게 통보하도록 규정하고 있다. 이들 규정에 헌법상 개인의 재산권 보장의 취지를 더하여 보면, 당해 도시계획시설결정에 이해관계가 있는 주민으로서는 도시시설계획의 입안권자 내지 결정권자에게 그 입안 내지 변경을 요구할 수 있는 법규상 또는 조리상의 신청권이 있고, 이러한 신청에 대한 거부행위는 항고소송의 대상이 되는 행정처분에 해당한다(대법원 2015.3.26. 선고 2014두42742 판결).

　또한, 판례는 조리상 검사임용신청권을 인정하면서 검사임용신청에 대한 거부의 처분성을 인정하였고,[34] 기간제 임용된 국·공립대학 교수에 대한 재임용거부와 관련해 교원으로서 능력과 자질에 관하여 합리적인 적용기준에 의한 공정한 심사를 요구할 법규상 또는 조리상 신청권을 가진다며 거부의 처분성을 인정

---

34) 대법원 1991.2.12. 선고 90누5825 판결.

하였다.[35]

(다) 거부행위의 처분성 인정사례

[판 례] 유일한 면접심사 대상자로 선정된 임용지원자에 대한 교원신규채용 중단 조치

유일한 면접심사 대상자로 선정된 임용지원자에 대한 교원신규채용업무를 중단하는 조치는 유일한 면접심사 대상자로서 임용에 관한 법률상 이익을 가지는 임용지원자에 대한 신규임용을 사실상 거부하는 종국적인 조치에 해당하는 것이며, 임용지원자에게 직접 고지되지 않았다고 하더라도 임용지원자가 이를 알게 됨으로써 효력이 발생한 것으로 보아야 할 것이므로, 이는 임용지원자의 권리 내지 법률상 이익에 직접 관계되는 것으로서 항고소송의 대상이 되는 처분 등에 해당한다(대법원 2004.6.11. 선고 2001두7053 판결).

[판 례] 금강수계 토지 매수신청에 대한 거부행위

금강수계 중 상수원 수질보전을 위하여 필요한 지역의 토지 등의 소유자가 국가에 그 토지 등을 매도하기 위하여 매수신청을 하였으나 유역환경청장 등이 매수거절의 결정을 한 사안에서, 위 매수거절을 항고소송의 대상이 되는 행정처분으로 보지 않는다면 토지 등의 소유자로서는 재산권의 제한에 대하여 달리 다툴 방법이 없게 되는 점 등에 비추어, 그 매수 거부행위가 공권력의 행사 또는 이에 준하는 행정작용으로서 항고소송의 대상이 되는 행정처분에 해당한다(대법원 2009.9.10. 선고 2007두20638 판결).

[판 례] 주민등록번호 변경신청 거부행위

갑 등이 인터넷 포털사이트 등의 개인정보 유출사고로 자신들의 주민등록번호 등 개인정보가 불법 유출되자 이를 이유로 관할 구청장에게 주민등록번호를 변경해 줄 것을 신청하였으나 구청장이 주민등록번호 변경을 거부하는 취지의 통지를 한 사안에서, 피해자의 의사와 무관하게 주민등록번호가 유출된 경우에는 조리상 주민등록번호의 변경을 요구할 신청권을 인정함이 타당하고, 구청장의 주민등록번호 변경신청 거부행위는 항고소송의 대상이 되는 행정처분에 해당한다(대법원 2017.6.15. 선고 2013두2945 판결).

[판 례] 토지소유자의 건축허가 철회 신청에 대한 거부행위

건축허가는 대물적 성질을 갖는 것이어서 행정청으로서는 허가를 할 때에 건축주 또는 토지소유자가 누구인지 등 인적 요소에 관하여는 형식적 심사만 한다. 건축주

---

35) 이 판례는 임용거부행위의 처분성을 부인하던 종전의 판례(대법원 1997.6.27. 선고 96누4305 판결)를 변경한 것이다(대법원 2004.4.22. 선고 2000두7735 전원합의체 판결).

가 토지소유자로부터 토지사용승낙서를 받아 그 토지 위에 건축물을 건축하는 대물적 성질의 건축허가를 받았다가 착공에 앞서 건축주의 귀책사유로 해당 토지를 사용할 권리를 상실한 경우, 건축허가의 존재로 말미암아 토지에 대한 소유권 행사에 지장을 받을 수 있는 토지소유자로서는 건축허가의 철회를 신청할 수 있다고 보아야 한다. 따라서 토지소유자의 위와 같은 신청을 거부한 행위는 항고소송의 대상이 된다(대법원 2017.3.15. 선고 2014두41190 판결).

① 주택공급규칙 제5조 제1항 제5호에 의거한 특별분양을 요구하는 자에게 입주권 부여를 거부한 행위(대법원 1991.1.21. 선고 91누2649 판결),
② 대한주택공사가 수립·실시한 이주대책에 협력한 자가 특별분양을 요구한 것을 거부한 행위(대법원 1992.11.27. 선고 92누3618 판결),
③ 납세의무자의 재산에 대한 압류해제의 거부처분(대법원 1988.10.11. 선고 87누226 판결),
④ 체육시설업 신고수리 거부처분(대법원 1996.2.27. 선고 94누6062 판결),
⑤ 학력인정 학교형태의 평생교육시설 설치자 명의의 변경신청에 대한 거부처분(대법원 2003.4.11. 선고 2001두9929 판결),
⑥ 장래 일정한 기간 내에 관계 법령이 규정하는 시설 등을 갖추어 일정한 행정처분을 구하는 신청을 할 수 있는 자의 국토이용계획변경신청을 거부하는 행위(대법원 2003.9.23. 선고 2001두10936 판결),
⑦ 문화재보호구역의 지정해제 신청에 대한 거부행위(대법원 2004.4.27. 선고 2003두8821 판결),

(라) 거부행위의 처분성 부정사례

거부처분의 성립요건으로서의 신청은 그 신청에 따른 행정행위를 해 줄 것을 요구할 법규 또는 조리상의 신청권에 근거하여야 하는 것으로 보기 때문에, 다음의 경우에는 거부처분으로 보지 않는다.

[판 례] 시영아파트에 대한 분양불허의 의사표시
서울특별시의 "철거민에 대한 시영아파트 특별분양개선지침"은 서울특별시 내부에 있어서의 행정지침에 불과하고 지침 소정의 사람에게 공법상의 분양신청권이 부여되는 것이 아니라 할 것이므로 서울특별시의 시영아파트에 대한 분양불허의 의사표시는 항고소송의 대상이 되는 행정처분으로 볼 수 없다(대법원 1993.5.11. 선고 93누2247 판결).

> **[판 례] 당연퇴직된 공무원의 복직신청에 대한 거부행위**
>
> 과거에 법률에 의하여 당연퇴직된 공무원이 자신을 복직 또는 재임용시켜 줄 것을 요구하는 신청에 대하여 그와 같은 조치가 불가능하다는 행정청의 거부행위는 당연퇴직의 효과가 계속하여 존재한다는 것을 알려주는 일종의 안내에 불과하므로 당연퇴직된 공무원의 실체상의 권리관계에 직접적인 변동을 일으키는 것으로 볼 수 없다. 당연퇴직의 근거 법률이 헌법재판소의 위헌결정으로 효력을 잃게 되었다고 하더라도 당연퇴직된 이후 헌법소원 등의 청구기간이 도과한 경우에는 당연퇴직의 내용과 상반되는 처분을 요구할 수 있는 조리상의 신청권을 인정할 수도 없다고 할 것이어서, 이와 같은 경우 행정청의 복직 또는 재임용거부행위는 항고소송의 대상이 되는 행정처분에 해당한다고 할 수 없다(대법원 2005.11.25. 선고 2004두12421 판결).

> ① 도시계획의 변경 거부행위(대법원 1994.1.28. 선고 93누22029 판결),
> ② 인접토지 소유자가 행한 도로상 장애물의 철거요구에 대한 행정청의 거부행위(대법원 1996.1.23. 선고 95누1378 판결),
> ③ 교원들의 유치원교원 임용신청을 거부한 교육감의 임용거부처분(대법원 1996.5.14. 선고 95누13081 판결),
> ④ 전통사찰의 등록말소신청을 거부한 행정청의 거부 회신(대법원 1999.9.3. 선고 97누13641 판결),
> ⑤ 한국수출보험공사의 보험료 미지급행위(사법상의 채무이행의 거절로 봄)(대법원 1993.11.23. 선고 93누1664 판결),
> ⑥ 국공립대학교원 임용지원자에 대한 교원임용거부통보(대법원 2003.10.23. 선고 2002두12489 판결),
> ⑦ 세법에 근거하지 아니한 납세의무자의 경정청구에 대한 과세관청의 거부회신(대법원 2006.5.11. 선고 2004두7993 판결),
> ⑧ 법규상의 신청권이 없이 한 이해관계인의 산림법령에 의한 복구준공통보 등의 취소신청을 거부한 행위(대법원 2006.6.30. 선고 2004두701 판결).

6) 그 밖에 이에 준하는 행정작용

공권력의 행사 또는 그 거부에 준하는 행정작용이란 엄격한 의미에서는 공권력의 행사 또는 그 거부로 보기에는 의문이 있으나, 현실적으로 행정구제의 필요성이 인식되는 행정작용을 의미한다. 이에는 구체적 사실을 규율하고 불특정다수인을 대상으로 하는 일반처분, 국민생활을 일방적으로 규율하는 행정청의 권력적 법적 작용(처분법규, 구속적 행정계획), 일정한 권력적 사실행위 및 대물적 행정행위 등이 있다.

공권력행사 또는 그 거부에 준하는 행정작용은 행정청의 대외적 작용에 해당하고 개인의 권익에 구체적으로 영향을 미치는 것이면서도, 앞에서 본 공권력행사 또는 거부처분에 해당하지는 않는 작용이라고 할 수 있다.

일반처분과 행정청이 행하는 개별적·추상적 규율(인적인 규율대상은 개별적이나 그 규율내용이 추상적인 행정청의 명령)이나 주차금지구역의 지정·고시 등의 대물적 행정행위나 물적 행정행위는 모두 공권력행사나 그 거부에 준하는 행정작용으로서 처분에 해당된다.

(3) 처분의 개별적 사례

1) 통치행위

통치행위는 개인의 권리·의무에 직접 관계되는 법적 효과가 발생하더라도 고도의 정치적 행위로서 사법심사에서 제외되므로 취소소송의 대상인 처분은 아니다.

2) 일반처분

일반처분은 불특정다수인을 대상으로 하는 것이나, 구체적 사실을 규율하는 행위이기 때문에 처분에 해당한다.

> **[판 례]** 구 청소년보호법에 따른 청소년유해매체물 결정 및 고시처분은 당해 유해매체물의 소유자 등 특정인만을 대상으로 한 행정처분이 아니라 일반 불특정 다수인을 상대방으로 하여 일률적으로 표시의무, 포장의무, 청소년에 대한 판매·대여 등의 금지의무 등 각종 의무를 발생시키는 행정처분이다(대법원 2007.6.14. 선고 2004두619 판결).

3) 특별권력관계

특별행정법관계 내부의 행위라도 구성원의 법적 지위에 영향을 미치는 경우 처분성이 인정된다. 대표적으로 징계처분은 행정처분에 해당한다.

> **[판 례]** 국립 교육대학 학생에 대한 퇴학처분은, 국가가 설립·경영하는 교육기관인 동 대학의 교무를 통할하고 학생을 지도하는 지위에 있는 학장이 교육목적실현과 학교의 내부질서 유지를 위해 학칙 위반자인 재학생에 대한 구체적 법집행으로서 국가공권력의 하나인 징계권을 발동하여 학생으로서의 신분을 일방적으로 박탈하는 국가의 교육행정에 관한 의사를 외부에 표시한 것이므로, 행정처분임이 명백하다(대법원 1991.11.22. 선고 91누2144 판결).

4) 사실행위

(가) 권력적 사실행위

권력적 사실행위는 공권력의 행사로서 일반적으로 특정한 법령 또는 행정행위를 집행하기 위한 사실행위를 말한다. 권력적 사실행위는 일정한 법률효과의 발생을 목적으로 하지 않으며, 직접적으로 사실상의 효과를 가져오는 공권력의 행사이다. 권력적 사실행위의 예로는 무허가건물의 강제철거, 전염병환자의 강제격리, 정신병환자의 강제입원, 단수·단전조치,[36] 수형자의 교도소 이송조치[37] 등을 들 수 있다.

> **[판 례]** 교도소장이 수형자 갑을 '접견내용 녹음·녹화 및 접견 시 교도관 참여대상자'로 지정하는 행위는 우월적 지위에서 수형자인 원고에게 일방적으로 강제하는 성격을 가진 공권력적 사실행위의 성격을 갖고 있어, 수형자의 구체적 권리·의무에 직접적 변동을 가져오는 행정청의 공법상 행위로서 항고소송의 대상이 되는 처분에 해당한다(대법원 2014.2.13. 선고 2013두20899 판결).

권력적 사실행위는 그것이 개인의 권익을 침해하는 경우 비교적 단기간 내에 목적을 달성하고 종료되기 때문에 행정소송으로 다툴 실익이 없는 것이 보통이다. 그러나 사실행위가 계속해서 개인의 권익을 침해하는 경우에는 그 취소 또는 변경을 구할 실익이 있으며, 이는 행정소송의 대상인 처분에 해당한다.

(나) 비권력적 사실행위

권고·추천·경고 등의 비권력적 사실행위는 원칙적으로 처분이 아니다. 그러나 최근에는 이러한 비권력적 사실행위에 대해서도 그것이 공권적 성질을 가진다는 점에서 공권력행사에 준하는 행정작용으로 보아 처분에 포함하는 경향이 있다. 대법원 판례는 국가인권위원회의 성희롱결정 및 시정조치권고를 처분으로 보고 있다.

> **[판 례]** 국가인권위원회의 성희롱결정과 이에 따른 시정조치의 권고는 불가분의 일체로 행하여지는 것인데 국가인권위원회의 이러한 결정과 시정조치의 권고는 성희롱 행위자로 결정된 자의 인격권에 영향을 미침과 동시에 공공기관의 장 또는 사용자에게 일정한 법률상의 의무를 부담시키는 것이므로 국가인권위원회의 성희롱결정 및 시정조치권고는 행정소송의 대상이 되는 행정처분에 해당한다(대법원 2005.7.8.

---

36) 대법원 1979.12.28. 선고 79누218 판결.
37) 대법원 1992.8.7. 자 92두30 결정.

선고 2005두487 판결).

경고는 상대방의 권리·의무에 직접 영향을 미치는 경우는 처분성이 인정되지만 아무런 영향도 미치지 않는 단순한 사실인 경우는 처분성이 인정되지 않는다.

[판 례] 금융기관의 임원에 대한 금융감독원장의 문책경고는 그 상대방에 대한 직업선택의 자유를 직접 제한하는 효과를 발생하게 하는 등 상대방의 권리의무에 직접 영향을 미치는 행위로서 항고소송의 대상이 되는 행정처분에 해당한다(대법원 2005.2.17. 선고 2003두14765 판결).

(다) 단순 사실행위

기존의 권리의무관계를 단순히 확인·통지하는 사실행위는 처분이 아니다. 따라서 시장이 행한 경계측량 및 표지의 설치, 당연퇴직 인사발령, 소득금액변동통지 등은 단순한 사실행위로서 처분에 해당하지 않는다.

[판 례] 국가공무원법상 당연퇴직은 결격사유가 있을 때 법률상 당연히 퇴직하는 것이지 공무원관계를 소멸시키기 위한 별도의 행정처분을 요하는 것이 아니며, 당연퇴직의 인사발령은 법률상 당연히 발생하는 퇴직사유를 공적으로 확인하여 알려주는 이른바 관념의 통지에 불과하고 공무원의 신분을 상실시키는 새로운 형성적 행위가 아니므로 행정소송의 대상이 되는 독립한 행정처분이라고 할 수 없다(대법원 1995.11.14. 선고 95누2036 판결).

[판 례] 소득세법 시행령 규정에 따른 소득의 귀속자에 대한 소득금액변동통지는 원천납세의무자인 소득 귀속자의 법률상 지위에 직접적인 법률적 변동을 가져오는 것이 아니므로, 항고소송의 대상이 되는 행정처분이라고 볼 수 없다(대법원 2015. 3.26. 선고 2013두9267 판결).

5) 부 관

행정행위의 부관이란 행정행위의 효과를 제한하거나 보충하기 위하여 주된 행정행위에 부가되는 종적인 규율을 말한다. 부관에는 조건, 기한, 부담, 철회권의 유보 등이 있으나, 이 중 부담만이 그 자체로서 행정소송의 대상이 되는 처분이다. 그 외의 부관에 대해서는 처분성이 인정되지 않는다.

[**판 례**] 주택건설사업계획 승인에 붙여진 기부채납의 조건은 행정행위의 부관 중 '부담'에 해당하는 것으로서, 그 조건에 하자가 있다고 하더라도 그 하자가 기부채납의 조건을 당연무효로 할 만한 사유에 해당한다고 볼 수는 없고, 또 그와 같은 행정처분의 부관에 근거한 기부채납 행위가 당연무효이거나 취소될 사유는 못 된다(대법원 1996.1.23. 선고 95다3541 판결).

[**판 례**] 행정행위의 부관은 부담인 경우를 제외하고는 독립하여 행정소송의 대상이 될 수 없는바, 기부채납 받은 행정재산에 대한 사용·수익허가에서 사용·수익허가의 기간은 그 허가의 효력을 제한하기 위한 행정행위의 부관으로서 이러한 사용·수익허가의 기간에 대해서는 독립하여 행정소송을 제기할 수 없다(대법원 2001.6.15. 선고 99두509 판결).

6) 부분허가

부분허가란 그 건설에 비교적 장기간의 시간이 필요하고 사회적 영향력이 큰 시설물의 건설에 있어서 단계적으로 시설 일부에 대하여 부여하는 허가를 말한다. 「원자력안전법」상 건설허가, 부지사전승인 및 운영허가 등이 대표적인 부분허가이다. 부분허가는 그 자체로서 행정행위의 성격을 가지며 처분성이 인정된다.

[**판 례**] 구 원자력법상의 부지사전승인처분은 그 자체로서 건설부지를 확정하고 사전공사를 허용하는 법률효과를 지닌 독립한 행정처분이기는 하지만, 나중에 건설허가처분이 있게 되면 그 건설허가처분에 흡수되어 독립된 존재가치를 상실함으로써 그 건설허가처분만이 쟁송의 대상이 된다(대법원 1998.9.4. 선고 97누19588 판결).

7) 확 약

확약이란 행정청이 국민에 대한 관계에서 자기구속을 할 의도로 장래를 향하여 일정한 행위를 약속하는 의사표시를 말한다. 확약에 대해 다수설은 원칙상 행정청에 대하여 구속력을 가지므로 처분으로 보고 있지만, 판례는 처분성을 부정하고 있다.

[**판 례**] 어업권면허에 선행하는 우선순위결정은 행정청이 우선권자로 결정된 자의 신청이 있으면 어업권면허처분을 하겠다는 것을 약속하는 행위로서 강학상 확약에 불과하고 행정처분은 아니므로, 우선순위결정에 공정력이나 불가쟁력과 같은 효력은 인정되지 아니한다(대법원 1995.1.20. 선고 94누6529 판결).

8) 신 고

행정청에 대하여 일방적으로 통고함으로써 효과가 발생하는 자기완결적 신고의 경우는 신고에 대한 수리 또는 거부행위가 처분성을 갖지 않는다. 다만, 건축신고 반려행위는 항고소송의 대상으로 본다.

> **[판 례]** 건축신고 반려행위가 이루어진 단계에서 당사자로 하여금 반려행위의 적법성을 다투어 그 법적 불안을 해소한 다음 건축행위에 나아가도록 함으로써 장차 있을지도 모르는 위험에서 미리 벗어날 수 있도록 길을 열어 주고, 위법한 건축물의 양산과 그 철거를 둘러싼 분쟁을 조기에 근본적으로 해결할 수 있게 하는 것이 법치행정의 원리에 부합한다. 그러므로 건축신고 반려행위는 항고소송의 대상이 된다 (대법원 2010.11.18. 선고 2008두167 전원합의체 판결).

한편, 신고가 행정청에 의해 수리되어야 신고의 효과가 발생하는 수리를 요하는 신고의 경우는 수리 또는 거부행위가 처분성을 갖는다.

> **[판 례]** 관광진흥법에 의한 지위승계신고를 수리하는 허가관청의 행위는 단순히 양도·양수인 사이에 이미 발생한 사법상 사업양도의 법률효과에 의하여 양수인이 그 영업을 승계하였다는 사실의 신고를 접수하는 행위에 그치는 것이 아니라, 영업허가자의 변경이라는 법률효과를 발생시키는 행위로서 항고소송의 대상이다(대법원 2012.12.13. 선고 2011두29144 판결).

9) 공시지가

판례는 표준공시지가결정과 개별공시지가결정에 대해 항고소송의 대상이 되는 처분이라고 보고 있다.

> **[판 례]** 시장, 군수 또는 구청장의 개별토지가격결정은 관계법령에 의한 토지초과이득세, 택지초과소유부담금 또는 개발부담금 산정의 기준이 되어 국민의 권리나 의무 또는 법률상 이익에 직접적으로 관계되는 것으로서 항고소송의 대상이 되는 행정처분에 해당한다(대법원 1993.6.11. 선고 92누16706 판결).

10) 공부 기재행위

종래 대법원은 각종 공적 장부(토지대장, 건축물관리대장, 지적공부, 하천대장, 자동차운전면허대장 등)에의 등재행위는 행정사무집행의 편의와 사실증명의 자료로 삼기 위한 목적으로 행하여지는 것에 불과하고, 그 등재나 변경으로 인해 실체상의 권리관계에 어떠한 변동을 가져오는 것이 아니기 때문에 처분성이 없다고 하였다.[38]

하지만 지목변경신청반려처분취소소송에서는 지목의 처분성을 인정하였고,[39] 건축물대장의 작성신청을 거부한 행위와 용도변경신청을 거부한 행위가 항고소송의 대상이 되는 행정처분에 해당한다고 하였다.[40]

> **[판 례]** 지목은 토지에 대한 공법상의 규제, 개발부담금의 부과대상, 지방세의 과세대상, 공시지가의 산정, 손실보상가액의 산정 등 토지행정의 기초로서 공법상의 법률관계에 영향을 미치고, 토지소유자는 지목을 토대로 토지의 사용·수익·처분에 일정한 제한을 받게 되는 점 등을 고려하면, 지목은 토지소유권을 제대로 행사하기 위한 전제요건으로서 토지소유자의 실체적 권리관계에 밀접하게 관련되어 있으므로 지적공부 소관청의 지목변경신청 반려행위는 국민의 권리관계에 영향을 미치는 것으로서 항고소송의 대상이 되는 행정처분에 해당한다(대법원 2004.4.22. 선고 2003두9015 전원합의체 판결).

11) 행정계획

판례는 대부분의 행정계획을 항고소송의 대상이 되는 처분으로 인정하지 않고 있다. 구체적으로는 행정활동의 지침으로서만의 성격에 그치거나 행정조직 내부에서의 효력만을 가지고 있는 행정계획에 대해 처분성을 인정하지 않고 있다. 특히 도시기본계획, 농어촌도로기본계획, 하수도정비기본계획, 대학입시기본계획 등 기본계획에 대해서는 엄격히 그 처분성을 부정하고 있다.

다만, 구속적 계획인 관리계획의 경우 국민의 권리·의무에 구체적이고 개별적인 영향을 미친다고 보아 그 처분성을 인정하고 있다.

12) 입찰참가자격 제한조치

과거 한국전력공사, 한국토지공사 등이 「정부투자기관회계규칙」에 의하여 행한 입찰참가자격을 제한하는 내용의 부정당업자제재처분은 행정처분이 아니라 사법상의 통지행위에 불과하다고 보았다.[41]

그러나 최근 「공공기관운영법」에 근거한 한국전력공사 등의 공기업·준정부

---

38) 대법원 1995.12.5. 선고 94누4295 판결(토지대장); 대법원 1989.12.12. 선고 89누5348 판결(건축물관리대장); 대법원 1991.9.24. 선고 91누1400 판결(자동차운전면허대장); 대법원 1990.10.23. 선고 90누5467 판결(가옥대장·건축물관리대장).
39) 대법원 2004.4.22. 선고 2003두9015 판결.
40) 대법원 2009.2.12. 선고 2007두17359 판결.
41) 대법원 1999.11.26. 자 99부3 결정.

기관이 행하는 입찰참가자격 제한처분에 대해서는 처분성을 인정하고 있다.[42]

13) 검사의 공소, 불기소결정

검사의 공소와 불기소결정은 형사소송절차에 의해서만 다툴 수 있어 행정소송의 대상이 되는 행정처분이 아니다.

> **[판 례]** 행정소송법 제2조의 처분의 개념 정의에는 해당한다고 하더라도 그 처분의 근거 법률에서 행정소송 이외의 다른 절차에 의하여 불복할 것을 예정하고 있는 처분은 항고소송의 대상이 될 수 없다. 검사의 불기소결정에 대해서는 검찰청법에 의한 항고와 재항고, 형사소송법에 의한 재정신청에 의해서만 불복할 수 있는 것이므로, 이에 대해서는 행정소송법상 항고소송을 제기할 수 없다(대법원 2018.9.28. 선고 2017두47465 판결).

14) 경정처분

(가) 감액처분

행정청이 금전부과처분을 한 후 감액처분을 한 경우, 이는 일부 취소처분의 성질을 가지므로 감액처분 그 자체는 항고소송의 대상이 되지 않는다. 즉, 변경 감액처분으로 유리하게 변경된 내용이 위법하다 하여 그 취소를 구하는 경우 그 취소소송의 대상은 변경된 내용의 당초 처분이지 변경처분이 아니다. 따라서 처음의 금전부과처분 중 감액처분으로 취소되지 않고 남은 부분이 항고소송의 대상이 된다.

> **[판 례]** 감액처분으로도 아직 취소되지 않고 남아 있는 부분이 위법하다 하여 다투고자 하는 경우, 감액처분을 항고소송의 대상으로 할 수는 없고, 당초 징수결정 중 감액처분에 의하여 취소되지 않고 남은 부분을 항고소송의 대상으로 할 수 있을 뿐이며, 그 결과 제소기간의 준수 여부도 감액처분이 아닌 당초 처분을 기준으로 판단해야 한다(대법원 2012.9.27. 선고 2011두27247 판결).

(나) 증액처분

증액처분의 경우는 최초의 처분은 증액처분에 흡수되어 소멸하므로 증액처분이 항고소송의 대상이 된다.

> **[판 례]** 증액경정처분이 있는 경우 당초처분은 증액경정처분에 흡수되어 소멸하고,

---

42) 대법원 2014.11.27. 선고 2013두18964 판결.

소멸한 당초처분의 절차적 하자는 존속하는 증액경정처분에 승계되지 아니한다(대법원 2010.6.24. 선고 2007두16493 판결).

(4) 처분 관련 판례
1) 행정처분 인정 판례
판례가 항고소송의 대상인 행정처분으로 인정하는 대표적 사례는 다음과 같다.

① 「도시재개발법」상의 관리처분계획(대법원 2002.12.10. 선고 2001두6333 판결),
② 「농지법」상 농지처분의무의 통지(대법원 2003.11.14. 선고 2001두8742 판결),
③ 대학교원의 임용권자가 임용기간이 만료된 조교수에 대하여 재임용을 거부하는 취지로 한 임용기간만료의 통지(대법원 2004.4.22. 선고 2000두7735 전원합의체 판결),
④ 정부 간 항공노선의 개설에 관한 잠정협정 및 비밀양해각서와 건설교통부 내부지침에 의한 항공노선에 대한 운수권배분처분(대법원 2004.11.26. 선고 2003두10251, 10268 판결),
⑤ 도시계획구역 내 토지소유자의 도시계획입안 신청에 대한 도시계획 입안권자의 거부행위(대법원 2004.4.28. 선고 2003두1806 판결),
⑥ 과세관청의 원천징수의무자인 법인에 대한 소득금액변동통지(대법원 2006.4.20. 선고 2002두1878 전원합의체 판결),
⑦ 보건복지부 고시인 약제급여·비급여목록 및 급여상한금액표(대법원 2006.9.22. 선고 2005두2506 판결),
⑧ 「국토의 계획 및 이용에 관한 법률」상 토지거래허가구역의 지정(대법원 2006.12.22. 선고 2006두12883 판결),
⑨ 정보통신윤리위원회가 특정 인터넷사이트를 청소년유해매체물로 결정한 행위(대법원 2007.6.14. 선고 2005두4397 판결),
⑩ 친일반민족행위자재산조사위원회의 재산조사개시결정(대법원 2009.10.15. 선고 2009두6513 판결),
⑪ 「방위사업법」상 방산물자 지정취소(대법원 2009.12.24. 선고 2009두12853 판결),
⑫ 행정청이 건축물에 관한 건축물대장을 직권말소한 행위(대법원 2010.5.27. 선고 2008두22655 판결),
⑬ 군수가 도시관리계획 구역 내 토지 등을 소유하고 있는 주민의 납골시설에 관한 도시관리계획의 입안제안을 반려한 처분(대법원 2010.7.22. 선고 2010두5745 판결),
⑭ 공정거래위원회의 표준약관 사용권장행위(대법원 2010.10.14. 선고 2008두23184 판결),

⑮ 세무조사결정(대법원 2011.3.10. 선고 2009두23617, 23624 판결),

⑯ 「부당한 공동행위 자진신고자 등에 대한 시정조치 등 감면제도 운영고시」에 따른 시정조치 등 감면신청에 대한 감면불인정 통지(대법원 2012.9.27. 선고 2010 두3541 판결),

⑰ 「진실·화해를 위한 과거사정리 기본법」제26조에 따른 진실·화해를 위한 과거사정리위원회의 진실규명결정(대법원 2013.1.16. 선고 2010두22856 판결),

⑱ 지적공부 소관청이 토지대장을 직권으로 말소한 행위(대법원 2013.10.24. 선고 2011두13286 판결),

⑲ 한국연구재단이 갑 대학교 총장에게 연구개발비의 부당집행을 이유로 2단계 두뇌한국(BK)21 사업협약의 해지통보(대법원 2014.12.11. 선고 2012두28704 판결),

⑳ 한국환경산업기술원장의 연구개발 중단조치 및 연구비 집행중지 조치(대법원 2015.12.24. 선고 2015두264 판결),

㉑ 「여객자동차법」제85조 제1항 제38호에 따른 감차명령(대법원 2016.11.24. 선고 2016두45028 판결),

㉒ 산업단지관리공단이 「산업집적활성화 및 공장설립에 관한 법률」제38조 제2항에 따른 변경계약의 취소(대법원 2017.6.15. 선고 2014두46843 판결),

㉓ 「교육공무원법」상 승진후보자 명부에 의한 승진심사 방식으로 행해지는 승진임용에서 승진후보자 명부에 포함되어 있던 후보자를 승진임용 인사발령에서 제외하는 행위(대법원 2018.3.27. 선고 2015두47492 판결),

㉔ 조달청이 물품구매계약 추가특수조건 규정에 따라 갑 회사에 대하여 한 6개월의 나라장터 종합쇼핑몰 거래정지 조치(대법원 2018.11.29. 선고 2015두52395 판결)

2) 행정처분 부정 판례

상대방 또는 기타 관계자들의 법률상 지위에 직접적인 법률적 변동을 일으키지 아니하는 행위는 항고소송의 대상이 되는 행정처분이 아니다. 판례가 항고소송의 대상인 행정처분으로 인정하지 않는 대표적인 사례는 다음과 같다.

① 과세관청의 상여처분이나 그에 따른 소득금액변동통지(대법원 1987.1.20. 선고 86누419 판결),

② 경제기획원장관의 예산편성지침통보(대법원 1993.4.12. 자 93두2 결정),

③ 「병역법」상 신체등위판정(대법원 1993.8.27. 선고 93누3356 판결),

④ 행정청이 택시운송사업자에 대하여 사업용자동차를 증차배정한 조치(대법원 1993. 9.24. 선고 93누11999 판결),

⑤ 전기공급설비사업중지지시의 해지 요청을 거부한 처분(대법원 1993.11.9. 선고 93누8283 판결),

⑥ 기부채납 부동산의 사용허가기간 연장신청 거부행위(대법원 1994.1.25. 선고 93누7365 판결),

⑦ 대학입시기본계획 내의 내신성적산정지침(대법원 1994.9.10. 선고 94두33 판결),

⑧ 한국전력공사가 전기공급의 적법 여부를 조회한 데 대한 관할 구청장의 회신(대법원 1995.11.21. 선고 95누9099 판결),

⑨ 자동차대여사업 등록실효 통지(대법원 1996.6.14. 선고 96누3661 판결),

⑩ 학교폐지 조례 공포 후 교육감이 한 분교장의 폐쇄, 직원의 인사이동, 급식학교의 변경 등 행위(대법원 1996.9.20. 선고 95누7994 판결),

⑪ 의료보호진료기관이 보호기관에 제출한 진료비청구명세서에 대한 의료보험연합회의 심사결과통지(대법원 1999.6.25. 선고 98두15863 판결),

⑫ 행정청이 공무원에게 연가보상비를 지급하지 아니한 행위(대법원 1999.7.23. 선고 97누10857 판결),

⑬ 재개발 사업지구 내 토지 등의 소유자의 재개발사업계획 변경신청에 대한 불허통지(대법원 1999.8.24. 선고 97누7004 판결),

⑭ 주택건설사업이 양도되었으나 그 변경승인을 받기 이전에 행정청이 양수인에 대하여 양도인에 대한 사업계획승인을 취소하였다는 사실의 통지(대법원 2000.9.26. 선고 99두646 판결),

⑮ 인감증명행위(대법원 2001.7.10. 선고 2000두2136 판결),

⑯ 「국세징수법」상 가산금 또는 중가산금의 고지(대법원 2005.6.10. 선고 2005다15482 판결),

⑰ 지방병무청장이 복무기관을 정하여 공익근무요원 소집통지를 한 후 소집대상자의 원에 의하여 또는 직권으로 그 기일을 연기한 다음 다시 한 공익근무요원 소집통지(대법원 2005.10.28. 선고 2003두14550 판결),

⑱ 금융감독위원회의 부실금융기관에 대한 파산신청(대법원 2006.7.28. 선고 2004두13219 판결),

⑲ 도지사가 도 내 특정시를 공공기관이 이전할 혁신도시 최종입지로 선정한 행위(대법원 2007.11.15. 선고 2007두10198 판결),

⑳ 한국마사회의 조교사 및 기수 면허 부여 또는 취소(대법원 2008.1.31. 선고 2005두8269 판결),

㉑ 해양수산부장관의 항만 명칭결정(대법원 2008.5.29. 선고 2007두23873 판결),

㉒ 수도권매립지관리공사의 입찰참가자격을 제한하는 내용의 부정당업자제재처분(대법원 2010.11.26. 자 2010무137 결정),

㉓ 「국세기본법」과 「국세징수법」이 개정된 이후에 한 결손처분 또는 결손처분의 취소(대법원 2011.3.24. 선고 2010두25527 판결),

㉔ 과세관청이 사업자등록을 관리하는 과정에서 위장사업자의 사업자명의를 직권으로 실사업자의 명의로 정정하는 행위(대법원 2011.1.27. 선고 2008두2200 판결),

㉕ 행정청이 토지대장의 소유자명의변경신청을 거부한 행위(대법원 2012.1.12. 선고 2010두12354 판결),

㉖ 법무법인의 공정증서 작성행위(대법원 2012.6.14. 선고 2010두19720 판결),

㉗ 「민원사무처리에 관한 법률」 제18조에서 정한 거부처분에 대한 이의신청을 받아들이지 않는 취지의 기각 결정 또는 그 취지의 통지(대법원 2012.11.15. 선고 2010두8676 판결),

㉘ 국가보훈처장의 망인의 유족에게 한 독립유공자 서훈취소결정 통보(대법원 2014. 9.26. 선고 2013두2518 판결),

㉙ 한국연구재단의 2단계 두뇌한국(BK)21 사업협약의 해지통보에 따른 연구팀장에 대한 대학 자체 징계요구(대법원 2014.12.11. 선고 2012두28704 판결) ↔ [사업협약 해지는 행정처분임],

㉚ 시설공사 입찰참가 당시 허위 실적증명서를 제출하였다는 이유로 향후 2년간 공사낙찰적격심사 시 종합취득점수의 10/100을 감점한다는 내용의 갑 주식회사에 대한 한국철도시설공단의 통보(대법원 2014.12.24. 선고 2010두6700 판결),

㉛ 원천납세의무자인 소득의 귀속자에 대한 소득금액변동통지(대법원 2015.3.26. 선고 2013두9267 판결) ↔ [원천징수의무자인 법인에 대한 소득금액변동통지는 행정처분임],

㉜ 상표권자인 법인에 대한 청산종결등기가 되었음을 이유로 한 상표권의 말소등록행위(대법원 2015.10.29. 선고 2014두2362 판결),

㉝ 「국가유공자 등 예우 및 지원에 관한 법률」이 정한 이의신청에 대하여 받아들이지 아니하는 결정(대법원 2016.7.27. 선고 2015두45953 판결),

㉞ 감사원의 징계 요구와 재심의결정(대법원 2016.12.27. 선고 2014두5637 판결),

3. 재 결

(1) 재결의 의의

재결은 행정심판에 대한 재결을 말하지만, 여기서 행정심판은 「행정심판법」이 규정한 형식적 의미의 행정심판만을 의미하는 것은 아니며, 일정한 불복절차에 따라 행정기관이 재결청이 되어 행하는 결정을 총칭한다.

재결을 다투는 경우 원처분취소소송과 재결취소소송을 제기할 수 있으나, 이를 각각 제기하는 경우에는 소송 경제상 불합리하고 판결의 저촉사태를 가져올 수 있으므로 원처분 또는 재결 중 하나만 선택하여 제기할 수 있도록 하는 것이 바람직하다. 행정소송의 대상을 원처분과 재결 중에서 어느 것으로 할 것인가는 입법정책적 문제이다. 현행 「행정소송법」은 원처분주의를 규정하고 있다.

(2) 원처분주의

「행정소송법」은 '재결의 취소소송의 경우에는 재결 자체에 고유한 위법이 있음을 이유로 하는 경우에 한한다'라고 규정하고 있다(제19조 단서). 이는 「행정소송법」이 원처분주의를 채택한 것이다. 원처분주의는 재결도 원처분과 함께 취소소송의 대상이 되지만, 재결의 취소소송은 재결 자체에 고유한 위법이 있음을 이유로 하는 경우에만 제기할 수 있도록 하는 원칙을 말한다.

현행 「행정소송법」이 원처분주의를 취한 이유는 만일 재결취소판결로 원처분이 당연히 취소되는 것으로 보게 되면 법원이 불고불리의 원칙(처분권주의)을 위반하는 결과가 발생하고, 원처분에 대한 집행정지를 허용할 것인가의 문제가 발생하기 때문이다.

(3) 재결 자체의 고유한 위법

재결 자체에 고유한 위법이란 원처분에는 없고 재결에만 있는 재결청의 권한 또는 구성의 위법(재결의 주체에 관한 위법), 재결의 절차(의결 없이 재결을 하였거나 기타 행정심판법상의 심판절차를 준수하지 않은 경우)나 형식의 위법(재결을 서면에 의하지 않은 경우, 재결에 주문만 기재되고 이유부기가 없거나 이유가 불충분한 경우, 재결서에 기명날인을 하지 않은 경우 등), 내용의 위법 등을 뜻한다. 그 중 내용의 위법에는 위법·부당하게 인용재결을 한 경우가 해당된다.[43]

> **[판 례]** 행정처분이 정당한 것으로 인정되어 행정심판청구를 기각한 재결에 대한 항고소송은 원처분의 하자를 이유로 주장할 수 없고, 그 재결 자체에 주체·절차·형식 또는 내용상의 위법이 있는 경우에 한한다(대법원 1989.1.24. 선고 88누3314 판결; 대법원 1985.11.26. 선고 85누619 판결).

그러므로 원처분의 위법문제는 원처분을 다투는 취소소송에서만 주장할 수 있고, 재결에 불복하는 소송을 제기하는 때에는 원처분의 위법을 이유로 할 수는 없으며, 재결에 고유한 위법이 있음을 주장하여야 한다.[44] 재결 자체에 고유한 위법이 없는 경우에는 원처분의 당부와 관계없이 재결취소소송은 기각된다.[45]

---

43) 대법원 1997.9.12. 선고 96누14661 판결.
44) 행정심판의 재결에 이유모순의 위법이 있다는 사유는 재결처분 자체에 고유한 하자로서 재결처분의 취소를 구하는 소송에서는 그 위법사유로서 주장할 수 있으니, 원처분의 취소를 구하는 소송에서는 그 취소를 구할 위법사유로서 주장할 수 없다(대법원 1996.2.13. 선고 95누8027 판결).
45) 대법원 1994.1.25. 선고 93누16901 판결.

판례는 행정처분이 아닌 관념의 통지를 대상으로 하여 재결하고 그 취소를 명한 재결에 대하여 재결 자체에 고유한 위법이 있는 경우로 보았다.[46] 또한, 제3자효를 수반하는 행정행위에 대한 행정심판청구에 있어서 그 청구를 인용하는 내용의 재결로 인하여 비로소 권리이익을 침해받게 되는 자는 그 인용재결에 대하여 다툴 필요가 있고, 그 인용재결은 원처분과 내용을 달리하는 것이므로 그 인용재결의 취소를 구하는 것은 원처분에는 없는 재결에 고유한 하자를 주장하는 셈이어서 당연히 항고소송의 대상이 된다.

> **[판 례]** 행정청이 골프장 사업계획승인을 얻은 자의 사업시설 착공계획서를 수리한 것에 대하여 인근 주민들이 그 수리처분의 취소를 구하는 행정심판을 청구하자 재결청이 그 청구를 인용하여 수리처분을 취소하는 형성적 재결을 한 경우, 그 수리처분 취소 심판청구는 행정심판의 대상이 되지 아니하여 부적법 각하하여야 함에도 위 재결은 그 청구를 인용하여 수리처분을 취소하였으므로 재결 자체에 고유한 하자가 있다(대법원 2001.5.29. 선고 99두10292 판결).

> **[판 례]** 행정심판청구가 부적법하지 않음에도 각하한 재결은 심판청구인의 실체심리를 받을 권리를 박탈한 것으로서 원처분에 없는 고유한 하자가 있는 경우(대법원 2001.7.27. 선고 99두2970 판결).

이처럼 재결 자체에 고유한 위법이 있음을 이유로 하는 경우에 한하여, 재결을 취소소송의 대상으로 한 것은, 원처분주의로 일관하는 경우에는 제3자효 행정행위에서 볼 수 있는 바와 같이 원처분을 다툴 수 없거나 다툴 필요가 없는 자가 재결에 의하여 권익의 침해를 입은 경우에 행정구제의 길이 막히기 때문이다.

재결 자체에 고유한 위법이 없음에도 재결에 대해 취소소송을 제기한 경우에 법원이 각하 또는 기각해야 하는지가 문제되는데, 판례는 원처분의 당부와는 상관없이 당해 재결취소소송은 이를 기각하여야 한다고 한다.[47] 재결 자체의 고유한 위법 여부는 본안에서의 이유 유무의 문제이며 따라서 본안심리를 통해 기각하는 것이 타당하다.

(4) 개별법상 재결주의

재결주의는 원처분과 재결 중에서 원처분에 대한 소송제기는 허용하지 않고 재결에 대해서만 행정소송의 대상으로 인정하는 원칙을 말한다. 현행 「행정소송

---

46) 대법원 1993.8.24. 선고 92누1865 판결.
47) 대법원 1994.1.25. 선고 93누16901 판결.

법」은 원처분주의를 규정하고 있으나, 개별법률에서 예외적으로 재결주의를 규정하는 경우가 있다. 이 경우에는 재결주의에 의해 원처분이 아니라 재결이 취소소송의 대상이 된다.

개별법률에서 재결주의를 명시적으로 규정한 경우뿐만 아니라 명시적 규정이 없더라도 개별법상 행정심판기관이 행정심판위원회보다 전문성을 가지고 있는 경우에는 재결주의를 취한 것으로 해석하는 것이 타당하다.

1) 감사원의 변상판정에 대한 재심의판정

「감사원법」 제36조는 회계관계직원에 대한 감사원의 변상판정(원처분)에 대하여 위법·부당하다고 인정하는 자는 감사원에 재심의를 청구할 수 있고, 「감사원법」 제40조는 감사원의 재심의 판정(재결)에 대해서는 감사원을 당사자로 하여 행정소송을 제기할 수 있다고 규정하고 있어, 재결주의를 채택하고 있다.

> **[판 례]** 감사원의 변상판정처분에 대하여서는 행정소송을 제기할 수 없고, 재결에 해당하는 재심의 판정에 대하여서만 감사원을 피고로 하여 행정소송을 제기할 수 있다(대법원 1984.4.10. 선고 84누91 판결).

2) 지방노동위원회 처분에 대한 중앙노동위원회 재심판정

「노동위원회법」 제26조 제1항은 "중앙노동위원회는 당사자의 신청이 있는 경우 지방노동위원회 또는 특별노동위원회의 처분(원처분)을 재심(재결)하여 이를 인정·취소 또는 변경할 수 있다"라고 규정하고 있고, 제27조 제1항은 "중앙노동위원회의 처분에 대한 소송은 중앙노동위원회 위원장을 피고로 하여 처분의 송달을 받은 날부터 15일 이내에 제기하여야 한다"라고 규정하고 있다.

따라서 노동위원회의 처분에 대해 행정소송을 제기하는 경우 행정심판 전치주의가 적용되고, 중앙노동위원회의 재심판정에 불복하는 취소소송을 제기하는 경우 재결주의에 따라 중앙노동위원회의 재심판정을 대상으로 하여야 한다.

> **[판 례]** 노동위원회법 제27조 제1항의 규정은 행정처분의 성질을 가지는 지방노동위원회의 처분에 대하여 중앙노동위원장을 상대로 행정소송을 제기할 경우의 전치요건에 관한 규정이라 할 것이므로 당사자가 지방노동위원회의 처분에 대하여 불복하기 위하여는 처분 송달일로부터 10일 이내에 중앙노동위원회에 재심을 신청하고 중앙노동위원회의 재심판정서 송달일로부터 15일 이내에 중앙노동위원장을 피고로 하여 재심판정취소의 소를 제기하여야 할 것이다(대법원 1995.9.15. 선고 95누6724 판결).

3) 중앙토지수용위원회의 이의재결

구 「토지수용법」은 중앙토지수용위원회의 이의신청에 대한 재결에 대한 불복으로 행정소송을 인정하여 재결주의를 채택하였다. 그러나 현행 「토지보상법」은 재결주의를 포기하고 원처분주의를 취하고 있어, 토지수용위원회의 이의재결에 불복하여 취소소송을 제기하는 경우 원처분인 수용재결을 대상으로 하여야 한다.

> **[판 례]** 토지보상법이 중앙토지수용위원회에 대한 이의신청을 임의적 절차로 규정하고 있는 점, 행정소송법 제19조 단서가 행정심판에 대한 재결은 재결 자체에 고유한 위법이 있음을 이유로 하는 경우에 한하여 취소소송의 대상으로 삼을 수 있도록 규정하고 있는 점 등을 종합하여 보면, 수용재결에 불복하여 취소소송을 제기하는 때에는 이의신청을 거친 경우에도 수용재결을 한 중앙토지수용위원회 또는 지방토지수용위원회를 피고로 하여 수용재결의 취소를 구하여야 하고, 다만 이의신청에 대한 재결 자체에 고유한 위법이 있음을 이유로 하는 경우에는 그 이의재결을 한 중앙토지수용위원회를 피고로 하여 이의재결의 취소를 구할 수 있다고 보아야 한다 (대법원 2010.1.28. 선고 2008두1504 판결).

4. 처분 등의 위법성

처분이 취소소송의 대상이 되기 위해서는 처분 등의 존재와는 별도로, 처분 등이 하자가 있어 위법하다는 주장을 원고가 하여야 한다. '위법'하다는 원고의 주장은 위법의 가능성이 있음을 주장하는 것으로 족하고, 그 처분이 사실상 위법하다는 이른바 객관적 위법성이 요구되는 것은 아니다. 처분의 위법성 자체는 소송요건이 아니라 본안에 대한 이유 유무의 문제이기 때문이다.

재결에 대하여 「행정소송법」은 원처분주의를 채택하고 있어, 원처분의 위법은 원처분을 다투는 취소소송에서만 다툴 수 있고, 재결의 위법을 다투는 취소소송에서는 재결에 고유한 위법만을 주장할 수 있을 뿐이다. 즉, 원처분의 위법을 이유로 재결의 취소를 구할 수는 없다.

행정규칙은 법규가 아니므로 이에 위반한 처분은 위법이 되는 것이 아니다. 그러나 행정규칙위반의 경우에도 헌법상의 평등원칙 또는 행정의 자기구속의 법리 등 행정법의 일반원칙을 위반한 경우에는 위법이 인정될 수 있다.

V. 취소소송의 제기

1. 개 설

행정소송에 있어서도 "소(訴) 없으면 재판 없다"라는 민사소송상의 원칙이 그

대로 적용된다. 취소소송의 제기가 유효하기 위해서는 소송요건, 즉 청구의 당부에 관한 법원의 본안판결을 구하기 위한 요건을 충족시켜야 한다. 소송요건을 갖추지 않은 소는 부적법하므로 각하된다. 소송요건은 형식적 요건과 실체적 요건으로 구분된다.

(1) 취소소송의 형식적 요건

취소소송의 형식적 요건은 ① 소장, ② 관할법원, ③ 피고적격, ④ 전심절차, ⑤ 제소기간 등이다.

(2) 취소소송의 실체적 요건

취소소송의 실체적 요건은 소에 대하여 본안판결이 행하여지기 위한 요건으로서 소의 이익을 말한다. 즉, 소의 내용인 당사자의 청구가 국가의 소송제도를 이용해서 해결할 만한 실제적인 가치 내지는 필요성을 가진 것으로 인정되어야 한다.

취소소송의 실체적 요건은 ① 소를 제기할 자격이 있는가(원고적격), ② 위법하다고 주장하는 처분이 존재하는가(소송의 대상인 처분 등의 존재), ③ 원고의 청구에 대하여 처분 등의 취소를 구할 구체적인 실익 내지 현실의 필요성이 있는가(권리보호의 필요) 세 가지 측면에서 검토된다.

(3) 종 합

종합적으로 정리해 보면, 취소소송은 ① 소를 제기할 자격이 있는 자가(원고적격), ② 행정청을 상대로(피고적격), ③ 관할권 있는 법원에(재판관할), ④ 일정한 형식을 갖추어(소장), ⑤ 일정한 기간 내에(제소기간), ⑥ 일정한 절차를 거쳐 제기하되(전심절차), ⑦ 위법하다고 주장하는 처분 등이 존재해야 하고(소송의 대상), ⑧ 처분 등의 취소를 구할 구체적 실익이 있어야 한다(권리보호의 필요).

이상의 요건 중 원고적격, 피고적격, 재판관할, 소송의 대상, 권리보호의 필요(협의의 소익)에 대해서는 앞에서 살펴보았으므로 나머지 요건에 관해서만 설명하기로 한다.

2. 소 장

취소소송은 일정한 형식의 소장을 갖추어 제기하여야 한다. 소를 제기하는 방식에 대해서는「행정소송법」에 특별한 규정이 없으므로「행정소송법」제8조에 의하여「민사소송법」규정이 준용된다. 따라서 취소소송의 소장에는 필요적 기재사항인 ① 당사자와 법정대리인, ② 청구의 취지, ③ 청구의 원인을 기재하여야 한다(민사소송법 제249조 제1항).

소장 각하 명령이 송달된 후에는 설사 부족한 인지를 첨가하고 그 명령에 불복을 신청하였다 할지라도 그 각하 명령을 취소할 수 없다.[48]

3. 제소기간

(1) 제소기간의 의의

제소기간은 소송의 제기가 허용되는 기간을 말한다. 행정소송은 민사소송의 경우와는 달리 일정한 제소기간 내에 제기하여야 한다는 제한을 두고 있다. 이는 행정법관계가 직접 공익과 밀접한 관계가 있기 때문에 처분 등의 효력을 오랫동안 불확정한 상태에 둠으로써 생기는 행정법관계의 불안정을 조속히 해소하여 안정시킬 필요가 있기 때문이다. 따라서 제소기간이 경과되면 당해 처분은 불가쟁력을 발생하게 되어 당해 행정처분의 효력을 더 이상 다툴 수 없게 된다.

제소기간 경과 여부는 소송요건에 해당하므로 법원의 직권조사 사항이며, 제소기간이 경과되어 제기된 소송에 대해서는 부적법 각하판결을 내려야 한다.

그러나 제소기간의 경과로 당해 행정처분이 불가쟁력을 발생한 경우에도, 그것은 위법한 처분 등이 적법한 것으로 전환되는 것은 아니며, 처분청은 직권취소를 할 수 있고 하자의 승계에는 아무런 영향이 없다.

(2) 행정심판을 거치지 않은 경우

1) 처분이 있음을 안 경우(안 날부터 90일)

(가) 처분이 송달된 경우

취소소송은 처분 등이 있음을 안 날부터 90일 이내에 제기하여야 한다(행정소송법 제20조 제1항). 이때의 제소기간은 불변기간(동법 제20조 제3항)이다. 불변기간이란 법정기간으로서 법원이 늘이거나 줄이는 등 변경할 수 없는 기간을 말한다. 그 불변기간의 경과 여부는 법원의 직권조사사항이다.

여기서 '처분이 있음을 안 날'이란 당해 처분의 존재를 현실적으로 안 날을 의미하며, 처분의 위법이 있음을 안 날을 의미하는 것은 아니다.

한편, 처분의 통지가 상대방에게 도달한 때에는 처분이 있었음을 알았다고 추정할 수 있으며, 당사자는 통지가 도달한 때에 도달된 통지를 볼 수 없었다는 반증을 제기할 수 있다.[49]

> **[판 례]** 처분 등이 있음을 안 날이란 통지, 공고 기타의 방법에 의하여 당해 처분 등이 있었다는 사실을 현실적으로 안 날을 의미한다. 원고가 통보서를 송달받기 전

---

48) 대법원 1996.1.12. 자 95두61 결정.
49) 대법원 1999.12.28. 선고 99두9742 판결.

에 자신의 의무기록에 관한 정보공개를 청구하여 통보서를 비롯한 일체의 서류를 교부받은 경우, 행정소송법 제20조 제1항이 정한 제소기간은 정보공개를 통해 서류를 교부받은 날이 아닌 행정처분이 상대방에게 고지되어 상대방이 이러한 사실을 인식함으로써 행정처분이 있다는 사실을 현실적으로 알았을 때부터 진행한다(대법원 2014.9.25. 선고 2014두8254 판결).

(나) 고시 또는 공고의 경우
○ 불특정 다수인에게 공고하는 경우

통상 고시 또는 공고에 의하여 행정처분을 하는 경우에는 그 처분의 상대방이 불특정 다수인이고, 그 처분의 효력이 불특정 다수인에게 일률적으로 적용된다. 따라서 행정처분에 이해관계를 갖는 자가 고시 또는 공고가 있었다는 사실을 현실적으로 알았는지 여부에 관계없이 고시가 효력을 발생하는 날에 행정처분이 있음을 알았다고 보아야 하고, 그에 대한 취소소송은 그 날부터 90일 이내에 제기하여야 한다.[50]

> **[판 례]** 인터넷 웹사이트에 대하여 구 청소년보호법에 따른 청소년유해매체물 결정 및 고시처분을 한 사안에서, 위 결정은 이해관계인이 고시가 있었음을 알았는지 여부에 관계없이 관보에 고시됨으로써 효력이 발생하고, 그가 위 결정을 통지받지 못하였다는 것이 제소기간을 준수하지 못한 것에 대한 정당한 사유가 될 수 없다(대법원 2007.6.14. 선고 2004두619 판결).

○ 특정인에 대한 처분을 주소불명의 이유로 공고하는 경우

특정인에 대한 처분을 주소불명 등의 이유로 송달할 수 없어 관보 등에 공고하는 경우에는 '처분이 있음을 안 날'은 공고가 효력을 발생하는 날이 아니라 상대방이 처분이 있었다는 사실을 현실적으로 안 날이 된다.

> **[판 례]** '처분이 있음을 안 날'이라 함은 당사자가 통지, 공고 기타의 방법에 의하여 당해 처분이 있었다는 사실을 현실적으로 안 날을 의미하는바, 특정인에 대한 행정처분을 주소불명 등의 이유로 송달할 수 없어 관보·공보·게시판·일간신문 등에 공고한 경우에는, 공고가 효력을 발생하는 날에 상대방이 그 행정처분이 있음을 알았다고 볼 수는 없고, 상대방이 당해 처분이 있었다는 사실을 현실적으로 안 날에 그 처분이 있음을 알았다고 보아야 한다(대법원 2006.4.28. 선고 2005두14851 판결).

---

50) 대법원 2006.4.14. 선고 2004두3847 판결.

(다) 법률의 위헌결정으로 소제기가 가능해진 경우

처분 당시에는 취소소송의 제기가 법제상 허용되지 않아 소송을 제기할 수 없다가 위헌결정으로 인하여 비로소 취소소송을 제기할 수 있게 된 경우, 객관적으로는 '위헌결정이 있은 날', 주관적으로는 '위헌결정이 있음을 안 날' 비로소 취소소송을 제기할 수 있게 되어 이때를 제소기간의 기산점으로 삼아야 한다.[51]

(라) 불고지·오고지의 경우

「행정소송법」에는 행정소송의 제기에 필요한 사항의 고지의무 및 불고지·오고지에 대한 효과에 대한 규정이 없다. 「행정심판법」 제27조는 오고지에 대해 규정하고 있으나, 이는 행정소송에는 적용되지 않는다.

> [판 례] 당사자가 행정처분시나 그 이후 행정청으로부터 행정심판 제기기간에 관하여 법정 심판청구기간보다 긴 기간으로 잘못 통지받아 행정소송법상 법정 제소기간을 도과하였다고 하더라도, 그것이 당사자가 책임질 수 없는 사유로 인한 것이라고 할 수는 없다(대법원 2001.5.8. 선고 2000두6916 판결).

2) 처분이 있음을 알지 못한 경우

「행정소송법」 제20조 제2항은 "취소소송은 처분등이 있은 날부터 1년(제1항 단서의 경우는 재결이 있은 날부터 1년)을 경과하면 이를 제기하지 못한다. 다만, 정당한 사유가 있는 때에는 그러하지 아니하다"라고 규정하고 있다.

(가) 원칙(처분 등이 있은 날부터 1년)

처분이 있음을 알지 못한 경우 처분 등이 있은 날부터 1년 이내에 취소소송을 제기하여야 한다. 이때 '처분이 있은 날'이란 통지가 있는 처분의 경우 통지가 도달되어 처분의 효력이 발생한 날을 말하며, 통지가 없는 처분의 경우에는 외부에 표시되어 효력을 발생한 날을 말한다.

(나) 예외(정당한 사유가 있는 경우)

취소소송은 처분이 있은 날부터 1년을 경과하면 이를 제기하지 못하지만, 정당한 사유가 있는 때에는 1년이 경과하여도 제기할 수 있다. 여기서 1년이라는 기간은 불변기간이 아니며, 정당한 사유가 있는 경우에는 예외가 인정된다. '정당한 사유'란 제소기간 내에 소를 제기하지 못함을 정당화할 만한 객관적 사유를 의미한다. 어떠한 사유가 정당한 사유에 해당하는가는 건전한 사회통념에 의해 판단하여야 한다. 그러므로 정당한 사유가 있는 경우에는 제소기간이 경과된 뒤에도 제

---

51) 대법원 2008.2.1. 선고 2007두20997 판결.

소할 수 있으나, 이 경우 원고는 정당한 이유에 대하여 소명하여야 한다.

[**판 례**] 행정소송법 제20조 제2항 소정의 "정당한 사유"란 불확정 개념으로서 그 존부는 사안에 따라 개별적, 구체적으로 판단하여야 하나 민사소송법 제160조의 "당사자가 그 책임을 질 수 없는 사유"나 행정심판법 제18조 제2항 소정의 "천재, 지변, 전재, 사변 그 밖에 불가항력적인 사유"보다는 넓은 개념이라고 풀이되므로, 제소기간 도과의 원인 등 여러 사정을 종합하여 지연된 제소를 허용하는 것이 사회통념상 상당하다고 할 수 있는가에 의하여 판단하여야 한다(대법원 1991.6.28. 선고 90누6521 판결).

(다) 제3자효 행정행위의 경우

제3자효 행정행위에도 취소소송의 제소기간에 관한 요건은 동일하게 적용된다. 다만, 제3자는 일반적으로 처분이 있음을 바로 알 수 없는 처지에 있으므로 특별한 사정이 없는 한 정당한 사유가 있는 경우에 해당하여 1년이 경과하더라도 취소소송을 제기할 수 있다. 다만, 제3자가 어떠한 경위로든 행정처분이 있음을 안 이상 그 처분을 안 날부터 90일 이내에 취소소송을 제기하여야 한다.

[**판 례**] 행정처분의 상대방이 아닌 제3자는 심판청구기간 내에 심판청구를 제기하지 아니하였다고 하더라도, 그 기간 내에 처분이 있은 것을 알았거나 쉽게 알 수 있었기 때문에 심판청구를 제기할 수 있었다고 볼 만한 특별한 사정이 없는 한, 위 법조항 본문의 적용을 배제할 "정당한 사유"가 있는 경우에 해당한다고 보아 위와 같은 심판청구기간이 경과한 뒤에도 심판청구를 제기할 수 있다(대법원 1992.7.28. 선고 91누12844 판결).

3) 90일과 1년의 관계

'처분이 있음을 안 경우' 90일과 '처분이 있음을 알지 못한 경우' 1년 중 어느 하나의 기간이라도 먼저 경과하면 취소소송을 제기할 수 없다. 다만, 처분이 있은 날부터 1년 이내에 처분이 있음을 안 때에는 그때부터 90일 이내에 취소소송을 제기할 수 있다고 보아야 한다.

4) 이의신청을 거쳐 취소소송을 제기한 경우

행정심판이 아닌 이의신청을 거쳐 취소소송을 제기한 경우에는 개별법에 명문의 규정이 없는 한 이의신청에 대한 결과통지일이 아닌 처분이 있음을 안 날부터 90일 이내에 제기하여야 한다. 다만 「지방자치법」의 경우처럼 명문의 규정이 있는 경우에는 그에 따른다.[52]

[판 례] 甲 광역시 교육감이 공공감사에 관한 법률 등에 따라 乙 학교법인이 운영
하는 丙 고등학교에 대한 특정감사를 실시한 후 丙 학교의 학교장과 직원에 대하여
징계(해임)를 요구하는 처분을 하였는데, 乙 법인이 위 처분에 대한 이의신청을 하
였다가 기각되자 위 처분의 취소를 구하는 소를 제기한 사안에서, 乙 법인이 위 처
분이 있음을 알았다고 인정되는 날부터 제소기간을 기산하여 위소가 제소기간의 도
과로 부적법하다고 한 사례(대법원 2014.4.24. 선고 2013두10809 판결).

(3) 행정심판을 거친 경우

행정심판을 거쳐 취소소송을 제기한 경우 취소소송은 재결서의 정본을 송달
받은 날부터 90일 이내에 제기하여야 한다(행정소송법 제20조 제1항 단서). 이 기간은
불변기간이다.

「행정소송법」 제20조 제1항의 행정심판은 「행정심판법」에 따른 일반행정심
판과 특례로서 다른 법률에서 규정하고 있는 특별행정심판을 모두 포함하는 의미
이다. 그리고 '행정심판을 거쳐 취소소송을 제기한 경우'라 함은 ① 행정심판을 거
쳐야 하는 경우(행정소송법 제18조 제1항 단서)와 ② 그 밖에 행정심판청구를 할 수
있는 경우 또는 ③ 행정청이 행정심판청구를 할 수 있다고 잘못 알린 경우에 행정
심판청구를 한 경우를 모두 포함한다(동법 제20조 제1항 단서). 이러한 경우 제소기간
은 재결서의 정본을 송달받은 날부터 기산한다.[53]

한편, 행정심판 제기기간을 넘긴 것을 이유로 한 각하재결이 있은 후 취소소
송을 제기한 경우에는 「행정소송법」 제20조 제1항 단서가 적용되지 않는다.

[판 례] 처분이 있음을 안 날부터 90일 이내에 행정심판을 청구하지도 않고 취소소
송을 제기하지도 않은 경우에는 그 후 제기된 취소소송은 제소기간을 경과한 것으
로서 부적법하고, 처분이 있음을 안 날부터 90일을 넘겨 청구한 부적법한 행정심판
청구에 대한 재결이 있은 후 재결서를 송달받은 날부터 90일 이내에 원래의 처분에
대하여 취소소송을 제기하였다고 하여 취소소송이 다시 제소기간을 준수한 것으로
되는 것은 아니다(대법원 2011.11.24. 선고 2011두18786 판결).

재결서의 정본을 송달받지 못한 경우에는 재결이 있는 날부터 1년이 경과하
면 취소소송을 제기하지 못한다. 다만, 정당한 사유가 있는 때에는 그러하지 아니

---

52) 지방자치법 제157조(사용료 등의 부과·징수, 이의신청) 제4항: 사용료·수수료 또는 분담금의
   부과나 징수에 대하여 행정소송을 제기하려면 제3항에 따른 이의신청 결정을 통지받은 날부
   터 90일 이내에 처분청을 당사자로 하여 소를 제기하여야 한다.
53) 대법원 2006.9.8. 선고 2004두947 판결.

하다(행정소송법 제20조 제2항).

4. 행정심판과 취소소송의 관계

(1) 행정심판임의주의

현행 「행정소송법」은 "취소소송은 법령의 규정에 의하여 당해 처분에 대한 행정심판을 제기할 수 있는 경우에도 이를 거치지 아니하고 제기할 수 있다"(제18조 제1항)라고 규정하여 행정심판임의주의를 채택하였다. 행정심판임의주의는 법령의 규정에 의하여 당해 처분에 대한 행정심판을 제기할 수 있는 경우에도 이를 거치지 아니하고 행정소송을 제기할 수 있게 하는 제도를 말한다. 따라서 취소소송은 행정심판절차를 거치지 아니하고 제기할 수 있다. 현행 「행정소송법」은 1998년부터 행정심판전치주의를 원칙적으로 폐지하고 임의의 선택에 맡기게 하는 행정심판임의주의를 채택하고 있다.

그러나 다른 법률에 당해 처분에 대한 행정심판의 재결을 거치지 아니하면 취소소송을 제기할 수 없다는 규정이 있는 때에는 행정심판절차를 거쳐 취소소송을 제기하여야 한다(동법 제18조 제1항 단서).

(2) 예외적 행정심판전치주의

1) 의 의

다른 법률에 당해 처분에 대한 행정심판의 재결을 거치지 아니하면 취소소송을 제기할 수 없다는 규정이 있는 때에는, 이에 대한 재결을 거치지 아니하면 취소소송을 제기할 수 없다(행정소송법 제18조 제1항). 즉, 행정심판임의주의를 원칙으로 하면서도 예외적으로 행정심판전치주의를 인정하고 있다.

행정심판전치주의에서의 '행정심판'은 좁은 의미의 행정심판은 물론 소원·심사의 청구·이의신청 기타 행정청에 대한 불복신청 등 그 형식상의 명칭에 관계없이 모든 행정심판을 말한다.

2) 행정심판전치주의 규정 법률

예외적 행정심판전치주의의 대표적인 예로는 「도로교통법」상 운전면허의 취소·정지 등의 처분에 대하여 행정심판의 재결을 필수적으로 거치도록 규정한 경우(제142조), 「국가공무원법」상 공무원의 징계처분에 대해 소청심사위원회의 소청심사를 필수적으로 거치도록 한 경우(제16조), 「국세기본법」상 과세처분에 대해 국세심사위원회 심사를 필수적으로 거치도록 규정하고 있는 경우(제56조) 등을 들 수 있다.

3) 행정심판전치주의의 적용범위

행정심판전치주의는 취소소송과 부작위위법확인소송에서 인정되며(행정소송법

제18조 제1항, 제38조 제2항) 무효확인소송에는 적용되지 않는다(동법 제38조 제1항).

무효인 처분에 대하여 무효선언을 구하는 의미에서의 취소소송을 제기하는 경우에도 행정심판임의주의가 적용되지만, 다른 법률이 행정심판전치의 적용을 규정한 경우에는 그 적용이 있다고 할 것이다. 무효선언을 구하는 취소소송에서 행정심판전치주의의 요건을 충족하지 않은 경우에는 무효확인소송으로 소의 변경을 하면 된다.

> [판 례] 행정처분의 당연무효를 선언하는 의미에서 그 취소를 구하는 행정소송을 제기하는 경우에는 전치절차와 그 제소기간의 준수 등 취소소송의 제소요건을 갖추어야 한다. 과세처분의 취소를 구하는 행정소송은 반드시 그 전치요건으로서 국세기본법 소정의 심사청구 및 심판청구 절차를 모두 경유하지 아니하면 이를 제기할 수 없다(대법원 1987.6.9. 선고 87누219 판결).

행정심판은 항고쟁송의 형식으로 인정되고 있어 당사자소송에는 그 성질상 행정심판전치주의가 적용되지 않는다.

4) 심판청구의 적법성

행정심판전치주의의 요건을 충족하기 위해서는 행정심판이 적법하여야 한다. 부적법한 행정심판청구를 각하하지 않고 본안에 대한 재결을 하였더라도 행정심판전치주의의 요건이 충족되는 것은 아니다.

> [판 례] 행정처분의 취소를 구하는 항고소송의 전심절차인 행정심판청구가 기간도과로 인하여 부적법한 경우에는 행정소송 역시 전치의 요건을 충족치 못한 것이 되어 부적법 각하를 면치 못하는 것이고, 이 점은 행정청이 행정심판의 제기기간을 도과한 부적법한 심판에 대하여 그 부적법을 간과한 채 실질적 재결을 하였다 하더라도 달라지는 것이 아니다(대법원 1991.6.25. 선고 90누8091 판결).

행정심판전치주의의 전치요건은 소송요건으로 소송제기 당시에 충족되어야 함이 원칙이다. 그러나 행정소송 제기 후에도 사실심변론종결시까지 행정심판절차를 거친 경우에는 요건에 대한 흠결은 치유된다고 본다.[54]

5) 행정심판전치주의의 예외

「행정소송법」 제18조 제1항 단서의 규정에 따라 행정심판을 거쳐야 하는 경우에도 그에 대한 예외적인 경우는 직접 취소소송을 제기할 수 있다(제18조 제2

---

54) 대법원 1987.4.28. 선고 86누29 판결.

항·제3항). 즉, 다른 법률의 규정에 의거 행정심판전치주의가 적용되는 경우에도 그의 일률적 적용에서 오는 결함을 제거하기 위하여 그에 대한 예외를 인정하고 있다.

이러한 예외는 ① 행정심판을 제기한 후 재결을 기다릴 것 없이 취소소송을 제기할 수 있는 경우와, ② 행정심판의 제기 그 자체를 하지 않고 직접 취소소송을 제기하는 경우가 있다.

(가) 행정심판의 재결 없이 취소소송을 제기할 수 있는 경우

이는 행정심판은 제기하였으나, 일정한 사유가 있는 때에는 그에 대한 재결을 거치지 아니하고 바로 취소소송을 제기할 수 있는 경우이다. 이처럼 행정심판을 청구하기는 하되 재결을 거치지 아니하고 직접 취소소송을 제기할 수 있는 경우는 ① 행정심판청구가 있은 날로부터 60일이 지나도 재결이 없는 때, ② 처분의 집행 또는 절차의 속행으로 생길 중대한 손해를 예방하여야 할 긴급한 필요가 있는 때, ③ 법령의 규정에 의한 행정심판기관이 의결 또는 재결을 하지 못할 사유가 있는 때, ④ 그 밖의 정당한 사유가 있는 때 등이다(행정소송법 제18조 제2항).

(나) 행정심판의 제기 없이 취소소송을 제기할 수 있는 경우

다른 법률이 행정심판전치를 규정한 경우에라도 행정심판을 제기함이 없이 직접 행정소송을 제기할 수 있는 경우는 ① 동종사건에 관하여 이미 행정심판의 기각재결이 있은 때, ② 서로 내용상 관련되는 처분 또는 같은 목적을 위하여 단계적으로 진행되는 처분 중 어느 하나가 이미 행정심판의 재결을 거친 때, ③ 행정청이 사실심의 변론종결 후 소송의 대상인 처분을 변경하여 당해 변경된 처분에 관하여 소를 제기하는 때, ④ 처분을 행한 행정청이 행정심판을 거칠 필요가 없다고 잘못 알린 때 등이다(행정소송법 제18조 제3항).

5. 소의 변경

(1) 소의 변경의 의의

소의 변경이란 소송의 계속 중에 원고가 심판의 대상인 청구를 변경하는 것을 말한다. 이를 청구의 변경이라고도 한다. 소의 변경은 당초의 소에 의하여 개시된 소송절차가 유지되며, 소송자료가 승계된다는 점에 의의가 있다.

일반적으로 소의 변경에는 종래의 청구를 철회하고 새로운 청구를 하는 교환적 변경과 종래의 청구는 그대로 두고 새로운 청구를 추가하는 추가적 변경이 있다.

(2) 행정소송법에 의한 소의 변경

「행정소송법」은 소의 변경에 관하여 ① 소의 종류의 변경, ② 처분의 변경으로 인한 소의 변경을 인정하고 있다(제21조, 제22조).

1) 소의 종류의 변경

(가) 의 의

행정소송에는 여러 종류의 소송이 있는데, 본인의 권리구제를 위하여 어떠한 소송을 선택해야 하는지 명확하지 않아 소송을 잘못 선택할 위험이 항상 존재한다. 따라서 행정구제의 실효성을 확보하기 위하여 행정소송 간의 소의 변경을 인정할 필요가 있다. 그리하여 「행정소송법」은 행정소송 간의 소의 변경을 인정하고 있다.

(나) 종 류

○ 항고소송간의 변경

항고소송 간에 소의 변경이 제한 없이 가능하다. ① 취소소송을 무효등확인소송 또는 부작위위법확인소송으로(행정소송법 제21조 제1항), ② 무효등확인소송을 취소소송 또는 부작위위법확인소송으로(동법 제37조), ③ 부작위위법확인소송을 취소소송 또는 무효등확인소송으로(동법 제37조) 변경하는 것이 가능하다.

> **[판 례]** 당사자가 동일한 신청에 대하여 부작위위법확인의 소를 제기하였으나 그 후 소극적 처분이 있다고 보아 처분취소소송으로 소를 교환적으로 변경한 후 여기에 부작위위법확인의 소를 추가적으로 병합한 경우, 최초의 부작위위법확인의 소가 적법한 제소기간 내에 제기된 이상 그 후 처분취소소송으로의 교환적 변경과 처분취소소송에의 추가적 변경 등의 과정을 거쳤다고 하더라도 여전히 제소기간을 준수한 것으로 봄이 상당하다(대법원 2009.7.23. 선고 2008두10560 판결).

○ 항고소송과 당사자소송간의 변경

취소소송을 당해 처분 등에 관계되는 사무가 귀속하는 국가 또는 공공단체에 대한 당사자소송으로 변경하거나(행정소송법 제21조 제1항), 무효등확인소송을 당사자소송으로 변경하거나(동법 제37조), 당사자소송을 항고소송으로 변경하는 것이 가능하다(동법 제42조).

(다) 소변경의 효과

법원이 당사자의 신청에 의하여 소의 변경을 결정으로써 허가하고, 그 결정의 정본을 새로운 피고에 송달하게 되면, 새로운 피고에 대한 소송은 처음에 소를 제기한 때에 제기된 것으로 본다(행정소송법 제21조 제4항). 이 경우 종전의 피고에 대한 소송은 취하된 것으로 본다.

(라) 허가결정에 대한 불복

법원의 소의 종류변경에 관한 허가결정에 대하여 새로운 소의 피고는 즉시 항고할 수 있다(행정소송법 제21조 제3항).

2) 처분변경으로 인한 소의 변경

(가) 의 의

행정소송이 제기된 후에 행정청이 소송의 대상인 처분을 변경한 때에는 법원은 원고의 신청에 의하여 청구의 취지 또는 원인의 변경을 허가할 수 있다. 예컨대, 영업허가취소처분의 취소소송이 계속 중에 행정청이 그것을 영업허가정지처분으로 변경한 경우에, 원고가 영업허가취소처분에 대한 취소소송을 영업허가정지처분에 대한 취소소송으로 변경하는 경우이다.

(나) 변경대상 소송 및 요건

처분변경으로 인한 소의 변경은 취소소송 이외에, 무효등확인소송 및 당사자소송의 경우에 가능하며, 소의 변경요건은 ① 원고가 처분의 변경이 있음을 안 날로부터 60일 이내에 소변경허가를 신청하여야 하고(행정소송법 제22조 제2항), ② 법원의 변경허가결정이 있어야 한다.

(다) 소변경의 효과

처분변경으로 인한 소의 변경청구에는 「행정소송법」 제18조 제1항 단서 규정에 의한 행정심판전치주의의 적용이 없으며, 따라서 새로운 소에 대한 행정심판을 거친 것으로 본다(제22조 제3항).

소변경신청에 대한 법원의 허가결정이 있으면 구소가 제기된 때에 새로운 소가 제기되고, 동시에 구소는 취하된 것으로 본다(동법 제21조 제4항).

(3) 민사소송법에 의한 소의 변경

「행정소송법」에 의한 소변경에 관한 규정은 「민사소송법」상의 그것에 대한 특칙이다. 따라서 원고는 「행정소송법」의 규정에 의한 소변경 외에도 「민사소송법」의 관계규정에 의하여 소변경을 할 수 있다(행정소송법 제8조 제2항). 즉, 원고는 ① 청구의 기초에 변경이 없고(청구기초의 동일성), ② 소송절차를 현저히 지연시키지 않는 한, ③ 사실심에 계속되고 변론종결 전까지는 청구의 취지 또는 원인을 변경할 수 있다.

> **[판 례]** 행정소송법 제21조와 제22조가 정하는 소의 변경은 그 법조에 의하여 특별히 인정되는 것으로서 민사소송법상의 소의 변경을 배척하는 것이 아니므로, 행정소

송의 원고는 행정소송법 제8조 제2항에 의하여 준용되는 민사소송법 제262조에 따라 청구의 기초에 변경이 없는 한도에서 청구의 취지 또는 원인을 변경할 수 있다(대법원 1999.11.26. 선고 99두9407 판결).

[판 례] '나지' 소유자에 대한 토지초과이득세 예정과세처분의 취소를 구하는 소송이 제기된 후, 과세관청이 그 소송 계속 중 정기과세처분의 부과고지를 하자, 나지 소유자들이 종전의 청구에 갈음하여 정기과세처분의 취소를 구하는 것으로 청구를 변경한 것은 행정소송법 제22조 소정의 처분의 변경으로 인한 소의 변경에 해당하지 않고, 민사소송법 제262조 소정의 청구의 변경으로서 적법하다(대법원 1998.6.9. 선고 96누17998 판결).

6. 집행정지(가구제)

(1) 소송제기의 효과

1) 중복제소금지

취소소송이 제기되면 당해 사건은 법원에 계속되며, 법원은 당해 사건을 심리하고 판결할 구속을 받는 동시에, 당사자는 제소된 사건에 대하여 다시 소를 제기하지 못하게 된다. 이러한 중복제소금지는 소제기의 주관적 효과에 해당한다.

2) 집행부정지의 원칙

취소소송의 제기가 계쟁처분 또는 재결에 미치는 효력을 소제기의 객관적 효과라고 한다. 「행정소송법」 제23조 제1항은 "취소소송의 제기는 처분등의 효력이나 그 집행 또는 절차의 속행에 영향을 주지 아니한다"라고 하여 취소소송제기의 객관적 효과에 대하여 원칙적으로 집행부정지의 원칙을 채택하고 있다. 즉, 위법한 처분 등을 다투는 취소소송이 제기된 경우에도 처분 등의 효력을 잠정적으로 정지시키지 않고 처분 등의 후속적 조치를 인정하는 집행부정지의 원칙을 취하고 있다. 이는 행정의 원활한 운영과 남소(濫訴)의 폐단을 방지하기 위한 입법정책적 결정이라고 할 수 있다.

그러나 「행정소송법」은 예외적으로 일정한 사유에 해당하는 경우에 법원이 직권 또는 신청에 의하여 집행정지결정을 할 수 있게 하였다. 집행정지가 인정되는 범위 내에서는 행정소송상의 가구제(임시구제)가 인정된다.

(2) 가구제(임시구제)의 의의

위법한 처분 등에 대한 취소소송을 제기하더라도 판결이 확정되려면 오랜 기간이 필요하다. 그 결과 계쟁처분이 집행되어 버리면 승소하더라도 원고에게 실질적인 권리구제가 되지 못하는 경우가 생기게 된다. 이러한 사태를 방지하기 위해서는 본안판결이 확정될 때까지 계쟁처분 등의 효력이나 그의 집행 또는 절차의 속행을 정지하거나, 임시로 원고의 청구가 실현된 것과 비슷한 사실상 또는 법률상의 상태를 실현·형성하는 것을 내용으로 하는 조치를 강구하여야 하는 것이다. 이러한 요청에 부응하는 것이 가구제제도이다.

가구제는 보통 집행정지와 가처분으로 구분되고 있으나, 그 구체적인 내용은 각국의 제도적 차이로 인하여 동일하지 아니하다. 「행정소송법」은 행정의 원활한 운영에 중점을 두고 항고소송 제기의 효과로서 당해 처분 등의 집행부정지를 원칙으로 하면서 예외적으로 법원이 집행정지결정을 할 수 있도록 하고 있다.

(3) 집행정지

1) 집행정지의 의의

「행정소송법」 제23조 제2항에 따르면 집행정지란 취소소송이 제기된 경우에 처분 등이나 그 집행 또는 절차의 속행으로 인하여 생길 회복하기 어려운 손해를 예방하기 위하여 긴급한 필요가 있다고 인정할 때에는 본안이 계속되고 있는 법원이 당사자의 신청 또는 직권에 의해 그 집행을 잠정적으로 정지하도록 결정하는 것을 말한다.

이러한 집행정지는 원고가 청구인용판결을 받더라도 이미 집행이 완료되어 회복할 수 없는 손해를 입게 될 우려를 방지하기 위한 제도이다. 즉, 집행정지는 행정의 우월성에 대한 균형을 이루기 위한 제도이며, 그 이념은 실질적인 국민의 권리보호와 행정의 원활한 운영을 확보하고 조정하려는데 있다.

2) 집행정지의 요건

집행정지를 할 수 있는 요건은 적극적 요건과 소극적 요건으로 구분할 수 있다. 행정처분의 효력정지나 집행정지 등의 판단대상은 행정처분 자체의 적법 여부가 아니고, 그 행정처분의 효력이나 집행 등을 정지시킬 것인가의 여부에 대한 「행정소송법」 제23조 제2항 소정 요건의 존부이다.[55] 이와 같은 요건은 신청인이 소명하여야 한다.

집행정지의 적극적 요건은 ① 신청인적격 및 집행정지 이익의 존재, ② 적법한 본안소송의 계속, ③ 처분 등의 존재, ④ 회복하기 어려운 손해예방의 필요성, ⑤ 긴급한 필요 등이다.

(가) 신청인적격 및 집행정지 이익의 존재

집행정지를 신청할 수 있는 자는 본안소송의 당사자이다. 신청인은 집행정지

---

55) 대법원 1994.10.11. 선고 94두23 결정; 대법원 1986.10.21. 자 86두16 결정; 대법원 1987.6.23. 자 86두18 결정.

를 구할 법률상 이익이 있어야 하며, 여기서 법률상 이익은 항고소송의 요건인 법률상 이익과 같다. 또한, 집행정지결정으로 현실적으로 보호될 수 있는 이익이 있어야 한다.

이미 집행이 완료되어 회복이 불가능한 경우에는 신청의 이익이 없어 부적법하다. 다만, 집행이 완료된 경우라도 위법상태가 계속 중이거나 처분의 효력정지 효과로서 사실상태를 원상으로 복구할 수 있는 경우에는 집행정지가 가능하다.

제3자효 행정행위에서 소송당사자인 제3자도 신청인적격을 가진다고 할 수 있다. 단지 간접적이거나 사실적·경제적 이해관계를 가지는데 불과한 경우에는 법률상 이익이 인정되지 않는다.

> [판 례] 경쟁 항공회사에 대한 국제항공노선면허처분으로 인하여 노선의 점유율이 감소됨으로써 경쟁력과 대내외적 신뢰도가 상대적으로 감소되고 연계노선망 개발이나 타항공사와의 전략적 제휴의 기회를 얻지 못하게 되는 손해를 입게 되었다고 하더라도 위 노선에 관한 노선면허를 받지 못하고 있는 한 그러한 손해는 법률상 보호되는 권리나 이익침해로 인한 손해라고는 볼 수 없으므로 처분의 효력정지를 구할 법률상 이익이 될 수 없다(대법원 2000.10.10. 자 2000무17 결정).

(나) 적법한 본안소송의 계속

집행정지는 민사소송에 있어서 본안소송 제기 전에 보전수단으로서 신청할 수 있는 가처분과는 달리 본안소송이 법원에 계속되어 있어야 한다.[56] 다만, 본안소송의 제기와 동시에 집행정지를 신청하는 것은 허용된다. 처분의 적법 여부는 집행정지의 요건이 아니지만 본안소송 그 자체는 적법하여야 한다.

> [판 례] 집행정지는 행정처분의 집행부정지원칙의 예외로서 인정되는 것이고 또 본안에서 원고가 승소할 수 있는 가능성을 전제로 한 권리보호수단이라는 점에 비추어 보면 집행정지사건 자체에 의하여도 신청인의 본안청구가 적법한 것이어야 한다는 것을 집행정지의 요건에 포함시켜야 한다(대법원 2010.11.26. 자 2010무137 결정).

한편, 본안소송이 계속되어야 하므로 본안소송이 취하되면 집행정지결정은 당연히 소멸하게 된다.[57]「행정소송법」제18조 제1항 단서에 의거 행정심판을 거

---

56) 대법원 1988.6.14. 자 88두6 결정.
57) 대법원 1975.11.11. 선고 75누97 판결.

제 2 장 행정소송 **829**

처야 하는 경우에는 예외적인 사유가 인정되는 경우 이외에는 행정심판전치의 요건을 구비하여야 한다.

(다) 처분 등의 존재

집행정지를 위해서는 집행정지 대상인 처분 등이 존재하여야 하나 그 대상인 처분이 위법한지 여부는 불문한다. 처분이 아닌 경우 집행정지가 허용될 수 없다. 즉, ① 처분 전, ② 부작위, ③ 처분 소멸 후에는 회복시킬 대상이 없으므로 집행정지를 할 수 없다.

취소소송과 무효등확인소송의 본안소송에는 집행정지가 허용되지만, 부작위위법확인소송의 경우에는 집행정지를 하더라도 법적으로 보전될 것이 없으므로 집행정지조항의 준용이 없다(행정소송법 제38조 제2항).

(라) 회복하기 어려운 손해예방의 필요성

집행정지는 처분 등이나 그 집행 또는 절차의 속행으로 인하여 회복하기 어려운 손해를 예방하기 위하여 필요한 경우에만 인정된다. 여기서 '회복하기 어려운 손해'란 특별한 사정이 없는 한 금전으로 보상할 수 없는 손해를 말하며, 이는 금전보상이 불능인 경우뿐만 아니라 금전보상으로는 사회관념상 행정처분을 받은 당사자가 참고 견딜 수 없거나 또는 참고 견디기가 현저히 곤란한 경우의 유형·무형의 손해를 말한다.[58]

따라서 당사자가 행정처분 등이나 그 집행 또는 절차의 속행으로 인하여 재산상의 손해를 입거나 기업 이미지 및 신용이 훼손당하였다고 주장하는 경우에 그 손해가 금전으로 보상할 수 없어 '회복하기 어려운 손해'에 해당한다고 하기 위해서는, 그 경제적 손실이나 기업 이미지 및 신용의 훼손으로 인하여 사업자의 자금사정이나 경영 전반에 미치는 파급효과가 매우 중대하여 사업 자체를 계속할 수 없거나 중대한 경영상의 위기를 맞게 될 것으로 보이는 등의 사정이 존재하여야 한다.[59]

[판 례] 공정거래위원회의 위반사실공표명령과 과징금납부명령의 효력이 정지되지 아니한 채 본안소송이 진행되는 경우, 신문게재로 대외적 전파에 의한 신용의 실추와 기업운용자금 수급계획의 차질 등에서 상당한 손해를 입을 것임을 쉽게 예상할 수 있다는 이유로 그와 같은 손해가 사회관념상 행정소송법 제23조 제2항 소정의 '회복하기 어려운 손해'에 해당한다(대법원 1999.4.27. 자 98무57 결정).

---

58) 대법원 2010.5.14. 자 2010무48 결정; 대법원 1999.12.20. 자 99무42 결정; 대법원 1998.8.23. 자 99무15 결정; 대법원 1995.11.23. 자 95두53 결정.
59) 대법원 2003.10.9. 자 2003무23 결정.

판례는 새만금사업과 관련하여 공사중지결정으로 인해 방조제 공사가 중단된다면 방조제 토석의 유실에 따른 보강공사에 비용이 소요될 우려도 있지만, 반대로 방조제공사가 완공될 경우 발생하게 될 수질오염, 갯벌파괴 등으로 인한 환경피해가 심각히 우려되며 이러한 손해는 금전보상이 불가능한 성질의 것으로 보았다.[60]

그러나 판례는 건물의 개축부분이 위법한 것을 이유로 한 철거명령에 따른 철거로 입게 될 손해에 대하여 회복하기 어려운 손해가 아니라고 판시하고 있다.[61]

> **[판 례]** 유흥접객영업허가의 취소처분으로 5,000여만원의 시설비를 회수하지 못하게 된다면 생계까지 위협받게 되는 결과가 초래될 수 있다는 등의 사정이 행정처분의 효력이나 집행을 정지하기 위한 요건인 "회복하기 어려운 손해"가 생길 우려가 있는 경우에 해당하는 않는다(대법원 1991.3.2. 선고 91두1 판결).

> **[판 례]** 현역병입영처분의 효력이 정지되지 아니한 채 본안소송이 진행된다면 특례보충역으로 방위산업체에 종사하던 신청인은 입영하여 다시 현역병으로 복무하지 않을 수 없는 결과 병역의무를 중복하여 이행하는 셈이 되어 불이익을 입게 되고 상당한 정신적 고통을 받게 될 것이므로 이는 사회관념상 위 '가'항의 '회복하기 어려운 손해'에 해당된다(대법원 1992.4.29. 자 92두7 결정).

'회복하기 어려운 손해'가 무엇인지 반드시 일의적으로 해석할 수 있는 것은 아니며, 구체적인 경우에 있어서 예방되어야 할 손해의 성질·정도·발생가능성 등과 집행정지로 인하여 생길 공공복리에 대한 불이익의 성질·정도 등을 함께 비교·교량하여 결정하여야 할 것이다.

(마) 긴급한 필요

집행정지는 회복하기 어려운 손해발생의 우려가 있는 경우에도 그 손해의 예방을 위하여 본안판결을 기다릴 수 없는 긴급한 필요가 있는 경우에만 인정된다. 여기서 '긴급한 필요'란 보통 시간적인 절박성과 손해발생 가능성에 관련된 개념을 뜻한다.

---

60) 피신청인 농림부장관이 1991.10.17.에 한 공유수면매립면허처분 및 1991.11.13.에 한 새만금 사업시행인가처분에 근거한 방조제공사를 사건의 판결선고시까지 그 집행을 정지한다는 결정 (서울행법 2003.7.15. 자 2003아1142 결정)에 대해 서울고등법원(제7특별부)은 원심결정을 취소하고 신청인들의 신청을 모두 기각하였다(서울고법 2004.1.29. 자 2003루98 결정).

61) 대법원 1984.3.26. 자 82그12 결정; 대법원 1980.4.30. 자 79두10 결정; 대법원 1986.7.7. 자 86두11 결정.

판례는 회복하기 어려운 손해를 예방하기 위하여 '긴급한 필요'가 있는지 여부는 처분의 성질과 태양 및 내용, 처분상대방이 입는 손해의 성질·내용 및 정도, 원상회복·금전배상의 방법 및 난이 등은 물론 본안청구의 승소가능성의 정도 등을 종합적으로 고려하여 구체적·개별적으로 판단해야 하는 것으로 보았다.[62)]

(바) 공공복리에 중대한 영향을 미칠 우려가 없을 것

집행정지는 공공복리에 중대한 영향을 미칠 우려가 있을 때에는 허용되지 아니한다(행정소송법 제23조 제3항). 「행정소송법」은 공공복리에 중대한 영향을 미칠 우려가 없을 것을 집행정지의 소극적 요건으로 규정하고 있다. 소극적 요건으로서의 '공공복리에 중대한 영향을 미칠 우려'는 원고의 집행정지를 통한 권리보전이라는 이익을 희생시키더라도 부득이하다고 판단될 수 있어야 하며, 구체적으로는 공·사익을 형량하여 상대적으로 판단하여야 한다.

판례는 공설화장장 이전설치처분의 효력을 정지하는 것은 시체처리, 교육행정 기타의 공공복리에 중대한 영향을 미치게 되는 것으로 보고 있다.[63)]

(사) 본안청구가 이유 없음이 명백하지 아니할 것

「행정소송법」상 집행정지의 요건으로 본안청구가 이유 없음이 명백하지 아니할 것이 명문으로 규정되어 있지는 않다. 이러한 소극적 요건에 대해서는 학설상의 대립이 있지만, 통설과 판례는 인정하는 견해다.

집행정지는 인용판결의 실효성을 확보하기 위하여 인정되는 것이며 행정의 원활한 수행과 집행정지신청의 남용을 방지하기 위해서는 본안청구가 이유 없음이 명백하지 아니할 것을 집행정지의 소극적 요건으로 하는 것은 타당하다.

> **[판 례]** 집행정지는 신청인이 본안소송에서 승소판결을 받을 때까지 그 지위를 보호함과 동시에 후에 받을 승소판결을 무의미하게 하는 것을 방지하려는 것이어서 본안소송에서 처분의 취소가능성이 없음에도 처분의 집행의 정지를 인정한다는 것은 제도의 취지에 반하므로 집행정지사건 자체에 의하여도 신청인의 본안청구가 이유 없음이 명백하지 않아야 한다는 것도 집행정지의 요건에 포함시켜야 한다(대법원 1997.4.28. 자 96두75 결정).

3) 집행정지의 성질

집행정지의 성질에 대해서는 이를 행정작용으로 보는 견해와 사법작용으로 보는 견해가 있다. 그러나 집행정지는 사법절차에 의한 구제조치의 일종이고, 사

---

62) 대법원 2010.5.14. 자 2010무48 결정.
63) 대법원 1971.3.5. 자 71두2 결정.

법절차에는 재판절차뿐만 아니라 그에 부수되는 가구제절차도 당연히 포함되므로
사법적용설이 타당하다.

또한, 집행정지는 본안판결이 있을 때까지 잠정적으로 처분 등의 효력이나 그
집행 또는 절차의 속행을 정지시키는 임시구제인 것이며, 그것은 소극적으로 이미
행해진 처분 등의 효력 등을 정지시키는 소극적 작용이다.

4) 집행정지의 결정절차

집행정지는 당사자의 신청 또는 직권에 의하여 법원의 결정으로 하게 된다.
당사자가 본안이 계속된 법원에 대하여 집행정지의 결정을 신청한 때에는 그 이유
에 대한 소명이 있어야 한다(행정소송법 제23조 제4항).

법원은 집행정지결정을 함에 있어서는 행정처분 자체의 적법 여부를 판단하
는 것이 아니라 그 행정처분의 집행을 정지할 것인가에 대한 「행정소송법」 제23
조 제2항에서 규정한 요건의 유무를 판단대상으로 하여야 한다.[64]

하지만 본안소송에서의 처분의 취소가능성이 없음에도 불구하고 처분의 효력
정지를 인정한다는 것은 제도의 취지에 반하므로 효력정지사건 자체에 의하여도
신청인의 본안청구가 이유없음이 명백할 때에는 행정처분의 효력정지를 명하지
못한다.[65]

5) 집행정지의 대상

집행정지는 주로 침익적 처분을 대상으로 하며, 모든 행정처분이 집행정지의
대상이 되는 것은 아니다.

거부처분의 경우 집행정지결정이 있더라도 거부처분이 없었던 것과 같은 상
태가 될 뿐이며, 수익처분이 있었던 것과 같은 법적 상태를 실현시킬 수는 없다는
점에서 집행정지가 허용되지 않는 것이 원칙이다.[66]

[판 례] 사행행위등규제법의 규정에 의하면 사행행위영업허가의 효력은 유효기간 만
료 후에도 재허가신청에 대한 불허가처분을 받을 때까지 당초 허가의 효력이 지속
된다고 볼 수 없으므로 허가갱신신청을 거부한 불허처분의 효력을 정지하더라도 이
로 인하여 유효기간이 만료된 허가의 효력이 회복되거나 행정청에게 허가를 갱신할
의무가 생기는 것도 아니라 할 것이니 투전기업소갱신허가 불허처분의 효력을 정지
하더라도 불허처분으로 입게 될 손해를 방지하는 데에 아무런 소용이 없고 따라서
불허처분의 효력정지를 구하는 신청은 이익이 없어 부적법하다(대법원 1993. 2.10.

---

64) 대법원 1994.10.11. 선고 94두35 결정; 대법원 1988.8.29. 자 86두3 결정.
65) 대법원 1994.10.11. 자 94두23 결정; 대법원 1992.8.7. 자 92두30 결정.
66) 대법원 1995.6.21. 자 95두26 결정.

자 92두72 결정).

사실행위도 공권력의 행사이면서 개인의 법률상 이익에 직접 영향을 미치는 한 집행정지의 대상이 된다.

6) 집행정지의 내용

법원의 집행정지결정은 당해 처분·재결의 효력이나 그 집행 또는 절차의 속행을 정지시키게 되며, 그 결과 본안판결이 있을 때까지 마치 당해 처분·재결이 없었던 것과 같은 상태를 형성하게 되어 잠정적으로 원고의 권리를 보전하게 한다. 집행정지결정의 내용은 ① 효력정지, ② 집행정지, ③ 절차의 속행정지의 세 가지 유형이 있다.

효력정지란 처분의 효력이 존재하지 않는 상태, 즉 처분이 없었던 것과 같은 상태를 만드는 것이며, 집행정지는 처분의 효력에는 영향을 미치지 않고 단지 처분내용의 집행을 정지시키는 것이다. 절차의 속행정지란 여러 단계의 절차를 통하여 행정 목적이 달성되는 경우에 후속 법률관계의 진전을 정지시키는 것이다.

[판 례] 과징금부과처분에 대한 집행정지결정이 내려진 경우에 행정청에 의하여 과징금부과처분이 집행되거나 행정청·관계 행정청 또는 제3자에 의하여 과징금부과처분의 실현을 위한 조치가 행하여져서는 아니된다(대법원 2003.7.11. 선고 2002다 48023 판결).

7) 집행정지의 효력

(가) 형성력

집행정지 중 효력정지는 처분의 효력을 잠정적으로 상실시키는 형성력이 발생한다. 따라서 집행정지결정에 위배되는 처분이나 재결은 무효가 된다.[67] 효력정지는 장래에 향하여 효력을 가지며 소급효는 없다.

(나) 기속력

집행정지결정의 효력은 당해 처분·재결의 당사자인 행정청과 관계행정청뿐만 아니라 제3자에 대하여도 미친다(행정소송법 제23조 제6항, 제30조 제1항).

(다) 시간적 효력

집행정지결정의 효력은 당해 결정의 주문에 정하여진 시기까지 처분 등의 효력을 잠정적으로 정지시키며, 그 시기의 도래와 함께 그 효력은 당연히 소멸된다.

---

67) 판례는 집행정지결정에 위배한 행정처분도 그 하자가 중대하고 명백한 경우에 당연무효가 되는 것으로 보고 있다(대법원 1961.11.23. 자 4294행상3 결정).

결정의 주문에 시기에 관하여 특별한 정함이 없는 때에는 본안판결이 확정될 때까지 그 효력은 존속된다.

> **[판 례]** 행정소송법 제23조에 정해져 있는 처분에 대한 집행정지는 그 집행정지의 효력 또한 당해 결정의 주문에 표시된 시기까지 존속하다가 그 시기의 도래와 동시에 당연히 소멸한다(대법원 2003.7.11. 선고 2002다48023 판결).

8) 집행정지결정의 취소

집행정지결정이 확정된 후 집행정지가 공공복리에 중대한 영향을 미치거나 그 정지사유가 없어진 때에는 당사자의 신청 또는 직권에 의하여 당해 집행정지결정을 한 법원은 집행정지결정을 취소할 수 있다(행정소송법 제24조 제1항). 그러나 당사자가 집행정지결정의 취소를 신청하는 때에는 그 이유에 대한 소명이 있어야 한다(동법 제24조 제2항).

법원이 당사자의 신청 또는 직권에 의하여 집행정지결정을 취소하면 그 효력은 소멸되고, 그때부터 집행정지결정이 없었던 것과 같은 상태로 되돌아가게 된다.

9) 집행정지결정에 대한 불복

당사자는 법원의 집행정지결정 또는 집행정지신청기각결정에 대하여 즉시 항고할 수 있다. 다만, 이 경우 집행정지결정에 대한 즉시항고는 그 즉시항고의 대상인 결정의 집행을 정지하는 효력은 없다(행정소송법 제23조 제5항, 제24조 제2항).

> **[판 례]** 행정처분의 효력정지나 집행정지를 구하는 신청사건에서는 행정처분 자체의 적법 여부를 판단할 것이 아니고 행정처분의 효력이나 집행 등을 정지시킬 필요가 있는지 여부만이 판단대상이 된다. 나아가 처분 등이나 그 집행 또는 절차의 속행으로 인한 손해발생의 우려 등 적극적 요건에 관한 주장·소명 책임은 원칙적으로 신청인 측에 있으며, 이러한 요건을 결여하였다는 이유로 효력정지 신청을 기각한 결정에 대하여 행정처분 자체의 적법 여부를 가지고 불복사유로 삼을 수 없다(대법원 2011.4.21. 자 2010무111 전원합의체 결정).

(4) 민사집행법상 가처분

1) 의 의

가처분이란 금전 이외의 특정한 급부를 목적으로 하는 청구권의 집행보전을 도모하거나 다툼이 있는 권리관계에 관하여 잠정적으로 임시의 지위를 정하는 것을 목적으로 하는 가구제제도이다. 현행 「민사집행법」 제300조는 다툼의 대상에 관한 가처분과 다툼이 있는 권리관계에 대하여 임시의 지위를 정하기 위한 가처분을 인정하고 있다.

2) 가처분 준용가능성

권리보전의 필요는 사법상의 법률관계뿐만 아니라 행정상의 법률관계에서도 존재한다고 보아야 하나, 판례는 행정소송에 있어서는 가처분에 관한 「민사집행법」의 규정이 적용되지 않는 것으로 보고 있다.

> **[판 례]** 민사집행법 제300조 제2항이 규정한 임시의 지위를 정하기 위한 가처분은 그 성질상 주장 자체에 의하여 다툼이 있는 권리관계에 관한 정당한 이익이 있는 자가 가처분 신청을 할 수 있고, 그 경우 주장 자체에 의하여 신청인과 저촉되는 지위에 있는 자를 피신청인으로 하여야 한다. 한편 민사집행법상의 가처분으로 행정청의 행정행위 금지를 구하는 것은 허용될 수 없다(대법원 2011.4.18. 자 2010마1576 결정).

> **[판 례]** 항고소송의 대상이 되는 행정처분의 효력이나 집행 혹은 절차속행 등의 정지를 구하는 신청은 행정소송법상 집행정지신청의 방법으로서만 가능할 뿐 민사소송법상 가처분의 방법으로는 허용될 수 없다(대법원 2009.11.2. 자 2009마596 결정).

Ⅵ. 취소소송의 심리

1. 개 설

소송의 심리란 소에 대한 판결을 하기 위하여 그 기초가 되는 소송자료를 수집하는 절차를 말한다. 소송의 심리에 관한 원칙으로는 당사자주의와 직권주의가 있다.

당사자주의란 소송당사자에게 소송의 주도적 지위를 주어 당사자 상호 간에 공격·방어를 중심으로 심리가 진행되고 법원은 제3자적 입장에서 양 당사자의 주장과 입증을 판단하기만 하는 주의를 뜻하는 것으로 법원에 소송의 주도권을 인정하는 직권주의와는 대립한다.

당사자주의를 표현하는 민사소송의 심리에 관한 원칙으로는 처분권주의와 변론주의가 있다. 처분권주의란 소송의 개시·종료, 심판의 대상을 당사자에게 맡기는 것을 말하며 이는 소송물에 대한 처분의 자유를 의미한다. 행정소송에도 처분권주의가 적용되며, 이에 따라 원고가 청구하지 아니한 처분에 대하여 판결한 것은 처분권주의에 반하게 된다. 그리고 변론주의란 재판의 기초가 되는 소송자료

(사실과 증거)의 수집·제출을 당사자에게 맡기는 것으로, 당사자가 수집하여 변론에서 제출한 소송자료만으로 재판의 기초로 삼아야 한다는 것이다.

행정소송에서는 당사자주의가 기본적인 소송원칙으로 적용되지만, 행정소송이 공익과 관련성도 크므로 직권주의도 널리 적용된다. 「행정소송법」 제26조는 직권심리주의를 명문으로 인정하고 있다. 종합해 보면 행정소송은 당사자주의와 직권주의를 혼용한 형태의 심리의 원칙을 채택하고 있음을 알 수 있다.

2. 심리의 내용

(1) 요건심리

요건심리는 법원에 소가 제기된 때에 당해 소가 소송제기요건, 예컨대 관할권·제소기간·전심절차·당사자능력 등을 갖춘 적법한 것인지의 여부를 심리하는 것을 말한다.[68] 요건심리의 결과, 법원이 행정소송의 제기요건을 갖추지 못한 부적법한 소라고 인정하는 때에는 이를 각하한다.

> **[판 례]** 행정소송에서 쟁송의 대상이 되는 행정처분의 존부는 소송요건으로서 직권조사사항이고, 자백의 대상이 될 수 없는 것이므로, 설사 그 존재를 당사자들이 다투지 아니한다 하더라도 그 존부에 관하여 의심이 있는 경우에는 이를 직권으로 밝혀 보아야 할 것이다(대법원 2004.12.24. 선고 2003두15195 판결).

> **[판 례]** 어떠한 처분에 법령상 근거가 있는지, 행정절차법에서 정한 처분 절차를 준수하였는지는 본안에서 당해 처분이 적법한가를 판단하는 단계에서 고려할 요소이지, 소송요건 심사단계에서 고려할 요소가 아니다(대법원 2016.8.30. 선고 2015두60617 판결).

(2) 본안심리

1) 의 의

본안심리는 요건심리의 결과 당해 소가 소송제기요건을 갖춘 적법한 것이라고 인정하여 그 소에 의한 청구를 인용할 것인지 또는 기각할 것인지를 판단하기 위하여 요건의 본안에 대하여 실체적으로 심리하는 과정을 말한다. 본안심리 결과 청구가 이유 있다고 인정되면 청구인용판결을 하고, 청구가 이유 없다고 인정되면 청구기각판결을 한다.

본안심리에서도 소송요건에 흠결이 있는 경우에는 그에 관하여 판단할 수 있

---

68) 대법원 1986.4.8. 선고 82누242 판결; 대법원 1986.4.8. 선고 86누16 판결.

다. 소송제기요건을 갖추었는가는 법원의 직권조사사항이며 소송요건의 존재 여부를 명백히 밝힌 다음 본안판결을 하여야 하기 때문이다.[69]

> **[판 례]** 본안심리에 대하여 항고소송에 있어서 원고는 전심절차에서 주장하지 아니한 공격방어방법을 소송절차에서 주장할 수 있고, 법원은 이를 심리하여 행정처분의 적법 여부를 판단할 수 있다(대법원 1987.1.20. 선고 86누490 판결).

2) 처분사유의 추가나 변경

항고소송에 있어 처분청은 당해 처분의 근거로 삼은 사유와 기본적 사실관계에 있어서 동일성이 인정되는 한도 내에서만 새로운 처분사유를 추가하거나 변경할 수 있다.

따라서 동일성이 인정되지 않는 별개의 사실을 들어 처분사유로 주장하는 것은 허용되지 않는다.[70] 왜냐하면 행정처분의 상대방의 방어권을 보장함으로써 실질적 법치주의를 구현하고 행정처분의 상대방에 대한 신뢰를 보호하여야 하기 때문이다.

여기서 기본적 사실관계의 동일성 유무는 처분사유를 법률적으로 평가하기 이전의 구체적인 사실에 착안하여 그 기초가 되는 사회적 사실관계가 기본적인 점에서 동일한지 여부에 따라 결정된다.[71]

> **[판 례]** 처분청이 처분 당시에 적시한 구체적 사실을 변경하지 아니하는 범위 내에서 단지 그 처분의 근거법령만을 추가·변경하거나 당초의 처분사유를 구체적으로 표시하는 것에 불과한 경우에는 새로운 처분사유를 추가하거나 변경하는 것이라고 볼 수 없다(대법원 2007.2.8. 선고 2006두4899 판결).

새로운 처분사유의 추가변경은 사실심변론종결시까지만 허용된다.[72]

> **[판 례]** 과세처분취소소송에 있어서 심리의 대상은 과세관청이 결정한 과세가액의 존부이고, 소송당사자는 사실심변론종결시까지 과세표준액 등의 존부 내지 범위에

---

69) 대법원 1987.1.20. 선고 86누490 판결.
70) 항고소송에 있어서 행정청은 당초 처분의 근거로 삼은 사유와 기본적 사실관계가 동일하다고 인정되는 한도 내에서만 다른 처분사유를 새로 추가하거나 변경할 수 있을 뿐, 기본적 사실관계가 동일하다고 인정되지 않는 별개의 사실을 들어 처분사유로 주장하는 것은 원칙적으로 허용되지 않는다(대법원 2004.5.28. 선고 2002두5016 판결).
71) 대법원 2001.3.23. 선고 99두6392 판결.
72) 대법원 1999.8.20. 선고 98두17043 판결; 대법원 1999.2.9. 선고 98두16675 판결.

관한 모든 자료를 제출하고 그 때까지 제출된 자료에 의하여 과세처분의 적법 여부
를 심판해 줄 것을 주장할 수 있다(대법원 2004.5.14. 선고 2003두12615 판결).

(가) 판례상 동일성이 인정된 경우

[판 례] 당초의 정보공개거부처분사유인 검찰보존사무규칙 제20조 소정의 신청권자
에 해당하지 아니한다는 사유는 새로이 추가된 거부처분사유인 정보공개법 제7조
제1항 제6호의 사유와 그 기본적 사실관계의 동일성이 있다(대법원 2003.12.11. 선
고 2003두8395 판결).

[판 례] 토지형질변경 불허가처분의 당초의 처분사유인 국립공원에 인접한 미개발지
의 합리적인 이용대책 수립시까지 그 허가를 유보한다는 사유와 그 처분의 취소소
송에서 추가하여 주장한 처분사유인 국립공원 주변의 환경·풍치·미관 등을 크게
손상시킬 우려가 있으므로 공공목적상 원형유지의 필요가 있는 곳으로서 형질변경
허가 금지 대상이라는 사유는 기본적 사실관계에 있어서 동일성이 인정된다(대법원
2001.9.28. 선고 2000두8684 판결).

(나) 판례상 동일성이 부인된 경우

[판 례] 추가 또는 변경된 사유가 당초의 처분시 그 사유를 명기하지 않았을 뿐 처
분시에 이미 존재하고 있었고 당사자도 그 사실을 알고 있었다 하여 당초의 처분사
유와 동일성이 있는 것이 아니다(대법원 2003.12.11. 선고 2001두8827 판결).

[판 례] 의료보험요양기관 지정취소처분의 당초의 처분사유인 구 의료보험법 제33
조 제1항이 정하는 본인부담금 수납대장을 비치하지 아니한 사실과 항고소송에서
새로 주장한 처분사유인 같은 법 제33조 제2항이 정하는 보건복지부장관의 관계서
류 제출명령에 위반하였다는 사실은 기본적 사실관계의 동일성이 없다(대법원
2001.3.23. 선고 99두6392 판결).

3. 심리의 범위
(1) 불고불리의 원칙과 예외

행정소송에 있어서도 민사소송의 경우와 같이 원칙적으로 불고불리의 원칙(처
분권주의)이 적용된다. 불고불리의 원칙이란 법원은 소송의 제기가 없으면 재판할
수 없고, 소송의 제기가 있는 경우에도 당사자가 신청한 사항에 대하여 신청의 범
위 내에서 심리·판단하여야 한다는 원칙을 말한다(민사소송법 제203조).

따라서 법원은 원고가 소송을 제기한 때에만 심리를 개시할 수 있고 소송을 제기한 사실에 대해서만 심리·판결을 할 수 있다. 즉 소의 제기가 없는 사건에 대하여는 법원은 당사자 쌍방의 청구의 범위를 넘어서 심리하거나 재판하지 못한다.

> **[판 례]** 원고가 종합소득세부과처분의 위법을 들어 그 취소를 구하고 있다면 법원은 그 부과처분의 위법여부만을 심리하여야 할 것임에도 원심이 위 과세처분의 위법을 인정하면서 과세관청의 납세고지통지가 없어 아직 유효한 과세처분이 있었다고도 볼 수 없고 또 당사자가 구하지도 아니하여 심리의 대상이 될 수 없는 양도소득의 과세표준과 양도소득세액을 산출하고 위 종합소득세과세처분중 위와 같이 산출한 양도소득세액의 범위내의 것은 적법하다고 판시한 것은 처분권주의에 위배한 것이다(대법원 1987.11.10. 선고 86누491 판결).

다만, 「행정소송법」 제26조는 공익적 입장에서 "법원은 필요하다고 인정할 때에는 직권으로 증거조사를 할 수 있고, 당사자가 주장하지 아니한 사실에 대하여도 판단할 수 있다"라고 규정하였으며, 통설은 위 규정이 불고불리의 원칙에 대한 예외를 인정한 것으로 보고 있다.

대법원의 판례는 위 규정을 원고청구의 범위를 유지하면서 그 범위 내에서 공익상 필요에 따라 청구 이외의 사실에 대하여도 판단할 수 있음을 의미하는 것으로 보고 있다.[73] 그러나 법원이 아무런 제한 없이 당사자가 주장하지 아니한 사실을 판단할 수 있는 것은 아니고, 기록상 현출되어 있는 사항에 관하여서만 직권으로 증거조사를 하고 이를 기초로 하여 판단할 수 있다.[74]

(2) 재량문제의 심리

행정청의 재량행위도 취소소송의 대상이 될 수 있지만, 재량의 당·부당에 대해서는 심사할 수 없다. 다만, 재량행위에 대해 취소소송이 제기된 경우 곧바로 각하할 것이 아니라 재량권이 일탈·남용이 있었는지 검토하여 재량하자가 있으면 청구를 인용하고, 그렇지 않으면 청구를 기각하여야 한다.

「행정소송법」 제27조는 "행정청의 재량에 속하는 처분이라도 재량권의 한계를 넘거나 그 남용이 있는 때에는 법원은 이를 취소할 수 있다"라고 규정하고 있는데, 이는 법원이 재량문제에 대하여도 심리·판단할 수 있음을 명백히 한 것이라 하겠다.

---

73) 대법원 1982.7.27. 선고 81누394 판결; 대법원 1985.2.13. 선고 84누467 판결.
74) 대법원 1994.4.26. 선고 92누17402 판결.

(3) 법률문제 · 사실문제

법원은 행정사건을 심리함에 있어 행정처분이나 재결의 실체면 · 절차면 및 법률문제 · 사실문제 모든 점에 걸쳐 심사하는 것이 원칙이다.

4. 심리의 절차

(1) 일반적인 원칙

행정소송사건의 심리에 있어서도 「행정소송법」에 특별한 규정이 없는 한, 민사소송사건의 심리에 관한 일반적 원칙인 ① 처분권주의, ② 변론주의, ③ 공개심리주의, ④ 구술심리주의 등이 적용된다.

(가) 처분권주의

처분권주의는 일반적으로 절차의 개시, 심판의 대상 및 절차의 종결을 당사자의 의사에 맡기는 것을 말한다. 이는 소송절차에서 당사자에게 주도권을 부여하는 원칙이다. 「민사소송법」 제203조는 '법원은 당사자가 신청하지 아니한 사항에 대하여는 판결하지 못한다'고 하여 명시적으로 처분권주의를 선언하고 있다.

이와 대립되는 원칙으로는 소송절차에서 법원의 주도권을 인정하는 직권주의가 있다. 행정소송에서도 처분권주의가 원칙으로 적용된다.

> **[판 례]** 원고가 청구하지 아니한 개별토지가격결정처분에 대하여 판결한 것은 민사소송법 소정의 처분권주의에 반하여 위법하다(대법원 1993.6.8. 선고 93누4526 판결).

(나) 변론주의

변론주의는 재판의 기초가 되는 소송자료의 수집 · 제출책임을 당사자에게 지우는 것을 말한다. 따라서 법원은 당사자가 수집, 제출한 소송자료만을 재판의 기초로 삼아 판결을 하여야 한다.

> **[판 례]** 법원의 석명권 행사는 사안을 해명하기 위하여 당사자에게 그 주장의 모순된 점이나 불완전 · 불명료한 부분을 지적하여 이를 정정 · 보충할 수 있는 기회를 주고, 계쟁사실에 대한 증거의 제출을 촉구하는 것을 그 내용으로 하는 것이며, 당사자가 주장하지도 않은 법률효과에 관한 요건사실이나 공격방어방법을 시사하여 그 제출을 권유하는 행위는 변론주의의 원칙에 위배되고 석명권 행사의 한계를 일탈한 것이 된다(대법원 2005.1.14. 선고 2002두7234 판결).

(다) 공개심리주의

공개심리주의는 심리와 판결의 선고를 일반인이 방청할 수 있는 상태에서 행하는 것을 말한다. 이는 심리과정의 공정성을 확보하기 위한 것이다. 그러나 일정한 경우 비공개의 예외가 인정된다.

(라) 구술심리주의

구술심리주의는 심리에 임하여 당사자 및 법원의 소송행위, 특히 변론 및 증거조사를 구술로 행하는 것을 말한다.

(2) 특수한 심리절차

1) 직권심리주의

(가) 의 의

취소소송의 심리에 있어서 「행정소송법」은 변론주의를 기본으로 삼고 있다. 하지만 변론주의에 대한 특례로 "법원은 필요하다고 인정할 때에는 직권으로 증거조사를 할 수 있고, 당사자가 주장하지 아니한 사실에 대하여도 판단할 수 있다"라고 직권심리주의를 규정하고 있다(제26조). 직권심리주의는 정당한 판결에 대한 공익적 요청으로서, 국민의 효과적인 권리구제와 행정의 적법성 통제에도 기여하는 「행정소송법」의 특징적인 원칙이다.

(나) 직권증거조사

직권증거조사는 당사자가 주장한 사실에 대하여 법원이 직권으로써 증거조사를 할 수 있는 경우를 말한다. 행정소송에 있어서도 민사소송의 경우처럼 그 심리에는 변론주의가 적용되기 때문에 법원은 당사자 쌍방의 청구나 주장의 범위를 넘어서 심리·재판하지 못하는 것이 원칙이다.[75] 그러나 행정소송은 공공적 성격이 강하여 사건처리의 신속성이 요구되므로 사적 이해조정을 목적으로 하는 민사소송의 심리절차가 그대로 적용되기 어려운 경우가 있다.

따라서 「행정소송법」 제26조 전단은 "법원은 필요하다고 인정할 때에는 직권으로 증거조사를 할 수 있다"라고 하여 「민사소송법」상의 변론주의에 대한 예외로서 직권증거조사[76]를 규정하고 있다.

(다) 직권탐지주의

「행정소송법」 제26조 후단은 "…… 당사자가 주장하지 아니한 사실에 대하여

---

75) 판례는 사실심법원의 증거결정에 의하여 감정에 따라 제출된 감정서의 내용이 미비하거나 불명료하여 그 보완의 필요가 있는 경우에는 변론기일 외에서 감정서의 보완을 명할 수 있으며, 이는 변론주의에 위반하는 것이 아니라 하였다(대법원 1989.3.14. 선고 88누1844 판결).

76) 이에 대하여 대법원도 "재결이 소원재결기간을 넘어서 한 것이라고 주장하고 있으면 직권으로 그 재결의 적법여부도 따져보아야 한다"라고 판시하고 있다(대법원 1987.3.10. 선고 85누603 판결; 대법원 1988.5.24. 선고 87누990 판결).

도 판단할 수 있다"라고 하여 직권탐지주의를 채택하고 있다.

　　종래의 판례[77]는, 동조 전단에 대하여 당사자가 주장하는 사실에 대한 당사자의 입증활동이 불충분하여 심증을 얻기 어려운 경우에 당사자의 증거신청에 의하지 아니하고 직권으로 증거조사를 할 수 있음을 뜻하는 것이며, 동조 후단에 대해서도 변론주의에 대한 보충적 규정에 해당하는 것으로 봄으로써 변론주의보충설의 입장을 취하였다.

　　최근에 대법원은 다음의 판례에서 보듯이 변론주의를 원칙으로 하면서 예외적으로 직권탐지주의를 인정하고 있다. 이와 같은 직권탐지주의 하에서는 법원이 제시된 증거를 사실인정의 자료로 채택하지 않은 경우에 이유의 설시 없이 배척하더라도 위법이 되는 것은 아니며,[78] 법원이 필요하다고 인정할 때에는 당사자의 명백한 주장이 없는 사실에 관하여서도 사건기록에 나타난 사실을 기초하여 직권으로 판단할 수 있다는 것이다.[79]

> **[판 례]** 행정소송에 있어서도 불고불리의 원칙이 적용되어 법원은 당사자가 청구한 범위를 넘어서까지 판결을 할 수는 없지만, 당사자의 청구의 범위 내에서 일건 기록상 현출되어 있는 사항에 관하여 직권으로 증거조사를 하고 이를 기초로 하여 당사자가 주장하지 아니한 사실에 관하여도 판단할 수 있다(대법원 1999.5.25. 선고 99두1052 판결).

> **[판 례]** 행정소송에서 쟁송의 대상이 되는 행정처분의 존부는 소송요건으로서 직권조사사항이고, 자백의 대상이 될 수 없는 것이므로, 설사 그 존재를 당사자들이 다투지 아니한다 하더라도 그 존부에 관하여 의심이 있는 경우에는 이를 직권으로 밝혀 보아야 할 것이고, 사실심에서 변론종결시까지 당사자가 주장하지 않던 직권조사사항에 해당하는 사항을 상고심에서 비로소 주장하는 경우 그 직권조사사항에 해당하는 사항은 상고심의 심판범위에 해당한다(대법원 2004.12.24. 선고 2003두15195 판결).

> **[판 례]** 행정소송에서 기록상 자료가 나타나 있다면 당사자가 주장하지 않았더라도 판단할 수 있고, 당사자가 제출한 소송자료에 의하여 법원이 처분의 적법 여부에 관한 합리적인 의심을 품을 수 있음에도 단지 구체적 사실에 관한 주장을 하지 아니하였다는 이유만으로 당사자에게 석명을 하거나 직권으로 심리 판단하지 아니함으

---

77) 대법원 1975.5.27. 선고 74누233 판결.
78) 대법원 1987.11.24. 선고 85누903 판결.
79) 대법원 1989.8.8. 선고 88누3604 판결.

로써 구체적 타당성이 없는 판결을 하는 것은 행정소송법 제26조의 규정과 행정소
송의 특수성에 반하므로 허용될 수 없다(대법원 2006.9.22. 선고 2006두7430 판결).

[**판 례**] 명의신탁등기 과징금과 장기미등기 과징금은 위반행위의 태양, 부과 요건,
근거 조항을 달리하므로, 각 과징금 부과처분의 사유는 상호 간에 기본적 사실관계
의 동일성이 있다고 할 수 없다. 그러므로 그중 어느 하나의 처분사유에 의한 과징
금 부과처분에 대하여 당해 처분사유가 아닌 다른 처분사유가 존재한다는 이유로
적법하다고 판단하는 것은 특별한 사정이 없는 한 행정소송법상 직권심사주의의 한
계를 넘는 것으로서 허용될 수 없다(대법원 2017.5.17. 선고 2016두53050 판결).

2) 행정심판기록제출명령

행정소송에 있어서 원고가 행정청의 처분기록이나 행정심판기록을 필요로 하
는 경우에 원고에게 자료의 열람 및 등사신청권을 인정하는 것이 바람직하지만,
「행정소송법」은 그것을 인정하지 않고 행정심판기록제출명령만을 규정하고 있다.

즉, 법원은 당사자의 신청이 있는 때에는 결정으로써 재결을 행한 행정청(재결
청)에 대하여 행정심판에 관한 기록의 제출을 명할 수 있고, 이 제출명령을 받은
재결청은 지체 없이 당해 행정심판에 관한 기록을 법원에 제출하여야 한다(행정소
송법 제25조). 그리고 원고는 그 주장사실에 대한 입증자료의 확보가 필요한 경우에
는 행정청에 대한 문서제출 신청을 법원에 할 수 있다(민사소송법 제347조).

5. 주장책임과 입증책임

(1) 주장책임

주장책임은 소송에서 당사자의 일방이 위험 또는 불이익을 피하기 위하여 당
해 사실을 주장할 책임을 말한다. 주장책임이 논의되는 이유는 변론주의 하에서
법원은 당사자가 변론에서 주장하지 않으면 주요사실을 판결의 기초로 삼을 수 없
기 때문이다.

행정소송의 심리에 있어서도 변론주의가 채택되어 있으므로 주장책임이 인정
된다. 그러나 「행정소송법」 제26조에서 "법원은 필요하다고 인정할 때에는 …… 당
사자가 주장하지 아니한 사실에 대하여도 판단할 수 있다"고 하여 주장책임에 대한
예외로서 직권탐지주의를 규정하고 있어, 주장책임이 어느 정도 완화될 수는 있다.

[**판 례**] 행정소송에 있어서 직권주의가 가미되어 있다고 하여도 여전히 당사자주의,
변론주의를 그 기본 구조로 하는 이상 행정처분의 위법을 들어 그 취소를 청구함에

있어서는 직권조사사항을 제외하고는 그 위법된 구체적인 사실을 먼저 주장하여야 한다(대법원 2000.5.30. 선고 98두20162 판결).

누가 어떤 주요사실에 대하여 주장책임을 부담하는가 하는 주장책임의 분배 문제는 입증책임의 분배의 경우와 같다.

(2) 입증책임

1) 입증책임의 의의

입증책임은 소송상의 일정한 사실의 존부가 확정되지 아니하는 경우에, 불리한 법적 판단을 받게 되는 일방 당사자의 불이익 내지 위험을 말한다. 입증책임은 사실관계가 명확하지 않음을 이유로 재판이 불가능해지는 것을 방지하려는 법기술적 고려와 공평의 이념에 바탕을 두고 있다.

행정소송에서도 진위불명의 사태가 발생할 수 있으며, 그러한 사태가 예상되는 한 직권탐지주의를 채택하고 있는 행정소송에서도 입증책임은 문제가 된다. 다시 말하면, 행정소송의 심리에서 어떤 사실이 진위불명이 되면 그 사실을 요건으로 하는 법률효과가 생기지 않으므로, 그 법률효과를 주장하는 당사자는 그로 인하여 불이익을 입게 되는 것이다. 이 경우 그 불이익을 누가 부담하여야 하는지 결정되어야 하기 때문에 행정소송에서도 민사소송에 있어서와 마찬가지로 입증책임이 문제가 된다.

2) 입증책임의 분배

입증책임의 주된 문제는 어떤 사실의 존부가 확정되지 않은 경우에 당사자 중 누구에게 입증책임을 지게 할 것인가 하는 것이다. 이를 입증책임의 분배라고 한다.

취소소송에서 입증책임을 원고가 지느냐 또는 원고와 피고에 분배되어야 하는가라는 논점과 관련하여 ① 원고책임설, ② 피고책임설, ③ 일반원칙설, ④ 행정법독자분배설(특수성인정설) 등이 학설로 대립하고 있다.

[**판 례**] 국가유공자 인정 요건, 즉 공무수행으로 상이를 입었다는 점이나 그로 인한 신체장애의 정도가 법령에 정한 등급 이상에 해당한다는 점은 국가유공자 등록신청인이 증명할 책임이 있지만, 그 상이가 불가피한 사유 없이 본인의 과실이나 본인의 과실이 경합된 사유로 입은 것이라는 사정, 즉 지원대상자 요건에 해당한다는 사정은 국가유공자 등록신청에 대하여 지원대상자로 등록하는 처분을 하는 처분청이 증명책임을 진다고 보아야 한다(대법원 2013.8.22. 선고 2011두26589 판결).

[판 례] 성희롱을 사유로 한 징계처분의 당부를 다투는 행정소송에서 징계사유에 대한 증명책임은 그 처분의 적법성을 주장하는 피고에게 있다. 다만 민사소송이나 행정소송에서 사실의 증명은 추호의 의혹도 없어야 한다는 자연과학적 증명이 아니고, 특별한 사정이 없는 한 경험칙에 비추어 모든 증거를 종합적으로 검토하여 볼 때 어떤 사실이 있었다는 점을 시인할 수 있는 고도의 개연성을 증명하는 것이면 충분하다(대법원 2018.4.12. 선고 2017두74702 판결).

[판 례] 일정한 행정처분으로 국민이 일정한 이익과 권리를 취득하였을 경우에 종전 행정처분을 취소하는 행정처분은 이미 취득한 국민의 기존 이익과 권리를 박탈하는 별개의 행정처분으로 취소될 행정처분에 하자 또는 취소해야 할 공공의 필요가 있어야 하고, 나아가 행정처분에 하자 등이 있다고 하더라도 취소해야 할 공익상 필요와 취소로 당사자가 입게 될 기득권과 신뢰보호 및 법률생활안정의 침해 등 불이익을 비교·교량한 후 공익상 필요가 당사자가 입을 불이익을 정당화할 만큼 강한 경우에 한하여 취소할 수 있는 것이며, 하자나 취소해야 할 필요성에 관한 증명책임은 기존 이익과 권리를 침해하는 처분을 한 행정청에 있다(대법원 2012.3.29. 선고 2011두23375 판결).

[판 례] 행정처분이 그 재량권의 한계를 벗어난 것이어서 위법하다는 점은 그 행정처분의 효력을 다투는 자가 이를 주장·입증하여야 하고 처분성이 그 재량권의 행사가 정당한 것이었다는 점까지 주장·입증할 필요는 없다(대법원 1987.12.8. 선고 87누861 판결).

Ⅶ. 취소소송의 판결

1. 판결의 의의

취소소송의 판결은 구체적인 취소소송사건에서 변론을 거쳐 법원이 내리는 실체적인 법적 판단을 말한다. 주체적인 면에서 판결은 법원의 재판이므로, 그것은 소송법상 일정한 효과가 발생하는 법원의 소송행위를 의미한다.

2. 판결의 종류

취소소송의 판결도 민사소송의 경우와 같이 ① 중간판결과 종국판결, ② 소송판결(소각하)과 본안판결로 구분되고, 본안판결은 다시 기각판결과 인용판결로 구별된다.

(1) 중간판결과 종국판결

중간판결과 종국판결의 구별은 제1심에 있어서 소송을 종국적으로 해결하느냐의 여부에 따른 것이다. 중간판결은 종국판결을 하기 전에 소송의 진행 중에 생긴 쟁점을 해결하기 위한 확인적 성질의 판결이며(예컨대 피고의 방소항변을 이유 없다고 판결하는 것), 종국판결은 사건의 전부 또는 일부를 그 심급으로서 종료시키는 판결을 말한다.

(2) 소송판결과 본안판결

소송판결과 본안판결의 구별은 소송요건에 관한 판결이냐 내용에 관한 판결이냐에 따른 것이다.

소송판결이란 소송의 적부에 대한 판결로서, 요건심리의 결과 당사자적격·관할권 등 소송요건을 갖추지 못하면 해당 소송을 부적법한 것으로 각하하는 판결을 말한다.

본안판결이란 청구의 당부에 대한 판결로서 본안심리의 결과 청구의 전부 또는 일부를 인용하거나 기각함을 내용으로 하는 판결을 말한다. 기각판결은 본안심리의 결과 원고의 청구가 이유 없다고 하여 배척하는 내용의 판결이며, 원고의 청구가 이유 있음에도 불구하고 기각판결을 하는 사정판결이 예외적으로 인정되고 있다. 인용판결은 원고의 청구가 이유 있다고 인정하여 그 청구의 전부 또는 일부를 인용하는 판결이다.

3. 위법판단의 기준시점

행정소송에 있어서 법원은 계쟁 중인 처분 등의 위법성을 어떤 시점의 사실 및 법 상태를 기준으로 판단할 것인가가 문제된다. 왜냐하면 처분 등이 행하여진 뒤에 당해 처분 등의 근거가 된 법령이 개정되거나 사실상태에 변동이 일어날 수 있기 때문이다. 이러한 경우에 어느 시점을 기준으로 위법판단을 할 것인지에 대하여 학설은 처분시설과 판결시설로 대립되고 있다.

(1) 처분시설

처분시설은 행정소송에서 당해 계쟁처분 등의 위법 여부는 계쟁처분이 행하여진 당시의 법령 및 사실상태를 기준으로 판단하여야 한다는 학설이며, 판례 및 통설의 입장이다. 따라서 처분 후 법령의 개폐나 사실상태의 변동에는 영향을 받지 않는다.[80]

> **[판 례]** 행정소송에서 행정처분의 위법 여부는 행정처분이 행하여졌을 때의 법령과 사실상태를 기준으로 판단함이 원칙이고, 이는 독점규제 및 공정거래에 관한 법률에

---

80) 대법원 2002.7.9. 선고 2001두10684 판결.

따른 공정거래위원회의 과징금 납부명령 등에서도 마찬가지이다(대법원 2017.4.26. 선고 2016두32688 판결).

[판 례] 행정소송에서 행정처분의 위법 여부는 행정처분이 행하여졌을 때의 법령과 사실상태를 기준으로 하여 판단해야 하고, 이는 독점규제 및 공정거래에 관한 법률에 기한 공정거래위원회의 시정명령 및 과징금 납부명령에서도 마찬가지이다. 따라서 공정거래위원회의 과징금 납부명령 등이 재량권 일탈·남용으로 위법한지는 다른 특별한 사정이 없는 한 과징금 납부명령 등이 행하여진 '의결일' 당시의 사실상태를 기준으로 판단하여야 한다(대법원 2015.5.28. 선고 2015두36256 판결).

[판 례] 행정청이 수익적 행정처분을 하면서 부가한 부담의 위법 여부는 처분 당시 법령을 기준으로 판단하여야 하고, 부담이 처분 당시 법령을 기준으로 적법하다면 처분 후 부담의 전제가 된 주된 행정처분의 근거 법령이 개정됨으로써 행정청이 더 이상 부관을 붙일 수 없게 되었다 하더라도 곧바로 위법하게 되거나 그 효력이 소멸하게 되는 것은 아니다(대법원 2009.2.12. 선고 2005다65500 판결).

　　여기서 처분시라는 의미는 행정처분이 있을 때의 법령과 사실상태를 기준으로 하여 위법 여부를 판단하고 처분 후 법령의 개폐나 사실상태의 변동에 영향을 받지 않는다는 뜻이지 처분 당시 존재하였던 자료나 행정청에 제출되었던 자료만으로 위법 여부를 판단한다는 의미는 아니다. 따라서 처분 당시의 사실상태 등에 대한 입증은 사실심 변론종결 당시까지 할 수 있고, 법원은 행정처분 당시 행정청이 알고 있었던 자료뿐만 아니라 사실심 변론종결 당시까지 제출된 모든 자료를 종합하여 처분 당시 존재하였던 객관적 사실을 확정하고 그 사실에 기초하여 처분의 위법 여부를 판단할 수 있다.[81)]

[판 례] 난민 인정 거부처분의 취소를 구하는 취소소송에서도 그 거부처분을 한 후 국적국의 정치적 상황이 변화하였다고 하여 처분의 적법 여부가 달라지는 것은 아니다(대법원 2008.7.24. 선고 2007두3930 판결).

[판 례] 교원소청심사위원회가 한 결정의 취소를 구하는 소송에서 그 결정의 적부는 결정이 이루어진 시점을 기준으로 판단하여야 한다(대법원 2018.7.12. 선고 2017두65821 판결).

---

81) 대법원 2012.12.13. 선고 2011두21218 판결.

처분시설에 의하면 처분의 위법성의 여부가 처분시를 기준으로 판단되기 때문에 처분 시에 적법한 행위는 판결 시에 위법이 될 수 없고, 그 반대로 처분 시에 위법한 행위는 판결 시에 적법이 될 수 없다.

(2) 판결시설

판결시설은 행정소송에서 당해 계쟁처분 등의 위법 여부는 사실심의 최종구두변론종결 당시의 법상태 및 사실상태를 기준으로 판단하여야 한다고 주장하는 학설이다.

판결시설은 행정소송의 목적이 계쟁처분이 행하여진 당시에 있어서 위법성 여부를 확인하여 행정청에 책임을 묻는 데 있는 것이 아니라 당해 처분이 현행법규에 비추어 유지될 수 있는지의 여부를 판단·선고함에 있다고 본다. 따라서 항고소송에는 판결시의 법상태 및 사실상태를 기준으로 당해 처분의 적법성 여부가 판단되어야 한다고 한다.

판결시설에 의하면 처분 당시에는 위법인 행위가 추후 법령의 개정에 의하여 적법하게 되거나 반대로 적법인 행위가 후에 위법한 것이 될 수 있기 때문에, 그것은 법치주의의 뜻에 어긋나며 판결의 지연 등에 따른 불균형한 결과를 초래할 우려가 있다는 점, 또한 사후심사를 목적으로 하는 항고소송의 본질에 반함은 물론 법원의 행정적 재량을 인정하게 된다는 점 등에서 문제가 있다.

4. 종국판결의 내용

취소소송에서 종국판결은 소에 의하여 계속된 사건의 전부 또는 일부를 그 심급으로서 완결하는 판결을 말하며, 그 내용에 따라 ① 소각하판결, ② 청구인용판결, ③ 청구기각판결의 3종으로 나눌 수 있다.

(1) 소각하판결

소각하판결은 소송의 적부에 대한 판결로서 소송요건을 갖추지 못한 부적법한 소에 대하여 본안심리를 거부하는 판결을 말한다. 소각하판결은 처분이 적법한 것으로 확정된 것은 아니므로, 동일처분에 대하여 다시 소송요건을 갖춘 소가 제기되면 법원은 이를 심리·판결하여야 한다.

> **[판 례]** 사법시험 제1차 시험 불합격 처분의 취소를 구하는 소송을 제기하였는데 원심판결이 선고된 이후 새로이 사법시험 제1차 시험에 합격한 경우, 상고심 계속 중 소의 이익이 없게 되어 부적법하다(대법원 1996.2.23. 선고 95누2685 판결).

> **[판 례]** 행정처분이 있음을 알고 처분에 대하여 곧바로 취소소송을 제기하는 방법

을 선택한 때에는 처분이 있음을 안 날부터 90일 이내에 취소소송을 제기하여야 하고, 행정심판을 청구하는 방법을 선택한 때에는 처분이 있음을 안 날부터 90일 이내에 행정심판을 청구하고 행정심판의 재결서를 송달받은 날부터 90일 이내에 취소소송을 제기하여야 한다. 행정처분이 있음을 안 날부터 90일을 넘겨 행정심판을 청구하였다가 부적법하다는 이유로 각하재결을 받은 후 재결서를 송달받은 날부터 90일 내에 원래의 처분에 대하여 취소소송을 제기한 경우, 취소소송의 제소기간을 준수한 것으로 볼 수 없다(대법원 2011.11.24. 선고 2011두18786 판결).

(2) 인용판결

인용판결은 원고의 청구가 이유 있다고 인정하여 그 청구의 전부 또는 일부를 인용하는 판결이다. 일부인용판결은 원고의 청구 중 일부에 대해서만 이유가 있는 경우 그 일부만을 취소하는 판결을 말한다. 일부인용판결은 일부를 특정할 수 있어야 하고, 일부인용되고 남은 부분만으로 의미가 있어야 하며 처분청의 의사에 반하지 말아야 한다.

1) 일부취소가 가능한 경우

[판 례] 법원이 행정청의 정보공개거부처분의 위법 여부를 심리한 결과 공개를 거부한 정보에 비공개대상정보에 해당하는 부분과 공개가 가능한 부분이 혼합되어 있고 공개청구의 취지에 어긋나지 아니하는 범위 안에서 두 부분을 분리할 수 있음을 인정할 수 있을 때에는, 위 정보 중 공개가 가능한 부분을 특정하고 판결의 주문에 행정청의 위 거부처분 중 공개가 가능한 정보에 관한 부분만을 취소한다고 표시하여야 한다(대법원 2003.3.11. 선고 2001두6425 판결).

[판 례] 공정거래위원회가 부당한 공동행위에 대한 과징금을 부과함에 있어 여러 개의 위반행위에 대하여 하나의 과징금 납부명령을 하였으나 여러 개의 위반행위 중 일부의 위반행위에 대한 과징금 부과만이 위법하고 소송상 그 일부의 위반행위를 기초로 한 과징금액을 산정할 수 있는 자료가 있는 경우에는, 하나의 과징금 납부명령일지라도 그 일부의 위반행위에 대한 과징금액에 해당하는 부분만을 취소하여야 한다(대법원 2009.10.29. 선고 2009두11218 판결).

2) 일부취소가 불가능한 경우

[판 례] 자동차운수사업면허조건 등을 위반한 사업자에 대하여 행정청이 행정제재수단으로 사업 정지를 명할 것인지, 과징금을 부과할 것인지, 과징금을 부과키로 한다면 그 금액은 얼마로 할 것인지에 관하여 재량권이 부여되었다 할 것이므로 과징금

부과처분이 법이 정한 한도액을 초과하여 위법할 경우 법원으로서는 그 전부를 취소할 수밖에 없고, 그 한도액을 초과한 부분이나 법원이 적정하다고 인정되는 부분을 초과한 부분만을 취소할 수 없다(금 1,000,000원을 부과한 당해 처분 중 금 100,000원을 초과하는 부분은 재량권 일탈·남용으로 위법하다며 그 일부분만을 취소한 원심판결을 파기한 사례)(대법원 1998.4.10. 선고 98두2270 판결).

(3) 기각판결

기각판결은 본안심리의 결과 원고의 청구가 이유 없다고 하여 배척하는 판결이다. 기각판결은 원칙적으로 계쟁처분이 위법성이 없어 적법하거나, 부당에 그치는 경우에 한다.

(4) 사정판결

1) 사정판결의 의의

사정판결은 취소소송에 있어서 법원이 원고의 청구에 대하여 심리한 결과, 원고의 청구가 이유 있다고 인정함에도 처분 등을 취소하는 것이 현저히 공공복리에 적합하지 아니하다고 인정하는 때에 법원이 원고의 청구를 기각할 수 있는 판결을 말한다. 사정판결도 기각판결이므로 원고는 당연히 상소할 수 있다.

2) 사정판결의 근거

「행정소송법」 제28조 제1항은 "원고의 청구가 이유 있다고 인정하는 경우에도 처분 등을 취소하는 것이 현저히 공공복리에 적합하지 아니하다고 인정하는 때에는 법원은 원고의 청구를 기각할 수 있다"고 하여 이른바 사정판결을 인정하고 있다.

판례는 법원이 사정판결을 할 필요가 있다고 인정하는 때에는 당사자의 명백한 주장이 없는 경우에도 일건 기록에 나타난 사실을 기초로 하여 직권으로 사정판결을 할 수 있으나,[82] 사정판결의 요건인 현저히 공공복리에 적합하지 아니한지 여부는 위법한 행정처분을 취소·변경하여야 할 필요와 그 취소·변경으로 인하여 발생할 수 있는 공공복리에 반하는 사태 등을 비교·교량하여 판단하여야 한다.[83]

3) 사정판결의 요건

(가) 취소소송

사정판결은 취소소송에만 인정되는 것이 원칙이다. 판례도 무효인 행정처분은 존치시킬 효력이 있는 행정행위가 없다는 점에서 사정판결을 부정하고 있다.[84]

---

82) 대법원 1993.9.28. 선고 93누9132 판결.
83) 대법원 2006.9.22. 선고 2005두2506 판결.
84) 대법원 1996.3.22. 선고 95누5509 판결; 대법원 1992.11.10. 선고 91누8227 판결.

부작위위법확인소송, 당사자소송의 경우도 사정판결이 허용되지 않는다.

(나) 이유있는 청구

원고의 청구가 이유 없는 경우에는 당연히 기각판결을 하게 되므로 원고의 청구에 이유가 있어야 한다.

(다) 공공복리

처분 등의 취소가 현저히 공공복리에 적합하지 아니하여야 한다. 사정판결의 적용은 극히 엄격한 요건 아래 제한적으로 하여야 하고, 그 요건인 '현저히 공공복리에 적합하지 아니한가'의 여부를 판단할 때에는 위법·부당한 행정처분을 취소·변경하여야 할 필요와 그 취소·변경으로 발생할 수 있는 공공복리에 반하는 사태 등을 비교·교량하여 그 적용 여부를 판단하여야 한다.[85]

이는「행정소송법」제28조 제2항에서 "법원이 사정판결을 함에 있어서는 미리 원고가 그로 인하여 입게 될 손해의 정도와 배상방법 그 밖의 사정을 조사하여야 한다"라고 한 점에서도 잘 나타나고 있다.

[판 례] 위법한 행정처분을 존치시키는 것은 그 자체가 공공복리에 반하는 것이므로 행정처분이 위법함에도 이를 취소하는 것이 현저히 공공복리에 적합하지 아니하다고 인정하여 사정판결을 함에 있어서는 극히 엄격한 요건 아래 제한적으로 하여야 할 것이고, 그 요건인 현저히 공공복리에 적합하지 아니한가의 여부를 판단함에 있어서는 위법·부당한 행정처분을 취소·변경하여야 할 필요성과 그로 인하여 발생할 수 있는 공공복리에 반하는 사태 등을 비교·교량하여 그 적용 여부를 판단하여야 한다(대법원 2001.8.24. 선고 2000두7704 판결).

---

4) 위법판단의 기준시

사정판결의 필요성 판단을 어떤 때를 기준으로 할 것인가에 대하여 판결시설과 처분시설이 있으나, 사정판결의 입법취지에 비추어 처분의 위법성 판단과는 달리 변론종결시를 기준으로 하는 판결시설이 타당하다.

5) 입증책임

사정판결의 필요성에 관하여는 피고인 행정청이 주장·입증하여야 하며, 그러한 주장이 없음에도 법원이 직권탐지에 의해 판결의 기초로 할 수는 없다.

6) 사정판결의 효과

사정판결은 기각판결인 것이므로 당해 소송의 대상인 처분 등이 위법하여 원

---

85) 대법원 2009.12.10. 선고 2009두8359 판결.

고의 청구가 이유 있음에도 불구하고 원고의 청구는 기각된다.

사정판결은 계쟁처분 등이 적법하다거나 그 위법성을 치유하는 것은 아니기 때문에 당해 처분 등이 위법한 것임을 법적으로 확정할 필요가 있다. 따라서 법원은 사정판결의 주문에서 그 처분 등이 위법함을 명시하여야 한다(행정소송법 제28조 제1항 단서). 이처럼 판결의 주문에서 처분 등이 위법함을 명시한 이상 판결이 확정되게 되면 처분 등이 위법하다는 점에 대하여 기판력이 발생한다.

7) 소송비용

사정판결의 경우는 원고의 청구가 이유 있음에도 불구하고 그 청구를 기각하는 것이므로「민사소송법」상의 패소자부담의 일반원칙과는 달리 피고가 소송비용을 부담한다(행정소송법 제32조).

8) 원고의 권리구제

법원이 사정판결을 함에 있어서는 미리 원고가 그로 인하여 입게 될 손해의 정도와 배상방법 그 밖의 사정을 조사하여야 한다(행정소송법 제28조 제2항).

사정판결이 있어도 처분이 지닌 위법성이 치유되는 것은 아니기 때문에, 그로 인하여 생긴 손해는 불법행위로 인한 손해로서 전보되어야 함은 물론 원고는 피고인 행정청이 속하는 국가 또는 공공단체를 상대로 손해배상, 제해시설의 설치, 그 밖에 적당한 구제방법의 청구를 병합하여 제기할 수 있다(동법 제28조 제3항).

> **[판 례]** 사정판결의 요건을 갖추었다고 판단되는 경우 법원으로서는 행정소송법 제28조 제2항에 따라 원고가 입게 될 손해의 정도와 배상방법, 그 밖의 사정에 관하여 심리하여야 하고, 이 경우 원고는 행정소송법 제28조 제3항에 따라 손해배상, 제해시설의 설치 그 밖에 적당한 구제방법의 청구를 병합하여 제기할 수 있으므로, 당사자가 이를 간과하였음이 분명하다면 적절하게 석명권을 행사하여 그에 관한 의견을 진술할 수 있는 기회를 주어야 한다(대법원 2016.7.14. 선고 2015두4167 판결).

5. 판결의 효력

취소판결의 효력으로는 ① 자박력, ② 불가쟁력, ③ 기판력, ④ 형성력, ⑤ 기속력 등이 인정되고 있다.

(1) 자박력(불가변력) : 선고법원에 대한 효력

법원이 판결을 선고하면 선고법원 자신도 판결의 내용을 임의로 취소나 변경할 수 없는 기속을 받는다. 이를 자박력이라 하며, 이는 판결의 선고법원에 대한 효력이다.

판결의 자박력은 절대적인 것이 아니라 상대적이기 때문에 법원은 판결 자체에 명백하고 객관적인 잘못(예컨대 판결에 잘못 기재, 잘못 계산한 경우나 이와 유사한 명백한 오류가 있는 경우)이 있다고 인정하는 때에는 그 효력을 배제할 수 있다.

(2) 불가쟁력(형식적 확정력) : 당사자에 대한 효력

불가쟁력은 취소소송의 판결에 대하여 불복하는 자가 더 이상 판결을 다툴 수 없게 되는 경우의 구속력을 말한다.

(3) 기판력(실질적 확정력) : 법원과 당사자에 대한 효력

1) 기판력의 의의

기판력이라 함은 일단 재판이 확정되면 소송당사자는 동일한 소송물에 대하여 다시 소를 제기할 수 없고, 설령 제기되어도 법원은 일사부재리의 원칙에 따라 확정판결과 내용적으로 모순되는 판단을 하지 못하는 효력을 말한다.

「행정소송법」에는 기판력에 대한 명문 규정이 없으나, 「행정소송법」 제8조 제2항에 따라 「민사소송법」상 기판력에 관한 규정이 준용된다.

2) 기판력의 내용

기판력은 확정판결의 판단에 부여되는 통용성 내지는 구속력을 말하며, 이는 판결의 실질적 확정력이라고도 한다. 기판력의 내용은 반복금지와 모순금지이다. 즉, 기판력은 후소 법원에서 확정판결의 내용에 저촉되는 법원의 판단 또는 당사자의 주장을 허용하지 않음과 동시에 동일 소송물에 관하여 반복된 제소를 불허하는 것을 내용으로 한다.

> [판 례] 전소와 후소의 소송물이 동일하지 아니하여도 전소의 기판력있는 법률관계가 후소의 선결적 법률관계가 되는 때에는 전소의 판결의 기판력이 후소에 미쳐 후소의 법원은 전에 한 판단과 모순되는 판단을 할 수 없다(대법원 2000.2.25. 선고 99다55472 판결).

기판력은 국가의 재판기관이 당사자간의 분쟁을 공권적으로 판단한 것에 기초하여 소송절차의 반복과 모순된 재판의 방지라는 법적 안정성을 위하여 인정된 것이다.

기판력은 소송물로 된 행정처분의 위법성 존부에 관한 판단 그 자체에만 미치는 것이므로 전소와 후소가 그 소송물을 달리하는 경우에는 전소 확정판결의 기판력은 후소에 미치지 아니한다.[86]

---

86) 대법원 1996.4.26. 선고 95누5820 판결.

3) 기판력의 범위

(가) 주관적 범위

기판력은 당해 행정소송의 당사자 및 당사자와 동일시할 수 있는 승계인에게
만 미치고, 제3자에게는 미치지 않는다. 다만, 취소판결의 기판력은 피고인 행정청
이 속하는 국가 또는 공공단체에도 미치게 된다. 이는 그들이 실질적인 당사자이
기 때문이다.

행정처분취소소송에 대한 기각판결이 확정된 경우에 당해 행정처분이 위법하
지 아니하다는 점이 판결에서 확정된 것이므로 원고가 다시 이를 무효라 하여 무
효확인소송을 제기할 수는 없다.[87]

(나) 객관적 범위

행정소송의 기판력도 민사소송의 경우와 같이 판결의 주문에 포함된 것에 한
하여 발생한다. 따라서 인용판결의 경우는 판결의 이유로 한 처분의 위법사유, 기
각판결의 경우는 판결의 이유로 한 적법사유에 한하여 발생한다.

> **[판 례]** 과세처분을 취소하는 판결이 확정된 경우, 그 확정판결의 기판력은 확정판
> 결에 적시된 위법사유에 한하여만 미친다 할 것이므로 과세처분권자가 그 확정판결
> 에 적시된 위법사유를 보완하여 행한 새로운 과세처분은 확정판결에 의하여 취소된
> 종전의 과세처분과는 별개의 처분으로서 확정판결의 기판력에 저촉된다 할 수 없다
> (대법원 2002.5.31. 선고 2000두4408 판결).

(다) 시간적 범위

기판력은 사실심변론의 종결 시를 표준으로 하여 발생한다. 따라서 확정판결
이 있은 뒤에 처분청은 당해 사건의 사실심변론 종결 이전의 사유를 내세워 확정
판결에 저촉되는 처분을 할 수 없고, 그러한 처분을 하는 경우에도 그것은 무효가
된다.

4) 기판력과 국가배상소송

처분의 취소를 구하는 취소소송이 제기되어 판결이 확정된 후에 국가배상소
송이 제기된 경우, 취소판결의 기판력이 후소인 국가배상소송에 미치는가가 문제
된다. 이 문제는 취소소송에 있어서 처분의 위법성을 국가배상소송에서의 선결문
제로서의 위법성과 동일하게 보는 일원설(긍정설)을 취하는가, 아니면 양자를 다르
게 보는 이원설(부정설)을 취하는가에 따라 달라진다.

---

87) 대법원 1992.12.8. 선고 92누6891 판결.

생각건대, 취소판결의 기판력을 부정하는 경우에는 ① 동일 규범 위반에 대하여 후소의 법원이 전소(취소소송)와 다른 판단을 할 수 있게 되어 분쟁의 일회적 해결의 요청을 근본적으로 뒤엎는 결과가 된다는 점, ② 동일 규범 위반에 대하여 취소소송에서 위법으로 판단된 처분이 국가배상소송에서는 적법으로 판단될 수 있는 여지를 인정하게 되므로 법질서의 일체성의 관점에서도 문제가 있다. 따라서 일원설(기판력긍정설)이 타당하다.

(4) 형성력 : 당사자와 제3자에 대한 효력

1) 형성력의 의의

판결의 형성력은 판결의 내용에 따라 기존 법률관계의 발생·변경·소멸 등 변동을 가져오는 힘을 말한다. 처분을 취소하는 내용의 판결이 확정되면 당해 처분의 효력은 처분청의 별도의 행위를 기다릴 것 없이 처분시에 소급하여 소멸되고 그로써 기존의 법률관계에 변동을 가져오게 된다.[88] 이것은 취소판결이 가지는 형성력의 효과인 것이다. 따라서 취소판결 후에 취소된 처분을 대상으로 하는 처분은 당연무효이다.

> **[판 례]** 과세처분을 취소하는 판결이 확정되면 그 과세처분은 처분시에 소급하여 소멸하므로 그 뒤에 과세관청에서 그 과세처분을 갱정하는 갱정처분을 하였다면 이는 존재하지 않는 과세처분을 갱정한 것으로서 그 하자가 중대하고 명백한 당연무효의 처분이다(대법원 1989.5.9. 선고 88다카16096 판결).

2) 취소판결의 제3자효

형성력은 당해 소송의 당사자뿐만 아니라 소송에 관여하지 않은 제3자에게도 미친다(행정소송법 제29조 제1항). 이러한 형성력의 주관적 범위가 제3자에게도 미치는 것을 판결의 대세적 효력 또는 제3자효라고 한다.

(5) 기속력(구속력) : 행정기관에 대한 효력

1) 기속력의 의의

기속력(또는 구속력)은 판결의 취지에 따라 행동하도록 소송당사자인 행정청과 그 밖의 관계행정청을 구속하는 효력을 말한다. 「행정소송법」 제30조 제1항은 "처분 등을 취소하는 확정판결은 그 사건에 관하여 당사자인 행정청과 그 밖의 관계행정청을 기속한다"라고 하여 기속력을 명문으로 규정하고 있다. 이러한 기속력은 인용판결의 경우에만 인정된다.

---

88) 대법원 1991.10.11. 선고 90누5443 판결.

2) 기속력의 내용

(가) 부작위의무(동일내용의 반복금지의무)

취소판결 등 원고의 청구를 인용하는 판결이 확정되면 그 사건에 관하여 당사자인 행정청과 그 밖의 관계행정청을 기속하기 때문에, 피고인 행정청은 물론 모든 관계행정청은 동일사실관계 아래에서 동일당사자에 대하여 동일한 내용의 처분 등을 반복하지 않아야 하는 실체법상의 의무를 진다(행정소송법 제30조 제1항). 다시 말하면 당사자인 행정청과 관계행정청은 동일한 당사자에 대하여 사실심변론종결 이전의 사유를 내세워 다시 확정판결에 저촉되는 새로운 행정처분을 할 수 없다.[89] 이와 같은 취소판결의 반복금지효는 취소판결의 실효성을 보장하기 위하여 행정소송상 인정된 특유한 효력이다.

이와 같은 판결의 기속력에 행정청이 위반하면 그것은 무효 또는 취소의 대상이 된다. 다만, 기속력은 인용판결에 대하여만 인정된 것이며, 기각판결은 기속력을 가지지 않는다. 따라서 기각판결이 있은 뒤에 행정청은 당해 처분을 직권으로 취소할 수 있다.

(나) 적극적 재처분의무

거부처분의 취소판결이 확정되면, 당해 거부처분의 행정청은 판결의 취지에 따라 다시 이전의 신청에 대한 처분을 하여야 한다(행정소송법 제30조 제2항).

또한, 신청에 따른 처분이 절차의 위법을 이유로 취소된 때에는 처분청은 적법한 절차에 따라 다시 이전의 신청에 대한 처분을 하여야 한다(동법 제30조 제3항).

[판 례] 거부처분에 대한 취소판결이 확정된 경우에는 그 처분을 행한 행정청은 판결의 취지에 따라 다시 처분을 하여야 할 의무를 부담하게 되므로, 취소소송에서 소송의 대상이 된 거부처분을 실체법상의 위법사유에 기하여 취소하는 판결이 확정된 경우에는 당해 거부처분을 한 행정청은 원칙적으로 신청을 인용하는 처분을 하여야 하고, 사실심 변론종결 이전의 사유를 내세워 다시 거부처분을 하는 것은 확정판결의 기속력에 저촉되어 허용되지 아니한다(대법원 2001.3.23. 선고 99두5238 판결).

(다) 제3자에 대한 효력

행정처분을 취소하는 확정판결은 제3자에 대하여도 효력이 있으므로 그 확정판결에 따라 행정청이 제3자에 대한 처분을 취소함에 있어 다시 공익상의 필요성이나 중요성이 있는지를 고려하여 그 취소여부를 결정하여야 하는 것은 아니다.

---

89) 대법원 1989.2.28. 선고 88누6177 판결.

3) 기속력의 성질

기속력의 성질에 대해서는 기판력설과 특수효력설이 대립되어 있으나, 후설이 통설이다. 특수효력설은 기속력을 취소판결의 실효성을 담보하기 위하여 실정법이 특히 인정한 특수한 효력으로 보고 있다. 판례[90]는 기판력설을 취하고 있는 것으로 보인다.

4) 기속력의 범위

기속력이 미치는 주관적 범위는 당사자인 행정청뿐만 아니라, 그 밖의 모든 관계 행정청이며, 객관적 범위에 있어서는 판결주문 및 그 전제가 된 요건사실의 인정과 효력의 판단에만 미치고, 판결의 결론과 직접 관계없는 방론 또는 간접사실의 판단에는 미치지 않는다.

기속력은 처분시까지의 위법사유에만 미친다. 따라서 처분 이후 발생한 새로운 법령 및 사실상태의 변동을 이유로 동일한 내용의 처분을 하는 것은 기속력에 반하지 않는다.

[**판 례**] 행정처분의 위법 여부는 행정처분이 행하여진 때의 법령과 사실을 기준으로 판단하므로, 확정판결의 당사자인 처분 행정청은 종전 처분 후에 발생한 새로운 사유를 내세워 다시 처분을 할 수 있고, 새로운 처분의 처분사유가 종전 처분의 처분사유와 기본적 사실관계에서 동일하지 않은 다른 사유에 해당하는 이상, 처분사유가 종전 처분 당시 이미 존재하고 있었고 당사자가 이를 알고 있었더라도 이를 내세워 새로이 처분을 하는 것은 확정판결의 기속력에 저촉되지 않는다(대법원 2016.3.24. 선고 2015두48235 판결).

---

5) 기속력위반의 효과

기속력에 위반한 행정청의 행위는 위법하여 당연무효가 된다.

6. 취소소송의 종료

(1) 종국판결의 확정

취소소송은 보통 법원의 심리가 종료되어 종국판결을 내림으로써 종료된다. 종국판결은 상고권의 포기, 상소기간의 경과, 상소기각, 상고법원(대법원)의 종국판결에 의해 확정된다.

---

90) 행정청의 위법한 처분의 취소 또는 변경을 구하는 소송에 있어서 원고의 청구를 인용한 확정판결은 당해 행정처분에 관한 취소사유에 대하여 기판력이 있으므로 그 행정청은 같은 사정 아래 같은 이유로 행정처분의 취소를 청구할 수 없는 구속력을 받는다(대법원 1980.6.10. 선고 79누152 판결; 대법원 1962.3.15. 선고 4294행상131 판결).

(2) 당사자의 행위에 의한 종료

1) 소의 취하

소의 취하는 원고가 소에 의한 심판청구의 전부 또는 일부를 철회하는 일방적 의사표시이다. 소의 취하에 관하여는 「민사소송법」이 준용된다.

2) 청구의 포기·인낙

청구의 포기는 원고가 법원에 대하여 자기의 청구가 이유가 없음을 인정하는 일방적 의사표시이다. 청구의 인낙은 피고가 원고의 청구가 이유 있음을 인정하는 일방적 의사표시이다. 청구의 포기와 인낙이 행정소송에서 인정될 수 있는지에 대해서는 부정설과 긍정설이 대립하고 있다.

3) 소송상 화해

소송상의 화해는 소송계속 중에 당사자 쌍방이 서로 양보하여 소송을 종료하기로 하는 합의를 말한다. 화해조서는 확정판결과 같은 효력이 있다(민사소송법 제220조). 행정소송에서 화해가 허용될 수 있는지에 대해서도 부정설과 긍정설이 대립하고 있다.

4) 당사자의 소멸

원고가 사망하고 소송물인 권리관계의 성질상 이를 승계할 자가 없을 때는 소송이 종료된다. 피고인 행정청이 소멸한 때에는 사무가 귀속되는 국가 또는 공공단체가 피고가 되므로 소송은 종료되지 않는다.

7. 취소소송의 불복

(1) 상소(항소와 상고)

「행정소송법」은 행정소송의 제1심 관할법원을 피고의 소재지를 관할하는 지방법원급의 행정법원으로 하고 있다. 행정법원의 제1심 판결에 불복하는 자는 고등법원에 항소할 수 있고, 항소심의 종국판결에 불복하는 자는 대법원에 상고할 수 있다.

상고는 종국판결에 대한 법률심에의 상소로서, 원판결의 당부를 전적으로 법률적인 측면에서만 심사할 것을 구하는 불복신청이다. 더욱이 「상고심법」 제2조는 행정소송의 상고사건을 그 적용범위에 포함시키고 있어 행정소송은 상고심사제의 적용을 받는다.

대법원은 상고이유에 관한 주장이 ① 원심판결이 헌법에 위반하거나 헌법을 부당하게 해석한 때, ② 원심판결이 명령·규칙 또는 처분의 법률위반 여부에 대하여 부당하게 판단한 때, ③ 원심판결이 법률·명령·규칙 또는 처분에 대하여 대법원판례와 상반되게 해석한 때, ④ 법률·명령·규칙 또는 처분에 대한 해석에 관하여 대법원판례가 없거나 대법원판례를 변경할 필요가 있는 때, ⑤ 중대한 법령위반에 관한 사항이 있는 때, ⑥ 「민사소송법」 제424조 제1항 제1호 내지 제5호의 사유가 있는 때 등의 사유를 포함하지 아니한다고 인정하는 때에는 더 나아가 심리를 하지 아니하고 판결로 상고를 기각하는 심리불속행을 인정하고 있다(상고심법 제4조).

> **[판 례]** 행정청은 기본적 사실관계의 동일성이 있다고 인정되는 한도 내에서만 다른 처분사유를 추가, 변경할 수 있다고 할 것이나 이는 사실심 변론종결시까지만 허용된다. 원고가 이주대책 신청기간이나 소정의 이주대책실시기간을 모두 도과하여 실기한 이주대책신청을 하였으므로 원고에게는 이주대책을 신청할 권리가 없고, 사업시행자가 이를 받아들여 택지나 아파트공급을 해 줄 법률상 의무를 부담한다고 볼 수 없다는 피고의 상고이유의 주장은 원심에서는 하지 아니한 새로운 주장일 뿐만 아니라 사업지구내 가옥 소유자가 아니라는 이 사건 처분사유와 기본적 사실관계의 동일성도 없으므로 적법한 상고이유가 될 수 없다(대법원 1999.8.20. 선고 98두17043 판결).

(2) 항고와 재항고

행정소송에서도 소송절차에 관한 신청을 기각한 법원의 결정·명령에 대하여 불복하는 자는 항고할 수 있고, 항고법원의 결정·명령에 불복하는 자는 대법원에 재항고할 수 있다. 이 경우에도 「상고심법」이 적용된다.

(3) 재심청구

1) 민사소송법에 의한 재심청구

재심은 확정된 종국판결에 재심사유에 해당하는 하자가 있는 경우 판결을 한 법원에 대하여 그 판결의 취소와 사건의 재심사를 구하는 것이다. 행정소송의 판결에 대해서도 민사소송의 예에 따르는 재심청구가 일반적으로 인정된다.

2) 제3자에 의한 재심청구

(가) 의 의

「행정소송법」은 처분 등을 취소하는 확정판결의 효력을 소외의 제3자에게도 미치게 하면서(제29조 제1항), 제3자가 불측의 손해를 입지 아니하도록 하기 위하여 제3자 및 행정청의 소송참가를 인정하고 있다(제16조, 제17조). 그러나 제3자로서 자기에게 귀책사유 없이 소송참가를 못함으로써, 판결 결과에 영향을 미칠 공격 또는 방어방법을 제출하지 못한 제3자의 권익을 보호하기 위하여 확정된 종국판결에 대한 제3자의 재심청구를 인정하고 있다(동법 제31조 제1항).

(나) 재심청구의 당사자

재심청구의 원고는 항고소송의 인용판결에 의하여 권리 또는 이익의 침해를 받은 제3자가 되며, 피고는 확정판결에 나타난 원고와 피고가 된다(행정소송법 제31조, 제38조).

(다) 재심사유

행정소송에서 재심사유는 ① 제3자가 자기에게 책임 없는 사유로 인하여 소송에 참가하지 못하였을 때, ② 소송에 참가하지 못함으로 인하여 판결의 결과에 영향을 미칠 공격 또는 방어방법을 제출하지 못한 때이어야 한다.

(4) 재심청구기간

재심청구는 확정판결이 있음을 안 날로부터 30일 이내, 판결이 확정된 날로부터 1년 이내에 제기하여야 하며, 재심청구기간은 불변기간이다(행정소송법 제31조 제2항·제3항).

8. 위헌·위법판결의 공고

행정소송에 대한 대법원판결에 의하여 명령·규칙이 헌법 또는 법률에 위반된다는 것이 확정된 경우에는 대법원은 지체 없이 그 사유를 행정안전부장관에게 통보하여야 하며, 통보를 받은 행정안전부장관은 지체 없이 이를 관보에 게재하여야 한다(행정소송법 제6조). 위헌·위법판결이 관보에 공고되면 관계행정청은 위헌 또는 위법으로 판단된 명령이나 규칙을 적용하지 않아야 하며, 또 이해관계인은 행정청이 위헌·위법인 명령이나 규칙을 적용하는 경우에 위헌·위법을 주장할 수 있다.

제 3 절   무효등확인소송

I. 개   설

1. 무효등확인소송의 의의

무효등확인소송은 행정청의 처분 또는 재결의 효력 유무 또는 존재 여부를 확인하는 소송을 말한다(행정소송법 제4조 제2호). 이러한 무효등확인소송은 무효인 행정처분도 처분으로서 외관을 가지고 있기 때문에 그 효력의 제거를 위하여 필요한 소송이다.

[판 례] 행정처분에 대한 무효확인의 소에 있어서 확인의 이익은 그 대상인 법률관계에 관하여 당사자 사이에 분쟁이 있고, 그로 인하여 원고의 권리 또는 법률상의 지위에 불안·위험이 있어 판결로써 그 법률관계의 존부를 확정하는 것이 위 불안·위험을 제거하는 데 필요하고도 적절한 경우에 인정된다(대법원 2006.5.12. 선고 2004두14717 판결).

무효등확인소송은 ① 처분무효확인소송·처분유효확인소송·처분실효확인소송·처분존재확인소송·처분부존재확인소송, ② 재결무효확인소송·재결유효확인소송·재결실효확인소송·재결존재확인소송·재결부존재확인소송 등이 있다.

2. 무효등확인소송의 필요성

무효인 처분의 경우에도 처분으로서의 외관은 존재하고 있고, 또 처분의 무효원인과 취소원인의 구별은 절대적인 것이 아니기 때문에 행정청에 의하여 집행될 우려가 있다. 따라서 무효인 처분의 상대방이나 이해관계인은 그 처분이 무효임을 공적으로 확인받을 필요가 있으며, 여기에 무효등확인소송을 하나의 독립된 소송형태로 인정해야 할 필요가 있는 것이다.

무효등확인소송은 권익침해의 우려를 미리 방지하는 예방소송적 기능과 무효인 처분의 존재라는 외관적 상태를 제거, 정리하는 현상정리적 기능을 가진다.

3. 무효등확인소송의 적용법규

무효등확인소송은 취소소송과 기본적으로 그 성격을 같이 하므로 취소소송에 관한 「행정소송법」상의 규정이 거의 대부분 준용된다. 준용되는 규정으로는 ① 재판관할(제9조), ② 관련청구소송의 이송과 병합(제10조), ③ 피고적격 및 피고경정(제13조, 제14조), ④ 공동소송과 제3자 및 행정청의 소송참가(제15조 내지 제17조), ⑤ 소의 변경(제21조, 제22조, 제37조), ⑥ 집행정지 및 집행정지의 취소(제23조, 제24조) 등이다. 그러나 행정심판임의주의(제18조), 제소기간(제20조), 재량처분의 취소(제27조), 사정재결(제28조)에 관한 규정은 무효등확인소송에 준용되지 않는다.[91]

Ⅱ. 무효등확인소송의 재판관할

무효등확인소송의 제1심 관할법원은 피고인 행정청의 소재지를 관할하는 행정법원이 된다(행정소송법 제9조, 제38조 제1항). 단, 중앙행정기관, 중앙행정기관의 부속기관과 합의제행정기관 또는 그 장을 피고로 하거나 국가의 사무를 위임 또는

---

91) 대법원 1995.11.28. 선고 94누6475 판결.

위탁받은 공공단체 또는 그 장을 피고로 하는 경우 대법원 소재지를 관할하는 행정법원에 제기할 수 있다(행정소송법 제9조 제2항). 따라서 무효등확인소송이 관할권 없는 법원에 잘못 제기된 때에는 원고의 고의나 과실로 인한 경우가 아니면 법원은 결정으로 정당한 관할법원에 이송하여야 한다(행정소송법 제8조 제2항, 민사소송법 제34조 제1항).

Ⅲ. 무효등확인소송의 당사자

1. 원고적격

(1) 의 의

무효등확인소송은 처분의 효력 유무 또는 존재 여부의 확인을 구할 법률상 이익이 있는 자가 제기할 수 있다(행정소송법 제35조). 따라서 처분 등의 무효성 또는 유효성이나 존재 또는 부존재 여부에 관하여 확인을 구할 법률상 이익이 있는 자가 원고적격을 가진다.

> **[판 례]** 사업의 양도행위가 무효라고 주장하는 양도자는 민사쟁송으로 양도 · 양수행위의 무효를 구함이 없이 막바로 허가관청을 상대로 하여 행정소송으로 사업양도에 따른 허가관청의 지위승계 신고수리처분의 무효확인을 구할 법률상 이익이 있다(대법원 2005.12.23. 선고 2005두3554 판결).

여기서 확인을 구할 '법률상 이익'은 취소소송에 있어서 '법률상 이익'과 같다. 즉, 법률상 이익은 당해 처분의 근거법률에 의하여 보호되는 직접적이고도 구체적인 이익이 있는 경우를 말하며, 간접적이거나 사실적, 경제적 이해관계를 가지는 데 불과한 경우는 여기에 해당되지 않는다.[92]

(2) 무효확인소송의 보충성

무효확인소송의 보충성이란 행정처분의 무효를 전제로 한 이행소송 등과 같은 구제수단이 있는 경우에는 원칙적으로 소의 이익을 부정하고, 다른 구제수단에 의하여 분쟁이 해결되지 않는 경우에 한하여 무효확인소송이 보충적으로 인정될 수 있다는 것이다.

초기의 대법원 판례는 무효확인소송의 보충성을 요구하였으나, 2008년 전원합의체 판결로 변경되었다. 즉, 행정처분의 근거법률에 의해 보호되는 직접적이고 구체적인 이익이 있는 경우 「행정소송법」 제35조에 규정된 '무효확인을 구할 법률

---

92) 대법원 2001.7.10. 선고 2000두3126 판결.

상 이익'이 있다고 봐야 하고 행정처분의 무효를 전제로 한 이행소송 등과 같은 직접적인 구체수단이 있는지 여부를 따질 필요가 없다고 해석함이 상당하다고 판시하였다.[93]

　행정소송은 민사소송과는 그 목적, 취지 및 기능을 달리하며, 「행정소송법」은 무효확인소송을 항고소송의 일종으로 규정하고 있고, 「행정소송법」 제38조 제1항에서는 처분 등을 취소하는 확정판결의 기속력 및 행정청의 재처분의무에 관한 「행정소송법」 제30조를 무효확인소송에도 준용하고 있으므로 무효확인판결 자체만으로도 실효성을 확보할 수 있다. 그리고 무효확인소송의 보충성을 규정하고 있는 외국의 일부 입법례와는 달리 우리나라 「행정소송법」에는 명문의 규정이 없어 이로 인한 명시적 제한이 존재하지 않는다.

> **[판 례]** 절차상 또는 형식상 하자로 무효인 행정처분에 대하여 행정청이 적법한 절차 또는 형식을 갖추어 다시 동일한 행정처분을 하였다면, 종전의 무효인 행정처분에 대한 무효확인 청구는 과거의 법률관계의 효력을 다투는 것에 불과하므로 무효확인을 구할 법률상 이익이 없다(대법원 2010.4.29. 선고 2009두16879 판결)

2. 피고적격

　무효등확인소송의 피고적격에 관하여는 취소소송의 피고적격에 관한 「행정소송법」 제13조가 준용되므로, 당해 처분 등을 한 행정청이 피고가 된다. 즉, 무효등확인소송의 피고는 효력의 유무 또는 존재 여부의 확인대상이 되는 처분 등을 한 행정청이 된다.

　행정처분인 조례에 대한 무효등확인소송의 경우는 지방자치단체의 집행기관으로서 조례로서 효력을 발생시키는 공포권이 있는 지방자치단체의 장 또는 교육에 관한 조례의 경우는 시·도교육감이 피고적격을 가진다.[94]

　그러나 ① 피고를 잘못 지정한 때, ② 권한승계와 기관폐지가 있은 때, ③ 소의 변경이 있은 때에는 취소소송의 경우와 같이 피고의 경정이 인정된다.

Ⅳ. 무효등확인소송의 제기

1. 무효등확인소송의 대상

무효등확인소송도 취소소송의 경우와 마찬가지로 처분과 재결을 소송대상으

---

93) 대법원 2008.3.20. 선고 2007두6342 전원합의체 판결.
94) 대법원 1996.9.20. 선고 95누8003 판결.

로 한다(행정소송법 제19조, 제38조 제1항). 그러나 재결의 무효등확인소송은 재결 자체에 고유한 위법이 있음을 이유로 하는 경우에만 가능하며, 원처분의 위법을 주장할 수 없다(동법 제19조 단서, 제38조 제1항).

행정청이 주민의 여론을 조사한 행위에 대한 무효확인을 구하는 소송은 법상 그 시정을 구할 수 있는 아무런 규정이 없으므로 허용되지 않으며, 무효확인소송을 제기하는 경우 각하된다.[95]

과세처분과 압류 및 공매처분이 무효라 하더라도 직접 민사소송으로 체납처분에 의하여 충당된 세액에 대하여 부당이득으로 반환을 구하거나 공매처분에 의하여 제3자 앞으로 경료된 소유권이전등기에 대하여 말소를 구할 수 있는 경우에는 무효의 확인을 구할 소의 이익이 인정되지 않는다.[96]

2. 행정심판과 제소기간 규정의 적용배제

(1) 행정소송법 제18조의 적용배제

무효등확인소송은 항고소송의 일종이기는 하지만 행정심판과의 관계를 규정한 「행정소송법」 제18조의 규정은 준용되지 아니한다(행정소송법 제38조 제1항). 무효선언을 구하는 취소소송과 주위적 청구가 무효확인소송이라 하더라도 병합제기된 예비적 청구가 취소소송인 경우에는 행정심판을 거칠 필요가 없다. 다만, 다른 법률에 당해 처분에 대한 행정심판의 재결을 거치지 아니하면 취소소송을 제기할 수 없다는 규정이 있는 때에는 행정심판전치주의가 적용된다.[97]

(2) 행정소송법 제20조의 적용배제

무효등확인소송에 의한 무효확인·부존재확인 등의 경우에는 기간의 경과에 의하여 확정될 만한 효력이 없는 처분에 대한 것이므로 제소기간의 제한을 받지 않는다(행정소송법 제38조 제1항).

다만, 무효확인에 있어서 무효선언을 구하는 취소소송 및 주위적 청구가 무효확인소송이라 하더라도 병합제기된 예비적 청구가 취소소송인 경우는 제소기간의 제한을 받는다.

3. 무효등확인소송의 제기효과

무효등확인소송이 제기되면 취소소송의 제기의 경우와 마찬가지로 소송계속 상태가 발생하여 소송참가의 기회가 생기고, 관련청구의 이송·병합을 할 수 있게

---

95) 대법원 1996.1.23. 선고 95누12736 판결.
96) 대법원 2006.5.12. 선고 2004두14717 판결.
97) 대법원 1994.4.29. 선고 93누12626 판결.

되며, 집행정지결정도 할 수 있다.

(1) 소송참가

무효등확인소송에도 취소소송의 경우와 같이 행정청 및 제3자의 소송참가가 인정된다. 즉, 법원은 소송의 결과에 따라 권리 또는 이익의 침해를 받을 제3자가 있는 경우에는 당사자 또는 제3자의 신청 또는 직권에 의하여 결정으로써 그 제3자를 소송에 참가시킬 수 있다. 법원은 다른 행정청을 소송에 참가시킬 필요가 있다고 인정할 때에는 당사자 또는 당해 행정청의 신청 또는 직권에 의하여 결정으로써 그 행정청을 소송에 참가시킬 수 있다(행정소송법 제16조 제1항, 제17조 제1항). 참가인인 행정청은 소송행위를 함에 있어 보조참가인에 준하는 지위가 인정된다.

(2) 관련청구의 이송·병합

무효등확인소송의 경우에도 관련청구소송의 이송·병합 및 공동소송에 관한 규정을 준용한다(행정소송법 제38조 제1항). 이는 심리의 중복과 판례의 모순·저촉을 피함으로써 소송경제를 기하기 위한 것이라 할 수 있다.

(3) 소의 변경

무효등확인소송을 취소소송 또는 당사자소송으로 변경하는 경우에 취소소송의 소의 변경에 관한 규정이 적용된다(행정소송법 제37조). 즉, 법원은 무효등확인소송을 취소소송 또는 당사자소송으로 변경하는 것이 권리구제 또는 소송경제를 위하여 상당하다고 인정할 때에는, 청구의 기초에 변경이 없는 한,[98] 사실심의 변론종결시까지 원고의 신청에 의하여 결정으로써 소의 변경을 인정할 수 있다.

무효등확인소송을 취소소송으로 변경할 경우에 행정심판임의주의가 적용되지만, 다른 법률에 당해 처분에 대한 행정심판전치를 규정한 경우에는 행정심판전치와 제소기간의 요건을 갖추어야 한다.

또한, 무효등확인소송이 제기된 뒤에 행정청이 소송의 대상인 처분을 변경한 때에는 법원은 원고의 신청에 의하여 청구의 취지 또는 원인의 변경을 허가할 수 있다. 다만, 처분변경으로 인한 소의 변경청구는 행정심판전치의 요건을 갖춘 것으로 본다(동법 제22조 제3항).

처분변경으로 인한 소의 변경을 인정하는 것은 원고에게 책임없는 사유로 인한 무용한 절차의 반복을 피하게 하고, 간편·신속하게 당해 소송의 목적을 달성할 수 있게 하기 위한 것이다.

---

98) 동일한 생활사실 또는 동일한 경제적 이익에 관한 분쟁에 있어서 그 해결방법에 차이가 있음에 불과한 청구취지의 변경은 청구의 기초에 변경이 없다(대법원 1987.7.7. 선고 87다카225 판결).

(4) 집행정지결정

무효인 처분의 경우에는 처분으로서의 외형이 존재하고 사실상으로는 외견상의 효력을 가지고 있기 때문에 처분의 당부에 관한 확정이 있기까지에는 취소를 주장하는 경우와 무효를 주장하는 경우를 구별할 필요가 없는 것이다. 따라서 무효등확인소송에 있어서도 취소소송의 집행정지에 관한 규정을 준용한다(행정소송법 제23조, 제24조, 제38조 제1항).

V. 무효등확인소송의 심리

1. 직권심리주의

무효등확인소송의 심리의 내용·범위 및 방법은 취소소송의 경우와 크게 다르지 않다. 즉, 변론주의를 원칙으로 하나, 부분적으로는 직권심리주의의 적용이 있다. 따라서 법원은 당사자가 주장하지 아니한 사실에 대하여도 판단할 수 있다.

2. 행정심판기록의 제출명령

무효등확인소송에 있어서 원고가 행정청의 처분기록이나 행정심판기록을 필요로 하는 경우에 원고에게 자료의 열람 및 등사신청권을 인정하는 것이 바람직하지만, 「행정소송법」은 그것을 인정하지 않고 행정심판기록 제출명령만을 인정하고 있다(제25조).

3. 입증책임

「행정소송법」은 무효등확인소송을 항고소송의 일종으로 규정하고 있고, 처분 등의 적법성을 다투는 것인 점에서 취소소송과 다를 것이 없기 때문에, 무효등확인소송에 있어서도 처분 등의 적법성을 기초로 하는 요건사실에 대하여 피고인 행정청이 입증책임을 지는 것으로 보아야 한다.

4. 선결문제

(1) 선결문제의 의의

「행정소송법」에서 선결문제는 처분 등의 효력 유무 또는 존재 여부가 민사소송의 본안판결의 전제가 되어 있는 쟁송을 말한다. 즉, 처분 등의 효력 유무가 사법상 법률관계에 관한 다툼을 해결하는 데 있어 쟁점이 되는 쟁송을 말한다.

「행정소송법」은 민사소송의 수소법원이 그 선결문제로서 처분 등의 효력 유무 또는 존재 여부를 심리·판단하는 경우에 그 심리절차와 관련하여 항고소송에 관한 약간의 규정을 준용하도록 하였다(제11조).

(2) 선결문제에 관한 심리권의 소재

선결문제에 관한 심리권이 민사소송의 수소법원에 있는지 아니면 별도의 항고소송절차를 거쳐야 하는지는 쟁점에 따라 다르게 된다. 즉, ① 처분 등의 무효 또는 부존재의 여부가 선결문제인 경우에는 당해 민사사건의 수소법원이 심리·판단권을 가진다. ② 처분 등의 위법성 여부가 선결문제인 경우에는 당해 처분에는 구성요건적 효력이 있으므로 당해 민사사건의 수소법원은 선결적으로 심리·판단하지 못하며, 처분 등의 취소·변경은 별도의 항고소송절차를 거쳐야 한다.

Ⅵ. 무효등확인소송의 판결

1. 위법판단의 기준시

무효등확인소송에 있어서도 취소소송의 경우와 마찬가지로 법원은 계쟁중인 처분 등의 적법성을 어떤 시점의 사실 및 법상태를 기준으로 판단할 것인지가 문제된다.

학설은 처분시설과 판결시설로 대립되고 있으나, 권력분립적 견지에서 행정에 관한 제1차적 판단권은 행정권에 전속되어야 하는 것이므로 법원은 처분의 적법성여부에 대하여 당해 처분 등이 행하여진 당시의 법상태 및 사실상태를 기준으로 판단하여야 한다.

2. 사정판결

「행정소송법」은 무효등확인소송에 대하여는 취소소송에 있어서의 사정판결에 관한 규정을 준용한다는 규정이 없어, 무효등확인소송에 있어서 사정판결이 인정되는지의 문제가 있으나, 그에 대하여 학설은 긍정설과 부정설이 대립되고 있다.

생각건대, 행정처분이 무효인 경우에는 존재시킬 효력 있는 행정행위가 없어 사정판결을 할 수 없다. 따라서 부정설이 타당하다.

3. 판결의 효력

처분의 무효 등을 확인하는 확정판결은 형식상으로는 확인판결이지만 그 효과는 취소소송의 형성적 효과에 준하므로 제3자에 대하여도 효력이 있다(행정소송법 제29조). 또 당사자인 행정청과 그 밖의 관계행정청을 기속한다(동법 제30조, 제38조 제1항). 따라서 제3자의 소송참가와 재심청구가 인정된다(동법 제16조, 제31조, 제38조 제1항).

제 4 절 부작위위법확인소송

Ⅰ. 개   설

종래의 행정소송제도는 항고소송을 중심으로 하였기 때문에 국민은 위법한 처분으로 인하여 권리가 침해된 경우에는 그 취소(또는 변경)를 구하는 소송을 제기하여 구제를 받을 수 있었다. 그러나 행정청의 부작위로 인해 국민의 권리가 침해되는 경우에는 취소소송으로는 다툴 수 없어 구제를 받지 못하게 되는 문제가 생긴다. 이를 극복하기 위해서는 행정청의 부작위를 다툴 수 있는 소송수단이 마련될 필요가 있는데, 이에 따라 「행정소송법」은 부작위위법확인소송을 인정하고 있다.

1. 부작위위법확인소송의 의의

부작위위법확인소송은 행정청의 부작위가 위법하다는 것을 확인하는 소송을 말한다. 즉, 행정청이 당사자의 신청에 대하여 상당한 기간 내에 일정한 처분을 하여야 할 법률상 의무(응답의무)가 있음에도 불구하고 응답하지 아니하는 경우에 무응답이 위법하다는 것을 확인함으로써 행정청의 응답을 신속하게 하여 부작위 또는 무응답이라고 하는 소극적인 위법상태를 제거하는 것을 목적으로 하는 소송이다.[99]

2. 부작위위법확인소송의 성질

부작위위법확인소송은 행정청이 당사자의 신청에 대하여 상당한 기간 내에 일정한 처분을 하여야 할 법률상 의무가 있음에도 불구하고 이를 하지 않음으로써 생긴 위법한 법률상태에 대하여 그 위법함을 확인하기 위한 소송이다.

따라서 부작위위법확인소송의 성질은 행정권의 소극적 발동에 대한 불복의 의미를 가진 것이기 때문에 항고소송의 범주에 속한다. 다만, 법원은 판결에서 행정청의 부작위의 위법성 유무에 대하여 확인할 뿐이며, 그 위법확인을 근거로 하여 행정청에 일정한 처분을 할 의무가 있음을 직접 명하거나 행정청에 갈음하여 일정한 처분을 직접 행할 수 없다.

3. 부작위위법확인소송의 소송물

부작위위법확인소송의 소송물은 당해 소송의 대상인 행정청의 부작위의 위법성이다. 이 점은 부작위소송이라도 의무이행소송인 경우에는 일정한 행위의무의 존재가 소송물이 되는 것과 다르다.

---

99) 대법원 1992.6.9. 선고 91누11278 판결.

4. 부작위위법확인소송의 적용법규

부작위위법확인소송은 항고소송의 일종으로서 취소소송과 기본적 성격을 같이 하므로 ① 재판관할, ② 관련청구소송의 병합과 이송, ③ 피고적격, 피고경정, 공동소송, ④ 제3자 및 행정청의 소송참가, ⑤ 행정심판임의주의, ⑥ 소송의 대상, ⑦ 제소기간, ⑧ 행정심판기록의 제출명령 및 직권심리, ⑨ 재량처분의 취소, ⑩ 취소판결 등의 효력 및 기속력 등 취소소송에 관한 대부분의 규정이 준용된다. 그러나 취소소송에 관한 규정 중 처분변경으로 인한 소의 변경, 집행정지결정, 사정판결, 피고의 소송비용부담에 관한 규정은 준용되지 않는다.

Ⅱ. 부작위위법확인소송의 재판관할

부작위위법확인소송의 재판관할도 취소소송의 경우와 같이 제1심 관할법원은 피고인 행정청의 소재지를 관할하는 행정법원이 되며, 그의 재판에 대하여는 항소심을 거쳐 대법원에 상고할 수 있다.

Ⅲ. 부작위위법확인소송의 당사자 및 참가인

1. 원고적격

부작위위법확인소송은 처분의 신청을 한 자로서 부작위의 위법의 확인을 구할 법률상 이익이 있는 자만이 제기할 수 있다(행정소송법 제36조). 따라서 원고적격은 먼저 행정청에 대하여 일정한 처분을 현실적으로 신청한 자로서 그 신청에 대한 행정청의 부작위의 위법확인을 구할 법률상 이익이 있는 자만이 가진다. 여기서 '법률상 이익'은 앞에서 설명한 취소소송에 있어서 법률상 이익과 같다.

부작위위법확인을 구할 이익이 없는 경우

① 당사자가 행정처분을 하여 줄 것을 요청할 수 있는 법규상 또는 조리상의 권리를 갖고 있지 아니하거나(대법원 2000.2.25. 선고 99두11455 판결),

② 행정처분과 관련하여 간접적이거나 사실적 · 경제적 이해관계를 가지는 데 불과한 경우(대법원 2004.5.14. 선고 2002두12465 판결),

③ 당사자의 신청이 있은 후 당사자에게 생긴 사정의 변화로 인하여 부작위위법확인을 받는다 하더라도 종국적으로 침해되거나 방해받을 권리와 이익을 보호, 구제받는 것이 불가능하게 되는 경우(대법원 2002.6.28. 선고 2000두4750 판결),

④ 항고소송의 대상이 되는 위법한 부작위가 있다고 볼 수 없는 경우,

⑤ 대통령 및 외교통상부장관의 특임공관장에 대한 인사권 행사 등과 관련하여 대

> 사의 직을 계속 보유하게 하여서는 아니된다는 요구를 할 수 있는 법규상 신청
> 권이 있다고 할 수 없거나 조리상으로도 그와 같은 신청권이 있다고 보기 어려
> 운 경우(대법원 2000.2.25. 선고 99두11455 판결).

2. 피고적격

부작위위법확인소송의 피고적격에 관하여는 앞에서 설명한 취소소송의 피고
적격에 관한 규정이 준용되기 때문에, 당해 부작위를 한 행정청이 피고가 된다.
즉, 부작위위법확인소송의 피고는 당사자의 신청에 대하여 상당한 기간 내에 일정
한 처분을 하여야 할 법률상 의무가 있음에도 불구하고 이를 하지 아니하고 부작
위로 방치하고 있는 행정청(부작위청)이 된다.

3. 소송참가

부작위위법확인소송에 있어서도 취소소송의 경우와 마찬가지로 제3자의 소송
참가와 행정청의 소송참가가 인정된다. 소송참가는 실질적 당사자로 볼 수 있는
자를 소송에 참가시켜 소송자료를 풍부하게 하여 실체적 진실을 발견하고 이들에
게 판결의 효력을 미치게 할 필요 때문에 인정하는 것이다. 즉, 법원은 소송의 결
과에 따라 권리 또는 이익의 침해를 받을 제3자가 있는 경우에는 당사자 또는 제3
자의 신청 또는 직권에 의하여 결정으로써 그 제3자를 소송에 참가시킬 수 있다
(행정소송법 제16조, 제38조 제2항). 또한 법원은 다른 행정청을 소송에 참가시킬 필요
가 있다고 인정할 때에는 당사자 또는 당해 행정청의 신청 또는 직권에 의하여 결
정으로써 그 행정청을 소송에 참가시킬 수 있다(동법 제17조, 제38조 제2항).

IV. 부작위위법확인소송의 제기

1. 부작위위법확인소송의 대상

(1) 부작위의 의의

'부작위'는 행정청이 당사자의 신청에 대하여 상당한 기간 내에 일정한 처분
을 하여야 할 법률상 의무가 있음에도 불구하고 이를 하지 아니하는 것을 말한다
(행정소송법 제2조 제1항 제2호).

(2) 부작위의 성립요건

부작위가 성립되기 위해서는 ① 당사자의 신청이 있어야 하고, ② 행정청이
상당한 기간 내에, ③ 일정한 처분을 하여야 할 법률상 의무가 있음에도 불구하고,
④ 그 처분을 하지 아니하는 등의 요건을 충족하여야 한다. 이러한 요건을 충족하
지 못하는 단순한 부작위는 부작위위법확인소송의 대상이 되지 아니한다.[100]

1) 당사자의 신청

먼저 당사자의 신청이 있어야 하고, 그에 대한 행정청의 응답행위는「행정소송법」제2조 제1항 제1호 소정의 처분에 관한 것이어야 한다.[101] 여기서 '신청'이란 법령의 명문의 근거규정에 의하여 또는 당해 법령의 해석상 특정한 자에 신청권이 있다고 판단될 경우에 있어 그에 근거한 당사자의 신청을 의미한다.

판례도 신청의 요건으로서 국민이 행정청에 대하여 그 신청에 따른 행정행위를 해 줄 것을 요구할 법규 또는 조리 상의 권리의 존재를 요구하고 있다.[102] 따라서 그러한 권리에 의하지 아니한 국민의 '신청'의 경우, 행정청이 그것을 반려하더라도 신청인의 권리나 법적 이익에 어떤 영향을 주는 것은 아니므로 위법한 부작위가 되지 않는다.[103]

2) 상당한 기간

행정청이 일정한 처분을 하여야 할 상당한 기간 내에 당사자의 신청에 대하여 아무런 응답행위가 없어야 한다. 여기서 '상당한 기간'이 무엇을 의미하는지는 의문의 여지가 많으며, 일률적으로 판단하기 어렵기 때문에 당해 처분이나 재결의 성질이나 내용, 동종사안에 대한 행정청의 종래의 처분선례, 기타 법령의 규정 등을 종합적으로 참작하여 타당한 기간을 판단하여야 한다.

특히 '상당한 기간'의 해석에 있어서는 처분이 지연되고 있는 것에 대한 정당한 이유까지도 고려하여 결정할 문제이지만, 사무의 폭주, 인력의 부족 등 행정청의 주관적 사정은 정당한 이유로 볼 수 없다.

3) 처분을 하여야 할 법률상 의무

신청된 행위에 대하여 행정청이 인용처분 또는 거부처분을 하여야 할 법률상 의무가 있어야 한다. 여기서 법률상 의무는 법령에서 명문으로 규정한 의무만이 아니라, 법령의 취지나 당해 처분의 성질에서 오는 의무도 포함된다.

판례[104]는 조리상의 신청권에 근거한 신청의 경우 행정청은 법률상 응답의무가 있다고 본다. 따라서 행정청이 상대방의 신청에 대하여 아무런 적극적 또는 소극적 처분을 하지 않고 있는 이상 행정청의 부작위는 그 자체로 위법하게 된다.

---

100) 대법원 1985.11.26. 선고 85누607 판결.
101) 대법원 1991.11.8. 선고 90누9391 판결; 대법원 1990.9.25. 선고 89누4758 판결.
102) 대법원 1996.5.14. 선고 95누13081 판결; 대법원 1993.4.23. 선고 92누17099 판결.
103) 대법원 1992.9.14. 선고 91누8807 판결; 대법원 1992.6.9. 선고 91누11278 판결.
104) 행정청이 행한 공사중지명령의 상대방은 그 명령 이후에 그 원인사유가 소멸하였음을 들어 행정청에게 공사중지명령의 철회를 요구할 수 있는 조리상의 신청권이 있다(대법원 2005. 4.14. 선고 2003두7590 판결).

4) 처분의 부존재

처분을 하지 아니하는 것(부작위)은 행정청의 적극적 또는 소극적 처분으로 볼 만한 외관 자체가 존재하지 아니하는 상태를 말한다. 따라서 행정청의 거부처분[105]이 있거나 외관적 존재가 있는 무효인 행정처분의 경우는 부작위가 성립되지 않는다. 사실상으로 행정청의 부작위가 존재하는 경우에도 그것이 법령의 규정에 의하여 거부처분으로 간주되는 경우에는 부작위위법확인소송의 대상인 부작위가 되지 않는다. 따라서 '간주거부'의 경우에는 거부처분취소소송으로 다투어야 하는 것이며, 부작위위법확인소송은 허용되지 않는다.

판례는 "항고소송의 대상이 아닌 국세환급금결정에 대하여 그것을 행정처분임을 전제로 하여 그 결정을 하지 않고 있는 부작위의 위법확인을 구하는 소송은 부적법하다"고 보았다.[106]

2. 행정심판임의주의

부작위위법확인소송에 있어서도 법령의 규정에 의하여 당해 부작위에 대한 행정심판을 제기할 수 있는 경우에도, 이를 거치지 아니하고 부작위위법확인소송을 제기할 수 있다. 다만, 다른 법률에 당해 부작위에 대한 행정심판의 재결을 거치지 아니하면 부작위위법확인소송을 제기할 수 없다는 규정이 있는 때에는 재결을 거쳐야 한다. 전치되는 행정심판은 의무이행심판이다.

의무이행심판과 부작위위법확인소송에 있어 인적 관련은 청구인과 원고가 완전히 일치할 필요는 없으며, 물적 관련도 각 청구원인이 그 기본적인 점에서 동일성을 유지하는 것으로 족하다.

3. 부작위위법확인소송의 제소기간

행정심판을 제기하지 아니하고 제기하는 부작위위법확인소송은 부작위 등이 있음을 안 날부터 90일 이내에 제기하여야 한다(행정소송법 제20조 제1항). 다른 법률에 당해 부작위에 대한 행정심판의 재결을 거치지 아니하면 부작위위법확인소송을 제기할 수 없다는 규정이 있는 때(동법 제18조 제1항 단서)의 기간은 재결서의 정본을 송달받은 날부터 기산하며(동법 제20조 제1항 단서), 그 제소기간은 불변기간이다(동법 제20조 제3항).

---

105) 대법원 1996.1.26. 선고 95누13326 판결; 대법원 1993.4.23. 선고 92누17099 판결; 대법원 1992.9.14. 선고 91누8807 판결.
106) 대법원 1989.7.11. 선고 87누415 판결.

4. 관련청구소송의 이송과 병합

부작위위법확인소송에 있어서도 취소소송의 경우와 마찬가지로 관련청구소송의 이송·병합 및 공동소송이 인정된다. 이송과 병합은 당사자나 법원 그 밖의 소송관계인의 부담을 경감시켜 소송경제를 도모하고 심리의 중복 및 재판의 모순과 저촉을 피하기 위한 것이다. 수인의 청구 또는 수인에 대한 청구가 부작위위법확인청구와 관련되는 청구인 경우에 한하여 그 수인은 공동소송인이 될 수 있다(행정소송법 제15조).

5. 소의 변경

부작위위법확인소송의 원고는 당해 소송의 사실심의 변론종결시까지 청구의 기초에 변경이 없는 한 법원의 허가를 받아 소의 종류를 변경할 수 있다. 부작위위법확인소송의 계속 중 행정청이 당해 신청에 대한 처분 혹은 재결을 했기 때문에 부작위상태가 해소되는 경우에는 부작위위법확인소송의 목적이 소멸되고 소의 이익이 상실되기 때문에 이를 취소소송으로 변경할 수 있다.

다만, 부작위위법확인소송의 경우는 처분이 없으므로 처분변경으로 인한 소의 변경은 인정되지 않는다.

6. 소제기의 효과

부작위위법확인소송이 제기되면 그 주관적 효과로서 소송계속상태가 발생하고, 법원은 이를 심리·판단할 기속을 받는다. 또한, 당사자는 같은 사건에 대하여 다시 제소하지 못한다. 소제기의 객관적 효과로서 처분의 집행부정지의 원칙은 그 성질상 부작위위법확인소송에는 적용이 없고, 따라서 부작위상태에 대한 집행정지는 고려의 대상이 되지 않는다.

7. 부작위위법확인소송과 의무이행심판과의 관계

의무이행심판은 행정청의 위법 또는 부당한 거부처분이나 부작위에 대하여 일정한 처분을 하도록 하는 심판이다. 의무이행심판 인용재결의 경우 재결청은 재결로 부작위청에 대하여 작위(응답)할 것을 명령한다. 이때 부작위청은 재결에 기속되기 때문에 작위(응답)하여야 한다.

의무이행심판의 기각재결에 대하여 당사자는 부작위위법확인소송을 제기할 수 있다. 그러나 법원이 부작위위법확인소송에서 인용판결을 하는 경우에도 법원은 직접 처분청에 대하여 작위(응답)할 것을 명할 수 없다. 즉, 「행정소송법」은 의무이행소송을 부인하고 단지 부작위위법확인소송만을 인정하고 있는데, 이는 이행소송을 인정하면 사법부가 행정부에 대하여 명령하는 것이 되어 권력분립원칙에 반하기 때문이다.

그러나 부작위위법확인소송의 인용판결은 그 사건에 관하여 당사자인 행정청과 그 밖의 관계 행정청을 기속하며, 이에 따라 부작위청은 재처분의무를 진다. 그리고 재처분의무는 간접강제제도에 의해서 담보되고 있다.

V. 부작위위법확인소송의 심리

1. 심리권의 범위

부작위위법확인소송의 심리권이 신청의 실체적 내용에까지 미칠 수 있는 것인가에 대하여는 소극설과 적극설이 대립되고 있다.

생각건대, 부작위위법확인소송은 의무이행소송과는 달리 신청에 대하여 법률상 응답의무가 있음에도 불구하고 그것을 방치한 경우에 그 부작위의 위법성을 확인하여 내용이 어떠하든 응답의무를 지움으로써 그 부작위로 말미암아 형성된 법상태를 제거하는 데 그 목적이 있다. 따라서 법원의 심리는 그 부작위의 위법성 여부를 확인하는 데 그치며, 행정청이 행할 처분의 내용까지 행할 수는 없다.

2. 직권심리주의

행정소송인 부작위위법확인소송은 공공적 성격이 강하여 사건처리의 신속성이 요구되므로 사적 이해조정을 목적으로 하는 민사소송상의 변론주의가 그대로 적용되기 어려운 면이 있다. 따라서 부작위위법확인소송의 심리절차에는 직권심리주의가 적용된다. 즉, 법원은 필요하다고 인정할 때에는 직권으로 증거조사를 할 수 있으며, 당사자가 주장하지 아니한 사실에 대하여도 판단할 수 있는 것이다(행정소송법 제26조, 제38조 제2항).

3. 행정심판기록의 제출명령

법원은 당사자의 신청이 있는 때에는 결정으로써 재결청에 대하여 행정심판에 관한 기록의 제출을 명할 수 있고, 이 제출명령을 받은 재결청은 지체 없이 당해 행정심판에 관한 기록을 법원에 제출하여야 한다.

4. 입증책임

부작위위법확인소송에서는 일정한 처분의 신청을 한 자만이 원고적격을 가지기 때문에 그 신청한 것에 대한 책임은 원고가 진다. 부작위의 성립요건으로서 행정청이 처분을 하여야 할 법률상 의무의 존부 및 상당한 기간의 판단은 입증의 문제가 아니라 구체적 사안에 따르는 법률판단의 문제이다.

그러나 행정청이 '상당한 기간'의 경과의 불가피성을 주장하는 경우에는 그것을 정당화할 만한 특별한 사유에 대하여는 피고인 행정청이 입증책임을 진다.

VI. 부작위위법확인소송의 판결

1. 위법판단의 기준시

취소소송에 있어서는 위법판단의 기준시에 대하여 처분시설과 판결시설이 대립되고, 처분시설이 통설의 견해이다.

그러나 항고소송이면서도 아무런 처분도 존재하지 않는 부작위 그 자체의 위법확인을 구하는 부작위위법확인소송에는 처분시설을 그대로 적용하기 어렵다. 그러므로 부작위위법확인소송은 행정청이 당사자의 신청에 대하여 상당한 기간 내에 일정한 처분을 하여야 함에도 불구하고, 처분을 하지 않기 때문에 그 부작위를 위법한 것으로 다투는 것이므로 '상당한 기간'이 경과했을 때, 즉 판결시를 기준으로 위법 여부를 판단하여야 할 것이다.

2. 판결의 제3자효

부작위위법확인판결은 제3자에 대하여도 효력이 있다(행정소송법 제29조, 제38조 제2항). 이에 따라 「행정소송법」은 제3자를 보호하기 위하여 제3자의 소송참가와 재심청구를 인정하고 있다(제16조, 제31조, 제38조 제2항).

3. 판결의 기속력(재처분의무)과 간접강제

부작위위법확인소송의 인용판결(확인판결)은 그 사건에 관하여 당사자인 행정청과 그 밖의 관계행정청을 기속한다(행정소송법 제30조, 제38조 제2항). 즉, 행정청은 판결의 기속력에 따라 재처분의무를 지며, 행정청이 재처분의무를 이행하지 아니하는 경우에는 간접강제제도에 의하여 그 이행이 담보된다.

(1) 재처분의무

재처분의무란 부작위위법확인판결이 있으면, 그 판결의 기속력의 실효성을 확보하기 위하여, 당해 행정청으로 하여금 신청에 따른 처분을 하도록 의무를 과하는 것을 말한다. 따라서 부작위청은 판결의 취지에 따라 다시 이전의 신청에 대한 처분을 하여야 한다(행정소송법 제30조 제2항, 제38조 제2항).

이 경우 '판결의 취지'는 상고심판결의 이유와 원심판결의 결론을 의미한다.[107] 여기서 처분의 내용이 무엇인지가 문제되나, 이에 대하여는 견해가 대립되

---

107) 대법원 2004.1.15. 선고 2002두2444 판결.

고 있다.

1) 특정처분의무설(적극설)

특정처분의무설은 「행정소송법」이 "행정청은 판결의 취지에 따라 이전의 신청에 대한 처분을 하여야 한다"고 규정하고 있으므로, 행정청의 자유로운 판단에 따라 신청을 인용하거나 기각 또는 각하하는 처분을 할 수 없고, 판결이유에서 인용하는 처분을 하는 것이 타당하다는 것을 밝혔으면 판결이유에 대하여 행정청을 구속하는 효력을 인정하여 인용처분을 하여야 하는 것으로 본다. 이는 부작위위법확인소송에 대하여 실질적으로 의무이행소송에 가까운 기능을 부여하고자 하는 견해이다.

2) 응답의무설(소극설)

응답의무설은 확인판결이 있으면 행정청은 스스로의 판단에 따라 원고의 신청을 받아들이는 적극적인 처분을 하거나 원고의 신청을 기각하거나 소극적인 처분을 하면 되는 것으로 본다. 따라서 행정청은 처분의 내용이 어떠하건 처분을 하기만 하면 되는 것이며, 반드시 원고의 신청과 동일한 내용의 처분을 할 필요는 없는 것이다. 응답의무설이 판례의 입장이다.

응답의무설에 따르면, 허가신청에 대한 부작위와 관련하여 그 부작위위법확인판결이 있는 경우 행정청은 응답의무를 지게 되므로 ① 허가를 부여하는 적극적인 처분을 하거나, ② 불허가처분을 하거나, 또는 ③ 제3자에 대한 허가처분 등을 할 수 있다.

> **[판 례]** 행정청의 거부처분을 취소하는 판결이 확정된 경우에는 그 처분을 행한 행정청이 판결의 취지에 따라 이전의 신청에 대하여 재처분할 의무가 있다고 할 것이나, 그 취소사유가 행정처분의 절차, 방법의 위법으로 인한 것이라면 그 처분 행정청은 그 확정판결의 취지에 따라 그 위법사유를 보완하여 다시 종전의 신청에 대한 거부처분을 할 수 있고, 그러한 처분도 위 조항에 규정된 재처분에 해당한다(대법원 2005.1.14. 선고 2003두13045 판결).

3) 결 어

부작위위법확인소송은 방치된 신청에 대하여 그 내용이 어떤 것이건 간에 응답의무를 지우는 것을 목적으로 하는 것이므로 그 판결은 부작위의 위법을 확인할 뿐이며, 앞으로 행정청이 행할 처분의 내용까지를 판단할 수 있는 것은 아니라고 할 수 있다. 따라서 소극설이 타당하다고 본다.

[판 례] 행정소송법 제3조와 제4조가 행정청의 부작위가 위법하다는 것을 확인하는 소송을 규정하고 있을 뿐 행정청의 부작위에 대하여 일정한 처분을 하도록 하는 의무이행소송에 관하여는 규정하고 있지 아니하여, 행정청의 위법 또는 부당한 부작위에 대하여 일정한 처분을 하도록 청구하는 소송을 허용하지 아니한 것이며, 국민의 재산권을 보장한 헌법 제23조에 위배된다고 볼 수 없다(대법원 1992.12.22. 선고 92누13929 판결).

(2) 간접강제제도

간접강제제도는 부작위위법확인판결에 의하여 부과된 재처분의무를 당해 행정청이 이행하지 아니한 경우에 손해배상을 명함으로써 의무이행을 담보하고자 하는 간접적 강제수단이다.

[판 례] 거부처분에 대한 취소의 확정판결이 있음에도 행정청이 아무런 재처분을 하지 아니하거나, 재처분을 하였다 하더라도 그것이 종전 거부처분에 대한 취소의 확정판결의 기속력에 반하는 등으로 당연무효라면 이는 아무런 재처분을 하지 아니한 때와 마찬가지라 할 것이므로 이러한 경우에도 간접강제신청에 필요한 요건을 갖추게 된다(대법원 2002.12.11. 자 2002무22 결정).

즉, 행정청이 판결의 취지에 따라 다시 이전의 신청에 대한 처분을 하지 아니한 때에는 제1심 수소법원은 당사자의 신청에 의하여 결정으로써 상당한 기간을 정하고 행정청이 그 기간 내에 이행하지 아니하는 때에는 그 지연기간에 따라 일정한 배상을 할 것을 명하거나 즉시 손해배상을 할 것을 명할 수 있다(행정소송법 제34조, 제38조 제2항). 위의 간접강제 결정은 변론 없이 할 수 있지만, 결정하기 전에 채무자(행정청)를 심문하여야 한다(행정소송법 제34조 제2항, 민사집행법 제262조).

[판 례] 특별한 사정이 없는 한 간접강제결정에서 정한 의무이행기한이 경과한 후에라도 확정판결의 취지에 따른 재처분의 이행이 있으면 배상금을 추심함으로써 심리적 강제를 꾀할 목적이 상실되어 처분상대방이 더 이상 배상금을 추심하는 것은 허용되지 않는다(대법원 2004.1.15. 선고 2002두2444 판결).

제5절 당사자소송

Ⅰ. 개 설

1. 당사자소송의 의의

당사자소송이란 행정청의 처분 등을 원인으로 하는 법률관계에 관한 소송, 그 밖에 공법상의 법률관계에 관한 소송으로서 그 법률관계의 한쪽 당사자를 피고로 하는 소송을 말한다(행정소송법 제3조 제2호). 즉, 당사자소송이란 대립되는 대등한 당사자 사이에 있어서 공법상 법률관계의 형성·존부에 관한 소송을 의미한다.

2. 당사자소송의 필요성

당사자소송은 지금까지 민사소송으로 흡수되어 그 자신의 고유한 영역을 찾지 못하고 냉대를 받아왔다. 그러나 공익에 직접적인 관계가 있는 공법상의 법률관계를 순수한 민사소송으로 해결하는 것은 공익보호를 위해서는 바람직하지 않다.

성질상 행정소송이지만 편의상 민사소송으로 다루어지고 있는 국가배상, 행정상 손실보상·부당이득반환·원상회복청구소송 등 공법상 원인에 의해 발생한 법률관계에 관한 소송을 행정소송인 당사자소송으로 활성화하는 것이 필요하다. 이러한 당사자소송의 활성화 방안은 이미 2006년 대법원의 행정소송법 개정(안), 2007년 법무부의 행정소송법 개정(안), 2012년 법무부의 행정소송법 개정(안)에서 여러 차례 시도되었지만, 아직 입법화되지 못하고 있다.

> **[판 례]** 광주민주화운동관련자보상등에관한법률에 의하여 관련자 및 유족들이 갖게 되는 보상 등에 관한 권리는 손실보상청구나 손해배상청구와는 그 성질을 달리하는 것으로서 법률이 특별히 인정하고 있는 공법상의 권리라고 하여야 할 것이므로 그에 관한 소송은 행정소송법 제3조 제2호 소정의 당사자소송에 의하여야 할 것이며 보상금 등의 지급에 관한 법률관계의 주체는 대한민국이다(대법원 1992.12.24. 선고 92누3335 판결).

Ⅱ. 당사자소송과 타소송과의 구별

1. 당사자소송과 항고소송과의 구별

항고소송은 행정청의 공권력행사작용인 작위·부작위에 대하여 그 위법을 주장하여 시정을 구하는 소송으로서, 행정청의 공권력의 행사·불행사 등을 직접적인 불복대상으로 한다. 이에 대하여 당사자소송은 처분 등을 원인으로 하는 법률관계 및 공법상의 법률관계를 대상으로 한다.

항고소송에 있어서의 소송물은 행정청의 처분 또는 부작위의 위법성 또는 처분 또는 재결의 무효성·유효성 또는 존재·부존재의 유무가 된다. 이에 대하여 당사자소송의 소송물은 공법상의 권리관계 내지는 법률관계 그 자체가 된다.

2. 당사자소송과 민사소송과의 구별

당사자소송의 소송물은 공법상의 권리(예컨대 공무원의 지위확인소송, 공무원의 봉급지급청구소송)인 데 대하여, 민사소송의 소송물은 사법상의 권리(예컨대 소유권확인소송, 민법상의 부당이득반환청구소송)이다.

당사자소송의 소송물의 전제인 법률관계는 공법상의 법률관계(예컨대 농지매수처분의 무효를 이유로 한 소유권확인소송)인 데 대하여, 민사소송의 소송물의 전제인 법률관계는 사법상의 법률관계(예컨대 매매계약의 요소의 착오에 의한 취소를 이유로 한 소유권확인소송)이다.

하천구역에 편입된 토지에 대한 손실보상청구에 대해 초기의 판례는 이를 행정소송이 아닌 민사소송의 대상이라고 하였으나, 2006년 대법원 전원합의체판결에서 이를 변경하였다. 즉, "하천구역으로 편입된 토지에 대해 손실보상청구권을 규정한 것은 헌법 제23조 제3항이 선언하고 있는 손실보상청구권을 구체화한 것으로「하천법」그 자체에 의해 직접 사유지를 국유로 하는 이른바 입법적 수용이라는 국가의 공권력행사로 인한 토지소유자의 손실을 보상하기 위한 것이므로 그 법적 성질은 공법상의 권리이며, 이를 둘러싼 쟁송은 공법상의 법률관계를 대상으로 하는 행정소송절차에 의하여야 한다"고 판시하였다.[108]

Ⅲ. 당사자소송의 대상 및 성질

1. 당사자소송의 대상

당사자소송의 대상은 공법상의 법률관계 또는 권리 그 자체가 된다. 물론 공법상의 법률관계가 행정처분에 의하여 성립할 수도 있으나, 이 경우 행정처분의 적법 여부는 당사자소송의 선결문제에 그치게 되므로 직접적인 대상은 아니다.

판례[109]는 서울특별시립무용단 단원의 위촉과 같은 공법상 계약에 대해서는 당사자소송으로 무효확인을 구할 수 있는 것으로 본다.

---

108) 대법원 2006.5.18. 선고 2004다6207 전원합의체 판결.
109) 대법원 1995.12.22. 선고 95누4636 판결.

2. 당사자소송의 성질과 적용법규

당사자소송은 아직 유권적인 결정이 없는 공법상의 권리관계 또는 법률관계를 다루는 시심적 쟁송의 성질을 가지며, 소송절차면에서 민사소송과 그 본질을 같이 한다. 다만, 민사소송이 사법상의 권리관계를 대상으로 하는 데 대하여, 당사자소송은 공법상의 권리관계 또는 법률관계를 대상으로 하는 점에서 서로 다르며, 법률관계의 당사자를 소송당사자로 하고 있기 때문에 당사자소송이라고 한다.

현행 「행정소송법」은 당사자소송을 행정소송의 하나로 명시하고 있어 그에 관하여는 「행정소송법」의 규정이 적용된다. 즉, 당사자소송에는 공법 및 공법원리가 적용되며, 민사소송에 대한 여러 가지 절차적 특례가 인정된다. 당사자소송에 한하여 「행정소송법」에 특별한 규정이 없는 경우에는 「법원조직법」과 「민사소송법」의 규정이 준용된다(행정소송법 제8조 제2항).

Ⅳ. 당사자소송의 종류

당사자소송은 ① 공법상의 법률관계를 소송물로 하고 민사소송에 아주 가까운 실질적 당사자소송과 ② 처분 등의 결과로 형성된 법률관계를 소송물로 하고 실질적으로는 항고소송에 가까우나, 다만 편의상 당사자소송의 소송형태만을 빌리는 형식적 당사자소송으로 나누어진다.

1. 실질적 당사자소송

(1) 실질적 당사자소송의 의의

실질적 당사자소송은 대립되는 당사자 사이의 공법상의 법률관계에 관한 소송을 말한다. 이는 행정청의 공권력 행사에 따른 행정처분을 소송의 대상으로 하는 것이 아니며, 공법상의 법률관계 그 자체를 소송의 대상으로 한다. 물론 행정청의 처분 등을 원인으로 하는 경우도 있으나, 이 경우 처분의 적법 여부는 선결문제에 그치게 된다.

(2) 실질적 당사자소송의 종류

1) 처분 등을 원인으로 하는 법률관계에 관한 소송

이는 행정청의 처분 등이 원인이 되어 그 직접적인 결과로서 형성된 법률관계의 당사자가 제기하는 소송이다. 예컨대, 조세채권존재확인의 소, 처분 등의 무효 또는 취소를 전제로 하는 공법상의 부당이득반환청구소송, 공무원의 직무상 불법행위에 대한 손해배상청구소송 등이 있다.

[판 례] 국가 등 과세주체가 당해 확정된 조세채권의 소멸시효 중단을 위하여 납세의무자를 상대로 제기한 조세채권존재확인의 소는 공법상 당사자소송에 해당한다(대법원 2020.3.2. 선고 2017두41771 판결).

[판례] 부가가치세법령의 내용, 형식 및 입법 취지 등에 비추어 보면, 납세의무자에 대한 국가의 부가가치세 환급세액 지급의무는 그 납세의무자로부터 어느 과세기간에 과다하게 거래징수된 세액 상당을 국가가 실제로 납부받았는지와 관계없이 부가가치세법령의 규정에 의하여 직접 발생하는 것으로서, 그 법적 성질은 정의와 공평의 관념에서 수익자와 손실자 사이의 재산상태 조정을 위해 인정되는 부당이득 반환의무가 아니라 부가가치세법령에 의하여 그 존부나 범위가 구체적으로 확정되고 조세정책적 관점에서 특별히 인정되는 공법상 의무라고 봄이 타당하다. 그렇다면 납세의무자에 대한 국가의 부가가치세 환급세액 지급의무에 대응하는 국가에 대한 납세의무자의 부가가치세 환급세액 지급청구는 민사소송이 아니라 행정소송법 제3조 제2호에 규정된 당사자소송의 절차에 따라야 한다(대법원 2013.3.21. 선고 2011다95564 전원합의체 판결).

2) 공법상의 법률관계에 관한 소송

공법상의 법률관계에 관한 소송의 예로서는 ① 공법상의 계약 또는 사무관리에 관한 소송, ② 국·공립학교 학생 및 공무원 등의 공법상 신분 또는 지위의 확인에 관한 소송, ③ 공무원의 급여·연금 등 공법상의 금전지급을 청구하는 소송 등이 있다.

(가) 공법상 계약 또는 사무관리에 관한 소송

[판 례] 광주광역시문화예술회관장의 단원 위촉은 광주광역시문화예술회관장이 행정청으로서 공권력을 행사하여 행하는 행정처분이 아니라 공법상의 근무관계의 설정을 목적으로 하여 광주광역시와 단원이 되고자 하는 자 사이에 대등한 지위에서 의사가 합치되어 성립하는 공법상 근로계약에 해당한다고 보아야 할 것이다. 공법상의 법률관계를 다투는 당사자소송은 법률관계의 한쪽 당사자인 국가·공공단체 그 밖의 권리주체가 피고적격을 가진다(대법원 2001.12.11. 선고 2001두7794 판결).

[판 례] 구 도시정비법 제65조 제2항의 입법 취지와 구 도시정비법(제1조)의 입법 목적을 고려하면, 위 후단 규정에 따른 정비기반시설의 소유권 귀속에 관한 국가 또는 지방자치단체와 정비사업시행자 사이의 법률관계는 공법상의 법률관계로 보아야 한다. 따라서 위 후단 규정에 따른 정비기반시설의 소유권 귀속에 관한 소송은 공법상의 법률관계에 관한 소송으로서 행정소송법 제3조 제2호에서 규정하는 당사자소

송에 해당한다(대법원 2018.7.26. 선고 2015다221569 판결).

(나) 공법상 신분 또는 지위 등의 확인소송

[판 례] 전문직공무원인 공중보건의사의 채용계약 해지의 의사표시는 일정한 사유가 있을 때에 관할 도지사가 채용계약 관계의 한쪽 당사자로서 대등한 지위에서 행하는 의사표시로 취급하고 있는 것으로 이해되므로, 공중보건의사 채용계약 해지의 의사표시에 대하여는 대등한 당사자간의 소송형식인 공법상의 당사자소송으로 그 의사표시의 무효확인을 청구할 수 있는 것이지, 이를 항고소송의 대상이 되는 행정처분이라는 전제하에서 그 취소를 구하는 항고소송을 제기할 수는 없다(대법원 1996.5.31. 선고 95누10617 판결).

(다) 공법상 금전급부에 관한 소송

[판 례] 지방소방공무원의 근무관계는 공법상의 근무관계에 해당하고, 그 근무관계의 주요한 내용 중 하나인 지방소방공무원의 보수에 관한 법률관계는 공법상의 법률관계라고 보아야 한다. 지방소방공무원의 초과근무수당 지급청구권은 법령의 규정에 의하여 직접 그 존부나 범위가 정하여지고 법령에 규정된 수당의 지급요건에 해당하는 경우에는 곧바로 발생한다고 할 것이므로, 지방소방공무원이 자신이 소속된 지방자치단체를 상대로 초과근무수당의 지급을 구하는 청구에 관한 소송은 행정소송법 제3조 제2호에 규정된 당사자소송의 절차에 따라야 한다(대법원 2013.3.28. 선고 2012다102629 판결).

[판 례] 명예퇴직한 법관이 미지급 명예퇴직수당액에 대하여 가지는 권리는 명예퇴직수당 지급대상자 결정 절차를 거쳐 명예퇴직수당규칙에 의하여 확정된 공법상 법률관계에 관한 권리로서, 그 지급을 구하는 소송은 행정소송법의 당사자소송에 해당하며, 그 법률관계의 당사자인 국가를 상대로 제기하여야 한다(대법원 2016.5. 24. 선고 2013두14863 판결).

[판 례] 국책사업인 '한국형 헬기 개발사업'(Korean Helicopter Program)에 개발주관사업자 중 하나로 참여하여 국가 산하 중앙행정기관인 방위사업청과 '한국형헬기 민군겸용 핵심구성품 개발협약'을 체결한 갑 주식회사가 협약을 이행하는 과정에서 환율변동 및 물가상승 등 외부적 요인 때문에 협약금액을 초과하는 비용이 발생하였다고 주장하면서 국가를 상대로 초과비용의 지급을 구하는 민사소송을 제기한 사안에서, 위 협약의 법률관계는 공법관계에 해당하므로 이에 관한 분쟁은 행정소송으로 제기하여야 한다(대법원 2017.11.9. 선고 2015다215526 판결).

2. 형식적 당사자소송

(1) 형식적 당사자소송의 의의

형식적 당사자소송은 실질적으로는 행정청의 처분 등을 다투는 것이나 형식적으로는 처분을 대상으로 하지 않고 또한 처분청을 피고로 하지 않고, 그 대신 처분 등으로 인해 형성된 법률관계의 일방 당사자를 피고로 하여 제기하는 당사자소송을 말한다. 즉, 실질적으로 행정청의 처분 또는 재결의 효력에 대해 다투는 것이지만, 소송형식은 행정청이 아닌 권리주체인 당사자를 피고로 하여 당사자소송의 형식으로 제기하는 소송이다.

형식적 당사자소송을 인정하는 이유는 행정청의 처분 등을 원인으로 하여 발생한 분쟁관계의 실체가 그 법률관계의 당사자 간의 재산상의 문제에 불과하기 때문이다. 형식적 당사자소송을 인정하게 되면 소송당사자의 직접적인 권리구제를 보장할 수 있고, 또한 복잡한 소송절차(재결취소소송의 제기, 이해관계인의 소송참가, 재결취소소송의 관련청구로서 보상금증액청구)에서 오는 불합리성을 방지할 수 있게 된다.

(2) 실정법상 근거규정

형식적 당사자소송으로는, 특허무효 항고심판, 특허권존속기간의 연장등록무효 항고심판, 권리범위확인 항고심판 등에 관한 소 등 지적재산권에 관한 소송(특허법 제187조, 제191조, 실용신안법 제33조) 등이 있다.

공용수용에 있어서는 관할 토지수용위원회의 재결로 형성된 보상금의 증감에 관한 소송으로서 그 법률관계의 한쪽 당사자를 피고로 하는 소송(토지보상법 제85조 제2항) 역시 형식적 당사자소송에 해당한다. 이 경우 행정청인 토지수용위원회를 피고로 하지 않고 보상금 지급의 실질적 주체인 사업시행자를 피고로 한다.

(3) 형식적 당사자소송의 성질

형식적 당사자소송은 처분의 효력에 관한 다툼을 그 내용으로 하는 것인 점에서 실질적으로는 항고소송에 해당하지만, 행정청을 피고로 하지 않고 당해 법률관계의 한쪽 당사자를 소송당사자로 하는 점에서 항고소송과 다르며, 당사자소송의 성질을 가진다.

Ⅴ. 당사자소송의 소송요건

1. 원고적격

당사자소송의 원고적격에 관하여는 항고소송에서와 같은 제한이 없으며, 「행정소송법」도 그에 대한 규정을 두지 않고 있다. 따라서 당사자소송의 원고적격에 관하여는 일반 민사소송의 원고적격에 관한 「민사소송법」 관계규정이 준용된다(행정소송법 제8조 제2항). 이에 의하면 공법상의 법률관계에 있어서 권리보호의 이익 및 권리보호의 필요를 가지는 자는 누구나 원고가 될 수 있다.

2. 피고적격

당사자소송은 국가 또는 공공단체 그 밖의 권리주체가 피고가 된다(행정소송법 제39조). '그 밖의 권리주체'에는 조세원천징수권자, 사업시행자 등의 공무수탁사인 또는 사업시행자가 소송을 제기하는 경우의 토지소유자나 관계인 등이 해당된다.

국가가 피고가 되는 때에는 「국가소송법」에 따라 법무부장관이 국가를 대표하고(국가배상법 제2조), 지방자치단체가 피고가 되는 때에는 당해 지방자치단체의 장이 대표한다(지방자치법 제114조).

[판 례] 국토계획법 제130조 제3항에서 정한 토지의 소유자 등이 사업시행자의 일시 사용에 대하여 정당한 사유 없이 동의를 거부하는 경우, 사업시행자는 해당 토지의 소유자 등을 상대로 동의의 의사표시를 구하는 소를 제기할 수 있다. 이와 같은 토지의 일시 사용에 대한 동의의 의사표시를 할 의무는 국토계획법에서 특별히 인정한 공법상의 의무이므로, 그 의무의 존부를 다투는 소송은 '공법상의 법률관계에 관한 소송으로서 그 법률관계의 한쪽 당사자를 피고로 하는 소송', 즉 행정소송법 제3조 제2호에서 규정한 당사자소송이라고 보아야 한다.

행정소송법 제39조는, "당사자소송은 국가·공공단체 그 밖의 권리주체를 피고로 한다."라고 규정하고 있다. 이것은 당사자소송의 경우 항고소송과 달리 '행정청'이 아닌 '권리주체'에게 피고적격이 있음을 규정하는 것일 뿐, 피고적격이 인정되는 권리주체를 행정주체로 한정한다는 취지가 아니므로, 이 규정을 들어 사인을 피고로 하는 당사자소송을 제기할 수 없다고 볼 것은 아니다(대법원 2019.9.9. 선고 2016다 262550 판결).

---

3. 재판관할

당사자소송의 제1심 관할법원은 항고소송의 경우와 마찬가지로 피고의 소재지를 관할하는 행정법원이 된다. 다만, 국가 또는 공공단체가 피고인 경우에는 관계 행정청의 소재지를 피고의 소재지로 본다(행정소송법 제40조). 토지의 수용에 있어서는 그 토지의 소재지를 관할하는 행정법원에 소송을 제기할 수 있다(동법 제9조 제3항).

4. 제소기간

당사자소송의 제소기간에 관하여 법령에 정하여져 있는 경우에는 그에 의하며, 그 기간은 불변기간으로 한다(행정소송법 제41조). 취소소송의 제소기간 제한을 정한 「행정소송법」의 규정은 당사자소송에는 적용되지 않는다.

「토지보상법」은 수용재결서를 송달받은 날로부터 90일 이내, 이의재결서를 송달받은 날로부터 60일 이내에 행정소송을 제기하도록 규정하고 있다(제85조 제1항).

5. 행정심판임의주의

당사자소송은 시심적 소송이기 때문에 행정심판임의주의에 관한 「행정소송법」상의 규정이 준용되지 않는다(제18조). 그러나 손실보상청구소송과 관련해서는 개별법에서 이의신청(토지보상법 제83조) 또는 재심절차(징발법 제24조의2), 국가배상심의회의 결정(국가배상법 제9조) 등 임의적 전치주의를 규정하고 있다.

6. 관련청구소송의 이송과 병합

당사자소송과 관련청구소송이 각각 다른 법원에 계속되고 있는 경우에는 법원은 당사자의 신청 또는 직권에 의하여 이를 당사자소송이 계속된 법원으로 이송할 수 있다(행정소송법 제44조 제2항, 제10조 제1항).

또한 당사자소송에는 사실심의 변론종결시까지 관련청구소송을 병합하거나 피고외의 자를 상대로 한 관련청구소송을 당사자소송이 계속된 법원에 병합하여 제기할 수 있다(동법 제44조 제2항, 제10조 제2항).

VI. 당사자소송의 심리

1. 소의 변경

법원은 취소소송을 국가 또는 공공단체에 대한 당사자소송으로, 또는 당사자소송을 항고소송으로 변경하는 것이 상당하다고 인정할 때에는 청구의 기초에 변경이 없는 한 사실심의 변론종결시까지 원고의 신청에 의하여 결정으로써 소의 변경을 허가할 수 있으며, 이 경우에 법원은 새로이 피고로 될 자의 의견을 들어야 한다(행정소송법 제21조, 제42조).

[판례] 원고가 고의 또는 중대한 과실 없이 당사자소송으로 제기하여야 할 것을 항고소송으로 잘못 제기한 경우에, 당사자소송으로서의 소송요건을 결하고 있음이 명백하여 당사자소송으로 제기되었더라도 어차피 부적법하게 되는 경우가 아닌 이상, 법원으로서는 원고가 당사자소송으로 소 변경을 하도록 하여 심리·판단하여야 한다(대법원 2016.5.24. 선고 2013두14863 판결).

당사자소송이 제기된 뒤에 행정청이 소송의 대상인 처분을 변경한 때에는 법원은 원고의 신청에 의하여 청구의 취지 또는 원인의 변경을 허가할 수 있다. 다만, 원고는 처분의 변경이 있음을 안 날로부터 60일 이내에 소의 변경을 신청하여야 한다. 처분변경으로 인한 소의 변경에는 행정심판전치주의의 적용이 없다(동법 제44조 제1항, 제22조).

취소소송을 제기한 자가 당사자소송을 병합한 경우 취소소송이 부적법하더라도 당사자는 당사자소송의 병합청구로서 소변경을 할 의사를 아울러 가지고 있었다고 봄이 상당하다. 이러한 경우 법원은 청구의 기초에 변경이 없는 한 당초의 청구가 부적법하다는 이유로 병합된 청구까지 각하할 것이 아니라 병합청구 당시 유효한 소변경청구가 있었던 것으로 받아들여야 한다.[110]

2. 행정심판기록의 제출명령

법원은 당사자의 신청이 있는 때에는 결정으로써 재결을 행한 행정청(처분청)에 대하여 행정심판에 관한 기록의 제출을 명할 수 있고, 이 제출명령을 받은 행정청은 지체 없이 당해 행정심판에 관한 기록을 법원에 제출하여야 한다(행정소송법 제25조).

3. 입증책임

당사자소송에 있어서 입증책임은 「민사소송법」상의 일반원칙에 의하여 분배된다고 보는 것이 일반적이다. 통설·판례는 입증책임분배설(법률요건분류설 내지는 규범설)을 취하고 있다.

즉, 권리를 주장하는 자는 권리근거규정의 요건사실(권리발생사실)에 대하여 입증책임을 지며, 권리주장의 상대방은 반대규정의 요건사실, 즉 ① 권리장애규정의 요건사실(예컨대 불공정한 법률행위), ② 권리멸각규정의 요건사실(예컨대 변제, 공탁), ③ 권리행사저지규정의 요건사실(예컨대 정지조건의 존재, 기한의 유예)에 대하여 입증책임을 진다.

4. 직권심리주의

취소소송의 경우와 마찬가지로 당사자소송의 심리에도 변론주의가 적용되기 때문에 법원은 당사자 쌍방의 청구나 주장의 범위를 넘어서 심리·재판하지 못하는 것이 원칙이지만, 행정소송은 공공적 성격이 강하여 민사소송의 심리절차가 그대로 적용되기 어려운 경우가 있다.

---

110) 대법원 1992.12.24. 선고 92누3335 판결.

따라서 당사자소송에는 민사소송상의 변론주의에 대한 예외로서 직권증거조사주의가 적용되며, 변론주의를 보충하는 의미에서 직권탐지주의가 가미되고 있다(행정소송법 제26조).

Ⅶ. 당사자소송의 판결

1. 판결의 기판력과 기속력

당사자소송의 확정판결은 기판력을 발생하므로, 후소법원에서 확정판결의 내용에 저촉되는 법원의 판단 또는 당사자의 주장은 허용되지 않으며 동시에 동일소송물에 관하여 반복된 제소가 허용되지 않는다.

확정판결의 기판력은 판결의 주문에 포함된 것에 한하여 발생하며(객관적 범위), 사실심의 변론종결시를 기준으로 발생하며(시간적 범위), 또한 당해 당사자소송의 당사자 및 당사자와 동일시할 수 있는 자에게만(주관적 범위) 미친다. 그러나 취소판결에 인정되는 효력 중 취소판결의 제3자효·재처분의무·간접강제 등은 당사자소송에는 적용되지 않는다.

취소판결에 있어서의 판결의 기속력조항은 당사자소송에 준용된다(행정소송법 제30조 제1항, 제44조). 따라서 당사자소송의 확정판결은 당사자뿐만 아니라 행정청을 기속한다.

2. 가집행선고와 가처분

가집행선고는 확정되지 아니한 판결에 대하여 확정판결과 같이 집행력을 부여하는 판결을 말한다. 다만, 「행정소송법」은 제43조에서 "국가를 상대로 하는 당사자소송에 있어서는 가집행선고를 할 수 없다"라고 규정하고 있어 가집행선고를 제한하고 있다.

> **[판례]** 행정소송법 제8조 제2항에 의하면 행정소송에도 민사소송법의 규정이 일반적으로 준용되므로 법원으로서는 공법상 당사자소송에서 재산권의 청구를 인용하는 판결을 하는 경우 가집행선고를 할 수 있다(대법원 2000.11.28. 선고 99두3416 판결).

한편, 당사자소송의 경우 「행정소송법」상의 집행정지에 관한 규정이 준용되지 않으므로 「민사집행법」상 가처분에 관한 규정이 준용된다.

> **[판례]** 도시정비법상 행정주체인 주택재건축정비사업조합을 상대로 관리처분계획안

에 대한 조합 총회결의의 효력을 다투는 소송은 행정처분에 이르는 절차적 요건의 존부나 효력 유무에 관한 소송으로서 소송결과에 따라 행정처분의 위법 여부에 직접 영향을 미치는 공법상 법률관계에 관한 것이므로, 이는 행정소송법상 당사자소송에 해당한다. 그리고 이러한 당사자소송에 대하여는 행정소송법 제23조 제2항의 집행정지에 관한 규정이 준용되지 아니하므로(행정소송법 제44조 제1항 참조), 이를 본안으로 하는 가처분에 대하여는 행정소송법 제8조 제2항에 따라 민사집행법상 가처분에 관한 규정이 준용되어야 한다(대법원 2015.8.21. 자 2015무26 결정).

3. 소송비용

소송비용에 관한 「행정소송법」 제32조 및 제33조의 규정은 당사자소송에 준용된다(행정소송법 제44조 제1항). 즉, 행정청이 처분 등을 취소 또는 변경함으로 인하여 청구가 각하 또는 기각된 경우에 소송비용은 피고의 부담으로 하며, 소송비용에 관한 재판이 확정된 때에는 피고 또는 참가인이었던 행정청이 소속하는 국가 또는 공공단체에 그 효력을 미친다.

제 6 절   객관적 소송

Ⅰ. 개   설

객관적 소송이란 행정작용의 적법성 보장 또는 공공이익의 일반적 보호를 목적으로 하는 소송을 말한다. 주관적 소송과는 달리 구체적·개별적 권리 보호의 이익이 없으므로 직접적인 이해관계가 없는 일반 국민·선거인 또는 행정기관도 제기할 수 있는 소송이다. 따라서 객관적 소송의 원고적격은 법률에 따라 특별히 규정된다. 현행법상의 객관적 소송에는 ① 민중소송과 ② 기관소송이 있다.

Ⅱ. 민중소송

1. 민중소송의 의의

민중소송은 국가 또는 공공단체의 기관이 법률에 위반되는 행위를 한 때에 직접 자기의 법률상 이익과 관계없이 그 시정을 구하기 위하여 제기하는 소송을 말한다(행정소송법 제3조 제3호). 민중소송은 행정법규의 적용에 관한 객관적 소송이며, 특히 행정법규의 적정한 집행이 요구되는 분야에서 법률이 민중소송의 제기를 허용하고 있는 경우에, 법률이 정한 자에 한하여 제소가 인정된다(동법 제45조).

민중소송을 허용하고 있는 현행법으로는 「공직선거법」상의 선거·당선소송,

「국민투표법」상의 국민투표에 관한 소송, 「주민투표법」상 주민투표에 관한 소송, 「지방자치법」상의 주민소송 등이 있다.

> **[판 례]** 공직선거법 제222조와 제224조에서 규정하고 있는 선거소송은 집합적 행위로서의 선거에 관한 쟁송으로서 선거라는 일련의 과정에서 선거에 관한 규정을 위반한 사실이 있고, 그로써 선거의 결과에 영향을 미쳤다고 인정하는 때에 선거의 전부나 일부를 무효로 하는 소송이다. 이는 선거를 적법하게 시행하고 그 결과를 적정하게 결정하도록 함을 목적으로 하므로, 행정소송법 제3조 제3호에서 규정한 민중소송 즉 국가 또는 공공단체의 기관이 법률을 위반한 행위를 한 때에 직접 자기의 법률상 이익과 관계없이 그 시정을 구하기 위하여 제기하는 소송에 해당한다(대법원 2016.11.24. 선고 2016수64 판결).

2. 소송요건

(1) 원고적격

민중소송의 원고는 법률이 특별히 정한 자가 된다. 선거소송의 원고는 ① 대통령선거 및 국회의원선거에 관한 민중소송에 있어서는 선거인·정당(후보자를 추천한 정당에 한한다) 또는 후보자가 되며, ② 지방의회의원 및 지방자치단체의 장의 선거에 관한 민중소송에 있어서는 선거인·정당(후보자를 추천한 정당을 말한다) 또는 후보자가 된다.

당선소송의 원고는 ① 대통령선거 및 국회의원선거에 관한 민중소송의 경우는 후보자를 추천한 정당 또는 후보자가 되며, 지방의회의원 및 지방자치단체의 장의 선거에 관한 민중소송의 경우는 소청인 또는 당선인인 피소청인이 되며, ② 국민투표의 효력을 다투는 민중소송에 있어서는 투표인이 된다.

(2) 피고적격

민중소송의 피고적격도 법률에 의하여 정하여진다. 선거소송의 피고는, 대통령선거 또는 국회의원선거 및 지방의회의원선거 또는 지방자치단체의 장의 선거에 관한 민중소송의 경우에는 당해 선거구 선거관리위원회위원장이 되나, 피고로 될 위원장이 궐위된 때에는 당해 선거구 선거관리위원회위원 전원을 피고로 한다.

당선소송의 피고는, 대통령선거 및 국회의원선거에 있어서는 당선인이, 대통령당선인이나 국회의원당선인의 결정 내지 전국구국회의원의석의 배분과 당선인의 결정 등의 위법을 이유로 하는 때에는 대통령선거에 있어서는 중앙선거관리위원회위원장 또는 국회의장이 되며, 국회의원선거에 있어서는 당해 선거구 선거관리위원회위원장이 된다. 지방의회의원 및 지방자치단체의 장의 선거에 있어서는 당선인이 된다.

(3) 재판관할

선거소송과 당선소송 및 국민투표에 관한 민중소송의 경우 대법원이 관할법원이 된다. 지방의회의원선거 및 시·군 및 자치구의 장선거에 관한 선거소송과 당선소송의 경우는 당해 선거구를 관할하는 고등법원이 관할법원이 된다.

(4) 제소기간

민중소송의 제소기간은 그것을 허용하는 법률이 정하는 바에 의한다. 대통령선거 및 국회의원선거에 관한 선거소송의 제소기간은 30일이며, 지방의회의원 및 지방자치단체의 장의 선거에 관한 선거소송과 당선소송의 제소기간은 10일이다.

3. 민중소송의 적용범규

민중소송에 적용될 법규에 대하여 그것을 규정한 개별법에서 특별한 규정을 두지 않는 때에는 ① 처분 등의 취소를 구하는 민중소송에는 그 성질에 반하지 아니하는 한 취소소송에 관한 규정을 준용한다. ② 처분 등의 효력 유무 또는 존재 여부나 부작위위법의 확인을 구하는 민중소송에는 그 성질에 반하지 아니하는 한 각각 무효등확인소송 또는 부작위위법확인소송에 관한 규정을 준용한다. ③ 상기 ①과 ②의 경우에 해당하지 않는 민중소송에는 그 성질에 반하지 아니하는 한 당사자소송에 관한 규정을 준용한다(행정소송법 제46조).

Ⅲ. 기관소송

1. 개 설

(1) 기관소송의 의의

기관소송은 국가 또는 공공단체의 기관 상호간에 있어서 권한의 존부 또는 그 행사에 관한 다툼이 있을 때에 제기하는 소송이다(행정소송법 제3조 제4호). 행정기관 상호간의 권한쟁의는 행정권 내부의 통일성 확보에 관한 문제이기 때문에 감독권행사에 의하여 내부적으로 해결하는 것이 원칙이며, 법률에 특별한 규정이 없으면 법원의 권한에는 속하지 아니한다.

그러나 기관쟁의의 적당한 해결기관이 없거나 특히 공정한 제3자의 판단을 요하는 경우에 있어서는 법률이 정한 경우에 법률이 정한 자에 한하여 제소가 인정된다(동법 제45조). 국가행정조직 내에서는 보통 기관소송에 의한 분쟁해결의 필요성이 없기 때문에, 기관소송은 주로 지방자치단체의 기관상호간의 영역에서 문제되며 인정되고 있다.

(2) 기관소송의 유형

기관소송은 국가기관 상호간의 기관소송과 공공단체의 기관상호간의 기관소송이 있다. 그런데 현행 헌법과 「헌법재판소법」은 국가기관 상호간의 기관소송에 해당하는 것을 권한쟁의심판이라 하여 헌법재판소의 관장사항으로 하였다. 따라서 헌법재판소의 관장사항으로 되는 소송은 권한쟁의심판[111]이므로 행정소송으로서의 기관소송이 아니다(행정소송법 제3조 제4호).

(3) 기관소송의 성격

기관소송은 주관적인 권익의 보호를 목적으로 하는 것이 아니라 행정법규의 적정한 적용을 보장하기 위한 객관적 소송의 성격을 지닌다. 기관소송은 동일한 권리주체 안에서의 소송으로서의 내부자간 소송의 성격을 가진다.

(4) 기관소송의 대상

기관소송은 객관적 소송으로서 법률이 특히 인정하는 경우에 한하여 예외적으로 인정되기 때문에 그 대상도 당해 기관소송을 인정한 법률에 따라 다르다.

「지방자치법」은 지방의회의 의결을, 「교육자치법」은 시·도의회 또는 교육위원회의 의결을 기관소송의 대상으로 규정하고 있다.

2. 기관소송의 종류

「지방자치법」은 지방의회의 의결에 대하여 지방자치단체의 장이 대법원에 제소하는 기관소송을 인정하고 있다(제120조 제3항). 또한, 「지방자치법」은 지방자치단체의 장이 감독청의 이행명령에 이의가 있으면 이행명령서를 접수한 날부터 15일 이내에 대법원에 제소할 수 있게 하였다(제189조 제6항).

한편, 「교육자치법」은 시·도의회 또는 교육위원회의 의결에 대하여 교육감이 대법원에 제소하는 기관소송을 인정하고 있다(제28조 제3항).

3. 소송요건

(1) 원고적격

기관소송은 이른바 '법률상의 쟁송'이 아니므로 법원 고유의 권한에 속하는 소송이 아니다. 따라서 기관소송은 법률이 정한 자만이 제기할 수 있다. 이는 기관소송의 당사자적격에 대하여 열기주의를 취한 것으로 기관소송이 활용될 기회가 축소되고 있다.

「지방자치법」상의 기관소송의 경우는 지방자치단체의 장이, 「교육자치법」상

---

111) 예를 들면 헌재 2004.9.23. 2000헌라2(당진군과 평택시간의 권한쟁의); 헌재 2004.9.23. 2003헌라3(강남구와 서울특별시간의 권한쟁의).

의 기관소송의 경우는 교육감이 각각 원고가 된다.

(2) 피고적격

기관소송의 피고적격 역시 개별법에서 정하고 있다. 「지방자치법」상의 기관소송의 경우는 지방의회가, 「교육자치법」상의 기관소송의 경우는 시·도의회 또는 교육위원회가 각각 피고가 된다.

(3) 재판관할

기관소송의 재판관할은 각 개별법이 정하는 바에 의한다. 「지방자치법」·「교육자치법」은 대법원을 제1심 관할법원이면서 종심법원으로 규정하고 있다.

4. 기관소송의 적용법규

기관소송에 적용될 법규에 관하여 그것을 규정한 개별법에서 특별한 규정을 두지 않은 때에는 ① 처분 등의 취소를 구하는 기관소송에는 그 성질에 반하지 아니하는 한 취소소송에 관한 규정을 준용한다. ② 처분 등의 효력 유무 또는 존재 여부나 부작위의 위법의 확인을 구하는 기관소송에는 그 성질에 반하지 아니하는 한 각각 무효등확인소송 또는 부작위위법확인소송에 관한 규정을 준용한다. ③ 위의 ①과 ②에 해당하는 소송 외의 기관소송에는 그 성질에 반하지 아니하는 한 당사자소송에 관한 규정을 준용한다(행정소송법 제46조).

사항색인

저자 약력

석 종 현

독일 Speyer대학 법학박사(1978년)
독일 Tübingen대학교 법학박사(1990년)
독일 Mannheim대학교 명예법학박사(2019년)
사법시험·행정고시 등 시험위원
단국대학교 법과대학 학장
단국대학교 행정법무대학원 원장
한국공법학회 회장 역임
한국환경법학회 회장 역임
현, 단국대학교 명예교수
　　한국토지공법학회 회장
　　한국법제발전연구소 소장
　　한국공법학회 고문
　　한국환경법학회 고문

저 서

일반행정법(하), 제13판(삼영사, 2013)
행정법원론(삼영사, 1999)
신토지공법론, 제12판(박영사, 2019)
손실보상법론(삼영사, 2003)
행정법강의 I (삼영사, 1998)
행정법강의 II (삼영사, 1998)
행정법연습(삼영사, 1999)

송 동 수

단국대학교 법과대학 졸업
독일 Bonn대학교 법학박사
행정고시·공인중개사 등 시험위원
한국환경법학회 회장
한국공법학회 부회장
한국행정법학회 부회장
한국토지공법학회 부회장
한국국가법학회 부회장
한국법학교수회 부회장
환경부 중앙환경보전자문위원
단국대학교 법과대학 학장
단국대학교 BK21＋ 사업단장
현, 단국대학교 법과대학 교수
　　단국대학교 행정법무대학원 원장

저 서

일반행정법(하) 제13판(삼영사, 2013)
지방자치법주해(공저, 박영사, 2004)
독일지방정부론(공저, 엠애드, 2003)
환경법제의 통합과제
Kooperatives Verwaltungshandeln

제17판(2022년판)
일반행정법총론

초판발행	1986년 6월 14일
제17판발행	2022년 2월 25일

지은이	석종현·송동수
펴낸이	안종만·안상준

편 집	이승현
기획/마케팅	장규식
표지디자인	이영경
제 작	우인도·고철민

펴낸곳	㈜ **박영사**
	서울특별시 금천구 가산디지털2로 53, 210호(가산동, 한라시그마밸리)
	등록 1959. 3. 11. 제300-1959-1호(倫)
전 화	02)733-6771
f a x	02)736-4818
e-mail	pys@pybook.co.kr
homepage	www.pybook.co.kr
ISBN	979-11-303-4152-1　93360

정 가　　　45,000원